燃烧的远征

In Distant Lands

十字军东征简史

A Short History of the Crusades

[美]
拉尔斯·布朗沃思
LARS BROWNWORTH
著

严匡正
译

熊文霞
校译

中信出版集团 | 北京

图书在版编目（CIP）数据

燃烧的远征：十字军东征简史 /（美）拉尔斯 · 布朗沃思著；严匡正译 . -- 北京：中信出版社，2023.6（2024.6 重印）
（欧洲中世纪四部曲）
书名原文：In Distant Lands: A Short History of the Crusades
ISBN 978-7-5217-5377-6

Ⅰ . ①燃… Ⅱ . ①拉… ②严… Ⅲ . ①十字军东侵－历史 Ⅳ . ① K56

中国国家版本馆 CIP 数据核字（2023）第 094945 号

燃烧的远征：十字军东征简史
著者： [美] 拉尔斯 · 布朗沃思
译者： 严匡正
出版发行：中信出版集团股份有限公司
（北京市朝阳区东三环北路 27 号嘉铭中心 邮编 100020）
承印者： 河北鹏润印刷有限公司

开本：880mm×1230mm 1/32 印张：37.5 字数：789 千字
版次：2023 年 6 月第 1 版 印次：2024 年 6 月第 2 次印刷
京权图字：01–2018–4343 审图号：GS（2018）4053 号
书号：ISBN 978–7–5217–5377–6
定价：298.00 元（全四册）

目 录

献给凯瑟琳

登场人物简介

Cast of Characters

第一次十字军东征：贫民十字军（The People's Crusade，第一至第二章）

阿历克塞一世·科穆宁（Alexius Ⅰ Comnenus）：拜占庭皇帝，他向教皇乌尔班二世（Urban Ⅱ）求援，引发了第一次十字军东征。

埃米乔（Emicho）：莱宁根伯爵（Count of Leiningen），反犹太人的德意志十字军领导者。

基利杰·阿尔斯兰（Kilij Arslan）：尼西亚（Nicaea）的突厥苏丹。

隐士彼得（Peter the Hermit）：法国神父，贫民十字军的主要领袖，也被称作“亚眠的彼得”（Peter of Amiens）。

乌尔班二世：这位教皇1095年在克勒芒（Clermont）的演说推动了第一次十字军东征。

沃尔特·桑萨瓦尔（Walter Sans-Avoir）：来自柏伊希-桑萨瓦尔

(Boissy-sans-Avoir)的领主，贫民十字军的第二领袖。也被称作“穷汉沃尔特”(Walter the Penniless)。

第一次十字军东征：诸侯十字军(The Prince's Crusade，第三至第六章)

勒皮的阿希马尔(Adhemar of Le Puy)：主教，第一次十字军东征的精神领袖。

鲍德温一世(Baldwin Ⅰ)：布永的戈弗雷(Godfrey of Bouillon)之弟，建立了第一个十字军国家埃德萨伯国(County of Edessa)，耶路撒冷王国的第二位国王。

博希蒙德一世(Bohemond Ⅰ)：塔兰托公爵(Prince of Taranto)，建立了第二个十字军国家安条克公国(Principality of Antioch)。

戈弗雷：下洛林公爵(Duke of lower Lorraine)，耶路撒冷王国的第一位国王(未加冕)，号称“圣墓守护者”(Defender of the Holy Sepulcher)。

韦尔芒德的于格(Hugh of Vermandois)：法国国王*的弟弟，第一位在十字军东征中死去的大贵族。

卡布卡(Kerbogha)：摩苏尔阿塔贝格(Atabeg of Mosul)†。

彼得·巴塞洛缪(Peter Bartholomew)：法国的神秘主义者，他声称

* 这里的法国国王指腓力一世(Philip Ⅰ)。另，脚注中凡没有标“译者注”或“编者注”的皆为作者注。

† 阿塔贝格是突厥贵族头衔，相当于诸侯，掌管地方全权。

在梦中看到圣枪（Holy Lance）位于安条克。

雷蒙德（Raymond）：图卢兹伯爵（Count of Toulouse），博希蒙德的主要竞争对手。

布洛瓦的斯蒂芬（Stephen of Blois）："征服者"威廉（William the Conqueror）的女婿。

坦克雷德（Tancred）：博希蒙德的外甥，后成为加利利君主（Prince of Galilee）和安条克公国的摄政。

塔第吉欧斯（Taticius）：拜占庭将军，随十字军来到安条克。

亚吉西延（Yaghi-Siyan）：安条克的突厥统治者。

十字军国家的建立（第七至第九章）

鲍德温二世（Baldwin Ⅱ）：鲍德温一世的堂弟，第三任耶路撒冷国王，又被称为"勒布尔的鲍德温"（Baldwin of Le Bourg）。

鲍德温三世（Baldwin Ⅲ）：富尔克（Fulk）国王与梅丽桑德（Melisende）女王之子，第五任耶路撒冷国王。

戴姆伯特（Daimbert）：主教，勒皮的阿希马尔的继任者。

多明尼各·米迦勒（Domenico Michele）：威尼斯总督。

安茹的富尔克（Fulk of Anjou）：梅丽桑德的丈夫，第四任耶路撒冷国王。

于格·德·帕英（Hugues de Payens）：法国骑士，创立了圣殿骑士团。

约瑟林二世（Joscelin Ⅱ）：埃德萨伯爵，他与普瓦捷的雷蒙德

（Raymond of Poitiers）产生矛盾，导致了埃德萨伯国的灭亡。

梅丽桑德：鲍德温二世的女儿，与丈夫富尔克共同统治耶路撒冷，是儿子鲍德温三世的摄政。

普瓦捷的雷蒙德：安条克公国共治公爵，阿基坦的埃莉诺（Eleanor of Aquitaine）的叔父。

赞吉（Zengi）：阿勒颇（Aleppo）埃米尔*，他的胜利引发了第二次十字军东征。

第二次十字军东征（第十至第十一章）

克莱尔沃的伯纳德（Bernard of Clairvaux）：西多会修士，第二次十字军东征的组织者。

康拉德三世（Conrad Ⅲ）：神圣罗马帝国皇帝。

阿基坦的埃莉诺：路易七世（Louis Ⅶ）之妻，普瓦捷的雷蒙德的侄女。

尤金三世（Eugenius Ⅲ）：呼吁发动第二次十字军东征的教皇。

路易七世：法国国王，第一位宣誓参加十字军东征的重量级人物。

曼努埃尔一世·科穆宁（Manuel Ⅰ Comnenus）：阿历克塞一世·科穆宁之孙。

努尔丁（Nūr al-Dīn）：阿勒颇埃米尔赞吉的次子。

---

* 埃米尔是对某些伊斯兰国家首领的尊称。

第三次十字军东征（第十二至第十五章）

阿马尔里克（Amalric）：鲍德温三世的弟弟，第六任耶路撒冷国王。

鲍德温四世（Baldwin Ⅳ）：阿马尔里克之子，第七任耶路撒冷国王，又称“麻风王”（Leper King）。

腓特烈·巴巴罗萨（Frederick Barbarossa）：神圣罗马帝国皇帝，康拉德三世之侄。

格列高利八世（Gregory Ⅷ）：呼吁发动第三次十字军东征的教皇。

吕西尼昂的居伊（Guy of Lusignan）：法国贵族，第九任耶路撒冷国王。

亨利二世（Henry Ⅱ）：英格兰国王，阿基坦的埃莉诺的第二任丈夫。

伊萨克二世·安格鲁斯（Isaac Ⅱ Angelus）：第三次十字军东征期间的拜占庭皇帝。

腓力二世·奥古斯都（Philip Ⅱ Augustus）：法国国王，路易七世之子。

沙蒂永的雷纳尔（Reynald of Châtillon）：安条克公爵，他鲁莽的举动导致了耶路撒冷王国战败。

“狮心王”理查（Richard the Lionheart）：英格兰国王，亨利二世和阿基坦的埃莉诺之子。第三次十字军东征的主要人物。

萨拉丁（Saladin）：谢尔库赫（Shirkuh）之侄，为伊斯兰世界重新夺回了耶路撒冷。

谢尔库赫：努尔丁麾下的库尔德将领，埃及维齐尔*。

莱切的坦克雷德（Tancred of Lecce）：西西里王国诺曼王朝的国王，也被称为“猴王”（Monkey King）。

---

* 维齐尔是伊斯兰国家历史上对宫廷大臣或宰相的一种称谓。

第四次十字军东征（第十六章）

阿历克塞三世·安格鲁斯（Alexius Ⅲ Angelus）：拜占庭皇帝，伊萨克二世之兄。

阿历克塞四世·安格鲁斯（Alexius Ⅳ Angelus）：拜占庭皇帝，伊萨克二世之子，与十字军结盟。

阿历克塞五世（Alexius Ⅴ）：拜占庭皇帝，推翻了阿历克塞四世的统治，又被称为“浓眉”（Mourtzouphlos）。

博尼法斯（Boniface）：蒙费拉侯爵（Marquess of Montferrat），第四次十字军东征的领导者。

恩里科·丹多洛（Enrico Dandolo）：威尼斯总督，第四次十字军东征的领导者。

英诺森三世（Innocent Ⅲ）：呼吁发动第四次和第五次十字军东征的教皇。

伊萨克二世·安格鲁斯：拜占庭皇帝，在第四次十字军东征之前被阿历克塞三世推翻。

蒂博（Thibaut）：香槟伯爵（Count of Champagne），“狮心王”理查的外甥。

第五次十字军东征（第十七章）

卡米勒（al-Kamil）：第五次、第六次和第七次十字军东征期间的埃及苏丹萨拉丁的侄子。

安德鲁二世（Andrew Ⅱ）：匈牙利国王，第五次十字军东征的领导者。

腓特烈二世（Frederick Ⅱ）：神圣罗马帝国皇帝，又被称作“世界奇迹”（Stupor Mundi）。

布里昂的约翰（John of Brienne）：耶路撒冷王国摄政，第五次十字军东征的领导者。

利奥波德六世（Leopold Ⅵ）：奥地利大公，第五次十字军东征的领导者。

科隆的尼古拉斯（Nicholas of Cologne）：德意志牧童，儿童十字军的领导者之一。

佩拉吉乌斯：枢机主教，第五次十字军东征的领导者。

第六次十字军东征（第十八章）

腓特烈二世：神圣罗马帝国皇帝，第六次十字军东征的领导者。

格列高利九世（Gregory Ⅸ）：洪诺留三世（Honorius Ⅲ）的继任者，对腓特烈二世处以绝罚*。

洪诺留三世：呼吁发动第六次十字军东征的教皇。

约兰德（Yolande）：布里昂的约翰之女，耶路撒冷王国的继承人。

---

* 教会制裁的一种形式，即将某人从信徒团契中排除，不许他参加教会的圣礼，剥夺他作为教会成员的权利，但不一定剥夺他现有的教会成员身份，是神职人员和教徒所受的重大处分。

第七次和第八次十字军东征（第十九至第二十一章）

拜巴尔一世（Baybars Ⅰ）：埃及马穆鲁克王朝苏丹。

安茹的查理（Charles of Anjou）：路易九世（Louis Ⅸ）的弟弟，西西里国王。

爱德华一世（Edward Ⅰ）：英格兰国王，又名“长腿爱德华”（Longshanks）。在第八次十字军东征正式结束之后开始东征。他领导的这次东征有时被称为第九次十字军东征。

旭烈兀：成吉思汗之孙，蒙古人领袖。

英诺森四世（Innocent Ⅳ）：第七次十字军东征期间的教皇。

路易九世：法国国王，第七次和第八次十字军东征的领导者，被尊为“圣路易”（Saint Louis）。

祭司王约翰（Prester John）：传说中东方神秘国度的基督教国王。

阿图瓦的罗贝尔（Robert of Artois）：路易九世的弟弟。

地 图*

Maps

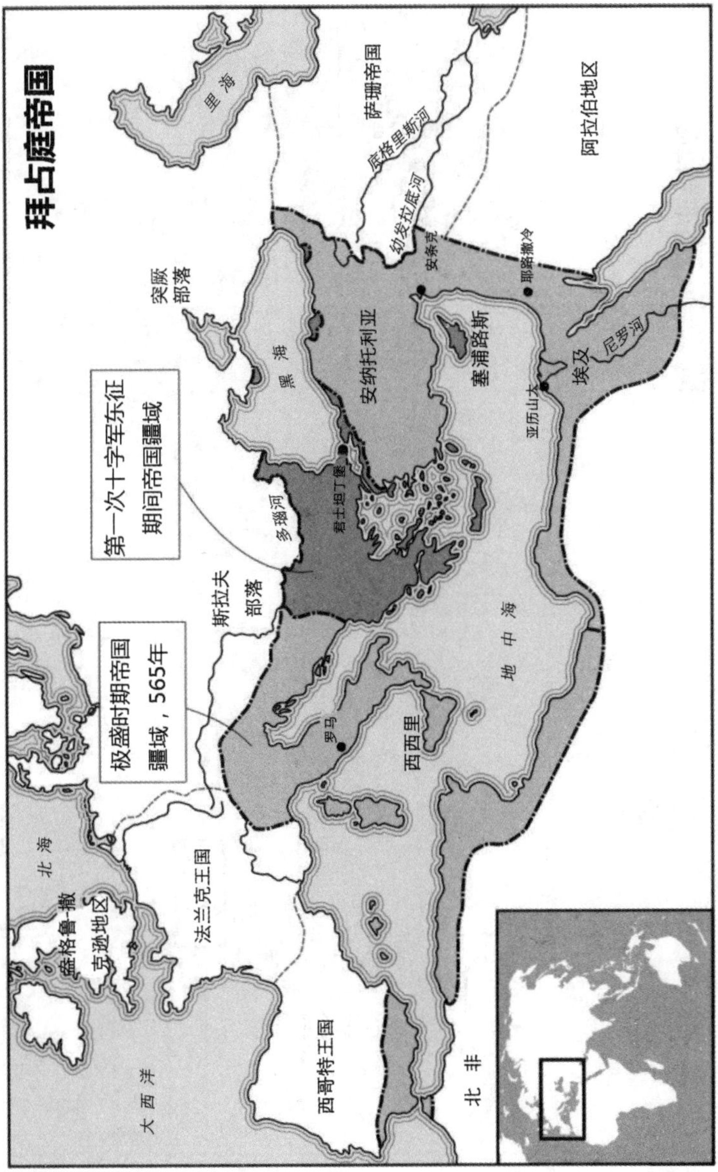

* 本书插图系原书插图。——编者注

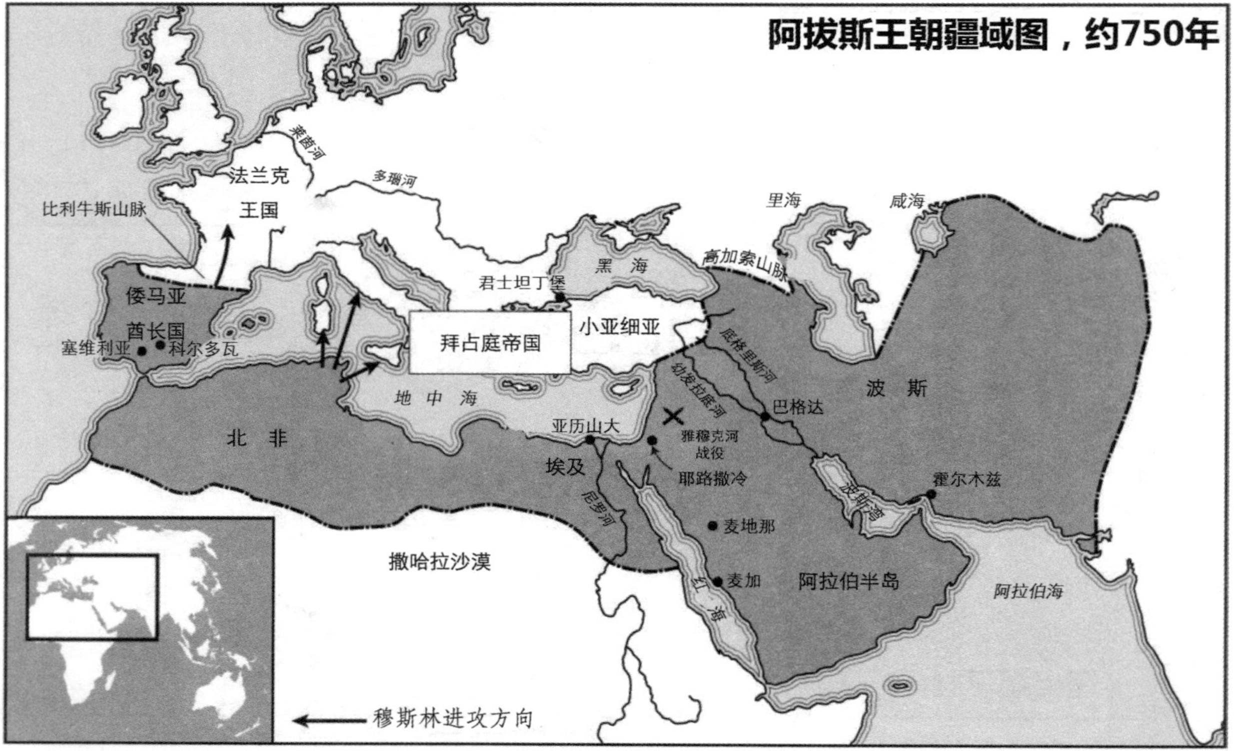
阿拔斯王朝疆域图，约750年
莱茵河
法兰克
王国
多瑙河
比利牛斯山脉
倭马亚
酋长国
塞维利亚
科尔多瓦
君士坦丁堡
黑 海
里海
咸海
高加索山脉
拜占庭帝国
小亚细亚
底格里斯河
幼发拉底河
巴格达
波 斯
地 中 海
亚历山大
雅穆克河
战役
耶路撒冷
北 非
埃及
尼罗河
波斯湾
霍尔木兹
麦地那
麦加
红 海
阿拉伯半岛
阿拉伯海
撒哈拉沙漠
穆斯林进攻方向

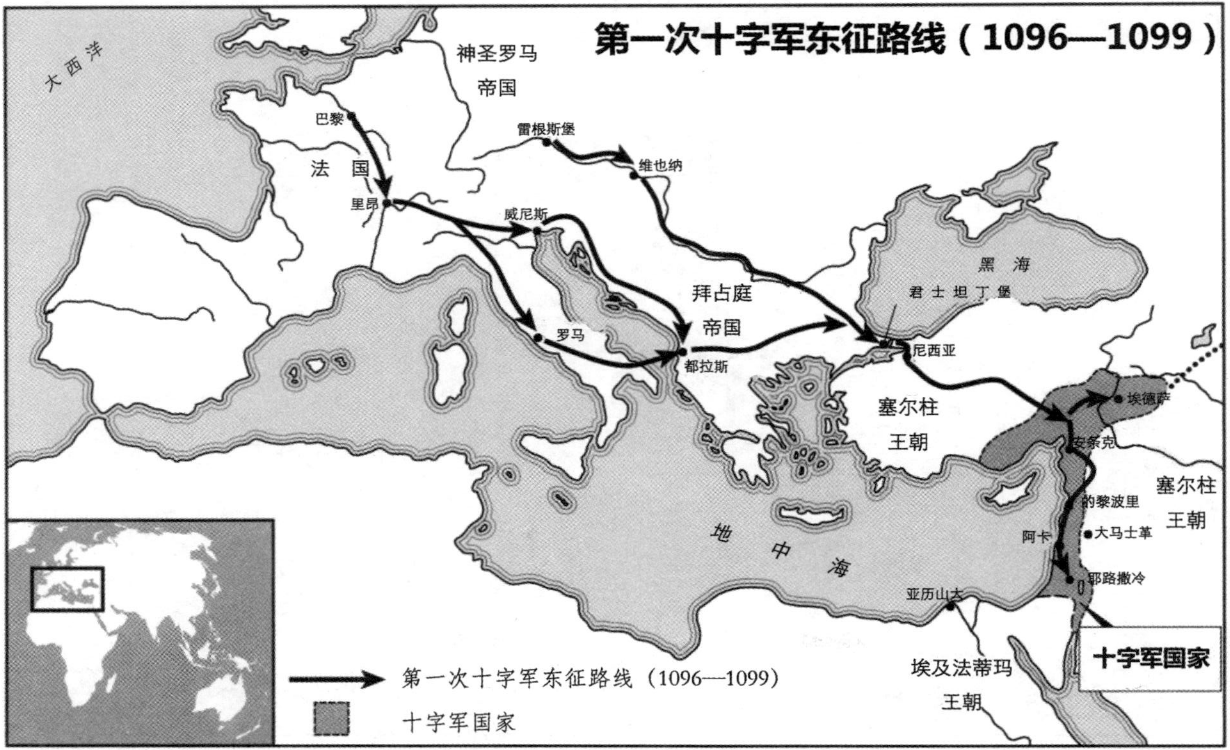
第一次十字军东征路线（1096—1099）
大西洋
神圣罗马
帝国
巴黎
法国
里昂
雷根斯堡
维也纳
威尼斯
罗马
都拉斯
拜占庭
帝国
黑海
君士坦丁堡
尼西亚
塞尔柱
王朝
埃德萨
安条克
的黎波里
大马士革
阿卡
耶路撒冷
塞尔柱
王朝
地中海
亚历山大
埃及法蒂玛
王朝
十字军国家
第一次十字军东征路线（1096—1099）
十字军国家

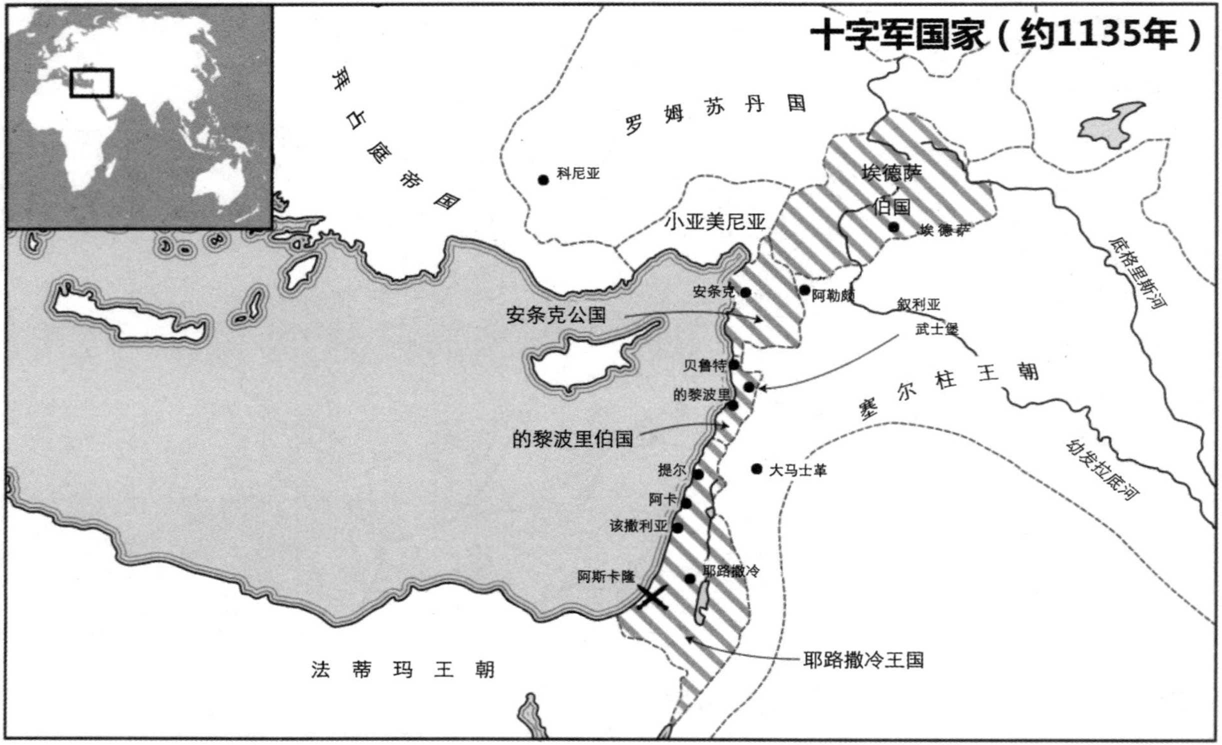
十字军国家（约1135年）
拜占庭帝国
罗姆苏丹国
科尼亚
小亚美尼亚
埃德萨伯国
埃德萨
底格里斯河
安条克
阿勒颇
叙利亚
武士堡
安条克公国
贝鲁特
的黎波里
的黎波里伯国
塞尔柱王朝
幼发拉底河
大马士革
提尔
阿卡
该撒利亚
阿斯卡隆
耶路撒冷
耶路撒冷王国
法蒂玛王朝

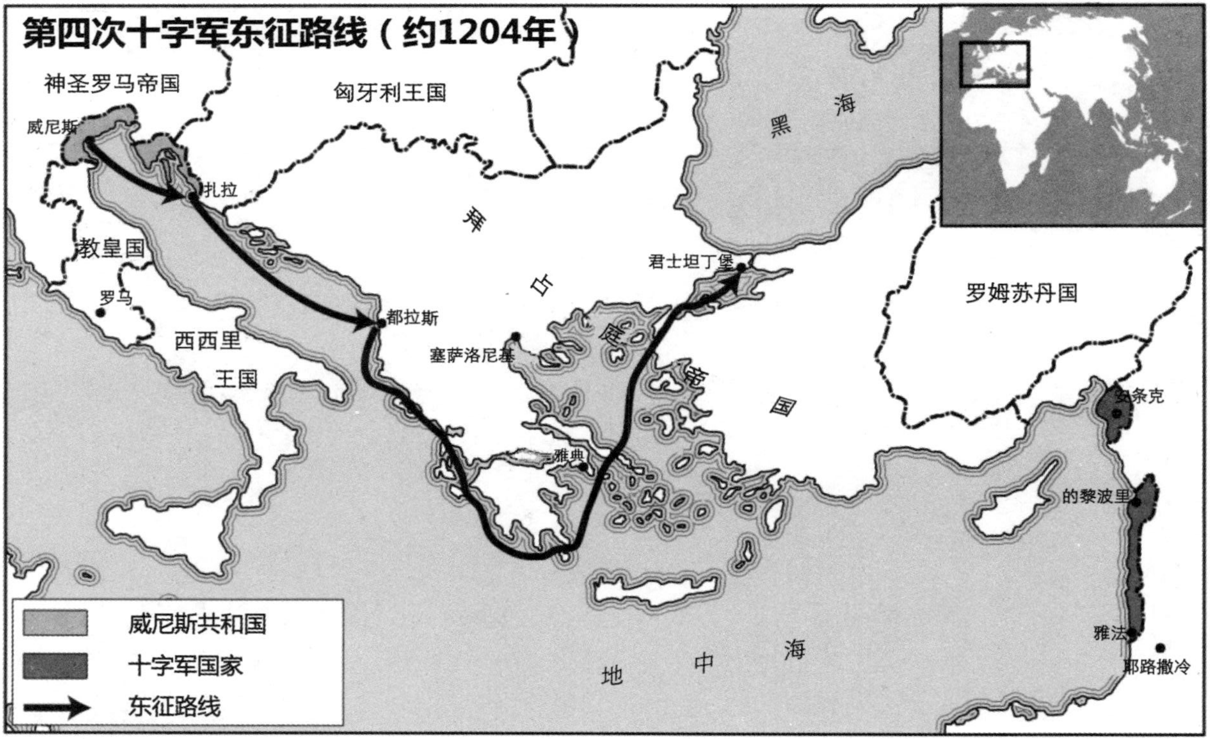
第四次十字军东征路线（约1204年）
神圣罗马帝国
匈牙利王国
威尼斯
扎拉
教皇国
罗马
西西里
王国
都拉斯
拜占庭帝国
塞萨洛尼基
君士坦丁堡
雅典
黑海
罗姆苏丹国
安条克
的黎波里
雅法
耶路撒冷
地中海
威尼斯共和国
十字军国家
东征路线

“若欲和平，须备战争。”

——普布利乌斯·弗莱维厄斯·维盖提乌斯

引言

雅穆克河战役

Prologue
Yarmouk

636年年初，一支骑着骆驼的军队越过叙利亚边境，攻入东罗马帝国。此举仿佛是在自取灭亡。东罗马帝国有一个更为人熟知的名字——拜占庭帝国。这是一个光芒四射、文化底蕴深厚的基督教国家，领土西至西班牙南部的大西洋海岸，东至如今沙特阿拉伯的浩瀚沙漠。* 对阵每个邻国，拜占庭似乎都占据优势。4个世纪断断续续的战争之后，在伟大的罗马战士、皇帝希拉克略（Heraclius）的带领下，拜占庭人终于击溃了老对手波斯。

拜占庭的编年史作者很快就把他的统治时期称作新的黄金时代。这位上了年纪的皇帝被歌颂为带领人民摆脱恐惧的新一代摩西（Moses），瓦解波斯威胁的新一代亚历山大大帝（Alexander the Great），征服当代的汉尼拔（Hannibal），重现罗马荣光的新一代大西庇阿（Scipio

* 东罗马帝国的首都是君士坦丁堡（Constantinople），这座城市原名“拜占庭”，所以现代历史学家把该帝国称为“拜占庭帝国”，或更简单地称作“拜占庭”。

Africanus)。“罗马治下的和平”又一次散播在了饱受战争蹂躏的地中海土地上。

另一方面，进攻者来自阿拉伯半岛的无尽荒漠。那里远离文明世界，分布着各个争端不断的小部落。除去少数几次对帝国领土的侵略之外，这片不毛之地的居民几乎没有登上过人类历史的主舞台，以后似乎也不会有这种希望。然而在 622 年，赶骆驼的商人之子、魅力超凡的穆罕默德宣示，他是安拉的最后先知，要前来净化犹太教和基督教被曲解的教义。*

穆罕默德不是思维简单的狂热者，也不是转瞬即逝的强人。他宣扬对安拉意志的完全顺从和信仰（伊斯兰），并将此与政治和军事体系结合了起来，让伊斯兰教超越了宗教信仰的范畴。† 他启发了阿拉伯半岛那些争吵不休的部落，让他们相信世界分为两个部分——顺从伊斯兰教的“伊斯兰地区”（*Dar al-Islam*）和尚未顺从的“战争地区”（*Dar al-Harb*）。阿拉伯人不再因为两败俱伤的内斗而消耗，这股巨大的能量化为刀锋，指向了战争地区。

第一波圣战（*jihad*）的成功令人激动不已。10 年之内，穆斯林军队就征服了阿拉伯半岛的大部分地区，尽管 632 年穆罕默德因为发热逝世于麦地那，但一系列拥有同样进取心的接班人继续着扩张之路。‡ 早

* 穆罕默德声称，安拉（Allah）派遣了多位先知传达谕示，摩西和耶稣基督是其中最著名的两位。然而随着时间的推移，他们传达的信息已然模糊不明。他获得的启示是“纯净”的最终版本，可以代替那些被曲解的版本。

† “伊斯兰”意为“顺从”安拉的意志。

‡ 穆罕默德成功的关键之一在于他的务实主义。尽管他宣扬严格的顺从，但是也愿意为奴隶制和一夫多妻制等根深蒂固的制度留出存在的空间。

在 634 年，突击部队就已经进攻过拜占庭的领土，而两年后，他们展开了大规模进攻。这个时机堪称绝佳。

尽管表面光鲜，但拜占庭的强大实力其实不过是海市蜃楼。过去 20 年里的战争已经导致超过 20 万军人死亡，这让他们筋疲力尽、脆弱不堪。宗教分歧使得东南部的省份人心涣散，而皇帝试图通过武力根除异端的做法，更进一步加剧了情况的严重性。整个帝国迫切需要领导者，然而到了 636 年，能征善战的英雄希拉克略已经自顾不暇，他的肩膀塌陷，双手颤抖。30 多年的执政已经让他油尽灯枯，他开始出现精神不稳定的症状，时常发作剧烈的痉挛，并很快就因此逝去。

希拉克略可能还没有正确认识他面对的敌人——像大部分拜占庭人一样，他天真地认为这只是一种新的基督教异端或犹太教宗派。不过至少他意识到了威胁，派出了多达 8 万人的大军前去捍卫领土。由于重病在身无法亲征，希拉克略还在帝国的第二大城市安条克建立了指挥中心，并让一批将领率军进入叙利亚。在那里，穆斯林大军严阵以待。

双方在约旦河（Jordan River）支流雅穆克河（Yarmouk）附近的沙地平原对峙。这是一片荒凉的地区，位于如今以色列、约旦和叙利亚三国的边境，就在争议地区戈兰高地（Golan Heights）东南方。在公元 7 世纪时，这里无比偏僻，紧邻难以穿越的沙漠和炽热的山头，很难想象人类历史上最具决定性的战役之一将在此拉开序幕。

拜占庭军无疑是优势方，至少从数量上看是这样。不过在对手的眼里，他们多少有些缺乏勇气。5 天了，他们只是试探性地派出侦察队仔细观察，但拒绝交战。而就在拜占庭军犹豫观望之际，穆斯林的增援部队抵达了战场。[*]穆斯林实力增强的同时，基督徒的士气也变得低落。

率先发动进攻的是穆斯林军队。636年8月20日，令人睁不开眼的沙暴朝着拜占庭军席卷而去，借此掩护，阿拉伯人出击了。帝国军起初坚守阵地，不过交战正酣时，被严重拖欠军饷的阿拉伯基督徒[†]倒戈相向，防线崩溃了。混乱、迷茫，身陷重围，帝国军取胜的机会实在渺茫。他们当中大部分人都在努力逃命的过程中遭到屠杀。

战败的消息传到安条克，沉重打击了希拉克略那日渐脆弱的神经。他为这次战役赌上了一切，结果却一败涂地。希拉克略认为自己已经被上帝抛弃，因此不再继续阻止穆斯林的进攻[‡]，而是率领残部一路返回君士坦丁堡。途中，他只在圣城耶路撒冷停留了片刻。

就在6年前，他带着帝国最神圣的遗物——真十字架（True Cross）[§]，以胜利者的姿态昂首进入耶路撒冷。当时，他身着忏悔者的简单衣物，赤足走过了耶稣基督被送去遭受刑罚的苦伤道（*Via Dolorosa*）。苦伤道的终点是君士坦丁大帝（Constantine the Great）建立的华美大教堂——圣墓教堂（Church of the Holy Sepulcher）。在那里，希拉克略把圣物挂上了主祭台。那是他统治的光辉顶点，成了受上帝眷顾的铁证。

---

* 穆斯林援军在前去与主力部队会合的途中，没有水源供应。他们的指挥官创造性地在出发前让骆驼饱饮，一路通过宰杀骆驼获取淡水。

† 拜占庭军队有相当一部分是信仰基督教的阿拉伯人、亚美尼亚人和格鲁吉亚人。——译者注

‡ 希拉克略的臣民认同这一观点。在第一任妻子逝世后，希拉克略迎娶了他的外甥女。人们普遍认为，这次乱伦的婚姻是导致帝国之后大部分麻烦的源头。

§ 真十字架据说是钉死耶稣基督的十字架，是耶稣的遗物之一。

如今，希拉克略已是一个罹患重病的可怜人。这位遭受挫折的君王再一次走进了教堂，小心翼翼地取走了真十字架，把它与城市里的其他大部分圣物一起装上了船。此举的象征意义不言而喻。希拉克略没有掩饰自己的泪水，他离开了这里，让基督徒直面从东方降临的命运。

由于没有了领袖，也不了解这个新的敌人，拜占庭在中东地区的统治以惊人的速度崩溃了。罗马治下的中东信仰基督教已经超过 3 个世纪，现在却遭到了致命一击。本次战役之后不到一年，哈里发就进入了耶路撒冷，从基督徒手中夺走了它。12 个月内，大马士革（Damascus）连同叙利亚的其他领土和如今的以色列、约旦，均告陷落。之后仅仅过了 10 年，阿拉伯人又征服了埃及和亚美尼亚，再过 10 年，又将伊拉克全境和伊朗的大部分地区占领。雅穆克河战役后不到一个世纪，北非和西班牙都成了穆斯林的囊中之物，他们的势力范围距离巴黎只有不足 150 英里（约合 241 千米）。四分之三的基督教世界被攻陷，而最具讽刺性的是，基督教信仰甚至在自身的发源地被人扫地出门。

耶路撒冷牧首为了避免进一步发生流血事件，把城市交给了新的主人。他很好地概括了基督徒的情绪。看着哈里发骑着一头雪白的骆驼前去占领圣殿山（Temple Mount），他忧心忡忡地念了一句经文："看呀，那行毁坏可憎的……"* 这是一个预示——基督所预告的世界末日即将来临。

* 《马太福音》第 24 章 15 节：你们看见先知但以理所说的"那行毁坏可憎的"站在圣地。

第一章
笔与剑

Chapter 1
The Pen and the Sword

一个背离了上帝的种族……暴力入侵了基督徒的土地。

——乌尔班二世在克勒芒的演讲

1093 年，东罗马帝国皇帝阿历克塞一世·科穆宁苦苦等待的一个机会出现了。强大的穆斯林敌人出现了分裂，已然呈现颓势。一次持续的征伐也许就能带来繁荣与和平——这两件事情已经在帝国消失了太久。

十几年前的 1081 年，阿历克塞一世即位。加冕礼上，他曾许下诺言，要让帝国重现昔日的兴旺昌盛，尽管从当时的形势来看，他陪伴着帝国迎来最终覆灭的可能性要大得多。400 多年来，继承了原罗马帝国东半部分的拜占庭一直处在四面受敌的环境之中。到阿历克塞一世出生的 11 世纪中叶，当年横跨地中海的强盛帝国在伊斯兰教力量的步步紧逼之下，领土范围只剩下如今的土耳其和希腊一带。而在 1071 年，即阿历克塞一世加冕的 10 年前，情况恶化到了极点。来自中亚、新近崛起的入侵者突厥人在偏僻的亚美尼亚城镇曼齐克特（Manzikert）把拜占庭军队一截两段，俘虏了拜占庭皇帝及其随从。得胜的苏丹穿着拖鞋，把脚搁在皇帝的脖子上，仿佛这个遭受屈辱的帝国不过是他仪式上的脚凳。当时的拜占庭编年史作者米哈伊尔·普塞洛斯（Michael Psellus）描述道：突厥人就像"泛滥的洪水"一样涌入了小亚细亚。*

拜占庭的东部前线被打得千疮百孔，西部国境也被重重包围。诺曼冒险者挺进了意大利半岛，他们是在法国定居的维京人的后裔，认为攻打这里的时机已经成熟。在强大的领袖罗贝尔·吉斯卡尔（Robert Guiscard）和他儿子博希蒙德的带领下，诺曼人几乎没有遭遇抵抗就征服了意大利南部。1081 年，他们攻入希腊，仅用了几个月时间，大军就逼近君士坦丁堡。看起来，唯一的问题只在于消灭拜占庭的是诺曼人还是突厥人了。

这一长串灾难实际上正是阿历克塞一世加冕的原因。前一任老皇帝年近八十，根本无力抵御任何进攻，被阿历克塞一世打发去了修道院。面对两大强敌，没有一支可靠的军队，阿历克塞一世的处境很艰难，但是通过圆通的外交手段、果敢的决断精神以及几次不失时机的贿赂，他止住了帝国的崩溃。

---

* "小亚细亚"原本指代罗马帝国亚细亚行省的一部分，圣保罗曾经在这里传道。它包含了如今土耳其的大部分地区，基本上可以与地名"安纳托利亚"（Anatolia）互换使用。

接下来14年里，他不知疲倦地工作，努力稳固前线，并为子民带来了繁荣，至少表面上如此。虽然缓慢，但是局势的确已经开始扭转。由于小亚细亚突厥人的新任苏丹不够强势，无法让埃米尔们统一战线，到了1095年，苏丹的领地已经很大程度上分裂成了一些互相争斗的酋长国。

阿历克塞一世等待的时机正是此刻，这也是他精心动用金钱攻势推波助澜的结果。如今，他的大敌四分五裂，虚弱不堪，只要发动反攻，就能把突厥人赶出小亚细亚，平复曼齐克特之役造成的创伤。机不可失，时不再来。

然而不幸的是，阿历克塞一世没有足够的军队来把握机会。失去小亚细亚，让帝国经验丰富的士兵损失大半。他拼凑出了一支由雇佣兵和新兵组成的队伍，浩浩荡荡地迈出了君士坦丁堡的黄金门（Golden Gate），但这些人在实战中毫无用处。第一次对阵正规军，他们转眼就被打得溃散而逃。后续的两次军队改革带来的效果也微乎其微。

比起数量，雇佣兵的质量是个更大的麻烦。大部分雇佣兵都来自帝国周边的未开化部落，他们的忠诚度很成问题。遭遇作风强硬、纪律严明的西方军队，或是数量更多的东方军队时，他们会害怕。阿历克塞一世如果能够找到可靠的士兵——哪怕几百人都行——就能让他们充当主心骨，坚定剩余部队的决心。

幸运的是，这类士兵近在眼前。西欧的重甲骑兵一旦发起冲锋，几乎无人能挡。只要掌握好平衡——拥有足够的骑士来强化军队，又要避免他们数量太多不好控制——阿历克塞一世就能把突厥人彻底赶出帝国的领土。

唯一要确定的细节问题，就是找谁求援了。他当然不可能给博希蒙德或其他诺曼领袖写信，请他们派兵再光顾帝国。他也不能随便找一个欧洲小国的君主，那些国家自己的家务事还没解决，恐怕没有他需要的资源。知道找谁帮忙，也能保证阿历克塞一世切实获得帮助，拥有这样身份的人只剩下一个了。于是，阿历克塞一世请求教皇伸出援手，这个决定意义重大。

带着阿历克塞一世请求的拜占庭使者找到了乌尔班二世。后者正在意大利北部城镇皮亚琴察（Piacenza）主持教会会议。这是乌尔班担任教皇期间第一次组织大规模集会，他很高兴有来自东方的尊贵客人出席。拜占庭历来都拒绝承认罗马教廷的无上权威，此举之前已经导致过一次严重的裂痕。*这次拜占庭皇帝的私人代表前来，让他心满意足。乌尔班几乎没有犹豫，就邀请他们登台对大家说两句。

考虑到现场的环境，拜占庭的使者们非常明智地放弃了用世俗的金钱诱惑听众，转而营造出基督徒和谐友爱其乐融融的氛围来打动听众。当然，他们的演讲中也暗示了文化底蕴深厚的东方拥有大量财富，但是他们讲话的绝大部分时间，都用来控诉东方基督徒被迫遭受的压迫和折磨。他们绘声绘色地说道，突厥人已经打到君士坦丁堡的大门口。东方古老的基督教群落，例如“基督徒”这个词的诞生地安条克，

---

* 1054年，教皇的使者把君士坦丁堡的大牧首开除教籍。而君士坦丁堡的大牧首作为回应，也宣布开除教皇教籍。这一事件被称作“东西教会大分裂”。它引发了一系列后续事件，最终导致基督教世界永久分裂成了西方的天主教区域和东方的东正教区域。

已经淹没在了穆斯林的汪洋大海之中。伊斯兰的大军掌控了《启示录》（*Book of Revelation*）中提到的全部7个教会，再放任不管，西方世界很快也将受到威胁。最后，他们总结道，保护东方的兄弟手足，捍卫君士坦丁堡这个基督教文明的巨大堡垒，是所有品行优良的基督教骑士应当肩负的责任。

拜占庭使者的讲话煽动力十足，而在乌尔班二世看来，这套理论大有可为之处。散会之后，他翻过阿尔卑斯山脉（Alps）返回出生地法国。途中，一个宏伟而大胆的计划开始在他脑海中成形。

教皇本人深知伊斯兰教对西欧的威胁。公元9世纪时，罗马自身都遭到过穆斯林的劫掠，他们还烧毁了部分圣彼得大教堂（St. Peter's Basilica）。基督徒在北非的领地是圣奥古斯丁（St. Augustine）和其他一些具有影响力的神父的故乡，而它们在伊斯兰教的步步紧逼之下遭到吞并，基督徒控制的西班牙也已大半陷落。如果现在拜占庭再被征服，基督教世界就相当于被穆斯林全面包围了。

一般情况下，国王或皇帝会拿起剑来捍卫基督教世界，但是眼下没有合适的候选人。拜占庭皇帝的求援已经表明现在需要强有力的领袖，但在西方，有权威的王室实际上已经成了稀有物种。由于分封制度和日耳曼人把父亲的遗产分给所有儿子的传统，统治者的权威多数时候仅局限于自己的宫殿内。可以号召人们针对穆斯林的威胁发动反攻的，只有精神地位超然的教皇。

组建全基督徒的军队来采取军事行动，这样的计划最早由乌尔班二世的前任格列高利七世（Gregory Ⅶ）提出。他创造性地设想从西欧各国征兵，组建一支由他自己担任首脑的队伍。如此，他就能扮演当代摩西的角色，把上帝的子民从突厥人的压迫下解救出来，并将他信徒捍卫者的形象发扬光大。

格列高利七世还没来得及为这个梦想做些什么就逝世了。乌尔班二世作为他的密友，如今就处在有能力让它变为现实的位置上。*1095 年夏天，教皇在翻越阿尔卑斯山脉的路上反复思量，将它改造成了一个甚至连格列高利也从未想象过的野心计划。

乌尔班二世这次造访法国，某种程度上算是返乡。近 60 年前，他以沙蒂永的奥多（Odo of Châtillon）之名，诞生在法国东北部产酒地区香槟的一个贵族家庭，是家中的小儿子。然而，他这次回来的目的并不是重温童年时期风景如画的溪谷，而是解决多情的腓力一世出格的行为引发的问题。腓力一世爱上了安茹伯爵（Count of Anjou）的妻子，还完全没有保密的谨慎意识。随后，腓力一世又错上加错，可怕地对待自己的王后。她刚生下孩子，腓力就以她太胖了为由要求离婚，之后又诱拐了安茹伯爵夫人做自己的情妇。法国的主教屡次请求他把这位女士还给安茹伯爵，但都遭到拒绝，甚至连绝罚的威胁都不能动摇国王的想法。

为了处理这个局面和其他一些胡作非为的情况，乌尔班二世宣布于 11 月 18 日在法国中部奥弗涅（Auvergne）地区的克勒芒举办宗教大

* 讽刺的是，格列高利七世最初的设想是借此帮助神圣罗马帝国皇帝亨利四世（Henry Ⅳ），在皇帝出征期间管理西部地区。然而，此后不久，两人就在争夺教会圣职任免权的叙任权斗争（Investiture Controversy）中产生了激烈的矛盾，最终格列高利七世将亨利四世逐出教会。

会。这次大会计划持续10天，尽管出席者仅限于神职人员，让好奇者有些失望，但他还宣布了一件不同寻常的事情：从第二天起到最后一天，当地的大教堂将对公众开放，教皇届时可能会发表重要讲话。

这一公告取得了理想的效果，克勒芒周边地区的百姓都蜂拥而来，迫切地想知道教皇会说什么。尽管11月寒风凛冽，起初的会议也是例行公事地谴责买卖圣职即出售教会职位，教士结婚，由世俗领袖任命主教等行为，但公众的热情却持续高涨了整整一周。正如人们所料，教皇再次要求腓力一世交出情妇，并再次被拒绝，最后正式将腓力一世逐出教会。

到会议第九天，公众的数量已经太过庞大，大教堂无法容纳。所以人们在克勒芒东城门外的开阔地带搭建了一个平台。完美策划了这一壮观场面的乌尔班二世站起身来，开始了发言。他接下来的讲话真真切切地撼动了整个欧洲。

令人惊讶的是，我们无法确切得知他讲了什么。尽管现今存有当时的4份记载，其中一份的记载者还声称自己就在现场，但没有一份逐字记录了乌尔班二世的全部发言，它们都是在事件发生几年后才写下的。所以这些作者很有可能只是凭印象回忆了他们认为教皇“应该”说的话。无论如何，尽管细节差异很大，但这几份记录在讲话的要点上达成了共识。

教皇在开头似乎详细描绘了东方基督教世界的悲惨境遇。他重申了拜占庭帝国对突厥人的暴行、基督教圣地被毁和基督教朝圣者被谋害的担忧。但乌尔班二世的重点不是君士坦丁堡，而是耶路撒冷。按照西方中世纪的观点，那里是世界的中心。

当西方的基督徒沉迷于本土琐碎的战争时，他们在耶路撒冷的兄弟姐妹正遭到屠杀。耶稣基督出生、死亡并被复活的神圣之城，如今被残忍的渎神者统治。在圣殿山，穆斯林建起了圆顶清真寺（The Dome of the Rock），其中一条铭文警告基督徒不要再信基督："安拉是清算神速的。"剩下的那些信徒的圣地，要么被关闭，要么被接管，当地的基督徒被驱逐，而朝圣者时常被抢劫、折磨乃至杀害。

少数选择留下的基督徒则会遭遇可怕的对待。法国修道士兰斯的罗贝尔（Robert of Rheims）如此回忆乌尔班二世的描述：

> （塞尔柱突厥人）杀人时喜欢把受害者肚子剖开，扯出肠子并绑在木桩上。随后，他们鞭打受害者，强迫他们绕着柱子爬动，他们的内脏纷纷流出，最后倒下死去。他们会把人绑在木桩上，并向这些人放箭。他们会抓住受害者，让这些人伸长脖子，看看能否用剑一下把头砍掉。而面对他们强奸妇女的暴行，我还能说什么？*

乌尔班二世通过这个生动的画面，巧妙地调动了人们的情绪。那些有罪的人，只要不是杀人犯，都可以通过远征东方来救赎自己。那些与手足同胞争斗不休的人，应当树立更高的目标去参与一场正义的战

* 兰斯的罗贝尔或许就在克勒芒现场，不过他关于乌尔班二世演说的记录可能是在20年后才回忆写下的。

争。那些在远征途中失去生命的人，今生的痛苦将会在天堂获得丰厚的回报。

在演说的结尾，乌尔班二世巧妙地在教会的教义中加了点儿新内容。自公元5世纪的圣奥古斯丁以来，西方基督教思想家传授的观念是，如果符合一定的标准，那战争可以是正义的。* 而乌尔班宣扬的却不一样。他把听众称为“圣彼得的战士”，呼吁他们保卫教会。骑士们参与的普通战斗，都是为了追求更多的土地、财富或权力，这让他们平凡的灵魂遭到玷污，在审判之日（Day of Judgment）有沦入地狱的危险。而收复耶路撒冷的战斗则有着更高尚的理由，因此有助于涤清罪恶的灵魂。佩戴十字的骑士将因为虔诚和朝圣之举而得到净化，成为基督的骑士。十字军东征不仅是一次正义的战争，还是一次神圣的战争。†

待教皇发言完毕，许多人开始放声悲泣，有人呼喊“上帝的旨意”（Deus vult!）。随着尊贵的主教勒皮的阿希马尔登上平台，跪在乌尔班面前，呼喊化为咆哮的声浪。阿希马尔宣誓将远征耶路撒冷，而教皇的随从剪下了两条红布，以十字的形式缝在了阿希马尔外衣的肩部。之后，无数骑士和小贵族蜂拥而上，希望“佩戴十字”，以至于红布很快告罄，随从们只能把捐赠的服装撕成布条来满足所需。‡

---

* 正义的战争必须由合法的统治者出于正当理由发起，只为了伸张正义而进行，且必须是解决问题的最后手段。

† 伊斯兰教从一开始就有“圣战”的概念，但基督教精神从各种角度上都在不断拒绝这种行为。

‡ 那些宣誓远征耶路撒冷的人，在拉丁语里被称为“*cruce signati*”，意为“佩戴十字者”。根据这个词，英语演化出了“crusade”和“crusader”，即“十字军远征”和“十字军战士”。

甚至连乌尔班自己都没有想到观众的反应会如此强烈。这不仅是因为教皇魅力非凡，更是因为这个世纪以来，全欧洲的宗教意识都开始觉醒。《启示录》中的可怕景象在中世纪已经不断显现，而11世纪之初似乎显得尤为不祥。距离耶稣基督的降生与复活已经过去了一千年，人们逐渐感觉世界正走向终点，最后的审判日显然已经临近了。

为了逃避日益增长的罪孽感，中世纪的欧洲人越来越倾向于寻求修道院和圣物的力量，以期获得安慰。圣地或圣人的残存部分，或者他们接触过的物体，都可以成为罪人有力的护身符。自查理曼以来，许多圣坛都供奉了圣物，它们的尊崇地位堪比中世纪教堂中的圣礼。

与耶稣或圣母马利亚有关的圣物拥有最为强大的力量，但那些地位稍低的圣徒的圣物同样可以显现神迹，往往也是朝拜的目标。在公元9世纪，西班牙发现了耶稣十二使徒之一大雅各（St. James the greater）的遗骨，消息一经传出，基督徒们便不惜徒步几百千米穿越敌国领土，只愿看上一眼。供奉遗骨的西班牙圣地亚哥大教堂（Cathedral of Santiago）顶住了维京人和穆斯林的进攻，到了乌尔班演讲的年代，这里已经成为基督教世界著名的圣地。

因此，乌尔班一提到耶路撒冷，就立刻让人们兴奋不已。耶路撒冷不仅是一座城市，还是耶稣基督生活、死亡和复活的所在地。如果圣徒抚摸过的衣服是圣物，那耶稣居住过的城市呢？正如耶稣基督本人是历史的中心人物一样，耶路撒冷也是世界的中心。*

但基督徒从未遗忘福音书中的场景。尽管大部分基督徒都不识字，但所有人都从神父或司铎的口中了解过耶稣的一生，对书中耶稣待过的村庄和地点烂熟于心。公元 4 世纪，君士坦丁大帝之母圣海伦娜（St. Helena）尽管年过七十，却来到圣地，走过基督的脚印，这是第一次“官方”朝圣。据传说，一个年老的犹太人指引她来到哈德良建立的神庙的所在地。那里已经成为一片废墟，被用来堆放垃圾，而海伦娜就在地基之下发现了埋藏的真十字架。

海伦娜进一步挖掘，又发现了更多圣物，包括耶稣受难时十字架上的铭文和钉住他的 4 颗钉子。† 她把这里打扫干净，而她的儿子——第一位基督徒皇帝——在这里修建了圣墓教堂。海伦娜的余生都在巴勒斯坦（Palestine）旅行，在所有还能辨认出的神圣遗迹上修建纪念教堂。皇室的举动引发了朝圣的热潮。不到一个世纪，就有超过 200 座修道院和宗教住所建立起来，为苦行赎罪的人提供帮助。

到公元 4 世纪末，把《圣经》翻译成拉丁文的圣哲罗姆（St. Jerome）声称耶路撒冷散发着一种“精神能量”，并建议读者去拜访其他重要地点，例如耶稣成长的地点拿撒勒（Nazareth），出生的地点伯

* 中世纪的欧洲地图往往以东方或东方国家（orient）为上，把耶路撒冷放在地图中心。这也是如今英文短语“orient oneself”（定位自己）的由来。

† 目前至少还有两颗钉子存于世。君士坦丁大帝熔化了其中一颗用于打造马镫。第二颗钉子随后被带到米兰（Milan），如今仍然可以在大教堂中看到。他将第三颗钉子作为礼物送给了意大利的伦巴第王公，后者将其打造成环形，以此为基础制作了著名的伦巴第铁皇冠（Iron Crown of Lombardy）。如今这顶皇冠存于蒙扎大教堂（Cathedral of Monza）。最后一颗钉子的情况难以确定，而君士坦丁大帝似乎至少还使用了第五颗钉子。到了中世纪，超过30座教堂都声称自己拥有“圣钉”的一部分。

利恒，受洗的地点约旦河，将水变酒的地点迦拿（Cana）。*

朝圣的概念已经变得十分流行，朝圣者浩浩荡荡，给当地的修道士造成了很大的麻烦。圣哲罗姆到生命的晚期时，感觉自己有必要抑制这种概念，于是写道：尽管朝圣可以让基督徒的灵性修行变得圆满，但对于获取救赎而言，它并非不可或缺，无论在哪儿，人们都可以有美好的生活，真正重要的是品格与信仰。尽管如此，但圣哲罗姆本人的最后 40 年都在伯利恒度过，因此圣地对信徒的诱惑有增无减。

亲身来到耶稣曾经行走过的地方，这可能是精神供奉的终极体现，但要实现这样的朝圣十分困难。旅途耗时数月，花费惊人，朝圣者要有勇气面对船只失事、土匪劫掠、气候未知的危险，而沿途的居民往往也充满敌意。他们如果一路平安抵达目的地，还需要获得官方许可才能参观圣地，在这个过程中，他们需要给穆斯林官员足够的贿赂才能获得网开一面的机会。此外，人生地不熟的外国朝圣者还会遭遇一些常见的困难：奸猾的商人、黑心的向导、天价的纪念品和糟糕的食宿。

朝圣之旅过于艰难，以至于它有时被用作惩罚的手段。那些罪行尤其严重的犯人，如杀人犯，会被要求在脖子上挂着凶器走路前去圣地。这也是一种标志，向其他朝圣者表明他们不是普通的信徒，应当被公众唾弃。而在最极端的情况下，受罚者还要以最丧失体面的方式朝圣。正如英国诗人乔叟（Chaucer）所言：当一个人公开犯罪……（他必须）

* 朝圣本身就是一种古老的习俗。古罗马的许多无宗教信仰者也会千里迢迢前去参拜那些精神象征，例如以弗所（Ephesus）的狄安娜神庙，或是特洛伊（Troy）的赫克托耳（Hector）之墓。

裸体或赤脚朝圣。毫不奇怪，这些忏悔者需要在沿途所有神殿获得签名，证明他们确实去过那里。*

值得注意的是，耶路撒冷落入穆斯林的掌控并未影响朝圣的贸易。旅游业是圣城的生命线。在短暂的迫害†之后，伊斯兰世界的统治者迅速发现维持这条财路对他们而言最为有利。几个世纪以来，他们与基督徒维持着微妙的平衡。为了让神殿保持开放，让朝圣者在城内获得保护，基督教国家的统治者需要鼓励朝圣，为了维护已有场所，还要向朝圣者赠送价值不菲的礼物。‡

这种关系让双方都受益匪浅。金钱源源不断地流入哈里发的国库，到10世纪早期，巴勒斯坦的基督徒地位实际上已经与之前基督教国家统治时期相差无几。人口的流动比以往任何时候都要更加频繁。诺曼的公爵、英格兰的王室，甚至恐怖的维京国王哈拉尔·哈德拉达（Harald Hardråda）都曾去耶路撒冷表达过自己的敬意。一位来到耶路撒冷的穆斯林甚至抱怨基督徒似乎已经完全控制了局面，简直都找不到一个不是基督徒的医生或一个不是犹太人的庄家了。§

在置身事外的观察者看来，这种相对的平静似乎会持续下去。地中

---

* 事实证明，从欧洲赤脚走路前往巴勒斯坦往往是致命的。在此仅举一例，1051年，英格兰盎格鲁-撒克逊时期的末代君主之兄斯韦恩·葛德温森（Swein Godwinsson）因为行止不端遭到放逐。他在翻越安纳托利亚的山脉时死于寒冷。

† 在迫害最严重的1012年，半疯狂的哈里发哈基姆（al-Hakim）下令拆毁所有的犹太会堂和基督教堂。此外，所有非穆斯林都需要缴税，穿着与众不同的服装并佩戴屈辱的标志——基督徒要佩戴木质大十字架，犹太教徒要佩戴铃铛。

‡ 查理曼为朝圣者建造了一座宽敞的旅馆。而在11世纪，拜占庭皇帝君士坦丁九世（Constantine IX）重建了圣墓教堂，为了获得维护耶路撒冷基督教场所的权利，他耗费了大量金钱。

§ 穆卡达西（al-Muqaddasi）著，《叙利亚概述》（*Descriptions of Syria*），莱斯特兰奇（Le Strange）译，第37页。

海的两大势力阿拉伯帝国和拜占庭保持了良好的关系，局势也相对稳定，还约定了永久国境线。不过，尽管基督徒的情况比较简单，拜占庭永远是圣地基督徒的保护者，但穆斯林的情况就复杂得多了。

伊斯兰世界尽管从外面看起来铁板一块，但内部实际上分化严重。其中的主要矛盾存在于占少数的什叶派（Shi'ite）和占多数的逊尼派（Sunni）之间，这一矛盾几乎和这个宗教本身一样古老。[*]政治方面，逊尼派一直占据主导地位，坐拥首都巴格达，统治着巨大的阿拔斯王朝[†]。然而到了10世纪，逊尼派的哈里发，即穆罕默德的继承者，受制于几个强大的首领，无法阻止对立的什叶派哈里发在埃及建立王朝。

塞尔柱（Seljuk）突厥人的到来，阻止了阿拔斯王朝继续腐化。这是一个来自中亚大草原[‡]的半游牧民族。作为逊尼派的新信徒，塞尔柱人是狂热的战士，他们控制了巴格达，给衰微的阿拉伯帝国注入了新的能量。1071年，他们在曼齐克特的可怕战役中击溃了拜占庭军队，又在接下来的6年内把什叶派建立的埃及法蒂玛王朝（Fatimids）赶出了其之前攻占的叙利亚领土。1077年，突厥人在巴勒斯坦划定了一条脆弱的边界线，将耶路撒冷掌握在手中。于是，几个世纪以来的微妙平衡瞬间被打破了。

圣城的新主人震惊于其中林立的教堂，这更让他们确信：允许它

---

* 双方对圣训的理解存在一定差异，而两派人的争端则始于穆罕默德死后他们推崇的继承者不同。什叶派拥护穆罕默德的堂弟阿里（Ali），逊尼派则认为穆罕默德的岳父艾卜·伯克尔（Abu Bakr）才是合法继承人。

† 这个王朝的名字来自其第一任统治者阿拔斯（Abbas）。

‡ 这片地区从乌拉尔山脉（Ural Mountains）一直绵延到现今中国的西北部。

们存在的什叶派属于异端，应该被驱逐。突厥人立刻发动了一场宗教迫害运动，他们摧毁了教堂，逮捕了朝圣者，查抄了基督徒的财产。尽管他们很快意识到了自己的错误，没有了朝圣带来的贸易，耶路撒冷迅速衰败下去，但此时木已成舟。西方听闻了他们的暴行，而拜占庭还没能从曼齐克特的惨败中恢复元气，于是教皇乌尔班二世举起了大旗。

1098 年，更宽容的法蒂玛王朝将突厥人赶走，重新入主耶路撒冷，但那时，第一批十字军已然举起了他们的利剑。

第二章

贫民十字军

Chapter 2
The People's Crusade

这是一个动荡不安的时代。

——隐士彼得

对教皇乌尔班二世来说，在克勒芒的演说只是给注定操劳的一年开了个好头。除了在君士坦丁堡会合与收复耶路撒冷之外，他“伟大的基督徒军团”还没有什么头绪。所以他这年大部分时间都在法国和意大利北部奔走，不断写信、布道，完善东征的计划。神父和主教们作为他的代理人，把这个消息传到了更远的地方，而他们正如教皇预料的那样取得了成功。他们当中许多人使用的比喻在紧张的局势下具有强大的说服力。耶稣基督号召的“背起你的十字架”如今混杂着领主们的责任感，拥有了不同的含义。一些传教士甚至绘制了耶稣受难的场景，只是其中施加迫害的罗马人换成了突厥人。此举立刻引起了广泛的影响。等到乌尔班二世返回罗马的时候，远在苏格兰、丹麦和西班牙的朝圣者都已宣誓背起十字架。

乌尔班二世的理念赢得了巨大的呼声，但他本人的忧虑却甚于欣喜。教皇不是浪漫主义者。他很清楚伊斯兰教对基督教世界的威胁，也知道自己能为身陷重围的拜占庭提供的最大帮助，就是把欧洲的王牌重装骑士派往前线。农民出征于事无补，甚至弊大于利。他们不仅无法承担征途的高昂费用，还有可能未抵达耶路撒冷就被屠戮殆尽，导致西方在一年一度的收获期劳动力不足。

最后一点是教皇最为重视的。在意大利北部，太多农民响应号召，以致饥荒成为一个真正引发恐惧的问题。乌尔班不得不改变策略，积极说服人们不要参加十字军。他撰写了信件，澄清远征只招收可以负担战争所需的地主阶级。为了给贵族留出时间打理好各项事宜，正式的出征时间延期到了一年后的 1096 年 8 月 15 日，所有的远征者都需要事先获得宗教导师的许可。为了确保军队的构成合理，乌尔班让神职人员拒绝所有不合适的报名者。非军事人员无法从实质上帮助东征，因此教会也没有给他们提供精神抚慰。老幼病残必须留在家里，穷人需要照看田地。神父和修道士需要留下为东征祈祷（除非主教特别允许他们加入东征），西班牙人则被禁止参加，因为他们将在本土与穆斯林战斗。* 即使是符合条件的人士，如果新婚不久，也需要首先征得配偶

* 穆斯林对西班牙的进攻始于8世纪初，自那时起，基督徒就在不断抵抗进攻，这就是“再征服运动”（*Reconquista*）。直到1492年西班牙统一，“再征服运动”才胜利结束。

的同意。

某种程度上说，乌尔班二世认为有必要限制东征参与范围，这似乎有点儿奇怪，因为这段征途本身就足以让大部分人知难而退。从陆路抵达耶路撒冷，需要在敌对领土步行前进三四千千米。此外，欧洲贵族很清楚他们将面临的抵抗程度。许多人都加入过拜占庭的雇佣军，直观感受过突厥人的强大。更大的难题在于东征成本。骑士们需要为自身乃至兄弟和儿子的征途筹措资金。此外，他们还要养活一定数量的随从，例如铁匠、护卫和仆人，来满足沿途所需。这些成本加起来很容易达到他们年收入的五六倍，大部分东征者都要变卖不动产或家族财产才负担得起。许多骑士都依靠富有领主的慷慨赞助才得以成行。当然，沿途劫掠的战利品肯定可以弥补一些付出，不过这样的可能性显然不大。乌尔班二世宣布，收复的所有领土都将还给拜占庭，恢复其帝国的完整性，而违背这一点或是提早退兵返程，将受到绝罚。

换句话说，第一次十字军东征意味着倾尽全家财产，花费不知道多少年时间，前往未知的地点面对真实的死亡威胁。尽管危险重重，但在最富有的那群人当中，东征受到了热烈的支持。可惜他们当中大部分从耶路撒冷返回时都债台高筑，既没有钱也没有地，许多人的身体状况也十分糟糕。

为什么这么多人无视乌尔班的限制也要参加东征，原因在于中世纪人们心中深种的虔诚观念。尤其是在贵族看来，信仰需要当众展示出来。大领主会斥资建立教堂，保护修道院，为他们残酷血腥的人生做出补偿。他们相信，自己如果花费了极大的代价来捍卫本土或国外的教堂，以后在天堂就能获得丰厚的回报。

加入这次远征的原因当然还有很多，从参与伟大事业的单纯理想到满足最卑劣的欲望，不一而足。这一切混杂起来，构成了人们押上一切解放圣地的意愿。

乌尔班无意间打开了公众情绪的闸门，宣泄而出的洪流很快脱离了他的掌控。他原本只想召集一支训练有素的小规模骑士部队拱卫东方，但第一批前往耶路撒冷的军队与此完全不相干。克勒芒的呼吁可能激起了贵族的良心，但给农民带来的震撼却要强大得多。用英国政治哲学家托马斯·霍布斯（Thomas Hobbes）的话说，欧洲西北部的穷人"污秽肮脏，粗野鄙陋，一无所有"。从9世纪到11世纪，维京人的不断侵袭让这片土地满目疮痍。农田荒废，桥坝失修，村庄也人丁单薄。由于不再有中央的命令，没有人可以保护农民免受当地领主鱼肉。在乌尔班演讲的前几年，这里百姓的生活尤其艰难。1094年，特大洪水刚袭击法国南部，蝗灾和疾病便接踵而至。第二年，这里又出现了严重的干旱和大范围的饥荒，让已然高企的死亡率进一步攀升。

乌尔班远征圣地的号召给他们提供了逃离这种悲惨生活的机会。在下一个世界得到拯救的承诺也极具诱惑力。接连出现的神迹奇事增添了这些重要消息的可信度。据说，法国北部接连出现了两次月食，法国南部又出现了流星雨。还有传闻称，宣誓要参加东征的人，身上浮现出了熊熊燃烧的十字架图案。而那些不愿出征的人则四肢水肿，在痛苦的痉挛中死去，夺取他们生命的疾病被大家称作“圣安东尼之火”（St. Anthony's fire）*。

亚眠的彼得

乌尔班二世原本只派了主教去宣传东征，但法国和莱茵兰的乡间很快就满是散播新闻的修道士和传教士。这些非官方信使中，最著名、宣传效果最好的是一个名叫彼得的男人。他出生于皮卡第（Picardy）的亚眠附近，尽管相貌不甚俊美——人们常常把他的脸与他一直骑着的毛驴的脸做对比——但拥有奇特的魅力。了解他的修道士诺让的吉尔贝（Guibert of Nogent）写道：“无论他说什么、做什么，看起来都仿佛半神一般。”倾听彼得讲话的人群往往会潸然泪下，即使彼得到了德意志，听众根本听不懂他说的话，情况依旧如此。

他吸引了社会各阶层人士的注意，当地贵族常常向他捐赠大量金钱。他又把它们散播出去，替追随者偿还债务，为穷苦的女性提供嫁妆，这让他的声望进一步提升。不久以后，大家甚至开始把他驴子的毛拔下来留作纪念。

彼得本身是个相当古怪的人。他总是赤足走路，不吃面包或肉类，只以鱼类和果酒为食，是个鱼素者。他唯一显眼的装扮是一件脏兮兮的披肩，这也让他得到了“隐士”的绰号。让他从当时的传教士中脱颖而

---

* 这种病实为丹毒。

出的，是他演说时散发出的一种特定气质。1093 年，他试图前往圣地朝拜，但突厥人狠狠殴打了他，以至于他没能亲眼看到耶路撒冷就被迫返程。这段经历让他对东方的实际情况有了直接的了解，也使得他的言辞庄重又带有紧迫感。* 中世纪的百姓普遍持有一种观点，即耶稣基督再临之日，耶路撒冷将会是基督徒的领地。他们讽刺那些忙于筹钱准备东征的贵族缺乏信念。毕竟，号召已经发出，耶稣基督本人就能保证胜利，那些细心的规划和耗资不菲的随从无关紧要。

1095 年的整个夏天，彼得都在法国的东北部传道，组织史学家所说的“贫民十字军”。等到他进入德意志的时候，追随者已经暴增至 1.5 万人，而此时，他才渐渐意识到自己想要达成的目标是多么艰巨。鼓舞人们行动起来是一回事，把他们组织好则是另一回事。他的追随者拥有各种背景，但是几乎所有人都很贫困，许多人拖家带口，队伍中包括女人、儿童和动物。还有一些小偷、罪犯和骑士家族中没有前途的年轻人试图在这里开始他们崭新的生活。除了对于东征的渴望外，他们没什么共同点，这看起来更像是一群乌合之众，而不是一支军队。

彼得陷入了两难的困境。一方面，他需要设法吸引一些可靠的贵族加入，强化他的战斗力；另一方面，他被迫不断行军。中世纪的欧洲几乎没有地方可以长期供养额外的 1.5 万人，尤其是这些人还自由散漫，不守纪律。当他抵达德意志大城市科隆，发现这里坐落于莱茵河畔，交通便利、物产丰饶时，他认为机会来了，便停了下来。

如果说乌尔班二世组建精英军队的计划被隐士彼得等人打乱，已

* 当时的人们普遍认为，彼得拥有一份来自天堂的信件，信中要求基督徒立刻采取行动抗击突厥人。

经演变成一场大众运动的话，那么在德意志，情况就彻底脱离了控制。随着贫民十字军组建的消息逐渐传开，五花八门的各种人士也开始领导自己的小团队。有群农民甚至开始跟随一只鹅来行动，他们声称这只鹅得到了圣灵的启示。* 尽管更加严肃的东征者对这些团体加以嘲笑——神父艾克斯的艾伯特（Albert of Aix）称他们既愚蠢又不可靠，他们的行为是一种令人憎恶的堕落——但更糟糕的事情还在后头。

中世纪欧洲的犹太人

犹太人在信仰基督教的中世纪欧洲的地位有些模糊不清。他们是《旧约全书》中的选民，却又不接受耶稣。尽管官方的教会教义中宣称耶稣是因为全人类的罪恶而受难牺牲，但大众普遍认为犹太人过错最大。他们被称为“杀害基督的人”，受到猜疑乃至毫不掩饰的迫害。

犹太人有着与众不同的服装、宗教仪式、饮食教规，他们不愿近亲结婚，也拒绝被同化，这让他们得以保存自己文化的全貌，却也让他们很容易成为外来者的目标。由于他们被允许从事的行业非常有限，不稳定的局势给他们带来的影响就更加糟糕。基督徒是不得出借财物的，这被视为一种不道德的行为，因此人们几乎只能向犹太人借钱。基督徒陷入债务之中，而债主却是他们认为社会地位低下的犹太人，

* 另一群人则追随一只母山羊。这些动物都没能活到人们抵达德意志时。艾克斯的艾伯特冷淡地评论称那只鹅更适合当盘中餐，而不是领导者。

这种情况导致基督徒对犹太人极其厌恶。几个世纪以来，试图把犹太人赶出国家或强行同化他们的行为屡见不鲜。

在神圣罗马帝国，犹太人找到了安全感，得到了皇室的保护。然而，由于隐士彼得等人号召大众行动起来打击耶稣基督的敌人，1096年夏天，在德意志蒸蒸日上的犹太人成了愤怒暴民的目标。

反犹太人的“十字军”中，最臭名昭著的一个人是莱宁根伯爵埃米乔。他是莱茵兰地区的小贵族，时常抢劫路过他领地的商人和旅行者。在听过隐士彼得的演说后不久，埃米乔声称耶稣基督托梦给他，要求他前往君士坦丁堡推翻现有政权，成为“最后的罗马皇帝”。他将从那里进军耶路撒冷，击垮穆斯林，引领大家抵达世界的尽头。

埃米乔设法吸引了一大批追随者——其中大部分都是声名和他一样坏的骑士——开始了自己的杀戮之旅。莱茵河沿岸，从科隆到施派尔（Speyer），大大小小的犹太人群体纷纷遭到毒手。埃米乔之流主要目的似乎是为了金钱。毕竟，还有比从受人轻视的犹太人那里获取资金更好的办法吗？宗教和世俗权威都对这样的暴行感到震骇。皇帝下令保护帝国的所有犹太团体，当地的许多主教也尽力遵从命令，然而在暴徒面前，他们同样毫无抵抗之力。德意志西南部城市沃尔姆斯（Worms）的主教宣布，犹太人受到他个人的保护，但埃米乔照样大开杀戒，造成超过800人死亡。

埃米乔抵达美因茨（Mainz）时，主教禁止他进入城市，当地犹太人也筹集了一大笔钱贿赂他，希望他离开。但埃米乔收钱以后，依旧让追随者进城肆意妄为。主教试图尽到自己的最后一点努力来维护犹太人，把他们当中许多人藏在了自己的宫殿中。主教的宫殿拥有少量防御工事，基督徒商人也组织了自卫队。不过尽管埃米乔的先头部队被击退了几次，但他们在数量上占据绝对优势，很快便突破了防线。

埃米乔的军队席卷了宫殿，屠杀了所有不愿接受洗礼的人，无论他们的年龄和性别如何。一位编年史作者写道，恐惧的犹太人开始自杀，他们宁愿死于自己之手，也不愿被这些未受割礼者戕害。

为了让自己的行为正当化，埃米乔的追随者声称犹太人杀害了耶稣基督，在前往圣地之前，他们的首要任务就是净化帝国的城市。一名士兵对犹太学者说："你是那些杀害了我们崇拜对象的人的后代。"不过教会明确否定了这种狡辩。艾克斯的艾伯特写道："基于一些错误的思想，他们起来反抗犹太人……（但）主是公正的审判者，不会勉强或迫使任何人屈服于天主教信仰。"

即使在当时，埃米乔及其追随者的行为也遭到了谴责，被认为是倒行逆施，中世纪的编年史作者满意地记载道，这些反犹太人的"十字军"没有一个能够抵达东方。大部分暴徒都在遭遇了当地的抵抗或帝国的镇压后四散而逃了。埃米乔伯爵走得稍远一些。他试图依靠一路劫掠抵达多瑙河，但他进入匈牙利，在乡间抢劫食物时，匈牙利军队摧毁了他那日益无组织、无纪律的团伙。

回来继续说科隆。很多小团体已经起程前往东方的消息，让隐士彼得的军队内部出现了分歧。他们抛弃了一切去收复耶路撒冷，如今却在一个外国城市里无所事事，而这个城市也对这些外来人口越来越厌烦。但是，彼得似乎不急着离开。他终于吸引了一些德意志贵族，并希望增强军队的实力。

彼得的追随者中最狂热的那一批觉得自己已经等不下去了，于是脱离了大部队。领头人名为沃尔特·桑萨瓦尔，是一个追随彼得的法国小领主。沃尔特的绰号是“穷汉”*，不过他可一点都不穷。实际上，沃尔特是巴黎西边法兰西岛（Île-de-France）的一片区域的领主，有 8 名随行骑士和一小队步兵。

带领着如今多达几千人的队伍，沃尔特沿着莱茵河和多瑙河行进，于 1096 年 5 月初来到了匈牙利边界。他设法约束了部下，匈牙利国王保证他能安全通过，并为他提供了补给。看起来一切都很顺利，直到他们抵达了匈牙利和拜占庭帝国接壤的贝尔格莱德（Belgrade）。在他们等待渡过萨瓦河（Save）进入帝国领土时，沃尔特的 16 个部下试图在邻近城市赛姆林（Semlin）的集市上抢劫，却被当地的自卫队抓住了。为顾全大局，自卫队没有怎么难为这群人，只是把抢劫者的衣服和武器挂在城墙上作为警告，然后把全身赤裸却毫发无伤的他们还给了沃尔特。

事情本应该到此为止，但自卫队的做法反而激化了矛盾。十字军感觉受到了羞辱，决定掠夺乡间，当地居民则不堪其扰，激烈反抗。沃尔特的乌合之众里，甚至还有几个在躲藏的教堂里被活活烧死。谢天谢地，在紧张局势进一步恶化之前，拜占庭皇帝迅速给贝尔格莱德送来了物资补给，还派了一支军队来阻止事态发展。

---

* “穷汉”绰号的由来：沃尔特来自村庄柏伊希－桑萨瓦尔。在法语中，“桑萨瓦尔”（*sans avior*）意为“一无所有”。

皇帝之所以如此慷慨，部分原因在于他知道隐士彼得的大军再过几周就要到了。他们的征途并不轻松。彼得的十字军没有带够补给，他们显然认为东征沿途的人们会高兴地送上自己的一切所需。当这种幻想并未成为现实时，之后十字军的战士开始自行获取自己想要的东西。起初他们还只是暗偷，后来就干脆明抢了。

随着隐士彼得抵达赛姆林，严重的麻烦开始了。当时，沃尔特部下的衣服仍然挂在城墙上。赛姆林的管理者试图加强安保措施，但是在紧张的气氛下，围绕一双鞋的争吵升级成了一场激战。在彻底洗劫城市之后，彼得的军队开进了拜占庭的领土，攻打了贝尔格莱德。这是一个可怕的错误。贝尔格莱德驻扎着帝国军队，他们本来奉皇帝之命，准备护送十字军前往君士坦丁堡。十字军开始进攻之后，拜占庭军集合起来，轻松打垮了这群散兵游勇。

这次灾难几乎宣告了贫民十字军的灭亡。隐士彼得带着 500 多人躲进了附近的山里，他们以为其他人都已死去。直到早晨，7 000 多名四散的幸存者纷纷归队，彼得才意识到这次失败并不致命。

由于护送的帝国军队人数众多，加上这次屈辱的教训让十字军损失了财产和四分之一的人手，前往君士坦丁堡的剩余路程平安无事。拜占庭给十字军提供了充足的给养，并密切监视着他们的动向。多亏了他们（被迫）的良好行为，当地人对他们的态度热情了许多。看到这群衣衫褴褛的士兵，许多居民感动得流下了眼泪，并给他们捐赠了金钱、马匹和驴子。

当他们抵达君士坦丁堡，与沃尔特·桑萨瓦尔的部队和其他一些先前脱离的团体会合后，贫民十字军的士气有所恢复。他们被严格限制进入城市，不过皇帝阿历克塞一世为了示好，决定会见彼得，在皇宫讨论之后的战略。*

对十字军战士而言，帝都的恢宏气象一定让他们震撼无比。与相对较小的西方城市不同，君士坦丁堡拥有近 100 万人口。† 这里是传说中罗马帝国的地理和精神中心，是一座从古代世界延续至今依旧生机勃勃的城市。这里的皇帝是屋大维的直系继承人，这里的市民仍然与他们的祖先一样为竞技场的精彩表演欢呼喝彩。特别是在中世纪的人看来，这是一座奇迹之城。

君士坦丁堡的雄伟城墙是当时最牢不可破的防御工事，主城门共有 9 座，其中最著名的是仪式感十足的黄金门。它是罗马帝国巨大的凯旋门，拥有三道大门，以白色大理石、青铜和黄金作为装饰，门顶的雕塑描绘了几头巨象拉着战车凯旋的情景。视线所及，满是消失的古老王朝留下的华丽镶嵌图案及令人窒息的艺术作品。比起闪闪发光的宫殿和异国情调的商品，更令人印象深刻的是君士坦丁堡不计其数的文物。几乎每个教堂都收藏着圣徒的服装或骨骼，多个世纪以来，虔诚的皇帝搜集了大量基督教世界珍品，其规模举世罕有。来到这里的朝圣者可以看到世俗的物件，如挪亚建造方舟的工具、耶稣基督的襁褓，也可以看到更加奇特的藏品，如耶稣基督的血液，甚至圣母马利亚的

---

* 由于十字军主动进攻过几座拜占庭城市，并侵扰过乡间，彼得不确定自己会被怎样对待。当皇帝宣布既往不咎时——因为一眼看去他就知道十字军已经得到了足够的惩罚——彼得充满了感激之情，不禁哭泣起来。

† 在第一次十字军东征时期，君士坦丁堡的规模大约是伦敦或巴黎的20倍。

乳汁——总之，五花八门，应有尽有。

最珍贵的藏品都存放于宫殿的礼拜堂中，或是在城里最大的圣索菲亚大教堂（Hagia Sophia）展览。这是一座世上绝无仅有的建筑。黑暗时代的建筑往往有着沉重的架构，这座神圣智慧教堂（Church of Divine Wisdom）却以优雅明快的线条拔地而起。教堂的镶银大门壮丽威严，其门楣据说由挪亚方舟上的木材制成。迈入门内，看到教堂内部的广阔空间，以及来自地中海世界的各色石料筑成的墙壁，任何礼拜者都会瞠目结舌。巨大的中央穹顶有 18 层楼高，面积约为 4 英亩（约合 16 000 平方米），全部覆以金箔。* 穹顶之下的窗户则镶以金边。光线涌入教堂，就好似那穹顶本身漂浮于光明之海。

几乎没有人能身处其中而不为所动。某位来访的罗斯国代表团成员在大教堂中倾听了一场弥撒，回去给他的君主写下了一段著名的话："我们不知自己身处天堂还是人间。" †

阿历克塞一世很清楚这些帝国象征的感染力，他充分利用了这一点，对客人们恩威并施。彼得被带到了君士坦丁堡大皇宫，在这幢占地面积超过 4.5 英亩（约合 18 211 平方米）的庞大复杂的建筑里，穷困潦倒、四处奔走的传教士要直面东罗马帝国皇帝。彼得一进入金色

---

* 于公元6世纪建造的圣索菲亚大教堂维持了最大穹顶的纪录近1 000年，直到文艺复兴时期佛罗伦萨建筑师菲利波·布鲁内列斯基（Filippo Brunelleschi）完成了圣母百花大教堂（Basilica di Santa Maria del Fiore）的穹顶。

† 这句话来自有趣的《俄罗斯原始年代记》（*Russian Primary Chronicle*）。据说，这次出访的体验过于震撼，以至于基辅大公弗拉基米尔一世（Vladimir the Great）改信了基督教。

接待厅（*Chrysotriklinos*），巨大皇座上面的耶稣基督就吸引了他的目光。这座雕像刻画了耶稣神圣裁决者的姿态，他单手抬起，既像赐福，又似指引。同样令人惊异的还有皇座旁的镀金青铜树，上面立着宝石装饰的黄莺，另有两头金狮蜷伏在王座脚下。只需要操纵控制杆，黄莺便能歌唱，雄狮则会站起咆哮，这往往让来客既惊奇又敬畏。

一般情况下，这样的环境已经有足够的震慑力了，而彼得尤其不知所措，因为他本身就不确定接下来该怎么做。在法国和德意志，人们都有明确的短期目标。“基督教大军”将集合起来，向耶路撒冷进军。但抵达圣地的实际计划仍然悬而未决。乌尔班二世只是给出了一个模糊的指示，让所有人在君士坦丁堡会合，但是大家对具体细节一无所知。彼得不知道自己应该冒着让部下沮丧的风险在这里等待更多军队加入，还是应该立刻出发踏上敌对势力的领土。

而阿历克塞一世这边对于贫民十字军的到来也并不兴奋。当收到消息称“十字军”已经出发时，皇帝简直吓坏了。他只想要一些雇佣兵来强化自己的军队，如今却要面对一大群显然不会听从自己指挥的杂兵。皇帝的女儿——历史作家安娜·科穆宁娜（Anna Comnena）在得知了这次运动的规模之后担心地写道：“西方的所有部落都汇在一起向亚洲进发了。”

亲眼看到彼得的军队后，皇帝的担忧之情丝毫没有缓解。尽管彼得的神圣崇高给他留下了深刻的印象，但阿历克塞一世清醒地意识到，彼得带来的乌合之众面对突厥人没有丝毫胜算。他利用自己出众的个人魅力说服了彼得，让彼得知道唯一的希望就是留下来等待像样的军队增援。

这可谓是忠告，然而不幸的是，彼得对十字军的影响力已然减退，他不能再有效控制部下了。普通士兵无法忍受在君士坦丁堡干等，他们认为这背叛了解放耶路撒冷的使命。此外，周遭的财富对他们而言也是一种额外的侮辱。他们要代表这些软弱的东方基督徒为了信仰和原则而斗争，难道不应当享受一些补偿吗？起初这些士兵还满足于小偷小摸，不过很快他们就在光天化日之下开始抢劫，强闯城郊的豪宅别墅，甚至从教堂的屋顶盗窃铅板。仅仅 6 天，阿历克塞一世的耐心就消耗殆尽。他给十字军提供了金钱和补给，打发他们沿着海岸前往小亚细亚，中途帝国海军会再次给他们提供补给。

尽管踏上了亚洲的土地，但十字军还没有进入敌对的势力范围。拜占庭仍然控制了海岸线的狭长地区，我们可以合理地预测，当地居民会愿意担任他们的向导或提供一些建议。然而，彼得没有向士兵们说明这一点，当然也有可能是他已经无法控制士兵了。十字军唯一达成的共识就是他们应该一路向东，所以他们沿着海岸开始了毫无组织的征途，并一路劫掠住宅和教堂。这种丧尸般的行军彻底吓跑了当地的基督徒，他们大都躲得远远的。因为没有向导，军队内部就应该往哪个方向前进的问题爆发了激烈的争吵。

当他们抵达尼科米底亚（Nicomedia）废墟，也就是当今土耳其的伊兹米特（İzmit）时，积聚的矛盾彻底爆发。在这座 15 年前遭突厥人劫掠，此时还依然荒废着的城市，十字军分裂了。德意志人选出了自己的领袖，法国人则不情愿地继续跟随着隐士彼得。

此时，彼得终于展现出了一点儿领导能力。在德意志人忙于继续劫掠乡间获取补给，进一步恶化与当地基督徒的关系时，彼得带着法国人沿着海岸向南行进。他的目的地是一个名叫西弗多托（Civetot）的村庄*。这里距离尼科米底亚大约20英里（约合32千米），修筑了防御工事，还有阿历克塞一世的补给。从战略上说，这里坐落于尼科米底亚湾†的肥沃平原之上，既安全，又靠海。他们可以掘壕固守，等待君士坦丁堡的援军。

不幸的是，这个合理的计划进一步降低了彼得的权威。那个愤怒谴责贵族们缺乏信仰的传教士去哪里了？他怎么变成了这样一个瑟瑟发抖、向皇帝鞠躬、不断请求大家小心谨慎的懦夫？仿佛是要印证人们最糟糕的怀疑一样，几周之后，彼得宣布自己要返回君士坦丁堡，与皇帝讨论接下来的方针。

在彼得不在的时间里，法国人和德意志人开始了竞赛，看看谁能获取更多的战利品。初秋时分，一群法国骑士杀到了尼西亚即现今伊兹尼克（Iznik）的门口，这里是一个突厥苏丹国‡的首都。

对基督徒来说，尼西亚是个重要的城市。近8个世纪以前，这里举行了教会的第一次大型会议。在君士坦丁大帝的主持下，尼西亚会议（Council of Nicaea）讨论了许多重大事务，确定了主教的推举流程和复活节的日期等。更具象征意义的是，每位虔诚的十字军战士都耳熟能

---

* 这个村庄原名埃莱诺波利斯（Helenopolis），又名德雷帕娜（Drepana），是君士坦丁大帝之母的出生地。

† 即现今的伊兹米特湾（Gulf of İzmit）。

‡ 该国被称作罗姆苏丹国（Sultanate of Rûm），是塞尔柱王朝旁支在小亚细亚建立的封建国家。

详的信仰宣言*，很大程度上就与尼西亚有关。

多年来，这座城市变得繁荣富裕，即使在第一次东征十年前，这里成为突厥人的首都，情况也并未改变。因此，当法国骑士抵达这里时，他们眼中看到的是城墙外散布的村庄和市镇。更妙的是，突厥苏丹基利杰·阿尔斯兰正在领土的另一边处理叛乱。十字军的人数不足以围城，所以他们以骇人听闻的残忍手段洗劫了乡村。†尼西亚的突厥卫戍部队试图出城阻止他们，却被打退。

法国人带着战利品返回了西弗多托，他们信心十足，很快就开始吹嘘自己的功劳。不过德意志人也毫不逊色。他们深入内地，发现了一座荒废的城堡，并将此作为之后进一步突袭的根据地。起初，一切都很顺利。德意志人的进军比法国人更加谨慎，而且抑制了攻击当地基督徒的渴望，这使得他们受到的抵抗也更少。

不幸的是，之前法国人进攻的消息传到了基利杰·阿尔斯兰那里，他迅速班师救援。德意志人撤回他们的城堡，却发现自己犯了一个大错。尽管食物充足，但城堡唯一的水源是一条小溪，而且离要塞还有相当一段距离。突厥军队立刻展开了围困，几天之后，德意志人陷入了巨大的痛苦。

十字军战士急需水源。有些人试图从泥土中吮吸水分，另一些人割开了马匹或驴子的静脉来饮血，或是喝战友的尿液。如此坚持了 8 天，

---

* 《尼西亚信经》自325年颁布之日起，几乎每天都会被信徒诵读。

† 在事件发生几十年后，安娜·科穆宁娜写道：堕落的十字军甚至把婴儿穿在棍子上烤。不过这段记载的个人情绪过强，未必准确。

德意志人的指挥官最终还是投降了，宣誓自己改信伊斯兰教。突厥人给了他的部下同样的选择。改信伊斯兰教的可以成为奴隶，拒绝的则就地格杀。

基利杰·阿尔斯兰充分利用了这次胜果。他假装德意志人，给法国人写了一封信，夸耀说他们已经夺取了尼西亚，赢得了大量战利品。随后，他带兵来到了西弗多托村外耐心等待。

这封信取得了理想的效果。不过法国人还没来得及起程去分享这份荣耀，真正惨败的消息就传来了。欢快的气氛急转直下变成了恐慌，连续几个小时，大营里一片混乱，没有人可以控制局势。最后，沃尔特·桑萨瓦尔设法恢复了秩序。不过人们的意见存在分歧，有人认为应该等待隐士彼得带着增援回来，另一些人则建议立刻进军为德意志人报仇。在几天的犹豫过后，大家决定继续前进。

所有能够作战的人全部出动了，仅留下妇女和儿童来看护病患及老人。这支部队将近两万人，却没有什么震慑力。他们杂乱无章地列队前进，没有先头部队，甚至也没有侦察兵，无从得知前方情况。走出西弗多托仅 3 英里（约合 4.8 千米），他们就撞上了突厥人的埋伏。战斗只持续了几分钟，如果这也能称得上战斗的话。那些还没有被屠杀的人飞速向自己的大本营逃窜。

西弗多托的大本营里，多数人仍在沉睡，几个留下来的神父正在准备早晨的弥撒。随后，十字军出发的方向扬起了漫天尘土。做早餐的火堆尚未全部点燃，一大群恐惧的逃兵便尖叫着冲进了营地，突厥军队则紧随其后。这种情况下很难有真正的抵抗。病患和老人直接被杀死在床上，神父还没念完祈祷词就已毙命。长得最漂亮的男孩和女孩则免于一死，他们被送往巴格达的奴隶市场。

仅有的幸存者是逃到海岸边一座老城堡的 3 000 名骑士。那里的门窗很久以前就已朽坏，但绝望的骑士们设法把它们插在尸体上，配合各种废弃物，构建了防御工事。在没有食物和水源的情况下，他们不知用什么办法坚持等到了阿历克塞一世得知消息。皇帝立刻派出帝国海军进行增援。看到战舰纷纷驶入西弗多托的港口，围困的突厥军队撤退了。

贫民十字军的残兵灰溜溜地返回了君士坦丁堡。在那里，他们看到了自己曾经的领导者隐士彼得。这想必是一次苦涩的重聚。彼得的大部分熟人，包括沃尔特·桑萨瓦尔，都与无数人一起长眠在了西弗多托。他们曾以征服圣地为目标，坚信满腔激情会保佑自己旗开得胜。而如今，他们在君士坦丁堡的港口挤作一团，任由外国君主摆布，所有伟大的梦想都已是镜花水月。彼得的故事还没有落幕，不过幸存战士的最终命运已然足够美好。阿历克塞一世慷慨地为他们在郊外安排了住处，接纳他们成为市民。

当然，他首先得确保自己已经没收了他们的武器。

第三章

诸侯十字军

Chapter 3
The Prince's Crusade

纵使柏拉图复生……恐怕亦难以精确阐释（阿历克塞一世的）思想。

——安娜·科穆宁娜*

当隐士彼得的军队在西弗多托覆灭之时，西欧贵族们正在做着出征前最后的准备。在“正式”的东征开始前，惨败的消息还没有传到他们那里，不过就算传到了，农民军的失败恐怕也不会掀起多大波澜。非要说影响的话，也就是证明了如果没有合理的规划，远征中东注定要失败。欧洲的君王们应该足够聪明，早就知道这个教训，不过令人费解的是，除了拥有资源优势之外，在组织方面，他们同样散漫无序，

* Comnena Anna, *The Alexiad Book X*, trans. E.R.A. Sweter, (London: Penguin, 1969).

和农民也差不了多少。

其中的主要原因在于十字军缺乏一位明确的领袖。教皇乌尔班二世本希望西方的国王如法国的腓力一世、德意志的亨利四世或英格兰的威廉二世（William Ⅱ）参加十字军，因此没有提名总指挥官的人选。*然而，这些名人都不敢或是不愿意离开王座参与这场耗时未知的战争，因此婉拒了邀请。最后，法国和意大利有4位王公自告奋勇担任领袖，但他们的地位相当，谁也不愿意听从其他几人的命令。

乌尔班试图把大家联合起来，于是任命了著名的勒皮主教阿希马尔作为他的个人代表。这是一个绝妙的选择。阿希马尔来自法国的一个贵族家庭，这位中年传教士是天赋十足的外交家，擅长管理工作。他很有教养，易于相处，更喜欢劝说而不是命令，此外还有丰富的旅行经历，熟知前往耶路撒冷的各种困难。他本是总司令的绝佳人选。然而不幸的是，中世纪的权力现实让他的领袖地位更像是一个空头衔。他的确魅力超凡，但他完全没有封建权威。每位东征者都是向上帝，而不是向教会宣誓，此外他们还受到各自封建领主的控制。阿希马尔可以提出建议，但是大家没必要听。

因此，东征军不止一支，而是4支，每一支由一名大贵族领导，他们都认为担任总指挥官统领大军的应该是自己。1096年夏末，4支军队各自取道前往君士坦丁堡。如果他们有计划的话，那就是在所有人抵达目的地后分出地位的高下。

第一位出发的大贵族是韦尔芒德的于格。他是那位多情的法国国王

* 乌尔班二世似乎原本还打算自己担任总指挥官，但他很快发现自己在本土有太多职责需要承担。

腓力一世的弟弟。因为于格是上一任国王的儿子，这一任国王的弟弟，所以他认为自己毫无疑问应当是十字军的领袖，并不遗余力地宣传这一事实。他显然从不缺乏信心。在离开法国中部之前，他给拜占庭皇帝阿历克塞一世写了一封信，自称是“王中之王，普天之下最伟大的人”，要求拜占庭届时给予符合他身份的接待规格。* 随后，他南下意大利，在卢卡（Lucca）与乌尔班会面，还在那里获赠了圣彼得大教堂的旗帜作为教皇的祝福。

于格认为这面教皇赠予的旗帜就是他成为十字军领袖的象征。带着它，于格抵达了亚平宁半岛东南部的海港巴里（Bari）†，并让军队分批登船前进。截至此时，他的征途都一帆风顺，不过当他靠近达尔马提亚（Dalmatia）沿岸，也就是现今的阿尔巴尼亚附近时，天降横祸。一阵风暴突然袭来，打散了于格的船队。于格与大部分部下失去了联系，自身的船只还在这样一片不熟悉的水域不慎触礁。

更糟的是，浑身湿透的“王中之王”不得不接受拜占庭皇帝侄子的营救。皇侄把这支精疲力竭的部队集合起来，送去了君士坦丁堡——一路上还予以密切监护，以免再次出现劫掠的情况。这显然不是于格想要的进城方式，不过他至少得到了令人满意的热情款待。拜占庭为于格的军队准备了盛宴，皇帝也决定立刻与于格会面。

---

* 安娜·科穆宁娜虽然如此记载，但作为拜占庭皇帝的女儿，她在这里明显存在偏见。于格没有国王身份，他这样的要求十分荒谬。很可能他只是请求拜占庭皇帝给为王中之王效力的人恰当的欢迎。安娜认为他的语气是一种冒犯，而她作为历史学家享受着后见之明的便利，因此她可能写到这里时顺手修改了说法。

† 巴里以拥有迈拉的尼古拉斯（Nicholas of Myra）的圣物而出名。他更为人熟知的名字是圣尼克（St. Nick），也是西方圣诞老人的原型。

即使对于格这样自我的人来说，与东罗马帝国皇帝的会面也是一次印象深刻的经历。阿历克塞一世可能个头稍矮，但他坐在君士坦丁大帝的皇座上，有着屋大维等诸多先辈，家底深厚。他还是一位出色的政治思想家，只要他想，就能表现得耀眼夺目。而在这个特别的时刻，他有很多理由展现出自己的魅力。

在东征的领主与写信引发这次东征的皇帝之间的第一次会面中，阿历克塞一世的担忧要多得多。虽然于格的骑士数量较少，进城时也有些狼狈，但他们显然比彼得的杂牌军更加威武雄壮，而皇帝并不确定他们的动机。像所有东方的居民一样，他对十字军东征的行为感到困惑。尽管被穆斯林围困，并与之殊死搏斗了超过 4 个世纪，但东方的基督徒从未萌生过发动“圣战”的想法。正如公元 4 世纪的名人该撒利亚的圣巴西流（Saint Basil of Caesarea）所说，杀戮有时是必要的，但绝不应当得到赞扬，更不可能是罪恶得到宽恕的理由。

穆斯林几个世纪的进攻（并且多数进攻以胜利告终）并没有让基督教会改变立场。公元 10 世纪，伟大的战士皇帝尼斯弗鲁斯·福卡斯（Nicephorus Phocas）打退了穆斯林的进攻之后，请求君士坦丁堡的主教追认那些在抗击穆斯林的战斗中死去的战士为信仰的殉道者。尽管这是近 3 个世纪以来基督教国家在对抗伊斯兰教中取得的第一次胜利，但主教坚持己见，明确告诉皇帝尽管有时必要，但杀戮绝不光荣——更不用说神圣了。

对拜占庭人来说，这些在君士坦丁堡的骑士声称要为了赎罪而进行一场正义的战争，实在是值得怀疑。而他们的随军神父又加剧了这种疑虑。东方的神职人员不得携带武器，但举目望去，西方的神职人员都带着钉头锤，身穿盔甲，领导着部队，这太令人紧张了。许多拜占庭人认为，十字军只是表面说得虔诚，实际上东征的真正目标根本不是解放耶路撒冷，而是夺取君士坦丁堡。外国的访客来到这个帝国的首都，往往会为之惊叹，但这种情绪总会不可避免地演变成贪婪。从5世纪的匈人领袖阿提拉（Attila）到不久以前1085年的诺曼人入侵，这种情况拜占庭人已经见过太多。这次这些粗鲁的西方人也没什么区别。

因此，阿历克塞一世必须谨慎行事。这次东征的矛头很有可能会转向他——隐士彼得的部下已经足够清楚地证明了这一点。在应对伊斯兰教巨大威胁的同时，他还可能不知不觉多了一群基督徒敌人。所以他首先考虑的就是保护帝国以及首都。毕竟，这本就是他起初求援的原因。

如果说韦尔芒德的于格是阿历克塞一世看不透的谜，那么拜占庭人同样让十字军战士难以理解。十字军轻蔑地把这些人称作“希腊人”，认为他们看起来软弱又无能。他们喷了太多香水，在各种事物上涂抹橄榄油，穿着打扮也更像是波斯商人而不是罗马战士。皇帝本人甚至更加让人困惑。十字军应邀前来支援，那皇帝在东征中应该扮演什么角色？如果他不御驾亲征，至少也应该派出自己的东征军。

最后那条显然是不可能的。拜占庭帝国小心翼翼地在强敌环伺之下维持着如今的局面，就是因为除非必要，不然决不拿军队去冒险。为了生存，运用外交手段和仔细选择目标进行打击是必要的。但与阿拔斯王朝正面对抗，攻打战略上的孤立城市耶路撒冷简直愚蠢至极。拜占庭帝国和十字军目标上的鸿沟，最终将导致双方关系破裂，也是未来悲剧的起源。

不过，当时一切都还足够顺利。根据各种说法，阿历克塞一世展现出了东道主的风范。接连不断的礼物和宴请让于格简直眼花缭乱。然而，所有的礼物都有代价。皇帝对西方社会足够了解，知道骑士都要恪守誓言，他真正的目的是让这些骑士效忠于自己。阿历克塞一世可能从不信任十字军，但他下定决心要好好利用他们。

起初于格对此表示反对。他认为自己才是十字军的领袖，不愿意屈居任何人之下。此外，如果他立下誓言，而届时其他几大贵族都表示拒绝，那他就会显得很蠢。但阿历克塞一世步步紧逼。他暗示，如果于格宣誓效忠，并把之前夺走的任何城市或领地还给拜占庭，他就会考虑派帝国军队加入十字军，甚至在时机合适的时候御驾出征。送给于格的礼物更加奢华了，但威胁的意味也开始明显起来。* 护卫他回到宫殿的仪仗队忽然加强了武装，也没那么好说话了。于格试图返回营地，但护卫却礼貌地提醒说他是皇帝的贵客。被软禁几天之后，于格屈服了。

阿历克塞一世很幸运，他搞定了第一位抵达君士坦丁堡的东征领主，而且没怎么惊动他的部队。让于格这样有野心也有权力的人宣誓效忠总是一项艰巨的任务，不过一旦成功，后来的贵族想要抵抗就很难了。无论如何，他及时获得了效忠，因为第二支部队马上就要抵达君士坦丁堡了。

---

* 根据一份法兰克文的记载，阿历克塞一世把于格和其他所有东征的领主都认作义子。

第二支部队的领袖是下洛林公爵（Duke of lower Lorraine）布永的戈弗雷。他的领地包含了现今的德意志西北部以及尼德兰和比利时。戈弗雷的自信心比起于格只强不弱，身为查理曼的直系后裔，他是十字军领袖中声名最盛、血统最高贵的一位。他公开声明投身于东征事业，变现了自己的大部分资产，抵押了各种各样的物品用于筹钱，并把剩下的财物全部捐给了圣吉尔（Saint-Gilles）修道院。*

与于格不同，戈弗雷选择了隐士彼得走过的莱茵河—多瑙河路线前往君士坦丁堡。然而，贫民十字军已经败坏了当地人对东征者的印象。当戈弗雷抵达匈牙利时，对方直截了当地拒绝他们进入国境。他等了 3 个星期，最后只能把弟弟鲍德温送作人质，以保证军队绝不会行为不端。

等戈弗雷抵达君士坦丁堡时，他的情绪已经糟糕到了极点。他宣誓拯救东方的基督徒兄弟，自己在财产上还做出了巨大的牺牲，但一路上迎接他们的只有怀疑和敌意。如今在帝国的首都，卑劣的行为还在继续。尽管于格的军队已经渡过了博斯普鲁斯海峡（Bosporus），到达小亚细亚，但他被要求向皇帝宣誓效忠的可笑消息还是传到了戈弗雷这里。所以当皇帝的使者邀请戈弗雷进宫时，他愤怒地拒绝了。

阿历克塞一世的回应是通知戈弗雷，除非他把所有占领的拜占庭领土归还，否则他将无法通过这里。但戈弗雷依然不为所动，于是阿历克塞进一步施压，对他们关闭了帝国市场。戈弗雷终于忍无可忍了，

* 戈弗雷保留了对下洛林的主权，这是他资产中最重要的一部分。他显然有回归的计划，很可能还计划以此为基础重新积累起庞大的财富。

他早听说于格之前就被投入监狱，直到宣誓效忠才被释放，现在他已经看到了皇帝的背信弃义。愤怒之下，他率领部队扫荡了君士坦丁堡的郊区。

阿历克塞一世意识到自己把戈弗雷逼得太狠了，他立刻恢复了对十字军的物资供应，并匆忙把于格派去戈弗雷的营地，向他保证于格绝对没有被关入监狱或受到虐待。戈弗雷召回了劫掠部队，不过对于于格让他宣誓效忠的请求则充耳不闻。在他看来，自己已经表现得十分克制，而且丝毫不惧皇帝的卑劣手段。于格想要巴结阿历克塞一世，没问题，但他戈弗雷可不是卑躬屈膝之徒。*

整整3周，戈弗雷都拒绝宣誓，但皇帝也没有降低要求的迹象。骑士们按捺不住了，他们做出了巨大牺牲来解放耶路撒冷，不明白为什么无法通过这里，局势变得紧张起来。显然，戈弗雷必须冲破阿历克塞一世的阻拦了。

这一次，阿历克塞一世的武力威胁失败了。后面的东征军不久就将抵达君士坦丁堡，他们加入戈弗雷阵营的后果是阿历克塞一世无法承受的。因此皇帝派出了帝国军队，把十字军压制在军营里。公爵看清了形势。当皇帝的代表再一次礼貌邀请戈弗雷进宫时，已得到足够教训的他同意了。几天后，他极不情愿地宣誓效忠，随后带着部队渡过了博斯普鲁斯海峡与于格的队伍会合。

阿历克塞一世对待戈弗雷时，并没有展现出对待于格一样的外交手

---

* 十字军的一个说法比较不可思议：戈弗雷要求并获得了拜占庭方的人质，方才停止对君士坦丁堡的攻击。

腕，这是有原因的。帝国密探一直在关注剩下两支东征军的进程，他已经得到消息：诺曼冒险家博希蒙德的军队很快就要到了。

任何谨慎的领导人都会对这个消息感到万分警惕。在东征的诸侯中，塔兰托公爵博希蒙德是最有野心也最可怕的一位。尽管有些驼背，但这位 40 多岁的金发大汉颇有几分征服诺曼底的维京先祖的风采。* 博希蒙德的父亲罗贝尔・吉斯卡尔是史上最成功的冒险家之一，† 而他本人完美继承了父亲冒险的癖好。甚至连他的敌人都能发现他身上某种特殊的吸引力。拜占庭皇帝的女儿安娜见到博希蒙德时年仅 14 岁，她认为他十分可怕，但也承认他“是个奇人，令人一看就移不开眼”。

这样的人领导的军队已经足够麻烦了，而阿历克塞一世害怕博希蒙德还有个人的原因。拜占庭帝国与博希蒙德的家族已是老相识。1071 年，博希蒙德的父亲把拜占庭人赶出了巴里，那是帝国在意大利的最后一个据点。10 年之后，罗贝尔和 27 岁的博希蒙德又入侵拜占庭，在巴尔干半岛烧杀抢掠。阿历克塞本人在那次战役中受了伤，并眼睁睁地看着至少 3 支帝国军队在诺曼重骑兵的面前被冲击得支离破碎。诺曼人认为自己已经击败了皇帝，开始计划把博希蒙德推上皇位。多亏阿历克塞反应迅速，进行了多次恰到好处的行贿，才把局势稳定下来。

3 年后，博希蒙德卷土重来，这一次他的兵力更强。不过好运站

---

* 博希蒙德的本名实际上叫马克（Marc）。因为他块头很大，他父亲参照中世纪传说中巨人的名字布阿蒙德斯・吉加斯（Buamundas Gigas），给他起了个昵称博希蒙德。由于博希蒙德的诸多壮举，他的名字成了中世纪最流行的名字之一。

† 罗贝尔・吉斯卡尔在他父亲的12个儿子中排行第六。因为没指望继承父亲的遗产，他在1047年加入诺曼雇佣军，去了意大利，希望能够赚上一笔。而20年后，他已经成为意大利南部大部分地区和西西里的主人。

在了阿历克塞一边，诺曼军队暴发了瘟疫。父子俩尚未造成太大损害，罗贝尔就去世了。在继母的政治运作之下，博希蒙德被完全剥夺了继承权。接下来一些年里，他一直在试图重新积累财富。

即使在当时，人们也很清楚博希蒙德加入十字军并非出于宗教目的。* 博希蒙德起初计划在意大利南部壮大势力，但是计划失败了，因为他强大的叔叔不愿坐视他发展起来成为自己的敌人。当从寻找海路前往君士坦丁堡的朝圣者口中得知东征情况时，博希蒙德正在不情愿地以叔叔的名义围攻阿马尔菲海岸（Amalfi Coast）的一座城市。他迅速意识到这是一个在东方建立自己的王国并骚扰他叔叔的绝佳机会。他立刻宣布要远征耶路撒冷，并带走了大量士兵，以至于他叔叔不得不放弃围城。

博希蒙德加入东征的决定可能有些投机取巧，不过他的规划十分缜密。他带着外甥坦克雷德和一支人数中等但装备精良的军队从巴里出发，横渡亚得里亚海（Adriatic）最狭窄的地方。他的部队在达尔马提亚海岸的多个地区登陆，以免当地的食物供不应求。之后，他安心等待着通过帝国领土的许可。

博希蒙德的军队是礼仪和纪律的楷模。他们不得烧杀抢掠——尽管博希蒙德心里很想这么做——因此避免了当地人往往会对东征军产生的敌意。这一点尤其令人印象深刻，因为博希蒙德选择了一条困难的路线，要穿越希腊东北部的品都斯山脉（Pindus Mountains），这里的海

---

* 诺曼历史学家杰弗里·马拉特拉（Geoffrey Malaterra）直率地记载道：博希蒙德加入十字军只是为了大肆掠夺拜占庭的领土。

拔将近 4 000 英尺（约合 1 219 米）。在现今的马其顿西部，他踏上了厄纳齐雅大道（Via Egnatia）。这是一条罗马古道，蜿蜒 700 英里（约合 1 127 千米），穿过巴尔干半岛地区，终点是君士坦丁堡。在这里，博希蒙德遇到了紧张的帝国军队，他们的任务不仅仅是保障博希蒙德军队的供给，更重要的是监视博希蒙德的动向。双方谨慎地保持着友好的关系。然而，这条古道正是 10 年前博希蒙德征服帝国未果时选择的进军路线，这让他显得来意不善。

然而，对阿历克塞而言幸运的是，博希蒙德另有计划。他的父亲在伟大的一生中只遭遇过一场败仗，那就是输给了老谋深算的阿历克塞。博希蒙德没有蠢到浪费自己的部队去进攻这座拥有全世界最强防御工事的城市。他的打算是在富裕的东方建立一个王国，因此他需要与皇帝保持良好的关系。目前来看，拜占庭是当时近东地区最强大的基督教势力，如果没有皇帝的支持——或至少是合作——就不可能在东方取得长久的成功。

对拜占庭的友好态度还可能带来其他好处。如果博希蒙德能从拜占庭这里获取东征的补给，实现目标就要容易许多，而作为东罗马帝国皇帝，阿历克塞有权指定一名十字军的实际领袖。如果皇帝愿意推动，博希蒙德就有望成为东西方基督徒大联盟的关键人物。

尽管诺曼人和拜占庭人近来处于敌对状态，但博希蒙德的乐观有几大理由。* 他对拜占庭的了解要胜过任何西方人。他掌握了足以交流的希

* 拜占庭人把当时的西方人都称作“法兰克人”，唯一的例外是诺曼人。他们的存在感和差异性都十分明显。

腊语，熟知帝国礼仪，本人也能说会道。就算阿历克塞不愿意与他合作，他至少可以知道其他东征的领主都答应了什么条件。接下来就只是时间问题了，他可以静候合适的机会。

博希蒙德在君士坦丁堡获得的待遇让他燃起了希望。按照惯例，求见皇帝的客人需要等待几天，在此期间，典礼官会一丝不苟地教授他们礼仪举止。而博希蒙德仅仅在圣科斯马斯及圣达米安修道院（Monastery of Sts. Cosmas and Damian）待了一个晚上，也没有典礼官的教导，就得到了进入大皇宫的特别许可。

博希蒙德这种摆脱拜占庭官僚体系的速度，体现了阿历克塞对博希蒙德的重视，这在西方人受到的礼遇中是独一无二的。从皇帝的角度来看，考虑到之前一些东征者可怕的举动，这也有一点赌博的成分。在拜占庭人心中，无论谁坐在皇位上，皇帝的尊严都是至高无上的。帝国可能不如以往几个世纪那般强盛，但仍然是众望所归的基督教大国，它的君主地位要高于其他任何世俗领袖。就算他无法赢得所有基督徒的政治忠诚，至少也应该得到他们的尊重。然而，东征的十字军大多没能展现出恰当的敬意。

从阿历克塞的角度来看，西方人的行为近乎粗鲁。大部分贵族对他的礼物不仅不心怀感激，还认为他小气或是别有用心。许多人表示那些不是真正的礼物，因为拜占庭的物价太高了，这些礼物很快被换成钱财，又流回了帝国的口袋里——这倒确实有几分道理。甚至那些留下了礼物的人也很不满意，因为比起皇帝那惊人的财富，他这一点慷慨根本不算什么。十字军认为阿历克塞只是给他们一点小玩意想要打发他们，甚至还有人无礼地抱怨礼物给得太慢、太不频繁了。

对于阿历克塞慷慨赠品的嘲笑，只是让拜占庭人加深了对西方人的糟糕印象。如果说贵族的表现相当傲慢，那骑士往往更加恶劣。按照惯例，皇帝出现时，众人须站立以示尊敬，但戈弗雷的一个部下却无礼地躺在阿历克塞的皇座上。通常状况下，这样不合礼法的行为甚至可以作为开战的借口。阿历克塞巧妙地无视了这次冒犯，不过当戈弗雷的另一位部下轻声提醒时，这个固执的部下不仅拒绝起身，还侮辱了皇帝的名誉。

近些年来，诺曼人与拜占庭是公开的敌对关系，诺曼人很可能同样不受欢迎。不过幸运的是，博希蒙德的野心让他表现得十分规矩。为了缓解紧张情绪，这位诺曼领袖把自己的军营扎在几千米之外，只带了一小队护卫进城。他与皇帝的会面简短而客气。被要求立下誓言时，博希蒙德毫不犹豫，立刻向阿历克塞宣誓效忠，并归还所有侵占的土地。而起身之后，博希蒙德顺带请求皇帝任命他为东方大统领（Grand Domestic of the East）。

这个请求让阿历克塞感到不安。与他授予的大部分名号响亮的空衔不同，博希蒙德索要的是帝国最有实权的职位之一。东方大统领是拜占庭在亚洲的所有军队的总指挥官，此举会让博希蒙德成为东征的实际领袖，以及皇帝本人潜在的大敌。

显然，让博希蒙德掌管这么多帝国军队是不可想象的，所以阿历克塞有些尴尬，他得拒绝新臣属的第一个请求了。他婉转地表示时机还不太合适，不过也模糊地暗示如果勇气与忠诚兼具，博希蒙德未来可以得到这个职位。在开了几个临别的玩笑，并获得了阿历克塞派送军队和食物的承诺之后，博希蒙德离开了皇宫，回到了自己的军营。

从各方面来看，博希蒙德都算是大获成功。他不太可能认为自己真的可以被任命为东方大统领，但他现在知道其他贵族也没有获得这样的待遇。此外，带着拜占庭的供给和军队，他很容易让其他东征者相信自己与皇帝有特殊的协议。

这次会面中唯一不够和谐的，是博希蒙德那鲁莽的外甥坦克雷德。听说要向皇帝宣誓效忠，坦克雷德勃然大怒。当最后被迫出现在皇帝面前时，他表现得相当不情愿。其他小贵族宣誓之后，皇帝给了他们每人一份礼物，并称如果不满意，可以点名要自己希望的东西。可能是受到舅舅大胆要求的启发，坦克雷德拒绝了礼物，表示想要皇帝的大帐，里面还要装满黄金。

这简直比想当大统领还要恶劣。帝国大帐是皇帝权威的象征，和一切与皇权有关的东西一样，它硕大无朋，类似于用来扎营的宫殿。当时的人把它描绘成“带有尖顶的城市”，在战斗中，损失了它就相当于损失了一座真正的宫殿。这顶大帐的原型是亚历山大大帝著名的宴会帐篷，其中配备了可折叠的家具，足够容纳 500 人。*

阿历克塞可能以为坦克雷德会要华而不实的小玩意或是头衔。听到这个回答，他惊呆了。不过，他迅速定下神来，冷淡地问坦克雷德准备怎么来取礼物——帐篷需要 20 头骆驼满载才能运得走。随后，皇

* 亚历山大的大帐甚至更大——其中配有90张床、100张睡椅和一个估计可以容纳900人的巨型接待大厅。

帝还巧妙地讽刺了十字军。他说："毫无疑问，通过某种神的意志，帐篷会自动跟在你身后。"他警告称，给驴子带来灭顶之灾的是一张狮子皮——在伊索寓言里，一头驴子披着狮子皮，装成百兽之王，到处吓唬别的动物，最终狮子皮被风刮走，驴子原形毕露，自取灭亡。

阿历克塞继续说道："临渊羡鱼不如退而结网，用行动去赢得属于你自己的帐篷吧。你不说话的时候，我以为你是个聪明人；可是你一张嘴，就暴露了自己是个蠢货。"最后，他尖锐地讽刺道："你不配当我的朋友，也不配当我的敌人。" *

拜占庭皇帝及时让诺曼人离开了首都。就在博希蒙德渡过博斯普鲁斯海峡加入十字军大部队的那个晚上，最后一位东征的伯爵图卢兹的雷蒙德四世带着军队抵达了君士坦丁堡。

如果说博希蒙德是野心最大的东征者，戈弗雷是出身最好的东征者，那图卢兹伯爵雷蒙德就是实力最强的东征者。雷蒙德四世虽然年过五十，却仍然活力十足。他在一生中的大部分时间里，都在稳固增强自己在法国南部的势力。到 1097 年，他的财富、土地和军队已经超过了包括法国国王在内的大部分国王。他的妻子是阿拉贡的埃尔维拉（Elvira of Aragon），通过与这位美人的婚姻，他与西班牙的王室成了亲戚，并在那边参与了几次"小型十字军"，击退了伊斯兰敌人。此外，他与教皇乌尔班二世私交甚笃，实际上还是第一位公开加入十字军的大贵族。教皇在克勒芒演讲之前很可能与雷蒙德讨论过东征，而雷蒙

* 诺曼人的记载称，阿历克塞一世为坦克雷德的贵族气质所动容，出于害怕才说了这番话。其中还记载了坦克雷德不那么精彩的回应："我认为你配得上当敌人，但不配当朋友。"

德为之深深感动。他发誓将余生献给耶稣基督，把所有的土地和财产留给了自己的儿子，并带着妻子和长子开始向东进军。

与前三位大贵族一样，雷蒙德认为自己才是当之无愧的十字军领袖。不过他的想法多少有几分道理。尽管乌尔班二世很谨慎地没有任命总指挥官，但他派了自己的私人代表勒皮的阿希马尔随着雷蒙德的军队一起出发。这样一来，雷蒙德与阿希马尔就相当于摩西与亚伦，把世俗的权威与宗教的精神力量融合在了一起。

实际上，雷蒙德的军队是最早离开法国的那一批，但是他们没有走海路去横渡亚得里亚海，而是很不明智地选择了沿着东北海岸行进。当军队抵达现今的克罗地亚时，他们发现道路几乎无法通行，而当地人充满了敌意。进入巴尔干半岛地区后，他们的行军速度进一步减慢。本来几周就能走完的路程，他们用了几个月。而在军队艰难前进的过程中，骚扰也变得越来越频繁。有一次雷蒙德和后卫部队遭遇了敌人，不得不用残疾囚犯组成人墙来阻挡对方的突击。

终于，他们抵达了拜占庭的领土。皇帝派出了护卫队，让他们去帝国的市场购买食物。但是当地人没有什么可卖的了，居民们已经彻底厌倦了十字军。雷蒙德的军队原本纪律严明，没有因为饥饿或战斗损失任何士兵，但如今他们的火气开始上升。他们讨厌这些监视着自己一举一动的帝国护卫。几个小团体开始脱离大部队去劫掠乡间。帝国军队试图阻拦，双方爆发了冲突，两名法国小贵族在战斗中身亡。

这样一来，帝国军队开始高度警惕雷蒙德军的行为。在紧张的气氛下，稍有不慎就容易犯错。几天后，勒皮主教阿希马尔的行动路线偏离了大道，护卫队没有认出他，将他打伤了。对愤怒的雷蒙德军而言，此举坐实了拜占庭的背信弃义。不久以后，雷蒙德也遭遇了同样的情况，这更是火上浇油。

阿希马尔对发生的事情似乎并不介怀，他让雷蒙德军保持克制，但却不得不滞留养伤。雷蒙德本人的想法也是一样，几天后，他收到了一封来自君士坦丁堡的信件，以热情的口吻邀请他去与皇帝会面。于是他把军队驻扎在几千米外，带着一小队侍卫进了城。

两位领袖不在，军队再没有人可以约束，情况很快失去了控制。他们迅速开始抢劫，强行拿走他们认为拜占庭人不愿意卖给他们的东西。而帝国的正规军则集合起来，向雷蒙德军发起了进攻。没有领导的十字军很快败退，四散逃窜，大部分武器和辎重都被帝国军队缴获。

消息传到雷蒙德那里时，他正准备面见阿历克塞。皇帝的招待一如以往，给他安排了豪华的宫殿，每天送上各种礼物。然而雷蒙德毫无心情。除了军队被打散让他蒙羞以外，他也对前几位领主宣誓效忠以及博希蒙德试图成为总指挥官的情况感到警惕。已经有传闻称诺曼人与阿历克塞达成了某种协议，他可不愿意宣誓效忠之后屈居于博希蒙德之下。当皇帝提出宣誓要求时，雷蒙德骄傲地表示他参加东征是为了侍奉上帝，不事二主。

即使其他领主一起到场劝说雷蒙德宣誓效忠，表示可以一起出兵东征，也没能改变他的心意。希望讨帝国欢心的博希蒙德称，如果皇帝和雷蒙德不得不兵戎相见，他将站在拜占庭一边，而雷蒙德则回应道，如果阿历克塞同意率军亲征，他愿意立刻效忠并出发。

皇帝试图打圆场，他说自己当然愿意率领十字军，但不幸的是，帝国的政治局势导致现在不可能这么做。看到雷蒙德和其他人的沮丧模样，他机智地打住了话题，让他们自己去说服同伴。最终，在5天的讨价还价之后，雷蒙德同意了一个折中方案。他的誓词有些改变——尊重皇帝的生命与荣誉，他或他的部下不会做出任何有损帝国发展的事情。

阿历克塞对此表示满意，让雷蒙德的军队渡过博斯普鲁斯海峡与其他东征军会合。讽刺的是，雷蒙德离开君士坦丁堡的时候，与阿历克塞的关系是四位领主中最好的。其他领主先行一步返回了军队，而雷蒙德要留下来等待阿希马尔康复。他最大的担忧是被博希蒙德抢了风头，但阿历克塞私下向他保证自己与博希蒙德绝无特殊关系，实际上也绝对不会任命这个充满野心的诺曼人担任大统领。

雷蒙德离开后，阿历克塞终于可以松一口气了。后续还有一些贵族到来，其中包括诺曼底的罗贝尔（Robert of Normandy）和布洛瓦的斯蒂芬，他们分别是“征服者”威廉的儿子和女婿。* 不过此时，大部分任务已经完成了。过去一年半里，超过10万人通过了君士坦丁堡，带来了巨大的后勤和外交问题。† 为所有这些人提供物资和运输，几乎是任何中世纪国家都难以做到的，但阿历克塞以惊人的调度能力实现了这一点。他周旋于各领主之间，让他们感到满意，最重要的是，还设法获得了

* 他们都不是令人印象深刻的大人物。罗贝尔为了东征，把领地卖给了他弟弟威廉二世。斯蒂芬则根本不想参加十字军，但他的妻子阿德拉（Adela）继承了父亲“征服者”威廉的钢铁意志。她命令斯蒂芬出征，斯蒂芬照做了。

† 其中包括平民十字军和非战斗人员。

各大领主的效忠。如果这算不上是彻底的成功（因为东西方基督徒的关系变得比之前更加紧张了），他取得的成果也比最初的合理预期要大得多。

至少暂时来看，十字军正服务于他的目标，但他很清楚，这种态势恐怕难以持久。他们就像一股涌向小亚细亚的洪流，无人可以真正控制。如果他能引导他们直指敌人，向东走得足够遥远，从而收复罗马帝国东部的一些大城市，那么一切屈辱和奉承，以及时间和金钱的巨大投入，都将是值得的。

第四章

远征

Chapter 4

The Long March

如果他们打算今天开战，就像男人一样过来吧！

——博希蒙德 *

汇聚在博斯普鲁斯海峡东边的十字军呈现出一种有趣的情况。中世纪的军队数量很难计算，不过当时可能有 3 万名步兵、5 000 名骑兵以及相当数量的非战斗人员。比起隐士彼得行动迟缓的平民部队，他们显得更有条理，不过在扎营的时候，帐篷依旧是散乱地簇拥在自己的贵族或是小领主周围。只有拜占庭的队伍秩序井然，这是阿历克塞派出的分遣队，由一位名为塔第吉欧斯的将军率领，配有顾问，还随军携带了罗马人多个世纪以来惯用的大型攻城车。

---

* James Brundage, *The Crusades: A Documentary History*, (Milwaukee, WI: Marquette University Press, 1962), 49–51.

尽管筹备混乱，领导者各有心思，帝国军队和十字军的利益也存在冲突，但大家对于接下来要做什么仍有共识。如果想抵达耶路撒冷，就必须扫清道路通过小亚细亚，这意味着首先要攻破尼西亚。

尼西亚作为罗姆苏丹国的首都，坐落于普罗庞提斯（Propontis）* 附近的小湖旁，这里是军事要冲，守卫森严。从公元 4 世纪开始，它就是一座重要的城市，长达 4 英里（约合 6 千米）的城墙一直受到拜占庭人和之后突厥人的精心维护。尽管它位于湖边，在没有海军的情况下不可能真正包围，但把它留给敌人也不可取。深入的十字军很容易被切断后路，陷入孤立无援的境地。

1097 年夏初，十字军拔营起程，向尼西亚前进。一路上，到处可以看到平民十字军令人害怕的尸体，惨白的骸骨提醒着他们即将面对的风险和失败的代价。因此，他们决定稳扎稳打，围攻尼西亚。

与其说是十字军蓄意而为，不如说他们红运当头，这个时机实在完美。突厥苏丹基利杰·阿尔斯兰正忙着向东扩张领土，不愿意半途而废。他当然得知了有人东征的消息，但并未认真对待。隐士彼得之前的杂牌军让他觉得西方人根本算不上威胁，而间谍带来的消息——彼得本人也参与了这次东征，则让他更加确信了这一点。阿尔斯兰把妻子、孩子和财产全部留在了尼西亚，他的自信可见一斑。

围城的前几天，情况似乎十分顺利。尽管没有一位最高领导人，但各领主与拜占庭友军成立了指挥委员会，在没有严重分歧的情况下达成了战略共识，保持了一致的行动节奏。突厥方仍然可以从水路获取

---

* 现今土耳其马尔马拉海（Sea of Marmara）的旧称，是亚洲与欧洲分界线的一部分。

补给，他们向苏丹疯狂发信，请求他迅速回援。基利杰·阿尔斯兰这时意识到自己判断错误，匆忙挥师来救，但等他抵达的时候，军队士气已经低落到了十分危险的程度。

1097 年 5 月 21 日，苏丹对敌人的低估让他付出了惨痛的代价。在持续大半天的残酷肉搏战中，全副武装的十字军明显占据上风。战至黄昏，基利杰·阿尔斯兰开始向山区败退。他放弃了救援尼西亚，让妻子与孩子听天由命。

十字军高兴地在突厥人的营地里发现了绳索。这本是阿尔斯兰计划用来捆绑基督徒俘虏的，如今却被用于突厥人自己身上。他们把突厥援军士兵的头颅砍下，投进尼西亚城里，试图进一步打击守军的士气。

然而，尼西亚的守军展现出了比苏丹更强的韧性。有一次，十字军通过挖掘地道，成功摧毁了一座塔楼并放起大火，但突厥人连夜将其修复。第二天早上十字军醒来时，沮丧地发现自己的努力全部付之东流。领主们逐渐意识到他们需要帮助。尼西亚的食物和淡水储备足够支撑数月，只要他们的水路畅通，就能无限拖延下去。如果拜占庭海军不封锁尼西亚的港口，东征军在可预见的未来难以前进一步。

收到领主们的求援之后，阿历克塞立刻派出了一支舰队，断绝了尼西亚与外界的联系。* 收到消息的十字军计划在几天后发动总攻。

* 阿历克塞在围攻尼西亚一役中有自己的打算。他很清楚守军可以从水路获取补给，也很容易在围城开始的时候就派海军封锁港口。他很可能是在等待十字军求援，那些领主当初宣誓效忠时都不太情愿，他要让他们认识到自己需要他的帮助。

突厥守军在湖中看到帝国正规军的那一刻，就知道自己的抵抗已经没有意义了。唯一的问题是如何避免城市的彻底毁灭，所以他们与拜占庭展开了秘密谈判。在皇帝保证了城中居民的生命与财产安全，并承诺不让一名十字军士兵进城之后，尼西亚守军投降了。当晚，通过湖边的城门，帝国军队控制了城市，而守军则从容撤离。

阿历克塞就这样收复了一座重要的城市，而且既保全了城市设施，又没有得罪突厥邻居。不过无论此举有多么精明——这也是他要领主们宣誓效忠的确切原因——十字军的领导者们已经体会到了拜占庭人的狡猾。第二天早上正是计划开始总攻的时刻，但十字军醒来却困惑地发现帝国的鹰旗已然在城市上空飘扬。阿历克塞的代表匆忙感谢十字军的援助，慷慨地赏赐了领主，但普通士兵明显有一种被欺骗的感觉。按照惯例，攻下城池后，士兵可以劫掠 3 天，这也是他们得胜的主要好处。不能劫掠也就意味着之前所有的围攻都是白费力气。

皇帝对待突厥俘虏的手段又让拜占庭与十字军关系更加紧张。国家官员和富有的市民可以用钱赎身，重获自由，而苏丹的妻子则在君士坦丁堡享受了极高的待遇。阿历克塞安排她住在皇宫，随后又把她和孩子一起还给了阿尔斯兰，没有索要一分钱赎金。对拜占庭来说，这是个明智的做法。在东征结束后，阿历克塞还要与穆斯林邻居相处，不能把关系搞得太僵。然而对十字军来说，他们东征是为了打败耶稣基督的敌人，这种做法只是坐实了希腊人的两面三刀。

尽管有这些不快，但大家还是充满了信心。第一次战役结束了，十字军取得了胜利。收复耶路撒冷仿佛指日可待。布洛瓦的斯蒂芬写给妻子的信中洋溢着乐观之情："我们 5 周之内就能抵达耶路撒冷了，除非他们能在安条克挡住我们。"

从尼西亚到耶路撒冷的主路有两条，一条沿着海岸线，另一条则直插烈日炙烤的内陆。阿历克塞建议他们选择靠海的那条，这样海军可以很容易为他们提供补给，但内陆的那条更近。尼西亚陷落一周后，十字军出发了。他们没有采纳皇帝的建议，毕竟这段征程已经够长了，最后的决定是把军队分成两部分。

究竟应当由谁来率领十字军？候选人逐渐缩减至两位：博希蒙德和图卢兹的雷蒙德。博希蒙德与拜占庭的向导关系很好，他担心后勤补给出问题，因此提议分头行动。雷蒙德对博希蒙德贪图荣誉的行为早已不满，此时乐得顺水推舟。

两支队伍装作不经意地错开了一天的行程，想要划清界限。而幸运女神再一次站在了十字军这边。失去了首都的基利杰·阿尔斯兰吸取了教训，这段时间一直在重整军队、签订协约，以便专心应对这次危机。他推测出十字军可能采用的路线，并精心策划了一次埋伏，袭击了博希蒙德。他认为所有的十字军都已经落入了他的陷阱。

博希蒙德的迅速反应阻止了一场彻底的灾难。他让骑士下马，围成一个大圈，保护那些非战斗人员，并派信使前去寻找雷蒙德的队伍。他们只知道雷蒙德大概的方位，不过只花了 5 个小时就找到了对方。与此同时，突厥人没有取得什么战果。尽管他们的人数远超十字军，但重装骑士的防线很难突破。阿尔斯兰的军队大部分都是轻装的弓箭手，移动迅速。除了少数人冒失突进了一次之外，博希蒙德的军队成功抵制了出击的诱惑，从而保持了阵形，避免了自己的覆没。

雷蒙德军的到来让阿尔斯兰大吃一惊。形势完全逆转，突厥人成了被包围的一方，被十字军里外夹击。在接下来的混战中，大部分突厥人都被歼灭，剩下的一些则抛下辎重和钱财逃走了。

这次胜利是雷蒙德和博希蒙德共同的功劳，它击垮了塞尔柱突厥人的作战意志。阿尔斯兰认为十字军太强大了，无法阻挡，于是带走了沿途乡间的所有供给，并躲得远远的。在休息几天之后，十字军再次出发，他们计划穿过托罗斯山脉（Taurus Mountains）附近的荒凉地带向东南方前进。

接下来 4 个月里，在荒无人烟的环境中行军的东征者逐渐意识到，盛夏时分穿越炽热的安纳托利亚高原是一件愚蠢的事情。突厥人带走了几乎所有食物，路上的水源也少得可怜。更糟的是，尽管酷热难当，但十字军不得不身穿盔甲，以免遭到埋伏。在驮畜开始死亡后，随军的羊、猪甚至狗都被暂时征用。许多骑士不得不走路前进，让马去背负物资。一些受伤的士兵也只能留下休养。*

唯一保持士气，让十字军坚信自己受到了上帝保佑的事情，就是他们不断的胜利。抵达托罗斯山脉关口时，一批不属于基利杰·阿尔斯兰的突厥人想要阻止十字军。博希蒙德几乎单枪匹马就搞定了对手，他直接冲向对方的埃米尔，并在决斗中轻松获胜，令突厥人为之胆寒。他们四散逃窜，之后再没有试图阻挡过东征。

这次决斗最大的获益者是博希蒙德，他在战争中的声望开始超越

* 其中就包括布永的戈弗雷，他在猎熊时负伤了。

雷蒙德。与突厥人交锋的耀眼表现在当晚被添油加醋传遍了整个十字军，而偶然出现的彗星又被许多人解读为博希蒙德崛起的征兆。博希蒙德觉得这是一个趁热打铁的好时机，就派外甥坦克雷德和一些小贵族离开大部队，去解放附近的几座城市。随后，他又把这些城市逐次交还给阿历克塞，以展现他的诚意，并暗示皇帝他还是有资格担任大统领的。

戈弗雷的弟弟鲍德温受此启发，也离开了大部队。表面上，他是去寻求附近的亚美尼亚基督徒的帮助。不过在获取补给的同时，他也利用当地的政治环境，培植了自己的势力。

在大亚美尼亚（Greater Armenia，位于现今的土耳其东部）的首都埃德萨，鲍德温和他的部下受到了热烈的欢迎。这里的统治者是一个名为托罗斯（Toros）的老人，他是周边突厥人的封臣，却无比期盼自由。由于他没有子嗣，所以愿意收鲍德温为养子，只要鲍德温愿意用西方的骑士为他撑腰。鲍德温迫不及待地同意了。几周后，在一次宫廷政变中，托罗斯被推翻，鲍德温建立了一个独立的国家，并将之命名为埃德萨伯国。这是基督徒在中东建立的四大国家之一，它们被统称为十字军国家。

鲍德温的做法引起了整个十字军的注意，尤其是博希蒙德。鲍德温本人并不受欢迎，大部分人都看不起他，认为他背弃了东征的誓言。然而，他做的事情正是诺曼人想要去做的。安条克，博希蒙德的目光已经牢牢锁定了这里。

第五章

安条克

Chapter 5

Antioch

博希蒙德和坦克雷德虽是凡人，但上帝对他们的偏爱远超其他人。

——《法兰克人史》*

安条克是一座历史悠久的名城。公元前4世纪，亚历山大大帝的一位将军建立了它，希望它成为一座国王之城。城中建筑错落有致，分布在奥龙特斯河（Orontes River）与西尔皮乌斯山（Mount Silpius）之间。这里曾是一个疆域延伸至印度的强大王国†的首都。作为香料与丝绸贸易路线上的重要枢纽，它接待了来自东西方的无数商旅，变得无

* August. C. Krey, *The First Crusade: The Accounts of Eyewitnesses and Participants*, (Princeton: 1921), 163–168.

† 即塞琉西王朝。——译者注

比富有。公元前2世纪的希腊历史学家波利比阿（Polybius）写道，城中财富之光彩夺目，足以淹没人的感官。*

在被罗马人征服之后，安条克的名声不减反增。等到屋大维统治时期，它已经成了罗马帝国的第三大城市。神圣的奥林匹克运动会在这里举办，恺撒和屋大维等罗马精英时常光顾这里，从大希律王（Herod the Great）到哈德良，都在这里留下了不朽的传世之作。

而对基督徒而言，安条克尤其特殊。在一些圈子里，它被视为“基督教的摇篮”，因为耶稣基督的追随者在这里第一次被称作“基督徒”。据说，安条克的教堂由圣彼得亲手建造，神圣程度堪比罗马大教堂。这里与亚历山大、君士坦丁堡、耶路撒冷和罗马并称为五大教宗驻地。诸神对安条克尤其眷顾，它不仅是贸易道路上商人向南前进的重要落脚点，还是通往耶路撒冷路上最牢不可破的要塞。几个世纪以来，这里抵挡了无数次进攻，13年前的1084年，因为叛徒出卖，它才落入突厥人之手。

即使是最狂热的东征者，看到巨大的安条克城池，恐怕也会感到气馁。1097年秋天，十字军抵达这里后，许多人立刻认定他们不可能攻克它。城市占地3.5平方英里（约合9平方千米），在整个河谷铺开，并由500多年前查士丁尼一世（Justinian Ⅰ）下令建造的巍峨城墙环绕。城墙上设有400余座塔楼，可以从多个角度向妄图围城的敌人倾泻火力。而全副武装的堡垒大本营，则设在了城内高达1 000英尺（约合305米）的西尔皮乌斯山山顶。

---

* http://penelope.uchicago.edu/Thayer/e/roman/texts/polybius/31*.html

通过迅速的侦察，他们令人沮丧的推测得到了验证。由于地形所限，想从南边、西边或东边攻城极其困难，而且十字军的人数也不足以环绕城墙。换句话说，围城是不现实的。

有传闻称，守卫部队不在城中，因此雷蒙德建议立刻全力攻城。而博希蒙德不希望雷蒙德抢走功劳，拒绝了这一提议。尼西亚的教训历历在目。一旦阿历克塞控制了城市，十字军除了抱怨就什么也做不了。如果不是皇帝插上那么一手，尼西亚肯定已经被彻底洗劫，并落入得胜的十字军手中了。同样的事情绝不允许在安条克再次发生。博希蒙德打算把这座城市划入自己的名下，而唯一的办法就是让它只向自己一个人屈服。在想好计划之前，他当然不可能允许十字军发动总攻，尤其这还是雷蒙德的提议。

城池的巨大和任务的艰巨，让众人的意见偏向了对博希蒙德有利的方向。远征已经让十字军筋疲力尽，他们认为，匆忙发起进攻无异于自杀。此外，阿历克塞承诺了派兵增援。暂缓攻城可以让士兵得到休息，皇帝的巨型攻城设备抵达后，进攻的成功率就会大大提升。很快，速攻的提议就被否决了，十字军选择了围困。而雷蒙德又一次蒙羞，声望进一步下降。

后续的发展恐怕会让很多人后悔自己的决定。围困完全没有效果（显然这在情理之中），反而让对手稳定了军心。安条克的突厥统治者亚吉西延提前几周就得知了十字军的动向，并做好了充分的防守准备。突厥人占领这座城仅有十余年，城中居民大部分还是基督徒。亚吉西延显然不信任他们，所以他首先就把牧首投入监狱，把基督徒的领头人驱逐出城。随后，他又亵渎教堂，在里面养马，借此恐吓那些留下的基督徒。接着，他又有条不紊地运走了周边地区的食物，并在大部分水井中下了毒。最后，他派出了信使，向附近的埃米尔求援。他们的回应令人振奋。在当地军队强化守备的同时，上美索不达米亚（Upper Mesopotamia）地区*最具实力的人物——摩苏尔阿塔贝格卡布卡同意出兵增援，巴格达和波斯的苏丹也派出了援军。

与此同时，十字军的境况要悲惨许多。1097 年的冬天无比寒冷，扼杀了任何想要穿越安纳托利亚高原的想法。在刺骨的暴风雪外，附近还出现了几次地震，夜晚甚至还有罕见的极光，这似乎意味着神明的震怒。

人们很容易相信，上帝已经抛弃了十字军。安条克城里食物充足，由于奥龙特斯河流经城中央，淡水资源也十分丰富。十字军则相反，两者的供给都已告急。周围乡村的食物无法供养额外的 4 万人，迅速耗尽，战士们只能去更远的地方搜寻。更糟糕的是，由于他们的人数不足以围城，那些熟悉环境的守军可以溜出城来，在十字军寻找食物的时候给他们致命一击。

不久以后，究竟谁才是被包围的一方，已经不甚明朗了。东征的领主对获取食物的关心更甚于围困城池，而他们的情况也越来越不乐观。那些在穿越安纳托利亚的漫长征途中没有损失马匹的骑士，如今不得不把它们宰杀食用。由于缺少木材，甚至这些肉也只能稍微用火烤到

* 这个地区指的是中东北部地区的高地和冰水沉积平原地区，包括现今伊拉克的西北部、叙利亚的东北部和土耳其的东南部。

勉强能吃的程度，不过比起普通士兵的食物还是好得多。不太走运的骑士和步兵只能抓些老鼠或狗，用草或蓟当作调味料。一些人甚至会去吃贵族们丢弃的兽皮，或是在粪便里翻找还没被消化的种子。

到春天的时候，七分之一的十字军都死于饥饿，还有许多人当了逃兵。随着人吃人的谣言开始传播，领主命令士兵把所有剩下的木头全部用来建造 3 座巨大的攻城塔，这让仅存的食物变得更加难以下咽。十字军发动了几次绝望的攻击，不过都遭遇了悲惨的失败。仿佛情况还不够糟糕一般，又传来了新的消息：摩苏尔的卡布卡已经率领穆斯林大军前来解围。

恐怕很难有比这更坏的消息了。在附近所有的伊斯兰教政权中，摩苏尔是最强大的一个，而且近来实力还进一步增强。1098 年年初，埃及的法蒂玛王朝成功把突厥人赶出了耶路撒冷。难民蜂拥进入摩苏尔，让阿塔贝格的军队壮大了不少。此外，卡布卡还强迫周边的埃米尔派出部队加入他们。因此，他现在的穆斯林军队堪称耶路撒冷以北最可怕的一股力量。

卡布卡的到来在十字军当中引发了恐慌，逃兵的数量日益增多。最令人震惊的是，连隐士彼得都失去了勇气，在深夜逃跑了。博希蒙德的外甥坦克雷德轻松把他抓了回来，他只能耻辱地走进营帐，请求原谅。考虑到他在普通士兵中的影响力，领主们原谅了他。不过这一事件已经大大打击了士气。

不过，情况还没有像士兵所想的那般令人绝望。对安条克的包围不够彻底，的确让守军溜出了城，不过被赶出城的基督徒也有了与城中亲戚联系的机会。安条克的局势同样在不断恶化。围城已经持续了7个月，城中的食物也开始告罄。亚吉西延的声望降到了最低点。他不仅被迫实施定量配给制度，还被怀疑私藏了大量食物自用，设立的规定自己也从不遵守。博希蒙德等的就是这样的机会，他设法与诺曼军营前方塔楼的负责人费鲁斯（Firouz）取得了联系。费鲁斯是个亚美尼亚人，为了避免迫害，他改信了伊斯兰教，不过对突厥统治者没有丝毫好感。最近，他不仅因为囤积粮食遭到罚款，妻子还一直被某个突厥守军士兵占便宜。博希蒙德没花多少时间就让他倒戈了。

现在博希蒙德有了进城的途径，在严守秘密的同时，他需要做的就是选择时机。首先，他得解决其他竞争对手。近1 000年来的大部分时间里，安条克都是罗马帝国的领土，帝国迫切希望收复它，实际上，这是阿历克塞坚持要领主们效忠的主要原因。参与围城的就有由塔第吉欧斯将军率领的拜占庭部队，一旦十字军攻入城内，主导形势的可能就是他们了。要扫清道路实现目标，博希蒙德就必须尽早摆平他们。

博希蒙德的动作很快。他把塔第吉欧斯请到帐内，严肃地告诉他有人密谋杀他，但很遗憾没有找出主使者。这可能是个谎言，但由于大部分十字军都公然藐视拜占庭人，这则消息还是具有相当大的说服力。尽管他们拒绝了皇帝的提议，没有选择沿海的路线，但多数人还是把征途的艰难和围攻期间的补给匮乏都归为皇帝的责任。阿历克塞就这样成了一切麻烦的替罪羊。

塔第吉欧斯很清楚自己不受欢迎，他相信了博希蒙德编的故事。第二天一早，他就宣称要返回君士坦丁堡安排物资供应，突然离开了。

博希蒙德没有告诉其他人这次会面，而是谴责塔第吉欧斯的怯懦，称他丧失了勇气，让十字军自生自灭。就这样，拜占庭人在普通士兵眼中的信誉迅速消失了。

不过，当阿历克塞亲自率军沿着现今土耳其的西南海岸前来增援的消息传来时，博希蒙德感受到了威胁。他最不希望的事情就是皇帝出现，拯救他们。那样一来，他独力征服安条克的壮举就要搞砸了，而如果皇帝亲临，他是绝对无法把这座城市据为己有的。

博希蒙德需要迅速行动了。为了增加胜算，他开始夸大他们所处的危险。不过十字军几乎不需要他再宣传鼓动了。卡布卡的大军最多还有一两周就要到了，阿历克塞几乎不可能及时援救。恐惧笼罩了全军，许多人再也无法坚持了，逃兵开始大批出现，甚至一些小贵族都加入其中。6月初，“征服者”威廉那意志薄弱的女婿布洛瓦的斯蒂芬也宣称染病，需要后撤休养。

斯蒂芬在穿越小亚细亚腹地时，得知帝国军队就在附近，于是他立刻投奔了阿历克塞。皇帝的部队于当年春天离开君士坦丁堡驰援十字军。他们保持着稳健的步伐，在安纳托利亚半岛开辟道路，驱逐沿途的突厥人。阿历克塞的计划是一路巩固帝国的防御工事，直到抵达安条克为止。然而，斯蒂芬告诉皇帝，十字军攻城失败，此刻恐怕已经被穆斯林的大量援军歼灭了。

这个消息仿佛晴天霹雳。如果十字军失败了，皇帝所处的位置就非常危险。得胜的突厥人绝对会展开反攻，收复失地，而阿历克塞没有理由把帝国剩下的兵力浪费在一场愚蠢的南征上。他仍然有些犹豫，如果还有机会拯救部分十字军，他不想抛弃他们，但突厥军队逼近的消息仿佛证实了斯蒂芬的说法。帝国军队当即撤回了首都，只留了少数部队守卫新占领的领土。

布洛瓦的斯蒂芬对基督徒远征的破坏，比他本人预料的严重得多。阿历克塞的做法是符合拜占庭利益的，东征既然失败，他就要谨慎地避免更大的损失。但十字军并未如斯蒂芬所想的那样被歼灭，因此，阿历克塞的退兵将会被十字军视为严重的背叛。如果斯蒂芬能够头脑清醒那么一会儿，随后的许多痛苦就可以避免了。在斯蒂芬逃走的当天，亚美尼亚的守卫费鲁斯通知博希蒙德，他已经做好了背叛安条克的准备。

博希蒙德丝毫没有浪费时间。他紧急召集同僚开会，宣布自己在考虑停止东征，因为意大利那边形势紧迫，很需要他。他的说法引发了全场震惊，取得了理想中的效果。每次重大战役，博希蒙德都表现抢眼，他的无畏甚至赢得了敌人的尊重。在卡布卡逼近的当下失去他，士兵所剩不多的斗志将会被摧毁殆尽。随着失败的阴影笼罩众人，博希蒙德抛出了他的圈套。他表示，如果能把安条克给他，那就足以弥补他在意大利本土的损失，他可以留下来。只有图卢兹伯爵雷蒙德表示反对。他不知道博希蒙德是不是真心要撤军，但他绝不愿意把安条克让给博希蒙德。他严肃地提醒在场的领主，他们曾宣誓把所有征服的土地还给拜占庭。由于大家都知道只有雷蒙德没有发过这样的誓言，场面变得有些尴尬。

博希蒙德则提出了一个简单的问题。情况已经极度恶劣，皇帝的军队却不见踪影，这等同于放弃了自己的权利。如果他和部下在没有其他亲王帮助的情况下攻占安条克，其他亲王能否把城市让给他？这一次，甚至连雷蒙德也找不出理由反对。在其他人都同意的情况下，雷蒙德也屈服了，只是加上了附加条件——博希蒙德可以占有城市，直到阿历克塞亲自前来宣示主权为止。

在众人立誓之后，博希蒙德透露他与城里的内应取得了联系，并详细阐述了他的计划。十字军将拔营出征，假装迎战卡布卡。而在夜色的掩护下，他们要原路返回，通过费鲁斯没有上锁的窗户溜进城内。为了表示诚意，费鲁斯把自己的儿子交给了博希蒙德照顾。

博希蒙德带领着 60 名士兵，在黎明到来之前的两个小时翻过了费鲁斯的窗户，控制了附近的两座塔楼及它们之间的城墙。城内一些没有遭到驱逐的基督徒协助他们打开了一座城门，放十字军全员杀入。到日暮时分，城内几乎已经没有活着的突厥人了。* 经过令人筋疲力尽的 8 个月围困之后，他们终于占领了安条克。

不过，严峻的考验还没有结束。城市虽然陷落了，但西尔皮乌斯山顶的堡垒还在。十字军仅有的一次强攻失败了，博希蒙德还因此受了伤。城里仍有一批敌对的守卫部队，这个事实冲散了胜利的喜悦之情。博希蒙德在山脚建造了一圈围墙来阻止他们的进攻。但更大的难题是卡布卡的大军很快就要到了。

卡布卡之所以还没到，是缘于一个小小的奇迹。这位摩苏尔的阿塔

---

* 包括亚吉西延。这位不幸的统治者试图溜到城外，却被战马掀了下来，护卫也全部四散而逃。当地的亚美尼亚人找到并杀了他，把他的首级作为礼物送给了博希蒙德。

贝格之前决定顺路去灭掉新成立的埃德萨伯国。但打了 3 周后，他意识到战损过高，强攻不太划算，于是放弃了这个计划。这段插曲让十字军有了喘息的时间。

在夺城的兴奋冷却之后，领主们开始评估局势。城墙基本没有损毁，防护能力比城外的营地要强得多。军队士气也有了大幅提升，再也不用担心大批士兵逃走了。但另一些方面的情况则更加糟糕。城墙虽然有足够的防护力，但十字军的人数不足以守卫全部区域。最麻烦的是，食物匮乏的情况依然没有改善。长期的围困使得城市的物资所剩无几，而十字军也没有补充物资的渠道。此外，他们也没时间了。安条克陷落两天后，卡布卡兵临城下。

最容易受到攻击的那段城墙由博希蒙德的军队负责守卫。起初卡布卡打算攻其不备，他刚一抵达就发动了进攻。不过在苦战之后，十字军还是打退了敌人。于是卡布卡开始扎营静候时机。

这位摩苏尔的阿塔贝格很了解安条克的情况，而且城中堡垒的守军还在不断与他传信沟通。他抓到了几名十字军的逃兵，对他们严刑拷打逼问信息，还在城下砍掉了他们的四肢，以此震慑对手。显然，十字军投降只是时间问题。卡布卡的军队可以把安条克围得水泄不通，没有补给的基督徒支撑不了多久了。

安条克的状况迅速恶化。在胜利的狂喜之后重新陷入饥荒，这种落差恐怕给十字军带来了加倍的打击。仅剩的一些战马被宰杀用以果腹，许多士兵则以树叶、兽皮或其他能找到的一切皮革为食。十字军仅存的希望就是坚守到皇帝的援军到来，但甚至连这一丝幻想都已消散。

在突厥人彻底封锁安条克之前，最后传入的消息表明阿历克塞已经撤军了。大家愤怒地诅咒布洛瓦的斯蒂芬和拜占庭人这群懦夫，所有对皇帝的誓言如今都作废了。

现在，只有奇迹出现才能拯救这支被困的军队了，而幸运的是，天堂似乎真的降下了恩惠。在被包围的第五天，衣衫褴褛的法国农民彼得·巴塞洛缪冲进了雷蒙德的帐篷，要见主教阿希马尔。雷蒙德本来打算拒绝。不过这个彼得本来是个懒惰的享乐主义者，这会儿却似乎完全变了一个人，因此伯爵还是放他过去了。

彼得·巴塞洛缪的故事听起来难以置信。他声称圣彼得的哥哥圣安德鲁在自己的梦中多次显圣，并把圣枪的所在地告诉了他。这把在耶稣受难后刺入他身体一侧的长枪是基督教世界最神圣的圣物之一。若能找到圣枪，就能强有力地表明上帝依然保佑着十字军。而彼得·巴塞洛缪还没说完。他继续道，圣安德鲁让他立刻找到雷蒙德和阿希马尔，告知雷蒙德圣枪埋藏的位置，并斥责阿希马尔作为神父的失职。

对于这个消息，勒皮主教没有雷蒙德那么兴奋，不过这也在情理之中。除了针对他的指责令他不满之外，还有一点令他生疑，那便是君士坦丁堡也已经有一把圣枪了，阿希马尔曾在那里亲眼见过。尽管雷蒙德深信不疑，但阿希马尔让这位伯爵暂缓寻找圣枪，他要让随行的神职人员好好盘问一下彼得·巴塞洛缪。

如果阿希马尔希望在确认显圣的真实性之前封锁此事，那他很快就会失败了。消息迅速传遍了全军，声称见到显圣的人也越来越多。一位备受尊敬的神父表示耶稣基督在梦中显圣，并告诉他十字军正因为堕落和无信仰遭到惩罚。如果众人愿意忏悔，耶稣基督就将在5日内提供帮助。仿佛是证实他的说法一般，第二天就有一颗流星划过天际，根据轨迹判断落点似乎是突厥军营地正中。

彼得·巴塞洛缪声称，圣枪就埋在安条克的大教堂下面。当他被领到那里时，大家的希望达到了顶峰。人们挖了一整天，随着时间的流逝，人群开始躁动起来。在这次行动中押上自己名誉的雷蒙德承受不了压力离开了，他认为自己受到了欺骗。最后，彼得·巴塞洛缪跳进坑里，让所有人开始祈祷，并徒手继续挖掘。过了片刻，他发出了喜悦的呼声，高高举起自己的拳头，其中握着一块锈迹斑斑的金属。

除了雷蒙德，其他几个领主很可能不信这套说辞——阿希马尔则是显然不信。但这个消息让全军都为之振奋，所以领主们觉得把怀疑藏在心里更好。不管怎样，彼得·巴塞洛缪的可信度越来越低。圣安德鲁成了他的常客，而他的指引变得越来越奇特。圣枪的发现让雷蒙德十分高兴，他郑重地把枪头装在了一根枪杆上。不幸的是，接下来他就病倒了，于是博希蒙德成了十字军的实际领袖。博希蒙德宣布，按照圣安德鲁的指示，全军斋戒5天，之后，他将带领大家出城与敌军决战。在圣徒和圣枪的帮助下，他们一定会轻松把卡布卡打得落荒而逃。

与此同时，十字军派出了特使团前往突厥营地，表面上是去讨论投降条件，实际上为了尽量搜集情报。特使团的领头人是在逃跑事件后重新树立起声望的隐士彼得。他从敌营带来的情报令人振奋。卡布卡自然是要求十字军无条件投降，但在突厥营地里明显可以感觉到内部的紧张情绪。如今是时候发动进攻了。

1098 年 6 月 28 日，在隐士彼得鼓舞人心的布道之后，博希蒙德带着十字军的全部战力离开了安条克，只留下了病人和老人站在城墙上祈祷。

尽管十字军十分乐观，但他们的队伍看上去却多少有些凄惨。经历了几个月的饥饿，他们瘦弱了许多。链甲衫尴尬地套在单薄的躯体上，铠甲也不再合身。许多骑士只能步行，剩下的则骑着尚未被宰杀食用的驮畜。虽然如此，但他们的进攻时机相当完美。

卡布卡的军队人数虽多，但他的联盟正在崩溃。在场的大部分埃米尔都是被迫加入的，他们都对卡布卡的野心感到警惕。如果他能占领安条克，那就不可阻挡了。比起摩苏尔的阿塔贝格，这些蹒跚的十字军并非真正的威胁。如果卡布卡在这里失败了，那他的威信就会降低，势力也将被压制。

一方面，埃米尔们踌躇不定，另一方面，卡布卡也在战术上犯了几个错误。他希望一击就把十字军彻底打垮，所以并未立刻进攻，而想等着十字军全部出城。然而出城的十字军人数却震惊了卡布卡，他试图和谈交涉。但十字军无视信使，有序地开始进军。焦躁的卡布卡点燃了阵前的草地，希望延缓十字军的步伐，但烟雾却涌向突厥人，遮蔽了他们的视线。卡布卡试图后撤，结果埃米尔们四散奔逃，于是战术性的撤退演变成了彻底的溃败。亚美尼亚和叙利亚的牧羊人看到有机会报复突厥人十余年来的压迫，也冲下山来加入了屠杀的队伍。

十字军取得了惊人的胜果。几个小时以前似乎还将给十字军带来灭顶之灾的突厥人彻底消失了。尽管博希蒙德的功劳最大，率队攻破城池和解除包围的都是他，但大部分士兵认为这都是拜上帝的指引所赐。那些在城墙上观战的人声称天使、圣徒和死去十字军的灵魂在与士兵一同奋战。

唯一高兴不起来的只有图卢兹伯爵雷蒙德。疾病让他不得不在这场激昂的战斗中袖手旁观，眼睁睁地看着竞争对手接受人群的欢呼。而西尔皮乌斯山顶堡垒守军的做法让他更加不是滋味。他们目睹了援军的崩溃，知道再抵抗也没有意义，所以派出信使宣布投降。雷蒙德让信使把他的旗帜带回去升起来，作为臣服的标志。但守军将领看到旗帜后拒绝了，表示他只向博希蒙德投降。显然，诺曼人又一次事先与堡垒内部取得了联系，堡垒的指挥官私下同意了如果基督徒胜利，他只与博希蒙德交接。威胁和侮辱都改变不了指挥官的想法。直到博希蒙德亲自出现，他才打开大门。*

这是压垮雷蒙德的最后一根稻草。其他领主已经准备把城市交给博希蒙德，继续进军耶路撒冷了，但雷蒙德不同意。再说要把安条克交给阿历克塞已经没有说服力了，所以雷蒙德改变了策略。所有人都曾宣誓要让耶路撒冷重归基督徒的怀抱，没有人可以背弃誓言，建立自己的小王国。因此十字军应该留下一支部队守城，而博希蒙德必须随军继续前进。但显然，博希蒙德没有再进一步的打算了，所以他拒绝挪动一步。

---

* 守军指挥官似乎与博希蒙德建立了相当亲密的关系。在投降后，他改信了基督教，好几个部下加入了博希蒙德的军队。

由于已经到了 7 月，阿希马尔建议领主们暂时留在安条克。这是个明智的选择。要去耶路撒冷，就得穿越炽热的叙利亚沙漠，盛夏时分这么做没有任何好处。因此领主们通告全军驻扎到 11 月 1 日再起程出发，并希望在那之前解决分歧。

如果有人能消弭博希蒙德和雷蒙德的争端，那个人就是阿希马尔了。不幸的是，他没有机会了。城里卫生状况堪忧，破城后，死者的尸体还没有来得及掩埋，卡布卡就到了——那个夏天，瘟疫袭击了城市。阿希马尔是第一批受害者，十字军就这样丧失了他们最坚定的领导者，那个可以让大家团结起来的人。

随着时间的推移，所有人都已经看清，雷蒙德和博希蒙德谁都不会让步。博希蒙德已经铁了心，不听任何人劝了。这时彼得·巴塞洛缪出现了，他声称圣安德鲁又一次显圣，把城市指派给了博希蒙德，但博希蒙德需要为攻占耶路撒冷的部队提供物质支持。

雷蒙德十分尴尬，他起初坚称圣徒所指明的圣枪是真的，如今却要否认显圣。然而，彼得·巴塞洛缪控制不住地继续说道，另一次显圣表明在博希蒙德的祈祷下，质疑显圣权威性的阿希马尔已经下了地狱。这彻底败坏了彼得·巴塞洛缪的声誉。阿希马尔是十字军最受欢迎的领袖之一，他的逝世受到了全军的真切哀悼。整段插曲只是进一步加剧了领主之间的紧张关系。

东征就这样陷入了僵局，预定的起程日期已过，但看起来十字军要在这里驻扎一辈子了。普通士兵并不在乎谁掌管安条克，实际上，他们根本不在乎安条克。他们立下誓言，放弃一切来解放耶路撒冷，在小亚细亚拖延得越久，他们就越沮丧。目的地就在南边，只剩下几周的行程，但阻挡他们的不是敌人，而是自家领导人的傲慢。

终于在 11 月 5 日，他们受够了。当日，领主们在大教堂会面，却又一次拒绝妥协。这时军队代表打断了他们，给出了最后通牒。如果再不出发，十字军就要推倒安条克的城墙，自行出发，让他们的将领烂在这里。

面临着即将兵变的形势，领主们达成了一致意见。博希蒙德留在安条克，雷蒙德则成为全军总指挥官。尽管雷蒙德高兴地接受了，但对他而言，这只是一次空洞的胜利。这个头衔没有任何权力，只是对带队前进者的激励，并不意味着实质上的指挥权。但是两个对手终于停止了争斗，十字军可以专注于完成他们的征程了。

1099 年 1 月 13 日，在十字军抵达安条克整整 15 个月后，雷蒙德身着朝圣者的简朴服装，赤着脚，带着军队走出了城市的正门。

第六章

金色的耶路撒冷

Chapter 6

Jerusalem the Golden

长夜之后，终见光明。

如果说前往安条克的征途不胜其苦，那从安条克到耶路撒冷的路程就相当舒适了。叙利亚满是渴望独立的突厥埃米尔，他们对阻挡入侵的军队没有什么兴趣，反而愿意给十字军付钱以免被攻击，甚至还为十字军南下提供协助。

东征者就这样好整以暇地穿过了叙利亚西部，沿途收获了大量金钱和补给。最戏剧性的一幕出现了。当地某个埃米尔自恃堡垒坚固，拒绝向十字军臣服。尽管大部分领主只想继续前进，但当上总司令的雷蒙德信心满满，他认为堡垒的地理位置很重要，不能让它留在后方。此时彼得·巴塞洛缪又出现了，他声称圣安德鲁、圣彼得和耶稣基督同时显圣，要求人们听从雷蒙德的指示。

彼得的权威性已经不复当初了。这一次，有些贵族公开提出了质疑，并引发了激烈的辩论，有人明确怀疑圣枪的真实性。彼得见状失去了理智，他愤怒地要求让火焰证明自己的身份。耶稣受难日当天，人们点燃了两大堆原木，围成一团，只留了一条狭窄的通路。彼得身着皈依者的白色服装，高高举起圣枪，跃入火焰之中。然而一秒之后，他站了起来，全身被严重烧伤。要不是某个旁观者抓住了他的束腰，把他拉出来，他就会当场倒毙在火焰之中。接下来的 12 天里，他痛苦地哀号，最终死于伤口感染。*

几周后，法蒂玛王朝哈里发†的信使转移了军队的注意力。他误判了十字军的动机，提议双方联合起来对付突厥人。十字军忽略了提议，并于 5 月底进入了法蒂玛王朝的领土。

出现在圣地的东征者吓坏了哈里发，却让当地的基督徒欢欣鼓舞。军队抵达村庄以马忤斯（Emmaus）时，伯利恒的代表恳请他们帮助居民摆脱伊斯兰教的控制。博希蒙德的外甥坦克雷德还留在军中，他立刻派了一小支部队攻占了那里。

伯利恒的居民列队欢迎欢欣喜悦的十字军，并把他们引到附近的教堂，在那里举行了一场感恩弥撒。耶稣基督的诞生地重新回到了基督

---

* 尽管在大部分士兵眼里，这次插曲已经证明了彼得·巴塞洛缪是个骗子，但确实还有些人支持他。他们认为他从火焰中现身时毫发无伤，只是兴奋的人群又把他推回了火里。雷蒙德也坚信圣枪是真的，还专门建了一座教堂供奉它。

† 埃及的伊斯兰教王朝被称作法蒂玛王朝，属于什叶派，与大马士革的逊尼派阿拔斯王朝是对手。

徒手中，这让十字军坚信，下一个就是耶路撒冷了。当夜的月食仿佛进一步证实了他们的推测，仿佛伊斯兰教的新月很快就要黯淡无光了。

第二天上午，十字军登上了他们称为“喜悦之山”（mount of joy）的山丘，看到了他们一年多来长途跋涉的目的地。热浪之中，耶路撒冷长长的城墙清晰可见。

许多十字军战士只看了圣城一眼，就被泪水模糊了视线。他们经受住了种种极端环境的考验，跨越酷热的沙漠，横穿积雪的隘口，一路跋涉 3 000 英里（约合 4 828 千米）。面对严重的饥饿和水荒，他们通过喝尿和饮血挺了过来。疾病让他们虚弱，敌人让他们疲倦，内斗让他们烦扰，但他们的信念不曾磨灭。如今，只剩下最后的难关了——攻克这座城池。

这说起来容易，做起来难。和之前的安条克一样，耶路撒冷太大了，十字军剩下的部队无法完全包围它，而且围城的时间也不够了，法蒂玛王朝正在集结增援部队。城市的管理者不仅储备了充足的食物，还吸取了安条克的教训，把基督徒全部驱逐出城*。这次没有变节者帮十字军打开城门了。最后，守军还赶走了所有的牛羊，在城外的绝大部分水井里下了毒，十字军不得不从 17 英里（约合 27 千米）外的约旦河运水。唯一可行的选择就是速战速决占领城市。

不幸的是，他们的第一次攻势被轻而易举地化解了。十字军缺乏真正的攻城工具，而哈德良皇帝在公元 2 世纪建造的城墙太厚重了，单靠突击无法攻破。这次失败是苦涩的，因为在前一天，橄榄山（Mount

---

* 在11世纪，耶路撒冷的基督徒数量仍然多于穆斯林。

of Olives）上的一位老隐士告诉他们，只要信念够强，他们将攻无不克。现在看起来，支撑他们一路来到这里的信念还不够。

然而奇迹又一次拯救了他们。6 艘英格兰和意大利的船只忽然出现在了附近一个荒废的港口，上面有食物和建造攻城工具所必需的铁质零件。穆斯林迅速派了舰队去封锁港口，但十字军已经把物资全部搬走了，营地里一片欢欣鼓舞。光秃秃的犹太山地（Judaean Hills）上没什么树，建造器械的木材不足，于是十字军又派出搜集队去寻找各种材料。最后，坦克雷德在撒马利亚（Samaria）找到了足够的木材，士兵们又花了大半个月，把它们拉回了 42 英里（约合 68 千米）之外的耶路撒冷营地。

在炎热的夏天，这项工作既沉闷又棘手。随着 6 月渐渐过去，领导者的脾气也逐渐火暴起来。把旗帜留在伯利恒圣诞教堂（Church of the Nativity）的坦克雷德坚称城镇和教堂都是他的。其他领主对此激烈反对，他们认为这样的圣地不可能只为某一个人所有。

在耶路撒冷的控制权问题上，争论更加激烈。领主们认为，他们当中的某一个人届时应该成为国王，但这个人究竟是谁，显然不可能达成共识。神职人员和军队则反对国王这个概念，因为没有任何基督徒有权在王中之王生活过的城市加冕。

到了 7 月初，领导者的纠纷、持续不断的危险和枯燥乏味的工作，让很多人的斗志消磨殆尽。终点就近在眼前，逃跑本是不可想象的，但现在又有士兵试图沿着海岸寻找返回欧洲的船只。情况实在糟糕，又需要神明的介入了。

7 月 6 日，一名神父声称阿希马尔的灵魂在梦里找到了他。这位饱受尊敬的主教让领主们停止争吵，称胜利触手可及。按照主教的指引，他们需要斋戒，并赤足绕着耶路撒冷走一圈。如果忏悔之心足够真诚，城市就将在 9 天之内陷落。于是领主们立刻下令全军斋戒 3 天。

7 月 8 日星期五，城墙上的穆斯林守军惊讶地发现十字军组成单列纵队，开始进军了。神职人员捧着圣物，后面跟着领主、骑兵和步兵，最后是非战斗人员。* 所有人都赤着脚，身着简朴的朝圣者服装，城墙上的大声嘲笑也被他们刻意忽略。

绕城一周后，十字军的领导者来到橄榄山，隐士彼得在这里展开了一次慷慨激昂的布道。他的演说天赋丝毫没有因为连年远征而减弱，与当年煽动法国农民时一样令人热血沸腾。所有的领主都深受感动，尤其是雷蒙德和坦克雷德，他们发誓要为了东征抛开成见，倾力合作。

之后的 5 天中，十字军有条不紊地做着最后的准备。两座强大的攻城塔开始了收尾工作，大量土块被尽可能运到了靠近城墙的位置。7 月 14 日，总攻开始了。

领主们一致决定，两座攻城塔由雷蒙德和戈弗雷分别指挥。两人各花了一天时间，试图让塔楼就位。雷蒙德的那座率先靠近，但守军的激烈抵抗让它无法搭上城墙。戈弗雷的那座在 15 日清晨搭上了城墙，但是士兵也无法前进一步。

现在双方都开始了殊死一搏。十字军的人数已经不足 1.5 万，还不到当初抵达小亚细亚时的一半。为了推动攻城塔，骑士们不得不暴露

---

* 雷蒙德拿着圣枪，显然，如今大部分士兵都又一次相信——或至少希望——它是真的。

在守军的弓箭、落石和希腊火*之下。士兵伤亡惨重，战死的人数高达四分之一。如果再不拿下城池，所有的希望就要破灭了。

7月15日中午，在戈弗雷的攻城塔上，两位佛兰德斯骑士成功翻越了耶路撒冷的壁垒。坦克雷德紧随其后†，并在城头杀出了一片空地。十字军立刻架起了云梯，骑士们奋勇爬了上来。穆斯林守军有些犹豫，因为还有一些抵抗的时间，但随后大门打开了，所有军队都涌进了城里。

接下来发生的事情很难评价。可以肯定的是，城里没有什么抵抗。双方都知道征服者有权杀戮。但在中世纪，投降的人一般都能活下来，而抵抗的会被杀死。伊斯兰教和基督教的军队当日便遵循了这一原则。接下来就是常见的野蛮场景：成年男子被推下城墙，砍掉头颅，其他人则被乱箭射死，或是推进城里随处可见的大火之中。

一片混乱之中，指望有人维持秩序是不现实的。坦克雷德是第一个登上圣殿山的东征者。在他劫掠圆顶清真寺时，一些穆斯林幸存者躲在了附近的阿克萨清真寺（al-Aqsa mosque）避难。为了靠这群人勒索丰厚的赎金，诺曼人没有加害他们，还把自己的旗帜给他们作为庇护的标志。不过在狂热的气氛下，这没有任何用处。第二天上午，一群东征者闯了进来，杀掉了所有人。

杀戮还在接下来的两天里继续，城中的贵重物品、建筑和食物被陆续瓜分。尸体则随处弃置。由于正是盛夏，尸体很快开始腐

---

* 一种由虹吸管装置喷射的液态燃烧剂，最初由拜占庭人发明，后来深受其害的阿拉伯人通过多种途径，最终掌握了其技术秘密。

† 他后来声称自己才是第一个登上城头的人。

烂，整座城市弥漫着浓重的尸臭味。基督徒为了夸大胜果，在记叙时借鉴了《圣经》的语言。随军的编年史作者阿吉莱尔的雷蒙德（Raymond of Aguilers）在描写他前往圣殿山的景象时，便化用了《启示录》的描述：血从街上涌来，高到马的嚼环。*

虽然此举完全违背了十字军声称的基督教原则，但按照当时残酷的标准，屠杀平民也是他们的惯例。身处异国，物资紧缺，人员不足，敌援将至，这样的做法甚至称得上一种理智的选择。然而，尽管关于暴行有许多骇人听闻的说法，有一些还出自十字军之口，但他们似乎没有做过一些传闻中的事情。

逃走的居民数量应该有不少。十字军的数量不足以包围城市，所以东边和西边的城墙都未设防。耶路撒冷的堡垒守军意识到城市已被攻破，就向雷蒙德投降了，之后被押送到附近的阿斯卡隆（Ascalon）。另一些人支付了昂贵的赎金，或是被迫交出传家宝以换取自由。

士兵们采取了很多办法来迅速致富。距离十字军进城的地点最近的犹太人居住地被洗劫一空。不过拉比只要交钱就可以赎回被掠走的《摩西五经》。那些看起来很富有的居民，无论人种和信仰，都需要交出大笔赎金才能确保自身安全。

这次事件造成的死者究竟有多少，我们现在已经无从得知。在同期希伯来人的记载中，死亡人数约为3 000，与常见的对屠杀的描述大相径庭。无论如何，耶路撒冷的占领充满了传奇性，各种传闻迅速扩散开来。基督徒想把它美化成诸神指引下的胜利，让杀戮正当化。

* 《启示录》（14:20）：那酒榨踹在城外，就有血从酒榨里流出来，高到马的嚼环，远有600里。

在他们的记载里，引用了《圣经》中多处对邪恶之徒施以折磨和惩罚的描述。

对基督徒而言，攻占耶路撒冷是惊天动地的大事件，但穆斯林其实没有予以太大重视。伊斯兰教关于洗劫事件的首份记载在近 50 年后才出现，其中含糊不清的说法表明当时的伤亡率并不高。* 不过在本次东征之后的下一代穆斯林眼里，“法兰克人”乃是未开化的野蛮人，洗劫耶路撒冷则成了他们残暴的终极明证。自那以后，相关描述就越来越暴力。当时，十字军焚毁了耶路撒冷的犹太会堂，不过按照现今通行的说法，他们在点火之前还搜捕了 400 名犹太人锁在教堂里。† 到了 13 世纪，按照那时的记载，穆斯林在此役中的死亡人数已经多达 7 万，而城内的犹太人则被屠杀殆尽。

那些将洗劫耶路撒冷视为十字军伪善象征的现代人，往往会不加鉴别地相信这些描述。不过无论如何，以当时的标准来看，十字军在攻占耶路撒冷后的做法并没有显得特别残忍。‡

穆斯林和犹太人的社区也没有消失。第二年就有犹太旅行者在规模虽小却生机勃勃的犹太人聚集地撰写见闻。穆斯林的人口有所减少，但之后的记载说他们被全部杀光，则是在信口雌黄。实际上，他们还被安排了工作。街上的尸体是严重的卫生隐患，十字军派他们去把尸体拖出城外。

---

* 阿拉伯学者伊本·阿拉比（Ibn al-Arabi）估计，穆斯林的死亡人数约为3 000。

† 这一说法在几乎所有关于十字军东征的现代史书中都可见到。但当时的犹太人记载只证实了犹太会堂的焚毁，却并未提及任何人员死伤的情况。

‡ 现代人很难想象中世纪世界的野蛮程度。

接下来还有两项重要工作。首先是讨论怎么处置耶路撒冷；另一项更加迫切，是弄清怎么解决前来增援的埃及军队。

从某种程度上说，第一个问题的答案是解决第二个问题的前提。在制定整体战略、强化防御设施、下达各项命令方面，一位可靠的人选要比一个委员会高效得多。麻烦在于，大家无法在人选上达成共识。

决定谁没有资格要容易许多。背信弃义的拜占庭皇帝显然不行——甚至雷蒙德都承认了这一点，小贵族也可以排除在外。教皇似乎是恰当的人选，圣城应当由教会管理。但乌尔班二世离得太远了，他的代表阿希马尔又因病逝世。* 东征者又从当地的东正教徒中寻找，但他们当中地位最高的耶路撒冷牧首却在城破前几天的放逐途中死去了。

现在没时间等待罗马的指示或新牧首的选举了。埃及军队还有 3 周就要到了，需要立刻组织防御。十字军成立了紧急委员会，领主们决定把王冠授予他们当中最富有、最强大的那位——图卢兹伯爵雷蒙德。

这是一个可靠的选择。雷蒙德见证了夺取耶路撒冷的全过程，又以虔诚著称。他已经控制了城内的堡垒，而博希蒙德已经在安条克证明，违抗他的意志十分困难。此外，尽管雷蒙德过于傲慢，在贵族当中人缘不好，但作为一名活力十足、骁勇善战的斗士，他是无可指摘、饱受敬重的。

雷蒙德即将迎来生涯的巅峰时刻，这次胜利让之前的所有屈辱都不值一提。他下定决心要好好享受这个过程。他认为领主们会坚持这个决定，所以虔诚地拒绝了，称自己不愿在耶稣基督受难之地戴上金冠。

---

* 对于管理耶路撒冷，乌尔班二世没有表现出任何兴趣，他希望十字军把耶路撒冷还给拜占庭。

这个谦虚的回答得到了大家的一致赞叹，但令他惊骇的是，委员会没有坚持，而是转而询问布永的戈弗雷。戈弗雷就很聪明，他同样拒绝了王冠，但是答应掌管城市。

某些方面来看，这个选择有些奇怪。戈弗雷从未向教会展现出特别的热忱，相反，还曾经积极反对过教皇。*不过他很受士兵欢迎，攻城塔也是在他的指挥下搭上了城墙，让占领耶路撒冷成为可能。在穆斯林援军将近，又一次无情的围城即将展开之际，勇敢的戈弗雷可以维持士兵的斗志与忠诚度。

戈弗雷的头衔名称很重要，因为他想要维持接受任命时的观点，即他只是暂时代替目前悬而未决的精神领袖来管理城市。他一开始选择的头衔是“元首”（*Princeps*），后来确定为“圣墓守护者”。

不管戈弗雷自称什么，他的首要任务就是处理好与雷蒙德的关系。局势变成这个样子，雷蒙德的气愤可想而知。盛怒之下，雷蒙德拒绝承认戈弗雷，也不肯交出堡垒的控制权。这严重威胁了十字军对耶路撒冷的控制。如果不能掌管城市的军事要塞，戈弗雷的威信就要大打折扣。其他贵族恳求雷蒙德，他们解释称，面对即将来临的敌军，当下需要同仇敌忾。但伯爵不为所动。他觉得自己被欺骗了，要求一名独立的法官倾听他的控诉。在其他东征者的努力劝说下，雷蒙德所能做出的最大让步，就是把堡垒的控制权转交给一名主教，直到教会成立委员会来审理这一案件。

---

* 在亨利四世与格列高利七世的叙任权斗争中，戈弗雷支持他的君王把教皇赶出罗马。然而在他死后一个世纪，史书中的记载就变成：戈弗雷唯一的过错就是太虔诚了。

事实证明，甚至连这点让步也属于失策。一转头，主教就把堡垒交给了戈弗雷。雷蒙德被这一做法惊得目瞪口呆。他得出的结论是所有人都在耍他，于是召集了自己的所有部队，离开了耶路撒冷。让戈弗雷和其他阴谋家吞下胜利的果实，然后噎死吧！

实际上，雷蒙德前脚刚走，法蒂玛王朝的使者后脚就进了城。哈里发在信件中严厉谴责了基督徒进攻耶路撒冷的行为，勒令他们离开巴勒斯坦。而由维齐尔带领的强大部队很快就将抵达。看起来，新生的耶路撒冷王国就要被扼杀在摇篮之中了。

戈弗雷迅速采取了行动。耶路撒冷的防御工事相当完备，但十字军的数量不足，支撑不了太久。他派出了使者，加急向所有可能的盟友求救，乞求他们的支援——其中就包括雷蒙德。

信使找到雷蒙德时，他的情绪还不错。为了兑现在安条克许下的一个诺言，他带领部队去了约旦河，在河水中沐浴。随后，他撤到杰里科（Jericho），在那里三心二意地做着返回欧洲的准备。求援的消息是他翘首以盼的，也让他心满意足——不过他矜持地表示自己要先确认一下危险程度。

实际上，这次拖延与十字军配合得天衣无缝。由于物资有限，兵力不足，无法组织起有效的防守，戈弗雷决定弃城而出，在野外与法蒂玛王朝军对垒。仅有极少数士兵留下来和隐士彼得一起，带着全城余下的人为胜利祈祷。雷蒙德在侦察兵确认危险属实之后，率领部队于 8 月 10 日与十字军会合。全军向东南方向挺近了 40 英里（约合 64 千米），抵达了埃及军的驻地阿斯卡隆港口。第二天黎明时分，他们发动了进攻。

这完全出乎埃及军的意料。他们以为十字军会躲在耶路撒冷瑟瑟发抖，因此根本没有派出侦察部队。大部分士兵还在帐篷里睡觉。战斗只持续了几分钟，埃及士兵或是在床上被砍死，或是在海里被淹死，或是在乱军中被践踏而死。

此役的战利品异常丰厚。维齐尔设法逃进了阿斯卡隆的堡垒，免于一死，但他的财产全部落入了十字军手中。更重要的是，埃及人还随军赶着羊群。这些羊，连带着战马、驮畜和驮畜背着的物资，都被十字军一网打尽。

只有一件事让这次胜利不够圆满。阿斯卡隆的堡垒守军听说了雷蒙德的高风亮节，表示愿意投降，但只臣服于这位图卢兹伯爵。这个要求让戈弗雷想起了安条克的经历，于是他拒绝了。就这样，雷蒙德又遭受了一次毫无必要的羞辱。他率队离开，并带走了大部分贵族。在接下来的 50 年里，阿斯卡隆依旧由穆斯林控制，成了耶路撒冷王国领土上的一根倒刺。

阿斯卡隆的战斗很短暂，但这次胜利的重要性堪称本次东征之最。它有效地削弱了附近唯一可以威胁耶路撒冷的势力，确保了十字军国家的存续。虽然有巨大的困难和可怕的障碍，但第一次十字军东征取得了毋庸置疑的成功。在当时的人看来，它戏剧性地证明了信仰的力量。然而讽刺的是，东征的策划者永远无法得知这次胜利了。十字军终于进入耶路撒冷的时候，乌尔班二世正躺在罗马，奄奄一息。1099 年 7 月 29 日，也就是耶路撒冷陷落两周后，他合上了双眼，没能坚持到捷报传来。

第七章

十字军国家

Chapter 7
Outremer

上帝展现了仁慈，借吾辈之手实现了他曾经应允的约定。

——布永的戈弗雷写给乌尔班二世的信 *

时隔 462 年，耶路撒冷回到了基督徒的手中。† 十字军的惊人壮举阻挡了伊斯兰世界的征服浪潮，收复了基督之城。万里征程收官了。

然而，这次成功也带来了一个意料之外的问题。大部分骑士离开亲人，经历了这些年的艰辛征程，如今迫切希望回到故乡。他们通过在圣墓教堂祈祷或是在约旦河沐浴，完成了对誓言的履行，起程返回欧洲，留下了一座矗立于穆斯林海洋的基督徒前哨。如果想要维持这次

* *Translations and Reprints from the Original Sources of European History*, vol I, no. 4 (Philadelphia: The Department of History of the University of Pennsylvania, 1902), pp. 8–12.

† 637年，东正教牧首索夫罗纽（Sophronius）把耶路撒冷转交给了哈里发欧麦尔（Umar），结束了基督徒管理城市3个世纪的历史。

奇迹般的胜利取得的成果，就需要成立稳定的政府，保障与欧洲的沟通往来。他们需要的是一名政治家，以最少的骑士建立一个能够存续的王国。他们现有的人选则是布永的戈弗雷。

大部分东征者返回欧洲后都被视为英雄。为了信念，遍历艰险，拯救基督之城，这既勇敢又浪漫，令一代代欧洲人心潮澎湃。遥远的十字军国家被统称为“*Outremer*”*，在法语中意为“遥远”或“海外”，乃是博取功名的异国他乡。第一次十字军东征的领导者们成了传奇人物，他们的壮举被编成诗歌。在耶路撒冷占领之后一代人的时间里，《安条克之歌》（*Chanson d'Antioche*）† 等史诗在法国人中交口传颂。

布永的戈弗雷则处于这群人的顶端，这位理想中的骑士谦逊稳重，拒绝了加冕。这种质朴的精神甚至让国王都相形见绌。他完美诠释了骑士精神，是朝圣者的保护人、圣地的捍卫者。在整个中世纪，他与查理曼和亚瑟王（King Arthur）并称为基督教三大英雄，在但丁（Dante）和塞万提斯（Cervantes）等人的作品中以英勇的形象登场。然而不幸的是，事实截然不同。尽管在征服耶路撒冷的过程中，戈弗雷的勇敢和机敏都毋庸置疑，但事实证明他是一个想法天真、效率低下的领袖，个人能力的不足放大了他所遭遇的麻烦。

十字军国家最大的问题是人手长期不足。聪明的领袖会精心利用自己的助力，但戈弗雷却疏远了为数不多还留在东方的贵族，同时过于信任那些没有才能的顾问。从一开始，情况就很不乐观。实际上，雷

---

* 尽管*Outremer*最早指代所有的十字军国家，不过随着时间的推移，它逐渐专指耶路撒冷王国。

† 这部史诗美化了安条克之围的情景，其中描绘道，基督教骑士随手一击就能将对手斩为两段。

蒙德是留在耶路撒冷的唯一大贵族，但戈弗雷气量狭小，容不下他。雷蒙德在东方成功包围了两座城镇，但戈弗雷却担心雷蒙德提高威望，拒绝承认对方的投降。这种毫无理由的冷落让几乎所有留下的贵族心寒。他们全部回家了，除了试图在巴勒斯坦找块地方自己建国的坦克雷德。*

到 1099 年年底，戈弗雷只剩 300 名骑士和大约 2 000 名步兵来保卫领地，抵御进攻。不过他也取得了一定的进展，成功迫使附近的一些穆斯林村庄纳贡。不过随着比萨（Pisa）大主教戴姆伯特在 12 月底到来，一切都开始陷入停滞。

选派戴姆伯特填补勒皮的阿希马尔所留下的空缺，是乌尔班二世临终之前的一系列举措之一。几乎不会有比他更不合适的候选人了。乌尔班二世把这名意大利人异乎寻常的精力误认为与众不同的才能，将他派去西班牙协助阿方索六世（Alfonso Ⅵ）从穆斯林手中夺回卡斯蒂利亚（Castile）地区。任务很成功，但戴姆伯特也获得了傲慢和贪婪的名声，对他贪污的质疑声从未止歇。然而乌尔班可能病得太重，或是消息太不灵通，并未纠正他的错误，反而任命戴姆伯特为教皇使节，致使他的恶行变本加厉。

这名大主教前往耶路撒冷，并不是为了鼓舞士气。他带着一群无法无天的比萨水手，沿途劫掠希腊诸岛作为消遣，拜占庭皇帝不堪其扰，

* 坦克雷德取得了相当大的成功。在仅有25名骑士的情况下，他设法守住了提比里亚（Tiberias）、拿撒勒和他泊山（Mount Tabor），成了加利利地区实质上的控制者。

派出帝国海军追击。* 而惊险逃脱的经历只是让戴姆伯特更加坚信自己的使命乃是神授。像许多十字军战士一样，戴姆伯特认为耶路撒冷应由教会，而不是世俗权力所掌管。他的主要目标就是让神职人员牢牢地控制城市，确保戈弗雷知道自己的地位。

教皇使节的第一站是安条克，他惊讶地发现博希蒙德竟是如此和蔼可亲。诺曼人如今自称为"安条克亲王"，对协助戴姆伯特乐意之至。博希蒙德宣布，他不仅会派部下确保戴姆伯特的安全，还会陪同他去耶路撒冷。

戴姆伯特很快就被奉承得飘飘然，不过博希蒙德之所以这么慷慨，是因为有自己的算盘。众所周知，他留在了安条克，没有完成东征，尚未履行自己的誓言在圣墓教堂祈祷，这有损于他的声誉。此外，他听到传闻称没有子嗣的戈弗雷身体不太好。戈弗雷即使在精力最旺盛的时候，也表现出了对教会的服从，现在他病了，要如何抗衡刚愎自用的戴姆伯特？即便戈弗雷有点骨气，他死后大主教自然也有权指定继任者。戴姆伯特既然要成为耶路撒冷的新权力掮客，那博希蒙德当然希望在场分一杯羹。

有这种想法的东征者可不止安条克亲王。在他们离开安条克之前，戈弗雷的弟弟埃德萨的鲍德温也带着护卫队加入了。现在，戴姆伯特要带着两位最有实力的十字军领主前去耶路撒冷，戈弗雷几乎逃脱不

* 这一次海军的领导者是塔第吉欧斯，那位在第一次十字军东征前往安条克的途中不受欢迎的拜占庭向导。他的霉运并未终止。突然袭来的风暴让戴姆伯特的船队逃脱了塔第吉欧斯的追击，这位倒霉的司令只能两手空空地返回君士坦丁堡。

了被支配的命运了。

他们在耶路撒冷的所见所闻，比戴姆伯特预计的更加理想。耶路撒冷牧首的位置仍然空缺，戴姆伯特自然而然地认为自己是最合适的人选。通过一系列的贿赂和密谋，他当选了，顺从的戈弗雷公开向他屈膝，宣誓效忠。

戴姆伯特深知趁热打铁的道理。趁戈弗雷还没缓过神来，牧首让他把耶路撒冷和堡垒的控制权立刻转交给他。这无异于让戈弗雷自我放逐。如果戈弗雷答应了，就相当于把十字军用鲜血和生命换来的一切交给了一个几乎没有军事经验的神职人员。如果没有牧首的同意，圣墓守护者甚至都不能拔出自己的剑。然而，戈弗雷又一次同意了。

这让了解戴姆伯特为人，不愿被他领导的骑士们吓坏了，他们尽力游说，但戈弗雷不为所动，最后只答应暂缓这一做法。1100 年的复活节，戈弗雷正式把圣城移交给了戴姆伯特，不过表示他将保留城市的控制权，直到自己征服一座合适的城市作为替代。

当然，耶路撒冷无可取代。对基督徒来说，它就是世界的中心。不过从军事角度来看，港口城市阿卡（Acre）是个接近的选择。阿卡坐落于地中海东岸，在现今以色列的西北部，拥有牢固的防御工事和重要的战略地位，是各大十字军国家之间关键的枢纽地带。它可以代替耶路撒冷成为指挥中心，部署整体战略。于是戈弗雷立刻着手去做围攻的准备。

整个王国的军力都被集中起来，浩浩荡荡地离开了耶路撒冷。此时，博希蒙德和鲍德温返回各自的十字军国家已经好一阵子了，但是吸引他们过来的传闻是真的。这几个月里，戈弗雷的身体每况愈下，这段征程超出了他的承受范围，于是他被送回了首都。而迫不及待要宣示自己对军队的领导权，渴望瓜分战利品的戴姆伯特则随军继续前进。

大主教以为自己的加冕时刻即将到来，但他犯了个灾难性的错误。戴姆伯特的推测没错，戈弗雷生病了，无法做出任何重大决策，但他低估了戈弗雷的病情。1100 年 7 月 18 日，当戴姆伯特正朝着荣誉进军的时候，戈弗雷病逝了。

尽管戈弗雷作为领袖有许多缺陷，但人们真心为他的离开而伤心。由于居民过于悲痛，耶路撒冷的商业活动停止了整整 5 天。虽然执政表现不佳可能冲淡了胜利的兴奋，但戈弗雷依旧是占领耶路撒冷的十字军中的标志性人物。* 然而，这种敬意并没有延伸到他关于继承人的遗嘱上。

随从们故意忽略了戈弗雷把城市交给戴姆伯特的愿望，没有把他的死讯告知位于阿卡的大军。他们派部队占领了堡垒，让信使赶往他弟弟埃德萨的鲍德温处，让鲍德温赶紧回耶路撒冷继承遗产。

可想而知，戴姆伯特得知风声时怒不可遏。然而，耶路撒冷的临时领导者没有戈弗雷那么容易屈服。面对主教狂怒的训诫，守军不为所动，也不认为自己的计划有何邪恶之处。无可奈何之下，戴姆伯特给安条克的博希蒙德写了一封信，表示如果他能赶在鲍德温之前抵达耶路撒冷，就让他当耶路撒冷国王。主教的本意是诱骗博希蒙德，但他

* 戈弗雷的佩剑和马刺如今仍然挂在圣墓教堂的一面墙上。

在信中控制不住自己。自命为“基督教会的领袖，各国的支配者”的他严肃地提醒自己的救世主，耶路撒冷的国王要遵从牧首的意愿。

事实证明，这个做法不仅不讲策略，而且是白费力气。信使抵达安条克的时候，博希蒙德不在城里。几周以前，他带着300人向北前往幼发拉底河上游参战，却遭遇了埋伏。博希蒙德意识到自己恐怕要失去一切了，于是割断了自己的金发，让一名士兵带着它去找鲍德温。士兵设法溜出了突厥人的防线来到了埃德萨伯国，但鲍德温也来不及救援了。如今，戴姆伯特的保护人正蹲在突厥人的监狱里，等待着大笔赎金的筹集。

戴姆伯特知道自己输了。让他更懊恼的是，鲍德温在途中还宣布成为安条克的摄政，以十字军国家最强大领主的身份抵达了耶路撒冷。1100年圣诞节，在伯利恒的圣诞教堂，戴姆伯特很不情愿地把这名死对头加冕为十字军国家的第一位国王，称鲍德温一世。此后不久，他就唐突地离开了城市。*

比起前任国王，鲍德温一世的执政有了巨大的进步。他沉着坚韧，目光长远，既是勇猛善战的将军，又是富有天赋的政治家。像历史上的许多伟人一样，他善于把握时机。

认为过去有必然性——已经发生的那些事注定会发生——是从历史中吸取经验教训的大敌。第一次十字军东征就是极好的例子。在欧

---

* 这里原文的表述不够清晰。后来因为权力斗争，鲍德温一世控诉戴姆伯特收受贿赂，劫掠岛屿，挑起博希蒙德和鲍德温之间的内战等恶行，戴姆伯特被剥夺了耶路撒冷牧首的位置。不过他并未死心，返回罗马后，成功说服了软弱的教皇帕斯加尔二世（Paschal Ⅱ），让他再次担任牧首。1105年，他死于第二次前往耶路撒冷的途中。——译者注

洲的基督徒看来，东征者面对惊人的困难，取得了巨大的胜利，无疑是因为命运。十字军是在上帝的指引下前进的，他们凭借坚定的信念，会扫清面前一切的障碍。大卫终将击败歌利亚。

实际上，鲍德温很清楚，他们只是被海量敌人包围的少数派。面对数以千计的敌军，他们通常只能召集几百名骑士。那些绝处逢生般的胜利总让人感觉他们是无坚不摧的斗士，但穆斯林讨伐异教徒的圣战注定将如潮水般一波波涌来，他们身处其中其实无比脆弱。

唯一的希望就是从西方招募新兵，对耶路撒冷王国而言幸运的是，第一次十字军东征的空前成功就是最好的广告。戈弗雷统治的时间太短，没有看到宣传效果，但鲍德温一世却欣喜地得知新兵正在增援的途中。

新加入的十字军战士，有些可能是没来得及赶上主要的征程，还有些则是心存疑虑，想先看看东征能否成功。热那亚共和国和比萨共和国的海军就曾承诺加入第一次十字军东征，但是他们的准备过程还包括造船，因此直到 1101 年才出发。原来十字军中的少量掉队者也加入了他们，其中最著名的一位就是不幸的布洛瓦的斯蒂芬。他逃回家中，被人们视作懦夫，妻子和教皇命令他立刻出发回到军队，去完成自己的东征誓言。

通过船只抵达耶路撒冷的先头部队，让戈弗雷有了足够的实力在可预见的未来守住耶路撒冷。而绝大部分增援部队则是通过陆路赶来的。

这在某种程度上像是重复第一次十字军东征。军队由米兰大主教和布洛瓦的斯蒂芬率领，后者与皇帝阿历克塞仍然保持了良好的关系，所以轻易通过了拜占庭的领土。在尼科米底亚，他们遇见了图卢兹伯爵雷蒙德，并决定稍微绕一点路去救博希蒙德。他成了突厥人的俘虏，整个基督教世界都面上无光。

斯蒂芬和雷蒙德都激烈反对这个计划（无论是出于战斗经验还是个人原因）但军队决心已定，因此他们一直挺进到安纳托利亚腹地。第一次十字军东征期间，突厥苏丹基利杰·阿尔斯兰因为没有认真考虑联合邻国抵抗十字军，损失惨重。这一回，他决心不要让结盟带来的琐碎口角坏了大计，狠狠回击十字军。他联合了附近的突厥埃米尔，小心翼翼地把过于自信的东征者引到了他精心选择的地点。几天后，他报了近 4 年之前的一箭之仇，十字军遭到了疯狂屠杀。

斯蒂芬、雷蒙德和米兰主教等人侥幸逃脱，他们或许尝试过通知后续部队，但消息没有传到。所有的东征援军都在抵达安条克之前被歼灭了。

如果他们能安全抵达耶路撒冷，鲍德温就有足够的实力把疆域扩张到更利于防守的天然国界。然而现在不可能再去大规模进攻对手了，鲍德温明智地选择了巩固现有的领土，这很乏味，却很关键。

最重要的任务是保卫海岸线。地中海沿岸的港口太多了，突厥人和埃及人都能通过它们进犯，因此必须逐步削减其数量。最重要的港口是阿斯卡隆，埃及军队可以借此肆意掠夺邻近地区。如果鲍德温可以占领它，埃及军就得经由陆路穿越炽热的西奈沙漠（Sinai Desert），才能抵达基督徒的领土。

耶路撒冷王国的北边领土，很大程度上由安条克公国和埃德萨伯国守卫着。这意味着剩下的威胁主要来自阿勒颇（Aleppo）和大马士革，这两座城市是突厥军队袭击的主要策源地。

鲍德温在采取行动之前，必须让封臣们合作起来，这几乎是不可能完成的任务。坦克雷德尤其棘手。这位自封的加利利君主被鲍德温任命为安条克摄政，却拒绝给予国王任何实质性的支持。他忙于扩张安条克公国的领土，不愿意把自己的军力派去为了虚无缥缈的大局冒险。

坦克雷德显然是没希望了，所以鲍德温决定把他换掉，办法很简单，就是付清博希蒙德的赎金。这位诺曼亲王在突厥监狱里已经待了3年，他越来越沮丧，因为除了无能的十字军战士和米兰大主教外，没人有兴趣救他。鲍德温希望博希蒙德能感谢他，甚至与他合作，但他很快就失望了。

博希蒙德曾经对基督徒的东征事业贡献良多，但如今他的摧毁力同样巨大。起初，他请埃德萨伯爵一同突袭附近的埃米尔，联军却被杀得大败，伯爵也被俘虏，导致安条克公国和埃德萨伯国的实力被大大削弱，处境危险。而博希蒙德没有试图弥补损失，而是抛弃了安条克公国。他任命外甥坦克雷德为摄政，之后返回欧洲去招募新的十字军。

他高兴地发现自己现在是个名人。十字军的故事，尤其是博希蒙德的功绩，已经在口口相传中成了传奇，欧洲各国争相表示对他的欢迎。在意大利，无论他走到哪里，都能见到向他欢呼的人群。在法国，腓力一世招他为女婿。他的人气太高了，以至于英格兰国王亨利一世担心太多贵族随他而去，拒绝他踏上自己的领土。

这倒不是无端的担忧。博希蒙德历来魅力十足，如今又名声在外，完全是一呼百应。他本来打算为安条克寻找援军，但应征者如潮水般涌来，一个更大胆的想法在他心中萌生。在阿勒颇的失败令博希蒙德意识到，安条克无法实现自己建立强大王国的梦想。既然如此，那他为何不去占领一个现成的国家，比如拜占庭呢？

做到这一点并不难。在无数次英雄事迹的讲述与转述中，恶人的扮演者逐渐从圣地的穆斯林变成了拜占庭人。博希蒙德这样的英雄需要一个旗鼓相当的敌人，而卑鄙的阿历克塞让贵族们在安条克自生自灭，恰好满足了作为对手的条件。不信正统宗教的人总是比异教徒更加讨厌，拜占庭帝国就这样成了过去和现在一切不幸的替罪羊。

仅用了 3 年，博希蒙德的麾下就召集了多达 3.5 万人，这几乎相当于第一次十字军东征军队人数的总和。他抛弃了帮助十字军国家的借口，来到了达尔马提亚海岸，攻击了位于现今阿尔巴尼亚的都拉斯（Durrës），这是拜占庭帝国最西边的城市。

尽管博希蒙德胆魄十足，但他的智慧不能匹敌阿历克塞。皇帝从来不曾信任十字军，认为这些人的贪婪最终会不可避免地让他们把矛头对准拜占庭。博希蒙德终于揭开了这一真相，而阿历克塞一点都不感到惊讶，实际上，他为这一刻已经准备了一段时间。在诺曼人的军队向海岸进击时，他没有尝试阻止他们，而是贿赂了威尼斯海军，让他们攻击博希蒙德的舰船。东征者就这样搁浅在了敌国的领土上。随后，阿历克塞小心避免了与他们的直接冲突，而是不断拖延时间，让补给困难和不卫生的军旅生活逐渐消磨他们的斗志。

这个策略取得了完美的效果。几个月后，瘟疫和低落的士气迫使博希蒙德耻辱地与阿历克塞签订了休战协议，从而败坏了自己的一世英名。他随后被派去收回安条克，但只是作为皇帝的封臣。城市的管理者要由君士坦丁堡指派，博希蒙德也必须公开向阿历克塞宣誓效忠。在宣誓仪式上，他要正式把在东方征服的全部领土交给皇帝，并立誓成为皇帝的忠实仆人。

博希蒙德以没有土地的庶子身份戎马一生，成为欧洲西部颇受尊敬的人物，这次最终的失败令他太难堪了。安条克是他光辉胜利的顶点，他无颜以失败者的身份进城。因此他乘船去了西西里，3 年后在那里郁郁而终，再没有踏足过东方。

博希蒙德是不可靠的东征大贵族中的典型。本领高强、足智多谋的他，最后却削弱了基督教在东方的实力。那些没有他的才华却和他一样固执独立的人，对鲍德温一世同样没什么帮助。图卢兹的雷蒙德仍然具有很强的实力，却还没有从东征中获得一块自己的地盘，他此时正在努力攻打的黎波里（Tripoli）。* 这个港口位于巴勒斯坦海岸，介于耶路撒冷王国和北部的十字军国家之间，对于这些国家的安全至关重要。

的黎波里在第一次十字军东征期间没有被征服，因为这里防御工事完备，埃米尔也是个机敏的人。他为十字军提供了物资，也对他们劫掠领地的行为睁一只眼闭一只眼。但现在耶路撒冷王国已经成立，东征者已经不可能再忽视的黎波里的威胁了。

第一次十字军东征的艰难困苦并未耗尽雷蒙德的精力。在士兵修建

---

* 十字军在的黎波里第一次尝到了甘蔗的滋味，当时欧洲还没有这种植物，它在军中风靡一时。

防御工事的时候，他已经开始着手设计一座巨大的城堡，希望借此断绝城市的供应，保护自己未来的首都。以过往的表现来看，他显然不缺乏自信。在围城开始之际，他已经自称为“的黎波里伯爵”了。

对鲍德温一世来说，雷蒙德的行为意味着又一位不可控制的贵族要削弱他的权威了。尽管他保持了警惕，但还是给予了雷蒙德最大的支持。耶路撒冷的安全太重要了，关于个人得失的考虑只能排在后面。幸运的是，东征以来就没交过好运的雷蒙德这次又倒了霉。的黎波里守军的突围部队点燃了城堡，一部分屋顶塌落下来，把雷蒙德砸成重伤。6 个月后，他去世了。

愚勇的雷蒙德就这样离开了历史舞台，不过他还是给鲍德温留下了一份厚礼。国王亲自接过了指挥权，在 1109 年 7 月 12 日攻破了城市，建立了的黎波里伯国，这是最后一个诞生的十字军国家。

围攻的全过程展现了鲍德温一世的权威和实力。他不仅成功结束了战争，大大增强了十字军在东方的存在感，还确保了的黎波里的统治者是自己的封臣而不是竞争对手。鲍德温把城市交给了雷蒙德的长子——从西方赶来的伯特兰（Bertrand）。这个新来的人需要依靠鲍德温的支持，惹是生非的可能性要小得多。

此时，鲍德温一世可以被名正言顺地称为东方的杰出统帅了，不过他还没有停止脚步。在的黎波里之役后，他继续北上，征服海岸线上的剩余地区。在挪威国王“东征者”西格德（Sigurd the Crusader）派出的舰队的帮助下，鲍德温在 1110 年占领了西顿（Sidon）和贝鲁特（Beirut），从穆斯林那里夺取了黎巴嫩的大部分地区。随后，他挥师南下扫清海岸线。截至当年年底，耶路撒冷王国控制了巴勒斯坦几乎全部的沿海地区，只有提尔（Tyre）和阿斯卡隆尚未被攻克。

鲍德温一世不知疲倦地奔波，完成了诸多吃力不讨好的工作，这极大地消磨了他的精力。如今，他已经年近六旬，是十字军中唯一还在世的领袖。之前几年的变故尤其大。博希蒙德的外甥坦克雷德在1112年染病，不久后病逝，同年离开人世的还有雷蒙德之子伯特兰。随后在1118年，乌尔班二世的继任者帕斯加尔二世、第一次十字军东征的杰出幕后人士阿历克塞一世·科穆宁也相继撒手人寰。

为了压制法蒂玛王朝的实力，年迈的鲍德温又开始了他人生中的最后一段征程。来到尼罗河的他吃惊于河中的游鱼之多，骑士们用长枪随手一戳就能抓住几条。当晚在餐桌上的暴饮暴食使他身体极度不适，即使休息也无法好转。班师回程已经太迟了。1118年4月2日，鲍德温一世在埃及小镇阿里什（al-Arish）停止了呼吸。*

鲍德温的逝世对所有十字军国家而言都是个巨大的打击。他让成立之初分裂混乱的耶路撒冷王国发展成了一个强大稳定的国家。勤奋而努力的他建立了中央集权的君主制度，确保了海岸线的安全。更令人印象深刻的是，他完成了几乎不可能的任务，让争吵不休的贵族们团结了起来。鲍德温是基督徒在巴勒斯坦得以存续的关键人物。失去了他，影响很快就开始显现了。

* 小镇阿里什附近的巴尔达维尔湖（Lake Bardawil）的名字里还保留了“鲍德温”的阿拉伯语拼法。

第八章

血地之战

Chapter 8

The Field of Blood

憎恨与轻视致使我们惨败而逃……

——提尔的威廉

鲍德温一世之死让耶路撒冷王国来到了十字路口。他没有子嗣，最近的男性继承人是哥哥布洛涅的尤斯塔斯（Eustace of Boulogne）。但尤斯塔斯身处欧洲，不愿意离开舒适的故乡。考虑再三，十字军国家的贵族们决定推举已故国王的亲属勒布尔的鲍德温，他是第一代十字军中仅剩的贵族了。

新国王在1118年复活节进行了加冕，他与前任统治者形成了鲜明对比。鲍德温一世乐于社交、充满魅力，但鲍德温二世内向而谨慎。他尽管与堂兄没什么共同点，却是个虔诚的人，下定决心做好王国的管理工作。

他很快就遭受了考验。敌人的不团结历来是十字军国家的重大利好。埃及的什叶派和叙利亚的逊尼派都希望净化伊斯兰教，他们长期以来互相攻击，忽视了中间的基督教国家。然而，鲍德温一世的成功让他们暂时搁置了分歧，共同面对这个更大的威胁。鲍德温二世即位仅几周，就得到消息：什叶派法蒂玛王朝军和逊尼派突厥军已经在南边联手。这种噩梦足以让十字军在夜晚满身冷汗地惊醒过来。

鲍德温二世集结了王国的全部兵力出城迎击。3个月来，双方对望，谁也不愿先动手。在穆斯林眼里，西方骑士仍然有着战无不胜的光环，而欧洲人则不太清楚自己的新国王是否勇猛，而且简单来说，他们更愿意活着，而不是去死。

最后，法兰克人的名声取得了胜利。伊斯兰教的领导人不愿意去冒开战的风险，也不想无限期地保持结盟，于是他们撤军了，威胁解除了。这至少算是一场小小的胜利，给新国王的统治开了个好头。不过第二年，鲍德温二世的光环就迅速褪去了。法兰克人战无不胜的名声有利有弊，因为它让一些西方人开始了离谱的冒险。十字军国家北面防线的安全，全部系于安条克的新任摄政王罗杰（Roger）* 一身。但他认为自己的东部边境需要巩固，于是对阿勒颇的埃米尔发动了全面进攻。

阿勒颇不是第一次遭到安条克方面的入侵了，所以埃米尔准备充

* 1112年坦克雷德逝世后，由于博希蒙德二世年龄尚小，故由坦克雷德的表弟萨勒诺的罗杰（Roger of Salerno）担任摄政。——译者注

分。他与其他许多埃米尔结成了联盟，甚至连远在南边 200 英里（约合 322 千米）之外的大马士革都派了军队增援，因此最后纠集了多达 4 万人的大军。鲍德温二世疯狂发信，恳求罗杰推迟进攻，等待增援。但罗杰迫不及待地想要与敌人交手。他忽略了鲍德温的要求，带着 700 名骑士和 4 000 名步兵，挺进了叙利亚西部的荒凉地带。

通过间谍，阿勒颇的埃米尔掌握了罗杰军的一切动向，但他没有轻举妄动。直到 1119 年 6 月 27 日，基督徒抵达一片没有水源的平原之后，埃米尔才在当晚发动了一次试探性的袭击。罗杰军殊死抵抗，打退了进攻，方才意识到自己身处险地。在埃米尔间谍的误导下，他一直以为敌人还在很远的地方。后续的侦察兵证实了他最害怕的猜测——十字军已经被完全包围了。

当晚，基督徒营地的士兵彻夜难眠。一个梦游患者在营地里疯狂乱走，喊着末日已经到来，让那些试图睡着的人也备受折磨。第二天早上，迎着灼热干燥的风卷起的尘土，十字军试图突围。只有少数骑士成功了，他们是此役唯一的幸存者。

基督徒的失败过于惨烈，鲜血染红了整个沙场，以至于这场战斗被称作血地之战（Battle of *Ager Sanguinis*）。那些在战斗中死去的还算是幸运儿，遭到俘虏的则被套上锁链拉去阿勒颇。在那里，他们被街上嘲弄的人群折磨致死。这场灾难的影响难以估量。东征者一直人手不足，却在一场战斗中折损了最强大国家之一的全部战力。更糟的是，十字军的强大神话永远破灭了。双方曾经都坚信法兰克人骑士是最强的斗士，如今他们却被海量的敌人淹没。庇佑东征者多年的赫赫威名已经不复存在，显然，穆斯林之后必然会大胆地组织进攻。

唯一让安条克公国免于灭亡的，是阿勒颇埃米尔的失策，他没有乘胜追击。血地之战是一次巨大的成功，是对讨厌的十字军在情感和政治上的痛快胜利。这一时刻值得一点炫耀。赞美蜂拥而来。巴格达的哈里发赐予他“信仰之星”（Star of the Faith）的头衔，还送来了一件长袍以示荣耀。他铺张地为自己举办了一系列庆功宴，直至过度宴饮引发健康问题，他才让众人散去。他警醒过来，派兵去掠夺安条克的郊区，但大好时机已经过去。鲍德温二世正率军赶来，埃米尔没有再认真尝试夺取城市或阻拦援军。

对十字军国家来说，血地之战唯一积极的地方在于它给贵族们敲响了警钟：只有团结才能生存。这意味着他们需要一致的战略和指挥。不要再去冒险或是故作姿态了，从现在开始，耶路撒冷国王就是他们公认的大领主。

尽管从鲍德温二世的角度看，这可能是个令人满意的消息，但它对消除整个北部陷入的危险无济于事。鲍德温尽了最大努力展现自己的实力，他向东迎击阿勒颇埃米尔的大军，最后双方打了个不分胜负。这为他赢得了时间，但纵使大胜也解决不了主要问题。鲍德温二世不可能无中生有地变出军队守卫安条克，也不可能让士兵死而复生。血地之战后没几个月，他就向教皇发出了紧急求援，恳请教皇再组织一次东征。

在绝望的时刻，东征史上最著名的人物之一来到了十字军国家。1118 年的某一天，法国骑士于格·德·帕英带着 8 名随从抵达了耶路撒冷。与许多朝圣者不同，他们打算留下来，把自己的生命奉献给基督，用手中的剑保护穷人。由于他们都表达了成为修道士的愿望，所以耶路撒冷牧首让他们立下了寻常的三大隐修誓言——清贫、顺从和纯洁。

然而，这一次他们要求更多。于格和同伴都是战士，十字军迫切需要他们。他们是来效劳的，可能是在于格的坚持下，牧首增加了第四条誓言。他们要承担保护朝圣者来到耶路撒冷的任务。

这是基督教戒律与军事技巧的第一次结合。于格和同伴得到了神圣的授权，可以使用暴力来保护穷人，保持朝圣路途的畅通。为了展示这个使命的重要性，鲍德温二世把自己的宫殿分出一部分，作为他们的总部，这里位于圣殿山，曾经是阿克萨清真寺（al-Aqsa Mosque）的所在。* 于格和骑士们的正式名称很冗长，叫作“基督和所罗门圣殿贫苦骑士团”（Poor Fellow-Soldiers of Christ and the Temple of Solomon），他们更为人所知的名字则是“圣殿骑士团”（Knights Templar）。

于格的骑士们身着配有红色十字纹章的醒目白色斗篷，他们立刻受到了人们的欢迎。1128 年，圣殿骑士团得到了教皇的祝福，有大批人应征入伍。由于他们的使命包括保护朝圣者——无论身处何处——所以很快，欧洲各地都能看到他们的身影。大部分骑士忠实于誓言，十分清贫，但圣殿骑士团本身迅速富有起来。其中很大一个原因在于他们提供的独特服务。由于骑士团在欧洲西部和近东的每一个国家都设有驻地，所以有了转移财产的方便途径。朝圣者可以把钱存在祖国，抵

* 当年穆斯林就是在这里受到坦克雷德的庇护，却被第一次进城的狂热十字军杀害。

达圣地后用收条去换取对应的资产，只需要付出一点手续费。因此实际上，圣殿骑士团成了世界上最早的国际银行。

很快，第二个骑士团加入了他们的行列。早在11世纪之初，就有一群朝圣者在耶路撒冷建立了医院来照看旅行者。耶路撒冷陷落的前一年，所有的基督徒都被赶出了城市，医院也随之关闭。但十字军占领城市后，位于耶路撒冷旧城的拉丁圣玛丽修道院（Abbey of St. Mary of the Latins）决定再建一所医院，供奉福音书的作者之一圣约翰。他们的正式名称叫耶路撒冷圣约翰医院骑士团（Order of Knights of the Hospital of Saint John of Jerusalem），成员身着黑袍，左袖上缝有白色十字，十分容易辨认。

这些修道士有一个更著名的称呼，叫作“医院骑士团”（Knights Hospitaller），他们认真对待耶稣基督的指示，善待社会中遭到忽视的群体。对病人尤其是穷人——他们称之为“圣洁的穷人”——他们会给予特别的关照。那些无床可睡的男女会得到慷慨的招待，获赠新衣服，享受带有肉类和酒水的丰盛饮食，这一切都由骑士团成员出钱。随着朝圣者的数量越来越多，骑士团也越来越壮大。到1113年，医院已有超过200张床位，组织被正式承认为宗教团体。到了12世纪，随着保护和照顾朝圣者的需求越来越强，尽管成员们从未放弃最初照看病人和穷人的使命，但集团逐渐开始了军事化转型。

两大骑士团在十字军国家的存续上起到了十分关键的作用。它们满足了鲍德温二世及其继任者最迫切的需求，是坚韧不拔、一心守护十字军国家的国际战士团体。

对耶路撒冷更直接的帮助，来自1122年的新一批东征者。鲍德温二世的迫切请求并未被忽视。教皇卡利克斯特斯二世（Calixtus Ⅱ，1119—1124年在位）卷入了与神圣罗马帝国的政治纠纷，* 无暇组织东征，但他把求援信转交给了威尼斯总督。

比萨、热那亚和威尼斯这三个意大利海上共和国对第一次十字军东征的回应有些令人尴尬。热那亚和比萨到尘埃落定之后才派去船队，而威尼斯则根本没有参加。要不是还有博希蒙德，作为教皇所在地的意大利就要彻底缺席了，而博希蒙德家族本身也来自法国。威尼斯总督多明尼各·米迦勒下定决心要以全球最古老、最富有的共和国的姿态，弥补最初的缺席。总督大开国库，派出了120艘战舰，募集了1.5万名士兵，于1122年8月8日起航了。

然而，米迦勒总督没有直接驶向巴勒斯坦，而是决定绕点远路。通过支援十字军国家，他重塑了威尼斯在基督教世界的声誉，那么顺路劫掠一下也无伤大雅。毕竟，坐拥这样一支强大的舰队，浪费时机也是一件憾事。拜占庭人最近限制了威尼斯人在帝国的贸易特权，而帝国的科孚岛（Corfu）就在现今的希腊西北沿海，离支援路线不算太远。† 他们可以顺便替上帝行使职责，惩罚拜占庭人，充实自己的荷包。

然而事实证明，科孚岛是个难以拔除的硬钉子。在徒劳地攻击了城墙几个月之后，威尼斯人不得不挤在岩石海岸的帐篷里度过难以忍受

* 关于世俗领袖任命教会圣职的叙任权斗争导致了罗马教皇与神圣罗马帝国的斗争。双方直到1122年签订《沃尔姆斯宗教协定》（Concordat of Worms）才解决问题。

† 此前不久，威尼斯人帮了拜占庭人大忙，协助后者击败了诺曼人。在这次战争中，威尼斯人征服了科孚岛，并将它还给了拜占庭。他们希望得到一些补偿。

的寒冬。春天的到来让士兵们心里舒坦不少，但巴勒斯坦新传来的噩耗却迫使他们放弃了这次围攻。

在米迦勒总督忙于报复的时候，东方的形势岌岌可危。在威尼斯舰队离开祖国起程后不久，埃德萨伯爵试图扩张领土，鲁莽地带着一小群骑士向南进攻阿勒颇。在一场暴风雨中，基督徒无意撞见了埃米尔的大军。烂泥中的马匹毫无用武之地，他们被对手一网打尽。鲍德温二世为了减少损失，出兵援助埃德萨伯爵，但是他同样遭到伏击，成了俘虏。

耶路撒冷国王被俘虏，这给所有的十字军国家敲响了警钟。当地的亚美尼亚基督徒不愿意再次被穆斯林统治，他们立刻组织了大胆的营救行动。大约 50 人伪装成修道士，潜入了鲍德温被关押的城堡，短暂的激斗过后，他们控制了守军。

然而，他们还没有获得自由。这里位于突厥人腹地，毫无疑问，前来收复城堡的军队很快就会出发。由于国王太出名了，无法隐姓埋名，所以最后的决定是让埃德萨伯爵逃回十字军国家搬救兵，鲍德温二世则留下来据守城堡等待救援。

伯爵几乎就要成功了。他只带了两名同伴，白天躲藏，晚上行动。虽然躲避了数十次搜捕，但他差点被幼发拉底河拦住。伯爵没有学过游泳，只能用两个充气的葡萄酒囊当作漂浮物。他的同伴则更加严格，试图拖着他游泳，最后成功把快要淹死的他拉到了对岸。

他们匆匆拼凑了援军，但是出发的时候已经太晚了。鲍德温二世尽了最大的努力坚持，但突厥大军设法突破了一面城墙。抵抗者受到了惩罚，除了国王之外的所有人都被扔下了城墙。随后，国王被关到了一个防备更严密的监狱里，几乎不可能再逃跑了。

鲍德温二世被围的消息给了威尼斯总督一个撤围的好理由，毕竟围攻的难度比预料的大了许多。他匆匆赶往巴勒斯坦，而他的到来驱散了海外之地上空的末日阴霾。国王不在，导致法蒂玛王朝又一次入侵了耶路撒冷王国，但剩下的基督徒英勇抗击，打退了他们的进攻。更妙的是，威尼斯舰队及时赶到，追上了法蒂玛的海军，并彻底摧毁了对方。

米迦勒乘胜追击，驶入了位于现今黎巴嫩海岸，由穆斯林控制的港口城市提尔，将其团团围住。在十字军的夹击下，提尔守军坚持了一年多，最终还是于1124年夏天投降了。巴勒斯坦北部的最后一个重要港口终于被基督徒占领。威尼斯总督可以凯旋了。

耶路撒冷王国实力的大幅增强，主要得归功于米迦勒的支援。那年晚些时候，甚至连国王都被放了回来。阿勒颇的埃米尔身中毒箭而亡，幸运的是，继任者希望与十字军保持良好的关系，于是与耶路撒冷王国交换了俘虏。得知自己不在期间王国形势反而好转的鲍德温二世就这样尴尬地返回了首都。

十字军国家站稳了脚跟，而阿勒颇的酋长国却陷入了混乱。这是个千载难逢的机会。然而，鲍德温二世无法像前任国王一样对封臣施加影响。由于缺乏强硬的铁腕手段，各领主从一开始就互相竞争、争夺地位，大大伤害了基督教的事业。新任安条克亲王不仅没有抓住时机进攻阿勒颇，反而令人费解地入侵了东北部的埃德萨伯国。这次袭击不仅削弱了十字军国家的实力，还让阿勒颇得到了喘息的时间。大好时机就这样溜走了。

某种程度上说，这段经历正是鲍德温二世统治的缩影。他是个活跃的领袖，用心良苦，也有足够的能力。但他缺乏魅力，长期以来运气都很糟糕。耶路撒冷王国在没有他的时候取得了胜利，他的封臣既不聪明又不忠诚，但这些都很难归咎于他。不过，到 1131 年他逝世的时候，十字军国家正被前所未有的强大敌人压制和包围。

鲍德温二世死前三年，阿勒颇出现了一位新的埃米尔：伊马德丁·赞吉（Imad ad-Din Zengi）。他野心勃勃、无情冷酷，秉承着军事至上的思想，而且对十字军极其了解。他是阿勒颇一位行政长官的儿子，却在摩苏尔的卡布卡宫廷长大。赞吉曾亲眼看到自己的保护人从安条克万念俱灰地回来，第一时间从他那里得知了西方骑士的强大。这是他永生难忘的一课。赞吉足智多谋而且敢于冒险，他占领了摩苏尔和阿勒颇，在埃德萨伯国的门口建立了一个统一的强大国家。他反复申明，自己的目标就是把十字军全部赶下海。

对耶路撒冷王国来说，这个伊斯兰教王朝的强势崛起尤其不是时候。鲍德温二世没有儿子，为了让自己的家族继承王位，把自己的长女梅丽桑德嫁给了一个名为安茹的富尔克的贵族。

这个消息让所有人都为之庆贺，除了梅丽桑德本人。她一点也不期待与一个又矮又暴躁的中年伯爵联姻。心存疑虑的理由还有很多。野心勃勃的富尔克知道对方迫切需要自己，因此直到鲍德温二世答应他与妻子将共治王国，方才允诺婚事。国王让步之后，两人很快完婚，尽管互相厌恶，但他们还是及时生下了鲍德温三世。

如果鲍德温二世能活得久一点，这会是一个不错的消息。富尔克和梅丽桑德作为统治者的候选人都存在缺陷。许多北方的贵族不喜欢安茹伯爵，认为他是外来者，梅丽桑德的性别则让她不可能独自统治国家。他们的儿子既有血统，在父亲的支持下也有资源，可以被所有人接受。但鲍德温二世掌握时机的能力一如以往，外孙仅仅两岁时，他就离开了人世。

面对愈加严峻的形势，此时急需的是团结，但耶路撒冷的王权正在分裂。3 周后，富尔克、梅丽桑德和鲍德温三世被尴尬地加冕为共治国王。这可不是个吉利的开端。

第九章

暴风前夕

Chapter 9

The Gathering Storm

同年……东边的突厥人中实力最强的是一个名叫赞吉的恶毒男子。

——提尔的威廉*

无论之前有什么过错，富尔克至少是一个合格的国王。他面对的首要问题就是管理安条克。博希蒙德二世在前一年与突厥人的战斗中身亡，安条克公国从此没有了首领。作为耶路撒冷国王，富尔克有权成为这个北边国家的摄政，但是他明智地拒绝了。安条克对于十字军国家的重要性过高，不宜由耶路撒冷的国王来统治，而需要由某个统治者一心一意地管理。博希蒙德二世留下了一个 9 岁的女儿，所以富尔

* William of Tyre, *History of Deeds Done Beyond the Sea*, trans. James Brundage, *The Crusades: A Documentary History*, (Milwaukee, WI : Marquette University Press, 1962), 79–82.

克指派了一个30多岁的新来贵族与她成婚。这个贵族名叫普瓦捷的雷蒙德，他很快就会让十字军国家陷入混乱。

稳固北方之后，富尔克转向南部海岸的最后一个主要威胁。阿斯卡隆的堡垒仍然由法蒂玛王朝控制，由于它在海岸的卓越位置，这里可以随意登陆军队实施劫掠。王国放任这个安全漏洞——更不要说它对商业贸易的长期破坏——已经太久时间了。

不幸的是，富尔克没有足够的军队，无法迅速攻破城堡，而围困则更不现实。尽管耶路撒冷王国海岸线绵长，但它缺少舰队，因此无力阻止物资或增援抵达阿斯卡隆。然而，富尔克是个有耐心的人。如果不能从海上阻止对手，那他可以退而求其次。十字军在阿斯卡隆的陆路上建了一系列堡垒，使得想进出这里变得几乎不可能。法蒂玛王朝原本可以把军队派到耶路撒冷王国的中心地带，但在一系列城堡垒的守卫下，他们也只能困在城中。

最后为了防备守军突袭，富尔克把大部分城堡转交给了医院骑士团，如此一来，就能把十字军调去做其他事了。阿斯卡隆如今已经被孤立，需要埃及不断运送物资才能维持运转。它就像一个缓慢腐烂的水果一样，陷落只是时间问题了。

富尔克能想到这么一个办法，实在是王国之幸，因为其他地方正迫切地需要军队。阿勒颇传来了令人沮丧的消息。赞吉的长老和信众们正在鼓动人们发动新的圣战，把十字军全部赶下海。他们号召所有虔诚的穆斯林放下私怨，对异教徒发动战争。无论是欺骗、刺杀还是正面应战，为了胜利，只要必要，什么手段都可以采用。所有穆斯林要统一战线，直到最后一个基督教的入侵者屈膝跪下。

对赞吉而言，这种宣扬很大程度上是政治上的故作姿态。征服阿勒颇和摩苏尔，已经让他成了近东最强大的穆斯林领袖。但竞争对手近在咫尺，尤其是大马士革的埃米尔。如果赞吉可以把那座城市纳入掌控，实力就将远超卡布卡的巅峰时期。他试图把自己打造成信仰的捍卫者，为霸权做好准备。只有整个伊斯兰教世界在他的统治下联合起来，他才会投身消灭基督徒的艰巨任务。

对十字军而言幸运的是，大马士革比赞吉预计的更难攻打。多次围攻之下，城市依然矗立，这无疑有损于赞吉的声望。不过到了 1137 年，大马士革已经岌岌可危，守军的战斗力明显下降，而赞吉的又一批大军已经开始了整备工作。此时，拜占庭恰到好处地入侵了阿勒颇，推迟了赞吉势在必得的进攻。得此喘息之机，绝望的埃米尔派出了信使，向富尔克乞求援助。

这次请求和富尔克的回应，标志着十字军国家出现了一个重大转变。到此刻为止，第一代十字军已经死去很久了。他们的儿孙在东方长大，变得很不一样。在十字军国家的城市里，民族和宗教混杂，西方人永远是少数。欧洲的风俗和习惯已经与当地的传统杂糅在一起，或是渐渐为人们所淡忘。这些人只知道他们住在一个充满不确定的地方。正如一位编年史作者所写：“我们已经忘记了自己的出生之地……”当去欧洲旅行时，他们会发现尽管自身的血缘和头衔无可挑剔，但他们对西方人而言过于东方了，而对东方人而言却过于西方了。

那些在十字军国家成长起来的人会无望地发现四面都是人数远超

己方的敌人。他们得出的结论和拜占庭人一样。穆斯林是永远的邻居，最好的策略就是让他们永远保持不和，一旦他们统一起来，所有的生存希望就要破灭了。因此，收到大马士革埃米尔的求救信后，富尔克的许多顾问都力促他伸出援手。

那些刚刚从欧洲过来的人对此类想法充满了厌恶。新来的移民和在当地长大的人，在外交观点上存在着巨大的鸿沟。发动第一次十字军东征，是为了从偷走圣地的伊斯兰教政权那里夺回它，而不是为了和穆斯林做交易。这些人是反对基督的，从小亚细亚到西班牙的基督教领土还被他们的军队占领着。这样的敌人需要与之奋力作战，直到他们被彻底打败为止。十字军的国王率军帮大马士革的穆斯林首领守城，实在是太过分了，那可是圣保罗成为基督徒的城市。

但富尔克很清楚王国当下的实力，明智地选择了驰援大马士革。由于富尔克反应很快，美索不达米亚的起义又分散了赞吉的注意力，这次战役很成功。不过，尽管十字军国家的当地人和他们借以补充人口的欧洲新来者之间分歧越来越大，但伊斯兰世界的分歧却在逐渐弥合。

到 1137 年，几乎已经没有什么可以阻碍赞吉的统治了。内部的不和已经暂时被压下，叛乱的领袖都遭到诛灭，顺从的人都各安其位。甚至连大马士革都被顺利地中立化，这里发生了宫廷政变，成立的临时政权对阿勒颇更加友好。如今，十字军国家已经没有了可以依赖的盟友，也没有了可供贿赂的捣乱领主。赞吉已经开始筹划大规模的进攻，要把这些异教徒赶出中东了。

赞吉的目标是叙利亚北部的十字军要塞巴阿邻（Baarin）。他如果能控制这里，就能阻止十字军的扩张，破坏十字军国家南北方的通信。富尔克国王别无选择，只能防守。两军在6月一个闷热的下午展开了交锋，结局十分惨烈。耶路撒冷王国的军队几乎被全部消灭，富尔克差点被俘虏。在要塞无条件投降，且有流言称十字军援军正在赶来的情况下，赞吉才放幸存者安全离开。

撤退的守军运气不错，因为赞吉并不总是这么仁慈。当年早些时候，在位于现今黎巴嫩的一个城堡，守军在赞吉答应保全他们性命的情况下投降了。在向《古兰经》发誓会放守军离开之后，赞吉收缴了守军的武器，却活剥了首领，吊死了剩下的人。

无论保全性命的十字军有多么庆幸，也掩盖不了经此一役，耶路撒冷王国再也无力进攻的事实。在剩下的统治时间里，富尔克把重心放在了重整军队上，但他原来的劲头已经不复存在。北方的贵族们又开始了争吵，而富尔克尽管还不到50岁，却没有了约束他们的精神。接下来几年中，他试图让自己重新恢复活力。1143年，妻子梅丽桑德建议去阿卡度假，欣赏美丽的乡间景色。打猎时，国王的侍从惊起了一只兔子，富尔克骑马去追。突然，马失前蹄，把富尔克和背后的包都掀了下来。国王率先着地，随后沉重的马鞍狠狠砸到了他的头上，以致“他的脑浆从耳朵和鼻孔中涌出”。昏迷3天后，富尔克撒手人寰。

富尔克之死，让王国的控制权落到了妻子梅丽桑德和13岁的儿子鲍德温三世手上。尽管王后聪明而有能力，但王权的影响力已经衰退到了危险的地步。在十字军国家中，耶路撒冷王国的地位已经不再那么超然。富尔克统治的最后几年里，其他几个国家只是理论上还以耶路撒冷王国为尊。现在掌权的变成了女人和小孩，北方的贵族们几乎不可能再服从命令了。

远在阿勒颇的赞吉等的就是这个机会。他一直关注着十字军国家的分歧，也很清楚十字军从来没有像此刻这么脆弱。他正式发出了圣战的号召，埃米尔们在压力之下纷纷派出了自己的部队，大军开始向东北方向挺进。

赞吉这个目标是精心选择的。埃德萨伯国一直是十字军国家中最脆弱的一环。这里地处十字军国家的最东部，领土的三面都被充满敌意的穆斯林环绕。对赞吉来说更妙的是，埃德萨的领主约瑟林二世是一个自负而顽固的人，近来与唯一的基督教邻居安条克公国的普瓦捷的雷蒙德产生了激烈的矛盾。由于安条克公国明显强于埃德萨伯国，所以雷蒙德强迫约瑟林臣服于他。约瑟林二世决不容忍这种侮辱。两人在任何事务上都要互相干涉。安条克需要新的牧首，约瑟林就去支持另一个候选人；雷蒙德去进攻当地的一个埃米尔，约瑟林就与那个埃米尔签订了停战协议。

这两人的合作是灾难性的。1144 年晚秋，约瑟林带着大部分军队离开了埃德萨，去支持他新拉拢的穆斯林盟友。出发不久，上气不接下气的信使就找到了他，告诉他伊斯兰大军正在攻城。赞吉选择了一个完美的进攻时机。

为了避免自己的有生力量被全部消灭，约瑟林没有冒险回援，而是让主教坚守城市，自己惊慌地向安条克求援。难以置信的是，雷蒙德拒绝帮忙。他为什么要帮助一个甚至连口头上都从未表达过一点敬意的封臣？在他看来，约瑟林只是在坐享其成罢了。这种令人震惊的狭隘决定了埃德萨的命运。约瑟林随后向耶路撒冷的梅丽桑德王后求援，但她离得太远了。等到援军出发的时候，埃德萨已经脆弱不堪。

主教尽了最大努力巩固城防，但是城墙上的人手太少，经验也不足，支撑不了太久。赞吉的弩炮不断轰击着城墙，工兵则在地下挖出了条条隧道。主教用尽各种办法，坚持了一个月，但城墙终于还是在圣诞节前一天崩塌了，穆斯林大军潮水一般涌了进来。

人们再也没有了抵抗的念头，只想逃跑。拥堵的街区成了死亡陷阱，数千人因为踩踏或挤压窒息而亡。另有数千人被赞吉的部队杀死。他们呈扇形散开，收割了所有逃得不够快的生命。主教徒劳地想要维持秩序，却成了刀下的第一批亡魂。最后，赞吉下令停止杀戮。他们就地解决了那些还在呻吟的伤者，把所有还活着的市民赶到了一起。第一个十字军国家的首都埃德萨，如今是赞吉的了。

事后来看，赞吉获得胜利在情理之中。他的资源和战斗经验都胜过对手，指挥能力也要强得多。另一方面，十字军愚蠢又不和，实力处于历史最低点。赞吉选择了一个恰当的进攻时机，造成了最大的伤害。城市几乎没有设防，领主与邻国交恶，耶路撒冷的统治者则是女人和小孩。唯一的意外是守军居然坚持了 4 周之久。

埃德萨的陷落让穆斯林难以置信地欢呼了起来。对他们来说，这几乎是一场奇迹般的胜利。尽管十字军战无不胜的光环已经淡去许久，但十字军国家在中东地区的存在依旧被视为难以撼动的事实。然而现在，赞吉已经证明并非如此。十字军国家也不是永存的。在法兰克邻居的骚扰下长大的那一代穆斯林，如今也可以尽情畅想所有基督徒都被赶到海里的那一天了。

对基督徒来说，埃德萨的陷落是一场令人困惑、难以理解的灾难。甚至连雷蒙德也意识到自己的做法带来了毁灭性的后果。无论安条克亲王与约瑟林的争吵有多么激烈，埃德萨依旧为穆斯林大军的劫掠和进攻提供了缓冲机会。现在埃德萨没了，安条克将直接暴露于无情的进攻之下。

如今，十字军国家的命运已经掌握在了赞吉的手中，而他的目标清晰得令人胆寒。他在埃德萨的做法，给十字军国家的每一个东征者发出了信号。城破后的几天里，征服者放走了当地的百姓，却留下了“法兰克人”。男人和较为成熟的男孩被迫跪下，然后遭到了残忍的杀害，女人和剩下的孩子则被卖去当奴隶。赞吉的领土里，没有西方人的容身之地。

为了让所有人记得他的伟大胜利，赞吉把自己的旧头衔“阿塔贝格”换成了“国王”和“征服者”。圣战的号角已经吹响，是时候把十字军国家从地图上抹去了。

第十章
克莱尔沃的火种

Chapter 10
The Fire of Clairvaux

看哪，同胞们……救赎之日已经到来。

——克莱尔沃的伯纳德*

1145年年初，从圣地归来的朝圣者带回了有关死亡与毁灭的恐怖传闻。这些消息——基督徒在街上遭到屠杀、妇女沦为奴隶、一个十字军国家彻底消失——太令人震惊，以至于公众不愿意相信。然而到了夏天，难民潮的涌现证实了最糟糕的猜测。即使是这些年来听闻了许多来自东方的糟糕消息的观察者，也难以接受这一危机。

显然，他们需要再进行一次东征，但教皇尤金三世（1145—1153年在位）不是那种能让公众热血沸腾的人。他是个虔诚温和的意大利

* Letter of St. Bernard of Clairvaux (A.D. 1146) preaching the Second Crusade. trans. James Harvey Robinson, *Readings in European History*, vol. 1 (Boston, 1904), pp. 330–332.

人，入主圣彼得大教堂没几个月，这还是因为其他更有资格的人不愿意出任。他作为教皇第一次出城就遭遇了灾难。他的护送者一消失，城门就关上了，出于某种怀旧之情，罗马共和国复辟了。人们成立了元老院，颁布了共和国宪法，选举了一名元老担任临时执政官。无家可归的尤金三世只能游荡于欧洲各国，希望它们帮助自己驱逐罗马的新主人。这样的人恐怕无法担任振奋人心的领袖，让基督教世界团结起来。

尽管如此，尤金三世还是尽到了自己的最大努力。1145 年 12 月，他发布了《十字军教令》（*Quantum praedecessores*）*，呼吁新一轮东征，但反响平平。虽然这一代欧洲人听着第一次十字军东征的英雄故事长大，但他们似乎没什么兴趣加入新一轮东征。3 个月后，尤金三世又做了一次尝试，他重新颁发了诏书，还颁布了细则，希望吸引贵族参加，其中规定：债权人不得对东征者的贷款收取利息，东征者的债务也可以暂缓偿还。

教皇流亡法国的事实，可能有损于他的道德权威性。如果上帝已经收回了对这位教皇的恩惠，那人们还有什么理由听命于他呢？伴随着埃德萨陷落的消息，传到欧洲的另一些谣言可能也影响了人们的积极性：东方一位名为“祭司王约翰”的伟大基督教国王已经发动了战争，成功瓦解了伊斯兰世界的威胁。† 据说他已经征服了波斯的古都，正在向

---

* 教皇诏书都以拉丁文的开场白作为题目。Quantum praedecessores的意思是“我们的先辈（为了东方的教会做出了多少努力）”。

† 耶路撒冷王后梅丽桑德派主教伽巴拉的于格（Hugh of Jabala）把埃德萨陷落的消息带给教皇。于格在讲述这场灾难时，绘声绘色地描绘了祭司王约翰的故事。这个中世纪经久不衰的传说人物就这样在记载中首次出现。

西朝着耶路撒冷进军。尽管他信仰的是基督教的旁支景教，但他显然会拯救十字军国家。

不管怎么说，这次似乎没有什么大人物准备参与。神圣罗马帝国皇帝康拉德三世直接拒绝了。虔诚的法国国王路易七世有些动心，但他的顾问、圣丹尼修道院院长苏杰（Abbot Suger of St. Dennis）竭力反对。*

对教皇而言，幸运的是，欧洲有一个端庄威严、感召力十足的人物，可以让十字军的计划免于流产。这个人就是克莱尔沃的伯纳德。甚至早在青年时期，他就展现出了非凡的魅力。出生于法国贵族之家的他接受了一流的教育，赢得了老师和同学的尊敬。23 岁那年，他决定把毕生献给教会。凭借着强大的吸引力，他说服了 30 个亲朋好友和他一起加入西多会。他在那里迅速崛起，仅仅两年时间就成为克莱尔沃修道院的院长，并很快得到了宗教和世俗领袖的重视。

在他热情而坚定的领导下，西多会成了欧洲西部最流行的修道会，而伯纳德本人则参与决定了欧洲大陆的各种宗教事务。他几乎独立解决了教会的分裂问题，对圣殿骑士团的公开支持也让他们得到了正式的承认，成了一个宗教团体。为了表示对他的敬意，教皇尤金三世甚至给自己起名为“伯纳多”（Bernardo）。

不过，教皇对伯纳德的尊敬只是单向的。这位克莱尔沃的院长认为尤金头脑简单、效率低下、无可救药。大部分时候，他都轻易忽视了这个人其实还是天主教会官方首脑这一事实。尽管如此，伯纳德和教

* 修道士苏杰被认为是风靡中世纪的哥特式建筑的创始人，代表作是改建后的圣丹尼教堂。这座公认的第一座哥特式教堂建筑完成于1144年，与埃德萨陷落是同一年。

皇对东方却有着共同的关注，当尤金请求他帮忙宣传十字军时，他立刻同意了。

演讲地点定在了法国中部的美丽山城弗泽莱（Vézelay）。那里有一座巨大的修道院，可以容纳大量观众。然而，伯纳德发表演说的消息传出后，有太多人想要亲耳听到这位伟人的教诲，他们如潮水般涌向这里，人数很快就超过了修道院的容纳能力。其中最著名的一位听众是法国国王路易七世，他还没有完全打消参加东征的想法，想请伯纳德说服他的贵族一起加入。

任何活得够久，还记得第一次十字军东征的人，都会觉得这种情况似曾相识。1095 年，当地的大教堂里同样容纳不下那么多人。所以伯纳德这次也决定在附近的旷野搭起一个平台。1146 年 3 月 31 日，在巨大的高台上，克莱尔沃的伯纳德与法国国王路易七世一同出现。所有人都知道这个场景的象征意义——教会与国家要为了神圣的事业联合起来，人群顿时一片肃静。克莱尔沃的伯纳德没有让大家失望。

和在克勒芒一样，这一次的演说词也没有写在纸上。然而，它产生的效果却被敬畏地记录在案。人群聚精会神地听着伯纳德慷慨陈词，当伯纳德号召人们佩上十字标记时，回应响彻天际。“上帝的旨意！”的咆哮，仿佛是克勒芒呐喊的回声。路易七世与美丽的妻子阿基坦的埃莉诺跪倒在高台上，立下了东征的誓言。人们呼喊着、蜂拥着，要把十字缝在自己的衣服上。修道士们准备的大批布料很快告罄。伯纳德见状脱下了自己的教服撕成布条，为群众提供材料。

在乡下，影响甚至更加惊人。伯纳德在法国东部进行了巡回演说，并委任助理帮忙传播消息。他的说法与乌尔班二世有一些细微的不同。因为耶路撒冷目前仍然在基督徒手中，所以第一次十字军东征解放耶路撒冷的动机已经不再适用了。伯纳德把重点放在了拯救圣地这件事情本身的重要性上。东征是一次救赎，一个行使上帝职责而涤净罪孽的机会。在伯纳德令人难忘的描述中，它是因为这一代人足够幸运，才有机会赢得的“不朽徽章”。这次东征不但是一次全副武装的朝圣，而且是在用长剑来捍卫自己的信仰。

法国人民对此深信不疑。弗泽莱的演讲结束后几天，伯纳德写了一封沾沾自喜、言过其实的信件，向尤金三世通报了自己的成功。他吹嘘道：“你下令了，我遵从了。我发表演说后，十字军战士很快就多到无穷无尽。乡村和城镇如今已经空无一人。”

尽管伯纳德如此夸口，但他很清楚自己正在拿声誉做赌注。第二次十字军东征已经与他的生活息息相关，因此确保它不要变成一场闹剧就成了他的责任。他特别注意避免煽动对犹太人的仇恨。他把犹太人称作“《圣经》的活文字”，因为他们的流离失所提醒了基督徒耶稣所受的苦难，并小心翼翼地强调不要迫害他们。伯纳德表示“在基督徒君主的统治下，他们处境艰难”，与基督徒类似，他们等待着被解救。

然而，迫害又一次发生了。一个名叫雷杜夫（Radulf）的西多会修士进入了德意志布道，呼吁人们对付犹太人。从多个方面来看，这种行为都令人恼怒。教皇尤金三世特地禁止了在德意志宣扬东征，因为他需要德意志国王帮忙，重新掌控罗马。愤怒的伯纳德向莱茵兰写了多封书信，勒令那里的人停止攻击犹太人，但这一次他的要求被忽略了。直到伯纳德亲自来到德意志，公开抨击雷杜夫，才终于恢复了秩序。

这位魅力十足的院长出现在神圣罗马帝国，或许阻止了对犹太人的迫害，但却让东征的热情席卷了全国。伯纳德很清楚教皇不希望德意志组织十字军，但也不打算半途而废。既然德意志人民群起响应，那他就要正确地引导他们。

让德意志人参加一场漫长、危险的圣地远征是一件困难的事情。在神圣罗马帝国，任何想要扩张基督教势力的人都可以去看看东部国境，那里有大量的异教徒部落等待着他们去感化。这项工作已经持续了近一个世纪，德意志的大部分领导人认为，这比千里迢迢去恐吓穆斯林重要得多。不过尽管障碍重重，伯纳德还是照常取得了成功。

对康拉德三世而言，这完全称不上好消息。由于教皇尚未给他加冕，康拉德三世理论上还只是德意志国王，这既有些尴尬，也存在着政治上的危险性，因为这影响了他在国内的公信力。作为补救，康拉德曾许诺尤金三世帮他夺回罗马，作为对加冕礼的答谢。他现在最不想看到的就是国内贵族们因为东征的言论而分心。

他的第一直觉是忽视伯纳德。1146 年秋天，当热情的修道士请求与国王一叙时，康拉德以时机不太合适为由拒绝了。但伯纳德不是这么容易被打发的人，而且德意志的神职人员都请求他不要放弃。终于，康拉德不情愿地答应在圣诞节接见他。

国王毫无抵抗之力。伯纳德把自己的口才发挥到了极致，令在场的许多人感动落泪。在讲话的最后，伯纳德详尽地列出了国王的诸多愿望——富强繁荣的王国、美丽的妻子、财富与享乐，并怒目盯着康拉德大喝道：你需要耶稣基督赐予你这一切，才愿意为他而战吗？可怜的康拉德崩溃了，他抽泣地说："我做好了事奉耶稣的准备。"

当 1147 年年初伯纳德返回克莱尔沃的时候，他有理由为自己的成就感到骄傲。两支由真正的国王率领的军队已经宣誓要为保卫圣地而出征，这完全归功于他。如果仅仅由几个贵族领导的第一次东征就取得了成功，伯纳德引领的这一次东征又将取得怎样辉煌的战果？

然而，一些潜在的麻烦也已经初露端倪。一群贵族向尤金三世请愿，希望履行自己的誓言，向帝国东部的部落发动战争，而教皇也允诺让他们发动"文德人"东征。随后，尤金三世又让西班牙人继续与西边的伊斯兰势力斗争。因此，第二次十字军东征同时向三个方向发动了进攻，存在着力量分散的危险。

不过在 1147 年年初，这些忧虑显得遥不可及，很快就烟消云散了。十字军迈着坚定的步伐前往叙利亚收复埃德萨。他们训练有素、指挥有方，与前辈们不同的地方还在于可以得到已经在那边扎根的友军的协助。如果上帝眷顾这批十字军——伯纳德对此信心十足——那他们几乎不可能失败。

第十一章

国王的东征

Chapter 11

The King's Crusade

让树木为人所知的，不是它们的树叶，不是它们的花朵，而是它们的果实。

——阿基坦的埃莉诺

在那些有心观察的人看来，神明护佑的迹象在 1147 年春天简直比比皆是。第一批十字军的士兵来自法国、英格兰和低地国家。他们计划沿着法国的北部海岸一路向西，却被风暴吹到了葡萄牙的领土。葡萄牙国王阿方索一世（Alfonso Ⅰ）派了使者，希望他们帮忙围攻穆斯林占领的里斯本（Lisbon）。3 个月的围城算不上艰苦，城破之后，战利品却十分丰厚。大部分士兵认为自己实现了十字军的誓言，庆贺之后就在当地的国王那里谋了份好差事。而继续前往巴勒斯坦的人也随身带满了珠宝。第二次十字军东征的这批先头部队没有像第一次东征的贫民十字军那样惨遭屠杀，而是取得了开门红。

甚至连东方的情况也开始好转。就在克莱尔沃的伯纳德危言恫吓康拉德三世加入十字军的时候，赞吉那巨大的王国也开始解体。1146 年 9 月 14 日，他公开批评了一名饮酒的奴隶。这名奴隶怀恨在心，当晚潜入赞吉的帐篷刺死了他。之后，赞吉的儿子们展开了激烈的权力斗争，王国陷入一片混乱。

1147 年 5 月初，德意志十字军离开巴伐利亚东南部的雷根斯堡（Regensburg）时，队伍里洋溢着节日般的气氛。城市在春花的点缀下显得光彩照人，几乎全城的人都出来欢送他们。康拉德骑着雄健的战马，显得尤其威武，后面紧跟着的是他强壮的侄子，未来的红胡子皇帝腓特烈・巴巴罗萨。没有人想去抑制这支队伍的热情，他们就这样喧闹地进入了拜占庭的领土。* 同年 9 月，他们抵达了君士坦丁堡，并立刻得到了拜占庭皇帝曼努埃尔一世・科穆宁的接待。

招待东征军，恐怕是曼努埃尔・科穆宁最不愿意的事情。第一次十字军东征没有给拜占庭带来太大好处，反而让他的祖父阿历克塞头疼不已。而之后的几十年里，帝国与西方的关系恶化了许多。实际上，曼努埃尔在上任的前 4 年中都忙于修修补补。除了穆斯林给帝国不断施加压力之外，拜占庭最大的威胁还来自西西里。此前不久，博希蒙德的堂弟罗杰二世（Roger Ⅱ）在这里加冕为王。曼努埃尔之前正在小心翼翼地构建反西西里王国的联盟，但克莱尔沃的伯纳德用一张嘴就

* 军队的行为实在恶劣，以至于帝国的城镇预先关闭了城门，只把食物用篮子从城墙上吊下来。

搞砸了一切。现在他没法看着西西里王国崩溃了，而且还要接待之前试图动员的每一支军队。

康拉德的士兵是可怕的客人。他们与以往的十字军一样袭击了拜占庭的市民，抢劫了商店。他们还有破门而入，拿走找到的一切东西的令人讨厌的习惯。国王本人也很冷酷，不仅丝毫没有歉意，还"屈尊"收下了曼努埃尔的种种礼品。

皇帝凭借着巨大的忍耐力，忽视了这些无礼的行为。他还没有放弃重构联盟的希望，而德意志君主是其中核心的一环。不过无论皇帝如何劝诱，康拉德只想继续东征。在收到了最后几份礼物之后，德意志人渡过海峡来到了安纳托利亚。

康拉德知道法国国王路易七世正在途中，不过现在他已经到小亚细亚了，不打算无所事事地等待法国人出现。他很快就开始动身前往安条克，选择的路线与近 50 年前的第一次十字军东征一样，希望以此带来个好兆头。不过时间已经不再是 1099 年了。这些年来，突厥人已经有了与西方骑士交手的丰富经验，他们是细心的学生。康拉德的部队经过尼西亚后几天，突厥人就发动了袭击。轻装步兵的快速突进让笨重的骑士难以反应，弓骑兵发射的箭雨则向十字军的队伍里倾泻而下。被打得措手不及的骑兵们试图整队发动突击，但猛烈的火焰很快让他们的阵列崩溃了。

几个小时之后，一切都结束了。康拉德当天带领的两万人中，活下来的仅有十分之一。他逃回了位于现今土耳其西北部的尼西亚，残余部队随后也纷纷汇聚于此。在那里，他难堪地接受着拜占庭守军的庇护，等待着法国人的增援。惨败的地点正是50年前第一次十字军东征的骑士大胜基利杰·阿尔斯兰的战场，这更让他们感到羞愧。

好在他们不需要等待太久。路易七世的部队只比德意志人晚出发了一个月。他在君士坦丁堡得到的招待倒没有本应该的那么冷淡。法国有很多人都公开怀疑，对基督教世界威胁更大的究竟是突厥人还是拜占庭人，许多人敦促路易七世为所有基督徒着想，趁机占领君士坦丁堡。

路易七世拒绝了，但他参与讨论了这件事情，因此曼努埃尔很难对他有什么好印象。尽管如此，皇帝还是隆重接待了他，东罗马帝国首都可以提供的各种奢侈品任他挑选。这一次，热情攻势奏效了。

关系的好转是双向的。法国贵族比德意志人表现得更加得体，而拜占庭人也被法国的女眷们逗得乐不可支。许多法国贵族这次带上了妻子，而她们又带上了大批女仆、吟游诗人，以及让服饰和化妆品免于战火或天气影响的行李搬运车。不过其中最高兴的一位是路易七世的妻子阿基坦的埃莉诺。

埃莉诺是那位因为愚顽而导致埃德萨陷落的雷蒙德的侄女。她教养良好、天资聪慧，而且极其富有。* 作为阿基坦公爵的女儿和唯一继承人，她从小就是众人目光的焦点。15岁时，她就被认为是全欧洲最优秀的未婚女性。17岁时，她成为法国王后。如今25岁的她魅力十足、才华横溢，对沉默而虔诚的丈夫已经完全厌倦了。

埃莉诺十分不愿意离开君士坦丁堡。她对离开巴黎的舒适环境，进

* 埃莉诺的封邑之大堪比法国国王。

行艰苦的远征一点都不感兴趣，而这座伟大的城市简直是文化的绿洲。现在再向前，唯一可以预见的就是要长途跋涉穿越荒无人烟的地带。她的犹豫可想而知。

在尼西亚，法国军队遇到了康拉德。康拉德明智地建议大家沿着海岸线前进，尽可能久地待在拜占庭的领土里。爱琴海和地中海沿岸风景优美，一路上也风平浪静。不过当他们抵达以弗所后，麻烦开始了。康拉德患了重病，不得不返回君士坦丁堡。十字军虽然还在帝国境内，却不断受到突厥军的袭击。补给上也出现了问题，他们每到一个城市，都会发现突厥人前一天就把所有食物全部抢走了。

除了穆斯林的突袭和骚扰之外，法国人也对拜占庭的盟友感到了厌倦，曼努埃尔明显派了军队保护拜占庭的居民，而随着食物开始短缺，军队与当地百姓的冲突变得越来越频繁。他们与基督徒斗争的时间，似乎比与信仰之敌交战的时间还要更长一些。

更麻烦的是拜占庭皇帝与穆斯林对手的关系。曼努埃尔很早就得出了结论：即使十字军成功了，他们也不太可能把占领的城市还给帝国。另一方面，他与穆斯林邻居的关系完全是他希望的那样。塞尔柱王朝疲敝不堪、四分五裂，还要面对十字军的进攻，因此很容易就与拜占庭签订了条件宽松的条约。

对十字军来说，这是卑劣的背叛，确证了他们最阴暗的推测。君士坦丁堡的玩笑只是为了掩盖堕落的地下交易。曼努埃尔被咒骂为一条花言巧语的蛇，蓄意破坏东征事业。

对路易七世而言，这也是最后的稻草。这一漫长而痛苦的征途与他想象中的伟大进军相去甚远。到了下一个港口，他宣布去往安条克的剩余旅途选择海路。港口没有足够的船来运输全部军队，但这只是个细节问题。神职人员先上，随后是国王和官员们。他们仅给留下的军队一点剩余的食物，以及一些用来购买新补给的钱，并告知他们前往安条克的路线。国王再也没有看到这些十字军战士。船队一消失，突厥军就袭击了这些倒霉的东征者，把他们全部歼灭了。

这一灾难对十字军王国是沉重的打击。在西方骑士出征以来的这几个月里，赞吉的次子努尔丁已经在内战中击败了其他兄弟，很大程度上恢复了他父亲时期的统治。他很快证明了自己比赞吉更加残忍。埃德萨的约瑟林在一次鲁莽而轻率的行动中短暂地收复了他的首都。但努尔丁卷土重来之后，城里所有的居民都被杀死、充作奴隶或遭到流放。这座号称全球最古老基督教王国所在地的城市，再也没能恢复原来的样子。*

没有人比安条克的雷蒙德对此更加关注。尽管他毫不同情埃德萨的约瑟林，但清楚地意识到自己面临的危险。一个恐怖的新敌人已经出现，十字军国家却已经衰弱不少，所有人都把希望寄托在了正在赶来途中的基督徒大军上面。看到十字军的船只靠近，安条克的市民全部挤到了港口，希望看看他们的救星。然而，下船的只有看起来烦恼重重的路易七世和他的官员，以及一小部分军队。

---

* 另一个号称最古老的基督教国家是埃塞俄比亚，该国在公元330年正式信仰基督教。根据传说，埃德萨的国王阿布加尔五世（Abgar V）曾与耶稣有过书信交流，公元4世纪的历史学家尤西比厄斯（Eusebius）保存有这些书信的副本。现代的学者认为，埃德萨是在公元2世纪末的阿布加尔九世（Abgar IX）统治时期皈依了基督教。

尽管安条克的雷蒙德对侄女和法国国王的到来有些失望，但他没有表露出来。路易七世仍然带来了不少训练有素的骑士，以及他所有的财宝。雷蒙德知道，总有人愿意卖掉自己的武器，士兵也可以重新募集。路易和埃莉诺在安条克受到了热情的款待，雷蒙德也决定在他们缓解旅途劳顿之苦之前只字不提战争。国王和王后就这样骑马游遍了安条克附近的小山，他们努力忘记了近来的惊骇，度过了一段愉快的时光，直到安条克亲王终于找了个时机提议进攻附近的阿勒颇。

尽管雷蒙德尽了最大努力，但就像这次东征的开始也很美好一样，这对夫妻在安条克的羁旅很快变成了一场闹剧。主要的问题在于两人关系的恶化。双方虽然尽量在公众面前保持礼貌，但私下里却从不掩饰对彼此的冷淡。更糟的是，雷蒙德无法怠慢埃莉诺这样的妙人，埃莉诺也更希望陪伴自己的是他，而不是沉默寡言的丈夫。没过多久，关于埃莉诺与她叔叔关系越界的流言就传开了。

更让路易七世头疼的是，每个人都希望获得他的关注。雷蒙德越来越大胆地建议立刻进军阿勒颇，并开始拉拢埃莉诺。埃德萨的约瑟林也在城里，他请求路易帮忙收复自己的首都。而耶路撒冷牧首则坚持让他抓紧时间去巴勒斯坦确保耶路撒冷的安全。

路易七世最明智的用兵方案应该是与雷蒙德联手进攻努尔丁，但最后，他对妻子这个叔叔的厌恶占了上风。于是他宣称自己曾发誓要抵达耶路撒冷，在此之后才会考虑东征，并表示要即刻出发。埃莉诺大发雷霆，她公开支持雷蒙德的计划。而且这位王后可不习惯被人忽视，她激烈地警告路易，如果他不改变想法进军阿勒颇，她就要以亲缘关系太近为由申请离婚。

这并非虚言恫吓。中世纪的王室婚姻只会考虑地位相匹配的候选人，因此在实行了这个策略几个世纪之后，几乎每个人多少都与配偶有些血缘关系。教会法明文规定，不得与七代之内有血缘关系的人结婚，但出于政治考虑，大家一般对此睁一只眼闭一只眼，除非揭露这种亲属关系更为有利。路易和埃莉诺两人差了一辈，在三代以前就有血缘关系，完全属于被禁止的范围，而离婚会让路易七世大为难堪，更不用说他还要损失阿基坦的大片土地。*

这个最后通牒让路易感到万分屈辱。两人结婚时，路易对新娘的爱几近痴狂，对她极其宠溺放纵。他花了很大一笔钱，帮她把巴黎的宫殿弄得更加舒适，为了迎合她各种世俗的冲动，在住处配备了一切最新潮的奢侈品。但她仍然不开心，以娇纵任性和乱发脾气来回应他的努力，公然损害他的威信。路易已经受够了，他软禁了埃莉诺，强行把她带去了耶路撒冷。

直到他们抵达圣地，这种异常的关系也几乎没有好转。康拉德三世已经在这里等着他们了。在拜占庭皇帝曼努埃尔的亲自照料之下，德意志国王已经痊愈，两人建立了亲密的友谊。在法国人看来，康拉德不是天真就是愚蠢，因为他们觉得路易的军队被灭，拜占庭人要负很大责任。不过康拉德的工作素养无可挑剔。他在城里仅几周时间，就已经招募了一支雇佣军。再加上路易的部队以及从普罗旺斯赶来的一

* 埃莉诺的嫁妆就是阿基坦，这是法国西南部的一大片领地。

批掉队士兵，耶路撒冷的基督徒军队的规模达到了空前地步。

现在的问题是要用这支大军去做些什么。尽管是发起这次东征的最初目的，但收复埃德萨此时完全不在他们的考虑范围。安条克也不行。在埃莉诺与叔叔乱伦的传闻之中强行把她带走的路易七世完全不想采纳雷蒙德的计划。基督徒的不团结一如往常，路易七世拒绝帮忙之后，雷蒙德也就索性再也不管十字军的任何事情了。

慎重考虑之后，大家决定进攻大马士革。耶路撒冷王国与这里的埃米尔签订过和平协议，不过反对的声音很快就被淹没了。在刚从欧洲过来的十字军眼里，这根本不是个问题。与穆斯林签订的任何条约都是无效的。此外，正如鲍德温三世对骑士们指出的那样，大马士革的埃米尔最近把女儿嫁给了努尔丁，他们背叛耶路撒冷似乎只是时间问题了。所以最明智的做法就是先下手为强。

这不仅是个可怕的战略失误，还是脑子不清醒导致的愚蠢之举。大马士革是唯一想与基督徒保持友好关系的势力。那场联姻并不代表埃米尔与阿勒颇的关系转暖，而是正好相反。与十字军不同，大马士革的埃米尔早已意识到努尔丁是对他安全的最大威胁。把女儿嫁给这位阿塔贝格，只是他绝望之下力图保持独立的一次赌博。十字军攻击他，只会让穆斯林形成由强大的努尔丁领导的统一战线。

1148 年 7 月 24 日早晨，醒来的大马士革埃米尔发现自己的家门口出现了大量十字军，惊得目瞪口呆。他知道法国和德意志的军队在安纳托利亚被杀得几乎片甲不留，尽管传闻称耶路撒冷又组建了一支新军，但他完全没想到新军会进攻自己这个盟友。他一边慌乱地集合军队，一边派出信使向努尔丁求救。

与此同时，十字军正在寻找大量木材安营扎寨。大马士革周围林木茂密，花园和果园很多，提供了丰富的材料来建造攻城器械。而从第一天的战况来看，他们甚至都不需要攻城器械了。康拉德三世展现出了惊人的武勇，一口气杀到了城墙下方，把大马士革的守军打得四散逃窜。恐慌的市民们开始在街道设置路障，为最坏的情况做好准备。

只要再冲击一次，士气低落的守军恐怕就要崩溃了，但十字军决定推迟到第二天再发动总攻。当晚，穆斯林的援军抵达了大马士革，让守军为之一振。更糟的是，十字军第二天发现树林里埋伏了穆斯林的游击队。面对逐渐增加的伤亡数，两位国王决定撤退到附近的一块平原，在那里重整队伍。

这个举动导致事态进一步恶化。在前往平原之前，他们没有事先侦察，等到了那里才发现没有水源。这个错误太过明显，以至于一些骑士不认为这是无心之失，国王们被穆斯林贿赂的说法开始在军中流传。而两位国王不仅没去弥补问题，反而开始争论占领大马士革以后要怎么做。不过，口渴很快就让他们忘掉了这个问题。到 7 月 28 日，也就是他们抵达后仅仅 4 天，每个人都知道已经没有破城的希望了。

大马士革的埃米尔很清楚十字军的窘境，他慷慨地送上了贿赂，希望他们离开，并表示如果基督徒撤军，他就断绝与努尔丁的联盟。事实上，埃米尔给的钱是假币，对方一拔营起程，他就派了弓骑兵在后面骚扰，这更是让十字军蒙羞。

这次惨败是极端愚蠢所导致的结果。作为十字军国家史上规模最大的一支军队，他们不仅一战未胜，还疏远了唯一的穆斯林盟友，极大增加了最强对手努尔丁的实力。如果东征者从未离开过欧洲，十字军国家的情况反而会好得多。

同样的情况也适用于第二次十字军东征的领导者。巨大的失败让他们的声誉蒙受了损失。康拉德三世立刻离开了耶路撒冷，返回了君士坦丁堡，准备在舒适的环境中舔舐一阵子伤口。他与拜占庭皇帝的关系依旧不错，两人开始商议对意大利南部的诺曼人发动一场大规模战役。

另一方面，路易七世在东方继续待了10个月。部分原因在于他不愿承认失败，另外也因为他真心关注耶路撒冷基督徒的福祉，认为自己还可以做一些有用的事情。糟糕的婚姻状况也是他逗留的因素之一。从他们离开安条克开始，埃莉诺就一直由卫兵看守，两人再也不说一句话。他对她的愤怒已经逐渐消失，但却意识到自己返回法国后即将遭受诸多屈辱。除了东征惨败，财政和军队吃紧之外，他还要损失阿基坦地区，面对公开离婚的尴尬，头疼地寻找新的配偶。如果埃莉诺能够回心转意，这一切都可以避免。但到1149年，所有人都明白了一个痛苦的事实：埃莉诺宁愿自断双臂也要坚持离婚。路易七世做好了迎接最坏后果的准备，踏上了返回法国的路。*

情场失意，加上觉得东征的惨败完全不是自己的责任，路易的愤怒可想而知。埃莉诺还不是他最大的出气筒。在他看来，大部分的不幸

* 两人的婚姻最终在1152年被宣布无效。那时候，埃莉诺已经在与安茹的亨利（Henry of Anjou）约会了，他就是后来的英格兰国王亨利二世。

都是拜占庭皇帝导致的。曼努埃尔声称是自己的盟友，却不断阻碍十字军的前进，还不守信用与敌人勾结。最糟糕的是，路易认为是皇帝卑劣地把十字军的行进路线告诉了穆斯林，因此对法国军队遭到屠杀负有直接责任。他坚信，基督教世界的真正敌人就坐在君士坦丁堡的王座之上。

他一回到法国，就开始与意大利的诺曼人联手进攻拜占庭。而讽刺的是，几个月前康拉德三世与曼努埃尔已经结成了联盟。如果不是教皇尤金三世对基督徒的内战毫无兴趣，一同参加东征、捍卫信仰的两位盟友就要沙场相见了。这简直是一片混乱的第二次十字军东征的缩影。

第十二章

鲁莽的进击

Chapter 12
The March of Folly

智者必得尊荣，愚者必蒙羞辱。

——《箴言》3:35

十字军的失败，严重打击了当时凭借声望动员东征的克莱尔沃的伯纳德。他很少怀疑自己，如今却不得不思考上帝为何会降下如此严重的灾难。为什么恢复基督教荣光的虔诚之举会被如此彻底地打败？无法回避的一个答案是，西方人的道德滑坡使得他们已经不配赢得胜利。

在伊斯兰世界，毫无疑问，十字军带来了正好相反的影响。叙利亚内部的分歧在自信心的巨大膨胀之下已经不再尖锐。从许多方面来看，努尔丁都堪称伊斯兰教的伯纳德，他充分利用了自己的胜利来吹响圣战的号角。只有穆斯林团结起来——当然，是在他仁慈的领导下——这种非凡的胜利才能继续。他采取了一系列后续行动，建立了伊斯兰学校和清真寺，还无情迫害了什叶派的穆斯林。努尔丁既要做伟大的征服者，也要做信仰的净化者。

起初，十字军国家看起来要自行分裂了。在努尔丁巩固叙利亚时，耶路撒冷王国正处在混乱之中。名义上的皇帝鲍德温三世和担任摄政的梅丽桑德王后之间关系十分糟糕，以至于儿子招募了一支军队，把母亲包围在了耶路撒冷城中。唯一还算好的地方在于这场内战只持续了很短时间，梅丽桑德吃了一惊，没过几周就让步了。

对基督徒而言更糟糕的是安条克的情形。引发路易七世和阿基坦的埃莉诺婚姻危机的雷蒙德亲王于 1149 年被努尔丁杀死，同样被消灭的还有安条克公国的大部分军队。这导致这个第二大的十字军国家在极其危险的时刻失去了首领。此刻需要谨慎地选择继承人，但雷蒙德的遗孀康斯坦丝（Constance）无心政治。她决定为了爱情而再婚。

她选择的对象是沙蒂永的雷纳尔，一个时髦华丽、夸夸其谈而鲁莽冲动的法国男爵。雷纳尔的家族可以追溯到古罗马的元老院成员，因此他从不缺乏自信。不幸的是，除了乐于投机之外，他没有任何特殊的能力来匹配这份自信。20 岁刚出头，他就把遗产败掉了大半，所以加入了第二次十字军东征，希望在东方混出点名堂。在东征结束后，他又留下来当了一个雇佣兵，这进一步玷污了他的名声，因为此举相当于承认他已经没钱回法国了。

康斯坦丝要为了爱情和声名狼藉的雷纳尔结婚，令所有的十字军国家都为之震惊。大家想尽了一切办法来劝阻她，但康斯坦丝一概置之不理。*两人在1153年完婚，而雷纳尔立刻就证实了众人对他能力不足的评价。

由于安条克的大部分军队已经被努尔丁歼灭，公国如今在拜占庭的庇护下才能存活。甚至连前一代亲王雷蒙德在最后都意识到了与拜占庭保持良好关系的重要性。但距离安条克的海岸线不远处，有个物产丰饶而守备力量薄弱的岛屿塞浦路斯（Cyprus），这里虽是帝国领土，却离安条克太近了，这令雷纳尔心痒难耐。1156年，他入侵了这个信仰基督教的岛屿，在岛上实行了长达3周的掠夺、强暴和屠杀。愤怒的拜占庭皇帝率大军进攻安条克时，雷纳尔又完全退缩了。他匍匐在皇帝的帐篷前哭泣哀求，希望皇帝饶他一命。

对雷纳尔而言幸运的是，皇帝认为他只是个讨厌鬼，而不是真正的威胁，因此给他开出了宽大的条件。安条克将立刻被移交给帝国军，但是雷纳尔可以作为皇帝的封臣继续统治这里。为了凸显从属关系，在安条克的新主人正式接管城池时，这个不光彩的公爵需要步行替皇帝牵马引路。他可能被迫放弃了公国的独立权，但他至少保住了自己的小命。

事实证明，这个新协议显著提升了安条克的地位。由于帝国终于再次统治了这里，皇帝立刻开始采取措施确保它的长治久安。在返回君士坦丁堡之前，他进攻了阿勒颇，迫使努尔丁签订了停战协议，尊重基督徒的边界线。雷纳尔若要守护安条克的未来，只需遵守协议即可。

不太令人意外的是，对躁动难驯的雷纳尔而言，做到这一点都太难

* 康斯坦丝为了雷纳尔，拒绝了许多地位高贵的候选人，其中还包括拜占庭皇帝鳏居的姐夫。

了。穆斯林有几条商路离安条克很近，看到那些防备松懈的驼队，他又忍不住要去打劫。第一次抢劫回程的路上，当地的埃米尔伏击并俘虏了他。随后他戴着镣铐被送到了阿勒颇，在那里被关了16年。大家罕见地达成了一致，没人愿意为他支付赎金。

雷纳尔遭到关押期间，势力格局发生了迅速的改变。虽然执政初期动荡不已，但鲍德温三世很快证明自己是一位年轻有为的国王。在他的带领下，耶路撒冷王国的实力大大增强。他甚至从法蒂玛王朝手中夺取了港口城市阿斯卡隆，把整个巴勒斯坦都纳入了基督徒的统治范围。当他因急病逝世之后，弟弟阿马尔里克继任，把王国经营得更加井井有条。由于安条克没有人制造麻烦削弱他的权威，阿马尔里克幸运地统治着相对团结的十字军国家。而他的穆斯林敌人就没有那么好过了。

努尔丁一直未能树立足够的权威来慑服叙利亚的埃米尔，他在解决穆斯林独立的威胁之前，只能把进攻基督徒的计划一推再推。同样信仰伊斯兰教的埃及法蒂玛王朝则处境更糟。维齐尔们互不相让，都试图控制哈里发，他们开启了内战，整个国家一片混乱。

努尔丁试图从中渔利，他派了忠心耿耿的库尔德人将军谢尔库赫去夺取埃及的主导权。而绝望的哈里发则向耶路撒冷求援。

阿马尔里克深知，这是个绝妙的机会。埃及人已经近乎疯狂了。* 他们同意给耶路撒冷40万金币作为谢礼，毫无疑问，之后基督徒还能得到更多好处。

---

* 当阿马尔里克的使节要求哈里发与他握手时——这是个骇人听闻的要求——这位穆罕默德精神的继承人直接抓紧了异教徒的手，在所有宫廷官员的面前亵渎了自己。

这次军事行动是秩序井然、规划周密的典范。阿马尔里克率军来到亚历山大，轻松占领了这里。十字军的旗帜在著名的亚历山大港灯塔高高扬起，大教堂也被清理干净、装饰一新。在伊斯兰进攻开始的5个世纪之后，基督教的五大城市——罗马、君士坦丁堡、安条克、耶路撒冷和亚历山大——终于全部回归了。

阿马尔里克继续进军开罗，在那里，他轻易地打散了毫无组织的敌军，让部下驻守城中各处，抵挡努尔丁将来的进攻。心怀感激的哈里发答应每年给耶路撒冷王国进贡，作为维持守军的费用。在几周的庆祝后，阿马尔里克以英雄的身份回到了黎凡特地区。通过两场短暂的战役，他实现了之前所有十字军国王都未能达成的成就。埃及这根十字军国家侧翼的倒刺，如今已经予取予求，成了基督徒要庇护的国家。

阿马尔里克得到了东方的一致庆贺。一回到耶路撒冷，他就收到了拜占庭皇帝的联姻提议。几个月后，他成了拜占庭皇室家族成员，两国签订了正式条约。

这一系列令人眼花缭乱的成功，让阿马尔里克认为自己还可以试着更进一步。如果他可以直接统治埃及，为何还要庇护它呢？他把贵族们召集起来，宣布自己将率领拜占庭和耶路撒冷的联军南征开罗。这个决定让委员会炸了锅。受惊的圣殿骑士团指出，目前埃及是他们的盟友，上一次进攻盟友的结果只是让努尔丁变得更加强大。他们有重蹈大马士革之役覆辙的危险。

医院骑士团与这个兄弟团之间存在着激烈的竞争，他们反对圣殿骑士团的看法，力促阿马尔里克在拜占庭皇帝到来之前就迅速发动攻击。

如果十字军等到帝国军出现，他们就要共享战利品了。面对一个近来明显虚弱不堪的敌人，为什么还要等待增援？

最后，阿马尔里克的贪婪战胜了他的谨慎。1168 年 10 月，国王带着声势浩大的部队离开了耶路撒冷。让这一情景稍显失色的是圣殿骑士团的拒绝。他们激烈地表示，自己的职责是保卫圣地，而不是攻击盟友削弱自己的实力。

可想而知，这次入侵让埃及人不情愿地投入了努尔丁的怀抱。得知十字军进军开罗的消息之后，哈里发立刻派信使找到努尔丁，表示如果他愿意帮忙，就承认他为最高统治者。努尔丁立刻答应了。富有讽刺意味的是，他派了大马士革的军队去保护埃及。

阿马尔里克先一步抵达埃及，并立刻攻占了一个小城市，杀掉了那里的居民。随后，十字军通过水路，经由尼罗河逆流而上向开罗进军。恐慌的哈里发表示愿意付出 200 万金币，只希望他们撤军。这一贿赂让阿马尔里克确信法蒂玛王朝已是穷途末路，于是他不屑一顾地拒绝了。

然而，在十字军逼近开罗的过程中，情势开始逆转。由谢尔库赫率领的大马士革援军抵达了开罗，并轻松进入了城市。而饱受炎热和水路进军困扰的阿马尔里克一方不得不暂时后撤。待在临时营帐里，眼睁睁地看着守备森严的开罗，如此饱受煎熬地度过了几周之后，他们清楚地认识到自己没有占领埃及的希望了。阿马尔里克发出了退兵的命令，军队灰溜溜地返回了耶路撒冷。整个进程正如圣殿骑士团所料，耶路撒冷王国失去了一个盟友，而努尔丁多了一个。

对于一个近来被赞誉为军事天才的人，看到耶路撒冷许多圣殿骑士那心照不宣的眼神，恐怕会觉得尤为难堪。这次失利大大挫伤了阿马尔里克的自尊，固执的他拒绝放弃，在第二年再次出征。这次他联手了拜占庭，结果却更不如意。联军包围了尼罗河口的港口城市杜姆亚特（Damietta），但连日的大雨使得食物全部变质了。随着饥饿的蔓延，帝国军和十字军开始互相责备。为表抗议，帝国军突然撤离，阿马尔里克也别无选择，无奈退兵。

1174 年，他第三次入侵埃及，但很快就因为痢疾病倒，只能撤回军队。抵达耶路撒冷时，他高烧不退，痛苦挣扎几天后与世长辞，未能兑现他早期统治给王国带来的巨大潜力。

阿马尔里克不再受到幸运女神的青睐了，但还不止于此。他考虑不周地屡次进攻埃及，不经意间让这个哈里发王朝从摇摇欲坠的盟友变成了强大的敌人。努尔丁的将军谢尔库赫暗杀了所有的竞争对手，轻松成为那里的维齐尔。尽管谢尔库赫两个月后就逝世了，但继任者是他那野心更大的侄子马利克·纳昔尔·萨拉赫丁（al-Malik al-Nasir Salah al-Din）。后者在历史上有一个更为人所知的名字：萨拉丁。

第十三章
萨拉丁

Chapter 13
Saladin

安拉把收复（耶路撒冷）的尊荣赐予（我的）王朝，是为了让王朝的子民们齐心协力，彼此欣赏。

——萨拉丁

萨拉丁过去并没有展现出特别的军事或政治天赋，实际上，他之所以能够获得提拔，是因为他很年轻，在埃及没有明显的盟友。哈里发对谢尔库赫的统治深感怨恨，打算提名一个弱势的候选人。然而，掌握权力的萨拉丁开始了惊人的崛起。他立刻增强了开罗的守卫，对红海的港口严防死守，以免被十字军入侵。不到一年，他就废黜了法蒂玛王朝的哈里发，把所有权力掌握在了自己的手里。

当阿马尔里克与拜占庭人卷土重来时，萨拉丁轻松挡住了他们的进攻，还把埃及边界的几大十字军据点一一拔除。他的成功让努尔丁感到紧张，毕竟努尔丁不希望看到一个伊斯兰国家作为竞争对手凭空崛起。他认为这个封臣忠诚度堪忧，因此要求萨拉丁配合他进攻耶路撒冷王国。尽管萨拉丁的拒绝十分礼貌，但却证实了这位阿塔贝格的怀疑。努尔丁立刻调集了大军准备入侵埃及，但运气站在了萨拉丁一边。出发之前，努尔丁突发疾病身亡，剩余的家族成员能力平庸，全部卷入了争夺继承权的内战之中。

萨拉丁充分利用了这次混乱。与努尔丁的想法类似，萨拉丁认为只有统一、纯净的伊斯兰教世界才能把基督徒赶出中东。耶路撒冷王国可能看起来有些衰弱，阿马尔里克的继承人是他 13 岁的儿子鲍德温四世，但萨拉丁十分精明，他知道此刻进攻在政治上尚不成熟。十字军国家或与拜占庭结盟，或是受到拜占庭的庇护，进攻基督徒的城市会引来帝国的反击。如果能先整顿好伊斯兰世界的势力，届时再进攻就要容易得多。

萨拉丁的行动速度令人胆寒。通过贿赂，他与耶路撒冷王国签订了期限为 4 年的停战协定，并迅速进攻叙利亚，击垮了努尔丁的儿子们。清理其他埃米尔们花的时间稍长，不过到最后，他加冕成为埃及和叙利亚的苏丹。

在萨拉丁忙于征伐叙利亚时，他对拜占庭支持十字军国家的担忧自然消散了。1176 年，皇帝曼努埃尔在穿越安纳托利亚一个狭窄山口时遭到突厥人伏击。据说拜占庭大军行进的队列长达 10 英里（约合 16 千米），但在这样的地形下却被当头痛击。皇帝费了很大的功夫才终于脱身。

尽管曼努埃尔还有足够的实力保卫拜占庭的领土，但他已经无力再采取攻势了。帝国从突厥人手中收复安纳托利亚的梦想再也未能实现。拜占庭人开始转向防守，不再插手叙利亚或黎凡特地区的政治事务。

耶路撒冷王国也很难指望来自欧洲的帮助。教皇和德意志皇帝正在意大利北部交战*，法国和英格兰的关系也很糟糕。欧洲贵族全神贯注于自己的争斗上，既没有时间也没有兴趣涉足东方。十字军国家只能依靠自己了。

麻风王

耶路撒冷王国的新任统治者身体不太好。鲍德温四世还是小孩时，他的老师就发现了一件恐怖的事情。王子和他的伙伴会玩一种游戏，他们会互相用指甲掐对方的胳膊，看看谁最能忍耐疼痛。在其他孩子痛苦尖叫的时候，鲍德温还无动于衷地站在那里。起初，老师认为他的意志力坚强，令人钦佩，但真相很快水落石出：小王子其实完全没有触觉。鲍德温四世是个麻风病人。

他在13岁成为国王，但身患可怕病症的事实已经注定了他的任期

* 从近一千年以后的视角来看，中世纪意大利的政治实在是纠缠不清。意大利北部的城市一直想要脱离德意志的控制，而德意志皇帝则不断试图翻越阿尔卑斯山控制这些城市。教皇们也对它们的独立感兴趣，多次干涉，试图维持这些城市周边多个势力的平衡。公元12世纪，皇帝和教皇在叙任权上出现矛盾。1176年，德意志皇帝腓特烈一世第五次围困意大利北部，打算用武力解决问题，废黜教皇亚历山大三世（Alexander Ⅲ）。

无法长久。他是个聪明、努力、严肃的人，但他不可能有子嗣，因此宫廷分成了几个派系，大家都想控制他，成为下一代统治者。更糟的是，拜占庭支付了赎金，让不受欢迎的沙蒂永的雷纳尔回到了耶路撒冷，而人们莫名其妙地认为他有着丰富的经验，给了他重要的发言权。耶路撒冷王国从未如此虚弱，而掌握内情的萨拉丁选择了这个时机从埃及开始他的进攻。

苏丹的准备很随意，因为他有自信的理由。他的敌人不仅四分五裂，领导者还是一具实质上的尸体。鲍德温四世 16 岁的时候，已经开始出现全身性的溃疡，如果没有人协助，他甚至无法上马。而他面对一个困扰所有十字军国家的难题：人手严重短缺。尽管鲍德温得到消息称苏丹北伐的大军可能多达两万人，但他总共只有几百名骑士可以保卫王国。

尽管困难重重，但鲍德温四世还是挺身而出。出征前，他请出了耶路撒冷最神圣的圣物真十字架供全军观览。在参加完教堂为祈祷胜利专门举行的礼拜之后，浑身缠满绷带的国王被搀扶上了马，带着士兵们迎击位于海岸的穆斯林敌人。

这一破釜沉舟之举让萨拉丁措手不及。他认为国王的人手太少，不敢主动进攻他，因此把士兵都派出去寻找食物或劫掠了。在位于现今以色列中部的蒙吉萨（Montgisard），鲍德温突袭了敌军，骑兵队径直插进了穆斯林的队伍中央。埃及军一片混乱，被大片砍倒，萨拉丁慌乱之中骑上了一头骆驼逃跑，避免了被俘的命运。

通过这次精彩的胜利，我们可以大致猜测如果鲍德温四世保持健康，耶路撒冷王国会是什么样子。他不仅展现出了坚定的决心，还一直奋斗在战斗最激烈的地方，尽管他几乎握不住自己的剑。* 至少有那么一个时刻，人们还相信十字军可以阻挡伊斯兰大军。

但鲍德温很清楚自己的状况。无论他有多么勇敢，多么令人鼓舞，也无法掩盖他即将死去的事实。他返回耶路撒冷后试图退位。在给路易七世的信中，他请求对方指派继任者，表示“阿拉伯人进攻的威胁每日萦绕在圣地上空，在这样的时刻，如我这般虚弱的人无力掌控这里的权力”。

法国国王忙于解决自己的麻烦，忽略了这个要求，因此鲍德温不得不继续担任国王。他的力量每一天都在流逝，接下来 5 年中，他陆续丧失了视力和行走的能力，也无法再使用自己的双手。然而，他很清楚自己的责任，拒绝被绝望吞噬。鲍德温多次试图退位均告失败，因为在提名候选人上，大家无法达成共识，只能让他指定一位继承人。

鲍德温的姐姐西比拉（Sibyl）此时处于寡居状态，所以他开始为她物色合适的夫婿。最后定下的人选是有些鲁莽的冒险家吕西尼昂的居伊。居伊的过去颇有些波折，由于攻击他的封建领主“狮心王”理查的代表，他被逐出法国。但他既有能力，又有财力，最重要的是，他愿意接受婚约。居伊迅速赶到了耶路撒冷，完成了王室的婚礼，并被指定为永久摄政王。

这场婚姻本应该起到稳固政局的作用，但居伊没能适应这个宫廷的险恶氛围。他没有足够的领导力，无法让争吵不休的贵族们团结起来。

---

* 他的手上缠满了绷带，而且右臂已经不听使唤，因此他是用左手战斗的。

不到一年，鲍德温不得不疲倦地重新担起领导国家的重任。

此时的鲍德温在身体和心理上都已油尽灯枯。唯一保持王国团结、阻止敌人来犯的，只是他的威望。当年晚些时候，萨拉丁围困了位于现今约旦的一座城堡，又盲又跛的鲍德温让人用轿子把自己抬上了战场，谨慎的苏丹见状选择了撤退。第二年萨拉丁卷土重来，同样的情况又一次上演。埃及军看到麻风王之后就如潮水般退去了。

这是鲍德温的最后一次胜利。1185 年春，勇敢的鲍德温四世永远合上了双眼，* 同样逝去的还有王国的团结。宫中各派系开始了公开的斗争，由于彼此关系太差，有一派甚至还请求萨拉丁前来帮忙。

哈丁战役

苏丹简直求之不得。十字军国家分裂虚弱的时候，萨拉丁正在为大规模的进攻奠定基础。他吹响圣战的号角已经有一阵子了，近来一直忙于成立宗教学校，建立新的清真寺，并严格执行着伊斯兰教教法，不过此刻，他对宗教战争的投入几乎陷入了狂热。了解他的一个同伴写道："他从来不谈其他事，也不支持讨论其他事或鼓励其他行动的任何人。" †

---

* 最终让他死去的很可能不是麻风病。几个月前，他的一个溃疡感染了，而他虚弱的身体无法承受这样的感染。

† 这段对话被收录在萨拉丁的私人传记作家白哈艾丁（Bahā' al-Dín）的《萨拉丁的杰出秘史》（*The Rare and Excellent History of Saladin*）中。

萨拉丁坚信安拉选择了他来净化巴勒斯坦，之后则是净化那些不信仰伊斯兰教的其他地区，这是他筹备宗教战争的巨大动力。他曾对朋友说："安拉若让我赢得巴勒斯坦，我将乘船前往遥远之地，净化那里的法兰克人，解放任何不信仰安拉的国度，或是在这一过程中死去。"* 只有当普天之下全部皈依伊斯兰教，圣战才会终结。

唯一的现实问题就是圣战何时开始。萨拉丁与耶路撒冷签订过一份十分不便的和平条约，而之前鲍德温四世的摄政吕西尼昂的居伊在赢得内战之后，迫切地希望维持和平。居伊很清楚，这张盖有萨拉丁印章的薄纸就是阻止进攻的唯一保护，因此他竭尽全力避免让萨拉丁找到撕毁和约的借口。然而，沙蒂永的雷纳尔可不这么想。

在安条克的悲惨遭遇和漫长的监禁，丝毫没有让这位爱惹麻烦的公爵吸取丝毫教训。如果说这些经历给他带来了什么影响，那就是让他变得更加顽固。雷纳尔的同僚把他那一系列可怕的失败当作宝贵经历这一事实，恐怕正是十字军国家的领导层坠入深渊的最佳例证。

麻风王死后，趁着一片混乱，雷纳尔重新掌控了安条克，并宣布公国不再受耶路撒冷王国支配。居伊虽然掌握了王国的权力，但他根基不稳，对此无能为力。他恳求雷纳尔三思，但雷纳尔充耳不闻。之前他已经受够了当拜占庭皇帝的傀儡封臣，不打算重温那段经历。

雷纳尔最热爱的活动就是劫掠，由于安条克离叙利亚到埃及的一条主要贸易线路很近，他有很多机会肆意放纵。起初，他还满足

---

* 收录于白哈艾丁的《萨拉丁的杰出秘史》。

于霸占叙利亚牧羊人的羊群，不过到1187年，他的动作升级了，抢劫了萨拉丁的大型骆驼商队。

居伊吓坏了，命令雷纳尔立刻赔偿萨拉丁，但是损害已经造成了。针对性的劫掠是一方面，这条贸易线路还是萨拉丁王国两大部分彼此沟通的重要路径——因此可以被轻易解读为对苏丹国的进攻。虽然雷纳尔直截了当地回绝了赔偿任何人，但这不是重点。萨拉丁有了开战的合理借口。

灭国的恐慌终于让争吵不休的基督徒团结了起来。十字军国家的全部战力——可能是包括1 200名骑士在内的2万名士兵——响应了居伊的召唤。他们带着耶路撒冷最神圣的圣物真十字架，进军到拿撒勒，在一个防御工事完备的山脊上安营扎寨，静候萨拉丁的到来。

苏丹不打算在十字军选择的地点开战。为了诱惑对方离开营地，萨拉丁攻击了附近提比里亚的一个堡垒。提比里亚伯爵力劝居伊不要上当，尽管从他的角度来看，这个建议尤其沉痛，因为如此一来堡垒注定陷落，而负责防卫的是他的妻子。另一方面，由圣殿骑士团支持的沙蒂永的雷纳尔则愤怒地谴责伯爵的懦弱，他认为居伊应该立刻进攻。居伊犹豫了一阵，但骑士精神最终占据了上风。称职的基督教国王不应当抛弃女士，听任她自生自灭。

毫无疑问，这一英勇的举动产生了事与愿违的后果。拿撒勒和提比里亚相隔15英里（约合24千米），之间是一片无水的平原，而此刻正值盛夏。烈日无情地炙烤着十字军，而弓骑兵的骚扰无穷无尽。在一天的艰难行军后，十字军驻扎在了一座死火山的边上，这里名为哈丁角（Horns of Hattin）。

对筋疲力尽的基督徒而言，这个夜晚既没有让他们逃离难当的酷热，也无法让他们入眠。萨拉丁的军队就在附近游荡，他们点着了灌木，让浓烟直扑基督徒的面庞，还高声奚落，威胁称基督徒的人头落地已是命中注定。

1187年7月4日，随着浓烟和薄雾渐渐消散，借着升起的太阳，士气低落、口干舌燥的十字军看清了等待他们的灾难。萨拉丁的士兵数量至少是他们的两倍，而且完全包围了他们。猛烈的箭雨昭示着第一波猛攻拉开了序幕，穆斯林大军强行压缩着包围圈，而十字军在绝境之下也爆发出了惊人的勇气，他们奋力突击，几乎杀到了萨拉丁面前，但结局几乎没有悬念。少数骑士最后趁乱逃走，而其他所有十字军都战死或被俘。

国王居伊、沙蒂永的雷纳尔和其他一些幸存的贵族被带往萨拉丁的营帐。在那里，萨拉丁展现了他著名的待客之道。他给了国王一杯冰水以示热情，并待他以贵宾之礼。不过，当他认出沙蒂永的雷纳尔后，和谐的氛围被打破了。在简短的交流后，萨拉丁命令这位60多岁的老人站起身来，然后亲手砍掉了他的头颅。* 平复心情的萨拉丁对震惊的居伊表示，雷纳尔只是咎由自取。国王和其他贵族都可以通过交付赎金换取自由。

不过其他俘虏并不能享受这种宽厚待遇。步兵和其他付不起赎金的

* 萨拉丁指责雷纳尔打破了誓言，没有遵守穆斯林和十字军国家之间的和平协议。雷纳尔尖刻地回应道：“国王天性如此。”此刻他的勇气应该胜过了理智。

小贵族都被送去奴隶市场售卖。令人讨厌的军事修道团体——圣殿骑士团和医院骑士团，则没有得到丝毫怜悯。骑士们被捆绑着拖到苏丹的营帐，之后全部被斩首。这些骑士生命的最后时刻充满了恐怖，萨拉丁有意制造这种效果，借以动摇他们的信仰。他们曾发誓保护手无寸铁的朝圣者，如今自己却手无寸铁，被迫跪在簇拥的伊斯兰教长老和教徒面前，遭受拳打脚踢。所有穆斯林都乞求苏丹准许他们第一个动手。这一刻，基督徒的信仰失败了，新月胜过了十字架。

对萨拉丁来说，这次成功强有力地证明了他号召圣战的合法性，而处置这群讨厌的骑士则是一次至高无上的胜利。他走上高台，满足地俯视着下面可怕的景象。而他的私人秘书完美记下了这一刻："萨拉丁坐在高台上，满脸洋溢着喜悦；异教徒陷入了深深的绝望。" *

几周之后，萨拉丁在大马士革的街道上进一步彰显了这一点。他深知符号象征的价值，出色地昭示了自己的胜利。遭到俘虏的国王被拉来这里游街示众，而萨拉丁骑着雄健的军马，手举长矛，基督教世界最神圣的圣物——真十字架——则被倒着穿在上面。

萨拉丁的壮举是惊人的。他只用了一场战役，就消灭了十字军国家的全部战斗力。1187 年 7 月 4 日的早晨，十字军国家还是黎凡特地区重要的政治力量，但夜幕落下之时，它甚至连自保的能力都没有了。防卫它全部村镇和城市的，只是一些骨瘦如柴的守备部队，零散地分布在小型堡垒和要塞之中。面对伊斯兰教的利剑，他们几天之内就纷纷屈服了。

* 收录于白哈艾丁的《萨拉丁的杰出秘史》。

耶路撒冷顽强地坚持了 3 个月，不过更多是因为萨拉丁有意如此，而不是他们还能抵抗。当 9 月 20 日穆斯林兵临城下时，守卫城市的只剩下 14 名骑士。牧首试图谈判投降，但却惊骇地得知萨拉丁打算杀掉城里所有的基督徒。守军激烈地回应称既然如此，那他们会首先杀掉城里的每一个穆斯林居民。于是萨拉丁改变了主意。双方继续谈判，1187 年 10 月 2 日，耶路撒冷正式投降。*

萨拉丁处置耶路撒冷的方式与处置他征服的其他城市的方式别无二致。有钱的居民可以通过交付赎金换取自由，剩下的则成为奴隶。城中的教堂都被改造成清真寺，或是变成俗用，所有的十字架都被拆掉。唯一的例外是圣墓教堂，萨拉丁允许它继续开放，由 4 个上了年纪的叙利亚教士管理。

仅用了两年时间，萨拉丁就实现了消灭东方基督教政权的伟大梦想。只有的黎波里、安条克和提尔等少数城市还保持独立。十字军国家已经烟消云散了。

---

* 或许是命运的巧合，1187年投降的耶路撒冷牧首名为希拉克略，与公元637年放弃耶路撒冷的拜占庭皇帝同名。

第十四章

第三次东征

Chapter 14

The Third Crusade

经由邪恶基督徒之手，耶路撒冷被交给了邪恶的势力。

——不知名的十字军战士*

耶路撒冷陷落的消息震撼了整个欧洲。得知传闻后的几天内，教皇乌尔班三世（Urban Ⅲ）就因为过度震惊而逝世了。† 人们纷纷咨询巴黎和牛津的神学家：这是否是末日浩劫的开始？但值得惊讶的是，这件事本来一点都不值得惊讶。耶路撒冷王国陷入绝望的迹象已经持续了好些年，却被西方解读为过度修辞和渲染恐慌。人们总是愿意无限制

* *De Expugatione Terrae Sanctae per Saladinum*, [The Capture of the Holy Land by Saladin], ed. Joseph Stevenson, Rolls Series, (London: Longmans, 1875), trans. James Brundage, *The Crusades: A Documentary History*, (Milwaukee, WI: Marquette University Press, 1962), 159–163.

† 教皇乌尔班三世的死因通常被认为是震惊过度，但至少有一份同时期的资料显示，基督徒战败的消息直到乌尔班的继任者选出才传到罗马。

地相信船到桥头自然直，这种便利的借口让他们轻而易举地忽视了即将降临的灾难发出的警报。

而此刻，基督教世界的无知已经暴露无遗。第一代十字军凭借着信仰的力量，付出了惨痛的代价才收复的圣城，如今又一次失去了，是这一代人的贪婪和伪善抛弃了它。西欧的君主们多年来故作虔诚，屡次谈论新一轮东征的必要性，但甚至没人提出过哪怕一个最基本的计划，这一点如今显得尤其难堪。

这主要是因为西欧君主们和往常一样，忙于互相攻击。英格兰国王亨利二世忙于处理儿子们的叛乱，而他们却得到了法国国王腓力二世·奥古斯都的积极帮助。另一位统治者德意志皇帝腓特烈·巴巴罗萨则违背教皇的意愿，在意大利北部用兵，同时镇压着帝国边境的反抗。他们实在是太忙了，以至于东征的想法只能停留在口头上。

耶路撒冷的陷落，以及基督教最神圣的圣物真十字架的毁灭，改变了这一切。震撼来得太过猛烈，以至于最心机深重的君王也意识到了自己对于信仰的责任。乌尔班三世的继任者格列高利八世只花了 9 天，就发布了一份号召东征、呼吁全欧洲停战 7 年的正式声明。亨利与他的儿子们言归于好，几个月后法国人也停战了。亨利和腓力都佩上了十字标志，宣誓在 1189 年复活节起程前往耶路撒冷。

尽管两位国王参加东征的消息令人振奋，但腓特烈·巴巴罗萨决定加入则更加激动人心。这位神圣罗马帝国的皇帝如今是欧洲最具权势的人物，很多教皇和国王都在他手下吃过亏。1188 年的他尽管已经年近七十，却仍然肩宽胸厚、四肢粗壮。他著名的红胡子如今已经白得差不多了，但洪亮的声音和暴烈的脾气一如往昔。*

东征的号召深深触动了这位老皇帝。作为参与过第二次十字军东征并吞下失败的老兵，他对十字军国家面临的威胁有着亲身体会。尽管20多年来他一直承诺帮助东方改善局势，最终却没能做到，这个遗憾沉重地压在他的心口。在1188年美因茨的特别会议上，皇帝宣布了远征圣地的打算。

与其他欧洲国王不同，巴巴罗萨很清楚这种大规模的远征需要什么。因此他的部队在筹备程度、物资供应和训练水平上，都是历代十字军中的翘楚，而他的军队规模也是空前的。根据同时期的记载，腓特烈准备了近10万名士兵，几乎是参加第一次远征的十字军人数的总和。

腓特烈皇帝有力地彰显了自己的虔诚，这样强悍的军队也不能随便挥霍。第二次十字军东征中，德意志军队在穿越小亚细亚时被杀得片甲不留，这段经历给巴巴罗萨留下了深刻的印象。他意识到保护安纳托利亚的进军路线至关重要。因此他还没踏出国门，就给前往巴勒斯坦途中的每一个主要的统治者派了使者。在恩威并施之下，安纳托利亚的突厥人甚至承诺保证德意志人的行军安全。

作为一名充满骑士精神的统治者，巴巴罗萨在出发前做的最后一件事是给萨拉丁写信，告知他自己的计划。他笃定地告诉苏丹，虽然自己年岁渐增，但发动战争的能力丝毫没有减弱，他命令对方在一年之内撤出圣地，否则后果自负。

---

* 为了加快意大利北部的围攻，他命令投石机把活的囚犯直接发射投进叛乱的城市，直到对方屈服投降。

萨拉丁的回复同样礼数周到。他欢迎皇帝的光临，同时不经意地指出穆斯林的援军不需要横跨大海。叙礼已毕。1189 年 5 月 11 日，腓特烈带着儿子和大部分上层贵族，离开雷根斯堡踏上了征程。

士兵们的愉快心情在踏上拜占庭的领土后很快消散了。巴巴罗萨曾与帝国商定，让帝国开放专用市场，为军队提供补给，但他们到了以后，这些市场并没有出现。更糟的是，当地的拜占庭士兵毫不掩饰地骚扰着十字军，拦住对方的行进路途，还试图攻击掉队者。巴巴罗萨愤怒地给皇帝写信，要求对方要么兑现承诺，要么承担被攻击的风险。

纠纷的源头不难找到。拜占庭人一直对经过领土的大军保持着警惕，即使是那些自称的盟友。他们尤其防范德意志人，因为巴巴罗萨在出发前与西西里的诺曼人结成了联盟，而后者乃是拜占庭多年来的老对手。然而，更令他们不满的，是巴巴罗萨的称号。

拜占庭帝国可能正在持续衰弱——老皇帝曼努埃尔·科穆宁在 9 年前逝世，新皇帝伊萨克二世·安格鲁斯是一个怯懦的人——但他们仍在奋力维护自己的威信。伊萨克二世坐的皇位依旧是君士坦丁大帝坐过的，因此他认为自己是真正的罗马皇帝。只有他才能享有屋大维在大约 12 个世纪以前缔造的政治地位。在他看来，天堂只有一个上帝，人间也只能有一个帝国，那就是神授的罗马帝国，而他就是帝国的主人。

然而，腓特烈·巴巴罗萨坚持自称“罗马皇帝”。这个自负的称呼由来已久。德意志君王统治的“西罗马帝国”*，是教皇与查理曼在 400

* 史学界对腓特烈的帝国有多种称呼，难免令人困惑。严格意义上说，教皇利奥三世（Leo Ⅲ）当时为查理曼加冕，称他为“罗马人的皇帝”，意指该国是复辟的“西罗马帝国”。然而，由

年前创造的暧昧概念，他们觉得自己有资格被称为皇帝。但对于拜占庭人来说，采用“罗马”头衔对他们的冒犯绝不止一点。世界上只能有一个真正的罗马帝国。如果腓特烈·巴巴罗萨是罗马皇帝，那伊萨克·安格鲁斯就不是了。

为了解决这个棘手的问题，两国过去在外交上都绝口不提对方的头衔，但巴巴罗萨对外交的兴趣不大。当伊萨克派出使者要求交涉时，巴巴罗萨表示没什么可以谈的，除非对方称他为“皇弟”。可想而知，伊萨克拒绝了，还把德意志使者下了狱。此举激怒了巴巴罗萨，他立刻洗劫了拜占庭的第三大城市菲利普波利斯（Philippopolis）。

巴巴罗萨的武力威胁产生了理想的效果。尽管伊萨克起初气势汹汹，但他本质上是个软弱的人，也不愿直面德意志的兵锋。他立刻释放了关押的士兵，给他们赔礼道歉，还自费把德意志人送过了博斯普鲁斯海峡。

伊萨克怯懦的行为大大坐实了西方对于拜占庭的糟糕印象，他之后的做法也是如此反复无常。在用船只运送十字军前往安纳托利亚的同时，伊萨克派了使者火速赶往萨拉丁处，告知苏丹即将来临的威胁。

巴巴罗萨进入小亚细亚后，又遭遇了类似的事件。之前为保障行军安全而与突厥人签订的条约没有起到什么作用。当地的埃米尔们竭尽

于它位于现今的德国，因此有时也被称作“德意志帝国”。到13世纪末，该国的官方名称变成了“德意志民族神圣罗马帝国”（*Sacrum Romanum Imperium Teutonicæ Nationis*）。因此，史学家最常用“神圣罗马帝国”称呼它，借此将其与公元476年灭亡的“西罗马帝国”和首都位于君士坦丁堡的“拜占庭帝国”区分开来。

所能地阻止他前进，突厥苏丹基利杰·阿尔斯兰二世*甚至还召集了一支大军。

但腓特烈·巴巴罗萨既不意外，也没有特别烦扰。他已经当了很久皇帝，对这类挫折习以为常。他会用惯常的处理手段，有条不紊、残忍冷酷、不可阻挡地解决这些麻烦。两周之内，他就碾碎了突厥军，占领了苏丹的首都，迫使对方重签了一份安全行军保障协议。当地的抵抗势力已经消亡，十字军可以不受困扰地抵达信仰基督教的亚美尼亚了，那是个友好的国家，就在安条克以北。

德意志皇帝率领着大军近乎毫发无损地穿越了安纳托利亚，这一成就是第一次十字军东征以来无人能够达到的。然而，无情的命运之轮让这一切都失去了意义。1190 年 6 月 10 日，在艰难地翻越了安纳托利亚南部的托罗斯山脉之后，老皇帝带着士兵抵达了一片平坦的海岸平原，开始向附近的城市进发。他与一小股士兵位于队列的最前端，瞥见了缓缓流向地中海的格克苏河（Göksu River）。安纳托利亚的盛夏酷热难当，为了躲避令人窒息的气温，他迫不及待地策马飞驰，超过了扈从，独自来到了河边。接下来发生的事情有很多种说法。有人说战马失足，把他掀到了河里，有人说他俯身饮水时不慎脚滑。无论如何，结局别无二致。等到护卫赶来把他拖上岸时，他已经溺亡了。†

---

* 他来自罗姆苏丹国，是11世纪进攻拜占庭的突厥人的后裔。

† 像英国的亚瑟王传说一样，关于巴巴罗萨的传说很快传开。有人说他并没有死，只是睡着了。他正在巴伐利亚基弗霍伊泽山脉（Kyffhäuser，传说中巴巴罗萨的安息之地）的地下静候时机。乌鸦不再围绕山脉飞翔的那一天，头戴金冠、白须及地的他将重返人间，让德意志再现古时荣光。

德意志人的东征就这样突然结束了。他们需要选出新的皇帝，而这个流程必须在德意志完成。大部分上层贵族都乘船回国了，带走了大部分军队。而巴巴罗萨的三儿子斯瓦比亚公爵腓特烈六世（Frederick Ⅵ of Swabia）决心履行已故皇帝的誓言抵达圣地，他把父亲的遗体塞到了一个装满醋的桶中保存，并勇敢地继续踏上征程。*

尽管部队完全瓦解，但巴巴罗萨的东征产生了两大积极影响。萨拉丁感到了巨大的压力，以至于他释放了哈丁之战中俘虏的囚犯，包括耶路撒冷的国王居伊和十字军国家的大部分优秀领导者。在发誓不再反对萨拉丁后（由于是被迫的，所以誓言很快就被宣告无效），这些人被安全放回了提尔，那是基督徒在黎凡特地区†仍然掌控的少数几个城市之一。

第二个积极影响持续了更久时间。剩下的德意志军队抵达黎凡特时，发现刚被释放的居伊正试图围攻阿卡。尽管他们帮不上什么忙，但部分骑士宣誓要保护城外受伤的朝圣者。三大骑士团中的最后一个——条顿骑士团（Teutonic Knights）就此成立。

然而，居伊和少数德意志骑士拯救不了十字军国家。巴巴罗萨的失败狠狠刺痛了黎凡特地区的基督徒。几个月之前，腓特烈即将抵达的消息让穆斯林敌人惊惧万分，也让他们相信耶路撒冷王国有望复辟。然而，双方甚至还没开始交锋，基督徒那战无不胜的庇护者就逝世了，

* 他原本的打算是让巴巴罗萨长眠于耶路撒冷，但是醋不能很好地减缓尸体的腐烂。巴巴罗萨的心脏和肠子被埋在了圣保罗的故乡塔苏斯（Tarsus），身体的剩余部分则土葬于安条克。

† “黎凡特”（Levant）这个词来源于法语，意为“日出之地”。它宽泛地指代地中海东部沿岸地区，包括现今的叙利亚、以色列、约旦、黎巴嫩和巴勒斯坦。

大军也解散了。萨拉丁强悍依旧，要不是还有两位欧洲国王立下了东征誓言，他又要发动新一轮的圣战了。

如今，一切希望就寄托于法国和英格兰了。

第十五章

狮心王

Chapter 15

Cœur de Lion

拿起武器跟上我！相信上帝，他将于今日赐予我们胜利！

——“狮心王”理查*

教皇格列高利八世把十字军正式出发的日期定在了 1189 年复活节，但时限已过，英格兰的亨利二世和法国的腓力二世却都没有离开自己的首都。两人互相憎恶，纵使教皇亲自恳求，也无法让他们化解多年来的分歧，策划一次联合行动。

两人的不和既有私人原因，也有政治原因。前法国王后阿基坦的埃莉诺在第二次十字军东征期间引发了丑闻，她更青睐叔叔安条克的雷蒙德，而不是丈夫路易七世。事件酝酿发酵，造成了夫妻间的严重不

* *Excerpta Cypria: Materials for a History of Cyprus*, ed. Claude D. Cobham (Cambridge, 1908).

和。她威胁离婚，并在返回法国后结束了与路易七世的婚姻。而离婚后仅仅 8 周，她就与英国的亨利二世结婚了。

即使以当时的标准来看，她的再婚也足够令人震撼了。亨利是埃莉诺返回阿基坦后的众多追求者之一。第一眼看过去，两人似乎并不般配。亨利个子矮、脖子粗，只有 19 岁，与精致优雅的 30 岁法国王后在体征上仿佛处处相反。亨利的冷酷已经引发了议论，人们认为他的家族简直是恶魔的后裔，而他与埃莉诺还是第三代的表姐弟，亲缘关系比路易七世还近。但他充满激情、精力充沛，还是英格兰王位的继承者，显然前途无量。

在闪电般的恋爱后，两人结婚了，两年以后，亨利成了英格兰国王。这次婚姻也没有特别愉快，埃莉诺后来悲伤地表示自己成为英格兰王后是“上帝的惩罚”，但她对路易七世的报复相当彻底。她把从英吉利海峡到比利牛斯山脉之间的一大片土地全部给了新任丈夫，亨利二世如今的资产是法国国王的 10 倍。

对路易七世来说，这一系列事件让他万分难堪。尽管他的儿子腓力二世很久以后才出生，却从未淡忘法国人蒙受的奇耻大辱。幸运的是，埃莉诺的这次婚姻为他提供了无穷无尽的机会来削弱英格兰王室。

在中世纪，王后的主要责任就是诞下继承人，埃莉诺在这方面做得很成功，为新丈夫生下了至少 8 个孩子。她现在可以优雅地退居幕后，在亨利的王朝中当一位庄严稳重的贵妇。

然而埃莉诺拒绝这么做。她在成年以后就一直是西欧最具权势的人物之一，无法接受余生作为装饰品一般的存在。甚至在此刻，她的土地和财富都足以匹敌英格兰和法国国王。

然而，亨利同样坚持让她远离权力，他认为英格兰国王不能被妻子支配。到1173年，两人的关系已经严重恶化，以至于埃莉诺公开支持儿子叛乱。在粉碎叛乱之后，亨利把妻子埃莉诺关进了监狱。埃莉诺在他统治的最后16年中一直待在里面。

亨利对埃莉诺的粗暴对待，令法国国王掌握了一切可以利用的武器。亨利存活下来的儿子中，最大的名叫理查，史称“狮心王”，与母亲尤为亲密，而且已经开始追求更大的权力与责任。腓力二世轻易利用了理查的担忧，模糊地暗示称亨利二世打算剥夺理查的继承权，让他的弟弟约翰成为下一任国王。

第三次十字军东征的呼吁让这些阴谋诡计暂时停了下来。腓力二世和亨利二世在基督徒兄弟情谊的动员下，承诺联合起来，进军圣地。然而1188年的最后几个月，本应是两位君王做好战争最后筹备的时刻，但腓力二世之前的布局却出乎意料地成熟了。

理查旗帜鲜明地表示自己希望立刻开始东征，并把父亲系统的准备看作针对自己的把戏。他公开要求亨利确认他是继承人，但生病的国王保持了沉默。恼羞成怒的理查当即离开了宫廷，请腓力帮忙。理论上，法国国王已经与英格兰握手言和了，但这个机会实在太诱人了，无法拒绝。于是腓力立刻伸出了援手。到1189年复活节的时候，两位宣誓东征的国王已经又打了起来。

幸运的是，内战很快结束了。亨利二世因为出血性溃疡，没过几个月就逝世了，理查成了公认的继承人。他衷心感谢了腓力二世的帮助，然后与腓力二世断绝了联系——这令后者万分恼怒。

腓力二世的一切谋划都付之东流了。他没能破坏英格兰的稳定，无意之中还让对方团结在了一位充满活力的新国王之下。此外，由于亨利二世细心理财（为了给东征筹钱，他向全体国民征收了所谓的“萨拉丁什一税”），如今的理查有着充足的战争基金。与他谨慎的父亲不同，他随时准备好利用这笔钱干一番大事。

从许多方面看，“狮心王”理查都是中世纪骑士文化的代表人物。他接受过良好的教育，能说会道，讲究礼仪，还是个出色的诗人。最重要的是，他是个实干家。理查即位时只有 32 岁，身形颀长，孔武有力，有一头继承自维京先祖的金发。他从 16 岁起领兵作战，因为惊人的胆魄而赢得了“狮心”的绰号。尽管他近乎鲁莽地忽略自己的安全，但却十分关注部下的福利，因此赢得了士兵的一致爱戴。他战略思想出众，政治天赋也很高。当哈丁之战的灾难传来时，他父亲还在犹豫，而他第一时间公开表示希望东征，并变卖了大部分私人物品。大部分欧洲人将他视为基督教骑士的楷模，迫不及待想看到他与信仰的恶魔萨拉丁交手。

理查的光芒掩盖了其他所有人，尤其是腓力二世。这位法国国王相较之下显得尤为不堪。他比理查稍微年轻一点，又矮又瘦，似乎永远都是一副病恹恹的模样。理查既英勇又机智，而腓力则既神经质又愤世嫉俗，还时常用尖刻的幽默令臣属难堪。他的财力只相当于理查的一小部分，对贵族的控制力也弱得多，还没有身先士卒、亲临战场的能力。

这样的一对组合几乎无法保证东征的成功。而且，即使在腓力和理查最亲密的时候，两人都打心底里不喜欢彼此。他们合作反对亨利二世，但那时他们的关系也很脆弱。因为理查继承了母亲埃莉诺在法国的土地，所以严格来说，腓力是他的领主，而腓力总是煞费苦心地不断强调这一点。

尽管如此，两人还是发誓继续东征，理查的继任问题解决之后，再也没有了拖延的借口。腓力很清楚自己没有战斗天分，他设法让不耐烦的理查答应了平分东征的一切战利品，以免在英格兰国王的赫赫功绩面前受窘。在敲定一切细节后，1190 年 7 月 4 日，两人离开法国，在远征路上的西西里会面。

理查抵达诺曼人的西西里王国时，情绪很不好。他有些晕船，穿越法国南部的路也不太好走。更糟的是，当他终于登上岛屿时，发现腓力已经先到一步，毫不客气地占据了墨西拿（Messina）的宫殿，无礼地只给他留下了简陋的居所。

而西西里一片混乱的政治环境也无法让理查的心情好转。上一任合法国王已经逝世了，一个名叫坦克雷德的诺曼人攫取了王位。新国王精力充沛，却丑得非同寻常，仿佛一只猿猴，因此倒霉地得到了“猴王”的不雅绰号。他对待前任国王遗孀的做法给他惹来了麻烦。她很不明智地公开支持反对者，因此被坦克雷德下狱。但不巧的是，她正好是“狮心王”理查的妹妹。

王室尊严受到了损害，但这同样也是一个机会，理查很快就抓住了。他对妹妹的感情如何暂且不提，但他迫切想要筹集东征的资金。* 理查派了信使去找坦克雷德，要求他释放自己的妹妹，退回全部的嫁妆。

坦克雷德已经麻烦缠身，不愿进一步激怒英格兰国王，因此他立刻把嫁妆退回了，还额外加上了一笔钱，以示自己的敬意。这本来足以解决问题，但对理查来说只是个开始。他就像当时的旅行者一样享受西西里的宜人气候，并决定在这里建立自己的基地。于是，他选择了可以找到的最大建筑——一座希腊修道院——驱逐了修道士，并在此驻兵。

西西里人看到自己的国王对这些闯入者卑躬屈膝，已经十分激愤了，圣职者被驱逐则彻底点燃了他们的怒火。市民们带着一切他们能够找到的粗糙武器，冲到了理查的住处。

理查的反击是无情的。他让部下烧掉了港口的所有船，让暴民无处可逃，然后摧毁了整座城市。墨西拿唯一还留下的是城中央的大宫殿，恐慌的腓力二世待在里面瑟瑟发抖。之后，理查把幸存者聚集起来，强迫他们修建一座巨大的木质堡垒。为了让市民不要忘记这次教训，他把堡垒命名为 Matagrifon，意为“希腊杀戮者”。

不可思议的是，这种粗野的行为甚至未能引发坦克雷德一丁点的抗议。这个倒霉的西西里国王知道自己的真正敌人是神圣罗马帝国，因此决心拉拢理查，无论他有多么令人恼火，做法有多么出格。† 他没有派出西西里军队，而是派出了使者，送给了理查一大笔钱，并邀请他在

---

* 理查为东征筹钱的欲望是无尽的。他离开英格兰前甚至声称：“如果我能找到买家，早就把伦敦卖了。”

† 神圣罗马帝国的皇帝想要染指西西里的王位，已经开始组织军队了。

西西里过冬。

坦克雷德的做法加剧了理查和腓力的不和。待在西西里的这段时间中，腓力不断地刺激着理查。每次坦克雷德的使者给理查送礼之后，腓力的部下都会出现，要求分走其中一半。当大部分时间都畏缩在卧室的腓力提出要把理查洗劫墨西拿的战利品也分走一半时，理查终于忍无可忍了。为了维持和睦，理查给了他三分之一，但是从此之后他们几乎形同陌路了。

这种氛围正是坦克雷德需要的。在一轮轮的礼品攻势之下，理查正式承认了坦克雷德的国王地位，还让自己 4 岁的儿子与坦克雷德十几岁的女儿订立了婚约。作为友谊的象征，理查送给了坦克雷德一把长剑，并可疑地声称那是断钢剑（Excalibur）。*

腓力之前故意不承认坦克雷德的国王地位，此举无异于捅了坦克雷德一刀。而理查还要用力把刀柄转两下——他打算取消自己的婚约。为了维持英法两国的和平，理查曾在 12 岁的时候与腓力的姐姐定亲。然而，此刻他得到消息，重获自由的母亲埃莉诺为他找了个更合适的未婚妻。甚至更妙的是，埃莉诺已经把她接到，如今正在赶往西西里。

腓力大为恼怒，但他无能为力。为了澄清误会，两位国王见了一面，但最后的结果却是理查正式解除婚约。待到第二年春天到来，可以方便地从海路进军黎凡特之后，腓力很没有风度地先行离开了。而理查为了等待未婚妻抵达，推迟了近两周方才出发。

和往常一样，腓力的征途一帆风顺，而理查则不断被风暴袭击。

---

* 断钢剑是传说中亚瑟王的佩剑。

在理查经过塞浦路斯时，一阵猛烈的狂风吹散了他的舰队，许多船只在岩石嶙峋的海岸上撞得粉碎。塞浦路斯此时的统治者是反叛拜占庭的贵族伊萨克·科穆宁（Isaac Comnenus），他借机洗劫了船只，把失事的船员全部关进了监狱。*

理查很生气。他重整舰队，夺取了塞浦路斯的主要港口，把少数敢于反抗的部队打得四散奔逃。之后，他以迅雷不及掩耳之势攻占了整座岛屿。惊惧的伊萨克·科穆宁选择了投降，只希望不要被铁镣铐禁锢。于是理查让铁匠打了一副银手铐，把他扔进了监狱。

“狮心王”很快意识到了自己无心之下征服了一座宝岛。塞浦路斯易守难攻，居民富庶，离巴勒斯坦海岸也很近。简而言之，这里是进攻黎凡特地区的完美跳板。

腓力跨越地中海东部之后，就没有这么幸运了。他发现耶路撒冷王国的残余军队在围攻阿卡。然而，无论在哪里，因为身体缺陷而无法成为一名杰出战士的事实都在提醒着他。他的协助并未鼓舞围城的军队，那些人反而在屏住呼吸期待着“狮心王”的到来。这种讨厌的感觉简直令他绝望。

更令腓力气恼的是，理查真的如往常一样光鲜登场了。1191 年 6 月初，这位英格兰国王在驶入阿卡港口时，发现了一支庞大的穆斯林船队正在运送援军。趁着对方措手不及，他凿沉了所有的敌方船只，严重打击了守军的士气。一个月后，守军无条件投降。为了保全穆斯林守军的性命，萨拉丁表示愿意送还真十字架，支付一大笔赎金，并

---

* 伊萨克还试图引诱理查的未婚妻登岛，幸运的是她拒绝上当。

释放全部的基督徒俘虏。人们对理查的到来抱有很大的期待，但“狮心王”的表现居然超过了所有人的预期。*

腓力再也忍受不了了。理查在塞浦路斯的英雄事迹已经在交口相传中变得愈加神乎其神，而腓力在围攻阿卡时的无能表现又增添了理查的传奇性。†腓力可没兴趣在其他人的胜利中扮演某个小角色，或是以自己的暗淡来反衬对方的光辉。圣地不欢迎他，自己一抵达阿卡就染上疾病的事实也凸显了这一点。他现在只想返回法国，继续他最擅长的政治阴谋。理查在法国有很多领地可以去拔除，还有个摄政的弟弟想要当国王。让理查在战争舞台上纵情表演吧。腓力暗暗下定决心，要让这位英格兰国王在回家的时候一无所有。

腓力声称自己身体不好，需要回国休养，这多少有几分可信度。但理查对其动机保持了警惕，要求腓力发誓在理查东征期间不得针对他的领土采取任何行动。腓力轻易答应了。虽然这并未打消理查的疑虑，然而这个生闷气的君王一旦回国，理查就可以尽情施展了。无论如何，他的注意力已经完全放在了即将到来的大战上。

直接进军耶路撒冷不太现实。攻占阿卡后，基督徒有了滩头阵地，但萨拉丁的势力还是完全包围着他们。前往圣城的路上，有很长一段都缺乏水源。他们将不断受到敌军的侵扰甚至埋伏。萨拉丁的军队很可能就隐藏在其中某处，等着十字军做出进军内陆的愚蠢决定，然后

* 萨拉丁最后未能支付赎金，因此理查把俘虏全部杀了，不过此举并未降低他的声望。

† 甚至在生病的时候，理查也让腓力相形失色。和腓力一样，他抵达阿卡之初也染了病，于是让手下用担架把他抬到了围城的前线阵地。在那里，他仿佛消遣一般，用十字弓射杀了城墙上的守卫。

切断他们的后路。

理查十分谨慎地避开了圈套，沿着海岸一路行进到了离耶路撒冷最近的港口雅法（Jaffa）。这是个绝妙的战术。正如理查所知，萨拉丁正面临着埃米尔们的压力。哈丁之战的胜利给苏丹带来了极高的声誉，他要小心翼翼地维护自己伊斯兰圣战士和信仰净化者的形象。再不与十字军交锋，他的光芒就会一天天暗淡下去。

萨拉丁希望在自己的优势地形中开战，但理查进军雅法令他十分被动。十字军正在威胁耶路撒冷，他必须行动起来，否则威望就要进一步受损了。

萨拉丁首先采取的战术是骚扰十字军的行军路线。穆斯林的弓骑兵来回奔驰，向对方倾泻箭雨，希望引诱头脑发热的骑士发起冲击。然而理查严令所有人不得理会骚扰。由于他治军严格，队列丝毫没有出现混乱，即使连敌人也不得不为此喝彩。萨拉丁的传记作家白哈艾丁写道："我看见有些法兰克人的步兵已经身中数箭，却依旧以惯有的步伐前进，而没有掉队……这些人展现出的意志力令人忍不住赞叹……"*

天气十分炎热，全副武装的十字军尤其难熬。中暑和箭雨每天都会让更多人倒下，理查本人也被长矛轻微刺伤，但大军依旧有条不紊地前进着。萨拉丁意识到自己别无选择，只能毫无保留地正面迎击了。

苏丹有很多开战地点可供选择，最后他敲定了一个绝妙的位置。十字军要经过一片茂密的树林，萨拉丁在其中仔细设好了埋伏。然而理查有备而来。两军相遇，立刻展开了激战。

* 收录于白哈艾丁的《萨拉丁的杰出秘史》。

这次遭遇战是决定性的。“狮心王”凭借一贯的武勇，似乎纵横战场无处不在。甚至连医院骑士团不服从命令擅自离队出击，也被他借机利用变成了自己的优势。理查当即命令全军跟上发动总攻，给萨拉丁造成了巨大的伤亡。

这次胜利没有摧毁萨拉丁的战力，却严重影响了他的声望。伟大的伊斯兰教领军人物在关键的一战中被基督教国王击败了。安拉是否已经不再偏爱他？萨拉丁之后再没有冒险与理查开战。

英格兰国王本身也处在十字路口。尽管他取胜了，但敌军没有伤筋动骨，进军耶路撒冷的困难也没有改变。路上仍然埋伏重重，缺少水源，而耶路撒冷在战略上则属于孤立点，无法得到海岸的有效保护。明智的选择是巩固已有的战果，而不是冒险去攻打一座自己很可能守不住的城市。然而，耶路撒冷是每个十字军战士梦寐以求的目标，也是他们此刻来到这里的原因。声名赫赫的“狮心王”很难开口宣布自己不打算拯救耶路撒冷了。

遵从头脑还是心灵？理查难以抉择，于是他试图通过一场惊人的联姻来解决问题。苏丹的弟弟可以迎娶理查的妹妹，然后共同统治约旦河西岸的领土。两位伟大的对手可以结为亲家，并建立一个和平的王国。

这个计划能否实施本身就不确定，理查也没有问过自己的妹妹。对她而言幸运的是，由于在丈夫必须改信基督教这个问题上无法让步，双方最终没能谈妥。在和谈期间，理查忙于修建堡垒保护雅法和已经征服的其他沿海地区。在士兵的压力之下，他于 1192 年夏末勉强进军了一次耶路撒冷，但持续的暴雨和冰雹让前进变得几乎不可能。

此时，军队已经开始出现严重的分歧。圣殿骑士团和医院骑士团头一次达成了共识，他们认为攻击耶路撒冷的时机还不成熟，因为理查一旦回国，就不可能再守住那里。若要更好地利用资源，不如进攻阿斯卡隆，从而将萨拉丁的领土切割成埃及和叙利亚两部分。另一方面，军队大部分人认为这样的计划是一种暧昧的异端邪说，无法理解为什么不把全部精力放在攻占耶路撒冷上。

理查本人也举棋不定。他知道骑士团是对的，但解放耶路撒冷的誓言犹在耳畔。更糟的是，他得到消息称腓力二世正在积极谋划夺取他在法国的领地。他在巴勒斯坦待得越久，自己的王国就可能遭受越大的损害。但如果他现在起程回国，那么东征的一切都将付之流水，内战毫无疑问会爆发。

在巨大的压力下，理查宣布他将待到下一年的复活节，在此期间“伺机”进攻耶路撒冷。这个含糊的说法原本是为了给不进攻耶路撒冷留下余地，但他立刻明白了局势：全军上下压倒性地认为应该立刻解放耶路撒冷。面对群众的压力，理查屈服了，开始向耶路撒冷进军。

这段征途证实了他最糟糕的猜测。萨拉丁提前做好了准备，给城市周边所有的水井下了毒，十字军差一点就重蹈了哈丁之战的覆辙。理查再也不愿继续了，他对军队表示，理智的选择是抛开耶路撒冷，进攻埃及。如果能够成功攻破萨拉丁的大本营，耶路撒冷自然就会陷落，而且很容易守住。如果军队坚持要继续进攻耶路撒冷，他也可以奉陪，但是不再担任领袖。圣城是个值得追求的目标，他愿意为此献出自己的生命，但他无法承担责任去牺牲如此多优秀的基督徒，无法带领大家展开这场注定失败的冒险。

理查真的筋疲力尽了。他病得很严重，而且从任何方面来说，他都已经竭尽所能。作为一名国王，他如今的职责是去看护自己的领地。

1192 年 9 月 2 日，他与萨拉丁签下了正式的和约。十字军在海岸占领的地区仍归基督徒所有。为表示对“狮心王”的尊敬，萨拉丁还允许基督徒自由出入耶路撒冷朝圣。

大部分十字军战士都宣誓不抵达圣墓教堂决不罢休。利用这次和约，他们兑现了自己的誓言。但理查没有和他们一起。他曾发誓要让耶路撒冷重归基督徒的怀抱，所以这次不愿进城。对理查来说，这不是东征的终结，而是暂时的止步。他与萨拉丁最后的谈话透露的也是这个意思：会在打理好领地之后卷土重来。据说，萨拉丁的回应：如果耶路撒冷注定要陷落，他很愿意看到它被这样一位值得尊敬的对手征服。

对于十字军中最伟大的国王而言，这样的致敬并不为过。“狮心王”独力抹去了哈丁之战的耻辱，打碎了萨拉丁战无不胜的光环，让基督教重新控制了巴勒斯坦海岸。事实证明，他最大的敌人是那卑鄙的基督教盟友。如果十字军国家更加团结，腓力的敌对心稍稍减弱，很难想象理查会取得怎样的成就。

事实上，理查再也没能回来。1192 年 10 月，他登上了回国的船只，却又遭遇海难，经由陆路穿越奥地利时被政敌擒获。如果他能按照最初的计划一直待到 1193 年复活节，黎凡特地区的历史恐怕会被全部改写。因为，就在理查出发的 4 个月后，萨拉丁因病去世，伊斯兰世界那脆弱的团结也随他而逝了。

第十六章
火焰中的哀鸣

Chapter 16
Consumed by Fire

别沮丧，我会让他们付出代价……

——克拉里的罗伯特，第四次十字军东征骑士*

尽管第三次十字军东征极大改善了基督徒在黎凡特地区的地位，但按照中世纪的标准，它还称不上胜利。唯一重要的事情是解放耶路撒冷，而它没有做到这一点。

这是新任教皇英诺森三世打算纠正的一个过失。与 90 多岁高龄的前任教皇不同，英诺森年轻、聪明，口才极佳。上任时还不到 40 岁的他，迫切地想趁着穆斯林敌人虚弱之际发动打击。“狮心王”理查已经向全欧洲表明，若要摧毁伊斯兰教在黎凡特地区的势力，关键在于埃

* *Three Old French Chronicles of the Crusades,* ed. Edward N. Stone (Seattle, 1939).

及。占领了那里，耶路撒冷就会像熟透的桃子一样任由采摘。所以现在需要的就是再召集一支基督徒大军，把他们送到海岸对面。

英诺森三世尽了最大努力。他于 1198 年上任之后，就在积极号召东征，派使节去西方的各大王国调查情况。但实际上大家都兴趣不大。神圣罗马帝国内战正酣，英格兰和法国又一次争斗起来。公众对东征的热情也似乎在不断减弱。

最令他失望的是“狮心王”理查的回应。理查返回英格兰的旅途可谓是历经艰辛，还做了神圣罗马帝国皇帝亨利六世（Henry Ⅵ）两年的阶下囚，直到他母亲阿基坦的埃莉诺筹够了巨额赎金。* 在此期间，腓力二世得到了理查的弟弟约翰的协助，尽其所能地吞并理查在法国的领地。† 得知理查的赎金快要筹齐后，腓力甚至不惜给神圣罗马帝国皇帝相当于一半赎金的贿赂，希望他拖延几个月再释放理查。要求被拒绝后，腓力给约翰发了一封简短的信件：“小心，恶魔要出来了。”

理查没有浪费一点时间，当即就展开了报复。他结成了一个反对法国国王的联盟，横扫法国北部，疯狂地劫掠乡间。教廷使节就在此时找到了他。可想而知，理查完全没有再次东征的心情。当倒霉的使节提议他与腓力化干戈为玉帛，带领一支军队去解放耶路撒冷时，理查爆发了。他大声喊道，如果不是法国国王无耻地背叛了他，窃取他的土地，他现在可能还在巴勒斯坦为耶路撒冷而奋斗。谈话以使节的落

---

* 亨利六世无礼地要求了10万磅白银的赎金，这至少是英格兰年收入的两倍，也是理查募集的东征资金总额。

† 约翰就是“罗宾汉”（Robin Hood）故事中的反派，趁着好国王理查不在，横征暴敛。

荒而逃而告终，他急忙离开了英格兰的营地，唯恐理查愤怒之下兑现威胁把他给阉了。

任何期待理查消气以后重新考虑东征的想法都在第二年落空了。在视察围攻某座城堡的进展时，他被弩箭射中，伤处很快腐烂，一个月后撒手人寰。英诺森三世筹划的东征运动似乎要流产了。

凑巧的是，理查家族里的某个成员拯救了教皇的计划。英诺森派去法国乡间争取支持的许多教士中，有一个让理查的外甥——22 岁的香槟伯爵蒂博深受触动。1199 年 11 月 28 日，蒂博为法国最重要的骑士们举办了一场比武大会。在盛典的过程中，蒂博宣布自己要参加东征。在场的观众大部分都是 20 多岁的贵族，纷纷被他的精神感染了。

东征的热情再一次席卷了法国。试图模仿“狮心王”理查的这一代骑士蜂拥加入，仅仅几个月，蒂博就自信到组建了一个委员会来讨论具体计划。

从一开始，他们的会议就完全被蒂博的舅父那伟岸的背影主导了。战斗口号或许是收复耶路撒冷，但理查提议过要走海路入侵埃及，在他的威名下，其他计划从没有得到过认真考虑。然而，与已经逝去的英格兰国王不同，这些想要成为“狮心王”的骑士没有舰队。幸运的是，西欧有一个地方可以提供所需，那就是威尼斯共和国。于是他们迅速派出了使者，希望从那里弄来一些船只。*

由于这次东征要依靠威尼斯的合作，所以当威尼斯总督立刻决定会

* 维拉哈都因的杰弗里（Geoffrey of Villehardouin）是决定参加第四次十字军东征的骑士之一，他记录下了有关这次东征的一手见闻，也是我们最好的史料来源之一。

见十字军的领导者时，他们忐忑不安的心情大为缓解。而当年迈的总督蹒跚走进房间时，他们心里的石头更是落了地。他们想要说服的这个人已经双目失明，走路都很困难，在他这个年纪，大部分人都已经入土为安了。

总督名叫恩里科·丹多洛，他把一辈子都献给了威尼斯共和国，几乎掌控了每一个重要的港口。7 年前，他以 85 岁的高龄当选总督，而这才是他非凡生涯的顶点。那些认为他只是尸位素餐的人，注定会大吃一惊。表面的年迈和羸弱之下，掩盖着他强劲的野心和可怕的智慧。尽管有时为了达成目标，他乐于扮演一个老糊涂，但其他时候他完全可以展现出惊人的活力。*

在十字军面前，恩里科·丹多洛表现得像是一名谦逊的总督，赞美了领导者们的高尚和他们使命的重要。然而在他虔诚的面具之下，是一颗算计的心。真正谈到利益问题，除非威尼斯人可以拿到自己的那一磅肉，否则绝无可能达成交易。

对十字军的领导者而言，最重要的是严守秘密，不能透露他们真正的目标。每一次东征的动机，都是收复耶路撒冷，因为只有圣城才能让人们甘冒风险，抛弃自己的日常生活。如果进军埃及的打算泄露出去，参加的人数就会灾难性地减少了。

总督答应严守秘密，直到他们上路为止。双方经过讨价还价，达成了一份协议。威尼斯负责建造足够的船只，运送大约 4 万名士兵，作

* 尽管我们几乎可以肯定他出生于1107年（因此十字军抵达的时候他已经92岁了），但他充沛的精力让许多现代的历史学家认为他至少要年轻20岁。

为回报，他们将获得总计 8.5 万枚帝国银币。为了表示友好，总督愿意免费预支 50 艘战舰，只需用东征时掠夺的等价战利品偿付即可。最重要的是，出发日期定在了 1202 年 6 月 29 日，因此十字军的领袖有 15 个月的时间去筹备资金，并把军队集中到威尼斯。

他们很快就遇到了问题。劲头十足的领头人蒂博在大使从威尼斯返回后不久就去世了，这严重打击了士气。蒙费拉的博尼法斯接替了东征领导人的位置。这是位经验丰富、50 多岁、头发斑白的意大利贵族，尽管能力足够，但却很难称得上有什么浪漫情怀。

然而，更严重的麻烦是，与威尼斯签订协议的大使们高估了自己军队的规模。起初东征的热情高涨，据说某个法国神父给愿意参加东征的人发放的十字标记甚至超过了 20 万个，但是真正登记的人数却没有那么多。此外，由于法国国王腓力拒绝参加东征，因此大部分重要贵族也都打了退堂鼓。到了出发日期临近的时候，预计的 4 万名士兵中只有不到三分之一来到了威尼斯。

对十字军来说，这是一件尴尬的事情；而对于威尼斯人来说，这却是个严重的问题。过去一年里，威尼斯停止了所有海上活动——这是该国的命脉——专心建造船只。他们取得了相当的成功。小小的港口城市，建造出了一支地中海从未有过的强大舰队，其实力恐怕只有 12 个世纪之前古罗马将军庞培（Pompey）横扫海盗的那支舰队可以匹敌。但这样的壮举也几乎掏空了共和国的国库，如果十字军不能支付欠款，威尼斯面临的将是经济崩溃。

恩里科·丹多洛不会坐视这种事情发生。他可没打算派舰队去埃及。威尼斯与开罗有多项利润丰厚的贸易协定，总督已经预先致信苏丹，保证不会让十字军抵达埃及。他现在要做的就是设法把士兵引去对威尼斯有利的地方。

他没等多久，机会就自己出现了。1202 年 6 月初，十字军难以偿还贷款的事实已经很明显了。抵达威尼斯的 1.1 万名士兵即使被迫卖掉自己的全部家当，也只能筹到一半的资金。于是丹多洛把十字军安排去了利多（Lido）。那里有着烈日炙烤的海滩，士兵们可以看到潟湖中雄伟的船队，却令人心焦地无法触及。

总督完全控制了十字军的食物和饮水供应，他让意大利炎热的夏天来消磨对方的斗志。军队的情绪已经达到了爆发点。他们本质上和囚犯没什么两样，难以忍受地待在地狱般的海滩上，等着领导人结束无穷无尽的讨论。士兵们诅咒着威尼斯人的贪婪和博尼法斯的无能，只想出发去实现自己的誓言。

丹多洛不断评估着局势的进展，并在折磨人的夏季即将结束的 9 月初提出了一个解决方案。达尔马提亚海岸有一座棘手的城市，给威尼斯人造成了很大困扰。如果十字军能够顺便攻占城市，得到的战利品就能偿还很大一部分债务，之后他们就能向圣地进军了。

十字军的领导人很清楚情况，这让他们进退两难。威尼斯人说的那座城市是扎拉（Zara），严格意义上说属于匈牙利国王，而后者曾表示处理完私人事务就会加入东征。此外，扎拉还是一座基督徒的城市，因此作为东征的起点很不合适。

博尼法斯很不愿意，不过他想不出其他方案了。另外，他的偶像

“狮心王”理查在进攻西西里和塞浦路斯的基督徒时也没有表现过任何良心上的不安。于是他无奈地同意了这个计划。而在东征舰队即将起程的时候，一位不同寻常的访客找到了博尼法斯。他是拜占庭皇子阿历克塞·安格鲁斯的使者，带来了一份惊人的提议。

拜占庭的政治形势自第三次十字军东征以来已经严重恶化。皇帝伊萨克二世·安格鲁斯是一个懦弱无能的统治者，被他兄长阿历克塞三世推翻了。新皇帝十分谨慎，他挖出了伊萨克的眼睛，并把他关进了皇宫的地牢里。在随后清洗旧势力的过程中，他又轻易抓到了旧皇帝的儿子阿历克塞·安格鲁斯，把他也关了起来。

这位皇子展现出了比父亲更大的勇气，在两位意大利商人的帮助下成功越狱。随后，他偷渡到了德意志，在那里听说了十字军在威尼斯集合的消息。于是，他派了使者去找博尼法斯。阿历克塞承诺，如果十字军可以协助他推翻卑鄙的篡位者，君士坦丁堡的市民将会万分感激，给予他们丰厚的报酬。十字军在轻易偿还威尼斯的债务之后，还会有大量富余，而阿历克塞也将率拜占庭军队配合他们收复耶路撒冷。

这个提议相当诱人。有了拜占庭财富与名声的支持，十字军会无比壮大。帮助合法的皇帝登上皇位也符合骑士精神，加上阿历克塞与博尼法斯还有遥远的亲戚关系，这相当于为亲戚排忧解难。最棒的一点是，所有人都可以摆脱威尼斯的债务了。于是伊萨克二世·安格鲁斯本身就是篡位者这一事实被轻易忽视了。* 博尼法斯迫不及待地向使者表

---

* 在伊萨克二世的见证下，富有传奇色彩的上一任合法皇帝安德洛尼卡一世（Andronicus Ⅰ）被公众血腥地虐杀了。

明了自己的兴趣，并请阿历克塞尽快与十字军会合。

与此同时，十字军还要参与对扎拉的进攻。在出发前一周，恩里科·丹多洛对十字军发表了一次激动人心的演讲。作为政治舞台上的大师级人物，丹多洛在全体士兵面前屈膝接受了十字标记。这种勇敢而虔诚的行为多少打消了普通士兵对于绕道扎拉的疑虑。奏着嘹亮的号角，有着鲜红遮蓬、闪亮标志的总督的大帆船就这样领着舰队起航了。

然而十字军抵达扎拉的那一刻，所有的激动和美好都化为乌有。绝望的守军在城墙上挂出了十字架，教皇也来信禁止他们进攻基督徒伙伴的城市。这让十字军在道德上陷入了难堪的境地。中世纪的社会很看重誓言，而他们已经以荣誉宣誓帮助威尼斯攻占扎拉。这样做会让灵魂接受拷问，而遵从教皇则会让他们成为背叛誓言者。

和往常一样，恩里科·丹多洛总有解决办法。十字军最早向威尼斯借船的时候，教廷使节曾建议他们尽一切可能保持军队的完整和团结。这不就是隐晦地允许他们完成和威尼斯人的交易吗？

少数士兵厌恶这种厚颜无耻的胁迫，他们离开了，但大部分人都被总督说服了：教皇了解原委后会理解的。于是十字军继续展开了围攻，一周之内城市就陷落了。他们还没来得及瓜分战利品，宣布把整支十字军逐出教会的教皇诏书就送到了。

蒙费拉的博尼法斯尽力封锁了消息，并派出了信使去罗马解释他的行为，请求原谅。他的请愿在拜占庭盟友的最新消息下变得更加合理。年轻的阿历克塞·安格鲁斯对于寻找援军越来越绝望，因此他提出的条件变得越来越诱人。除了派遣的军队增加 1 万人，为重新征服的耶路撒冷提供常驻守军之外，他还愿意让东正教会臣服于罗马教皇。东西基督教世界存在 150 年的裂痕将会弥合，十字军的债务将会一笔勾销，而耶路撒冷的未来也得到了保证。

唯一的问题是，大部分十字军战士都不想和阿历克塞·安格鲁斯扯上关系。他们宣誓东征，忍受了被威尼斯人禁锢的屈辱，随后又因为进攻扎拉遭受了道德的谴责，这一切都是为了让耶路撒冷重归基督徒的怀抱。除此之外的一切都属于不务正业。教皇知道原委之后，很可能会原谅他们在扎拉的所作所为，那为什么还要冒着再次触怒他的风险，去进攻全世界最著名的基督教城市呢？

东征的领导者们又一次掌握了主动权。博尼法斯和丹多洛与阿历克塞签订了协议，因为他们认为即使此举会导致小部分士兵流失，多数人也还是会不情愿地接受既定事实。答案很快就揭晓了，他们猜对了。尽管有几千人因为厌恶而离开，但剩下的人认为如果不浪费太多时间，再绕道这最后一次也可以接受。阿历克塞也保证只占用十字军一点时间，并表示他们会被君士坦丁堡的居民当成救世主。

但麻烦的迹象从一开始就不断涌现。首先，阿历克塞显然没有他声称的那样受人欢迎。当十字军的舰队抵达科孚岛，对居民表示他们是前来帮助合法的皇帝夺回皇位时，居民的反应是想私刑处死阿历克塞。随后，教皇的信件也表示，他们无论如何都不要听信这位未来的皇帝。

在阿历克塞加入十字军之前，他曾去过罗马请求援助。教皇并未被他说动。教皇在写给博尼法斯的信中白纸黑字地写着，阿历克塞和他那已盲的父亲都不是合法的皇帝，十字军应该与他们划清界限。教皇告诉博尼法斯："你们所有人都不得轻率地相信他，以君士坦丁堡皇帝废黜和弄瞎了他哥哥为托词，在希腊人的土地上行劫掠之事。"*

博尼法斯和丹多洛轻易压下了这封信——他们已经走得太远，无法回头了。此刻，十字军已经靠近了君士坦丁堡。亲眼看看这座传奇城市的念头盖过了其他一切。

城中之王君士坦丁堡坐落于金角湾（Golden Horn）† 之上，就像一顶高雅的皇冠。它的规模难以形容，西欧最大的十几个城市加起来才能与之相比，而多达近百万的居民则超越了某些王国的总人口。在豪华的教堂和宽阔的公共广场上，士兵们与古罗马帝国这座从未陷落的首都进行了近距离接触。东征者维拉哈都因的杰弗里写道："我们之中凡是见到此情此景者，都心生敬畏、战栗不止。"

十字军的敬畏之情有很大一部分来源于君士坦丁堡坚固的防御工事。整座城市都由厚重的城墙保卫，令多个世纪以来的入侵者望而兴叹，而篡位者阿历克塞三世的守卫军队人数至少是十字军的 3 倍。‡ 在十字军的舰队驶过时，守军以一种困惑的好奇心打量着他们。恐怕在对方眼里，十字军只是有些奇怪，但还称不上真正的威胁。

十字军看到城池以后仅存的一点乐观，在他们抵达营地时也消

---

* Donald E. Queller and Thomas F. Madden, *The Fourth Crusade: The Conquest of Constantinople*, 2nd ed.

† 金角湾是君士坦丁堡所处的半岛北部海岸中一个水湾的名字。这个名字既代表了它带来的财富，又形容了日落时阳光在海岸上洒下的温暖余晖。

‡ 在固若金汤的君士坦丁堡面前止步的第一批入侵者就是"上帝之鞭"匈人领袖阿提拉。

失殆尽了。尽管皇子屡次保证居民会把他们看作救世主，但这里显然没有欢呼的人群。在等待一周后，他们逐渐明白阿历克塞可能夸大了自己在首都的人气。这一点得到了无情的证实，因为当皇子在城墙附近高声宣布自己前来夺回合法的皇位时，传来的是一阵哄笑，随后落石和其他随手可得的投掷物便倾泻而下。

这羞辱性的一幕本来足以让十字军泄气，结果反而激起了他们的斗志。他们迅速组建了战争委员会，并决定立刻攻打城市。威尼斯人的舰队突破了铁索，发动了猛烈的进攻，试图控制海岸城墙。虽然守军很快打退了他们，但在此之前，他们还是成功在城里放起了火。

篡位者阿历克塞三世不是一个特别鼓舞人心的领导人。夺取皇位的举动——包括趁哥哥打猎时偷袭他——已经耗尽了他所有的能量。尽管守住城市的可能性巨大，但击退入侵者的责任对他而言太过沉重。于是他带着所有的财宝逃跑了，让城市自生自灭。

没有了领袖的君士坦丁堡人民被最近这一连串事件弄得手足无措。他们做了自己看来最合理的选择。这些西方人是代表阿历克塞前来夺回皇位的，那么如果照办，他们可能就会离开了。完全失明、已经半残废的伊萨克·安格鲁斯从监狱里被放了出来，重新成了正式的皇帝。而信使来到十字军的营地，请他们停止攻击，并邀请阿历克塞·安格鲁斯进城与他的父亲共掌朝政。

这次重聚并不愉快。尽管伊萨克已经年迈，但儿子给十字军的承诺还是让他惊骇万分。拜占庭帝国从外部来看可能还光鲜亮丽，但实际上，数十年的管理不善已经让中央政府濒临破产。但这位老人已经无能为力了。威尼斯人似乎无处不在，当地居民毫无斗志，而任性的儿子却如此轻易许诺，他只能听天由命。

起初几周，一切都很顺利。年轻的皇子被加冕为阿历克塞四世。他无视市民们愠怒的眼神，为威尼斯和法国的朋友们举行了数场奢华的晚会。与此同时，阿历克塞试图兑现承诺，给埃及苏丹发了封信，警告称自己很快就会将其赶出基督徒的故土。

但当谈到偿还债务的问题时，事情就脱离了控制。阿历克塞四世迅速查看了国库，发现剩余的财物还不到他当初轻率许诺给十字军的一半。他试图增加税收来弥补差额，但却丧失了自己仅有的一点民心。日益绝望之下，他开始派官员洗劫教堂的圣餐盘和圣物箱，连死者也不能幸免。那些死去已久的皇帝，陵墓里所有值钱的陪葬品都被搜刮一空。

没过多久，阿历克塞四世就被逼到了绝路。他搜刮财物的做法已经让自己的民望低到了极其危险的地步，人们之所以还没有推翻他，只因为十字军就驻扎在城外。他已经用尽了一切收入来源，进一步的剥削必然会引发叛乱。

除了激怒自己的子民之外，阿历克塞四世还引发了大部分十字军战士的不满。他们已经满足了阿历克塞的一切要求，无法理解为什么这样一个富有城市的统治者还不起债。显然，最后的结论就是他有所欺瞒。

事情变成这样，很大程度上都源于恩里科·丹多洛的阴谋。他很早就看透了阿历克塞的底细，然后利用他把十字军引到了对自己最为有利的方向。如今很显然，阿历克塞身上已经榨不出什么价值了——这个家伙已经耗尽了自己的所有财力——所以丹多洛准备开始大胆的下一步。为什么不扶植一个傀儡皇帝，进而统治整个拜占庭呢？

城内的居民已经忍无可忍了。当有消息称阿历克塞四世正打算把皇宫作为抵押物，交给神气活现的十字军时，愤怒的暴民聚集起来，要求换一个皇帝。混乱之中，一个绰号“浓眉”的贵族走进了阿历克塞的房间，轻松推翻了他的统治。“浓眉”告诉惊慌的皇帝，暴民正在咆哮着寻找他，自己可以带他去一个安全的地方。随后，皇帝被毛巾蒙住头，直接进了地牢，与自己的父亲伊萨克悲惨地重聚了。他们再也没能出来。第二天早上，“浓眉”加冕成为新皇帝阿历克塞五世。

政变的消息几乎让丹多洛的谋划泡了汤。大部分东征者迫切希望前往耶路撒冷，对君士坦丁堡丧失了真正的兴趣。与他们做交易的皇帝已经被推翻，再也做不了什么了，而且实际上已经和他那盲人父亲一起丢了性命。如今最好的做法就是赶紧止损，向圣城进军。

然而，丹多洛距离自己的目标如此之近，绝无放弃之理。当十字军要求领导人下达离开的命令时，他沉稳地指出：如今他们要为这场愚蠢的谋杀复仇。十字军的确应该去解放耶路撒冷，但现在他们也有机会来修复基督教王国内部的创伤。丹多洛表示，十字军仍然还欠着威尼斯人的钱，而让他们无法得到丰厚报酬的，是拜占庭人的贪婪。大家都见到了君士坦丁堡，这里有昂贵的丝绸衣服、数不尽的古迹、金顶的教堂、宏伟的大理石宫殿。他们理应获得劳动所得，如果拜占庭人不给，十字军就应该用武力争取。占领这座城市，就可以讨回欠款，惩罚谋杀皇帝的罪行，还能让东正教会重新臣服于罗马教皇。还有什么比这更加神圣的事业吗？夹杂着隐含的威胁、高尚的信念和对欲望的引诱，丹多洛的发言征服了十字军。1204 年 4 月 9 日，十字军向这座全球最古老、最重要的基督教城市发起了进攻。

出人意料的是，战斗没有持续多久。目盲的总督乘着自己那华丽的驳船，勇猛地带领舰队向城墙发起了冲击。双方激战到第三天，一小队骑士发现了一座被砖块塞住的旧城门，并试着在此弄出了一个可以勉强让人通过的洞。尽管守军人数占据了绝对优势，但受到惊吓的他们很快就逃跑了。

“浓眉”试图英勇地挽回局势，他率先冲上去迎敌，但没有人跟上。帝国军队的战斗力实在太差，居民的斗志也十分消沉，难以发起真正的抵抗。在十字军的主力部队涌入城市之后，“浓眉”逃跑了，让自己的首都听天由命。

君士坦丁堡现在任由十字军处置了，不过拜占庭守军没有做到的事情，却由城市本身的巨大规模做到了，十字军的进攻止住了。西方的骑士不知道接下来应该怎么做。他们的人数仍然远远少于对方，如果敌军选择了恰当的时机发起反击，他们就可能会在复杂的街道中被分隔开来。甚至此刻都可能还有一些官员或贵族在组织防御。十字军迅速召集了战争委员会，最后决定先固守已经占领的地区。他们在城市巨大的公共广场上筑起了临时的壁垒，还把周边的房屋全部点燃，以免被市民偷袭。

当晚，十字军和拜占庭人都难以入眠。连日激烈战斗过后反常的安静，以及十字军不再推进的事实，让许多市民燃起了希望。西方人是在“浓眉”篡位后才发动进攻的，也许在他们选出继任者之后就会满意了。

黎明降临的时候，拜占庭人开始在大街上列队。他们拿着圣像，准备迎接他们的新皇帝，无论那是谁。然而他们面对的是一群狂热的暴徒。

醒来的西方人发现：全世界最富有的城市就在自己脚下，没人再会反抗，他们可以肆意攫取所看到的一切了。于是，去年以来屡受挫折而一直压抑的情绪爆发了。全副武装的士兵涌向宽阔的大街，杀死了他们遇到的每一个人。他们劫掠了宫殿，洗劫了教堂，为了一点贵重金属就将圣物箱和圣像随手砸烂。皇陵中的石棺也未能幸免，十字军拖出了皇帝们的尸骨，将戒指、衣物、珠宝等统统收入囊中。*

这次文化浩劫堪称惨痛。君士坦丁大帝和他的继任者们把希腊文明中最珍奇的瑰宝带到了君士坦丁堡，其中包括帕特农神庙（Parthenon）那座巨大的雅典娜雕像，描绘屋大维在与安东尼（Antony）和克娄巴特拉（Cleopatra）的对决中取胜并庆祝的青铜三件套，以及无数关于皇帝、神明和英雄的绘画作品。它们当中大部分都被熔化用来铸币，或是被歇斯底里的暴徒砸得稀烂。其中有一座特洛伊的海伦（Helen of Troy）的雕像，按照当代人的描绘，“比那夜空还要美丽，仿佛有千颗

---

* 当十字军看到查士丁尼一世那保存完好的遗体时，有那么一刹那，破坏文化遗产的罪恶感让他们停止了动作。但最后，查士丁尼、君士坦丁大帝和其他皇帝的骸骨还是被横七竖八地抛置在了地上。

星辰点缀”，却从基座上被敲断，粉身碎骨于铁锤之下。因为觊觎封皮上的珠宝，士兵们粗暴地撕烂了西方佚失已久的作品的珍贵手抄本，然后将它们付之一炬。大理石雕塑化为齑粉，名胜古迹遭到破坏，图书馆则在烈焰中哀鸣。

然而，十字军造成的精神损害比物质破坏更加严重，以至于基督教世界的伤口至今也没能愈合。他们曾宣誓要解放圣地耶路撒冷，却有组织地侵犯了拜占庭的教堂。在君士坦丁堡最伟大的圣索菲亚大教堂，他们破坏了祭坛，抢走了圣器，还让法国妓女在牧首的宝座上跳起嘲讽的舞蹈。

最残酷的事实在于，这一切恶行的始作俑者，是那些在盔甲上佩戴十字标志的人。对信仰东正教的拜占庭人而言，西方的天主教徒在任何意义上都不配称为基督徒了。目击者如此写道：他们“暴露了骗子的本质……为了一点财物而践踏了十字架”。

在罗马，听闻这一事件的教皇英诺森三世大为震惊。他愤怒地谴责每一个东征者，哀叹他们出发本是为了侍奉基督，却“让手中的剑浸浴着基督徒的鲜血”。

然而，教皇的责备无济于事。损坏已经造成，无法回头了。十字军选择了自己的一位领导者佛兰德斯的鲍德温（Baldwin of Flanders）担任新皇帝。他们开始渐渐清理街上的血迹，拆除烧毁的建筑，给被破坏的教堂涂上新颜料。东正教会被并入天主教会，罗马帝国宣布复辟。* 十

* 拜占庭礼天主教会（Byzantine Catholic Church）就是这次东征遗留至今的产物之一。它保持了东正教的传统礼拜仪式，但承认罗马教皇的首脑地位。

字军告诉自己，通过新建立的拉丁帝国，他们大大增强了基督徒在中东的影响力，以此消除良心上的不安。

实际上，他们做的正好相反。尽管拜占庭政府在流亡中幸存了下来，甚至还在1261年夺回了君士坦丁堡，但帝国再未恢复元气。号称“城中之王”的君士坦丁堡如今只剩下一个破败的躯壳，在曾经雄伟壮丽的城墙里哀伤地蜷作一团。基督教世界抵御伊斯兰教威胁的最强壁垒，却毁在了原本被派来保护它的士兵手中。

对目光更加短浅的东征者而言，这只是对拜占庭帝国多年来背叛通敌的合理惩罚。从第一次十字军东征开始，拜占庭就一直给他们这些本意良好的东征者使绊子。西方的英勇骑士不仅没有受到热情的迎接，反而被视为难以忍受的恶棍。帝国市场敲诈他们，拜占庭贵族取笑他们，一代代寡廉鲜耻的皇帝出卖他们。东方人的血液里天生就流淌着谎言。正如千年前古罗马的伟大诗人维吉尔（Virgil）所说，不要相信希腊人——即使对方给你送上礼物。

多年以后，人们才知道这次复仇的代价。征服君士坦丁堡，实质上相当于消灭十字军国家在东方的最大依靠。无论拜占庭和十字军国家的关系如何，担心帝国介入一直是穆斯林没有轻举妄动的重要原因。而如今，庇护者已经消失。这次东征建立的拉丁帝国穷困潦倒、羸弱不堪，勉强存续了50年，在历史上只是一瞬。它无法给十字军国家绝望的残余势力带来任何帮助。计划拯救东方基督徒的第四次十字军东征，反而把这些人推进了末日的深渊。

第十七章

儿童十字军

Chapter 17

The Children's Crusade

今年出现了一件特别的事情……历史上闻所未闻。

——科隆皇家编年史*

征服君士坦丁堡的消息让欧洲人心情复杂。一方面，他们有了一座坚固的城市，可以作为将来进军圣地的跳板。另一方面，他们夺取城市的过程又过于可耻。即使是最乐观的记载，也无法掩盖这批十字军遭到了教皇和自己领导者的公开蔑视，被两次逐出教会，并无可挽回地破坏了与东方基督教世界的关系这些铁一般的事实。

如果说第四次十字军东征是一场悲哀的闹剧，那接下来发生的事情就完全匪夷所思了。由于传教士们声称《启示录》中的大灾难

* Chronica Regiae Coloniensis Continuatio prima, trans. James Brundage, *The Crusades: A Documentary History*, (Milwaukee , WI: Marquette University Press, 1962), 213.

即将降临，公众对收复圣地的热情依旧高涨，法国各地出现了一系列农民运动。农民队伍被统称为“儿童十字军”，尽管严格意义上说，他们既不是十字军，也不是童子军。

中世纪的人们没有忽视一个事实：只有国王未曾参与的第一次十字军东征取得了胜利。耶稣基督偏爱穷人，愿意花时间帮助那些妓女和受压迫者。《圣经》说，温柔的人必承受地土。也许正因为基督号召凡间的弱者完成他的工作，所以领主和教皇们才会屡次失败。

1212 年，这些想法在一个名叫科隆的尼古拉斯的德意志年轻牧羊人身上得到了体现。他声称上帝显圣，指引他向南前往意大利。抵达海岸之时，地中海的海水将自动分开，让尼古拉斯和追随者们步行前往耶路撒冷。在那里，他们会让穆斯林改信基督教，从而和平解放圣城。

这个消息大受欢迎，没过多久，尼古拉斯就吸引了几千名追随者。* 他们都是社会底层人士，儿童、妇女、教士、老人，因为贫穷和相信此事而聚到一起。无论他们走到哪里，欢迎和礼物都接踵而至——对见惯轻蔑的人来说，这种感受简直令他们飘飘然。那些表示怀疑的神职人员普遍遭到嘲笑，而队伍经过的每座村庄都有新人加入。

在翻越阿尔卑斯山脉时，他们遇上了第一个麻烦。天气热得令人窒息，食物已经耗尽，队伍也几乎没有组织性。大部分参与者以为上帝会提供一切所需的补给。不用说，人员的死亡率高得惊人，多达三分之二的“东征者”在翻越山脉时都因无法跟上而被抛弃或是死亡。

* 这可能是花衣吹笛人这个传说的由来。

幸存者抵达意大利后就散开了。有些人选择直接前往意大利的各大港口，其他人则试图去罗马找教皇。尼古拉斯本人在夏末抵达了热那亚（Genoa），不过他试图成为当代摩西的举动失败了，海水并未应他的要求分开。在等待了几周也未出现奇迹之后，队伍解散了，人们打算各自寻找前往圣地的途径。有一群人最远抵达了马赛，在那里，两个商人答应免费带他们去耶路撒冷。感激的朝圣者们登上了船，并被立刻运往亚历山大港，在那里被当作奴隶卖掉了。

几乎没有人再回到过自己的家乡。那些成功打道回府的人成了笑柄，居民嘲讽他们天真无知，信仰不够坚定。尼古拉斯可能死在了重新翻越阿尔卑斯山的路上，再也没能返回德意志。他被视作整场闹剧的罪魁祸首。由于很多乡民跟着他踏上了死亡的旅程，他的父亲也被愤怒的邻居们私刑处死了。

英诺森三世认为整个事件就是一场悲剧。他接见了“东征者”中的几个成员，感谢他们的虔诚，并建议他们打道回府。在他看来，事件唯一的积极影响就是表明公众对东征仍有兴趣。

号召新一轮东征的想法，已经在教皇的脑海中萦绕好一阵子了。他很清楚第四次十字军东征的虚伪性，并认为有必要立刻援助十字军国家的残余势力。伊斯兰教的威胁太大，必须调动基督教世界的全部力量。对方的短弯刀随时准备着给十字军国家最后的一击。穆斯林已经在基督显圣的他泊山上建造了巨大的堡垒，筹备着对东方基督徒的最终攻势。

每位基督徒都应当行动起来。战斗的事情应当由贵族完成，但贫民的力量也应当善加利用。他们可以为胜利祈祷，并同样获得好处。英诺森三世开始了自己的政治表演，为所有在物质上和精神上支持东征的人分发十字标记。如今从最穷困的寡妇到最富有的公爵，每个人都为胜利尽到了一分力量。

教皇选择了意大利南部的港口城市布林迪西（Brindisi）作为集合点，东征的正式出发日期则定在 1217 年 6 月 1 日。英诺森三世让天主教会支出了 3 万磅白银，并对所有的神职人员征收了 5% 的税费。他命令商人不得与东方口岸进行贸易，并鼓励他们贡献船只用于运送士兵。最后，他还给所有从经济上支持东征的人发放了赎罪券。这一点尤其受到世俗人士和神职人员的欢迎，因为它让那些无法或不愿亲身参加东征的人也能享有精神利益。英诺森三世无意间从经济上利用了十字军广大的群众基础。虔诚的捐赠源源不断地流入了教会的金库。*

没过多久，欧洲的贵族就有了反应。奥地利大公利奥波德六世、匈牙利国王安德鲁二世和其他一些小贵族纷纷答应参加十字军。不过这些领导人的风头很快就被神圣罗马帝国皇帝腓特烈二世宣誓要解放耶路撒冷的惊人消息盖过了。

没有人可以和腓特烈二世相提并论。他拥有母亲的诺曼血统，是财力雄厚的西西里王国的后裔，也拥有父亲的德意志血统，是不断扩张的神圣罗马帝国的合法继承人。腓特烈执掌两大国家，控制了西欧三分之一的土地，而真正让他决定东征的是自己旺盛的好奇心。

* 尽管赎罪券立刻带来了持续的经济收入，但从长远来看，此举给天主教会造成的麻烦远比其能带来的利益更多。3个世纪之后，它引发了宗教改革（Protestant Reformation）。

腓特烈对物质世界有着如饥似渴的求知欲。他热爱收集动物，那些来自遥远地区的生灵尤其得他欢心。在他统治的末年，西西里的皇宫仿佛成了动物展览馆，大象、河马、猎豹、黑豹和熊应有尽有，甚至还有开罗苏丹送来的凤头鹦鹉，以及来自格陵兰的北极猎鹰。他以科学的眼光研究一切，系统地分析这些动物的饮食和习性，甚至还撰写了几篇关于猎鹰驯养的论文，在其中对它们的迁徙模式、筑巢习惯和日常行为做了详细分类。

这种好奇心延伸到了人类的身上。为了研究肠和胃的功能，腓特烈解剖过多具尸体。按照当时一名修道士的说法，他还在宴会之后剖开过两名男子的腹腔，只为进一步探索运动和休息哪种状态可以帮助人体更好地消化食物。也许他最著名的实验是那个有关语言学的研究。为了揭示人的天然语言为何，他让两个女佣在完全安静的情况下养育两个婴儿，看婴儿会自己开口说什么。他猜测的答案是希伯来语，因为那是创世之初的语言，但很遗憾两个孩子都在实验完成之前死去了。

腓特烈还会邀请各国学者来宫廷讲课。算术、几何与代数方面的专家都为他撰写过著作。这不是单纯的讨好。因为腓特烈与当时的所有人都有一些不同，如果他的研究结果与过去学术权威的结论相抵触，那他会立刻提出质疑。对一个连亚里士多德都敢批判的人，阿谀奉承恐怕起不到什么作用。这些献给腓特烈的专著是为了得到腓特烈的赞助。他还试图打造一个国际学者交流会。从很多方面来说，他都是一名具有浓厚文艺复兴风格的君王，尽管此时距离文艺复兴时期还有两个世纪。

如果腓特烈生活在米开朗琪罗和达·芬奇的时代，就不会显得如此格格不入了。他精通自己广袤领土上的国民所使用的6种主要语言，还是个颇具成就的诗人，其作品在现代意大利的发展中起到了重要的作用。作为一位天赋异禀的政治家和开明的统治者，他创建了西欧最早的大学，禁止了严刑拷打的审讯，因为它违背了理性原则。

腓特烈设立了一所医学院来培养执业医师，并私人捐赠了许多珍贵的藏书作为课本，希望学生可以“从古井中汲出新水”。他愿意自费资助那些对医学感兴趣的学生，还派遣了帝国护卫当作他们游学时的保镖。这些学生旅途的额外费用也可以获得贴息贷款的支持。

腓特烈在管理两个国家的同时，还抽空撰写了几部医学专著，教导兽医如何合适地照看马匹，旁听了当时最负盛名的学者讲座，甚至成了一名执业医师。他的宫廷成了欧洲知识分子聚集的中心，他亲自设计的宫殿则充满了拜占庭、北非等世界各地的艺术元素。人们尊称他为 *Stupor Mundi*，意为“世界奇迹”。

因此，当腓特烈在美因茨的一场仪式上发表感人肺腑的宣言，宣布自己要参加东征时，引发了巨大的轰动。他的加入必将带动神圣罗马帝国的许多上层贵族，从而极大地增强这批十字军的实力。

讽刺的是，对这个消息最不兴奋的人是英诺森三世。他出于政治原因，非常不希望腓特烈二世加入东征。神圣罗马帝国控制了罗马以北的地区，而西西里王国则位于罗马南边。以往的教皇都会利用西西里王国来对付咄咄逼人的神圣罗马帝国，但现在却不可能了。腓特烈既是皇帝，又是西西里国王，他的势力完全包围了罗马，成了教皇的梦魇。

正因如此，英诺森之前用尽一切办法，想要阻止腓特烈同时继承两个国家。他对西西里无计可施，因为腓特烈在两岁的时候就加冕了，王国也没有其他合适的候选人。但神圣罗马帝国则不一样。英诺森三世当时支持了一个名为不伦瑞克的奥托（Otto of Brunswick）的候选人，并在 1209 年为他加冕。

后来的内战不可避免，不过到 1215 年时情况已经很明显，奥托认输只是时间问题。腓特烈二世宣布参加东征，既是对罗马伸出的橄榄枝，也隐含了威胁的意味。实际上，他对基督教不怎么关心，对东征则更不感兴趣。他私下里把基督徒称作污染耶路撒冷的“猪猡”，还一口气抨击了世界上的三大宗教——据说他曾表示，所谓先知都是愚弄人的骗子。

很难找到比他更不合适的十字军领袖。他以妻妾成群而闻名，与穆斯林相处甚至比和基督徒在一起更加愉快，还时常公开嘲讽自己军队里天主教徒的信仰。*

幸运的是，英诺森三世没能等到自己的伟大计划落入腓特烈二世掌控中的那天。教皇 1216 年就逝世了，那时东征的筹备工作还在进行当中。不过就算英诺森还活着，腓特烈也没有准备好。1217 年的出发日期，距离腓特烈强迫顽固的奥托退位还有 3 年。

* 在某次战役中，他指着一片麦田说：“你们的主就长在里面。”这是对圣饼的贬损。（《马太福音》第26章26节：他们吃的时候，耶稣拿起饼来，祝福，就擘开，递给门徒，说：“你们拿着吃，这是我的身体。”——译者注）

第五次十字军东征由奥地利大公利奥波德和匈牙利国王安德鲁带领，大军在1217年夏末离开了欧洲。腓特烈二世的缺席令人失望，不过人们的期待仍然很高，因为圣地的政治形势比过去几代都要理想。基督教的大敌萨拉丁逝世了，他的3个侄子展开了内战，把王国弄得支离破碎。其中最年长的侄子卡米勒控制了埃及，他在稳固自己的地位之前，迫切希望与十字军保持良好的关系。

这让十字军遭遇了一个意想不到的问题。他们与十字军国家的残余势力在阿卡汇聚，形成了一股强大的战力，但接下来应该攻击哪里？腓特烈二世随时都会出发，在他的帮助下，耶路撒冷很可能唾手可得。如果他们过早发动攻击，可能会折损兵力，在皇帝抵达前就丧失了胜算。但另一方面，没人知道腓特烈究竟何时出发，如果等待太久，他们也可能错过真正的机会。

折中的方案是小规模的突袭，但这个战略却产生了相反的后果，因为那些决心不强的战士有了离开的借口。匈牙利国王安德鲁后悔参加东征已经有一阵子了，在一次短暂的争论之后，他宣布自己已经履行了捍卫圣地的誓言。不少贵族随他而去，剩余的兵力已经无法开展大规模的军事行动了。

利奥波德大公又等了几个月，希望腓特烈能够增援。德意志军队渐渐抵达，但皇帝却始终没有要出发的迹象或言论。面对士气的逐渐下滑，利奥波德决定在军队完全瓦解之前发动入侵。他选择的是埃及富裕的港口城市杜姆亚特，这里位于尼罗河三角洲地带，战略位置重要，距开罗仅有咫尺之遥。

1218年春末，十字军抵达了埃及领土。看到杜姆亚特的第一眼就令人沮丧。这里既有城墙，也有海堤，上面站满了卫兵。更糟的是，城市有一座浮桥，连接着尼罗河中央控制铁索的巨塔，可以阻止所有船只过河。十字军发动的几次攻击都以失败告终，每一次都让士气更加低落。这座城市的守备太严，急切间难以攻下，战略意义又太大，无法置之不理。唯一的办法就是断绝敌军补给，让对方粮草耗尽而投降。

随着炽热的盛夏到来，东征者的状况开始恶化。军队开始实行食物配给制度，还有消息称卡米勒正带着大批援军赶来。8月24日，为了夺取控制铁索的巨塔，十字军酝酿了一个疯狂的计划。他们把两艘船绑在一起，在上面搭了一个摇摇欲坠的木质防御工事。几名士兵自告奋勇参加了这次行动，设法驾着这个设备在没有散架的情况下冲到了塔下。经过激烈的交战，他们成功冲了进去，砍掉了苏丹的旗帜，升起了十字军的标志。

这次行动取得了奇效，因为刚刚抵达的卡米勒把全过程都看在了眼里。他以为埃及军队已经士气涣散，全线崩溃，于是迅速掉头撤退了。临走之前，他下令用沉船阻塞尼罗河，以免十字军乘胜追击。

杜姆亚特的命运如今已经注定，唯一的问题是它还能坚持多久。然而，更大的担忧在于谁来领导这支十字军。匈牙利国王已经离开了，奥地利大公利奥波德也宣布了撤军的计划。如果腓特烈二世到了，毫无疑问将由他担任领袖，但现在没有一个明显的候选人可以临时负责决策。

军队选择了投票表决，温和而富有奉献精神的耶路撒冷王国摄政布里昂的约翰最终当选。但最近才抵达的教廷使节立刻表示反对。这名葡萄牙的枢机主教名为佩拉吉乌斯，是个没什么耐心，也不够圆滑的人。在他看来，除了自己以外的人的选择都是可笑的。十字军是在教皇的号召下诞生的，只有教皇的代表才有资格在智力和精神上领导军队。

在十字军争论不休的时候，卡米勒正陷入恐慌。虽然缺乏领导，但西方的骑士们已经包围了一座重要城市，他的首都开罗也处于对方的攻击范围之内。如果腓特烈的增援再到，他的埃及就可能遭遇灭顶之灾。卡米勒当机立断，决定弃卒保车。他迅速派出使者前往十字军营地议和，并提出了优厚的条件。如果十字军立刻撤出埃及，苏丹愿意归还耶路撒冷王国的全部领土，并缔结 30 年的停战协定。

布里昂的约翰大喜过望。他们仅凭借这一次进攻，就能挽回萨拉丁造成的全部损失。只需放弃围攻他们毫无兴趣的一个国家的一座城市，十字军就可以实现他们屡次出征的目标，甚至获得更多。基督徒将重新拥有圣城，且至少在未来 30 年内高枕无忧。

然而，枢机主教佩拉吉乌斯不同意。当约翰指出攻占耶路撒冷就是东征的唯一目的时，佩拉吉乌斯痛斥他在政治上的无知。埃及的政权已经摇摇欲坠，如果推翻敌人，十字军同样可以占领耶路撒冷。为什么要为了那不可靠的 30 年和约，放弃这次大好的围攻机会？主教指出，耶路撒冷的穆斯林守军已经放弃了希望，摧毁了城墙，就是为了让它在不可避免地易主之后无法防守。

双方没有进行真正意义上的辩论。尽管布里昂的约翰激烈反对，但佩拉吉乌斯轻蔑地拒绝了和谈。围城继续进行着，但经过一整个冬天，直到第二年夏天，腓特烈也没有出发的迹象。1219 年 8 月底，阿西西的方济各（Francis of Assisi）* 出人意料地造访了十字军营地，希望劝说苏丹皈依基督教，从而解决争端。凭借着热情与虔诚，他说服了佩拉吉乌斯，后者答应让他一试。卡米勒以为方济各是和平使者，所以虽然两人的谈话没有取得任何成果，但至少双方打开了沟通渠道。

不久以后，苏丹再次提出和谈，这次还表示愿意资助重修耶路撒冷的城墙，并归还萨拉丁在哈丁之战缴获的真十字架。但佩拉吉乌斯又一次拒绝了。真十字架的确很诱人，但他怀疑苏丹根本没有——30 年前，萨拉丁在试图赎回俘虏时就没有找到它。

等到秋天，佩拉吉乌斯的坚持终于见到了成效。1219 年 11 月 4 日，一个哨兵发现杜姆亚特城墙上的一座塔楼似乎无人守卫。前去调查的分遣队发现了一个惊人的事实：城里已经没剩下多少活人了。饥饿让城中的人口从 6 万锐减到 1 万，大部分幸存者也奄奄一息。街上满是尸体，还有很多人倒毙在床上或桌边。到处都弥漫着一股令人作呕的味道。

最冷酷的战士看到这样的情景也不禁动容。尽管十字军自己的食物也很有限，但他们还是尽力减轻幸存者的痛苦。士兵清理了街道，让那些失去父母的孤儿接受了洗礼，成年人也可以交钱赎身。然而，他们面临的最大挑战是心理上的。

十字军艰苦的围城战已经持续了一年半。如今他们没有遭遇一丝抵

* 方济各创建了方济各会和方济女修会等机构，是历史上最受尊敬的宗教人物之一。——译者注

抗就占领了杜姆亚特，条件简陋的军营变成了富裕港口城市的宽敞房屋。在重新起程之前，他们有权利稍微放松一下。而事实上，十字军在接下来一年里都没有过任何行动。

主要原因在于领导层的不确定性。占领城市后不久，布里昂的约翰就离开了，佩拉吉乌斯成了无可争议的统帅。但大部分普通士兵都拒绝接受神职人员的领导。从任何角度来看，局势都在逐渐失去控制。妓院和赌场彻夜喧闹，士兵们对战利品的争抢过于激烈，以至于佩拉吉乌斯不得不按照他们的国别把城市划成几个区域。

而这段漫长等待的罪魁祸首是腓特烈二世。在杜姆亚特陷落之后，他公开宣布了自己的东征誓言，发誓在第二年春天之前起程出发。十字军被要求原地驻扎，等着他亲自带领大家走向胜利。神圣罗马帝国的第一批军队在 1221 年 5 月抵达，看起来皇帝本人也很快就要到了。

卡米勒这时已经陷入了恐慌，他再次提出归还耶路撒冷，却再次被拒绝。然而，一周又一周过去了，腓特烈还是没来。到 1221 年 7 月，也就是十字军抵达埃及的 3 年之后，所有人都耗尽了耐心。枢机主教佩拉吉乌斯提议立刻发动攻击，并得到了士兵们的同意。他们留下了一半部队防守杜姆亚特，其余人则向南开始了前往开罗的征程。

十字军离开的时候情绪高涨，但行军开始之后，一切都变得不对劲了。卡米勒趁十字军拖延之时，募集了一支大军，在人数上轻松超过了十字军。双方在开罗以北 75 英里（约合 121 千米）处的小镇曼苏拉（Mansoura）遭遇。缺乏战斗经验的佩拉吉乌斯让士兵在尼罗河及其支流之间的一片夹角地带扎营，完全忽视了洪水泛滥的危险。过去 3

年一直生活在恐惧之中的苏丹对此大为惊讶。他甚至都不用派出军队，只是开启了水闸，水位大涨的尼罗河就帮助他完成了包围圈。

基督徒陷入了绝望。坚持一个月后，甚至连顽固的佩拉吉乌斯都意识到给养不足、被困孤岛的他们只能投降。不过令他惊讶的是，苏丹没有为难他们。卡米勒的顾问曾建议杀掉十字军，但苏丹认为这只会引发下一次东征。与其等待腓特烈出现并毁灭一切，不如现在就接受基督徒的投降。

因此，卡米勒开出的条件非常宽厚。十字军必须交出杜姆亚特，撤离埃及。苏丹则释放被包围的十字军并归还真十字架。双方签订了 8 年的和平条约。

杜姆亚特的守军接到消息，起初不敢相信，随后便是极端的不满。尽管腓特烈还没出现，但又有一批德意志援军刚刚抵达。得知东征已经结束，许多人声称要无视条约，留下来继续战斗，但他们大多只是虚张声势。1221 年 9 月 8 日，卡米勒以胜利者的姿态再次进入杜姆亚特。

屡次接近胜利的十字军这次蒙受了惊人的羞辱。就在两个月前，圣地和埃及几乎都要落入基督徒手中了。结果在愚蠢的用兵之下，一切皆化为乌有。这不是一次单纯的失利，而是与胜利擦肩而过的惨败。*

* 唯一可以告慰第五次十字军东征的真十字架也没能拿到。佩拉吉乌斯没有猜错，卡米勒根本没有真十字架。

第十八章
第六次东征

Chapter 18
The Sixth Crusade

他丝毫没有对上帝的信仰；这是一个狡诈、奸猾、贪婪、好色、恶毒、易于愤怒却勇猛无匹的人。

——萨林贝内的编年史*

战败的消息传到西欧时，人们简直不敢相信。这次东征为何再次失败？是上帝对十字军的罪愆感到愤怒，还是有更加世俗化的解释？值得怪罪的人太多了。匈牙利国王抛弃了十字军，杜姆亚特的几个领导人表现糟糕，而顽固的佩拉吉乌斯屡次拒绝接受胜利。

然而，那个甚至没有参加东征的人却承担了最大的责任。腓特烈二世宣誓加入十字军已有 6 年，却甚至没有踏出过国门一步。没错，他

* G. G. Coulton, *St. Francis to Dante*, (London: David Nutt, 1906), pp. 242–243.

是派了一些军队，却让情况更加糟糕。屡次声称即将出发，后果就是让十字军举棋不定，严重削弱了他们的行动能力。

在教皇英诺森三世死后，第五次十字军东征由接替的洪诺留三世继续推动。他对腓特烈二世的做法尤其反感。1221 年 11 月，在两人面对面的会谈中，洪诺留明确表达了自己的不满。腓特烈则称自己不打算违背誓言，请教皇放心，但还需要更多时间来准备。兴许是被虔诚的表现打动，平息怒气的洪诺留又给了腓特烈 4 年时间，但他警告腓特烈不得再次失约了。

也许是皇帝动作拖延，又或是他对东征的热情已经消逝，总之，规定的出发日期已经到来，但他还没有做好准备。他已经打造了一支足够强大的舰队，但还没有足够的人数来装满船只。腓特烈又找到洪诺留，希望再宽限些时日，否则军队人数不够，注定会遭遇失败。

这番说辞很有道理，但教皇的耐心几乎到了尽头。他担任教皇已经 10 年，如今已经 70 多岁，留给他洗刷第五次十字军东征的屈辱的时间已经不多了。洪诺留这次又给了腓特烈两年，不过如果他再错过最后期限，将会受到严惩。腓特烈需要给条顿骑士团交付 10 万盎司的黄金作为保证金，抵达圣地后才能要回。此外，他还要在东方待上至少两年，确保当地局势能够长期保持稳定。如果这些承诺有一条未能兑现，或是他在 1227 年 8 月 15 日之后仍然待在欧洲，他就要被处以绝罚。

最后一条是腓特烈建议的，作为自己诚意的象征。毕竟，他的拖延情有可原。即使在最有利的情况下，东征也是一次危险的行动。没有哪位君王乐意待在国外长达几年时间，这很可能会引发毁灭性的后果。

神圣罗马帝国以混乱著称，腓特烈在统治的大部分时间里都在镇压叛乱。除了获取精神上的满足感之外，他几乎没有出发的理由，而他对这种满足感也不是很有兴趣。

然而在1225年，形势出现了变化。布里昂的约翰之女——耶路撒冷王国的继承人约兰德年满13岁，可以出嫁了。妻子已逝的腓特烈萌生了迎娶她的想法。他暗示教皇，如果能和女王结为夫妻，自己就更有动力捍卫耶路撒冷了。洪诺留怀疑他的真正目的只是再添加一个头衔，但另一方面，此举将迫使腓特烈完成东征。在腓特烈承诺不会夺取王位，只作为约兰德的配偶统治王国之后，洪诺留全力支持了这场联姻。

但腓特烈甚至还没有等到婚礼结束就食言了。在仪式期间，他宣布自己为耶路撒冷的国王。这也就意味着他的岳父——兢兢业业为十字军国家的残余势力而操劳的布里昂的约翰被剥夺了一切权力，连一句感谢都没有得到。

对教皇来说，这件事情唯一积极的后果就是腓特烈终于开始了行动。时机简直不能再好了，因为伊斯兰世界又一次陷入了内斗。埃及和叙利亚的领导人争执不下，埃及苏丹卡米勒派使者找到腓特烈，称如果十字军选择进攻大马士革而不是开罗，就把耶路撒冷交给他。腓特烈一方面以惯有的魅力招待着使者，另一方面却精明地写信给大马士革，看看对方能否提出更好的条件。*

1227年夏，腓特烈踏上了东征的路途，此时距离他最早宣誓加入十字军已经过去了12年。老对手洪诺留三世用尽了乞求、威胁等种

* 大马士革的领导人告诉他："我们留给你的只有刀剑，再无其他。"

种办法，终于达成了目的，然而自己却没能看到这一刻。这位教皇在当年 3 月逝世，享年 77 岁，第五次十字军东征的失败至死都还压在他的心头。

如果有人认为罗马和神圣罗马帝国的关系会好转，那就错了。洪诺留的继任者格列高利九世年纪更大，而且对腓特烈同样不满。在格列高利看来，腓特烈就是个善于撒谎的骗子，必须用铁腕手段整治，绝不能宽容他的拖延。

起初一切都很顺利。腓特烈选择了意大利港口布林迪西作为起航点。德意志军队开始陆续在这年夏天翻越阿尔卑斯山脉进入意大利。不过没过多久，情况就开始变糟。天气实在太热，物资供应也没有跟上，清洁的饮用水严重短缺。在不卫生的环境下，疾病开始蔓延，数千名士兵直接选择了打道回府。

尽管军队数量因此减少，不过帝国舰队还是准时起航了。然而，皇帝本人不在其中。他与宫廷官员选择了另一条更加悠闲的路线，直到 8 月底才抵达意大利。不过他至少出发得很及时，教皇并未追究他 8 月 15 日未能离开欧洲一事。

格列高利松了一口气，但他的愉快心情没有持续多久。腓特烈出发仅 3 天，军队中就暴发了瘟疫，船上许多士兵因此病倒甚至死亡。皇帝本人病得尤其严重，以至于部下开始担心他的生命安全。最终他决定到最近的意大利港口休养。幸运的是舰队没走太远，疗养胜地那不勒斯就在附近。

腓特烈知道教皇的愤怒谴责很快就会劈头而来，因此火速写了一封信，解释了自己的遭遇。他指出大军仍然在途中，一旦自己身体康复就会赶上他们。

然而这个解释太无力，也来得太晚了。教皇亲眼看着腓特烈 12 年来不断地推迟东征，对此已经忍无可忍。皇帝之前说过愿意为背誓受到怎样的惩罚，现在就来成全他。1227 年 9 月 29 日，格列高利九世以腓特烈装病逃避东征誓言为由，正式将其逐出教会。

这份宣告让一切陷入了混乱。在封建社会，逐出教会是超越底线的惩罚。一切品行优良的基督徒都不应该再与腓特烈有来往了，而所有与其相关的封建联系和义务也就此解除。以任何方式收留和协助他的人将受到同样的谴责。理论上说，腓特烈的头衔、土地和财富都被剥夺了。

腓特烈对此完全无视。他公开宣布将于次年 5 月重新上路，也不再理会教皇狂怒的消息。当他说到做到，在春天再次出发时，全欧洲都大为愤慨。无论之前的十字军东征有多失败，至少也是为信仰行动。受绝罚者即使加入东征都是不可想象的，更何况他还是这次东征的总指挥。所有十字军的灵魂都会受到连累而堕落的。

然而，腓特烈对灵魂不感兴趣，他在乎的是王位。他的妻子——耶路撒冷女王约兰德不久前因为产褥热而死，他与王位的联系也因此中断了。不过真正操作起来又是另一回事。他本来计划以女王丈夫的身份统治耶路撒冷，如今换成摄政王的身份来统治也一样轻而易举。绝罚的事情不用担心，格列高利日后总会找到原谅的理由，如果他不原谅，在下一任教皇那里也还有机会。

不过格列高利九世可一点也不打算改变主意。在腓特烈乘船离开意大利的时候，教皇正忙着给十字军国家的领导人写信。他愤怒地表示这个无耻的皇帝是信仰之敌，禁止任何人与他有任何联系。

毫不令人意外，终于抵达巴勒斯坦的腓特烈受到了冷遇。然而，十字军国家内部也存在分歧。神职人员和骑士团不需要他，但贵族们对于一切帮助都是来者不拒的态度。

这些都丝毫没有困扰腓特烈。与之前的东征者不同，他对圣地穆斯林的复杂政治局势了如指掌，打算利用对方的内部矛盾做文章。他不需要强大、团结的战力，只需要有一支表面上阵容齐整的队伍即可。十多年来，光是他的名字就足以震慑巴勒斯坦的苏丹和埃米尔们。如今他亲自来到了这里，也许虚张声势就能达到自己的目的。

两年前，埃及苏丹卡米勒曾表示愿意把耶路撒冷送给腓特烈，只要他进攻大马士革。现在腓特烈打算履行交易了。然而，收到信的苏丹大为气恼。政治形势早已不同，大马士革如今已威胁不再。如果他把耶路撒冷交出去，对自己的声望就是个巨大的打击。但另一方面，拒绝腓特烈会引发这位皇帝的怒火，届时他就得直面十字军了。

卡米勒决定拖延时间。他派出了一系列使团，带着昂贵的礼物找到了腓特烈，借此表达自己永远的感激之情。受到热情接待的穆斯林使者实在太多，以至于皇帝自己的军队都怀疑他打算背叛他们了。

不过，腓特烈没过多久就识破了卡米勒的计划。他显然需要通过展示武力来引发对手的注意了。皇帝立刻中断了磋商，表现出向耶路撒冷进军的明显倾向。沿海的雅法可以保障进军耶路撒冷的路线，这里的防卫力量忽然大幅增强，仿佛是在筹备大规模的进攻，而十字军也开始囤积食物。得到消息的苏丹趁着皇帝还在雅法，赶紧派出了使者，希望缔结和平条约。

谈判很艰难，但腓特烈乃是行家里手。他以阿拉伯人的礼节欢迎了使者，款待的方式也展现出了他对《古兰经》的熟悉。在西西里成长的那些年，腓特烈对伊斯兰教的思想有了细致入微的了解。他知道何时回避话题，何时单刀直入，何时态度强硬，何时妥协让步。在接下来的 3 个月里，他用三寸不烂之舌，解决了之前 3 次东征都未能用刀剑摆平的问题。圣城是基督徒的了。

和约的几乎每一条都是双方妥协的结果。双方同意休战 10 年，由基督徒掌控耶路撒冷——城内的清真寺除外——以及伯利恒、拿撒勒和联结海岸的狭长走廊地带。圣城本身不建城墙，不设守军，伊斯兰教的朝圣者可以自由出入阿克萨清真寺、圆顶清真寺和其他礼拜场所。此外，所有城内的穆斯林居民可以继续生活，他们的社区由自己的官员依照伊斯兰教教法管理。最后，腓特烈在伊斯兰国家与其他基督教国家的战争中要保持中立，如果基督徒打破休战协定，腓特烈须帮助穆斯林一方。

当耶路撒冷重归基督徒怀抱的消息传出时，十字军国家上下都洋溢着极度的兴奋。腓特烈仿佛一瞬间就从基督教的奸诈魔鬼变成了超级英雄。每座城市都响起了钟声，人们在街道上放声大哭，教堂也举行了感恩的祷告仪式。然而当公众得知和约细节之后，喜悦就化为了困惑，随后变成了厌恶。

耶路撒冷几乎称不上被基督徒掌握。他们无法管理城中很大一部分人口，无法控制许多圣所，也无法限制任何人进入城市。更糟的是，他们无法重建城墙，城市在战略上被完全孤立了。它与十字军国家的其他地区仅通过一条狭长的走廊地带相连，邻国心血来潮之下就能切断它。和约让耶路撒冷变成了一座完全无法防守的城市。这不是一次伟大的胜利，而是一场外交耻辱。

卡米勒也公开宣扬自己这次外交的胜利。他声称十字军只得到了可笑的“几座教堂和破烂房屋”。他向公众保证：“所有的圣所都将被穆斯林掌控，伊斯兰教将与以往一样繁荣兴旺。”最后，他表示，无论如何，和约有效期一过，他就会“净化”基督徒控制的耶路撒冷。

很难想象腓特烈在这样不利的情况下，如何才能做到更多。不过这份和约的主要服务对象是希望加冕的他自己，而不是希望长治久安的十字军国家。至少，他拿到了自己想要的。于是他丝毫没有浪费时间，立刻投入到了圣墓教堂加冕典礼的筹备当中。

可想而知，耶路撒冷的牧首拒绝配合。腓特烈忽略了他，径自进入了城市，而牧首则对整座城市下达了禁令。任何想要参加或支持典礼的人，都将被逐出教会。

之后发生的事情，是东征史上最奇特的一幕。1229 年 3 月 18 日早晨，腓特烈步入耶路撒冷最神圣的教堂，却发现里面空无一人。无论最后的和约有多么脆弱，他至少独力实现了历次东征的最终目标，解放了耶路撒冷。但这次伟大的胜利却让基督徒和穆斯林都产生了被自己领袖背叛的感觉。腓特烈本人就是矛盾的统一体，他是遭到绝罚的信仰之敌，却也完成了教会以赎罪之名号召的一项神圣使命。

没有人为腓特烈加冕，哪怕是做简单的弥撒，但这阻止不了他。他目中无人的姿态更增添了这一刻的传奇性。在跟随而来的德意志士兵的簇拥下，他为自己戴上了王冠，并自称为耶路撒冷国王。整个过程没有什么乐趣，而他与自己的新臣民彼此相互蔑视，又加剧了这种不快。第二天，他就离开了耶路撒冷，再也没有回来过。

腓特烈抵达阿卡的时候，情绪已经极度恶劣。他不指望十字军国家的公民感激他，但希望至少得到尊重。最激烈的冒犯者是耶路撒冷的牧首，这个令人难以忍受的家伙毫无保留地表达着自己的不满，并一路跟着腓特烈来到了阿卡，号召贵族们反抗他。

皇帝没心情应付这些反抗。他把牧首拖到面前，愤怒地命令对方承认自己为国王。牧首也同样愤怒，大吼称自己绝不接受叛徒的命令。这突破了腓特烈忍耐的极限。他占领了城市，命令士兵驱逐所有不承认他是耶路撒冷合法国王的人。那些反抗者则被公开鞭打，牧首也遭到了软禁。

唯一阻止帝国军队与当地居民进一步冲突的，是腓特烈迫不及待回国的愿望。他不在欧洲的这段时间里，格列高利九世一直忙着招募军队。巧合的是，这支教廷军队的领导者正是腓特烈的岳父——被驱逐的前任耶路撒冷国王布里昂的约翰。他们已经横扫了腓特烈在意大利南部的领土，距离征服那里只剩一步之遥。

1229 年 5 月 1 日，也就是腓特烈抵达巴勒斯坦的 10 个月后，他登上了回国的旗舰。为了表达怨恨，同时确保当地人不会违反和约，他摧毁了能够找到的一切武器和攻城设备。当地的居民对腓特烈没有任何好感。在他们看来，腓特烈走向旗舰的动作更像是仓促的撤退，而不是庄严的行进。一路上，皇帝都在忍受群众的嘘声，躲避时不时抛来的粪便和腐烂的动物肠子。

这样的结局对于一场匪夷所思的东征而言再合适不过。表面上看，腓特烈取得了相当的成功。在基督教世界、十字军国家和伊斯兰世界的敌对之下，他设法获得了耶路撒冷，实现了第一次十字军东征以来的最高成就。耶路撒冷、伯利恒和拿撒勒又一次成了基督徒的城市。

然而从长远来看，这些胜利没有任何意义。东征只实现了腓特烈的个人目标，而在追逐目标的过程中，腓特烈表现得过于不计后果。他加剧了十字军国家——例如耶路撒冷王国——各派的矛盾，也让他们丧失了防御能力。

腓特烈努力争取的加冕并未让自己得到多少安慰。不到一年，他留在十字军国家看顾自身利益的士兵就卷入了全面的内战之中。不到10年，他的影响力就完全消失了，耶路撒冷也丢了。

这段黎凡特地区的经历也无益于腓特烈的名声。他来时，遭到了深深的怀疑，而走时，按照当时编年史作者的说法，“被人民怨恨、诅咒和中伤”。他对基督徒的事业造成了无法挽回的伤害，却从中一无所获。

第十九章
第七次东征

Chapter 19
The Seventh Crusade

法兰克人的国王率领着强大的军队一路向前……在他们面前，大地都忍不住颤抖……

——叙利亚编年史作者巴尔·赫布雷斯*

穆斯林的内斗一次又一次地让十字军国家免于彻底覆灭。他们赶走异教徒的紧迫性如今已经大大降低，因为基督徒如今在巴勒斯坦只能苟延残喘。比起终结十字军国家仅存的一点势力，开罗的苏丹更愿意去征服大马士革。

耶路撒冷的命运，就是穆斯林对圣战漫不经心的最佳体现。1239年，和约一过期，老苏丹卡米勒的军队就占领了耶路撒冷，并于第二

* *The Chronography of Gregory Abu' l Faraj ... Bar Hebraeus*, trans. Ernest A. Wallis Budge (London, 1932).

年攻破了大马士革。但他很快就逝世了。在随后的内战中，耶路撒冷又被还给了基督徒，以换取军事支持。然而，基督徒想要真正控制城市，则是在痴人说梦。对伊斯兰教的领导者而言，圣城只是一个美观而价值不大的小玩意，需要的时候可以随意馈赠。

1244年，这一点得到了确切的证实。埃及将领拜巴尔决定再一次夺走耶路撒冷。他率领的部队是埃及军队的骨干力量，名为马穆鲁克，士兵之前都是奴隶。在打垮了前来阻止的十字军后，拜巴尔趾高气扬地走进了城里。没有离开的成年男子都被杀害，女性和儿童都被充作奴隶，城中包括圣墓教堂在内的所有教堂都遭到了焚烧。十字军国家的领土只剩下海岸边的狭长地带，即使这一点点也是穆斯林邻居一时兴起才留下的。

十字军国家倾颓的状况引发了欧洲人的绝望呐喊，和以往一样，这些声音虽然虔诚，却很空洞。腓特烈二世曾表示要发动东征，但没有人再相信他，而且他正在与教廷军队激斗，并第二次被逐出教会。* 教皇英诺森四世也宣布要召集十字军，不过他的目标是腓特烈二世，要推翻这个真正的信仰之敌。

在这样悲观厌战和政治陷害的氛围中，甚至连教皇都无心捍卫圣地。但就在此时，法国国王突然站了出来，希望重现十字军的荣光。路易九世与腓特烈二世截然相反。这位年轻的国王待人真诚、信仰坚定，以无可指摘的正直而著称，甚至连敌人也承认这一点。他在逝世

* 皇帝无礼地表示，任何人只要加入他进攻教皇的队伍，罪行都可以得到赦免。这本是教会宽恕十字军战士的做法。

后不到 30 年就被尊称为“圣路易”，也是唯一被追封为圣徒的法国君主。他比“狮心王”理查更为严肃认真，且同样富有骑士精神。他相信，解放耶路撒冷是表达虔诚的最佳途径。在前几代国王——尤其是腓力二世——的经营之下，法国发展成了欧洲最为富裕、稳定、强大的国家之一。把这些资源用于侍奉耶稣基督，再合适不过了。

路易九世的热情毋庸置疑。耶路撒冷陷落后，欧洲的其他君主都各找借口推辞，但路易尽管身患重病，却在当年就宣誓发动东征。害怕的母后恳请教皇解除其誓言，认为她儿子只是病得糊涂了，但路易康复之后又重申了自己的想法。

虽然路易迫切希望出征，却并不轻率冒进。这是一项神圣的使命，是他作为国王的最高职责，不能抱有任何侥幸的想法。他一丝不苟地订立计划，展现出了令人印象深刻的组织能力。筹备花了 3 年时间，直到 1248 年 8 月 25 日，路易九世方才踏上征途。不过他带领的大军是历代十字军中效率最高、补给最完备的一支。

出乎意料的是，路易九世选择了埃及作为目标。他仔细研究了第五次十字军东征，认为从战略上看，先迫使开罗屈服，再进军耶路撒冷的计划行之有效。第五次东征的领导者出现了决策失误，士兵多数时候都在枯坐干等，即便如此都差点成功。而他不会犯下那些错误。

由于适合作战的季节很快就要过去，十字军在塞浦路斯过了冬。与此同时，路易九世忙于搜集有关埃及政局的信息。传来的消息令他大受鼓舞。卡米勒的王朝正在崩溃，马穆鲁克很快就要占据上风。如今是利用争端来进军的大好时机。

在塞浦路斯过冬的缺点，就是让埃及苏丹有了足够的准备时间。十字军在抵达杜姆亚特时，发现穆斯林军队已经等候多时。他们不得不在齐腰深的水中下船，顶着猛烈的进攻冲向海滩。路易九世的表现相当英勇，在部下的簇拥下强行登陆了沙地。

十字军建立滩头阵地之后，对方很快就放弃了抵抗。埃及人的突击被法国人的长矛打退，反而冲撞了自己的主力部队。短短几分钟时间，穆斯林就乱成一团，四散奔逃，让杜姆亚特自行面对接下来的命运。

路易九世立刻下令围城。他预计这是场持久战。杜姆亚特的守军在第五次东征中坚持了超过 5 个月，这一次肯定做了更加充分的准备。不过当他派出斥候探察情况时，发现城市已经空无一人。31 年前那场围城的可怕经历帮了路易大忙，市民和守军这次一起逃跑了。

这次意料之外的成功也带来了一个问题。远征开战的第一天，十字军就已经走到了前人开辟的道路的尽头，除了知道要避免重蹈第五次东征的覆辙之外，对未来毫无头绪。路易九世的参谋们在未来的战略方针上出现了很大分歧。东征的最终目标是夺回耶路撒冷，那他们应该在埃及待多久？占领埃及就意味着东征的结束，还是说应该把它当作获取更大利益的筹码？换句话说，他们是应该长驱直入进军开罗，颠覆穆斯林在埃及的政权，还是应该不断施加压力，直到苏丹交出耶路撒冷？前一种方案可能会重蹈佩拉吉乌斯在第五次东征中的覆辙，但后一种方案也可能让基督徒丧失长期稳定统治耶路撒冷的机会。

路易进行了激烈的思想斗争。由于他掌控了制海权，可以一直守住杜姆亚特，缺乏勇气的苏丹迟早都会把耶路撒冷奉上。但他不能忽视十字军国家需要的长期稳定。单纯夺回耶路撒冷，却无法确保其未来的安全，那与腓特烈二世的做法没什么两样。必须要从根源上解决问题。

在几个月的规划之后，路易谨慎地开始向南进军，与此同时确保了自己的补给线。他花了不到一个月的时间，抵达了曼苏拉，并在佩拉吉乌斯 30 年前选择的那个地点再次扎营。

仿佛是失败十字军的冤魂作祟，噩梦般的剧本又一次上演。尼罗河泛滥了。法国人试图建造长堤，却被穆斯林士兵不断破坏。看来这次大有前途的东征又要以失败告终了。不过幸运的是，路易九世的弟弟阿图瓦的罗贝尔在一名当地人的帮助下，找到了可以涉水而过的地区。他没顾上与路易协商，就带着数百名骑士成功渡河上岸，突袭了穆斯林的营地，杀了对方个措手不及。

这场大胜让罗贝尔冲昏了头脑。曼苏拉是前往开罗的唯一阻碍，十字军只有拿下这里，才能继续进军。而他已经拯救了大军一次，现在希望把握机会进一步提高声誉。因此，罗贝尔没有等待大部队过河，而是径自闯进了城里，试图独立攻占城市。但几分钟之后，他和绝大多数部下都被歼灭于狭窄的街道中。十字军损失了最具经验的一部分骑士。

路易没有时间悲伤。他一渡过尼罗河，就遭遇了穆斯林的大军。在长达 12 小时的激烈交锋中，双方都死伤惨重。十字军最终占据了上风，但剩余军力已经不足以压制曼苏拉，更不用说进攻开罗了。

在国王痛苦地筹划未来时，新任苏丹正忙着设置陷阱。只要十字军可以一直通过尼罗河获取补给，就始终是个巨大的威胁。所以他想出了一个独特的办法：他在开罗建造了一支舰队，然后把船全部拆卸，用骆驼绕过十字军运走部件，再重新组装起来下水，最后截断路易九世与杜姆亚特的联系。

路易九世做了周密的筹划，最后却陷入了与第五次东征一样的困境，这不得不说是一种讽刺。他坚持了 3 个月，即使军队受到饥饿与疾病的困扰也拒绝放弃，但东征的失败已是毫无疑问。到了 1250 年 3 月，他终于下令撤退。病患和伤者登上了船只，试图冲破穆斯林的阻挡，大军则向北经由陆路返回。

尽管路易病得很严重，但却拒绝乘船。他的职责是带领军队，不愿意抛弃手下不顾。事实证明，这个选择很明智，因为只有一艘船突破了对面的防线。大部分人都遭到屠杀，那些有望康复的则被放到奴隶市场售卖。

路易九世的病情仅有轻微的好转。缓慢向北行军的部队不断受到尾随的穆斯林大军骚扰。很显然，食物告罄且无法获得补给的他们已经到了穷途末路。前往杜姆亚特的路途还没走到一半，国王就意识到他们再也无法前进了。继续抵抗，只是在不可避免的投降来临之前徒增伤亡。为了保全剩余部下的性命，路易九世请求投降。

令他惊骇的是，苏丹立刻下令杀死了那些付不起赎金的人。病患和伤者也同样被害，剩下的人则被关了起来。随后，苏丹提出了他的要求。十字军需要立刻撤出埃及，支付巨额的损害赔偿，才能获得赎身的资格。路易九世将继续作为人质，直到苏丹至少获得一半赔偿为止。

命运有时显得尤其残酷。路易接受条件后不久，就目睹了酝酿已久的马穆鲁克叛乱，他们推翻了苏丹的统治。如果路易能在杜姆亚特多待几个月，或是晚一点进攻曼苏拉，埃及就毫无抵抗之力了。而现在，他的处境更加恶劣。开罗的新主人没兴趣与异教徒签订协议，打算把他们全部充作奴隶。

最后，金钱和杜姆亚特控制权的诱惑，胜过了与异教徒交易的不快。马穆鲁克获得赎金之后，路易九世和大部分上层贵族都得到了释放。即使此刻，法国国王也拒绝承认自己的失败。大部分部下仍然被关押，他从良心上无法接受抛弃他们返回祖国的做法。毕竟，他曾立下神圣的誓言要帮助十字军国家。路易解除了臣属的宣誓，并宣布他决定去圣地，看看能否尽到自己的一份力量。随后，他带着大约 1 000 名骑士去了阿卡。

路易九世的抵达与腓特烈二世形成了鲜明对比。王室的驳船一驶入港口，就受到了牧首和城中所有人的热烈欢迎，仿佛他是攻无不克的英雄。实际上，路易在这里有很多可以帮忙的地方。尽管他只带了 1 000 名骑士，但他的声誉足以弥补军力的不足。与神圣罗马帝国皇帝不同，路易得到了十字军国家所有人的尊敬与服从，他们认为路易是东方唯一拥有道德权威的领导者。

路易几乎立刻取得了成功。他发现埃及和叙利亚的争端依旧，便聪明地向马穆鲁克提议联盟，以换取剩余十字军的释放。埃及人同意了，并暗示如果基督徒提供了足够的帮助，也可以把耶路撒冷还给他们。接下来的战争没有持续很长时间，无从检验马穆鲁克是否真心，但路易九世至少兑现了承诺，救出了自己的部下。

由于大部分东征军都被遣散，路易九世无力再帮十字军国家获取更多领土，所以他把重点转向了巩固现有领土。他建立了堡垒，修补了城墙，改善了交通——这一切都由他自己承担费用。路易沉迷于向他人提供帮助，纵使请求他回国的信件如雪片般发来，他也不愿意离开这里。

到 1253 年年底，即使连路易也不得不承认，他再没有什么可以做的了。基督徒控制的沿海地区运转良好，得到了妥善的保护，还与马穆鲁克签订了有效期 10 年的和平条约。如今需要的是一场大规模的东征来扩张领土。他已经离开自己的王国长达 6 年，在践行东征誓言上远远超出了人们的期望。是时候回家了，尽管他还是依依不舍。在登船之前，路易还行了最后一个善举：为阿卡留下了一支由 100 名骑士组成的永久卫队。卫队的维持和给养费用都将永远由法国王室承担。

虽然路易九世的东征起初遭遇了噩梦般的失败，但他设法在一定程度上进行了补救。十字军国家的地位得到了提高，这是除了他和“狮心王”理查之外再没有哪位东征者做到过的。尽管如此，路易的良心还是不断经受着煎熬。上帝认为他还不配收复耶路撒冷。他推测，自己的缺点——尤其是骄傲——要为此负很大责任。如果他在统治法国时能像基督一样重视正义，关爱穷人，也许上帝会再给他一次机会。

第二十章
祭司王约翰

Chapter 20
Prester John

吾国地大物博，包罗万象，珍奇之物，数不胜数。

——祭司王约翰写给君士坦丁堡皇帝的信*

路易九世回国后继续关注着东方的态势。国内繁杂的事务令他脱身不得，但他依旧尽职尽责地为十字军国家提供金钱和物资，等待着再次东征的机会。因此，他率先得知了一个令人振奋的重大消息：祭司王约翰终于行动了。

东方神秘国度有一位伟大的基督教国王，这个消息早在第二次十字军东征期间就开始在西欧流传。尽管众说纷纭，但多数人认为他是耶稣诞生之地的东方三博士的后裔。

* *Selections from the Hengwrt Mss. Preserved in the Peniarth Library*, ed. & trans. Robert Williams (London: Thomas Richards, 1892).

人们还知道他信仰景教，这个基督教的旁支既不承认罗马教皇的权威，也不承认君士坦丁堡牧首的领导。他身处波斯以东的遥远地区，以祭司王的身份统治着一个无比富裕的国度，为了驱逐占据耶路撒冷的穆斯林而开始了自己的进军。

这些消息传得活灵活现，以至于在第三次十字军东征的筹备过程中，教皇亚历山大三世还曾给他写过一封信，探讨合作的可能性。虽然那些信使从未回来过，祭司王约翰也从未在耶路撒冷现身，但基督教世界依旧坚信东方有一位强大的救世主。*

到了 13 世纪，激动人心的消息开始渐渐传来。阿卡的主教向罗马汇报，称穆斯林大军在东方遭遇了惨败，在恐慌之下四散奔逃。很快，有关伊斯兰教政权垮台、士兵被杀、城市被毁的消息纷纷传来。随后在 1258 年，最激动人心的事实证实了这一切。定都巴格达的阿拔斯王朝†被彻底颠覆了。城中的大图书馆被焚烧，大约 9 万名居民被杀害，哈里发则裹在地毯里被战马践踏而死。

很多人认为阿拔斯的覆灭是上帝的授意。6 个世纪以来，伊斯兰世界的军队征服了基督教世界四分之三的领土，如今正义终于要得到伸张了。祭司王约翰将会把这些占领者一扫而光，引领基督徒进入和平与繁荣的新纪元。

然而，这支战无不胜的基督徒军队似乎有些不对劲。率军入侵叙利亚的将领怯的不花（Kitbuqa）的确信仰景教，不过在他眼里，伊斯兰

* 寻找祭司王约翰的国度也是马可·波罗（Marco Polo）前往东方游历的动机之一。

† 该王朝的哈里发是穆罕默德叔叔阿拔斯的后裔。

世界的敌人和基督徒的友军没什么差别。他以死亡为威胁，强迫安条克公爵臣服。阿勒颇和大马士革都望风而降，因此没有遭到破坏。与此同时，他还派了使者去开罗，要求埃及立刻投降。

教皇英诺森四世致信怯的不花，询问他为何进攻基督徒的领土。后者回复称：任何人若不承认他的首领权威，都将遭到灭顶之灾。狂妄的言论震惊了欧洲的宫廷。这种行径与他们想象中祭司王约翰的做法大相径庭。

基督徒猜测，或许世俗君王的运气会更好。于是路易九世试图与对方交涉，提议搁置宗教理念上的分歧，对付共同的穆斯林敌人。但怯的不花却冷淡地表示，他们的目标是扩大自己的势力，而不是与盟友分享战果。他继续表示，如果路易真的想发挥一点作用，也免去了他们入侵法国的麻烦，可以现在就臣服，每年进贡礼品即可。

现在每个人都清楚了，这群不速之客与祭司王约翰没有任何联系。这个传说本身就是美好的愿望、断章取义的模糊事实和混淆不清的地理概念结合的产物。在欧洲的东方的确有一个大型基督教王国，不过它位于埃塞俄比亚。此外，景教徒分布在许多地方，甚至远至印度都有他们的身影。不过参照这些居住地的整体人口，他们始终都是少数派。

实际上，这些入侵者是蒙古人。他们来自中亚大草原，已经建立了历史上最大的帝国。在军事天才成吉思汗——据说他出生时手握凝血——的带领下，他们似乎决心毁灭一切文明。从任何角度来看，他们都令人胆寒，常常因为对战斗的纯粹热爱而发动进攻。对于周边的文明国家来说，蒙古人的习惯令人不适。为了生存，他们会吃掉一切动物，无论那是牛、老鼠还是狗——如果我们愿意相信同一时代的叙述——甚至还包括虱子，痛饮人血也不在话下。

与其他征服者不同，蒙古人的目的似乎是单纯的毁灭。任何抵抗的城市都会从地图上被直接抹去。在罗斯，他们把叛乱的贵族压在一个木质平台的下面，然后在上面举办宴会，听着这些人在惨叫中被慢慢压碎。在亚洲，他们迫使某个被征服城镇的平民站在城墙外面，然后给每个战士一把战斧，让他们按照配额数杀掉这群人。

这不只是残暴野性的体现。蒙古人会以恐慌为工具，让对手不敢抵抗。他们把头骨堆在一起，把一袋袋耳朵倾倒出来，夸大屠杀的人数，从而让下一轮征服变得更加容易。* 从黑海到太平洋，蒙古军队几乎无可阻挡。

然而蒙古人在埃及遇到了旗鼓相当的对手。恶毒的马穆鲁克苏丹拜巴尔直接处死了要求他们投降的使者，集结了大军向北迎击这群入侵者。

拜巴尔的时机简直完美。他从开罗出发的时候，蒙古人的统帅——成吉思汗之孙旭烈兀刚刚得到消息称大汗逝世。† 由于旭烈兀是帝国的主要继承人，他立刻带着大部分军队奔袭 4 000 英里（约合 6 400 千米），赶回了故土。

1260 年 9 月 3 日，拜巴尔军与剩余的蒙古军在加利利东南部、靠

* 真正的死亡数也已经足够惊人了。按照保守的估计，蒙古人在征服过程中屠杀了1 100万~1 500万人，占当时全球人口的2.5%。

† 这里的大汗指的是蒙哥汗。1259年8月11日，蒙哥因病去世于合州（现今的重庆合川区），一说重伤而死。——译者注

近现今以色列耶兹列（Yizre'el）的艾因扎鲁特（Ayn Jalut）展开了激战，并击败了对方。这是纵横亚、非、欧三大洲的蒙古人第一次被迫停下脚步，不可战胜的神话破灭了。尽管他们在日后依然是一股危险的力量，但之前散播的那种绝对恐惧感如今已经消散。

马穆鲁克的胜利让十字军国家获得了难得的喘息之机，但贵族们没有借机强化防御，反而开始了内斗。闹得最严重的是圣殿骑士团和医院骑士团，他们不断试图削弱对方的力量。出于骄傲，两大骑士团从来不会达成一致，而且常常展开激烈的争论，甚至公开动手。

这对于王国的稳定毫无益处。蒙古人通过征服，在北方开辟了一条新的贸易路线*，随着南方的贸易路线渐渐荒废，十字军国家的经济也开始崩溃。

与此同时，穆斯林却前所未有地团结在了一起。艾因扎鲁特的胜利让他们有了主心骨，拜巴尔的实力从此日益增强。第二年，他就占领了大马士革，扫清了穆斯林的最后一个威胁。随后，他开始了终身的事业，发动了将基督徒彻底赶出中东的圣战。这一次不会有怜悯和妥协了。拜巴尔以身作则，无论何时、在哪里遇到基督徒，他都会杀掉他们，或把他们充为奴隶。

他的第一个目标是拿撒勒，在那里，他烧毁了基督徒的大教堂。随后他进军到该撒利亚，沿着海岸线来回扫荡。每到一处，他都会展开堪比蒙古人的大屠杀。在围攻以色列北部的一座圣殿骑士的要塞时，

---

* 与蒙古帝国交易的明显优势在于：来自遥远东方的商品不再需要经过一系列中间商就能抵达欧洲市场。以十字军国家为终点的南方路线无法在价格上与之竞争。

他承诺骑士只要投降，就放他们一条生路。而大门打开的一瞬间，穆斯林士兵就冲了进去，杀掉了里面的所有活人。占领安条克之后，他再开杀戒，城内男女老少一个不留。这是整个十字军时代针对平民最为彻底的大屠杀，甚至连穆斯林的编年史作者都为之震惊。

然而，拜巴尔认为自己只是说到做到而已。他声称，最大的遗憾就是安条克公爵博希蒙德六世当时不在城里，没能让他与城市共命运。他得意扬扬地给公爵写了一封信，详细叙述了博希蒙德错过的屠杀现场，还特别描绘了被强暴的贵族女性和被割喉的神职人员。

曾被誉为“东方明珠”的安条克是古代和中世纪全球最伟大的城市之一。它于此役遭到摧毁，再也没能恢复原样。照此趋势，十字军国家的残余势力很快就会遭遇类似的命运了。

第二十一章
最后的东征

Chapter 21
The Last Crusade

全身心侍奉耶稣，用你全部的力量爱他。

——路易九世对儿子的告诫*

遥想当年，十字军国家只要遭遇威胁，东征军便会气势汹汹地前来解围。而如今，最古老的十字军国家之一已经覆灭，却几乎没有在欧洲激起一丝涟漪。欧洲人对局势已经越来越不抱希望，毕竟这几代人的时间里，十字军国家都处于崩溃的边缘。距离本土更近的地方还有更加迫切的事情值得他们关注。总之，人们已经把对于东征所剩不多的精力挪去了他处。西班牙的再征服运动正在轰轰烈烈地进行着，波罗的海北部也有一些异教徒需要对付。

* *Saint Louis' Advice to His Son, in Medieval Civilization*, trans. & eds. Dana Munro and George Clarke Sellery (New York: The Century Company, 1910), pp. 366 –375.

实际上，唯一还在意十字军国家的君王是法国的路易九世。此时的他虽然已经年过五旬，身体日益虚弱，但拯救圣地的伟大理想却未被时间磨灭。当他宣布自己打算再次东征时，上层贵族都惊骇万分。这个时候再计划如此规模的远征，显得愚蠢至极。路易是一位模范国王，以为人津津乐道的正义感统治着王国。法国现在局势稳定，政府运转高效，经济蒸蒸日上。为什么要押上这一切，去参与一场风险极高、几乎没有任何收益的赌博？年轻的国王希望通过高尚的东征来证明自己的信仰与勇气，尚且情有可原，但路易九世已经尽了自己的责任。他没有必要抛开耗费多年心血打造的国家，只为了一次愚勇的远征。

官员们尽了最大努力来劝阻。他们反对路易的计划，不断恳求他别去。然而国王的意志并未随着年岁增长而弱化。他不仅立刻开始了筹备工作，还强迫百般不情愿的弟弟安茹的查理陪他一起出征。

查理的履历令人印象深刻。他哥哥无比虔诚，而他则无比精明，机敏地从普罗旺斯的一个小贵族逐渐成为欧洲最显赫的大人物之一。他最大的机遇出现在1262年。腓特烈二世逝世后，众多觊觎西西里王位的候选人展开了争夺。教皇希望把王位授予路易，但路易拒绝了，于是他转而询问查理。查理抓住这个机会，花了4年时间有条不紊地开展斗争，于1266年消灭了所有反对派，加冕为西西里国王。

查理不愿意配合哥哥，因为除了天生看不上东征这种做法之外，他还盯上了其他的目标。突尼斯的酋长国积贫积弱，距离西西里又很近。在地中海的另一端，拜占庭帝国刚刚于1261年夺回君士坦丁堡，正适合征伐。如果他能有足够的时间筹备，成为皇帝指日可待，届时，他就可以顺理成章地当上欧洲的领军人物。

然而，查理目前还不是皇帝，而且西西里国王的地位不如他哥哥的法国国王，这令他尤为难堪。所以他只能咬紧牙关，配合路易参加东征。至少查理不是唯一被迫加入的君主。西班牙阿拉贡王国的海梅一世（James Ⅰ of Aragon）和英格兰国王亨利三世（Henry Ⅲ）都没有参加第七次十字军东征，在路易的劝说下，他们答应贡献自己的一份力量。

1270 年盛夏，路易九世开始了自己的第二次东征。这一次，他的准备甚至比 20 多年前更加细致和出色。舰队整齐地开到了撒丁岛（Sardinia），计划与其他国王的队伍会合。然而，岛上却没有其他人。他的弟弟还在做着最后的准备，西班牙的舰队在中途沉没，而亨利三世正式宣布退出，尽管他承诺让儿子爱德华替父出征。

东征遭遇了挫折，但也不算严重。毕竟这是路易的东征，无论有没有帮手，他都要取得成功。唯一出乎意料的是他选择的目标。

包括埃及苏丹拜巴尔在内，所有人都认为路易会再次进攻杜姆亚特，但他却意外地选择了突尼斯。这显然是受他弟弟查理的影响。在东征避无可避的情况下，查理决定因势利导。突尼斯离西西里很近，据说当地的埃米尔对转变信仰抱着开放的态度。查理对这里垂涎已久早已不是什么秘密，它既可以保卫西西里的侧翼，又可以帮助他主导地中海西部地区。他对路易表示，征服突尼斯可以为进攻埃及打下坚实的基础，同时还能打击穆斯林的士气。路易被说服了。

不管这个计划有什么优势，至少它起初开展得很顺利。法国军队在酷热的 7 月中旬成功登陆，并打垮了前来阻止的军队。他们秩序井然地沿着海岸线进军，并在古城迦太基的郊外驻扎了下来。

然而，盛夏不是个在北非用兵的好时节。在滚滚热浪、漫天蚊虫和不洁水源的多重影响下，痢疾开始在军中蔓延，严重削弱了士兵的战斗力。面对不断恶化的形势，路易九世决定等待查理的援军，据说他们已经在赶来的途中了。

事实证明这是个错误。炎热的天气和糟糕的卫生环境导致感染的人数迅速增加。士兵们大批死去，查理却没有出现的迹象。路易九世的长子和继承人腓力也因病倒下。而在腓力卧床不起的时候，路易的另一个儿子约翰病逝了。这让路易大受打击，约翰诞生于第七次十字军东征期间，他的死亡似乎是上帝不悦的标志。路易感觉自己又一次遭受了神的审判，而结果依旧是不合格。

几天后，路易也病了。没过多久情况就变得很明显：他再无可能痊愈了。8 月 24 日，他强打精神，要求穿上悔罪者的白色长袍，卧于灰烬之中。是夜，他陷入了致命的高烧状态，并在第二天清晨永远合上了双眼。“耶路撒冷！”是他弥留时说的最后一个词。路易在突尼斯总共只待了 35 天。

在那天下午抵达的查理发现哥哥已死，军队一片混乱。于是他做了最合理的决定，及时止损，与埃米尔展开了会谈，并以他惯有的风格订立了一份绝佳的和约。以十字军撤退为条件，查理从突尼斯的埃米尔那里敲诈了一大笔钱，西西里王国还获得了贸易上的诸多特权。

得知和约细节的士兵们非常愤怒。查理没有参加任何战斗，却像秃鹫一样抢走了胜利果实。军队里可能没多少人有路易九世那样坚定的决心，但他们同样关注十字军国家的安危。已故的国王深受爱戴——死后没到30年，他就被封为圣徒——而查理为了金钱，背叛了路易的崇高理想，令人难以接受。

更令人愤怒的是，如果查理可以再等几周，十字军最初的目标或许依然能够实现很大一部分。在查理签订和约之后不久，英格兰王储“长腿”爱德华就率领一小支军队抵达了突尼斯。这位将来有着“苏格兰人之锤”称号的残酷王子是一名优秀的战士。即使法国军队的实力有所削弱，在爱德华的带领下也可能取得更多战果。然而此刻，他们在突尼斯已经没什么可以做的了。

爱德华没有立刻返回英格兰，而是乘船去了阿卡，想看看还能为十字军国家做些什么。他发现耶路撒冷王国已经危在旦夕。拜巴尔一得知东征的目标是突尼斯而不是埃及，就对十字军国家展开了新一轮进攻。当年3月，他夺取了医院骑士团的叙利亚武士堡（Krak des Chevaliers）。这座堡垒号称“卡在穆斯林喉咙中的骨头”，其坚固程度在中世纪恐怕罕有对手。近两个世纪的无数次宗教战争中，它始终屹立不倒。

十字军国家的某位国王曾在13世纪初表示，叙利亚武士堡是基督徒存活于黎凡特地区的“关键”。它的陷落被双方视为终局的开始。爱德华立刻意识到只有大规模的东征才有机会力挽狂澜，但他还是尽了自己的最大努力。王子带来的士兵数还不足一千，不可能与拜巴尔正面交锋，于是他煽动蒙古人加剧了对叙利亚的劫掠。

策略很成功，拜巴尔不得不腾出手来防备，并与基督徒签订了10年的和约。此举解决不了十字军国家面临的危险，但至少起到了续命的作用。在那些毫无希望的日子里，这样一份出乎意料的和约也被视为一场伟大的胜利。带着自己的300名骑士，爱德华返回了英格兰，发现父亲已经逝世，自己成了国王。

随着爱德华的离开，十字军的时代也接近了尾声。人们感觉十字军国家的陷落已是板上钉钉，再也没有了施以援手的热情。路易九世的东征是筹备最周密、资金最充裕的两次。作为领导者，他经验丰富、勇猛善战、侠肝义胆，全心全意为了解放耶路撒冷而奋斗。即使如此，两次东征却都遭遇了耻辱的失败。如果连圣路易都不能成功，其他人还有什么希望？

路易极度的虔诚掩盖了东征精神多年来的衰退。人们已经疲惫了。在8次主要的东征之外，还有无数次针对西班牙、波罗的海和法国异教徒的小规模东征。* 随着东征的政治意味逐渐加深，各国越来越难在其理念上达成共识。威尼斯操纵了一次东征，腓特烈二世也是如此，安茹的查理则利用东征为自己的西西里谋取了利益。教皇也逐渐倾向于号召东征来打击政敌，这让问题变得更加严重。

总之，十字军国家的命运已经注定。教皇最后试图劝说安茹的查理购买耶路撒冷的王位，希望他能因此提供援助。然而查理连自己现有的领地都管不好。他把西西里看作提供资金支持其他军事行动的私有

---

* 爱德华在阿卡的行动有时被称作第九次十字军东征，因为在严格意义上，此时第八次东征已经结束了。

财产，以至于当地居民终于忍无可忍。1282 年，被称为“西西里晚祷”（Sicilian Vespers）的起义爆发，把查理驱逐出岛，他的宏伟规划也全都化为泡影。为了镇压起义，查理还把之前派驻阿卡的守军全部调回，这一徒劳的挣扎进一步削弱了十字军国家的战斗力。

终结十字军王国的不是可怕的拜巴尔，这可能是其在最后的日子里唯一的宽慰。这位马穆鲁克苏丹死于 1277 年，据说是无意之中喝了他给其他人准备的毒药。绝望的基督徒签下了一系列和平条约，但此时，自信的穆斯林已无意遵守协定。双方签约一年后，的黎波里和一系列沿海城镇就遭到了残酷的洗劫。

1291 年，穆斯林大军包围了阿卡。双方都知道，最后的时刻已经到来。此时，十字军国家的所有人才真正团结在了一起。三大骑士团——条顿骑士团、圣殿骑士团和医院骑士团——没有退缩，也头一次没有了争吵。尽管人数上处于 1∶7 的巨大劣势，但他们还是坚守了一个多月。直到 5 月 18 日，穆斯林终于在城墙上破开一个洞，杀了进来。

少数人乘着港口的船只成功逃离，其他人则全部殉国。英勇的骑士团以血肉之躯掩护着撤退的居民，绝大部分幸存者都是妇女和儿童。

阿卡的陷落标志着基督徒在黎凡特地区的政治影响力彻底消失。由于十字军国家的绝大部分骑士都于此役战死，剩余的领土已经无人守卫。东方的奴隶市场满是基督徒囚犯，以至于一个银币就能买到一个女孩。到 1291 年年底，十字军的最后一个城镇和堡垒也屈服了。为了根除后患，穆斯林拆除了沿海的全部防御工事。阿卡、提尔和的黎波里等古代文化与治学中心成了一堆冒烟的废墟，再也未能复原。

圣地的穆斯林其实没必要拆毁这些自己的城市。到公元1300年，欧洲人可以明显感觉到时代已经变了。在舞台上主导200年的中世纪教廷出现了明显的衰退。随着东征屡次失败及其政治意味日益增强，教廷的权威性逐渐丧失。阿卡陷落后不到20年，他们就再也没有能力引发大规模运动了。1309年，教廷从罗马迁居至法国的阿维尼翁（Avignon），在接下来的70年里，教廷成员实际上成了法国国王的俘虏。在此之后，令人尴尬的天主教会大分裂（Western Schism）发生了，一时间，自称教皇的竟多达3人。罗马教廷在西欧的影响力再未达到鼎盛时期的状态。

教会的骑士团也受到了拖累。他们原本是为了守卫圣地而组建的，十字军国家灭亡后，他们也失去了目标。三大骑士团不得不迁移新址，重新寻找存在的理由。圣殿骑士团在法国设立了总部，利用庞大的资产成为西欧最大的借贷机构之一。由于他们财富极多，不用交税，与各国都有联系，因此本质上是一个拥有武装力量的国中之国。负债者怨恨他们，政府害怕他们，几乎没有人信任他们。

在这样的环境下，圣殿骑士团得不到什么同情。阿卡陷落十余年后，骑士们成了债台高筑的法国国王和他在阿维尼翁的驯服主教的牺牲品。国王不担心反抗，因为他精心选择了大部分骑士前往西班牙参战的时机。还留在法国的都是接近退伍的老兵或伤员。在酷刑之下，他们被迫承认了令人难以置信的莫须有罪名：在十字架上小便，崇拜伪装成木乃伊的恶魔，举行亵渎神明的秘密仪式，图谋摧毁欧洲的基督教势力。接下来的一系列逮捕和迫害在对团长雅克·德·莫莱

（Jacques de Molay）的处刑中达到了高潮。

这位 70 岁的团长被拖到塞纳河（Seine）中央小岛搭建的一座平台之上，面对着嘲弄的人群和他们身后哥特式的巴黎圣母院。教廷使节宣读了团长的罪孽，描述了他种种令人发指的细节。紧接着，行刑者把莫莱拴在木桩上，点燃了他脚下的柴火。圣殿骑士团的最后一位团长就这样被烧成了灰烬。他临死前坚称自己无罪。*事后，教皇宣布正式废除圣殿骑士团，尚未被法国国王侵吞的财富则被分给了其他骑士团。

医院骑士团吸取了教训，没有站在公众的对立面，因此境遇要好得多。他们小心翼翼地维持医院，建立学校，为穷人分发金钱和食物。在三大骑士团中，他们的经历最为传奇。十字军国家灭亡后，他们撤退到罗得岛，在那里阻止穆斯林对基督教世界的进一步进犯，直到 1522 年被奥斯曼土耳其人赶走。接下来的 8 年里，他们四处游荡，居无定所。西班牙国王为感激骑士团为慈善事业做出的贡献，把马耳他岛租给了他们，每年只收取一枚马耳他鹰币（Maltese falcon）作为象征性的租金。几年后，他们以 700 名骑士英勇抗击 4 000 名来犯的奥斯曼土耳其人并取得胜利，赢得了赫赫威名。尽管从政治上说骑士团灭于拿破仑之手，但他们依旧以人道主义组织的身份在马耳他存续至今。

条顿骑士团避免了迫害和穆斯林的骚扰。他们在波罗的海东部建立

* 莫莱曾在酷刑之下屈服，但行刑时他高声撤回了自己之前承认的所有罪行。据说，莫莱还诅咒了法国国王和教皇，预言他们会在一年内面临永恒的审判。两人确实在当年相继离世，这被许多人视为神明对镇压圣殿骑士团的惩罚。

了一个国家，致力于劝说中世纪的立陶宛皈依基督教。几年后，他们发展成一股强大的势力，开始行使传统国家的职权。不过在一系列政治交锋中，他们遭到了波兰和立陶宛联军的重创。宗教改革后，条顿骑士团的团长皈依路德教派（Lutheranism），骑士团失去了绝大部分领地。拿破仑和阿道夫·希特勒都将其定为非法组织，但他们仍旧幸存下来。如今，骑士团变成了慈善机构，并分设天主教和新教分部。

虽然这些骑士团并未随着十字军国家而消亡，但在众人眼中，它们已是前朝的古董。纵使医院骑士团依旧在与穆斯林奋战，他们也纯粹是出于自卫。无论西方的君王之前如何赞美骑士们抗击穆斯林的英勇行为，实际上到14世纪初，他们已经完全放弃了收复遥远的耶路撒冷的念头，把全部精力投入了更靠近本土的事务。还有一些零星的个人试图帮助留在东方的基督徒，但西方再也无意发动大规模东征了。

闪耀的圣地，基督的绿洲，耶稣的复临……所有的梦想，就此化作梦幻泡影，只留下几座荒城、一段往事。

结语
余波

Epilogue

Aftermath

在沉睡中我们麻木，狼群已把畜栏闯入……

——塞巴斯蒂安·布兰特，《愚人船》，1494 年出版

十字军东征造成了相当复杂的影响，这种影响往往为人们所深深误解。现代的观点普遍认为：东征影响了东西方的关系，让穆斯林拿起了武器，引发了之后数个世纪的怀疑与怨恨。这一系列披着伪善外衣展开的荒谬远征破坏了伊斯兰教的启蒙时代，令对方变得冷酷无情，选择诉诸圣战来暴力解决问题。换句话说，十字军东征给当今世界的恐怖主义播下了仇恨的种子。

不幸的是，这种顽固的观点是错误的。伊斯兰世界并未受到东征的破坏，而且认为它们无关紧要。除了一些地名和少数民间故事外，它

们很快就被淡忘。直到 19 世纪下半叶，“十字军”这个词才有了阿拉伯语的对应说法；直到 19 世纪末，第一部有关十字军东征的阿拉伯文历史作品才问世。* 这是因为在穆斯林眼中，“十字军”和其他异教徒没什么区别，他们未能阻碍伊斯兰世界的扩张，且遭遇了悲惨的失败。在不可避免的信仰之胜利面前，与其他螳臂当车的失败异教徒相比，他们没有更多值得记住的地方。

短期来看，十字军东征在战术上取得了一定胜利。十字军占领耶路撒冷近一个世纪，迫使伊斯兰世界把更多资源用于争夺圣地，而不是征服其他地区。但穆斯林还是再次攻陷了耶路撒冷，继续着他们无情扩张的脚步。

借助前 4 个世纪的圣战，穆斯林征服了大部分基督教世界，在被十字军东征打断之后，他们开始吞噬剩余地区。在奥斯曼土耳其人（这个剽悍的亚洲民族因他们创始人的名字而得名）的领导下，伊斯兰之剑直指亚洲仅剩的基督教势力拜占庭。1331 年，他们攻破了拜占庭在安纳托利亚的最后一个大城市尼西亚，把对方赶出了一千多年来居住的土地。1348 年，奥斯曼人开始了对欧洲的进攻，迅速攻占了希腊、马其顿和巴尔干半岛的大部分地区，曾经强盛的东罗马帝国只剩下君士坦丁堡周围的一小片领土。

为了拯救君士坦丁堡，基督徒曾有过两次严肃的用兵。1396 年，匈牙利国王西吉斯蒙德（King Sigismund of Hungary）组织了一场类似

* 赛义德·阿里·哈里里（Sayyid Ali al-Hariri）的《关于十字军战争的精彩记载》（*Splendid Accounts in the Crusading Wars*）出版于1899年。

的“东征”。因为一旦拜占庭被灭，他就是穆斯林的下一个目标。他们与奥斯曼人在希腊的尼科波利斯（Nicopolis）即现今的普雷韦扎（Preveza）遭遇。尼科波利斯意为“胜利之城”，14个世纪之前，屋大维就在这附近击败过马克·安东尼和克娄巴特拉。但万分讽刺的是，这一次绝大部分基督徒都战死沙场，只有少数人逃进了附近的森林。那些不幸当了俘虏的人被迫浑身赤裸地跪在苏丹面前，然后被砍下头颅。当年年底，保加利亚的剩余地区都被奥斯曼人收入囊中。

1444年，基督徒组织了第二次反抗。以特兰西瓦尼亚（Transylvania）* 为首的一系列国家试图通过入侵奥斯曼帝国来保护匈牙利，但他们在进入保加利亚后遭遇了灭顶之灾。被俘的士兵不是被杀掉就是成了奴隶。†

这次失利让东欧的基督徒元气大伤，也注定了拜占庭的命运。1453年5月29日，在巨炮的浓烟之中，存续近2 000年的东罗马帝国走到了尽头。千年来抵御无数次进攻的君士坦丁堡城墙被轰塌，伊斯兰大军冲了进去。基督徒最壮观的圣索菲亚大教堂被改建成了清真寺，东正教基督徒的首都变成了崛起的伊斯兰教势力的中心。

西欧对此大感震惊。尽管穆斯林的进犯已经持续了几个世纪，但欧洲人依然相信奇迹会出现，情况不会像传闻所说的那样糟糕。君士坦丁堡濒临绝境已有多次，但经受了无数进攻依然屹立不倒，这一次想必也是如此。总之，威胁还很遥远。

---

* 这个中世纪王国位于现今罗马尼亚的中部。

† 这次事件又名“瓦尔纳东征”（Crusade of Varna）。瓦尔纳就是士兵们遭遇惨败的城市。这是基督徒在“东征”的背景下，与穆斯林进行的最后一次大规模交锋。

然而情况已经不同了。奥斯曼大军横扫了阿尔巴尼亚和波斯尼亚，歼灭了一切抵抗势力。苏丹如今控制了亚历山大、耶路撒冷、安条克和君士坦丁堡，基督教王国的五大城市有四个已在掌握之中，而他也丝毫不隐瞒接下来进攻罗马的打算。1480 年，苏丹的军队登陆意大利南部，攻占了奥特兰托（Otranto）。城中的 800 位居民拒绝皈依伊斯兰教，被斩首示众，余下的人则沦为奴隶。

恐慌在亚平宁半岛蔓延开来，人们疯狂呼吁东征，但欧洲的其他地区昏昏欲睡，依旧不为所动。当时的德意志作家塞巴斯蒂安·布兰特在讽刺性的长篇诗歌《愚人船》中对这种情绪进行了绝妙的概括。“在沉睡中我们麻木，狼群已把畜栏闯入……”在列出已经被伊斯兰力量征服的四大城市后，他阴暗地预测了一件看起来注定要实现的事：“但是它们都已陷落，遭到洗劫，很快首脑也不能幸免。”

苏丹的意外死亡让奥斯曼人未能利用好这个意大利的据点，但他们在东欧继续稳步推进。1521 年，塞尔维亚人最后的抵抗力量被打垮，穆斯林大军进入了匈牙利。次年，他们把医院骑士团赶出了罗得岛，开始了对地中海东部的征服。到 16 世纪 20 年代末，他们已经吞并了匈牙利，踏进了奥地利的领土。1529 年，他们来到了维也纳的门口，中欧近在眼前。

讽刺的是，最终拯救欧洲的是西部的十字军。在东欧纷纷屈服于奥斯曼人之时，伊比利亚半岛抵抗伊斯兰教进犯的 700 年斗争，即再征服运动，最终获得了胜利。1492 年，半岛上最后一个伊斯兰酋长国投降，新统一的西班牙王国决定出资赞助克里斯托弗·哥伦布的航海事业。海外流入的财富，加上文艺复兴带来的科学和经济的飞速发展，让欧洲跃入了新的时代。哥伦布航海后100年的时间里，西班牙国王统治的领土让苏丹也相形见绌，而停滞不前的奥斯曼人正在逐渐成为“欧洲病夫”。

尽管克里斯托弗·哥伦布在1492年祈祷时表示，他发现的所有财富都将用于解放耶路撒冷，但他是最后一批有这种想法的人。启蒙运动造就的新一批理性的欧洲人无暇怀念十字军。他们大力抨击那些在信仰的驱使下犯罪的暴徒，伏尔泰对这种迷信的终极形式发出了“踩死败类”（*Ecrasez L'Infâme*）的呼吁，而败类指的是天主教会。

继续流传的十字军事迹都是一些幻想故事。“狮心王”理查等家喻户晓的名字，或是被美化成攻无不克的战神，或是被丑化成遭到误导的宗教狂徒，用于对比萨拉丁等开明的伊斯兰世界人物。到19世纪，这些事迹又被帝国主义势力利用，用来表明他们很早就试图启发中东的“愚民”，给他们带去文明。

伴随着西欧的殖民，遭到篡改的东征故事重新传入了伊斯兰世界。欧洲人煞费苦心地指出了这群被遗忘的东征者所背负的开化使命和浪漫身份。* 这种说法遭到了对方深深的怨恨。对伊斯兰世界而言，16—17世纪是一段困惑的时期。穆斯林仍然抱有虚幻的优越感，在文化上停滞不前甚至倒退，而西方人已经迎头赶上并超越了他们。穆斯林无助地看着奥斯曼帝国逐渐变成无力的傀儡，只因为欧洲人没决定好如何

* 第一次世界大战结束，奥斯曼帝国崩溃之后，进驻叙利亚的一位法国将领宣称：“看啊，萨拉丁，我们回来了！”

瓜分其领土才免于彻底的崩溃。

这种屈辱在第一次世界大战之后变得更加明显。中东的命运是在伦敦和巴黎的办公室里定下的。这群异教徒的实力已经远远超过了信徒。在遭到轻视乃至无视的伊斯兰世界，十字军东征忽然变得重要了起来。在这段激动人心的历史中，西方人被成功驱逐。萨拉丁的库尔德人血统和短暂却光辉的胜利，让他从大部分阿拉伯的史书中脱颖而出，突然成了泛伊斯兰国家的英雄。*

这一新的认知，让伊斯兰世界将新成立的以色列视作新的十字军国家，尽管以色列的居民主要是犹太人。在叙利亚，萨拉丁的头像出现在邮票和货币上，而他的骑马铜像——后面拖着两名基督徒俘虏——则竖立于首都大马士革之外，上刻铭文“解放耶路撒冷”。伊拉克的独裁者萨达姆·侯赛因也不甘示弱。他自称为新时代的萨拉丁，铸造了4座自己的铜像，每一座都戴着类似圆顶清真寺外形的头盔，向当年重新征服耶路撒冷圣所的苏丹致敬†。

讽刺的是，“谋财害命的野蛮西方人对爱好和平、更加开化的东方发动了无端的入侵”这种对十字军东征讽刺性的描绘，反过来影响了西方。也许最著名的言论是美国前总统克林顿在2001年所说的：恐怖袭击可能是十字军东征带来的报应。

---

* 1898年，来到叙利亚的德国皇帝威廉二世（Wilhelm Ⅱ）惊讶地发现萨拉丁的遗体躺在破旧的木质棺材中，被人忘却。他自掏腰包打造了一副大理石的新棺材，认为这才符合“皇兄”的身份。

† 与此同时，萨达姆还在试图根除萨拉丁的民族——库尔德人，不过他似乎并没有为此感到困扰。

这样的观点十分危险，不仅是因为它通过扭曲历史来满足当今的政治需要。古罗马诗人西塞罗和维吉尔曾写道：“历史是生活的老师……”“小树枝被掰弯了，整棵树也会随之倾斜。”人们很容易受到无处不在的强大诱惑去误用历史，这种行为必须不惜一切代价来遏制。拿破仑曾说：历史就是众口一词的谎言。我们不必表示赞同，就足以看出创造过去来控制现在的危险性。十字军东征并非东西方的第一次大碰撞，甚至也不是基督教世界与伊斯兰世界的首次交锋。它们既没有引发两种信仰的对立，也没有引发一方的消亡。

尽管如此，十字军东征依旧至关重要。在十字军时代初期，中世纪的教会乃是基督教世界的核心组织力量。乌尔班二世仅通过一次演说，就煽动了 15 万人离开故土，设法长途跋涉近 3 000 英里（约合 4 830 千米）前往耶路撒冷。而十字军时代末期，教皇的影响力大大减弱，为宗教改革铺平了道路。

十字军东征削弱的不仅是教皇。考虑到其宣扬的目标，讽刺的是，基督教世界本身也受到了影响。第四次十字军东征对君士坦丁堡的占领，把基督教世界撕成了天主教和东正教两半。双方渐行渐远已有几个世纪，不过在 1204 年以后，他们再也不认为对方是真正的基督徒了。*

在西欧，十字军东征推动了“骑士”这个词在概念上的转变。1066 年在黑斯廷斯（Hastings）与“征服者”威廉作战的骑士，只不过是勇

* 双方在800年后达成了和解。教皇若望·保禄二世（John Paul Ⅱ）在2004年道歉，称8个世纪的时间也未能减少他作为天主教徒的“痛苦与厌恶”。伊斯坦布尔的牧首巴塞洛缪一世（Bartholomew Ⅰ）接受了道歉，并提醒听众“和解的精神，比仇恨更强大”。

敢、强大、残忍，骑在马背上的雇佣兵。而乌尔班二世在演讲中表示，他们应该用武器完成更崇高的使命。他的言论受到了认真的对待，人们开始渐渐认为，骑士还应当有一系列相配的行为准则。第一次十字军东征后不到一个世纪，骑士精神就在《罗兰之歌》(*Song of Roland*)和亚瑟王的传说中定型。这两大著名的文学作品都诞生于12世纪初，在中世纪十分畅销。换句话说，十字军东征帮助塑造了身穿闪亮铠甲的骑士的标志性形象，这种形象成了中世纪的象征。

最后，十字军东征促进了意大利海上共和国热那亚和威尼斯的发展。他们得以在地中海东部的市场上自由贸易，尽管穆斯林和拜占庭人的利益往往因此受损。贸易不仅给欧洲带来了新奇的商品，还催生了手握大量财富的商人阶层，这些人的后代成了意大利文艺复兴的赞助者。

为什么我们要在正确的时代背景下探索十字军东征的世界，我想以上这些理由应该足以说明。轰轰烈烈的东征充分体现了人类的愚蠢和理想主义，展示了一系列圣者、恶棍以及无数平凡人的表现。它们证明了虽然历史无法重复，但人性大抵相同，并为我们提供了一个与当今世界大相径庭的视角。

这当真趣味无穷。

参考文献

Bibliography

主要资料

An Arab-Syrian Gentleman and Warrior: Memoirs of Usamah Ibn Munqudh. Translated by Philip K. Hitti. Princeton: Princeton University Press, 1987. Print.

Andrea, Alfred J., ed. *Contemporary Sources for the Fourth Crusade*. Leiden: Brill,2000. Print.

Brundage, James A. *The Crusades: A Documentary History*. Milwaukee, WI:Marquette UP, 1962. Print.Chartres, Fulcher, Harold S. Fink, and Frances Rita Ryan. A History of the Expeditionto Jerusalem, 1095–1127. New York: W. W. Norton, 1973. Print.

Cobham, Claude Delaval. *Excerpta Cypria; Materials for a History of Cyprus*. Cambridge: U, 1908. Print.

Comnena, Anna, *E. R. A. Sewter. The Alexiad*. London: Penguin, 1969. Print.

Coulton, G. G. From St. *Francis to Dante*. London: David Nutt, 1906. Print.

Crusader Syria in the Thirteenth Century: The Rothelin Continuation of William of Tyre. Translated by Janet Shirley. Brookfield, Vt.: Ashgate, 1999. Print.

Edbury, P. W., and John Gordon. Rowe. *William of Tyre: Historian of the Latin East.* Cambridge: Cambridge UP, 1990. Print.

Gabrieli, Francesco. *Arab Historians of the Crusades*. Berkeley: U of California, 1969.Print.

Guibert of Nogent. *The Deeds of God through the Franks*. Translated and edited by Robert Levine. Rochester: Boydell, 1997. Print.

Hebraeus, Bar, and E. A. Wallis Budge. *The Chronography of Gregory AbĂ» 'l Faraj, the Son of Aaron, the Hebrew Physician, Commonly Known as Bar Hebraeus; Being the First Part of His Political History of the World*. London: Oxford U, H. Milford, 1932. Print.

Hill, Rosalind. *Gesta Francorum et aliorum Hierosolymitanorum*. London: T. Nelson, 1962. Print.

Bahā' al-Din. *The Rare and Excellent History of Saladin*. Translated by Donald Richards. England: Routledge, 2002. Print.

Jones, Hartwell, and Robert Williams. *Selections from the Hengwrt Mss: Preserved in the Peniarth Library*. London: Thomas Richards, 1892. Print.

Krey, August C. *The First Crusade*; *The Accounts of Eyewitnesses and Participants*. Princeton: P. Smith, 1921. Print.

Malaterra, Goffredo, and Kenneth Baxter Wolf. *The Deeds of Count Roger of Calabria and Sicily and of His Brother Duke Robert Guiscard*. Ann Arbor: U of Michigan, 2005. Print.

Munro, Dana Carleton, and George C. Sellery. *Medieval Civilization: Selected Studies from European Authors*. New York: Century, 1910. Print.

Nestor, Samuel Hazzard Cross, and Olgerd P. Sherbowitz-Wetzor. *The Russian Primary Chronicle: Laurentian Text*. Cambridge, MA: Mediaeval Academy of America, 1973. Print.

Nicetas Choniates. *O City of Byzantium*. Translated by Harry J. Magoulias. Detroit:Wayne State University Press, 1984. Print.

Peters, Edward, ed. *Christian Society and the Crusades, 1198-1229*. Philadelphia:University of Pennsylvania Press, 1971. Print.

Porter, J. L. *Handbook for Travellers in Syria and Palestine: The Peninsula of Sinai, Edom, and the Syrian Desert* ; with Detailed Descriptions of Jerusalem, Petra, Damascus, and Palmyra. Trans. Le Strange. London: J. Murray, 1875. Print.

Raymond of Aquilers. *Historia Francorum qui ceperunt Iherusalem*. Translated by John Hugh Hill and Laurita L. Hill. Philadelphia: American Philosophical Society, 1968. Print

Robert the Monk. *Robert the Monk's History of the First Crusade*. Brookfield, Vt.: Ashgate, 2005. Print.

Queller, Donald E., and Thomas F. Madden. *The Fourth Crusade: The Conquest of Constantinople. 2nd ed*. Philadelphia: U of Pennsylvania, 1997. Print.

Robinson, James Harvey. *Readings in Modern European History*. Vol. 1. Boston: Ginn, 1904. Print.

Shaw, Margaret R. B., Jean Joinville, and Geoffroi De Villehardouin. *Joinville & Villehardouin: Chronicles of the Crusades*. Baltimore: Penguin, 1967. Print.

Stone, Edward Noble, Ambrosius, and Robert. *Three Old French Chronicles of the Crusades*. Seattle, WA: U of Washington, 1939. Print.

Translations and Reprints from the Original Sources of *European History. 4th ed. Vol. 1. Philadelphia: Dept. of History of the U of Pennsylvania*, 1902. Print.

Zurayq, Constantine K., and Hisham Nashshābah. *Studia Palaestina: Studies in Honour of Constantine K. Zurayk*. Beirut: Institute for Palestine Studies, 1988. Print.

次要资料

Asbridge, Thomas S. *The Crusades: The War for the Holy Land*. London: Simon & Schuster, 2010. Print.

Asbridge, Thomas S. *The First Crusade: A New History*. New York: Oxford UP, 2004. Print.

Billings, Malcolm. *The Cross and the Crescent: A History of the Crusades*. New York: Sterling, 1988. Print.

Bradford, Ernle Dusgate Selby. *The Sword and the Scimitar: The Saga of the*

Crusades. New York: Putnam, 1974. Print.

Claster, Jill N. *Sacred Violence: The European Crusades to the Middle East, 1095-1396*. Toronto: U of Toronto Press, 2009. Print.

Cobb, Paul M. *The Race for Paradise: An Islamic History of the Crusades*. New York: Oxford U Press, 2014. Print.

Durant, Will. *The Age of Faith: A History of Medieval Civilization--Christian, Islamic, and Judaic-- from Constantine to Dante: A.D. 325-1300*. New York: Simon and Schuster, 1950. Print.

Edbury, Peter W. *The Conquest of Jerusalem and the Third Crusade: Sources in Translation*. Aldershot: Ashgate, 1998. Print.

Gaposchkin, M. Cecilia. *The Making of Saint Louis: Kingship, Sanctity, and Crusade in the Later Middle Ages*. Ithaca: Cornell UP, 2008. Print.

Harris, Jonathan. *Byzantium and the Crusades*. London: Bloomsbury Academic, 2014. Print.

Hillenbrand, Carole. *The Crusades: Islamic Perspectives*. Edinburgh: Edinburgh University Press, 1999. Print.

Lambert, Malcolm. *Crusade and Jihad: Origins, History and Aftermath*. London: Profile, 2016. Print.

Madden, Thomas F. *The New Concise History of the Crusades*. Lanham, MD: Rowman & Littlefield : Distributed by National Book Network, 2005. Print.

Nicolle, David, and Christa Hook. *The Third Crusade 1191: Richard the Lionheart, Saladin and the Struggle for Jerusalem*. Oxford: Osprey, 2006. Print.

Norwich, John Julius. *Byzantium: The Apogee*. New York: Knopf, 1992. Print.

Norwich, John Julius. *Byzantium: The Decline and Fall*. New York: Knopf, 1996. Print.

Phillips, Jonathan. *The Second Crusade: Extending the Frontiers of Christendom*. New Haven: Yale UP, 2007. Print.

Prawer, Joshua. *The World of the Crusaders*. New York: Quadrangle, 1973. Print.

Reston, James. *Warriors of God: Richard the Lionhearted and Saladin in the Third Crusade*. New York: Doubleday, 2001. Print.

Riley-Smith, Jonathan. *The First Crusade and the Idea of Crusading*.

Philadelphia: U of Pennsylvania, 2009. Print.

Riley-Smith, Jonathan. *The Oxford Illustrated History of the Crusades*. Oxford: Oxford UP, 1995. Print.

Runciman, Steven Sir. *A History of the Crusades, Volume I: The First Crusade.* Cambridge: U, 1954. Print.

Runciman, Steven. *A History of the Crusades, Volume II: The Kingdom of Jerusalem and the Frankish East 1100 ～ 1187*. Cambridge: Cambridge UP, 1987. Print.

Runciman, Steven. *A History of the Crusades, Volume III: The Kingdom of Acre and the Later Crusades*. Cambridge: Cambridge UP, 1987. Print.

Runciman, Steven. *The Sicilian Vespers: A History of the Mediterranean World in the Later Thirteenth Century*. Baltimore: Penguin, 1960. Print.

Setton, Kenneth M. *The Age of Chivalry*. Washington: National Geographic Society, 1969. Print.

Stark, Rodney. *God's Battalions: The Case for the Crusades*. New York: HarperOne, 2009. Print.

Tierney, Brian, and Sidney Painter. *Western Europe in the Middle Ages, 300 ～ 1475*. New York: McGraw-Hill, 1992. Print.

Tyerman, Christopher. *God's War: A New History of the Crusades*. Cambridge, MA: Belknap of Harvard UP, 2008. Print.

Lost
to the
West

拜占庭帝国

拯救西方文明的东罗马千年史

[美]
拉尔斯·布朗沃思
LARS BROWNWORTH
著

吴斯雅
译

何啸锋
校译

The Forgotten
Byzantine Empire
That Rescued
Western Civilization

中信出版集团 | 北京

图书在版编目（CIP）数据

拜占庭帝国：拯救西方文明的东罗马千年史 /（美）
拉尔斯 · 布朗沃思著；吴斯雅译 . -- 北京：中信出版
社，2023.6（2024.6 重印）
（欧洲中世纪四部曲）
书名原文：Lost to the West：The Forgotten
Byzantine Empire That Rescued Western Civilization
ISBN 978–7–5217–5377–6

Ⅰ . ①拜… Ⅱ . ①拉… ②吴… Ⅲ . ①拜占庭帝国－
历史 Ⅳ . ① K134

中国国家版本馆 CIP 数据核字（2023）第 094948 号

拜占庭帝国：拯救西方文明的东罗马千年史
著者： [美] 拉尔斯 · 布朗沃思
译者： 吴斯雅
出版发行：中信出版集团股份有限公司
（北京市朝阳区东三环北路 27 号嘉铭中心 邮编 100020）
承印者： 河北鹏润印刷有限公司

开本：880mm×1230mm 1/32 印张：37.5 字数：789 千字
版次：2023 年 6 月第 1 版 印次：2024 年 6 月第 2 次印刷
京权图字：01–2018–4343 审图号：GS（2023）522 号
书号：ISBN 978–7–5217–5377–6
定价：298.00 元（全四册）

服务热线：400–600–8099
投稿邮箱：author@citicpub.com

致 安德斯，

我们童年往事的优秀讲述者

目 录

地 图

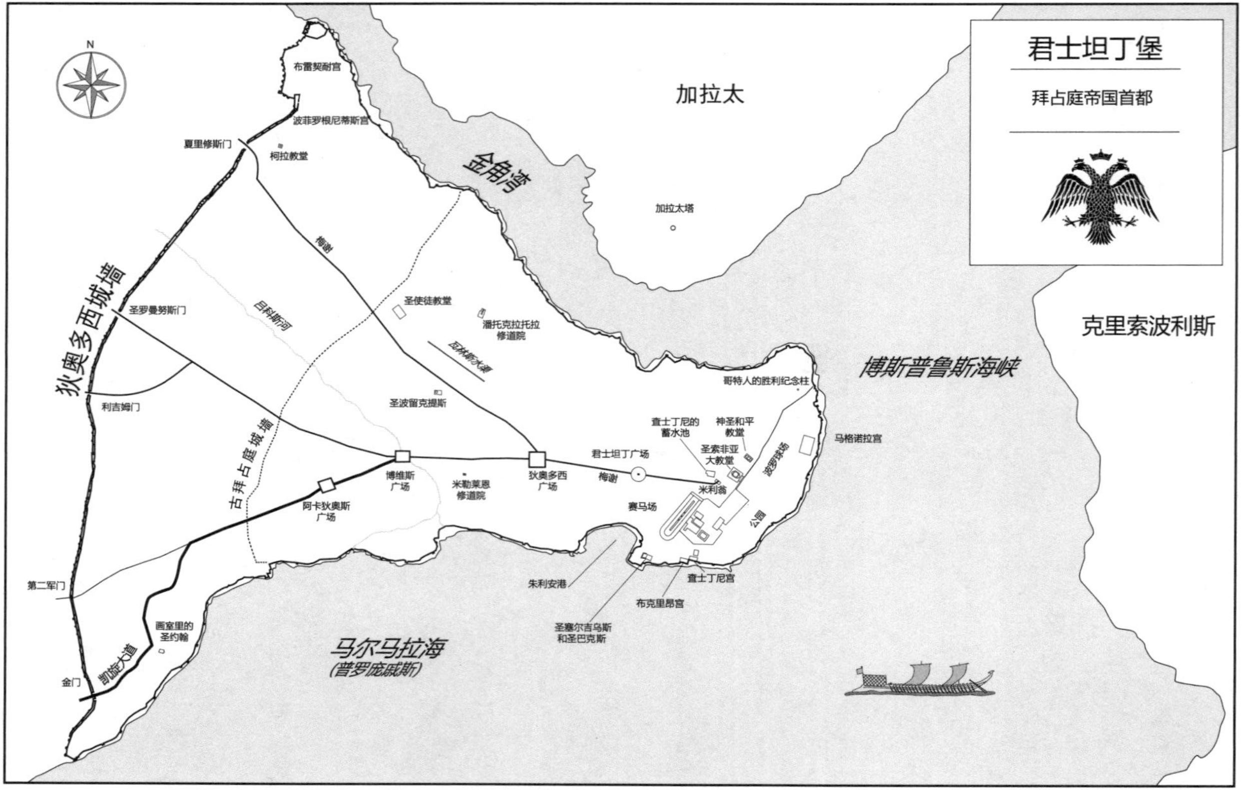
君士坦丁堡
拜占庭帝国首都
加拉太
加拉太塔
克里索波利斯
金角湾
博斯普鲁斯海峡
马尔马拉海
(普罗庞戚斯)
N
布雷契耐宫
波菲罗根尼蒂斯宫
夏里修斯门
柯拉教堂
梅谢
狄奥多西城墙
圣罗曼努斯门
利吉姆门
第二军门
金门
凯旋大道
画室里的
圣约翰
吕科斯河
古拜占庭城墙
圣使徒教堂
潘托克拉托拉
修道院
瓦林斯水道
圣波留克提斯
博维斯
广场
阿卡狄奥斯
广场
米勒莱恩
修道院
狄奥多西
广场
梅谢
君士坦丁广场
查士丁尼的
蓄水池
神圣和平
教堂
圣索非亚
大教堂
米利翁
赛马场
波罗球场
公园
哥特人的胜利纪念柱
马格诺拉宫
朱利安港
查士丁尼宫
布克里昂宫
圣塞尔吉乌斯
和圣巴克斯

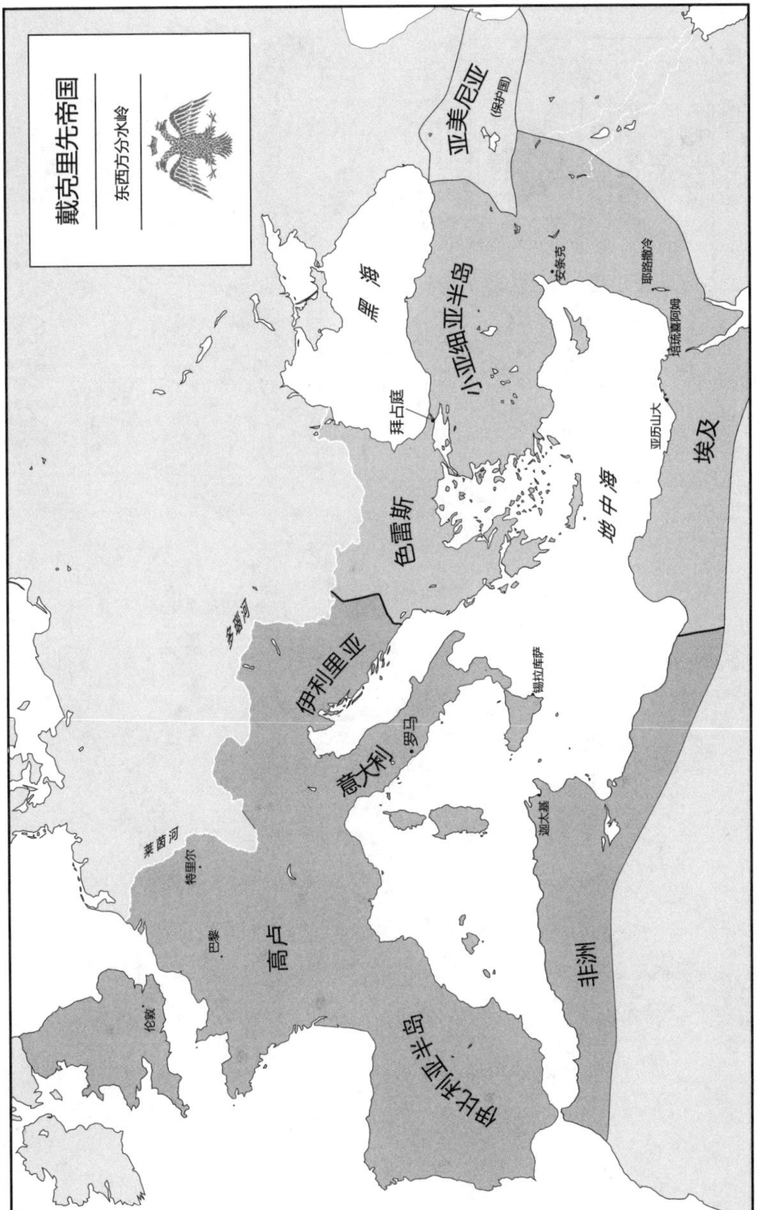
戴克里先帝国
东西方分水岭
亚美尼亚
(保护国)
黑海
小亚细亚半岛
安条克
耶路撒冷
培琉喜阿姆
拜占庭
亚历山大
埃及
色雷斯
地中海
多瑙河
伊利里亚
锡拉库萨
意大利
罗马
迦太基
莱茵河
特里尔
巴黎
高卢
伦敦
伊比利亚半岛
非洲

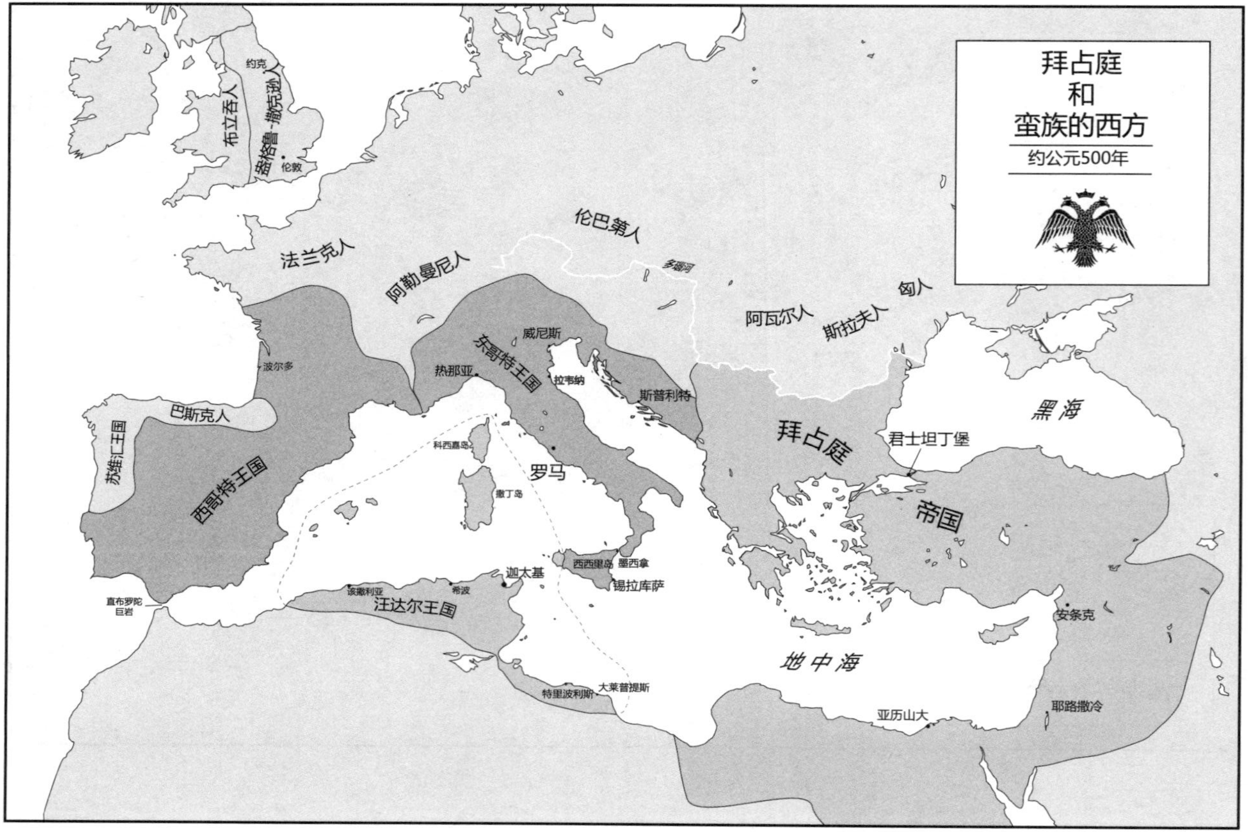
拜占庭
和
蛮族的西方
约公元500年
布立吞人
约克
盎格鲁-撒克逊人
伦敦
法兰克人
阿勒曼尼人
伦巴第人
多瑙河
阿瓦尔人
斯拉夫人
匈人
波尔多
巴斯克人
苏维汇王国
西哥特王国
热那亚
威尼斯
东哥特王国
拉韦纳
斯普利特
科西嘉岛
撒丁岛
罗马
西西里岛
墨西拿
锡拉库萨
迦太基
希波
该撒利亚
汪达尔王国
直布罗陀
巨岩
特里波利斯
大莱普提斯
拜占庭
帝国
君士坦丁堡
黑海
地中海
安条克
亚历山大
耶路撒冷

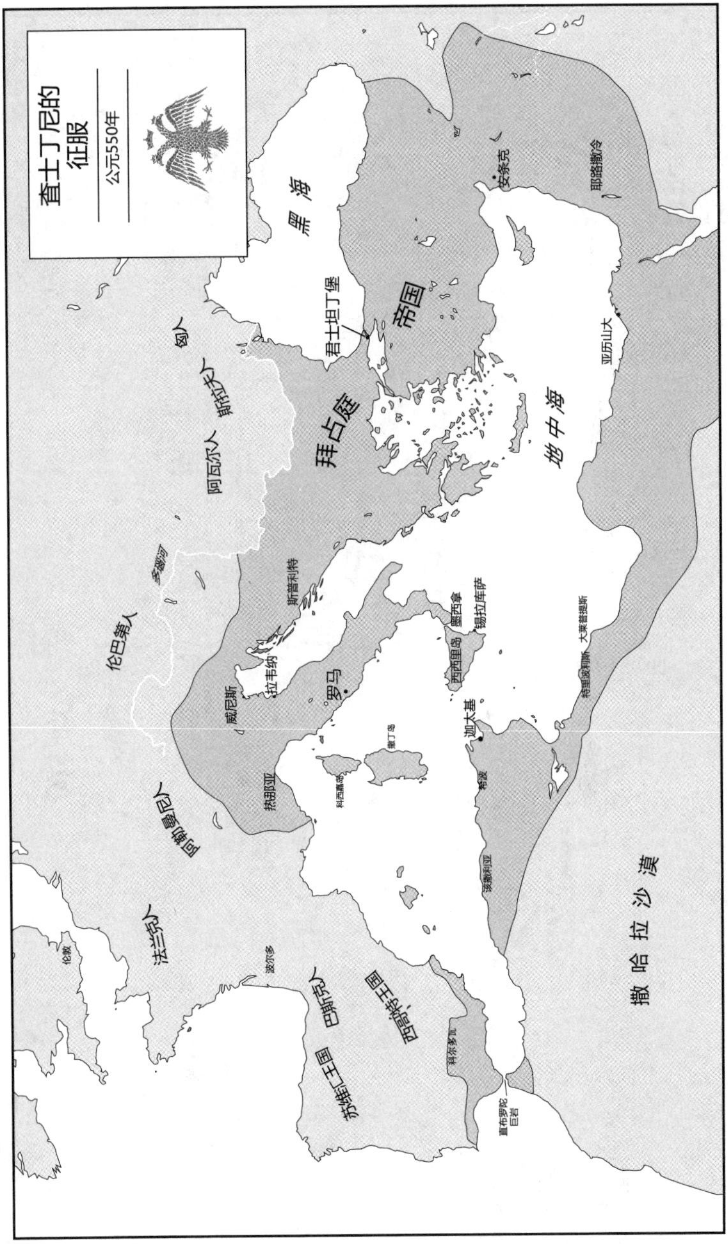
查士丁尼的征服
公元550年
黑海
拜占庭帝国
君士坦丁堡
安条克
耶路撒冷
亚历山大
地中海
匈人
斯拉夫人
阿瓦尔人
多瑙河
伦巴第人
斯普利特
拉韦纳
威尼斯
罗马
墨西拿
锡拉库萨
西西里岛
迦太基
大莱普提斯
特里波利斯
撒丁岛
科西嘉岛
热那亚
希波
阿勒曼尼人
法兰克人
伦敦
波尔多
巴斯克人
西哥特王国
苏维汇王国
科尔多瓦
直布罗陀巨岩
凯撒利亚
撒哈拉沙漠

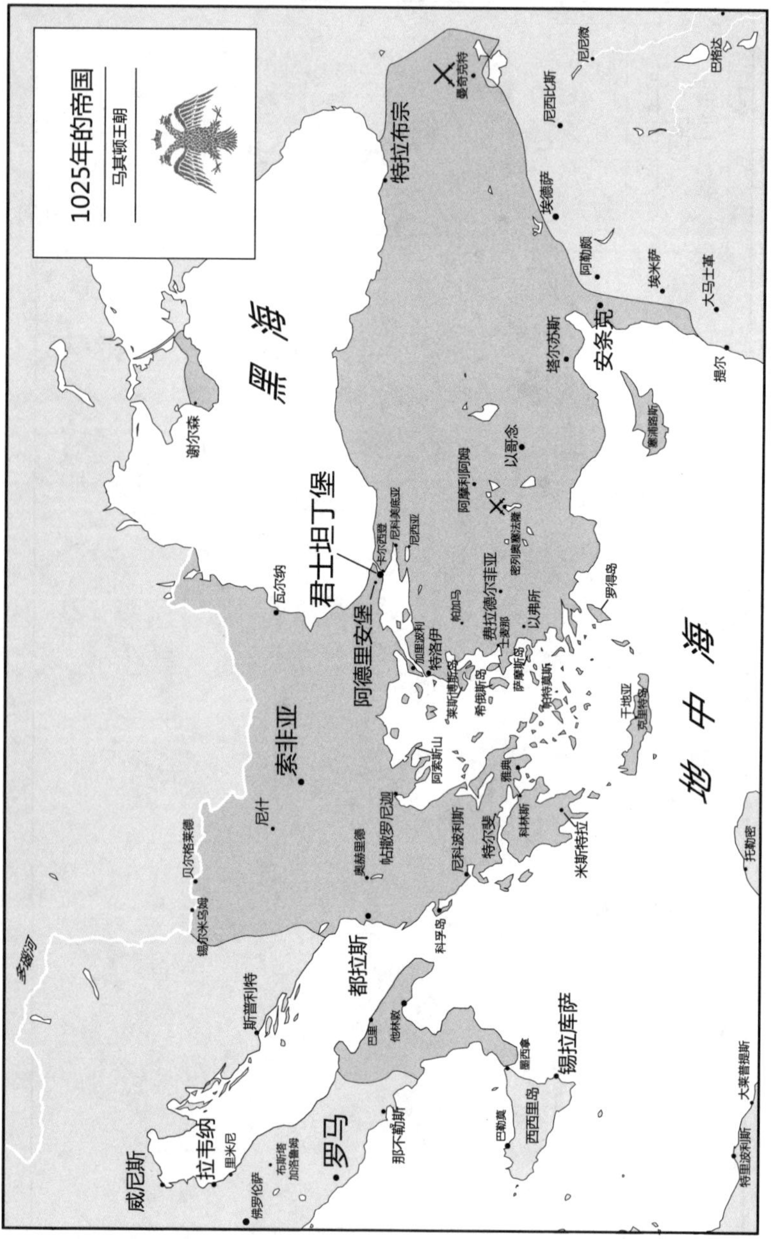
1025年的帝国
马其顿王朝
黑海
地中海
君士坦丁堡
特拉布宗
曼奇克特
尼尼微
巴格达
尼西比斯
埃德萨
阿勒颇
埃米萨
大马士革
安条克
塔尔苏斯
提尔
塞浦路斯
以哥念
阿摩利阿姆
密列奥塞法隆
尼科美底亚
尼西亚
卡尔西登
罗得岛
以弗所
弗拉德尔菲亚
士麦那
帕加马
加里波利
特洛伊
萨摩斯岛
帕特莫斯
莱斯博斯岛
希俄斯岛
阿德里安堡
瓦尔纳
谢尔森
索非亚
尼什
贝尔格莱德
锡尔米乌姆
阿索斯山
帖撒罗尼迦
雅典
科林斯
米斯特拉
特尔斐
尼科波利斯
奥赫里德
都拉斯
科孚岛
千地亚
克里特岛
托勒密
多瑙河
斯普利特
拉韦纳
威尼斯
里米尼
佛罗伦萨
布斯塔
加洛鲁姆
罗马
那不勒斯
巴里
他林敦
墨西拿
锡拉库萨
西西里岛
巴勒莫
大莱普提斯
特里波利斯

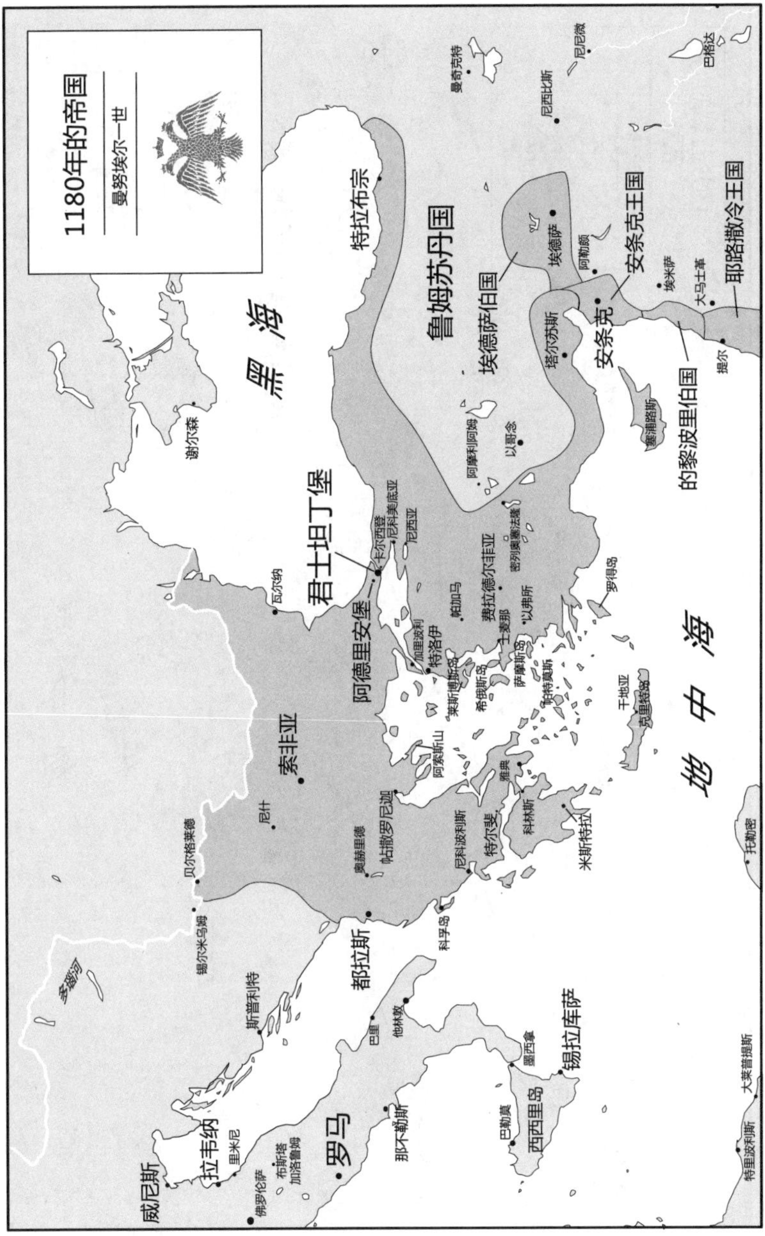

1180年的帝国
曼努埃尔一世
黑海
地中海
君士坦丁堡
阿德里安堡
索非亚
都拉斯
帖撒罗尼迦
特尔斐
科林斯
米斯特拉
雅典
罗马
拉韦纳
威尼斯
锡拉库萨
西西里岛
鲁姆苏丹国
埃德萨伯国
安条克王国
的黎波里伯国
耶路撒冷王国
安条克
埃德萨
塔尔苏斯
特拉布宗
以哥念
阿摩利阿姆
费拉德尔菲亚
密列奥塞法隆
士麦那
以弗所
帕加马
特洛伊
加里波利
卡尔西登
尼科美底亚
尼西亚
莱斯博斯岛
希俄斯岛
萨摩斯岛
帕特莫斯
罗得岛
干地亚
克里特岛
塞浦路斯
阿勒颇
埃米萨
大马士革
提尔
尼西比斯
曼奇克特
尼尼微
巴格达
谢尔森
瓦尔纳
尼什
贝尔格莱德
锡尔米乌姆
多瑙河
斯普利特
奥赫里德
尼科波利斯
阿索斯山
科孚岛
巴里
他林敦
那不勒斯
墨西拿
巴勒莫
里米尼
布斯塔
加洛鲁姆
佛罗伦萨
托勒密
大莱普提斯
特里波利斯

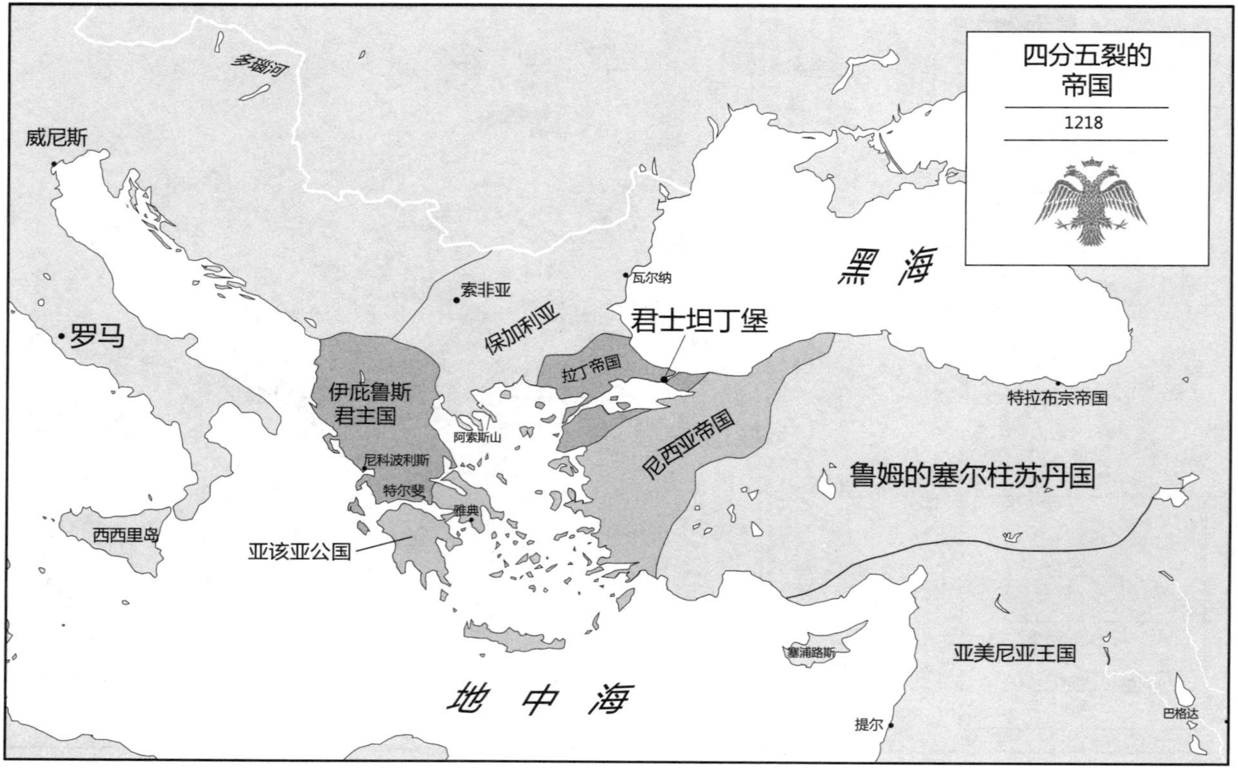
四分五裂的
帝国
1218
黑海
地中海
多瑙河
威尼斯
罗马
索非亚
瓦尔纳
保加利亚
君士坦丁堡
拉丁帝国
伊庇鲁斯
君主国
阿索斯山
尼西亚帝国
特拉布宗帝国
鲁姆的塞尔柱苏丹国
尼科波利斯
特尔斐
雅典
西西里岛
亚该亚公国
塞浦路斯
亚美尼亚王国
提尔
巴格达

前言

Introduction

我初次接触有关拜占庭的故事是在长岛北岸一片风光宜人的盐沼滩上。当时我在此处稍歇，阅读一本名字简单扼要的书——《最后的罗马帝国》，准备追溯那些耳熟能详的内容，黑暗时代的文明没落、野蛮横行。然而，闲适地倚靠着我最喜爱的树木，我恍然发现自己眼前浮现出一幅绝美画卷，绘满了栩栩如生的历代帝王，喧哗躁动的蛮荒部族，以及在帝国衰亡许久之后依然自称罗马皇帝的男人和女人们。拜占庭显得那样熟稔，又那样遥远；它是一个在黑暗时代幸存下来的罗马帝国，点燃了传统世界的文明之光。有关它的历史似乎时常占据头版头条。希腊－罗马文明缔造的基督教－犹太教共存的社会危机四伏：移民迁徙，政教斗争，以及来自伊斯兰世界好战部族的威胁。在这个社会里，穷人希望富人多缴税，富人四处投机倒把，臃肿的官僚机构试图在其中寻求平衡，在不引起众怒的前提下大发横财。

然而，拜占庭同时带给我们惊人的陌生感，充满诱惑，却又与现代世界格格不入。神职人员屹立于国家顶端，高高在上，皇帝站上了圣坛，对布道大加抨击，神学中细枝末节的分歧可以引发大街小巷的暴动。渗透现代社会的民主概念会让拜占庭大惊失色。拜占庭社会奠基于3世纪的动荡和暴乱，地方上暴动四起，皇帝拼命捍卫皇位的尊严。民主，意味着众生平等，这将会严重动摇拜占庭等级森严、组织有序的社会，带来内战不止的噩梦，这也是其力图避免发生的。不过，拜占庭的人民也并非极权社会压迫下的绝对囚徒。地位低下的穷苦农民和孤儿寡母都能有途径登上皇位。拜占庭最伟大的统治者起初是个地位低微的马其顿农民，他最终一步登天，将广阔国土扩张至几乎包围整个地中海。他的继任者监管着一个宗教传统根深蒂固的社会，同时这个社会又拥有世俗的教育体制，将自身视为江河日下的世界中文明之光的守卫者。如同拜伦勋爵的著名论断，他们是“三核合并”：罗马的肉体，希腊的思想，以及神秘主义的灵魂。

在众多定义之中，这一条可谓出类拔萃，一部分原因是“拜占庭”这个术语是完全现代化的发明创造，因而为这个帝国下定义显得越发难于登天。我们所谓的拜占庭帝国事实上是罗马帝国的东半部分，从324年君士坦丁堡的建立到11个世纪之后该城的陷落，其人民始终自认为是罗马帝国的子民。大部分时间内，他们的邻居、盟友和敌人也都持同样的观点；当穆罕默德二世征服君士坦丁堡时，他自号为罗马的恺撒大帝，认为自己是作为奥古斯都的直接继承者统治此地。只有启蒙时代的学者们相对偏好将他们的根源归于古希腊和古罗马，拒绝承认东部帝国的“罗马”之名，而是将之命名为拜占庭——君士坦丁堡的古代名称。对他们而言，“真正的”帝国已经随着末代西罗马帝国皇帝的退位在476年宣告终结，君士坦丁堡“冒名顶替者”的历史，不过是将近一千年的蛮族堕落、腐化和衰落的历史罢了。

不过，西方文明的繁荣有极大一部分都要归功于这座博斯普鲁斯海峡旁饱受鄙夷的城市。超过一千年的时间里，这座都城屹立于此，作为东方伟大的堡垒，守护着新生的、混沌的欧洲世界，之后，自诩的世界征服者们接连对其城墙发起了进攻。如果拜占庭帝国不曾存在，进攻的伊斯兰大军将会在7世纪横扫欧洲，同时像吉本所思考的那样，穆斯林的宣礼将在牛津的尖塔回响。然而，拜占庭所带来的馈赠并不仅限于军队的力量。当文明在遥远的西方爱尔兰修道院只有微弱光亮之时，君士坦丁堡的土地上文明光芒万丈，尽管时明时暗，但始终不灭。拜占庭最伟大的皇帝，查士丁尼大帝，带来了罗马法——时至今日大多数欧洲国家的法律基础；工匠们创造了拉韦纳绚丽的马赛克镶嵌艺术，以及圣索非亚大教堂的辉煌建筑，学者们为我们带来耀眼的希腊和拉丁经典，这些经典在西方的黑暗时代几乎被彻底湮灭。

如果我们将这些成就全部归功于拜占庭，也就等于提出了一个问题——为何这个帝国会被后人如此长久地忽略？罗马帝国的东、西两部分四分五裂——先是文化，其次是宗教，随着彼此日益疏远，隔阂也随之产生。基督教不过是掩盖矛盾，维系关系的表面虚饰。然而到了1054年，当教会分裂为天主教和东正教两部分时，东、西两方都意识到，彼此的联系是如此微弱，隔阂又是如此深刻。十字军东征将双方的裂痕扩张到最大，激起东方长久以来的怨恨情绪，以及西方爆发的嘲讽声音。当拜占庭的残余势力向伊斯兰入侵者屈服之时，欧洲袖手旁观，坐视不理，对自身的势力增长和蓬勃发展抱有十足的信心。双方彼此蔑视，导致拜占庭没有得到应有的重视，那些曾经受过帝国庇护的人许多个世纪以来早已经忘记了它的存在。

大部分历史课上都不会提到拜占庭文明——诞生于这个文明的有西里尔和梅索迪乌斯的智慧启迪，约翰·齐米斯基斯一世的不朽光辉，还有尼斯福鲁斯·福卡斯的征服伟业。罗马帝国的巨幕伴随着最后一位西罗马帝国皇帝的谢幕而落下，希腊英雄主义的传说也终结于斯巴达国王列奥尼达。然而，德拉加塞斯在1453年的那片战场上屹立不倒，贝利萨留在罗马的城墙前也未曾胆怯，他们依然充满英雄气概。自然，我们对他们的感激和崇敬之情溢于言表。

本书是作者的初次尝试，希望能够改变现状，为那些沉默已久的人振臂一呼。这本书的目的是激起读者的兴趣，将拜占庭历史的长河呈现在读者眼前，使他们能够更加有血有肉地了解东、西两个帝国的历史。遗憾的是，本书在精确性和详尽性上，都存在诸多不足。期望简单的一本书就能够囊括超过一千年的漫长历史是不切实际的，那样的话也未免太过冗长。为了补偿那些被遗弃不顾的珍贵史料，我只能声明，更多有关拜占庭帝国的辉煌历史都等待着人们去发现。

本书通篇采用的是拉丁语，而非希腊语名称——如君士坦丁（Constantine，而非 Konstandinos），因为读者对这些名词更加熟悉，这些名词也更符合大众的胃口。此外，我采取了一种具有个人强烈风格的口吻去叙述故事，因为拜占庭历史的中心也就是帝王的历史；很少有社会能够像东罗马帝国那样达到高度的中央集权。皇位上端坐的那个人同时也一只脚跨进了天堂，君权神授的皇权制度令皇帝的每一个微小决定都深刻影响着哪怕社会最底层人民的一举一动。

我希望，这本书能够唤醒人们对于这一领域的兴趣，而这一领域在西方的正统经典中缺失已久。我们与拜占庭帝国同享一脉相承的文化体系，也能从中学到振聋发聩的历史教训。拜占庭帝国，也就是东罗马帝国，正是我们今日社会的主要缔造者，而且，如果更加积极深入地去研究这段历史，故事也会变得更加耐人寻味。

引言
罗马根源

Prologue
Roman Roots

历史的前进并不以个人意志为转移。无法抵抗的客观力量促使人类沿着不可逆转的路线发展前进，不考虑个体的生命。然而，在公元324年一个温暖的春天，历史的重担落到了一个名为君士坦丁的人肩上。他登上一座山，远眺博斯普鲁斯海峡，然后迈开大步，满怀自信地前行，手中牢牢握着长矛，率领着一支整齐的队伍，队伍里都是露出吃惊神色的朝臣。他带着神谕而来——虽然他本人并未言明，这神谕究竟是来自某位天使，还是上帝本人。近日的内战骚乱最终平息了。世界得以再一次在罗马雄鹰的羽翼之下休养生息，但罗马本身却并非如此——街道上疟疾横行，而且曾被异教徒占据，实在无法继续担起世界中心的大任。因此，年轻的皇帝来到了特洛伊，传说中罗马人民的摇篮，然后下令在此建造新的首都。也正是在特洛伊大门的废墟阴影之下，那个声音第一次召唤了他。那个声音说，普里阿摩斯的古代都市是一座隶属于过去的都城，应该保持它的原样。他本人，以及他的帝国的命定之地并不在此处。赫勒斯滂海峡（今达达尼尔海峡）的另一侧在对他发出召唤，因此他来到了拥有千年历史的古老城市拜占庭。当天晚上，他梦到一位老妪突然恢复了青春，醒来后，他知道这里就是他的新都城所在地。陈旧而腐朽的罗马正像他梦中的老妪，即将在这里，普罗庞戚斯（今马尔马拉海）的海岸边重新焕发青春光彩。

至少传说是这样的，以君士坦丁打造的新罗马为中心的帝国也确实再一次蓬勃发展起来。这个帝国建立在崭新的、东方的、基督教的根基之上，绵延了超过一千年的时光，成为黑暗混沌的世界中唯一发光发热的灯塔。回顾往昔，历史学家们会声称那时已有太多事物发生了翻天覆地的变化，甚至罗马帝国本身都已经改头换面，拜占庭的历史从而拉开帷幕。

然而，这个新世界的根源却并非从君士坦丁开始。在之前一代人的时间里，他所掌控的帝国在政治上和宗教上都已经发生了巨变，君士坦丁只不过是在这个转变的进程中添上了最终画龙点睛的一笔。他的视野和力量或许建立了君士坦丁堡的宏伟建筑，但他的先辈戴克里先发起的变革为这宏伟建筑奠定了一点一滴的基础。正因为戴克里先的出现，拜占庭的历史才正式拉开序幕。

第一章

戴克里先革命

Chapter 1

Diocletian's Revolution

时逢动荡乱世，3世纪长久以来饱受苦难的罗马帝国人民又面临着新的灾祸。在君士坦丁诞生前的三个世纪里，罗马的建筑师、工程师和士兵在已知的世界范围内来往奔走，将秩序和稳定远播至意大利以外的蛮荒之地。随着强大的“罗马治世”拉开序幕，直线距离超过5万英里*的笔直道路四通八达，耸立的高架渠横跨山峦河谷，无视地形的阻碍。这些城市公路可谓罗马帝国的伟大秘密，连通各地集市，减轻商旅负担，同时组成了帝国的通信系统，一日之内就可以覆盖500英里范围。主干道沿线涌现出优美的城市，城中含有竞技场、公共浴室甚至室内管道，一切都昭示着文明的极度繁荣。然而到了3世纪，时间的洪流侵蚀了帝国的荣耀，街道上沾染了反抗者的鲜血。那些令人

* 1英里≈1.6千米。——编者注

叹为观止的罗马大道曾经令帝国四通八达，如今却成为最大的弱点，方便了叛军和蛮族。乱世之中，没有人能高枕无忧——甚至那些醉生梦死的罗马皇帝也无法自保。在这个世纪的前 80 多年内，罗马帝国皇位更迭了 28 次，只有一位皇帝逃脱了遇刺或被俘的命运，得以善终。

四处呈现冷漠和衰朽的景象，罗马帝国曾经坚不可摧的基石日益动摇。军队忙于拥立皇帝，自身孱弱不堪，同样无法摆脱成为乱世牺牲品的命运。259 年，皇帝瓦勒良率领大军对抗波斯，遭遇了罗马帝国历史上最为惨痛的大败之一。瓦勒良被敌人俘虏，被迫忍受巨大屈辱，以身体充当趾高气扬的波斯王的踏脚凳。当这位悲惨的皇帝咽下最后一口气时，波斯人剥下他的皮，将其染成深红色，并且在里面填充上干草，之后将这可怖的战利品悬挂在墙上，向来访的罗马使节大肆炫耀，昭示着帝国曾经的无敌神话是多么空洞可笑。

这样堂而皇之的羞辱令人难堪至极，然而罗马的作家们早就为国民性格的腐朽堕落发出了悲叹。早在公元前 2 世纪，波利比阿（古希腊历史学家）就开始批判那些曲意逢迎的政客，指责他们使帝国的共和政体堕落为暴民统治，古罗马历史学家撒路斯特则痛批过政治党派的罪恶勾当，而另一位历史学家李维——著名的罗马帝国黄金时代的记述者，曾经如此写道："这些日子……不论是我们本身的疾病，还是他们的治疗措施，都让人难以忍受。" *

然而，一个更加不祥的预兆正悄然显现。相比灾难的预言，铺天盖

* Ronald Mellor, *The Historians of Ancient Rome: An Anthology of the Major Writings* (New York: Routledge, 2004).

地响起的是狂热的颂词，歌颂帝国皇帝的不朽功绩和持久统治。但很显然，那些皇帝本人和这两样都丝毫不沾边。皇位上的那个人就好像帝国舞台上一闪而逝的幻影，这似乎是一个可怕的铁证——上帝已经背弃了他的子民。蛮族敌人像狼群一般在边境蠢蠢欲动，但相比于率军御敌，将军们更多时候是用手中利剑扫清通向皇位的道路。帝国军队曾是皇帝的仆从，如今却成了他的主宰者。随着朝代不断更迭，国家频繁地陷入动乱之中。

接踵而至的持续内战经常导致皇位继承发生混乱，但税务官们照样按时来去，带来名目更多的苛捐杂税。走投无路的“影子皇帝”试图通过降低帝国货币中的银含量来节省支出，但随之导致的通货膨胀将经济体系毁于一旦，帝国大部分地区又恢复了原始的易货制。日益严重的社会动荡带来恐慌，人们开始在宣扬现实世界易逝或邪恶的“神秘宗教”中寻求庇护，将希望寄托在魔法、占星术和炼金术上。生活充满苦难，极端者甚至抗拒婚姻或选择自杀来逃避现实。当时的社会结构分崩离析，不论富人、穷人都同样祈求救赎。

达尔马提亚带来了慷慨的救赎。一位坚韧不拔的战士戴克里先站出来称帝，他来自落后、蛮荒的土地，那里遍布险峻的山峰和茂密的森林。他采用通常的方式，暗杀先代君主，踩着敌军的尸体登上了皇位。戴克里先作为彻底的务实主义者，承认了人们长久以来怀疑的事实。帝国的疆域确实太过广大，在动乱的岁月里，单凭一个人的力量难以成功统治全境。帝国的土地跨越了整个地中海地区，从北部潮湿的不列颠森林延伸至南部烈日灼烧的埃及沙漠，从西部的直布罗陀巨岩直达东部的波斯边境。戴克里先即使把全部的生命耗费在执掌帝国大权上，也不可能有足够迅速的反应去应对每一次危机，也很难派遣他的全权代理人去替代他征战四方；近期的帝国历史上有太多的将领靠军队夺权了。如果摇摇欲坠的帝国要幸存下去，戴克里先就必须在某种程度上收缩帝国的广阔疆域——他前面的几任皇帝都没能解决这个问题。历史上很少有领袖人物在改朝换代时面临如此困难的境地，但务实的戴克里先发现了一种非正统的解决途径：他任命喜欢喝酒的老友马克西米安为共帝，或称“奥古斯都”，将帝国一分为二。

事实上，这一举措并没有听上去的那样具有改革意义，尤其是因为罗马帝国在语言上分裂已久。在罗马梦想征服世界的许久以前，亚历山大大帝的铁骑已经远达印度境内，荡平了一切敢于反抗他的势力，将征途中所有难以攻克的土地都划归帝国版图之内。亚历山大大帝的征服脚步拉开了希腊化时代的序幕，虽然他的帝国已经随着他本人的逝世四分五裂，但希腊文明还是得到了极为广泛深远的传播。自西方传播而来的罗马文明好像希腊化世界外部的一层肤浅外表，尽管武力昌盛，却对那更悠久的文化中的绝妙之处心怀敬畏。东部的权力阶级虽然以拉丁语作为自身语言，却没有将之传播到市井街巷。不论在思想上还是特征上，东部帝国都保留着十分鲜明的希腊特征。

戴克里先将讲拉丁语的帝国西半部分领土赐予马克西米安，自己则统治着更加富裕，希腊文明也更加根深蒂固的东半部分。理论上，帝国仍然统一，不可分割，但事实上东西两部分却面临着截然不同的命运，当时二者之间的大致分界至今仍标志着东欧与西欧的分野。分割所带来的后果在两个世纪之后才全面显现，但戴克里先的这一举动显然已经将罗马与拜占庭世界一分为二。

与他人分享权力显然是十分危险的游戏，要冒着为自己培植强大对手的风险，但马克西米安证明了他作为同盟者的忠诚之心。戴克里先一方面为胜利而喜悦，同时意识到两个人联手依然难以抵抗侵犯边境的入侵者大军，因此将皇权再次分割，任命了两位副君，称之为“恺撒”（Caesars）。这两位恺撒被赋予了足够大的权力，能够调动军队，甚至制定法律，大大减轻了两位上层统治者的执政负担。如今有四个人享有皇帝头衔，虽然在当时能够非常有效地治理国家，但只有时间能够证明这种“四帝共治”（Tetrarchy）制度带来的到底是敌人还是盟友。

此时此刻，戴克里先的宏图大志才刚刚起步。骤然减轻的工作量让他得以对混乱不堪的官僚机构进行重组。打破杂乱无序的官僚体制，代之以清晰、高效的军事化系统，将帝国分割出十二个大区，每一个大区由一位代理人*统治，这些人可以直接向皇帝报告事务。收税变得更加便捷，钱财源源不断地流入国库，戍边军队士兵的武器装备得到极大补充。预算充裕，疆土无忧，戴克里先毫无疑问完成了稳固皇位的划时代创举。

没有任何人比皇帝本人更清楚，权力顶峰的位置是多么危机四伏。

---

* 当早期教会逐渐发展出自身的层级制度，其必然受到所在的国家影响。因此戴克里先革命在天主教会留下了一定的痕迹，主教对各自的教区加以监督管理，教皇则作为基督在世上的“代理人”。

暴乱变革不断发生，因此军队只忠于皇帝个人，而并非虚幻的皇位，这一状况本身极不稳定，充满危险。无论力量多么巨大，魅力多么非凡，没有任何人能够做到让国土之内的每一个人都幸福安康，一旦弱点暴露，内战便会随之爆发。很早以前，延续很久的朝代的皇室血统能够震慑野心，但到了现在，任何手中掌握军队的人都能够自立为君主。为了打破这一叛乱和内战的怪圈，戴克里先需要确保皇帝的位置受人崇敬，不论谁登上这个位置。

这是古代世界最大的挑战。有序的继承制度需要的是稳定和平，但通常这样的稳定和平恰恰都是由暴君带来的，而每一个独裁者都为攫取权力寻求正当理由，进一步破坏继承制度。在任何情况下，将皇权这一概念进一步强化的想法最终都在根深蒂固的历史传统面前败下阵来。过去的五十年中，皇帝从军队中诞生，每个人都在竭尽全力地证明自己与军队同甘共苦。他们与将士共同进餐，为他们的笑话开怀大笑，仔细倾听他们的忧愁，尽心尽力维持他们的忠诚。这样的平易近人是必要条件；如果不这样做，你就很可能会忽略最初诞生的一丝不满情绪，星星之火最终将演变成内战的熊熊烈焰，然而这样一来也强化了这样一种观念：皇帝并非生来神圣，也不过是一介凡人。凡人意味着可以随意被杀死，或者被取代；如果戴克里先不具备扭转乾坤的才能，他也会被赶下皇位，所有曾经的伟大成就最终都将破灭。

罗马帝国有着一直延续的悠久传统：将专制的本质掩盖在民主共和的表象之下。帝国的开国皇帝奥古斯都甚至谢绝冠上皇帝的头衔，而是选择以无伤大雅的“第一公民”作为自称。在三个世纪多的时间里，罗马军团都骄傲不已地以“元老院与罗马人民”（SPQR）* 自称，似乎这样一来他们就代表了人民的意愿，而非暴君的命令。但如今，戴克里先希望改变这种现状。帝国皇权不再隐蔽在漫长、腐朽的所谓共和体制之后。赤裸裸暴露出的皇权才能让人民感到敬畏，反之，一味地伪装成“第一公民”只会激起民间叛乱的情绪。

宗教为戴克里先提供了完美的宣扬自身政治理论的渠道。力量和正统并非来自人民之中，而是来自神的赐予——戴克里先并非仅仅是朱庇特在人间的代表，他本身就是活生生的神明。那些获准觐见皇帝的人都要拜倒在他脚下，且不可直视耀眼的皇帝。这是一种令人印象深刻的奇景。戴克里先还确保自己的穿戴符合身份。文明世界的神圣主宰不再只是穿着军装了。一顶光芒四射的皇冠戴在了他的头上——戴克里先也是帝国历史上第一位佩戴皇冠的帝王，金色的长袍披在了他的肩头。繁缛的典礼仪式持续举行，这是从东方学来的传统，在那里，神圣统治者的传统根深蒂固。戴克里先如今正式脱离了凡人的范畴，成为众人之上的神明，在他周围是等级森严的各层帝国统治阶级。

用诸神的伟大威力去支撑摇摇欲坠的皇位可谓是一大智慧创举，此举绝非出自骄傲自负。在战火纷飞的动荡世界里，用神明的惩罚威慑叛乱者是最有效不过的手段。如今，叛乱也就意味着渎神，暗杀皇帝是对神明的大不敬。几乎是一瞬间，戴克里先一手创建了专制的君主政体，一位半神皇帝的每一道命令都有着绝对的宗教权威作为支撑。

---

* “元老院与罗马人民”的拉丁语缩写，即 Senatus Populusque Romanus。

尽管这背后的信仰经常改变，但这种帝国权力的模式毫无疑问是决定拜占庭皇位归属的政治意识形态。

罗马帝国的传统宗教信徒也接受了这种变化，没有什么不甘心的。他们作为泛神论者，接受一位或两位被神化了的皇帝绝非难事——事实上，很多个世纪以来，他们都在神化他们的历代统治者。但这对于戴克里先而言却算不上是什么好消息，因为并非所有人都是传统宗教信徒，他的神性宣言导致他与罗马帝国此时此刻发展最为迅速的宗教产生了激烈冲突。

罗马人正在抛弃传统的神明，这一点儿也不奇怪。近来戴克里先的改革毫无疑问令许多社会弊端得到改善，但对于绝大部分人而言，生活依然充满惨痛与不公。人民饱受苛捐杂税压迫，动乱的半个世纪以来，腐败又进一步加剧了赋税的残酷，大众发现腐败的统治阶级无法为他们带来庇护，在富人绞尽脑汁扩大土地时，穷人只能束手无策、坐以待毙。内心的痛苦无助让越来越多的人选择在不同的“神秘崇拜”中寻求庇护，其中最受欢迎的就是基督教。

与他们所在的充满专制不公的世界正好相反，基督教宣扬人们所受的苦难并非徒劳无功；折磨他们的压迫阶级看上去是胜者，但全知全能的上帝终将弘扬正义，惩治邪恶。在这个黑暗堕落的世界里，他们并不是孤独无助的弱者，而是由慈爱的上帝引导和保护，上帝能够兑现赐予他们永生的承诺。这个现实世界，以及它所带来的所有苦难都会消逝，化作虚无，取而代之的是一个完美的极乐之地，那里不存在伤痛，每一滴泪水都会消失无踪。古老的传统宗教同那些虚无缥缈的神明和空洞模糊的来世幻想，与基督教的吸引力相比，完全不值一提。

当帝国的执政官出面要求人民为皇帝举行祭祀的时候，大部分的基督徒都十分干脆地表示拒绝。他们很乐于缴纳税款，在军队里服役或是在委员会任职，但（正如他们将会清楚表明的那样）基督教只能接受一位上帝。不论权力如何巨大，皇帝自始至终只是一介凡人。

这样否定皇帝戴克里先的神圣地位自然在帝国权力阶级掀起了轩然大波，皇帝对此表示无法容忍。这样危险的反动论调——居然敢对神明大不敬，否定神性——必须彻底铲除。一道法令正式颁布，人民必须为皇帝举行祭祀，不论是否需要冒着死亡的危险，罗马帝国也开始了历史上最后一次全面镇压基督教的严肃尝试。

这件事带来的后果是可怕的，尤其是在以可怕的方式贯彻这道法令的东方。教堂被拆除，基督教文献被焚毁，上千人被监禁、遭受酷刑折磨，或是被处死。尽管这一切如暴风骤雨般袭来，但迫害行动并不像之前希望的那样成功。传统宗教信徒和基督徒已经共存了许久，基督教会的遭遇得到了很大同情。当然，社会上流传着那些可怕的故事，关于基督徒的同类相食，永生不死；说他们秘密集会，分食他们的主的身体并饮下他的血。但没有人再相信这些言辞了。大部分传统宗教信徒拒绝相信一种鼓励缴纳税赋、家庭稳定和贸易诚信的宗教的信徒会是危险的反叛分子，威胁到国家的安全。基督徒是邻居、是朋友，也是像他们一样的普通人，尽最大努力在这个混乱的世界里挣扎求生。基督教在任何情况下都不会被掩盖、磨灭，或是因迫害而灭亡。它已经在帝国内部广泛传播，并开始了改变世界的进程。

戴克里先在与基督教的战争上吃了大亏，在公元305年，他终于意识到了这一点。二十年的统治生涯让他的身体精疲力竭，帝国统治的光辉声望也无法弥补这一切。他已年近六旬，身体健康也每况愈下，他已经献出了大半生去为国家尽心服务，在余下的年月里，他一点也不想再继续背负如此重担了。令其他三位皇帝震惊的是，戴克里先迈出了罗马历史上史无前例的一步，公开宣布他正式退位。然而，这并非仅仅是退位而已。从这件事本身的意义上而言，它与戴克里先做过的诸多决定相同，彰显着他的雄心壮志：适时地选择退位，体现了他惊人的远见，同时极大地转变了历史的进程。

古代世界从未完美解决过关于继承的问题。罗马帝国和古代的其他大多数国家一样，采取的是父子继承制度，以保证帝王家族的小集团代代掌握着对国家的统治权。这种制度的最大弱点便是假如一个朝代没能产生一个合适的继承人，整个帝国就会陷入动荡，发生流血政变，直到最强大的竞争者胜出为止。不论继位的皇帝如何形容他们的神圣权力，事实都是他们继承皇位的合理性来自强大的力量、聪慧的头脑，或是一次完美策划的暗杀。只有在启蒙时代的成文宪法中，人们才采用合理的政治体制解决了这一引发国家动乱的基本问题。若非如此，任何统治都会在根本上演变为最简单的原则——适者生存，或者就像用共和的表象作为伪装的奥古斯都更清楚地表达的那样，“Carpe diem”——及时行乐。

罗马帝国从未诞生过任何明确的关于皇位继承的制度，但是极为类似的举措仍然存在。在战火纷飞的戴克里先时代的人看来，两个世纪前的罗马帝国想必处于一个田园牧歌般的黄金时期。一连串膝下无子的明君亲自挑选最为中意的人才，培养他们作为自己的继承者。在将近 100 年内，皇位在众位贤君的手中传递，彰显着巅峰时期罗马帝国的力量和声望。他们的统治还使人得以窥见当权位基于美德而非血统时，人们可以取得怎样的成就。这种政治体制之所以优越，应归功于这些被选中继位的皇帝都没有自己的男性后嗣，而事实最终证明世袭将成为其中的要害。马可·奥勒留，最后一位“养子”皇帝，育有 13 名子女，当他临终之时，他将帝国传给了他的亲生儿子，聪明过人的康茂德。然而康茂德沉迷在权欲中心，完全不适合统治国家，极力宣扬自己是赫丘利的化身，认为自己是“世界的引导者”，还将罗马城与一年的 12 个月以他的名字重新命名。罗马人民忍受了他们的自大狂皇帝达 12 年之久，然后康茂德的统治被彻底推翻，他也身败名裂。之后，一名元老院议员亲自出马，将这名暴君勒死在浴场中。* 贤明的统治又一次因改朝换代而终结。

戴克里先的最终声明被证明是一项创举，领先于它发布的时代大约 15 个世纪之久。这不仅是一位疲惫老人的退位，更是一项成熟的尝试，以宪法的形式解决了皇位继承的难题。戴克里先和马克西米安同时选择退位；他们的恺撒伽列里乌斯和苍白的君士坦提乌斯（Constantius the Pale）正式继位为皇帝，同时也任命了他们自己的恺撒，完成了皇权的顺利过渡。这不仅是一次彻底、有序的皇位继承，避免了内战的

* 康茂德的其他恶行包括下令在竞技场中将上千名被截肢的伤残者殴打致死，以此取乐。

灾祸，同时也为帝国带来了两位经验丰富、能力出众的皇帝。没有任何人能在不首先成为恺撒的前提下就直接升为奥古斯都。

让出皇位，放下权杖，戴克里先宣布彻底放弃自己的权力，心情愉快地回到他位于亚得里亚海岸萨隆内地区的豪华宫殿，开始了种植卷心菜的田园生活。* 他身边的人对此感到十分为难，困惑于该如何对待一位退了位的神明，历史也以它自己的方式证明，戴克里先留下的影响同样难以捉摸。戴克里先结束了混乱的帝国秩序，重新带来了稳定安逸，或许这足以为他赢得“奥古斯都第二”的美誉，然而很不走运的是，从各种意义上而言，另一个人的出现掩盖了他的光芒——正是19年之后登上皇位的那个人。戴克里先将罗马帝国从过去的桎梏中解放出来，但未来掌握在君士坦丁大帝的手中。

* 当有人请求他回归皇位时，戴克里先坚持己见，他表示权力的诱惑无法与农耕带来的愉悦相比。他的宫殿位于现代克罗地亚的斯普利特城内。

第二章

君士坦丁和教权统治

Chapter 2

Constantine and the Church Ascendant

塞涅卡常在我们中间。

——德尔图良

四帝共治制度本应存在更长时间的。然而，这个制度崩溃瓦解的过程却充满了历史的讽刺之感，因为戴克里先是从罗马历史本身构想出这一制度的。

戴克里先对全盛时期的罗马帝国开始逐步衰败前的稳定黄金时期充满渴望，因此重新兴起了收养继承制度，但他本应对形势有更为准确的认知，不至于选择两位育有成年子女的继承者。马克西米安的儿子马克森提乌斯和君士坦提乌斯的儿子君士坦丁都认为皇位是他们生来应得的，对分享帝国统治权抱有极大的渴望。但当马克西米安不情不愿地跟随戴克里先选择退位之时，两位继承人都完全没有得到任何权力。作为曾经的“神”的后代，君士坦丁和马克森提乌斯此时与平头百姓没有什么区别，他们都认为自己完全遭到了背叛。

君士坦丁认为绝不能置身事外，他加入了父亲在不列颠地区的战争，对抗皮克特人。在轻而易举地征服了敌人之后，他们双双退兵到约克地区，此时君士坦提乌斯的病情显然严重恶化，因为血液病而脸色惨白。他是四位皇帝中最为明智的一位，对他的东方同僚大张旗鼓的宗教迫害选择了视而不见，在拥有大量基督徒和太阳神崇拜者的军队中也广受爱戴。当他在 306 年 7 月 25 日去世时，一位使节提醒沉浸在悲伤中的人民，一位名为塞维鲁的远道而来的恺撒将接替君士坦提乌斯的位置。但战场上的士兵们不愿听从某个宫廷官僚。大部分士兵也从没听说过塞维鲁的名字，并不关心他到底是何方神圣。此时此刻他们身边就有一位更加年轻、富有激情、深受爱戴的领导者。他们推举君士坦丁继位，欢呼着称他为奥古斯都，这一举动使罗马帝国再次陷入了战乱。

不列颠群岛作为帝国行省，一般情况下并没有过于强烈的帝国归属感，但君士坦丁被推选为帝还是在这遥远的一隅产生了十分热烈的反响，戴克里先关于皇位继承制度所做出的一切努力转瞬之间就土崩瓦解。君士坦丁称帝的方式让其他人也动了心思，他们也开始推翻戴克里先设置的限制，渴望以武力取得法律不允许他们获得的权柄。马克森提乌斯仍然沉浸在被排挤忽略的怒火之中，他占领了罗马城，迫使他的父亲退位，为他的声誉提供支持，并且成功地粉碎了所有觊觎他地位的阴谋。但让当时的人感到混乱的是，不久便有六个人声称自己是奥古斯都，这也令学习研究这段历史的学生们感到头疼不已。

令人欣慰的是，这种困惑并未持续太久。罗马帝国的土地已经如此广阔，但对同时出现的六个统治者而言还是过于狭小了，这些皇帝很快开始彼此残杀。到了 312 年，只有其中四位皇帝幸存，君士坦丁认定是时候展开最后一击了。在帝国内乱四起之时，他选择保持缄默，如今四帝共治制度已经濒临彻底崩溃的边缘，西方的两位皇帝都以非法的途径攫取了权力，东方的则因为内部事务而焦头烂额，无暇他顾。此时此刻外部干涉很难起到任何作用，只有马克森提乌斯是他统治整个西罗马帝国的最大阻碍。高举着他的保护神“Sol Invictus”（无敌太阳神）的旗帜，君士坦丁集结了四万大军，跨过阿尔卑斯山，进入亚平宁半岛。

像所有伟大人物一样，君士坦丁选择的时机无可挑剔，运气也相当不错。马克森提乌斯的声誉比起君士坦丁而言简直堪称天差地别。他宣称自己经费不足，对罗马大众横征暴敛，但他却使用这些税金在罗马广场上建造了豪华奢侈的厅堂，还为自己竖立了宏伟的雕像。* 一系列行为引起了人民的强烈不满，最终导致叛乱。在以几千名无辜市民流血牺牲作为代价之后，秩序重新建立，但马克森提乌斯的声誉却已经无法挽回地一落千丈。他在听闻君士坦丁的大军逼近时惊恐万分，

* 这座建筑迄今依然存在，名为君士坦丁的巴西利卡会堂。胜利进入罗马城之后，君士坦丁将马克森提乌斯的雕像撤去，以自己的雕像取而代之，并下令将这座建筑彻底完工，宣布为自己所有。

不再确信罗马城对他忠诚，因此他离开了固若金汤的罗马城，由米尔维安大桥跨越台伯河。在距离城市仅有几英里的地方安营扎寨后，马克森提乌斯向他身边的预言家请教，问他们看到了何种预示，是否能有利于他们取得胜利。第二天正是他的“dies imperii”（当权起始日），掌权六周年的纪念日典礼将会如期举行。毫无疑问，没有比此时此刻更适合开战的时间了。

穿越过平原地区，君士坦丁和他的大军严阵以待，同时也在寻求神赐的吉兆。预言家和魔法师在马克森提乌斯的营帐里来来去去，让他身心俱疲，他不知道自己怎样才能平息他们带来的影响。代表万神殿里诸位神明的神职人员都目不转睛地盯着用于占卜的动物内脏或是鸟儿飞行的轨迹，向马克森提乌斯保证他会顺利得到神的恩赐，但可以肯定的是，他的对手也听到了神明同样的许诺。

置身于尘土飞扬的营帐中，周围是军队生活的喧嚣声，君士坦丁双膝跪地，念出了那将会改变历史的祷文。在日后回忆这段历史的时候，君士坦丁曾说自己当时抬头望着天空，企盼真正的上帝能够显露他的真容。令君士坦丁震惊不已的是，他看到一个由光芒组成的巨大十字架浮现在天空中，与过去他所崇拜的太阳的光辉交相辉映，显现出了“凭此神迹，助你征服”（IN HOC SIGNO VINCES）的字样。君士坦丁为这奇景大大震撼，他不清楚下一步该如何前进，但当夜晚来临时，这一切都在梦中得到了完美的解释。耶稣基督本人现出了真身，向他展现了同样的神迹，然后指引他将这个神迹作为自己的神圣护身符。一觉醒来，君士坦丁严格遵循基督旨意打造了新的旗帜，将传统的宗教图腾替换为一个十字架标志，顶上是一个花冠和基督名字的两个首字母。将崭新的神圣旗帜作为护卫，君士坦丁的大军势如破竹，顺利取得了大捷。马克森提乌斯的军队被迫退回罗马，但大多数人都在试图跨越米尔维安大桥时掉进河里淹死了。在混乱之中，马克森提乌斯被沉重的盔甲武器压得不堪重负，也像他的诸多士兵一样，掉进了满是已死和垂死之人的河中。他的尸体在第二天被发现，并被打捞上岸，君士坦丁昂首进入罗马城，将他的敌人的头颅高悬在矛尖之上。当他进入元老院议事厅时，元老院成员对他表示热烈欢迎，而君士坦丁断然拒绝了为传统宗教的胜利之神举行祭祀仪式。他宣称，暴君已经灭亡，新的时代已经到来。

这种自夸的言辞事实上比君士坦丁本人意识到的更具远见。虽然需要历经久远时日证明，但是米尔维安大桥战役成了一个意义重大的历史转折点。君士坦丁一方高擎着十字架和利剑，这场战争胜利的意义并非只是击败一个大敌——他将教会与国家两者融为一体。对教会和国家双方而言，这不啻一把双刃剑。基督教会和罗马帝国都发生了翻天覆地的变化。

奇怪的是，尽管对基督教世界产生了巨大的影响，君士坦丁却从未从真正意义上成为一名基督徒。自始至终，他并未真正理解这个他所接纳的宗教，最开始他似乎只是承认了耶稣基督在罗马众神的万神殿之中占据一席之地罢了。无敌太阳神和战神玛尔斯的形象继续镌刻在罗马帝国流通的钱币上达数年之久，君士坦丁也从未放弃他的古罗马大祭司长（Pontifex Maximus）头衔，即古老传统宗教的最高祭司头衔。学术界已经花费了无数笔墨去争论这位皇帝是否真正彻底转变了信仰，但这样的推测并没有切中要害。君士坦丁真正伟大的智慧在于他不像前人戴克里先那样将基督教视为威胁，而是视之为一种统一国家的策略。在那些决定性的关头，他的长远目光带来了成果，无论是真正改变信仰或仅仅是政治上的妥协，君士坦丁都为帝国和教会带来了翻天覆地的变革。对基督教的迫害彻底终止了。从此以后，曾经饱受压迫的信仰在帝国占据了支配地位。

信奉传统宗教的罗马元老院并不清楚是什么转变了他们新的征服者。他是一位旗帜鲜明的一神论者，但究竟信仰何种宗教还并未为人所知，因此，像任何时代的政治家一样，他们决定采用最稳妥的方式，为君士坦丁建造一座凯旋门，上面镌刻的铭文却语意模糊，只是提到了在大战中帮助他获胜的“神明”。君士坦丁本人对这种模糊的表达却非常满意，他在313年颁布了一道宽赦法令，正式将基督教合法化，但没有将它定为帝国唯一的正统宗教。虽然基督教确实使他受益颇多，他的母亲海伦娜便是一位基督徒，他自己对太阳神的崇拜也使得星期日作为圣日而保留下来，但他本人对于成为一名传教士却并无兴趣。此时帝国的大部分国民依然是传统宗教信徒，君士坦丁也并不希望因为迫使人民改信一种新的宗教而让君民关系疏远。然而，他希望借助基督教支持他的帝国统治，就如同戴克里先借助传统宗教信仰一样。他的主要目标是通过自己的仁慈统治，让帝国上下团结起来，他不打算因为宗教狂热而影响这一目标。

然而，君士坦丁将自己描绘为宗教宽容的标杆人物，还有一个更加引人注目的原因。虽然他正忙着四处征服罗马，但东部的皇帝李锡尼也在自己的疆土上获得了大胜，如今正对他大杀四方的邻居虎视眈眈。君士坦丁有足够的理由感到害怕。这不仅是因为李锡尼的东部领土更加富庶，人口也较西部更为稠密，而且因为基督教正是发源于此，人们自然愿意支持这位转信基督教的领袖。11 年来，双方勉强维持着和平，但李锡尼对君士坦丁的扩张欲望感到恐惧，而他的妄想症又让这一切雪上加霜。他指责自己领土内的基督徒充当了君士坦丁的内应，并且试图镇压基督教，处死主教，焚烧教堂，戴克里先的宗教迫害重新开始了。

这位愚蠢的东罗马皇帝此举正给了他的大敌可乘之机。君士坦丁长久以来都在盼望着这样一个良机，他马上发动了突袭。大军直捣东罗马帝国内部，他逼迫李锡尼的大军退至赫勒斯滂海峡的另一侧，将陷入混乱的李锡尼的海军彻底击溃。在几周的各自备战之后，双方于 324 年 9 月 18 日开战，地点在希腊殖民地拜占庭城隔博斯普鲁斯海峡的对面，在这座古老城市的荫庇之下，君士坦丁取得了一场完美的全面胜利。

在 52 岁这一年，君士坦丁成了罗马帝国唯一的统治者，为了纪念自己的胜利，他给了自己一个新的头衔。在他取得米尔维安大桥战役的胜利之后，他在自己的一长串名字前又加上了“最伟大的”，现在则又加上了“胜利的”修饰字眼。谦逊显然从来不是任何一位皇帝的美德，但君士坦丁是一位非常善于操控舆论宣传的聪明人，他绝不会放过任何一个机会去提升自己的名望。这些本能为他带来了诸多好处，让他能够满足自己对于权力的渴望，同时为自己披上宽容忍让的外衣，在消灭敌人的同时，以人民对自己的拥戴作为伪装。他前去拯救自己的基督教人民，同时也并不伤害其他异教徒，永远保持着一种小心翼翼的中立局面。既然现在已经不存在其他的异教徒敌人需要对付，君士坦丁也能够对基督教采取更加开放的支持态度。他的母亲海伦娜亲自前往圣地朝圣——这也是历史上第一次朝圣之旅——在沿途建造了许多旅店和医院以为后来的朝圣者提供方便。在伯利恒，即耶稣基督的诞生之地，她主持建造了主诞教堂；而在耶路撒冷的各各他，她奇迹般地发现了钉死耶稣的真十字架；在与皇帝哈德良建立的维纳斯神庙齐平的地方，海伦娜建立了圣墓教堂，里面建有空无一物的耶稣坟墓。

当母亲作为史上首位朝圣者四处奔忙时，君士坦丁开始了诸多改革，这些改革产生了深远影响。内战的动乱将市场和农田严重破坏，底层劳动阶级纷纷四散奔逃，寻求更安全的藏身地，作为皇帝必须要通过强迫农民在土地上劳作来稳定局势。再进一步而言，君士坦丁将各个行业协会成员，从面包师到猪肉商人，控制在他们各自的岗位上，并且命令在家庭中儿子必须继承父亲的职责。在更加稳定和富有的东方，这些法律几乎未曾实施，也并没有起到很大作用，但在混乱、动荡的西部，这些法律都得到了严格的执行，结果就是带来了封建制度，这种制度深深扎下了根，在千年之后才得以终止。

在短短一段时间内，令人安心的稳定和平再次降临到这个动荡不安的帝国。农田丰收，市场重开，商业逐步繁荣。

君士坦丁所在意的并不仅限于让他的人民在物质上过上富裕的生活，随着帝国的财政状况逐步好转，他开始用谨慎的方式推行他的新信仰。异教的祭祀被禁止，以宗教为名义的淫乱和纵欲仪式也被定为非法，神庙的财产被充公，用来建造教堂。各种酷刑被废除，甚至连辩论赛也在一定程度上遭到限制，因为这也算作争斗行为，只不过是选择了更为温和的方式。君士坦丁将整个帝国在他的最高统治之下紧密团结在一起，如今基督教在他的行动之下同样完成了统一。

帝国在政治上已经高度统一，然而，一种新的异端邪说又开始对这一切产生威胁，要将帝国重新拉入分裂之中。这种异端邪说最初在埃及产生，一位名为阿里乌的神职人员开始传播宣讲耶稣基督并非完全神圣，因此也没有唯一的圣父上帝那般全能。这样的传道在基督教的中心激起了轩然大波，因为它是对基督教基本原则的直接否定，不承认耶稣便是上帝在人间的化身。但阿里乌是一位出色的演说家，人们开始聚集起来听他讲道。教会对此完全手足无措，再次面临分崩离析的境地。零星的迫害活动依然存在，只是被迫转为暗中进行；教会权力被稀释，由本地各处的会众组成的松散联盟迅速遍及全国各地。作为圣彼得的继承者，罗马主教一直备受尊敬，但他也不具备实际的控制权。正如圣保罗在《新约全书》中的著作表明的那样，不同的教会喜欢依照不同的方向行事。因为不存在真正的等级制度，组织也比较松散，教会没有明确的方式去应对阿里乌的传教，不久争议就随之爆发了。

出于君士坦丁典型的军事化思考方式，他以为自己下一道命令就能让双方停止争论。他完全没有意识到此中牵涉的感受之深，写信给身在埃及的主教，用一种令人不快的天真口吻告知对方，这些宗教分歧是“无关紧要的”，并且让他们专心完成本职工作，确保彼此的和谐关系。显然，这种解决方式并不为人所接受，因此他决定采取一种更激进的解决措施。君士坦丁认为，基督教产生的问题是长期缺乏领导造成的。那些主教就好像罗马共和国的元老院议员一样，总是争论不休，却从来没办法达成一致，除非有什么东西威胁到他们才行。谢天谢地，奥古斯都已经为帝国解决了这种问题，允许元老院成员继续自由论战，但当事情需要归纳出一个定论的时候，就用权力来约束他们。现在挽救教会成了君士坦丁的使命。在他警惕的目光之下，教会需要达成一致，而且必须保证全国上下都遵守规则。

君士坦丁决定召开一次大型会议，邀请每一位主教前来出席，并且全部交通和住宿费用都由他来承担。几百位神职人员到达尼西亚城后，皇帝于325年5月20日让他们全体聚集到大教堂内，以令人印象深刻的方式呼吁全国上下统一，并由此开始了会议。君士坦丁并不特别关心在这场辩论之中到底谁占上风，谁是最后赢家，他的目的在于寻找时机，倒向大多数人支持的那一派。尼西亚公会议起初讨论的都是一些琐碎小事，争论的无非是异教徒施洗礼是否具有合法性，以及约定正式的计算复活节日期的方式，然后才转向讨论那些极具争议性的问题，比如，圣父和圣子两者间的关系。起初一切都顺利进行，但当进行到正式撰写信经的时候，双方都表示拒绝妥协，会议几乎要陷入彻底混乱。

会议中的主要问题在于选定的用于描述基督和圣父关系的希腊语词语“homoiusios”（意为“本体相似”）。这是阿里乌派的观点，认为三位一体中的这两者是相似，但绝不等同，其他主教则竭力反对他的观点。但很明显的是，阿里乌派的支持者只占少数，因此君士坦丁站到了另一方，并提出了解决方式。他去掉了这个词中的一个“i”，将它改写为“homousios”，即与圣父“同质”。阿里乌派因大众纷纷谴责他们的观点而感到十分苦恼，但有皇帝（及他的军队）在这里，他们也没办法公然表现出反对情绪。阿里乌派的主教们开始感到踌躇不安，当君士坦丁向他们保证与圣父的“平等性”能够阐释为“神圣和神秘”的意义时，他们不得不表示服从。皇帝给了他们一条出路，将homousios按他们喜欢的方式阐释，之后阿里乌派便离开会议各自回到教区，以一种体面和有尊严的方式结束了纷争。阿里乌本人则遭到谴责，他的著作被烧毁，基督教的统一性得以保全。

在君士坦丁监督下产生的《尼西亚信经》并不仅仅是一部信仰宣言。对于基督徒而言，《尼西亚信经》成了基督教经典，规定了真正教会（东正教）和普世教会（天主教）的正统信仰。时至今日，新教、东正教和天主教的教徒仍然在吟诵《尼西亚信经》，这也在一定程度上反映了那个时代基督教的团结统一。在拜占庭帝国幸存发展的东方，尼西亚公会议规定了世俗领袖与宗教领袖之间的关系：主教有权决定教会内部事务，皇帝扮演的是执行者的角色。君士坦丁作为教会有力的保护人，根除异教，引导信仰，避免了教会的分裂。他的继任者意图在不同程度上操纵统一的教会，但其中根深蒂固的规则却保持不变。皇帝的责任就是听从整个教会的声音；至于教会究竟讨论出了什么内容，那是主教需要决定的事情。

既然君士坦丁的敌人，不管是宗教上的还是军事上的，都已经被彻底踩在脚下不得翻身，他决定为自己的功绩建立一座并不过度张扬的纪念碑。他已经将罗马城大加整修，为宏伟的大议事堂做了锦上添花的装饰，并将一座高达 40 英尺 * 的自己的塑像放置其中。现在他又新建了许多教堂，在拉特兰山上买下一块土地，为教皇建造教堂。然而，在这辉煌的帝国统治中心罗马，四处仍然充满了异教的影子，简简单单的一层基督教外衣显然不足以起到震慑效果。此外，罗马已经发生了彻底的改变，整个帝国也不再依靠罗马作为运转的中心。

罗马远离帝国的边境，很久以前就不再作为全国的实际首都，只有 3 世纪的那些在位时间极短的皇帝才偶尔踏足此地。戴克里先出于军事上的考虑，坚持根据实际行军需要迁都，他认为帝国的首都不应该只是固定的某一座城市，而是皇帝所在之处。这只不过是把长久以来令人不快的真相大声宣扬出来罢了。由于不能离开动乱不断的边境过于遥远，因此皇帝选择了不同的道路，而权力是跟着皇帝走的。戴克里先自己在东部尼科美底亚的宫廷四处奔忙，仅有很少时间踏足这座永恒之城，他的改革措施也使罗马的地位下降，成

---

* 1 英尺 = 30.48 厘米。——编者注

了一座仅具象征意义的重要城市。

君士坦丁决定给风雨飘摇的帝国带来新的根基，他开始酝酿一个全新的开始。不久后他（像往常一样）声称自己是遵从了神谕，到达了古城拜占庭，但很显然挑选地方并不需要什么神圣的预示。近一千年来，这块希腊殖民地都在东方与西方的边境之间相安无事。占据着最为优良的深水港，这座城市得以掌控黑海和地中海之间繁荣的贸易路线，从最北方运来琥珀和木材，从东方运来油料、粮食和香料。此处占据着三面环水的地势，可谓是拥有显著的天然屏障，因此近旁殖民地的建立者曾经遭到嘲笑，因为他们居然没有注意到这光辉卫城的绝佳地位。但对于君士坦丁而言，更重要的是他能够越过拜占庭土地那平缓的斜坡，望见他与李锡尼对战的最终胜利之地，在那里他实现了毕生的梦想。* 若是要建造一座宏伟都城来纪念他的伟大功绩，那就再没有比这里更完美的地方了。

身边跟随着趋炎附势的朝臣，君士坦丁爬上了拜占庭的一座小山，他的目光掠过这座希腊的殖民地，希望把它重建为世界的都城。这意味着此处不仅是另一座帝国的城市，还是大地上基督教的唯一中心、基督教世界的心脏。他已经选出了一个位置，那里有着七座小山，为的是模仿著名的罗马七丘，在这里并没有被异教传统束缚的过去，他可以建造“Nova Roma”，即“新罗马”，在基督教的、东方的根基上重建帝国的荣耀。

---

* 君士坦丁与这座城市的关系可以追溯到 292 年，当时他与自己的母亲海伦娜一同作为东部皇帝伽列里乌斯的人质居于此地。

在一个人短短的一生中渴望建造这样一座都城，多少有点骄傲自大。毕竟，罗马并不是一天建成的。但罗慕路斯当时并不具备君士坦丁这样丰富的资源。皇帝是整个世俗世界的主宰，而且他决心将天堂与人间融为一体，打造绝无仅有的杰作。工匠和材料从帝国的四面八方聚集而来，城市仿佛一夜之间就拔地而起。斜坡被青草覆盖，上面盖起了浴室，耸立着廊柱，四处坐落着学院和广场，甚至还有宏伟的宫殿和巨大的竞技场。元老院内希望与权力中心保持紧密联系的成员们被东方的新城市所诱惑，这对他们而言是新的巨大机遇，他们内心充满了荣耀，迁到了新修建的精美豪华的元老院议事厅。前来的不光是富裕阶级。君士坦丁堡作为一座全新的城市，到那时为止还没有被数个世纪以来的传统和贵族政治所束缚，因此有很强的社会流动性。聚集到博斯普鲁斯海峡地区的穷人都可以得到社会公共补助，这里有足够的免费粮食，能够养活超过 20 万居民。公共储水设备能够提供足够的水源，众多的港口供应新鲜的鱼类，宽阔的大道四通八达，点缀着精巧美丽的雕塑，连通了帝国的每一个角落。

这座城市蕴含的能量是显而易见的，不过，虽然新罗马是一座年轻、繁荣的城市，但它仍然具有古老的传统根基。著名的蛇形柱是为了纪念公元前 479 年希腊在特尔斐古城对波斯的胜利，一座来自卡纳克神庙的埃及方尖碑立在此处的跑马场上，广场上也竖起了名人的塑像，从亚历山大大帝到罗慕路斯和雷穆斯。他们赋予了这座城市一种历史的庄严之感，根植于熟悉的历史传统之中，并且（像君士坦丁希望的那样）带来了史无前例的伟大荣耀。城市建成的速度令整个世界叹为观止，仅仅过了6年时间，已经大体落成。

皇帝已经为这座新城市的人民提供了物质上的恩惠，现在他认为人民也应该享有精神生活的富足。他派出官方队伍去视察人民如何娱乐庆祝，赞助赛马场中的战车比赛，并赐予观众衣物和钱财。* 围观的大众在很多场合都能够大饱眼福，每一次都比上一次更加叫人吃惊不已。身材健美的体操运动者从野兽的身上一跃而过，或是从悬挂在高空的细绳上走过，让围观人群提心吊胆；被激怒的巨熊互相搏斗；还有披红挂绿的演员表演生动的哑剧或是演唱俚俗的歌曲。这一系列的活动使得元老院成员和高官们十分满意，他们挤满了大理石的座位，这里距离场地中的赛道最近。表演完毕后，他们和社会各阶层人士都可以到市中心广场新建的宽敞公共浴室中洗浴，这公共浴室是皇帝亲自宣布开业的。当然，最富有的阶层在他们的豪华寓所里拥有自己的私人浴场，其高档住宅不断在连接梅塞大道——新罗马的中心主干道——的几座凯旋门之间扩张。但即使是他们，也要为君士坦丁建造的绝对豪华精美的公共建筑赞叹不已。

帝国的新罗马城在330年5月11日正式宣告落成，虽然君士坦丁亲自将它命名为新罗马，但这座城市更加广为人知的名字依然是为纪念君士坦丁而定下的“君士坦丁堡”。† 只有已知世界的主宰者才有能力举行这样丰富多彩、种类繁多的庆祝活动，并且这种活动随着异教

---

* 这也是著名的蓝党与绿党派系的起源，不久便占据了竞技场的主流，并在查士丁尼的统治时期扮演了重要角色。

† 从此，直到帝国在一千余年后彻底灭亡，君士坦丁堡的人民每年5月11日都会准时在竞技场中集会，纪念城市的诞生。

和基督教的奇特融合达到了最高潮。在众多神职人员和占星师前呼后拥的陪同下，刚刚宣称自己为基督教保卫者的君士坦丁来到了广场的正中央，在巨大的纪念柱之前停下脚步，这宏伟的建筑是为了赞颂他而竖立的。在高耸的柱石顶端是一座从阿波罗神庙运来的黄金雕像，而且仿照君士坦丁的外貌进行了重新塑造。在七道光线组成的光环（有流言称其中用到的材料有耶稣十字架上的钉子）围绕下，这宏伟的建筑物雄赳赳地朝向太阳升起的方向，迎接即将到来的光明未来。在纪念柱下，皇帝主持举行了一个庄严的仪式，将新落成的城市敬献给神明，祭献的过程中用到了他所能找到的所有异教和基督教的圣物。在占星师指定的时刻，这些圣物被放置在从埃及运来的巨大斑岩鼓中，埋藏在纪念柱之下。这里有雅典娜神圣的披风、挪亚用来建造方舟的斧头，以及耶稣基督行著名神迹——用五个饼、两条鱼喂饱五千名信众时用来盛放剩余食物的篮子，这些五花八门、互不相干的圣物被埋藏于此长达数个世纪。* 在他关心的地方，君士坦丁显然更加倾向于两面下注。

在他余下的统治时间里，君士坦丁努力维持着政治和宗教上的和谐统一 。在他的有力控制之下，帝国重新呈现出繁荣的景象，不过，有些时候他的残酷无情几乎可以算得上是暴君统治了。因为忌惮自己广受欢迎的长子克里斯普斯，君士坦丁指控他意图引诱其继母福斯塔。克里斯普斯根本没有机会为自己辩解，君士坦丁便下令

* 该处遗迹可能存在至今。此后，纪念柱本身也被视为一处著名的古迹，每个新年日（9月1日）全城人民都会聚集在纪念柱下方，齐唱赞美诗。

处死了自己的亲生儿子，然后决定用酷刑处死福斯塔，把她扔在浴池里活活烫死。为了将帝国牢牢掌控在自己的统治之下，君士坦丁的手上已经沾染了太多的鲜血，他无法容忍任何敌人的存在，尤其是在他自己的家庭内部。

当涉及处理教会的问题时，君士坦丁杀伐决断的态度却消失不见了。他为神学论辩而烦恼，而且他唯一在意的只是基督教在自己的统治下保持统一，这就导致了一个坏习惯，也就是总选择站在多数人支持的那一边。

教会的主要问题在于，召开会议可以拟定教规，却无法改变组成教会的普通教众的内心想法，即使像尼西亚公会议那样意义深远的会议，也无从解决这一问题。阿里乌及追随他的那些主教已经被打上了异端的烙印，但他身为演说家拥有的影响力丝毫未减，在东罗马得到了非常热烈的支持，在那里不断有人选择归入他的教派。一位新的主教——亚大纳西，主流教派的拥护者——被派来引导阿里乌的埃及会众，但人们仍然继续选择跟从阿里乌的训示。如果君士坦丁早能够坚定地遵循尼西亚公会议的决定，事情就会简单得多了。有了上层的强硬领导，阿里乌派或许早早地就会销声匿迹，但君士坦丁决定，既然公众支持阿里乌，那么他就转而站到阿里乌派一方，开始指责亚大纳西。当亚大纳西来到君士坦丁堡，为自己辩护时，皇帝为他的雄辩之才深深折服，结果又一次转变了想法，开始指责阿里乌。这一次，亚历山大城的人民不得不为之深深烦恼，不知道这两个人究竟哪一位才是他们的主教。

事态变得每况愈下。阿里乌竭尽全力去忽视自己已经遭到罢免的现实，开始主持修建自己的教堂。令人尴尬的是，数量极其庞大的亚历山大人选择了支持他。君士坦丁采取的措施是对这些人征税，使他们屈服，宣布任何选择信奉阿里乌派的人必须上缴数额更高的税款。但这个措施显然没有起到什么作用，不久以后朝廷中的阿里乌派成员就说服摇摆不定的皇帝又一次改变主意。事情发展的势头已经很明显，亚大纳西被免职，并遭到流放。由于君士坦丁的优柔寡断，情况现在陷入了无法挽回的混乱，并且持续恶化，即使在阿里乌本人去世之后也没有得到什么好转。*

君士坦丁对于处理繁杂的宗教问题没有什么耐心，不久之后他就开始考虑用武力解决问题。在他的青年时代，当遭遇李锡尼的威胁之时，基督徒纷纷聚集到他麾下，或许现在就是用另一场战争让教会回归正轨的时候了。君士坦丁绞尽脑汁想要寻找一个合适的对手，他的目光落到了波斯国王的身上，这也是罗马帝国最青睐的敌人。波斯国王沙普尔二世刚刚入侵亚美尼亚，所以现在掀起一场战争，征服敌人，让信奉拜火教的波斯人领略基督的教化是最合适不过的选择。

罗马和波斯两个帝国之间确实没有什么交情可言，沙普尔二世对此心知肚明。一位罗马皇帝风干的尸首还悬挂在波斯神庙之上，被缴获的罗马束棒也点缀着波斯的高墙。是时候对敌人的羞辱展开复仇了。

---

* 走进君士坦丁堡广场时，阿里乌突然有一股想要解手的冲动。他蹲在一根纪念柱下方的尘土之中，他的肠子带着肝脏和肾脏一起拉了出来，瞬间致其死亡。

君士坦丁集结大军，在337年的复活节之后开始进军，但最远只到达了赫利奥波利斯（现代的赫塞克地区），这座城市以他母亲的名字命名，在这里他感到自己的身体状况不允许继续行军了。附近的温泉水也无法令他好转，当他到达尼科美底亚的郊外时，这位皇帝知道自己大限将至了。

君士坦丁在宗教问题上总是很谨慎，他曾经推迟自己的洗礼，认为在人生最终的祝圣中洗涤罪恶，更有机会让他带着清白之身被上帝选定，升入天堂。现在，他感觉自己命不久矣，因此放下了帝国的皇权，穿上新基督徒的白色长袍。在尼西亚的各个教派之间经过一番举棋不定之后，他选择了阿里乌派的主教优西比乌为他施行洗礼。短短几天之后的5月22日，第一位基督徒皇帝驾崩了。

即使是面对死亡，他也要炫耀一番自己的丰功伟绩。君士坦丁为自己选定的称谓是“与圣使徒同等”，虽然他内心认为自己比他们更高一等。他的葬礼也体现了这位皇帝对自身的看法。他没有采取罗马传统的火葬，而是选择躺在精美的石棺里，被安放在君士坦丁堡由他自己主持建造的恢宏的圣使徒教堂内。安放在周围的是12口空棺，每一口代表着一位门徒，而他自己作为神圣的代表被安置在正中央。这也可谓是君士坦丁最终的宣传手段，他一直将自己的残酷和机会主义展现为庄严的神授使命。尽管下令处死了自己的妻子和长子，他仍然像一位圣徒一样备受尊敬——对于一位被奉为异教神明，同时由异端主教施行洗礼的皇帝而言，这确实是了不起的功绩。

撇开个人性格上的瑕疵不谈，历史上很少有统治者对历史发展产生如此深远的影响。君士坦丁让一个乱象丛生的帝国和一种四分五裂的宗教重新恢复秩序，让它们得到良好的发展。他对基督教的理解有限，导致基督教内部派别分裂日益严重，但他对这种信仰的接纳引发了一场文明的地震，最终导致社会发生了彻底而持久的改变。在西部，他打下了中世纪欧洲封建制度的根基，让农民的劳作世代相传，而在东方，他宣称信仰的宗教成了此后一千年里维系帝国的纽带。他建立的这座城市适时地发展成了基督教世界的壁垒，为当时落后的欧洲无数次阻挡住了入侵者的进攻。

在君士坦丁去世时，由戴克里先时代开始的转变日臻成熟，古老的罗马帝国开始消逝。博斯普鲁斯海峡上的都城是以拉丁模式建造完成的，它的官僚机构和城市规划反映了旧日罗马的特点，但在这东部的海岸上，新罗马已经发生了转变。希腊化的、基督教的文化开始生根发芽。

第三章

异教反击

Chapter 3

The Pagan Counterstroke

告诉皇帝，那恢宏的建筑将会倾塌，水泉也将就此干涸。神的一切都不会留存于世，没有遮蔽，没有覆盖。在他的手中，预言的月桂花将不再绽放。

——威尔莫·C. 怀特，《尤利安：卷三》

帝国本身已经发生了深刻的转变，但是生活在这里的人民并未有丝毫察觉。从君士坦丁的时代开始，他们就自称为罗马人，当 1123 年之后君士坦丁堡最终被攻破时，他们仍然自称为罗马人。在 337 年 5 月 22 日的那个晚上，他们意识到君士坦丁 31 年的统治走到了尽头。自从奥古斯都时代以来，他是在位时间最长的皇帝，开启了时代转变的新篇章。基督教对抗异教、争夺帝国宗教地位的第一战已然打响，但这场战争还远远没有结束。

尽管君士坦丁作为基督教的保护者声名远扬，在他死后留下的却绝非基督教世界。严格意义上来讲，罗马帝国从官方而言仍旧是一个异教国家，政府也继续划拨资金去维护古老宗教的神庙和保护其神职人员。君士坦丁所做的只是将基督教合法化，但从一开始就非常清楚的一点是，新的信仰才是未来时代浪潮的走向。帝国有许多人目睹这种全新信仰迅速发展而感到恐惧，作家和历史学家们同样哀叹着传统价值观的衰落。古老的神明千年以来都是罗马人民的精神信仰，道德家们严肃地警告称，此时抛弃原有的信仰只会带来灾难。尽管教会拥有很多信徒，但神庙依然挤满了信众，很多人都在祈祷出现一位传统诸神的支持者，将帝国从基督教的影响下拯救出来。君士坦丁驾崩后仅仅过了 24 年，这个领导者就出现了。

最后一位异教皇帝却是帝国首个基督教朝代的一员，这可谓历史上的奇闻趣事。君士坦丁很少花心思考虑谁来继承他的皇位，这或许也不会让人感到多么吃惊。他像往常那样全神贯注地思索着自己葬礼的具体细节，却并不费心思考皇位继承人的归属。他的三个幸存的儿子（很遗憾，三个人都缺乏创造性的才能，他们都以君士坦丁自己名字的不同形式命名）都认为自己能继位称帝，结果就是帝国陷入尴尬的三分天下的境地。君士坦提乌斯二世是三个儿子中最有才能的，他采取了先发制人的手段，杀死了和父亲流着相同血液的其他亲属，只留下了堂弟尤利安，这仅是因为他认为这个年方五岁的幼童不会对他构成什么威胁。

这场屠杀确实阻止了兄弟间的权力继续分裂，然而，帝国虽然面积广大，却不足以满足三人贪婪的欲望，他们几乎立刻开始互相残杀。他们从小生长在奢靡的宫廷之中，身边围绕的是大群侍从，从出生开始就因为各种繁文缛节而疲惫不已。宫廷中有大批的导师教育这些孩子，他们耳边充斥的是官妓的调笑言语，确实没有什么时间和机会去发展手足之情，这至少可以说导致了一种令人头疼的家族关系。不到三年，三人中的长兄就侵入了三弟的领土，帝国再次陷入内乱之中。

当君士坦丁的儿子们忙着互相残杀时，他们的堂弟弗拉维乌斯·克劳狄乌斯·尤利安努斯（尤以“叛教者”尤利安之名为后人所知）在事实上的软禁中度过了童年时代，整日阅读希腊和罗马的典籍。尤利安的性情冷静严肃，是一位学者，他对安逸的流放生活完全没有任何不满，也没有意愿加入他的家族危险的皇位争夺游戏。19 岁这一年，尤利安成功获得允许在各地游历，继续钻研学问，其后的四年中，从帕加马到以弗所，尤利安遍访伟大先哲的故地，沉浸在业已消失的古代世界的魅力之中。在到达著名的雅典学院的时候，他选择秘密放弃基督教信仰，转而信仰一种异教学派，名为新柏拉图派哲学。他表面上对基督教十分虔诚，小心翼翼地隐瞒着自己叛教的事实，他向自己忧心忡忡的老师一再保证他的信仰不可动摇，一如既往，同时却陷入了强烈的异教狂热之中。

尤利安青年时代的游历突然陷入了中断。君士坦提乌斯二世的兄弟全部去世后，他统一了罗马帝国，自己作为最高统治者，但他发现帝国树敌众多，凭自己一个人的力量难以抵抗。在他当初巩固权力的时候，家族看上去是个威胁，必须尽快将他们斩草除根，或让他们保持中立。如今他的皇位已然稳固，繁重的国家事务也压得他喘不过气来，终究还是血亲看上去更可靠。蛮族已经越过高卢地区，必须有人去阻止他们的脚步，但君士坦提乌斯二世因为要对付波斯而分身乏术。在他的家族内部寻找合适人选去完成任务显得十分尴尬，因为他已经将家族中可能威胁他的人诛杀殆尽，但此时此刻还有一位合适的人选。君士坦提乌斯二世希望尤利安能够不计前嫌，因此召唤他的堂弟来到米兰。

尤利安希望的是隐居世外，一心向学，但一位皇帝的召唤显然很难拒绝。他只用短短的时间游览了特洛伊古城遗址，就心怀忐忑地来到了他的堂兄面前。上一位出现在君士坦提乌斯二世面前的家族成员已经被下令处死了，听说他的命运时，尤利安实在难以相信自己能有更好的下场。结果他被赐予恺撒的头衔，这位曾经的学者被派到高卢去镇压莱茵河地区的叛乱。他要去完成这一艰巨的任务，而跟随他的只有 360 人，这些人（用他自嘲的话来说）“只知道如何祈祷”，根本不懂得如何打仗。*

尤利安本人确实并非一位令人敬畏的指挥官。在这方面他算得上束手无策，笨手笨脚，他还从来没有领导过别人，宫廷上下都认为他懵

* 作为一名真正的罗马人，尤利安也对日耳曼人所酿造的啤酒毫无好感，虽然这种酒在当地消耗量十分大。他曾经如此描述这种令他厌恶的饮品：“我绝不认可这种东西，我只承认宙斯之子［指葡萄酒之神狄俄尼索斯］。葡萄酒闻起来像甘露一般香醇，但这种东西闻起来好似山羊身上发出的恶臭。”

懂无知。西罗马帝国的混乱甚至让君士坦提乌斯二世这样身经百战的领导者都感到无从下手，这一点很多年来已经得到了证明。对于这位严肃、内向的新恺撒，所有人都不抱什么希望。

穿上并不合身的盔甲，这位从前的学者收起了他的书本，在355年的12月1日，踏上了希望渺茫的征途。出乎所有人的意料，尤利安事实上是一位非常杰出的将领。在五年的征战之中，他平定了高卢，释放了两万名哥特囚犯，将蛮族赶出国境，甚至四次跨过莱茵河，彻底击溃了阿勒曼尼人。尤利安将俘虏的日耳曼君主捆绑押至君士坦丁堡，然后带着大胜的战绩在冬天时退回了巴黎地区。

自然，君士坦提乌斯二世并不希望看到尤利安继续高奏凯歌。在离开都城的时候，尤利安还是一个头脑天真的学生，一个安静的、毫无威胁的年轻人，饱受朝廷上下的嘲讽，但如今他已经蜕变成了一位能征善战的将领和执政官，在军队和人民中都深受爱戴。他并没有任何不忠之处，但君士坦提乌斯二世一生中已经见过了太多觊觎皇位的阴谋者——起初是按兵不动，接着就发动叛乱。对于这种事，未雨绸缪才是上策。君士坦提乌斯声称需要尤利安的资金和军队去攻打波斯，因此写信要求堂弟行使恺撒的权力，向高卢地区征税，并且马上贡献出一半军队去攻打波斯。

皇帝的信件在359年冬天到达了尤利安手中，受到了恭敬的迎接，但同时也遭到了质疑。尤利安手下有很多士兵是在军队明确保证绝不会将其派往东方的情况下才参军的，而且那需要行军几千英里，在他人的麾下出生入死，同时自己的家人却暴露在蛮族的威胁之下，这样的不安想法引发了暴乱。尤利安的军队整夜都围在他的宫殿之外，并且高呼他为奥古斯都，请求他起来反抗君士坦提乌斯二世。* 在声称接受了来自宙斯的神谕之后，尤利安最终同意了。按照古老的日耳曼习俗，他的军队将自己的国王抬起，放在盾牌之上，然后发出粗哑的呼喊，这一切将罗马帝国再次分裂为两派。

世界的分裂并没有持续太久。尤利安的行动显然意味着战争，因此他正式放弃了作为基督教徒的掩饰，打算重新恢复传统信仰。这种爆炸性的叛教言论传播到了整个西罗马，却没有传到塔尔苏斯，君士坦提乌斯此时正身患重病，在此处休养。尤利安为他的叛乱做出了十分完美的规划。君士坦提乌斯对堂弟的新信仰根本一无所知，因此十分宽宏地将尤利安定为他的继任者，同时遣散了自己的医生。几天之后，这位四十岁的皇帝驾崩了，传统宗教重新占据了罗马帝国的统治地位。

当得知堂兄驾崩的消息的时候，尤利安正在亚得里亚海岸边，他回到首都的速度是如此迅速，以至于谣言传说他的二轮战车长出了会飞的翅膀。当第一位出生在君士坦丁堡的皇帝在 12 月 11 日回到他出生的城市的时候，他受到了极为热烈的欢迎。几乎每一位居民都冲到大街上，呼喊着尤利安的名字，用一位目击者的话来讲，“他好像是从天堂降临到人间的”†。元老院成员匆忙赶来向他道贺，小巷中挤满了欢呼鼓掌的人民。他们中的大多数都只是听说过关于这位新皇帝的种种

* 足够讽刺的是，那些因为不愿意前往东方而反叛的士兵最终跟随尤利安到达了君士坦丁堡，然后又进军波斯。这是尤利安深受军队爱戴的明显例证。

† Marcellinus, Ammianus. *The Later Roman Empire (AD354 - 378)*, W. Hamilton, ed. and trans. (New York: Penguin Classics, 1986).

传闻，有关他卓越战绩的故事从边境逐渐传播到了全国各地。他们第一眼目睹他昂首阔步前进在城市的大道上，就好像看见尤里乌斯·恺撒本人将要归来带领这个帝国迈向新的黄金时代。

然而，坐在皇位上所看到的一切却并没有那么美好。在这天光明亮的 12 月里，尤利安所看到的是到处都在滋生邪恶、放荡和无法避免的衰败。君士坦丁之子的统治似乎成了贿赂、贪食和腐败滋生的温床，政府的官职可以十分方便地买卖，甚至军队也开始变得软弱和懈怠。对财富的肆意炫耀将内里的腐朽隐藏于华丽的外表下，奢靡无度已经占据了社会的统治地位。

对于持有保守主义思想的尤利安而言，帝国种种弊端的根源不难发现。* 奥古斯都曾经穿着朴素的长袍，谦称自己为“第一公民”，而如今的皇帝们则穿着丝质的华丽衣袍，上面点缀着宝石，身边有大群宦官围绕，周围缭绕着熏香的烟雾，和他的人民渐行渐远。曾经他们与自己的将领共商大计，征服世界，现在他们则花上大量时间与厨师商议如何烹调精美菜肴。最严重的是他们已经抛弃了旧时罗马的尚武传统，荣耀和责任都被抛诸脑后，接受了基督教所宣扬的女性化特质，即宽恕和顺从。皇帝和军队都变得软弱无力。尤利安穿行在君士坦丁大皇宫中，大刀阔斧地开始改革，遣散了那些谄媚的侍从，解雇了上百名理发师、厨师、管家和仆人，这些人曾经

* 为尽全力让帝国恢复荣耀，尤利安曾经与元老院成员集会，共同思考探索，如同奥古斯都曾经做过的那样，他声称即使是皇帝也不能凌驾于法律之上。然而，他并无意恢复晚期共和国相对分权的统治模式。在狂热追求消灭基督教的过程中，他可谓是手段最为暴虐的皇帝之一。

对历任皇帝百般纵容。

然而，这些细枝末节只不过是帝国开始衰亡的征兆。真正让尤利安感到担忧的是基督教在帝国的全面蔓延。宗教迫害显然在过去没有起到什么作用，因此现在也就没有任何必要。诸多争端多年来已经让基督教世界动荡不已，他所要做的只是推动基督教的内部分裂。为了展现自己宽容的美德，尤利安邀请所有被流放的基督徒回到自己的家中，坐下来围观阿里乌派和尼西亚派彼此论战不休。他确信传统宗教相比基督教而言更加优越，如果给他的人民一个恰当时机，他们就会自发地回归传统宗教。很快，异教崇拜的禁令得到解除，此后他在帝国各处来回奔波，重新开放神庙。其献祭活动多到让困惑的臣民称他为“屠夫”。

然而这一切都于事无补。传统宗教已经是强弩之末，从前的信众多半已经忘记了它，只留下十分模糊的印象，国家采取措施也无法促进异教的回归。尤利安失去了耐心，他决定亲自施压，宣布在公共机构任职的时候，信仰传统宗教比信仰基督教更加具有优势。当这一措施也没有达到预期的效果时，他最终选择了用暴力措施对基督徒进行镇压。在数名主教被私刑处死之后，皇帝逐步采取了更加强硬的手段，禁止在帝国的学校里教授与基督教相关的内容。

当时大多数最优秀的哲学家和教师都是基督徒，他们被剥夺了公民权利，这在社会各个阶级都掀起了轩然大波。甚至尤利安的朋友也觉得他的手段过于极端。他手下的传记作者，平时态度谄媚的阿米亚努斯·马尔塞利努斯称之为“极端严酷的手段，应该被永远埋藏在历史的尘埃之中”[*]。但这些苛酷的政策，动物献祭，或是通过谴责信劝说臣民恢复他们的传统信仰，似乎都没有起到任何作用。这时就需要一些其他的手段了。

君士坦丁通过米尔维安大桥战役的胜利让整个帝国成功基督教化，尤利安认为他同样可以通过一场大胜让传统宗教回归应有的地位。眼前最适合的敌人自然是一直以来对罗马虎视眈眈的波斯人，如今他们正在进攻东罗马的城市。[†]对抗波斯的战争已经耽搁了太久。尤利安举世闻名的伯父君士坦丁曾经希望能够用一场对波斯的大胜来为自己辉煌的人生加冕，如今尤利安将要完成这一伟大使命，但不是为了保护基督教，而是为了将它彻底消灭。

公元 362 年的春天，尤利安踏上了征途，前往东部的繁华城市安条克备战。当他到达安条克城时，当地的人民对他表示了热情欢迎。见惯了帝国宫廷的华贵奢靡，他们对这位作风简朴的皇帝感到十分失望，而他无休无止地公开批判当地人民缺乏信仰也让他们感到厌烦。然而，声望的骤然下滑和大众的抱怨之声却对尤利安毫无影响，他继续全力准备复兴传统宗教。他派出了信使到特尔斐，向那里的祭司请求神谕。特尔斐是罗马帝国最为著名的神谕之地，那里的祭司将月桂树叶嚼碎，然后吸入它的熏香，借此传播阿波罗的神谕，这一手法

---

* Marcellinus, Ammianus. *The Later Roman Empire (AD354 - 378),* W. Hamilton, ed. and trans. (New York: Penguin Classics, 1986).

† 波斯人洗劫了穿越边境时所途经的地区，但未能对罗马的主要城市尼西比斯造成破坏。由于当地一名主教的祷告，一支蚊虫大军袭击了波斯人的大象军团，让这些庞然大物苦不堪言，几乎陷入疯狂。

已经流传千年之久，但此时古代世界已经消逝，神谕给出的答案也是流传下来有记载的最后内容。“告诉皇帝，”祭司说，“那恢宏的建筑将会倾塌，水泉也将就此干涸。神的一切都不会留存于世，没有遮蔽，没有覆盖。在他的手中，预言的月桂花将不再绽放。”* 对于一心想恢复传统宗教的尤利安而言，这也是一篇颇为合适的墓志铭。

然而，皇帝仍然固执地拒绝放弃。即使传统宗教信仰无法恢复，基督教也必须被摧毁。基督曾经预言，犹太教会堂直到时光的尽头才会得以重建，为了反驳基督的观点，证明他是个伪先知，尤利安下令重建犹太教会堂。工程很快开始，但一场地震（基督教典籍之中记述为“巨大的火球”）将地基破坏，迫使惊恐万分的监工放弃了这项工程。情势日益紧张，安条克沉浸在充满煽动性的氛围之中。当皇帝亲临，拜谒安条克最为著名的阿波罗神庙时，事态也没有得到缓解。当得知一名基督教殉道者被安葬在神庙旁边时，尤利安产生了反感，因此强硬地下令将死者尸体从墓中掘出。愤怒的暴动席卷了整个城市，在逮捕和处死了数位基督教煽动者之后，情势才得到缓解。几周之后，一名传统宗教崇拜者将燃烧的蜡烛留在无人照管的神庙之中，导致整个建筑燃起大火，最终被烧成灰烬。

尤利安把大火归咎于城市里的基督教群体，他下令关闭基督教教堂，将基督徒用来礼拜的金盘充公，用作军费。此时，城市已经到达了发动叛乱的边缘，他甚至失去了信奉传统宗教的臣民的支持。人民在街头巷尾公然嘲笑这位国王的大胡子和反基督教的举措，两

* Wilmer C. Wright, *Julian: Volume III* (Cambridge: Harvard University Press, 2003).

派的人民逐渐形成了统一战线，冲突一触即发。* 最终，363 年的 3 月，尤利安的大军整装待发，他下令向东进军。这让每个人都松了一口气。

对波斯的战争甚至在正式开战前就已经明显露出了悲剧的预兆。理想主义的年轻皇帝决心不计任何代价，用一场徒劳无用的战争来恢复业已消逝的传统宗教荣光。这一切看起来都是个彻底的错误，但尤利安一意孤行。波斯人并没有进行什么像样的抵抗，他们竭尽全力地避开拜占庭大军的行军路线，但当地的河水分流，洪水阻断了大军的去路，在尤利安到达波斯首都泰西封时，正逢盛夏。尤利安的高卢军队不适应如此炎热的天气，而且必须长期围城才能攻破泰西封的高墙。大军承受着如火骄阳的炙烤，同时敌军不断地突袭，还有传言称波斯大军主力即将到达，这一切都迫使尤利安无奈地放弃了这次进攻。

10 天之内，大军缓慢后撤，同时不断地被迫与敌人进行小规模战斗，他们的敌人变得越发英勇无畏。之后，在 6 月 26 日早晨，波斯大军突然发动了进攻。尤利安表现出了一贯的英雄气概，从军帐里冲出来，闯进敌人的重重包围奋勇作战，甚至来不及穿好他的铠甲。在战场的混乱之中，他被一支长矛刺中了。他的部下冲到他倒下的地方，将他带回了营帐。长矛刺穿的地方很快涌出了大量鲜血。伤口经过了葡萄酒的仔细清洗，但长矛的尖端已经刺穿了他的肝脏，尤利安知道

* 君士坦丁和他的儿子们引导了当时帝国上下的外貌风格，即男子不蓄须，但尤利安或许是为了向哲学家皇帝马可·奥勒留致敬，因此一直以自己的浓密胡须为荣。他在安条克居住时期写下了两本著作：*Misopogon* 和 *Against the Galileans*。第一本译为《厌胡者》，这本书无疑是对安条克人民的一种极大讽刺，第二本则是对天主教的严苛批判。

他自己活不久了。在帐篷里，外面的喊杀声已经逐渐停息，他闭上了眼睛，停止了战斗。尤利安用手捧起一掬自己的鲜血，将血洒向空中，朝着太阳。传闻他死去时，曾经喃喃自语：“你们打败了我，加利利人！”*

这句话比垂死的皇帝所能想到的更加具有远见。古老的宗教已经解体，组织混乱，是文化精英阶级才欢迎的“文物”。它无法与基督教启迪大众心灵和思想的意义相提并论，旧宗教复杂的神明体系和繁文缛节对于团结虔信教众而言也起不到什么作用。在活着的时候，尤利安未能改变这一切——这个他青年时代深爱的旧世界已经变成了明日黄花。怀着无望的浪漫主义和令人叹息的固执，这位皇帝耗尽了毕生的能量和想象力，试图恢复一种已经奄奄一息的宗教，以主宰帝国未来一千年的另一种宗教作为代价，确实是不甚明智的。罗马和它的多神论时期已经成为过去，甚至信奉传统宗教的臣民也为他无休止的献祭感到困惑不解。其中的一位冷淡地表示：“或许他还是死了比较好，如果他从东方回来了，很快用来献祭的牲畜就不够用了。”†

非常讽刺的是，尤利安的遗体运回了塔尔苏斯，这里也是圣保罗的诞生地，最后一位异教皇帝在这里安息，他的宏图大志未能完成。尤利安的死也宣告君士坦丁一脉的血缘就此断绝，奥林匹斯山上的诸神化作墙壁上精美的马赛克和宫殿地板上光怪陆离的图案，供空虚无聊

* “Thou hast conquered, Galilean”——“你们打败了我，加利利人！”表示天主教获得了最终的胜利。

† Marcellinus, Ammianus. *The Later Roman Empire (AD 354 - 378)*, W. Hamilton, ed. and trans. (New York: Penguin Classics, 1986), p. 298.

的皇帝欣赏取乐。

然而，古代世界规模巨大的异教典籍却并未随之消失。这些文化在罗马世界根深蒂固，滋养了那些智慧的思想，也绝不会彻底隐没在历史的尘埃之中。未来属于基督教世界，但没有一个自称罗马人的人能够轻而易举地完全抛弃古代世界的过去。与他们的西方邻人不同，早期的拜占庭教会神父意识到了异教哲学的益处，他们认为这些哲学包含着极有价值的观点，他们通过谨慎的阅读，取其精华，去其糟粕。* 在历史的长河中，拜占庭的所有学院，从君士坦丁堡到著名的雅典学院，都保留及研究着这些古代文献，甚至圣父学院还教授包括古代世界文学、哲学和科学典籍在内的课程。这一切与西罗马帝国形成了鲜明的对比，西罗马由于蛮族入侵对文明造成了严重破坏，与古代世界过往的联系已经中断。不论是在思想上还是实力上，未来都属于东罗马；从现在起，世界将为拜占庭帝国所掌控。

* 最为著名的例子便是 4 世纪的神父该撒利亚的圣巴西流，他曾经写下著名论述《致青年人：他们应如何从异教文学经典中获益》。

第四章

蛮族与基督徒

Chapter 4

Barbarians and Christians

纵观4世纪末罗马帝国所需要面临的全部问题，其中的当务之急莫过于蛮族的威胁。早在奥古斯都时代，在面对阴暗的日耳曼森林和冰封的莱茵河上令人毛骨悚然的呼喊时，罗马军队就已经学会了谨慎行事。过了将近三百年，蛮族依然只是在帝国的边境蠢蠢欲动，时不时发动一些小规模突袭，但在大部分时间里碍于变化无常的联盟状态和对罗马帝国军队的恐惧，他们并不敢轻举妄动。但在“叛教者”尤利安去世之后，一切都改变了。从东方崛起了一股全新的、惊人的力量，匈人部族是如此野蛮凶悍，让惊慌的日耳曼人忽视了罗马帝国边境衰弱的守卫军队，像洪水一般席卷而来。然而这一次，他们是以定居者而非入侵者的身份前进，需要付出的代价是土地，而非黄金。新流入的人口并不受欢迎，并且立刻激起了罗马世界内部的身份认同危机，将本已摇摇欲坠的帝国推向崩溃的边缘。这种压力为罗马人的身份重新下了定义，也导致古典世界走向灭亡。

罗马帝国的特别高明之处一直以来都是它对于公民权的构想，在一个人的身份通常只能被限制在诞生地的时代里，这一点尤其显得难能可贵。公元前5世纪的希腊以其智慧之光照耀了整个地中海地区，在其中心地带是不同城邦文化的混合，它的光辉不足以将一个斯巴达人转变成雅典人，抑或是将一个雅典人转变成斯巴达人。城市中的人民被牢牢禁锢在高墙之后，每日浑浑噩噩，在短短几代人的辉煌之后，这种光辉很快消失殆尽。从另一方面讲，罗马已经超越了一个城市的狭窄界限，扩展了“城市”这个词本应有的含义。随着罗马军团四处征战，公民权的概念被传播到各地。雅典因其独特的排外性，一直保持着城市的独立性，而罗马已经接纳了整个世界。

尽管有帝国对外界的包容，但罗马人自始至终对那些越过帝国边境的人抱着轻视的态度。罗马帝国势力范围之外的地区缺乏公民权利的概念，因此那里的人通通被归为野蛮民族，尽管他们拥有优秀的文明，但仍然被视作未开化之人。自然，其中那些机智之辈已经意识到他们自己的祖先曾被视为蛮族，好比莱茵河对岸的那些部落，而在帝国的文化熔炉中度过了几个世纪后，他们已被罗马人彻底同化。然而，近来的人口流动大潮却不能一概而论。罗马帝国总能够吸收外来人口，将其纳入自己的范围之内，而移民潮通常也能为帝国注入力量，但现在时势已经不可同日而语。帝国的局势已经转攻为守，日耳曼人越过边境，对帝国的土地虎视眈眈，对文化却并无兴趣。他们无意妥协，也不愿被同化，讲着自己的语言，保留着自己不同的文化。这股新鲜的血液不再是帝国的新生力量。对帝国的大部分人而言，他们眼睁睁看着延续千年的传统逐渐消逝，这些陌生人好似令人恐惧的狂潮，威胁着要将帝国彻底吞噬。

即使在最有利的状况下，吸收这些外来人口中的大部分，看上去都十分困难，而对帝国而言不幸的是，这股巨大的移民潮到来时，帝国正掌控在目光短浅的统治者手中。自从尤利安逝世之后，统治者便开始一代不如一代。他的继任者上台仅 8 个月后，就因为在帐篷里用火盆取暖窒息而死，皇位落到了一对粗野的兄弟——瓦伦提尼安和瓦伦斯手中，两人将帝国一分为二，准备对岌岌可危的边境加强防御。哥哥瓦伦提尼安统治整个西部达 11 年，同时对性格急躁的弟弟瓦伦斯加以约束，但他却从不擅长控制自己的脾气，最终因为性格狂躁引发的血管爆裂而暴毙。他 16 岁的儿子格拉提安继承了皇位，却因年龄过小而难以独立决断，导致瓦伦斯成为帝国政策背后的实际操纵者。

罗马帝国的舞台正缺乏一位优秀的政治家，此时西哥特人和东哥特人发出请求，希望能够在罗马帝国境内定居。他们已经离开了日耳曼和斯堪的纳维亚的冻土地区，为寻找新的土地而来，而富饶的东罗马帝国恰恰拥有广阔的领土。他们许诺会以军队交换土地，皇帝很高兴地同意了，允许 20 万哥特人越过帝国边境，向着他们在色雷斯的新家园进发。

理论上讲，瓦伦斯的计划是依靠日耳曼军队来支持脆弱的帝国军队，同时让饱受破坏的土地重新恢复人烟。这是个很完美的办法，但一开始一切就偏离了正轨。东罗马帝国政府实在无力接收如此庞大的移民潮，瓦伦斯也不愿费心率先做出什么尝试。提供给哥特人的大量食物在到达时就已经开始腐败，或者质量低下，根本无法食用。当地的商人对这些饥饿的新移民百般剥削，有些地方长官甚至将这些移民绑架，卖作奴隶。这一切都突破了哥特人忍受的极限，他们选择了反抗。

瓦伦斯目光短浅的政策无疑是这次大灾难的罪魁祸首，他写信给侄子格拉提安，计划共同发动战争，378 年 8 月，4 万精锐大军沿厄纳齐雅大道出发，打算给这些外来人一个教训。当他逼近哥特人靠近阿德里安堡的营帐时，他得到了一份错误的战报，战报声称哥特人只有 1 万兵力，因此瓦伦斯决定立刻展开进攻，没有亲自确认这份战报的正确性。他把警惕性抛诸脑后，一门心思想要阻止格拉提安与他瓜分战胜哥特人的荣耀，因此全军出击。这无疑是个灾难性的失误。天气反常地炎热，罗马大军被如火骄阳炙烤，因长途行军而精疲力竭，根本不适于立刻开始作战。东哥特人的骑兵团无情地横扫了罗马军队，轻易地破坏了他们的队列，将所有逃生的希望都彻底浇灭。当屠杀结束时，瓦伦斯和他三分之二的军队，以及罗马帝国不可战胜的神话，都被践踏在哥特人沾满鲜血的铁蹄之下。

这是 4 个世纪以来最为惨痛的军事灾难，也彻底拉开了各方蛮族大举入侵罗马边境的序幕。东罗马帝国政府很快屈服，军队溃不成军，皇帝也一命呜呼。哥特人对罗马的军队完全嗤之以鼻，他们在东罗马帝国境内四处肆虐，对主要城市展开进攻，甚至威胁到了君士坦丁堡。惊恐的农民成群结队地逃离了他们的农场，从周围的山上眼睁睁地看着这些可怕的外来者毁坏他们的家园，将他们毕生的心血付之一炬。市民则挤在城市的高墙之后，祈祷能够得到解救，但帝国政府在瓦伦斯突然死去之后同样束手无策。如果救世主再不到来的话，伟大的罗马帝国注定会不堪重负，彻底崩溃。

绝境往往催生草莽英雄。在国家生死存亡之际，一位退役在家的将领站出来拯救了帝国。他的名字是狄奥多西，尽管他此时只有 30 余岁，但已经接受了非常优秀的军事教育。狄奥多西生于西班牙的一个军人世家，在青年时代就已经平定了不列颠尼亚的叛乱，并在多瑙河下游地区作战。在阿德里安堡的灾难来临之际，帝国苦于没有更为优秀的将领，西罗马帝国皇帝格拉提安推举他成为共治皇帝，令他去平复帝国东部的混乱。

许多人都告诉狄奥多西这是一件几乎不可能完成的任务，但狄奥多西全身心地投入其中，怀着极大的热忱和坚定的信心。为了更替军中流失的 2 万老兵，他开始大规模征兵，促使每一位年轻力壮的男性从军服役，甚至包括那些为了逃避征兵把自己弄残的人。当通过这个举措仍然无法招募足够人员的时候，皇帝不得不铤而走险，采取危险的办法，也就是招募那些哥特人中的背叛者，用蛮族军队来扩充自己的兵力。这一步险棋非常奏效。公元 382 年，在经过漫长艰苦的抵抗之后，狄奥多西迫使哥特人与罗马帝国签订了和平条约。狄奥多西践行了之前的承诺，允许哥特人在罗马帝国定居，代价是派 2 万人到罗马帝国从军。这延续了让一个自主民族定居在帝国边境之内的可疑做法，但狄奥多西避免了东罗马帝国的覆灭，同时一口气解决了人力需求的问题，这就足够值得庆祝了。确实有一些反对的声音响起，反对让帝国军队“野蛮化”，质疑者称如果让这样一支强大的日耳曼力量深入军队之中，带来的威胁将远远大于产生的帮助，但这样的声音在现实面前很快就消弭于无形。毕竟，移民对帝国而言确实是强大的力量，帝国有些伟大的皇帝来自远至非洲和不列颠尼亚等地区。连狄奥多西本人的出生地西班牙，曾经也被称为蛮族之地，现在该地区已经深度罗马化，与奥古斯都时代的意大利全无分别了。

这实际上不过是罗马人的自我安慰，这些蛮族其实没有理由让自己变成罗马人，而且他们也绝不会这样做。哥特人加入了帝国的军队，在他们自己的指挥官手下服役，讲的是他们自己的语言，也保留着本民族的风俗。他们没有理由融入罗马，因此也就没有被罗马化，在帝国的疆域内维持着半自治的群体。在一代人的时间内，他们已经完全占领了政府，促使欧洲滑向了黑暗时代的深渊。虽然狄奥多西当时没有办法得知这一切，但他的决策确实已经为罗马帝国敲响了丧钟。

蛮族的压力并非将古典时代的帝国转变为中世纪欧洲的唯一推动力。公元 382 年，除了与哥特人缔结和约外，基督教在帝国内部也迈出了取得最终胜利的第一步。值得一提的是，这种转变最开始是由一场严重的疾病带来的。在巡视帖撒罗尼迦的时候，狄奥多西染上了重病，他身边的侍从都认为他必死无疑。像所有的基督教皇帝一样，狄奥多西一直没有接受洗礼，而希望能够在人生的最终时刻洗涤所有的罪恶，然后以洁净之身升入审判的殿堂。当地的主教受召前来，举行了一场匆忙的典礼，为垂死的皇帝举行了洗礼。让他的侍从感到吃惊的是，奄奄一息的皇帝竟然完全恢复了健康，到达君士坦丁堡的时候，他已经完全变了一个人。作为一名未受洗礼的基督徒时，狄奥多西可以完全放下他的道德观念，因为他认为自己能够通过最终的洗礼洗掉曾经犯下的所有罪恶。现在既然他已经成了一名彻底的教会信徒，他开始将自己置于主教们的宗教权威之下。他再也不能随心所欲地下命令处死无辜者，也不能再无视分裂教会的异端邪说。维护现世的和精神的双重和平，这是义不容辞的神圣职责。忽视其中的任何一方都会让他的灵魂不得安宁。

君士坦丁之后的几乎每一任皇帝都支持着阿里乌派的异端宗教，就连尤利安也以他自己的方式支持了阿里乌派。这种来自皇帝的支持始终让基督教内部的纷争不断。狄奥多西决定彻底结束这种纷争，因此他召开了君士坦丁堡公会议，公开地对阿里乌派表示谴责。在经过反复审议之后，全体主教对《尼西亚信经》表示明确认可，并赋予狄奥多西正式对抗异教信仰的权力。狄奥多西体现出了君士坦丁从未有过的坚定决心。阿里乌派被迫放弃他们的教堂，失去了帝国的支持，他们的集会也很快消失。在帝国境内，只有哥特人还顽固地保持着阿里乌派的信仰，虽然他们不久就占据了整个西罗马，但他们从未尝试让他们的基督教臣民改变信仰。在长达60年灾难性的混战之后，阿里乌派的论战画上了休止符。

在使教会回到正轨之后，狄奥多西不久便决定着手清理帝国的异教残余。尽管在全国都具有深厚的根基，但对大多数人民而言，异教很久以前就已经蜕变成一种神秘庄严的仪式，而不再具备任何宗教含义。但神庙自从成为公共财产之后，继续依靠公共支出维持运转，这种尴尬的事实——基督教的皇帝为异教信仰提供资金支持，让皇帝激进的宗教顾问米兰主教安布罗斯感到十分不安。

这位主教不是头一次试图借助国家扑灭古代宗教的余烬。几年之前，他曾经说服皇帝格拉提安，一位基督教皇帝还保留大祭司长即传统国教首席祭司的头衔是十分尴尬的。安布罗斯敦促格拉提安来到罗马元老院，公开宣布他即将放弃这一头衔。* 然而，安布罗斯却遇到了麻烦，格拉提安不久后被杀，激进的元老院成员试图恢复他们的宗教，扶植异教皇帝继位。狄奥多西迅速推翻了对方，将帝国掌控在他的统治之下，但这个插曲也印证了安布罗斯关于异教危险性的观点，他认为异教就应该被彻底摧毁。此时此刻，相对温和的狄奥多西无视了他振聋发聩的讲道，但双方之间的冲突已经不可避免。

当狄奥多西手下的一名将领在帖撒罗尼迦的一次叛乱中被私刑处死时，战斗正式爆发了。为了对这座城市加以惩戒，愤怒的皇帝将 7 000 名市民囚禁在竞技场中，并将他们全数处死。安布罗斯听到这个消息的时候，感到受到了羞辱，于是直接来到宫殿里，告诉狄奥多西无论受到多么严重的挑衅，一位基督教皇帝也绝不应该屠杀无辜市民。当狄奥多

* 虽然格拉提安是最后一位使用大祭司长头衔的皇帝，但这一头衔依然没有在历史中彻底消失。公元 590 年，教皇格列高利一世将这一称呼应用为“基督教祭司长”，这一称呼又逐渐演变为“教宗”（pontiff）。从字面意义上而言，这个词可以阐述为“建桥者”，因为大祭司的主要责任便是将上帝的天堂与世俗世界连接起来。君士坦丁曾经保留这一头衔，因为他自视为“主教的主教”，这一头衔也被教皇沿用。

西对他的意见置若罔闻时，安布罗斯认为自己行使教权是合理合法的，因此他不允许狄奥多西参加圣餐仪式，或者进入教堂，直到其完成苦修赎罪，以此向皇帝施压。在数月未能参加圣礼之后，狄奥多西感到自己的灵魂备受煎熬，只好选择妥协。他穿上粗布麻衣，将少量烟灰涂抹在额头上，公开表达了歉意，然后向主教表示服从。不像戴克里先的异教统治具有绝对权力，基督教皇帝似乎有诸多限制之处——即便是由上帝亲自选定的也是如此。在教会与国家的第一次激烈交锋中，教会取得了最终的胜利。*

狄奥多西已经得到了适当的惩罚，他开始用更加强硬的态度对付异教信仰的最后残余。奥林匹克运动会在过去的千年中都是为了纪念众神的荣耀而举办的，现在这一盛会遭到禁止，特尔斐神谕也遭到官方压制。在罗马广场上，维斯塔神庙的永恒之火被扑灭，维斯塔的圣处女也被解散，引起了市民的愤怒抗议，他们认为这样会带来可怕的后果，神灵会降下天谴。但大体而言，这样的抗议毕竟是少数。虽然将近一个世纪的时间里异教都保持了表面的活力，但异教信仰依然是强弩之末。† 基督教已经取得了绝对胜利，致命一击在公元 391 年到来，狄奥多西宣布基督教为罗马帝国唯一的合法正统宗教。

尽管他的行动具有重要的历史意义，但狄奥多西本质上却称不上是

---

* 700 年之后，教皇格列高利七世将与德意志的亨利四世重演这样的冲突。结果并没有什么不同。亨利态度谦卑地赤足在雪中长途跋涉，表示彻底臣服。

† 君士坦丁堡卫城的异教神庙一直延续到 6 世纪初，其他宗教习俗等则延续了更长的时间。直到公元 692 年，教会才决定彻底禁止农民阶级向酒神狄俄尼索斯祷告，以及通过按压葡萄或用熊（或者其他动物）预测未来。

革命性的。通过宣布基督教为国教，他只不过为从米尔维安大桥战役就宣告开始的宗教战争画上了最后的休止符。基督教已经与罗马人生活的方方面面紧密相连，对蛮族和罗马人来说都是如此，成为一名基督徒和成为一名罗马人本质上并无区别。基督教理论家接受了古典时期哲学的智慧传统，然后将之纳为己用。亚历山大的克莱门将教会描述为从《圣经》信仰和希腊哲学两条河流中共同诞生，德尔图良则调侃说：“塞涅卡常在我们中间。”

甚至教会和国家的典礼仪式也开始彼此借鉴。神职人员和朝廷官员穿着奢华的祭服，唱诗班列队行进，宣告仪式开始，点燃的蜡烛和熏香是神圣的象征。正如国家有它的皇帝，教会也有自己的主教，两者都是人们表示尊敬的对象。这种一致性令人感到欣慰，让每一位司仪神父都感到亲切熟悉，保证了神圣秩序。甚至帝国的宣传论调也反映了这个主题。在竞技场中，狄奥多西建起了一座方尖碑，基座上雕刻的是他自己的形象，四周围绕的是他的下属，就好像耶稣被他的信徒们围在中间一样。每位市民，无论是学富五车还是目不识丁，都能够清晰地看到天堂的王国在地上的投影。

罗马人普遍坚定不移地认为神始终眷顾着他们的帝国。甚至是帝国的经济也在将近一个世纪的时间里蒸蒸日上。相应地，国家政治稳定也会让他们的财运再次滚滚而来。商人无忧无虑地沿着大道运送他们的器物，商船也重新在地中海的水域里安全通航。农民能够将他们的农产品送到市中心重新繁荣的市场里叫卖。罗马帝国或许再也无法恢复它昔日的无限荣光，但帝国人民依然梦想着过去的辉煌岁月能够重现。

然而，不幸的预兆即将来临。大部分的税收都来自贵族阶级，但这些家族的经济状况都已经捉襟见肘。越来越多的贵族通过成为教士或隐修生活，躲到埃及的沙漠或是小亚细亚来逃避这种沉重的负担，政府只能向贫困的劳动阶级收取更加严苛的赋税。历届政府都提高了赋税，试图将农民与土地束缚在一起，认为这样就能让社会运转良好，但对大多数人而言，最终的结果不过是彻底陷入赤贫。西罗马帝国尤其饱受苛捐杂税之苦，虽然东罗马帝国长久以来都更为富有，但现在仿佛已经和西罗马帝国成了两个完全不同的世界。那些聪明的市民不禁思索，罗马和君士坦丁堡之间的差距究竟还要经过多长时间才会大到无法弥合呢？

第五章

西方的可怕谣言

Chapter 5

A Dreadful Rumor from the West…

虽然狄奥多西强大到能够掌控帝国内部的日耳曼部族，但他的继承人显然还不够强大，蛮族不久便掌控了政府内部的各个层级。甚至连军队内部也混乱不堪；传统的罗马步兵团被蛮族的骑兵所替代，整齐有序的军团现在成了一个陌生、怪异的混合体，每一队士兵都操持着不同的武器，讲着不同的语言。皇帝仍然是东西两个帝国的最高权威，但实际上能统率混乱军队的人才是掌控实权的人。一系列来自蛮族的铁腕人物在君士坦丁堡大有作为，他们可以推举和废黜傀儡皇帝，并让帝国复兴的机会一再落空，只为了保证自己的权力。君士坦丁堡愚蠢的统治者们无视边境蠢蠢欲动的敌人，而是用恐惧和嫌恶的目光打量着具有非凡聪明才智、有一半汪达尔人血统的将领斯提里科，如今他效命于罗马的主宰、弱不禁风的皇帝霍诺留。统治者们置毁掉整个罗马的风险于不顾，坚持视他为真正的敌人。

对西罗马帝国来说，有斯提里科在是幸运的，因为现在真正到了生死存亡的关头。公元406年的冬天在时人的记忆里是最寒冷的，在罗马北方远处，莱茵河已经完全封冻。日耳曼蛮族渴望到达温暖富庶的地中海地区，因此热火朝天地跨过边境，不久就大批抵达高卢地区，然后继续向西班牙进发。斯提里科从北非来到莱茵河地区，平定了此处的动乱，同时沿途抵御入侵者。追击哥特人的过程中，他两次来到东罗马的防御地区，因为他带来的麻烦，两次都被当地人视为公敌。如果帝国的两部分能够撇开彼此的成见，形成统一阵线对抗敌人威胁的话，他们或许能将黑暗时代再推迟几个世纪，但东罗马已经因为琐碎小事而元气大伤，相比蛮族的威胁，他们更惧怕的是斯提里科的权力。当新的西哥特国王阿拉里克联合哥特人向东罗马大举进发的时候，两个政府间的相互猜忌达到了顶峰，因此君士坦丁堡一派并没有选择直接与阿拉里克作战，而是鼓动他去进攻意大利。

斯提里科有足够强大的实力保卫西罗马帝国不受哥特人的侵犯，但与他了不起的军事才华相比，他的政治头脑却简直糟糕透顶。多年以来，他都对拉韦纳狡猾的宫廷和罗马的阴谋视而不见，而是忙于为了帝国东征西讨，他认为不管遇到什么情况，只要人们看到他为国家如此鞠躬尽瘁，就一定会明白他的忠心。然而，元老院却认为这样有名望的人不应该拥有太多实权，他们对这位将军充满了轻蔑，认为他不过是半蛮族血统的暴发户，没资格拥有凌驾于他们之上的权力。此后，斯提里科曾经下令毁掉西比拉的预言书，那些保守派的异教元老院成员更是对他恨之入骨。* 当斯提里科来到他们面前，提出以四千磅黄金收买西哥特人以解除他们的威胁的时候，元老院的愤怒爆发了。

斯提里科提出用钱收买西哥特王阿拉里克，而不是与他直接交战，这并不令人感到意外。他已经竭尽全力去维护西方的统一达数年之久，但他的军队已经精疲力竭，并且入不敷出，已经无力继续四处征战。因为军队已是强弩之末，无力再战，用钱来解决西哥特的问题无疑是此时的上策，但对于那些在罗马高枕无忧的元老院成员而言，这无疑是自取其辱。† 在这样一种剑拔弩张的气氛中，自然就会有人向弱不禁风的皇帝霍诺留告发斯提里科，说他已经背叛了罗马帝国光辉的历史传统，选择低声下气地向敌人求和，应该被处以死刑。卫兵很快逮捕了斯提里科，将这位不知所措的将军从教堂礼拜中拉了出来，在他手下军队的视线之外将他处死了。

元老院成员并没有多少时间为他们充满恶意的胜利沾沾自喜。因为西罗马失去了它的守护者，意大利彻底暴露在了哥特铁蹄之下。阿拉里克几个月之内就翻过阿尔卑斯山，扬扬得意地率领大军来到了帝国古都的城门之下。罗马的居民简直无法相信自己的眼睛，他们曾经坚信这座掌控世界的城市名震天下。罗马居民对哥特人充满不屑，他们

* 《西比拉之书》是一部预言诗合集，由传说中的古罗马末代君王、“傲慢者”塔奎因所推广。虽然原稿已经在公元前 1 世纪的一场大火中彻底毁坏，但复制版本还收藏在帕拉蒂诺山上的阿波罗神庙的拱顶之下。每逢危急时刻，元老院成员便会查阅这一文献，依照上面的描述举行宗教仪式，避免灾祸的发生。

† 其中之一据称曾如此评论道，“Non est ista pax sed pactio servitutis”——“这不是和平，而是卖身为奴”。

承诺哪怕有一个蛮族人进入他们的大门，所有罗马人都会血战到底。阿拉里克则嘲笑他们夸下的海口，低声说道：“干草越厚，就越容易收割。”他下令攻城。在公元410年8月，令人意想不到的事情发生了。八百年来的第一次，入侵者冲进了罗马城。

眼睁睁看着哥特人冲上了七座山丘，元老院此时悔之晚矣。三天之内，蛮族军队便洗劫了这座永恒之城，甚至冲进了奥古斯都的陵墓，将帝国的遗迹也全数破坏。正像此类事情发生时的通常情况，洗劫并不是特别残酷，却产生了深远的影响，掀起的轩然大波传播到了帝国的每一个角落。圣杰罗姆在伯利恒写下如此语句来描述当时人民所感受到的恐慌情绪：“西方传来了极为可怕的谣言……我要说的话堵在喉中……掌控整个世界的城市如今自身陷入了他人掌控之中。”*

目睹这座仿佛高洁不可侵犯的城市落入蛮族手中，帝国拥有神圣秩序、不受侵犯的观念在西方产生了巨大的动摇。这是东方与西方之间第一次巨大的世界观碰撞。东罗马人安全地居住在君士坦丁堡，他们逐渐从创伤中恢复，重新拾起了对神圣统一的帝国的信仰。然而在西罗马，这样的信仰已经不复存在。罗马事实上只不过是凡人的创造，尘世没有任何政府或者国家真的注定能受神庇佑。基督徒与其说是某个城市的居民，不如说是朝圣者，在世间四处游历，这个世界并不是他们的家园，任何帝国，不论是罗马还是君士坦丁堡，都只是昙花一现罢了。这样的信仰分歧起初看起来并不惹人注目，但很快就发展为巨大的文化分歧。相比蛮族的军队，这样的分歧将帝国推向了更加彻

* Charles Christopher Mierow, *The Letters of St. Jerome* (Westminster: Newman Press, 1963).

底的分裂境地。

阿拉里克并没有享受胜利的喜悦太久，这让罗马人感到了一种报复的快意。在取得胜利仅仅几个月后，蛮族的国王便因为发热而死，但这次入侵对帝国的荣耀造成了无法挽回的破坏，大局已定。* 帝国的军团孱弱无力，现在没有任何一座城市在席卷整个帝国的蛮族侵略下能够高枕无忧。东罗马皇帝狄奥多西二世对此有所警觉，因此他立刻下令修筑高大的新城墙，将君士坦丁堡包围起来。城墙有 40 英尺高、约 16 英尺厚，这些坚固的砖石能够成功抵御未来 1 000 年内所有可能的入侵者。对罗马的洗劫已经深深伤害了罗马帝国的精神核心，但这次洗劫也促使最为伟大的防御工事正式建立，不论是在古代抑或是中世纪世界。帝国在未来的很多年内可能都无法恢复和平，但至少都城的防御工事能够保证安全。

然而西罗马帝国没有这样的大手笔。霍诺留在哥特人起初出现的时候就已经逃离，随着罗马的脆弱日益暴露，他下令将首都迁到了防御措施更安全的拉韦纳。但即使是在一座全新的城市里，西罗马的皇帝依然无力阻止帝国的日益衰朽，只能眼睁睁看着众多行省逐渐陷落。西哥特人和法兰克人在高卢肆虐，西班牙也很快陷入了叛乱的旋涡，撒克逊入侵者涌入了不列颠尼亚。不列颠人感到忧虑不安，因此写信给霍诺留请求支援，但他们收到的答复清楚表明，西罗马的皇权已经不复存在。皇

---

* 阿拉里克与自己掠夺的大批战利品一起葬在一处河床地带，河流因此被引离河道。当遗体下葬时，那些挖掘坟墓的人被集体屠杀，同时恢复原本的河道，通过这一方法，这位罗马的征服者的安息之地永远隐藏了起来。

帝做出的答复是“你们自求多福吧”。* 但他确实束手无策，帝国的军队从四面八方撤退，不列颠地区陷入了与撒克逊人的漫长而无望的战争。† 罗马仍然拥有着来自北非的财富，但到霍诺留因肺部水肿而于 423 年驾崩时，汪达尔人已夺取了北非大部分的土地。

东罗马政府尽其所能帮助濒临灭亡的西罗马，但它几乎已经自身难保，因为又出现了新的可怕敌人。他们是起源于中亚地区干旱草原的野蛮游牧部落——匈人部族，他们开始席卷帝国的疆域，毁坏所及范围内的一切，所到之处都会被恐怖和死亡的阴云笼罩。与其他罗马人蔑视的“不开化”的蛮族不同，匈人是彻头彻尾的野蛮民族。他们身穿用田鼠皮缝制的紧身短上衣，从不洗澡或是换衣服，露天睡在他们的马背上，食物也是直接生吃。对于罗马帝国的人民而言，这些举止粗野、大声咆哮的游牧民族看上去简直像是某种骇人的神罚，他们可怕的领袖阿提拉，被全欧洲人称作“上帝之鞭”。

面对来势汹汹的罗马大军，阿提拉毫无惧色，他洗劫了从黑海到普罗庞戚斯的每一座大城市，与君士坦丁堡签订了几乎是羞辱性的条约，他获得允许能够随时随地越过边境。因为政府的软弱不作为，罗马每年必须付给阿提拉两千磅的黄金来满足他的欲望，阿提拉看上去十分满意，他离开了罗马帝国，没有生出事端。但几个月之后整个罗

* 这样的建议是相当可悲的霍诺留典型的做法。得知罗马沦陷时，他首先担心的是自己的宠物公鸡；发现“只是”罗马遭到洗劫后，他反倒宽了心。

† 入侵的撒克逊骑兵最终彻底毁灭了不列颠地区的古代文明，但在这命运到来之前，一位受罗马文明影响的不列颠领袖曾经奋起抵抗敌人的入侵。他的抵抗失败了，但这段历史却促成了《亚瑟王传奇》的诞生。

马世界就听到了可怕的消息：匈人再一次进犯边境。然而这一次，罗马人只能说是咎由自取。因为不愿意被迫嫁给一位罗马元老院成员，皇帝的姐妹霍诺利亚写了一封信，并随信附上一枚戒指，向阿提拉求助。不管她究竟是不是为了乞求婚姻，这位可汗都将之视为求婚，并介入其中，他提醒惊恐的皇帝，自己马上就要来“取回他应得的东西”。

阿提拉派兵进入高卢，他的骑兵大军长驱直入，而畏缩的罗马军队溃不成军，指挥官也束手无策。* 这下再也没有什么能保住帝国的古都，惊恐万分的全城人望着地平线的方向，祈祷阿提拉不要到这里来。皇帝长期不在导致罗马城产生了权力真空，此时此刻，因为缺少世俗领导者，越来越多现世的责任落到了当时城市中唯一的实际统治者——教皇身上。当阿提拉到达罗马时，他并没有看到威武的大军或是庄严的皇帝努力保护这座城市，抵御他的狂攻，而是只有教皇利奥一个人徒步前来与他会面。在尘土飞扬的军营中，教皇——智慧是他唯一的武器——与蛮族进行了会面，试图凭借一己之力扭转局势。

他们的对话内容历史上并无明确记载，但不管教皇说了什么，阿提拉最终撤回了大军，离开意大利，出乎意料地放过了这座罗慕路斯的城市，使它得以保持完好。† 他停留了足够长的时间，并又将一位年轻

---

* 小镇阿奎莱亚的居民在阿提拉逼近时逃到了附近潟湖的安全地带。由于认识到此地易守难攻，他们选择了留下，并建立了据点，此即日后著名的威尼斯共和国的雏形。此地最古老的岛屿托尔切洛依然留有一把粗糙的石椅，即当地的“阿提拉宝座”。

† 据说阿提拉极为迷信。或许精明的利奥只是指出了对罗马城的征服为上一个试图成为它的主人的人（阿拉里克）带来了灭顶之灾。

新娘纳入他的后宫之中，彻夜饮酒作乐。他在次日的早上没有出现，他的士兵闯入他的卧室时，发现他已经死了。夜里，他因为动脉爆裂而死于鼻腔大量出血。他的士兵为这位“世界的恐怖之王”唱歌，将他用三层棺材下葬，第一层是黄金，中间一层是白银，最外面一层则是铁。他们发出悲伤的怒吼，撕碎自己的衣服，划破自己的面孔，在这位王者的辉煌面前，所有国王和皇帝都要卑躬屈膝。在遥远的君士坦丁堡，皇帝正在幻想着能够化干戈为玉帛，然后他得到了伟大的阿提拉死去的消息。整个帝国终于松了一口气。

第六章

罗马衰亡

Chapter 6

The Fall of Rome

大敌死去的消息让罗马世界陷入了狂欢，但真正的危险却并没有因此而消失于无形。瓦伦斯曾经让他们进入边境，狄奥多西允许他们定居下来，现在蛮族已经将狄奥多西的子孙全部变成了傀儡皇帝。蛮族的势力已经渗透到了皇族背后，但他们究竟什么时候会亲自登上帝国皇位呢？如果皇帝无法重获自由，掌控自己的命运，整个帝国就会彻底分裂解体，变成无数个蛮族的小规模王国。

此时的西罗马帝国皇帝瓦伦提尼安三世首先开始尝试摆脱蛮族掌控。他因为匈人的撤离而狂喜不已，因此仓促地决定谋杀他的蛮族掌控者弗拉维乌斯·埃提乌斯。他私下谋划了这一行动，天真地以为一次谋杀就能够彻底让他恢复自由之身。然而，想摆脱蛮族的控制并不是那么简单的事情。仅仅一个人的死亡不可能淡化蛮族的影响，瓦伦提尼安也没有采取任何措施去鼓舞他的人民对他忠诚。在第二年年初，两个埃提乌斯的士兵在光天化日下愤怒地杀死了这位皇帝，而当时的帝国守卫只是冷漠地袖手旁观。

这次暗杀让罗马帝国陷入了混乱。在混乱中，瓦伦提尼安的遗孀做出了极其错误的决策——向汪达尔人寻求帮助。对方因为能够向这座包围中的城市长驱直入而狂喜不已，立刻组织大军前来，要求打开城门。四十年以来的第三次，古老都城成为敌人的俎上之肉，尽管教皇利奥再一次徒步出城，请求对方宽容以待，但这一次他却远远没有了上一次的底气。作为阿里乌派的基督徒，汪达尔人丝毫不想听从他的劝告，但在一次漫长的谈判之后，他们同意了不伤害城中居民的性命。两周内，他们洗劫了这座城市，有条不紊地将每一件有价值的东西都收入囊中，连神庙顶上镶嵌的铜也不放过。* 当城市里再也没有什么可以洗劫的东西时，他们满载着战利品离开了这座破碎的城市，并且掳走了皇后和她的女儿，将她们带到了北非的都城迦太基。†

在过去几年发生的巨大反转之后，最近的一次对城市的洗劫并没有第一次那样惊人，但这让目睹了一切的东罗马帝国意识到了尝试摆脱蛮族统治者是多么危险。当时牢牢掌控君士坦丁堡的是萨尔玛提亚将领阿斯帕尔，他希望东罗马帝国的朝臣们能好好吸取此事的经验教训。‡

* 在“破坏文化艺术者”（vandal）一词中，我们可以模糊地感受到这次彻底的洗劫给罗马世界留下的恐惧。

† 一直到 20 世纪罗马人口才再一次达到帝国巅峰时期的数量。

‡ 萨尔玛提亚人是一个伊朗半游牧部落，最终在现代格鲁吉亚一片名为奥塞梯的地区定居。

阿斯帕尔笃信阿里乌派，这为他登上皇位带来了很大的麻烦，但他已经找到了一位绝对服从的代理人，此人是其手下性格温和的基督徒副官利奥。将军将皇权交给了他，然后自己居于高位，隐藏在皇位背后操纵权柄。*

利奥确实是一位非常完美的傀儡。虽然当时已经56岁，相对年老，但他唯命是从、平凡无奇；他有两个女儿，却没有儿子去继承他的皇位。他的统治并不会太长久，而且因为没有麻烦的继承人去挑战将军的权威，他能够作为阿斯帕尔手下最为完美的权力傀儡。这位蛮族将军长期以来为帝国南征北战，获得了巨大的声望，凭借个人能力掌控了超过一半的军队。利奥只有一个毫无价值的皇帝头衔，没有任何办法对将军的权力产生威胁，利奥即使有这个心思，也无力实现。

阿斯帕尔认为没人能对自己的安全构成威胁，因此犯下了危险的错误，对局势估计失误。利奥不仅具备领导者的能力，更重要的是他同样具有野心，他并不希望自己永远只是个有名无实的傀儡君主。新皇帝没有鲁莽地马上起来反对他的掌控者。暗杀阿斯帕尔——即使这在理论上有可能实现——只会招致他自己的杀身之祸，而且就算事成，当一个独裁霸主被杀死，只会不可避免地出现另一个霸主取代他的位置。利奥需要的是永久的解决办法，永远脱离蛮族的掌控，为了这个目的他必须要从根本上瓦解阿斯帕尔的权力，也就是他对军队的掌控。

在寻找能够制衡权倾朝野的将军的力量时，利奥发现了一个完

* 利奥是第一位由牧首加冕的皇帝，基督教元素从此正式融入加冕典礼。15个世纪之后，一系列的基本仪式依然在沿用。

美的人选，名为塔拉斯科蒂萨。他是来自小亚细亚南部的伊苏里亚人，个性坚韧稳重，因为他并非都城出身，所以只能完全依靠皇帝的势力求得提拔。塔拉斯科蒂萨带领一小队人来到了帝国都城，他设法通过阿斯帕尔的儿子寻找到他叛国的证据，这给了皇帝一个完美的机会公开斥责他的蛮族掌控者。皇帝对塔拉斯科蒂萨大加褒奖，不仅让他娶了自己的女儿，而且还让他得到了与阿斯帕尔同等的地位。这位突然开始受人尊敬的伊苏里亚人爽快地将自己的名字转变成希腊风格的、更容易接受的“芝诺”，不久他便成为君士坦丁堡上流社会的宠儿。

因为阿斯帕尔气焰受挫，暂处守势，利奥得以暂时凭自己的意志直接决定国家政策。他意识到帝国的西半部分已经到了崩溃的边缘，因此开始了自己野心勃勃的计划——通过征服北非的汪达尔王国来拯救西罗马。将北非的行省重新夺回对恢复西罗马帝国的财力和威望大有帮助，更重要的是，能够报复汪达尔人曾经对罗马城的洗劫。当然，这件事同时能够增长自身的权力和声望，算是额外的好处，利奥决定不惜一切代价去完成目标。皇帝穷尽整个东罗马的财富，用13万磅的黄金，打造了超过1 000艘战船，集结了40万大军。

利奥却为统御这史无前例的大军选择了历史上最不称职的指挥官之一。他的名字是巴西利斯库斯，此人的唯一优势便是他是利奥妻子的弟弟。换成其他任何人指挥罗马大军，汪达尔人都可能束手无策；但在巴西利斯库斯的指挥下，这压倒性的优势只是让其溃败显得更加不可思议罢了。在迦太基40英里开外，巴西利斯库斯的船队分崩离析，他的大军五天之内便死伤大半。他本人因为战况不利而惊恐万分，丢下他剩余的大部队自生自灭，自己则仓皇逃回了君士坦丁堡。

当他回到都城时，巴西利斯库斯还算聪明地躲进了圣索非亚大教堂，但教堂很快便被愤怒的民众包围，人们要砍掉他的脑袋。利奥此时也恼火万分，打算私刑处死巴西利斯库斯，但他的妻子皇后维里娜及时地站出来干涉，请求他饶恕自己的弟弟，因此利奥没有砍掉巴西利斯库斯的头，而是将他流放色雷斯。巴西利斯库斯的无能让东罗马彻底陷入贫困，同时也断送了西罗马最后的一线希望。然而，他制造的麻烦还远未结束，虽然已经蒙受耻辱并遭到流放，之后他还是悄悄地再次回到了罗马帝国。

灾难中的唯一一线希望便是利奥最终得以彻底脱离了蛮族的掌控。由于阿斯帕尔是实际上的军事领袖，他因为这次的大败而遭到了与他并无干系的斥责，自身的声望也因此一落千丈。利奥看准时机，引诱阿斯帕尔来到宫殿中，悄无声息地发动了暗杀，并且堵住了所有的门，防止任何人来救援。* 这并不是什么英雄好汉的做法，但利奥最终获得了自由。芝诺现在成了军中最有实权的将军，而他对皇帝忠心耿耿。利奥扫清了一切障碍，彻底摆脱了蛮族对皇位的掌控。

然而，胜利的喜悦并没有持续太长时间。三年之后，公元 474 年，利奥死于痢疾，皇位传给了他的女婿芝诺。新皇帝本人没有被突然大权在握冲昏头脑，但他的同乡伊苏里亚人开始得意忘形，在君士坦丁堡招摇过市，仿佛他们已经成了这里的主人一般，这让所有人都感到

* 宫中的宦官们负责执行这项任务，但皇帝依然获得了“屠夫”利奥的绰号。

不安。然而还有更加糟糕的事情等待着芝诺，他正因为自家姻亲而苦不堪言。利奥的家族成员对一个野蛮人暴发户居然一步登天感到极度不满，利奥的妻子维里娜尤其不满自己的女儿和伊苏里亚野蛮人的婚姻。几年以来，这位母后都对自己的女婿保持着一种旗帜鲜明的不满情绪，这种情绪在她唯一的外孙——芝诺七岁的儿子因病夭折后，转变成了彻底的怨恨。在她的余生之中，维里娜都把孩子的死怪到伤心不已的芝诺头上，动用自己的一切权力对他进行打击。

相比维里娜而言，稍微不那么危险的敌人当属她那愚蠢的弟弟巴西利斯库斯，此人尽管无能，但这并不妨碍他做春秋大梦，谋划自己夺权篡位。他的名誉已经在对北非汪达尔王国的耻辱大败中丧失殆尽，但这对于他谋夺皇位的十足信心却毫无影响。巴西利斯库斯坚信，时间能够抹杀掉过去的错误，虽然他从未与姐姐有过什么亲密无间的关系，但他依然非常希望能够与姐姐站在同一阵线对付共同的敌人。这对决心复仇的姐弟开始谋求心怀不满的伊苏里亚将领伊鲁斯的帮助，三人策划了一个阴谋，打算推翻他们所轻蔑的亲戚。

等到芝诺忙于主持竞技场的比赛时，维里娜派出了一名看上去很慌张的信使去告诉芝诺，由于元老院的支持，他的人民已经发动叛乱，准备推翻他。芝诺成长于远离都城繁华的地方，尽管他获得了巨大的成功，但是在这座世界性的城市里他从未有过亲切感。此时他悲伤地意识到，他的人民对他有多么反感，周围人群的咆哮听上去像极了暴乱的骚动声。芝诺并没有想到亲自去确认一下人民是否真的意图反抗自己，便惊慌地带着一群追随者仓皇逃离，将帝国的黄金财宝拱手留给了伊苏里亚人。

君士坦丁堡现在落入了叛乱的主使者维里娜手中，她计划立刻让她的情人登上皇位，但事实证明推翻一个皇帝比推选出一个要容易得多。军队或许没有在芝诺遭难的时候施以援手，但他们也绝不愿意将皇位交给一个名不正言不顺，唯一的作为便是和皇后勾搭在一起的男人。皇室家族中只有一名成员能够成为皇帝，而且军队最终发现当下只有一个合适的人选，就是巴西利斯库斯。这一切令人难以置信，曾经凭借一己之力便几乎毁灭东罗马帝国的军事力量，并因为一场惨败断送了西罗马帝国前途的人，现在发现他受到了军队的热烈欢迎，被拥立为罗马帝国的最高统治者。

不久，新皇帝便证明了他的政治才能与他的军事头脑不相上下。他的第一次行动便是下令允许对全城的伊苏里亚人展开大屠杀——尽管正是伊苏里亚人必不可少的支持才促使他登上了皇位。随后他便将矛头转向自己的姐姐，他对姐姐在叛乱中做出的贡献的“答谢”，便是下令处死了她的情人，迫使她退出权力的中心。在给予他的同谋者致命打击之后，巴西利斯库斯又下令发兵将芝诺的势力赶尽杀绝，以保障自己在皇位上高枕无忧。皇帝亲自统率这次重要的远征，却做出了匪夷所思的决定，即选择伊苏里亚将领伊鲁斯作为指挥官，此举显然完全没有考虑到他之前刚刚下令在全都城屠杀伊苏里亚人，而伊鲁斯显然不会在同胞遭到屠杀之后依然能够作为合适的带兵人选。事实上，伊鲁斯果然直接倒戈，投到芝诺一方，支持芝诺立刻返回君士坦丁堡，夺回皇位。

此时，巴西利斯库斯的行为使都城中他昔日的支持者纷纷反目。

他任命生性狡诈阴险的提摩太作为他的个人宗教顾问，提摩太说服了皇帝，打算迫使教会采纳异端信仰，也就是基督具备纯粹的神性，而不存在作为人的本质。作为答复，教会的牧首将圣索非亚大教堂的所有圣像都用黑布遮盖起来，以示抗议，愤怒的皇帝宣布他要撤销君士坦丁堡的牧首职位。这一行为无疑是极大的冒犯，引起了大规模的暴乱，导致本地的圣人隐修者达尼埃尔首次离开他居住了 30 年之久的石柱。* 这位圣徒的反对意见令巴西利斯库斯感到恐惧，因此不得不撤销了之前剥夺牧首教职的命令，但他的名望并没有因此而得到恢复。

这时，芝诺得到了前方的消息，都城的紧张局势已经一触即发。巴西利斯库斯骄傲自大地宣布他将进行英勇抵抗，但此时此刻没有任何人愿意浪费时间为他而战。元老院敞开大门，城中的居民蜂拥来到大街上，欢迎芝诺凯旋。巴西利斯库斯携家人逃进圣索非亚大教堂，在承诺不会让他流一滴血之后，牧首将他引出了教堂。芝诺说话算话，将他流放到卡帕多西亚并关进一个干涸的蓄水池活活饿死。

距离芝诺被迫逃离都城的可怕夜晚仅仅过去了两年，但在他离去的时间里，世界已经发生了不可逆转的改变。在君士坦丁堡日渐衰弱的时候，奄奄一息的西罗马帝国最终堕入了彻底毁灭的深渊。蛮族将领奥多亚克厌倦了傀儡皇帝的举棋不定，决定凭借一己之力统治整个意大利。他率军一路冲入拉韦纳，年轻的傀儡皇帝罗慕路斯·奥古斯

* 隐修者即基督教的苦行者，这些人试图逃离世俗的诱惑，因此通过登上高柱的行动来达成这一目的。这些隐士为人们所尊敬，虽然这些行为在 7 世纪日渐式微，但在 12 世纪的东部荒漠中依然能够寻找到这些隐修者的踪迹。

都路斯很快屈服，奥多亚克最终决定饶他一命，将这位年轻皇帝流放。*476年9月4日，罗慕路斯·奥古斯都路斯顺从地让出了皇位和权杖，和他的家人一起定居坎帕尼亚。虽然并没有人认为他重要到能够在历史上记下死亡年月和地点，但他的退位仍然被视为西罗马帝国彻底灭亡的标志。

当时不太可能有人注意到这样一个历史的转折点。蛮族的将领推翻皇帝的统治，这样不幸的事件早已成为罗马人民司空见惯的事件，对曾经帝国的大部分居民而言，9月5日那个早晨的生活与之前别无二致。行政部门和法庭照常运作，商人和工匠继续在罗马的大道上来回奔走，一切与过去相比并没有发生任何翻天覆地的变化。事实上，罗马帝国也并未完全灭亡（尽管之后的论调恰好相反）。一位名正言顺的、讲拉丁语的罗马帝国皇帝坐在东罗马的帝位之上，西罗马帝国支离破碎的权力阶级则撤退到法国南部，竭尽全力维持着帝国摇摇欲坠的权力。†唯一真正的改变是奥多亚克并没有选择推举一位新皇帝。他做出了十分明智的决定，也就是不需要一位用来传话的傀儡皇帝，这样他就可以按自己的意志对君士坦丁堡的事务百般敷衍，同时可以凭一己之力统治国家。

奥多亚克写了一封信祝贺芝诺复位，同时将西罗马的帝国皇权一

* “奥古斯都路斯”之名意味着“小奥古斯都”，用来表示年龄或重要性。一些作家讽刺地称他为“可耻小人”，但巧的是，西罗马的最后一位皇帝有着与建国者及第一任皇帝相同的名字。因为命运的奇妙安排，相同的巧合在东罗马的末代皇帝君士坦丁十一世身上也发生了。

† 事实上，西部也有着自己的正统皇帝，即被废黜的尤里乌斯·尼波斯，他在前一年被罗慕路斯·奥古斯都路斯的父亲所推翻。

并交还，他只要求让自己名正言顺地统治西部。自然，东罗马皇帝并不愿扶植一位出身蛮族的铁腕人物，但他此时已是自身难保、分身乏术，无力再对西罗马的皇位做出什么干涉。皇帝谨慎地回避了这个问题，让奥多亚克继续作为代理人统治西部，自己则全心致力于让东罗马恢复秩序。

巴西利斯库斯毫不意外地让东罗马陷入了一片混乱。不仅自己的个人声望跌到了谷底，在他统治的短暂两年之中，这位倒霉的皇帝还曾经犯下了惹怒东哥特人的致命错误，如今他们正在巴尔干地区烧杀抢掠、恣意妄为。芝诺通过贿赂强大的东哥特王国国王狄奥多里克，使他名义上臣属于拜占庭帝国而暂时解决了问题，但在平息了几次叛乱之后，狄奥多里克感到十分厌倦，再次选择回归他最喜欢的活动——掠夺。芝诺走投无路，急需马上找到其他办法解决燃眉之急，幸运的是，他灵机一动，想出了一个计划。

东罗马帝国的默许使奥多亚克认为他可以为所欲为，不必害怕任何报应惩罚，很快，蠢蠢欲动的蛮族便撕下了臣服于帝国的假面具，开始称呼他为“意大利国王”。帝国军队此时已经衰弱不堪，无力对这种公开的挑衅进行反击，但明智的皇帝想出了一个一石二鸟的好办法。芝诺召见暴躁的哥特国王，准许他带领其治下所有的人——男人、女人和孩子——进入意大利，以皇帝的名义统治那里。这样狄奥多里克就得到了官方的支持，可以统治一块比贫穷的巴尔干半岛更有前途的土地，同时也获得了合法的庄严地位；东罗马帝国则可以坐视奥多亚克受到惩罚，而不必投入一兵一卒。最重要的是，君士坦丁堡从此便可以彻底摆脱哥特人的阴影。

五年之内，狄奥多里克便迫使奥多亚克投降，为意大利带来了和平，政府管理也变得十分高效。他的统治长达33年，虽然他安居一隅，独立于帝国的掌控之下，但直到他生命的最后，他铸造的货币上也只有东罗马帝国皇帝一个人的面孔。

芝诺没能活到自己的战略获得胜利的那一刻。他的健康已经受到了严重摧残，他目睹自己的小儿子和继承人因为疾病夭折，自己也因为痢疾而逝世。他的统治时期充满了动荡不安，许多臣民在想起他的时候，心情除了厌恶就只有矛盾，但他应得的远比这更多。他在最黑暗的岁月里继承了皇位，并且引导整个帝国挺过了西罗马被彻底击溃的动荡岁月，相比他刚刚接手的时刻，帝国也变得更加强盛。正是由于芝诺坚韧不拔，没有放弃权力，东罗马才得以通过第一次严酷考验，并且永远摆脱蛮族的束缚。帝国的根基或许已经动摇，但它仍会继续存在下去，并且已经做好了再现辉煌的准备。

帝国所需要克服的问题毫无疑问还有很多。那些混乱和衰朽的岁月已经对社会的方方面面造成了无可挽回的损害，商业因为苛捐杂税严重受阻，帝国的财富也还未从利奥灾难性的非洲战争中恢复过来。然而，芝诺遗留下来的政策平息了皇位的纷争，在接下来的30年内依然如此，帝国经历了一段重要的恢复时期。贿赂和腐败被连根拔除，资金得到了更有效的汇集渠道，赋税也逐渐降低。商业从苛捐杂税中得以解脱，再一次恢复繁荣，财富也源源不断地涌入帝国的城市和市场中。随着经济的发展，人口也逐渐增长，帝国开始以史无前例的规模繁荣发展。5 世纪的动荡记忆好像噩梦一般逐渐消逝，新一代的拜占庭人开始掌握权力。自从戴克里先时代以来的第一次，帝国未曾面临严重的军事或政治威胁，尽管过去几个世纪的余波依稀犹存，帝国的疆域却没有哪怕一寸的流失。怀着十足的信心，帝国再一次进入了强盛和平的时期，并且继续日新月异地向前迈进。现在所需要的唯有一位胸怀梦想的帝王。

第七章

查士丁尼大帝崛起

Chapter 7

The Rise of Peter Sabbatius

时值公元518年，当时坐在君士坦丁堡皇位上的是一位70岁的老人，这位皇帝或许很难成为转变东罗马帝国历史风向的标志性人物，但他无疑是一个活生生的例子，表明在6世纪的罗马世界，底层人民是有机会走向社会高层的。查士丁的人生开始于色雷斯一个小型的农民家庭，青少年时期一直在帮助父母放牧家中为数不多的羊。他在20岁的这一年，决定离开自己一贫如洗的家乡，出发到君士坦丁堡谋生，他的全部行李只有背囊里的少数衣物和为数不多的几块面包。到达君士坦丁堡之后，他在军队里找到了一份工作。由于他工作勤奋，也很有能力，因此很快被擢升为宫殿守卫的长官。这个职位令他成为城中唯一一支正式军队的领导者。芝诺的继承人死去之后，查士丁感到现在就是采取行动夺取政权的天赐良机。查士丁策划了一系列阅兵仪式，同时慷慨地赠予每个士兵一磅白银，以获取他们的支持，最终成功地被君士坦丁堡的人民推举为奥古斯都。

起初，查士丁绝非皇位的最合适人选。他没受过多少教育，年龄也相对较大，并且缺乏相关的执政经验，看来根本不具备担负起国家重担的资质。然而，他却拥有一项至关重要的优势——拥有一位智谋过人的外甥，伯多禄·撒巴提乌斯。

伯多禄此时36岁，出生时正值芝诺统治的末期，他同样早早地离开了家乡——一个破败的马其顿小镇，来到舅舅平步青云的城市里碰运气。查士丁一世觉察到了这个男孩过人的才华，于是对他视如己出，寄予厚望，提供给他最好的受教育机会，令他饱读古代典籍，同时感受都城的学术氛围。伯多禄因为舅舅的慷慨厚爱备受感动，所以将自己的名字改为和舅舅同源，以示感谢之情。从这时起，他正式改名为查士丁尼。

查士丁尼目光十分敏锐，他意识到了帝国涌现的新生力量和财富，因此下定决心采取更加激进的对外政策。占据帝国西部的众多蛮族王国很久以来肆无忌惮、耀武扬威，帝国不应继续容忍下去。君士坦丁堡的皇帝长期忙于巩固自己的统治地位，曾经对这个问题束手无策，分身乏术，但现在拜占庭已经恢复稳定，辉煌的星辰正再一次冉冉升起。现在是时候将人民从这些蛮族霸主沉重残酷的压迫中解放出来了。罗马帝国的荣耀绝不应再被这些粗野的蛮族践踏在脚下。是时候返回西方了。

查士丁尼伟大的再征服之路正式开启了，他计划的第一步便是与天主教廷恢复关系。罗马和君士坦丁堡之间的关系最近一度陷入紧张，源于近日来兴起的一种异端邪说，声称耶稣基督确实是真神，却并不具备完全的人性。* 很多牧首和多次公会议曾经否决这一论调，但东罗马的教士和修道士们却顽固地坚持自己的主张，希望在宗教事务上遵循自己的思想行事。教皇对永无休止的派系论战感到精疲力竭，因此下令断绝东西双方的关系，希望迫使东罗马的同侪们承认他们所犯下的错误。† 查士丁尼不可能一夜之间就修复双方关系，但他可以为双方的和解打下基础。查士丁尼任命虔诚的基督徒做宫廷大臣，然后建议他的舅舅写一封信给教皇，请求他结束令人遗憾的分裂，以便教会再度统一。教皇对能够恢复与东罗马的关系十分满意，立刻同意了他的请求。

教皇和皇帝之间的和谐关系在整个西方的蛮族王国之间都掀起了轩然大波，尤其是在狄奥多里克掌权的意大利，精明的哥特国王马上察觉到，他能够在意大利呼风唤雨只是因为君士坦丁堡一方还有其他更重要的事情要处理。狄奥多里克心知肚明，作为一位阿里乌派信徒统治一片基督教地区，他的影响力将不受控制地日渐衰落。如果他的人民发现他们与君士坦丁堡的教友目标一致，他的王国便会厄运临头。让东罗马取得宗教上的胜利之后，离大兵压境也就不远了。罗马虽然已日益衰落，但它还未忘记昔日的荣光。一旦

---

* 称为基督一性论（单一本质），这种学说因几位曾经积极保卫教会不受阿里乌派侵蚀的主教而兴起。这些人极为坚定地否认基督作为人类的本质。

† 教皇斐理克斯三世事实上曾将君士坦丁堡牧首逐出教会，但因为没人敢于亲自向牧首传达这一惩罚，这一饱受争议的决定最终未能实施。

帝国再一次将目光投向它曾经的都城，狄奥多里克毫不怀疑罗马的人民将会马上敞开大门。

如果狄奥多里克在君士坦丁堡安插了密探，他无疑会得到令人安心的消息，帝国前进路上的指路明灯查士丁尼的注意力正日渐转移，他如今正全心全意地沉迷于竞技赛车。正像任何时代的任何城市一样，君士坦丁堡也有着狂热的体育竞赛迷，他们将自己所支持队伍的胜利看得比生命还要重要，时常为此引发各种骚乱。支持不同选手的市民被分为两派——蓝党和绿党，他们通常由年轻人和社会底层人员组成，因为这些群体显然缺乏其他途径去发泄过剩的精力。他们纷纷来到竞技场观看喧闹的比赛，按照阵营分别坐在不同区域，并试图通过高唱略带侮辱性的歌曲来压过另一方。面临不同派系白热化的矛盾，大部分皇帝和他们的家族成员都维持着一种谨慎的中立态度，他们会根据来客的立场平淡地声明自己支持哪一方，但查士丁尼却是个蔑视传统的人物，他从不试图掩饰自己对蓝党的狂热支持态度。

在喧闹的比赛中度过一整天的意义远远不止于单纯的娱乐。蓝党的支持者范围可谓相当广泛，他们能够帮助查士丁尼把握整座城市的脉搏，同时警示他可能面对的来自大众骚乱的威胁。自然，此时绝不会缺少想要通过提供信息来讨好皇位继承人的人，其中有一名著名舞蹈家，名为马斯顿，他向查士丁尼引荐了一位美丽的前女演员狄奥多拉。她是一名驯熊师和一名舞女的女儿，比查士丁尼年轻近20岁，她是在舞台上成长起来的——在6世纪，舞女的含义几乎就等于公开的娼妓。[*]他们之间有着巨大的身份鸿沟，女演员的身份也不为世人所接受，当时甚至有明确的法律禁止元老院阶级成员与女演员成婚。如果要嫁给未来的皇帝，狄奥多拉的身份从哪个角度讲都是完全不适合的，但在看到她的第一眼时，查士丁尼就疯狂地坠入了爱河。

尽管他们之间有着巨大的地位差距，事实却证明这两人是十分般配的一对佳偶。狄奥多拉具备杰出的能力和突出的智慧，与查士丁尼堪称绝配，他们两人不久便难舍难分。通过向舅舅施压修改法律，查士丁尼很快便克服了法律上的阻碍，正式迎娶狄奥多拉，然后很快将全部的注意力转回到帝国的对外政策。

皇帝查士丁一直以来都乐于由他智慧过人的外甥指引，而今拜占庭重新开始用志得意满的自信目光睥睨四方。曾经遭到外国势力暴政打击的不同政见派别突然发现，他们在君士坦丁堡有了坚定的同盟，于是纷纷派出密使涌向都城。新生的强大力量和声望将邻近的势力也拉入了拜占庭的发展轨道，帝国取得了一系列外交上的巨大胜利。众多藩属国王对波斯的压迫已经感到无法忍受，尽管波斯王发出愤怒抗议，他们仍然纷纷脱离波斯统治，转而与君士坦丁堡结盟。

君士坦丁堡野心勃勃的蓝图甚至延伸到了阿拉伯半岛的最南端，也门的犹太国王刚刚对基督徒民众展开野蛮屠杀，将他们扔进水沟，然后点火活活烧死。君士坦丁堡方面对埃塞俄比亚的基督教国王开出了

---

* 狄奥多拉本人曾经专门从事一种哑剧艺术，当时这种艺术形式充斥着各种淫秽行为。然而，关于她个人的这一生活细节来自拜占庭史学家普罗科匹厄斯耸人听闻的笔下，这位史学家有足够的理由憎恶她，并且很有可能写下了大量添油加醋的内容。

条件，声称可以提供运输船只帮助对方跨越红海，诱使对方对也门发生的迫害展开报复。两年之内，基督教国王便登上了也门的王位，拜占庭帝国也打通了从红海到印度的贸易通路。

君士坦丁堡的功绩中很大一部分都以得罪波斯作为代价，恼火的波斯国王派出大军抵达现代的格鲁吉亚地区，阻止更多藩王变节投靠敌方。这些不明智的举措激怒了查士丁尼，他的下一步策略变得更为直截了当——说服他的舅舅派出一支拜占庭军队突袭当时臣属波斯的亚美尼亚。这支军队规模并不大，却因为查士丁尼从他个人的禁卫军中抽调的一名士兵而取得了非凡成就。此时，这位士兵还是默默无闻的无名小卒，但他不久就会蜕变为整个帝国历史上最为卓越的将领。像查士丁尼一样，他也出身低微，但历史证明，那些敌对的王国迟早有一天要为贝利萨留的名字而战栗不已。

公元 526 年末，两个长久以来的宿敌再一次陷入了剑拔弩张的境地。查士丁的健康每况愈下，元老院建议他将查士丁尼立为共治皇帝，查士丁同意了。公元 527 年 4 月 1 日，他举办了一场隆重的典礼，相比简单的加冕礼，这场盛会更像一次社交界的狂欢。在这年的夏末，查士丁死于旧伤复发，查士丁尼和狄奥多拉正式成为罗马帝国仅有的统治者。

第八章

尼卡！

Chapter 8

Nika!

新登基的皇帝夫妇与旧政权的差异简直不能更大了。两人都非常年轻——皇帝四十开外，皇后仅有二十余岁——对臣民来说，他们就算谈不上有多受欢迎，至少也为帝国带来了全新的风气。无疑，加冕礼是一件奢侈的大事，与阿纳斯塔修斯时代节俭吝啬的风气截然不同，很多人都希望将此次盛事看作新的辉煌时代重新拉开序幕的象征。

相比帝国其他的前任统治者，查士丁尼显得格外与众不同。他是拜占庭唯一的最高统治者，胸怀极其远大的梦想，无法容忍罗马帝国中竟然不包括罗马城。自青年时期起，查士丁尼便抱有一种传统的观点，认为正如天堂中只存在一位上帝，地上只能有一个罗马帝国。作为独自统治帝国的基督教皇帝，查士丁尼拥有绝对的权威，他的职责是严格遵循上帝的秩序。这是一项神圣的责任，帝国的一半领土长久以来陷入异端蛮族的掌控，这是查士丁尼无法容忍的奇耻大辱。他下定决心，首先要重新整顿帝国的秩序，然后兴建数不胜数的宏伟的公共建筑，这些建筑也终将永垂不朽，成为自己辉煌统治的绝对证明。

自然，拥有如此巨大的野心，也就意味着要在一定程度上付出代价，两位前任皇帝在花销上都堪称节约典范，国库此时十分充盈，金银财宝几乎要挤破墙壁，而查士丁尼也已经证明了自己绝不是一位吝啬鬼皇帝。早在 6 年前，为了庆祝自己出任执政官，他就已经花费了 3 700 磅黄金，用于筹办各种挥霍钱财的竞技游戏；在统治的第二年，他就开始兴建一座宏伟华美的建筑，计划中的建筑规模比 8 座教堂加起来还要宏大。查士丁尼无疑拥有诸多优秀的品质，但显然克制和节俭并不包括在其中。

所有这些花费自然全部来源于税收，不得不说查士丁尼是一位幸运儿，因为他手下有一个铁石心肠的人，名为卡帕多西亚的约翰，此人敛财手段高明，简直能够从石头里榨出钱财来。虽然没有受过什么教育，也没有多少魅力，但约翰将税收系统合法化，填补了其中的漏洞，同时用不屈不挠的态度打击腐败行为。他针对的最大目标就是富人阶级，这些人长期凭借自己的特权和豁免权逃避税务，约翰迫切希望能够狠狠惩罚那些他认为不具备社会责任感的人。这一系列行动引发了贵族阶级的强烈抗议，但很明显，皇帝并不会袒护他们。

查士丁尼自己作为新兴的暴发户，显然对那些长期蔑视自己的传统贵族并无好感，而且不愿花心思去关注他们那些微妙的敌对情绪。就他个人而言，贵族阶级可谓拜占庭帝国历史中的一颗毒瘤，永远不惧怕挑战皇帝的权威，为了维持自身的荣华富贵，永远都在阴谋搅乱国家的官僚系统。帝国如今处于破旧立新的时期，绝不能被那些陈腐的落后思想所干扰。查士丁尼所青睐的是那些具备优秀品质，而非凭借空虚名衔的人，他对实用主义者青眼有加，毫不留情地将那些古板守旧的朝廷风气一扫而空。卡帕多西亚的约翰对官僚系统进行的改革令人钦佩，如果能够适时地打击贵族权威，那就再好不过了。

无论如何，皇帝已经开始准备他的下一步伟大计划。他召见了一位杰出的法学家，名为特里波尼安，此人精通罗马法律，堪称行走的法律百科全书。这是一项了不起的成就，因为近 1 000 年来罗马的法律处于极度混乱之中，充满了彼此矛盾的先例、特殊豁免权，以及各种互相冲突的法律名目，这些内容都缺乏适当的正式条文。查士丁尼雄心勃勃地对此采取了措施，他决定将那些最为关键的条文首先整理出来，写入法律，同时替换掉矛盾或重复的部分，编纂出帝国历史上第一部完整的成文法典。智慧过人的特里波尼安自然是完成这项使命的最佳人选，他心怀壮志，以惊人的速度展开了编纂工作。仅仅过了 14 个月，他就出版了最新的帝国法典——全国上下所有级别法庭的最高权威，时至今日仍然是众多欧洲国家法律系统的基础。* 从亚历山大到贝鲁特的所有法学院，以及君士坦丁堡大学，很快便开始涌现出众多法学家，他们将这部法典弘扬至整个地中海世界。

然而，获得这些辉煌的成就也需要付出代价。特里波尼安和约翰成了整个帝国上下最惹人痛恨的人，事实上，特里波尼安本人也是个

---

* 非常有趣的是，这也是美国路易斯安那州现今施行的法律的基础。

臭名昭著的腐败分子，此外，他还是一名异教徒。假如皇帝稍加留心的话，就会听到民众中传来反对的低语。受挫的贵族阶级急需一个报复的机会，而饱受苛捐杂税压迫的底层大众则开始怀疑，如果皇位易主，他们的生活能否有所改善。

查士丁尼忙于对外事务，并没有注意到国内的紧张氛围。公元528年，与波斯的战争最终爆发，他开始紧急召集东罗马军队。波斯的老国王派出了大军以击溃对手，但贝利萨留凭借卓越的军事才能大败波斯军，他甚至计划征服波斯属亚美尼亚的一部分。这是人们记忆中罗马对波斯的首次彻底胜利，同时吹响了帝国复兴的号角。

这次战争也导致了汪达尔王国的覆灭。多年以来，汪达尔国王一直谨慎维持着日益动摇的力量平衡，拜占庭的最终胜利导致他的统治摇摇欲坠。一方面，他必须对查士丁尼采取怀柔政策，对帝国军队加以防范，但如果为了安抚拜占庭而采取过于软弱的政策，又会不可避免地遭到本国人民的反抗。大多数汪达尔人都害怕国家丧失独立地位，希望统治者能采取强硬的立场，但国王在此时却开始下令铸造一系列新的货币，并将皇帝查士丁尼的侧面像印在上面。这种不合时宜的讨好东罗马帝国的举动最终让他付出了王位的代价。国王的堂亲盖利默得到了愤怒的贵族阶级的全力支持，轻而易举地推翻了他，夺取了迦太基的王位。

盖利默很快就表明他绝对无意屈服于君士坦丁堡的威吓。当查士丁尼写信斥责他的篡位行为时，盖利默的答复是让皇帝少管闲事，并且隐晦地提醒道，上次拜占庭远征汪达尔王国是以惨败收场的。盖利默宣布，如果这些急躁的拜占庭人打算夺回疆土，就让他们尽管前来，汪达尔人的利剑绝不是徒有其表。

查士丁尼因为汪达尔王国发生的政变略感到有些失望，因为他很确定通过适当的外交压力就能够让北非回归罗马帝国版图，而不必浪费一兵一卒，但盖利默的敌对立场也丝毫不会让步。这封侮辱性的信件激起了报复的怒火，对皇帝而言也非常适合作为宣传手段制造入侵的借口。汪达尔占领者抢占罗马的土地，蔑视君士坦丁堡的权威，这一切已经够久了。现在他们会认识到，羞辱罗马狼会带来什么样的后果。

贝利萨留看上去是率兵攻打北非的唯一合适人选，但此时此刻他正忙于与波斯的边境战争。531 年，他计划对波斯的大规模军队全力发动进攻，凭借着他的好运，这次战役成了整场战争的决定性转折。几天过后，士气低落的波斯国王突然暴毙，留下他年轻但十分精明的儿子科斯洛埃斯继承王位。新国王迫切希望能够恢复和平，以便巩固自身权力，因此马上与查士丁尼签订了“永久和平”条约，让查士丁尼最器重的将军从战场抽身而出。* 现在看上去再没有什么能够阻止北非的顺利征服了。

然而贝利萨留却未能顺利回到君士坦丁堡，因为此时此刻又爆发了一场新的战争。虽然查士丁尼梦想着获得收复北非的荣耀，但都城的

* 这一段时期被称为“永久和平”，原因在于不同于与波斯签订的大多数条约，这一条约为开放式，并没有具体的时间限制，战争冲突随时有可能重新爆发。不幸的是，所谓的“永久”最终只持续了短暂的八年时间。

紧张局势已经进入了白热化阶段。人民因日益严酷的税收政策和腐败滋生而感到不安，当皇帝下令严格限制蓝党和绿党的特权以控制日益严重的派系争斗时，这种不安情绪达到了顶峰。查士丁尼不仅默许他的代理人用苛捐杂税对人民进行剥削，如今还对他们的体育娱乐横加干涉。在 1 月 13 日“月中日”举行的竞技游戏本意是缓解紧张的社会氛围，但当场内观众望见查士丁尼坐在他往常的位置上时，事态彻底失去了控制。因为混在人群之中，无从辨别身份，有人壮着胆子嘲弄皇帝，喊道查士丁尼的老子根本就不应该出生，整个竞技场都回荡着一呼百应的呐喊声。查士丁尼勃然大怒，质问他们是不是发疯了，竟敢对皇帝如此不敬，暴民的情绪彻底爆发，愤怒的狂潮席卷了整个竞技场，仿佛要将一切彻底摧毁。

查士丁尼被迫匆忙撤退到大皇宫，在几小时的暴乱之后，他的帝国军队控制住了整个事态。其中七名暴乱的带头人被逮捕并判处死刑，但大批人群不久便聚集起来，让执行死刑的刽子手感到十分紧张，他们最后的两次死刑执行变成了一场闹剧。第一次尝试行刑十分尴尬，因为套绞索的绳子突然断开，两个死刑犯还能呼吸，但当绞刑再次执行时，整个绞刑台都毁坏了。自然，这样的情景引起了大批人群的骚动，一些从附近圣科农修道院赶来的修道士设法将死囚转移到了安全的地方。

帝国禁卫军的指挥官对此感到犹豫，不知是不是应该阻止他们，他生怕如果贸然闯入一幢神圣的建筑，将会立刻引发一场暴动，因此他打算用饥饿迫使这些人投降。这个计划本身是为了平息紧张的局势，却事与愿违，一大批暴民很快包围了这些士兵，高呼着要求立刻宽恕这两个人——其中一人隶属蓝党，另一人隶属绿党。全副武装的士兵包围一所修道院，这种景象看上去无疑是暴政镇压人民活生生的体现，完全背弃了国家对人民所做出的承诺。查士丁尼的加冕礼曾经预示着帝国在物质和精神方面的慷慨，以及开明的统治作风，这位统治者身为蓝党的支持者和其中一员，能够理解他们强烈的感受。然而现在，他们发现这个皇帝事实上像他的历代前任一样冷峻，他对手无寸铁的修道士的残酷压迫也暴露了他不过属于最苛刻的暴君。

查士丁尼试图通过举办新的竞技活动来平息事态，但当三天之后竞技场为比赛而敞开大门时，情势变得更加严峻。当皇帝来到现场，在皇室专用的凉廊中坐下，人群中正常的嘈杂低语变成了震耳欲聋的咆哮。蓝党和绿党的传统活动是竭尽全力喊出“尼卡！”（“胜利！”）以压倒对方，然后高呼他们最爱的驾驶战车的选手的名字，但在比赛的最后他们选择了联合起来反对皇帝。三万人齐声高喊这句口号，宣泄他们压抑已久的愤怒，查士丁尼被淹没在这可怕的、一声高过一声的巨大浪潮中。起初，皇帝还试图勇敢地面对这骇人的声音，但他脚下的地面都随之阵阵颤动，这种毫不掩饰的狂怒使他感到恐惧，他险些被打倒在地。皇帝也不过是一介凡人，他无法独自面对民众的巨大愤怒，只能秘密地逃回了皇宫深处，并仓皇万分地紧紧闭上了大门。

人群拥出竞技场，来到街道上，寻找能够宣泄他们愤怒的方式。发现无法攻破皇宫之后，他们蜂拥到城市的监狱，把里面的犯人尽数释放。查士丁尼再一次调动了帝国卫队，但现在事态已经完全失去了控制。妇女们挥舞着屋顶的瓦片和陶器，从楼上的窗户将它们砸到卫兵的头上，暴民在街上建起了路障。城中的流氓暴徒点燃了街上的店铺，不久风助火势，引燃了附近的一家医院，将其彻底烧毁，里面的病人无一幸免。假如众多的权贵世家都能够团结一心，作为皇帝的后盾，秩序或许可以得到恢复，但贵族阶级认为查士丁尼是一个自命不凡的暴发户，因为卡帕多西亚的约翰的政策，贵族们都对他恨之入骨。在他们看来，这一切都只不过是查士丁尼自食恶果而已。如果要推举一个让贵族满意的皇帝，此时此刻简直是天赐良机。

贵族阶级为暴动者提供了所需的武器，加入了街道上的劫掠队伍，目睹着整个城市一半的区域陷入火海之中。次日，暴民返回了竞技场，要求立刻解除可恶的特里波尼安和约翰的职务。查士丁尼惊恐万分，当场同意了人民的条件，但现在贵族掌握了实权，他们唯一的目的再明显不过，就是逼迫查士丁尼退位。

在这骚动的时刻，不论是贵族还是暴民都进退维谷，不确定事态将会如何发展下去。他们中的一半人想原地观望，等待查士丁尼放弃皇位，另外一半人却希望通过暴力摧毁整座宫殿迫使他退位。最后，一位元老院成员站出来，力劝所有人立刻暴力逼宫。他警告，皇帝如果意外逃跑，不久便会率领大军卷土重来。唯一需要做的事情就是立刻推翻并杀死他，不给他任何逃跑的机会。这个建议得到了采纳，人群开始疯狂地冲击帝国宫殿的大门。

门外的声音震耳欲聋，在皇宫里，查士丁尼的顾问试图让自己的声音盖过外面的喧嚣，向皇帝进言。他们此时还能去往港口，大部分顾问都高声劝惊慌失措的皇帝趁着还有时间赶紧逃出城市。查士丁尼正准备命令船队做好逃跑准备，皇后狄奥多拉说话了，在男人们争论不休的时候，她一直默不作声地旁观，此时她站出来，叫他们安静下来，然后做出了或许是整个拜占庭历史上最为慷慨激昂的演说。“我不在乎，”皇后说，“一个女人此时此刻站出来鼓舞男人是不是妥当，但在这最危急的关头，我只听从自己的良心。人生来固有一死，作为一个皇帝怎能允许自己苟且偷生？如果您，我的陛下，希望逃跑保命，那是没有任何困难的。我们有钱，旁边就是大海，皇家的船队随时待命。但请先考虑一下，你脱离危险之后，是否会因为自己没有选择死战到底而后悔。而我，将遵循那句古训，‘荣耀是最美丽的裹尸布’。”*

当这振聋发聩的言语盖过宫殿外逐渐沉默下来的喧嚣，没有人再有一丝一毫逃跑的念头，查士丁尼和他的众位顾问感到此时急需的勇气又回到了身上。如果他要保住自己的皇位，那么他就必须继续战斗下去，但城市里的军队已经靠不住了。皇帝必须考虑其他的办法。一大批来自斯堪的纳维亚的雇佣兵最近刚刚抵达，此外，十分幸运的是，拜占庭史上最伟大的将军贝利萨留此时也恰好在都城，正等待着皇帝将他调去非洲作战。

* 狄奥多拉，或者说普罗科匹厄斯（记下她这段话的历史学家），在此处误引了一句名言，那句话本来是用来描述锡拉库萨的暴君狄俄尼索斯的——“暴政是最好的裹尸布”。然而，考虑到最终的现实，大部分君士坦丁堡居民大概会认为这两者间的区别几乎可以忽略不计。Procopius, *History of the Wars: The Persian War Books I & II* (New York: Cosimo, 2007).

贝利萨留迅速掌握了整个局势，集结军队悄无声息地进入街道。大部分暴动者此时依然聚集在竞技场，高呼着要取查士丁尼的项上人头，根本没有意识到宫殿里的气氛已经全然改变，也没发现厄运马上就要降临到自己头上。此时有一名年长的阉宦，名为纳尔西斯，担任帝国禁卫军指挥官，当贝利萨留和他的军队展开突袭时，他堵住了竞技场的出口，愤怒的人群被打了个措手不及。* 起初，暴民奋力冲向全副武装的士兵，但他们根本无力抵挡贝利萨留大军的利剑和盔甲，愤怒的呼喊很快便消失了，取而代之的是垂死之人的惨叫。当屠杀最终停止时，竞技场已经变成了一座阴森可怖的停尸场，躺满了3万名平民的尸体。尼卡暴动最终结束了，当劫掠者小心翼翼地取下尸体上的贵重物品时，君士坦丁堡陷入了一阵诡异的寂静，只有燃烧的建筑物偶尔发出的爆响打破沉默。

这次暴动使查士丁尼受到极大震动，虽然不久便安心地让受人憎恨的财政大臣和法律大臣官复原职，但他始终谨慎地控制着他们对普通大众所做的过分行为。然而，贵族阶级却完全是另外一回事。他们傲慢嚣张，坚信应该由自己人坐上皇位，这完全不可饶恕。查士丁尼认为经过这次暴乱的洗礼，他对贵族阶级的全面胜利即将到来。他下令处死了19名元老院成员，他们广阔的宫殿被拆毁，尸体则被扔进大海。那些逃过一死的贵族也并没有多么幸运。卡帕多西亚的约翰在

* 宦官在拜占庭可以拥有相当高的社会地位。他们因为身体缺陷而被剥夺了争夺皇位的资格，因而能够得到高层政治人物的绝对信任。在一个同盟关系极不稳定、充满阴谋诡计的世界中，宦官能够保证忠诚、正直，也因此经常能够获得相当大的权力。虽然社会普遍反对，仍有许多父亲选择将自己青少年的儿子阉割，期望他们能够拥有顺利的仕途。

他们身上肆意发泄怒火，用更加苛酷的税赋压榨他们，攫取他们的财富，在查士丁尼统治余下的时间里，整个贵族阶层都在忙于自救，没有再给他带来任何麻烦。

这场全面胜利使东罗马与西罗马又多了一点关键性的不同，这种不同至关重要，在接下来的几个世纪中都得到了证明。在那些分裂、多变的王国中，没有任何一个对贵族势力的渗透采取相应对策，国王固然立于权力顶峰，但他所拥有的一切会随着他退下王位而消失殆尽。拥有广大土地的贵族阶级在过去的几个世纪中瓦解了不止一位国王的权力，掀起无数小规模的混乱争斗，使一切团结对外的力量都化为乌有。在两派混战之时，夹在中间遭受苦难的永远是贫困大众，他们被封建领主牢牢控制在手掌之中，与他们的土地日益紧密地捆绑在一起。君士坦丁堡则正好相反，为了最高利益，设法尽可能将贵族阶级限制在监督范围内，为民众保证了社会和经济的高度稳定，从而让整个帝国的财富和力量稳步增长。

不论是否对局势有所认识，君士坦丁堡的人民都有足够的理由感谢他们的皇帝，在暴乱的余波中，他们发现自己领悟了另一个深刻的教训。一位聪明的统治者当然要亲近他的人民，但这并不意味着他完全是依靠人民的恩惠才坐上皇位。拥立或废黜一位皇帝完全不像他们所想的那样简单，竞技场中堆积的尸体便是试图推翻查士丁尼的下场。这座建筑在此后的若干年内一直处于关闭状态，没有再举办过任何战车比赛，屹立在悲伤的静寂之中，就好像遭到惩戒的灵魂的墓志铭。竞技场中的愤怒情绪此后再也未能动摇查士丁尼的统治。

第九章

建筑与将军

Chapter 9

Of Buildings and Generals

所谓的拜占庭黄金时代已经来临，然而它的开端却充满了不祥的气息。整整三天，浓厚的烟雾笼罩在都城的一片焦土之上，小簇的火焰依然在街道上摇曳不熄，元老院议事厅、公共浴室及数不清的房屋和宫殿都在这场劫难中灰飞烟灭。城市的中心仿佛只剩下了焦黑的骨架，火焰甚至危及了圣索非亚大教堂和邻近的神圣和平教堂。君士坦丁堡看上去好似刚刚遭受了蛮族铁骑的洗劫，然而带来这片可怖景象的正是君士坦丁堡人民，城市的街道上空就好像盘桓着黑色的乌云。查士丁尼通过他宫殿的窗户看到了这些破败的景象，但在他的眼中，这并不意味着一场灾难，而是一次天赐良机。这次破坏恰好扫清了过去遗留的尘埃，为一个野心勃勃的复兴计划开辟了新的道路，这个计划将使君士坦丁堡乃至整个帝国彻底改头换面，将之打造成整个文明世界的辉煌中心。

罗马帝国的人民从未目睹过如此史无前例的建筑速度。皇帝的出生地、尘土飞扬的小城陶雷修姆如今已经焕然一新，并被重新命名为查士丁尼安·普赖姆，意为“杰出的查士丁尼”；医院和浴室纷纷涌现，防御工事也得到了加强。宽阔的河面上建起了桥梁，帝国的主要大道两旁建起了小旅店，供帝国的邮递人员更换马匹。但是，最令人印象深刻的工程却不是这些建筑。城市的中心广场附近，华丽的元老院重新落成，柱廊用乳白色的大理石柱打造而成，顶上镌刻着精美的花纹，被烧毁的建筑废墟已经彻底不见踪影。三座蛮族国王的雕像高高耸立，拱卫着一根巨大的圆柱，上面竖立一尊查士丁尼身披戎装、骑着战马的雕像。* 在他的雕像西面，皇帝建起了巨大的地下蓄水池，为全城的喷泉和浴池供水，人民也都能够享用到新鲜的水源。君士坦丁堡因为崭新的建筑而熠熠生辉，但对查士丁尼而言，这一切只不过是小小的序幕罢了。如今他要展开更加伟大的计划，完成帝国历史上史无前例的伟业。

圣索非亚大教堂毫无疑问是暴乱中遭到毁坏的最为重要的建筑。它于君士坦提乌斯二世时期始建，承载了圣餐礼的神圣传统，但这座教堂在超过一个世纪前，也就是伟大的“金口”牧首圣约翰·克里索斯托被流放至格鲁吉亚时遭到暴乱分子破坏。皇帝狄奥多西二世曾经在11年后对其进行重建，但当时的建筑风格平淡无奇，城市中的大多数

---

* 查士丁尼选择穿着波斯人的军队制服来表彰贝利萨留在东方的伟大胜利。不幸的是，纪念柱和雕像已经在历史长河之中消失不见。

人都认为，过不了多久，那熟悉的教堂轮廓便会重新浮现。然而，查士丁尼却并不愿在建筑风格上追随那些旧时代的陈规。对于整座城市而言，这是一次彻底重建的契机，必须建造出能配得上他的眼界的杰作。这是一次艺术上和建筑上的双重改革，一砖一石都要能够体现出皇帝本人的不朽辉煌。

尼卡暴动过去了仅一个多月，新的建筑便成了查士丁尼的辉煌展品。查士丁尼选出了两位实际经验虽不丰富，却视野宏大、目光长远的建筑师，告诉他们兴建一座新的建筑，但必须是全世界独一无二的。光是规模宏大远远不够——整个帝国到处都有巨大的纪念碑和壮观的雕塑。这座建筑必须绝对独特，与众不同，配得上新到来的黄金时代。查士丁尼告诉他们，花费不是问题，但速度必须要快。他已年过五旬，不希望属于自己的辉煌成就被后来的继任者占为已有。

两位建筑师没有令皇帝失望。新的建筑摒弃了 300 年来一直沿用的古典巴西利卡式建筑规范，而是采用了前卫大胆、充满创意的新式设计。*他们建成了世界最大的无支撑式圆形穹顶，但下部的建筑底座却呈方形，屋顶的承重则是分散在彼此连接的一系列半穹顶和穹顶之上。在修建这些建筑的过程中，帝国可谓是挥金如土。日复一日，埃及的黄金、以弗所的斑岩、希腊的白色大理石粉，以及叙利亚和北非的珍贵石材源源不断地流入拜占庭。甚至旧都城也为新都的大兴土木

* 两位建筑师及查士丁尼本人在尼卡暴动发生前几乎已经完全考虑好了他们的全新建筑设计风格。他们初次尝试建造的建筑（虽然规模要小得多）如今依然存在，即圣塞尔吉乌斯和圣巴克斯教堂。

出了一分力，曾经耸立在罗马太阳神庙上的石柱也被搬走，用来装点兴建中的教堂。

教堂拔地而起的速度令人叹为观止。两位建筑师将他们手下的1万人分为两部分，分别安排在南北两端。在皇帝本人的催促之下——他每天都要亲临现场——两个队伍彼此竞赛，全力开工，教堂以史无前例的速度竣工落成。最终，完工只用了5年10个月4天——从垒起第一块石头到最终建成——这是前无古人后无来者的历史奇迹，更不用说那个时代还根本不存在任何现代机械。*

走进专为皇帝和牧首设立的厚重大门，首次踏入壮丽恢宏的圣索非亚大教堂内部，查士丁尼彻底被这座建筑征服了，内心感到深深震撼，望着每一条精美的曲线和宽广的穹顶，似乎天堂乐园已经降临人间。† 内部穹顶的最高点达到107英尺，遮盖面积达4英亩‡，上面装点着简洁的十字架纹饰，表层全部覆盖着黄金，看上去就好似悬浮在地板上空，仿佛“透过黄金的链条，从天堂悬垂而下”。上层廊道悬挂着蜡烛和吊灯，整个教堂内部都笼罩着一种令人难忘的绚丽光辉，柔光映在色彩华美的马赛克镶嵌图案上。四壁耸立着五彩缤纷的廊柱，顶部是复杂精致的旋涡形纹饰，以及深入镌刻的查士丁尼和狄奥多拉二人的姓名首字母组成的图案。在教堂前方，一座巨大的、高达50英尺的圣障悬挂当中，

---

* 与之形成鲜明对比，威斯敏斯特教堂耗费了约33年的时间才得以重建完成。巴黎圣母院则用了100余年，佛罗伦萨大教堂花费了大约230年。

† 与西方的大教堂不同，圣索非亚大教堂的穹顶形状令它的整个内部空间在7条主要通道的角度上都完全清晰可见。

‡ 1英亩≈4046.86平方米。——编者注

旁边的银盘雕刻着马利亚、耶稣以及众位圣徒的形象。后面则是高高的祭坛，摆放着名目繁多的圣物，从耶稣受难时所用的锤子和钉子，到耶稣幼时使用过的婴儿襁褓。甚至大门上所用的木材也是全世界独一无二的，来自古时挪亚方舟的碎片。置身于这一切令人叹为观止的奇景里，查士丁尼静默无声地坐着，全身心地陶醉其中。过了很久之后，近旁的人听到他喃喃低语："所罗门，我已经超越了你。"

查士丁尼并不是在夸口吹嘘，他也并没有忘记自己的伟大梦想，即改变罗马帝国的复杂局势，将东西罗马重新合二为一。尼卡暴动的余波令他找到了寻求国内和平的措施，当务之急是集中精力为帝国收复失地。有许多人向他发出警告，声称这是不可能实现的幻想。第一个站出来反对的就是卡帕多西亚的约翰，像任何尽职尽责的财务官一样，他选择站在国家财政的角度看待这个问题，认为这将导致巨大的经济损失。他还铭记着巴西利斯库斯灾难性的北非战役，这场战争拖垮帝国经济达 60 年之久。约翰恳请查士丁尼不要为了一场可有可无的战争去冒耗尽帝国资源的风险，他说服了皇帝大规模缩减贝利萨留手下军队的人数。一方面，这保证了帝国能够避免远征带来的风险，但另一方面，如此小的军队规模似乎又不可避免地预示着失败的危机。但这对查士丁尼来说不算什么问题，他对贝利萨留作为将领的能力深具信心。

公元 533 年夏末，贝利萨留带领 1.8 万人扬帆起航，与此同时，为了给子孙后代留下可追溯的历史遗存，他的私人书记官普罗科匹厄斯将对这场战争进行直接的记录。当船队停泊在西西里岛补给物资时，战争迎来了首次幸运的转折，当时汪达尔人的船队正在撒丁岛镇压一场暴乱，这场暴乱是查士丁尼暗中鼓动的。贝利萨留利用此次时机迅速出击。大军在今日的突尼斯海岸登陆，没有看到任何一名汪达尔士兵，拜占庭不费吹灰之力就占据了整片土地。

多年来，汪达尔的霸主们与当地的非洲人民日渐疏远，因为他们试图令当地人皈依阿里乌派。而且，在镇压了一系列暴乱之后，疑心过重的汪达尔人拆毁了这些城市的城墙，以防当地人民再次爆发对异族的反抗。贝利萨留到达此地之后，发现非洲的众多大城市完全没有任何防御措施，当地人民对他表示热烈欢迎，仿佛看到救世主降临一般。

65 年前，巴西利斯库斯在大军眼皮底下犹豫不决，直到被汪达尔人撕成碎片。而如今贝利萨留带领着规模只有当时十分之一的军队，直扑迦太基——只有这座汪达尔城市的城墙完好无损。他的目标是引出盖利默，一招制胜，出其不意地打倒对方，但当距离迦太基城只剩下 10 英里时，他的斥候向他报告说一支汪达尔大军正严阵以待，并且已经设下了精心的埋伏。如果态度谨慎，此时应该采取战略性撤退，返回安全的中立地带，但贝利萨留此时心急如焚，一心要对付盖利默。他选择相信自己的直觉，带领军队继续向前。

盖利默的大部分精锐部队此时都在撒丁岛作战，因此这个汪达尔国王犯下了致命的错误，选择用经验不足的新兵来填补人数的空缺。足够多的人数使得大军看上去具有十足的威慑力，但因为人数过多，单凭一己之力根本无法有效调度，他被迫将一半指挥权分给自己的兄弟。然而这却为汪达尔人在非洲的地盘带来了大麻烦：盖利默的兄弟缺乏作战经验，并且十分无能，他带着整个侧翼大军鲁莽地冲进拜占庭的先锋部队，导致全军覆没。盖利默希望发起冲锋，扭转乾坤，但他的军队一看到贝利萨留可怕的匈人盟军，便四散奔逃，乃至互相践踏、血流成河。盖利默试图重整军队，但就在他的主力开始逼迫拜占庭大军后撤时，他无意中发现了自己兄弟的尸体，因此陷入了深深的悲痛之中。盖利默决定在原地驻扎，等待时机给自己的兄弟举办一场体面的葬礼，军队完全失去了向前冲锋的劲头，贝利萨留趁机发起突袭，将汪达尔大军彻底击溃。

通往迦太基的道路现在畅通无阻，得胜的将军跨进了迦太基城门，全城欢呼雀跃。贝利萨留及时占据了盖利默的宫殿，享用为汪达尔国王准备的筵席。全城的人民对他表示热烈欢迎，在他的马匹前抛撒鲜花，挥舞树枝表示尊敬。一部分人害怕洗劫和破坏事件会再次发生，就像上一次罗马大军占领迦太基时那样，但贝利萨留已经仔细指示过属下了。* 这场战争的目的不是占领，而是解放。在蛮族的铁蹄下挣扎了超过一个世纪，此时这片土地期望回到罗马帝国的怀抱。这里没有恐吓，也没有征用，食物的价格公平，纪律也得到了严格的执行。

贝利萨留的征服脚步并没有在此地停留太久。盖利默的汪达尔精锐部队已经从撒丁岛返回，狂怒的国王现在正与他幸存的兄弟一同进军，要将都城重新夺回。汪达尔军切断了城市的水渠，阻断了城中的

* 那一次发生在公元前 146 年，即第三次布匿战争的尾声，当时小西庇阿将整座城市付之一炬，将所有居民卖作奴隶，并在城市的废墟上撒盐。

供水系统，迫使贝利萨留撤离，与汪达尔军正面对抗。贝利萨留选择了一片广阔的平原作为战场，在此任何一方都谈不上地形优势，然后整顿全军，迎接战争的决定性时刻。

交战双方严阵以待，在毒辣的北非烈日下汗流浃背。尽管一开始并不明显，但数量上占劣势却更加训练有素的拜占庭军队开始逐步迫使汪达尔人后撤。盖利默奋力向前，打算鼓舞士气，但当他的兄弟在残酷的战斗中死在他的面前时，历史重演了。盖利默被悲痛所击倒，因此大军停滞不前，他的军队之前已经难以招架，如今完全溃不成军，被拜占庭军打得落花流水。汪达尔人此时一心只想着逃跑，疯狂地手脚并用开辟出道路，从战场的混乱中逃离，离开这尘土飞扬的非洲平原，躲进远处的群山之中。在这场战役中，汪达尔一方损失了数千人，战场的土地浸透了蛮族的鲜血，直到贝利萨留感到疲倦，下令停止追击为止。

这场胜利使汪达尔王国元气大伤，事实上此后他们几乎从历史中彻底消失了。盖利默侥幸逃命，隐匿在群山之间继续抗敌，但到冬天结束时，他意识到自己的全部努力注定付诸流水，因此最终选择了投降。贝利萨留进入熙熙攘攘的希波城，发现这里囤积着盖利默的大量财宝，以及抢劫来的罗马珍宝。几个月之内，撒丁岛、科西嘉岛和直布罗陀相继被攻陷，贝利萨留取得了彻底的伟大胜利。汪达尔王国在短短一年有余的时间内便在全世界的注目之下彻底灭亡。拜占庭重新掌握了自己的话语权。

贝利萨留派一名部下留在此地接手余下的收尾平定工作，之后将战利品及最重要的俘虏聚在一起，起航回到君士坦丁堡。查士丁尼兴高采烈地迎接了他的将军。完美的北非收复战役证明了他复兴帝国的可能性，也证明了先前的所有质疑都是错的，帝国和皇帝本人的声望都日渐高涨。查士丁尼表达了由衷的感谢之情，依照自己的行事风格，他为贝利萨留准备了数额巨大的奖赏，然后宣布赐予贝利萨留一场凯旋仪式。

对于一位罗马将领来说，没有比这更高的荣耀了，自从公元前 19 年以来，也没有皇室家族以外的人能够因胜利而获得奖赏。然而，对沉浸于历史中的查士丁尼而言，这样的事实不过是再次宣告，他的统治标志着罗马帝国昔日辉煌的重现。

将军穿过欢呼的人群，来到竞技场，他的脸色因为兴奋而涨红，灿烂的阳光在他的盔甲上闪烁。按照传统，在他的一侧伫立着一名奴隶，手中高高举着一顶金色花冠，在他的耳边低语："记住，你只是一介凡人。"* 汪达尔王国飘扬的徽旗下，盖利默本人和全部家族成员，以及他手下所有英勇的汪达尔俘虏，排着队前行。在他们后面是一列好似没有尽头的辎重车，运载着战争中缴获的战利品：纯金的王座、珠宝装饰的战车、提图斯在公元 71 年从耶路撒冷带来的银烛台，以及所有汪达尔人曾经从罗马劫掠来的奇珍异宝。浩浩荡荡的队伍进入竞技场，发现所有人都站立着，在他们之上是查士丁尼和狄奥多拉，他们坐在专属于皇家的位置上。当盖利默被扯掉王袍，被迫在皇帝面前双膝下跪时，周围的喧哗声瞬间变成了震耳欲聋的欢呼。这位国王匍匐

* 这句话起初是一种对付暴动的防御措施，避免人民盲目崇拜某些时势之下诞生的英雄。

在自己的荣耀堆积成的废墟之上，有人听到他低声背诵《传道书》中的诗篇："虚空的虚空，凡事都是虚空。"

正当贝利萨留停留在君士坦丁堡，享受着他的战功带来的奖赏时，皇帝心中又开始萌生新的计划。查士丁尼认为，如今正是打响收复意大利战役的时刻，这场战争比征服北非更为关键，并且事不宜迟。皇帝命令舰队立刻开始准备，贝利萨留率领 7 500 人来到了西西里，同时另一位将军率领主力部队穿过达尔马提亚，进军意大利北部。

这次入侵的时机可谓十分完美。哥特人在意大利普通民众中口碑并不差，但影响他们支持对方的主要矛盾来源于宗教。* 教会一直以来都是传播罗马文化和公民价值观的渠道，神职人员仍然穿着他们的罗马贵族式长袍（现在这种长袍被称为祭服），即使他们的教众已经习惯了蛮族的服饰——这也造成了文明民族与野蛮民族间的巨大鸿沟。尽管保持了与属地人民的和谐关系，哥特人依然是阿里乌派信徒，但这一宗派从未得到真正彻底的承认。

现在夺取意大利的时机无疑已经成熟，但贝利萨留的当务之急是征服西西里岛。在这次战役中，他依然展现出了自己的一贯风范，率军横扫整个岛屿，少数哥特人守卫的巴勒莫很快被攻陷，贝利萨留将他的船队开到城墙下，命令士兵爬上城垛，占据了有利地形。西西里的突然陷落使东哥特国王狄奥达哈德大惊失色。当一位帝国使臣来到面前时，国王惊恐不已，当场便同意将意大利双手奉还。此时，似乎帝

* 然而，野蛮的哥特人毕竟只是一支蛮族部落。意大利人始终对他们的音乐品味，造型可笑的裤装及过多的发油厌恶不已，抱怨连连。

国古老的心脏地带重新回到了拜占庭的怀抱。

事情本应如此，但对意大利半岛人民（以及随后的整个西方历史）而言十分不幸的是，此时入侵达尔马提亚的帝国将军在冲锋中失利，本人也在一场并非决定性的战役中被杀。军队因为无权在失去将领的情况下擅自前进，退回了冬季营地，若无上级命令，他们不会有半点行动。突然，拜占庭的威胁看起来好像没有那么迫在眉睫了，狄奥达哈德开始恢复元气。他为自己轻率地决定投降感到十分后悔，因此以最快的速度集结了一支军队。迅速取胜的机会已经永远丧失，沐浴在古代世界余晖之中的意大利重新陷入了战争破坏的阴云之中。在接下来的数个世纪中，这片地区始终是一片血腥的战场。

整个拜占庭的攻击势头都因此严重受挫，正在西西里的贝利萨留同样陷入了停滞。正当准备进入南意大利的关头，他得知一场策划周密的暴乱正在北非肆虐。当他急忙赶去平定叛乱时，时间已经过去了几个月，平叛归来后，贝利萨留发现自己的军队也已濒临暴乱的边缘。他只能尽全力稳定人心，此时秋天已经到来，适宜作战的季节结束了。

这样的拖延让贝利萨留和他的军队都感到十分受挫，次年年初，他穿过墨西拿海峡，决心将失去的时间弥补回来。狄奥达哈德还未曾费心修建防御工事，几乎每一座南部城市都很快沦陷。拜占庭接连不断的胜利导致东哥特军的士气日益低落，但这也导致贝利萨留要在每一座要塞留下守军。此时将军已经到达那不勒斯，他的军队规模过小，无法通过强攻的方式攻破这座固若金汤的城市。然而除了正面进攻，攻城战还有许多其他的战术，贝利萨留运用他智慧的头脑，很快就想到了一个办法。

他派一名士兵爬上古旧的高架渠，观察建造结构，然后发现了一条未设防御的小型通道可以通入城墙内部。不幸的是，这条通道十分狭窄，无法让一名全副武装的士兵通过，但贝利萨留知道如何克服这一点。他采取声东击西战术，令军队佯装攻击城墙的另一侧，同时掩盖住他手下工匠扩大洞口时发出的声响。在工程结束之后，贝利萨留下令撤退，等到夜晚降临，然后派出600人暗中进城，里应外合发动夹击。守卫很快就溃不成军，大门轰然洞开，几个小时之内，南部最重要的哥特城市便落入他手。

城市的陷落令哥特人愤怒不已，他们谋杀了自己软弱的国王，为保卫要塞坚固的拉韦纳而选择放弃了罗马。他们重新选出了一名精力充沛的贵族维提格斯作为他们的新国王，准备加固新都城的防御工事，仅仅留下4 000人维护和防守罗马蜿蜒荒弃的城墙，这几乎是个不可能完成的任务。几周过后，贝利萨留率军来到城下。

帝国军队的声望日益高涨，此时拜占庭军队第一次进入了罗马城的视线范围之内，哥特守军明白一味抵抗是根本行不通的。由于对这位伟大的将军事先做过十分周密的调查，教皇西尔维选择敞开大门，邀请贝利萨留入城，哥特人所想的只是保住性命。当拜占庭军队穿过埃辛那里安大门进入罗马城时，哥特守军匆忙沿着弗拉米尼安大道从城市的另一端逃走了。

将近60年来的第一次，罗马帝国再一次占据了它曾经的都城。罗马城的人民欢呼雀跃，为旧日的荣光重现而喜悦，他们高喊着："恺撒的陵墓再也不会为北方蛮族的铁蹄所践踏！"*罗马城的钥匙被双手奉上，连同一名被俘虏的哥特首领，被送回君士坦丁堡，在那里它们将在查士丁尼的宝座前展现全部的荣耀与光辉。

这是值得纪念的一年，但贝利萨留清楚地认识到战争还未曾结束。他的军队确实面临人员不足的困难，但他已经征服了西西里、南部意大利及罗马。然而，拜占庭的全面胜利仍然是镜花水月。当维提格斯意识到贝利萨留固然可怕，但他用来守卫罗马的只有区区 5 000 人，这场征服便会处于再次失败的边缘。于是，刚刚凯旋罗马，贝利萨留就趁着维提格斯还未得知真相，马不停蹄地抢修城墙。

当拉韦纳的统治者发现他已经失去将近一半的国土时，他被彻底激怒了，三个月之内，一支哥特大军就来到了罗马的城门前。他们刚一到就差点俘虏了贝利萨留并兵不血刃地结束战斗。在建设一座塔楼加强米尔维安大桥的防御之后，贝利萨留骑马前行，去探察敌人的位置，他认为哥特人不可能这么快就渡过台伯河，对他们造成威胁。不幸的是，负责保卫塔楼的卫兵一看到敌人到来就逃跑了，哥特人畅通无阻地跨过了大桥。贝利萨留突然发现他被敌人的先锋包围了，并且通向弗拉米尼安大门的道路也已经被阻断。他骑着一匹枣红色战马，因此十分显眼，正欲逃脱之际，罗马的逃兵向哥特人指出了他的位置。他只能在绝望中奋力一搏，一边高呼鼓励他的士兵，一边骑着马

* Edward Gibbon, *The Decline and Fall of the Roman Empire,* v4 (New York: Random House, 1993).

向前飞驰。哥特人被他迅猛的攻击势头震惊了，只能选择后撤，贝利萨留得以随着属下退回到城内。

此时他的脸上混杂了鲜血、灰尘和汗水，声音也因为声嘶力竭的高喊而沙哑不堪，别人几乎已经认不出他的相貌。他摘下头盔，露出真容，才止住了声称他已战死的传言。在消除了己方军队的疑虑之后，精疲力竭的贝利萨留巡视了每一处岗位，用极有感染力的乐观精神鼓舞他的军队。直到当他确信再也没有什么事情可做的时候，他才允许自己的妻子引领他离开，他现在十分需要睡眠。

维提格斯没有意识到他曾经距离胜利仅有一步之遥，他下令切断通往罗马的所有十条引水渠，一千余年以来，这些引水渠一直作为公共喷泉、管道设备及水力磨坊的供水源，维持着城市的繁荣。贝利萨留临时选择流经城内的河流来代替引水渠为磨坊提供动力，保证了面粉和面包的持续供应，同时为下一次进攻做好了准备。维提格斯建造了巨大的攻城塔来攻破罗马城墙，几周之后他就将其正式投入使用。这场战役惨烈异常，哥特人选择了同时进攻城墙的两个位置。很多次他们距离彻底攻破防御只剩咫尺之遥，但贝利萨留似乎总能够及时赶到，从城墙上射下火箭，并截断云梯。在当天快要结束的时候，哥特人损失了超过三万的兵力，维提格斯的攻城塔也化成了一片冒着烟的废墟。但是从城墙上望出去，却很难看出敌军的阵形被削弱。贝利萨留知道现在情势依然危急，必须抵抗住更多次敌人的攻击，他马上写信给查士丁尼请求增援。

这不是他第一次给皇帝写信请求增兵，起初查士丁尼完全无视这个请求。贝利萨留仅凭极少数的军队便轻松扫平了非洲的大敌，多次展现出了临场作战、以少胜多的奇迹，导致皇帝一再低估了征服意大利所需要的人力和物力。但事情并非那样简单，他的皇后也对此感到了一丝不安，恐惧地认为事有蹊跷。狄奥多拉开始怀疑贝利萨留持续请求增兵只是一种策略，现有的军队就能够击败这些蛮族的敌人，或许将军只是在策划一场叛变。皇帝最后决定派出几千人去支援，但狄奥多拉依然对此心存怀疑。必须要有人密切注意将军的动向。

新增援的军队使局势倒向了有利于贝利萨留的一方，将军不久便感到战况已经足够稳定，能够继续进攻。在中世纪世界，围攻战中进攻的一方往往比守城的一方面临更多的困难。遭受着风吹雨打，面临食物短缺，还要在肮脏的环境中避免疾病肆虐，维提格斯正在输掉这场战役，而他自己也十分清楚这一点。甚至他用来安营扎寨的土地也几乎已经被耗尽。很久之前这片土地就变成了一片泥沼，他的士兵被迫跋涉越来越远的路途才能找到食物。此时此刻他们根本无力抵抗对方的反击，敌军的每一次成功突袭都在消磨他们的士气。

维提格斯得到消息，一部分拜占庭的先遣部队已经溜出罗马，占领里米尼——此处距离拉韦纳只有 33 英里——这个消息可无法鼓舞哥特部队营地里的士气。整场战争对哥特国王而言已经成了彻底的徒劳，现在新都城也陷入了危险，这显然成了压垮骆驼的最后一根稻草。在愤恨地诅咒给意大利带来了强敌的劲风之后，心烦意乱的国王只能下令撤退。然而全身而退却不像他们想象的那般容易。贝利萨留已经预先猜测出了敌军撤退的时机，然后率领大军山呼海啸般地从身后的城墙中冲出，维提格斯的军队措手不及，被打得落花流水，全军惨败。

最终哥特人彻底逃走了。维提格斯如果这样想也许会感到一丝慰藉：意大利自从汉尼拔在700余年前翻过阿尔卑斯山以来，还未曾遇到过像贝利萨留这样的军事奇才。凭借着仅仅几千人的军队，这位拜占庭将军征服了拥有数十万人的王国，并且在两年之内便彻底击溃了对方的战斗力。五年之内，他在几乎没有增援的情况下就征服了北非和意大利，让他们彻底屈服于帝国的意志。

如果给予他一支强大的军队和一些信任，很难说贝利萨留究竟还能完成怎样的壮举。对西班牙和高卢的征服已经在他的计划之中；或许西罗马帝国本身也会再度复兴。一旦统治权彻底恢复，欧洲或许就能逃过黑暗时代的肆虐，或者至少减轻遭到破坏的程度。

然而不幸的是，这一目标始终未能实现。贝利萨留的显赫成就已经在狄奥多拉的心中埋下了嫉妒和怀疑的种子，她准备有所行动。贝利萨留太过年轻，太过优秀，太过受人欢迎，因此很难让人信任。

当查士丁尼再次收到一封请求增援的信件时，他派出了7 000人的军队，同时命令纳尔西斯随行，作为监视贝利萨留的眼线。纳尔西斯已经年过六旬，却是这份工作的不二人选。他毫无疑问是整个朝廷最有权力的人，曾经作为一名阉宦帮助贝利萨留平定了尼卡暴动，同时他也值得皇帝全心信任，因为他的阉宦身份使他本人没办法登上皇位。

援军的到来固然让人欢喜，但正如查士丁尼本应预料到的那样，纳尔西斯的存在完全削弱了贝利萨留的权力，险些将胜利成果毁于一旦。一心急于迅速建功立业的将军认为纳尔西斯受到皇室的偏袒；没过多久，所有军官都感到左右为难，在效忠贝利萨留的一派和效忠纳尔西斯的一派之间举棋不定。唯一的解决办法就是将本已人数不足的军队一分为二。纳尔西斯掌控了哥特军队的主力，贝利萨留则率军平定北意大利。

贝利萨留按照一贯的迅速行军战略，横扫意大利北部，从哥特人的压迫下解放了意大利的诸多城市。大多数城镇都打开大门欢迎他，渴望能摆脱异教敌人的欺压，重新回归帝国的怀抱。贝利萨留非常高兴地接纳了他们，但这就导致了那个老问题，随着战胜的次数越来越多，不得不派出更多人力在当地驻防。当米兰的大主教请求拜占庭出兵解放他的城市的时候，贝利萨留只能派出 300 人。他派出一名下属指挥这些士兵，然后继续向前进军，米兰大主教打开城门，当地的哥特卫队遭到彻底剿灭。

轻而易举地攻下米兰使拜占庭士气大振，但这却激起了哥特国王的愤怒回击。米兰可谓是维提格斯王国桂冠上的明珠、意大利的第一大城市，当听说米兰被拜占庭军占领时，他马上派出了一支 3 万人的大军，意图重新夺回米兰。

被围困的守军向贝利萨留发出了消息，他命令两位距离最近的将领去解救这座城市。然而现在，指挥权分裂的危险带来了灾难性的后果。负责去营救的两位将军或许是害怕影响自己的政治前途，拒绝在没有纳尔西斯联名命令的前提下出兵；当他们犹豫不决之时，米兰已经陷入弹尽粮绝的危机。走投无路的城内守军只能选择吃狗肉和老鼠肉充饥；现在他们面临着全部成为饿殍的命运，最终选择了放弃抵抗，向哥特人投降。这带来了十分可怕的后果。米兰的命运无疑为其他的意大利城市敲响了警钟，提醒他们公然反抗哥特人会带来什么样的后果。妇女和儿童被围拢到一起，卖为奴隶，男人则被当场屠杀，整个城市在火海中化为焦土。

意大利最美丽的城市之一遭受了如此悲惨的命运，这件事的最讽刺之处在于悲剧本身是可以避免的，但它至少提醒了查士丁尼，分散贝利萨留的权力是一个多么愚蠢的决定，纳尔西斯也被紧急召回。最终，贝利萨留拥有了无可争议的指挥权，他决定采取迅速突击的方式结束这场战争。维提格斯的军队规模仍然远远超过拜占庭一方，但现在这位国王对贝利萨留的力量恐惧不已，拒绝冒险迈出拉韦纳的城墙一步。如果贝利萨留能够在把所有敌人围困在城墙之内的前提下攻下这座城市，战争就会在一瞬间结束。

可怕的拜占庭大军即将袭来的消息让维提格斯陷入了恐慌，此时他做出了他能想到的唯一能够保住王位的事情。几周之前，维提格斯得到消息说波斯国王科斯洛埃斯正在拜占庭城的侧翼谋划发动战争，他在绝望中给波斯国王写信，希望能够借助波斯的力量，共同打击拜占庭。假如他能够说服波斯进攻东罗马，这就会迫使查士丁尼召回贝利萨留，解决哥特国王面临的危机。虽然维提格斯的信使在距离波斯尚有很远路途的时候就被抓住处死，但幸运女神仍然站在了哥特一方。在八年努力之后，科斯洛埃斯终于坐稳了波斯的王位，对于进攻拜占庭，他不需要哥特人的邀请。东部的拜占庭军队因为意大利的战争已经被严重削减，他确信如果缺少贝利萨留的率领，他们并没有什么可惧怕的。当然，由他个人签订的“永久和平”条约确实为此带来了一点小问题，但科斯洛埃斯并不是会让一纸空文阻碍他荣耀和劫掠道路的人。于是他派兵突袭叙利亚，调动全部波斯大军，意图利用帝国在西方全力作战的可乘之机。

正如维提格斯所期望的那样，波斯人的威胁足够让查士丁尼感到惊骇，他过早地下令结束了在意大利的战争。没有人知道拉韦纳的围城战将会持续到什么时候，查士丁尼也并不打算让他最优秀的将军继续与已经击败的敌人纠缠不休，更何况是在波斯已经直逼东方的情况下。唯一的解决方法就是与维提格斯议和。皇帝将波河以北的全部土地留给哥特人，换来对方一半的财富。

当两位使臣将查士丁尼的命令传达到贝利萨留的军营时，将军感到十分震惊。维提格斯只不过是一名手下败将，拉韦纳已经到了弃械投降的边缘。将军愤怒地试图同两位使臣解释情况，但他们也无法违背皇帝的指令。看到事态已经无法挽回，贝利萨留被迫选择屈服，但他拒绝签署条约。他绝不愿意在这样屈辱的条约上写下自己的名字，因为查士丁尼并没有命令他这样做，他也是在用自己的方式表达抗议。

他众所周知的好运气再一次拯救了局势。因为惧怕贝利萨留的计谋，哥特国王拒绝相信对方是真心议和，因此将之原封不动地送回拜占庭军营，表示他不会考虑此事，直到贝利萨留在条约上签字为止。

贝利萨留则清楚地表明除非查士丁尼亲自下达命令，否则他绝不会在条约上签名，皇家使节不得不长途跋涉返回君士坦丁堡，请求皇帝做出答复。贝利萨留暂时摆脱了这些繁杂的琐事，他再明白不过地告诉哥特人，不会再有任何的让步，他的明确表态也浇灭了维提格斯仅存的最后一丝希望。哥特国王派出信使借着夜色的掩护秘密进入拜占庭军营，提出了一个看似十分诱人的提议。假如贝利萨留接受复兴的西罗马帝国的王冠， 拉韦纳的大门将立即敞开，哥特人也会马上对他俯首称臣。

极少有人能比贝利萨留更加清晰地看出目前局势的有利之处。过去五年中的大部分时间里，他始终在意大利的土地上左冲右突，哥特人始终是背后的巨大威胁，但没有任何来自东部或西部的力量能够撼动他的地位。这次机会让他的大部分下属都不可避免地产生了动摇，但贝利萨留的忠诚始终如一。他假装同意了维提格斯的条件，在公元540年5月进入拉韦纳城，接受了哥特人的投降。街道两旁挤满了欢呼雀跃的哥特人，他们还没有意识到一场阴谋已经悄然降临。贝利萨留写信给君士坦丁堡，告诉查士丁尼他的计划，宣告战争已经结束，意大利重新回归罗马帝国的版图。这场辉煌的、兵不血刃的胜利可谓完美无缺，贝利萨留忍不住想，自己会不会得到一场凯旋仪式，或数额更大的奖赏。在他看来，他征服拉韦纳的方式同其他无数征服战的不同之处只是方式迥异，本质并无差别，但接受哥特人的王冠——哪怕只是作为抗敌的策略——却是犯下了不可饶恕的大错，导致皇后狄奥多拉的心中升腾起了郁积已久的恐惧。从此时开始，他们之间将不可避免地产生裂痕，狄奥多拉绝非易于宽恕他人罪责之人。

然而，贝利萨留本人对皇后心中的阴云还一无所知。接下来的一个月，马不停蹄的特使来到了他面前，将他召回君士坦丁堡，告知他科斯洛埃斯已经入侵。贝利萨留服从皇帝的召唤，携带着哥特人的全部财宝，以及惊魂未定的维提格斯和他的家人踏上了归途。直到船队驶出港口之外，哥特人才意识到他们遭到了背叛。

将军到达东罗马时，发现事情已经变成了一团乱麻。科斯洛埃斯充分利用了四个月的先机，直扑拜占庭的第三大城市安条克。皇帝的表亲杰曼努斯负责叙利亚的防御任务，他给波斯人送去了一大笔贿赂，让他们离开拜占庭边境，但之后他便陷入了困境，因此任性地决定放弃这座城市，令其自生自灭。负责保卫广阔城墙的 6 000 名士兵只得在大军来袭时选择撤退。波斯人涌入了城市。

蓝党和绿党的街头领导者们试图挽回颓势，但他们面对强悍而训练有素的波斯士兵根本无计可施，可怕的大屠杀很快发生了。士兵们在各个街道来回穿梭，任意烧杀抢掠，当一切有价值的东西都被抢光时，科斯洛埃斯下令烧毁整座城市，将所有市民卖为奴隶。波斯国王对拜占庭此时的颓败局势了若指掌，索性一鼓作气又向叙利亚进军。但当波斯人到来时，事情发生了戏剧性的改变，科斯洛埃斯突然止住了前进的脚步。一位惊慌失措的波斯使臣被带到国王面前，气喘吁吁地建议他赶快逃走。“我见到了一位将军，”他说，“他比其他人都要厉害。”贝利萨留此时正在东部进军。

将军的到来立刻使全军士气大振。贝利萨留得知科斯洛埃斯已经占领了叙利亚，但他并不想坐等敌人打上门来。因为波斯人已经入侵了帝国领土，他必将对敌人以牙还牙。没有什么比劫掠对方更能鼓舞士气和吓跑波斯国王。科斯洛埃斯踏入拜占庭国境没多久便惊恐地发现，贝利萨留已经烧毁了他通向都城泰西封的道路。看上去这次大胆的突袭将结束这场与波斯的战争。

第十章

鼠疫耶尔森菌

Chapter 10

Yersinia Pestis

科斯洛埃斯马上率军返回，不顾一切地保卫自己的都城，但泰西封最终并未遭到攻击。事实证明，在公元541年，无论是查士丁尼的统治还是拜占庭帝国本身，都达到了最鼎盛的巅峰。在西部，贝利萨留已经将非洲和意大利全部收复；在东部，他顺利打退了波斯人的进攻，现在几乎马上就要攻陷波斯首都。从汪达尔人和哥特人手中敛取的巨额财富被用于建造帝国各处的精美建筑。安条克城得到了重建，君士坦丁堡因为辉煌的建筑史奇迹——圣索非亚大教堂而锦上添花。哥特人已经推举出了他们的新国王，名为托提拉，但他们的王国已经濒临崩溃。随着波斯人的分裂，似乎再也没有什么敌人能够对强大的拜占庭军队产生任何威胁。然而，当贝利萨留前往泰西封的时候，这个敌人到来了。

港口城市培琉喜阿姆把守着尼罗河三角洲的最东端，曾经见证了众多古代世界最伟大的征服者，从亚历山大大帝到马克·安东尼。奥古斯都曾经站在它的城墙脚下，伟大的庞培也在它的城门之前遭到谋杀。但这座城市最强大的征服者却是一群啮齿动物。到了查士丁尼的时代，它们已经和城市共存了十分漫长的一段时间。在公元前8世纪，亚述王西拿基立和亚述人不得不因为田鼠疯狂啃噬他们的弓弦和盾绳而选择撤离。波斯国王冈比西斯二世显然很好地吸取了历史的教训，在派兵进军之前引来大批猫灭鼠，顺利地在公元前6世纪占领了这座城市。然而，啮齿动物并不会永远销声匿迹，在公元540年的春天，它们卷土重来。

鼠类乘船从下埃及的港口进入，将携带传染病毒的跳蚤带进城市，致命的鼠疫耶尔森菌开始在世界范围内肆虐。这种病毒最为著名的登场事实上是在14世纪，当时人们为它引发的疫病起了非常可怕的名字，即“黑死病”。但6世纪的暴发——虽然因为年代太过久远，记忆相对模糊——或许更加严重。这种疫病像野火一样蔓延到亚历山大，这里也是帝国粮食的主要产地，又从那里传播到帝国的其他地方。

传染病的袭击起初并未引起警觉，但其传播的速度极其可怕。受害者一开始会感到头痛 ，隐约感到身体虚弱。如果病毒转移到肺部，所有的淋巴结都会疼痛肿胀，死亡在一周之内就会降临；如果病毒进入血液，患者的皮肤上就会长出连片的黑斑，一天之内便会一命呜呼。人们对这种传染病毫无了解，并不知道它是如何传播的，因此也没有任何防护措施。通过人员流动和船运，这种疾病总是在人口最为稠密的地区肆虐，有时候甚至会夺去当地大约四分之三人口的性命。

在君士坦丁堡，这种疫病未经抑制，4 个月以来不断肆虐，带来了十分恐怖的死亡率——每天有 1 万人死于该病。死亡来得如此铺天盖地，墓地根本不够用，因此人们不得不将死者尸体扔进一座从未使用过的城堡，直到腐烂的尸体堆积得超过了城堡的高墙。人口骤减使城市几乎陷入了停滞状态，在这样巨大的负担之下日常生活的节奏难以维持。贸易几乎停止了，农民抛弃了他们的田地，幸存的少数工人也竭尽全力地逃离了瘟疫肆虐的城市。当疫情最终缓和时，饥荒和赤贫又紧随而来。

起初，灾难并未对贝利萨留造成太大影响，他始终驻扎在遥远的波斯边境。关于可怕疫病的传闻逐渐散播开来，但他对此也无能为力，所能做的只有尽快结束与波斯之间的争端。然而此时从都城传来了消息，戏剧性地将局势彻底改变：查士丁尼本人也染上了疫病。

拜占庭军队瞬间陷入了混乱。查士丁尼并没有任命继承人，并且狄奥多拉多年以来一直在皇帝耳边散播着不利于军队的话语。如果查士丁尼现在去世，将军们毫不怀疑她会罔顾军队中的意见，自己推举一位继承人。而军队上下一致认为贝利萨留是继位称帝的不二人选，如果狄奥多拉无视军方的权威，他们也绝不会承认狄奥多拉所做出的任何决定。

狄奥多拉贵为皇后，却膝下无子，她十分清楚地意识到自己并无资格干涉国家权力。在几个月的独立治国之后，事态终于有了些许缓和，因为查士丁尼出人意料地有了恢复的迹象，这足以证明她的地位得以保全，然后狄奥多拉得知了将军在东方所做出的决定。皇后感到自己的权威遭到冒犯，因此十分愤怒，立刻急召贝利萨留回到都城。其他人或许可能因为表示忠诚而被宽恕，但她一直以来都认为贝利萨留只不过是垂涎皇位的一条毒蛇。最新传来的消息只不过是证实了她内心深处最阴暗的揣测。

虽然对此感到万分恼火，狄奥多拉仍然对自身的不利条件有着十分清晰的认识。皇帝和皇后曾经因为民怨沸腾引发的暴乱差一点被赶下皇位，在尼卡暴动中她距离被迫流亡只有一步之遥。贝利萨留与他人不同，他的威望如此巨大，如果把他投入监狱，不啻将自己置于被人民推翻的威胁之中。因此，尽管狄奥多拉想要设法将贝利萨留处死，她依然说服了自己采取其他办法剥夺他的权力、攫取他的财富，然后设法将他贬黜流放。

查士丁尼恢复了健康，发现整个帝国已经濒临崩溃。很有可能整个地中海地区四分之一的人都已经死于瘟疫，这些人本可能从军成为帝国的士兵，或者作为纳税人，他们的死亡无疑严重削弱了帝国的资源。唯一的安慰是波斯也遭受了同样严重的损失。科斯洛埃斯企图设法利用拜占庭此时的衰弱，派兵突入了拜占庭的国境。但入侵的唯一后果就是他自己的人民也被传染上了疫病，而且，他在回国的时候，也将病毒带到了波斯的其他地方。

西方的境况则要更加严重。没有贝利萨留，拜占庭的征服之路以令人恐惧的速度土崩瓦解。足够讽刺的是，查士丁尼本人很大程度上是造成这一切的罪魁祸首。他畏惧一位从未动摇忠诚之心的将军的权力，因此决定任何人都不能行使最高指挥权，将意大利战役的领导权分割，分派不少于五个人进行指挥。这个愚蠢的决定导致拜占庭资源分裂，那些将军彼此争执、能力低下，终日尔虞我诈、争权夺利，征服土地的目标则被抛诸脑后。

帝国的衰弱在最危险的时刻来临了。哥特人最终推举出了一位充满智慧的国王托提拉，他决心将自己的王国从前任留下的危急状况中拯救出来。他轻易地运用策略击败了陷入危机中的拜占庭，然后率军突入意大利，承诺将那里的人从帝国的沉重赋税中解放出来，让连绵不休的战火画上休止符。贝利萨留曾经以解放者的身份在欢呼雀跃中进入罗马，但现在是哥特人让罗马获得了解放。

不到一年，托提拉就已经让贝利萨留的大部分努力付诸流水，无助的拜占庭将军们只能写信给查士丁尼，告诉皇帝他们已经难以继续守卫意大利。历尽艰辛才重新征服的领土眼看又要落入敌手，查士丁尼幡然醒悟，开始采取行动。他不顾狄奥多拉的反对，再一次站到了贝利萨留一边。

贝利萨留本不应该受到如此羞辱，但有狄奥多拉在身边，查士丁尼也无法全心全意信任他的老朋友，这位将军只率领了 4 000 人便前往意大利。当他到达目的地时，发现情势几乎已经无法挽回。他的军队陷入了绝望的境地，他手下的指挥官们也都情绪低落，当地的人民普遍对托提拉抱有同情，对拜占庭军队则充满了敌意。不必说对哥特人发起进攻，连保住这些城市都已经成了天方夜谭。

贝利萨留计划将意大利的中心紧紧控制在手中，但情势依然每况愈下。蛮族在边境的进攻越发频繁，士气颓靡的拜占庭军队不像是要保卫家园、与托提拉死战，反而更像是要向他缴械投降。自从这场瘟疫暴发，他们就从未按时领到过军饷，哥特人的征服似乎已经变得不可避免。贝利萨留的人员损失惨重，他担心自己不久便无法继续保卫罗马，因此用无可奈何的语气给查士丁尼写信，阐述了目前凄惨的境况，乞求他能够增派更多的军队："士兵们已经驻扎在此……他们陷入了不满、恐惧和沮丧；在敌人的喊杀声中，他们抛弃了马匹，扔下了武器……如果战争能够只靠我贝利萨留一个人取胜，那您的策略没有丝毫问题……但如果陛下您渴望征服，就必须马上做点什么。"* 贝利萨留这封恳切、坦率的书信说得十分清楚，如果不派出他曾经的精锐部队，就绝无可能力挽狂澜。

从一开始，这个请求就注定没有好结局。负责传递信息的信使决定在首都多享受一段时日，而不是直接将信件送进皇宫。直到寻觅到一个合适的结婚对象并成婚之后，他才找到机会进宫面见皇帝，完成他的使命。第二个障碍则更加巨大。狄奥多拉并不希望贝利萨留与他曾经的精锐部队再度会合，而且此时也没有足够的资金为新的军队配备武器。一小部分援军被派去支援，但就像往常一样，这支军队人数太少，而且来得太迟。

贝利萨留没能从君士坦丁堡获得足够有力的支援，因此根本无法筹集足够多的兵力来击败哥特人，战争进入了绝望的僵局。罗马在两支军队的拉锯战中饱受摧残，遭到严重破坏，成为一堆荒凉可怖的废

* Edward Gibbon, *The Decline and Fall of the Roman Empire,* v4 (New York: Random House, 1993).

墟，几乎成为死城。[*]到了公元548年，贝利萨留在绝望中派出他的妻子安东尼娜回到君士坦丁堡乞求救援。瘟疫已经逐渐缓和，帝国的形势也在逐渐往好的方向发展，因此将军希望现在能够得到人力和财力的支援，扭转哥特战事的局面。此次求援的另一个优势便是他的妻子相比上次毫不负责的送信人，自然是一位更好的信使。安东尼娜是狄奥多拉的密友，因此能够抛开那些面见皇后的繁文缛节，尽快地与她直接见面。安东尼娜到达了君士坦丁堡，她希望尽快与狄奥多拉会面，却发现周遭的一切都仿佛蒙上了一片阴云，查士丁尼已经彻底沉浸在悲伤之中。狄奥多拉去世了。

狄奥多拉曾经是早年尼卡暴动的危机岁月中一座坚实的壁垒，但作为帝国的实际领导者，她却同样是灾难的始作俑者。她确信贝利萨留同她自己一样在政治上有想法，因此她一直在影响自己丈夫的决定，暗中对付那个能够完成查士丁尼征服梦想的人。更糟糕的是，当查士丁尼濒临死亡时，她凭个人意愿在整个帝国范围内重新兴起基督一性论，在这场关于基督教教义的争论临近尾声时恢复了异端理论。[†]这一行为带来的后果比任何异族入侵都要严重，极大地削弱了叙利亚和埃及大部分人对帝国的忠诚。一个世纪之后，新的可怕敌人来袭，他们就像解放者那样受到了热烈欢迎，因为当地人急于摆脱来自君士坦丁堡的宗教压迫，东方的大部分地区自此以后彻底脱离了与罗马的联系。

查士丁尼因为失去皇后而大受打击，在549年他又重新召回了贝

* 历史学家普罗科匹厄斯或许当时在场，令人难以置信的是，他声称城里只剩下了500位居民。

† 这一教义宣称，基督具有神性，但并非完全的人类。

利萨留，并再次像兄弟那样亲切地对待他。他紧紧拥抱这位多年以来一直最值得信任的老朋友，将他安置在一栋华丽的宫殿里，甚至立起了一尊铜像来表彰他的功绩。面对这样的褒奖，贝利萨留并没有感到多么高兴，不久便选择退居幕后，但帝国的历史上很少有人像他一样应当拥有这所有的荣耀。如果没有贝利萨留，查士丁尼规模巨大的征服之战只能是空想，帝国的版图会一步步缩小，国力将无可挽回地衰退，导致帝国在之后充满动荡的几个世纪中无以立足。

托提拉包围了罗马，军费不足、士气低落的守军长期以来只能以马肉充饥，他们已经彻底厌倦了这样的日子，于是只做了象征性的抵抗，便打开了城门，而此时的贝利萨留只能在君士坦丁堡注视着这一切发生。随着这座古代都城的陷落——这也是自从战争开始后这座城市第四次易主——查士丁尼最终明白了只有他彻底信任一位将领，全体将士只听从一个人的命令，意大利的战争才能够胜利。他将纳尔西斯叫到面前，全权委任他带领大军出战。

纳尔西斯如今已经年过七旬，作为最高指挥，他确实不是个合适人选。他仅有的军事经验是在尼卡暴动中屠杀成千上万手无寸铁的平民，而且 12 年前他导致贝利萨留失去了米兰。但纳尔西斯却是一位精明强干的外交官，他毕生都投身于帝国宫廷斗争的惊涛骇浪之中，整个帝国上下没几个人比他与权贵关系更密切。在皇帝看来，年龄构不成任何问题。他本人也已经接近 70 岁，如果年龄没有消磨掉他的能量，他自然也不认为这对于新将军而言会构成障碍。

纳尔西斯得到了他的前任未能得到的全部援助，去取得本应属于贝利萨留的胜利。随他出航的士兵人数是之前的将近十倍，他还带上了本来属于长期苦战的拜占庭守军的钱财。他到达意大利时，引起了很大的轰动，人们纷纷聚集到他的旗帜之下，军队的人力得到了极大的扩充。

正当最后一艘运输船驶离帝国港口之时，两位使臣来到君士坦丁堡，为皇帝带来了一个引人注目的消息。他们来自西哥特统治下的西班牙，那里已经发生了大规模暴乱，罗马人站出来向蛮族国王发起抗争。在一位名为阿塔纳吉尔德的杰出领导者的指挥下，反抗力量如今已经占据了科尔多瓦，期盼帝国能帮助他们占领塞维利亚。

若是换作其他人，就只会祝这些人好运，并且拒绝这个荒唐的主意。帝国的物资供应已经濒临枯竭，军队彻底陷入了意大利战事的泥沼，目前最不该做的便是派兵前往一个遥远的行省，在本已过长的通信线路和补给线路之外投入作战。但查士丁尼却不愿放弃这个机会，他立即对此表示同意。西班牙是最后一个由罗马人基督徒组成却由阿里乌派的蛮族国王统治的国家，对拜占庭而言，宣告自己才是信仰的守护者，这是再容易不过的。查士丁尼认为西班牙人民必然会起来反抗他们的异端统治者，这就为他最终征服整个半岛建立了一座非常完美的桥头堡。

那些曾经认为纳尔西斯过于年老，无力领导一次军事行动的人，如今都为查士丁尼派去领导西班牙远征的将领而大吃一惊。利贝里乌斯已经年近九旬，但他有着十分丰富的经验，尽管他已经年老，但依然是指挥官的不二人选。这位极富谋略的将军只率领着一支区区几百人的军队，但他不久便将西班牙人收归己用。刚踏上西班牙的土地，他便迅速支援阿塔纳吉尔德，征服了塞维利亚，但当叛军领袖自立为王并要求拜占庭军队撤离的时候，这位精明的将军拒绝了。他谋划了一场十分完美的游击战，计划策动当地罗马化的人民反抗他们的阿里乌派君主，之后重新征服整个西班牙南部。

在利贝里乌斯起航的当月，纳尔西斯开始了向罗马的长途进军。当托提拉听说拜占庭帝国的军队领导者居然是一名宦官时，他尽情地嘲笑自己的对手，让法兰克人涌入意大利北部，希望他们能彻底解决掉这个麻烦。然而，哥特人不久就发现，纳尔西斯虽然年老力衰，但是拥有智慧的头脑，他的军队沿海岸线行进，不费吹灰之力就彻底避开了法兰克人的进攻。

在古老的罗马小镇布斯塔·加洛鲁姆附近，纳尔西斯与托提拉狭路相逢。经过十分激烈的战斗，拜占庭军队将哥特军队彻底消灭，国王也在此役中被杀。饱经风霜的罗马城向拜占庭军队敞开大门，纳尔西斯将城门的钥匙及托提拉装饰着珠宝的王冠、黄金铠甲、鲜血浸染的礼服，一起带回了君士坦丁堡，作为自己胜利的见证。

正在纳尔西斯乘胜追击，集中力量将哥特残余力量彻底逐出意大利疆土时，查士丁尼已经准备发动对西班牙的征服之战，但随后瘟疫再次袭来，彻底打破了他的计划。6个月的时间内，瘟疫肆虐，导致本已经风雨飘摇的帝国雪上加霜，皇帝被迫放弃了他继续征服的计划。似乎是为了体现拜占庭经受的苦难，同年，一场地震导致圣索非亚大教堂祭坛上方的一半穹顶塌陷。不久以前，整座教堂的修建仅仅用了6年时间，这对帝国而言却好像发生在上辈子；现在帝国财政捉襟见肘，5年之后，穹顶部分才彻底修缮完成。

帝国仅存的财力如今都用于巩固防御。然而现在根本无力找到足够的人力来填补因战争和瘟疫而出现的人员空缺，因此查士丁尼只能将军力大规模缩减，更多地采用金钱而不是战争的手段去对付帝国的众多敌人。在他的统治刚刚开始时，军队人员的数量超过了50万；如今，人数锐减到区区15万。因为帝国的边境几乎扩大了一倍，军队人员锐减导致没有足够的兵力来戍守全部边境。公元559年，查士丁尼策划的危险游戏终于令他自食其果，一群匈人越过荒芜的边境，距离君士坦丁堡仅剩下30英里。

由于城墙十分坚固，这座城市一直以来安全无虞。但曾经轻松击败哥特和汪达尔王国的皇帝却要在此时此刻躲藏在城墙之后，目睹小小一支蛮族军队在城郊肆意作恶，这简直是奇耻大辱。然而对于查士丁尼而言，不幸的是他此时并没有足够的兵力去惩罚这些无耻的野蛮人，不过，城中恰好还有一位赋闲在家的将军。查士丁尼再一次将这位伟大的将军召到面前，就像过去无数次做过的那样，赋予他最后一项使命。

自从这位将军远离战事以来，已经过去了10年时间，但贝利萨留的智慧却丝毫未曾减少。他临时拼凑了一支几百人的军队，由卫兵、退伍老兵和新兵组成，通过精心策划的伏击战术严重削弱了匈人的兵力，甚至还设法将这些入侵者一直驱逐到边境上。自从狄奥多拉去世之后，这位将军的过人本领再一次令查士丁尼感到了恐惧，那些曾经的回忆重新聚集到他的眼前，占据了他的心灵。出于一时激起的不光彩的嫉妒之心，皇帝突然解除了贝利萨留的指挥权，选择自己亲自指挥军队。这位如今才年过五旬的伟大将领再一次选择了默不作声地退居幕后，目睹着另一个人将本应属于他的胜利果实据为己有。查士丁尼的指挥策略或许对围观民众来说并不震撼，但依然取得了一定效果。在用钱财贿赂匈人，让他们退出国境之后，皇帝设法煽动一个敌对部落去入侵他们的家园。这确实不能说是一场精彩的胜利，但依然有理由为之庆祝。帝国最终恢复了和平。

在查士丁尼余下的统治时间里，帝国一直维持着和平。贝利萨留自此再未受到召唤，但他的寿命足够长久，得以目睹纳尔西斯在维罗纳粉碎法兰克大军，为这场漫长、血腥的意大利征服战画上了句点。或许当这位将军目睹自己效忠的皇帝的梦想最终实现，他也能够感受到某种意义上的慰藉。虽然最终插上胜利旗帜的人是纳尔西斯，但这并不妨碍贝利萨留感到由衷的欣慰，因为自己毕生的辛苦征战让查士丁尼的梦想开花结果。不论发生何事，这位将军的忠诚之心从未有过丝毫动摇，他默默忍受着所有屈辱不公，始终充当着查士丁尼最为忠实可靠的仆人，而他本拥有将这位皇帝彻底推翻的实力和才能。* 查士丁尼只比他多活了 8 个月，他在 83 岁高龄的时候于睡梦中寿终正寝，这一天是公元 565 年的 11 月 14 日。†

---

* 或许皇帝忽视了他，但所有人民都永远不会忘记贝利萨留的功绩。800 年之后，君士坦丁堡的人民依然用歌曲或诗句来赞颂他的传奇人生。

† 我们所知的关于查士丁尼和贝利萨留的大部分事情都来自历史学家普罗科匹厄斯的笔下。因为命运的奇妙转折，公元 565 年，这三位拜占庭历史上的巨人都去世了。

很少有皇帝像查士丁尼这样，为成就帝国霸业如此鞠躬尽瘁。事实上，他时常于深夜在迷宫般错综复杂的巨大皇宫中来回踱步，这个场景已经令人习以为常，以至于那些皇宫中的仆从为他们的皇帝起了“无眠者”这样的称呼。在查士丁尼 38 年的统治生涯中，帝国政府机构、法律系统和经济发展都有了巨大的进步，帝国都城如此深刻鲜明地刻下了查士丁尼的痕迹，至今仍未完全消失。除了图拉真和奥古斯都，查士丁尼治下所扩大的帝国版图面积超越了任何一位皇帝，他的军队所到之处，最终所有国家都重新臣服，整个地中海重新成为罗马帝国的内海。从安条克到罗马，所有城市都是一片光辉壮丽的景象，令人叹为观止，在这众多辉煌之中最为出类拔萃的自然是圣索非亚大教堂的金色穹顶。这座建筑在设计时便意在千古留存，如今也依然是查士丁尼统治的最有力体现，无时无刻不在向 1 500 年之后的我们昭示着拜占庭最辉煌的历史时期中的不朽荣光。

查士丁尼人性上的弱点或许阻碍了他对伟大将军的全心信任，但这仅仅是减缓了他迈向成功的步伐。他获得的成功是十分惊人的；无数城市因为耳闻他的威名而战栗，无数傲慢的国王、敌方的将领心怀谦卑地匍匐在他的脚下。但最终，他的伟大梦想遭受了挫折，不是因为过度膨胀的野心，而是因为一群传播恶疾的老鼠。

随着时间的流逝，历史的真相越发清晰。相比带来新时代规则的胜利先驱，查士丁尼更像是旧时代里闪耀着的最后一道余晖。整个帝国再也未能出现这样一幅梦想中的强盛统治的图景，也再未有任何一个以拉丁语作为第一语言的人坐上皇帝的宝座。尽管查士丁尼拥有巨大的能量和过人的勇气，古罗马帝国的辉煌岁月依然是一去不复返。疯狂肆虐的瘟疫夺去了四分之一人口的生命，导致查士丁尼的再征服梦想化为泡影。新的疆土本应为帝国带来更多的财富、更安逸的生活，然而事与愿违，随着疾病的传播，疆域扩大的同时帝国却缺乏相应的人力和财力去守卫新的土地。以日益稀缺的资源维持这样广阔的帝国版图，查士丁尼和贝利萨留两人的才智和能量都是不可或缺的——他们是拜占庭帝国前无古人、后无来者的两块无价瑰宝。

第十一章
波斯战火

Chapter 11
A Persian Fire

查士丁尼的统治表面上为拜占庭带来了无限荣光，但是并没有多少人为他表示哀悼。人群安静地聚集到街道上，围观这场葬礼的举行，同时谴责苛捐杂税带来的悲惨生活，以及瘟疫造成的破坏。那些满腹心计的贵族则蜂拥进圣使徒教堂，观看葬礼仪式，但他们心中唯有狂喜，庆幸压迫他们的统治者终于消失，主持仪式的神父宣布将这位皇帝安葬，心中也不禁感到窃喜，因为皇帝的妻子曾经对教会横加干预，导致了旷日持久的宗教分裂。甚至为他规模宏大的斑岩陵墓充当守卫的卫兵们也无法对这位经常拖欠军饷的皇帝抱有多大的好感。

虽然诸多问题依然存在，这位皇帝仍然成功地将拜占庭塑造成了人类文明的伟大灯塔。圣索非亚大教堂的建筑奇迹来源于数学上的伟大进步，不久便催生出了繁荣发展的众多学院，致力于在这一领域有所建树。在拜占庭，不论男女都能接受初等教育，而且得益于查士丁尼统治的稳定，几乎社会的每一个阶级都能够接受教育，识文断字。帝国各地的众多大学将绵延一千年之久的亚里士多德和柏拉图哲学传统发扬光大，公共和私人图书馆都致力于编纂众多伟大科学家的古代文献。

蛮族统治之下的古老西方行省却与此相反，很快便陷入了黑暗时代的残酷肆虐，高度发达的城市生活逐渐在记忆之中彻底消逝。读书识字的人急剧减少，人们都在痛苦的挣扎中寻求生存，教育也因此成了无法负担的奢侈品，如果没有教会的存在，教育的机会很有可能就此完全消失。书写能力依然是很有价值的，偏远地区的修道院中，学习的火苗依然在微弱地闪烁。但在整个西方，贸易活动濒临中止，城市规模锐减，辉煌的公共建筑也大多年久失修，几近完全损毁。

东罗马则与之形成了鲜明对比，依然维持着繁荣的商业中心的地位，拥有众多富裕的乡镇，构成巨大的网络，彼此之间由罗马空前发达的道路系统相连接。从远东地区来的商人携带着香料和丝绸，遥远的北部则运来琥珀珍宝，这些商人熙来攘往，四处奔走，在繁忙的港口来来去去。工匠创造出了无与伦比的精美珐琅技艺和金银丝精工艺品，以及珠宝和泥金装饰技术。在小亚细亚和希腊的海岸上，技艺高超的工人采集小型贝壳，从中提取珍贵的紫色染料，新兴的国家丝绸制造工业在君士坦丁堡逐渐繁荣。* 不论城市的规模大小，专业技术人士分属于不同的行会，学院里聚集着来自四面八方的学生，小贩挨家挨户向不愿挤在街上的主妇兜售陶制品。

在各种宗教节日和国家假日中，很多地方都会举办上层阶级的奢华聚会，而社会的众多底层平民也能够在各种消遣场所自娱自乐，包括酒馆、餐厅和小型剧场。乡村生活则继续保持着数个世纪以来一成不变的旋律。农民在田间忙碌奔走，照看他们的葡萄园和花园，村民则在公共农场里劳作。到了晚上，劳作了一天的人们会回到家中，和他们的妻子儿女一起享用一顿包括面包、蔬菜和谷类的晚餐，通常还包括煎蛋卷和各种各样的奶酪。更加富裕的人家能够享受到肉类，包括野兔和禽类，腌猪肉和香肠，甚至是羊肉。甜点则包括葡萄叶包裹的肉桂、醋栗，以及混杂了坚果和蜂蜜，或是夹杂果酱的酥饼。拜占庭的居民并不像蛮族人那样将面包直接涂抹上动物脂肪，他们喜欢用面包蘸取橄榄油，肉类则要和新鲜的鱼、水果和多种多样的葡萄酒一起享用。他们的名言是，要想评判一个人的价值，就请看他的餐桌。

然而，随着6世纪进入尾声，不祥的征兆又开始浮现。构成中产阶级的商人、工人和小地主阶级因为战争而遭受严重影响，频繁的暴乱也破坏了商业贸易。自然灾害频发，再加上他们的财产被没收充军，农民的生活变得越发艰难，不得不时常向他人借贷，而他们通常无力

* 从远东运来的丝绸十分昂贵，并且路程遥远，但拜占庭的两位僧侣发现了桑蚕生长发育的秘密，并且计划从中国走私一批桑蚕。查士丁尼十分高兴，立刻下令在都城大批种植桑树，为桑蚕提供食物，拜占庭帝国利润最为丰厚的产业就此诞生。

归还债务。贫困阶级的规模大增，他们试图逃离土地、躲避债主，那些留下来的则不得不卖身为农奴还债。小农场开始消失，被那些张开贪婪血盆大口的贵族阶级大地主所吞噬。计税基数大规模缩小，那些有权有势的大地主乐于采取各种各样的避税措施，中央政府被迫恢复更加严酷的收税制度来保证国库拥有足够资金，但这些严苛的措施却并没有收到多少成效。因为国库长期空虚，查士丁尼之后的历任皇帝根本无力为人民谋求福利，并且对沸腾的民怨置之不理。

艺术和科技的发展在查士丁尼的时代达到了巅峰，但此后也随着帝国国力的衰退而放缓了脚步。再也没有足够的时间和金钱去修筑华丽的建筑或花时间进行考察；所有资源都必须用来维持最基础的生存需求。然而，甚至这最基本的需求都不过是勉强维持悲惨的生活。查士丁尼的征服战争掩盖了他的外交策略上的睿智，追随他的历任皇帝都缺乏谋略，将战争视为第一选择，而非不得已而为之。他们认为只有不可战胜的帝国才能够带来崇高威望，因此纷纷迫不及待地将国家拖入战争的泥沼，而国力几乎无法负担这样的连年征战。肆意践踏他们田地的军队是否身披拜占庭的盔甲，对于那些在乡村地区勉强谋生的悲惨农民，几乎没有区别。最终的结果总是一样的：他们的收成被夺走，他们的田地被掠夺，他们的牲畜也无影无踪。他们对远在君士坦丁堡的拜占庭统治者谈不上有多少忠诚之心，如果有哪位僭越者承诺能为他们带来更好的生活，他们就会欢天喜地地投入他的麾下。地方上开始大规模地爆发叛乱，皇帝此时发现面对这样一个四分五裂的国家，忠诚二字也成了不折不扣的笑话。

查士丁尼曾经夸口说他的帝国能够从大西洋横跨黑海，但在他辉煌帝国崛起的过程中，也曾面临四分五裂的局面。他的再征服之路将北非、意大利和西班牙的众多土地收入帝国版图，然而这种局面充满了危机和混乱，那些新的领土相距甚远，彼此之间只有脆弱的陆路，所以没有什么将它们与帝国其余部分联系在一起。罗马世界的庞大疆域在瘟疫肆虐、外敌入侵和宗教矛盾之下土崩瓦解，而边境则逐渐与君士坦丁堡中心地带缓慢分离。

为了保证国家统一，这个庞大的帝国需要一名具备远见卓识的领导者，但 6 世纪末那些坐在拜占庭皇位上的皇帝却通通目光短浅，与查士丁尼相比既缺乏智慧，也不够强硬，他们完全没有能力运用策略手段，在帝国的众多敌人之间维持微妙的和平。他们在解决问题时不会采用查士丁尼并不受欢迎却十分必要的政策，而是迎合民众一时的喜好，这些目光短浅的政策也导致帝国在一代人的时间之内就沦落到崩溃瓦解的边缘。历史已经反复证明，凭借着一时利益去统治国家，会带来何种可怕后果。

到了 6 世纪末，用无数鲜血和金钱堆积而成的再征服之路已经被完全抛弃了，帝国如今的策略是全面收缩。* 在君士坦丁堡，一名名不

---

* 在完成对意大利的征服之后，查士丁尼年迈的指挥官纳尔西斯被召回，但这无疑是极其不明智的。查士丁尼继承人的妻子对这位年过九旬的宦官大加嘲讽，赠给他一支金制的纺纱杆，并附上一封免职文书。“因为你甚至算不上一个正常男人，”这封信写道，“去和女人们一起纺纱织布吧。”纳尔西斯勤勤恳恳地为帝国奉献一生，他被这封侮辱性的信件激怒了，愤怒地说：“我要给她打一个结，而这个结定是她终生都难以解开的。”纳尔西斯打算在那不勒斯正式退休，他对自己遭受的不公正待遇怀恨在心，因此邀请“长胡子”伦巴第人进入了意大利领土。整个半岛直到 19 世纪的意大利复兴运动时期才最终得以重新统一。

正言不顺的疯狂篡位者福卡斯攫取了皇位，巴尔干地区也在斯拉夫人的大举入侵之下沦陷。忍无可忍的军队士气低落、四分五裂，根本无心为萎靡腐败的政府作战。任何逃过帝国税务官贪婪之手的财富都流进了蛮族铁骑口袋里的无底洞，这似乎已经成为常态。难民蜂拥进城市，贸易几乎全面中断，杂草和废墟吞没了曾经富庶的农田。帝国已经到了强弩之末，不再值得信赖，曾经的荣耀深埋在记忆的尘埃里。

帝国仅剩的安全地带是富饶的北非海岸。在温暖阳光的普照之下，商人们继续无忧无虑地在港口中来来往往，农民们在小麦田里劳作。这里远离暴乱和长期动荡的旋涡，而帝国其他地区的繁荣景象已经被破坏殆尽，君士坦丁堡有很多人开始将此处视为唯一的救星。元老院对他们爱好血腥征伐的皇帝感到极度厌恶，因此秘密写信给北非总督，催促他率领大军前来，将帝国从这场噩梦之中解救出来。

当这封信到达迦太基城时，总督对信中的内容十分感兴趣。他在这片安逸的乐土上居住了太久，无论如何，他认为自己已经年老体衰，不适合四处奔波，因此派出自己的儿子希拉克略带领北非船队，代替自己夺取王位。

这位年轻人知道自己必须迅速行动。每过去一天都让整个帝国进一步跌入毁灭的深渊：此时君士坦丁堡正集中全部精力展开一场大清洗，用血腥屠杀剿灭可疑的不同政见者，波斯国王科斯洛埃斯二世利用这个绝佳时机大举入侵。波斯军队只遇到了士气低迷的帝国军队象征性的抵抗，之后便迅速进入美索不达米亚和亚美尼亚，深入拜占庭腹地，甚至已经扩张到埃及。不久之后，从拜占庭的城墙上望去，能够看到波斯的营火；随着恐慌席卷整个都城，瘟疫卷土重来，预言中可怕的世界末日到来了。

正是在此时，随着都城的人民陷入狂热，希拉克略到达了帝国的港口，巨大的旗舰缓缓停泊靠岸。看到如此巨大的船队，一群君士坦丁堡的暴民私刑处死了前任福卡斯，并将其残缺不全的尸体在都城的街道上拖行。希拉克略在饱经战火破坏的宫殿中小心翼翼地前进，审视着这濒临破裂的帝国。拜占庭已经失去了将近一半的国土，所剩下的也只是衰朽和贫穷，但它深刻的根基依然存在，希拉克略已经开始了他的宏伟计划。过去的帝国已经彻底消逝——但这丝毫不会动摇他的信心。他的使命是建立一个全新的帝国——舍弃过去，拥抱未来。拜占庭再也不会重蹈覆辙。

帝国宫殿之外漫无目的游荡的人群沐浴在公元 610 年 10 月的阳光中，等待着一睹他们新皇帝的荣光，但对此并不抱多么明确的期待。他似乎来自神秘之地，就好像他们旧时异教神话中的雅典娜，从天父宙斯的头颅中诞生。他周身环绕着胜利的光环，他的外表则无疑能给人留下深刻的印象。希拉克略大约 36 岁，满头金发，身穿光亮的铠甲，身上没有一个地方看起来不像一位君王，就好似一位新的阿喀琉斯诞生在了拜占庭的黑暗时代中。这位新皇帝精力充沛，执政勤勉，甚至在最为绝望的境地中，也有鼓舞人心的能力，他将自己全身心地投入了拯救帝国的伟大使命中。

新皇帝所要面临的挑战是十分艰巨的。曾经十分强盛的帝国军队在敌军面前好似一盘散沙，希腊已经在斯拉夫人的大举突进之下彻底沦陷。大批难民涌入君士坦丁堡，不久坏消息随之而来，这些消息糟糕到让他们感到难以理解。起初只是时而传来怀疑的低语，但消息就像熊熊燃烧的燎原之火一般扩散开来。圣城耶路撒冷已经落入波斯人之手，圣物真十字架也已经落入泰西封的圣火崇拜者之手。[*]耶路撒冷的所有男性居民都已经遭到屠杀，女人和孩子全部被卖为奴隶。

自从西哥特人洗劫罗马城以来，帝国还未曾遭到如此巨大的灾难性打击。全知全能的上帝显然已经收回了他的庇护之手，允许异教徒掠夺基督教世界最为神圣的圣物，如今拜占庭因为曾经的狂妄自大而遭到了惩罚。波斯军队所到之处，一切抵抗土崩瓦解，走投无路的居民只能四散奔逃，逃离这可怕的强大敌人。波斯国王一路高歌猛进，将触角伸向埃及，公元619年，他开始了吞并埃及行省的计划，夺取帝国最为重要的粮食产地。延续六个世纪之后，拜占庭帝国获得免费面包的日子画上了句号。从此之后，君士坦丁堡的市民不得不从色雷斯运来小麦——就像其他货物一样，付钱才能购买。末日似乎马上就要来临，随着强大的波斯敌人兵临城下，希拉克略制定了十分明智的策略，抛弃君士坦丁堡，将都城转移到他的家乡，北非迦太基。或者至少可以说他是这么宣称的。当惊恐万分的人民请求他留下来的时候，希拉克略机智地同意了，条件是要他们发誓，无论要求他们付出怎样的牺牲，他们都要接受。

希拉克略已经从过去的五十年中学到了足够丰富的经验。他是在

* 真十字架由君士坦丁大帝的母亲圣海伦娜在圣地发现，基督教普遍认为它就是曾钉死耶稣基督的十字架。

人民欢呼的浪潮中登上皇位的，但这并不意味着采用墙头草般的政治策略就能行得通。帝国如今的形势可谓危如累卵，他明白前方的路途漫长而艰险，并且危机四伏。就他个人而言，缺乏足够的军事经验，手下没有能力强大的官员，没有训练有素的军队，最重要的是缺乏资金。帝国的财政已经彻底崩溃，甚至无法为士兵偿付已经十分微薄的军饷，更没有能力雇用花费高昂的雇佣兵。如果事态真的有任何恢复的希望，资金无疑才是最为关键的资源，为了得到财政支持，他第一次选择向教会求助。

理论上来讲，教会的牧首和皇帝处于同一个神圣意志的两端，分别是上帝的国度的精神领袖和世俗执行者，但他们之间的关系时常处于一定程度上的敌对状态，因为双方都在试图躲避对方的干扰。皇帝受政治现实的驱使，需要一位行事圆滑的牧首，但教会通常对皇帝充满警觉，不惜花费巨大代价提醒皇帝注意他们自己的位置。帝国的作用是执行教会政策，而不是制定教会政策。牧首则小心守护着教会的会议，拒绝一丝一毫来自帝国的干涉。保证这样的制度毫无疑问需要长期保持绝对的警觉，但这也导致了有时教会和国家无法在合作的同时信任对方。

当希拉克略与牧首塞尔吉乌斯会面，并且将紧急形势一一告知，牧首当即答应将教会的全部财富交出，并且将一批数量巨大的金银盘也交给皇帝。这一举动显得尤其震撼人心，因为希拉克略曾经违反了很多宗教戒律，最近又迎娶了他的外甥女玛蒂娜。牧首已经机智地洞察了这一切有失检点的行为，但鉴于国家处于危难之中，他决定慷慨奉献，暂时解决帝国的财政危机。

这样的合作态度在西方本来也可能发生，西方的教皇已经失去了他的皇帝，神圣与世俗的界限也变得模糊不清。教皇被迫将皇帝的皇冠和教皇的三重冠同时戴在自己头上，正式登上政治舞台，将教会引入与国家权力直接斗争的境地。欧洲的国王致力于在处理国家事务时抵抗来自教皇的干涉，教会也在与世俗力量斗争的同时维持自身的影响力。双方的斗争即将成为整个西方历史的决定性矛盾，同时使东方——原本发挥的作用尚未消失——不可避免地逐渐疏远。

教会和国家间的合作或许能够让皇帝变得更加富足，但对东罗马帝国境遇悲惨的人民而言却并不是一个好消息。农场仍然在烈火中燃烧，人民继续遭到屠杀或被卖作奴隶，没有军队走出金门，来保卫这些被围困的人。他们只能滞留此地，自生自灭，诅咒那些残忍的波斯人，皇帝似乎已经抛弃了他们。他们唯一能做的只是挣扎求生。

然而，希拉克略并未忘记他的人民。他只是酝酿着自己的计划，不希望仓促行事。帝国的军队如今四分五裂，士气低落，将他们派去对抗波斯人无异于自寻死路。军队必须经过系统的重建，只有当一切时机彻底成熟，他们才能够出动去保卫帝国。在漫长的十年时间里，希拉克略近乎顽固地抵抗住了人民的乞求、朝廷中鹰派人员的进言，以及波斯人一次次试图引他出来的行动。君士坦丁堡的大门让他可以高枕无虞，在彻底准备好之前，他绝不冒任何可能的风险。

公元 622 年的春天，希拉克略的计划终于时机成熟。在这漫长的若干年中，尽管帝国疆域遭受了巨大的损失，却并没有人呼吁他退位，也没有僭越者试图起来反抗，取代他的位置，这证明了希拉克略鼓舞人心的力量。虽然内心依然充满紧张和焦虑，但这位皇帝的信心从未动摇，并且这种信心非常容易感染他人。最终，他率领着一支军队迈出都城的金门，这支军队士气高昂，盔甲闪亮，内心充满自豪，要去保卫他们的同胞。

在与波斯的战争中，拜占庭一直以来保有的优势便是对海洋的控制权，希拉克略最大限度地利用了这项优势。他选择在伊苏斯登陆，发动了一次奇袭，该地区也是将近一千年前亚历山大大帝彻底击败早期波斯帝国的地点。这次战役可谓是破釜沉舟的一战。希拉克略很清楚，如果他失败了，帝国便会彻底毁灭，不过他已经有了牺牲一切的勇气，他甚至带上了他怀孕的妻子玛蒂娜。波斯军此次派出的是他们最为著名的将领，曾经征服过埃及，但军事经验不够丰富的希拉克略获胜了。波斯军很快在拜占庭军的冲击下溃败、乱作一团，据当时所记载的说法是，“好像一群山羊”。拜占庭军的士气一路高涨。波斯人毕竟并非不可战胜。

当军队在卡帕多西亚过冬时，希拉克略用自己的精神鼓舞全军上下，每日组织士兵进行日常训练，并不断为他们灌输坚定的信念。他告诉士兵们，他们是受尊敬的勇士，为了真理而与异教徒作战，这些异教罪人烧毁他们的庄稼，杀死他们的孩子，侮辱他们的妻子。而即将到来的春天就是报仇的良机。重新复兴的拜占庭军进入今日的阿塞拜疆，也就是波斯琐罗亚斯德拜火教的中心地带，烧毁火神庙，洗劫了琐罗亚斯德的诞生地，以此为耶路撒冷报仇。

波斯国王科斯洛埃斯二世对此感到恐慌，但从这个春天开始，他的心中开始酝酿全新的计划。波斯帝国疆域广阔，如今希拉克略已经深入波斯腹地，比之前的任何一位罗马指挥官都前进得更远。拜占庭军队人数众多，并且远离家园，很难维持消耗战，或许国王可以利用这一点作为自身的优势。科斯洛埃斯二世集结了一支5万人的精锐部队，任命一位名为沙欣的将军带兵，命令他彻底摧毁希拉克略的力量，并且警告他失败的代价就是他的性命。科斯洛埃斯二世十分肯定拜占庭军一定会被牵制，于是便联络了蛮族阿瓦尔人，请他们在对君士坦丁堡发动的进攻中提供支援。

希拉克略如今正面临着他整个人生中最为艰难的抉择。如果他选择紧急返回、保卫都城，就会失去赢得整场战争的最佳时机，使过去4年来所有努力的心血全部付诸东流。另一方面，假如他原地不动，君士坦丁堡就会陷入孤立无援的境地。他想到的解决方法是将整个大军分为三路，一路紧急返回，保卫君士坦丁堡；第二路交由自己的兄弟狄奥多尔率领，与沙欣奋力作战；最后一路，也是人数最少的一路，由他本人亲自率领，控制住亚美尼亚与高加索山脉，对防守薄弱的波斯本土发动袭击。

希拉克略对君士坦丁堡的防御措施信心十足，为了鼓舞君士坦丁堡守军的士气，他的信件像雪片一般飞来，对成功守城的每一个方面都巨细无遗地做出了指示。有了皇帝的来信，拜占庭守军知道皇帝并没有放任人民自生自灭，尽管城墙外面就是8万蛮族大军蠢蠢欲动，他们仍然士气高昂。城内的每一名居民都欢欣鼓舞，轮流出力守城，或是为守城的士兵提供物质支援，每一天，牧首都要在城墙上巡视一周，手中高高举起一幅城市守护神圣母马利亚的圣像，就好像圣母的低语能够将恐惧传进那些蛮族的内心之中。*

似乎这座城市真的蒙受了神圣的庇护。日复一日，攻城机对城墙的猛攻毫无作用，进攻一方开始产生了紧张的气氛，也影响到了蛮族和波斯之间的联盟关系。当消息称希拉克略的兄弟狄奥多尔率领的拜占庭军与沙欣的军队狭路相逢，拜占庭大获全胜时，阿瓦尔人沮丧万分，选择了放弃进攻。† 他们强大的攻城机起不到任何作用，他们的波斯盟军也束手无策，每一次精心策划的进攻都被一一瓦解。这座城市好像真的受到了神圣的庇护，因此坚不可摧。阿瓦尔人扔下了武器装备，离开了这受诅咒的城墙，在狼狈撤离的过程中烧毁了几座教堂以宣泄愤怒。

波斯军好像一夜之间就陷入了彻底的溃败。几年之前，他们还在攻占君士坦丁堡的边缘，如今他们却溃不成军，不得不全面撤退。在尼尼微古城外，他们发起了最后一次绝望的进攻，打算阻拦希拉克略，但在一场持续 11 小时的血腥战斗之后，皇帝彻底歼灭了波斯军队，同时在一对一的决斗中杀死了波斯指挥官。

这场战役之后对泰西封的疯狂洗劫彻底为整场战争画上了句号。希拉克略的军队掠取了不计其数的珍宝，因为数量过于巨大，无法完全

---

* 这种圣母像被命名为“赫德戈利亚”，是拜占庭最为神圣的圣物之一。人们普遍认为画像由圣路加本人所绘，5 世纪时被带回君士坦丁堡，珍藏在专门为之建造的修道院中。

† 沙欣在此次战役后被迫自杀，以逃避君主的滔天怒火，但科斯洛埃斯二世将其尸体用盐封存，并运回都城。当到达都城时，他用鞭子鞭笞尸体，直到尸体面目全非。

携带，许多珍宝被付之一炬。科斯洛埃斯二世被迫征用妇女儿童作为自己的守卫，但如今他已经因为这场毁灭性的灾难受到所有波斯人的斥责，根本没有人愿意为他出战。* 波斯人愤怒的矛头转向了他们的国王，军队和民众同时发起了叛乱，他们的力量是十分可怕的。科斯洛埃斯二世被迫躲进了不祥的黑暗之塔，在那里他储存了足够的食物和水，能够在漫长的时间里品味失败的痛苦。当他忍受不了这一切，被带出塔外时，被迫亲眼看见自己的孩子在他面前被处死。当他的最后一个后代也被处死之后，这位国王的生命终于走到了尽头，他被弓箭射穿，在漫长的痛苦中死去。

这场战争摧毁了波斯的势力，新国王沙赫尔瓦拉兹立即向拜占庭求和，贡献出全部占领的土地，并且释放所有俘虏，将真十字架归还拜占庭。为了做出最终的投降姿态，他甚至请拜占庭皇帝做自己儿子的监护人。希拉克略瞬间收复了在漫长年月里丧失的国土。与波斯长年累月的争斗画上了句号，拜占庭帝国从此摆脱了大敌的阴影。

元老院对他们光辉伟大的皇帝致以狂热的赞美，为他献上“西庇阿”的封号，当他胜利归来，接近都城时，他发现全城的人民都蜂拥而出，热烈地迎接皇帝班师，他们挥舞着橄榄枝，欢呼雀跃。† 人民高唱着赞美诗，将皇帝抬进城内，随之进入金色城门的是真十字架，漫长的队伍中甚至还有首次在拜占庭出现的一头大象。在进入圣索非亚

* 科斯洛埃斯二世的行动完全于事无补。在一次战役之后，他送给打败仗的将军一条女人的裙子，这一举动几乎立刻便燃起了反叛的火苗。

† 大西庇阿，罗马共和国最伟大的军事英雄，曾经打败了伟大的汉尼拔，结束了第二次布匿战争。

大教堂之后，人民目睹着他们得胜归来的皇帝高举起十字架，放在高高的祭坛上方。自希拉克略离开君士坦丁堡，已经整整过去了6年时间，但如今他载誉归来，重新坐上了最高的宝座。他将帝国从灭亡的边缘拯救出来，击溃了强大的波斯帝国。真十字架被重新放入神龛，皇帝的大敌已经彻底溃败。毋庸置疑，这是新时代到来的黎明。

希拉克略恢复了帝国曾经的荣光，至少从表面上看，帝国恢复了古代世界的传统。一位希腊或意大利的旅行者能够从直布罗陀海峡穿越北非和埃及，到达美索不达米亚，全程都能感受到宾至如归的温暖。不同的地域确实存在差异，但这些城市已经逐渐罗马化，选择帝国的希腊语作为自己的语言，文化也在全面步入希腊化时代。大部分城镇都有着类似的规划格局，分布着华丽的公共浴室，能够洗去疲惫旅客的尘埃，导水渠和竞技场星罗棋布。生活或许依然存在混乱和不安的景象，但相较强大的罗马军团第一次踏足此地、留下建筑痕迹的时候，情形并没有多大的变化。

然而，重要的变化同样存在。甚至在学术圈内，也很少有人现在依然使用两种语言。拉丁语如今被广泛认为不适用于极端复杂的论辩，尤其是神学论辩，数个世纪以来，拉丁语已经在东罗马逐渐消失。西方的官员如果来到拜占庭办理公务，必须使用当地希腊语的常用语手册作为辅助，但东罗马一方却不会这样做。文化的差异只是单向地发展，虽然希腊的思想依然传播到西方，但在东罗马，拉丁语的经典，包括维吉尔、贺拉斯和西塞罗的著作却无人翻译，鲜有人知。到了希拉克略的时代，很少有人能懂得书写帝国法律的古代语言，皇帝醉心于军事成就，对其他事情则不甚关注，因此彻底抛却了古老拉丁文化的特征。希腊语如今是帝国的官方语言，甚至帝国的名称也发生了相应的变化。从奥古斯都到希拉克略的每一任皇帝都被尊为恺撒和奥古斯都，但在希拉克略之后，他们只被称为“巴西琉斯”——希腊语中对皇帝的称呼。* 抛弃过去是非常惊人的举措，但早就该这样做了。拜占庭帝国如今已全面希腊化，在一代人之内古老的帝国语言便彻底灭绝了。

公元 630 年的春天，希拉克略启程去耶路撒冷朝圣，赤脚走向君士坦丁的圣墓教堂，将真十字架归还圣城。他在人民的欢呼声中感到春风得意，但不久他便发现他对波斯的胜利也带来了熟悉的阴影——宗教纠纷。叙利亚和埃及自始至终都坚持基督一性论，重新归入帝国版图也导致了不同派别的纠纷卷土重来，并伴随着复仇的怒火。这样的事态对于可能出现的下一次入侵而言自然是非常可怕的弱点，但当涉及信仰问题时，即便是这位征服波斯的皇帝也无力迫使他独立到顽固的臣民妥协屈服。

帝国已经在同波斯的战争中元气大伤，有超过 20 万人死于战火，如今帝国再一次因为内部纷争而濒临分裂。尽管已经取得胜利，但那些繁荣富足的岁月一去不复返。太多城市遭到洗劫，农田被烧毁，农民的日常生活亟待恢复。或许经过一段漫长的稳定时期，商人和劳动者会逐渐开始恢复贸易，繁荣也将重现，但波斯和拜占庭之间漫长、

* 在战胜波斯人之后，希拉克略起初采用了“国王的国王”这一头衔，但随即就换成了口吻更加谦逊的“Basileus”。

艰苦的战争已经导致两个帝国两败俱伤。希拉克略的伟大胜利付出的代价是帝国逐渐衰颓、脆弱，唯一的安慰便是波斯的情况显然更加水深火热。然而622年，也即希拉克略开始他伟大战役的那一年，一个相比波斯而言更加危险的新敌人已经诞生。

第十二章
战争之地

Chapter 12
The House of War

手中高举利剑，我将洗刷我的耻辱。

——阿布·塔马姆，9世纪阿拉伯诗人

阿拉伯半岛的炎热荒漠看上去似乎与拜占庭帝国并无任何利害冲突，也没有理由怀疑它们会产生任何冲突。这片地方的居民是众多游牧部落，似乎从未对任何人产生过威胁，更不必说威胁强大的拜占庭帝国了。公元622年，这片荒漠开始注入全新的能量，一个名为穆罕默德的人从麦加来到麦地那，开始将这些部落团结在一起。他为众多追随者注入了强大的热情，将世界分为两个部分，称为伊斯兰地区（Dar al-Islam）和战争地区（Dar al-Harb）。他们的职责是发动圣战，手举利剑为武器，扩大伊斯兰地区的面积。5年之内，穆斯林军队大规模出动，以惊人的速度席卷了这片沙漠。进攻的时机几乎是完美的。极度渴望征服的阿拉伯军队发现了这片地区两个伟大的帝国，两者如今同样筋疲力尽、濒临崩溃。元气大伤的波斯帝国只能勉强抵抗敌人。国王伊嗣俟同时向拜占庭和中国求援，但两国都没能提供实质性的帮助，国家灭亡的命运已经近在眼前。一年之内，筋疲力尽的军队便被敌方彻底击败，接下来的10年国王都在不断的逃亡之中度过，直到一名当地的农民为求钱财将他杀死。

穆罕默德于公元632年死于热病，但似乎没有任何事物能够动摇他的军队对于土地的追求。穆斯林军队甚至没有率先彻底吞并波斯，便于公元633年突破荒芜的拜占庭边境，在那里发现了十分适合占据的土地。君士坦丁堡从未真正杜绝基督一性论的学说，只不过是因为与波斯的战争而暂时转移了视线，当穆斯林军队到达时，他们发现当地的人民对他们表示了热烈欢迎。对饱受压迫的基督一性论派支持者而言，伊斯兰教因其严格的一神论信仰而格外容易理解，而且阿拉伯人至少是与他们同根同源的闪族人。被他们的阿拉伯表亲所统治总好过听从君士坦丁堡相隔遥远的异端皇帝的命令，主要因为比起不同信仰者，人总是更容易轻视异端。他们只进行了象征性的抵抗，便目睹着穆斯林军队拥进叙利亚，洗劫了大马士革，进而围困耶路撒冷。

若是放在以前，曾经击败波斯的伟大皇帝会火速赶到巴勒斯坦的防线，但希拉克略已经不再是曾经那个伟大人物了。他始终在与几乎夺取他性命的严重疾病作战，宽阔的肩膀已经过早地佝偻，曾经的金发也已经变成了暗淡的灰白色，并且像他的帝国一样，希拉克略已经接近肉体和精神的双重崩溃。曾经达到过那样辉煌的高度，如今的他却只能痛苦地目睹自己毕生的心血付诸东流。

皇帝悄悄来到耶路撒冷，将真十字架从他6年之前亲手放置的地方移走，然后回到君士坦丁堡，放任这座蒙受厄运的城市自生自灭。当牧首担负起这项可憎的职责，将圣城耶路撒冷交于敌手时，皇帝悲伤地回到了都城，深信上帝已抛弃了他，并因此而感到痛苦。君士坦丁堡的人民也认为是这样，并很快便找到了原因。他们暗中传言，导致帝国一切厄运的源头便是希拉克略与他的外甥女玛蒂娜的乱伦婚姻。在玛蒂娜为她的丈夫所生的9个子女中，只有3个是健康的——剩下的不是在婴幼儿时期早夭，就是身体发育畸形。自然，上帝收回了他的恩典，而从不受人民欢迎的玛蒂娜便成了全城最遭人憎恨的女人。曾经拯救帝国于水火之中的希拉克略则注定要在悲剧中结束人生，他已经被朋友和朝臣所疏远，这些人曾经在那些辉煌的岁月里为他高唱赞美的诗歌。在耶路撒冷沦陷之后的几年内，希拉克略逝世了，他被埋葬在圣使徒教堂的皇室陵墓之内，安放在君士坦丁大帝的身边。

希拉克略的统治在一阵刺耳的音符中结束了，他的人民显然不会为他的去世而感到悲痛。他眼睁睁地看着帝国巨大面积的领土沦陷于不明来路的敌人之手，垂死的皇帝也几乎没有力量去抵抗他们。惊恐的拜占庭人选择向君士坦丁堡求援，他们对这场大灾难感到十分恐惧，但他们身心俱疲的皇帝已经彻底沉浸在苦闷的失败情绪之中。

虽然帝国的运气似乎随着希拉克略的去世而走到了尽头，但若是没有他，事态毫无疑问会变得更糟。如果他没有推翻福卡斯，整个帝国就会轻易地被波斯人踩在脚下；当伊斯兰的大潮涌出阿拉伯半岛，欧洲也将失去任何庇护，完全暴露在敌人的铁蹄下。然而，凭借着一点查士丁尼的战略眼光，再加上一点贝利萨留的军事才能，希拉克略已经把君士坦丁堡打造成了一道屏障，并利用北非广袤的荒原转移了穆斯林军队的视线，拖住了对方进攻欧洲的步伐。他的前半生充满了一场又一场光辉伟大的胜利，如果他在推翻科斯洛埃斯之后便去世，那么击败波斯帝国和将真十字架归还耶路撒冷等成就会让他作为拜占庭历史上最伟大的皇帝之一被子民铭记。

希拉克略的统治堪称中东大部分地区的巨大转折。一千年来，这些土地已经希腊化，由起初信奉异教、后来皈依基督教的罗马帝国统治。这些地区对古典文明做出了巨大贡献，产生了许多古代世界最伟大的帝王、神学家、圣徒和诗人。然而，在阿拉伯人发动进攻之后，一切都改变了。通用语由希腊语变为阿拉伯语，伊斯兰教取代了基督教的地位。这些地区逐渐脱离了地中海地区的发展轨迹，开始将大马士革和巴格达视为中心，而非罗马和君士坦丁堡。一种延续超过千年的生活方式突然结束了。中东地区的生活从此完全改头换面。

在希拉克略之后的5任皇帝中，只有一位在登基时年龄超过16岁，这些皇帝都在互相争权夺利的政治派系斗争中身心俱疲。每一次失败都会进一步削弱他们的力量，也粉碎了他们反击的能力。如果公元633年有一个比年老力衰的希拉克略更强的统治者对付穆斯林的进攻，整个中东地区的历史将会发生翻天覆地的变化。但他是一个身患疾病的人，而继承他位置的皇室年轻继承人都没有足够的能力将权力紧握在手中，对伊斯兰世界的进攻发起有效的反击。到了这个世纪的中叶，对抗敌军威胁的良机彻底丧失，阿拉伯的征服之战逐渐产生了不可抵抗的势头。拜占庭的人民感到绝望不已，只能站在城墙上双手高举他们的圣像，乞求神的恩惠，但穆斯林的大军依然席卷而来，破坏了数个世纪以来的罗马统治，让整个帝国深深为之动摇。对大多数人而言，这更像是一场可怕的神圣审判，精神上的创伤使得整个拜占庭裹足不前。

行动迟滞的帝国军队出发去保卫漫长的边境，但阿拉伯人似乎是无法抵抗的。难以跨越的荒漠一直以来都带给拜占庭人民安全感，但如今却成了可怕的弱点。阿拉伯人借助星星的方位来导航，穿越了这片一望无际的土地，同时杀死了他们所骑的骆驼以节省水源，最终跨过了帝国的防线。当拜占庭军队发兵对抗他们时，阿拉伯人便四散到荒漠之中，然后在其他地方重新聚集。帝国军队仅有一次试图追上他们的脚步。公元 636 年，这支军队追赶一支穆斯林军队来到约旦河的一条支流边，遭遇了惨痛的大败。那些在最初的进攻中幸存下来的人希望投降，但很快被当场全数屠杀。整个地中海世界展现出一片可怕的景象：谁敢反抗伊斯兰的利剑，它就对谁绝不留情。

东罗马帝国为敌军迅速而猛烈的进攻感到精疲力竭，表面看来似乎已经放弃了抵抗。在征服耶路撒冷 8 年之后，阿拉伯人进入埃及。穆斯林大军刚刚到来，基督教会五大宗主教区之一的亚历山大便主动投降。邀请入侵者进城的不同派别基督徒很快便发现，新的领导者比起他们摒弃的东正教会显然更缺乏耐性，当然一切为时已晚。穆斯林卫队被起义力量驱逐，但很快他们又随着大军卷土重来。他们一路高歌猛进，将城墙彻底夷为平地，烧毁图书馆中的一切典籍，将都城迁到了福斯塔特——一座掩盖在金字塔阴影之下的小村庄，也就是日后的开罗。* 似乎只有地中海的海水才能成功阻挡长期居于沙漠的阿拉伯人，但他们很快就学会了海战。在海上航行和在沙漠里航行并无多大分别，10 年之内，他们就建立了一支海军，将曾经战无不胜的拜占庭海军彻底击溃。

面临敌人残酷无情的进攻，君士坦丁堡的朝廷陷入了恐慌，转移到了西西里地区，留下整个东部自生自灭。这种不光彩的行为让大部分拜占庭人感到不知所措和强烈愤慨，但幸运的是阿拉伯的进攻因为内战而中止了。† 伊斯兰世界又因为对阿富汗的征服而进一步转移了注意力，然而此时一位拜占庭皇帝小心谨慎地重新回到了他在君士坦丁堡的住宅，穆斯林的内战胜利者起誓要灭亡整个罗马帝国，征服重新开始了。西西里的一座城市锡拉库萨，也就是最近的罗马世界的都城，在 668 年遭到了洗劫，第二年，一支阿拉伯军队在北非彻底击溃了拜

* 亚历山大规模巨大的图书馆之前曾经至少遭遇过两次十分严重的破坏——第一次是尤里乌斯·恺撒入城时；第二次发生在数个世纪后，当时一名基督教暴民试图焚烧馆内关于巫术和魔法的书籍。这座图书馆是古代世界典籍文献的丰富宝库，在阿拉伯人到来之后，图书馆几乎只剩下外部的躯壳，内里已经毁坏殆尽。征服此地的哈里发欧麦尔给这座建筑带来了致命一击，根据一个或许是虚构的故事所述，欧麦尔曾经说：“如果图书馆里的这些书不包含神圣《古兰经》中的教义，它们便是毫无意义的，我将把它们全部毁掉；如果这些书中涉及《古兰经》教义，那么它们已经是多余的了，我一样要毁掉它们。”

† 这场战争直至今日依然在伊斯兰世界内部产生着深刻的分歧。一位忠于令人恐惧的将领穆阿维叶的杀手，趁哈里发阿里在伊拉克中部的一座清真寺内祈祷时将他暗杀。那些反对穆阿维叶，或是认为只有阿里的子孙才能成为哈里发的穆斯林被称为什叶派，而那些接受穆阿维叶为哈里发的穆斯林则被称为逊尼派。今日的伊拉克人口中，什叶派占绝大多数。

占庭军队，整个行省落入敌军之手。

然而，比起继续征服荒凉的非洲海岸，阿拉伯人显然更有志于将拜占庭帝国彻底消灭，他们进攻的矛头很快便直指君士坦丁堡。阿拉伯人将他们的都城迁到大马士革，阿拉伯的哈里发对新罗马发起了年复一年的冲击，对防御措施进行了探察。城墙看似牢不可破，但整座城市很容易从海上受到攻击，并且守卫港口的只有士气低落的帝国海军。阿拉伯舰队已经无数次展现了它强大的力量，甚至计划夺取一个君士坦丁堡对面的岛屿，拜占庭对此只能袖手旁观，公元 674 年，他们占领了罗得岛——有着古代世界七大奇迹之一的岛屿。* 同一年，圣保罗的诞生地塔尔苏斯落入穆斯林手中，这似乎是一个可怕的证明——上帝已经抛弃了拜占庭。

三支阿拉伯舰队汇聚到都城港口，但在最危急的时刻有英雄意外出现，一位名为卡里尼库斯·赫利奥波利斯的叙利亚逃亡者拯救了君士坦丁堡。他发明了一种威力巨大的火焰喷射器，名为“希腊火”，它喷射而出的火焰能够对敌人的船只造成毁灭性的破坏。† 在这种可怕的烈焰面前，水是完全无效的，火势只会借此传播得越来越猛烈，成团的火球借由喷射器远距离投掷，其威力可以将所到之处烧得一干二净。阿拉伯舰队在这种可怕的新式武器面前溃不成军，金角湾的海域

* 即太阳神巨像，一座巨大的太阳神雕像，在 9 个世纪前的一次地震中彻底倒塌，得胜的阿拉伯指挥官将它破坏，将碎片贩卖。因为雕像用了太多的青铜，所以需要用多达 900 匹骆驼去驮运碎片。

† 希腊火的成分被视为国家机密，受到极为严密的保护，因此直至今日我们也未曾得知其中的成分配方。有一种假设说这种武器的成分是某种低密度的碳氢化合物，类似于石脑油，如果是这样，这种武器至少领先了现代化学 1 200 年。

里挤满了熊熊燃烧的船只。*

君士坦丁堡转危为安，但帝国的其余地方却在迅速土崩瓦解。阿拉伯的利剑如今转向了非洲，在公元697年击溃了迦太基，利用它作为进攻意大利和撒丁岛的桥头堡。711年，穆斯林军队经过了600英里艰苦跋涉，穿过非洲，一名名为塔里克的独眼勇士率领一支部队，穿越西班牙，在一片巨大岩石†之下登陆，这片地区如今仍旧以他的名字命名。

阿拉伯帝国如今拥有了更广阔的土地、资源，财富的数量也已经超过了拜占庭，他们唯一等待的便是给予对方最后一击的时机。717年，也就是一支穆斯林奇袭部队进入法兰西的同一年，这个时机最终到来。大军正式起航，舰队包括将近2 000艘战船，志在一举夺取君士坦丁堡。

这座都城再一次在千钧一发之际诞生了一名英雄，这次是一位叙利亚牧民，名为科农。他在穆斯林舰队来袭之前的一个月潜入都城，巧妙地抓住时机夺取了皇位，史称利奥三世。他精通阿拉伯语和希腊语，头脑十分敏锐，也拥有长期与阿拉伯人周旋的丰富经验。借助多年来最寒冷的一个冬天，利奥很容易便运用策略击败了穆斯林陆军，他的火船也摧毁了阿拉伯的海军，冬日的酷寒冻死了大批牲畜和士兵。穆斯林军队面临饥荒，并且根本无力在冻土之地埋葬他们同胞的尸体，因此不得不吞食他们死去同胞的血肉来求生。融雪伴随着春天

* 金角湾，博斯普鲁斯海峡的一处入口，形成了君士坦丁堡北部海岸的天然良港。

† 塔里克山（Jabal-al Tariq），今日被称为直布罗陀。

到来了，但这只是加重了可怕疫病在脏乱营地中的传播，当利奥三世说服一个保加利亚部落去进攻孤立无援的穆斯林军队时，他们的指挥官在绝望中放弃了抵抗。整场战役对穆斯林军队的力量造成了毁灭性打击。只有不到一半的军队逃回了大马士革，强大的穆斯林舰队也仅剩下五艘船得以返回家乡的港口。*

* 剩余的人成为希腊火和冬日寒风的牺牲品，一部分则在通过锡拉岛时因为恐怖的火山爆发而全军覆没。

第十三章
偶像破坏者

Chapter 13
The Image Breakers

利奥三世被誉为查士丁尼时代以来的一位伟人，上天派来拯救帝国的救世主，但他的统治也仅仅体现了阿拉伯人的进攻如何从心理上击垮了帝国。拜占庭在战争中遭受了难以估量的损失。将近一个世纪前，它曾经是地中海地区的绝对主宰者，疆域从西班牙横跨至黑海，同时也是当之无愧的基督教文明的知识宝库。天国的神圣秩序在这里的土地上具象化，由一位最强大的皇帝执行上帝的审判。然而，眨眼之间，一切都面目全非。某个来路不明的敌人突然从荒漠的黄沙中冲杀出来，以摧枯拉朽之势攫取面前的一切。帝国三分之二的领土都遭受了这场可怕洪流的摧残，一半人口在劫难中化为乌有。阿拉伯骑兵洗劫了幸存的乡村地区，城市则仅仅剩下旧日的躯壳。所有人都为了躲避动荡的城市生活而逃到了防御更加牢固的山顶、岛屿，或是其他难以到达的偏远地带。因为穆斯林的洗劫而一贫如洗、流离失所的难民在君士坦丁堡的大街上四处游荡，财富已经彻底被掠夺一空。曾经强盛一时的拜占庭已经缩小至小亚细亚的范围内，如今国力衰微，人口锐减，比邻近的哈里发国要弱小得多。

拜占庭世界遭到了无法想象的破坏。一个新宗教的军队与由代表上帝力量的皇帝统治的基督教帝国发生冲突，然而这一次基督教的旌旗轰然倒塌。短短八年内，穆斯林已经征服了五大主要宗主教区中的三个——亚历山大、安条克和耶路撒冷，无论是祈祷、圣像或是武器，显然都无法阻止他们前进的步伐。一位傲慢的哈里发占据了基督教的第一圣城，并开始建造圆顶清真寺，声称伊斯兰教已经取代了基督教的地位。他派拜占庭的工匠去装饰这座建筑，同时在此刻下铭文，宣告基督也不过是区区一位先知，最后是一段不祥的警告语，警告基督徒不准说出与此相违背的观点。拜占庭人对此的答复是将基督像镌刻在货币上——一半是为了重获基督恩典，一半是为了让广泛使用这种货币的阿拉伯人恼怒，但帝国的军队依然遭受着一场又一场的失败。对一个从米尔维安大桥战役开始便将基督教作为毕生信仰的国家而言，这样的灾难无疑是在动摇他们信仰的根基。这些困惑的居民不禁扪心自问，为什么上帝要允许这样可怕的灾难发生？

对于利奥三世而言，这个问题的答案显而易见。基督已经收回了他的庇护之手，罪魁祸首就是帝国无数人民顶礼膜拜的圣像。圣像是基督教信仰的崇拜依托，对圣像的膜拜极为流行，导致敬拜基督和过度狂热之间的界限已经日趋模糊。圣像一般由教父母在洗礼上供奉时使用，以及为教徒请求宽恕时作为代祷。街上的人们因为最近从穆斯林敌人手中得救而对圣母马利亚的圣像深深感恩，而大部分圣像都受到了崇高的礼遇，这让人不得不产生负面的联想，比如，旧日的异教偶像崇拜。曾经揭开世俗与神圣之间面纱的工具如今已经显而易见地违背了摩西《十诫》中的第二戒律——不可崇拜偶像。《圣经》中的以色列人曾经因为对一头金牛犊顶礼膜拜而触怒上帝，如今，像那些被放逐荒漠整整四十年的选定之人一样，整个帝国也将因为偶像崇拜的罪孽而遭到惩戒。

皇帝的神圣职责便是消灭任何可能触怒上帝的恶习，因此利奥三世在公元 725 年登上圣索非亚大教堂的讲道坛，在挤满民众的教堂中发表了激昂的演说，矛头直指罪魁祸首。他说，穆斯林因为禁止对任何神像加以膜拜，才能够获得众多的胜利，但拜占庭却因为异端邪说而吃了大亏，因为对画像和木雕顶礼膜拜、乞求救赎而触怒了上帝。然而，参与集会的大多数人却并不同意皇帝的观点，还有一小部分人仍然在争论帝国究竟是否犯下了可怕的错误。然而，利奥三世带来的改变才刚刚开始。他所谓的改革绝不仅是纸上谈兵。

大皇宫的正门是一座巨大的青铜结构的建筑，起初由查士丁尼在尼卡暴动后建立。为赞颂这位伟大皇帝和他的名将贝利萨留，内部穹顶上镶嵌有大量马赛克装饰，其中大门正上方是一座巨大的金色基督圣像，将周围一切都衬托得十分渺小。这座圣像正对着圣索非亚大教堂，从巨大的中央广场的任何位置都能够看得一清二楚，无疑是整座城中最为壮丽的杰作。基督的手正悬在半空，仿佛是在为万物赐福祝祷，同时也是在向行正义之事的统治者提醒他的职责。然而对利奥而言，这座圣像正是一切影响帝国命运的弊端的象征，他下令将其立即拆除。

皇帝的宣讲或许已获得了很多的支持，但在众目睽睽之下让士兵们肆意破坏一座基督圣像，这做得太过火了。附近的妇女成群结队地起来反抗，杀死了一位主管的官员，全面暴动一触即发，只是慑于帝国的武力才未能成形。乡村地区全面掀起反抗的浪潮，希腊一个觊觎王位的人宣称他将会推翻不敬神明的皇帝，恢复圣像崇拜应有的地位。

对利奥三世而言，幸运的是他的胜利战绩让他在军中拥有足够的威信，能够轻而易举地压制暴动；但在西部，他就没有那么幸运了。西欧一直靠着拜占庭的屏障而免遭阿拉伯人的威胁，目睹了整个因偶像崇拜纷争而起的动乱后，这里的人们感到困惑，并且十分惊骇。他们以自身的艺术文化遗产为荣，不知道有什么理由能够突然证明绘画和雕塑成为信仰的阻碍。当时的教皇为此感到大为光火，因为皇帝介入了教会事务当中，于是他在背后为意大利的暴动群众提供了支持。拉韦纳的帝国总督在整个半岛众多城市脱离拜占庭管辖的过程中被谋杀，幸亏教皇在其中奋力阻止，不然很可能这里就会选举出一名新的皇帝了。*

在这样一场只因破坏一尊圣像而起的暴风骤雨中，利奥三世本可以从这样混乱的局面中抽身，但如今他坚定地认为自己是正确的一方，因此拒绝退缩。他发布了一道法令谴责圣像崇拜，下令任何圣像和圣物都必须被立即拆毁。为了以身作则，他收缴了全城的圣骨匣、圣衣，以及教堂所用的金银器皿，然后将所有圣物公开销毁。

* 在威尼斯潟湖区，惊恐万分的居民开始了叛乱，并且任命了自己的统治者，即 dux，或 doge（总督），威尼斯共和国就此诞生。它既是拜占庭帝国的盟友，也是其宿敌。

当教皇在信中尖锐地批判他，说他应该停止干涉教会事务，让那些真正有资格的人着手处理时，利奥三世派出两艘战舰前去逮捕他。这两艘战舰在海上沉没了，因此这位最幸运的教皇躲过了被捕的厄运，但当教皇以将任何毁坏圣像的人逐出教会作为回敬时，事态进一步升级了。

教皇的言辞在东罗马并没有起到多少作用，成千上万的圣像被砸碎或撕毁；但相比逃过一劫的圣像而言，被毁坏的只不过是其中的一小部分。几乎每个家庭都拥有自己的圣像，从简单的木雕到复杂精美的珐琅或蚀刻金属，这些圣像是难以割舍的精神寄托。然而利奥却拒绝就此善罢甘休，他的士兵在全城各处游走，没收能找到的所有圣像，以及装饰教堂墙壁的绘画。修道院试图阻止这种行为，尤其是市内势力强大的圣约翰修道院，但他们所能做到的事情却十分有限。上百名修道士携带他们的珍贵圣像逃到卡帕多西亚的荒野，在此地用软岩建造了秘密的教堂，等待着公众的舆论推翻他们残酷无情的皇帝。

然而，大众的争论通常是很难得出什么确切结论的。利奥曾经将阿拉伯人从君士坦丁堡的城墙下驱逐，当他于740年击败另外一支阿拉伯军队时，（利奥自己本人声称）上帝降下了恩典，对皇帝彻底清洗偶像崇拜的行动加以支持。到了第二年，这种争论不休的局面略有缓和，但一场地震——一直以来都是不祥之兆——袭击了都城，利奥此时已经濒临死亡，在初夏时分他死于水肿，将问题留给了自己的儿子。

他曾经将拜占庭从被穆斯林征服的命运中拯救出来，他也是半个世纪以来第一位在自己的床上安详去世的皇帝，但拜占庭帝国此时此刻正面临着危险的分裂。利奥所发起的关于破坏偶像（事实上，是“彻底粉碎偶像”）的争议在一个世纪以来的大部分时间里都在引发激烈争斗，迫使基督教开始考虑一个一直以来都蒙昧不清的问题：崇拜神明与崇拜偶像之间的界限到底在何处？凡人刻画神圣，究竟是阐明信仰之举，还是以塑像玷污神圣之举？一时之间，西方艺术的命运陷入了悬而未决的境地。

利奥三世的儿子君士坦丁五世本应有希望解决这些矛盾，但他却表现出了比父亲更加狂热的态度。他从诞生起便对偶像怀有强烈的厌恶，因此也成了拜占庭历史上最为狂热的支持偶像破坏的皇帝之一。在他看来，教会腐败堕落的根源正是偶像崇拜，他命令所有的神职人员发誓拒绝崇拜偶像。他坚定地相信基督本人才是真正值得崇拜的，因此提到“圣人”和“神圣”等字眼时，哪怕只是用来赌咒，也会令君士坦丁五世大发雷霆。他对那些拒不发誓的修道士极其憎恨，有时候会下令将他们的胡须沾上油脂，然后点火将他们烧死。当牧首反对这样残忍的酷刑并拒绝发誓时，皇帝下令对他施以鞭刑，并将其投入监牢，之后又令他坐在一头肮脏的驴子的背上，绕着竞技场游行。皇帝还对帝国上下的所有修道院宣战，迫使修道士和修女结婚，没收教会财产，并且将帝国军队派驻至修道院进行看守。

君士坦丁五世雇用神学家宣扬他的理论，但他本人也是一位受过优秀教育的人，能够完美地对自身的信仰加以定义。他时常指出 4 世纪伟大的圣徒该撒利亚的巴西流曾经对偶像崇拜加以谴责，认为崇拜皇帝的肖像就像崇拜皇帝本人一样是不正确的。*然而君士坦丁五世希望能够有比古老的论述更坚定的证据来支持他的观点，他希望自己对抗圣像崇拜的战争能够得到教会的正式支持。而教会的意见在这一问题上存在巨大的分歧，他们无意支持过于极端的皇帝，但要强硬促成这件事，办法也不止一个。君士坦丁五世促使整个教会召开会议，让自己的支持者参与其中，不让提出任何反对意见。会议毫不意外地宣布支持皇帝的任何决定。圣像、圣物和对圣人的祷告都属于偶像崇拜，一律受到谴责。甚至皇帝最为残酷的清洗也得到了教会的认可，公开处刑成了他们有力的武器之一。那些拒绝加入破坏偶像行动的人被毒打、致残，甚至在街道上被处以石刑，这一切都得到了皇帝默许式的鼓励。

君士坦丁五世能够如此残酷、彻底地推行个人宗教战争，原因在于他像他的父亲一样取得了巨大的军事成就，因此声望甚高。甚至瘟疫的出现——14 世纪前最后一次史上有记载的黑死病在君士坦丁堡暴发——也无法对他的成功产生影响。在九场伟大的战役中，君士坦丁五世击溃了保加利亚人，一定程度上恢复了对贫困的巴尔干地区的控制。利用穆斯林的过度扩张和内部分裂，皇帝将他们驱赶出了小亚细亚，甚至计划收复情况类似的塞浦路斯岛。†

* 西欧在 16 世纪的宗教改革中同样经历了偶像破坏时期。为了说明摧毁圣像是有道理的，更为极端的新教徒与他们的拜占庭先人引用了同样的说法。

† 希腊群岛自从 7 世纪晚期以来便经历着基督徒与穆斯林不断更迭的统治，君士坦丁曾经迫使阿拉伯人认可帝国的共同监管权。这种安排——十分巧妙地预示了今日的局势——最终倒向了对拜占庭帝国有利的一面，拜占庭也一直掌控着塞浦路斯，直到“狮心王”理查于 12 世纪末征服此地。

这些出人意料的胜利自然受到人民的欢迎，但就连君士坦丁最激进的支持者也对他的宗教政策带来的危害感到紧张不安。偶像崇拜派和偶像破坏主义者之间产生了难以弥合的巨大分歧，拜占庭帝国的前途陷入了迷茫之中，内部产生了严重分裂。更糟糕的是，君士坦丁堡狂热的偶像战争使西方就此疏远，而此时正是拜占庭急需忠诚来维持自身力量的关键时刻。皇帝认定教皇是异端分子，并彻底抛弃了他，后者只能眼睁睁地目睹伦巴第人在拉韦纳战胜了帝国政府。拜占庭的力量已经大幅衰落，仅剩意大利“踵”部地区作为自身的最后堡垒，但意大利此时也脆弱不堪。将近八个世纪之后，恺撒最终被逐出了他们的都城；再未有任何一位罗马帝国的战士踏足永恒之城。教皇只能四处搜寻一位新的保护人让自己远离伦巴第人的威胁，他发现了一位十分完美的候选人——法兰克国王“矮子”丕平。丕平响应号召，发兵进攻意大利，将伦巴第人打得一败涂地，将夺得的土地控制权移交给了教皇，这片土地就是后来的教皇国。*君士坦丁堡为此事而大受羞辱，但对帝国而言，比丧失国土更加可怕的是精神上的伤害。

在君士坦丁五世时期，帝国最终拥有了一位力量强大的皇帝，如果不是他的狂热精神，帝国也许会在千钧一发之际恢复力量。作为君士坦丁大帝的后人，他理论上是基督教的现世领导人。古老罗马帝国的每一位居民——甚至是那些被众多西方蛮族王国屠戮的人也会对他献上自己的忠诚，至少从原则上讲，一直以来始终承认他的权威。政治现实或许迫使他们承认那些地位渺小的国王，但正如天堂只有一位上

* 最终仅存的地区今日犹在，即梵蒂冈。

帝，地上也只有一位皇帝。对于家园被穆斯林征服的人民而言，事情再明白不过了。当地人口的大部分都是基督徒，他们梦想着总有一天皇帝能够回到这里，将他的子民从遭受奴役的境遇中解救出来。他们对君士坦丁堡如此忠贞不贰，以至那些阿拉伯人称他们为“皇帝的教派”并始终生活在爆发大规模叛乱的恐惧之中。此时唯一缺的便是一位强大的人物，能够发动反击，满足人民的强烈诉求，让他们回归帝国怀抱，皈依真正的信仰。

但君士坦丁五世并没有抓住这一良机，而是将它抛诸脑后。他残酷的宗教迫害将小亚细亚与帝国以外更广阔的基督教世界隔离开来。* 东部的人民遭受排斥，对一个已经丧失灵魂的帝国感到嫌恶，而西部的人民则开始质疑帝国所谓的普世权威。他们还没有胆量要求与君士坦丁堡地位平等，但这一天已经不再遥远。形成统一的基督教帝国的时机彻底不复存在了。因为对圣像的极度反感，君士坦丁和他的父亲已经毁灭了自身的精神寄托。一切都将发生翻天覆地的变化。

* 东部被穆斯林占领的地区内的基督徒极其激烈地反对偶像破坏主义，这无疑是幸运的。一些科普特教会修道院的最精美圣像逃过了这场浩劫，得以幸存，公元 8 世纪时它们位于帝国领域之外的地区。

第十四章

帝国崩溃

Chapter 14

The Crumbling Empire

君士坦丁五世于公元 775 年 9 月 14 日去世，此时的拜占庭帝国几乎到了山穷水尽的境地。持续的内外交困使社会的不同阶级都蒙受了难以估量的损失。迫于来自四面八方的压力，事态开始变得一发不可收拾。历史记载不再确切可信，自罗马共和国时代以来始终精心珍藏的家族宗谱彻底失传，元老院阶层的古老传统也逐渐消失。* 大部分城市的规模都缩小到城镇级别，人口数量也在锐减，只能在昔日辉煌的废墟之上苟延残喘。城市规划完全中断，宽广的大道和华丽的古代城市建筑也被扭曲狭窄的街道和匆忙搭建的陋居所替代。众多建筑物化

* 旧时的元老院议会厅逐渐与大皇宫合并，作为接待宾客的谒见厅使用。然而，元老院本身则继续存在，偶尔作为审判高层权力人物的旁听席使用。虽然元老院的声望和责任都在公元 9 世纪大幅度下降，逐渐变得无足轻重，但公元 1453 年 5 月 29 日帝国灭亡之时依然有元老院成员存在，在最后的岁月中尽其所能地保卫着整个帝国。

作废墟，当人们彻底重建墙壁时，他们不会长途跋涉去废弃许久的采石场，而是选用过去建筑上的砖石。甚至重要的大城市也呈现出了无法挽回的衰败景象。雅典曾经是希腊最为重要的城市，如今规模缩减为一个小城镇，只有几千名市民在雅典卫城附近挣扎求生。而在君士坦丁堡，虽然那些竞技场、剧院和浴室依然存在，城市中的导水渠却已经超过一个世纪未能得到修缮。

海上贸易依然相对繁荣，都城的市场上也能够找到印度的香料和中国的丝绸，但商人再也没有胆量在动荡不安的岁月里穿越危险的陆路，大部分内陆地区重新恢复了易货制。随着城市人口大规模锐减，四面都有敌人的围攻，社会的军事化程度开始提高。国家的土地被移交给军队管理，以减少花费，政治管理也交由军队的官员执行，以提高效率。这些变化导致了军队的政治力量日益膨胀，时常干涉政府事务。在希拉克略去世后的一个世纪里，由军队拥立的皇帝不少于八位，民事权力和军队权力之间的界限不可避免地逐渐模糊。

与其他方面一样，教育同样在动乱中受创。都城依然拥有私人导师和初级、中级学校，行政系统和军队中的职位依然由具备美德功绩的人所担任，但对于大部分人而言，在战乱和动荡的年代中根本没有时间去接受系统的教育。具备读写能力的人逐渐减少，公务人员的素质也随之下降。面对战乱和社会动荡的残酷压力，哲学和文学这样的领域都遭到了严重忽视，被视为和平年代的奢侈品。随着教育的地位下降，拜占庭的文化开始凋零，甚至湮灭。每一代人都比他们的先辈更加缺乏教育，也更加无法领悟学习本身的价值所在，不久后这种衰退的速度越来越快。8 世纪初，法律明文规定，禁止破坏、丢弃古代文献，或将它们浸泡在香料中；到了 8 世纪中期，皇帝经常抱怨找不到有能力的人才去解读法律。到了君士坦丁五世时期，他本人因为激烈反对偶像崇拜而破坏偶像，使文化进一步衰退；他将矛头直指修道院，尽其所能去毁坏那些不符合他观点的作品，教育由此陷入了极度衰落的境地。

大众对这位破坏偶像的皇帝的反对情绪在他去世之时达到了顶峰。军事上的辉煌使君士坦丁五世在军队中拥有极高的威望，在他去世很久之后依然如此，但在大部分拜占庭平民的眼中，这位皇帝无疑是可耻的暴君，是应该被人遗忘的魔鬼。他们称他为“Copronymos”，也就是臭虫。在他去世一个世纪之后，这位皇帝的名声差到了这个程度：一群暴民打破他的石棺，将他的骨骸烧毁，然后将灰烬尽数扔进大海。他的儿子利奥四世则正好相反，是一个脾性温和的人，虽然同样支持破坏偶像，但希望缓和他父亲过度激进的做法。假设他的寿命更长的话，他本来有能力平息紧张的局势，但不幸的是，他在统治 5 年之后就去世了。大权落到了他的配偶、一位个性强硬的女性手中。她在利奥四世生前掌控着他，在他死后则让他显得无关紧要。

君士坦丁五世曾经通过全国大规模选美的形式为自己的儿子选择妻子，最终他选中了伊琳娜，一名来自雅典的女性，她从小遭到遗弃，但美貌惊人、魅力十足。然而对于头号偶像破坏主义者君士坦丁五世而言，这实在是一个不明智的选择。伊琳娜从小在西部长大，是圣像的狂热崇拜者，她对她的公公而言，完全没有用处，反而暗中立下了目标，决心恢复圣像崇拜制度。她的丈夫试图控制她，但在她被打入冷宫短短一个月之后，他就去世了，伊琳娜散布出关于利奥四世去世的谣言，声称他的死亡是上帝降下神罚的结果。不论君士坦丁堡的人民是否相信她的话，他们都不情不愿地同意了让伊琳娜作为摄政女皇辅佐她 10 岁的儿子君士坦丁六世，因此皇位也就随之落入了拜占庭漫长历史上一个极为贪恋权势的君主手中。这位年轻的女皇对妨碍自己的人毫无慈悲之心，并且她已经下定决心，不惜一切代价将权力攫取到自己手中。

在接下来的 11 年中，这位女皇用铁腕手段统治着帝国，逐步撤销那些身居要职的偶像破坏者的职务，然后安插自己的支持者去顶替他们。然而不幸的是，大部分帝国最为优秀的官员和士兵都属于偶像破坏者之列，他们被撤职无疑导致了帝国军队被大幅削弱。面对在她摄政两年之内穆斯林的大举入侵，士气低落、作战能力低下的拜占庭军队很快选择了叛变，加入阿拉伯军队。用巨大耻辱和高昂代价换来的和平严重影响了伊琳娜的声望，一直以来呼吁她退位的声音变得一发不可收拾。

然而军事形势的逆转和公众支持度的下降对伊琳娜而言算不上什么大灾难。她的全部精力都放在恢复圣像崇拜制度上，并继续平稳地推进自己的宗教改革。不论那些致力于破坏偶像的皇帝如何强大，他们都缺乏对教会的绝对控制力。君士坦丁五世曾经徒劳地尝试召开一次公会议，但没有人被他的计划所愚弄。伊琳娜将偶像破坏的问题扩大到整个教会范围内，认为凭借他们统一的声音能够将破坏偶像的传统彻底推翻。使者被派往四面八方，邀请亚历山大、安条克、耶路撒冷和罗马的各位牧首前来参加教会内部的第七次也是最后一次日后的东西方教会共同承认的公会议。

这场集会在尼西亚规模宏大的神圣智慧教堂举行，462 年前举行第一次会议的情形还历历在目，但会议的结果并不令人感到惊讶。破坏偶像的行为遭到了谴责，但崇拜偶像的同时也必须遵循规则，禁止陷入过度崇拜的境地。帝国上下对这样的消息如蒙大赦，相信这漫长的噩梦或许即将结束。偶像破坏已经推行了几十年之久，很大程度上都是由狂热的皇帝一手促成的。当这一传统遭到谴责，没有任何声音表示反对。

宗教上的胜利本应为伊琳娜的摄政生涯画上一个圆满的句号，之后她便能够顺理成章地将权力移交给自己的儿子。就传统而言，摄政会在继承人 16 岁时正式结束，而君士坦丁六世现在已经 20 多岁了。然而伊琳娜对权力的狂热没有丝毫衰减，并不打算为了她可怜的儿子放弃它。君士坦丁六世性格十分懦弱，易于被人操纵，如果伊琳娜能收敛自己的野心，事情便会容易许多，但显然伊琳娜的字典里没有“节制”这个词。她并没有在帝国流通的货币上刻上自己儿子的头像，而是在硬币的两面都刻上了自己的头像。* 伊琳娜并不满足于这表面上的僭越行为，之后她又颁布了一条帝国法令，宣布自己才是帝国唯一的

* 在偶像破坏主义的巨大争议爆发之前，帝国的传统是将基督的头像镌刻在流通的钱币上。因为伊琳娜恢复了圣像崇拜，她希望用自己铸造的钱币来庆贺这一事件，但比起对神的虔诚，她的野心暴露得更为彻底。

最高女皇，自然她的地位也要超过儿子君士坦丁六世。当有些将军提出抗议，要求她将权力归还给皇帝时，伊琳娜非常愤怒地下令处死他们，并将自己毫不知情的儿子痛打一顿，将他囚禁在监牢里。

女皇对这件事情的处理方式可以说是极其失败的。任何一位英明的君主在做出可能引起军队抗议的决策时，都应该三思而后行，在军事方面伊琳娜可以说是一败涂地。由于她长期以来实行的内部清洗，军队在她统治期间始终呈现一盘散沙的状态，自然对她也就不存在多少忠诚之心。最近两年中拜占庭军队在面对阿拉伯、保加利亚和法兰克人的军队时都遭遇了惨败，有人逐渐开始怀疑或许坚持偶像破坏主义才是正确的选择。军队内部开始爆发叛乱。不久，愤怒的暴民挤满了君士坦丁堡的街道，高呼要伊琳娜让位给她的儿子。君士坦丁六世一夜之间从阶下囚摇身一变成了人民的英雄，他从狭小的监牢走出来，被人推举上皇位，而伊琳娜则被监禁在她某座宫殿的一间内室中。

然而，君士坦丁六世在被监禁之前也未曾积极参与国家政事，他在位期间也没有多少作为。这位年轻的皇帝一丁点野心都没有，凡事都选择顺其自然，因此很快便被证明并没有成为一位优秀皇帝的能力。当一支阿拉伯军队入侵帝国领土时，他立刻便陷入了恐慌，选择与敌人媾和，对国家而言这无疑是巨大的屈辱，也会付出高昂的代价。面对人民对他懦弱胆小的指责，他只得选择亲自披挂上阵，但第一眼看到敌人的大军，他便吓得胆战心惊，这种态度自然让他的声望更加一落千丈。这样的灾难使他有意让自己的母亲重新回归执政，做出了这个愚蠢的决定之后，他又在对保加利亚人的战争中一败涂地。君士坦丁堡的帝国禁卫军对这一切失望透顶，他们密谋将伊琳娜和她不成器的儿子一起彻底驱逐，但消息却通过某种渠道泄露出去。惊恐万分的皇帝终于展现出了一点皇帝的威严，他下令割掉那些僭越者的舌头。

这样愚蠢的残忍行径使君士坦丁六世在军队里的最后一点人心也彻底化为乌有，伊琳娜最终决定一劳永逸地除掉她可悲的儿子。君士坦丁因为对保加利亚的大败而对军队上下加以斥责，伊琳娜很容易便说服他下令惩罚那些颜面扫地的军队，方式是在其中一千人的脸上刻上“叛徒”的字样。正如伊琳娜预料的那样，这一举动令皇帝成了全城上下唾骂的对象。如今众叛亲离的君士坦丁六世在他最强大的敌人面前彻底陷入了孤立境地。

公元 797 年 5 月，君士坦丁的儿子出生不久便告夭折，当皇帝陷入无限悲痛之中时，伊琳娜展开了行动。在皇帝从竞技场骑行回宫时，她的一部分宫殿守卫从周围的矮树丛中冲出来并试图抓住他。君士坦丁六世本想逃往码头，但很快就被抓住，押往大皇宫。正是在他 26 年前出生的那个房间里，伊琳娜残忍地刺瞎了儿子的双目，导致了他的死亡。

伊琳娜从未把自己当成君士坦丁六世真正的母亲，她始终忙于国家大事，像所有的皇室继承人一样，君士坦丁六世是在一大群育婴女佣的照料下长大的，周围还有众多皇家教师，很少有时间能够亲近他的父母。然而，尽管如此，这等卑鄙的血亲相残依然令帝国上下为之震动。伊琳娜无疑违背了整个社会公认的作为母亲的伦理道德，而这样的道德是从地位最高的权贵阶级到地位最低的贩夫走卒都一致认同的。她人性中的一部分显然已经彻底丧失，她的臣民虽然容忍她继续执政，但再也不会对她表示任何尊敬。她是罗马帝国的首位女性统治者，不是作为摄政王或皇后，而是真正的皇帝，但伊琳娜显然并没有为此高兴多久。负罪感消耗了她的精力。当阿拉伯人察觉到帝国的衰弱并前来进攻时，她立刻准备了数目巨大的贡品，而这是帝国根本无力负担的。她试图为自己日益衰弱的国民鼓舞士气，乘坐着一辆金色的二轮战车，由两匹最为强壮的白色骏马拉着，四处出行，向围观的人群抛撒金币。围观的民众拾起了金币，但他们的感情却没有那么容易笼络。因为她对萨拉森人进贡的许诺，国库已经陷入空虚，民众对此心知肚明，将所剩无几的钱财抛撒给人民，只会为她带来变本加厉的讥讽。唯一令人感到吃惊的是，当暴动来临时，主使者并非一名心怀不满的拜占庭人，而是来自遥远西方的蛮族。

混乱在罗马拉开序幕，教皇利奥三世的声望正日益低落。利奥三世是农民阶级出身，因此遭到大权在握的罗马元老院成员的嫉恨，他们认为教皇职位理应归属于贵族出身的成员。他们的痛恨日益强烈。799年，元老院成员派出一群暴徒偷袭了教皇，当时教皇正在大街上行走。这些偷袭者接到命令，要挖出他的双眼，割掉他的舌头。幸运的是，这些沉浸在偷袭行动兴奋之中的暴徒最终只是将他痛打至不省人事，而没有严格遵照指令行事。利奥三世仓皇逃出城，躲过了偷袭者反省到自己错误之后重新发起的追击，然后逃到法兰克国王的宫殿中，在那里逐渐平复了惊恐的心情。在他逃走之后，他的敌人试图废黜他的教皇职务，将一切罪名加到他的头上，从公开酗酒到通奸无所不有。利奥在安全的藏身之地，站出来反对敌人对自己的污蔑，但显然双方已经陷入了僵局。此时应该举行公开的审判，但这会导致局面更加糟糕而复杂。谁有资格审判天主教教皇呢？

自然，只有君士坦丁堡的皇帝也即基督教世界的世俗代表才具备这个资格，但伊琳娜不仅因为亲手杀死自己的儿子而犯下巨大罪孽，她的女性身份也使西方无法承认她的统治地位。利奥需要的是一位支持者，他没有将目光转向东方，他所中意的是近在眼前的法兰克王国。

虽然王朝时间不长，法兰克王国却已经拥有了十分辉煌的历史。法兰克王国的宫相“铁锤”查理·马特在图尔战役中彻底阻断了穆斯林大军前进的脚步，自此阿拉伯人无法继续向西欧深入。他的儿子“矮子”丕平在拜占庭忙于偶像破坏运动时发兵拯救教皇，教皇对他感激不尽，因此亲自为他加冕，显示他的尊贵地位。然而，真正将法兰克王国推向辉煌的人是丕平杰出的儿子。

丕平本人在历史上的称谓是“矮子”，但他却有一位身材高大的儿子。这个孩子同他的祖父一样名为查理，身高约 190 厘米，并且他的人格也像他的身高一样伟岸强大。公元 800 年，他将继承自父辈的渺小王国扩张为整个西欧最为强大的国家，自从古罗马时代以来，西方没有任何一个帝国能够与之相比。在应教皇之邀跨过阿尔卑斯山之后，查理大帝——或称查理曼，后人多如此称呼——于公元 800 年 12 月进入意大利领土，为教皇利奥做证。教皇手扶福音书起誓，表示自己清白无罪。他有法兰克国王在背后的强大支持，参加集会的所有教会人员都表示接受他的辩白。两天之后，查理曼在参加圣诞弥撒时双膝下跪，教皇利奥将一顶珠宝装饰的皇冠从圣坛上取下，戴在他的头上，向感到震惊的众人宣布查理曼现在正式加冕为“罗马人的皇帝”——这样的加冕仪式起源于《圣经》中的以色列国王。激动的人群中瞬间爆发出了巨大的欢呼。在漫长的400年之后，西方终于又迎来了一位属于自己的皇帝。

欧洲黑暗时代的人通常野蛮好斗、寿命短暂，但西罗马帝国余脉的继承人们却很清楚，情况并非历来如此。古罗马的白色大理石遗迹四处散落，从不列颠到西西里，它们不断提醒着人们，在为黑暗所笼罩以前，有过一个闪耀着学识之光的时代。他们期盼帝国重新振兴的时代能够彻底到来，像凤凰一般在自己的灰烬中浴火重生，恢复世界的正确秩序。如今，在9世纪初的这个圣诞日，教皇利奥宣布这一天到来了。

这场加冕仪式因其唐突而令人震惊。利奥将皇冠戴到查理曼头上，这也是向所有人暗示一个信息——只有他才有资格为罗马帝国的皇帝加冕，并且，像他拥有为皇帝加冕的地位一样，他也有不为皇帝加冕的权力。* 利奥庄严宣布，教会是比国家地位更高的权力机构。这样的声明戳中了拜占庭权力阶层的要害，因为假如查理曼是真正的罗马皇帝，那么十分显然，伊琳娜或是其他坐在拜占庭皇位上的人自然也就名不正言不顺了。一瞬之间，利奥便缔造了一个与拜占庭分庭抗礼的帝国，不但敢于与恺撒的正统世系平起平坐，而且也等同于宣称

* 他的心思自然无法瞒过为人精明狡诈的查理曼，但木已成舟，即使这位君主对此感到愤怒，也依然无计可施。1 000 年之后的拿破仑加冕典礼上，这位法国皇帝成为自己为自己加冕的第一人。

拜占庭的皇位上坐的全都是一群冒牌货，不过是擅夺奥古斯都皇位的僭越者。

自然，利奥本身并没有推举一位新皇帝的权力，但为了支持查理曼作为皇帝的地位，他展示了《君士坦丁赠礼》，也就是整个中世纪最为耻辱的伪造品。* 这一文件记载，教皇西尔维斯特曾经奇迹般地治愈了皇帝君士坦丁的麻风病，皇帝为表示感激，曾经宣布在拜占庭退位，给予教皇统治西方的权力，以及为任何他所中意的继承人加冕的权力。这份文件所使用的拉丁文是不符合年代的，并且文件中描述的某些事件发生时间在文件写作时间之后，但由于整个西方的教育落后，文化水平低下，一直无人发现真相，因此可以作为支持教皇的依据，并且在之后的600年中一直如此。

加冕仪式的消息在君士坦丁堡掀起了极大的震动。正如天堂里只有一位上帝，地上也只有一个罗马帝国和一位皇帝。伊琳娜或许不是一个令人满意的统治者，但这不意味着一个目不识丁的蛮族就能够与她平起平坐。这个亵渎神明的加冕仪式是对世界神圣秩序的冒犯，由教皇来举行仪式无疑是更加彻底的背叛罪行。当翌年年初这个粗野的法兰克人的使者来到君士坦丁堡提出缔结婚约的建议时，这种紧张气氛未能得到改善。他们期望能够让查理曼与伊琳娜女皇结合，这样帝国便又会回到统一的局面，伊琳娜也能够像一位新时代的狄奥多拉一样同时统治东、西两个帝国。拜占庭群臣震惊不已，相比这位野蛮人使

---

* 可能是在利奥使用它之前的几十年所著，此后一直作为教皇手中所掌握的最有力的武器，直到人文主义学者洛伦佐·瓦拉最终在公元1440年证明这一文书为伪造品。

者傲慢自大的态度，更加令他们感到侮辱的是伊琳娜事实上正在严肃地考虑法兰克人的提议。如今大部分人都对伊琳娜的统治感到不满，她感到局势已经十分紧迫，因此答应这个提议可谓是一个完美的解决途径。

然而，她的臣民却并不想让伊琳娜将他们的帝国交给一个野蛮的僭越者，他们很快便摆脱了这位声名狼藉的统治者。伊琳娜感到自己很难再继续坚持下去了。她的整个人生都在拼命地将权力攥在自己手中，现在已经是强弩之末，一群贵族几乎没费什么力气便将这位女皇推翻了。她很驯服地被囚禁在宫殿之中，这是她不久之前还在发号施令的地方，在这里她非常平静地目睹着人群在竞技场聚集起来，将她的一名财政大臣拥立为皇帝，然后同样毫无反抗地被流放到了爱琴海的莱斯博斯岛。

伊琳娜的下场不仅仅是为一段内外交困的统治岁月画上了句号，她的统治也标志着基督教国家最后一次拥有唯一的、不存在争议的世俗代表，见证了古老的罗马世界的没落。她的帝国与奥古斯都曾经建立的伟大帝国并没有多少相似之处，而其中的差异比单纯的财力不足和经济崩溃都要复杂得多，因此她用金钱来收买人心的行动也只是目光短浅的失败尝试而已。东罗马帝国苟延残喘的旧秩序经历了漫长的时光之后，终于在西方彻底消逝，但劫掠和瘟疫仍然造成了十分严重的损失，而那时穆斯林军队无休无止的进攻已让西班牙、叙利亚、巴勒斯坦、埃及和北非其他地区陷落。

穆斯林军队的前进势头令人震惊，此时查理曼的加冕仪式给人带来的震撼也同样巨大。拜占庭帝国此时在物质和精神上都遭受了巨大的压力，社会各个阶层都发生了转变。拜占庭从此不再是地中海地区当之无愧的中心，这里的温暖海岸曾经是文明最初的诞生地。君士坦丁和查士丁尼所建立的古老帝国最后的痕迹已经随着伊琳娜统治的崩溃而彻底消逝，如今拜占庭面临着强敌环伺的险境，随时随地可能会遇到巨大的威胁。如今想要着手补救已经太迟。拜占庭帝国要么顺应局势，要么只能坐以待毙。

第十五章

形势逆转

Chapter 15

The Turning Tide

似乎是要展现帝国的形势究竟危急到何种地步，一个新的巨大威胁又在9世纪初初现端倪。一个强大的地方霸主跨过喀尔巴阡山脉，将特兰西瓦尼亚到多瑙河的所有保加利亚人集结起来，建立了最初的保加利亚帝国。这位强大的可汗名为克鲁姆，他使拜占庭的军队遭到了巨大的打击，杀死了一位皇帝，并用计推翻了另一位。* 他的军队几乎未曾遇到任何抵抗，就席卷了黑海地区众多富庶的城市，将当地全部人口监禁起来，进而威胁整个巴尔干地区。甚至君士坦丁堡也在这位所向披靡的可汗面前陷入危机，但它的城墙实在太过坚固，失望的保

* 人们根据脚上所穿着的紫色长靴辨别出皇帝尼斯福鲁斯一世的尸体，并将其带到克鲁姆的帐篷中，这位可汗兴奋地将尸体的头颅砍下，用矛钉住，作为自己炫耀胜利的战利品。在公开示众数天之后，他将已经腐朽的头骨镀银。根据一种真正的蛮族风俗，克鲁姆将头骨用作自己此后使用的酒杯。

加利亚人只好将目标转向城郊地区，将当地来不及逃难的一切生灵赶尽杀绝。

幸运的是，克鲁姆的恐吓好像曾经的阿提拉和未来的成吉思汗一样，更多依靠个人魅力而非强大底蕴，在这位可汗去世后，他所带来的威胁就迅速消失无踪了。不过，这突如其来的耻辱依然给不知所措、心怀恐惧的帝国居民留下了深刻印象，并导致有些人开始考虑恢复偶像破坏运动。不论那些坚持偶像破坏主义的皇帝在其他方面有何功过，他们无疑都在军事上大有作为，而现在的境况无疑正需要有人站出来为帝国英勇作战。在伊琳娜去世不到十年内，一群暴民打断了圣使徒教堂内的一次礼拜，闯入君士坦丁五世华丽的大理石陵墓，乞求这位伟大的偶像破坏主义者能够死而复生，带领拜占庭大军重新赢得辉煌的胜利。

然而不幸的是，仅仅是将艺术品付之一炬并不会增强帝国的军事实力。在相对平静的几十年过去之后，哈里发重新展开了攻势，帝国军队也证实了他们没有能力阻挡敌人的步伐。826 年，一支穆斯林军队在克里特岛登陆，强迫当地的人民改信伊斯兰教，将首府干地亚变为了世界最为繁忙的奴隶市场。838 年，穆斯林入侵小亚细亚，洗劫了阿摩利阿姆，在当地的教堂中围困住大部分居民，然后将所有人活活烧死。* 次年，西部西西里大部分地区沦陷，阿拉伯人进军意大利，征服了塔兰托，将这片“意大利长靴的鞋后跟”作为基地，对如今的克罗

* 除了成为一个朝代的开国都城的巨大荣耀，阿摩利阿姆也因为是希腊著名寓言作家伊索的诞生地而著名。

地亚沿海地区发起进攻。帝国政府对此十分警觉，因此派使者向西方的皇帝“虔诚者”路易求援，但十字军东征的精神显然远在200年之后才会出现，因此谈判并没有取得什么成果。

皇帝无视日益强烈的反对声音，选择继续固执地推行偶像破坏政策，他认为这是让帝国重获上帝垂青的唯一出路。他甚至亲自痛打两名巴勒斯坦修道士，因为他们拒绝破坏圣像，当一周的酷刑也无法迫使他们改变心意之时，他令人将侮辱性的言辞刻在他们的脸上，将他们流放到了安纳托利亚。在涉及宗教问题时，这种愚蠢的行为是不可能带来任何正面效果的，没有了军事上的胜利作为证据来加以支持，偶像破坏主义已经是强弩之末。大部分拜占庭人都意识到，破坏他们的偶像，让他们的艺术需求得不到满足，是无济于事的。公元843年，在不到30年之后，偶像破坏主义几乎悄无声息地再次消失了。在那年大斋期的第一个周日，美丽智慧的皇后狄奥多拉正式结束了拜占庭的最后一个重要宗教争议，在圣索非亚大教堂举行大规模宗教集会，以及感恩节礼拜仪式。* 艺术家们又一次拿起了他们的画笔、锤子和凿子，重新开始用绘画、木雕和石雕等艺术形式表达对神的礼赞。几年后，第一个圣像在圣索非亚大教堂出现，但它一经展示便让人们清晰地意识到，那些黑暗的年月丝毫没有磨灭拜占庭艺术的辉煌。†

* 东部教会至今依然要每年庆祝一次“东正教礼拜日”。

† 我们至今依然能够看到——令人深深震撼的圣母马利亚与圣婴耶稣画像，他们端坐在天国的王座之上，目光悲伤地向下凝视着大圣坛曾经耸立的方向。

军事上的形势也开始逐渐扭转，在9世纪中期重新出现了鼓舞人心的景象，帝国开始缓慢地恢复力量。帝国曾经因为战乱失去过大片领土，如今它的中心成了小亚细亚、色雷斯和希腊，但这些领土十分强盛，并且团结统一。宗教纷争已经在叙利亚和埃及混乱不堪的土地上消失了，那些小规模的帝国政府按自己的效率办事，并不因统治者而受到影响。新的金矿逐渐被发掘，国家的财力得到恢复，富裕的商人阶级也伴随着这种意想不到的财富重新崛起。

更加鼓舞人心的是学术的火花再次燃起，但非常讽刺的是，这种复兴是在偶像破坏主义的余烬之中诞生的。双方在论辩中都试图证明自己的正确性，因此需要去引用早期教父那些晦涩难懂的文献，希望对这些文献进行更深层次的研究，以便反驳对方的观点。私人学校开始在帝国的土地上四处崛起，对教育的兴趣开始逐渐传播，读写能力也逐渐在大众之中普及。在9世纪中期皇帝狄奥菲雷斯的统治下，教师开始得到从公共资金中划拨的资助，缮写室纷纷开放，君士坦丁堡大学新增了大批法律和哲学类的人员。*

东罗马的这一点与西方形成了十分鲜明的对比，西方的教会正在缓慢地传播曾经得以保留的学习传统的一鳞半爪。西方的中世纪思想虽然至关重要，但已经与丰富的古代文化遗产彻底脱节，一直到了文艺复兴时期才得以恢复对古代世界的研究。相比之下，东罗马的学校能够充分沿袭不曾中断的古代哲学和文学传统。几年之内，拜占庭的

* 严格的拜占庭课程表在5世纪到15世纪未曾有过太大的改变。这些课程通常包括修辞学、数学和哲学，常有十分优秀的学生能够记住整首《伊利亚特》。

智慧之名便远播世界各地，一位哈里发甚至还邀请一位专家到巴格达进行交流。皇帝拒绝让这位专家前去，而是令他继续留在都城，这个决定可能是明智之举。为新兴起的好学之风所鼓舞，宫廷历史学家们又一次举起了手中的笔，年轻的贵族们重新开始学习古代文献，拜占庭的学术传统自从伊琳娜的统治时期以来几近中断，如今重新迎来了繁荣的局面。狄奥菲雷斯的军队或许在小亚细亚未能取得辉煌战果，但他带来了文化的复兴，对公正平等的关心使他赢得了人民的拥护。*

在一个皇帝被视为高不可攀的人物以及上帝在地上的代表的时代，狄奥菲雷斯与人民的关系相对比较亲近。他是一位忠实的二轮战车赛爱好者，曾经投入蓝党的旗帜之下参加比赛，并且因为技艺高超而引发人群的热烈欢呼。†但是，令所有君士坦丁堡人民大为惊讶的是，皇帝非常喜欢乔装打扮后在都城的大街上游荡，就人民关心的各种问题与他们亲切交谈，保证商人贩卖器物的价格公平。曾经有一周，伴随着喇叭发出的嘟嘟声，他骑马从城市的一端来到另一端，鼓励那些有怨声的人来找他。那些叫住他的人都可以确信，不论这个人有多么巨大的权力，他都会带着同情心去倾听。一位寡妇来到皇帝的面前，讲了一个令人吃惊的故事，她说皇帝现在骑的这匹马是一位高级地方官员从她的家里偷走的。狄奥菲雷斯尽责地调查了这件事情，当他发现这位寡妇所言非虚时，他立刻将那名地方长官鞭打一顿，并

* 发现自己的军队无力作战后，他派出使臣将数千枚金币分送给巴格达的人民，试图向哈里发示好。不幸的是，皇帝的金币就像他的军队一样，没有起到任何作用。

† 自然，这个结果是事先安排好的，各派都遵从指示让皇帝获得最终的胜利。

告诉围观的民众，公正是一名统治者最大的美德。*

平易近人并不意味着这位皇帝失去了哪怕一丝一毫的帝王威严，他在建筑上倾注了巨资，希望打造出一件自从查士丁尼时代以来绝无仅有的杰作。† 所有皇帝都有着奢华的癖好，但狄奥菲雷斯在这一点上绝对能够令他的大部分前人都甘拜下风。绵延金角湾一带的坚固城墙以令人震惊的迅疾速度拔地而起，一座恢宏壮丽的夏宫落成，君士坦丁大皇宫也在将近三百年之后第一次彻底整修。‡ 这最后一件创举令同时代的历史学家们大感兴趣，他们留下了浩如烟海的相关著作。在他们眼前，狄奥菲雷斯改变了整个大皇宫杂乱无章而乏善可陈的建筑群落，将之打造成适合一位9世纪皇帝的华丽居所。§ 这样的创新之举可谓是姗姗来迟。这座大皇宫由塞维鲁在2世纪建成，又由后来的数任皇帝随意改建，他们建造了接待厅、寝宫、教堂、浴室和行政部门，直到这杂乱无章的建筑群几乎要占满城市的整个东南角。

狄奥菲雷斯在大皇宫进行了一系列的改造，去除那些杂乱的墙壁和无用的房间，将各部分建筑用简洁的长廊连接起来。4个世纪前，狄奥

---

* 这种对真理、正义的追求使他的一生成为传奇，人们编造了不计其数的故事（或许其中正包括这一个），不久便流传开来。三百年后，他的声望依然如旧，拜占庭作家在讽刺作品《提马里昂》中将他描述为地狱中的审判者之一。

† 这位皇帝的最大爱好便是挥霍无度。他到了择妻成婚的合适年龄，便举办了一场规模巨大的新娘选秀比赛，并赐予胜出者一枚华丽的金苹果，以此模仿古代希腊神话中帕里斯的金苹果的故事。

‡ 一点也不令人意外的是，查士丁尼是上一位大规模扩建宫殿的拜占庭皇帝。20世纪初被发现的一大块马赛克镶嵌地板的遗存使我们得以一窥其当时的原貌。那块地板混合了各种迥异的风格，包括异教和基督教象征、野蛮的狩猎场景，以及各种古怪的装饰图案，它到现在仍是古代世界保存至今的最为精致完好的艺术作品之一。

§ 这座建筑占地面积超过45英亩。

多西二世曾经建造了马球球场，当时他从波斯引进了这项皇家运动，如今场地得以扩建，由地下蓄水池供水的喷泉不久也增建了装饰优美的廊道和阶梯式花园。乳白色的大理石阶梯通向通风良好的厅堂，玫瑰花丛和斑岩廊柱围绕着精美的壁龛，银色的大门通向闪亮的马赛克装点的房间。然而，真正奢华的当属狄奥菲雷斯那无与伦比的皇宫正殿。整个帝国，不如说是整个世界，所有其他地方使用的黄金，或者是对财富的展现，都无法与这间宫殿相比拟。在巨大的黄金宝座之后，是铸造的金树和银树，其上是宝石装点的机械鸟，碰触机械杠杆就会发出悦耳的歌声。围绕着树枝基座的是黄金铸造的狮子和兀鹫，从每一侧的扶手下方虎视眈眈，似乎随时都会活过来一样。对那些毫无心理准备的使臣而言，最令人毛骨悚然的时刻便是皇帝一声号令，然后一架黄金管风琴就开始奏出震耳欲聋的乐曲，鸟儿一齐鸣唱，狮子甩动尾巴，发出咆哮。很少有来访者不因为这样的阵势而感到恐惧和敬畏。

然而，宗教领域无疑是最能够体现帝国日益增长的强大自信的地方。越来越多的人坚持认为，只有罗马教皇的话语才是唯一决定教会政策的根据，对拜占庭的宗教思想领域而言，没有什么能比这更难堪了。基督教世界的其他四位牧首一般而言都要听从圣彼得传人的旨意，但关于信仰的重大问题一般都在协商后一致决定，这与西方都城日益增长的独裁主义正好相反。曾经，东方与西方都将日益激烈的分歧掩盖在和谐、疏远的表面关系之下，但一种新的斗争精神正在逐渐酝酿。当教皇派遣法兰克传教士前往斯拉夫地区传教时，牧首佛提乌做出的回应是派出他自己的代表团，也就是极具智慧的修道士兄弟圣西里尔与梅索迪乌斯前去传教。

教皇的团队占据了先机，但他们却坚持用拉丁语行使一切礼拜仪式，即便他们新的皈依者对拉丁语一窍不通，此举使当地的斯拉夫人疏远了他们。西里尔与梅索迪乌斯则正好相反，他们立即开始学习斯拉夫语言，当他们发现这种语言没有对应的书写字母时，西里尔创立了一种斯拉夫字母。* 西方的主教们非常愤怒地抗议，表示希伯来语、希腊语和拉丁语才是有权在神圣的礼拜仪式中使用的语言，但西里尔反驳说因为上帝的恩惠对众生平等，所以任何一种语言都能够用来赞美主。† 保加利亚可汗对佛提乌承诺的新自由十分感兴趣（当然他也绝对不想成为罗马的附庸），他来到君士坦丁堡，在圣索非亚大教堂接受了洗礼，此后保加利亚也正式被纳入了拜占庭的文化圈，这种文化传统一直延续至今。通过使拜占庭文化脱离希腊语的束缚，佛提乌将帝国的影响力扩大到更广阔的地区，因此在极大程度上增强了拜占庭世界各个不同地区之间的联系纽带。还要再过 6 个多世纪，拉丁语才会在西方让出地位。

将斯拉夫地区纳入帝国的文化圈提升了拜占庭的声望，但也带来了负面的影响。通过就巴尔干问题与罗马公开争论，君士坦丁堡将东、西方一直以来的紧张局势摆上了台面，与教皇之间的关系也陷入濒临

---

* 斯拉夫世界大多数国家今日仍在使用的斯拉夫字母便以他的名字命名，以示纪念。

† 教皇阿德利安二世明白其中原委，允许兄弟二人不受干扰地自由工作，他只要求在弥撒仪式中必须首先用拉丁语诵读祷告词，然后再使用本国语言。

决裂、无法挽回的境地。双方在文化上的分裂可谓由来已久，当互相之间的怀疑和仇恨最终酝酿成熟时，双方都只能自食其果。

然而，这一问题在未来的数个世纪还要持续。帝国如今正充满信心，准备好迎接一场伟大的复兴。唯一缺少的关键因素便是一位英明的皇帝。9 世纪登上皇位的众多皇帝虽然都有着不少的闪光之处，但他们的军事成就无一例外并不光彩。* 尽管他们在文化和宗教方面颇有建树，但都没有能力将帝国拉出军力衰退的泥潭。看上去似乎颇为荒谬的是，向着这个伟大复兴目标迈出艰难第一步的是绰号为“酒鬼”的皇帝米海尔三世。

正如他的绰号那样，米海尔确实很难算得上是一位能够鼓舞人心的明君，但他却有着得天独厚的优势，那就是他深谋远虑的舅舅。当皇帝在都城的酒馆中以无愧于他名号的架势沉醉酒乡之时，他的舅舅巴达斯在对阿拉伯人的战争中为帝国带来了第一场辉煌的胜利。在他的领导下，拜占庭陆军自 7 世纪以来首次跨过幼发拉底河，海军也在埃及发动了英勇的突袭。当美索不达米亚和亚美尼亚的埃米尔 † 入侵帝国领土时，巴达斯击退了他们，杀死了这些埃米尔，大部分的敌军也被歼灭。

* 公元 820 年的圣诞节前夕，皇帝利奥五世判处僭越者米海尔二世死刑，不过处刑的方式却十分古怪，要让米海尔二世同一只猿猴绑在一起，然后将其投入帝国公共浴室供热所用的火炉中。在行刑之前，米海尔的支持者扮作修道士，潜入帝国宫殿密谋袭击皇帝。据闻利奥当时几乎手无寸铁，在超过一小时的时间里他手中只有一个重金属打造的十字架，他手执这个十字架拼死抵抗，最终还是死于刺杀者的剑下。米海尔二世的加冕典礼无疑是帝国历史上最缺乏庄重威严的一次仪式，他被匆匆地从地牢中放出，然后戴上了皇冠，当时他的脚上甚至还戴着囚禁时的镣铐。

† 埃米尔（emir），伊斯兰国家统治者、王公等的称号。——编者注

这样巨大的胜利令巴达斯的声望大增。因为谁也说不清皇室的血脉究竟能够绵延多少年月，因此不少人猜测米海尔三世逝世之后，他极有才干的舅舅将会继承他的位置。自然，皇帝如今依然有机会推举其他人来作为自己的继承人，虽然米海尔有不少青睐的人选，但这些人多半都是善于宴饮交际，并没有多少治国的能力。与此同时，巴达斯非常乐意叫自己可怜的侄子沉迷享乐，而自己作为帝国实质上而非名义上的掌权人。

然而，懦弱无能的皇帝带来的麻烦在于他们总会在权力的旋涡中摇摆不定，“酒鬼”米海尔便被一个人牢牢掌控。此人举止粗野，亚美尼亚农户出身，名为马其顿的巴西尔。*起初巴西尔因为在一场摔跤比赛中展现出过人的力量而被皇帝注意，按照米海尔三世的标准，这个理由足够让他得到晋升，因此这名年轻的亚美尼亚人得以在帝国宫廷之中服役。对任性妄为的皇帝而言，这可谓是一个致命的大错。巴西尔为人既有智慧，又有野心，同时极度冷酷无情。巴达斯警告他的侄子，巴西尔是“一头雄狮，将会把所有人都吞下肚”，但皇帝全然没有放在心上。不到一年，巴西尔便秘密将巴达斯暗杀，米海尔因为能从自己大权在握的舅舅桎梏下解放出来而感到万分高兴，因此大大奖赏了他野心勃勃的宠臣，封他为共治皇帝。然而几个月之后，米海尔也在整夜痛饮之后遭到暗杀。巴西尔用一个马鞍垫覆盖在皇帝身上，

* 尽管他拥有这个名号，但就我们所知，巴西尔及其任何家人都不曾踏足马其顿。他在年少时便被克鲁姆俘虏，他被安置的地方周围有大批马其顿囚犯，因此得到了这个称号。因为这个或者其他更多的原因，这个由他建立的王朝并无意自称为马其顿王朝。

遮住流淌的鲜血，然后急忙来到大皇宫，希望能赶在有人反对之前将皇位据为己有。事实上他实在不必为此担忧。“酒鬼”米海尔在很久之前便将皇家尊严彻底抛弃，没有任何人站出来对这次暗杀表示抗议。当次日的朝阳光辉照耀寂静中的都城之时，一个曾经的农民摇身一变成了罗马帝国唯一的统治者。而所有人都未曾预料到的是，一个新的黄金时代已经悄然来临。

第十六章

马其顿王朝的荣耀

Chapter 16

The Glorious House of Macedon

为了篡夺皇位，巴西尔手上沾染的鲜血足以令麦克白也甘拜下风，似乎他注定要迎来一个充满动荡的王朝。他在通往皇位之路上大开杀戒，这自然是完全与法律相悖的，也为他建立的王朝未来数位成员造成了相当大的困扰。但中世纪世界正是如此反复无常，如果一个人的统治能够为国家和人民带来好处，那么大部分拜占庭人毫无疑问都愿意忽略他夺取权力的过程。毕竟，恶人有时候也能成就大善事。米海尔令整个朝野上下极度不满，并且他嗜酒成性，即使巴西尔不曾策划暗杀，他也会因为饮酒过量而早早丧命。与此相反的是，新皇帝尽管是一位暗杀者，却是一位善于治国的明君。近两个世纪之后，他的后代仍然稳坐在帝国的皇位之上。

按照东罗马帝国的标准，巴西尔并未受过正统教育，但为人极其精明敏锐，他意识到了拜占庭帝国东山再起的可能性。拜占庭不再是古代世界的衍生物，而是从阿拉伯人征服蹂躏之下崛起的新生国家，国土大大缩小，但内部联系却更为紧密，边境的防御也更为牢固。拜占庭的深厚根基使其熬过了动荡的岁月，如今它已带着完好无损的内在力量，从黑暗之中崛起。巴西尔一世认为虽然并无太大必要，也没有迫切希望去收复查士丁尼时代的广阔国土，但仍然希望让帝国的荣光重新闪耀。很显然，如果缺少强大的军队，这一切都只能是空谈，拜占庭的陆军如今已经足够强盛，但海军舰队则面临着很大的麻烦——下面这个事实便凸显了这一点：距离巴西尔夺权仅仅过了数月，阿拉伯的突袭大军便对拜占庭的力量视若无睹，占领了马耳他岛。作为地中海地区的主要势力，帝国的力量很大程度上需要依靠强大的海军，如果忽视海军的力量，在如今国家力量大不如前的情况下，面对侵略无异于坐以待毙。巴西尔一世打开国库，耗费重金重新打造了一支舰队，建造了当时最先进的战船，在全国上下大规模搜寻合适人选加入海军服役。

重新复兴的海上力量将成为巴西尔一世策划的宏大攻势中的矛尖。过去的一个世纪中只发生了几次零星的对抗穆斯林的战争，如今发动大规模进攻的时机已经彻底成熟。经由数年征战扩张领土，哈里发帝国已经四分五裂，在面对拜占庭大军的压力时无力抵抗。阿拉伯人近在眼前，此时此刻正是不容错过的天赐良机。拜占庭海军气势高昂地航行进入萨罗尼克湾，当克里特海盗在科林斯湾地区发动袭击时，这支新的海军马上就证明了自身的价值。颇具才能的拜占庭海军将领尼克塔斯·奥利菲亚斯不愿耗费时间绕过伯罗奔尼撒，便拖着舰船跨过 4 英里宽的地峡并使大军安全进入海湾，及时给予海盗沉重打击。

巴西尔一世因为这场胜利大喜过望，正式展开了全面攻势。舰队横扫塞浦路斯，不久便重新征服了整个岛屿。帝国军队紧接着突入美索不达米亚北部，将此处四处游荡的阿拉伯军队全部歼灭。次年，巴西尔挥师西进，将穆斯林彻底赶出了达尔马提亚，占据了意大利城市巴里。876 年，他将拜占庭的势力范围扩大到伦巴第地区，为收复整个南意大利打下了坚实基础。

当他的军队气势如虹、接连大胜时，精力充沛的巴西尔将重点转移到了国内事务上。他认为，最能凸显拜占庭帝国没落迹象的无疑是帝国都城建筑的衰败。古老的教堂已经年久失修，各种公共建筑也毫无疑问已经展现出破败景象。他派出大批工匠来到都城各地，开始了大规模的建筑工程，希望重现这颗帝国明珠的荣光。木材制成的屋顶被石料取代，墙壁也经过重新修补，闪光的马赛克图案让无数教堂都恢复了昔日的光辉。然而，其中耗费最多人力物力的当属巴西尔本人的帝国宫殿。精美雕刻装饰的廊柱由绿色大理石制成，上面呈现出繁复的黄色纹理，头顶的天花板覆盖着黄金，同时饰有马赛克拼贴而成的皇帝及他的各位家庭成员的巨幅画像。地板上则是巨大的帝国鹰图案，玻璃质地的镶嵌砖表面是闪耀的黄金。在这宏伟宫殿内室的东侧是新建造的华丽教堂，据称是为了供奉四位圣人，但这座建筑更为人所熟知的却是它的另外一个更为普遍的名字“Nea Ekklesia”，即“新教堂”。曾经，查士丁尼主持建造了圣索非亚大教堂，如今又一座非凡的新教堂拔地而起，在帝国的天空中映衬出壮观的轮廓。无数的天使和大天使在层叠的穹顶上俯瞰，内部则装饰着无价的珠宝。这座教堂无疑是巴西尔一世最为伟大的建筑成就，也是马其顿王朝荣光的不朽纪念。皇帝如此迫切地希望这座教堂早日落成，因此当他听说阿拉伯人围困拜占庭帝国在西西里的最后一座要塞锡拉库萨城时，他拒绝派出舰队提供援助，因为他更愿意派出舰队为他的教堂从海上运输大理石。锡拉库萨沦陷，但教堂最终完工。*

拜占庭帝国此时重新寻找到了自身的立足之地，除了力量和声望的再度兴盛，帝国如今也重新迎来了令人震撼的文化复兴。这次文化复兴由充满智慧的牧首佛提乌发起，他凭借一己之力在帝国重新掀起了对希腊和罗马古典文化的崇尚风潮。† 学术活动的风气随即盛行，巴西尔一世开始策划一个野心勃勃的新计划，将《查士丁尼法典》翻译成希腊语。对于一个没有接受过多少教育的皇帝而言，这可谓是一项了不起的成就，但他没有机会去完成这项壮举。他最疼爱的长子君士坦丁，本已经被选定为皇位的继承人，突然去世了，巴西尔陷入了深深的悲痛之中，这种悲痛的阴影始终笼罩着他。

陷入悲伤之中的巴西尔因为另一个事实而受到更大打击，那就是君士坦丁去世后，他的次子利奥将成为皇位继承人。借助复杂的宫廷人事安排，巴西尔迎娶了他前任的情人，因而利奥被广泛认为是“酒鬼”米

---

* 令人悲伤的是，关于这座辉煌的教堂，只留下了相关的手写文献。1453 年君士坦丁堡陷落之后，土耳其人用教堂来储存火药，毫无悬念，教堂最终被炸毁。

† 佛提乌是一位贪婪的读者，他对他所拥有的手稿做了大量批注，这些留给后人的精彩绝伦的记录被认为是历史上最早的真正的书评，通过它们我们能了解到佛提乌阅读时的所思所想。不幸的是，他所涉猎的大部分书籍都已经消失许久，但这些文稿依然让我们在有限的程度上领略了这些辉煌的拜占庭杰作的魅力。

海尔三世的儿子，尤其是巴西尔本人也这样认为，似乎可以推测他本人早已知情。这个男孩不久便会继承本属于君士坦丁的皇位，这个想法令巴西尔几乎忍无可忍。当皇帝发现15岁的利奥已经有了一个名为佐伊的情人后，他亲自将这个男孩痛打了一顿，将他拘禁在宫殿的侧翼，并将佐伊嫁给了别人。然而这些举措并没有令事态缓和。利奥被释放后，他马上恢复了和佐伊的关系。皇帝大怒，将利奥扔进监牢，并威胁要将他的眼睛挖出来，这令朝廷上下的群臣大惊失色。

佐伊的父亲最终向皇帝提出求和，请求他释放利奥，并提出因为巴西尔已经年过七旬，令皇位的继承人蒙羞无疑会引发四面八方因觊觎皇位而起的争斗。巴西尔只能不情愿地同意这个意见，两人达成和解，但很少有人相信这种和解能持续很久。皇帝的行为越发变幻莫测，时常莫名地深深沮丧，并且不时陷入精神错乱的癫狂状态。他从未对谋杀一类的事情有过丝毫忌惮，而利奥清醒地意识到，只要巴西尔活着一天，他便会有性命之虞。然而巴西尔因为他的勇武善战而著称于世，在74岁的时候，他的身体也没有展现出多少衰老颓弱的迹象。或许现在是先下手为强的时候了。

在巴西尔一世与利奥达成和解的一个月后，皇帝去世了。官方的说法是他在一次狩猎事故中去世，这个故事并没有多少可信度，说的是一只巨大的牡鹿将皇帝在灌木林间拖行了16英里。最惹人怀疑的是佐伊的父亲，此人显然不受皇帝的欢迎，却是这次事故中救援队伍的领路人。自然，利奥在这次事件中的全力介入已经被掩埋在历史的迷雾之中，但无论事实如何，大部分市民都愿意对这扑朔迷离的事态睁一只眼闭一只眼，因为这位19岁的新继承人对人民做出了十分诱人的承诺。几天之后，利奥六世正式继位为皇帝，他的第一项举措便是将“酒鬼”米海尔三世的尸骨从破败的墓穴中掘出，将之重新安葬在圣使徒教堂中华丽的帝国陵墓内。最终，这位遭到谋杀的皇帝得到了长久的安宁，终于有人为他报仇雪恨。对巴西尔一世而言，他统治的开端伴随着谋杀的污点，或许同样的结局对他而言算是适得其所。然而，凭借着这些暴力手段，他使得整个帝国军事和文化方面的实力都大大增强，这就足够值得人们为他哀悼了。

曾经有数位皇帝在青少年时代便被推上拜占庭权力的中心，但没有任何人能够像利奥六世这样，为统治国家做出如此万全的准备。这位新皇帝为人随和，富有个人魅力，可以说是自从“叛教者”尤利安时代以来所受教育最为广博的统治者，而皇帝本人也拥有与这教育相匹配的智慧。在他的统治之下，古代建筑的荣光逐渐回归，文学活动蓬勃兴盛，新的人文主义风潮也逐步兴起。在他就职典礼过后的几周之内，利奥说服教会将他最为年轻的弟弟斯蒂芬任命为牧首，此举将神圣和世俗两个世界借由一个家庭联系在一起，让皇帝能够对教会和国家加强掌控。利奥的统治带来了国内空前的和平与繁荣，因此他能够集中精力完成巴西尔未竟的伟大事业——《查士丁尼法典》的重修。

自从查士丁尼将混乱的罗马法律系统重新整合以来，已经过去了三个半世纪之久，法律相关的书籍亟须进行重新整理。过去的岁月中诞生了无数新的法律判决，让法典越来越厚，而且法典本已有个缺点，那便是它由拉丁文写成，一门已经死去的古旧语言，只有少数古文物研究者还在使用。在短短两年之内，皇帝便将这项伟大工程规划完成，将全部杂乱的文献翻译完成后进行系统编排，并出版六卷缩编版中的第一卷。最终这项成果的完成为他赢得了一个美名“智者”利奥，并奠定了他自查士丁尼时代以来最伟大的立法者的地位（事实上这项成果会令他的前任忌恨不已）。然而，那些希望他能够率领军队在战场上取得同样荣光的人不久便陷入了失望。这位年轻皇帝生性仁爱，不愿发起战争，或许，他在外交政策上终究无法取得和在国家内政上一样伟大的成就。

拜占庭一直以来都不希望处于强敌环伺的境地，但在利奥统治之初，帝国的西北部边境似乎可以称得上是高枕无忧。保加利亚汗鲍里斯大公已经皈依基督教，君士坦丁堡的大部分人都开始期望克鲁姆曾经带来的可怕阴影已经一劳永逸地永久消失。这种感觉在鲍里斯传位给他的长子弗拉基米尔，自己则选择到修道院安逸平和地度过余生时更加强烈，但不久弗拉基米尔便开始试图复兴异教信仰，这无疑会让他父亲毕生的苦心付诸东流。鲍里斯陷入狂怒，将修道院的安宁平和都抛诸脑后，下令刺瞎弗拉基米尔的眼睛，然后令他年轻的幼子西蒙继位。自始至终旁观这次事件的拜占庭官员们对周围有了一位相对友好的掌权者感到十分宽慰。当时有很多人知道，西蒙在君士坦丁堡长大成人，是一位虔诚的基督徒。显然，一位对文明发达的世界颇有了解的人自然会意识到与帝国保持友好关系能够为他带来很大的好处。

如果利奥不辜负他作为智者的美名，事态或许本不会急转直下，但他愚蠢地决定对保加利亚的货物收取进口税，并完全忽视了西蒙的抗议。愤怒的保加利亚人立刻起兵入侵，帝国上下极度震惊，在短短几周之内保加利亚人便突入色雷斯，开始了大规模劫掠。对利奥而言不幸的是，他的所有军队此时都忙于在东边作战，因此他转而采取一个可靠的方法，召集盟友前来共同作战。拜占庭的信使紧急到达马札尔人的领地，这是一个位于保加利亚东部的好战部落，使者邀请他们从后方突袭保加利亚人的部队。军队遭到两面夹击，西蒙别无选择，只能撤退并请求讲和。利奥派他的特使精心设计和约的具体内容，然后去对付其他的阿拉伯入侵者，他认为保加利亚人已经受到了惩罚，应该会吃一堑长一智。

利奥或许对自己的处理方式十分满意，但西蒙显然并不希望一切就这样画上句号。他被皇帝运用计谋击败，但这位保加利亚汗却是一位善于学习的人，完全有能力以其人之道还治其人之身。沿路退往君士坦丁堡的拜占庭军队刚在地平线上消失，他就找来了自己的帮手——佩切涅格人，一个突厥部落，长期以来与马札尔人为敌。马札尔人四面受敌，被迫逃走，西蒙轻而易举地再一次入侵了色雷斯。* 一支拜占庭军队试图控制局面，却很快被击垮，利奥被迫用金钱换取耻辱的和平。

皇帝对于局面的处理方式无疑是犯下了严重的错误，当陶尔米纳——拜占庭在西西里的最后一座前哨在公元 902 年落入穆斯林之手时，帝国似乎再一次陷入了曾经的衰弱境地。幸运的是，利奥的将领

* 马札尔人回归家园的路途被佩切涅格人所阻拦，最终他们在匈牙利中部的富饶平原地带定居，至今依然如此。

们在东部的战况多少挽回了一点帝国军队的声誉，在东方他们对四分五裂的哈里发政权造成了很大的压力。接下来的十年中，拜占庭军队以摧枯拉朽的气势将穆斯林军队从亚美尼亚西部驱逐，彻底摧毁了阿拉伯的海军力量，军队最远前进至幼发拉底河地区。自然，其中偶尔会有些挫折。一次大规模的海上远征未能成功收复克里特岛。公元904年，一次地震将帝国第二大重要城市帖撒罗尼迦的防波堤摧毁。当地的居民们紧急修复防波堤，但在工程完工之前，一支阿拉伯舰队来袭，萨拉森人计划在此地发动突袭，长驱直入。整整一周的时间内，穆斯林洗劫了整座城市，将城中的老弱病残全部屠杀，青壮年则被卖到他们的奴隶市场上。帖撒罗尼迦的屈辱在第二年由拜占庭军队以牙还牙，他们摧毁了阿拉伯港口塔尔苏斯，整座城市只剩下一堆烟雾缭绕的废墟，但这件事却并没有引起多少人的注意。整座都城都在关注皇帝的爱情生活产生的巨大公共影响。

利奥对于少年时期巴西尔强迫他娶妻一事一直闷闷不乐，只有在他多年的情妇佐伊的怀抱中，他才能感到慰藉。皇帝夫妇并没有能够生育继承人，这也并不令人感到吃惊。皇后在898年去世后，利奥非常欣喜地将佐伊召唤到都城。这件事本身遇到一点小麻烦，因为佐伊本人也是有夫之妇，不过恰好她的丈夫在此时也去世了。这对有情人非常迅速地迈入了婚姻的殿堂。然而，他们的美好生活却并没能持续多久。在为她的丈夫生下一个女儿之后，佐伊很快便死于热病，此时他们刚刚过了两年的婚后生活。利奥瞬间陷入了极度的悲痛之中。并非只是因为他与至爱生死相隔，也因为他们还没有来得及诞育一位男性继承人，这会带来非常严重的后果。他的兄弟亚历山大是个不可救药的泼皮恶棍，并且至今没有子嗣，假如利奥去世，王朝便会灭亡。整个帝国也将注定陷入内战的阴云之中。

第三次婚姻本来是被教会严格禁止的，至少在东罗马是如此，但因为帝国的未来危在旦夕，教会的牧首也只能不情不愿地同意利奥再选择一位妻子。* 一位名为欧多西娅的绝色美女被选中了，并且在一年之内她便有了身孕。宫廷占星师向皇帝保证，她一定会生下一个男孩。预言果然成真，利奥大喜过望。然而，利奥六世的人生似乎已经注定了以悲剧收场，当欧多西娅因分娩而过世，男婴也在几天之后夭折时，不安的臣民们也只能摇头叹息。这样的结局似乎证明，教会法不是能轻易违背的。

利奥如今陷入了十分尴尬的境地。他万分迫切地希望有一个儿子，但禁止多配偶却是由他本人亲自撰写的法律条文。如今他对于自己曾经疾言厉色地对那些“沉溺于淫秽下流”的人进行贬斥感到后悔不已，他小心翼翼地试探新牧首尼古拉关于此事的意见，但对方却态度坚决地表示结婚四次不啻“比通奸还要更加可怕的罪过”。但利奥却已经决定，哪怕果真如此，他也要执意为之，因此找到了一位美貌惊人的情人，名为佐伊·卡尔伯诺普希娜。† 利奥为人足智多谋，他知

* 离婚在当时是普遍无法接受的行为，但也有一些人获得了特别豁免权。在一次特别的情况中，一对彼此无法忍受的夫妻被锁在同一间房里一周时间。他们依然拒绝维持婚姻，坚持选择离婚，这对夫妻就因彼此怨恨这一原因获得了离婚的特别豁免。

† 卡尔伯诺普希娜（Carbonopsina）这个名字的含义是“双目像煤炭般漆黑乌亮”，佐伊便以这一外貌特征闻名于当世。据可靠传闻，她本人的确是拜占庭历史上最为美貌的女性之一。

道如果适当施加一下压力，再结一次婚也并不是什么问题，但因为这一次毫无疑问是他的最后机会，除非他的情人能够生下一个儿子，否则他绝不会冒险尝试。这一年的秋天，佐伊生下了一个儿子，陷入狂喜的皇帝令她搬到皇宫中一个特别的房间内。这个房间装饰着斑岩廊柱，悬挂着紫色的丝绸——紫色在当时是只有皇帝才有资格使用的颜色——因此得名 Porphyra，即“紫室”。只有具备皇族血统的孩子才能够在此处诞生，正是从那天起，利奥的儿子就有了令人骄傲的别名 Porphyrogenitus，即“生于紫室者”。利奥毫无疑问要将这个儿子立为自己的皇位继承人，并且为了让所有人都意识到这一点，利奥将这个孩子命名为君士坦丁七世，以便进一步提升他的名望。*

利奥最终拥有了自己的继承人，但因为他并没有正式结婚，这个男孩实质上并不能成为一位合法的继承人，再伟大的命名也终究改变不了这一事实。虽然成长在四周悬垂着紫色丝绸的华丽宫室内，君士坦丁七世却并未得到洗礼，而且最讽刺的是，禁止任何第四次婚姻出生的孩子接受洗礼的法律正是由他的父亲利奥亲自撰写的。如果皇帝在世时君士坦丁没有得到正式承认，一切努力都会付诸东流，帝国将会再次陷入继承问题引发的纷争之中。利奥请来牧首尼古拉，将自己的计划和盘托出，并且耗费大量口舌请求尼古拉改变心意，还加上了一些要挟以达成自己的目的。他将佐伊逐出皇宫，并保证再也不与她见面，作为回报，尼古拉在圣索非亚大教堂为君士坦丁行了洗礼。佐伊匆忙地收拾好自己

* 当时所通用的取名方式是用祖父的名字为刚出生的男孩命名，巴西尔的名字便是来源于此，但君士坦丁无疑是一个更享有盛誉的名字——更重要的是，这是帝王之名。

的行装，洗礼也如期举行，但利奥不打算信守承诺。洗礼三天之后，佐伊便被暗中迎回了皇宫，一名温和的教区神父为利奥和佐伊二人举行了婚礼。

当利奥的行为被公之于众时，教会内部爆发了巨大的争议。愤怒的牧首拒绝承认这次婚姻，当皇帝试图进入圣索非亚大教堂时，牧首下令将大门紧闭。然而，利奥再一次使用计谋战胜了对手。当教会的大门在他面前轰然关闭时，利奥冷静地转身回到皇宫中，给教皇写下了一封求助信。他很清楚地意识到在相对蛮荒的西方，死亡是再普通不过的事情，教会的神父们看待鳏夫和再婚问题的态度也更为实际。此外，在东方教会的牧首正面表达出自己的态度后，利奥聪明地将这个问题抛给教皇去解决，等于赐给了罗马教皇一个加强自身权威的天赐良机。他笃定地猜测，教皇绝不会让这样的机会白白溜走。

一旦有了教皇的默许作为坚实后盾，利奥便迅速地开始了行动。牧首因为阴谋罪遭到逮捕，被迫宣布退位。利奥选择了一个秉性温和的人取代他的位置，这位新牧首原则上同样反对这桩婚姻，却愿意为此做出适当的让步。利奥不得不做出公开声明，谴责四次婚姻，在他的余生之中，利奥必须作为一名忏悔者进入教堂——在参加任何宗教仪式时，他必须全程站立，忍受屈辱。皇帝毫无怨言地接受了这样的条件。这一次他说到做到，教会也就勉强接受了他的婚姻。他的儿子君士坦丁七世如今拥有了合法的地位，并且全国上下尽人皆知。两年之后，这个小男孩被加冕为共治皇帝，他的头像也出现在了父亲所铸造的货币上。利奥为了维护和平的继承制度，可谓是鞠躬尽瘁，耗尽了心血。

利奥此后又活了 4 年时间。在最后一次尝试收复克里特岛之后，他于公元 912 年 5 月在自己的床上安然逝世。在军事方面，这位皇帝并不算是一位优秀的领袖——事实上，利奥从未亲自领兵上战场作战——但通过他所编纂的法典，他让帝国真正地从内部强盛起来，甚至连他本人也没有想到。借助自身意志的绝对力量，利奥为帝国带来了一位继承人——真正意义上的无价之宝。诚然，我们对他最为持久的印象还是圣索非亚大教堂宏伟正门之上的马赛克镶嵌画像：在教堂正门入口上方的弧形壁上，这位皇帝虔诚地匍匐在上帝的王座脚下，圣母马利亚则正在为他说情。他智慧的统治延续了大约四分之一个世纪，如同他大部分臣民所认为的那样，这位皇帝也理应获得一些原谅。

第十七章
杰出的觊觎者

Chapter 17

The Brilliant Pretender

足够讽刺的是，考虑到他父亲为了让他的身份合法化所做出的巨大努力，君士坦丁七世本人却并没有多少机会能够真正地统治国家。利奥六世去世时，他年仅 6 岁，并且身体极度孱弱多病，所有人都在怀疑他究竟能否顺利活到成年。正如利奥所担忧的那样，真正的大权掌握在君士坦丁的皇叔亚历山大三世手中，此人因为淫乱的作风而闻名。亚历山大三世多年以来都生活在德才兼备的兄长的阴影之下，此时正要抓住一切机会反对利奥的政策。曾经因激烈反对利奥的第四次婚姻而被免职的牧首尼古拉重新被任命为君士坦丁堡牧首，佐伊也被毫无道理地赶出了皇宫。年轻的皇帝君士坦丁只能伤心地在大皇宫里从一个房间游荡到另一个房间，哭泣着寻找他的母亲。当时有谣言传说怀恨在心的亚历山大三世有意将他暗中阉割，以阻止他正式继位。

幸运的是，亚历山大的统治仅仅持续了13个月，他就在参加完一次宫殿广场举行的马球游戏之后，在归途中因精疲力竭而死。他未曾有机会加害自己的侄子——如果他确有此意的话——但他在君士坦丁身边安插了一位充满敌意的牧首作为摄政者，还带来了一场灾难性的战争。当保加利亚的使臣来到宫廷中，希望能够收取往常的岁贡时，亚历山大将他们赶了出去，咆哮着说保加利亚人休想从他这里拿到哪怕一个金币。保加利亚汗感觉受到了极大侮辱，因此立刻派出大军前往君士坦丁堡，在穿越边境的过程中他几乎没有遇到任何抵抗。

牧首尼古拉在亚历山大去世后行使作为摄政王的职责，他通过承诺让君士坦丁七世娶西蒙的女儿为妻，让保加利亚人退了兵。不幸的是，牧首并未向所有人宣告他的计划。当人们发现他的计划时，尼古拉险些被愤怒的人群以酷刑处死。受辱的牧首显然不再适合继续担任摄政的职务，必须找一个能真正替小皇帝着想的人来担此重任。整个拜占庭帝国都在此时交了好运，因为最完美的人选近在眼前。佐伊皇后已经从流放中胜利归来，并立即采取了更强硬的立场。她直截了当地拒绝了让她的儿子娶西蒙的女儿为妻，因为这位姑娘的野蛮祖先曾经用一位皇帝的头骨作为自己的酒杯。如果拒绝意味着挑起战争，那她就会义无反顾地开始战争。

佐伊贿赂了佩切涅格人，让他们入侵保加利亚，然后派出舰队载着他们渡过多瑙河，同时一位名为利奥·福卡斯的贵族率领拜占庭大军到达黑海沿岸。一切似乎都进行得十分顺利，直到佩切涅格人抵达，等待被船队运载过河。当时的拜占庭将军罗曼努斯·利卡潘努斯大发雷霆，对佩切涅格人的指挥官表示拒绝给他们提供任何协助，并直接班师回到了君士坦丁堡，并未将任何一位士兵引渡过河。这极其不明智的暴躁举动将拜占庭大军置于险境，西蒙因此轻易地将敌方彻底击溃。

这次失败大大损害了佐伊的声誉，但因为君士坦丁七世还只有13岁，她不得不找到办法来稳固权力，这样才能够保护自己的儿子。佐伊认为只有婚姻才是唯一可能的解决途径，因此她选择了自己英俊的宠臣利奥·福卡斯，他在最近的战争中被击败，但他在军事上的赫赫威名却没有因此而削弱多少。无论如何，这都算不上是一个得到普遍欢迎的解决方案。福卡斯的家族因野心勃勃而为人所知，年轻的皇帝很容易成为肆无忌惮的利奥·福卡斯的俎上鱼肉。对于君士坦丁七世心急如焚的朋友们而言，只有一个解决办法。他们暗中集会，赶在婚礼举行之前紧急修书一封，送到那个唯一有力量拯救年轻皇帝的人手中。

罗曼努斯·利卡潘努斯将军十分乐意地看到，自己作为帝国最高军事指挥官，却不用因为在保加利亚人手中吃了败仗而名誉受损（虽然这也并不值得过多称道，因为保加利亚根本没有自己的海军）。他收到这封信后，立刻便同意成为年轻的君士坦丁的保护人。他马上进入都城，任命自己为皇家卫队的长官，一个月之后，他就让皇帝娶了自己的女儿。利奥·福卡斯被对方的策略击败，因此十分愤怒地掀起了一场内战，但罗曼努斯——现在他自称为basileopater（皇丈，即皇帝的岳父）——已经将君士坦丁七世牢牢掌控在自己的股掌之中，因此很轻易地便在舆论上取得了胜利。* 利奥的下属全部背弃了他，这个倒霉的反叛者最终被俘虏，双眼被刺瞎。

罗曼努斯已经除掉了自己的大敌，现在他要着手发展自己的权势。在君士坦丁七世 15 岁生日期间，他被任命为帝国的恺撒，仅仅过了 3 个月，他就被加冕为共治皇帝。旁观者或可看出，他升迁的过程非常平和。罗曼努斯·利卡潘努斯一个人都没杀就登上了皇位。但他们不得不怀疑，君士坦丁七世在这位新皇帝所谓的"保护"之下，究竟还能有几天日子好活。

他们的担忧是完全合理的。罗曼努斯至少有八名子女，他正决心要开启一个新的王朝。毕竟，如今的皇室家族也是经过篡位才获得了今日的地位，因此罗曼努斯只不过是以开创马其顿王朝的巴西尔作为自己的榜样。不到一年时间，他便迫使君士坦丁让位，宣布自己为帝国的最高统治者，并且为自己的长子克里斯托弗加冕，封他为自己的继承人，君士坦丁七世的统治地位就此下降至第三位。然而，篡位者的野心也是有限度的。罗曼努斯本质上并不是一个残暴之徒，他缺乏巴西尔所具有的冷酷无情。君士坦丁七世的地位可以被忽视，也可以任由他人摆布，但罗曼努斯从未真正起来公然反抗他。

在保加利亚，西蒙仍然因为他的运气不佳而大发雷霆。只要君士坦

* 罗曼努斯让君士坦丁写下了一封诏书，宣告他完全信任他的"父亲"，并将这封诏书的副本交由一名神父和一名妓女，由他们偷偷传递至利奥的军队中。事实证明，妓女最终发挥了更为重大的作用——在军营中，这似乎也不是什么让人惊讶的事情。在很短时间内，利奥的军队便被彻底说服，认为他们是在反叛皇位的合法继承人。

丁七世仍然未婚，他就有机会接近皇位，但随着子嗣繁荣的利卡潘努斯家族进驻大皇宫并扎根于此，关于皇位的全部希望都被夺去了。他发誓如果可能，必定要将君士坦丁堡的城墙彻底推倒，然后集结了一支大军在博斯普鲁斯海峡的欧洲一侧登陆，展开突袭。他发现了佩格地区建造的精美小教堂——此处也是罗曼努斯最为青睐之地——于是便将之付之一炬，并将来不及逃走的所有修道士全部屠杀，让他们的鲜血染红了这里的圣水。西蒙在君士坦丁堡城墙外散布的民居区四处肆虐，希望能够将皇帝引出城外，但罗曼努斯对此反应却十分冷淡。他很清楚地意识到，在这高墙之后，自己是绝对安全的，几星期之后，西蒙自己也意识到了这一点。

皇帝希望能够通过谈判讲和。相比战争，他总是更喜欢运用外交手腕，一场会议不久便在双方之间举行。西蒙穿上了他最为精美的盔甲前来赴会，并且周围的士兵们也都手举黄金和白银制成的盾牌，用希腊语高声称西蒙为皇帝，声音震耳欲聋，高墙之后的元老院成员也能够听得一清二楚。与之相反，罗曼努斯徒步而来，衣着朴素，手中紧握着圣物，他行走的每一步都仿佛在向对方宣告，罗马帝国的荣耀本身便是足够华丽的盛装，完全够得上让他耀武扬威的对手感到汗颜。在向西蒙开口的时候，罗曼努斯的声音充满了高贵的威严：“我听说你是一个虔诚的人，真正的基督徒，但我所目睹的你的行为却配不上这样的形容。虔诚的信徒、基督的子民，应该是热爱和平的仁爱之人，因为上帝教导我们如此……人类终有一死，之后会复活，等待上帝的审判……此时此刻，你活着，但明天你就有可能归于尘土……面对这些残酷的屠杀，你将如何向上帝做出解释？如果你是为了财富才做出这样的事，那么我会满足你的渴望……拥抱和平，你才能够拥有平静无垢的人生……”

西蒙并没有忽略皇帝提出的进贡条件——虽然这条件伪装得十分完美，就好像这是高尚善良的皇帝做出的无私馈赠——在一场和解仪式以及交换礼物的活动之后，他掉转马头，回到了保加利亚。第二年，他在自己的领土上自封为“罗马和保加利亚人的皇帝”（对此罗曼努斯只是一笑置之），但他再也未能越过帝国的边境。一年后，他的军队在试图吞并克罗地亚时遭到惨败，西蒙也在绝望中死去，将濒临崩溃的帝国留给了他软弱的儿子彼得。彼得很快与拜占庭联姻，娶了罗曼努斯的一个孙女为妻，两个长期敌对的国家之间终于迎来了和平。自从阿拉伯人围困君士坦丁堡以来，保加利亚人一直都是拜占庭帝国最为可怕的威胁，但在罗曼努斯灵活的政治策略之下，这一威胁以几近完美的和平方式彻底解除。

罗曼努斯最终从一直以来蛮族铁骑威胁的阴影之下解脱出来，开始将重心转移到治理国家内政。眼下他最为关心的无疑是贵族阶级权力的膨胀，他很有理由担忧，如果这些富人阶级一直以压榨穷人为代价进行扩张，会带来灾难性的后果。帝国的防御力量依靠的是农民阶级，他们构成了国民军队的基石，但边境的大部分地区如今大多变成了富裕阶层的私产，因为贵族阶层正在以惊人的速度将土地不断私吞。罗曼努斯决心结束这种不择手段的肮脏交易，因此颁布了多种土地法，保护贫困阶级农户的权益。这些措施毫无疑问令皇帝成了贵族阶级切齿痛恨的对象，他们密谋策划架空皇帝的权力，但在他统治余下的时间里，罗曼努斯拒绝做出任何让步。这种趋势对国家军事力量的破坏无法挽回，但他决心至少要将土地吞并的速度减缓。

当针对贵族阶层的内部斗争在君士坦丁堡如火如荼时，罗曼努斯在东方展开了他的军事行动。在与阿拉伯帝国的边界上，取得类似的外交胜利是完全不可能的。穆斯林大军的到来已经引发了三个世纪绵延不绝的交战、撤兵和随之而来的灾祸，军事实力决定一切。马其顿王朝此前已经平息了流血纷争，开始逆转局势，但由于保加利亚人逐渐崛起，这种趋势也未能带来多大的效果。然而，如今帝国重新拥有了倾举国之力与阿拉伯人作战的实力。帝国最为杰出的将领约翰·库祖阿斯奉命率领东部战场的军队，并挥师向亚美尼亚——利卡潘努斯家族祖先的故乡进发。

亚美尼亚王国长期以来都在阿拉伯帝国和拜占庭帝国两大势力的夹缝中艰难生存，没有哪个亚美尼亚人记得清究竟有多少次他们被迫在其中随波逐流。随着此地的基督教势力濒临瓦解，亚美尼亚王国再一次在阿拔斯王朝的压迫下屈服，但库祖阿斯率兵突进，将穆斯林军队驱逐出境，并且令当地的埃米尔彻底屈服，同意为帝国军队提供兵力。次年，将军又挥师向南，沿整个阿拉伯边境一路摧枯拉朽。当行军到达前托罗斯山脉脚下——此处地形崎岖，将小亚细亚同整个亚洲隔绝开来，并且一直以来都是基督教与伊斯兰教疆域的分水岭——库祖阿斯占领了丰饶的梅利泰内城，这里也是第一座从穆斯林手中夺回的主要城市。离开了这里葱郁的杏树林，将军又向北部美索不达米亚行进，但他在公元941年被紧急召回都城，率军驱逐一支在黑海里突然出现的罗斯人舰队。* 万幸的是，凭借大量的制胜武器希腊火，海上燃起了熊熊火焰，罗斯国舰队只能全部撤退，但当他们退回到岸上时，库祖阿斯突然率兵冲出，迫使惊慌失措的罗斯人仓皇退回燃烧的海水之中。

这位得胜的将军并没有在君士坦丁堡长时间停留，庆祝自己的胜利。这年秋天，当一个拜占庭舰队在普罗旺斯海岸地区歼灭一支阿拉伯海军时，他迅速率兵席卷北部美索不达米亚，洗劫了古代亚述都市尼西比斯，这座城市自从将近600年前约维安的统治时期开始就脱离了帝国的控制范围。他的军队顺着地中海沿岸回到故乡，中途驻扎在埃德萨，宽恕了当地的大部分基督教人民，让他们免受围困之苦，交换条件是城中的一处无价古迹。†

当库祖阿斯回归君士坦丁堡时，他发现皇帝此时好似只剩下一道苍白的阴影。罗曼努斯已经坐在皇位上十余年之久，如今他年过七旬，看上去已经精疲力竭。他的大部分精力都耗费在内外征战上，每一次新的战争都在消耗他所剩无几的力量。国内的贵族阶级依然贪婪无度，而且

* 维京战士的后裔逐渐融入了他们周围的斯拉夫族群之中。在欧洲的其他地方，他们很早便将查理曼的帝国搅得天翻地覆，数世纪以来，在西欧的祈祷书中都有着类似的祷告词，“哦，主，请让我们远离北方人的怒火”。与拜占庭帝国的这次交锋是维京“海盗”第一次与能够召集庞大海军的国家作战，这次经历也对他们产生了很深的影响。四十年之后，他们通过加入精英皇家卫队的方式进入了帝国的疆域。直到拜占庭灭亡，他们始终是帝国作战的中坚力量。

† 该处存有疑问的古迹即为曼德兰基督圣像，它被广泛认为是基督教世界一切圣像的始祖。根据传说，垂死的埃德萨国王曾经写信给耶稣基督，乞求他治愈自己的重疾。作为答复，基督将一块布料覆盖在自己脸上，然后将所呈现的圣像交给国王。此处神迹曾经在第四次十字军东征中幸存并完好无损，但最终传入法国，并在法国大革命中被毁。

始终试图突破各种加在他们身上的限制，他的土地法几乎没有起到多大作用。或许他身上还留有最后一些力量，但在公元944年他最爱的儿子不幸去世，此后罗曼努斯便陷入了无尽的悲痛绝望之中。

对于自己加诸帝国合法继承人君士坦丁七世身上的诸多屈辱，皇帝罗曼努斯从未真正感到心安理得，如今他更进一步陷入了负罪感的泥潭之中。自然，他还有其他几个儿子，但罗曼努斯悲哀地意识到他们都绝非栋梁之材。他们都在辉煌的帝国宫廷中长大，身边环绕的是权势斗争的旋涡，备受娇宠，呼风唤雨，已经在糜烂的环境中迷失了自我。当杰出的将领约翰·库祖阿斯抵达君士坦丁堡时，他们正在对疲倦的父亲纠缠不休，提出要让另一个名为潘希瑞厄斯的人取代他的地位——这个人显然只是徒有虚名，并不具备多少才干。如果是青壮年时期的罗曼努斯，绝不会允许这样的事情发生，在许多次军事形势发生逆转之后，他意识到自己被宠坏的儿子们绝非继承皇位的合适人选。年老的皇帝拼尽自己的最后一丝力量，提出了一条新的遗嘱，官方宣布几乎已经被人遗忘的君士坦丁七世为自己的继承人。

这个决定相当于彻底将自己的整个家族排除出了权力中心，因此引起了轩然大波，但罗曼努斯已经因为自身的罪孽承受了多年的内心折磨，在最后的岁月中也难以求得平静。如今他年老体衰，死亡的脚步逐渐逼近，世俗权力的光辉如今已经成了良心的沉重枷锁。他曾经篡夺了马其顿王朝的正统继承权，将自己贪婪无度的家族推到了帝国权力的中心。或许现在，通过及时悔改，他能够让自己饱受折磨的良心寻求到某种解脱。

当这条遗嘱在公元944年圣诞节的5天前公之于众时，罗曼努斯的儿子们都感到万分惊恐。他们多年以来对君士坦丁七世进行残酷折磨，如今君士坦丁七世即将重回皇位，这对他们而言不啻晴天霹雳，可怕万分。这种残酷的背叛令他们意识到自己必须尽快行动，避免即将发生的灾祸。罗曼努斯很快被抓住（有人怀疑他甚至是自己情愿被抓），送往王子群岛的修道院。然而，君士坦丁堡的人民却并无意继续被罗曼努斯家族的人统治。罗曼努斯曾经为人所接受，因为他出色的外交手段和强大的军事力量及时挽救了整个帝国，使拜占庭免于被保加利亚人威胁的命运。但无论如何有才干，都无法改变他作为篡位者的事实，他争吵不休的儿子们自然也没有权力继续统治帝国。

在罗曼努斯统治期间，君士坦丁七世受到求生意志的驱使，从未利用哪怕最为微小的机会为自己正名，他平静地接受了被罗曼努斯赶下皇位的事实，默默地退居幕后。无论何时需要用到他的名字去作为某些事情的筹码，他都竭尽全力向人群发出呼喊，或是将自己的签名留在某个文件上，但他从未展现出哪怕最微小的一点野心。然而在这黑暗的漫长岁月里，有某些意想不到的事情发生了。没有人记得或者关心，他出生时是个不合法的孩子，而他父亲自己的生父是谁也存有争议。这件事自然令人同情，这个面色严肃的小男孩在皇宫中孤独地长大，四周是令他饱受屈辱的敌对家族成员，多年以来都无法对任何人诉说自己的痛苦。君士坦丁七世拥有“生于紫室者”的名号，与任何一位傲慢自大的利卡潘努斯家族成员都有着天壤之别，在他的血管里流淌着的是正统的马其顿皇族的血液。罗曼努斯受到轻视的儿子们多年以来都在虐待这位皇位的正统继承人，都城的人民如今再也不打算对此袖手旁观。年迈的罗曼努斯退出权力的中心后，君士坦丁七世突然发现自己受到了所有人民的欢迎。数日之内，都城传言四起，称他的性命正受到巨大威胁，愤怒的暴民迫使不情不愿的利卡潘努斯兄弟承认君士坦丁七世最高统治者的地位。

现年39岁的君士坦丁七世虽然一直以来都隐忍沉默，但很快他便展现出了自己杀伐决断的气度。在他被推举为最高统治者仅仅几天之后，孤注一掷的利卡潘努斯兄弟密谋将他推翻，君士坦丁七世则率先开始了行动，在一次晚宴上出其不意地将利卡潘努斯家族的兄弟们全部俘虏，将他们和他们的父亲一起流放。余下的家族成员则被逮捕，遭到阉割。虽然利卡潘努斯家族压迫了君士坦丁七世很久，但是他没有沉溺于血腥屠杀或者恶毒报复。罗曼努斯称得上是一位优秀的统治者，君士坦丁七世也足够明智，并未让个人的仇恨蒙蔽双眼，政治上罗曼努斯依旧是他的榜样。之前的土地政策继续实施，贵族阶级的权力也依旧得到限制，罗曼努斯颁布的法律也继续发挥作用。君士坦丁七世与他的前任完全不同的地方在于他十分善待福卡斯家族，自然，他们是利卡潘努斯家族长久以来的宿敌。

为了替代去世已久的约翰·库祖阿斯，君士坦丁七世选择了甚至比他还要优秀的尼斯福鲁斯·福卡斯——多年前曾经被罗曼努斯·利卡潘努斯夺取皇位者的侄子——作为帝国东线军队的最高指挥官。尼斯福鲁斯是个粗人，既不懂察言观色，也毫无品味，但自从四百余年前贝利萨留抗击蛮族之时起，帝国已经很久未曾出现过具备如此军事天才的将领。在4年的征战中，尼斯福鲁斯和他能征善战的外甥约翰·齐米斯基斯将强大的叙利亚埃米尔赛义夫·道莱彻底击败，夺取了幼发拉底河河畔的诸多城市，最远甚至到达了安条克。* 在惊恐万分的叙利亚边境的穆斯林军队中，他很快得到了一个绰号“萨拉森人的苍白死神”，阿拉伯军队只要一听到他大军来袭的消息，便纷纷落荒而逃。

受到帝国日益强大的新生力量的鼓舞，拜占庭复兴的大幕徐徐拉开。当马札尔人突袭色雷斯，希望分散拜占庭攻打叙利亚边境的注意力时，一支帝国军队迅速将他们彻底击败，将这些倒霉的入侵者赶尽杀绝。从科尔多瓦的哈里发国到西欧各国，周围各国的官员和使臣在拜占庭来来去去，纷纷在君士坦丁堡会聚一堂，在这里，他们为皇帝广博的学识和他宫廷的辉煌所深深折服。他们自由徜徉在华丽的宫殿——十九榻大殿之中。来客会按古罗马时代的时髦习俗斜卧在卧榻上进餐，他们无比惊奇地目睹金灿灿的盘碟盛满水果从天花板上降下。宫廷中的储水设施则采用巧妙的手段隐藏起来，小型喷泉和瀑布倾泻出的是葡萄酒，顺着纹饰精美的雕像和廊柱流淌不息，城市内的主要广场上安置着一只自动时钟，这可谓是整个帝国的最高杰作。然而，最令人震撼不已的还是皇帝本人。君士坦丁七世堪称一位卓越的艺术家和作家，他的学识气度令来访的基辅罗斯摄政奥尔加深深折服，她选择了皈依基督，并且将东正教的种子播撒在自己的土地上，这片土

* 十分有趣的是，约翰·齐米斯基斯也是约翰·库祖阿斯的侄孙。“齐米斯基斯”这个称呼来自亚美尼亚语词汇，形容他身材矮小（同样，尼斯福鲁斯·福卡斯也是个矮个子）。他的真正家族姓氏是库祖阿斯。

地日后成了第三罗马。

如今，唯一令皇帝烦恼不已的事情只剩下他的儿子罗曼努斯二世。949年，这位年轻人选择了非常不相称的恋爱对象，与一位客栈老板的女儿，美貌惊人的斯巴达女性狄奥法诺坠入爱河。两人的关系无论从哪个方面来讲都完全不相称，但或许是因为自己的一生都压抑地活在罗曼努斯·利卡潘努斯的掌控之中，君士坦丁七世说服了自己不要在儿子身上重蹈覆辙。他庄重地对自己发下不干预其中的誓言，而是选择袖手旁观，罗曼努斯二世最终与狄奥法诺成婚，狄奥法诺也顺利地进入自己梦寐以求的权势家族。九年之后，狄奥法诺生下了一个儿子，这对欣喜的夫妇为儿子取名巴西尔，这个名字也是为了纪念马其顿王朝的开创者。在那些风云动荡的岁月中，整个皇室家族的未来似乎已经高枕无忧。一年之后，君士坦丁七世因为热病而逝世，无论是神圣清泉的治愈之水还是来自高山极顶修道院的圣水，都无法治愈他的症状，整个帝国陷入了一片悲痛之中，皇帝的权力传递到了他的儿子罗曼努斯二世手中。

虽然相比政事，这位志得意满的新皇帝显然更热衷于打猎，并且凡事都受他的妻子掌控，但他也并非完全缺乏智慧，他从不干涉手下的将领，因此帝国的光复之路依然在继续前进。因为罗曼努斯二世沉迷享乐，国家政策都由他最亲近的顾问，一位颇具才干的宦官约瑟夫·布林加斯一手包办。这位宫廷大臣颇具政治手腕，国家的艺术领域继续繁荣发展，君士坦丁堡大学迎来了大批新的教师资源，经济也呈现出欣欣向荣的景象。罗曼努斯外祖父颁布的土地法给予农民阶级更多的保护，这是数世纪以来前所未有的政策，商人将印度和中国的财富源源不断地运往君士坦丁堡繁忙的市场。帝国如今国富民强、和平安定，罗曼努斯二世或者不如说他的妻子狄奥法诺皇后断定，此时正是帝国需要展现力量的时刻。

最能反映帝国曾经黑暗时代的铁证无疑是克里特岛的归属。在一个世纪前帝国最为孱弱的岁月中，这座岛屿落入了一队阿拉伯海盗的手中，这些海盗在公元 826 年被一位愤怒的哈里发彻底赶出埃及。一座如此重要的岛屿，自从公元前 69 年就正式归属于罗马的领土，被一群强盗掠夺蹂躏，这无疑是帝国荣耀无法容忍的屈辱。这座曾经富庶的岛屿如今成为海盗的巢穴，令整个地中海东部地区不得安宁，但每一次尝试收复的战役最终都彻底失败。君士坦丁七世在逝世前为重新出征谋划已久，如今罗曼努斯二世需要做的不过是寻找一位合适的将领率军出征。他所要做的选择可谓再容易不过，纵观整个都城，所有人都会不约而同地说出一个名字。此时帝国港口已经集结了 307 艘战舰组成的舰队，并有将近 8 万名士兵整装待发，皇帝召见尼斯福鲁斯·福卡斯，令他务必全力维护拜占庭帝国的荣耀。

克里特岛的防御工事十分牢固，但尼斯福鲁斯派出了自己的陆战队——拥有可怕战斗力的挪威战士，他们恐怖的双刃战斧足以将敌人的盔甲和骨头一起劈开，扫除了迎战的阿拉伯军队。在率兵登陆海岸追击四散奔逃的敌人之后，尼斯福鲁斯在克里特岛主要城市干地亚停驻，开始了长达九个月的围攻战。秋天过去之后，史上最为严酷的寒冬到来了，对于干地亚城的居民而言，这个冬天十分难熬，对于军营帐篷里的士兵而言，则是更为巨大的灾难。严重的食物短缺让这种困境雪上加霜，让大部分人都感到濒临崩溃，但尼斯福鲁斯总能够在军队中鼓舞士气，他每天都在营地巡视，用自己不屈不挠的斗志激励所有人。同时，阿拉伯军队的士气因为他们出城搜寻粮草时遭到的一次次伏击而日益瓦解，当尼斯福鲁斯将割下的敌方头颅抛进城中时，阿拉伯军队的士气遭到了更为沉重的打击。

当春天到来时，精疲力竭的守城一方再也无力继续作战，拜占庭设法突击进城，获得了海盗一个世纪以来掠夺的物品。得胜的将军起航回到君士坦丁堡，他在竞技场中得到了一场小凯旋仪式，以及整个帝国对他的感谢。* 帝国的荣耀已经光复。在被阿拉伯人占领 135 年之后，克里特岛重新回到了帝国的怀抱。

东线的拜占庭军队此时也赢得了一场至关重要的胜利。当大批帝国军队前往克里特岛作战之时，叙利亚埃米尔赛义夫·道莱最后一次试图通过突袭小亚细亚赢得军事上的制衡地位。利奥·福卡斯——尼斯福鲁斯的兄弟，东线守卫军的指挥者，决定放任对方自由掠夺，同时己方军队埋伏在托罗斯山中，以期在对方回程的路上发动伏击。11 月月初，赛义夫果然出现在大军的最前方，后面跟随着大批基督徒俘虏。虽然赛义夫本人设法躲过了这次伏击，但他的大军却被彻底击溃，不久之前用来捆绑基督徒俘虏的绳索此时再次发挥了作用，不过捆绑的

* 小凯旋仪式（ovation）是仅次于凯旋仪式的伟大荣耀。尼斯福鲁斯获得了几个世纪以来拜占庭无人获得的巨大成就，他当然值得最高的荣耀作为奖赏，不过正如查士丁尼对贝利萨留的态度一样，罗曼努斯二世也在内心暗暗提防着这位战功卓著的将军。

对象却换成了赛义夫自己的士兵。*

当匆忙逃离的埃米尔回到他位于阿勒颇的华丽宫殿时，尼斯福鲁斯已经从克里特岛返回，他的兄弟利奥和外甥齐米斯基斯也和他同行，他们展开了新的攻势。在经过叙利亚和北部美索不达米亚地区的路上，他们占领了55座要塞，这个数字是十分惊人的，之后才到达了阿勒颇的城门之下。赛义夫走投无路，试图用临时拼凑的军队守卫城市，但当约翰·齐米斯基斯将他驱逐时，尼斯福鲁斯将他的宫殿彻底焚毁，并围困住整座城市。仅仅三天的攻城战之后，阿勒颇全面沦陷，拜占庭军队进入城内，这是自从希拉克略时代以来从未有过的壮举。然而，这位“萨拉森人的苍白死神”却尚未收复帝国失去的国土。他决意让他的对手彻底落到山穷水尽的地步。在洗劫阿勒颇之后，他不紧不慢地回到卡帕多西亚，跟随他的是2 000匹骆驼和1 500头骡子，驮回了不计其数的战利品。他在班师回朝之后，却听到了令人震惊的消息：年仅24岁的罗曼努斯二世去世了，谣言中说谋杀的罪魁祸首正是他的妻子狄奥法诺。†

* 在骑马飞奔的同时，他不断向后面抛撒大量的金币。在后面追赶的拜占庭军队忙于停下来捡拾金币，无暇继续追赶，因此他得以脱身。

† 罗曼努斯事实上在打猎时受了伤——这是一个十分可耻的错误，因为此时正值大斋期，狩猎活动是被严格禁止的。

第十八章

舅甥继承

Chapter 18

Death and His Nephew

投毒在拜占庭帝国算不上是头号新闻，皇后狄奥法诺也以野心勃勃而闻名，但杀死自己的丈夫对于这样一个充满智慧的女人而言，确实是十分荒唐的举动。* 罗曼努斯的死对她而言是一场灾难，她也必然清楚这一点。他们的儿子巴西尔二世已经登上皇位，但他此时年仅6岁，近年来的帝国历史已经十分深刻地证明，对于一位年轻的正统继承人而言，野心勃勃的僭越者是多么危险。

因为丈夫已经去世，狄奥法诺迫切需要为儿子巴西尔二世寻找一位保护者，她秘密写信给尼斯福鲁斯·福卡斯，请求他返回君士坦丁堡。这位伟大的将军如今无疑是帝国上下最具声望的人物，他在军事上的地位绝对无人匹敌。他所撰写的关于战术策略的兵书在领兵作战

* （如果是事实）也是一项了不起的成就，因为她在两天之前才刚刚生产，此时依然处于卧床休息的状态。

方面被奉为经典，在数世纪之后依然被人引用来对抗阿拉伯军队的进攻。然而，拜占庭宫廷内部却对他的卑微出身和粗鲁举止嗤之以鼻，十分惧怕皇后会选择这样一个人作为自己的依靠。反对的声音不久便甚嚣尘上，其中的核心人物便是首席宫廷大臣约瑟夫·布林加斯，在罗曼努斯统治时期，他便巧妙地居于幕后，将权力攫取至自己手中，他完全无意让一位“乡下将军”取代自己的地位。约瑟夫·布林加斯决定阻挠尼斯福鲁斯进入君士坦丁堡，因此颁布了一道法令，禁止他回归都城，并且将城门紧闭。

显然，布林加斯这次的做法可谓是完全过火。尼斯福鲁斯是一位极富名望的将领，终其一生都在为拜占庭四处征战，一位诡计多端的宫廷大臣颁布的法令根本无法让所有民众信服。暴民纷纷涌上街头，高声要求放这位将军进城，惊恐的宫廷大臣被迫屈服。布林加斯不顾一切地想要将尼斯福鲁斯置于死地，因此谋划将他暗杀，但这位将军的名望再一次拯救了他。当他进入圣索非亚大教堂时，他敏锐地感到了不祥的风吹草动，因此便大声宣布自己的性命受到了威胁。牧首匆忙召集元老院众位成员在集会的民众面前发誓，不会暗中采取任何行动。布林加斯别无选择，只得恼火地接受了这一安排。尼斯福鲁斯最终确保了自己的人身安全，便离开都城到安纳托利亚整顿当地的军队。

约瑟夫·布林加斯此时已经彻底走投无路。他对这位皮肤黝黑的将军的厌恶已经是尽人皆知，他明白一旦尼斯福鲁斯领兵归来并登基称帝，自己就会面临灭顶之灾。他如今唯一能依靠的途径便是写信给约翰·齐米斯基斯，提出如果他背叛自己的舅舅，便让他当上皇帝。布林加斯自己的失势已成定局，但至少他要和尼斯福鲁斯·福卡斯斗个鱼死网破，两败俱伤。

然而这位宦官却完全没有料到，齐米斯基斯直接将这封背叛的信函交给了自己的叔父。对这位将军而言，此时此刻再没有任何理由犹豫不决了。第二天拂晓时分，在一场追忆罗马帝国诞生岁月的典礼上，他手下的士兵将他举在盾牌之上，齐声高呼拥立尼斯福鲁斯为皇帝。然后他们拔营前进，进军君士坦丁堡，但当大军到达博斯普鲁斯海峡亚洲一侧时，他们发现两个意料之外的麻烦正等待着他们。第一个麻烦便是心怀恶意的布林加斯将尼斯福鲁斯的家人包括他八旬高龄的老父亲投入了监牢。第二个，也是更为糟糕的麻烦是，这位宫廷大臣已经把所有的船只，从最为简陋的小渔船到最庞大的战舰，全部调离了岸边。

愤怒的尼斯福鲁斯没有办法让自己的大军渡过狭窄的海峡水域，只能原地停驻，静观事态发展。然而好运气来得很快，设计困住他的宫廷大臣很快便遇上了大麻烦。尼斯福鲁斯的兄弟利奥设法从导水渠逃出了君士坦丁堡，他 80 岁的老父亲也想方设法摆脱了布林加斯的控制，躲进了圣索非亚大教堂的避难所。当众叛亲离的宫廷大臣的卫队到达，试图抓住这位老人时，群众愤怒的情绪彻底爆发了。他们抓住一切手边能抓起的东西，包括砖头、石块，以及被拆毁的教堂长凳，如潮水一般涌到街道上，开始与帝国的卫队搏斗。宫廷大臣手下的部队被迫退到拥挤的街道上勉强抵抗，直到一位妇女从最近的房顶抛下一个目标准确的花盆——正砸到卫队长的头上，当场就叫他一命呜呼。

接下来的三天，都城陷入了愤怒的混战，在混战的过程中布林加斯完全失去了对整座城市的控制权。混乱之中，罗曼努斯·利卡潘努斯的一个名为巴西尔的私生子控制了帝国的舰队，迎回了等待许久的尼斯福鲁斯。目睹着这位伟大的将军骑着雪白的高头大马，穿过都城的金门，身披最为精美的金色铠甲，人群的愤怒情绪瞬间消失了，取而代之的是狂热的喜悦之情。他们欢送尼斯福鲁斯进入圣索非亚大教堂，目睹着他下马，跪在高高的圣坛之下，由牧首亲自为他戴上了皇冠。

拜占庭的新皇帝可谓是有史以来帝国皇位最为实至名归的赢家之一，他似乎生来就具备领袖风范。他已经年过五旬，但仍然精力充沛，在过去的九年中，他一直拥有帝国军队的最高指挥权，早已习惯下达命令后得到成果。虽然他生来缺乏些许迷人气质，对朝臣下令时也是疾言厉色，对任何不入眼的人都是嗤之以鼻、大加指责，但如今的帝国需要的是一只强硬有力的手掌来掌控船舵，此时此刻再也没有比这位皇帝更加合适的人选了。虽然生性暴躁，举止粗鲁，行为也十分无礼，但尼斯福鲁斯却在人民中拥有极高的威望，皇后狄奥法诺也十分欢迎他担任自己儿子的保护人。

然而他们的关系不得不说有些令人尴尬。长期以来，尼斯福鲁斯都是一位十分严格的禁欲主义者，对年仅 22 岁、喜爱纵情作乐的狄奥法诺而言绝非合适的人选，但他不久便无可救药地坠入了爱河，完全忘记了自己曾经发下的洁身自好的誓言，不到一个月便向狄奥法诺提出求婚。不论是否真的爱他，狄奥法诺都十分乐意地接受了，自己退居幕后，将皇权让位给了尼斯福鲁斯。

然而，婚姻幸福也无法为君士坦丁堡的皇帝带来太多喜悦。他总是乐于四处征战，并且四方的边境还存在太多敌人，此时此刻绝不能放松警惕。哈里发帝国如今的衰落令人鼓舞，正是扩大己方优势的良机。这一年年初，尼斯福鲁斯便派出自己杰出的外甥约翰·齐米斯基斯进入叙利亚，这位年轻人也取得了堪称典范的胜利。尼斯福鲁斯等不及加入战局，便集结大军，通过点燃烽火作为信号，告知外甥自己即将与他会合，仅仅几小时之内便率大军前进至塔尔苏斯山脉地区。他们的第一个目标便是阿勒颇年老体衰的埃米尔，这个大敌数十年来都在不断侵扰帝国疆土。穆斯林军队一看到帝国规模庞大的军队向他们袭来，便试图议和，但尼斯福鲁斯却无视了对方提出的进贡请求，长驱直入进军奇里乞亚，征服塔尔苏斯。同年夏天，帝国军队将阿拉伯人彻底驱逐出塞浦路斯。两年之后，尼斯福鲁斯将阿勒颇城彻底攻陷，将曾经盛极一时的酋长国降为拜占庭的臣属。

皇帝志得意满地回到都城，此时他的声望达到了鼎盛，帝国的力量和威势也大大增强。他轻松击败了那些曾经在东部与他为敌的对手，清楚明了地宣告了拜占庭帝国绝非随意受人欺压的弱者。然而拜占庭帝国不幸处于四面受敌的境地，曾经让尼斯福鲁斯在东方无往不胜的优秀品质却让他在西方大大受挫，并且引发了一场灾难。如果是对付伊斯兰敌人，那么只有死战到底才是唯一出路，对于尼斯福鲁斯个人的本性而言，这也是上佳之选。然而当问题涉及西方复杂的基督教力量时，缺乏适当策略就成了十分致命的弱点。当神圣罗马帝国皇帝奥托一世派出的外交使节错误地称呼他为希腊人的国王时，尼斯福鲁斯愤怒地将他们扔进监牢，此举险些让两个帝国之间燃起战火。更为糟糕的是，当保加利亚的彼得一世派出的使臣到达君士坦丁堡，要求他们按传统缴纳岁贡时*，尼斯福鲁斯难以置信地问他们是否把自己当作是需要向“鄙陋”之人缴纳岁贡的奴仆，然后赏给他们一顿耳光，让他们滚回野蛮人国王那里去。尼斯福鲁斯宣称：“告诉你们的国王，很快我会亲自赐予你们最合适的贡品。”

皇帝立即召集大军，完全无视保加利亚国王愤怒的抗议。保加利亚边境的数座要塞都遭到了猛烈的进攻，但尼斯福鲁斯看到保加利亚境内茂密的林地和崎岖的沟壑，决定三思而后行。在这样的地势内部率军深入极易遭到伏击；他有其他的方法来惩罚傲慢的保加利亚人，不必让自己的军队以身犯险。尼斯福鲁斯派出使臣携带大量黄金，到达基辅罗斯国，贿赂对方为自己作战。

基辅罗斯国拥有维京血统的大公斯维亚托斯拉夫一世迫不及待地率领自己的部族围攻边境，将保加利亚军队打败，俘虏了国王彼得，并且将 2 万抵抗军以酷刑钉死。然而拜占庭却遇上了新的麻烦，这场轻而易举的胜利让罗斯人胃口大开，斯维亚托斯拉夫的贪婪目光不久便盯上了拜占庭帝国的领土。尼斯福鲁斯大怒，自己的策略击败了弱小

* 进贡主要用于一位拜占庭公主在保加利亚宫廷之中的日常花费，让她能够得到与自己身份相匹配的优渥待遇。

的敌人，却带来了更大、更可怕的祸害；但此时此刻他意识到不论自己如何挽回，事情都已经太迟了。

不论如何，尼斯福鲁斯此时此刻被教会内部的纷争转移了注意力。他很久以前便意识到教会内部不断膨胀的世俗权欲之心（在拜占庭土地上四处征战时，很难忽视教会规模巨大、来路不明的财富），围绕他的密友修道士阿萨内修斯的纷争也令尼斯福鲁斯意识到他必须立即展开行动。尼斯福鲁斯对牧首感到极端愤怒，因为对方曾经拒绝将为抵抗穆斯林力量而牺牲的战士们封为神圣的殉道者，于是他贯彻了自己一贯雷厉风行的作风，颁布了一系列十分彻底的法令。* 修道院的财富不断膨胀，而他们长久以来拒绝按照国家规定缴纳税款，教会内部腐败的风气日益盛行。任何退伍军人（或其他人）都禁止将自己的土地捐献给教会以供其积累财富。曾经发下毕生清贫的誓言的修道士们理应遵循自己先辈的生活作风，居住在荒僻之地简朴的修道院内，彻底远离俗世生活的纷扰喧嚣，而不是居住在华丽的屋舍，四壁布满精美至极的壁画，或是在大批农奴辛苦劳作的葡萄园和田地里肆意享乐。皇帝派出了他忠诚的朋友阿萨内修斯前往希腊捐赠了一所修道院，位于阿索斯山的山麓地带，以作为修道士生活的模范。† 除此之外，皇帝规定此地独立于君士坦丁堡牧首，拥有直接与皇帝对话的权力。

---

* 牧首的拒绝在拜占庭历史上产生了深远影响，他的态度事实上等于完全拒绝了“圣战士”的产生。自然，西方在十字军东征的过程中得出了完全不同的结论。

† “圣山”阿索斯山上的修道院得以幸存至今。阿索斯山位于拜占庭帝国的一座岛屿上，长期以来与世隔绝，因此也没有遭到现代文明发展的冲击。风光秀美的阿索斯半岛上，共建有二十座修道院，形成了一个高度自治的小型社会。时至今日，阿索斯山上依然飘扬着拜占庭帝国的雄鹰旗帜。

在国内事务基本尘埃落定之后，尼斯福鲁斯再次于公元968年开始了东征。这一次他的目标是将曾经试图占据亚美尼亚的穆斯林力量彻底清剿。他率军到达亚美尼亚小镇曼奇克特，将酋长国彻底消灭，解放了整个行省。之后，他南下进入叙利亚，轻易占据了两座重要城市埃米萨和埃德萨。969年，他计划重新收复安条克——叙利亚的古代都城，也是基督教会五大宗主教区之一。自从希拉克略的统治时代以来，尚未有任何一位皇帝踏足此处，如果由尼斯福鲁斯——这个名字的意思是“引领胜利之人”——收复这座城市，那再合适不过了。他注视着南方的形势，认为应首先进军圣城耶路撒冷，但此时适于作战的季节即将结束，一场饥荒令拜占庭和阿拉伯双方都陷入困境。在12年光辉的胜利之后，尼斯福鲁斯并不介意将征服耶路撒冷之日再次延迟一年。春天总会到来，而他也确实需要稍加休息。他令大军掉转方向，这位皇帝疲惫地，同时志得意满地，回到了他的都城。

虽然取得了无数胜利，但尼斯福鲁斯此时的声望却日益下滑。除了他生来粗暴野蛮的个性，他对于教会财富的打击也令他与教会的关系严重受挫，同时多年来为四处征战所收取的高昂赋税也已经让他失去了民众的支持。他可恶的兄弟利奥曾经试图在饥荒时期哄抬小麦的价格，而且现在人们普遍相信他正在密谋暗杀狄奥法诺年幼的儿子巴西尔和君士坦丁。皇帝本人虽然没有卷入这些事务当中，他却并没有采取措施惩罚自己的兄弟，这也就进一步损害了他的声誉。食物的价格一再上涨，当年的收成也十分惨淡，令他越发成为众矢之的（虽然后者并非他本人的过失），尼斯福鲁斯如今成了人民公敌。此时他得知一个预言，自己会在大皇宫死于一位都城市民之手，因此他建造了一堵巨大的高墙，将皇宫与城市隔绝开来，自己则隐藏其中。当他冒险走上街头时，则不得不勇敢地面对铺天盖地的指责，甚至偶尔有砖头石块向他砸来（虽然投得并不是那么准确）。尼斯福鲁斯试图缓和紧张局势，因此在竞技场策划了一场模拟对战，但谣言传说他将在此地大规模屠杀平民，闪着寒光的出鞘利剑也令民众感到恐惧，四散奔逃，仅剩下几百名观众拥进场内观战。完全不出所料，尼斯福鲁斯抓住一切机会逃避都城内部的紧张氛围，但这样的举动又为他带来了一个更加可怕的大敌，他在战场上碰到的任何一位敌手与之相比都望尘莫及。

他的妻子狄奥法诺现年 28 岁，她已经忍受一位作风朴素、长期征战的丈夫很久了，此时她疯狂地爱上了丈夫的外甥约翰·齐米斯基斯。这位相貌英俊的年轻将领拥有她丈夫缺乏的一切品质。约翰器宇轩昂、头脑聪慧，拥有灿烂的金发和锐利的碧眼，为人高尚且魅力十足，没有一个女人能够抵抗如此迷人的男人——尤其是这位孤独已久、与世隔绝的皇后。当约翰因为失宠而暂时退居幕后休养时，狄奥法诺抓住这一良机，强迫她的丈夫将他召回君士坦丁堡。在黑暗的遮掩之下，这对狂热的爱人在皇后的侧殿里相会了，他们策划出了拜占庭历史上最邪恶的谋杀事件之一。

在一个酷寒的夜晚，还有 15 天圣诞节就将来临，阴谋者开始了行动。暗杀者悄悄潜入宫殿内部，伪装成女性，被狄奥法诺隐藏在几间废弃的宫室中，等待黑夜的降临。在午夜到来之前，约翰来到此处，坐在一个篮子中，经由绳索进入了高墙之后的宫廷，此时天空下起了大雪。暗杀者们手执利剑，潜入宫廷的寝宫内，破门而入，发现皇帝的床上空无一人。这些人以为自己已经遭到出卖，因此十分恐慌，其中几位密谋者试图从高处的阳台跃下，落到大海之中。正当其他人四散奔逃时，一名叛变的宦官指出了沉睡中的皇帝的位置。他（像往常一样）躺在地板上的一张豹皮之上，正四肢伸展陷入梦乡。

暗杀者们猛冲过来，将尼斯福鲁斯弄醒，当他试图起身时，杀手们拔出剑在他的脸上猛刺。皇帝困惑不已，向后倒在了他床铺四周的圣像之上，他的脸上布满了鲜血。尼斯福鲁斯试图摇晃着站起身，在地板上跌跌撞撞地前行，然后摔倒在齐米斯基斯的眼前，后者正一边痛骂这个流血不止的人，一边狠狠地扯掉他的胡须。此时尼斯福鲁斯几乎已经神志不清，他乞求圣母马利亚，希望得到宽恕，但这只是令周围的暗杀者们更为恼火。他们用剑柄打碎了皇帝的下颌，敲掉了他的牙齿，用各种酷刑折磨他，直到约翰最终下令用一柄锤子结束了他的性命。

在砍下尼斯福鲁斯的头颅之后，这些暗杀者将这具支离破碎的尸体的其他部分扔出了窗外。当其中的一个杀手手执割下的头颅，从宫廷各处跑过，以此恐吓帝国卫队之时，其他人则在大雪铺满的街道上四处奔走，高呼着暴君已经被推翻。而约翰本人则赶到帝国的正殿内，穿上了只有国王才能穿戴的紫色长靴。看到他穿着帝国皇权的象征，任何反抗都瞬间化为乌有。帝国卫队放下了他们的刀剑，顺从地跪在新皇帝的面前，高声拥护齐米斯基斯登基成为罗马帝国的新主人。

次日，当尼斯福鲁斯失去头颅的尸体被安置在圣使徒教堂之内时，宫廷重新恢复了礼仪规范。对于一个始终忠实治理国家的人而言，这样的结局是十分耻辱的，虽然都城内没有多少人真心为他哀悼，他的美名依然会由子孙后代流传下去。他传奇的一生鼓舞着一代又一代的拜占庭和保加利亚文人骚客，他们会在边关的史诗中为他的开疆拓土而歌颂。教会为他行了宣福礼，阿索斯山修道院的修道士们也始终将尼斯福鲁斯尊为自己的创始人。* 他的陵墓隐蔽在帝国陵墓僻静的角落，前来拜谒的人感受到这位伟大的战士皇帝的一生已经由他精美石棺上镌刻的铭文做出了最好的总结。铭文上写道：尼斯福鲁斯·福卡斯，你已经征服了全部，除了一个女人。

铭文中谈到的这位女性此时正在尽职尽责地扮演着一位悲伤遗孀的角色，但如今所有人都心知肚明皇帝因何身亡。在 10 世纪的拜占庭，人们对待这样一对邪恶夫妇的典型态度便是将全部罪恶都压到狄奥法诺一人肩上。自然，皇后绝非清白无辜，但她并非大众所认为的那样，是一个彻头彻尾的蛇蝎毒妇。狄奥法诺深深爱着约翰无法自拔，又无比迫切地想要保护自己的儿子巴西尔二世，当她的爱人突然不明不白地将她赶出皇宫，任她孤独地踏上流放之路，她震惊极了。牧首已经让齐米斯基斯清楚地认识到，要想登上皇位，他必须首先和大众唾弃的狄奥法诺彻底断绝关系，这位野心勃勃的年轻人没有丝毫犹豫便欣然接受了。

令人大吃一惊的是，虽然登上权力顶峰靠的是最为野蛮暴力、违

* 他的家族后裔至今依然生活在希腊和黎巴嫩南部。

背伦常的方式，约翰的登基仪式却非常平静，并未出现暴民骚乱，也未曾有激烈抗议。自然，这是因为他曾经明确宣布，发动暴乱必定只有死路一条，但大部分驯服的都城人民确实从心底里对他们这位魅力非凡的新皇帝颇有好感。他曾经因为慷慨而闻名，获得这个好名声是因为他无私地将自己的巨额财富分给穷人，作为一种赎罪行为。当他假意处死了两个同谋，作为暗杀尼斯福鲁斯的替罪羊时，大部分都城人民认为这一事件应当就此偃旗息鼓。

诚然，约翰·齐米斯基斯有某种无法抗拒的魅力。他跟随自己的舅舅学习了战争的艺术，既学到了尼斯福鲁斯的英勇气度，同时也具有极富感染力的火热激情，令每一个遇到他的人都为之倾倒。* 如今帝国仿佛拥有了新的活力，人人充满一种志得意满的精神，相信那个坏脾气惹人厌的皇帝已经成为过去，这位具备雄才伟略的新皇帝将会彻底取代他的位置。唯一反对拜占庭皇位更迭的人便是福卡斯家族成员，但他们的态度与其说是出于个人情感，不如说是出于一种责任感。尼斯福鲁斯的侄子巴达斯·福卡斯义不容辞地举起了反抗的旗帜，但他的行动却未能得到广泛的支持，当齐米斯基斯的挚友巴达斯·斯凯勒鲁斯率领大军赶到时，福卡斯平静地被俘虏，然后被流放到了一个风光秀丽的爱琴海小岛。

当他的下属为了维护他的统治而四处搜寻反叛者的踪迹时，皇帝正忙于率领大军清理他的前任留在巴尔干地区的烂摊子。罗斯国如今越

* 齐米斯基斯以高超的弓箭技术而闻名，而且，假如他的人生传记大体可信的话，他也时常展现自己杰出的骑术——在空中腾越过三匹马的背部，然后落在第四匹马的马鞍上。

发傲慢自大，并且蠢蠢欲动，他们入侵拜占庭疆域的企图已经显而易见。当他们听闻齐米斯基斯正在整顿军队时，提醒他说："不必为此提早烦恼，我们很快就会来到你的城门前。"

如果罗斯人想要的仅仅是战争，约翰·齐米斯基斯完全乐于接受。他率领一支4万人的大军浩浩荡荡地前进，在保加利亚都城附近的地方发现了一支罗斯人的先头部队，并采取奇袭战术，将其彻底消灭，之后围困了这座城市。在用希腊火密集攻城的短短几天之后，拜占庭军队浩浩荡荡地冲入城内，将被罗斯人俘虏的保加利亚国王解救。* 斯维亚托斯拉夫火冒三丈，迅速召集了一支大军，但数月之后约翰同样采用奇袭战术攻击了对方，消灭了罗斯国4万大军，使战场化作一片血海。斯维亚托斯拉夫受此大辱，只得从保加利亚的领土仓皇率残部撤退，最后一次洗劫了这座城市。† 然而和平并没有持续太久。保加利亚始终是拜占庭的心腹大患，自从几代之前残酷的克鲁姆突然来袭之时起便是如此，约翰意图将这一大患彻底终结。一年内皇帝率兵征服了若干主要城市，正式吞并了保加利亚，彻底终结了克鲁姆的王朝。西保加利亚则依然维持着脆弱的独立状态，由当地总督的四个儿子共同管理，他们被称为"伯爵之子"，但那里四处受敌并且兵力孱弱，约翰为他们安排了合适的位置，然后自己开始处理东部的事务。

假若齐米斯基斯彻底结束了对保加利亚的征服，帝国毫无疑问会迎

---

* 他对于能够获救心怀感激之情，这也在一定程度上起到了缓和事态的作用。约翰亲自夺取了御宝，将城市以自己的名字重新命名为约拿波利斯（Joanopolis）。

† 在他回程的路上，罗斯国王储遭到佩切涅格人的伏击，也遭遇了和不幸的皇帝尼斯福鲁斯一世同样的命运，头骨被做成了酒杯。

来光明前景，但皇帝此时却深深苦恼于来自叙利亚的报告。埃及的法蒂玛王朝，目前最为危险的穆斯林敌对势力，已基本填上阿拔斯哈里发势力瓦解而留下的权力真空，如今正对帝国边境造成巨大威胁。在轻松击败前来进攻的一支拜占庭军队后，他们在公元 972 年秋天围困安条克，并计划吞并叙利亚全境。自然，此时拜占庭的利剑又一次指向了萨拉森敌人。

约翰·齐米斯基斯留下元老院主席（即帮助尼斯福鲁斯·福卡斯执掌权力的巴西尔·利卡潘努斯）帮助自己暂理帝国事务，之后于公元 974 年年初率军踏出金门，开始了征程。他胯下骑着一匹剽悍的白色战马，身上精美的盔甲闪闪发光，身后是他的“常胜军”列队，这位皇帝正式打响了拜占庭漫长历史上最为伟大的战役之一。* 他由今日伊拉克的北部出发，迫使惊恐万分的摩苏尔埃米尔缴纳数量巨大的岁贡，将第二强大的酋长国降为附庸国。齐米斯基斯懒得占据毫无防御的巴格达，而是南下进军叙利亚。法蒂玛王朝的大军正围攻安条克城，听闻拜占庭大军压境，马上陷入了恐慌。但约翰并没有命令大军上场杀敌，而是坐视他的敌人暂时退兵，而后率军抵达地中海沿岸。他凭借一己之力攻克了叙利亚和巴勒斯坦的众多城市。巴贝克、贝鲁特和大马士革纷纷城门大开，海岸城市太巴列、阿卡、该撒利亚和的黎波里则献上了数额巨大的进贡。没有任何据点或要塞能够阻挡帝国军队前进的步伐——300 年漫长的停滞之后，拜占庭的雄鹰已经重新翱翔天

* “常胜军”是一支精锐骑兵部队，成员通过层层选拔，勇气过人，战斗力出众。直到一个世纪后的阿历克塞一世时期，他们依然是帝国军队的中坚力量。

际，并且绝不轻易偃旗息鼓。在胜利进军拿撒勒这座千年之前耶稣基督的童年故乡之后，齐米斯基斯又短途前进来到他泊山，爬上山麓，拜谒耶稣显圣容之地。像他的前任尼斯福鲁斯·福卡斯一样，约翰也同样考虑发兵耶路撒冷，但又放弃了这个想法。他的主要目标是削弱法蒂玛的势力，并不是为帝国进一步扩大版图。当收复圣城的适当时机到来之时，他将重新回到这里，但这不是当务之急。做出了这个重大决定之后，他便率领自己战无不胜的军队掉转方向，踏上了荣耀的归途。

若是皇帝继续前进，将耶路撒冷收复，重新置于东正教的掌控之下，他便能够完成巴勒斯坦东方基督徒的伟大梦想。然而，他们徒劳地等待了一个多世纪，帝国的力量并未成功，直到西方发起的十字军东征将这座圣城重新纳入了基督教世界的版图。

975年秋天，拜占庭仍然未尝败绩，约翰·齐米斯基斯暂时中止了他的征战，回到了都城。他有十足的把握，自己已经让整个帝国的力量空前强大，达到了近四个世纪以来的鼎盛期。无论如何，帝国的敌人已经四散溃逃，没有任何对手能够在帝国强大力量的蹂躏之下幸存。*

君士坦丁堡的辉煌胜利只遇到了一个不快的插曲。当皇帝调查自己挥师经过的广大土地的归属之时，他得到的众多答案没有任何不同——属于宫廷大臣巴西尔·利卡潘努斯。齐米斯基斯在限制贵族攫

* 齐米斯基斯让他的侄女与西方的皇帝奥托二世联姻，通过这个方式他成功地将两大帝国的统治王朝联合起来，这也是4世纪狄奥多西一世以来的首次创举。重建一个强大的统一帝国突然之间变得不再那么遥不可及。

取土地的政策上并不像他的前任那样勤勉，但这极度膨胀的财富依然令皇帝勃然大怒，他刚刚回到都城，便展开了全面的调查。这位宫廷大臣感到极度恐慌，担心事情败露，便采取了自己此时此刻唯一能想到的对策。他以最高的热情欢迎皇帝凯旋，然后将毒药放进了他的食物之中。几天之内，毒药便发挥了作用。约翰·齐米斯基斯也像他的舅舅和“叛教者”尤利安一样，在自己统治的全盛时期死于非命。圣城的基督徒感到十分痛苦，似乎他们已经被弃于不顾，而在遥远的开罗，法蒂玛王族正为皇帝驾崩的消息而欢欣鼓舞。这位伟大的征服者彻底消失了。

第十九章

巴西尔二世

Chapter 19

Basil the Bulgar Slayer

从上帝让我取得伟大帝国的土地之统治权的那一刻起……我的长矛从未停息……哦，如今我的坟墓就在此处，请为我祈祷，称颂我的伟大战役。

——巴西尔二世墓志铭

马其顿王朝最令人吃惊之处在于，纵观整个朝代，所有名垂青史的明君无一例外都是阴谋篡位的僭越者，他们与继承皇位的正统世系完全没有血缘关系，但口径一致地声称自己会“保护”那些合法继承人的利益。罗曼努斯·利卡潘努斯一世、尼斯福鲁斯·福卡斯及约翰·齐米斯基斯是如此智慧过人、光辉耀眼，足以令人忘记他们所取代的那些平庸之辈。然而在不为人所知的角落，罗曼努斯二世的儿子巴西尔二世和擅长权谋的狄奥法诺始终在默默积蓄力量，如今巴西尔二世已经年满 18 岁，并做好了统治国家的准备。然而，挡在他前进之路上的最大障碍便是首席宫廷大臣，暗杀伟大的齐米斯基斯的罪魁祸首。巴西尔·利卡潘努斯终其一生都立于权力顶峰，他对帝国行政机构里的所有人和一切事都了如指掌，他也并不打算把有效控制权让给一名从未显露出一丁点统治欲望和能力的稚嫩少年。

这位自视高人一等的宫廷大臣决定将年轻的继承人当作自己的掌中玩物，然而，相比巴西尔二世所要面临的其他艰巨挑战，宫廷大臣的阴谋只能称得上小事一桩。过去的 12 年中，两位伟大的战士皇帝领导拜占庭达到史无前例的全盛时期，已经有很大一部分人开始怀疑，或许理应让一位铁血战士作为帝国的掌舵人，而不是一个万幸托生在帝王家、乳臭未干的毛头小子。谁又能否认，任何一位曾经篡夺马其顿王朝皇位的将军都是比血统纯正的罗曼努斯二世更加英明的皇帝呢？大多数帝国历史上最为伟大的统治者，从尤里乌斯·恺撒到约翰·齐米斯基斯，不都是凭借自身实力，而非纯正血统证明了自己的地位吗？

这样的观点得到了很大一部分人民的支持，当将军巴达斯·斯凯勒鲁斯在一次叛乱中崛起时，他同样高呼着力量至上而非血统至上的口号，因而得到了人民热烈激昂的支持。当他与前来平定叛乱的皇家大军正面交战时，小亚细亚全境的人民都认为只有他才能够为帝国带来荣光，因此纷纷推举他为皇帝。当帝国海军切断他们的运输通路时，反叛军遭受了一点挫折，但军中的士气却没有受到影响，大军一路到达博斯普鲁斯海峡，并渡海到达了都城。

此时的都城中，宦官巴西尔·利卡潘努斯心急如焚。帝国的海军依然在海湾阻挠叛军前进，但他十分清楚，这样一片狭窄的海域对大批敌军而言根本算不上阻力。唯一经验丰富、有希望前去阻拦斯凯勒鲁斯的人选便是巴达斯·福卡斯，此人的能力当然十分出众，但更强的无疑是他对皇位的勃勃野心。福卡斯最近正在外流放，自然无法率军作战。将军队交与福卡斯不比直接将帝国拱手让与斯凯勒鲁斯好到哪里去，但巴西尔此时别无选择。他重新召回了流放之中的将军，首席宫廷大臣将帝国的命运交与巴达斯之手，派他去平定叛乱。

之后三年里，这两位互相敌对的巴达斯进行了大大小小若干场战争，但没能分出明显胜负。反叛者斯凯勒鲁斯作为指挥者，才能比敌方更高一筹，但无法彻底击败他老谋深算的对手。* 当精疲力竭的反抗军愚蠢地接受了来自巴达斯·福卡斯要求单独决斗的战书之后，长久以来的混乱结束了，事态尘埃落定。巴达斯·福卡斯以一击必杀的气势给予对手的头部一记重击，斯凯勒鲁斯的身躯沉重地砸向地面，福卡斯大获全胜，彻底平定了叛乱，胜利回到君士坦丁堡。不久斯凯勒鲁斯的伤势恢复了，但已经元气大伤，他逃到巴格达，避开了皇帝的怒火。在 8 年漫长的流放时光后，巴达斯·福卡斯东山再起，摇身一变成为帝国的救世主，此时帝国对他表现出了真挚的感激之情。福卡

* 巴达斯·斯凯勒鲁斯与巴达斯·福卡斯二人之间的历史十分复杂。当福卡斯第一次反叛他的表兄弟齐米斯基斯时，斯凯勒鲁斯将他彻底击败并流放，彻底断绝了他的军事生涯。诚然，这两人之间不可能再有任何亲情存在，但他们的命运却在人生即将走向终结时纠缠在一起。

斯挥师向东，大败萨拉森人，他的真正目的是借此进一步提升自己的威望，然后按兵不动，等待时机将皇位名正言顺地收入囊中。

公元985年，巴西尔·利卡潘努斯再出奇招，策动帝国的敌人彼此之间争斗不休，令其两败俱伤，同时依然将皇帝作为股掌之间的傀儡。然而，随后的现实却给了他迎头一击，所有人也为之震惊万分——曾经畏缩不前的巴西尔二世出其不意地发动了进攻。这位困惑不解的宫廷大臣因为阴谋反对皇帝而被拘捕，他在半夜时分被人从自己的床上逮捕，遭到软禁，名下的土地被全数充公，巨额财富被收入国库。在25年漫长的傀儡生涯之后，罗曼努斯二世的儿子最终以正统继承人的身份登上历史舞台。

巴西尔二世十分急于证明自己的才能，他为进军保加利亚找到了一个完美的借口。因为拜占庭帝国长期以来被各种内忧外患分散了注意力，保加利亚才得以在破败的国土上复原，逐步扩张土地。曾经公然挑衅齐米斯基斯权威的"伯爵之子"中最年轻、最有能力的一位名为塞缪尔，他自立为沙皇，即斯拉夫语中对"恺撒"的转译，建立了保加利亚第二帝国。沙皇下令在夏季对北部希腊发动突袭，计划占据几座主要城市，以破坏拜占庭的声望，并煽动大部分人民加入他的麾下。巴西尔二世因这个农民暴发户如此胆大妄为而勃然大怒，于是决定展现一下自己不逊于伟大前任的强大力量。他召集六万精锐大军，直取保加利亚繁荣的大城市索非亚。

这场战役最初的过程是灾难性的。徒劳无益的围攻战持续了数星期之久，索非亚的人民奋起反抗，巴西尔二世只得放弃作战，踏上漫长的回归之路。当他经过一个名为“图拉真之门”的隘口时，没有及时派出斥候前去打探敌情，撞上了敌军的伏击，沙皇看到这样的一次天赐良机，简直是欣喜万分。此时此刻皇帝只得把荣誉抛到脑后，仓皇逃跑，但他手下的大部分军队被砍成了碎片。28岁的巴西尔二世这一战可谓落得个灰头土脸，他回到君士坦丁堡时惊魂未定，并且耻辱不堪，很快他的声望便因为这场惨败而一落千丈。

年老的巴达斯·斯凯勒鲁斯在安全无虞的巴格达哈里发宫殿里关注着此事，对他而言，巴西尔二世的落败证明他一直以来的看法是对的。君士坦丁堡那个焦头烂额的小子只不过是碰巧生为皇子，他本人根本就没有继承皇位的本领，如今他的软弱无能已经为天下人所知，像自己这样一位征战四方、精力充沛的老兵毫无疑问会受到人民的热烈拥戴。哈里发十分乐意为一场足以削弱他强大邻国的战役提供资金援助。拥有了大量金钱支持之后，巴达斯·斯凯勒鲁斯发起了第三次对皇位的进攻。这位野心勃勃的觊觎者无疑是帝国的心腹大患。他到达小亚细亚时，发现老对手巴达斯·福卡斯也已经举起了反叛的大旗。双方并未斗个你死我活，而是选择了停战和解，共同分享彼此的资源，但这个策略很快被证明不过是虚与委蛇的诡计，斯凯勒鲁斯放松警惕之时，福卡斯突然发难，将对方逮捕，然后投进了地牢。虽然遇到了众多挫折，巴达斯·福卡斯仍然召集了一支士气高涨的大军，然后浩浩荡荡地向君士坦丁堡进发。然而不幸的是，福卡斯手下并没有自己的海军力量，当他们到达博斯普鲁斯海峡时，发现帝国的舰队正在海峡两岸巡逻。

不过，似乎没有任何事情能够削弱巴达斯·福卡斯的自信。他很清楚，君士坦丁堡的主人只是一个28岁的毛头小子，唯一的作战经验不过是一场遭遇埋伏、损失惨重的败仗罢了。而巴达斯·福卡斯大半生征战疆场，可谓战无不胜，历史学家们至今还如此描述他的勇武，“整个大军都会在他的呼喊之下战栗”。

此时身处都城的巴西尔二世明白，形势对自己而言万分不利。他已经在草率的保加利亚战役中损失了自己最为精锐的部队，大胆的沙皇塞缪尔也正在巴尔干地区肆意扫荡，整个半岛都面临着生死存亡的巨大危机。如今正是必须采取行动的紧要关头，但即使皇帝能够下令东拼西凑集结一支部队，也缺乏合适人选领兵作战——显然，没有任何人的军事才能比得上福卡斯。唯一的解决办法便是马上招募一支大军，幸运的是此时恰好有这样一支军队。皇帝与罗斯国大公弗拉基米尔取得了联系，然后提出让自己的妹妹与之联姻，借以建立与对方的联盟关系。

一向古板守旧的帝国宫廷陷入了巨大恐慌。正如巴西尔自己的祖父君士坦丁七世曾经指出的那样，拜占庭的皇室公主们出身如此显赫，如国家战争的秘密武器希腊火一样，是无价的珍宝，从未纡尊降贵与敌人联姻。牧首对此十分愤怒，他声称历史上没有任何一位罗马帝国公主曾经沦落到需要委身于异教蛮族的境地，更何况对方已经有了众多妻室及上百位宠妾。如今巴西尔二世此举意味着将拜占庭帝国的荣光抛弃于斯拉夫蛮族脚下，任其蹂躏践踏。但不论是朝廷上下愤怒的抗议还是自己姐妹悲痛万分的啜泣，都丝毫没有动摇巴西尔二世的决心。帝国皇室家族的婚姻确实谈不上是为了单纯的个人幸福，而更像国家的一种政治手段。弗拉基米尔十分乐意接受这一条件，并且欣然同意提供 6 000 名强悍的挪威战士作为支援力量，同时接受了基督教洗礼。巴西尔曾经激烈反抗的姐妹最终停止了抗议，匆匆离开，等待她的新丈夫到来。*

这一安排或许会伤害都城人民的感情，然而巴西尔看到这些金发强壮的高大战士时，不禁欣喜万分。他们都手执双刃战斧作为武器，具有堪称“狂战士”（berserker）的战斗热情，并且器宇轩昂，令敌人感到真切的恐惧。皇帝对此十分满意，任命他们作为自己的私人卫队——这支特殊部队此后被称为瓦兰吉卫队。†新组建的大军悄悄趁着夜色跨过博斯普鲁斯海峡后，巴西尔二世发动了一场气势惊人的黎明突袭，目标直指毫无防备的叛军军营。火焰喷射器开始肆意发射希腊火进行攻击，皇帝率军在营地四处冲杀，消灭了他能找到的每个人。那些还没有入睡或醉酒的叛军尚未完全清醒过来，只能万分惊恐地目睹着强悍勇猛的挪威战士手执利斧，以可怕的席卷一切的势头砍下己方士兵

* 弗拉基米尔曾经对转变信仰抱有很大的兴趣。据传说，他曾经派出使者，调查周围国家的主要宗教，帮助他决定应该皈依哪一方。他首先拒绝了皈依伊斯兰教，因为他觉得这种宗教缺乏乐趣（尤其是关于饮食的禁忌），犹太教也不在他的考虑之列，因为犹太人已经失去了他们的家园，因此被视为上帝放弃的子民。最终他决定皈依基督教，因此派出人手去调查拉丁和希腊两个宗派，来决定哪一方更为优越。这很难称得上是一场公平竞争。前往西方的使者发现当地的教堂极其低矮、黑暗，而前往君士坦丁堡的使者则目睹了圣索非亚大教堂举办圣餐会壮观庄严的景象。“我们简直不知道，”他们马不停蹄地回报弗拉基米尔说，“自己到底是在天堂还是在人间。”罗斯国的君主被说服了。一年之内，他便接受了洗礼，罗斯国正式成为东正教国家。

† “瓦兰吉人”一词意为“誓言之人”，他们以对皇位的忠诚闻名（虽然他们的忠诚只是针对皇位本身，而非占据皇位的人）。在他们的君主死去的当晚，他们便凭借特权，前往帝国的金库，掠取了数目巨大的黄金，几乎无力搬运。这种风俗让大多数瓦兰吉人能够在退役之后拥有大量财富，过上富裕的生活，因此挪威人和盎格鲁-撒克逊人都乐于加入这个组织。

的四肢。仅仅几小时之内，这场杀戮便宣告结束，福卡斯虽然带领着一部分军队仓皇逃走，并且占据了一座城市，但巴西尔二世这一战可谓赢得了彻底的胜利。

几个月之后，重拾信心的皇帝抓住时机，与对手短兵相接。让几乎所有人吃惊的是，这位皇帝最终证明了自己卓越的军事才能，成为比年老的巴达斯·福卡斯更为优秀的领导者。当皇帝的大军彻底压制住叛军的势头，对方的老弱残兵完全没有还手之力时，福卡斯高呼，希望与对方一对一地正面交战、一决雌雄，然后率先向皇帝冲去，将利剑高高举过头顶不断挥舞，但他只前进了不到一半距离，便被突发的疾病彻底击倒，然后重重地从马鞍上滚落，摔倒在地。此时旁观的帝国卫队立刻冲上前去，抓住这位动弹不得的将军，砍下了他的头颅。目睹他们的领导者当场惨死，叛军几乎瞬间便土崩瓦解。

这场大规模的叛乱被成功粉碎了，但事态却尚未彻底结束。当福卡斯的妻子得知自己的丈夫已经战死后，她将囚禁中的巴达斯·斯凯勒鲁斯释放，幸存的叛军开始归入他的麾下。内战似乎还将继续蔓延下去，然而斯凯勒鲁斯已经精疲力竭，到了强弩之末的境地，并且几乎已经完全失明，这位老迈的将军决定顺应局势。他只是稍加抵抗，然后便十分愉快地接受了皇帝赐予他的光辉头衔，以及一座舒适的豪宅。当两人在皇帝华丽的宫殿中会面，讨论和约内容时，巴西尔二世惊讶不已地发现，这位曾经声名显赫的将军已经成了一名憔悴苍老、弯腰驼背的老人，需要两旁有人搀扶才能正常行走。巴西尔摆出和蔼仁慈的面目，假意表示整场叛乱都是一次不该发生的误会，然后询问他的客人，如何阻止未来可能发生的纠纷。他得到的答案是针对贵族阶级全面发动一场不流血的战争。“对他们尽情敲诈勒索，让他们疲于奔命，自身难保，无暇他顾。不允许女人过问国事。不要与任何人过于接近。如果你有了最为隐秘的计划，那就不要让太多人知道。”*

在帝国漫长而辉煌的历史中，没有任何一位皇帝曾经彻底接受过这样的谏言。这场疯狂的内战已经为巴西尔二世留下了十分深刻的创伤，他青少年期无忧无虑的心性早已一去不复返，此时此刻帝国的顶端站立的是一位脾性坚韧、猜疑满腹的帝王，瓦兰吉卫队伫立在他的左右。这位皇帝万分坚定地投入了国家事务当中。再没有任何事，不论是贵族阶级的抗议还是敌人的长矛，能够阻碍他成就伟业。

通过改革帝国的土地法案，巴西尔二世迫使贵族彻底归还自从罗曼努斯·利卡潘努斯统治时期以来攫取的所有土地，并且得不到任何补偿。同时他颁布法令，如果农民无法偿付应缴纳的税款，他的富人邻居必须代替他支付这笔钱。显而易见，贵族阶级马上爆发了激烈的抗议，但巴西尔二世完全不为所动。他的一生都在手握大权的贵族阶级的阴影下饱受压迫，他们的勃勃野心长久以来为整个马其顿王朝带来了太多的麻烦。如今整个帝国已经掌控在他的手中，巴西尔二世决定将这些贵族阶级彻底打垮，让他们丧失东山再起的机会。

公元 991 年春天，皇帝终于积蓄了足够的力量，开始完成他毕生最为伟大的使命。巴西尔二世始终未曾忘记在图拉真之门前遭受的奇耻大辱，塞缪尔是如何对拜占庭军队嗤之以鼻，如今彻底驯服保加利亚

* Michael Psellus, *Fourteen Byzantine Rulers*, (London: Penguin, 1966).

狼群的时机已经成熟。他令军队以十分缓慢的速度行军，这也就确保了不会冒险遭遇伏击。每一条路线都经过彻底检查，可能的撤退路线都标注上了记号。

沙皇塞缪尔此时正身处安全的山区之中，以一种嗤之以鼻的态度观望着所发生的一切。他没有任何理由对一个曾经在多年前被自己彻底击败的对手心怀恐惧，即使皇帝的军队规模足够庞大，他也有理由认为对方最终的结局与多年前不会有任何差别。拜占庭的土地广阔无垠，四面都有敌人对它虎视眈眈。他所需要做的事情不过是让自己置身事外，不久之后拜占庭帝国的某处边境便会传来敌报，然后对方必定会主动撤兵。沙皇曾经遇到过像这位皇帝一样的入侵者——前一刻还气势十足、杀声震天，后一刻便彻底销声匿迹。

果不其然，在巴西尔二世进军保加利亚国境不到一年内，便有一封十万火急的信件送达了他的手中。法蒂玛王朝围困了阿勒颇城，可能会进犯安条克。这些城市，以及整个北部叙利亚地区，已经濒临投降，但此时此刻大军却无法及时赶到，因为旅途相当漫长，需要花上至少 3 个月。巴西尔二世迄今为止一直用十分缓慢的速度行军，但他总能做出惊人之举，此时他借助 8 万头骡子（每位士兵分到一头，其他的骡子用来运载武器装备）的力量，只用短短 16 天便结束了旅途。仿佛突然从天而降的拜占庭大军令法蒂玛王朝的军队大惊失色、四散奔逃，巴西尔二世胜利进军，到达海岸地区，此外还征服了的黎波里城。

皇帝回到宫中，他发现沙皇塞缪尔已经利用这段时间进军波斯尼亚及达尔马提亚，甚至南下进犯，远达伯罗奔尼撒。假若拜占庭皇位上此时是任何其他一位统治者，塞缪尔隐藏在群山之中，等待危机结束的策略必定是奏效的。然而，面对巴西尔二世，这些策略不过是让保加利亚人面临更大的灾难。诚然，巴西尔没有他的两位前任那样华丽的名头和伟大的智慧，但比他们中的任何一位都更加危险。其他人会从春天战斗到夏天的末尾，但在面临沙皇的军队时，巴西尔二世却按兵不动达一年之久，无论是天寒地冻还是烈日骄阳都无法动摇他的意志。他是一个个性极为坚定、行事有条不紊的人，从未丧失过耐心和毅力。年复一年，保加利亚的城市遭到洗劫，他们的农田被烧毁，此时皇帝正对沙皇塞缪尔穷追不舍。最终，在将近 20 年的作战和洗劫之后，保加利亚大军迎来了最后一刻。1014 年 7 月 29 日清晨，交战双方在贝拉西察山脉脚下的一个山谷中展开决战，拜占庭一方取得了压倒性的胜利。

塞缪尔逃到一处附近的要塞中，宣称他将继续战斗，但巴西尔显然将要彻底断绝敌人的一切退路，他将 1 500 名俘虏的双眼刺瞎——每 100 人中让一人留下一只眼睛，命令他带领自己全盲的同伴回到沙皇面前。一直以来，拜占庭都非常乐于用残酷的肉刑处置自己危险的敌人，但这一次酷刑的规模可谓史无前例，因此巴西尔二世得到了一个绰号，即便到了现代，在希腊的街头巷尾，这个名字依然在流传。数个世纪中，这位皇帝一直以这个绰号为人所熟知——Boulgaroktonos——“保加利亚屠夫”。

这一大群衣衫褴褛的俘虏部队缓慢地到达了今日马其顿的普雷斯

帕城，此处也是塞缪尔的藏身之地。这里的可怕景象比巴西尔所预想的还要有破坏性。这些俘虏只要身处此地，无疑便是塞缪尔所遭受的巨大耻辱的铁证，照料他们也会让遭受灭顶之灾的国家承受更大的负担。当他们来到沙皇的面前时，这可怕的景象令已经濒临崩溃的塞缪尔根本无力承受。他选择了面壁忏悔罪过，两天之后就在巨大耻辱的煎熬之中死去了。保加利亚第二帝国又在群龙无首的状态下苟延残喘了四年时间，但他们的败局已经注定，1018 年，巴西尔二世进入保加利亚首都，彻底征服了整个国家。

自从斯拉夫人四个世纪之前入侵帝国以来，整个巴尔干半岛首次彻底归于帝国统治之下。巴西尔二世已经耗费了大半生的漫长时光东征西讨，实现了拜占庭帝国马其顿王朝的伟大复兴。帝国的国土面积几乎扩大了一倍之多，成为地中海地区最强盛的国家，新的国土也再不会轻易落入敌手。与他的前任不同，巴西尔二世明白，一件东西得来得太容易，通常也就很难持久，除非用十分强大的力量去巩固它们、统治它们。在众多前任帝王的统治之下，被征服的人民很清楚地意识到，他们不过是二等公民，地位低下，但如今保加利亚的贵族们却纷纷娶了拜占庭妻子，得到了帝国加封的头衔。在那些因战火而遭到破坏的土地上，税收也相应下降，减轻了人民负担。这样合理的管理措施自然而然地缓和了当地的紧张局势，加强了与君士坦丁堡的联系，最重要的是，皇帝不会过度沉溺于不必要的风险，这对维持和平做出了最大的贡献。当法蒂玛的哈里发于公元 1012 年下令拆毁他国土之内的所有教堂时，巴西尔没有落入对方的圈套，虽然他毫无疑问拥有发兵巴勒斯坦甚至埃及的实力。与此相反，他选择了采用经济手段予以回击，截断了所有与法蒂玛王朝的贸易通路，直到他们意识到自己犯了多么愚蠢的错误。只有当他们与亚美尼亚联合进攻帝国时，他才迅速发兵横扫对方，洗劫众多城市，致使哈里发陷入恐慌之中。当涉及战争的时候，巴西尔二世总是不畏强敌，但也从不主动挑起事端。

但在一件事上，这位伟大的皇帝也曾经遭遇惨败。巴西尔二世一生都在为国家大事操劳，从未拥有过自己的继承人，这一点对帝国而言足够称得上是一种灾难，然而巴西尔二世在世的时候，这一点从未显现出来。到了 1025 年，在这位叱咤风云的皇帝手中，拜占庭的雄鹰在边境的四面八方战无不胜。帝国的敌人纷纷溃不成军，唯有在西西里岛，帝国力量才遭遇了穆斯林敌人的持续反抗。为了将这最后的威胁彻底铲除，此时已经年逾七旬的皇帝召集了一支大军，在一名宦官的帮助下准备前往卡拉布里亚。然而，巴西尔二世却再也没有机会到达战场了。在 64 年的统治之后，巴西尔二世去世了，他的统治比罗马帝国历史上的任何一位君主都要长久，在生命最后的时刻，他仍然在谋划着一场战争。

君士坦丁大帝曾经在圣使徒教堂自己的陵墓周围安放了 12 口巨大的石棺，历史上众位伟大的拜占庭君主的遗体也理应按照传统在此安息。1025 年，教堂中还剩下最后一口石棺，巴西尔二世的遗体本应安放于此；但根据皇帝本人的遗愿，他的遗体被安放在荷博多蒙的一座教堂内，此处位于拜占庭城墙之外。虽然只有极少数皇帝比他更有资格在死后与历史伟人同列，但他的最终安息之地也可谓十分合适。巴西尔二世与他的人民关系始终谈不上有多么亲近，他也从不允许自己在全身心投入国家大事的时候为其他事情分心。他让众多敌国统治者都屈服在自己脚下，让他的敌人闻风丧胆；他为穷苦大众提供庇护，让他们反抗贵族阶级的压迫。尽管为国家奉献了如此之多，巴西尔二世却依然保持着冷漠疏离的态度，在子民心中激起敬意而非爱意。他始终与众不同，可以说与拜占庭人的普遍心态相去甚远，更像他的斯巴达人祖先，而非同其他皇帝一样靠着可疑的神学推测来统治。正如那个曾经的反叛者多年前向他建议的那样，没有任何男人或女人能够分享他肩上的重担。虽然他的统治经受住了众多考验，他依然如此杰出，也依然如此遥远——毫无疑问，他是曾经登上拜占庭皇位的最孤独的人。

第二十章

荒谬进行曲

Chapter 20

The March of Folly

巴西尔二世身后留下的拜占庭可谓无限辉煌，帝国疆土西起多瑙河，东至幼发拉底河，没有任何一个西欧或中东的国家可与之相比，帝国通行的金币诺米斯马同时也是贸易活动中所流通的标准货币，已经流通了数世纪之久，伊斯兰敌人对帝国的威势闻风丧胆。欧洲的基督教力量寻找到了最为强大的保护者，不止一位神圣罗马帝国皇帝来到帝国边境所至之地南意大利，寻求对自己头衔的承认。* 那些从西欧旅行来到帝国市场或城市中的人发现了与他们所生活的城市截然不同的世界。中世纪的欧洲深陷封建主义的泥潭，大部分人都在贫困的枷锁中挣扎，不得脱身。农民毕生都在并不属于自己的土地上辛勤劳

* 他们同样为它的复杂精美而深深震撼。公元 1004 年，一位名为马里亚的拜占庭建筑师因为一件古罗马的双分叉金质器具在威尼斯引发了浓厚的兴趣。威尼斯人对这种新发现的器具大加吹捧，因此这种器物很快普及，不久演变为正式的餐叉，并在西方广泛使用。

作，用来“治愈”疾病的药品通常与疾病同样致命。穷人以极为粗糙的食物勉强充饥，包括黑面包和奶酪，活到35岁已经堪称长寿。不同城市间的交流十分迟滞，旅途充满危险，读书写字也仅仅是权贵的特权。教会能够提供一部分教育机会，但找到一位能够识文断字的神职人员也十分困难。

在东方，情况则正好相反，财富源源不断地流入国库，人口呈爆发之势迅速增长，饥荒似乎已经永远成为历史。人们为了四处可见的财富机遇而欣喜若狂，街上随处可见有人乘轿而行，到处都是人们所捐赠的华丽公共建筑，时而有人在公共大道上热火朝天地进行马球游戏。空气中好似充满了自信昂扬的气氛，这种氛围四处传播。保加利亚人、塞尔维亚人和罗斯人为帝国的文化带来了多样性，使其更加丰富多彩，然而整个社会及教会已经达成统一的关系。曾经让教会最为困扰的异端邪说——偶像破坏主义已经沉寂了近两个世纪，教会和国家此时正应该发挥团结一致的精神。教育再一次成了具有野心的年轻人提升社会地位的手段，大规模的公共图书馆成为帝国社会身份地位的象征。

一直以来，拜占庭对于古代世界的异教经典都抱有一种谨慎的崇敬态度，但随着异教崇拜消亡日久，再也无法构成任何威胁，社会上再次兴起了对于世俗典籍的推崇。一种人文主义精神在帝国上下全面复兴，学者们也开始有意识地模仿古代世界的学术风格。古希腊和罗马文学作品的复制本开始得到极高的评价，神职人员和世俗之人竞相开始复制那些辉煌灿烂的历史巨著。这也是整个帝国所能遗留给子孙后代的最为珍贵的宝藏之一。自从纸莎草的原产地埃及脱离了帝国的掌控，那些支离破碎的古代手稿便被誊抄在更加坚固耐用且方便的羊皮纸上。这种转变确保了这些古代文献得以流传下来。尽管随着帝国崩溃而遭受了大规模的破坏，大部分得以流传至今的希腊古典文献都得益于这个时期的拜占庭复制本。

自然，历任皇帝也有权使用那些无与伦比的帝国图书馆，但如今他们开始将提升帝国的学院教育水准作为自己的使命之一。到了巴西尔二世去世的时代，君士坦丁堡成为杰出诗人、法官、历史学家的摇篮——文人墨客众星云集的风云之地，直到文艺复兴迈入尾声，始终与西方有着本质上的差异。

遗憾的是，巴西尔二世并未留下任何具备资格的人来继承如此绚烂的遗产，然而对于整个拜占庭帝国而言，不幸的是文化上的繁荣曾经为帝国带来如此辉煌、智慧的人才群体，但也使它的帝国朝廷陷入了自大和孤立的泥潭，这些人认为自己能力卓越，比帝国上下任何人都更有资格统治国家。巴西尔的逝世不幸让权力落入了这些人手中，他们蓄谋选择那些为人软弱、缺乏气概的人当皇帝，相比全心全意增强国家实力，这些人显然更在意自己手中攫取的权力。足够讽刺的是，通过目光短浅的手段，选择平庸之人继承皇位，这一切最终导致权力阶级自食其果。繁重的赋税再一次对穷人造成了沉重的压迫，却丝毫无法动摇富人的地位，马其顿王朝的土地法遭到摒弃，农民阶级不得不仰仗掠夺成性的权贵度日。富人阶级十分迅速地占据了规模巨大的土地，将其划为自己的私有财产，同时他们与朝廷的权力阶级勾结，保证自己可以逃避税务负担。那些愚蠢的皇帝面对权力日益膨胀、独自为政的贵族统治，如今陷入资金严重短缺的境地，而帝国金币的贬值又进一步加剧了问题的严重性——这也是帝国近700年来始终极力避免的问题。货币的价值日益下挫，导致通货膨胀逐渐失控，拜占庭的声望也随着各国商人逐渐放弃使用这种低价值货币而一落千丈。

小农阶级显然遭受了灭顶之灾，他们中的绝大部分最终会沦落为农奴。因为那些在军队退役的老兵逐渐无力耕种，整个农民－士兵的体系濒临崩溃。* 拜占庭军队如今实力被严重削弱，被迫依靠外来雇佣兵，重要的军事命令通常受到错误的政治任命影响。对外战争和政治混乱正如一记重锤，让摇摇欲坠的帝国陷入更深的危机，帝国在精神和物质两个方面同时遭遇了十分沉重的打击。在短短50年的时间内，帝国接连遭受了两个十分沉重的悲剧打击，国力严重衰弱，根基也逐渐动摇。虽然帝国此后又延续了四个世纪之久，然而它再也未能从这两次接踵而至的灾难性打击中恢复过来。

第一个，也是最为骇人的打击在公元1054年降临，严重地破坏了帝国与西方之间的联系。这一年全面爆发的危机持续了数十年之久，也最终将帝国引入了战争的深渊。在基督教统一的表象之下，古老的罗马帝国隐藏着深刻的分歧，东、西双方已经陷入分裂境地达数世纪

* 在拜占庭，普遍的做法是派老兵去驻守边境，这些人训练有素，能够组成卫戍组织，以交换耕地。这种措施大有益处，不仅大幅减少了国家防御边境所需的成本，并且也不会对帝国的安全造成严重影响，因此发挥重大作用达数年之久。

之久。在基督教会五大宗主教区之中，东方拥有其中四个，长久以来纷争不息使得教会的权力很难得到统一。君士坦丁堡牧首或许是最为接近权力中心的人，但他也是五位牧首中最为年轻的一位，安条克、亚历山大城及耶路撒冷更为年长，也更加具有声望的其他牧首不顾一切地捍卫着他们权力的独立性。重要的决策通过公会议决定，一直以来都是如此，在会议上教会上下所有人都能够自由表达自己的观点。在西方，罗马是唯一的宗主教区，罗马教皇逐渐厌倦了来自东方的无休止的神学论辩和异端邪说，因此逐渐开始自视为基督教世界的最高权力者。毕竟，难道不是耶稣基督本人“把天国的钥匙”交给圣彼得——世间的第一位教皇，同时教导他“我要把我的教会建造在这磐石上”的吗？这是再清楚不过的了，教皇不仅仅是东方人所说的“平等者中的首席”，而且还是教会无可争辩的领导者。

顽固的牧首米海尔·色路拉里乌致函教皇利奥九世，并在信中称呼对方为“兄弟”而非“圣父”，并且因为对方在《尼西亚信经》中添加了“和子”（filioque）一句而指责对方为叛徒犹大。这是一个相当古老而过激的争论，数代以来始终导致东西双方无法达成统一。根据《尼西亚信经》最为原始的版本，也就是基督教的核心文本，圣灵是由圣父而出。因此这一信条在过去的六个世纪之中一直延续下来，直到“filioque”一句由西班牙教会添加进去，尝试向他们信奉阿里乌派的西哥特大领主强调基督自身的神性。诚然，东方的教会能够理解西班牙教会添加的内容所体现的精神，毕竟，双方曾经站在同一立场对抗阿里乌派，但在他们看来，只有全体大公会议才有权力决定修改

《尼西亚信经》的内容，这种对《尼西亚信经》的任意修改不啻邪恶的异端邪说，因此当教皇公开认可这一内容时，东方教会更加震惊了。*《圣经》经文大部分对三位一体的内容并无十分明确的记载，导致双方的纷争根本找不到合理的途径去解决。东西双方都坚持自己的立场，并且互不相让，如今牧首写给教皇的信件无疑彻底断绝了教会统一的可能，双方根深蒂固的分歧彻底暴露在整个世界面前。†

正在矛盾愈加激化的时刻，拜占庭皇帝君士坦丁九世邀请教皇派遣使节前来君士坦丁堡，商讨关于军事上双方合作抗敌的大计。教皇接受了皇帝的邀请，但十分不幸的是，他选择了一位极端反对希腊宗教礼仪的红衣主教亨伯特作为自己的全权特使。亨伯特抵达了君士坦丁堡，做好了受到对方攻击侮辱的准备，当他深深厌恶的牧首色路拉里乌拒绝与他会面时，红衣主教感到合适的时机来临了。长期以来，亨伯特都深深厌恶这里油腻的希腊食物、四面透风的建筑以及寒酸的待客之道，他长久以来花了大量时间去严格矫正东方教会的习气，例如允许神职人员结婚，在圣餐仪式中使用发酵面饼，以及在大斋期之中食用肉类。当 4 月底传来教皇去世的消息时，紧张气氛进一步加剧，亨伯特曾经拥有的一点权力就此遭到剥夺，这导致他的全部使命失去

* 西方的教会花费了一段时间才采用西班牙教会的版本。最迟在公元 9 世纪，教皇利奥三世在圣彼得大门之外颁布了《尼西亚信经》最初修改后的文本，公元 880 年，当君士坦丁堡方面对这种增补《尼西亚信经》的行为加以谴责时，约翰八世自始至终保持了沉默。

† 罗马与君士坦丁堡之间的分歧在现代塞尔维亚、克罗地亚两国之间依然十分明显。虽然两国同属斯拉夫国家，讲着同一种语言，但他们依然不幸陷入了宗教分裂的争斗之中。克罗地亚与罗马关系密切，并且成了天主教国家，书写文字使用拉丁字母，而塞尔维亚则加入了东正教一方，采用斯拉夫字母。

了意义。他要求与牧首进行一次会面，请求牧首能够允许他踏上归途，但色路拉里乌断然拒绝了他的要求，继续令极度愤怒的亨伯特处于实质上的软禁之下。两个月内，这位教皇特使在君士坦丁堡暴跳如雷，然而到了1054年7月16日，他感到自己将会陷在困境中永无出头之日，因此选择彻底结束这一切。亨伯特前往圣索非亚大教堂，态度庄严地将一封绝罚（逐出教会）的公告放置在最高的祭坛之上。然后他转过身，象征性地抖掉鞋上沾染的灰尘，离开了教堂，并发誓再也不会踏入此地一步。在如此情势危急的时刻，这样的举动无疑会带来悲剧性的后果，并且将会导致事态彻底僵化。基督教世界从此再也未能团结一致，而施以致命一击的竟是一位已经去世的教皇半点权力也没有的愤怒代表。

几星期之后，牧首便以牙还牙，召开公会议对西方予以同样的绝罚处置。东西双方都希望另一方能够做出让步，但此时已经太迟了——双方的关系已经永远地破裂，无法挽回。教皇坚持拉丁教会是“天主教的”或“普世教会”，而牧首则在同一时刻做出正式声明，宣称希腊教会为“正教的”或“真正教会”。

基督教世界自此彻底分裂为两个部分，拜占庭帝国陷入了迫在眉睫的危险境地。从此之后，西方的教会力量再也不会对东方提供任何援助，帝国被迫凭借日益匮乏的资源独自面对四面八方的敌人。

日益衰弱的帝国仍然拥有一支大军，但这支军队已经不再是整个地中海地区无可匹敌的强大力量。自从巴西尔二世逝世后，长年累月对军事力量的忽视已经大大降低了军队的实力，帝国朝廷上下畏惧军事力量的崛起，因此尽全力削弱军队力量的扩张，甚至走出了极其愚蠢的一步——解散各地保卫边境的民兵组织。表面看来，帝国或许依然披着辉煌盛大的外衣，但事实上已经从内部开始腐烂空虚，敌人的轻轻一击便能将这脆弱不堪的空壳彻底粉碎。皇位也遭到权力日益扩张的贵族阶级的牢牢掌控，所有登上皇位的人都无法挽回帝国的颓势，拜占庭再也无力恢复自身的力量。

当帝国依然深陷于与天主教会的争端带来的危机之中时，一个新的强大敌人突然崛起，拜占庭的军事劣势显露无遗。突厥塞尔柱王朝以突如其来的势头掌控了整个伊斯兰世界。塞尔柱人起初只是一个中亚地区的游牧部落，扩张至伊朗及伊拉克，他们于1055年占领巴格达，取代了力量衰弱、濒临崩溃的阿拔斯王朝。在越过无人防御的拜占庭边境后，塞尔柱人长驱直入，于1067年彻底洗劫了前往亚美尼亚的沿路地区。他们既拥有游牧民族劫掠的天性和对丰美牧场的渴望，也拥有伊斯兰圣战者的勃勃野心，拜占庭帝国曾经遭遇的任何敌人都无法与他们同日而语。塞尔柱人的骑兵突袭部队快速推进，毫无预警，对方很难预知他们的位置，从而布置防御力量。拜占庭帝国疆域广大，很难四面兼顾，过去所遇到的也都是其他国家或军队的进攻，从未与边境地区飘忽不定、四处迁移的游牧民族发生过正面冲突。从任何方面来讲，士气低落、战斗力低下的帝国军队都很难做出太有效的抵抗。

皇帝罗曼努斯四世是一位颇具雄心的帝王，但缺乏杰出的军事天赋，当塞尔柱突厥人如潮水般跨越边境，闯入帝国领土时，他打算在幼发拉底河一带将敌军击退。不幸的是，这次小小的胜利唤醒了帝国权贵统治阶级曾经的恐惧，他们担忧一位强大的皇帝将会下令限制他们的特权。次年，突厥人卷土重来，占领了位于曼奇克特的一处小规模的亚美尼亚要塞，帝国朝廷对这位皇帝的支持开始日益变弱。

罗曼努斯四世对于逐渐白热化的紧张局势并未有丝毫察觉，他率领大军出发，决心要将突厥人一劳永逸地永远赶出基督教世界的领土。公元 1071 年 8 月 26 日，两军正式交战，拜占庭历史上最为生死攸关的一战拉开了序幕。虽然帝国军队中有大部分不可靠的雇佣军选择了临阵变节，皇帝仍然率领军队将突厥人逼退，但在这重要的时刻，他遭到了诡计多端的贵族阶级的背叛，他们选择了即刻撤退。击溃敌人的梦想就此破灭了，罗曼努斯四世被俘虏，塞尔柱首领阿尔普·阿尔斯兰将长靴踏在这位被俘皇帝的后颈，逼迫他亲吻脚下的土地。

皇帝所遭受的卑躬屈膝之辱被众多后世的拜占庭人认为是形势彻底崩溃的悲剧开端，但如果这件事昭示着最终的衰落，那么拜占庭自身才是一切不幸的罪魁祸首。这场战役本身是完全可以避免的。在曼奇克特，突厥苏丹曾经试图与拜占庭一方达成协议，然而一部分包藏祸心的贵族阶级拒绝了他的提议，最终成为帝国毁灭的始作俑者。这次战役之后，帝国的名望和人力都遭到了极大的损害，不过事态还有恢复的余地。是贵族阶级后来的一系列行动导致拜占庭最终万劫不复。在从战场的败仗中仓皇败逃之后，贵族阶级在帝国上下掀起了大规模的动乱，拉开了内战的序幕，试图在这一片混乱中徒劳地攫取对风雨飘摇的帝国的掌控权。无数对帝国皇位抱有觊觎之心的人你方唱罢我登场，帝国的继承制度发生了严重的混乱，通常是某个人刚刚登上皇位，便被另一位抱有统治梦想的将领推翻。

帝国脆弱的外表如今彻底崩溃，随后边境地区便以骇人的速度陷落。在意大利，诺曼冒险家罗贝尔·吉斯卡尔征服了巴里，结束了五个世纪以来拜占庭对这片古老土地的统治。在东方，突厥人大批进入小亚细亚，但帝国将领们并未试图阻止他们，而是力图将他们变为雇佣兵为己所用，达到攫取权力的目的。这些不可靠的军队以令人咂舌的速度改变了立场，随之而来的饥荒导致大批军队肆意践踏农田、夺取粮食。十年之内，突厥人已经扫荡了小亚细亚地区三万平方英里的土地，并且几乎没有遇到任何反抗，帝国的大部分劳动力和粮食资源遭到了毁灭性掠夺。除了黑海和地中海沿岸的狭长土地，安纳托利亚被永久占领，帝国从此彻底丧失了所有长期统一复兴的希望。即使此时能够诞生一位强大的皇帝，也再没有任何人力或物力储备能够加以利用。帝国已经奄奄一息，更加糟糕的是，仍然有愚蠢之人为了这破碎残骸争斗不休。

当突厥人于1078年进军博斯普鲁斯海峡东岸的克里索波利斯，并将整片土地付之一炬时，帝国的末日似乎已经近在眼前。拜占庭军队四分五裂、溃不成军，帝国政府彻底落入特权阶级傲慢之人的掌控，这些人唯恐失去自己手中的既得利益，因此一旦有任何一位皇帝展现出一点才能，便极力横加阻挠，想方设法将他拉下皇位。短短53年内，这些人几乎因为自身的肆意妄为和贪婪无度令帝国彻底毁灭，将原本充盈的国库挥霍一空，帝国丧失了超过一半的领土，但权贵阶级依然对此视若无睹。贫穷、凄惨的人民仅存的唯一希望便是这些彼此争战不休的将军能够决出一名胜利者，至少能够让濒临瓦解的帝国重新步入正轨。

需要有一位才华过人的伟人才能为陷入极大危机的拜占庭恢复一些生机，在公元 1081 年的复活节，这个人出现了。在享受了人民的长时间的欢呼喝彩之后，一位 33 岁、名为阿历克塞·科穆宁的将领进入圣索非亚大教堂，从牧首的手上接受了帝国的皇冠。摆在他面前的是极为艰巨、几乎不可能完成的使命，但阿历克塞为人极富激情，并且头脑精明，他将成为拜占庭帝国历史上最为伟大的帝王之一。

第二十一章
科穆宁复兴

Chapter 21
The Comneni Recovery

阿历克塞一世·科穆宁不太像是救世主，他起初并未展现出扭转帝国命运局势的苗头。身为马其顿王朝长久以来致力于打压的贵族阶级的一员，起初他被视为干涉帝国事务的权贵觊觎者之流，正是这群人将帝国的命运推向了破灭的深渊。的确，阿历克塞一世在军队中的声望可谓至高无上，他在年仅20余岁时，便在曼奇克特的战场上四处拼杀，并且未尝败绩。但他的权力之路却没有任何特别之处，同样是通过推翻刚刚登上皇位的前任皇帝夺取权力，而非通过打击突厥人的战功登上皇位。他所率领的军队成分混杂，其中包括一批外国雇佣兵，这些人刚刚踏入君士坦丁堡的城墙之内，便马上开始烧杀抢掠，在他重新取得对全部军队的掌控权时，时间已经过去了一整天。或许会有一些君士坦丁堡的老人对此摇头叹息，喃喃自语，抱怨他们的日子与过去并没有任何分别。

诚然，这样的开端很难称得上大吉之兆，但更糟糕的境况尚未到来。在阿历克塞举行登基典礼不到一个月后，他就接到消息，一支诺曼人的大军已经在达尔马提亚海岸登陆，目标直取港口城市都拉斯。如果他们成功占领这座城市，拥有千年历史的厄纳齐雅大道就将直接暴露在敌人的势力范围之内，也就意味着敌军拥有了直接进攻君士坦丁堡的通路。

诺曼人并非单纯的游牧部落冒险家，作为维京人后裔的北方民族，也曾在 11 世纪的历史中大放光彩。在诺曼底地区，他们更为著名的兄弟已经在“征服者”威廉的指挥下打通了入侵撒克逊英格兰的道路，南方的诺曼人曾经击败教皇的军队，甚至令教皇也成为其阶下囚，同时有意将罗马帝国在意大利的残余势力彻底驱逐。在伟大的罗贝尔·吉斯卡尔的带领下，他们大举入侵西西里，占领巴勒莫，并将整座岛屿上的萨拉森人势力彻底剿灭。如今，家园内部的敌人已经遭到放逐，在帝国内部捞到众多好处的吉斯卡尔将注意力转到了拜占庭这一更加具有诱惑力的目标上。

吉斯卡尔到达了都拉斯的城墙之下，志得意满地开始了对这座城市的围困。城中的居民十分清楚，他们的皇帝正在率军赶来的路上，因此没有任何退缩投降的意图。在几个月徒劳的进攻之后，罗贝尔只得暂时撤退到一处防御更加坚固的驻地。10 月 18 日，皇帝率领大军赶到了。阿历克塞在十分短暂的时间内聚集了规模庞大的军事力量，但因为拜占庭一直以来在军事上处于颓势，这支大军始终饱受各种麻烦的困扰。长久以来，精英部队——瓦兰吉卫队都是军中无可置疑的核心力量。相比之下，其他部队则缺乏训练，鱼龙混杂，其中还包括部分雇佣兵——显然，他们的忠诚和勇气都十分令人怀疑。对阿历克塞而言，唯一的安慰便是帝国的瓦兰吉卫队，至少他们依然保持着对战斗的渴望。

15 年前，一位诺曼公爵曾经突然袭击了盎格鲁–撒克逊的英格兰，在黑斯廷斯杀死合法国王，他的沉重长靴在任何流着撒克逊血液的人背上肆意践踏。大部分英格兰人因二等公民身份而备受压迫，所有无法忍受这种命运的居民最终纷纷选择了迁移至君士坦丁堡，在这里他们能够与维京兄弟一起，成为瓦兰吉卫队的成员。事到如今，他们决心与曾经摧毁他们家园，屠戮他们亲人，窃取他们财富的外族入侵者正面交锋。

瓦兰吉卫队挥舞着他们手中可怕的双刃战斧，如潮水一般冲向诺曼人的防线，任何敢于阻拦他们前进的人或马匹都将在利斧之下粉身碎骨。诺曼人在这样恐怖的攻势面前被迫撤退，但阿历克塞的突厥雇佣军在关键时刻突然倒戈，导致优势无法进一步扩大。此时诺曼骑兵部队大举进攻，帝国军队的阵形被彻底打乱，瓦兰吉卫队完全暴露在敌人面前，因为人数远远少于敌方，整支部队被彻底包围，损失惨重。阿历克塞在交战中前额受伤，血流不止，仍然奋力作战，但他也知道情势已经无法挽回。不久，拜占庭军撤退至保加利亚，在原地驻扎，重整力量。

如吉斯卡尔所期望的那样，拜占庭军队颓势日益明显，随着大部分精锐部队土崩瓦解，阿历克塞似乎也变得完全不堪一击了。到了1082年春天，都拉斯城随着希腊北部的大部分领土一同沦陷，吉斯卡尔自信昂扬地告诉他的部下，这一年的冬天他们完全能够达成夙愿，在君士坦丁堡的皇宫中饮酒作乐。然而入侵大军的计划却没能如期实现，阿历克塞一世还远远未被击败。这位足智多谋的皇帝心知肚明，自己的军队绝对无法与诺曼人的大军拥有旗鼓相当的实力，但扭转战局的方法还有很多，在他智慧过人的头脑中，外交手腕是比铁血刀剑更为强大的武器。

吉斯卡尔已经彻底征服了南意大利，但在他青云直上的过程中，四周依然有众多敌手不断崛起，对他的成就虎视眈眈。其中一马当先的便是神圣罗马帝国皇帝亨利四世，这位皇帝已经将北意大利收为囊中之物，并且正密切关注着诺曼势力在南方的动向。在阿历克塞向亨利四世献上一笔黄金，并明确告诫他一位诺曼人皇帝对他们双方而言都会带来大麻烦后，亨利马上听从建议，率军进攻罗马，迫使惊慌失措的教皇向吉斯卡尔求援，请他立即返回。罗贝尔此时大为踌躇，但在诺曼人的统治之下，更多的拜占庭黄金已经进入了意大利人的口袋，不久又传来消息说南意大利已经奏响了反抗的序曲。* 吉斯卡尔咬牙切齿，他别无选择，只能领兵撤退，留下他的儿子博希蒙德代替自己继续作战。

阿历克塞立即展开进攻，总共集结了不少于三支雇佣军部队，然

* 阿历克塞对拜占庭帝国不为人知的贡献之一便是恢复了帝国流通货币中的黄金含量，因而结束了严重的通货膨胀，挽救了凋敝的国家经济。

而每一支部队的命运都大同小异，结局一败涂地，国库也越发空虚。即使力量强大的领袖人物并不在场，诺曼人依然对阿历克塞的帝国军队没有丝毫畏惧，因此阿历克塞开始寻求同盟，协助自己作战。此时，最具拜占庭色彩的海上共和国威尼斯正有一位合适人选，而且威尼斯的统治阶级也正像其他地方一样，在吉斯卡尔的勃勃野心之下岌岌可危。作为对方派出海军协助的回报，阿历克塞将威尼斯地区的关税下调至前所未有的水准（从本地商人的角度而言，这可谓是相当冒险的政策），并赠予威尼斯一块位于君士坦丁堡之内的完整殖民地，令他们能够在帝国所有水域自由航行通商。这些让步事实上导致拜占庭商人彻底被排挤出了帝国的海域，但这一年春天的战果似乎预示着这一切都是值得的，威尼斯的海军切断了博希蒙德的物资及增援路线。此时，诺曼人已经陷入了山穷水尽的境地。自他们踏上拜占庭国土以来已经过去了将近四年的时间，虽然他们几乎彻底击溃了任何敢于正面交战的军队，但他们距离君士坦丁堡并不比刚踏上这片土地的那一天更近。大部分诺曼军官都与吉斯卡尔的儿子未曾谋面，他们一心希望能够早日回归家乡。受阿历克塞精明的收买政策所影响，他们开始怨声载道，当博希蒙德回到意大利募集更多资金时，他手下的官兵们几乎立即选择了投降。

次年，也就是公元1085年，70岁高龄的罗贝尔·吉斯卡尔再一次试图进军，但他最远只到达了凯法洛尼亚岛，在此患上了热病，这场热病比任何敌人的利剑都更为恐怖，吉斯卡尔未能完成自己的伟大梦想便去世了。*帝国上下彻底松了一口气，再一次将目光转向了来自东方的威胁。

穆斯林的威胁大体上与诺曼人的入侵并无分别，但最近因为一次意外死亡事件而大大削弱了势头。在阿历克塞统治的初期，塞尔柱突厥人几乎将小亚细亚所有剩余的土地都据为己有。1085 年，安条克城在他们源源不绝的进攻中彻底沦陷，次年埃德萨及叙利亚大部分地区也相继落入敌手。1087 年，当耶路撒冷最终被敌军占领，通往圣城的朝圣之路被狂热的新占领者完全截断时，帝国上下掀起了巨大的风波。而在海岸地区，穆斯林在 1090 年占领了以弗所，并且借此扩张至希腊的各个岛屿。希俄斯岛、罗得岛以及莱斯博斯岛很快相继落入敌手。但正当整个小亚细亚彻底沦陷的千钧一发时刻，苏丹突然去世，他的王国四分五裂，并陷入争权夺利的旋涡中。

随着诺曼人的威胁逐渐缓和，穆斯林敌人也四分五裂，对于帝国而言可谓前所未有的良机，足以将塞尔柱突厥的威胁彻底击退，阿历克塞一世深知这一点。皇帝唯一需要的只是一支大军，然而最近与诺曼人的抗争已经彻底证明了拜占庭军队存在众多无法忽视的严重缺陷。阿历克塞希望通过寻求同盟，通过他人的力量来强化自己的军队，1095 年，他终于做到了这一点。皇帝执笔给教皇写了一封信。

向罗马求援的决定令帝国上下都感到十分震惊，但距离绝罚事件已经过去 41 年之久，大部分涉及这场不幸事件中的人都已去世日久，接

* 他的遗体最终被埋葬在意大利菲斯卡多地区风景宜人的小镇韦诺萨——此处也是他逝世之地，菲斯卡多正是以他名字的变体命名的。

下来的几十年内，事态已经得到了缓和。皇帝和教皇或许在涉及神学内容时态度模棱两可，含糊其词，但他们毕竟是拥有同一信仰的手足同胞，阿历克塞一世也是以基督教教友的身份致函教皇乌尔班二世。为了展现自己的友好姿态，让事态朝着积极方向发展，皇帝重新开放了君士坦丁堡的拉丁教堂，当他的特使与教皇乌尔班二世会面时，他们发现教皇本人也倾向于同皇帝和解，消除矛盾。突厥人摧枯拉朽的征服之战令教皇的内心深受震动，东方基督徒在穆斯林统治下的境遇同样不容忽视。双方的谈话并未在历史中留下确切记录，但教皇在几个月之后便动身前往法国，他的内心酝酿着一个前所未有的伟大计划。伊斯兰教曾经宣称，圣战将会占领基督教的圣地，将自己的信仰传播至欧洲；如今正是基督教世界奋起反击的时刻。11 月 18 日，教皇在法国克莱蒙城外召开了一次规模巨大的集会，在这里发布了历史上最为重要的演说之一。

“萨拉森人，”教皇宣告道，“他们从荒漠中铺天盖地般涌来，攫取基督教的土地，玷污神圣的教堂，杀害基督的朝圣者，镇压我们的真正信仰。他们已经破坏了耶路撒冷圣城的圣墓教堂，迫使不计其数的信徒皈依他们的宗教和安拉。西方的子民若是对东方兄弟们的痛苦视而不见，你们的良心无疑会受到谴责——前去拯救我们东方的兄弟是每一位基督徒的神圣职责。萨拉森人已经窃取了上帝的圣城，如今正义的战士们必须将他们驱逐出去。所有怀着虔诚之心前去的上帝信徒，他们的所有罪愆都会得到永远的赦免。”

当教皇的话音落下的那一刹那，人群瞬间沸腾了。中世纪的欧洲充满了暴力血腥，大部分聚集在教堂中的人内心都无比沉痛地意识到，他们的手上已经沾染了数不清的鲜血。突然之间，他们获得了一个天赐良机，只要以上帝之名挥动手中利剑，便能够永久洗去注定被罚入地狱的罪恶。一位主教双膝跪下，当场发誓愿意踏上十字军的征途，不过片刻，教会上下几乎耗尽了全部能用的材料，因为所有人都迫不及待地在衣服上缝制十字架的图案，以此作为他们此行的象征。法国、意大利和德意志纷纷陷入了十字军东征的狂热，乌尔班四处巡游，将战争的动员传播到各地，使大批农民和骑士加入他的麾下。各地的响应如此积极热烈，教皇不得不反过来劝说一部分人留在自己的家园从事农耕，避免带来饥荒等灾祸。在他最为狂热的梦想之中也从未有过如此盛况。

整个西方的热烈反响让教皇热血沸腾，但这样的情势却令阿历克塞感到恐慌。他绝不希望一支规模巨大的骑士大军突然造访自己的都城。阿历克塞真正期望的是能够臣服于他权力之下的雇佣军，然而教皇给予他的协助不过是无数未经训练的乌合之众，这群人不愿听从指挥，只知一味索取。

自然，阿历克塞还有其他理由去怀疑这群所谓的十字军。教皇的行动可谓十分精明，选择君士坦丁堡作为耶路撒冷的替代品来发动圣战，但他并未在自己的演说中提到阿历克塞一世本人，也就意味着将十字军牢牢掌控在自己的权力范围内，同时再次暗中强调，教皇而非皇帝，才是基督教世界真正的主宰。除此之外，“圣战”的概念对拜占庭帝国的意识形态而言，完全是一个陌生的名词。该撒利亚的圣巴西流在4世纪时曾经宣称，杀戮有时是必不可少的，却不值得歌颂，自然也绝不可能令罪行得到宽恕。东方教会在数世纪以来一直坚守着自身的信条，甚至拒绝了伟大的战士皇帝尼斯福鲁斯·福卡斯将对抗穆斯林时牺牲的战士升格为殉道者的要求。自然，战争必有个中缘由，但无论如何，采用外交手腕和平解决才是上策。毕竟，在东方教会，神职人员被禁止手执武器，诺曼教士们手执武器甚至率领军队的行为是极其古怪的，令东方的旁观者们感到万分困惑和不安。

这些古怪的西方骑士显然并不值得信任，一些拜占庭人怀疑十字军真正的目标并非解放耶路撒冷，而是占领君士坦丁堡。要是不信这一点，只消看看已经上路的贵族都有谁：为首的便是博希蒙德，罗贝尔·吉斯卡尔的儿子。

第一批十字军到达了城门前，但阿历克塞对他们的看法从未有过任何改观。教皇返回意大利之后，其他人开始接替他的任务，为十字军进行布道宣传，将教皇的旨意传达到基督教世界的四面八方。其中有一位并不受人欢迎的修道士，名为隐修士彼得，他在法国北部和德意志游历，向穷苦人民传教，并全力帮助那些极端贫困的农民，令他们远离困苦的生活。他召集了多达4万人的追随者队伍，其中不光有男丁，还有妇女儿童，这些人急不可耐地期盼出战日尽快来临。彼得领导着这支庞杂的队伍开始向君士坦丁堡进发。当他们到达匈牙利时，真相已经显而易见，许多人参与十字军东征并非为了任何高尚的理由，不论是彼得还是任何人都无法对他们加以控制。他们洗劫了沿路经过的乡村地区，纵火焚烧了贝尔格莱德，将任何来不及转移的城镇物资供应都攫取一空。在尼什城，大为光火的拜占庭总督派出大军，想要给这些人一个教训，双方冲突中约有1万名十字军成员死亡。最终，彼得和他的“人民十字军”到达了君士坦丁堡，然而，与其说这群人是一支军队，不如说是一群饥饿疲惫的强盗土匪。阿历克塞一世根本不认为他们能够与突厥人作战，因此建议他们原路返回，但这批人如今已经离家园太过遥远，并且坚信自己由于受到上帝庇护而刀枪不入。他们显然已经成了君士坦丁堡的大麻烦——任意索取，四处洗劫，并且在君士坦丁堡的城郊烧杀抢掠。阿历克塞一世不得不将他们引渡到小亚细亚，作为最终的解决措施。

不出阿历克塞所料，人民十字军的征途以彻底惨败而告终。十字军成员在接下来三个月的大部分时间里对希腊当地的人民犯下了种种暴行，这种时候，他们显然已经忘记了自己身为基督徒的事实，之后他们便犯下了致命错误，中了突厥大军的埋伏。隐修士彼得最终得以突围，并狼狈地回到了君士坦丁堡，但他的“大军”显然就没有那么幸运了。那些青壮年和长相漂亮的孩子被突厥人掠为奴隶，送到市场贩卖，剩余的则被原地屠杀。

在随后九个月中陆续到达的十字军主力并没有遭遇与彼得所率领的人民十字军一样悲惨的命运。他们由西欧最为杰出的骑士所率领，训练有素，实力强大，并且人数众多，超过阿历克塞所能召集的任何军队一倍以上。这样一支大军的粮饷和调度可谓是一个天大的难题，尤其是在十字军和阿历克塞一世双方互不信任的形势下，情况变得尤其艰难。自然，皇帝不得不绞尽脑汁来控制事态发展。因为这些西方人十分重视曾经发下的誓言，他们必须对他宣誓忠诚，同样，他们也要尽快达成自己的目标。因为大军阵形分散，只有一小部分人最先到达，他们很容易便被都城的宏伟威严所震慑，不过，假设他们得到机会集结起来，自然便有了进攻都城的实力。君士坦丁堡对曾经的无数征服者而言都是巨大的诱惑，十字军战士何不借此成就一番伟业？

皇帝的警惕心态并非毫无道理。君士坦丁堡与世界上的其他任何城市都不同，比西方人所见过的任何地方都更加辉煌绚烂，令人目眩神迷。对一位贫穷的骑士而言，这座城市是如此与众不同，遍地黄金，人口比巴黎或伦敦都要多20倍以上。教堂里的仪式气氛神秘，似乎充满了异教的风情，数十种外来语言汇成街头巷尾的喁喁低语，商人和贵族来来去去，身着闪光的丝绸、华丽的衣饰。公共建筑的规模令人震撼，宫殿华丽得令人难以想象，市场上商品的价格也令人咂舌。这一切都带来了完全不同的文化冲击。十字军战士所遇到的拜占庭人民将他们视为尚未开化的蛮族，他们痛恨这群“同盟”洗劫他们的城市，抢走他们的粮食；十字军战士则轻视这些“柔弱的”希腊人，他们身着随风飞扬的长袍，周围跟随的是身上涂着香油的宦官，这些人自然需要西方勇士来为他们作战。因为厌烦过于烦冗的礼仪，大部分十字军贵族起初对这位皇帝抱着毫不掩饰的轻蔑态度，一位骑士甚至在阿历克塞一世进入房间，前来与他会面时态度放肆地将皇帝的宝座当成躺椅，躺在上面休息。然而，皇帝却非常善于控制自己的态度。他一方面对十字军表达了暗暗的威胁之意，同时又慷慨地赐予对方大量赠礼，希望能够获取双方的同盟誓言。一部分到来者乐于表达他们的忠诚，虽然另一部分人抱怨满腹（博希蒙德尤其不希望立下誓言），但最终所有的领导者都同意归还他们之前征服的城市。只有图卢兹的雷蒙德伯爵固执地拒绝立下准确的誓言，而是含糊其词地表达了“尊敬”皇帝本人和他的地位。

1097 年的最初几个月内，严酷的考验迎来了尾声，最后的一批十字军战士也渡过博斯普鲁斯海峡，到达了亚洲海岸。这对阿历克塞一世而言无疑是最大的安慰。这些来到他帝国的军队与其说是盟友，不如说是大敌，即使他们在安纳托利亚已经取得了胜利，他们也依然比四分五裂的突厥人更加危险。无论如何，如今他所能做的只有等待，静观事态发展。

十字军登陆之后，首先前往尼西亚，这里也是教会将近 8 个世纪之前举行第一届公会议的地点。突厥苏丹曾经将人民十字军彻底击溃，对于这次来犯的敌人并未抱有太多警惕，而是感到厌烦不已，他认定这些最近到达的军队与之前的一批并无太多差别。然而苏丹很快发现，这次遇上的是一支由强大的骑士组成的军队，骑在高头大马上，披着厚重的铠甲，弓箭几乎无法对他们造成太大伤害。突厥军队在第一批十字军重骑兵的冲击下溃不成军，大惊失色的苏丹只能狼狈撤退。

对十字军而言，这场胜利的唯一瑕疵便是尼西亚城的卫戍部队选择了向拜占庭的指挥者投降，而拜占庭一方迅速地关闭了大门，拒绝让他们顺利入城。拜占庭做出这样的举措非常容易理解，因为尼西亚的人口主要由拜占庭的基督徒构成，但对于十字军一方而言，这种行为不啻彻底的背叛。他们开始怀疑，皇帝是否根本没有分清哪一方是盟友，哪一方是敌人，尤其是当被征服的突厥人可以自由选择是在帝国领域内服役，或是安全地回到自己的故乡时。此时，十字军并没有将自己的不满情绪表现出来，但这种情绪无疑为十字军与拜占庭未来的关系埋下了隐患。

阿历克塞一世乐于无视西方骑士的骄傲受挫，因为他十分确定，如果与不计其数的穆斯林敌军相抗衡，十字军一方根本不可能有任何胜算。然而，出乎拜占庭一方意料的是，第一次十字军东征最终取得了振奋人心的胜利。突厥苏丹再一次试图阻拦十字军前进的脚步，但在两次败仗之后，他只得下令截断敌方的供给路线，然后下令迅速撤退。在大规模进军至干旱、炎热的小亚细亚心脏地带之后，十字军到达了安条克，并计划直接长驱直入。然而，他们刚刚占领城市不久，一支摩苏尔的阿塔贝格*率领的大军很快来袭，陷入水源短缺困境的十字军被迫杀死大量马匹作为食物充饥。阿历克塞一世集结大军，准备前去协助防御，但他在半路遇到了一个逃走的十字军战士，这个战士告诉他，一切希望都已经彻底破灭，城市几乎已经彻底沦陷。意识到军队将白白牺牲，不会取得任何战果，阿历克塞一世只能率军掉转马头，回到君士坦丁堡。

然而，此时的十字军仍然在顽强抵抗，未曾投降。他们发现了一处神圣遗迹，士气大受鼓舞，决定背水一战，抵抗到底，彻底击败敌人的大军。他们继续前进，在盛夏时分到达了耶路撒冷。公元 1099 年 7 月 15 日，十字军成功地对圣城发起了猛攻。许多十字军战士望见这

---

* 阿塔贝格（atabeg），最早指太子太傅和保护人，也指摄政和地方首领。——编者注

座圣城时，纷纷流下了热泪，因为他们为了这个最终目标，已经经历了太多艰难险阻，当大军冲进城内时，似乎释放出了四年来不得摆脱的所有压抑与伤痛。只有一小部分居民得以幸免，他们既非东正教教徒，又非穆斯林，也非犹太教徒。针对非基督教徒的可怕大屠杀持续到了第二天早上。

整座城市因为尸体腐朽而散发出可怕的恶臭，数星期之后才被彻底清除干净，此时十字军已经选出了一位国王。根据他们共同的誓言，他们本应该携带着全部的胜利果实踏上回归之途，返回拜占庭帝国，但如今已经没有这种可能性了。就他们自己而言，阿历克塞拒绝在安条克提供协助，便足以证明这位皇帝不过是一名叛徒，因此他们不必再信守誓言。博希蒙德已经占据了安条克，建立了安条克公国，其余被占领的土地现在已经被分割成了若干个十字军王国。如果皇帝希望在这些土地上占据一席之地，那么他便只能亲自率领大军诉诸武力了。

阿历克塞一世十分乐意早早抽身，让巴勒斯坦自生自灭，在丢失数世纪之久的土地上建立若干个基督教缓冲国，可谓是一件天大的好事。不过，他的大敌博希蒙德始终占据着安条克，这对阿历克塞而言简直是如芒在背。长久以来，安条克始终是帝国的第二大城市，也是整个基督教会的宗主教区之一，15 年前便落到了突厥人手中。安条克的人口基本上由东正教教徒组成，同样使用希腊语作为自己的语言，文化也早已彻头彻尾地融入拜占庭的血液之中。但当博希蒙德彻底隔绝希腊教区，并且让拉丁教区取而代之时，这种行为不啻雪上加霜，阿历克塞对此无计可施。皇帝已经借助十字军分心之机收复了小亚细亚的西北大部分地区，包括以弗所、萨迪斯及费拉德尔菲亚，但他的军队过于分散，完全无法再向叙利亚进军。

表面上，博希蒙德能够完全为所欲为，但在公元1100年夏天，他不幸陷入了突厥人的伏击，接下来的三年中，他都被囚禁在一处偏僻的监牢之中。不下三支十字军部队前来营救他，他们完全无视了阿历克塞的指引和建议，而是一意孤行，最终遭遇突厥部队，导致全军溃败。然而，十字军却将自身的失误导致的兵败归咎于阿历克塞。愤怒的博希蒙德最终得以赎身后，他在欧洲寻找到了充分的支援，然后再一次向拜占庭进军。* 怀疑和敌意孕育的苦涩花朵最终彻底盛开，它的根系植于东西双方难以逾越的文化鸿沟中，并且根深蒂固。在欧洲人眼中，似乎十字军国家真正的大敌并非伊斯兰世界，而是贪婪无度、两面三刀的拜占庭帝国。当十字军战士在安条克遭到围困时，拜占庭的皇帝袖手旁观，禁止他们进入帝国的城市，却给予穆斯林囚徒关怀与照顾（甚至在食物里也没有包含任何猪肉的配给），似乎穆斯林才是帝国的宝贵同盟。另一方面，在君士坦丁堡，阿历克塞起初的怀疑如今终于彻底变成了现实——所谓的十字军东征精神不过是新瓶装旧酒罢了。这些外来者口头上声称会提供支援，谈论双方的手足情谊，最终不过是征服掠夺的美妙借口罢了。如今阿历克塞一世将面临新的大敌威胁，指挥官正是他的宿敌博希蒙德。

---

* 他躲藏在一口棺材里，秘密逃离了拜占庭，同时用一只腐烂的公鸡尸体假冒人体腐烂散发出的恶臭。他的支持者用哭泣和穿着丧服来掩盖事实真相，博希蒙德的“棺材”经由水路被偷运出城，安全地返回了罗马。

从入侵之初，博希蒙德便企图复制自己父亲曾经成就的霸业。在率领3.4万精锐大军在伊庇鲁斯登陆之后，他立刻进军至达尔马提亚海岸，围困了规模宏伟的都拉斯城。但此时的拜占庭与25年前罗贝尔·吉斯卡尔率领诺曼大军肆意征伐的那个颓弱帝国已经不可同日而语。四分之一个世纪以来，拜占庭始终掌控在一位统治者的手中，这位皇帝给拜占庭帝国带来了稳定的保障，凭借一己之力将众多贵族世家联合在一起。繁荣发展的经济再度重现，拜占庭中央政府的集权制度也得到加强。随着士气一路高涨，都拉斯城很轻易便击退了敌人的进攻，拜占庭派出舰队彻底阻断了博希蒙德一方的供给线路。阿历克塞从容不迫地率领大军从君士坦丁堡出发，迫使诺曼人同时抵御来自军队后方和城市内部的双面夹击。到了当年年末，博希蒙德的士兵陷入饥荒的困境，同时军营中疟疾暴发，士兵苦不堪言。精疲力竭、屈辱不堪的十字军战士只能面见皇帝，被迫同意无条件投降。博希蒙德在耻辱煎熬中回到了意大利，三年之后去世，余生再也没有觊觎东方土地的胆量。

阿历克塞让衰弱腐朽的帝国再一次焕发出了勃勃生机，在他统治的初期，这是所有人都未曾想象过的荣光，但如今他已经年近六旬，开始迅速衰老。同时，阿历克塞患有十分严重的痛风，如今，他更多地致力于将自己曾经收复的土地团结起来，而非与突厥人燃起新的战火。为了减轻人民的负担，他减免了穷苦人民的赋税，为他们提供免费的医疗服务，在都城为无家可归者建立庇护所，满足他们的所有需求。阿历克塞为帝国内部威尼斯日渐增长的势力而担忧，因此与比萨订立同样的通商条约，希望这两个海上共和国能够彼此牵制。1116

年，是时候对突厥人发动最终的战役了；阿历克塞彻底击溃了苏丹的大军，拜占庭海岸长年累月的敌袭迎来了最后的一刻。根据战后订立的条约，安纳托利亚内陆的希腊化人口迁移至拜占庭疆域内，逃离被奴役的命运，但也保证了小亚细亚地区的伊斯兰化进程。

阿历克塞又一次取得了最后的胜利，但他内心十分清楚，自己大限将至。如今他只能通过维持坐姿顺畅呼吸，因为重疾而全身浮肿，这种情形一直延续到 1118 年 8 月，这位皇帝在床上咽下了最后一口气，他的家人都围绕在他的身边。* 毫无疑问，阿历克塞一世是一位杰出的帝王，完全有资格被葬入圣使徒教堂，与无数伟大的先人同列，但他选择了沿着防波堤建立的一座小型礼拜堂作为自己的安息之地。† 登上皇位的 37 年来，阿历克塞一世在千钧一发之际为帝国带来了稳定和平的局面，为帝国的繁荣富强打下了基础。帝国的全面崩溃中止了，这位皇帝甚至计划收复地中海和黑海沿岸富饶的地区。借助与人民大众和十字军势力的适度合作与友好态度，阿历克塞一世几乎将小亚细亚地区彻底收复。随着安纳托利亚的心脏地带重归帝国版图，曼奇克特一战带来的危害得到有效遏制，拜占庭帝国国力日益强盛，成功阻止突厥人在欧洲立足。接下来的数世纪中，还有很多能力强大、野心勃勃的人登上帝国的皇位；如果他们能够掌控小亚细亚地区的丰富资

* 其中包括他的女儿安娜·科穆宁娜，《阿历克塞传》（*Alexiad*）——该书或许是关于阿历克塞生平和所处时代最为有趣的著作——的作者。

† 这座教堂至今仍然伫立于此，掩映在周围的砖石建筑群中，并不十分引人注目，虽然它现在已经大部分化为废墟（并非完全杳无人迹），所有陵墓都已经不知所终。或许阿历克塞仍在某处不为人知的地下墓穴中沉睡，沉浸在关于昔日美好时光的梦境中。

源，或许足以避免半个欧洲即将面临的500年黑暗岁月。然而拜占庭与十字军之间的不和谐关系并非阿历克塞一手造成，他也不应因为双方关系恶化而受到谴责。十字军本身具有比脆弱的帝国强大得多的力量，但阿历克塞一世运用才智成功地化解了危机，并赢得了任何人都无法想象的巨大成功。他的所有继任者中，拥有如此才能或如此运气的人，可谓是凤毛麟角。

在最后的十字军离开拜占庭许久之后，他们所造成的影响开始在帝国都城的领域内显现出来。虽然双方的第一次碰撞两败俱伤，但一直以来养尊处优的拜占庭宫廷显然被他们的野蛮同盟的强壮体魄和气势深深震撼了。大体而言，这些耀武扬威的战士显然让他们第一次对遥远的西方有了些许了解，虽然十字军中的大多数人未受过教育、举止粗鲁，但这些身披铁甲的战士狂野不羁的气质仍对他们具有强大的吸引力。

当由德意志和法国君主率领的第二次十字军东征开始时，正值阿历克塞的孙子曼努埃尔统治时期，骑士时代达到鼎盛，十字军穿过都城的壮观景象引起了拜占庭富人阶级的极大兴趣。富裕阶层的淑女贵妇们身着西方式样的衣裙逐渐成为时兴的风尚，皇帝曼努埃尔甚至亲自参加了马上长枪比武的锦标赛，并且单枪匹马跻身前列，令围观的朝廷群臣深深折服。*

然而，这种全盘西方化的狂热时尚也带有一丝优越感，所有古老文

* 和早期那些热爱奥林匹克比赛和其他格斗竞技游戏的皇帝不同，曼努埃尔显然更加擅长马上长枪比武。根据拜占庭文献记载，在一次锦标赛中，他曾经将两位著名的意大利骑士挑落马下。

明都对更年轻、更强壮的文明有这种感觉。富人们通过模仿这些外来的异族和他们的野蛮风俗消遣取乐，但他们内心对自己的西方兄弟并没有多少真正的善意或深刻的理解。不论这些骑士在战争中多么剽悍勇武，大多数拜占庭人的内心深处依然认为他们与蛮族暴发户无异，无法真正与君士坦丁堡精神上和现世的荣耀并驾齐驱。罗马帝国或许已经失去了它表面上的无限风光，但学问和文明的灯塔依然在黑暗的世界里熠熠生辉，没有任何来自西方蛮族的所谓国王或君主能够真正跨越这样的鸿沟。

这样崇高的光辉宣言在科穆宁王朝的历任帝王治下基本上得到了彻底的实现，帝国始终在复兴的道路上一步步前进。阿历克塞的儿子“美男子”约翰二世轻松击败了好战的匈牙利国王，迫使达尼什曼德王朝臣服于拜占庭，成为附属国。当顽固不化的亚美尼亚君主们继续公然挑衅拜占庭的威严时，约翰二世进军亚美尼亚，将当地的王侯全部俘获，带回拜占庭软禁。帝国力量的扩张让混乱分裂的十字军国家回归正轨，安条克的国君甚至亲自面见皇帝，谦卑地对他起誓效忠。然而，约翰二世在一次狩猎事故中意外去世，他前途光明的统治就此终结，但他更加杰出的儿子曼努埃尔一世继承了父亲未竟的大业。安条克公国傲慢自大的国君误以为这位新皇帝年纪尚轻所以力量弱小，因此要求将数座要塞立即归为安条克所有，然而曼努埃尔率领大军以迅雷不及掩耳之势来到了安条克城下，城中人民陷入极大恐慌。另一个十字军王国得到消息，马上宣布拜占庭皇帝是他们的最高统治者。当曼努埃尔于公元 1159 年攻破安条克城，正式宣告拜占庭对该城的统治权之时，整个十字军西方世界的权贵阶层，包括耶路撒冷的国王，都对他表示绝对臣服。三年之后，塞尔柱突厥成为拜占庭的附属国，作为交换条件，曼努埃尔承诺让他们独立自治；在西方，塞尔维亚和波斯尼亚也被并吞。拜占庭似乎已经从曼奇克特战役的惨败中重新站起来，恢复了辉煌的声望。

然而此时，不祥的乌云却再一次笼罩在帝国的上空。帝国在西方的声誉自从第一次十字军东征以来始终未曾彻底恢复，第二次东征的彻底失败无疑雪上加霜。虽然失败并不应归咎于拜占庭，但在法国，尤其是诺曼十字军踏上归途之后，关于拜占庭的流言蜚语甚嚣尘上，人们指责拜占庭表里不一，与穆斯林大敌恢复关系，影响了帝国的盟约。*然而，十字军一方却前后几次忽略了曼努埃尔的正当建议，即避免与突厥人正面对抗，绕行安全的海岸路线；与突厥苏丹的和约本身已经足够令人痛恨了。自然，异端的希腊人不会关心东方的基督教事业，他们正密谋暗中破坏十字军的伟大成功。

然而，相比拜占庭帝国在西方遭受的非议，更加危险的却是帝国与威尼斯逐渐恶化的关系。这个意大利城邦已经建立起一个规模巨大的商业帝国，由此带来的代价都由拜占庭帝国承担，威尼斯日益骄傲狂妄的态度也令普通的本土商人无法接受，他们的生意受到严重影响。当他们在都城的大街上行走时，几乎时时刻刻都会碰到狂妄自大、令

* 日耳曼人忽视了曼努埃尔的建议，全速进军，并很快遭到埋伏，几乎令条顿大军全军覆没。在法国一方的命令下，剩余的十字军战士做出了令人难以置信的决定，前去攻打大马士革——已经同他们结盟的穆斯林势力所在地，并在盛夏时节发起了进攻。到了公元 1148 年 7 月 28 日，在五天灾难性的围攻战之后，领军者走投无路，放弃了进攻，撤回了自己的家乡。

人厌恶的威尼斯人，这些人巴不得皇帝将所有威尼斯人送回到他们的潟湖地区去。诚然，像拜占庭这样辉煌、强盛的帝国不能容忍自己的商人遭到外来者的排挤压制，帝国的财富也绝不能流向那些偏远城市商人的钱袋。约翰二世曾经尝试通过拒绝扩大他们的贸易权来抑制威尼斯人的影响，但这样的决定不啻挑起一场战争，在这场战争中，衰朽的拜占庭海军也起不到任何作用。几个月来，帝国的海岸地区被烧毁，贸易遭到严重破坏，约翰忍气吞声，对威尼斯一方提出的要求做出了让步，但并未收获多大成效，反而令双方的关系进一步恶化。他的儿子曼努埃尔则不同，相比父亲，他的运气要好得多。1171 年，皇帝突然发难，下令逮捕帝国全境所有威尼斯人，收缴他们的货物，无视对方激烈的抗议。这次行动十分欠妥，但又堪称勇气可嘉。愤怒的威尼斯使节恩里科·丹多洛被召回（虽然此时他的一只眼睛已经失去视力），之后威尼斯便正式宣战，派出海军。两个国家再一次陷入了战争，但这次拜占庭的海军力量已经彻底衰弱，无力出战，因为约翰在数年前便已经大幅削减海军军费支出。然而不可思议的是，曼努埃尔的好运再一次发挥了作用。威尼斯的舰队中暴发了一场瘟疫，威尼斯人在战争中取得的成果迅速化为乌有。倒霉的威尼斯总督无奈之下率军返回，同时也将瘟疫带回了威尼斯本土，随后他本人被一群狂怒的暴民杀死。

威尼斯对帝国海上贸易的支配权被严重削弱，但这次胜利也让帝国付出了极其巨大的代价。就目前而言，威尼斯共和国一蹶不振，被迫休养生息，对帝国俯首帖耳，但威尼斯人的个性是睚眦必报。时间已经过去了32年，但威尼斯及恩里科·丹多洛依然在酝酿着自己的复仇行动。

如今拜占庭已经在世界范围内获得了相当的声望，虽然其中也掺杂着诸多敌意挑衅与不情愿，但帝国再次成为爱琴海和巴尔干地区首屈一指的强大势力，因此对周围的敌意并没有太过在意。如今拜占庭只需振臂一呼便能召集庞大的军队，深深震慑了东方的各路敌人，在西方也牢牢掌控着各个行省。曼努埃尔对帝国此时的力量信心十足，他甚至写信给教皇，希望对教会提供武力保护。然而，拜占庭的力量很大程度上不过是一种假象，是由三位伟大的皇帝描绘出的镜花水月。博学多才、充满智慧的曼努埃尔或许对身为皇帝的职责了如指掌，他广博的学识令每一个面见他的人都惊讶不已，但这位皇帝所取得的成功缺乏真正的实质基础。十字军国家的诸侯和国王对他承诺将臣服于拜占庭，但这种承诺随着大军撤退自然而然地化为泡影；虽然突厥人已经成为帝国的附庸，但这不过是虚与委蛇的把戏。如今小亚细亚依然在帝国的控制范围之外，拜占庭缺乏永久复兴的基础，然而除了一次彻底失败的尝试之外，所有科穆宁王朝的皇帝都未曾尝试收复帝国失去的心脏地带。他们的战争只是防御性质的作战，对外界的威胁做出被动反应，而非主动去弥补曼奇克特战役曾经带来的巨大损失。

曼努埃尔所犯下的最大错误便是未能将穆斯林军队从安纳托利亚彻底驱逐。在他统治初期，达尼什曼德王朝已经四分五裂、摇摇欲坠，帝国军队当时实力强大，任何一次威胁都会令塞尔柱人闻风丧胆。在轻松击败十字军诸王国之后，曼努埃尔本应回头进攻突厥人，但他却接受了对方的臣服请求，然后在将近10年的时间里都对突厥人的动向毫无觉察。当帝国军队离开这片土地时，塞尔柱人马上入侵了达尼什曼德人的领土，轻易便战胜了他们衰弱不堪的敌人。将近一个世纪以来，小亚细亚首次在一位强大苏丹的领导下完成了统一。四分五裂、争斗不休的敌人已经彻底消失，曼努埃尔如今需要面对的是一个团结统一、充满敌意的联盟。1176 年，他试图纠正自己犯下的错误，率军进攻突厥人的首都以哥念，却在穿越密列奥塞法隆地区时遭到敌军伏击。在将近一个世纪的重建之后，帝国军队在面对突厥人大军时又一次陷入了无能为力的困境，拜占庭的声望也遭受了无法挽回的损失。这场战役证明了帝国所谓的强大力量不过是虚有其表，一种建立在皇帝华而不实外表之下的假象。

曼努埃尔余下四年的生命中始终策划着一场伏击，希望打败突厥军队，为自己曾经的失利雪耻，但他的精神已经彻底被击垮，历史的大潮也不可避免地向着不利于拜占庭的方向奔流。公元 1180 年秋天，他的病情已经到了无法挽回的地步，这一年的 9 月 24 日，曼努埃尔的去世将科穆宁王朝一个世纪以来缔造的辉煌带向了尾声。他的死亡也像他的大半人生一样，完美地抓住了关键的时机。他的统治带来了拜占庭帝国声望的又一个高峰，在帝国的力量开始瓦解崩溃，天空复归黑暗之时，他的生命也走到了尾声，留下他的继任者们去面对即将到来的狂风暴雨。那些参加他葬礼的人不知不觉之中目睹了帝国的最后一缕光辉消失于无形。曼努埃尔之后，帝国的命运最终无可挽回地坠向了终结的深渊。

第二十二章
基督徒的血光之灾

Chapter 22
Swords That Drip with Christian Blood

拜占庭帝国崩溃的速度连本国的人民都始料未及。曾经拜占庭遭遇威胁时，总会有伟大的领袖站出来成为国家的救世主。但如今，帝国的舞台上显然许久没有诞生一位伟人了。曼努埃尔 12 岁的儿子阿历克塞二世很显然缺乏危难来临之际救帝国于水火的才能，只能坐视突厥人在小亚细亚横行霸道，智慧过人的斯特凡·尼曼雅一世宣布塞尔维亚正式独立，匈牙利国王巧妙地抓住这一良机，将达尔马提亚和波斯尼亚分裂出拜占庭帝国。当曼努埃尔的堂兄弟安德洛尼卡趁机攫取皇位之后，情况得到了一定改善，然而事实很快证明安德洛尼卡根本不是一位完美无缺的救世主，他的称号“昏君”可谓是恰如其分。* 他继承了家族的一切优良品质，但完全不懂克制，将一切问题都诉诸暴

* 在他登上皇位时，他已经诱奸了自己的不下两名侄女。

力，虽然在一定程度上遏制了腐败，但他的统治却很快陷入了一片恐怖的阴云之中。安德洛尼卡本人是一个彻头彻尾的偏执狂，逼迫曼努埃尔的儿子在死刑判决书上签字，并将他处死。他更加令人无法容忍的恶行是强娶阿历克塞年仅十一岁的遗孀为妻。两年后，都城的人民忍无可忍，最终发动暴乱，一位新皇帝被推上了皇位。

虽然犯下无数罪恶，“昏君”安德洛尼卡却在一定程度上保证了帝国的中央集权制度。然而伊萨克·安格鲁斯，即继位的新皇帝，他所建立的王朝导致帝国所有残存的力量丧失殆尽，并且即将迎来彻底的崩溃。伊萨克二世生性平和，不愿将个人意志强加于他人，只能坐视中央政府的权力四分五裂。各地的总督开始纷纷独立，无论是帝国的同盟还是敌人，都开始意识到君士坦丁堡已经山穷水尽。爱琴海和爱奥尼亚的众多岛屿安全地处于日渐衰弱的海军势力范围之外，如今纷纷举起反叛的旗帜，巴尔干地区也永远地脱离了拜占庭帝国的统治。

帝国的悲剧因为东方基督教世界的局势恶化而进一步加深。伊斯兰世界在强大的库尔德苏丹萨拉丁的统治之下团结一心，相互争斗不休的十字军诸王国几乎全无抵抗之力。1187 年，耶路撒冷沦陷，西方立即开始了又一次十字军东征，意在夺回圣城，并再次将君士坦丁堡作为进军的中转站。即便在帝国状态最好的时候，外来军队穿过都城都是危险的，处境艰难的伊萨克处理起来就更糟糕了。当德意志大使来到拜占庭，商讨如何进军小亚细亚时，伊萨克十分惊骇，将这些使臣投入了监牢。愤怒的神圣罗马帝国皇帝腓特烈一世威胁要命令十字军将矛头对准君士坦丁堡，狂躁不安的伊萨克彻底投降了，命令立刻释放被囚禁的使臣，赐给他们黄金，并亲自道歉谢罪。

这样屈辱的结局无疑进一步影响了拜占庭帝国在西方糟糕透顶的名声，并令饱经苦难的拜占庭人民对他们的皇帝大失所望。在伊萨克做出疯狂的决定，解散帝国海军，将帝国的海上防御全权委托给威尼斯之后，他彻底陷入了众叛亲离的境地。伊萨克的兄长阿历克塞三世看准时机，突袭了皇帝和他的儿子，在将皇帝刺瞎之后，将父子二人双双投入最为黑暗的监牢。

不幸的是，事实证明新皇帝比他的弟弟更为昏庸无能。夺取皇位已经耗费了他的太多心思，如今他根本无力也无意真正着手统治国家。当突厥人进犯拜占庭在小亚细亚的海岸线地区，保加利亚在西部大肆扩张时，阿历克塞三世正忙于四处敛财，以供给自己奢侈的聚会娱乐，甚至贪婪到连帝国陵墓的黄金装饰物也不放过，统统敛入囊中。

正当新皇帝在他自己的城市中横征暴敛时，身处黑暗地牢的伊萨克也在日复一日地计划着复仇雪耻。他自己已经无法脱身，并且因为双目失明，重归皇位对他而言毫无意义，但他的儿子阿历克塞如果能够重获自由，也许能还他公道。老皇帝设法与他在城内的支持者取得了联系。1201 年，两名比萨商人将年轻的皇子偷偷救出了监牢。阿历克塞逃到匈牙利，无意中发现了令他万分震惊的事实：新一轮的十字军东征即将开始。

第三次十字军东征并未取得成功。在洗劫塞尔柱人的都城以哥念之后，实力强大的神圣罗马帝国皇帝腓特烈一世在渡过安纳托利亚东南一条名为萨列法的河流时遭遇了一场古怪的事故，不幸丧命。[*]缺少了腓特烈的领导，德意志军队陷入恐慌，并且很快溃不成军，一些士兵甚至在绝望中选择自杀。另一方面，英格兰和法国的军队情况相对而言则乐观得多，在“狮心王”理查的率领下，他们正蓄势待发，准备投入战斗。弥补十字军王国遭受的沉重损失可谓是漫长而艰巨的任务，理查对此显然没有足够的耐心。在耗费一年时间征服海岸地区后，他对整场战争彻底感到厌烦。耶路撒冷依然遥不可及，十字军彼此争斗不休，情势毫无希望，法国国王或许正在密谋对付理查（理查的怀疑十分正确）。在仓促地与穆斯林对手英勇无畏的萨拉丁签订停战和约之后，理查起航去追寻另一次冒险，在离开之前，理查宣布，此后十字军的任何行动都应该直指埃及——东方的“阿喀琉斯之踵”。

理查在欧洲拥有极高的威望，第四次十字军东征的德意志领导者决定采纳他的建议，通过进军埃及占领耶路撒冷。自然，这就意味着整支军队需要穿越地中海，只有一个地方能够为数量巨大的十字军战士提供船只。欧洲的各路王侯召集朝廷力量，向威尼斯进发。

威尼斯潟湖群岛与帝国可谓有着漫长而复杂的历史渊源。最初到达这片地区的是6世纪伦巴第人入侵意大利时逃亡至此的难民，这些岛屿共同组成了威尼斯共和国，由帝国拉韦纳总督管辖，很大程度上吸收了周边的拜占庭文化。位于最大岛屿托尔切洛岛的教堂由皇帝希拉

* 像不列颠的亚瑟王一样，不久便有了关于腓特烈一世的传说。传说中他并未死去，而是在德意志的群山中沉睡。他总有一天会醒来——传说中如是说——那时候乌鸦将不再飞翔，德意志会恢复它昔日的辉煌。

克略出资修建，这座圣马可大教堂是君士坦丁堡的圣使徒教堂的复制品。威尼斯人的子女或者配偶也经常来到拜占庭接受教育。甚至“总督”的头衔也是由最初的帝国头衔称谓“Dux”即“公爵”衍生而来。然而近年来，威尼斯共和国与拜占庭之间的竞争大大超过了合作，最近科穆宁王朝历代皇帝加在威尼斯商人身上的苛刻待遇也依然刺激着意大利人的神经。

1202年，威尼斯的总督对十字军表现出热烈欢迎的态度，更进一步印证了目前矛盾重重的局势。这位总督不是别人，正是恩里科·丹多洛——30年前曾经抗议拜占庭皇帝曼努埃尔下令在全国范围内攫取威尼斯人全部财富的使臣。如今他已年过九旬，并且完全失明，但在这位老态龙钟的总督衰弱的外表之下，依然有着傲视群雄的智慧头脑与钢铁一般的坚忍意志。此时此刻，老谋深算的丹多洛迎来了一个千载难逢的机会。威尼斯声称曾被攫取的财富尚未偿还，多年以来拜占庭帝国对威尼斯的侮辱也始终不曾消弭。此时此刻，复仇的时机已经完全成熟。

起初，总督同意为十字军建造必需的船只，但要价极高。对十字军而言不幸的是，此次参与远征的人数大大减少，只能凑够一半的钱。丹多洛采取了十分巧妙的对策，缩减滞留在潟湖区等待海军的基督教军队的食物和水资源，对方服软之后，他提出了一个解决办法。匈牙利王国最近占据了达尔马提亚海岸的扎拉城，威尼斯原本的宗主国地位就此丧失。如果十字军能够同意协助威尼斯将扎拉城物归原主，便可以推迟偿付原本应给威尼斯的资金。教皇当机立断，禁止了十字军这种公然的抢劫行为，但十字军已经别无选择。一部分战士逐渐脱离了军队，对一座基督教城市发动进攻是他们绝对无法接受的恶行，但还有大批剩余的十字军心神不定地登上了船只，扬帆起航。扎拉城的人民陷入恐慌，他们不明白自己为何会遭遇基督教同胞的攻击，在走投无路的情况下，只得将十字架悬挂在城墙之上表明立场，但这一切都成了徒劳。城市最终被攻破，并且遭到彻底的洗劫；十字军东征的热情似乎已经降到了谷底。

正是在扎拉城中，逃亡的阿历克塞四世加入了十字军的行列。他无比迫切地需要盟友的支持，希望有人能够拯救自己的父亲，推翻伯父的统治，因此阿历克塞不假思索便承诺为十字军增加一万士兵，同时为每个人偿付至少三倍于威尼斯一方的军饷。之后他又提出最终的诱人条件，承诺将拜占庭的教会归于罗马的统治之下，以换取十字军的支援，夺回自己的皇位。

或许这是帝国历史上负面影响最大的一次和谈。恩里科·丹多洛十分清楚，拜占庭的皇子提出的诱惑条件不过是彻底的痴心妄想而已。帝国的中央集权制度已经崩溃达数十年之久，频发的暴乱及腐败的官僚系统导致无法收取税金，因此根本无力为帝国募集资金，更何况阿历克塞四世所承诺的是一个天文数字。然而老总督四下环视扎拉城的废墟，心中十分盼望成就更为辉煌的大业，愚蠢的拜占庭人无疑是最佳的利用对象。或许他从未有过任何进攻埃及的念头，因为此时丹多洛的使臣正在开罗商谈一笔利润丰厚的大买卖。总督表面上同意了将十字军运送至君士坦丁堡，对于那些断然拒绝进攻一座最古老的基督教城市的士兵，他做出了圆滑的回应，表示这群希腊人不过是异端，通过将阿历克塞四世推上皇位，他们就能够重新达成教会的和谐统一。教皇对此怒火中烧，对所有参与这个计划的人处以绝罚，一些人因为心中的罪恶感而选择了逃避；但威尼斯总督非常善于诱惑人心，因此大部分士兵还是老老实实地上了船。第四次十字军东征如今已经完全落入丹多洛一手掌控之下。

阿历克塞三世已经暴露了他懒惰、腐败的本性，如今又证明了自己的懦夫本质。十字军刚刚到达君士坦丁堡附近，他便匆忙逃到了色雷斯自保，并且随身携带着自己镶嵌珠宝的皇冠，留下整个城市自生自灭。城中全体居民大惊失色，他们眼睁睁地目睹十字军的舰队拆除了帝国港口的保护锁，对低处的脆弱海防堤发起猛烈的进攻。不久，大军便涌入了君士坦丁堡，将所有视野范围内的房屋付之一炬。在帝国皇宫中，惊恐的群臣意识到如今只有一条出路能够阻止入侵者的脚步。这些可怕的西方人是为了推翻篡位者，将真正的皇帝推上皇位，因此他们匆忙派人将伊萨克放出了监牢。一瞬间，这位双目失明、满心困惑的皇帝再次登上了皇位，一顶摇摇欲坠的皇冠被扣在他头发干枯稀疏的脑袋上，信使匆忙来到十字军军营，告知他们此行的目的已经达成。阿历克塞四世与他的父亲同时被加冕为帝国皇帝，他曾与十字军签订的条约由两人共同批准生效，十字军撤退到金角湾地区，等待着他们应得的奖赏。

老皇帝伊萨克或许已经双目失明，并且因为长期的牢狱生活而有些疯癫，但他很快发现自己的儿子对这些来自西方的强盗许下了不可能兑现的承诺。没过多久，阿历克塞四世也得出同样的结论。穷尽国家的资金和疯狂搜刮人民的财富仅仅满足了承诺数额的一半，到了 1203 年的圣诞节，他的声望简直像敌基督一般糟糕。他自从与那些野蛮的恶徒沆瀣一气，便成为一切灾难的始作俑者，如今他又要彻底榨干民脂民膏。有些市民不禁腹诽，假如这可恶的昏君依然身处囚牢之中，这一切灾难都不会发生。

十字军战士对阿历克塞四世更为反感厌恶。对他们而言，这位皇帝是个可悲的家伙，并且还是一个难堪大用的骗子。他们不相信掌管一座有着如此华美纪念碑和宏伟建筑的伟大城市的统治者无法兑现承诺。这位皇帝肯定只消动动手指，便能够筹集到十倍于此的金钱。恩里科·丹多洛对这笔奖赏毫无兴趣，但他巧妙地利用了十字军的恐惧心理，他提出阿历克塞四世对他们有所隐瞒，一再拖延答复的时间，是因为正在暗中集结大军准备反抗。他说，皇帝是一条狡猾的毒蛇，他的承诺一文不值。如果想要得到奖赏，那么只有通过战争，别无他法。

当恩里科·丹多洛正煽动十字军孤注一掷地发动战争时，君士坦丁堡最终摆脱士气低落的氛围，重新燃起了斗志。许多人都希望能够除掉安格鲁斯父子，但最终付诸行动的了不起人物是阿历克塞·穆泽福鲁斯。* 他在半夜潜入皇帝的住所，将入睡的皇帝叫醒，然后告诉他全

* 穆泽福鲁斯（Murtzuphlus）的含义是“沮丧”或“萧条”。阿历克塞的真名是杜卡斯，但因为他有着不同寻常的浓密眉毛，让他看上去永远是一副皱着眉头的失望模样，人们才为他取了这个著名的称呼“穆泽福鲁斯”。

城的人民都在叫嚣着要取他的性命。穆泽福鲁斯保证能够让大惊失色的皇帝安全脱身，然后将他带到了自己的同谋者们面前。所有人一拥而上，将年轻的皇帝五花大绑，投入监牢，他的父亲伊萨克也已经在那里等候许久。这一次的父子相会显然是一场苦涩的悲剧，然而悲剧并未持续太久，因为穆泽福鲁斯没有冒险。伊萨克·安格鲁斯已经年迈体衰，解决他并非难事；但毒药对阿历克塞四世没有起到满意的效果，最终这位皇帝被弓弦勒死，杜绝了后患。

假如身处另一个时空，穆泽福鲁斯会成为优秀的皇帝。他已经年过六旬，但依然身强力壮、行事果决，让自己的人民精神振奋；他加固城墙，分发食物，派出卫兵驻守堡垒。但他的军队扩张范围过于广大，城墙又过于绵长，并且敌人数量太多。1204 年 4 月 12 日，星期一，十字军为丹多洛的言论所蛊惑，再一次对同一段海防堤发起了进攻，之前他们已经亲自证实，这堵城墙十分脆弱，不堪一击。穆泽福鲁斯明智地提前将城墙加高，并且马上派出人马四处巡视，在各处堡垒鼓舞军中士气，告诉他们城墙的厚度足以御敌，但几小时之内，几座塔楼便坍塌了，一队法国士兵设法冲开了一道大门。十字军战士蜂拥而入，此后城市的厄运便接踵而至。瓦兰吉卫队最终投降，在试图集合军队之后，皇帝意识到自己已经山穷水尽，便从金门逃走，策划日后发起反击。

随着穆泽福鲁斯的败逃，拜占庭的所有反抗彻底土崩瓦解。然而，十字军害怕城市的街区会爆发大规模的反抗，因此焚毁了他们视力所及范围内的所有建筑物，希望敌方彻底失去反击的能力。他们中的大多数人从未目睹如此规模宏大的城市，为它的惊人规模所深深震惊。四面八方坐落着宫殿和壮丽的教堂，仿佛四处都闪烁着财富的光辉，修整一新的休闲花园风格奢华，避风港口由斑纹质地岩石装点，气势恢宏的纪念碑似乎伫立在城市的每一个角落。一名法国编年史作家简直无法相信自己的眼睛，他写道，许多房屋在火中化为灰烬，它们是如此华丽精美，即使在法国最大的三座城市中，也无法找到能与之相提并论的建筑。伟大的十字军诸王侯贵族也与他们的士兵一样，不敢相信自己的眼睛。这些人被君士坦丁堡的规模所震撼，当夜晚降临的时候，他们下令停止烧杀抢掠，认为如此规模的一座城市在区区不足一月的时间内根本无法彻底征服。当晚，入侵者在君士坦丁堡最大的一座公共会堂内集合扎营，在镌刻了遗落许久的拜占庭伟大荣光的纪念碑阴影之下陷入沉眠。

君士坦丁堡的人民在次日早上醒来，发现他们的城市依然在火海中燃烧，他们只能祈求最残酷的暴力肆虐已经过去。然而，所有人的噩梦才刚刚开始。这座博斯普鲁斯海峡边的骄傲城市自罗马帝国的岁月以来从未遭受过外敌的侵犯，始终是黑暗世界里闪耀的文明灯塔。动荡和骚乱曾经令城市的街道蒙上污点，敌袭和贫困或许曾经让君士坦丁在900年前建立的城市光辉暗淡，但在众多古代世界的城市中，君士坦丁堡是唯一未曾被外来征服者踏足之地。城中的图书馆收藏着众多失传的希腊、拉丁文献，教堂堆满无价的宝藏古董，宫殿和广场上也依然装点着无数艺术杰作。这座城市与世界上的任何其他城市都迥然不同，是罗马帝国皇冠上最后的明珠。当十字军在那个星期二的清晨苏醒时，他们像饿狼一般露出了獠牙。

全副武装的军队在城市中四处冲杀，掀起了一场毁灭的狂欢。在这场为掠夺财富而发起的洗劫中，没有任何所谓的神圣之物能够幸免于难。陵墓被肆意掀开，圣骨匣中的遗骸被弃置一旁，无价的书稿被撕毁，镶嵌珠宝的封皮被掠夺一空。众多教堂遭到毁坏，妇女遭到玷污，宫殿纷纷倾塌。无论是活人还是尸体，都无法幸免于难。查士丁尼的精美石棺棺盖被砸开，虽然他保存尚好的遗体让这些破坏者有一瞬间的犹豫，不过这些人很快便将遗体抛弃一旁，开始疯狂抢夺金质的祭服和银质装饰品。

焚烧和洗劫持续了整整三天，如果一个人意外遗落了任何有价值的东西，另一个人很快会将其据为己有。当这座灾难中的城市最终归于寂静之时，甚至十字军也被战利品的规模震惊了。其中一人写道，自从上帝创世，没有任何一座城市遭到过如此程度的洗劫。

所有十字军成员中，唯有威尼斯一方想要有所保留，不是彻底破坏落入他们之手的无价艺术瑰宝。君士坦丁堡的景象让他们领会了美的含义，虽然其他军队肆意拆毁古代雕像，熔化珍贵金属，并随意瓜分战利品，威尼斯人却将艺术品完整带回，以装点他们位于潟湖区的城市。*

对丹多洛而言，这场战争是一次空前绝后的胜利。未来威尼斯的

---

* 其中的一部分幸存至今。有一名威尼斯人曾经登上通往竞技场的宏伟大门卡瑟里斯门，并移走了四匹仿真的铜马。然后他坐船回到威尼斯，将它们带回了圣马可教堂，现在这四匹铜马依然伫立于此。

商业实力得到了有效保障，他的主要竞争对手比萨和热那亚已经完全无力招架。这位老总督不费吹灰之力便将西欧的大批军事力量收为己用，并且借刀杀人，彻底无视了教皇绝罚的威胁，并且保证了威尼斯在接下来几十年内的绝对优势地位。然而因为采取了这个策略，他也促成了整个人类历史上最大的悲剧之一。拜占庭数个世纪以来始终是西欧地区的基督教壁垒，如今却遭到彻底毁灭，而且再也无力恢复，被那些自称侍奉上帝的人破坏殆尽。他们被贪婪蒙蔽了双眼，又被总督丹多洛操纵利用，这些十字军的领导者彻底破坏了东方最伟大的基督教力量，导致所有残留的部分及东欧大部分地区在土耳其人的铁蹄之下遭受野蛮蹂躏达五个世纪之久。

第四次十字军东征之后，东西双方的分裂态势逐渐深化为不可跨越的巨大鸿沟，并且再也没有任何能够和解的迹象。十字军东征本应出于对东方基督教兄弟伸出援手的渴望，如今这种精神却成了彻头彻尾的笑柄。借着上帝的名义，他们毫无怜悯之心，残忍地对兄弟大开杀戒，肆意洗劫和破坏一切。在这场洗劫中他们也破坏了教堂的圣坛，将数代以来虔诚信徒所顶礼膜拜的圣像彻底打碎。当富人纷纷四散奔逃，宫殿化为齑粉后，西方人也最终对洗劫失去了兴趣，将目光转向他处，但东方对他们犯下的罪恶永世难忘。目睹十字军践踏城中化为焦土的街道，拜占庭人断定，这些佩戴着闪光十字架的人再也没有资格称为基督徒。让伊斯兰世界的力量袭来吧，他们心想，即便是被异教或蛮族统治，也比这些违背基督圣意的邪恶异端要好得多。

第二十三章

流亡帝国

Chapter 23
The Empire in Exile

当教皇英诺森三世得知君士坦丁堡所遭遇的灾难时，他立刻预感到了这场灾祸会带来什么样的后果。教皇勃然大怒，对所有参与其中的人处以绝罚的惩戒，他大声疾呼，宣称教会统一的梦想将永远无法实现。他写信给自己的特使，询问东方的希腊人怎样才能够原谅他们的天主教兄弟，这些兄弟的利剑上依然流淌着手足的鲜血，并且曾经背叛和玷污了他们最神圣的土地。* 英诺森三世最终得出了合乎情理的结论，他认为东方的基督徒们如今已经对西方拉丁人恨之入骨，比痛恨恶犬更甚。

同时，君士坦丁堡的新主人似乎也在不断激化当地的社会矛盾。人

* 在整整 800 年后的公元 2004 年——虽然第四次十字军东征很难归咎于教皇本人——教皇约翰·保罗二世在君士坦丁堡牧首访问梵蒂冈时向对方致以歉意。当时牧首表达了自己的痛苦与愤慨之情，尽管这一历史事件已经过去了 8 个世纪之久。

们匆匆清理了圣索非亚大教堂的废墟，这里几天前还有一名娼妓在牧首的圣座上休憩取乐。一名拉丁人皇帝登上了帝国的宝座，拜占庭的残骸之上从此将举行西方的典礼仪式。众多贵族阶级被赐予豪宅，众多半独立王国组成的政体取代了原本独立的中央集权的帝国。一名十字军骑士占领马其顿，自称为帖撒罗尼迦的国王，另一人则自立为雅典公爵。*拜占庭在最为衰败的岁月中，也未曾有过如此任人摆布的时刻，甚至连拉丁人都能够鸠占鹊巢。

令人瞩目的是，虽然都城此时此刻的灾难令人扼腕，但大部分城郊的拜占庭人的生活都堪称富足。随着第四次十字军东征前皇帝的中央集权被削弱，拜占庭的城镇和村庄逐渐发展繁荣。西方、东方和伊斯兰世界的商人聚集在此，公平竞争，贩卖那些充满异国情调，来自俄罗斯、印度、中国和非洲的商品。城市人口飞速膨胀，因为腐败麻木的帝国政府已经无法收取税赋，人民能够将财富保留在自己手中。皇帝再也无力建造奢华的建筑物，因为国家的财富已经几近枯竭，然而，普通市民的经济实力却有所提升，城市逐渐成为个人炫耀财富的竞技场。一种新的人文主义精神逐步兴起，人们的求知欲也越发高涨。拜占庭艺术数世纪以来已经形成了特定的风格，如今突然有了全新的发展，变得更加生活化；作家们开始从古代世界混乱、陈旧的著作风格中脱离出来；个体赞助人开始在私宅的壁画与马赛克镶嵌画中

* 事实上唯一的武装反对派是一名本地强盗，名为利奥·希格鲁斯。在四年的斗争之后，利奥在科林斯卫城陷入围攻，他拒绝投降，而是选择了颇为戏剧化的自杀方式作为自己的结局——骑着马从城堡围墙上跃下。

资助充满生气的本地艺术风格。虽然帝国的财富逐渐枯竭，拜占庭的精神却继续繁荣发展，即使是第四次十字军东征带来的巨大灾难也未曾长久压抑这种精神的延续。

尽管文化和经济开始恢复，帝国的力量依然不可避免地走向衰竭。阿历克塞·穆泽福鲁斯曾经尝试与流亡的皇帝阿历克塞三世一同组织一次反击，但他愚蠢不堪的同盟却选择了背叛，十字军最终判处穆泽福鲁斯死刑，将他从高耸的狄奥多西纪念柱顶端抛下。在遥远的黑海岸边的特拉布宗，昏君安德洛尼卡的孙子们宣布他们才是正统皇位继承人；同时在伊庇鲁斯，阿历克塞一世的曾孙也做出了同样的声明。然而，帝国如今最强大的力量聚集在尼西亚，当地牧首拥立阿历克塞三世的女婿狄奥多尔·拉斯卡利斯为皇帝。

当难民和财富同时拥入以东正教信仰和拜占庭文化为根基的尼西亚避难所之时，十字军在君士坦丁堡建立的拉丁帝国正逐渐衰弱。不到一年，一支保加利亚军队便成功攻破此地的防线，将拉丁帝国军队击败，俘虏了无力抵抗的皇帝，并允许狄奥多尔·拉斯卡利斯重新占据大部分小亚细亚西北部的疆土。然而，继位的拉丁皇帝并未正视尼西亚帝国的威胁，而是专注于从君士坦丁堡人民手中榨取财富，沉溺于宫廷的奢华生活。

只是因为塞尔柱突厥人在其后方虎视眈眈，尼西亚的皇帝才没有进一步利用拉丁人的弱点；但公元 1242 年，一支可怕的蒙古骑兵突然来袭，事态发生了颇具戏剧性的转折。蒙古可汗重创前来进犯的突厥部队，然后迫使塞尔柱苏丹成为他的臣属并承诺每年向他进贡数目巨大的马匹、猎犬和黄金。蒙古骑兵或许将下一个目标对准了尼西亚，但令人意外的是，他们在第二年突然撤兵，留下了饱经蹂躏的塞尔柱王国。拜占庭人此时大大松了一口气，似乎上帝终于决定将他们从灾祸中解救出来，或许还能够赐予他们一个强大有力的新同盟。聂斯脱利派的基督徒曾经被放逐出拜占庭帝国，在7世纪到达蒙古地区，虽然可汗似乎还未完全接受一种新的宗教，众多蒙古权贵，包括成吉思汗的儿媳，却都成了基督徒。无论蒙古人是否乐于接受这种宗教，蒙古国的多次进攻最终导致尼西亚获得自由，重新开始酝酿占领君士坦丁堡的计划。

通过谨慎的外交策略和军事行动，尼西亚逐步对动乱频发的拉丁帝国施加压力。如今，十字军王国的领土显然已经只剩君士坦丁堡一座城池，并且处于长期盘桓的阴影之下，城中四处是破败的街道和荒废的宫殿。皇帝鲍德温二世感到十分耻辱，但如今帝国贫困潦倒，只能被迫廉价出卖宫殿屋顶上的铅换取钱财，这些宫殿也随着帝国的衰落而摇摇欲坠。在皇帝不顾一切搜刮金钱的过程中，他甚至开始典当在洗劫中幸存的所剩无几的文物古迹。公元1259年，一名劲头十足的年轻将领米海尔·巴列奥略在尼西亚加冕为帝，鲍德温彻底失去了在权力斗争中的地位，很少有人怀疑这位将领无法收复故都。一切不过是时间问题。

尼西亚依然处于混乱与动荡之中。米海尔时年34岁，摄政王在前任皇帝的葬礼上被残忍杀害之后，他正式开始执政，但当米海尔在圣诞节当天正式加冕为帝时，整个帝国已经逐步强大繁荣起来，远超拉丁帝国。1261 年夏天，米海尔与主要对手热那亚签订和约，缓和了威尼斯海军的威胁，又派出他的恺撒阿莱西奥斯·史特拉特高普罗斯去勘察君士坦丁堡防御的强度。当恺撒于 7 月率领 800 名士兵到达城外时，当地农民立刻报告说，拉丁卫队同威尼斯海军一起，正在进攻一座博斯普鲁斯海峡上的岛屿。史特拉特高普罗斯简直无法相信自己的好运，立即率领部下躲藏在一座城门外不远的修道院中，直到夜晚降临，借助夜色掩护成功躲过了城门守军的搜查。恺撒在附近发现了一扇未曾上锁的小门，于是派出一队士兵暗中进城，打倒守卫，然后打开了主城门。1261 年 7 月 25 日清晨，尼西亚军队蜂拥而入，喊声震天，他们举起利剑敲击盾牌，发出巨大的响动。皇帝鲍德温二世大惊失色，将皇冠抛在地下，匆忙逃出了布克里昂宫，他在附近找到了一艘威尼斯的船只，然后坐船逃走了。几小时内，一切都结束了。威尼斯人的驻地被付之一炬，返回的威尼斯海军忙于拯救他们的亲属，根本无力及时还击。

城内的拉丁人根本没有想到动手抵抗，而是惊恐万分地四散奔逃。他们已经完全迷失了方向，只得躲藏在教堂中，将自己假扮成修道士，甚至躲藏在下水管道中躲避袭击。他们小心翼翼地从躲藏之处现身后，却发现周围根本没有发生任何屠杀。拜占庭人回归故乡，只不过是为了谋生，并非为了劫掠。狼狈不堪的拉丁人匆忙地来到港口，登上返回威尼斯的船只，庆幸拜占庭人在战胜后表现得十分克制，并没有像这些拉丁人的十字军前辈那样肆意妄为。

这个令人震惊的消息传到米海尔·巴列奥略的耳中，此时他正在

200 英里外的帐篷中沉睡。起初米海尔完全不相信自己的军队已经占领这座城市，直到目睹鲍德温丢弃的权杖；重新夺回都城也是他长久以来的梦想，却从未期盼能够真正实现。1261 年 8 月 15 日，他步履庄严地迈进金门，走向圣索非亚大教堂，在那里他正式加冕为米海尔八世。57 年的流亡生涯之后，拜占庭皇帝重回故乡。

米海尔八世重新回到了君士坦丁堡，但此时这座城市仅剩下曾经辉煌的都城的苍白暗影。每一个角落都有废弃烧焦的房屋，仍然未能从 50 多年前的洗劫中恢复元气，始终风雨飘摇，每况愈下。教堂遭到洗劫，荒废大半，宫殿也大多破败腐朽，珍贵的宝藏散落四处。规模宏大的狄奥多西城墙亟须整修，帝国的港口无人保卫，随时可能陷入危机，周围的乡村地区也遭到了毁灭性的破坏。城中的居民已经精疲力竭，对于未来能否有一位皇帝拯救他们丝毫不抱希望。从公元 780 年的伊琳娜女皇到 1204 年的阿历克塞·穆泽福鲁斯，这座城市半数的统治者最终都遭遇了被人推翻的命运。然而最糟糕的是，拜占庭世界长久以来的统一状态已经被彻底颠覆——帝国在特拉布宗和伊庇鲁斯的分裂疆域依然坚持独立，对极度衰败的拜占庭势力而言无异于雪上加霜。似乎只有西方才是唯一的救赎希望，但第四次十字军东征早已严重破坏了拜占庭与西方的外交关系。

如果说有谁能有机会弥补伤害，毫无疑问，这个人选只能是米海尔八世。此时这位皇帝还不到 40 岁，精力充沛，雄心勃勃，在他轻松愉悦的微笑背后，隐藏的是极其聪慧敏捷的头脑。他血统纯正，十分高贵，身上流淌着帝国世系中不下 11 位皇帝的血液，三个王朝中有着他的祖先。米海尔不仅受人爱戴、能力卓越，并且比周围的任何人都更具聪明才智。他的第一个任务便是鼓舞全城人民的低落士气，同时十分果决地兴建新的建筑，修补城墙，重建教堂。在圣索非亚大教堂的上层走廊，皇帝下令制造一幅规模惊人的马赛克耶稣圣像，圣母马利亚和施洗约翰分立两侧——或许这幅作品堪称拜占庭历史上最为精致的艺术杰作。港口重新拉起了交错的铁链，保卫帝国不受外敌舰船的侵扰，城墙之外的护城河也得到了清理。皇帝深知动员人民的重要性，因此设计了一面新的旗帜，将它插上城中的每一处栏杆和塔楼，让旗帜在风中飘扬。自 1300 年前的盖乌斯·马略时代以来，雄鹰一直是罗马帝国的象征，米海尔之前，大部分罗马帝国的旗帜都装饰着君士坦丁十字或是基督符号——希腊语“基督”一词的头两个字母。现在，皇帝在旗帜上添加了一只金色的双头雄鹰，头上分别戴有皇冠——一个头代表临时首都尼西亚，另一个头代表君士坦丁堡。每一个看到这面旗帜的人都会在心中升腾起自豪感，认定拜占庭曾经是跨越两个大洲的伟大帝国，目光同时注视着东方和西方。或许在米海尔八世杰出的领导下，这个伟大目标最终能够再度实现。帝国的敌人会四分五裂，陷入混乱，然后帝国的进攻会将这些敌人打得落花流水。

米海尔八世的军队规模不大，却久经沙场，不久便击退了一支四处劫掠的保加利亚军队，迫使伊庇鲁斯的拜占庭专制君主向帝国俯首称臣。到了 1265 年，他已经从拉丁领主手中夺取了伯罗奔尼撒的大部分土地，甚至计划彻底将突厥人赶出米安德河谷。然而到了第二年，一个新的对手登上了世界舞台，形势陷入了混乱。

诺曼人的西西里王国长久以来主导着意大利的政局，但公元1266年他们也到了山穷水尽的境地。教皇乌尔班四世希望能够为整个王国寻找一名更加友好温和的领导者，因此邀请法国国王路易九世的弟弟安茹的查理执掌王权。如果教皇的初衷是在南部扶持一支中立派力量，这个决定显然带来了彻头彻尾的灾难。查理个性残忍贪婪，热衷权力，在广场公开处死年仅16岁的敌对家族后嗣之后，立即开始谋划扩张领土。当流亡中的君士坦丁堡拉丁皇帝鲍德温二世提出用伯罗奔尼撒半岛领土换取西西里的军事力量，以助他重夺皇位时，查理的计划得到了出乎意料的推动。兴高采烈的西西里国王立刻开始征收重税，以充作军费开支，并且寻找可靠的盟友，最终与威尼斯建立起一个反拜占庭联盟。

米海尔八世深知，自己手下兵力不足，海军衰弱，无力抵抗敌方的联盟，因此转而采取外交政策，巧妙地牵制住了敌人前进的脚步。他通过让威尼斯在帝国领域内享有更大的贸易特权将其收买，同时修书几封，说服了法王路易，让他对他弟弟的行动加以限制。贪婪的查理被迫加以收敛，但法国国王路易在1270年去世，查理再一次大张旗鼓地掀起了入侵战争。西西里军队势不可当，但米海尔八世再一次凭借聪明才智战胜了对手。他写信给教皇，明确做出许诺，会为教皇建立一个统一的教会同盟，以此来换取查理的臣服。

米海尔八世的策略起了作用，查理被迅速召回，但米海尔无疑是在玩一个冒险的游戏。他很清楚地意识到自己的臣民绝不会接受被他们恨之入骨的罗马教廷所统治，他也无法一直搪塞教皇。三年来，皇帝顺利地用各种托词敷衍了教皇的特使；但到了1274年，当时的教皇格列高利十世彻底厌倦了等待，向君士坦丁堡发出最后通牒——立刻促成教会统一，或者一切后果自负。米海尔八世对此完全无计可施。他只提出了东方独立实施宗教仪式的条件，然后便彻底向教皇的权力屈服。

君士坦丁堡几乎立即掀起了轩然大波，当然，这种结果丝毫不令人感到意外。出离愤怒的牧首断然拒绝了这个令人憎恶的提议，米海尔的大部分臣民也认为他们遭到了无耻的背叛。皇帝不仅严重动摇了自身的皇位，还给了塞尔维亚和保加利亚的东正教势力完美的借口。如今任何一方都能随意入侵帝国领土，并声称他们是为了正统和真理而战。米海尔深知，愤怒的人民将会对任何入侵者表示热烈欢迎。但他已经得到教皇的承诺，如果未来查理发动战争，教皇会提供援助，因此人民大众对此的不满也算是理所当然的代价。无论如何，他不打算坐视大敌进犯自己的国家。当保加利亚军队入侵时，米海尔利用了敌人的弱点，策动蒙古金帐汗国进攻保加利亚。蒙古的进攻很快便将保加利亚彻底击溃，保加利亚再也未能从这场浩劫中恢复。

安茹的查理的力量遭到了沉重打击，但他还未曾彻底失败。如果说他之前的大同盟因为拜占庭的叛教而失败，那么这次他会重建更为稳固的同盟。威尼斯向来十分容易在利益面前屈服，它总是以自身的利益为第一目标，米海尔八世曾经赋予热那亚的权利严重影响了威尼斯的利益。如果查理获得胜利，意味着这些热那亚的暴发户会遭到放逐——这对于圣马可的狮子而言是无法抵抗的诱惑。唯一能够限制查理的便是教皇的反对态度，但这位足智多谋的国王克服了这个难以逾越的障碍。格列高利十世于1276年逝世。通过各种干涉与威胁的措施，查理推举一位法国籍红衣主教当选教皇，这位新教皇痛恨拜占庭的程度与查理本人不相上下。*公元1281年，法国教皇致信不知所措的拜占庭皇帝，告知他被逐出了教会，因为他的臣民始终对天主教抱有反抗态度。对于这个消息，皇帝简直不敢相信自己的眼睛。他曾经牺牲了自己的名望，做出了亵渎神明之举，但他的背叛一无所获。如今威尼斯和西西里已经形成坚定同盟，与他为敌，他们正在教皇的支持下出航前往君士坦丁堡。即便是第四次十字军东征也从未得到过这样的支持。

拜占庭此时唯一能够扭转局势的便是米海尔八世本人。他采取了充满智慧的“拜占庭式”外交策略，与阿拉贡的彼得三世取得了联系，策动他入侵西西里。彼得三世是查理推翻的上一个西西里王朝的姻亲，认为西西里是他与生俱来的权利。拜苛酷的税收政策所赐，再加上一大批拜占庭黄金的力量，西西里岛上的反法情绪极为高涨。如今，对于米海尔而言，西班牙的救世主是时候登场了。

安茹的查理并未意识到日益危急的形势，他离开西西里，来到意大利本土进行战前的最后准备工作。查理离开之后，整座岛屿陷入了暴乱。据后人所知，这场暴乱因为西西里晚祷而起，发生在巴勒莫郊

* 后人所知的教皇格列高利十世最著名的一段历史来自他与一名意大利年轻冒险家的关系。1271年当选教皇之后，格列高利收到了忽必烈大汗的一封信，要求得到圣墓教堂中用于供奉的羔羊身上的油脂。教皇将这个任务委托给了年轻的马可·波罗——他的游历成了中世纪最为著名的书籍蓝本之一。

外。1282年复活节后的星期一，随着圣灵教堂的钟声响起，众多信徒前来晚祷，一名酩酊大醉的法国士兵试图诱奸一名西西里少女。对于周围愤怒的目击者而言，这无疑是最后的一根稻草。这些粗野的法国人已经压迫他们太久了，靠着压迫西西里劳动人民过上了脑满肠肥的糜烂生活。愤怒的民众杀死了这名士兵，紧接着，西西里的街道上发生了大规模暴动，任何一个带有法国血统的人都成了发泄愤怒的目标。当星期二清晨的太阳升起时，这里没有一个法国人得以幸存。暴乱的震撼消息迅速传遍了整个岛屿。到了5月，法国的反抗彻底土崩瓦解。8月底，彼得三世在此登陆，占据了巴勒莫。安茹的查理愤怒地围困数个西西里港口，但他长久以来对人民肆意压迫虐待，因此人们宁可与敌人同归于尽，也绝不愿站在查理一边。虽然余生中一直计划收复这个岛屿，但查理从未获得真正的成功。1285年，这个绝望之人的生命走到了尽头。

米海尔八世未曾等到他的大敌死去的那一天。随着四方来犯之敌的威胁彻底消失，伊庇鲁斯君主国再一次宣布独立，皇帝决定要将这片疆域重新归入帝国统治。皇帝时年58岁，再一次率领大军踏上了战场，但他在路上身患重病，未能走到色雷斯便被迫停止进军。米海尔八世已经奄奄一息，但依然将自己的责任放在首位，他宣布儿子安德洛尼卡二世为自己的继承人，然后便在12月初安详地去世了。

米海尔八世堪称拜占庭帝国最为伟大的帝王之一，不仅最大限度地修复了破败的都城，还主导了整个地中海地区的政治走向。如果没有他的力量，帝国毫无疑问会落入安茹的查理或者任何一名虎视眈眈的敌人手中，拜占庭的光辉也会彻底消逝，其无穷的知识则会散落在尚未做好准备迎接它的西方各地。然而，米海尔八世巧妙地运用策略击败了众多敌人，为罗马帝国历史上寿命最长的王朝打下了深厚的基础。将近200年后，他的一位家族成员依然稳坐在拜占庭的皇位之上，并且在同样的生存战争中厮杀——虽然面临着更加艰难的处境。米海尔尽其所能地让整个帝国逐渐恢复。他留下了众多异常宝贵的工具，以便后人能够继续推动帝国的复兴和发展：一支规模不大但训练有素的军队，相对充盈的国库，以及一支重新建立的海军。然而，这位帝国的救世主却没有得到人们的感谢。他被教皇革除了教籍，在他去世时，天主教的西方认为他不过是个异端，在东正教主导的东方，人们则把这位皇帝当作背叛者。他的儿子没有为他举行任何葬礼或祝圣仪式，只建造了一座十分朴素的坟墓。米海尔八世的臣民虽然感受到了冒犯，但他们很快便开始怀念这位皇帝。如果说拜占庭在他死时看上去相当强大，那也不过是米海尔的智慧手段带来的。如果没有强大的军队和可靠的同盟，帝国的力量便只能依靠外交政策，并且也需要一位像米海尔八世这样的能人引导整个国家前进。不幸的是，显然米海尔八世并没有这样一位继承人。

第二十四章

晚霞绚烂

Chapter 24

The Brilliant Sunset

欲求和平，必先备战。

——韦格蒂乌斯

在拜占庭历史上，最后两个世纪大部分时间里所发生的事情都不会让读者感到多么愉快。众多无足轻重的皇帝在愈加衰败的大背景下，一边因为国家内部的种种动乱焦头烂额，一边还要面临国家的逐步分裂，曾经疆域广阔的伟大帝国逐渐失去了众多属地，变得有名无实。然而其中也有个别时刻闪现出了伟大的光辉，少数勇敢坚定的伟人、真正的政治奇才站出来抵抗不可逆转的历史趋势，虽然他们内心对最终面对的命运再清楚不过。随着帝国的疆域逐渐缩小，文化却趋于繁荣，在艺术、建筑和科技领域都取得了辉煌的成就，这一切仿佛是拜占庭帝国意识到了自己即将归于寂灭的命运，因此不顾一切地发出了最后也是最振聋发聩的呐喊。当时的医疗系统发达，帝国兴建了大批医院，不论男女都可以担任医务人员，年轻的医学学生也可以通过解剖尸体了解人体的结构。拜占庭的天文学家已经提出世界是一个球体，并时常举办研讨会讨论光速大于声速的科学现象。

大体而言，这些先进的物理学、天文学和数学与日益发展壮大的拜占庭宗教神学世界能够和平共处，不过偶尔也会导致局势趋于紧张。14 世纪著名的学者普勒托用赞美诗来赞誉奥林匹斯诸神，甚至建议复兴古代异教。* 这显然会严重影响科学的名声，并且印证当时的某些怀疑论调，即某些领域的过度研究将削弱社会道德的核心，然而在一般情况下，拜占庭社会始终对新思潮抱有十分开放的态度。这种精神在都城的装饰和新式建筑上体现得尤为显著。或许衰弱的帝国已经无力建造像圣索非亚大教堂那样规模惊人的杰作，甚至重现马其顿王朝相对朴实的水准都很难做到，既然无法重拾辉煌，拜占庭的建筑风格开始逐渐向创意独特的方向转变。在君士坦丁堡，一名家财万贯的权贵狄奥多尔·梅托齐特斯出资装饰柯拉教堂，在教堂内部装点精美的壁画和夺人眼球的马赛克装饰，摒弃了曾经帝国建筑艺术的固定模式，全新的风格直到今天依然以它留名青史的艺术之美令人神往。奥斯曼土耳其人的阴影或许曾经笼罩这座城市，但即便是国家灭亡的威胁也未能动摇拜占庭帝国的精神根基。

---

* 他也曾提出阻止通奸行为的方法，迫使那些有罪的女性像妓女一样遭人唾弃（却没有针对通奸男性的惩罚），他提出那些被指控强奸的男人应该被火刑处死。

足够讽刺的是，米海尔八世对君士坦丁堡的再次征服反而加速了帝国的灭亡。一旦夺回了自己的都城，拜占庭领导者们的注意力立刻便转回了欧洲大陆。这些目光短浅的皇帝一门心思夺取这些举足轻重的城市，却忽略了重要的小亚细亚，该地区的均势正在发生剧变。公元1258年，蒙古对巴格达的洗劫已经彻底削弱了塞尔柱突厥人的力量，大批土耳其人拥入，填补了当地的真空。*其中有一支部落，他们的伟大首领名为奥斯曼，他将数个部落联合起来，侵入了拜占庭的领土。他称自己的士兵为“加齐”（Gazi）战士，意为“安拉之剑”。奥斯曼发动了一场圣战，目标直指君士坦丁堡。安纳托利亚的拜占庭人惊恐万分，随着大军的到来纷纷逃离故土，土耳其人占据了他们的土地，希腊在小亚细亚的根基就此几近崩塌。在短暂的抗争之后，古代城市以弗所陷落，奥斯曼的军队——如今他们自称为奥斯曼人——将不堪一击的敌军彻底击溃。在奥斯曼的儿子乌尔汗的带领下，大军攻占了丝绸之路最西端的布尔萨，该城与首都仅隔金角湾，此后尼西亚和尼科美底亚也遭遇了相同的命运。很快，帝国在亚洲的领土仅剩下费拉德尔菲亚和黑海岸边遥远偏僻的特拉布宗。奥斯曼土耳其战士如今伫立在普罗庞戚斯的水边，远远眺望传说中的君士坦丁堡高悬在教堂和宫殿顶端的旗帜。这座传说中的都城几乎已经成为他们的囊中之物。他们如今所需要

* 作为穆斯林，蒙古领主不希望沾染穆罕默德继承人的鲜血，因此他将俘虏的哈里发捆绑在一张地毯里卷起来，然后让马匹将他践踏致死。入侵者随即在此落脚，并将城市彻底洗劫。根据传闻，规模宏大的图书馆中的诸多书籍被投入了底格里斯河，因此河水被用来书写的墨水彻底染黑，六个月之后墨色才完全消失。这个故事显然有夸张之嫌，但巴格达从此与过去彻底不同了。

的不过是一条前进的道路。

然而令人难以置信的是，最终为敌人开辟前进道路的居然是拜占庭人自己。他们显然更乐于为争夺帝国四分五裂的领土掀起内斗，而不是在外敌巨大威胁之下保卫国家。1347 年，拜占庭爆发了某种意义上的阶级战争。一名名为约翰·坎塔库泽努斯的反叛贵族试图夺取皇位，当时的统治者对此的回应是发动一场舆论战争，将约翰描述为反动分子——扰乱国家统治的特权阶级的化身。* 帝国上下各个城市愤怒的人民驱逐了他的军队。阿德里安堡的市民几乎将法国大革命提前了 4 个多世纪，他们屠杀了能够遇到的每一名贵族，并成立了自己的公社统治城市。

坎塔库泽努斯遭遇失败，只得邀请土耳其人进入欧洲，希望借助他们的力量夺取君士坦丁堡。双方的合作确实为坎塔库泽努斯赢得了皇冠，却为欧洲带来了灾难性的影响，起初小规模的奥斯曼土耳其士兵很快便发展为规模空前的巨大洪流。† 随着土耳其人穿过赫勒斯滂海峡，大举洗劫色雷斯，黑死病的阴霾在消失 6 个世纪之后卷土重来，笼罩着整个君士坦丁堡。除了战争带来的恐惧，疾病的威胁也在这里肆虐。它像以前一样通过跳蚤和老鼠传播，根据一项十分可怕的统计，黑死病几乎夺去了 90% 的人口的生命。‡

---

* 当时既有穷人对富人常有的抱怨，也有惊人的主张认为贫富间的跨阶级通婚（这项政策招致诸多非议）能消灭贫困，形成共享财富的乌托邦社会。

† 然而这一次十分讽刺的是，加冕所使用的是赝品玻璃皇冠，因为约翰陷入赤贫的前任将真品抵押给了威尼斯。

‡ 在欧洲，黑死病正如它可怕的名字一样，夺走了大约三分之一的人口的生命，但奥斯曼帝国因为远离人口密集的大城市，很大程度上得以幸免。

对于拜占庭色雷斯的人民而言，这种混乱、悲惨的生活中唯一的安慰便是土耳其人只是发动突袭，并未打算在此定居。每年冬天，劫掠成性的奥斯曼人都要取道博斯普鲁斯海峡，回到他们在亚洲的心脏地带，生活在水深火热中的农民可以得到暂时的安宁。然而即便是如此短暂的和平，在1354年也彻底化作泡影。3月2日清晨，一场巨大的地震让加里波利的城墙轰然倒塌，整个城市化为一堆碎砖乱石。土耳其人将之视为来自安拉的旨意，再次大肆入侵，率领大批妇女儿童迁来此地，当地少数未能及时逃离的拜占庭人被彻底驱逐出了家园。皇帝走投无路，只能赠予对方一大笔金钱，让他们离开此处，但他们的埃米尔却回答，因为安拉赐予他们这座城市，离开便是对安拉不敬的表现。奥斯曼人从此建立了他们在欧洲大陆的第一个立足点，并彻底打消了离开的念头。奥斯曼战士从亚洲大批涌入，衰弱颓败的色雷斯很快沦陷，成为大军进攻的牺牲品。在1359年一次探索性的进军之后，奥斯曼人认为君士坦丁堡难以攻陷，改为在周围作战。3年后，阿德里安堡陷落，东部基督教世界的都城从此陷入伊斯兰世界的包围圈。

土耳其埃米尔对他的目标从未有过动摇。他将奥斯曼帝国的都城迁移到欧洲，并将一部分阿德里安堡的人民卖作奴隶，土耳其人在此扎根，取代了原本的平衡。色雷斯剩余人口的命运也大同小异，随着大部分人口被迁移到安纳托利亚，土耳其移民开始大规模迁居至此。奥斯曼人的大潮不可抵挡，整个都城萦绕着一种浓重的悲观氛围。“土耳其人迅速扩张……”其中一人写道，“好像大海的浪潮……从未停歇，无休无止。”*

皇帝和外交官员只能选择离开，到欧洲去乞求帮助，但只有教皇对此饶有兴趣，并且再一次提出了同样的条件。东方和西方的教会必须合并，东正教也必须臣服于罗马教廷的权力之下。这个提议无疑是再一次的老生常谈，但君士坦丁堡人民对此的反对态度也同样坚定。然而，约翰五世已经彻底走投无路，只能再一次接受了这个挑战。公元1369年，他在圣彼得大教堂的阶梯上双膝下跪，向教皇的至高权威臣服，正式归附于天主教廷。

皇帝做出的决定完全出自个人选择，与他人无关，然而此事依然严重影响了约翰本人在民众中的声望。帝国或许已经日薄西山，但拜占庭的神圣荣光绝不允许向令人切齿痛恨的拉丁教派臣服，这些人组织的十字军在不久之前曾经让君士坦丁堡的街道血流成河。这些西方人曾经将拜占庭人驱逐出自己的家园，杀死他们的骨肉至亲，让他们最美丽的都城化为焦土。即使帝国如今面临着厄运，让它的人民屈服于其他信仰也是绝不可能接受的条件。在他们看来，没有任何援助值得付出这样巨大的代价。

尽管约翰已经转变信仰臣服西方，他所期望的来自西方的援助却从未兑现，但塞尔维亚的东正教力量对帝国面临的困境做出了反应。他们来到马其顿，在马里查河畔与奥斯曼军队狭路相逢。土耳其埃米尔穆拉德（如今他已经自立为苏丹）大获全胜，并迫使彼此争斗不休的马其顿各路王侯成为他的臣属。穆拉德决心彻底摧毁东正教的精神根

* Roger Crowley, *1453*, (New York: Hyperion, 2005).

基，因此进军达尔马提亚和保加利亚，洗劫了数座主要城市，并且迫使众多王公贵族成为自己的家臣。英勇的塞尔维亚人斯特凡·拉扎尔将诸多王侯团结在一起，策划阻拦奥斯曼军队进入波斯尼亚，但1389年，在悲剧性的科索沃战役中，沙皇拉扎尔被杀，最后的塞尔维亚抵抗力量也彻底瓦解。对命运似乎早已注定的巴尔干地区人民来说，唯一的安慰便是穆拉德同样未能在这场战争中全身而退。一名塞尔维亚战士假装开小差逃跑，然后被扭送到苏丹面前，未等苏丹的卫兵来得及做出反应，他便迅速抽出佩剑刺进了穆拉德的腹部。

皇帝约翰五世将所有希望都寄托于塞尔维亚人的援助，然而这场灾难彻底打垮了他。约翰写信给苏丹，语气谦卑地提出自愿成为奥斯曼帝国的臣属，只要能够放过他的都城。200年以前，曼努埃尔一世曾经将塞尔柱苏丹收为自己的臣属；如今约翰年轻的儿子曼努埃尔二世只能眼睁睁地看着他的父亲对敌人俯首称臣，挽救国家的局势。曾经被涂以圣油的东正教守卫者如今成了基督教世界最大敌人的仆从。

在这样一个万分绝望的时刻，一个眼光长远的人登上了拜占庭的皇位。曼努埃尔二世具有他父亲完全缺乏的一切强大能力与政治智慧，虽然他心知肚明，帝国的生存希望已经微乎其微，但曼努埃尔二世依然认为即使要牺牲，也要高昂着骄傲的头颅。

在漫长的历史中，拜占庭从未面临过如此不利的危急时刻。新的奥斯曼土耳其苏丹巴耶塞特一世因为发动战争的雷厉风行之势而得名“雷霆”，毫无疑问他比自己的父亲穆拉德更具威胁。巴耶塞特的不祥名号是“鲁姆（罗马）苏丹”，他很快便决定根除臣属国的任何独立念头，因此态度强硬地警告拜占庭皇帝，自己才是他的主人。巴耶塞特十分蛮横地命令曼努埃尔二世马上来到小亚细亚觐见。费拉德尔菲亚，《启示录》中的七座城池之一，也是基督教在安纳托利亚地区最后的桥头堡，如今依然是反抗土耳其人的力量。巴耶塞特命令曼努埃尔亲自将这最后的拜占庭古城夷为平地，并且十分享受由此给曼努埃尔带来的痛苦。

曼努埃尔二世别无选择，只能亲自去灭绝东方基督教最后的力量。帝国的法令如今很少能够传达到君士坦丁堡的城墙之外，皇帝对于拜占庭的弱势地位也不抱任何幻想。帝国依然对一部分爱琴海港口和伯罗奔尼撒的大部分地区拥有统治权，但这样四分五裂且面积狭小的土地根本难以称为一个帝国。任何反抗土耳其强大力量的行动都无异于自杀式行为，苏丹对帝国的危险敌意也日益强烈。

幸运的是，战争并未持续太长时间，曼努埃尔二世很快便回到了君士坦丁堡，并在次年娶了一位名为海伦娜·德拉加塞斯的塞尔维亚公主为妻。* 皇帝希望能够在表面上扮演忠诚的臣属，来迷惑如狼似虎的奥斯曼帝国。进一步增加的岁贡令贫困的帝国不堪重负，苏丹下令在君士坦丁堡建立一个规模庞大的土耳其区，其并不归属拜占庭中央政府统治，而是由穆斯林政权直接管辖。似乎这样的屈辱尚未令个性反复无常的苏丹满意，随后他开始滥施暴政，残杀了众多拜占庭使臣，咆哮着说他必定要将拜占庭人赶尽杀绝。此时此刻，曼努埃尔二世的

* 对后人而言十分幸运的是，关于自己在拜占庭失去的心脏地带的旅途，皇帝留下了大量生动的记载。

忍耐终于突破了极限。再也没有必要容忍这样一个残暴无道的魔鬼了。当巴耶塞特召唤他前来对特兰西瓦尼亚开战时，曼努埃尔二世让他吃了个彻底的闭门羹，并且开始全力备战。几个月后，奥斯曼大军压境，攻城战开始了。

尽管奥斯曼一方具有压倒性的力量，但巴耶塞特依然感到曾经众多号称要彻底征服拜占庭的前人所遇到的挫折再一次摆在了他的面前。因为缺少海军，他很难对对方造成封锁，君士坦丁堡的城墙也异常坚固，足以抵抗任何敌人的冲击。更糟糕的是，恼羞成怒的苏丹不久便得到消息，他最近对特兰西瓦尼亚发动的突袭已经招致了匈牙利人的回击，并且一支新的十字军正在进军的路上。巴耶塞特只得迅速发兵保加利亚城市尼科波利斯，赶在十字军到达之前做好准备，并击溃了对方的军队。他命令手下大军将一万名俘虏尽数砍头，然后回到君士坦丁堡，回城的路上还顺便征服了雅典和整个希腊中部地区。

1399 年，当“雷霆”卷土重来时，曼努埃尔二世并不在都城之中。他利用苏丹出外作战的空隙，登船向欧洲进发。他在威尼斯成功登陆，得到了当地人热情的接待。从巴黎到伦敦，不论他走到哪里，人们都蜂拥上前目睹他的风采。皇帝的目标是前来寻求支援，但并不打算低声下气地开口乞求，欧洲此时正处于文艺复兴初期的蓬勃发展中，因此采取了十分开放热情的态度欢迎他的到来。这位身材高大、态度亲和的皇帝从头到脚都展现着王者的风采气度，不愧是奥古斯都或君士坦丁的合格继承人，即使在讨价还价的时候也展现出博学多识的魅力。曼努埃尔的造访与短短几年前他父亲约翰的来访截然不同，他并未提出建立教会的统一联盟，也未曾提出屈辱的臣服条件。曼努埃尔坐在恺撒的皇位上，不论如今这帝国的皇位是否仍意味着不可战胜，神圣的光辉也依然无人可比。

平心而论，曼努埃尔的欧洲之行可谓展现了十分高明的外交手腕，但事实上这次访问不过是重蹈覆辙，并未收到多少实际效果。欧洲方面做出了一些十分模糊的承诺，但没有人愿意真正为他提供帮助。亨利四世连自己的英格兰王位都险些不保，法国国王如今正陷入精神失常的境地，欧洲的其他国家依然对危险一无所知。曼努埃尔徒劳地在一座座都城之间来回奔走，虽然希望已经万分渺茫，但他仍然顽固地拒绝放弃。正当他即将陷入绝望时，救赎的希望从最意想不到的地方出现了。这个震撼人心的消息马上传遍了整个欧洲大陆，曼努埃尔此时正身在巴黎，他很快得知了这个喜讯。一支来自东方的大军入侵了小亚细亚，巴耶塞特只得撤兵，掉头回去对付来犯的敌人。君士坦丁堡得救了。

整个法国都笼罩在传言的阴云之中，据说一位伟大的基督教国王即将来到，他会拯救拜占庭帝国，但这个传闻只有一半是正确的。突厥战士“跛子”帖木儿 60 余年之前诞生在中亚的乌兹别克斯坦，如今他已经在马鞍上率领蒙古骑兵征战半生。帖木儿的梦想是复兴成吉思汗的伟大帝国，为此他统率大军踏上了前所未有的征服之途。公元 1400 年，他建立了一个疆土从印度横跨到罗斯国，从阿富汗到亚美尼亚的帝国。帖木儿派出间谍在军队前方探路，散布关于他如何残忍无情的传言，削弱抵抗者的士气，同时造成恐慌。在大马士革，他将众多市民赶到大清真寺内，然后将其付之一炬；在提克里特，他命令每一个士兵都要向他奉上两颗头颅，否则便要被判处死刑；在巴格达，他屠杀了9万名市民，用他们的头骨堆成了一座金字塔。他经过的土地尽数变为荒野，他走过的城市变为鬼城，所有居民都会四散逃命。

世纪之交，帖木儿进入了奥斯曼帝国的疆域，愤怒的苏丹被迫结束对君士坦丁堡的围攻，火速回师救援。公元1402年7月20日，这两支军队在安卡拉城外狭路相逢，这场战役无疑是一次惨烈的大屠杀，1.5万名土耳其人战死，苏丹本人也被俘虏。“跛子”帖木儿心满意足地将巴耶塞特成群的妻妾全部据为己有，并且根据某些记载，他曾经令苏丹本人伏在地上，充当自己的踏脚凳，还把他囚禁在一个铁笼子里，在军队前方游街示众。* 蒙古霸主如今成了小亚细亚的主宰，但他依然毫不满足，而且这位霸主更有兴趣的显然并非统治国家，而是征服本身。在一系列暴行——洗劫费拉德尔菲亚，并用堆积如山的尸体建立了一道高墙，庆祝自己的光辉战绩——之后，帖木儿再次发兵，准备进入中国，留下了一个彻底崩溃的奥斯曼帝国和一片混乱的安纳托利亚。

如今正是将土耳其人驱逐出欧洲的良机，但正如往常一样，曼努埃尔二世得到了许多模棱两可的承诺，其中却没有任何实质性的帮助。

---

* 一些同时代的记载表明，蒙古可汗对巴耶塞特表现出了应有的尊敬态度——或者至少没有做出把对方关进笼子这样侮辱性的行为——也有人大肆描写苏丹所受到的屈辱，对所有细节都不遗余力地详尽描写。无论如何，“跛子”帖木儿不需要奥斯曼帝国，对他们的苏丹加以辱骂虐待不过因为他本性如此罢了。

在新苏丹到达阿德里安堡的时候，一切转变局势的时机都丧失了。巴耶塞特的儿子苏莱曼在蒙古大军摧枯拉朽的进攻之下得以幸存，他穿过博斯普鲁斯海峡，占领了欧洲的部分行省，同时他的兄弟们在小亚细亚征战四方。苏莱曼很巧妙地通过给予威尼斯和热那亚贸易特权，保证了两个基督教地区保持中立，然后与拜占庭皇帝取得联系，提出了一系列优待的条件。自然，曼努埃尔二世立刻便从臣服于敌人的屈辱中得到解脱，色雷斯和帖撒罗尼迦，以及阿索斯山上的修道士社群同时回到了帝国的怀抱；然而最关键的是，苏莱曼同意成为曼努埃尔的臣属。

公元1403年6月9日，下午的天气十分温暖和煦，曼努埃尔二世以胜利者的姿态进军君士坦丁堡。他曾经作为苏丹的仆从，抵抗住了一切可能发生的灾难。当他走过街道时，他受到了人民的热烈欢迎，喜气洋洋的教堂钟声响彻全城，圣索非亚大教堂举行了特殊的感谢仪式。尽管苏莱曼摆出一副曲意逢迎的姿态，但奥斯曼土耳其苏丹依然在这次交锋中占据了优势。虽然表面上失去了荣誉，但他得到了十分宝贵的喘息之机。拜占庭仍然未能改变国力衰弱的整体趋势，并且最近帝国所获得的声望不过是一种虚妄的假象。整个基督教世界竭尽全力或许就能将四分五裂的土耳其人驱赶出欧洲大陆，然而奥斯曼帝国做出让步的意愿又给整个欧洲大陆带来了一种和平安定的幻想。他们说服自己威胁的阴云已经彻底散去，重新将注意力转移到了其他地方，留下拜占庭独自面对不祥的命运。曼努埃尔如果拒绝苏莱曼的条件，反而会给整个帝国带来好处。

奥斯曼帝国进攻趋势的缓和只持续了很短时间。公元1409年，苏莱曼的兄弟穆萨入侵并围困了阿德里安堡。曼努埃尔二世提供了一切力所能及的援助，但仅仅抵抗了很短时间，穆萨便占据了城市，杀死了苏莱曼。公元1411年，新的苏丹已经兵临君士坦丁堡城下，决心给这个支持错误一方的皇帝应有的惩罚，曼努埃尔只能传信给苏莱曼和穆萨的另一个兄弟穆罕默德前来推翻穆萨。围攻的势头退却了，穆萨最终得到和苏莱曼同样的下场，被弓弦勒死，但君士坦丁堡再一次沦落为奥斯曼帝国的附庸。

幸运的是，教养良好、精明干练的新苏丹很快便对曼努埃尔产生了好感，甚至称他为“我的父亲与领主”，对他表示忠诚，同意维持双方之间的和平。皇帝利用这段休战时期加固了帝国的防御工事，巡视了拜占庭领土全境，并围绕科林斯地峡建造了一堵长达六英里的城墙，即希腊语的“六英里城墙”（Hexamilion），切断了通往伯罗奔尼撒半岛的路径。他与当时的土耳其帝国保持着十分和谐的关系，但曼努埃尔二世也心知肚明，与伊斯兰世界的停战状态并不能保持长久，奥斯曼大军迟早要再一次兵临君士坦丁堡。*

入侵比皇帝所预料的来得更快。1421年，32岁的穆罕默德突然去世，留下了他性情暴躁、反复无常的17岁的儿子穆拉德二世继位为苏

* 可以理解，自己的国家长年遭受穆斯林大军的进犯，曼努埃尔二世十分厌恶用刀剑武力解决一切问题。作为一位著述颇丰的作家，他曾经著有《与波斯人的26次对话》，这本书记录了他与穆斯林对手所进行的论战。2006年，教皇本笃十六世曾经引用这部书中的文字，声称有信仰之人绝不容许暴力。讽刺的是，这次演说成了中东地区争端的导火索，并导致众多教堂遭到毁坏，以及无数人流血牺牲。

丹。这样的过渡时刻带来了不可避免的混乱，敌对的僭越者企图攫取权力，此时君士坦丁堡获得支援反叛者的良机。曼努埃尔二世如今已经年过七旬，年老力衰，力不从心，他并不愿意冒险与奥斯曼帝国最终的胜利者形成敌对关系，因此选择了袖手旁观。他的长子约翰八世却年轻气盛，信心满满，希望采取更加主动的立场，支援僭越者一方扳倒穆拉德二世。最终，身心俱疲的皇帝妥协了，帝国派出人力支援穆拉德的弟弟穆斯塔法，拜占庭到了千钧一发的时刻。

曼努埃尔二世曾对此十分犹豫，不愿贸然动摇帝国的中立地位。穆斯塔法在加里波利中计，被他的兄弟杀死，随后穆拉德将愤怒的矛头转向了拜占庭。帖撒罗尼迦遭到围攻，六英里城墙被破坏，伯罗奔尼撒半岛也受到敌方的袭击。1422 年，穆拉德抵达君士坦丁堡城下，要求全城缴械投降。曼努埃尔二世此时已经垂死，但他还是为挽救自己的都城想出了最后的一个计策。他派出使臣与苏丹最小的弟弟会面，煽动他趁此良机夺取王位。愤怒的苏丹无计可施，只能立刻掉头面对身后的威胁。作为交换条件，皇帝再一次许诺成为土耳其的臣属，围攻很快解除，穆拉德率军前往小亚细亚。曼努埃尔用计成功地避免了帝国灭亡的命运。如今他四面都被土耳其敌人包围，境况并不比他刚刚加冕为帝的时候改善多少，但他凭借自己的精妙手腕与聪明才智，最终拯救了君士坦丁堡。曼努埃尔二世得以和平安详地在他的帝国获得安息，虽然帝国已经摇摇欲坠。

这种局面并没有持续太长时间。曼努埃尔二世的长子约翰八世还未来得及加冕为帝，新苏丹穆拉德二世便决定围困帖撒罗尼迦。拜占庭的指挥官走投无路，将整座城市的领导权移交威尼斯，以便求得保护，但公元1430年，威尼斯总督认定局势已经无法挽回，因此选择平静地退出战局，将守卫者的命运交给上天裁夺。不幸的拜占庭人全力坚持到了3月，城墙最终被攻破，土耳其人蜂拥而入，拜占庭再一次面临被洗劫的厄运。

约翰八世预料到不幸很快便会降临君士坦丁堡，因此试图在欧洲寻求支援，他对此充满自信，认为自己足以完成父辈未能在欧洲完成的使命。他一心认为如今所有国家都不会对土耳其的威胁熟视无睹，出于恐惧，西方也自然应该有所行动。然而，像他的祖父和父亲一样，约翰发现欧洲依然忙于内部斗争，而对外在的危机根本浑然不觉。英国和法国如今正因为百年战争斗得不可开交，圣女贞德已经被俘，并于同年被英国人以火刑处死。而在其他国家，约翰所获得的答复都是如同往常一样的陈词滥调。直到东正教会正式归附罗马教廷为止，拜占庭不会获得任何援助。

约翰八世明白拜占庭的人民永远无法接受这样的现实，但他如今万般无奈，只能对教皇发誓他会转变全国的信仰，皈依天主教。教皇对他并不十分信任，因为他已经无数次听到过这样的承诺，但约翰八世下定决心要实现自己的诺言。在14年艰苦的谈判和外交斡旋之后，他最终召集了一批东方主教，在佛罗伦萨举行的公会议上签署了东西方教会统一协议，正式与天主教合并。教皇立即承诺提供军事协助，此时匈牙利一方感到接下来他们的国家将成为奥斯曼帝国的俎上之肉，马上同意作为此次十字军的领导。

然而，签署协议只不过是表面功夫，要想将协议彻底落实，显然还需要做出其他的努力。约翰返回都城，发现他的行动已经受到了全国上下的一致谴责，他的皇位已经遭到严重动摇。大部分曾经签署这一协议的人最终都只能公开撤回自己的署名，亚历山大城、耶路撒冷和安条克的牧首愤怒地拒绝承认统一协议，皇帝的一位兄弟企图以东正教的名义夺取皇位。

随着教会不可避免地陷入分裂，民众爆发激烈抗议，所有人的命运如今都寄托在了十字军一方。十字军由匈牙利国王拉斯洛率领，杰出的特兰西瓦尼亚将领亚诺什·匈雅提带兵，于1443年出发，大举进军保加利亚，并且在几个月内就征服了整个国家。穆拉德二世对基督教敌人的联合进攻感到十分震惊，他提出如果十字军撤兵，将允诺双方十年的休战期。军中的塞尔维亚人接受了这个条件，返回自己的国家，但其余人为教皇的动员所鼓舞，继续前进至黑海沿岸。在小城市瓦尔纳，他们发现愤怒的苏丹正率领三倍于己方的大军严阵以待。土耳其人在十字军最初的攻势下溃败，但在十字军试图俘虏逃走的穆拉德时，灾难降临了，国王拉斯洛不幸战死。十字军瞬间陷入了恐慌，在几小时之内，基督教军队便几乎全军覆没。

匈牙利摄政王亚诺什·匈雅提重新整顿军队，令土耳其苏丹在接下来的几年中都疲于奔命，然而到了1448年，他的军队彻底被击垮了。约翰八世从君士坦丁堡眺望着这一切，心中难过不已，他曾经将全部希望都寄托在来自西方的协助上，但如今只剩下了绝望。帝国上下因为他签订的协议而民怨沸腾，导致他自己的权力大幅削弱，而且教会也徒劳地分裂了。如今约翰八世遭到近乎灭顶的打击，陷入了崩溃绝望中，他感到了死亡的降临，但最终的屈辱还未到来。随着苏丹的回归，皇帝被迫前来会见穆拉德二世，并且祝贺他的胜利，而奥斯曼帝国的胜利最终决定了君士坦丁堡的命运。11 天之后，约翰八世的人生走到了尽头。

第二十五章 不朽的帝王

Chapter 25
The Eternal Emperor

我们期望那些“金发碧眼”的人来拯救我们……我们将希望寄托于神谕，寄托于错误的预言。我们将所有时间都浪费在无用的空洞言辞上。

——蒂莫西·格雷戈里，《拜占庭史》（2006）

在为皇帝举行葬礼的同时，拜占庭使臣火速前往伯罗奔尼撒。在古代斯巴达王国山谷中的米斯特拉，他们找到了约翰的幼弟君士坦丁十一世·德拉加塞斯，并告知他马上就要加冕为帝国的皇帝。来访的使者并没有为皇帝加冕的权力，这一仪式必须由君士坦丁堡的牧首来执行，但他们依然在当地举行了简单的仪式。* 君士坦丁堡的末代皇帝登上一艘

* 如今，米斯特拉的圣迪米特里奥斯教堂的地板上依然镌刻着双头鹰的图案，拜占庭帝国的末代皇帝便是在此处加冕称帝的。

威尼斯大帆船——拜占庭帝国此时已经无多余船只可用——动身前往都城，于公元1449年3月12日正式登上了历史舞台。

在曼努埃尔二世所有的儿子中，君士坦丁无疑是最有能力的一位。他魅力不凡，勇气十足，并且对拜占庭漫长光辉的历史烂熟于心，下定决心要挽救帝国的悲剧命运。虽然是曼努埃尔二世的儿子，君士坦丁却将绥靖政策视为背叛行为。穆斯林的军队已经在数个世纪内对帝国的城墙进行多次围攻，像他的兄弟和祖父一样在敌人面前懦弱退缩只能在迎来最终命运时徒增耻辱。

然而，皇帝对所面临的困境也不抱任何幻想。这位43岁的皇帝已经耗费了大半生的时间与土耳其人作战，对自己的敌人可谓了如指掌。三年前，在匈牙利十字军带来的最初的胜利中，君士坦丁便利用奥斯曼帝国注意力分散的时机将雅典和希腊北部的大半土地夺回。十字军溃败之后，君士坦丁曾独自面对怒火万丈的土耳其苏丹。穆拉德二世率军突袭希腊，重新占据雅典城，并迫使拜占庭大军撤退到六英里城墙之后避难。君士坦丁身处城墙安全的庇护之下，他希望拜占庭能够坚持至少数月时间，但土耳其人发明了一种全新的恐怖武器——数门庞大的火炮。威力巨大的爆炸穿透了城墙，带来震耳欲聋的轰鸣，仿佛整个天地都要为之变色。防御要塞无论规模多么宏大，都会在这样的威力下成为一片废墟。火炮的时代正式开启了。

六英里城墙几天之内便轰然坍塌，君士坦丁明白自己已经无法全身而退。奥斯曼土耳其帝国大举进攻伯罗奔尼撒，但是一场突如其来的初冬大雪封锁了进入米斯特拉的路线。幸运的是，穆拉德二世对征服巴尔干地区更感兴趣，并不急于给拜占庭帝国致命的最后一击，因此奥斯曼大军选择撤离，前去征服达尔马提亚，君士坦丁十一世得到了短暂的休整期，然后尽最大努力重新整顿了整个希腊南部的秩序。*

等到新皇帝正式进入君士坦丁堡的时候，整座城市俨然已经丧失了它昔日的辉煌，徒留一片暗淡颓丧的景象，繁华与荣耀如潮水般渐次退去。都城的街道不再有来自世界各地的人嘈杂低语，商人的船队不再挤满帝国的港口，宫殿和教堂也不再闪耀富丽堂皇的光辉。在查士丁尼带来的最繁荣的岁月中，这里的人口曾经接近50万，如今已经衰减至大约5万。城市里到处是荒废的土地，滋生出繁茂的野草，半毁的建筑依然在不断凋敝，化作一片废墟。然而，景象虽然如此破败，却仍可感觉到一种奇怪的活跃气氛。新绘制的壁画像过去一样华丽精美，黄金和白银也依然装点着圣像，虽然再没有巨大的马赛克图案令人目眩，艺术领域却兴起了一股全新的气息，与帝国日薄西山的命运形成了鲜明的对比。艺术家和学者们在这种诡异的气氛中寻找合适的赞助人，新的艺术流派在日益衰败的帝国修道院中蓬勃兴旺。拜占庭人已经在土耳其人凶猛无情的威胁之下生存了数个世纪，他们再清楚不过，等待他们的必将是灭顶之灾，然而，人们依然决心在厄运来临

---

* 在他不在的时候，为了保证巴尔干地区豪富阶级的忠诚，穆拉德二世时常把他们的儿子作为人质。其中比较著名的囚禁者是特兰西瓦尼亚大公之子弗拉德三世，在遭囚禁时期，他经常用尖利木棍杀死鸟类取乐。他对土耳其人满怀仇恨，尤其是对年轻的苏丹穆罕默德二世，因此毕生致力于将土耳其人驱逐出特兰西瓦尼亚。他的残忍无情不久便为他赢得了一个绰号“穿刺者”，但他本人则更为偏爱他父亲的绰号“龙”，并因此被后人称为“德古拉”（Dracula），即“龙之子”，他也因此名而闻名后世。

之前全身心地投入生活的美好之中。从物质上讲，帝国已经彻底衰落，在世界舞台上无足轻重，但在思想上和文化上，它却依然繁荣，蒸蒸日上。

君士坦丁十一世希望能用一场加冕仪式让他身心俱疲的人民暂时转移注意力，但这样一场盛会却无法实现。如今的牧首是约翰八世所签署的东正教、天主教联盟法令的忠实支持者，因此君士坦丁的大多数人民几乎将他视为彻底的异端。让这样一个充满争议的人物来为自己加冕显然很容易引发一场暴动，虽然君士坦丁本人对现任牧首心照不宣地暗中表示支持。皇帝的神圣职责是维护都城的独立自治，如果对罗马教廷臣服能够取得哪怕微乎其微的西方支援，事态便可以得到控制。拜占庭末代皇帝的加冕仪式最终未能举行。

虽然君士坦丁十一世正面临着君士坦丁堡复杂局势的困扰，但穆拉德二世依然发现达尔马提亚的首府比他所预期的更加难以攻取。达尔马提亚人由伟大的阿尔巴尼亚战神斯坎德培率领，他们在围城战中粉碎了奥斯曼大军的每一次攻势。1451 年，穆拉德二世愤愤地放弃了进攻，他宣告这个地方无法攻下，然后退兵回到阿德里安堡。不久穆拉德二世便去世了，拜占庭上下为此庆幸不已。

教堂欢庆的钟声响彻了整个君士坦丁堡。新苏丹穆罕默德二世年仅 19 岁，当皇帝派遣特使前去恭贺他继位时，这位苏丹以先知和《古兰经》之名起誓，会终其一生致力于维护两国的和平。西方各势力在匈牙利十字军被击败之后感到紧张万分，迫不及待地表示愿意相信他的誓言。然而，这位年轻苏丹却堪称一个矛盾的集合体。他是一位诗人，同时是博学的学者，精通几种语言，但也是一位喜怒无常的暴君，能够施行最为野蛮的暴政。作为一位智慧过人的组织者和战术家，他却迷信地认为只有占星家为他祈福祝祷，才能够正式开战。然而，尽管时而陷入犹豫，穆罕默德二世毫无疑问具有马基雅弗利式的杀伐决断。为了登上苏丹宝座，避免他人威胁到自己的地位，他曾经杀死自己出生不久的同父异母的弟弟，同时设宴招待孩子的母亲，使她放松警惕。这可怜的女人回到家中后，发现她的孩子已经死去，却根本没有时间来哀悼痛哭；她很快嫁给了穆罕默德手下的一名官员。在苏丹看来，这样的残酷无情是维护稳定、防止内战的唯一出路，此后他曾经向儿子们解释，这样兄弟相残的行为是为了“维护世界的秩序”。整个西方都对这位新苏丹的冷酷残暴毫不知情。欧洲和拜占庭似乎是在故意忽略即将到来的威胁，盲目乐观地相信能够与伊斯兰世界维持和平关系。不久，他们的希望就会彻底幻灭。

穆罕默德二世仅仅坚持了几个月，他曾经发下的誓言便被打破了。他派出工程人员，测量博斯普鲁斯海峡最窄处的宽度，欧亚两个大洲在此处仅仅相隔640米，穆罕默德决定率军穿过狭窄的水域，再次登陆，并且毁掉正好占据登陆地带的拜占庭城镇。这里正是2 000年前波斯国王薛西斯率领大军渡过海峡，与可怕的斯巴达国王列奥尼达狭路相逢之处，穆罕默德在此处建起了一座要塞。他的祖父曾经在海峡的亚洲一侧建立起相似的城堡以统率海峡地区，如今这两处建筑可以有效地切断君士坦丁堡与黑海的通路。这无疑是一次公开的宣战，苏丹完全未曾掩饰自己的意图。当君士坦丁堡派出密使提醒穆罕默德不要背弃曾经的誓言，并请求他至少放过附近的村庄时，穆罕默德下令将密使全部处死。

随着新要塞的城墙拔地而起，一位名为乌尔班的匈牙利年轻人进入君士坦丁堡，并且提出想要在皇帝手下服务。他擅长设计和使用火器，并受命开始为帝国制造大炮。君士坦丁十一世十分满意。他已经在六英里城墙一战中看到了这种新式武器的可怕威力，深知这种发出震耳欲聋的声音的“怪物”力量强大，能够打碎岩石，击穿城墙。但帝国此时并没有能力为这位年轻人提供足够资金。君士坦丁堡想方设法为乌尔班筹措到一笔固定薪金，但即使是这微薄的薪水很快也无以为继了，日益穷困潦倒的乌尔班走投无路，最终离开了拜占庭，投入了土耳其一方。

穆罕默德万分高兴地欢迎乌尔班的加入，并给予他大笔赏赐，询问匈牙利人设计出的大炮能否击破城墙。乌尔班对苏丹的话中之意心知肚明，因为他已经花了足够长的时间对君士坦丁堡闻名四方的防御措施加以研究，他承诺会制造出一种大炮破坏巴比伦之门。乌尔班很快开始了工作，不久便制造出一种铜质火炮，能够发射 270 千克重的石球。苏丹十分高兴，将这种火炮架设在自己新的要塞之上，宣布任何意图通过的船只都必须在此停留，并且缴纳过路费用。威尼斯人强烈抗议，认为这种行为会完全阻断博斯普鲁斯海峡上的贸易往来，但苏丹毫不动摇。当一艘威尼斯船只试图穿过海峡时，穆罕默德下令将其击毁，使其沉入海中，然后命人从水中俘虏这些惊恐万分的船员，将其全数处死，并将船长处以穿刺之刑，将尸体悬挂在岸上，作为公开的警示。

苏丹对他的新式武器感到满意，但还想拥有规模更大的武器，于是命令乌尔班制造一架比之前大两倍的巨型火炮。匈牙利人返回他的铸造间，浇铸了一架长 20 英尺的巨炮，能够射出 680 千克的花岗岩石球，射程能达到一英里之遥。穆罕默德明白，这种武器是进攻君士坦丁堡时一招制胜的法宝，能够让他赶在西方来得及组织十字军支援之前征服整座城市。如今唯一的问题是要将这样巨大的火炮搬运 140 英里，从阿德里安堡的铸造厂运达君士坦丁堡城下。整个过程由木匠和石匠在前方打头阵，将小山推平，并且建造桥梁，同时由 60 头牛和 200 人组成一支队伍，负责拉动大炮缓慢经过色雷斯乡村地带，但这支队伍每天只能行进 2.5 英里。穆罕默德自己则率领大军于 1453 年的 3 月 23 日出发。君士坦丁的厄运如今已经迫在眉睫。

君士坦丁十一世已经做好了力所能及的全部准备——清理护城河，修复城墙，以及贮存必要的给养。他已经看到了土耳其人对被征服城市所做的一切，并且明白生存的希望已经极其渺茫。最后仅存的希望是：他的兄弟约翰八世曾经承诺加入教会，但庆祝统一的官方文书却迟迟未曾发布。如今教皇派出了一名红衣主教，承诺如果圣索非亚大教堂正式宣读这一文书，便会提供必要的帮助，皇帝对此没有任何犹豫。在教会举行的一次参与者寥寥的集会上，主持仪式的神父宣告东正教会和天主教会正式合并。他宣布，天堂乐园将为此沉浸在喜悦之中。

城中的气氛此时陷入了一片凝重，然而，面临即将到来的灭顶之灾，城中并未发生暴动或公开抗议。200 名弓箭手已经按红衣主教的部署就位，或许随着教会统一的正式完成，还会有更多的力量前来支援。城中的大部分人拒绝参加统一典礼，也拒绝进入任何被所谓的拉丁习俗“玷污”的教堂。他们并不希望发起暴动，让形势变得更加沉重，但也绝不会抛弃自己的传统。这一年的复活节，圣索非亚大教堂陷入了一种诡异的寂静，里面空无一人，就好像所有人都离开了这里，选择那些依然维持着希腊习俗的教堂过节。五天之后的4月6日，土耳其人兵临城下。

威尼斯共和国承诺会派出一支海军击退土耳其人，但地平线上看不到任何船只浮现，甚至是最乐观的人也意识到威尼斯的援助不过是一纸空文，威尼斯人并不会采取任何实际的行动。向西方请求援助成为泡影，如今一支奥斯曼大军已经近在眼前，人数众多，绵延不绝，就像天上的繁星。拜占庭人心惊胆战地向城下望着敌人的浩瀚大军，并且深知他们所深爱的东正教教堂正在举行拉丁人的弥撒，所有人都再清楚不过，所谓的联盟让他们付出了深重的代价，而许诺的利益却从未兑现。城中的威尼斯人都已经信誓旦旦地保证会留下来，并且提供帮助，但这种姿态很快便不复存在：七艘大帆船接走了几百名走投无路的威尼斯人，借着月色的掩护逃离了拜占庭。唯一值得称道的是，智慧过人的围攻战专家乔瓦尼·朱斯蒂尼亚尼从热那亚赶来，并且率领着一支700人的精锐部队。他要以个人的名义英勇地保卫这座查士丁尼曾经统治过的城市，但如此英勇的气势也无法消除人们心中不祥的阴影。这位热那亚人一定程度上加强了君士坦丁堡薄弱的抵抗力量，但所有守兵加在一起也只有将近7 000人。这些人需要分散守卫12.5英里长的城墙，而面对的奥斯曼大军足足有8万人。紧张和担忧的情绪浸染了整个君士坦丁堡，但如今他们已经没有垂头丧气的时间。穆罕默德骑马来到了城门之下，要求君士坦丁堡立即投降，然而他并没有得到任何回复。4月6日这一天，战役正式爆发了。

巨大的火炮发出震耳轰鸣，喷吐出火焰、烟雾及巨大的石球，使拥有千年历史的狄奥多西城墙晃动不已。10个世纪以来，这些城墙阻隔了多如牛毛的四方入侵者，他们的攻城最终都功亏一篑。然而传统的时代已经过去了，这些古代的防御工事面临着围城战历史上前所未有的火炮攻势。土耳其一方的主炮在每次发射间隙有一定的冷却时间，并且每日的使用上限只有7次，但苏丹还拥有其他火炮，足以弥补。石球无情地击打着城墙，将砖石击得粉碎，偶尔会有整块的城墙结构轰然坠落。第一天即将结束时，外墙的一大部分已经化作废墟，苏丹命令大军发起进攻。君士坦丁也身先士卒冲入敌阵，并且率军击退了敌人接连不断的攻击。夜色降临时，朱斯蒂尼亚尼想出了修复城墙的办法。他将木桩打入碎石缝隙中，建造起较为松散的防御结构，并且借助破碎的砖块和石头重新堆积起了一堵简易的城墙。第二天，当战火重燃之时，这种新的城墙结构能够比原有的坚固城墙抵消更多的炮火攻击，并且大体上保持了完整。防守军队重整旗鼓，作战的节奏更加稳定。白天，他们尽最大努力抵抗住了由石球组成的死亡之雨；夜晚，炮火的轰鸣最终归于寂静时，守军又会马上开始城墙的修复工作。

接近利克斯河河谷地带的城墙薄弱之处经受了48天不间断的炮火攻

击，第二次试图以暴风骤雨之势占领君士坦丁堡的进攻最终也未能取得成功。皇帝又一次领导着军队进行了英勇无畏的抵抗，恼火万分的苏丹只能将他抓获的俘虏全部钉死在城下，以此发泄愤怒。之后穆罕默德改变了进攻策略，决定转头进攻帝国的港口，这里的海防堤更为薄弱。然后他命令船只撞击防护铁链，但收效甚微。奥斯曼大军士气受挫，恼火万分。此时，三艘热那亚战舰运来急需的大批食物支援被围困的都城，他们用计冲破奥斯曼海军的防御，顺利地进入了港口，尽管穆罕默德愤怒地命令不惜一切代价也要将对方船只彻底摧毁。

这公开的嘲讽之举使穆罕默德陷入了狂怒之中。他的声誉严重受损，并且敌人也重新鼓舞了士气，他们在热那亚人到达时爆发出欢呼，声音在土耳其军营中也听得一清二楚。显然苏丹无法再继续忍受，因此决定要让对方付出惨重代价。

帝国港口的入口被连接君士坦丁堡到对岸热那亚移民区塔楼的巨大铁索网严密保护。敌军反复冲击铁索网，但最终都宣告失败，然而，苏丹拥有不计其数的丰富物资，因此进攻方式显然不止于此。土耳其大军展现出了令人震惊的完美的策划和组织能力，将 70 艘船通过涂满润滑油的圆木由陆路运送，经过热那亚移民区，整个土耳其舰队几乎寂静无声地潜入了帝国的港口。

港口的陷落在君士坦丁堡掀起了轩然大波。如今不仅渔业捕捞的水域不再安全无忧，物资严重匮乏的城市也无法及时得到食物供给，而且需要防御的城墙长度又增加了 3.5 英里之多。双方都心知肚明，战役即将进入尾声，当穆罕默德在城下当众残忍地处死更多俘虏时，拜占庭守军对此的回击是将他们的土耳其俘虏从城墙上直接抛下。这是一场至死方休的较量，如果苏丹展现出自己的残酷无情，拜占庭一方也会很快以牙还牙。

守军仅存的希望便是威尼斯船队信守承诺，前来营救他们，但随着 5 月到来，士气开始逐渐衰退。在绝望中，君士坦丁堡派出一艘船前去搜寻任何可能接近的船只，但过了三个星期，他们沮丧地报告说，没有发现任何援军到来的迹象。拜占庭被任由自生自灭。朝廷大臣们乞求君士坦丁逃走，并建立流亡政府，直到整座城市被重新夺回。十字军的帝国最终覆灭了，奥斯曼帝国也会如此；最重要的是皇帝必须保护好自己的性命，留存一线生机。君士坦丁此时已经身心俱疲，但他依然坚定地拒绝了群臣的进谏。这里有他的人民，他决心与人民共存亡。

土耳其军营之中，穆罕默德正在召集军队，准备发动最终决战。城墙经受炮火反复进攻，如今已经大体化为碎砖乱石，继续轰炸也无法获得更大的成效。他曾经尝试突袭至城内，却导致己方伤亡严重。只要一天他未能成功夺取城市，他的声誉就会受损一分。是时候发动决定性的一击了。苏丹懒得对已经濒临灭亡的拜占庭一方隐瞒什么消息，他宣布，星期二，也就是 5 月 29 日这一天，便是发起决战之日。

此时君士坦丁堡的守军已经到了崩溃边缘。他们筋疲力尽，日日面临着恐怖的炮火袭击，白天顽强抵抗土耳其大军的炮火，夜晚则奋不顾身地修复城墙。留给他们的时间已经所剩无几，无论是精神还是身体都饱受折磨，紧张的气氛一触即发。然而，在帝国历史上最后的一个星期一，气氛却彻底改变了。没有人精疲力竭，各人坚持完成自己的工作。数星期以来的第一次，全城居民开始陆续前往圣索非亚大教堂。拜占庭历史上的第一次，也是最后一次，数世纪以来的教会分裂被彻底抛诸脑后，希腊神父与拉丁神父并肩而立，真正的全基督教范围的礼拜开始了。

当人群聚集到大教堂内时，君士坦丁发表了最后的演说。如同爱德华·吉本所描述的，这也是整个帝国最终的葬礼致辞。他自豪地回顾军队光辉的历史，并且骄傲地赋予他们神圣和荣耀的名号："动物或许会被其他的动物追赶奔逃，但你们是人，是古希腊和古罗马伟大英雄的杰出后裔。"*然后，皇帝转向那些奋力保卫君士坦丁堡的意大利人，向他们的尽心服务表达感谢之情，并保证如今他们已经是亲密的兄弟，为了同一个目标团结一心。在与每一位指挥者握手致礼之后，皇帝让他们解散，回到自己的岗位上，然后融入了圣索非亚大教堂的人群之中。

当晚拜占庭皇帝几乎彻夜未眠。他留在教堂中祈祷，一直到蜡烛全部熄灭，然后骑马离开教堂，与他的家人做最终的告别，整晚剩下的时间里他一直倚靠墙壁端坐，并且对天起誓，他已经为帝国做了力所能及的一切。皇帝来到城墙上防守最为脆弱的地带，下马等待黎明即将到来的进攻。然而，苏丹却决定在太阳升起之前便先发制人。凌晨 1 点 30 分，寂静的夜色被震耳欲聋的喊杀声打破了。土耳其大军的火炮一齐发射，将一部分城墙彻底击垮，拜占庭守军只能以最快的速度开

* Nicol, Donald M. *The Immortal Emperor* (Cambridge: Cambridge University Press, 1992), p. 67.

始修复。顷刻间，城墙出现了巨大的裂口，穆罕默德率领大军长驱直入，拜占庭一方根本来不及修复。三小时内，土耳其士兵不断涌入，但多亏朱斯蒂尼亚尼的努力，他们成功击退了每一次猛攻。热那亚的指挥官似乎总能够及时赶到，鼓舞己方的士气，加固即将溃败的防线。到了大约凌晨 4 点的时候，精疲力竭的奥斯曼大军开始撤退，队形分散，只留下主力部队继续深入。土耳其人再一次突破了基督教大军的防线，在遍地死伤之中开辟道路，试图逐步深入君士坦丁堡内部。大军的进攻极其猛烈，几近疯狂，每个人都渴望得到苏丹的嘉奖，或是为了信仰战死，最终升入天堂。土耳其军差一点就闯进去了，但君士坦丁及时支援并击退了敌人的进攻。精疲力竭的守卫部队在击退奥斯曼大军后便纷纷瘫倒在地，但他们始终未能得到喘息之机。穆罕默德心知自己的敌人已经是强弩之末，便派出了自己的精锐苏丹亲兵。

苏丹亲兵部队与拜占庭军中的瓦兰吉卫队或古罗马的禁卫军大体相似，他们是土耳其作战的中坚力量。亲兵成员通常来自基督教家庭，很小时便被带离故土亲人，被迫皈依伊斯兰教。这些战士极为忠诚，而且训练有素。伴随着雄壮的军乐，这支军容严整的部队组成了一条牢不可破的阵线，似乎对从城墙上落下的任何攻击都无动于衷。起初，他们一度被拜占庭军压制，但在作战中朱斯蒂尼亚尼也不幸负伤，一支弩箭穿透了他胸前的盔甲。这并不是一处致命伤，但受伤的朱斯蒂尼亚尼已经精疲力竭，无法再继续作战了。君士坦丁请他留下，他深知大军如果看到自己的统帅率先撤离，将对士气造成极为恶劣的影响，但朱斯蒂尼亚尼不愿改变心意，他来到了港口，登上了等在此处的一艘船。

皇帝最大的担忧此时成了现实。热那亚军目睹他们英勇无畏的统帅离开了君士坦丁堡城墙，恐慌情绪几乎瞬间蔓延开来。当苏丹亲兵再一次发起进攻时，他们开始通过内部的城门撤退。在混乱之中，土耳其人摧毁了数座塔楼，将陷在城墙之间、惊恐万分的守军屠杀殆尽。从所在的圣罗曼努斯之门望去，君士坦丁感到一切都已经无法挽回。伴随着“城池已经失守，但我还活着”的高呼，他抛下自己的权杖，冲入敌阵，就此不知所终。

可怕的大屠杀开始了。土耳其士兵四处冲杀，不久街道便血流成河，尸体堆积如山，甚至阻挡住了视线。威尼斯人和热那亚人设法找来船只，然后逃离了君士坦丁堡，幸运的是，封锁港口的土耳其水手也希望能够在洗劫中分得一杯羹，因此没有追逐他们的船只，但剩下的人只能面临最终的厄运。妇女儿童遭到侮辱玷污，所有男人被赶尽杀绝，房屋都被洗劫破坏，教堂也难逃被付之一炬的命运。城中最为著名的圣像，一幅据传说由圣路加亲手绘制的画作，也被撕成碎片，古代的雕像纷纷倒塌，化为齑粉，帝国的陵墓被拆毁，尸骨被弃置街头，宫殿仅剩下破碎的躯壳。

随着奥斯曼帝国的旗帜在君士坦丁堡城墙甚至大皇宫上方升起，城中居民的情绪彻底崩溃，他们纷纷逃向最终的安全之所。一个古老的传说称，圣索非亚大教堂永远不会落入土耳其人之手，因为一位天使将会从君士坦丁纪念柱附近降临人间，保卫帝国的信仰之地。在深如洞窟的建筑内部，晨祷仪式正在进行，舒缓优美的圣歌回荡在殿堂中，熟悉的金色圣像似乎能够为来此避难的人民带来慰藉。但古代的预言只是虚妄的幻想——并没有天使出现来拯救人民，甚至巨大的青铜大门也无法阻止凶残的敌人的脚步。土耳其人蜂拥而入，杀死了身处圣坛之上的神父，然后将在场的所有人屠杀殆尽。少数比较幸运的富人会免于被带到奴隶市场贩卖，但他们也要被迫目睹神圣的教堂遭到毁灭。牧首的祭服被披在野狗身上，圣餐也被尽数抛在尘土之中。一名土耳其亲兵嘲讽地将自己的帽子挂在十字架顶端。圣坛彻底倒塌，被用作马槽，有人甚至在此强暴俘虏的妇女和儿童。任何看上去有价值的东西都从墙上被撬走，或是彻底粉碎，任何能够找到十字架的地方都化作焦土，无一幸免。

到了第一天的晚些时候，城市几乎被洗劫一空，21 岁的苏丹下令暂时停止屠杀。圣索非亚大教堂已经被改造成了清真寺，内部光辉灿烂的马赛克镶嵌图案被几何图案所遮掩，巨大的木盾上悬挂着《古兰经》的诗篇，在墙上的恰当角度也打通了米哈拉布（壁龛）。* 幸存的人们充满困惑，他们发现自己不知什么时候已经深陷于一座几乎无法辨认的陌生城市。穆罕默德下令将所有贵族出身的男性全部处死，之后将剩下的俘虏卖为奴隶，并且赏赐给他手下的主要支持者每人 400 名希腊孩童。因为未曾找到君士坦丁的尸体，他感到格外担忧，必须亲眼看见自己的大敌已死才能让他安心。苏丹派出人手在血流成河的城市间四处搜寻，在无数具尸体间徘徊，仔细检查被砍下的头颅。搜查者发现了一具尸体，穿着丝绸的衣袍，上面刺绣着雄鹰图案，但当

* 这种壁龛传统上要朝向麦加，指示信徒在祈祷时要面对的方向。

穆罕默德用长矛刺穿尸体的头颅，并在全城游行炫耀时，那些真正见过皇帝的人却没有感到半分惊恐。尽管苏丹做了最大的努力，但他还是未能找到君士坦丁真正的遗体。不论此时是生是死，君士坦丁十一世最终未落入敌人之手。

在延续了1 123年又18天之后，拜占庭帝国的历史终于画上了句号。在圣索非亚大教堂大穹顶之下举办了近千年的圣餐会最终归于寂静，焚香的烟雾也在全城的教堂中彻底烟消云散。曾经风雨飘摇的拜占庭帝国政权如今真正开始了永远的流亡，但我们至少可以说，拜占庭帝国迎来了一个辉煌悲壮、充满英雄气概的结局。帝国的末代皇帝没有选择投降，也未曾背弃他的理想，而是力战至死，因而得以与手下的战士们在同一处安眠。这位48岁的拜占庭皇帝充满骄傲、英勇万分，为整个帝国带来了最终的圆满。正如第一个统治这座博斯普鲁斯海峡边城市的人一样，他同样名为君士坦丁，有一位名为海伦娜的母亲，在国家危亡的时刻，他当之无愧能够与查士丁尼大帝比肩。

结语
拜占庭余晖

Epilogue
Byzantine Embers

王啊，我将从我沉睡的大理石棺中醒来，
走出我神秘的陵墓，打开砖石垒就的金门；
若有击败哈里发和沙皇的胜利者，
围剿他们，到那鲜红的苹果树下，
那时我将重回我古老的梦境沉眠。

——*唐纳德·尼科尔，《不朽的帝王》*（1992）

公元1453年5月30日的那个星期三，当太阳再度从破败的基督教世界都城上空升起，征服了拜占庭帝国的奥斯曼人几乎已经取得了完全的胜利。君士坦丁仍然争斗不休的兄弟们依然占据着伯罗奔尼撒，阿历克塞·科穆宁的后裔也依然统治着黑海沿岸的特拉布宗。但这一切已是徒有其表，在土耳其苏丹的壮志之下不堪一击。到了 1461 年夏末，最后的抵抗力量也宣告投降。土耳其人彻底实现了伊斯兰世界统治这座城市的梦想，占领这座城市也对奥斯曼土耳其帝国的灵魂产生了深刻的影响。君士坦丁堡成了奥斯曼帝国的都城，仿若曾经那个伟大帝国的幻影，穆罕默德占据了恺撒的头衔，任命了自己的牧首，身穿拜占庭风格的服饰。* 土耳其人从未忘记这场胜利带来的力量，直至今天他们的旗帜上依然烙印着一弯新月，象征着 1453 年的那个星期二凌晨的夜空。†

那个 5 月的惨象也深深烙印在东正教世界的人们心中。随着时间的流逝，记忆逐渐磨灭，成为历史的传奇故事。传说那些在土耳其人破门而入时主持礼拜仪式的神父并未遭到屠杀，而是边唱着颂歌边奇迹般地与神殿的南面墙壁融为一体。当这座城市再次由基督徒掌控的时候，他们会重新出现，从之前被打断之处继续主持仪式。至于充满英雄气概的末代皇帝，人们则传说他没有战死，而是被一位天使拯救，然后变成了石像。在金门之下的一处洞窟内，这位化为大理石岩像的皇帝始终在此等待，好似拜占庭的亚瑟王一般，等待着终有一天胜利回归，重新统治他的人民。在接下来奥斯曼帝国统治的五个世纪里，注定失败的君士坦丁挺身对抗不可扭转之命运的形象变成了流亡中的东正教会的护身符。他的雕像依然伫立在雅典城中，手中高举起利

* 1930 年这座城市才正式被官方更名为伊斯坦布尔。

† 事实上，早在公元前 670 年，当地人民便选择了新月标志来象征他们的城市，在当时这个标志是为了表示对城市守护者月亮女神阿尔忒弥斯的崇拜。穆罕默德选择了这个标志作为自己的旗帜，不久这个标志演变为更加合适的上弦月图案。

剑，成为最初的殉道者，现代希腊人的非官方圣徒。*

拜占庭长久以来对伊斯兰世界的抵抗以失败告终，但在漫长的斗争过程中，它取得了一场重要的胜利。君士坦丁堡的宏伟城墙已经延缓了伊斯兰世界进军欧洲的脚步长达800年，为西方争取到了发展所需要的宝贵时间。当奥斯曼大军席卷拜占庭帝国时，欧洲的发展正达到顶峰，穆斯林大军不久将在维也纳的城墙之下退缩，奥斯曼帝国最终将放弃对欧洲的觊觎。

君士坦丁堡的陷落或许令罗马帝国的最后遗迹也销声匿迹，但拜占庭的学术之光却是任何事物也无法遮蔽的。难民纷纷涌入欧洲，带来了希腊与罗马文明残留的璀璨瑰宝。第一缕人文主义的光辉照亮了西方的灵魂，而西方也以最强烈的热情张开双臂迎接拜占庭赐予的珍贵赠礼。亚里士多德的部分著作数世纪以来广为人知，但如今欧洲同样接受了柏拉图和德摩斯梯尼，为《伊利亚特》喝彩，也为色诺芬和埃斯库罗斯而着迷。拜占庭的流亡者们教导了形形色色的杰出人物，从彼特拉克到薄伽丘，富有的科西莫·德·美第奇对拜占庭来的演讲家深感兴趣，因此出资兴建了佛罗伦萨的柏拉图学园。这些行动导致了一场复兴运动，也就是后人所称的“文艺复兴”，在这一阶段，西欧世界重新寻回了自身的根基。

另外一些流亡者逃到了俄国，最后的自由东正教大国，试图重新追寻拜占庭帝国的梦想。广阔的北方土地上的国王们沿用了拜占庭的

* 希腊人对过去的拜占庭帝国的认同还体现在语言上。直到19世纪，希腊人依然用“Romioi”（罗马人）而非“Hellene”（希腊人）作为自称。

字母系统，有着东方的灵魂，他们十分欢迎这些逃亡者。这些国王以“沙皇”（Czar）自称，即“恺撒”（Caesar）的斯拉夫语形式——同时以双头鹰作为自己民族的象征。拜占庭艺术与当地的艺术风格融合，继续在整个巴尔干及北方地区发展繁荣。俄国人也未曾忘记曾经沐浴的君士坦丁堡的荣光，对此的渴望成了俄罗斯帝国一直无法实现的梦想。他们深深陶醉于拜占庭的辉煌，甚至后世的领袖也是如此。这片广阔土地上的人们视曾经的辉煌记忆为宝贵财富，将历史的变迁当作深刻的教训。时至今日，克里姆林宫仍然对西方充满怀疑。

然而，拜占庭帝国最为光辉伟大的继承者无疑当属东正教会。教会深受19—20世纪民族主义的影响，成为联系曾经帝国的人民与过去的光辉时代的文化宝库。如今，拜占庭的雄鹰依然在阿尔巴尼亚、黑山等众多国家的旗帜上闪耀光芒，虽然每一个国家都拥有自己的本土教会文化，但他们从拜占庭帝国继承了同一份宝贵遗产。*

唯有在西方，曾经的故事几乎彻底被遗忘在历史的尘埃深处，虽然如果没有拜占庭的光辉，中东和欧洲的历史最多不过是无数破碎的片段，甚或令人费解。在那恐怖的一天过去，土耳其军队大炮炮口萦绕的烟雾彻底散尽后，新的世界已然改头换面。中世纪的黑暗彻底过去，西欧正处于文化空前繁荣进步的前夕。距离君士坦丁堡的陷落仅仅过去了35年，迪亚士便环游好望角，打开了通往印度的航路，而后仅仅过了四年，一名当时还不为人知的意大利冒险家克里斯托弗·哥伦布，借助一部翻译来的拜占庭作品——托勒密的《地理学》，发现了

* 鹰也是伊拉克和埃及的象征，这也是查士丁尼的帝国曾经拥有广阔疆域的隐约证明。

美洲大陆。

蒸蒸日上的大航海时代即将到来，人们并没有多少心思去追溯久远模糊的拜占庭记忆。这座庇护了欧洲近一千年的伟大堡垒如今已掩埋在历史长河深处，“拜占庭”一词也逐渐转向代指这座城市的人民，他们的形象通常复杂难辨，带着阴沉不祥的气息。这样的形象显然是对拜占庭的深深误解，与真相背道而驰，并且彻底否认了欧洲从帝国的历史及榜样中吸取到的宝贵经验与教训。尽管与西欧发源于同一文化根基，拜占庭却在教会与国家、信仰与理性的紧张关系之间寻求到了自身的微妙平衡。帝国的疆域延伸到了长期以来被认为不可能稳定的土地上，虽然时常受挫，但它依然维持了超过一千年的稳定团结。

拜占庭帝国的优美画卷之中，最伟大的悲剧并非最终的陷落，而是长久以来世人的忽视，无人耳闻帝国历史的回音，它提供的教训也被遗忘。然而，对那些有幸亲眼看见的人而言，破败而衰朽的狄奥多西城墙依然耸立在马尔马拉海到金角湾的广阔土地之间。这堵城墙是五个多世纪前的史诗级大战的证明，它昂然提醒着人们，罗马帝国并未在奥古斯都路斯的耻辱中灭亡，而是在君士坦丁的英勇壮举中谢幕的。

主要参考文献

一手资料

330—600

以下两本书（尤其是第二本书中载有的优西比乌的描述）对研究君士坦丁大帝的皈依有宝贵的帮助，此外也有助于研究从 4 世纪到 7 世纪穆斯林大举进攻这段时期的神学、日常生活和帝国诏书。

Lactantius. *De Mortibus Persecutorum*, J. L. Creed, Ed.&Trans. Oxford:Clarendon, 1984.

Maas, Michael. *Readings in Late Antiquity*. London: Routledge, 2003.

关于“叛教者”尤利安的统治，我主要借鉴了他的传记：

Marcellinus, Ammianus. *The Later Roman Empire (A.D. 354–378)*, W. Hamilton, Ed. & Trans. New York: Penguin Classics, 1986.

Wright, Wilmer C. *Julian: Volume III.* Cambridge: Harvard University Press, 2003.

后者收录了这位皇帝在其整个在位期间所写的信件和论说文，从他第一次在高卢披上铠甲到 363 年踏上去往波斯的不归之旅。

普罗科匹厄斯的作品，无论是官方认可的《论建筑》《战争史》还是丑闻录《秘史》，对于研究尤利安的统治都有着极大帮助。

Procopius. *Buildings*. H. B. Dewing, Ed. & Trans. Cambridge: Harvard University Press, 2002.

Procopius. *History of the Wars: The Persian War Books 1 & 2*. H. B. Dewing, Ed. & Trans. New York: Cosimo Classics, 2007.

Procopius. *History of the Wars: The Vandalic War Books 3 & 4*. H. B. Dewing,Ed. & Trans. New York: Cosimo Classics, 2007.

Procopius. *The Secret History.* G. A. Williamson, Ed. & Trans. London: Penguin Classics, 1966.

600—1000

这段时间是拜占庭历史上的“黑暗岁月”，几乎没有留下多少文献。幸运的是，狄奥法内斯的《编年史》是黑暗中闪耀的光芒。这部由9世纪修士完成的作品描述了在宗教纠纷和外敌攻击之下，希拉克略如何起于行伍，以及帝国如何为求生而抗争。这一时期的两个主要事件是破坏偶像之争和马其顿王朝的兴起，爱丽丝-玛丽·塔尔博特关于助祭利奥和八位圣徒的杰出译著中对此有详细描述。

Talbot, Alice-Mary. *Byzantine Defenders of Images: Eight Saints' Lives in English Translation*. Washington, D.C.: Dumbarton Oaks, 1998.

Talbot, Alice-Mary. *The History of Leo the Deacon: Byzantine Military Expansion in the Tenth Century*. Washington, D.C.: Dumbarton Oaks, 2005.

Turtledove, Harry. *The Chronicle of Theophanes*. Philadelphia: University of Pennsylvania Press, 1982.

1000—1453

这一时期涵盖了第一次至第四次十字军东征。从东方视角，我主要借鉴的是安娜·科穆宁娜、约翰·凯那莫斯、米海尔·普塞洛斯和尼基塔斯·蔡尼亚提斯提供的生动目击记录；从西方视角，我则借鉴了茹安维尔和维尔阿杜安的作品。

Choniates, Niketas. *O City of Byzantium: Annals of Niketas Choniates*. Harry J. Magoulias, Trans. Detroit: Wayne State University Press, 1986.

Comnena, Anna. *The Alexiad.* London: Penguin Classics, 1969.

Kinnamos, John. *Deeds of John and Manuel Comnenus*. C. M. Brand, Ed. & Trans. New York: Columbia University Press, 1976.

Psellus, Michael. *Fourteen Byzantine Rulers*. London: Penguin Classics, 1966.

Shaw, M.R.B. *Joinville and Villehardouin: Chronicles of the Crusades*. New York: Penguin, 1963.

二手资料

最有用的二手资料可分为两大类——拜占庭通史和断代史。在前一类中，我参考最多的是沃伦·特里高德详尽的历史叙述和诺威奇勋爵的三卷本著作。蒂莫西·格雷戈里的作品也很重要。当然，爱德华·吉本的作品极具分量。在后一类中，十字军时期我主要参考了乔纳森·哈里斯的作品，关于马其顿王朝则多借鉴史蒂芬·朗西曼的作品。在详细描绘帝国最后的时刻时，我需要感激罗杰·克劳利和唐纳德·尼科尔，尤其是后者关于君士坦丁·德拉加塞斯所做的研究。

Crowley, Roger. *1453: The Holy War for Constantinople and the Clash of Islam and the West*. New York: Hyperion, 2005.

Gibbon, Edward. *The Decline and Fall of the Roman Empire*. 6 vols. New York: Random House, 1993.

Gregory, Timothy E. *A History of Byzantium.* Malden, MA: Blackwell Publishing, 2005.

Harris, Jonathan. *Byzantium and the Crusades*. London: Hambledon Continuum, 2006.

Nicol, Donald M. *The Immortal Emperor*. Cambridge: Cambridge University Press, 1992.

Norwich, John Julius. *Byzantium: The Apogee*. New York: Alfred A. Knopf, 2004.

———. *Byzantium: The Early Centuries*. New York: Alfred A. Knopf, 1989.

———. *Byzantium: The Decline and Fall*. New York: Alfred A. Knopf, 2003.

Runciman, Steven. *The Emperor Romanus Lecapenus and His Reign*. Cambridge: Cambridge University Press, 1929.

Treadgold, Warren. *A History of the Byzantine State and Society*. California: Stanford University Press, 1997.

君士坦丁堡历代帝王年表

君士坦丁王朝（324—363）

324—337 年　君士坦丁大帝（君士坦丁一世）

337—361 年　君士坦提乌斯　君士坦丁大帝之子

361—363 年　“叛教者”尤利安　君士坦提乌斯的堂弟

非王朝

363—364 年　约维安　战士，战争中被推举为王

364—378 年　瓦伦斯　西方皇帝瓦伦提尼安的兄弟

狄奥多西王朝（379—457）

379—395 年　狄奥多西一世　战士，由西方皇帝格拉提安推举

395—408 年　阿卡迪乌斯　狄奥多西一世之子

408—450 年　狄奥多西二世　阿卡迪乌斯之子

450—457 年　马尔西安　娶狄奥多西二世之女为妻

利奥王朝（457—518）

457—474 年　“色雷斯人”利奥一世　战士，由东罗马将军阿斯帕尔推举

474 年　利奥二世　利奥一世之孙

474—475 年　芝诺　利奥一世的女婿

475—476 年　巴西利斯库斯　篡位者，利奥一世的妻弟

476—491 年　芝诺（重登皇位）

491—518 年　阿纳斯塔修斯一世　利奥一世的女婿

查士丁尼王朝（527—602）

518—527 年　查士丁一世　守卫帝都的将领

527—565 年　查士丁尼一世（查士丁尼大帝）查士丁一世的外甥

565—578 年　查士丁二世　查士丁尼的外甥

578—582 年　提比略二世 查士丁二世的养子
582—602 年　摩里士 提比略二世的女婿

非王朝

602—610 年　福卡斯 篡位者，摩里士手下的战士

希拉克略王朝（610—711）

610—641 年　希拉克略 篡位者，迦太基将领
641 年　君士坦丁三世 希拉克略之子
641 年　赫拉克洛纳斯 希拉克略之子
641—668 年　“大胡子”君士坦斯二世 君士坦丁三世之子
668—685 年　君士坦丁四世 君士坦斯二世之子
685—695 年　“无鼻者”查士丁尼二世 君士坦丁四世之子
695—698 年　列昂提 篡位者，查士丁尼二世手下的战士
698—705 年　提比略三世 篡位者，列昂提的海军军官
705—711 年　查士丁尼二世（重登皇位）

非王朝

711—713 年　菲力皮库斯 篡位者，查士丁尼手下的亚美尼亚战士
713—715 年　阿纳斯塔修斯二世 篡位者，菲力皮库斯的大臣
715—717 年　狄奥多西三世 篡位者，税务官，传闻为提比略三世之子

伊苏里亚王朝（717—802）

717—741 年　利奥三世 篡位者，查士丁尼二世手下的叙利亚外交官
741—775 年　“背负骂名者”君士坦丁五世 利奥三世之子
775—780 年　利奥四世　君士坦丁五世之子
780—797 年　“失明者”君士坦丁六世 利奥四世之子
797—802 年　伊琳娜女皇 利奥四世之妻，君士坦丁六世之母

尼斯福鲁斯王朝（802—813）

802—811 年　尼斯福鲁斯一世 篡位者，伊琳娜女皇的财政大臣
811 年　斯陶拉基奥斯 尼斯福鲁斯一世之子
811—813 年　米海尔一世 尼斯福鲁斯一世的女婿

非王朝

813—820 年　利奥五世 米海尔一世手下的贵族将领

弗里吉亚王朝（820—867）

820—829 年　“口吃者”米海尔二世 君士坦丁六世的女婿

829—842 年　狄奥菲雷斯 米海尔二世之子

842—855 年　狄奥多拉 狄奥菲雷斯之妻

842—867 年　“酒鬼”米海尔三世 狄奥菲雷斯之子

马其顿王朝（867—1056）

867—886 年　巴西尔一世 亚美尼亚农民，娶米海尔三世遗孀为妻

886—912 年　“智者”利奥六世 巴西尔一世之子（亦传闻其生父为米海尔三世）

912—913 年　亚历山大 巴西尔一世之子

913—959 年　“生于紫室者”君士坦丁七世 利奥六世之子

920—944 年　罗曼努斯一世·利卡潘努斯 前将领，君士坦丁七世的岳父

959—963 年　罗曼努斯二世 君士坦丁七世之子

963—969 年　尼斯福鲁斯·福卡斯 将领，娶罗曼努斯二世遗孀为妻

969—976 年　约翰一世 篡位者，尼斯福鲁斯二世的外甥

976—1025 年　“保加利亚屠夫”巴西尔二世 罗曼努斯二世之子

1025—1028 年　君士坦丁八世 罗曼努斯二世之子

1028—1050 年　佐伊女皇 君士坦丁八世之女

1028—1034 年　罗曼努斯三世 佐伊女皇首任丈夫

1034—1041 年　米海尔四世 佐伊女皇第二任丈夫

1041—1042 年　米海尔五世 佐伊女皇养子

1042 年　佐伊和狄奥多拉

1042—1055 年　君士坦丁九世 佐伊女皇第三任丈夫

1055—1056 年　狄奥多拉（重登皇位）

非王朝

1056—1057 年　米海尔六世 由狄奥多拉推举

1057—1059 年　伊萨克一世 篡位者，米海尔六世手下将领

杜卡斯王朝（1059—1081）

1059—1067 年　君士坦丁十世 由伊萨克推举

1068—1071 年　罗曼努斯四世 娶君士坦丁十世遗孀为妻

1071—1078 年　米海尔七世 君士坦丁十世之子

1078—1081 年　尼斯福鲁斯三世 篡位者，米海尔七世手下将领

科穆宁王朝（1081—1185）

1081—1118 年　阿历克塞一世 篡位者，伊萨克一世的侄子

1118—1143 年　“美男子”约翰二世 阿历克塞一世之子

1143—1180 年　曼努埃尔一世 约翰二世之子

1180—1183 年　阿历克塞二世 曼努埃尔一世之子

1183—1185 年　安德洛尼卡一世 篡位者，曼努埃尔一世的堂兄

安格鲁斯王朝（1185—1204）

1185—1195 年　伊萨克二世 阿历克塞一世曾外孙

1195—1203 年　阿历克塞三世 伊萨克二世之兄

1203—1204 年　伊萨克二世（重登皇位）及其子阿历克塞四世

非王朝

1204 年　阿历克塞五世 篡位者，阿历克塞三世的女婿

巴列奥略王朝（1259—1453）

1259—1282 年　米海尔八世 阿历克塞三世的曾外孙

1282—1328 年　安德洛尼卡二世 米海尔八世之子

1328—1341 年　安德洛尼卡三世 安德洛尼卡二世之孙

1341—1391 年　约翰五世 安德洛尼卡三世之子

1347—1354 年　约翰六世 约翰五世的岳父

1376—1379 年　安德洛尼卡四世 约翰五世之子

1390 年　约翰七世 安德洛尼卡四世之子

1391—1425 年　曼努埃尔二世 约翰五世之子

1425—1448 年　约翰八世 曼努埃尔二世之子

1448—1453 年　君士坦丁十一世 曼努埃尔二世之子

致谢

作为一位编年史的作者，这本书的诞生绝非我个人的功劳。在撰写这本书的过程中，我曾对很多人心存感激和歉疚。第一位当属我的兄弟安德斯，给予我源源不绝的鼓励与支持，如果没有安德斯的慷慨帮助，要写成这本书根本是天方夜谭。此外，我也要感谢蒂娜·贝内特，感谢你所有充满智慧的意见和建议，以及我的编辑里克·霍尔根，感谢你极具洞见的点评，让我在完成这本书的过程中始终坚持最初的目标，从未动摇。假如没有朱利安·帕维亚睿智的评论，本书不可能以最后的面貌出版，他提出的深刻问题同样使我受益匪浅。我也要对萨姆·弗雷德曼表达真诚的感谢，还有我的学生们，谢谢你们容忍我在几乎任何一门课上都要硬塞进拜占庭的相关内容，并且仍然热情饱满地提出问题。此外，我同样要衷心感谢我的父母，你们鼓励我热爱历史；也要感谢我的家庭，托尼亚、帕特、尼尔斯和席琳，你们忍受着我滔滔不绝地谈论皇帝和将军们，却还给我无尽的支持。我最后要感谢的是我的妻子凯瑟琳，长久以来，你不得不与我共同分享关于拜占庭的漫长故事，但你对我的工作所体现出的热情从未枯竭。感谢你们所有人，有了你们的支持与引导，这本书才能最终问世。

The Sea Wolves

维京传奇

来自海上的战狼

A History of the Vikings

[美]
拉尔斯·布朗沃思
LARS BROWNWORTH
著

豆岩 陈丽
译

何啸锋
校译

中信出版集团 | 北京

图书在版编目（CIP）数据

维京传奇：来自海上的战狼 /（美）拉尔斯 · 布朗沃思著；豆岩，陈丽译 . -- 北京：中信出版社，2023.6（2024.6 重印）

（欧洲中世纪四部曲）

书名原文：The Sea Wolves: A History of the Vikings

ISBN 978–7–5217–5377–6

Ⅰ . ①维… Ⅱ . ①拉… ②豆… ③陈… Ⅲ . ①北欧－中世纪史 Ⅳ . ① K530.3

中国国家版本馆 CIP 数据核字（2023）第 094946 号

维京传奇：来自海上的战狼
著者：　[美] 拉尔斯 · 布朗沃思
译者：　豆　岩　陈　丽
出版发行：中信出版集团股份有限公司
（北京市朝阳区东三环北路 27 号嘉铭中心　邮编　100020）
承印者：　河北鹏润印刷有限公司

开本：880mm×1230mm　1/32　　印张：37.5　　字数：789 千字
版次：2023 年 6 月第 1 版　　印次：2024 年 6 月第 2 次印刷
京权图字：01–2018–4343　　审图号：GS（2023）507 号
书号：ISBN 978–7–5217–5377–6
定价：298.00 元（全四册）

服务热线：400–600–8099
投稿邮箱：author@citicpub.com

谨以此书献给

初涉险途的托马斯

目 录

地　图

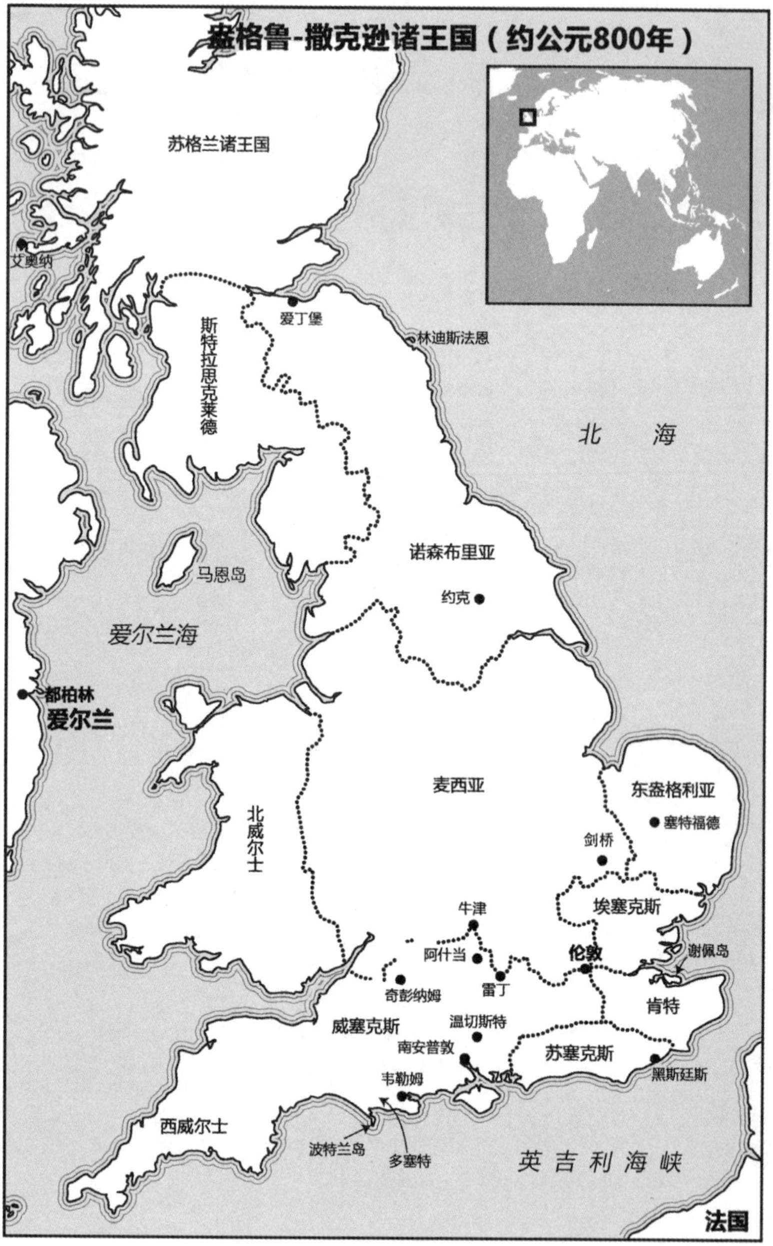
盎格鲁-撒克逊诸王国（约公元800年）
苏格兰诸王国
艾奥纳
爱丁堡
林迪斯法恩
斯特拉恩克莱德
北　海
诺森布里亚
马恩岛
约克
爱尔兰海
都柏林
爱尔兰
麦西亚
东盎格利亚
塞特福德
剑桥
北威尔士
埃塞克斯
牛津
阿什当
伦敦
谢佩岛
奇彭纳姆
雷丁
肯特
威塞克斯
温切斯特
南安普敦
苏塞克斯
黑斯廷斯
韦勒姆
西威尔士
波特兰岛
多塞特
英吉利海峡
法国

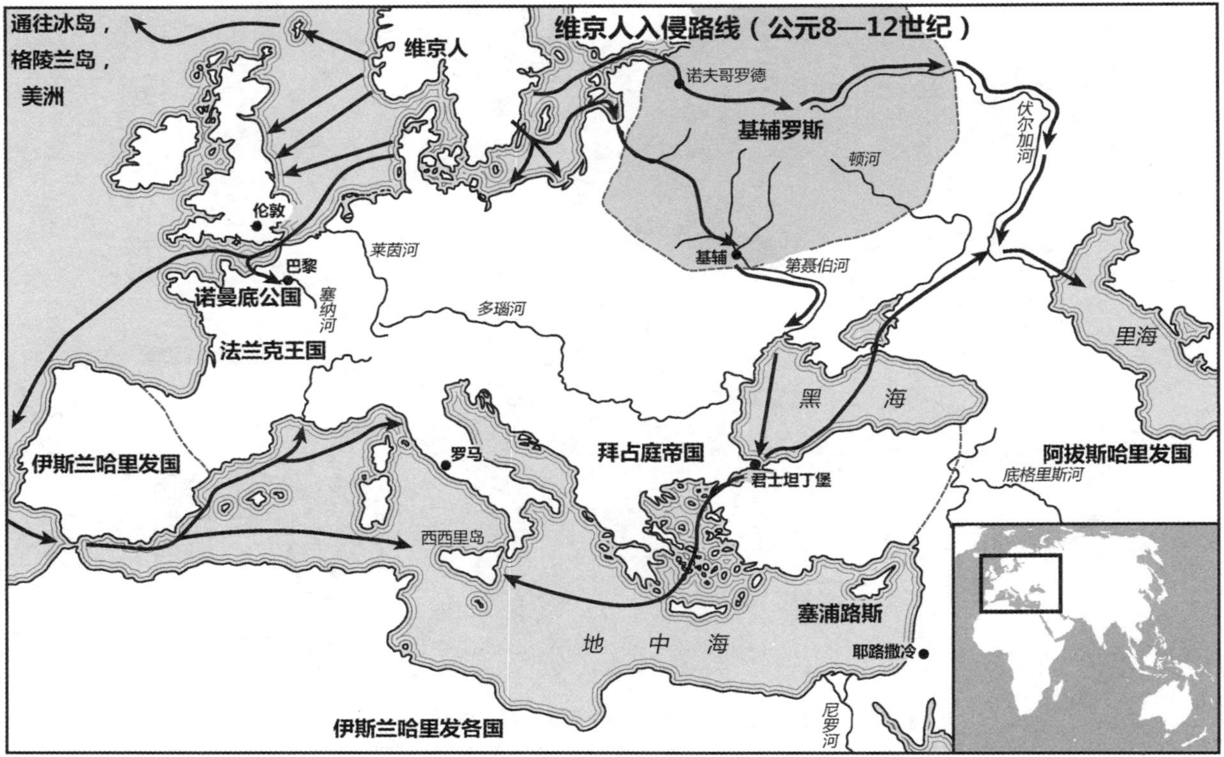
维京人入侵路线（公元8—12世纪）
通往冰岛，
格陵兰岛，
美洲
维京人
诺夫哥罗德
基辅罗斯
顿河
伏尔加河
伦敦
莱茵河
巴黎
基辅
第聂伯河
诺曼底公国
塞纳河
多瑙河
法兰克王国
里海
黑海
拜占庭帝国
阿拔斯哈里发国
伊斯兰哈里发国
罗马
君士坦丁堡
底格里斯河
西西里岛
塞浦路斯
地中海
耶路撒冷
伊斯兰哈里发各国
尼罗河

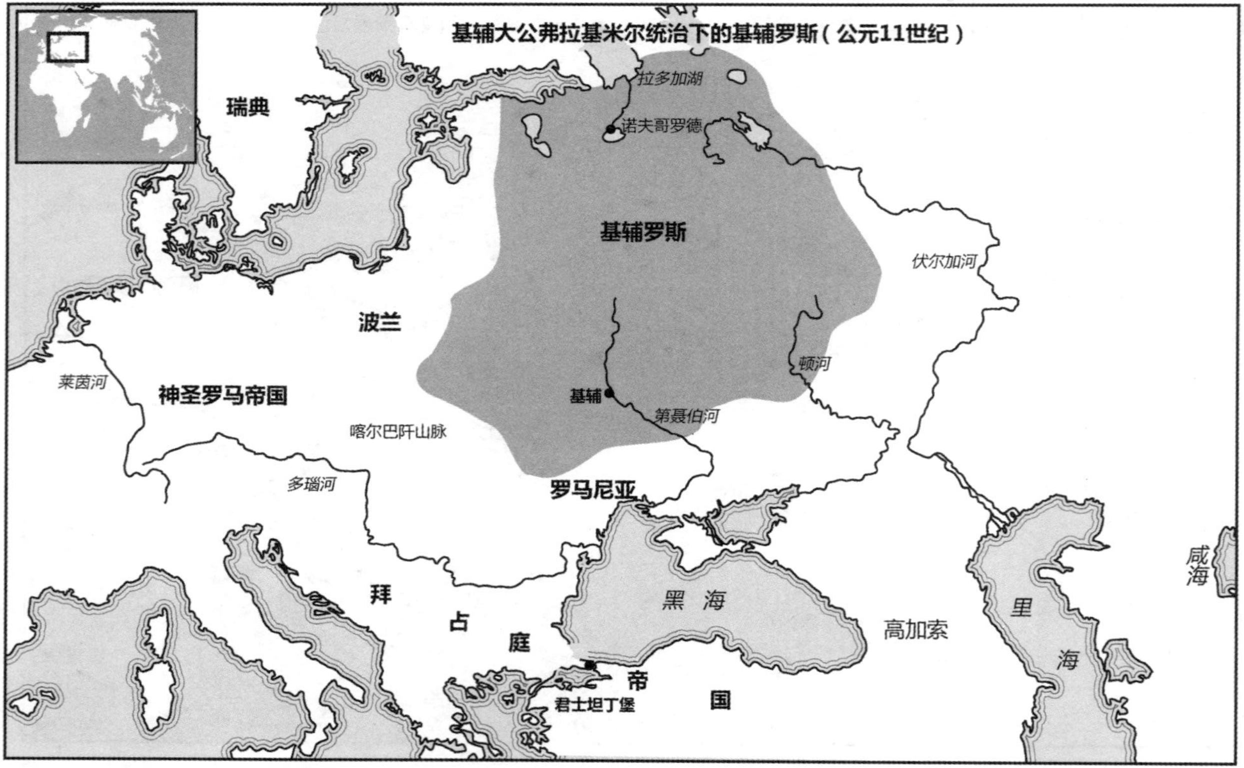
基辅大公弗拉基米尔统治下的基辅罗斯（公元11世纪）
瑞典
拉多加湖
诺夫哥罗德
基辅罗斯
伏尔加河
波兰
顿河
莱茵河
神圣罗马帝国
基辅
第聂伯河
喀尔巴阡山脉
多瑙河
罗马尼亚
咸海
黑海
高加索
里海
拜占庭帝国
君士坦丁堡

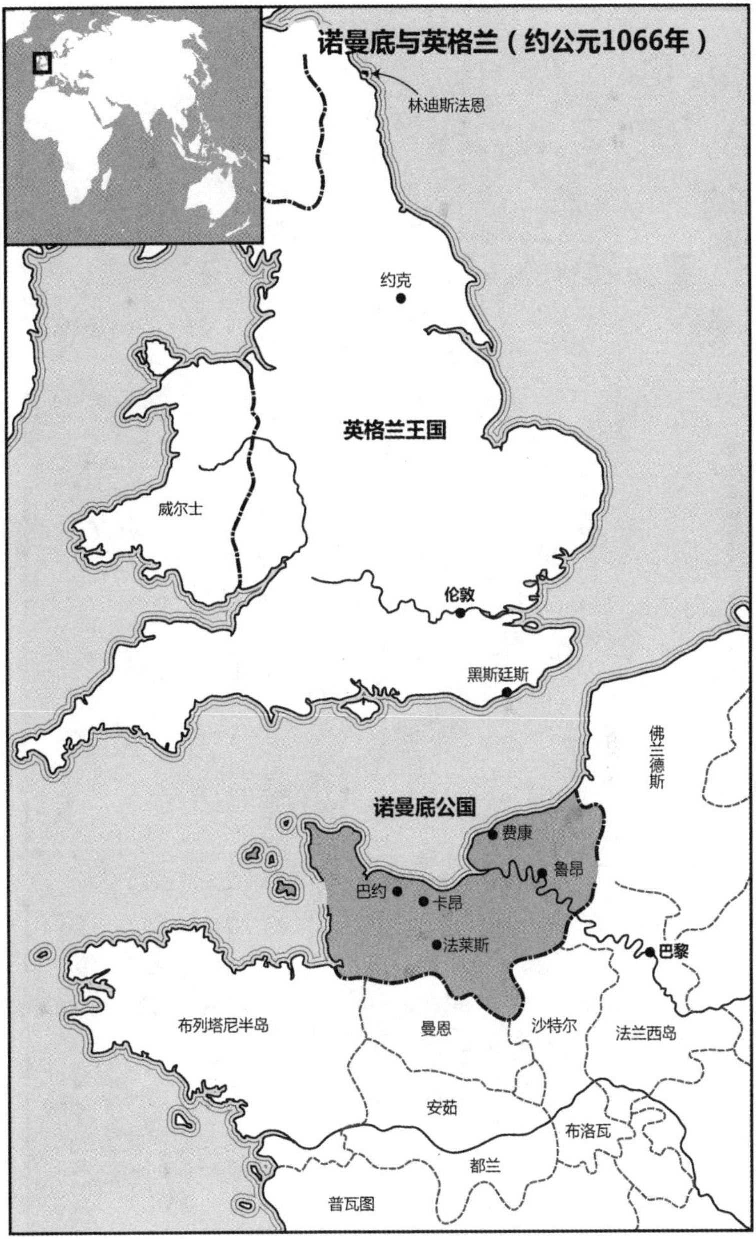
诺曼底与英格兰（约公元1066年）
林迪斯法恩
约克
英格兰王国
威尔士
伦敦
黑斯廷斯
佛兰德斯
诺曼底公国
费康
鲁昂
巴约
卡昂
法莱斯
巴黎
布列塔尼半岛
曼恩
沙特尔
法兰西岛
安茹
布洛瓦
都兰
普瓦图

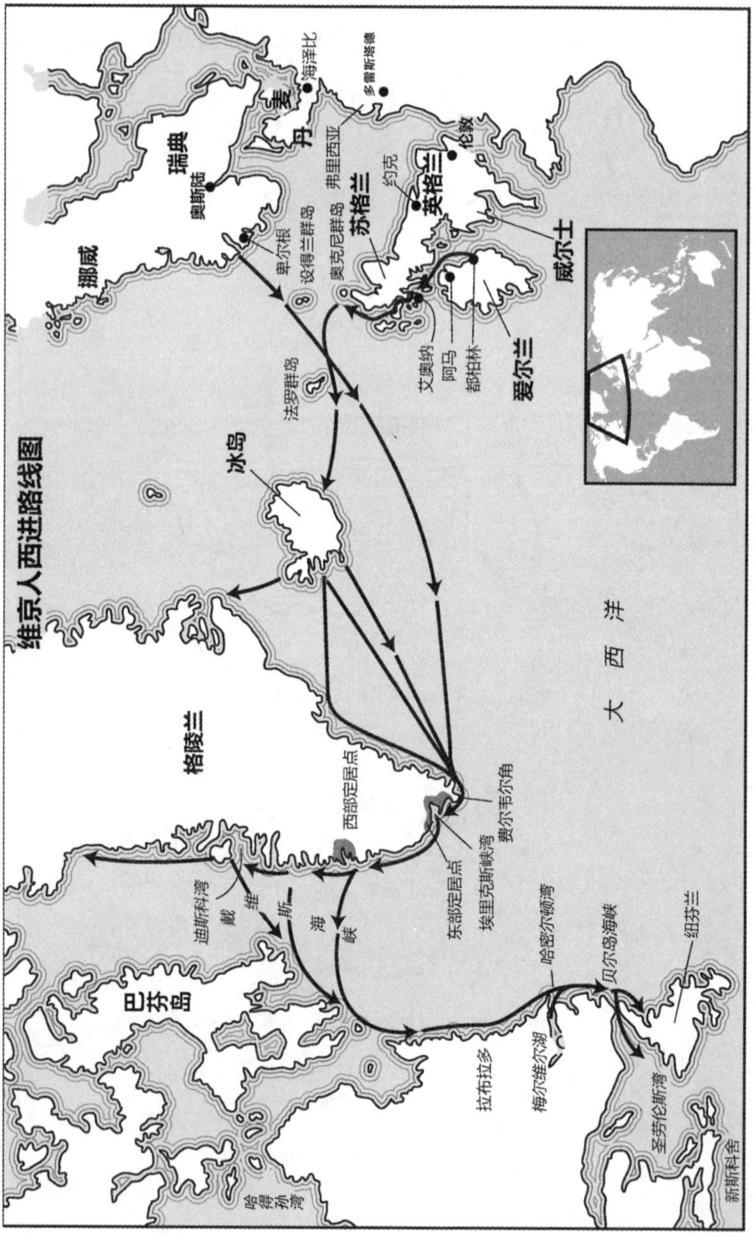
维京人西进路线图
挪威
瑞典
奥斯陆
丹
麦
海泽比
多雷斯塔德
卑尔根
设得兰群岛
奥克尼群岛
弗里西亚
苏格兰
约克
英格兰
伦敦
威尔士
爱尔兰
艾奥纳
阿马
都柏林
法罗群岛
冰岛
格陵兰
西部定居点
东部定居点
埃里克斯峡湾
费尔韦尔角
大西洋
迪斯科湾
戴维斯海峡
巴芬岛
哈得孙湾
拉布拉多
梅尔维尔湖
哈密尔顿湾
贝尔岛海峡
纽芬兰
圣劳伦斯湾
新斯科舍

人名

埃拉（Ælla，9世纪中叶），诺森布里亚王国国王。传闻他曾下令处死落难的朗纳尔·洛德布罗克。867年，埃拉又死于为朗纳尔复仇的“无骨者”伊瓦尔和其率领的异教徒大军之手。

“决策无方者”埃塞尔雷德（Athelred the Unready，约968—1016），维京人最后一轮大举入侵不列颠岛时在位的英格兰国王。

埃塞尔伍尔夫（Aethelwulf，约795—858），威塞克斯王国国王，阿尔弗雷德大王的父亲。

埃塞斯坦（Athelstan，约894—939），首位被公认为英格兰国王的盎格鲁-撒克逊君主。

约克的阿尔昆（Alcuin of York，约735—804），英格兰学者，查理曼的智囊。

阿尔弗雷德大王（Alfred the Great，约849—899），威塞克斯王国国王，战胜过异教徒大军，奠定了中世纪英格兰王国的基础。

“深思者”艾于德（Aud the Deep Minded，约834—900），都柏林国王白色奥拉夫的妻子，后定居于冰岛。

“保加利亚屠夫”巴西尔（Basil the Bulgar-Slayer，958—1025），拜占庭帝国皇帝，创建了拜占庭帝国皇家护卫军瓦兰吉卫队。

比雅尼·何尔约夫松（Bjarni Herjólfsson，10世纪），第一位发现美洲大陆的挪威探险家。

“勇士”比约恩（Bjorn Ironside，9世纪），朗纳尔·洛德布罗克的儿子。860年，他和兄弟哈斯泰因曾对地中海区域发动了一场带有传说性质的劫掠。

布赖恩·博鲁（Brian Bóruma，约941—1014），爱尔兰至尊王，在位期间曾试图统一整个爱尔兰岛，死于克朗塔夫战役。

战士布罗迪（Brodir of Man，11世纪），丹麦海盗的雇佣兵，传说他在克朗塔夫战役中杀死了布赖恩·博鲁。

克努特大帝（Cnut the Great，约985—1035），维京国王，统治着英格兰、丹麦和挪威部分地区。他是“八字胡”斯韦恩的儿子，曾先后击败“决策无方者”埃塞尔雷德及其儿子“刚勇者”埃德蒙，最终完全征服了英格兰。

科伦巴（Columba，约521—597），爱尔兰传教士，因把基督教传入苏格兰而闻名。他在苏格兰西侧艾奥纳岛上建立的修道院，成了维京人早期袭击活动的目标。

卡斯伯特（Cuthbert，约634—687），英格兰北部的主保圣人，遗体存放在林迪斯法恩修道院中，该修道院是维京人大举入侵的第一个目标。

查理曼（Charlemagne，约747—814），法兰克帝国（也称“查理帝国”）皇帝，西罗马帝国覆灭后欧洲大陆的首位帝国君主。

“秃头”查理（Charles the Bald，823—877），法兰克帝国皇帝，“虔诚者”路易的儿子，曾向围攻巴黎的朗纳尔缴纳大笔赎金，以求其撤军。

“胖子”查理（Charles the Fat，839—888），法兰克帝国皇帝，查理曼的曾孙，帝国分裂前的最后一位皇帝。886年，他向围攻巴黎的维京人缴纳大笔赎金，才解除了困境。

“糊涂王”查理（Charles the Simple，879—929），西法兰克王国国王，“胖子”查理的堂侄，准许维京人在诺曼底定居，希望以此来阻止他们的入侵。

“刚勇者”埃德蒙（Edmund Ironside，约989—1016），英格兰国王，“决策无方者”埃塞尔雷德的儿子。他被迫同意分割英格兰，与维京人克努特大帝共同统治。

“血斧王”埃里克（Erik Bloodaxe，约885—955），挪威和约克的维京国王，“金发王”哈拉尔的儿子。

“红胡子”埃里克（Erik the Red，约950—1003），挪威维京人，开拓了格陵兰岛定居点，莱夫·埃里克松和弗雷蒂丝的父亲。

弗雷蒂丝（Freydis，10世纪），“红胡子”埃里克的女儿，北美文兰地区的早期定居者。

加尔萨（Garthar，9世纪），瑞典商人，第一位刻意寻找冰岛的维京人，他在那儿度过了一个漫长的冬季。

戈德弗雷德（Godfred，8世纪晚期），丹麦海盗军事首领，修建了丹麦边墙的第一部分。

戈德温（Godwin，约1001—1053），威塞克斯伯爵，“忏悔者”爱德华的顾问，权势滔天；托斯蒂格·戈德温森和哈罗德·戈德温森的父亲。

老戈姆（Gorm the Old，死于958年），丹麦首位海盗国王，“蓝牙王”哈拉尔的父亲。

古特仑（Guthrum，死于890年），异教徒大军入侵威塞克斯王国时的领袖。

“善良王”哈康（Håkon the Good，约920—961），挪威第三任国王，“金发王”哈拉尔最小的儿子，“血斧王”埃里克的弟弟。

哈夫丹（Halfdan，死于877年），朗纳尔·洛德布罗克的儿子，异教徒大军的领袖，曾于871—872年短暂地统治过伦敦。

“蓝牙王”哈拉尔（Harald Bluetooth，约935—986），丹麦和挪威部分地区的维京国王，老戈姆的儿子，促成了丹麦人改宗基督教。

“金发王”哈拉尔（Harald Fairhair，约850—932），挪威首位国王，“血斧王”埃里克和“善良王”哈康的父亲。

“灰袍王”哈拉尔（Harald Greycloak，死于970年），“血斧王”埃里克的儿子，挪威国王，死于“蓝牙王”哈拉尔之手。

哈拉尔·哈德拉达（Harald Hårdrada，约1015—1066），即“无情者”哈拉尔，挪威国王，圣奥拉夫同母异父的兄弟，曾是瓦兰吉卫队的成员，征服过挪威，死于斯坦福布里奇战役。

哈拉尔·克拉克（Harald Klak，约785—852），丹麦海盗军事首领，法兰克帝国皇帝“虔诚者”路易曾试图借助他让整个丹麦改宗基督教。

哈罗德·戈德温森（Harold Godwinson，约1022—1066），英格兰最后一位盎格鲁-撒克逊国王，在黑斯廷斯战役中死于“征服者”威廉之手。

哈斯泰因（Hastein，9世纪），可能是朗纳尔·洛德布罗克的儿子，他和他的兄弟“勇士”比约恩曾对地中海区域发动了一场带有传奇色彩的劫掠。

海尔基（Helgi，死于912年），瑞典维京人，留里克的继承人，将基辅罗斯的首都从诺夫哥罗德迁到基辅，在斯拉夫语中称他为奥列格。

霍里克（Horik，死于854年），丹麦军事首领戈德弗雷德的儿子，曾把劫掠巴黎的朗纳尔·洛德布罗克放逐海外。

殷格·亚纳逊（Ingólfur Arnarson，9世纪），冰岛最早的永久定居者，居住在被其命名为雷克雅未克的地区。

基辅大公英格瓦（Ingvar of Kiev，死于945年），瑞典维京人，海尔基在基辅的继承人，曾带罗斯人袭击了君士坦丁堡。

“无骨者”伊瓦尔（Ivar the Boneless，9世纪），朗纳尔·洛德布罗克最有名气的儿子，带领异教徒大军袭击英格兰，大获全胜。

莱夫·埃里克松（Leif Erikson，约970—1020），“红胡子”埃里克的儿子，第一个登陆北美洲的欧洲人。

“虔诚者”路易（Louis the Pious，778—840），法兰克帝国皇帝，查理曼的儿子，曾尝试解决维京人袭击欧洲大陆的问题，但是并未取得成功。

梅尔·塞克纳尔（Máel Sechnaill，948—1022），爱尔兰前至尊王，在布赖恩·博鲁死于克朗塔夫战役后，重新获得王位。

纳多德（Naddodd，9世纪），维京探险家，因为发现冰岛而闻名。

奥丁（Odin），北欧神话中的主神，也被称作“诸神之父”。

奥拉夫·哈拉尔德松（Olaf Haraldsson，995—1030），挪威的主保圣人，维京国王，试图使整个挪威改宗基督教，死于斯蒂克莱斯塔战役。

奥拉夫·西特里克松（Olaf Sitricsson，约927—981），约克和都柏林的维京国王，“独眼人”西特里克的儿子。

白色奥拉夫（Olaf the White，约820—871），都柏林维京国王，和“无骨者”伊瓦尔共同统治都柏林。

奥拉夫·特里格瓦松（Olaf Tryggvason，约960—1000），挪威维京国王，曾试图采用强制手段使整个挪威改宗基督教，死于斯沃尔德战役。

基辅的奥尔加（Olga of Kiev，约890—969），基辅大公英格瓦的妻子。她对基督教的接纳为基督教在罗斯公国的传播铺平了道路。

朗纳尔·洛德布罗克（Ragnar Lothbrok，9世纪），传说是丹麦维京人，曾于845年成功出袭巴黎。“无骨者”伊瓦尔、哈斯泰因、哈夫丹、乌比和“勇士”比约恩的父亲。

“鸦人”弗洛基（Raven Flóki，约9世纪），挪威维京人，他第一次为今天的冰岛起名，并首先开始了在冰岛定居。

罗洛（Rollo，9世纪），挪威维京人，后定居法国，建立了诺曼底公国。

罗斯人留里克（Rurik the Rus，死于879年），瑞典维京人，曾定居于诺夫哥罗德，是第一个在今俄罗斯地区建立维京政权的人。

西格弗雷德（Sigfred，9世纪），维京战神，曾于885年领军围攻巴黎，但没有成功。

“独眼人”西特里克（Sitric One-Eyed，9世纪晚期），统治都柏林和约克的维京国王，是“无骨者”伊瓦尔的孙子；曾试图建立爱尔兰-英格兰王国。

“白胡子”西特里克（Sitric Silkbeard，约970—1042），统治都柏林的维京国王，是最后在爱尔兰的几个重要维京人物之一；曾组织起义反抗爱尔兰至尊王布赖恩·博鲁，但于克朗塔夫战役之前撤军。

斯诺里·斯蒂德吕松（Snorri Sturluson，1179—1241），冰岛诗人，著有《挪威列王传》。

斯韦恩·埃斯特里德松（Svein Estridsson，约1019—1074），也称斯韦恩二世，丹麦维京国王，曾与他的邻居“无情者”哈拉尔进行了一场长达15年的战争。

“八字胡”斯韦恩（Svein Forkbeard，约960—1014），丹麦维京国王，“蓝牙王”哈拉尔之子，曾于1013年征服英格兰。

基辅大公斯维亚托斯拉夫（Sviatoslav of Kiev，约942—972），继英格瓦之后统治基辅，曾试图横渡第聂伯河，但渡河途中遭到伏击，他的头骨被敌人做了酒杯。

托尔（Thor），最著名的维京神话人物，很受农民以及水手的崇拜。

托尔芬·卡尔塞夫尼（Thorfinn Karlsefni，11世纪），维京探险家，曾打算在文兰建立永久定居点。

“恶魔”索吉尔斯（Thorgils the Devil，9世纪），维京海盗王，建立都柏林。

索瓦尔德·埃里克松（Thorvald Erikson，10世纪），维京探险家，莱夫·埃里克松的兄弟，是第一个在美洲遇害的欧洲人。

托斯蒂格·戈德温森（Tostig Godwinson，死于1066年），哈罗德·戈德温森的兄弟，曾于1066年同“无情者”哈拉尔一道入侵英格兰。

乌比（Ubba，9世纪），朗纳尔·洛德布罗克之子，是异教徒大军的主要领袖之一。

基辅大公弗拉基米尔（Vladimir of Kiev，约958—1015），基辅统治者，曾成功让罗斯人改宗基督教，为瓦兰吉卫队提供了第一批罗斯士兵。

地名

阿马（Armagh），爱尔兰宗教中心，爱尔兰主保圣人圣帕特里克（St. Patrick）即葬于此。

布莱特列（Brattahlíð），“红胡子”埃里克在格陵兰岛的农庄。

君士坦丁堡（Constantinople），拜占庭帝国首都。

丹麦（Denmark），斯堪的纳维亚半岛上最南端的维京王国。

第聂伯河（Dnieper River），从罗斯到君士坦丁堡的主要水路。

多雷斯塔德（Dorestad），查理帝国重要的贸易中心，即今天荷兰的迪尔斯泰德附近韦克。

都柏林（Dublin），维京人在爱尔兰的主要定居城市。

埃塞克斯（Essex），盎格鲁－撒克逊人在中世纪早期建立的一个小王国，疆域为伦敦周围区域。

东盎格利亚（East Anglia），盎格鲁－撒克逊人建立的主要王国之一，疆域大致为大不列颠岛东南部地区。

东部定居点（Eastern Settlement），“红胡子”埃里克在格陵兰岛建立的第一个定居点，也是当地规模最大的。

弗里西亚（Frisia），地处北海东南海岸，位于今天的荷兰和德国。

格陵兰岛（Greenland），全球面积最大的岛屿，10世纪时维京人在此定居。

赫布里底群岛（Hebrides），位于苏格兰西北海岸以外的群岛。

海泽比（Hedeby），日德兰半岛最重要的贸易中心，靠近今天的石勒苏益格。

冰岛（Iceland），北大西洋火山岛屿，近北极圈，9世纪时维京人在此定居。

艾奥纳修道院（Iona），地处苏格兰西部海岸外的一座岛屿上，为爱尔兰修道士圣科伦巴所建。

肯特（Kent），中世纪早期盎格鲁－撒克逊人建立的小王国，疆域为坎特伯雷周围地区。

基辅（Kiev），东部最重要的罗斯城市，是罗斯第一个中央集权政权的首都。

林迪斯法恩（Lindisfarne）， 英格兰北部主保圣人卡斯伯特的墓地所在地，也是793

年第一次遭遇维京人大劫掠的地方。

麦西亚（Mercia），中世纪早期盎格鲁－撒克逊人建立的主要王国之一，位于大不列颠岛中部。

米克拉加德（Miklagård），古诺尔斯语，指君士坦丁堡。

诺森布里亚（Northumbria），中世纪早期盎格鲁－撒克逊人建立的七个王国之一，地处其他六个王国以北。

挪威（Norway），斯堪的纳维亚半岛上最西边的维京王国。

诺夫哥罗德（Novgorod），中世纪时期罗斯的第一个大城市。

奥克尼群岛（Orkney Islands），苏格兰北部群岛，在设得兰群岛西南部。

雷克雅未克（Reykjavik），冰岛首都。

设得兰群岛（Shetlands），苏格兰北部群岛，距苏格兰约60英里*。

旧拉多加（Staraya Ladoga），罗斯人最先定居的村落。

苏塞克斯（Sussex），中世纪早期盎格鲁－撒克逊人建立的小王国，地处英吉利海峡沿岸。

瑞典（Sweden），斯堪的纳维亚半岛上最东边的维京王国。

文兰（Vinland），维京人为北美大陆起的名字，很有可能是今天的纽芬兰。

威塞克斯（Wessex），盎格鲁－撒克逊人建立的主要王国之一，地处大不列颠岛西南部。

西部定居点（Western Settlement），维京人在格陵兰岛建立的第二个定居点，地处东部定居点西北部。

约克（York），诺森布里亚王国的主要城市，是维京人在英格兰的权力中心。

伏尔加河（Volga River），是罗斯境内经过里海到阿拉伯国家的主要水路。

* 1英里≈1.6千米。——编者注

其他

阿尔庭（Althing），所有自由的维京人组成的集会，经常通过投票方式就一些重要事件做出决定。

克朗塔夫战役（Battle of Clontarf），爱尔兰历史上最有名的战役，是爱尔兰人和维京反叛者联合反抗爱尔兰至尊王布赖恩·博鲁统治的战役。

斯蒂克莱斯塔战役（Battle of Stiklestad），是发生在流亡在外的挪威国王奥拉夫·哈拉尔德松和他的旧部之间的战役。

丹麦金（Danegeld），是英格兰和法兰克国王为了让维京人离开自己的领地向他们支付的赎金。

丹麦区（Danelaw），英格兰北部地区，起初为丹麦入侵者古特仑占领，维京人在这里定居。

丹麦边墙（Danevirke），是一处规模巨大的土筑城墙，蜿蜒于日德兰半岛之上，是丹麦为了防止查理帝国的进攻而建的。

黑洋人（Dubgaill），爱尔兰人对丹麦海盗的称呼。

白洋人（Findgaill），爱尔兰人对挪威海盗的称呼。

洋爱尔兰人（Gallgoidel），爱尔兰人对维京人和爱尔兰人的混血儿的称呼。

哥提（Gothi），冰岛人选举出的长老，一般而言都是德高望重、熟谙法律、慷慨善良之人。

希腊火（Greek Fire），拜占庭帝国的秘密燃烧武器。

圣索菲亚大教堂（Hagia Sophia），拜占庭帝国和东正教世界的主教堂。

《挪威列王传》（*Heimskringla*），是记载挪威国王的历史著作，由冰岛诗人斯诺里·斯蒂德吕松所著。

亚尔（Jarl），维京人当中的贵族。

哈扎尔人（Khazars），是一个非常强大的蛮族部落，控制着从伏尔加河到里海的通道。

《拓地记》（*Landnámabók*），中世纪时由冰岛人所著，详细记载了冰岛定居点的建立。

拓疆旗（Land-Waster），挪威国王“无情者”哈拉尔的战旗。

维京要塞（Longphort），维京人在爱尔兰沿海岸线修筑的防御工事，他们曾以此为庇护在敌人的领地上度过了冬天。

诸神的黄昏（Ragnarok），传说是诸神与冰河巨兽之间的决战，战争中诸神输给了冰河巨兽。

乌鸦旗（Raven Banner），是由朗纳尔·洛德布罗克的女儿在一天之内织出来的，这面旗子上有主神奥丁的神谕。

斯克瑞林人（Skræling），维京人对北美土著的称呼。

《埃普特河畔圣克莱尔条约》（Treaty of St. Clair-sur-Epte），法兰克的“糊涂王”查理和罗洛之间签订的协约，诺曼底公国由此产生。

瓦兰吉卫队（Varangian Guard），拜占庭帝国的皇家卫队，主要由维京人组成。

前言

北国重锤

Introduction

The Hammer of the North

早起者可占他人之城，夺他人之命。无地可获于慵懒，无战可胜于长眠。

——《智者萨蒙德埃达》，奥丁神谕集

在距今天苏格兰西海岸不远处的海面上，矗立着一座名叫艾奥纳的小岛。那是从北海中升起的一个岬角，岛上绿草如茵，沙滩如银。如今的这里是个静心冥想的好地方，虽然有着充满魔幻色彩的废墟，却很少受到游客或者淘气学童的侵扰。即便是那些知道这座小岛的人也很容易忘记，1 200 年前，这个田园般的海岸边发生过难以想象的暴行。

艾奥纳修道院是苏格兰基督教的核心象征，也是西欧最古老、最重要的宗教中心之一。6 世纪，爱尔兰修士科伦巴建立了这所修道院，从此这里便成了基督教在苏格兰传播的中心。

最初几个世纪，修士来到大西洋上的这个“荒岛”隐居，在这里用石头搭建起一座座蜂巢状的小屋。他们在这些石屋中专心祷告，立誓要节俭、顺从。然而，随着时间的推移，这个小小的聚居地逐渐变成了重要的朝圣之地，成了中世纪时重要的学习中心。这里成了培训修士的学校，并且设有专门用来抄录典籍的缮写室。就在这些缮写室中，诞生了许多传遍欧洲的经典作品。其中最著名的当数《凯尔经》。这部书由四部福音书组成，被同时代的爱尔兰人誉为“西方世界第一珍宝”。

除了宗教典籍外，艾奥纳小岛上还有着无数王室墓地。苏格兰早期的国王大多葬在修道院的地下墓室中，包括因莎士比亚的作品而为人们所熟知的麦克白和被其残害的邓肯。

几个世纪以来，在海岛居民虔诚信仰的庇佑下，再加上四面环海的地理位置，小岛一直都是和平的乐土。然而794年，这种祥和宁静的氛围被逐渐蔓延的恐慌所打破。修士们听闻一群来自北方的陌生异教徒袭击了东海岸的姐妹修道院。次年年初，当修士们正在为一个神圣的节日欢庆时，一艘艘船头被雕成龙和蛇形状的船只偷偷靠近了主修道院南面的海岸。

侵略者跳上岸边的白沙滩，向着各处建筑进发，杀掉沿途遇到的所有修士。他们砸开大门，杀掉任何试图抵抗之人，鲜血染红了教堂的石板。所有珍贵的物品被洗劫一空，甚至连那些已经死去和垂死之人身上的长袍也被扒去。为了纪念当时遇害的修士，那片白色的海岸后来被称为“殉道湾”。

幸免于难的修士四处逃散，侵略者则趁机放火烧毁了艾奥纳修道院，然后带着他们掠夺而来的丰富“战利品”冲向海岸。似乎只是一眨眼的工夫，他们便消失了，只留下血淋淋的尸体、烧毁的建筑和支离破碎的社区。

岛上原本分布着十几个由巨石雕成的十字架，最后只有圣马丁十字架得以完整地保存下来。《圣经》人物亚伯拉罕的雕像与疮痍满目的教堂遥遥相望。他高举利剑，似乎在警示着刚刚发生的惨案。

然而，袭击不列颠群岛仅仅是个开始，一把巨锤正在重重地砸向毫无防备的欧洲大陆。艾奥纳岛上那种尸横遍野、断壁残垣的景象，在接下来的几个世纪里几乎随处可见。

突如其来的暴行令许多欧洲人感到茫然失措、焦虑不安。从阿尔昆（Alcuin）的记载中，我们依然可以感受到当时人们的惶恐与绝望。阿尔昆是一名盎格鲁-撒克逊修士，定居在法兰克王国的都城亚琛，当时法兰克王国由查理曼统治。他写道：“前所未有的恐怖笼罩着不列颠的天空，生活在异教徒魔掌之下的我们痛不欲生。”

历时300年的“维京时代”，给西方基督教国家带来了深重的苦难。时至今日，每当提起“维京人”，许多欧洲人的脑海中仍会浮现这样一幅景象：一群金发碧眼的野蛮人争先跳下龙头船，在修道院烧杀抢掠。这种创伤已烙印在我们的集体记忆深处。

直至今日，那群来自北方的战士身上仍有许多未解之谜，就连“维京人”这个词语本身的起源也是未知。9世纪的各种记载将他们称为“北方人”、“丹麦人”、“挪威人”或者“异教徒”；常被他们侵略的盎格鲁-撒克逊人称之为“wicing”，也就是“海盗”的意思，不过这个词语直到 11 世纪才首次出现。对此，维京人自己的解释可能更好。“vic”（维克）在古诺尔斯语中是河湾或者海湾的意思，位于奥斯陆峡湾附近的维克区盛产制造刀剑需要的铁矿石。“维京人”这个词语最初只是用来指代来自维克区的人，后来逐渐被用来指代整个斯堪的纳维亚半岛上的掠夺者。

到底为什么维京人会在 8 世纪时突然从他们的土地上崛起？人们对此有着无数的猜想。从人口过剩 * 到政治压力，从气候变化到科技创新，各种理论学说不一而足。然而，北欧人离开故土的南下潮流，有着周期性的规律。据现有资料记载，实际上在 3 世纪左右，斯堪的纳维亚人就开始了他们的首次迁徙，这一时间要比“维京时代”的开始早了近 500 年。当时西罗马帝国已经摇摇欲坠，来自今天瑞典南部的哥特人入侵了帝国，并最终在法国南部和西班牙定居下来。

但是不同于 8 世纪的掠夺者，哥特人不会自视为“斯堪的纳维亚人”或者“维京人”。尽管所有的维京人都使用同一种语言，但是他们中间也有着不同的部族。多数生活在维京时代的斯堪的纳维亚人，终其一生也未曾离开过自己的家园。人们怀疑，那些掠夺者可能只是其中的一个人数较少的部族，各种各样的原因逼迫着他们开始了自己的冒险。事实上，任何一种孤立的观点都无法为此提供完整的解释。此外，维京人的故事大多是由外人讲述的——有的出自受害民族的文字记载，有的来自欧洲南部和东部文明古国的历史记录，还有的则是来自考古学家颇具煽动性的只言片语。这一切都使得事情变得更加扑朔迷离。

* 这是历史上最受欢迎的解释。正如威尔·杜兰特的描述“女性的生育能力……超过了土地的养育能力。”

维京人最终消失在历史的长河中，部分要归因于他们的艺术家中只有木匠。每年夏天，他们都在林中伐木，然后用这些木材构建起自己的文明，如宏伟的大厅、坚固的战船及木制的教堂等。然而，这一切中，只有教堂勉强完整地保存下来，象征着维京世界的落日余晖。

维京人留下的文字记录很少。相对于创作史诗或者记录历史而言，他们的如尼字母似乎更适合用来雕刻咒语或者碑文。当冰岛的吟游诗人斯诺里·斯蒂德吕松完成《挪威列王传》时，距离维京时代的终结已有400多年。

但是那些故事反映了一种古老的口述传统，而且即便听不清具体的言语，我们也能从故事中感受到那些传说所体现的精神。正是这些传说陪伴着维京诗人度过了北欧的漫漫长夜。如同《伊利亚特》展示了古希腊人的风貌，这些故事也体现着维京人的精神：一位真正的勇士在外征战，求取财富，然后建起宏伟的厅堂，并慷慨地赏赐那些忠诚的追随者。荣耀与王权，只有在战场上才能赢得。

在这种精神的鼓舞下，年轻的维京人纷纷驶向斯堪的纳维亚半岛南部和东部的沃土，希冀能够青史留名。很快，欧洲教堂内便传出了阵阵充满焦虑的祷告声，这印证了维京人的成功。法国北海岸的圣瓦斯特修道院的日常颂歌中有这样一句话：“救救我们吧，上帝，野蛮的北方人正在践踏我们的家园。”* 这种忧愁很快便感染了许多人，从东方的君士坦丁堡到西方的美洲。

* 这首祈祷词常被引用的版本为“哦，上帝，请将我们从北方人的怒火中拯救”，实际上在9世纪时从未被使用。

引言

维京人的黎明

Prologue

The Viking Dawn

刀光剑影，风云变幻，弱肉强食。人们不再心怀慈悲。

——斯诺里·斯蒂德吕松，《散文埃达》中女占卜者的末日预言

一个充满暴力和血腥的时代在林迪斯法恩岛上拉开了序幕，这个小岛本来是最不可能发生这类杀戮的地方。不管怎样，在今天看来，这座大陆岛仿佛游离于时间之外，毫无特色，就这样默默无闻地漂在北海之上。岛上植被稀疏，土壤多石，整体地势向海岸倾斜，直面海浪的侵蚀和北方冷空气的侵袭。

早在6世纪时，一群为数不多的修士就定居在这里了。那些修士当时正在寻觅一处可以让他们远离红尘纷扰的灵魂港湾。此后的一个世纪内，一座小修道院在岛屿南部的海角落成，其适于祷告的静谧环境

吸引了一位名叫卡斯伯特的修士，他是诺森布里亚未来的主保圣人。卡斯伯特在这座岛屿上生活了23年，为人热忱，品德高尚，名扬四方。卡斯伯特逝世以后出现了诸多与其相关的奇迹，其墓地后来便成了盎格鲁-撒克逊人的朝圣之地。

座座修道院拔地而起，正是8世纪晚期新的社会活力的集中体现。一批强势的统治者在英国和欧洲大陆崛起，使整个西欧重新获得了一种自罗马治世结束以后便再也没有出现过的强烈安全感。尽管罗马治世那段繁荣时期的破败遗迹依然随处可见，但是农民、手工业者和修士已经过上了中世纪早期的安稳生活。

当时英格兰从政治上来说分为四个大国和三个小国。其中最强大的是麦西亚王国。麦西亚王国西起威尔士边界，东至北海之滨，几乎控制着整个岛屿的中部地区。另外三个大国分别是：北起爱丁堡、南至亨伯河的诺森布里亚王国；涵盖英格兰东海岸大片沼泽地带的东盎格利亚王国；横贯英格兰西南部，囊括康沃尔的威塞克斯王国。三个小国则分别是位于英吉利海峡边上的苏塞克斯王国，统治着伦敦的埃塞克斯王国和疆域涵盖坎特伯雷及其周边地区的肯特王国。

8世纪，整个英格兰都在蓬勃发展，但其北方地区更是见证了文化的繁荣昌盛。历史学家将之称为“诺森布里亚文艺复兴”，这比后来那场起源于意大利的著名的文艺复兴运动要早了600多年。绘画、冶金、雕塑、建筑等各领域都蓬勃发展，百花齐放。也正是在这一时期，诞生了众多著名的盎格鲁-撒克逊泥金写本，包括《林迪斯法恩福音书》《凯尔经》《都罗之书》[*]等。

修道院在英格兰各地开办学校，培育了众多知识渊博的学者。因而，当查理曼决定建设自己的宫廷学院[†]时，大批英格兰学者就被招过去了。

英格兰和苏格兰北海岸边的贾罗、林迪斯法恩、艾奥纳岛等地的修道院在这场文艺复兴运动中受益最大。精装镀金的《福音书》、宝石镶嵌的圣盒[‡]、象牙雕琢的法杖（象征着主教的权力），以及金线绣图的法衣开始出现。见证了这场文艺复兴运动的8世纪在一片繁荣与和谐的景象中逐渐落幕。787年，《盎格鲁－撒克逊编年史》中记载，英格兰的农民在他们的田野上“泰然”劳作，幸福感是如此强烈；一位编年史学家在书中激动地写道：“耕牛甚至会自愿地将它们的脖子伸进轭中。”然而，黑夜终将来临。也正是那年秋天，一名守望员发现三艘身份不明的船只，停泊在距离威塞克斯南部波特兰岛不远处的海面上。

无论何时发现任何船只，不管其友好与否，海岸警卫队员都应立即向地区或城镇的主要行政官员——王国的地方治安官汇报。想必波特兰岛的地方治安官比杜希德（Beaduheard）认为船上的那些陌生人不过是一群商人。他骑马赶到岸边，可能只是为了带领他们去警署办些从事商业活动所需要的手续。然而，我们终将永远无法得知他当时到底是

* 这三本泥金写本（尤其是《林迪斯法恩福音书》）被普遍认为属于英国在中世纪时取得的最高艺术成就。

† 宫廷学院最终演变成了今天的巴黎大学。

‡ 圣盒是一种盛放圣人遗物的容器。

如何打算的，因为比杜希德还没来得及开口，他和他的随从便被船上那些陌生人乱箭射杀。

可怜的比杜希德，不幸成为首位有记载的与维京人发生接触的欧洲人。他的家人甚至都未能来得及为其复仇，因为当王国士兵赶到的时候，维京人早已带着从尸体上扒下来的财物离去了。人们不知道他们去了哪里，可能是沿着海岸线继续南下，也有可能是北上返回了自己的家园。除了将尸体掩埋并祈祷那些陌生人再也不要回来之外，人们没有什么其他的事情能做。

有关此次袭击的消息迅速传播开来，惴惴不安的当地人开始采取一些防御措施，以防那些强盗再次出现。英吉利海峡两岸的农民被招进民兵组织，组成能够应急的地方突击部队；一些宗教场所也采取了类似的防御措施。792 年，肯特王国要求境内修道院提高海防能力，以防“异教海员”的入侵。然而，维京人并非普通海盗，他们很快便以实际行动证实了英格兰人所做的准备是多么不堪一击。之前的那些劫掠，不过是些试探性攻击，用以检测英格兰人的防御力量和计算自己能够获得的收益。793 年，维京人开始集中力量大举进犯。

他们的目标并非人们预测的那些繁华的贸易中心，如多塞特、南安普敦等地。这些地方警卫森严，且人口众多，便于集中力量进行反抗。狡猾的维京人转而袭击了位置孤立但是同样富裕的林迪斯法恩修道院。除了那些毫无防备之心的修士的祈祷外，这里没有任何其他实质性的防备。

英格兰的修道院在过去 100 年中积累了大量的财富，并自然而然地成了进口货物的销售场所。这里有用于举办圣餐仪式的香醇佳酿，有用于制作教堂法衣的绫罗绸缎，还有用于装饰圣杯圣盒的奇珍异宝等。除了通过虔诚教徒的捐献积累财富外，早期的修道院还承担着“原始银行”的角色，地方权贵经常把金钱存放在一些他们认为非常安全的修道院中。这些消息通过口耳相传或者商人的贸易往来等方式，传到了维京人的家园。对维京人而言，劫掠一所修道院，无异于中彩票。

更为有利的是，在维京人看来，这些富裕的目标基本都是毫不设防的。几乎所有的欧洲教堂都建立在空旷的海岸边，因为人们相信大海会为其提供天然的屏障。这种想法后来被证实是大错特错了。通过文字记载，我们依然能感受到当时受到袭击后人们有多震惊。一位神职人员在首次袭击后写道：“人们从来没有想过，这样一次袭击居然会从海上发起。”

当时的修道院普遍很富有，林迪斯法恩修道院更属其中之最。维京人选择将其作为首要目标绝非偶然。林迪斯法恩修道院曾得到过国王的亲自馈赠，与同时代的修道院相比，林迪斯法恩修道院拥有的藏品数量多到无与伦比。还有英格兰修士卡斯伯特的遗体，以及把基督教带到苏格兰的爱尔兰传教士科伦巴的遗骸。大量的朝圣者慕名而来，推动了当地贸易的发展，也使得林迪斯法恩修道院变得越发富裕。各种各样的维京人团体早在此地活动了很长时间。793 年 6 月 8 日，有一个来自今天的挪威的海盗团体发动了一场残忍的突袭。

诺森布里亚的一名修士记录了这次突袭：“犹如凶猛的蜂群，北方的异教徒携着强大的海上力量扑向不列颠岛；随即又化作凶残的狼群，在岛上肆意地烧杀抢掠……”

没有谁能够幸免于难。试图抵抗的修士或被就地斩杀，或被拖到海岸淹死；圣盒被砸成碎片，里面的内容倾倒一地；教堂里的华丽壁毯被野蛮地撕下，祭坛也被夷为平地。遇难者尸体被弃置于各处，犹如“散落街头的粪便”。

这场灾难给欧洲带来了巨大的冲击。如果英格兰基督教的核心地区都可能被攻陷，那么还有什么地方是安全的呢？焦虑的修士试图去解释这场灾难，声称在灾难发生之前，上帝已给出警示：几周以前，天空出现道道闪电，修道院的上空更有恶龙在不停地盘旋。

这场灾难之所以会发生，大部分要归咎于英国教会人员思想上的松懈。灾难发生的几周后，一封呼吁改革的信件流传开来，信中引用了《旧约·耶利米书》第1章第14节的内容：“耶和华对我说，必有灾祸从北方发出，临到这地的一切居民。”学者阿尔昆在给林迪斯法恩主教的信中，从神学的角度清晰地分析了灾难产生的原因和所应采取的对策：“也许这是一场更大灾难的开端，也可能是居民原罪的显现。但它的发生绝不是偶然的……幸免于难的人们，要保持警惕，英勇作战，守卫上帝赐予我们的家园……”

然而，再多的反省，也无法阻止入侵的浪潮。第二年，东海岸贾罗境内及西海岸斯凯岛上的修道院均遭到袭击。795年，艾奥纳修道院遭到洗劫。劫掠者把当地所有的修士、修女、农民乃至动物都拖到海岸边上，然后残忍杀害。这场惨绝人寰的屠戮预示了即将到来的大屠杀时代。阿尔昆，在安全的查理帝国首都，记下了人们不堪的痛苦：“如果卡斯伯特等诸多已故的先贤圣人连自己都无法庇佑，不列颠岛上的众多教堂又能指望谁来保护？”

第一章
维京故土

Chapter 1
The Vikings at Home

故园虽小终为家……

——《智者萨蒙德埃达》

人们对维京人一无所知，这是最令人感到恐惧的一点。8 世纪时，维京人的家乡仍处在已知世界的外围地区。那里气候寒冷，不宜居住，罗马帝国的文明之手也从未伸向过那里。挪威、瑞典和丹麦所在的斯堪的纳维亚地区位于终年积雪覆盖的极地，从南部的日德兰半岛一直延伸至北极圈内的克尼夫谢洛登角，全长 1 243 英里，跨越半个欧洲。这里有欧洲大陆上山岳最多的国家之一——挪威，也有整个大陆地势最为平坦的国家之一——丹麦，丹麦全境的最高点仅高出海平面 561 英尺 *。

* 1 英尺≈0.3 米。——编者注

上述三个国家，在维京时代初期都尚未建立。其中坐拥整个日德兰半岛和周边500多个小岛的丹麦，有着最为适宜的气候条件。得益于墨西哥湾暖流和北大西洋暖流，粼粼沙滩、油油绿草和郁郁森林在丹麦境内纵横交错。由于其西海岸和今德国的海岸相连，西部便成了年轻人向外探索的天然通道。来自丹麦的维京人沿着低地国家*和法国朝各个方向行进，最终渡过英吉利海峡抵达英格兰。从英格兰开始，他们展开了一系列的劫掠，远至西班牙乃至意大利。尽管最早劫掠英格兰的是来自今天挪威的维京人，但随着大量的丹麦人经常出没于英格兰的海上航道，盎格鲁－撒克逊人的文献资料总是习惯把所有的维京人都称为“丹麦人”，不管这些人实际来自哪里。

与丹麦相比，现在挪威和瑞典所在的斯堪的纳维亚半岛并没有那么宜人的气候条件。这两个地区中，瑞典有着相对肥沃的农田。瑞典的东部与罗斯隔海相望，多数瑞典地区的维京人选择向东进发，不过大部分是去从事贸易活动而非进行劫掠。他们的探索活动可能是最不为人所知的，但其中一些探索产生的影响却是最持久的，因为他们建立了基辅罗斯。

维京地区中，挪威的地势最为崎岖，有近三分之一的领土在北极圈以内。西部众多的岛屿†和峡湾，既阻挡了大西洋寒冷气流的入侵，又形成了天然的“前往北方的通道”，那里有一条通向北极圈的海路。挪威的名字便由此而来。因此，当挪威地区的维京人前往北海探险

* 现在的荷兰、比利时、卢森堡等国家。

† 大约有15万座岛屿分布在挪威海岸附近。

时，他们选择向西推进，有时直接劫掠，有时在当地定居。这群人在格陵兰岛建立了定居点，并于1000年左右抵达美洲新大陆。

在维京时代，无论瑞典还是挪威，始终人烟稀少，难以保持大量人口。挪威的可用耕地被众多峡湾分割得支离破碎，内陆地区又多是山地；而瑞典的南部和西部则被广袤的密林、沼泽和湖泊覆盖，无法穿越。夏天，这里猎物充足，有驯鹿、驼鹿、狼、熊、獾、狐狸等；冬季则漫长而一无所有。因此，夏天如果没有储备好足够的食物，冬季只能受冻挨饿。也许正是因为这种季节性的食物短缺，热情好客在这里被视为十分重要的品质。款待不周这种情况，甚至可能会引发持续数代人之久的血仇。

为了消磨时光，他们发明了许多运动项目，如类似冰球比赛的“卡纳特雷克”，这种运动广受大众喜爱，但也容易导致人们受伤。当然也有一些较为温和的棋类游戏*，但是维京人更喜欢那些能够强身健体的运动，如摔跤、击剑等比拼力量的项目，攀岩、滑雪、滑冰、游泳等考验耐力的项目，还有双手同时投掷长矛、划船过程中在舷外双桨之间跳跃等体现灵敏的项目。

获胜者从不羞于向人们展示自己的荣光。一位名叫奥斯泰因（Øystein）的挪威国王，曾向和他共同治国的兄弟自豪地吹嘘：“我的滑雪技术举世无双，而你甚至不如一头奶牛。”

除了彼此之间相互竞争外，维京人还会时不时让动物相互间厮杀一番。这些血腥的厮斗中，最受欢迎的当数种马之间的较量。两匹种马

* 尼法塔福（Hnefatafl）类似今天的国际象棋，卡瓦特鲁塔福（Kvatrutafl）类似今天的双陆棋。

为争夺一匹母马而拼命，直至较弱的一方死去。嗜杀令人反感，但是仁慈锻造不出强悍的勇士。冰岛有位男子[*]因为不愿把抢来的婴儿扔向空中，再用长矛将其刺穿，而被嘲笑为有“恋童癖”。

这些活动在我们看来是如此残忍，但维京人在有些方面又显得十分文明。不同于传统野蛮人的粗俗，维京人格外注重个人的仪表和卫生。[†]他们会精心修饰自己，每天至少洗一次澡，还会用强碱皂洗头，既能杀菌，又能除虱。维京考古已发掘出许多珍贵的镊子、剃须刀、梳子，甚至是挖耳勺。

那时欧洲人的日常饮食中还没有蔗糖，因此很少发生蛀牙。尽管半数儿童不到 10 岁便已夭折，但那些幸存下来的孩子多数可以活到 50 多岁，这在当时已经算是很长的寿命了。当时男性的平均身高约 1.72 米，女性约 1.6 米，不能说有多么高大，但确实要比他们接触到的南方人普遍都高。

虽然仍不能和男性平起平坐，但和西方基督教世界的女性比起来，维京世界的女性享有更多的权利。尽管很多女孩 12 岁便已嫁为人妻，但是丈夫不在时，妻子掌管着家里一切事务，有权做出各项重大决定。[‡]男女双方均有权依据个人意愿终结婚姻关系，而且如果婚姻关

---

* 这个人是奥尔维・巴纳卡尔（Olvir Barnarkarl），冰岛发现者的连襟。他的故事记录在冰岛中世纪史书《拓地记》中。

† 至少以当时的标准来评判的确是这样的。阿拉伯作家伊本・法德兰（Ibn Fadlan）曾把居住在罗斯的瑞典人称为“上帝创造过的最肮脏的种族”，把他们行为举止的细节描述得淋漓尽致，如便后不擦不洗、在公共场合性交、用混着鼻涕的水洗漱。

‡ 一夫多妻的现象在富人群体中很普遍。婚姻通常都是由父母做主安排，维京人特别看重父母对子女婚姻的意见。根据 12 世纪成书的《冰岛史》记载，如果有人娶妻时违背父母意愿，依据法律，父母有权杀掉他。

系维持超过20年，女方可依法分得丈夫的一半财产。* 不同于欧洲其他地区，女性有权继承财产，可以主动提出离婚并且在离婚后要回自己的嫁妆。维京人还有专门歌颂女性的如尼石刻，上至丹麦国王老戈姆，他曾称赞自己的妻子是“丹麦的瑰宝”；下至一块匿名的石碑，上面刻着“哈斯米娅是世上最好的妻子”。†

孩子从小便要学着帮助父母处理家务，女孩要学习酿酒和制作奶制品的工艺；男孩则学习如何滑着雪橇狩猎，以及如何使用木头或金属工具劳作。孩子们参与的各项运动，都是在为其成年之后所要承担的角色而做准备。男孩最喜欢的项目是负重跳跃和游泳。一个成年的维京男子，要能够连续游上好几英里，才算合格。

严厉的刑罚维持着社会的秩序。通奸犯会被处以绞刑或被马匹踩死，纵火犯会被绑在柱子上用火烧死。据丹麦历史学家萨克索·格拉玛提库斯（Saxo Grammaticus）记载，残杀兄弟的人会被拴在一头饿狼旁边。公然藐视集体意志或者后来藐视国王决定的人，会被拴在几匹马身后，被其分尸，或者被拴在一头狂怒的公牛身后，被其活活拖死。

令人震惊的是，在这样一个崇尚武力的时代，维京人认为一个有

---

* 如果丈夫提出离婚，但又无法给出合适缘由，妻子的家族有权将其杀掉。例如，穿异性的服装被视为一个合适的离婚理由。不管是女性穿男性的短裤，还是男性穿女性的短衫，都足以构成离婚的条件。

† 也许最能体现女性自主权利的是阿拉伯历史学家哈桑·伊本·迪亚（Hasan-ibn-Dihya）记录的一个事件，有关一些穆斯林大使访问都柏林时的见闻，那时都柏林正处在维京人统治之下。他们到达都柏林时恰逢首领“恶魔”索吉尔斯外出，由其妻子奥达（Odda）暂代“国王一切职责”，负责接待这些大使。

教养的人必须热爱音乐。据一篇广为流传的萨迦传说记载，挪威国王戈德蒙德（Godmund）手下曾有这样一位神奇的音乐家：他演奏的音乐充满无穷的活力，甚至刀叉碗碟都会随之起舞。事实上，维京的王室成员里也有诗人、音乐家和舞者。据13世纪成书的《奥克尼萨迦》（*Orkneyinga Saga*）记载，挪威国王的朋友、权倾朝野的政客罗格瓦尔·凯利·科尔森认为弹奏竖琴是自己最值得骄傲的技能。

维京人的宴会庆典可能是整个欧洲大陆上最热闹的。宴会总是附带着酒会，而且通常会持续很多天。丹麦国王斯韦恩·埃斯特里德松就曾举办过一场持续八天之久的宴会。人们可以在这些宴会上纵情豪饮。这种场合通常是机智的较量，较量双方都会努力掩饰他们的醉意，不过要做到这点是很不容易的，因为会不断有人过来跟你喝酒。而拒绝别人递来的酒杯通常会被视为不礼貌的行为*，除非你是上了年纪的老人或是患了重病的人。

热情洋溢的宴会是非常重要的，因为维京人的冬季漫长而寒冷。全年几乎有一半的时间，陆上是冰天雪地，海上是风雪交加。壮观的地貌和艰苦的条件锻造了维京人自强自立的品质。他们崇尚勇武，鄙视怯弱。婴儿出生后，父亲会在孩子的摇篮中放上一把利剑，并对其说道：“我不会给你留下任何遗产。你的一切都需要你用这把利剑去争得。”那些来自瑞典的维京人，在向着东方探险的过程中，便一直践

* 这种情况有时也会引发一些问题，因为主人可能会强迫客人喝酒，即便客人并不想喝。《埃吉尔萨迦》（*Egil's Saga*）记录了这样一个故事：埃吉尔参加一场宴会，宴会主人不停地给他斟酒。当埃吉尔意识到自己无法再喝时，便拎起宴会主人，将其抵在柱子上，对其呕吐。宴会主人差点被埃吉尔吐出来的污秽之物呛死。

行着这种习俗。生活、荣耀与财富是需要奋力争取的，这种信仰贯穿在整个维京时代的斯堪的纳维亚人心中。如果有人问他们的信仰是什么，10 世纪的维京人会坚定地答道："我只相信自己的力量。"

尽管维京人的文化中也有神的存在，但他们的语言中却没有"宗教"这个词。*他们没有"官方"的祭神仪式，没有通行的教条教义，也没有所谓的中央教堂。他们有着自己的一套信仰体系，不过这套信仰体系内部又有着巨大的地域差异。†他们认为宇宙是众多同心圆中的一个；宇宙中有九个不同的世界，分布在三个不同的区域，其中多数世界是人类肉眼无法看到的。最外面的区域是乌特加德（Utgard），即巨人和怪兽的国度。这些巨人和怪兽像黑暗中的狼群一样，包围着内部的区域，众神警惕的目光是阻挡它们向内侵袭的唯一力量。中间的一圈是米德加德（Midgard），即"中庭"，是人类和众神居住的国度。人类与矮人、黑暗精灵共享其中的一片土地。这些矮人与精灵能够用魔法变出许多礼物，但他们对自己的珍藏却十分吝啬，从不轻易示人。神圣之桥碧佛洛斯特（Bifrost）的对面则是以奥丁为首的阿萨神族（Aesir）和瓦尼尔神族（Vanir）居住的阿斯加德（Asgard）仙宫，不过人类是无法通过这座彩虹桥的。仙宫中有一座宏伟的英灵殿，是用来设宴款待战死的勇士的，他们在这里等待着那最后的大决战。对于一个勇士而言，最高的荣誉莫过于死后能够进入此殿。女武神们

* 他们的语言中最接近"宗教"的词是"西斯尔"（sithr），也就是"风俗"的意思。

† 维京人中甚至还有些"无神论者"，他们认为死亡就是最后的终点。不过持有这种观点的人并不多，因为几乎所有的维京人坟墓中都有供来生使用的陪葬品。

是主神奥丁的侍女，她们的职责便是在“诸神的黄昏”来临之前，不断从人间战场挑选死去的勇士，并将他们带到这座名为瓦尔哈拉（Valhalla）的英灵殿中。

最里面的一圈是死人之国——尼福尔海姆（Niflheim）。这是死亡女神赫尔（Hel）掌控的国度，是人们灵魂栖息的场所，终日死气沉沉，暗淡无光。不过，这个阴森凄凉的地方并不是专门用来惩戒恶人的场所，而是多数人类命运的最终归宿，除了那些勇士和被社会摒弃的罪人。勇士战死后，会升入阿萨神族所在的神界；而那些因通奸、谋杀和违背誓言而被社会摈弃的罪人，死后则会化作恶灵，永久地徘徊在他们自己的坟地之中。*

一棵巨大的岑树把这三个主要国度连接起来，该树在古诺尔斯语中称为“伊格德拉希尔”（Yggdrasil），即“世界之树”的意思。树下坐着命运女神诺恩三姐妹（Norns），她们分别司掌着“过去”“现在”“未来”，不断编织着众神、巨人及凡人的命运之网。她们的任务是保护世界之树不受尼德霍格（Nidhogg）的侵害。尼德霍格是一条以恶人死尸为食的黑龙，不断啃噬着世界之树的根部。

瓦尔哈拉英灵殿中有13位主神，其中最重要的是奥丁和雷神托尔，不过论及二者谁更强大，人们对此却莫衷一是。上流社会的人

* 《拉克斯达拉萨迦》（*Laxdæla Saga*）中讲述了这样一个故事：农民萨洛夫·库鲁布福特（Thorolf Clubfoot）脾气暴躁，性格孤僻，本来已经死亡，却在一年冬天以一种介于僵尸和吸血鬼之间的状态“复生”，并在夜间不断侵扰他的家人。最终，他的儿子趁着白天将其尸体掘出，并将其焚化。儿子描述父亲当时的状态时，这样说道：“虽然没有腐烂，但是皮肤黑如沥青，身体肿若公牛，看起来更像是个山精野怪而非人类，令人毛骨悚然。”

们，特别是丹麦和瑞典南部的上流社会的人们，倾向于崇拜奥丁*；农民则更喜欢托尔。

奥丁是“诸神之父”，司掌着诗歌、智慧、战争和魔法，可以赐人勇气，也能剥夺他们的才智。他曾把自己倒吊在一棵神圣的树上，持续了九天之后，最终掌握了神秘的如尼文字，因此能够预见未来。与其他诸神相比，奥丁更加看重对智慧的追求。为了喝上一口智慧之泉，他宁愿舍弃一只眼睛。他还养着两只宠物乌鸦，一只叫福金（Huginn），一只叫雾尼（Muninn）†。这两只乌鸦每天绕着世界飞行，然后再把发现的秘密悄悄地告诉他。战场上的奥丁强大无匹，令人敬畏。他的具有魔力的永恒之枪“冈尼尔”（Gungnir）总是百发百中；他的战马斯莱普尼尔（Sleipnir）有着八条腿，不仅能够在陆地上驰骋，而且上可飞天，下可涉水。但是，奥丁总是依靠智慧赢得战争。‡

雷神托尔则不然，他并非智慧出众的天神，而是喜欢依靠强大的武力来征服敌人。托尔有着红色的头发、摄人心魄的眼神，手中挥舞着强大的雷神之锤“姆乔尔尼尔”。这柄雷神之锤既有夷平高山之力，又有复生死者之能。托尔是人类的守护神，与威胁中庭的冰霜巨人不断战斗。托尔走过或者乘坐战车（战车由两只具有魔力的山羊拉着）飞过的地方，总是风暴相随；山间的电闪雷鸣，正是他在与敌人

---

* 丹麦的斯科隆尔铎（Skloldung）王朝宣称奥丁是他们的祖先。

† “福金”的意思是“思想”，“雾尼”的意思是“记忆”。

‡ 为了赢得一场竞赛，奥丁也会采取一些令人不齿的狡诈手段。这点可以从他与冰霜巨人瓦夫苏鲁特尼尔（Vafthrudnir）之间关于智慧的一场比赛中看出来。奥丁发现巨人对于大千世界的了解并不在他之下，于是他问巨人是否知道自己在儿子的尸体火化前对他说了什么，这个问题的答案只有奥丁自己知道，明显是一种作弊行为。

激战的标志。

托尔一直都很受人们喜爱，特别是那些在广阔的海洋中搏击风浪的勇士，而他的名气在维京时代晚期进一步得到了提升。这也许是因为人们把托尔看作抵御基督教侵蚀的有力象征。

维京人认为未来并非十分乐观。北方的冬天漫长寒冷、充满黑暗，生活在这里的人们总是认为所有的温暖终将消散。人们只能短暂地抵挡群狼的入侵，即便是维京世界中的诸神也并不是不朽的。诸神的黄昏，这场最后的战役即将来临，所有的种族，包括众神、勇士、命运女神诺恩三姐妹，以及巨大的世界之树“伊格德拉希尔”，都将被毁灭。邪恶的黑龙尼德霍格将从被它当作食物的死尸堆中飞起，世界会进入长达三年的冬季。手足相残，世界陷入混乱。追逐日月的恶狼，终将吞噬掉它们。火焰恶魔和冰霜巨人终将攻破仙宫阿斯加德的城墙，冥界中的亡灵也将逃出。众神与英雄一起同这些邪恶势力战斗，无奈最终还是战败。然而，世界仍然存在着一丝希望。诸神之父奥丁的孩子和雷神托尔的孩子最终会在这场浩劫中幸存下来，他们将开创出新的世界。

这场末日寒冬似乎是无法避免的，但是维京人依然会向神灵祈求帮助，特别是在出海探险的时候。毕竟，维京人的世界不仅局限在陆地，还包括广袤的海洋。陆地上缺少猎物，海洋的馈赠如海豹肉、鲸鱼肉和海象肉，依然能够维持人们的生活。要想沿着挪威的峡湾、瑞典的海岸和丹麦的岛屿旅行，只有通过乘船才能实现。海洋在很多方面把整个斯堪的纳维亚半岛上所有国家连接起来，维京人也通过海洋这个巨大棱镜观望着他们的世界。他们把分割整个半岛的山脉称为“舍伦”（Kjølen）山脉，即龙骨山脉的意思，仿佛整个斯堪的纳维亚半岛是艘底朝天的大船。婴儿的摇篮和船的形状相仿，孩子们的玩具也大多与船相关，大人们把房屋设计得和船一样，有时就连建造房屋的材料也取自废旧的船只。女人衣服上的扣子和胸针是船形的，甚至男人的马镫也是龙头船的形状。人们即便死后也不愿与船分离，地位崇高的男女去世后，会被放进专门定做的装饰性战舰中，战舰上放满了各种动物的尸体、武器、财物乃至奴隶（无论这些奴隶是否愿意），所有的这些都被当作陪葬品埋在一个巨大的坟丘之下；* 地位稍低的勇士去世后，会被放置在不加装饰但是功能完善的船中，这些船会将他们带往永生。无法负担起实物的穷人去世后，会被埋在一些简陋的深坑中，人们会在这些深坑上面用石头摆出小船的形状。

由于重视对海洋的探索，维京人对于他们南部的世界有着很深的了解。斯堪的纳维亚半岛有着丰富的自然资源，包括各种毛皮、高品质的琥珀和储量巨大的铁矿。9 世纪时，维京人与其南部和东部的贸易来往已经持续了数个世纪。

实际上，“斯堪的纳维亚”这个词语是罗马地理学家老普林尼（Pliny the Elder）在 1 世纪时创造的。他误把瑞典的最南端当成了一座岛屿，并以生活在那里的部落为名，将其称为“斯堪尼亚”（Scania）。

* 关于维京人葬礼的名画《驶向瓦尔哈拉的火船》出自一位阿拉伯画家，他曾在伏尔加河畔目睹了一场瑞典维京人的葬礼。尽管维京人的葬礼依然是火葬和土葬的结合，但是似乎一开始就倾向于土葬。

1 世纪末，与老普林尼同时代的塔西佗（Tacitus）把“岛上”的居民称为“瑞尼人”（Suiones），现在使用的“瑞典人”（Swedes）这个单词便起源于此。塔西佗在书中是这样描述的：“（他们）是技艺精湛的水手，装备精良、贪婪成性；他们的船只造型奇特，两端都是船头……”

在与罗马人交往的最初几个世纪里，这些“造型奇特的船只”是用来进行贸易活动的载体，而非用于抢劫掠夺的工具。斯堪的纳维亚人的商品，特别是品种优良的马匹和质量上乘的黑狐皮，在罗马市场中有着很高的认可度。反之亦然。罗马人的货物，通常是武器、玻璃制品、珠宝等，在斯堪的纳维亚半岛也有着很好的销路，日耳曼人在此过程中起到了中间商的作用。时至今日，人们在斯堪的纳维亚半岛进行考古发掘时，仍然能够在一些早期的坟墓中见到这些来自罗马的物品。这种贸易活动还带动了拉丁字母和希腊字母在斯堪的纳维亚半岛的传播。经过改造，这些字母更适合用来雕刻在坚硬的表面，为如尼文字的形成奠定了基础。*

正是通过这种直接的贸易往来，罗马人对北方的高超技艺有了了解和认可。6 世纪，居住在君士坦丁堡的历史学家约尔丹尼斯（Jordanes）在书中把斯堪的纳维亚人描述为身材“魁梧”的“残暴”对手。约尔丹尼斯认为斯堪的纳维亚人之所以会形成这种特质，部分原因在于半岛上恶劣的气候条件。冬季是永恒的黑夜，夏天又是无尽

---

* 维京语的字母表中有 24 个符号，更确切地说是 24 个“神符”。这些“神符”以希腊字母和拉丁字母为基础，其设计之初便是为了方便雕刻在坚硬的表面。因此，书写起来并不流畅，不适合用来记录文献资料。大多数维京史诗之所以能够被人们记住并广泛传播，要归功于吟游诗人的传诵。

的白天*，小麦无法在这极北之地生长，半岛上的居民为了生存不得不去狩猎各种飞禽走兽。这片极寒之地中聚集着大量的原始部落，他们尚未开化，没有一位像罗马皇帝那样的首领带领他们。约尔丹尼斯提到了 30 多个不同的“民族”，这些民族全部聚集在如今挪威和瑞典的所在地，哥特人便是其中之一。约尔丹尼斯在书中重点描述了哥特人进驻罗马帝国的事迹。

维京人的首次南侵是从陆上展开的，并且持续了数个世纪之久。3 世纪，哥特人越过罗马帝国边境，从瑞典南部迁至黑海。378 年，巴尔干半岛爆发了阿德里安堡战役，哥特人在战争中杀掉了东罗马帝国的皇帝瓦林斯（Valens），取得重大胜利。在此后的 150 年内，哥特人先后征服了意大利、法国南部和西班牙的大部分地区。

罗马帝国后来又逐渐收复了大部分被哥特人占领的土地。历史学家普罗科匹厄斯把罗马帝国收复失地的历程写成了编年史，他在描述那些来自北方的部落时总是心怀敬畏，并且用“出类拔萃”来形容他们。哥特人之后，更多的部落开始南迁。来自丹麦和德意志北部的盎格鲁、朱特、撒克逊等部落逐渐入侵不列颠。到了普罗科匹厄斯生活的年代，这些来自北方的部落甚至已经逐渐把不列颠岛上的原住民赶到了南部的威尔士地区。

把这个时期称为“大迁徙时代”实在是再合适不过了，不过这时的迁徙活动大多是在陆地上而非海洋上进行的，而且除了哥特人之外，并没有给斯堪的纳维亚半岛上的大多数人带来什么影响。8 世纪末，造

* 这是关于“极昼之地”的最早记录。

船业的革命才是开启维京时代的真正钥匙。

维京人早期的船仿照的是罗马人*和凯尔特人的设计，这种船靠固定在船舷上的细长的船桨驱动，没有可以人力操纵的宽叶短桨。这种船不仅航速慢，在风浪大的海域还容易翻船，只适合在近海地区短途航行。8 世纪，维京人发明了龙骨。这个简单的装置绝对算得上是航海史上的伟大突破。它不仅使船身更加稳定，适于远洋航行，而且提供了固定桅杆的基座。人们开始在船上安装巨大的风帆，有的甚至可达 800 平方英尺†，风帆从此成了推动船只航行的主要动力。这种改造立即产生了令人震惊的影响。那时，大多数欧洲人还只是在陆地上活动，维京人却已携带着木材、动物、食品等货物穿梭在大西洋之上，行程接近 4 000 英里。

维京人还在船上安装了一支长桨，用来控制船的航向，他们把这个装置称为“操纵桨”（Styra bord）。因为多数水手都惯用右手，所以为了方便控制，操纵桨安装在靠近船尾的船身右侧。航海术语“右舷”（starboard）这个词便是由此而来的。虽然不像“右舷”的来源那样直接，但是与“右舷”相对的“左舷”，其起源也与维京人有关。维京人通常都是用船身左侧靠岸，以防损坏右侧的“操纵桨”。慢慢地，“port”（靠岸）这个词便有了“左舷”的含义。

各种各样的船只陆续出现，有货船、客船、渔船等，其中战舰，

---

* 据罗马文献记载，早在 3 世纪，他们已开始在船上安装小型风帆，不过这种做法在当时并没有被广泛接受。直到 8 世纪中期，风帆的使用才真正流行起来。

† 1 平方英尺≈ 9.3 平方分米。——编者注

或者说维京长船更是力量、灵活与速度的完美结合。维京长船[*]能够在水面快速航行，其建材全部来自当地，也不像建造典型的地中海船只那样需要专门的技工。南方的船只有多层甲板，甲板之间通过铆钉和支架相互连接，这种船只不仅造价高昂，而且笨拙沉重。维京长船则是采用橡树[†]板叠接而成，而且他们总是选用生材，而非那些已经风干的木材，因为生材的韧性较好，能够随着风浪产生适当的形变。

除非有存放货物的需要，大多数维京长船都没有船舱，远洋航行也因此变得更加艰难。在风急浪大的海域，海浪经常会漫过船舷。除了搭在甲板上的简陋帐篷外，几乎没有任何其他东西来保护船员免受雨雪的吹打。

然而，虽然维京长船不够舒适，其简单的结构却有独特的优势——它没有大型船跨海航行所需要的龙骨结构。维京长船吃水较浅[‡]，几乎可以在任何水域靠岸，不像其他的大型船，只能在深水港停泊。这种特点使得维京长船能够在河流上航行，有的长船更轻便，甚至能够从一条河流被运到另一条河流。[§]

维京诗人称这些长船为“海上骏马”，但它们更像是潜行觅食的

---

* 维京长船也是一项意义重大的发明。据现代人估算，经验丰富的维京工匠，大概用 7 个月的时间便可打造出一艘长船，相当于约 4 000 小时的工作量。

† 橡树散布在整个斯堪的纳维亚半岛上，其中又以丹麦最多。人们以橡树的主干做龙骨，以主枝为支架。那时候的维京人并没有钢锯可用，这反倒成了一种优势，因为依据树木的纹理来切割树木，能够更好地保持木材的韧性。

‡ 从这种吃水较浅的长船，便可窥见维京人对外侵略的野心。维京人以前很少会考虑港口水深的问题，因为峡湾地区的海域都很深。例如，挪威的松恩峡湾水深接近 4 291 英尺，而整个北海的平均深度才 312 英尺。这种维京长船显然是为了能够在外国海岸停泊而特别设计的。

§ 此外，维京长船的船身都很窄。约 1 英寸（2.54 厘米）的船板将维京水手和大西洋的海水隔开。

狼群。维京人发动侵略后，不幸的受害者开始用“海狼”来称呼那些北方人。“海狼”是北欧神话中居住在人类世界外围黑暗之地的掠夺者。维京长船最多可容纳 100 人，但只需 15 个人便可操纵其在海上航行。这些长船行动迅捷，能够偷偷溜过海岸防线；船上空间充裕，足以容纳数周掠夺而来的物资；船身结构稳定，不惧大西洋上波涛汹涌的海浪；船体轻便，能够在陆上的河流间穿梭。

但是最令人震惊的还是这些长船的速度。维京长船的平均航速可达 4 节*，顺风或者顺流时的航速甚至可达 8 ～ 10 节。这种特点使得维京人的行动总是出其不意。只需 3 周的时间，斯堪的纳维亚半岛的舰队便能跨越 900 英里，抵达塞纳河入海口，日平均里程超过 40 英里。† 即便仅仅依靠划桨，他们也可以这么快。一支维京舰队，在逆流并且要躲避两艘法兰克战舰追击的情况下，只用了 3 天时间，便沿着塞纳河行驶了 150 英里，最终安全抵达巴黎。他们的中世纪敌人，即便可以从陆上取道平坦的罗马大道，每天最多也只能行进 12 ～ 15 英里。纵然是精锐的骑兵部队，竭尽全力，每天最多也只能骑行 20 英里。

维京人的袭击之所以具有如此巨大的杀伤力，原因就在于他们无可比拟的速度，他们的行进速度约是敌人的 4 倍。他们的长船吃水较浅，能够轻易穿过桥洞，自如地在浅水区域航行。船首是造型凶残的龙头，船身两侧的盾牌如同闪闪发光的鳞片，令人感到惴惴不安。他

* 1 节≈ 1.852 千米 / 小时。——编者注

† 845 年，朗纳尔·洛德布罗克证实了这一点。1893 年，12 个人驾驶着“克斯塔德号”海盗船的复制品，仅用了 28 天的时间，就从挪威的卑尔根（Bergen）航行到加拿大的纽芬兰（Newfoundland）。

们可以在一次劫掠行动中，迅速地袭击多个城镇，并在对手集结军队赶赴现场之前消失不见。那些受害者在海上同样没有挑战维京人霸主地位的希望。800—1100年，发生在北大西洋海域的重大海战，几乎都是维京人内部的战争。

9世纪初，构成维京时代的各种因素已然就位。斯堪的纳维亚人最终在海上建立起无与伦比的优势。他们对主要贸易航线了如指掌，虎视眈眈地盯着那个毫无防备的世界。现在唯一要做的便是选择一个合适的攻击目标。

第二章

查理曼的眼泪

Chapter 2

Charlemagne's Tears

口舌之勇者多，行动之勇者寡。

——《“强者”格雷惕尔萨迦》

传说在8世纪晚期，有一次，查理曼在法兰克海岸边巡视，正当他在享用早餐时，几艘维京人的船只引起了他的注意。当地的法兰克人认为他们可能只是些普通商人罢了，但查理曼却清楚地明白事情没那么简单，并警惕地称这些人是“战力凶猛的敌人”。于是，法兰克军队拔剑而出，冲向海岸，然而这些维京人却迅速逃走了，似乎凭空消失了一般。朝臣失望而归，回到宫殿后，迎接他们的是令人惊讶的一幕：伟大的查理曼，罗马人的皇帝、世界秩序的维护者，竟然在悲伤地哭泣。没人敢上前打扰大帝，过了一会儿，他向外望去，凝望着大海，喃喃解释道："你们知道我为何哭得如此悲痛吗，我忠实的臣子们？我一点也不担心那些无足轻重的流氓会伤害到我；但我一想到他们胆敢在我有生之年就来侵犯这片海岸，我便痛彻心扉；一想到未来这些恶徒会对我的后代及后世的子民做出的恶行，我便悲恸欲绝。"*

尽管上述故事的真实性明显值得怀疑，但是查理曼即便看不到任何预兆，也能预测到维京人会给他的帝国带来危险。事实上，多年来查理曼一直在筹建抵御维京人的防御工事。但具有讽刺意味的是，最初正是这些防御工事引起了维京人的注意。

比起查理曼，法兰克人同斯堪的纳维亚半岛的接触要早100多年。维京人的毛皮、琥珀、羽绒和磨刀石在法兰克人的市场上受到高度认可和欢迎。在帝国的贸易中心，如布伦港附近的昆托维克（Quentovic）及莱茵河畔的多雷斯塔德（Dorestad）等地†，丹麦商人的身影随处可见。然而，随着查理曼即位，推进法兰克对外交往的动力也发生了变化。在他掌权之前，法兰克人仅仅维持着位于如今德国西部和法国东部地区的王国，政权强大而稳固。768年，查理曼登基后，立即开始向四面八方扩张疆土。至800年的时候，他已经占领了比利牛斯和巴伐利亚的部分地区，以及意大利北部的大部分地域，是继恺撒大帝时代后打下如此广阔江山的第一人。那

* 这个真实性不确定的故事出自瑞士修士"结巴的诺特克"（Notker the Stammerer）之手。他写了许多关于查理曼及他的曾孙、维京人最熟悉的帝王"胖子"查理的故事。这个故事便取自其中。

† 今天荷兰的迪尔斯泰德附近韦克（Wijk bij Duurstede）和法国的卡洛特里（La Calotterie）地区。

一年圣诞节，在一场精心策划的仪式中，教皇利奥三世为查理曼加冕并宣布他为罗马人的皇帝*。在此之前，这个头衔已经空缺了 300 多年。

查理曼铸造了具有罗马特色的货币，建起了许多皇家宫殿，他甚至还考虑过迎娶拜占庭女皇，以使北地中海再次变成罗马内湖，虽然并非慎重考虑。在无所不能的查理曼的带领下，全新的法兰克治世渐现雏形。似乎没有什么东西能摆脱他的野心和控制。记录了维京人侵袭林迪斯法恩的学者阿尔昆曾暗示，法兰克帝王甚至能够带回那些被维京人绑架的男丁和修士。

帝国称号的附带作用也许会让查理曼的皇帝身份显得更加无可争议和光鲜亮丽，但是同时也给周边的国家敲响了警钟。法兰克王国的扩张倾向和查理曼的卓越才能相互结合后，变得极具威胁性。8 世纪时有这样一句广为流传的谚语："如果法兰克是你的朋友，那他绝不可能是你的邻居。"

如果说丹麦人之前对此不以为意，那么到了 804 年，他们不得不承认这句谚语的正确性。那一年，查理曼最终击败了位于德意志西北部的撒克逊人，结束了一场持续了 30 年的战争。现在法兰克人和丹麦人成了邻居，所以斯堪的纳维亚人有理由相信他们可能会成为法兰克人的下一个目标。

查理曼计划组建一支帝国历史上前所未有的强大舰队，这直接引起

---

* 476 年，罗马帝国最后一任皇帝弗拉维乌斯·奥古斯都（Romulus Augustus）被迫退位，西罗马帝国最终于 5 世纪瓦解。

了周边国家的警惕。不过查理曼的主要目的是为了防止丹麦海盗接近易北河，因为这条河流守护着法兰克帝国的东北部地区。查理曼早已开始着手解决这个问题，他在河上建造了两座牢固的桥梁，使得军队能够任意通行，行动起来也更为迅捷。法兰克帝国的其他重要河流也得到了同等的重视。一座依靠锚和绳索固定的可移动式浮桥守卫着位于帝国东部的多瑙河，通过该河可以抵达帝国中心地带。此外，查理曼还下令开凿了一条连接莱茵河和多瑙河的运河，以便军队能够迅速地支援面临重重威胁的边境地区。*

当查理曼宣布增组一支北海舰队时，大部分丹麦半岛的居民就已经猜到其真正的意图是要占领丹麦港口小镇海泽比，该镇位于丹麦边界的施莱峡湾地区。海泽比小镇早已成了维京人的贸易中心，甚至成了法兰克最大的贸易对手。丹麦人建立了许多收费站，还建立了斯堪的纳维亚半岛上首家铸币厂。丹麦人兴盛的商业贸易已经开始威胁到历史更悠久、设施更完善的法兰克帝国的诸多贸易中心。

海泽比的崛起得益于一位叫作戈德弗雷德（Godfred）的维京将军。在法兰克编年史中，他被称为“国王”，但是与其说他统治着丹麦，不如说他是统治着丹麦的部分地区来得更准确些。或许很多丹麦人会认可他的权威，但即便是在占据着现代丹麦大部分领土的日德兰半岛上，也依然存在着其他占地为王的敌对势力。†

---

* 对于大部分这样的工程来说，查理曼手下工程师的实际能力远逊于大帝的雄心壮志。这条运河很快就被废弃了，效率低下的舰队在他的继承者手上同样被弃置不用，最终不了了之。

† 一些历史学家猜测戈德弗雷德试图巩固在丹麦的政权，因此逼走比他弱的对手，而这些人后来就成了海盗，这在一定程度上激发了早期维京人四处抢劫的行为。

戈德弗雷德把从法兰克各镇俘虏的商人带回海泽比，以此来增加海泽比的人口数量，这种做法后来成了维京人增加人口的惯用手段。为了抵挡查理曼的侵略，他着手修建丹麦边墙。这是一堵巨大的土城墙，顶部立着一排栅栏，西起北海东至波罗的海，贯穿整个日德兰半岛。

有了这座城墙的庇护，戈德弗雷德开始骚扰那位强大的邻居。他洗劫了数个法兰克的小镇，逼迫查理曼的一个盟友倒戈。作为反击，一支规模不大的法兰克军队挺进北部，丹麦边墙首次派上了用场。戈德弗雷德的军队守住了阵地，因叛乱四起而焦头烂额的查理曼不得不用钱财来暂求安宁。

双方同意将艾德河（Eider）定为永久边界；戈德弗雷德表现出对战争的愧疚，提出亲自把人质送到法兰克帝国的都城亚琛*，以示诚意。然而这些竟然都只是一场阴谋。次年，查理曼率军出征时，戈德弗雷德率领200艘快艇，袭击了位于如今荷兰沿岸的弗里西亚。他要求得到100磅†白银才肯离去，最后他从被围困的商人和农民那里搜刮到了这些银子。他的维京人手下把任何能带走的财物统统塞进了他们的船只。最后，戈德弗雷德更是挑衅地宣称弗里西亚海岸向北延伸的地区均为他的领土。

尽管维京人投入此次袭击的船只很多，但袭击的范围却很小。经验丰富的查理曼也清楚地知道自己的疆域不可能永远不变。这些协议最终

* 如今德国最西部的城市。

† 1磅≈0.45千克。——编者注

免不了被撕毁的命运。真正刺痛查理曼的是帝国的江山被人侵吞。

查理曼没有立即进行反击。他仅有的几艘船只完全抵挡不住这次袭击，更别谈在海上作战了，而陆地作战也有风险。查理曼才刚刚结束与撒克逊人长达30年之久的殊死战争，这时他已经60多岁了，并不想再次陷入旷日持久的恶战之中。

不管怎样，查理曼的首要任务是要牵制住戈德弗雷德，守住海岸。法兰克缺少一支真正强大的舰队，而这点恰恰是维京人所针对的弱点。十多年来，丹麦的许多独立海盗团伙不断地侵袭法兰克海岸。一些大型的海盗团伙十分乐意接受查理曼用钱财换取保护的做法。他们在替查理曼守卫海岸，而查理曼却在召集军队，猛攻丹麦边墙。

戈德弗雷德的远征军一直没有离开。那年夏天，一切都已准备妥当时，戈德弗雷德却被自己的一个手下杀死了。混乱随之而来，杀手的身份难以确认。后来有人称凶手是戈德弗雷德的儿子，这个儿子对父亲向来不满，最后因不满戈德弗雷德又娶了新的女人而一怒之下将他杀害。还有人认为凶手是戈德弗雷德的王宫侍卫*。但是不管怎么说，戈德弗雷德这个威胁消失了。查理曼对不能亲自复仇感到失望。查理曼的传记作者艾因哈德（Einhard）称这位帝王曾经这样说道："我为不能亲眼得见我的基督同胞在那些猪狗不如的恶魔的鲜血中载歌载舞而深感悲哀。"事实证明，他终究未能用北方匪徒的鲜血洗涤自己的双手。四年后，查理曼与世长辞，他的儿子路易继承了皇位。

* 国王禁卫军的成员。

失去了查理曼的有力领导，法兰克帝国开始分崩离析。最初，衰落迹象并不明显。他的儿子路易就像是更年轻、更有修养的查理曼。朝廷众臣更愿意称他为“虔诚者”路易，因为他不仅建立了井然有序的朝堂，更坚持鼓励文化艺术的发展。即便是在战场上，他的表现也并不比其名满天下的父亲逊色。在查理曼统治时期，路易就已经受命守卫西南边界的安全，防御工作一直做得很好。路易利用法兰克帝国的威势向潘普洛纳（Pamplona）地区和比利牛斯山南部的巴斯克地区施压，还洗劫了穆斯林控制的巴塞罗那地区。任何威胁到路易权威的势力都被他无情镇压了，尤其是来自家族的威胁。加冕典礼上，路易逼迫自己所有未出嫁的姐妹去修道院修行，以避免她们未来的夫婿可能带来的潜在威胁。

817 年，路易遭遇了严重的意外，这个充满希望的崭新政权随之发生了令人意想不到的转折。一次教堂礼拜仪式后，正当路易穿过连接亚琛大教堂和皇家宫殿的木制走廊时，走廊突然坍塌，导致许多朝臣重伤而死。受到这件事的严重打击，受伤的路易开始考虑皇位继承问题，指定他的长子洛泰尔（Lothair）为最高统治者，把剩下的权力分给了另外两个儿子和一个侄子。

路易的伤势慢慢好转，但他打算分权的消息传到了意大利。远在意大利的侄子伯纳德（Bernard）——意大利当时的国王，发现自己不久之后就会沦为封臣，于是立即起兵反叛。然而当路易带着一支军队突然出现在勃艮第时，毫无准备的伯纳德不得不弃械投降。伯纳德决定去见他的叔父，以求得他的原谅，并希望能继续留在意大利。路易却完全没有想过要原谅他。他将伯纳德抓回亚琛，以叛国罪论处，以此警告所有正在筹划谋反的家族成员。最终，伯纳德被认定有罪，被剥夺所有财产，判处死刑。

为了显示自己的仁慈，路易改判死刑为挖眼，两天后执行。行刑的士兵毫不留情，下手很重，他们用加热后的铁棍狠狠地插进伯纳德的眼中。伯纳德最终没能挨过酷刑，痛苦地挣扎了两天后就死了。

侄子死后，路易完全变成了另一个人。他开始变得对宗教格外虔诚，内心的罪恶感促使他举办了许多极其奢侈的宗教展览。神职人员成了主要的谏官，他还捐建了大量的教堂和修道院，由此得到了他最为响亮的名号——“虔诚者”路易。而当这些都无法减轻他的内疚之感时，这位皇帝又做出令人震惊的举动，他在教皇、众多神职人员和帝国的贵族面前公开忏悔他的罪行。这种令人瞩目的谦卑也许的确是值得称赞的，然而它也带来了严重的影响，极大地削弱了路易的权威。

当时的社会战乱不断，尸横遍野。不怀好意的敌人遍布在广阔的边境地区，他们总能在帝国军队来临前就逃进森林或者驾船出海，消失得无影无踪。在这种形势下，要想成为一位深受拥护的好皇帝，就不得不每年至少发动一次强势的军事行动，否则，将会被视为软弱无能之人。

路易没有实施武力威慑的地区在突然之间爆发了暴力冲突。四起的叛乱势力必然遭到残酷镇压。被捕的敌人毫无例外，全都被弄瞎、打残，残忍地杀死或者直接吊死。查理曼曾因凡尔登的叛乱杀了 4 500 名撒克逊贵族，以示惩罚。为了平定骚乱，他还对这个地区所有的人口进行了重新安置。

从维护秩序的角度来看，这些强制举措都是必要的。但当路易谦卑地向教皇鞠躬，阐明自己的罪行，甚至包括那些微不足道的过错时，这些举动损伤了他在臣民和敌人眼里作为帝王的尊严，这不是一个皇帝该有的行为。查理曼想沐浴在敌人的鲜血中，而他的儿子却似乎只想进入修道院。

身处北部边界地区的维京人对此心知肚明。但法兰克帝国不可小觑的防御力量，尤其是那坚固的桥梁和强大的军队，对妄图发起大侵袭的维京人而言，具有十足的震慑力。然而，预示着这些优势不久将会荡然无存的不祥征兆出现了。一位法兰克主教经过弗里西亚地区时，得到了“某些北方人”的帮助，他们知道沿河而下抵达海洋的路线。这也就表明维京人非常熟悉法兰克帝国的港口位置和海洋航线，也知道法兰克帝国缺少可以用于自我防御的舰队。

然而，法兰克人似乎并没有意识到这方面的危险。他们的生活比以前数代都要繁荣富足，正享受着帝国统治下的种种福利。法国北部桑斯教区的大主教相信国王能够很好地保护他们，他甚至拆掉了自己领地的城墙来重建教堂。沿海岸各镇的防御工事也同样不堪一击。充满活力的葡萄酒贸易在连接巴黎和海洋的塞纳河沿岸蓬勃发展，弗里西亚海岸港口星罗棋布。法兰克帝国有着优质的银矿——斯堪的纳维亚半岛尤为稀缺之物——催生了银币的出现，取代了传统的物物交换，数不胜数的贵重金属纷纷涌入了法兰克帝国的市场。

维京人之所以未对法兰克帝国发动大规模袭击，根本原因是他们内部出现了问题。戈德弗雷德死后，丹麦半岛战乱不断。一名叫哈拉尔·克拉克（Harald Klak）的战士夺得了政权，但是没过多长时间他就被戈德弗雷德的儿子霍里克逐出丹麦。哈拉尔打算向路易寻求帮助，非常狡猾地提出愿意改宗基督教以求得援手。路易答应了他的请求，并在美因茨附近的英格尔海姆（Ingelheim）的皇家宫殿举行了一场盛大的洗礼仪式。哈拉尔和他的400名手下浸泡在圣洗池中，“虔诚者”路易则作为哈拉尔的教父站在旁边。

说这是一场重大胜利是有原因的。很显然，路易并不是像他父亲那样的战士，但他仍有机会在可以预见的未来，用宗教同化的方式征服丹麦人。如果他扶持哈拉尔坐上丹麦王国的宝座，再用基督教教化丹麦臣民，就能稳定北部边疆地区。

计划最初实施得很顺利。路易将弗里西亚地区的领土赐给哈拉尔，委以他抵御维京人偷袭的任务，并且召集远征军帮助哈拉尔复辟。有了法兰克军队作为后援，他不费吹灰之力就打败了对手霍里克，让他臣服于自己。紧接着，他请路易派遣传教士前来丹麦，帮助丹麦人改变宗教信仰。路易为此挑选了一位名叫安斯加尔（Ansgar）* 的撒克逊传教士。安斯加尔刚到海泽比就建立了一座教堂。然而，也正是从这时候起，路易的宏图伟业开始走向衰亡。

丹麦人对基督教并不是很感兴趣，至少不能接受将其作为唯一的宗教信仰。他们似乎也不太愿意支持哈拉尔·克拉克的政权。一年后，哈拉尔·克拉克再次被他的对手霍里克——坚定的异教徒驱逐流

* 安斯加尔最后因他的努力被封为圣人，并被称为“北方的使徒”。

放。哈拉尔再次遭遇重创后被迫逃回弗里西亚，做起了海盗，靠抢劫教父路易的财富度过余生。*

哈拉尔·克拉克被逐之后，法兰克帝国北部的防线似乎就被攻破了，加洛林王朝的海岸边开始涌现出大量入侵者。834—837年，多雷斯塔德作为北欧最大的贸易中心和银币铸造中心，每年都会惨遭洗劫。霍里克派了一位大使，向路易解释自己和多雷斯塔德的抢劫事件无关，而且他提到自己已经逮捕并惩罚了那些应该为袭击事件负责的人。不管怎样，至少这后半句话很可能是真的。毕竟那些得手的侵袭者是霍里克潜在的敌人，霍里克不想重蹈哈拉尔·克拉克的覆辙。†

不受统治的维京人依然在到处掠夺，完全无视国王的要求。法兰克帝国江山风雨飘摇。路易刚愎自用的统治，加上打算把第二任妻子的儿子立为继承人的错误决定，使国家陷入了内战的混乱中。在其他儿子的逼迫下，路易不得不选择退位。尽管一年后他又重掌皇权，但是威严已然不再。

这给法兰克帝国带来了巨大的危害。不仅导致叛乱此起彼伏——路易在位的最后几年一直忙于镇压叛乱，还给维京人大举入侵法兰克帝国提供了借口。大量维京人团体开始趁机袭击沿海地区，烧杀掳掠，无恶不作。他们掳走年轻的居民，留下老弱病者苟延残喘。

---

* 路易叛逆的儿子洛泰尔后来赏赐给哈拉尔·克拉克一座岛，以感谢哈拉尔·克拉克“对他父亲路易所做的众多破坏性事件”。

† 然而让人觉得讽刺的是，正是这一政策让他惨遭厄运。几年后他被一个侄子杀害，这个侄子曾因为叛国被他驱逐出境。

836年，霍里克主动袭击了安特卫普*。几名士兵在袭击中丧生，他竟为此厚颜无耻地索要赔偿金，用以赔偿自己军队的损失。路易召集大军强势回应。维京人见势头不妙，便退到了弗里西亚，在那里继续烧杀抢掠。840年，路易终于决定重组父亲的北海舰队来对抗维京人，但仅仅几个月之后，尚未有任何进展，他便撒手人寰。

面对帝国的分崩离析，路易的儿子不但没能联合起来共御外敌，反而用了3年的时间来争夺法兰克帝国的最高统治权。更有甚者，还有人借用维京人攻击其他兄弟。路易的长子洛泰尔，为了感谢年迈的哈拉尔·克拉克袭击其他兄弟的领地，竟把哈拉尔请进了自己的宫殿，并赏赐他领地。结果证明，利用维京人相互制约的做法简直是愚蠢至极，因为这给了维京人了解和进入帝国的机会。哈拉尔和其他与其有着相同想法的维京人在帝国的北海岸肆无忌惮地掠夺。

维京人的袭击靠的是速度，而不是强大的兵力。9世纪中期，一支典型的维京“军队”只有几艘船只、百十来人。部分人要留下来保护船只，其他的人则到处掠夺。起初，他们对绑架人质并不感兴趣，任何带不走的东西，要么杀光，要么烧光。

维京人在人数上并没有优势，但是袭击的时候，他们用速度弥补这点不足。大多数维京人不愿意前往距离海岸或河流很远的地区，通常也会避免与敌人发生激战。维京人的武器装备通常也不如法兰克人。在空旷的原野地区，维京人常常会被击败，部分原因在于他们缺少当时欧洲常见的盔甲。在法兰克的编年史中，他们被称为“光着身子的

* 位于如今的比利时。

人”。法兰克人遭遇重挫之后，统治者吸取教训，停止向维京人出售武器，维京人因此不得不从死去的士兵身上拾取头盔和武器。

总的来说，维京人的武器装备不如法兰克人，但剑却是个例外。最早的维京剑可能是模仿 8 世纪时名叫伍夫博特（Ulfberht）的法兰克铁匠的设计制成的，伍夫博特不久后成了知名的品牌。很快，维京人学会了自己铸造剑身。整个斯堪的纳维亚半岛随处可见刻有 Ulfberht 字样的武器。这种剑是典型的双刃剑，手柄呈圆形，由众多铁丝缠绕而成。这种通过焊接造出来的剑身比较坚固和轻便，而且如果发生破损还可以重铸。刻有 Ulfberht 字样的剑被战士视为最有价值的财产，被当成宝物世代相传，并将其称为“奥丁的火焰”或是“腿咬剑”（Leg-Biter）。

除了剑之外，维京人的优势主要体现在以下两方面：一是他们有着卓绝的情报收集能力，二是他们有骇人听闻的适应能力。对法兰克军队的战略部署，他们大多会提前就做好防范，并趁着法兰克政局动乱之际迅速出击。维京人最为可怕的地方在于他们的灵活性。无论是只有十几个，还是多到几百个“兄弟”，他们都既可以组成一支颇具规模的军队，又可以任意分成多个小团伙。因此，要想彻底地击败维京人几乎是不可能的，你甚至无法判断该在哪里集中防御力量。

维京人通常比他们的对手更加务实。他们不会因为要在树林中穿行而焦虑不安，维京人会把沿途偶遇的建筑，如石砌的教堂，当作堡垒使用，也会挖陷阱伏击紧追不舍的骑兵。维京人通常在夜间发动袭击，他们会用自己的双手挖战壕、砌土垒，完成土木工事，而不像法兰克的贵族不愿为此弄脏双手。最重要的是，维京人会挑选猎物并做出精准的时间规划。早期的蛮族不会攻击教堂，而维京人却把教堂定为目标，并且选择在重大节日期间发动袭击，因为这时候镇上会聚集众多有钱的财主，而这些财主就是他们潜在的掠夺对象。

维京人的种种恶行让信奉基督教的人们看不到丝毫希望。819—836 年，努瓦尔穆捷岛（Noirmoutier，位于卢瓦尔河口）上的修道院每年都会遭受洗劫。春夏两季，修道院里的修士会撤离此岛，洗劫结束后才敢回来，年年如此，甚至成了惯例。最终，836 年，受够折磨的他们携带圣人的遗骸和余下的财物向东逃去，找寻安全的避难所。接下来的 30 年里，他们被迫从一个避难所逃到另一个避难所，最后在靠近瑞士边境地区的勃艮第定居下来。那里远离维京人，远离大海。

一名来自努瓦尔穆捷岛的修士在向其他基督徒的请愿中，简述了自己的痛苦和绝望，希望大家可以停止内斗，团结一致，共御外敌：“船只数量越来越多，斯堪的纳维亚人的数量也在与日俱增……维京人占据了他们途经的每一座城市，没有人能够忍受他们的暴行……几乎没有哪个地方、哪座修道院受到尊重和礼待，所有居民都被迫逃离，很少有人敢于大声呼喊：‘坚守家园，坚守阵地，勇敢回击，为国家而战，为孩子而战，为家庭而战！’人们麻木不仁，面对共同的敌人，他们选择牺牲那些本该捍卫的财富，用它们作为贡品，以换得安稳。尽管手中还握着武器，却任由这个曾经强大的基督教王国日益衰落。”

这位修士的建议并没有引起人们的注意。法兰克内战结束的时候，查理曼的帝国已经分裂成了三个王国，每个王国的弱点都被毫无保留地暴露出来。帝国的西部构成了如今法国的基础，东部发展成了如今的德国，而位于两者之间的第三部分，即地势狭长的洛泰尔尼亚地区（Lotharingia）*，则被邻国所吞并。维京人的数量越来越多，袭击规模越来越大，行动方式也越来越大胆。他们不再只是驾驶两三艘船只航行，而是以 10 艘或 12 艘船组成舰队行动。更糟的是，他们开始转变作战方式。845 年，维京人再次来到了努瓦尔穆捷岛，但是这次除了惯有的劫掠之外，他们还在岛上修筑了防御工事，把此地作为过冬的营地。维京人以前通常在较为暖和的月份外出洗劫，在初雪降落之前再返回故土。然而现在，他们打算不再浪费时间进行中转，从而更加高效地进行掠夺。

从这个基地发动袭击，维京人现在可以穿过河流，前往更远的地方，洗劫更多的小镇乃至城市。鲁昂、南特和汉堡全都遭到了洗劫，维京舰队还掠夺了勃艮第。第二年他们又袭击了乌得勒支和安特卫普，接着沿着莱茵河逆流而上，直至奈梅亨（Nijmegen）。这些都只是纯粹的掠夺行为。然而，845 年，在丹麦国王霍里克的领导下，一场更加惨烈的袭击就此展开。霍里克从来没有忘记法兰克帝国曾支持过自己的对手——哈拉尔·克拉克。此时霍里克终于得以复仇。

* 事实上洛泰尔尼亚唯一得以保留下来的就是它如今的法国名字——洛林（Lorraine）。

第三章

朗纳尔·洛德布罗克

Chapter 3
Ragnar Lothbrok

劈开的头颅无法再酝酿阴谋。

——《智者萨蒙德埃达》

朗纳尔·洛德布罗克无疑是霍里克麾下最具传奇色彩的人物。他的姓氏“洛德布罗克”意为“毛绒马裤”，指他在战场穿的奇异皮制护腿，他声称这条护腿具有魔力，能给他带来保护。传说他的第一位妻子曾被一条龙形巨蛇掳去，他就是在这条马裤的帮助下，救回了自己的妻子。巨蛇有毒，为了避免被其咬伤，他把一条皮裤浸在煮沸的沥青中，然后把它放在沙子里滚动。这种不寻常的装束保护了他，并最终助他杀死怪兽救得新娘。

朗纳尔的真实出身不详。*他成为后来许多维京传奇中的主人公，反而使得他真实的历史功绩变得模糊了。他的故事口耳相传，人们在流传的过程中填补着其中的空白。这些故事大都令人着迷，但又几乎都是讹传。他的第二位妻子亚丝拉琪（Aslaug）十分美丽，面包师都会因被她的容貌所吸引而烤煳了面包。传闻亚丝拉琪和朗纳尔同样聪慧。朗纳尔当时仍处于丧妻之痛中，他答应娶亚丝拉琪，但她必须同时做到如下之事——着衣不见衣，空腹亦果腹，有伴且无伴。她最终做到了这些，赢得了他的真心。她出现时虽然没穿任何衣物，但有长发遮羞；前一天晚上吃了一颗洋葱；伴着一只牧羊犬缓缓而来。

毫无疑问，朗纳尔对于这些传闻感到十分满意。他曾声称自己是奥丁的直系后裔。霍里克也曾这样说过，并且自霍里克之后，这种做法成了宣誓王权天授的间接方式。然而，维京世界的统治靠的是实力而非血统。因此，845 年，朗纳尔率领一支维京军队向巴黎发起了进攻。

朗纳尔不是一个普通的海盗，而是一位真正的“海洋之王”。他通过劫掠获取了足够的财富和权力，被人们视为真正的王者。从他拥有的军队规模，便可看出他赢得了多少人的尊敬。在一个“军队”普遍只有数百人的时代，朗纳尔却统领着一支拥有 120 条维京长船的舰队，麾下有超过 5 000 名勇士。

从丹麦向南航行，这群海狼只用了一周多的时间就抵达塞纳河入海口。他们沿着塞纳河往上游航行，沿途劫掠了鲁昂及卡罗利维纳（Carolivenna，今天的绍西镇），该市距离富裕的圣丹尼斯修道院大约

---

* 尽管朗纳尔是历史人物，但有些史学家认为“洛德布罗克”的故事却是杜撰出来的传奇。

有9英里的路程。朗纳尔的手下到处搜刮财物，并有计划地掠夺了沿河的富饶之地。每当爆发一次新的袭击，各种各样的谣言就会传到当地人耳中，令他们感到惊慌失措。普通居民及圣丹尼斯的修士带着圣人的遗物和珍贵的物品纷纷出逃。然而，他们遇到了法兰克国王“秃头”查理（Charles the Bald）*。查理试图阻止这股难民潮，命令难民返回他们的故园和教堂。他还召集了一支军队，准备与维京人作战，并提前做好了防御。

朗纳尔给国王查理出了一道难题。维京人比较擅长闪电战，这种作战方式能够使得敌人疲于应对。如果查理只在河流某岸驻军，朗纳尔和他的手下就有机会跑到另一边，避免与之交战。不过查理希望能够与维京人来场决胜之战，因此他把麾下军队分开，分别驻扎在河流两岸。

不幸的是，查理的军队并不像查理曼时代的军队那样骁勇善战，而是军纪涣散，管理混乱，作战能力低下。朗纳尔率领自己的全部兵力袭击了分散后的法兰克军队，轻而易举便将他们屠杀殆尽，惊慌失措的查理只能在河流的对岸无助地观望。更糟糕的是，朗纳尔俘虏了111名法兰克士兵，把他们运到塞纳河中的一座小岛，并在查理的注视下把他们全部杀掉，用来祭祀主神奥丁。

这场举动既是宗教祭祀，又是精心策划的对敌人的心理恐吓。在现代人看来，维京人似乎极为残忍，但事实上他们并非如此野蛮。他们几乎从不破坏庄稼，即便经常掠夺，也从不破坏阿基坦（Aquitaine）的

* “虔诚者”路易最小的儿子。

葡萄庄园。敲诈勒索的方式能使他们获得更多的金钱。就屠杀战俘而言，查理曼做得比维京人更加过分。他曾在凡尔登下令将 4 500 名战俘砍头，以此作为对撒克逊人起义的惩戒。

朗纳尔的威慑行为收获了意料中的效果。法兰克士兵内心惶恐不安，朗纳尔轻而易举地打败了法兰克军队。查理被迫退守圣丹尼斯修道院，发誓要不惜一切代价守住此地。按理来说，后有敌军应该使朗纳尔颇感焦虑。但是经过仔细考量，朗纳尔认为后方的法兰克军队不足为惧，现在是进攻毫不设防的巴黎的最好时机。

中世纪的巴黎在很多方面都是维京人理想的进攻目标，这并不仅仅因为巴黎十分富有，更因为巴黎大部分位于西堤岛上，这是一座位于塞纳河中的孤岛。然而，第一眼看到这座城市时，朗纳尔可能会感到有点失望。尽管朗纳尔计划在一个神圣的宗教节日展开进攻，因为那天会有大量的居民聚集在教堂之中。但是消息不胫而走，大部分居民在他们来临之前就已逃走。维京人蜂拥而至，搜刮着每条街道。尽管他们已经在富庶的欧洲大陆掠夺了 50 年，但是他们从来没有获得过如此稀少的战利品。

多亏提前收到警报，修士才能够把最珍贵的物品搬走，圣日耳曼修道院才得以免遭大规模破坏。六个星期以后，之前逃走的修士又都回来了，发现只有少数几座附属建筑被烧毁，主教堂只受到了轻微的损坏。真正受到破坏的是酒窖，维京人闯进酒窖，并将其搬空。

巴黎城同圣日耳曼修道院一样，令维京人颇感失望。惊慌失措的居民早在维京人来临之前就把大部分财物转移到了周边乡下。维京人可以派遣军队到这些地方搜刮财物，但是面临被查理的军队袭击和伏击的危险。

事实上，朗纳尔在巴黎每多待一分钟，他面临的危险就会增加一分。法兰克国王已经召集援军，正在考虑趁着维京人撤退之际阻击他们。更令人担忧的是，痢疾开始在维京人中蔓延，进一步削弱了他们的战斗力。朗纳尔从废弃的圣日耳曼德佩区的修道院向查理发出信号，暗示如果查理愿意缴纳一笔合适的贡金，他愿意撤军。

法兰克国王被他说动了，考虑与之和谈。尽管法兰克国王有着规模庞大的军队，但是他对军队的战斗力和军官的忠诚没有信心。同时他还面临着封臣叛变、家族夺权及漫无休止的暴动的困扰。双方派遣使臣在圣丹尼斯修道院举行了会晤，法兰克方面签署了诸多特殊条款。维京人不仅可以带着他们掠夺而来的物品安然离去，法兰克人还会向他们支付接近 6 000 磅的金银以求免遭侵略。

这是关于英国人所谓的“丹麦金”（Danegeld）的首次记载。丹麦金，字面意思就是“丹麦人的钱财”，是绝望的君主向维京人缴纳的贿款，以求免遭侵略。最初，这笔钱主要征自教堂，后来逐渐演变为一种赋税。所有遭受着维京人侵扰的民众，都有义务缴纳这笔钱财，以换取安宁。不过，雪上加霜的是，丹麦金并未能够阻止维京人的入侵，反而引来了更多的维京强盗。尽管查理表示缴纳丹麦金的做法只是当时的权宜之计，但是他相信黄金可以代替兵器的想法实在是愚蠢至极。

对于巴黎民众而言，查理用了两个月的时间才筹齐贡金，这算是黑暗中的唯一一线光明了，不过当时的人们似乎并没有将其看成转机。在这两个月内，朗纳尔的军队因痢疾肆虐而损失惨重。大量的维京人死去，巴黎民众视其为奇迹，认为这是圣人日耳曼在惩罚这些亵渎了他的修道院的斯堪的纳维亚人，尽管有些晚。

朗纳尔刚拿到贡金，便把它们搬到船上。他从巴黎城墙的大门上卸下一段沉重的金属栅栏，以此来证明他曾征服过这座城市。朗纳尔沿着塞纳河向下游行驶，接着掠夺了滨海沿岸的诸多贸易和渔业港口。当他和他的手下抵达丹麦时，他们已经积累了大量的财富，并且获得了无与伦比的至高声誉。朗纳尔亲自向霍里克国王展示了掠夺而来的战利品，并吹嘘自己如何轻而易举地获得了成功。他说除了早已死去的圣人日耳曼带来了些许麻烦外，他们没有遭遇到任何抵抗。朗纳尔的经历有着很明确的历史暗示：查理曼的时代已经不复存在，再也没有必要惧怕法兰克人了。

朗纳尔对于“秃头”查理的看法可能是正确的，但并不是每个法兰克的统治者都如此软弱。查理同父异母的兄弟“日耳曼人”路易就很强硬，其封地与霍里克领地的南部接壤。路易对于维京人的掠夺行为颇为不满，于是立即向丹麦派遣了一个代表团，要求国王归还从法兰克掠夺的物资。这并非异想天开。路易称他将会向丹麦派遣一支皇家军队，这支军队无论从规模还是从战斗力上来说，都不是霍里克的士兵能够抗衡的。令这位维京国王尴尬的是，朗纳尔在侃侃而谈自己的掠夺经历时，这些来自东法兰克王国的使臣也都在场。他们很明确地指出，如果霍里克国王不愿看到战争，就必须奉

“日耳曼人”路易为其最高君主。

霍里克别无他法，只得屈服。尽管他可能因为必须低头而感到愤怒，但是这种做法至少还有一个好处。他现在有了正式的理由来没收朗纳尔的战利品，这些战利品使得朗纳尔在丹麦颇受欢迎，已经威胁到了他的统治。巴黎人被夺走的物资很快又被运给了“日耳曼人”路易，同样被运送过去的还有丹麦人之前抓捕的基督教人质。尽管霍里克无法完全控制所有的维京海盗——朗纳尔的大部分手下似乎已经离开了他的统治区域，但是他确实撤销了对于维京海盗掠夺行为的支持，希望以此来抚慰“日耳曼人”路易。这次屈服对霍里克产生了巨大的影响。他不仅经常进贡礼品，派遣使臣，还采用了非常精明的政治手段，清除了潜在的敌人。他曾围捕了少数留在丹麦境内的朗纳尔的手下，并将他们全部处死。

朗纳尔似乎在这场清洗运动中幸存了下来，但是他到底经历了何种变故，人们却是众说纷纭。法兰克人声称他死于痢疾 *，但这可能只是他们一厢情愿的想法。因为英格兰和爱尔兰的编年史都曾记载，他在后来又成功掠夺了爱尔兰海沿岸地区、苏格兰北部和西部群岛等地。

他的流亡，无论是出于自愿，还是源于官方压力，都使他更加神秘。犹如早期的弗朗西斯·德雷克，他成了传说中始终游荡在大西洋沿岸的勇士，他的财富成了维京海盗追逐的梦想。苏格兰北部的奥克尼群岛上有一座古老的坟墓，12 世纪，一位旅游学者在这座坟墓的

* 也有人认为“洛德布罗克”的绰号可能是由于其最终因腹泻而死。他的马裤上沾满粪便，乌黑而黏稠，看起来就像是被放进沥青中煮过一样。

墙壁上为朗纳尔刻下了以下铭文：“这里埋葬着洛德布罗克……他的儿子英勇无畏，尽管他们也曾平庸……很久以前这里埋藏着巨大的财富。希望有人能够寻得这笔财富。”

这里提到了他的儿子，即那四个将会继承他事业的男孩。但是，这四个儿子似乎并没有给朗纳尔带来多少慰藉。根据冰岛 13 世纪时的一部萨迦记载，朗纳尔曾承认他之所以如此渴望获得名声与财富，就是因为害怕他的儿子们，特别是长子“无骨者”伊瓦尔会令他黯然失色。也许正是出于这个原因，他才从来没有停止过人生的步伐。

不管怎样，朗纳尔的家族很快又获准重回丹麦。854 年，霍里克和大部分王室成员被其愤懑的侄子杀死，他欢迎那些流亡海外的维京人重归故里。朗纳尔也许回来了，也可能没有回来。他的结局和开始一样令人难以捉摸。然而，在几乎所有的故事中，他都以一个真正的维京人所应有的方式死去：死于征战。有几个故事专门讲述了他是如何战死的。有的说他在进攻安格尔西岛（Anglesey）时战死了；也有的说他是在爱尔兰海域附近，在与其他维京人争夺地盘时战死的。

然而，流传最广的故事说他在英格兰海域附近遭遇了反常的风暴，发生了海难。诺森布里亚的盎格鲁国王埃拉在幸存者爬上海岸时制伏了他们，并抓捕了朗纳尔。埃拉的领地曾经常遭到维京海盗的袭击，埃拉当然不会错失处死敌人的机会。他想出了一种特殊的行刑手段，即把朗纳尔扔进毒蛇坑中，任其被活活咬死。* 朗纳尔那著名的马裤保护他不被毒蛇噬咬，埃拉把他从坑中拉了上来，脱掉他的马裤，然后

* 这是非常困难的，因为英格兰并没有如此剧毒之蛇。

又把他重新扔进坑里。这只老狐狸，赤裸地躺在坑中，全身遍布着致命的伤痕。他抬起头，不屈地望着埃拉，唱着维京人的战歌：

> 我心悠扬，只因主神奥丁早已将宴会的长椅安排妥当。不久之后，我们便可高举弯曲的角杯，畅饮麦芽酿制的佳酿。英灵殿中的勇士从不哀悼自己的死亡。我将无所畏惧地踏进这座殿堂。阿萨神族将会对我的到来表示热烈的欢迎。死亡没有哀怨，我迫切地希望逝去。女武神们在召唤我回归故土。我微笑着面对死亡。
>
> ——《朗纳尔萨迦》

他奄奄一息时说的最后一句话，实际上是对埃拉的警告："公猪哀号之时，猪崽就要来了。"

毫无疑问，这个故事也是虚构的，但是至少它在某个方面是真实的。林迪斯法恩和艾奥纳事件只是维京人大举入侵英格兰之前的尝试。据说，当"勇士"比约恩得知父亲朗纳尔的死讯之后，他紧紧地握住了手中的长矛，以至于在矛柄上都留下了深深的手印；他的哥哥哈夫丹用力捏碎了一枚棋子，致使其手指鲜血直流。如果诺森布里亚的国王真的杀死了朗纳尔，那么希望他能好好享受时日无多的胜利。"猪崽们"已然奔驰在前来的路上。

第四章
“恶魔”索吉尔斯

Chapter 4
Thorgils the Devil

大批外族人如潮水般涌向爱尔兰岛，以至于这里的每一个港口、每一个码头、每一座要塞和每一个城堡都被蜂拥而至的维京海盗侵占了。

——爱尔兰9世纪编年史之《阿尔斯特编年史》

维京人从入侵爱尔兰开始拉开了大举入侵英格兰的帷幕。霍里克和朗纳尔时代的人曾把法兰克帝国定为入侵的目标，但是他们的后代开始把目光投向了更具希望的西部。

这并不是因为法兰克人防御能力逐渐增强，而是因为曾经看来似乎取之不尽的法兰克帝国的财富开始逐渐走向枯竭。朗纳尔入侵巴黎的15年间，法兰克帝国境内西部的主要河流的沿岸地区全部遭到了维京人的洗劫。最初，他们只是到处掠夺，利用各种手段来巧取豪夺他们遇到的所有的船只和圣盒。很快，他们意识到通过敲诈勒索的方式可以获得更多的钱财。以圣丹尼斯修道院院长为例，他曾缴纳了686磅黄金，再加上3 000磅白银的赎金才重获自由。仅仅用一个人质就可以勒索到如此巨大的一笔财富。

其他人通过担任雇佣兵大发横财。当维京人开始在塞纳河畔进行掠夺时，一个名叫韦兰（Weland）的诺曼人提出他可以帮法兰克人赶走这些维京人，但是他们要给他2 000磅白银和一些牲畜。“秃头”查理接受了韦兰的条件，但是由于筹集钱财用的时间太长，韦兰又把价格提到了5 000磅白银。韦兰拿到这笔钱后，确实履行了抵御塞纳河入侵者的承诺，但是他并不是与之征战，而是与他们谈判，使得入侵者同意以6 000磅白银来换取和平。兵不血刃，韦兰便成就了财富人生。

到9世纪末，超过4万磅白银落入了维京人的口袋。法兰克地区的国王们开始降低他们货币的价值。随着大量人口迁往内陆地区，滨海地区逐渐被遗弃；宗教团体也在不断搬迁，寻找更加安全的避难之地。更糟糕的是，从维京人的角度而言，当地的反抗开始逐渐加剧。

值得赞扬的是，“秃头”查理终于开始发愤图强。他有两座主要的宫殿，均在法国北部的皮卡第省附近。为了守卫这两座宫殿，“秃头”查理着手修建了一套系统的防御工事。他在塞纳河和卢瓦尔河上建起了加固的桥梁，极大地减少了维京人侵犯的可能。桥梁是河流的咽喉要道，能够轻易地抵御并阻止维京人沿河而上。要想通过桥梁，只能先占领，除此之外，别无他法，而这一点对于轻装上阵的维京人而言是不可能获得成功的。最易被入侵的地区也纷纷建起了城堡。这些防御措施并未能阻止维京人的入侵，但是改变了他们入侵的方向。眼看收益越来越少，维京人开始寻找新的攻击目标。

林迪斯法恩事件结束之后的几年内，大部分维京人把注意力都集中到了法兰克帝国，但是现在他们又把注意力重新投向了不列颠群岛。尽管没有法兰克帝国那么富庶，但是英格兰、苏格兰和爱尔兰在政治上相互独立，而且有着众多修道院。特别是爱尔兰，因为那里修道院星罗棋布，因此颇具诱惑力。爱尔兰岛上充满各种珍贵的资源，这些原料曾出口到大部分北欧地区。岛上不仅蕴藏着丰富的金矿、银矿和铜矿，还有着大量的绿宝石、蓝宝石、紫水晶、黄水晶和淡水珍珠。早在公元前2000年，爱尔兰的能工巧匠就制造出了质量上乘的金属制品。滨海地区的碎石中还发现了“凯里钻石”。这种闪闪发光的石头被用来装饰圣盒、珠宝乃至书的封面。

地区的繁荣，加上盖尔人虔诚的宗教信仰，促进了文化的昌盛。爱尔兰正处在它的黄金时代。那时欧洲整体上正处于黑暗之中，爱尔兰的修道院成了学习的圣地，散发着知识之光，生产出许多绚丽的彩色手稿，培养了大批聪慧的学者。这些学者把爱尔兰文化传到了西欧的各个角落。

政治上，爱尔兰岛正在逐步走向一种联合。部落之间的战争是残酷的，随着时间的推移，岛上形成了许多小的王国。这些小王国又形成了两个大的内部关系松散的联邦。北方的王国推崇塔拉国王，而南方的王国则由芒斯特国王统领。通常来说，两者之间塔拉联邦要更为强大，它的君主有时也被称为“阿德里”（Árd Rí）或者“至尊王”（High King）。

然而这种原始的联盟未能阻止维京人的屠杀，因为其在防御方面有着许多重大缺陷。大多数小王国的君主对于上级的命令都只是口头上应付一下，而且即便有着强大的至尊王，也无法从根本上掌控联盟的军队。战场上的任何一支军队都是由来自各个部落的士兵组成的，每个部落的士兵只听从自己部落长官的命令，行动独立，缺乏团结。无论单个的士兵有多么勇敢，技艺有多么精湛，在面临纪律严明的对手时，这些士兵是靠不住的。即便侥幸取得一场战争的胜利，他们也无法充分利用这份胜利。

当丹麦人还在忙着瓜分查理曼的帝国时，他们的近邻挪威人已经绕过苏格兰北部，直袭爱尔兰。林迪斯法恩事件仅仅过去两年，他们又洗劫了位于苏格兰西北海岸的圣科伦巴修道院。很快，他们又接着掠夺了斯凯岛以及位于都柏林北部 40 英里之外的凯尔斯（Kells）地区。他们屠杀修士，烧毁建筑，带走大部分的牲畜。维京人仅仅用了 10 年的时间，便绕过了北部的海岬，沿着西海岸开始了他们的劫掠之旅。

与劫掠英格兰和法兰克的同行们一样，挪威人早期的掠夺都是小规模的，用最多不过两三艘船只，来测试当地人的抵御能力。他们总是洗劫那些孤立而又靠近海洋的地区，对于这种手段，他们已经颇为得心应手。即便爱尔兰那些最负盛名的修道院也难逃被掠夺的命运，他们总能在当地军队来临之前，就把修道院洗劫一空，然后逃之夭夭。

这些成功的掠夺案例引来了大量的维京人，接下来的20年里，整个爱尔兰岛遭受了不计其数的袭击。即便看来坚不可摧的斯凯利格·迈克尔岛（Skellig Michael）修道院也未能幸免于难，该修道院位于爱尔兰西南海岸80英里之外，海平面500英尺之上。821年，一个维京人团伙成功登上了峭壁，揭开了它的面纱，洗劫了这所富庶的修道院，并且绑架了院长。

尽管这群维京人为了取乐而把这位神职人员活活饿死，但是其他人开始效仿丹麦人的做法，索要赎金。掠夺者看重的主要是镶嵌在神圣物品上的金银，其内部包含的东西对他们来说毫无用处。他们把圣盒内的圣髑随地弃置，将镶嵌着宝石的书籍的封面撕掉，然后把正文文稿扔进火中、泥潭或者海里。

然而，维京人慢慢地发现，比起盒子和封面，爱尔兰人更加在意圣髑和福音书。爱尔兰人愿意支付大笔的钱财来赎回它们，但最具价值的还是爱尔兰人。那些身份低微、不值得赎回的爱尔兰人，将被作为奴隶*在波罗的海或伊斯兰集市中出售。维京人开始把掠夺目标放到了人的身上。维京人袭击位于都柏林湾的霍斯（Howth）村落时，特别把目标放在了妇女身上，他们把大批妇女掳掠到船上。袭击基尔代尔（Kildare）时，维京人掳掠了280人；袭击阿马（Armagh）时，维京人更是掳掠了1 000人。

* 最有名的维京人的奴隶可能要属爱尔兰圣人芬丹（Findan）了。他曾两次被维京人抓住，但是在维京人停留在奥克尼群岛时成功逃脱。他漫游欧洲大陆，最终在瑞士定居，在那儿度过了人生中最后的25年。

这种新的手段在爱尔兰修士的心中留下了巨大的阴影，他们甚至开始祈祷恶劣天气的降临。9 世纪的某天，一位爱尔兰修士正在评注一本拉丁文语法书，他在书的空白处写道：“今夜狂风呼啸，白浪滔天。我想野蛮的维京人今晚应该不会来了吧？”

在袭击毫不设防的沿海地区的时候，维京人听说内陆地区更加富庶，于是开始了更加肆无忌惮的掠夺。828 年，维京人来到了爱尔兰东海岸，沿博因河（Boyne）而上，最终到达劳斯（Louth），并俘虏了当地的领主。

并不是所有的掠夺都取得了成功。维京人在爱尔兰西海岸活动时，就曾出现过整艘船员全部被屠杀的情况，还有被愤怒的修士大败而逃的景象。但是这些零星的成功并未给那些已然陷入困境的卫士带来任何喘息的机会，维京人的失败总是伴随着更加猛烈的反攻。在维京人看来，如果修道院的修士组织军队来竭力抵抗，就意味着这里有着巨大的财富。接下来的一年里，维京人在一个月内发起了三次突袭，每次都取得了巨大的成功。

最初，维京人只是袭击沿海地区的修道院，并且这些袭击都是零星的、无组织的。慢慢地，维京人开始向内陆地区发起大规模、高效率的进攻。836 年的圣诞节前夜，一个维京人的小团伙竟然沿着难以通行的埃文莫尔（Avonmore）河谷向内陆地区进发了 20 多英里，洗劫了格伦达洛（Glendalough）和克朗莫尔的中心修道院。同天晚上，在位于此地东北部 160 英里之外的地区，另一个维京团伙袭击了康诺特（Connacht），抢走了当地修道院中最珍贵的用于大弥撒仪式的圣徒遗物。

就在那一年，“恶魔”索吉尔斯[*]这个臭名昭著的维京海盗登上了历史舞台。爱尔兰人称之为托尔吉斯（Turgeis）——他的名字的盖尔语形式。索吉尔斯率领大量船只登陆爱尔兰，爱尔兰编年史作家们甚至将他们称为“王家舰队”。索吉尔斯似乎与斯堪的纳维亚半岛上的王室有着千丝万缕的关联，爱尔兰的维京人奉他为领袖。839 年，他把目光投向了岛上的圣地。

爱尔兰人眼中的耶路撒冷是位于岛屿北部的阿马。圣帕特里克选择此地作为盖尔基督教的信仰中心，担任该地的首任主教，最终在此终老，埋骨于此。他的许多遗物被当作圣物保留下来。随着时间的推移，他的坟墓附近建起了许多学校、修道院及一座主教堂。

索吉尔斯亲自带队发动袭击，把未能及时逃脱的修士与学生屠戮殆尽。他们推倒祭台，扒开墓穴，砸开圣盒，把圣人遗物倾倒在地上，找寻其中的珍贵物品。此外，索吉尔斯还闯进圣帕特里克大教堂，利用祭台上遗留的物品祭祀奥丁。

索吉尔斯的暴行使他成了爱尔兰人最憎恶的人。爱尔兰人视这个维京海盗王为撒旦的门徒，不敬上帝，残忍而邪恶，必须不惜一切代价来阻止他。然而，索吉尔斯与他们以前遇到的维京人截然不同。他并不满足于烧杀抢掠，他心中有着更大的计划。索吉尔斯称自己为“爱尔兰岛上的所有外族人之王”，试图直接征服并控制整个岛屿。

索吉尔斯有着最为有利的历史时机。芒斯特王国内的附属国王向

---

* 古诺尔斯语称之为索尔吉索（Thorgísl），也可称为索吉尔斯特（Thorgest）或者索吉尔斯（Thorgils）。

至尊王的权威发起了挑战，结果却使得爱尔兰岛陷入了混乱。利用掠夺阿马获得的丰富物资，索吉尔斯向着内陆地区进发。然而，他不再是仅仅洗劫修道院，而是将其占据，自封为其新的首领，并开始征收赋税。就这样，在爱尔兰最神圣的地方，一位异教徒成了修道院的院长。

索吉尔斯把他的维京舰队部署在河流和海洋沿岸，极大地削弱了当地人的反抗能力。大量的船只在海边巡视，几乎占据了所有的据点，修士对此颇有怨言。

索吉尔斯的军队忙着削弱爱尔兰本土王国的力量，而他也在为自己的计划寻找更加易守难攻的基地。他在东海岸的爱尔兰海湾修建了一个要塞，作为沿岸防御堡垒，并在那儿度过了爱尔兰的冬天。这里位置极为理想，易守难攻，邻近海洋，坐拥景色优美的天然海湾，连接利菲河（Liffey River），既能直达爱尔兰内陆地区，又能通向不列颠的西海岸。当地人称此地为“黑池”，盖尔语称之为“都柏林”（Dubh-Linn），并沿用了下来。索吉尔斯用厚重的木材铺设街道，按照维京建筑的样式建造屋舍，用混合柳条的泥浆修筑城墙。都柏林*并不仅仅是个简单的基地，它成了维京人在西欧建立的首个国家的中心，索吉尔斯正是这个国家的“国王”。

以此作为根据地，索吉尔斯逐步展开进攻。844年，他率领60艘战船，沿香农河（Shannon River）而上，抵达今天的利默里克郡

---

* 都柏林北部的区域仍被称为芬高（Fingall），意思是“白色外族人的驻地”，爱尔兰人对维京人的叫法。

（Limerick）。他把军队分成若干部分，洗劫了爱尔兰岛中部和西部的所有圣地。索吉尔斯放火焚烧了克朗弗特修道院，接着又进攻了以神学院闻名欧洲的克朗麦克诺斯（Clonmacnoise）修道院。

索吉尔斯在这里重复了他之前洗劫阿马时的行为。杀尽修士，抢完教堂之后，他把妻子奥塔（Ota）带到主教堂。索吉尔斯擦去手上的斑斑血迹，帮助奥塔爬上高高的摇摇欲坠的祭台。奥塔是著名的渥尔娃女巫或者说女预言家，她会在祭祀奥丁的仪式中展示自己的预言天赋，以此来鼓舞聚集起来的维京军队。

索吉尔斯采用这种方式来亵渎爱尔兰最为神圣的两个地方，他这样做绝非偶然。他是在树立维京神祇的权威，并借助这种行为来削弱中世纪的爱尔兰人对上帝的信仰。一位南部的修士如此哀叹："许多爱尔兰人放弃了他们的基督教信仰，加入了'白色外族人'掠夺教堂的行列。"*

9 世纪 40 年代末，整个爱尔兰岛陷入了倾覆的危局。岛内诸多领地的君主之间世仇太深，根本不可能团结起来。于是宗教领袖站了出来。特里格拉斯修道院的院长在领导当地军民的反抗中被杀害，阿马修道院的院长被抓了起来，圣帕特里克的遗物也被洗劫。似乎要不了多长时间，维京人就能将整个爱尔兰岛置于他们的掌控之下。

845 年，塔拉的至尊王梅尔·斯切林（Mael Seachlinn）抓住了索吉尔斯，这从精神和物质上给爱尔兰人带来了极大的鼓舞。至于他是如

* 引自《爱尔兰断代史》，成书于 10 世纪的奥斯瑞吉王国（Osraige），该王国位于今天的基尔肯尼郡（Kilkenny）。

何做到这一点的，至今仍是个未解之谜。人们只知道梅尔·斯切林是用计谋而非战争抓住了索吉尔斯。人们把这个令人憎恶的维京人和石头绑在一起，然后投进了河中。*

索吉尔斯的死亡不仅终结了维京人在爱尔兰建立统一的异教徒政权的企图，还造成了维京人内部的混乱。挪威人是最早的掠夺者，但是现在丹麦人越来越多。这两个群体之间的紧张关系日益加剧。索吉尔斯死后，唯一受到两方共同尊敬的人物不复存在。850 年，为了争夺都柏林的控制权，维京人内部爆发了战争。

爱尔兰人成了黑洋人（“黑色外族人”，即丹麦人）和白洋人（“白色外族人”，即挪威人）之间战争的主要受益者。战争爆发的第一年，丹麦军队成功突破城墙，洗劫了都柏林。不过，挪威人很快就进行了反击，在一场持续三天的战役中屠杀了大量丹麦人。除此之外，还有第三个群体，他们的加入使得局势变得更加混乱。他们是爱尔兰人和维京人通婚的后代，被称为“洋爱尔兰人”（Gallgoidel）† 或者“异族爱尔兰人”。哪边许诺的条件好，洋爱尔兰人便会为哪边而战。更多时候，他们是作为雇佣兵为自己而战。

慢慢地，爱尔兰的原住民开始把内部分裂的维京人重新赶回到滨海地区。至尊王梅尔打败试图入侵其领土的维京军团，战场上留下了 700

* 这位曾经让爱尔兰战栗的维京人的结局并不能让爱尔兰人满意，于是爱尔兰人编造了一个更好的故事。至尊王许诺为索吉尔斯和他的 15 个亲信寻找美丽的新娘，以此为理由把他们引到拉夫·奥威尔河（Lough Owel）中的一座孤岛，那些新娘实际上是由年轻的爱尔兰士兵乔装打扮的。当维京人前去拥抱他们的“新娘”时，这些“女人”脱去伪装，趁机将他们捅死。

† 今天爱尔兰的加洛韦地区的名字便是源于这个单词。

具维京人的尸体。同年，至尊王的一位盟友俘虏了一支200人的维京突袭队，并将他们全部杀死。梅尔王甚至联络了“秃头”查理，希望能建立军事联盟，共同对抗维京海盗。

维京人的防线稳固，足以不惧爱尔兰人的攻击。爱尔兰人曾对都柏林发起了6次进攻，每次都以失败告终。对于维京人而言，真正的威胁来自他们内部。挪威人的领袖是白色奥拉夫，他是一位挪威军事领主的儿子，于索吉尔斯去世那年来到都柏林。而丹麦人的领袖则是白色奥拉夫的远亲、朗纳尔·洛德布罗克的长子——“无骨者”伊瓦尔。

伊瓦尔是何时抵达爱尔兰岛的，人们对此并不清楚。但是在他的领导之下，丹麦人团结在了一起。朗纳尔·洛德布罗克的几个孩子之中，伊瓦尔最具神秘色彩。关于他的绰号的含义，维京人内部有着截然不同的传言。有人认为他生来就全身没有一根骨头，但是有着无与伦比的超能力；有人则认为他的腿部只有软骨，无法站立行走，只能由人架着前往战场。* 但是维京人似乎不太可能会如此尊重一个残疾人，而且如果他真的身有残疾，也不太可能收获如此成功的海盗生涯，活得如此长久。因此，他可能只是有着双关节，这种解释似乎更合情理。双关节使得他行动灵敏，在战场上游刃有余，也使得他的家族与蛇联系起来，因为用蛇来形容他的敏捷实在是再合适不过。例如，他的弟弟的名字就是“眼中有蛇”的西古德。

然而，所有的传说都证明伊瓦尔是个异常聪慧的人。《朗纳尔萨

---

* 之所以会出现这种状况，可能是因为受到了诅咒。主神奥丁让伊瓦尔的母亲亚丝拉琪婚后三天再与丈夫朗纳尔圆房，但是朗纳尔却不愿等待，结果他儿子的骨头被替换成了软骨。

迦》中称“世间也许没有比他更聪明的人了”。他在都柏林的行为似乎印证了这种传说。他清楚地知道，永无止境的战争只会削弱彼此的力量。因此，他虽率军来到都柏林，但却提出与对手划地而治。白色奥拉夫采纳了他的建议，同意与他共享王权。

无论是白色奥拉夫还是伊瓦尔，这两位维京人领袖，对于索吉尔斯试图征服整个爱尔兰的梦想没有任何兴趣。人们越来越清楚，爱尔兰有许多地方是维京人无法征服的。对于维京军队而言，内陆地区的沼泽和森林遍布着各种潜在的危险。过去数十年的经历也让他们明白了最好不要远离海岸。不过，其他地方有更多诱人的良机。

都柏林自 841 年建立以来，发展迅速，逐渐成为维京世界最为繁忙的贸易口岸。虽然利默里克、沃特福德（Waterford）、韦克斯福德（Wexford）及科克（Cork）的丹麦要塞也在蓬勃发展，但是都没有都柏林发展迅速。都柏林连通了挪威、英格兰以及法兰克等地的商业中心，并且成了游荡在北大西洋之上的所有维京人经常停驻的港口。

也许正是通过这些渠道，伊瓦尔得知东方有着更加富裕的国度；又或许伊瓦尔认为父亲的仇必须血债血偿。无论出于哪个缘由，865 年，“无骨者”伊瓦尔决定进攻英格兰。

第五章
异教徒大军

Chapter 5
The Great Heathen Army

北方的异教徒降临……如同凶猛的群蜂，又如可怕的饿狼，到处肆虐。

——《盎格鲁-撒克逊编年史》

与其南部和西部的邻居相比，英格兰是幸运的。直到9世纪，它都没太引起维京海盗的注意。自林迪斯法恩被袭击之后，也发生了几起袭击事件，但是这些袭击大都规模很小。大多数修道院都始终保持着警惕，当某所修道院被抢劫之后，其他地区的人们便会四散而逃，维京海盗因此也就丧失了继续掠夺的机会。例如，825年，艾奥纳岛上的修士听闻有掠夺者登陆，大部分的居民便带着圣科伦巴的遗骸及其他易于携带的珍宝逃离了此地。只有修道院的院长和少许修士留了下来，负责照料修道院。几天后，维京人果然袭来，在修士们做弥撒时闯进教堂。他们很快就把所有的修士杀掉，只留下院长一个活口，逼问院长把宝物都藏在了何处。院长宁死也不愿泄露这个秘密，维京人便砍去他的四肢，任其在祭坛的台阶上自生自灭。

尽管大多数袭击事件都可以用惨绝人寰来形容，但幸运的是，它们的次数很少。这可能是因为与爱尔兰相比，英格兰在政治上更具组织性。然而，良好的政治组织性没能保证查理帝国的安全，同样也只能对维京人的大举入侵起到短时间的威慑。维京人从 9 世纪 30 年代起，加强了进攻。肯特海岸附近的维京人先是用几年的时间攻占了谢佩岛（Sheppey）。接下来 15 年里，维京人把此地作为向英格兰军事进攻和政治渗透的基地。当康沃尔的人民起兵反抗西撒克逊人的统治时，维京人向他们施以援助，削弱了威塞克斯王国的力量。西撒克逊人的国王埃格伯特（Egbert）组织了一支军队与之征战，但是很快就被打得溃不成军。在战胜了另一支威塞克斯军队之后，维京人掠夺了东盎格利亚和肯特，并洗劫了罗切斯特市。844 年，他们把势力延伸到了诺森布里亚，帮助一位被废黜的国王复辟了政权。

850 年，维京人突然改变了原有的策略，从季节性的入侵转为彻底的征服。那年秋天，他们攻占了肯特海岸附近的塞尼特岛，并在那里度过了冬季。看着停泊在泰晤士河口的 350 艘战船，这位西撒克逊国王感受到了威胁。于是，他派自己的儿子阿尔弗雷德 * 赶赴罗马，祈求上帝的援助。

* 未来的阿尔弗雷德大王。

对威塞克斯而言，幸运的是，维京人决定进攻另一个主要的王国，即麦西亚王国，至少在短时间内如此。麦西亚曾兼并了其面积相对较小的邻国埃塞克斯的大部分疆土。数以百计的维京人突袭了坎特伯雷，焚烧了伦敦，迫使麦西亚的国王伯特伍尔夫（Berhtwulf）集结军队，严阵以待。通常而言，维京人会避免与敌人发生大规模的正面冲突。但是这一次，他们充满了信心。短暂的交战之后，麦西亚的军队被击败，伯特伍尔夫率领着残兵败将逃离了战场。

然而，维京人并没有向着麦西亚王国的内部继续深入，而是向萨里（Surrey）发起了进攻，企图削弱威塞克斯王国的力量。不过，他们这次并没有取得压倒性的胜利，反而被国王埃塞尔伍尔夫及其儿子们率领的军队一举击败。《盎格鲁-撒克逊编年史》称赞这次战争为“前所未有的伟大胜利”。* 维京人也许并没有受到太大的挫败，因为他们在第二年又发起了进攻。这次他们选择袭击西撒克逊王国的首都温切斯特，不过再次被打败驱逐。

维京人由此得出了好几点可贵的经验：首先，还有更多的财富等着他们前去掠夺。伦敦和坎特伯雷已经算是他们抢劫过的比较富裕的地方，内陆地区肯定还有更加富庶的城市。其次，维京人由此看清了英格兰四个王国的相对军力。维京军队可在战场上与国王的军队抗衡，并最终取得战争的胜利。他们之前之所以会失败，是因为缺乏整体的策略，而且敌人在数量上占据着巨大的优势。伊瓦尔开始尝试改正过

* 不出意料，这次胜利并没有给法兰克人留下多深的印象。一部法兰克编年史简明扼要地总结了这次战争，称维京人是“败在耶稣基督之下”。

去的错误。

865 年，伊瓦尔向不列颠群岛发动了有史以来最大规模的入侵。他与他的两个兄弟，“宽宏大量的”哈夫丹和乌比及同盟者白色奥拉夫，共同从都柏林出发。他们沿着南部的海岸航行，没有遭遇到丝毫抵抗便成功登陆东盎格利亚。当地居民向他们缴纳了筹集而来的贡金，以换取他们的和平离去。这是英格兰历史上的首笔丹麦金。伊瓦尔接受了这笔贡金，但他并没有打算就此离去。他掌控着一支规模庞大的军队，英国人将其简单地称为“异教徒大军”。*

与之前的维京军队不同，这支军队不仅仅是几个兵团的集合，而是有着唯一领袖的统一整体，而且它的指挥官们铁面无私、冷酷无情。这支军队有着极强的机动性，能够根据地形或者战争的需要，随时做出调整部署。

这支大军的形成源于一项宏伟的计划。军队士兵招募自挪威的峡湾地区、弗里西亚、波罗的海西部及丹麦等地。他们为追求财富和获得土地而加入军队，这支大军让他们首次有了占领土地的可能。伊瓦尔似乎打算在英格兰的土地上建立起自己的统治，成为能与斯堪的纳维亚半岛上的领主平起平坐的国王。他的盟友白色奥拉夫在战争结束后很有可能会返回都柏林。事实上，奥拉夫很快就把自己的军队从大军中分离出来，并把自己的势力范围控制在苏格兰和威尔士的西海岸，他在爱尔兰便能安全有效地掌控这片地区。

伊瓦尔的计划是将盎格鲁-撒克逊的王国势力逐个清除。他的首要

* 现代人估计这支军队大约有 3 000 名战士——尽管具体的数字会随时间发生巨大的变化。

任务是为接下来的军事行动筹集足够的物资。《盎格鲁-撒克逊编年史》中关于865年的部分，简要地记载了他是如何威胁当地居民给予他想要的物资补给并取得良好成效的："异教徒大军闯入了英格兰，整个冬季都驻扎在东盎格利亚；他们在那儿获得粮草补给，东盎格利亚人与他们和平相处。"

维京人在东盎格利亚待到了第二年，在此期间，有组织地掠夺了周边乡下的食物资源。秋收季节来临之后，伊瓦尔又强行征收了所有的收成。最终，他（在接受了另一笔贡金之后）命令他的军队沿着一条罗马古道继续向北行进。

维京人的目标是诺森布里亚王国，但有趣的是，他们之所以选择这里，与伊瓦尔父亲死亡的传闻有联系。诺森布里亚的人民最近驱逐了原来的国王，取而代之的是独裁专制的埃拉。据说就是这个人处死了朗纳尔·洛德布罗克。现在，朗纳尔的儿子前来复仇了。

然而，如果真的是出于孝道，伊瓦尔其实并不需要挥师北上。维京人非常了解这个最北端的王国。它的主要城市约克，位于连接着北海的亨伯河的一条支流岸边，自古以来便是英格兰与欧洲其他大陆贸易往来的中心。多年以来，有一个从事酒水以及其他易变质商品的国际商人群体在这里逐渐发展壮大。到了9世纪中叶，这个群体中甚至有了斯堪的纳维亚人的存在。这群维京人是作为商人来到这里的，因为他们发现这座城市固若金汤，普通的小型维京人团伙根本不可能将其攻克。占领这座城市有着诸多明显的好处。城市周围是肥沃的农田，更是位于都柏林到欧洲西北海岸的中间地带，陆上还有保存完好的罗马古道，古道连接着西海岸的其他港口。如果维京人占领了约克，他们就可以直接与许多贸易中心连接起来，不再需要走经由苏格兰北部的那条长达600英里的危险的海上通道了。

866年11月1日，异教徒大军来到了约克的城墙之下，那天正值万圣节（All Saint's Day）。埃拉认为谨慎胜于勇武，于是逃离了此地，撤到了先前被废黜的国王的领地之内。这样一来，他们便能集中力量，共御外敌。不幸的是，他们的联军用了超过四个半月的时间才赶到约克。那时，维京人已经牢牢地控制了这座城市。

正是在约克这座城市，伊瓦尔首次展示了他的聪明才智。他并没有出城主动迎战那两个国王，而是故意放松防守城墙的一段，将他们引入城内。当盎格鲁-撒克逊军队涌入城内之后，才发现这是个陷阱，他们进入了精心布置的没有出路的迷宫。在接下来的巷战中，英军大败，两个国王均战死于此。余下的王室成员惊慌失措地往北方的苏格兰逃去了。

如果埃拉真的杀害了朗纳尔，那么伊瓦尔肯定会因为父仇得报而感到欣慰。《盎格鲁-撒克逊编年史》仅仅提到“诺森布里亚的国王死于战争”，但是挪威人的传说讲述了一个更加惨烈的结局。埃拉被活捉，然后被送到伊瓦尔面前。伊瓦尔称将对他处以恐怖的“血鹰”之刑*，以此作为向主神奥丁的祭祀。他命人扒去埃拉的上衣，并将其绑在地上，然后敲断他所有的肋骨，再在其脊椎两侧分别开出一个很深

* 关于“血鹰”之刑有着很多争论，因为缺少相关记载。有些人认为这可能是后来的作家杜撰出来的刑罚。

的切口，接着通过两边的切口扯出他的肺叶。两片肺叶如同一双布满鲜血的翅膀，不停地鼓动着，直至埃拉痛苦地死去。

故事越传越骇人听闻，最近的版本说伊瓦尔甚至往埃拉的伤口撒盐。但是，不管怎样，与其他同样在维京人统治之下的王国相比，诺森布里亚的人民遭受了更为深重的苦难。* 伊瓦尔计划把此地作为攻占另外三个王国的跳板。为了缓和当地人民的抵制，腾出军队继续向南推进，伊瓦尔把一位名叫埃格伯特的英格兰人扶上了王位。尽管埃格伯特有着国王的头衔，但他实际上只是替维京人收税的奴仆。那些拒绝缴纳赋税的人，将会失去所有的土地和财产。

不管怎样，北部总归算是平静了下来，维京人开始把目标转向邻近的麦西亚王国。他们轻而易举地就攻陷了诺丁汉。如同他之前在约克的所作所为一样，伊瓦尔加固了诺丁汉的城墙，打算把它作为自己的根据地。那年冬天，维京人并没有回到船上，而是直接在陆地上扎营过冬。由此可见，伊瓦尔对于自己的军队有着绝对的信心。

维京人即将进犯的消息传到了麦西亚国王伯格雷德（Burghred）的耳中，他很明智地向威塞克斯国王埃塞尔雷德（Athelred）寻求援助。这两个王国经常一起合作。他们之间的军事联盟早在 14 年前就已确立，那年伯格雷德迎娶了埃塞尔雷德的姐姐，并把一位麦西亚姑娘嫁给埃塞尔雷德的弟弟阿尔弗雷德。埃塞尔雷德兄弟两个收到援助请求后，都做出了回应，率领威塞克斯大军前去支援麦西亚。

---

* 残忍是相互的。据说，英格兰东南部的几个城镇曾经剥下被捕的维京人的皮，用来装饰教堂的门。甚至就连威斯敏斯特大教堂也曾用过维京人的皮作装饰，尽管这种说法很有可能是不真实的。

第二年春天，王国联军直接朝着诺丁汉进发，试图通过闪电战迅速将其攻克。对于盎格鲁-撒克逊人而言，这是击败维京人的最佳时机。英格兰的军队在人数上远超伊瓦尔的军队，他们是为了守卫自己的家园，而维京人则是为了掠夺财富而战，只有活着才能享受财富。因此，如果维京人一旦觉着自己无法战胜对手，就会在第一时间撤走，甚至不会做出任何象征性的抵抗。在英格兰人看来，更为有利的条件是，伊瓦尔做了一个非常愚蠢的决定，他离开了自己的船只，也就切断了呼唤援军或者与其他军团取得联系的可能。伊瓦尔的军队无法得到增援，每伤亡一名维京战士，都会严重削弱其持续作战的能力。

伊瓦尔如今面临着艰难的选择。如果他选择主动出击，风险是显而易见的。尽管他的军队在数量上不占优势，但是毫无疑问，其战斗力要远高于英军。然而，即便是大获全胜，也无法避免伤亡。如果他选择躲在城墙之内，便要忍受饥饿和疾病的折磨。

补给问题是关系战争成败的关键所在。正如拿破仑所言，“兵马未动，粮草先行”。维持一支千人的军队，伊瓦尔每天至少需要 2 吨粗面粉和 1 000 加仑 * 淡水。† 动物的补给就更加困难了。伊瓦尔从英格兰人那里征用的 500 匹战马 ‡，虽然与现代骑兵团的马比起来体型相对较小，但是每匹战马每天至少需要吃掉 12 磅谷子和 13 磅干草，加起来每天需要消耗将近 6 吨的粮草。如果马匹的活动范围被限制在营地之内，还会产

* 1 加仑 ≈ 4.5 升。——编者注

† 需要注意的是这些只是最低要求。如果每天只有粗茶淡饭，军队也无法保持高昂的斗志。

‡ 公元 43 年，克劳狄入侵不列颠时，罗马人引入了马匹。

生严重的卫生问题。马虽然吃得很多，但是消化吸收得很少。如果把它们喂饱，伊瓦尔的马匹每天至少会产生 280 加仑的尿和 1 吨粪便。

尽管困难重重，伊瓦尔仍然选择驻守城内，这无疑是非常聪明的选择。英军同样面临着补给的问题，而且由于其人数更多，因此可能会更早出现补给上的困难。此外，盎格鲁-撒克逊的军队由农民组成，他们只是在军队短期服役，无法无限期离开他们的土地。如果伊瓦尔的物资能够撑足够长的时间，英军最终将会撤去。

伊瓦尔是幸运的，他的战术取得了成功。威塞克斯方面的士兵需要回去收割庄稼，这件事显然更加紧急。而且，随着时间的推移，越来越多的士兵开始起程回家。伊瓦尔赢得了这场赌博的胜利，因为他相信他的专业战士要比敌人的农民兵团更能忍饥挨饿。伊瓦尔也由此向人们展示了他卓越的管理才能，特别是在调配补给方面，他要比笨拙的盎格鲁-撒克逊军人优秀太多。

麦西亚方面的军队依然在坚持，但是军队中弥漫着消极怠战的情绪，士气相当低落。当其士气低落到相当程度时，伊瓦尔提出了停战的请求。协议的具体内容不得而知，但是维京人撤回了约克。也许英格兰人向他们支付了一笔贡金，或者伯格雷德向他们俯首称臣。

伊瓦尔在都柏林似乎有什么紧急的事情需要处理，因此把军队交给了他的弟弟乌比掌控，自己则渡过爱尔兰海，回到了都柏林。伊瓦尔走后，异教徒大军把他们的注意力放在了加强对诺森布里亚的控制之上。接下来的一年相对和平，人们甚至相信局势已经稳定下来了。英格兰的一个王国被征服，另一个遭到严重破坏。但是，维京人的进攻也许终于遭到了阻击。然而，869 年，伊瓦尔又悄悄溜回英格兰，带着全新的计划回归到他的异教徒大军。

在另外两个完全保持独立的王国中，东盎格利亚更加富裕，更具吸引力。如果维京人能够控制东盎格利亚的海岸，便能在北海区域为维京船只提供庇护。东盎格利亚境内的河流，尤其是著名的泰晤士河，连接着内河航运系统，直通英格兰的中心地带。伊瓦尔把麾下的军队分成两支，然后正式展开了自己的计划。他的弟弟乌比率领其中一支军队从约克出发，沿着罗马古道南下；而他则从海上沿着海岸航行，沿途掠夺了大量的城镇。他的计划是与乌比在东盎格利亚的首府塞特福德（Thetford）会师，然后迫使国王交出王位。

多亏了这条罗马古道，乌比才能及时赶到。尽管距离它修建之初已经过去了 500 年的时间，但是这条道路依然状态良好。乌比于初秋时节抵达彼得伯勒（Peterborough），放火烧了这座城市，还抓了所有的神职人员，将他们全部杀死。* 接着他又率军向芬斯（Fens）进发，这是一片面积庞大而且几乎无法通行的沼泽地，把彼得伯勒与具有重要战略意义的塞特福德和剑桥分离开来。

塞特福德既是政治中心，又是宗教中心，东盎格利亚的国王埃德蒙有座宫殿建在这儿。但是，毫无疑问，剑桥更加重要。早在 1 世纪时，剑桥的战略地位就已确立：周围都是沼泽，剑桥却在其中拔地而起，要想渡过剑河，必须要经过此地。罗马人看到了此地的重要意义，修建了南连伦敦、北通约克、途经剑桥的道路。剑桥不仅

* 据当地编年史记载，仅有一人幸存了下来。他虽然同样被捕，但是趁着乌比分神之际，成功逃脱。

是陆上的贸易和军事重镇，还是一座重要的港口，因为从这里直到北海，全是可通航河段。因此，剑桥可以说是连接边境地区海陆交通的要道。

埃德蒙国王也许在收到彼得伯勒被洗劫的消息之后立即就发出了军队召集令，但是他的军队并没能及时抵达。他只注意到从陆上袭来的维京军团，却不知“无骨者”伊瓦尔率领的海军舰队也已兵临城下。国王的护卫队与维京人发生了小规模的战斗，埃德蒙借机成功逃进了城中的堡垒。

伊瓦尔派出了一位使臣，提出了与往常一样的要求：一笔数额巨大的贡金，同时埃德蒙必须俯首成为维京人在此地的代理国王。埃德蒙愚蠢地，或者说勇敢地拒绝了这些要求，并宣称除非伊瓦尔成为基督徒，否则他绝不会屈服。处于劣势的埃德蒙居然还想提出谈判，这种举动很快便为他招致了更加惨重的结果。伊瓦尔派出更多手下，将埃德蒙抓住之后，把他绑在椅子上，用铁棒狠狠地敲打。

浑身赤裸、鲜血直流的埃德蒙被拖到伊瓦尔面前，但他依然拒绝屈服，并呼唤上帝解救他。这令伊瓦尔十分恼怒，于是下令将埃德蒙绑在树上，并让手下士兵在不杀死他的情况下，尽可能多地朝其射箭。直到埃德蒙“犹如刺猬般全身插满箭矢”，伊瓦尔终于大发慈悲，下令将其斩首。埃德蒙的身体被留在了行刑之地，头颅却被扔进了附近的森林中。*

---

* 根据传说记载，当地人循着狼嚎找到了“殉教者”埃德蒙的头颅。他们发现这颗头颅被完好地保护在狼爪之下。维京人允许他们把头颅取回，重新接到埃德蒙的身上。不幸的是，这颗头颅的人类守护者还不如那头狼称职。13 世纪，来自法国的骑兵将其盗走。

东盎格利亚的王位传到了埃德蒙的弟弟埃德沃德（Edwold）的手上，但是他很明智地逃离了此地，选择隐居别处。这样一来，埃德蒙这条王室血脉算是就此终结。伊瓦尔又在当地扶植了另一位代理国王，帮助维京人收税。到此时为止，伊瓦尔已经征服了英格兰四个王国中的三个，只剩威塞克斯了。

然而，伊瓦尔并不打算立即出兵威塞克斯，因为还有别的地方需要他的帮助。他以前的盟友，都柏林的白色奥拉夫，请求伊瓦尔出兵帮他攻打敦巴顿巨岩（Dumbarton Rock）。于是，伊瓦尔让其弟弟哈夫丹留下来掌管异教徒大军，自己则带着爱尔兰的维京军队返回了诺森布里亚。

敦巴顿城堡是斯特拉思克莱德（Strathclyde）的首府。斯特拉思克莱德是当地一个古老的王国，国土覆盖今天苏格兰西南的大部分地区。在过去的岁月中，敦巴顿城堡已经无数次击退了企图通过闪电战将它占领的敌人，原因要归于城内的一口深井。凭借这口井，敦巴顿的守军能拖垮大部分围城的敌人。维京人于夏季末抵达城下。因此，守城的士兵认为，维京人会在补给用完之前就因无法忍受越来越糟的天气而撤走。

这两支维京军队分别从相反的方向抵达敦巴顿。奥拉夫的舰队经由克莱德峡湾，从海上袭来；伊瓦尔则率领军队途经约克*，从陆上进发。挪威人和丹麦人很容易地对此次合作达成了共识，因为如果能攻下敦巴顿，他们便能夺得丰富的战利品。结果令人出乎意料，围城只

* 伊瓦尔在此地停留期间，还掠夺了一所女修道院。据说，那些试图保持贞洁的修女，鼻子和上嘴唇都被割去。伊瓦尔放火烧了屋舍、修女及其他所有的物品。

持续了很短的时间。不知道维京人用了什么办法将井水抽干，仅仅过了四个月，口渴难耐的守军便选择了投降。

他们很快就为自己投降的决定而备感后悔。维京人进城之后便开始大肆抢掠，而且他们似乎没有索要赎金的想法。* 大部分的守军被杀害，整座城堡被洗劫一空，而后又被夷为平地。维京人掠夺了大量的财富，他们需要 200 艘船只才能将其全部装下。不幸的是，幸存下来的人们被运到都柏林，然后又被作为奴隶，送到西班牙的伊斯兰市场。

伊瓦尔大获全胜，然后回到了他在爱尔兰的首都。他成了当时名声最响的维京人、最强的海上霸主。871 年，他获得了“爱尔兰与不列颠境内的斯堪的纳维亚人之王”的称号，这个头衔虽然冗长笨拙，但是可以看出人们对他的尊敬。而且，奥拉夫对此似乎没有表示出任何异议。正如朗纳尔在很久以前所惧怕的那样，伊瓦尔超越了他的父亲。两年后，他平静地死去。战场上的伊瓦尔无可匹敌，生活中的伊瓦尔富甲天下。正如温斯顿·丘吉尔所称赞的那样：“（他拥有）两个世界中最好的东西。”

伊瓦尔死于何处，对此并无定论。但是，据传他曾说过希望自己死后能被埋在英格兰。† 这个传闻相对具有说服力，因为正是在英格兰，

---

* 只有斯特拉思克莱德的国王是个例外。维京人将其带到了都柏林，并且索要一笔赎金。然而，不幸的是，他的政治对手出了这笔钱，但并不是为了救他，而是为了杀他。

† 据说，人们把他的遗体从都柏林运到了英格兰，并将其最终葬在英格兰。17 世纪，人们在英国的雷普顿（Repton）发现了一个坟墓，墓中有一副完整的骨架。根据骨架推测，墓主人生前应该相当高大，大约有 2 米高。墓主人周围还有 250 名维京人的遗骸。由于墓主人的死亡时间与伊瓦尔的去世时间相当，而且又明显是重要人物，因此人们推测这些骨头就是伊瓦尔的遗骸。但颇具讽刺意味的是，伊瓦尔的绰号是“无骨者”。

他取得了人生最为荣耀的成就。他的离世使维京人失去了领袖，但是他们对此并不担忧，因为才能出众的人选还有很多。白色奥拉夫自然而然地成了伊瓦尔在都柏林的继任者，而伊瓦尔的弟弟哈夫丹和乌比则继续在英格兰的土地上征战。实际上，他们早已发动了战争。甚至在伊瓦尔征服斯特拉思克莱德之前，他们就对威塞克斯王国发起了最后的进攻。

第六章
围困英格兰

Chapter 6
England under Siege

如果有人看到自己的朋友在遭受火烤酷刑的话，势必会招供所有秘密。

——《智者萨蒙德埃达》

英国剩下的唯一一个独立的王国也在摇摇欲坠。威塞克斯国王埃塞尔伍尔夫是个缺乏野心的统治者，一生平庸无能，死于858年。他的四个仍然在世的儿子成了他的继承人。但是，无论哪个儿子似乎都缺乏能够鼓舞人心的能力。长子埃塞尔巴德（Aethelbald）为了巩固自己的王位，娶了他的继母为妻，却又在两年后死去。王位传到了埃塞尔伍尔夫的第二个儿子手上，他相对幸运一些，对这个王国进行了短暂的统治，正好在异教徒大军兵临英格兰那年死去。于是，对抗维京雄师的重任，落到了剩下的两个兄弟，即埃塞尔雷德（Athelred）和阿尔弗雷德的身上。

他们两个人都曾亲自参加过与维京人的战斗，也就是三年前的诺丁汉之战。他们从这场战争中学到两点深刻的教训。首先，除非是为了守卫自己的家园，否则农民大多不愿参军作战。他们不愿意留在麦西亚同维京人继续作战，这才是迫使埃塞尔雷德下令撤军的主要原因。其次，关于后勤补给的问题。供养军队要比组建军队困难得多，而且兄弟两个都缺乏行政管理的经验。因此，871 年，当人们听闻哈夫丹率领的异教徒大军已经进入威塞克斯境内时，整个王国陷入了一片恐慌。

前一年，哈夫丹用了整个冬季的时间来筹备粮草，他还联合了其他维京军队，即来自欧洲大陆的当时正在掠夺肯特的那支维京军。871 年晚秋，他命令军队向西进发，搜寻威塞克斯国王军队。他这么做也许是想通过一场战争来击溃敌人的战斗意志。埃塞尔雷德兄弟两人把所有的军队集结在了一起，派出了一支英国民兵（农民兵团）来拖住维京人。

英军突袭了哈夫丹部署在雷丁（Reading）附近的一支搜索部队。经过短暂的小规模战斗后，维京人选择了撤退。撒克逊人认为他们已经击退了整个异教徒大军，并决定继续前进，追杀敌人。于是，埃塞尔雷德和年轻的阿尔弗雷德一起率领军队来到了雷丁，却发现城外只有少量守军。他们便趁机发起了进攻。

阿尔弗雷德的传记作者，即一位名叫阿塞（Asser）的威尔士修士在《阿尔弗雷德传》（*Life of King Alfred*）中讲述了接下来发生的事情："他们杀掉了城外的维京守军，来到了雷丁的城门之下。突然之间，大量的维京士兵如同狼群般从各个门里冲了出来。双方在此进行了一场漫长而激烈的战斗。唉，但是，英军最终还是大败而逃。维京人赢得了战役的胜利，不愧是主宰战场的雄师。"

这场战役的失败严重挫伤了英军的士气。埃塞尔雷德和阿尔弗雷德悄悄地涉过泰晤士河一段鲜有人知的浅滩，这才避免了被敌军活捉。英军溃不成军，四散而逃。正在逃亡的埃塞尔雷德国王和他的弟弟如今终于明白，维京人同样擅长阵地防卫战。早在约克和诺丁汉之战中，维京人就以截然不同的方式证明了他们在守卫城池方面的能力。如今，他们又利用雷丁的诸多城门，进行了一场漂亮的反击战。

唯一值得庆幸的是，威塞克斯的军队是逃散了，而非被歼灭。哈夫丹已经在雷丁停留了超过一周的时间，如今他必须继续前进。为了攻陷威塞克斯，他必须歼灭撒克逊人的军队，因此必须追捕埃塞尔雷德和阿尔弗雷德。而且，他还必须趁着敌人士气低落和援军尚未抵达之际，迅速将他们击败。

埃塞尔雷德在阿宾登修道院（Abingdon Abbey）重新集结了他的军队。修道院不仅为军队提供了补给，还为惊慌失措的士兵提供了精神上的慰藉。除非维京人选择走水路，不然哈夫丹不可能隐藏自己的行踪，而且哈夫丹似乎也不打算这么做。雷丁战役仅仅过了四天，埃塞尔雷德就收到消息，称维京大军正沿着一条罗马古道朝他袭来。

哈夫丹并不打算与敌人在空旷的地方发生大规模的交战，除非他能确保战役的胜利。出于这个原因，他始终贴着泰晤士河行进，并保证能随时与自己的舰队取得联系。埃塞尔雷德和阿尔弗雷德兄弟两人把军队部署在靠近罗马古道的阿什当（Ashdown）附近，打算在此拦截哈夫丹。

维京人在中午之前抵达了撒克逊人的防线。看到敌人占据了制高点，哈夫丹便把麾下军队分成了两支，计划从侧翼包围英军。看到敌人的这种举动，阿尔弗雷德建议他的哥哥把英军也分成两队，分别驻守在两侧。阿尔弗雷德的建议似乎很快就被采纳，英军与维京人的战斗一触即发。

这场战斗的猛烈程度令维京人大为震惊。仅仅在四天前，他们轻而易举便击溃了这支军队。但是现在，他们却反过来被打得节节败退。为了守卫自己的耕地，英军在战场上拿出了视死如归的勇气。维京人退到了一个山坡上，身后的阿尔弗雷德“像一头正值壮年的野兽”朝他们咆哮，甚至震动了他们用盾牌组成的防卫墙。绝望的维京军队变得混乱不堪，士兵纷纷转身而逃。

对英格兰人而言，这场神奇的胜利有着十分重要的意义。阿尔弗雷德的传记作者毫不吝啬地称赞这场战役的胜利：“数以千计的维京人战死沙场……阿什当广袤的地域上，到处都是维京人的尸体……夜幕降临，英军依然在追击着他们，最终将他们全面击溃。”

尽管上面提到的数字有着明显的夸张成分，但是，仅从战死的伯爵的数量便可看出，这场短兵相接的血战，确实造成了惨重的伤亡。然而，阿塞没有提到的是，伤亡是双方面的。对英格兰人而言，这的确是场胜利，只是付出的代价太高，因为撒克逊的军队也遭到了重创。

事实上，在这场伤亡惨重的战役中，撒克逊人所受到的打击要远远高于维京人，因为他们的王室军队都是由地方武装结合而成的。每个郡都会派出自己的兵团，兵团里的士兵只会服从地方领主或者郡长的命令。然而，这些兵团只会守卫自己的家园。因此，当某个郡被攻陷时，他们便不会为国王效力。也许会有一些真正的士兵仍然保持对国王的忠诚，但是大部分的民兵会返回自己的家园，与家人团聚。维京人不断逼近，英军的数量不断减少。维京人取得的胜利越多，撒克逊人抵抗的意志就越弱。

因此，单从剩余的兵力而言，很难说英格兰人到底算是胜了还是败了。地方武装已经消耗殆尽，无法指望能够靠他们抵御维京人新一轮的进攻。然而，哈夫丹却没有兵力不足的问题。更多的掠夺者从爱尔兰、法兰克和斯堪的纳维亚半岛陆续赶来，使维京人的兵力不断壮大。

至少，对于英军而言，补给不再是个问题，因为他们控制着农田。正如汉尼拔在公元前 216 年的坎尼战役之后所评论的那样，军队补给得到保障，这与胜利本身一样重要。英军缴获了大量的武器，战争中损失的武器等装备借此得到了充足的补充。

英格兰人需要尽快重新拿起他们的武器。哈夫丹撤到了雷丁，在那里建立起自己的势力，并且派出一拨又一拨的游击队，不断袭击周边地区。阿什当战役两周之后，其中一支游击队遇到了撒克逊人的军队，并在一场血战之后，将他们击败。对于英格兰人而言，情况更糟的是，又有一位名叫古特仑（Guthrum）的维京人率领着一支庞大的舰队来到雷丁。这使维京大军的数量近乎增加了一倍。《盎格鲁–撒克逊编年史》称古特仑的军队为“夏季强军”，他们的到来，解决了哈夫丹兵力不足的问题。哈夫丹与古特仑联合掌权。871年3月，他们率领大军离开了雷丁，朝着威塞克斯进发，并在复活节前夕遇到了英军。这是他们与英军的第三次正面交锋，有着决定性的意义。

《盎格鲁-撒克逊编年史》对这场战役的讲述非常简单：“双方伤亡惨重……丹麦人取得了战场控制权。”国王埃塞尔雷德可能就是死于这场战役。也许他是在战斗中受了致命伤，也许是过去5年的艰难统治令他筋疲力尽。王位本该传给埃塞尔雷德年幼的儿子，但是出于国家战争的需要，王位最终传给了他23岁的弟弟阿尔弗雷德。

新的国王比任何人都明白当前的局势是多么令人绝望。英军虽然在与敌人英勇作战，但是已经彻底失去了对威塞克斯东部的掌控，并且很有可能在接下来的几个月内继续丧失西半部的领土。趁着阿尔弗雷德为其哥哥举行葬礼之际，丹麦人再次发起了进攻，击溃了余下的英军。阿尔弗雷德召集一支新的军队，但是经过几次小规模的战斗之后，这支军队再次被击败。维京人掌握了战争的主动权。

阿尔弗雷德请求和谈。他的军队无法阻止丹麦人的进攻，甚至无法阻止维京人掠夺他哥哥的坟墓。出人意料的是，哈夫丹和古特仑同意了他的请求。尽管他们取得了巨大的成功，但是维京人也遭到了重创，军队内部也有着迫使他们停战的因素。掠夺的目的是为了享受获得的战利品，而哈夫丹发动的战争已经偏离了初衷，可能已经影响到了维京人的士气。哈夫丹索要了一笔丰厚的丹麦金，指定威塞克斯为丹麦的“附属国”，然后率军回到了伦敦。

哈夫丹用了些时间，重新梳理了需要自己优先处理的事情。哥哥伊瓦尔去世后，他的家族对于爱尔兰和诺森布里亚的掌控出现了松动。爱尔兰境内的挪威人再度占据了主导地位；而在诺森布里亚境内，反抗维京人统治的叛乱此起彼伏。他在伦敦用了一年的时间来筹备物资，然后挥师北上，重新建立对麦西亚的控制。麦西亚的国王伯格雷德并不打算坐以待毙。他在维京人到来之前，悄悄溜出都城，逃到了罗马，并以朝圣者的身份在那里度过了余生。

自这场胜利之后，异教徒大军开始逐渐走向分崩离析。大军的组织构架向来都具有很强的机动性，因为它不像是一支真正的“军队”，更像是众多有着共同目标的战争兵团的联合。由于古特仑的加入和在威塞克斯遭遇的重创，维京军队的这种联合被打破了。平定麦西亚的战争结束后，大军分成了两部分。洛德布罗克兄弟转而向北行进，留下古特仑独自完成攻陷威塞克斯的目标。

哈夫丹带走的军队大部分都是老兵，这些人在过去的十年里不停地征战。如今，他们想要的只有土地。哈夫丹也在考虑，他想选择一个固定的地点作为自己的立足之地。他的理想城市可能是伦敦，在很早以前，他就已经开始了自己的计划。效仿威塞克斯的做法，他在伦敦铸造发行了印着自己头像的货币。然而，洛德布罗克家族的根基在北方，因此，诺森布里亚是个更好的选择。战事结束之后，如同盎格鲁-撒克逊君主一样，他立即把土地分给了自己的士兵，那些老兵更是迫不及待地把手中的刀剑换成了犁田的农具。

然而，平静的生活似乎并不适合哈夫丹。这只老海狼无法抗拒冒险的诱惑。875年，他率军入侵都柏林。在这场持续两年的战争中，他不仅失去了士兵的拥护，还最终丢掉了自己的性命。至少，他似乎是战死的。关于他的死亡，有着多种传闻，其中最可信的是说他在与都柏林的挪威国王进行海战时战死了。*

洛德布罗克兄弟的离开给了威塞克斯更多喘息的机会，阿尔弗雷德利用这个机会重新召集了军队。为了抵御维京人的进攻，他把军队部署在野外，企图阻止维京人渡过泰晤士河。然而，狡猾的古特仑把麾下军队分成了两支，一支小股的骑兵陆战队趁着夜晚悄悄渡过了泰晤士河，占领了韦勒姆港（Wareham）。与此同时，主力部队则沿着海岸行进。等到阿尔弗雷德意识到古特仑已经离开剑桥的时候，维京人已经挖好战壕，严阵以待。

尽管维京人的主要兵力尚未到达，但是过去的经历使这位撒克逊国王认识到与维京人进行阵地战的危险。因此，他决定用钱财换取和平。经过短暂的犹豫，古特仑最终接受了这种交换。双方领导人还互相交换了人质，以示诚意。

然而，古特仑根本就没有握手言和的打算。撒克逊人刚刚撤退，他就杀掉了所有的人质，然后又攻占了防守较好的埃克塞特（Exeter）要塞。至此，维京人已经在威塞克斯的中心区域站稳了脚跟。如果他们能保持住对泰晤士河谷的掌控权，他们就能控制住这个英格兰王国的经济和宗教中心。

* 最具传奇色彩的说法是哈夫丹一直打到了罗斯，最后被一个斯拉夫部落俘虏。当人们问他愿意以哪种刑罚结束自己的生命时，他出人意料地选择了火刑。

从要塞出发，古特仑继续向南掠夺，扩大自己的战果，打击敌军的士气。与此同时，他的舰队也抵达了韦勒姆，并开始沿着海岸线掠夺。如果这两支军队会合到一起，威塞克斯战胜维京人的希望将变得非常渺茫。阿尔弗雷德将会被迫投降，还要向维京人缴纳丹麦金，威塞克斯也要被迫承认一位维京领主为他们的最高统治者。

阿尔弗雷德没有自己的舰队，因此他只能眼睁睁地看着维京人到处掠夺，对此束手无策。古特仑灵活地调遣着自己的军队，但是眼看就要取得成功时，却被天气盗走了胜利的果实。维京长船在绕过某处海岬时遇到了猛烈的风暴，遭遇了海难，近 4 000 名士兵死于这场海难。本该成为胜者的古特仑如今被困在了埃克塞特，敌军的数量远远超过自己的军队，而且还身处敌人腹地；因此古特仑请求和谈。阿尔弗雷德知道古特仑身处困境，即将失败，便大度地同意了与其和谈。受到适当的处罚后，维京人获准带着余下的军队渡过泰晤士河。

阿尔弗雷德再次错误地估计了敌人的能力，维京人总能在很短的时间内恢复自己的兵力。仅仅过了五个月，古特仑率领大军再度袭来，发起了最后的进攻。

维京人所擅长的战术在这场战争中得到了淋漓尽致的体现。古特仑不仅选择在冬天袭击阿尔弗雷德的据点奇彭纳姆（Chippenham），而且还等到主显节前夕才发动进攻——这个时候，阿尔弗雷德的大部分士兵要么是待在家里与家人欢度节日，要么就是喝得酩酊大醉。维京人的突袭令阿尔弗雷德大为震惊。因为节日的缘故，他解散了自己的集团军，只剩少量的卫兵留下来保护他。这些卫兵很快便被制伏，阿尔弗雷德侥幸得以逃脱。他和几个幸存的卫兵逃到了阿塞尔纳（Athelney），这是一座位于萨默赛特（Somerset）沼泽地中的小岛。

古特仑击败了威塞克斯的军队，几乎把整个英格兰都纳入了维京人的统治之下。要想扫除最后的抵抗，还需要花费一段时间。但是维京人的援军早在他们占领奇彭纳姆时就已抵达，援军由乌比率领，他是“无骨者”伊瓦尔和哈夫丹的弟弟；乌比带着乌鸦旗而来，这是令人敬畏的图腾，维京人相信它能带来主神奥丁的祝福。据说，朗纳尔·洛德布罗克的女儿们只用了一天的时间就织成了这面旗帜。旗帜是一块三角形的帆布，上面绣着一只乌鸦。如果看到乌鸦振动翅膀，那么胜利将很快降临。

当然，威塞克斯并不承认就此失败，他们的国王依然活着，但失败只不过是时间问题。在古特仑和洛德布罗克的儿子的联合进攻之下，威塞克斯很快就会被彻底击溃。

第七章
末代英王

Chapter 7
The Last King of England

恶种终得恶果。

——《尼雅尔萨迦》

878 年早期，作为一位国王，阿尔弗雷德失去了自己应有的形象。他在自己的国家内被流放，被自己的臣民所抛弃，还要不停地逃避敌人的追捕，几乎看不到任何夺回王位的希望。这段岁月留下了许多动人的故事，最有名的是关于他在一对农民夫妇家避难时的经历。女主人让他烤些蛋糕，但是忧心忡忡的国王并没有把注意力放在此处，结果蛋糕都被烤焦了。女主人没有认出眼前这位衣衫褴褛的男人正是她的国王，反而狠狠地训斥了他。她的丈夫认出了阿尔弗雷德，赶紧请求国王的原谅。但是生性善良的阿尔弗雷德认为那位农妇并没有做错什么。在另外一个故事中，阿尔弗雷德伪装成游方艺人，悄悄地潜入古特仑的营地。他在表演节目时，洞悉了他们的作战计划，因此在第二天的战役中大获全胜。

尽管这些故事大都是人们杜撰的，但它们真实地反映了阿尔弗雷德的性格特点。他具有鼓舞人心的天赋，愿意亲近自己的臣民，而这些都是他的兄弟和父亲所不具备的。他也确实在谋划着如何击败维京人。

以前的战斗经历告诫他要避免与维京军队发生正面冲突。维京人惯用的战术是攻占一处据点或者高地，并把大军集结起来，严阵以待。然后他们再挑衅英军，让英军主动进攻他们。英军的进攻通常都会以失败告终——入侵威塞克斯的维京人都是些经验丰富的老兵。等到英军四散而逃时，维京人又会迅速出击，将撒克逊人逐出战场。

这种战术帮助维京人赢得了英格兰的大部分土地，看起来似乎无懈可击。然而，在他的逃亡生涯中，阿尔弗雷德终于发现了维京大军的缺陷所在。尽管他们总能使自己的大军获得兵力上的补充，但是他们的人数依然要远远少于英格兰人。他们若想征服某个王国，就必须击败王国的军队，而且这时的维京军队同样损失惨重。阿尔弗雷德只需与其不断进行小规模的战斗，避免与其发生大规模的决战，就能最终将他们拖垮。接下来的 3 个月内，他在沼泽地带不停与维京人进行游击战，他总是比追击他的丹麦人快上一步。到了 878 年的复活节，阿尔弗雷德已经准备好反守为攻了。

他早已为这次进攻打下了坚实的基础。没有敌军需要攻打，维京军就被分散开来去控制整个威塞克斯。阿尔弗雷德的袭击也在慢慢地削弱他们的力量，对英格兰人民的反抗斗争产生了强大的影响力。然而，有件事对维京军队的士气造成了最大的打击，但这件事却与阿尔弗雷德毫无关系。成功占领奇彭纳姆之后，古特仑派乌比率军进犯德文郡。乌比被一支由当地一名贵族率领的英军击败了。在随后的战斗中，乌比惨遭杀害，乌鸦旗也被夺走了。当阿尔弗雷德离开沼泽地带时，英格兰人民正士气高涨，等待着国王的召唤。

阿尔弗雷德集结了3个郡的军队，并在相信他们已经做好了战斗的准备之后，挥军北上，挺进爱丁顿。他麾下差不多有4 000兵力，比古特仑统领的维京军队略少一些。

这是一场双方期待已久的战役。早在战斗正式开始之前，人们就清楚地知道，战斗的结果将决定双方的命运。两边的军队都组成了一堵人墙，高举着盾牌向前推进。这是一场比拼力量和意志的残忍战役，双方都在奋勇向前，试图击穿敌人的防线。双方的军队都在浴血奋战，为此而疲惫不堪，但是没有哪一方能够取得优势。最终，经过长久的苦战之后，英军突破了维京人的防线。

和中世纪所有的战役一样，一旦盾牌组成的防线被击破，战役的胜负便很快得见分晓。维京人放弃了他们的阵地，逃到了他们在奇彭纳姆的基地，撒克逊人的军队紧随其后。最终，阿尔弗雷德停了下来，包围了这座他以前居住的城市。

由于古特仑的轻敌，维京人遭遇了重大挫败。古特仑以为他将要面对的还是那群4个月前逃走的残兵败将，并不会遇到太过激烈的抵抗。然而，爱丁顿战役的失败之所以会成为转折点，并不是因为古特仑损失了大量的手下——他总能找到更多的兵力，而是因为这场战役使他意识到原来阿尔弗雷德一直未曾放弃。

维京军队中有些老兵，他们在 12 年前就跟随“无骨者”伊瓦尔来到此地。和大多数维京人一样，他们来此的目的不仅是掠夺财富，而且是为了获得土地。威塞克斯也许最终会成为他们的领地，但是鉴于当地人民的奋勇抵抗，这个目标可能需要经过多年血战才能实现。海峡对面和英格兰北部有着更多容易掠夺的地方。威塞克斯似乎不值得他们为此付出如此巨大的代价。

古特仑的士兵只用了 3 周时间就说服他与阿尔弗雷德和解，签订协议。协议的内容很慷慨，反映了双方对于长久和平的诉求。阿尔弗雷德同意缴纳丹麦金，承认维京人对于其他 3 个英格兰王国的统治。而古特仑必须从撒克逊人的土地上撤军，改宗基督教，承认威塞克斯是一个独立的王国。

几周之后，古特仑和他 30 个最有名的手下来到阿尔弗雷德的阿塞尔纳要塞，在此接受了洗礼。阿尔弗雷德是他的教父，为了纪念自己的哥哥，阿尔弗雷德授给古特仑的洗名是“埃塞斯坦”。这位新加冕的基督教君主随后同意永久划分领土。* 威塞克斯和麦西亚西部的领土归为阿尔弗雷德的领地；而麦西亚的东部和东盎格利亚属于维京人的势力范围。威塞克斯奉行英格兰的法律和习俗，而维京人则遵循丹麦的风俗。

古特仑的领地后来被称为“丹麦区”，其合法地位一直保持到了 12

* 在整整一代人的时间内，曾经杀死了埃德蒙国王的维京人后裔，一直把古特仑当成圣人来尊敬。

世纪末。剩下的异教徒大军，也许此时已经不算是异教徒了，有的选择在麦西亚定居下来，有的则去了欧洲大陆，继续他们的掠夺生涯。古特仑似乎平静地度过了余生，最终于890年，在东盎格利亚逝世。

战胜了自己强大的敌人，大部分人会觉得已然知足，但是阿尔弗雷德的目光更加长远。他明白与一个维京统治者保持和平的关系——不管这个统治者的地位有多崇高——并不意味着维京人会就此停止掠夺。他必须把王国建立在更加坚实的基础之上，只有这样才能在维京人再次袭来时，抵挡住他们的攻击；必须把威塞克斯建成一个能够抵御另一支异教徒大军的坚固堡垒。

维京人的机动性是他们能够取得成功的关键，阿尔弗雷德针对这点做了特别部署。他加强了城镇、桥梁和道路的防守，在整个威塞克斯境内修筑了大量的要塞堡垒。15年的时间里，各种要塞堡垒遍及整个王国。无论哪里遭到袭击，英军都能从多个据点赶去支援。接下来，阿尔弗雷德重新组建了军队，建立了一支训练有素的由国家税收供养的常备军，代替了以往不可靠的农民兵团，他甚至开始建设海上舰队，试图以此来挑战维京人的海上霸权，尽管结果令人失望。*

为了稳定国内局势，他还改革了货币制度。在他加冕之初，英国硬币的含银量非常少，硬币本身几乎没有任何价值。他不知用了什么办法，使得硬币的含银量得到提升，也许用了从维京人那里没收来的财宝，也许是开采了某些罗马古矿，又或者是发现了某些陪葬的宝藏。

---

* 有一次，9艘英军船只追击6艘维京长船，结果维京长船中的3艘成功逃脱，2艘成功上岸，只有1艘被捕。如果海上出现了真正的维京舰队，英国的船只通常都选择避不出海。

他从来没有解释过他是如何做到的，这也成了一直困扰着历史学家的谜题。

10年之内，大局就稳定下来，阿尔弗雷德开始扩张自己的领地。他把维京人赶出了伦敦，与古特仑签订了最后的协议，重新划定与丹麦区的明确界线。重组并不是阿尔弗雷德的军队变强大的唯一原因，他意识到一支有文化的军队会成为一种优势，或者至少军官应该能够识字。他不可能无处不在，因此如何保证把详细的作战计划传达给自己的部属就非常关键。有鉴于此，他颁布了一条命令，要求所有的军官必须“有一定的读写能力，否则就要交出自己的军权”。*

这条命令对尚武轻文的传统文化产生了巨大的冲击。阿尔弗雷德不得不对其做出调整，允许军官任命一个有文化的人，帮助他们处理一些需要读写的事务。但是他坚持主张增加威塞克斯境内学校的数量。尽管他自己并没有受过学校教育，但是他清楚地知道自己错过了什么，并且明白听取比他聪慧的学者的意见有多么重要。

有鉴于此，他整理了一套文人必读书目，而且——至少传闻如此——亲自把其中一些书籍从拉丁文翻译成了英文。他最喜欢的书是波伊提乌（Boethius）的《哲学的慰藉》（*The Consolation Of Philosophy*）。他从这本书里挑选了自己的墓志铭：“我希望活着的时候尽可能实现自己的价值，死后留在世人心目中的尽是美好的形象。”

阿尔弗雷德引领的学习热潮也推动了宗教的复兴，因为教堂和修道院正是传道授业的场所。人们重新捐建了许多教堂，修士们也再次开

* 这相当于告诉现代的政客，他们必须通过高等数学考试，否则将被免职。

始抄写经文。法律重新确立下来，贸易也开始逐渐恢复。

不幸的是，这一切使得威塞克斯再次成为维京人掠夺的目标。892年，维京人再次袭来，阿尔弗雷德的改革是否成功，要看能否禁得住这次入侵的考验。这支军队依然由朗纳尔·洛德布罗克的儿子率领，大军抵达威塞克斯后，分成了两队，分别从不同的方向展开进攻。这次他们还带上了女人和孩子，很明显他们希望能够在威塞克斯永久定居。然而，两队都没有取得多少成功。几个月后，阿尔弗雷德率军与规模较小的一支队伍交战，最终成功用金钱换得了他们的和平离去。与此同时，他的儿子爱德华在埃塞克斯附近击退了另一支规模较大的队伍。两年后，丹麦人试图再次入侵，但是被阿尔弗雷德部署在泰晤士河的海岸卫队发现。卫队包围了他们，趁着他们登岸之际，放火烧掉了他们的船只。

899年10月，阿尔弗雷德离世，享年50岁，这个年龄在那时可以说是寿终正寝。阿尔弗雷德铸就了许多不可思议的功绩：他战胜了势不可当的维京人，阻止了英格兰沦为维京人的殖民地，极大地推动了英格兰统一的历史进程。由于维京人的缘故，阿尔弗雷德成了唯一剩下的英王，这也决定了英格兰的最终统一势必是在威塞克斯国王的带领下完成的。在其一生中，阿尔弗雷德复兴了文化，重振了经济，为未来的王国奠定了坚实的基础。如果没有他的话，盎格鲁-撒克逊文明可能已经被消灭。

阿尔弗雷德的成就为他赢得了无与伦比的声誉，至今依然如此。阿尔弗雷德被人称赞为“英格兰的所罗门”、“智者”阿尔弗雷德，当然还有流传最广的“阿尔弗雷德大王”。我们不必完全赞同历史学家爱德华·弗里曼的观点，因为他出于爱国情怀认为阿尔弗雷德是“最完美的历史人物”。但是，他的确当得起“大王”的称号。1877 年，维多利亚时期的仰慕者在阿尔弗雷德的出生地，即位于现今英国伯克郡的旺蒂奇（Wantage），为他立了一座雕像。雕像下的铭文提供了一段更加贴切的墓志铭：

> 学风不古，他重塑学风；教育不兴，他重振教育。法律威严不再，他重树法律威严；宗教威望不存，他重建宗教威望。他从强大敌人的手中夺回了被占领的土地。只要人类不忘历史，他的名字将永世长存。

第八章
爱尔兰海域的维京王国

Chapter 8
A Viking Kingdom in the Irish Sea

钓名之人，无贤士焉。

——《“强者”格雷惕尔萨迦》

丹麦区始终没能成为一个独立的王国，这点也许是阿尔弗雷德人生成就中的最大亮点。阿尔弗雷德去世时，丹麦区的面积几乎占了现代英格兰的一半。约克成了丹麦区内最重要的城市。这座城市的选址与发展与维京人的活动息息相关。公元71年，罗马帝国的第九军团在乌兹河（Ouse）和福斯河（Foss）的交汇处修建了一座要塞，起名为艾波罗肯（Eboracum）。*然而，盎格鲁-撒克逊人却把此据点迁到了内陆

* 第九军团有着荣耀的历史。他们曾为恺撒征战法萨卢斯（Pharsalus），为奥古斯都（Augustus）征战亚克兴（Actium），这两场战役在罗马历史上有着举足轻重的地位。他们还曾跟随过克劳狄族人入侵英格兰。

地区，改名艾弗威克（Eoforwīc）或曰“野猪镇”。这个地方成了一个小型的权力中心，直到后来被维京人征服。维京人将其重新迁回了河流沿岸，建成了一座重要的港口城市。维京人称其为约维克（Jorvīc）或曰约克，城市的名字自此固定下来。11 世纪时，约克的人口达到了 1 万，差不多占了整个丹麦区人口的六分之一。

约克在维京人的统治之下迅速发展。约克地处维京人建立的北部贸易走廊的西端，成了向爱尔兰及罗斯出口食品、金属制品等物品的主要集散中心。来自东方的香草、玻璃、丝绸、银器及其他精致物品也从这里流转。

望着位于爱尔兰海对面的英格兰，爱尔兰岛上的维京人无法抵制其闪闪发光的财富的诱惑，犹如飞蛾扑火般不断向其冲去。但是所有掠夺财富的尝试，特别是对英格兰的大举入侵，均以失败告终，这几乎导致维京人在爱尔兰定居点的覆灭。爱尔兰岛上的维京人面临着严重的兵力短缺问题，因为自冰岛于 870 年被发现以来，大量的维京人迁往了北方。入侵英格兰的行动始终徒劳无获，他们无法承受为此继续损失兵力的压力。维京军队兵力不足的问题最终暴露无遗，902 年，一位至尊王将他们赶出了都柏林。然而，爱尔兰人的胜利是短暂的。914 年，“无骨者”伊瓦尔的孙子“独眼人”西特里克率军驶入都柏林的港口，击败了至尊王的军队。战败的爱尔兰人做出了让步，允许维京人重新占据他们之前的领地。

“独眼人”西特里克为人务实而残酷，* 他并不打算占领爱尔兰，

* 他曾杀害了一个妨碍他的兄弟。

而是计划把都柏林同约克连接起来，控制这条利润丰厚的贸易通道。他的理想是建立一个由爱尔兰、英格兰、苏格兰和威尔士的沿海地区组成的王国。这种想法体现了维京人与生俱来的独特世界观。他们通过海洋而非陆地认识世界。他们希望把各个交通要道完美地连接起来。沼泽和森林阻断了都柏林与爱尔兰内陆的联系，而奔宁山脉（Pennine mountains）则割裂了不列颠的北部区域。然而，这些区域可以通过海洋连接起来，形成一个跨越爱尔兰海的王国。而维京人又非常善于在海上航行。

他遇到的唯一抵抗来自爱尔兰。918 年，若干小国的国王组成联盟，试图将西特里克逐出都柏林，但是被其击败。第二年，爱尔兰人再次尝试，结果引发了更加严重的后果。这也许是他们在反抗维京人的斗争中败得最惨的战役，“独眼人”西特里克碾碎了联军，杀掉了好几个国王。

这场胜利保证了维京人对都柏林的掌控，也加强了维京人在爱尔兰的统治地位。侧翼地区稳定后，“独眼人”西特里克在他表兄弟的陪同下，离开了都柏林，收复了约克。“无骨者”伊瓦尔的家族总是把约克视为他们的遗产，这种感觉在约克得到了回应。西特里克被奉为国王，在接下来的 6 年时间里，他有条不紊地扩大了维京人统治下的诺森布里亚的范围和影响。

到 926 年时，西特里克似乎已经实现了他的理想。都柏林和约克成了一个王国的两个中心，这个王国地跨爱尔兰海，看起来是那么不可思议。西特里克成了令英格兰人颇感头疼的人物，英王埃塞斯坦为了收买他让他离开，甚至把自己的妹妹嫁给了他。然而，“独眼人”西特里克于第二年逝世，他的地跨爱尔兰和英格兰的王国也随之覆灭。

接下来的20年里，约克经历了数代维京国王的统治，每个国王都试图击退埃塞斯坦，重新收回西特里克曾经征服的地域。“独眼人”西特里克的儿子奥拉夫·西特里克松（Olaf Sitricsson）曾经差点就实现了这个目标，他于941年征服了约克，并满怀雄心地发动了一场战争，试图将整个丹麦区置于自己的统治之下。如果他能说服北部的丹麦人与他共同完成此项大业，那么英格兰将会被分裂成两个对立的王国。

英格兰人的噩梦似乎即将成为现实。面对爱尔兰－挪威大军的入侵，诺森布里亚的人民宣誓效忠于奥拉夫。然而，埃德蒙抵达时，他们又宣誓效忠于埃德蒙。奥拉夫被迫撤退，英军紧随其后，不断追击，直至约克。奥拉夫最终认输，提出和谈。奥拉夫接受英王埃德蒙作为其最高领主，并同意埃德蒙作为其教父，为其施洗。

奥拉夫也许尝试过再次起兵，但是944年，他遭到了约克人的驱逐，被迫逃到了都柏林。不幸的是，就在那年，爱尔兰至尊王率军洗劫了都柏林，奥拉夫勉强才控制住局面。都柏林遭到严重打击，维京人对于约克的掌控也随之松动，英格兰人趁机控制了这座城市。

爱尔兰的维京人进入了一段相对败落的时期，其他地区的维京人开始把目光投向约克，打起了这座城市的主意。其中最具野心的当属来自挪威的“血斧王”埃里克，他是挪威的首位国王“金发王”哈拉尔的儿子，这位国王至少有20个儿子。根据后来的记载，埃里克从小就体现出了他作为维京人的天赋。12 岁那年，他离开了挪威，开始了自己的冒险之旅，并在接下来的十年内，在法兰克至罗斯北部的滨海地区不断掠夺。

这些英勇行为为他赢得了父亲的钟爱，他的父亲决定把王位传给他。这项决定引起了哈拉尔其他十几个儿子的不满，他们同埃里克是同父异母的兄弟。埃里克用斧头砍杀了其中两个公开表示抗议的兄弟，借此平息了这种不满。另外两个兄弟召集军队，企图废黜埃里克，但是同样遭到了残忍镇压，并遭遇了和之前两个兄弟同样的命运。埃里克成了挪威国王，并因为其用斧头砍杀了自己的兄弟而被称为“血斧王”。不出所料，他的统治并没有持续太长时间。他在争夺王位的过程中表现出无比的残忍，在他统治自己的王国时也表现出了这种残忍。愈演愈烈的专制统治让他失去了民众和王公贵族的支持。他的统治仅仅维持了很短的时间，之后埃里克就被他最小的弟弟“善良王”哈康赶出了挪威。

埃里克似乎重新干起了他最擅长的勾当——掠夺，并在掠夺北部地区时，听说约克人赶走了自己的国王。英格兰人的统治引起了丹麦人的不满，利用这种不满，埃里克成功在约克加冕称王。

他很快便发现自己陷入了一种进退两难的境地。新任英格兰国王伊德雷德（Eadred）骁勇善战，并不打算让另一个维京人在约克建立起自己的势力，所以伊德雷德便开始挑唆苏格兰人袭击诺森布里亚。与此同时，英格兰的统治范围向北扩张，伊德雷德借此威胁诺森布里亚的居民，称如果他们不驱逐埃里克，将会受到严重的惩罚。丹麦人再次拒绝拥护一位斯堪的纳维亚君主，埃里克被逐出了英格兰。

这为奥拉夫·西特里克松从都柏林卷土重来扫清了道路，但是他很快就浪费了所有的好的东西，仅仅在3年之后，便被自己的臣民赶回了爱尔兰。到此时为止，政权的不断更替削弱了维京人在北部地区的统治根基，西特里克统一约克和都柏林的梦想也就此终结。约克的丹麦人也许仍然会沿袭丹麦的名字，遵守丹麦的法律继续生活下去，但是他们再也不认为自己是丹麦人。主要的原因是他们已经接受了基督教，并在陆地上定居了下来。他们不再把来自挪威或者爱尔兰的冒险家视为亲人，而是即便不会把他们视为彻底的敌人，也会视其为可能带来破坏的力量。他们更加倾向于在威塞克斯的基督教国王统治之下，过自己的稳定生活，而非在北部海上国王的统治下，过那种战乱纷繁的人生。这种思想上的转变标志着丹麦区首次真正地融入英格兰。

从根本上而言，斯堪的纳维亚人建立的王国的倾覆不是不可避免的。第一代维京人也许太过躁动，无法成为好的管理者，但是他们的后代无疑已经认识到了这一点。无论是伊瓦尔还是古特仑都曾将土地分给自己的士兵，模仿盎格鲁-撒克逊国王的统治方式。随着时间的推移，维京人接受了英格兰人的宗教、风俗，甚至学会了英格兰人的农业生产技术。在这一过程中，维京人本该最终建立起一个强大的国度，如同曾经的诺曼底。

这些之所以没有发生，是因为阿尔弗雷德和他的两个继任者实在是太过精明，他们允许丹麦区内的维京人继续保持传统，自己则不断建立一个强大的、中央集权的英格兰。最终，古诺尔斯语和风俗日渐式微，无法继续维系其原有的斯堪的纳维亚特征。一旦丹麦区内的维京人意识到与来自北方的移民相比，他们与南部的邻居有着更多的共同之处，那么这个地区最终将被英格兰国王所吞噬。至于具体何时，不过是时间早晚的问题。

维京人的约克仍然存在着最后的希望。952 年，“血斧王”埃里克率领一支规模较小的维京军队，重新攻击了英格兰。他击败了苏格兰和威尔士的联军，在约克称王。然而，一个有着“血斧王”绰号的男人，很难赢得对维京人大失所望的人民的支持。在两年日渐严酷的专制统治后，埃里克被约克人罢黜，并在他试图重新招募军队时遭到暗杀。* 约克从此永久地并入英格兰人的王国，再也没有出现过新的维京国王。

* 后来的《埃里克萨迦》对“血斧王”进入瓦尔哈拉英灵殿及众神对其的热烈欢迎有着详尽的描述。

第九章

克朗塔夫之战

Chapter 9

The Battle of Clontarf

许多人曾因自大而走向灭亡。

——《“强者”格雷惕尔萨迦》

位于爱尔兰海对岸的都柏林王国也在摇摇欲坠。从某些方面而言，试图征服和控制约克的频繁举动已经耗尽了爱尔兰维京人的力量。原本可以用来征服爱尔兰的力量，为了建立海上帝国的幻想而被浪费，现在都柏林将为此付出代价。

奥拉夫·西特里克松被逐出约克后，曾试图在爱尔兰壮大自己的力量，但是遭到了势力日渐强盛的至尊王梅尔·塞克纳尔的激烈抵抗。梅尔·塞克纳尔是米斯（Meath）的国王，该地与都柏林的西部接壤。980 年，已经年过六十的奥拉夫决定消除这个威胁。他从苏格兰的滨海地区和赫布里底群岛招募维京军人，迫使爱尔兰人向他屈服。两军在塔拉山附近相遇，该地是至尊王的传统势力范围。

结果是维京人遭遇了入侵爱尔兰以来的最大挫败，终结了都柏林作为爱尔兰岛权力中心的地位。* 奥拉夫的长子和他的继任者遭到杀戮，维京人被打得溃不成军。大获全胜的爱尔兰人占领了都柏林，逼迫其市民缴纳丰厚的贡金。奥拉夫——或许主动退位，或许被迫放权——在这样一个颇具讽刺意味的时刻来到了艾奥纳修道院，成了一名普通的修士，并在此度过了余生。从此之后，爱尔兰岛上的维京人成了附属的群体，被相互斗争的国王当作争权夺利的盟友，但是再也无法对爱尔兰当地人造成实质性的威胁。

在与维京人的长期斗争中，梅尔国王成了最大的赢家。米斯王国崛起，成了主要的王国，他也牢牢地锁定了至尊王的位置。米斯王国的唯一对手是远在西南地区的芒斯特王国。它的国王是布赖恩·博鲁，此人颇具雄心壮志，曾把爱尔兰西部的维京人全部驱逐，并因此而赢得声誉。†

布赖恩是名新贵，他是一位来自落后王国的小君主，但是他已经显示出了自己非凡的政治和军事能力。布赖恩是老国王 12 个儿子中最小的一个，幼年时期在维京人的一次袭击中幸存下来，后来在芒斯特的一所修道院中接受教育，并在这里学会了弹奏竖琴。他死后，为

---

* 像英格兰的维京人一样，爱尔兰岛上的维京人逐渐被同化。战斗双方都有来自赫布里底群岛的维京人，在爱尔兰岛上“土生土长”的维京人开始称自己为“东方人”。

† 据说，他在某场战斗中杀死了伊瓦尔·利默里克，后者可能是“无骨者”伊瓦尔的曾孙。

了纪念他，竖琴被定为爱尔兰的象征。他精通多种语言，包括拉丁语和希腊语。他将尤里乌斯·恺撒的生平熟谙于心，因为他被这位伟大将军的才能所震撼。恺撒不仅总能战胜自己的敌人，而且有着记忆作战计划的良好习惯，从而避免了作战计划被敌人拦截的可能。

继承王位后，他把学到的东西付诸实践，利用维京人的战术与维京人作战。他经常让被俘的维京人在前引路，派兵突袭内陆地区。海战与陆战相结合，利用这种不同寻常的作战方式，布赖恩逐渐建立了自己对整个西南地区的掌控。997 年，这项非凡的成就得到了正式的认可，至尊王梅尔·塞克纳尔被迫与他共享王权。梅尔将继续保持至尊王的头衔，但是布赖恩将独立管理南部地区。实际上，爱尔兰如今有了两位至尊王。

无论这个新的联盟有多么脆弱，它都使爱尔兰境内抵抗维京人的主要势力实现了首次联合。999 年，爱尔兰历史上最后一位维京伟人，“白胡子”西特里克在伦斯特（Leinster）发起了反抗布赖恩统治的起义。两位至尊王联合作战，将叛军困在了一个狭窄的山谷内，屠杀了大部分叛军。都柏林再次被占领，西特里克向布赖恩宣誓效忠，借此才保住了自己的王位。

相较于失败，胜利更激化了联盟之间的关系。与一个突然崛起的新贵分享政权，已令梅尔备感屈辱。然而，布赖恩·博鲁在第二年做出了更加过分的举动：贬黜梅尔，独称至尊王。这种举动引发了一系列阴谋，这些阴谋即便从整个爱尔兰历史来看，也算得上是错综复杂。平步青云的布赖恩·博鲁最终被这些阴谋所击败。

都柏林的“白胡子”西特里克最早提出了这项计划[*]，梅尔·塞克纳尔在暗中秘密协助，他当时仍在为从至尊王的位置上被贬黜下来而愤愤不平。1005年，布赖恩赤裸裸的野心使得其他爱尔兰领主感到忧虑，并加入了他们的谋划。那年，博鲁曾前往位于阿马的圣帕特里克的坟墓朝圣，并在祭坛上留下了20盎司[†]黄金。然后，他命人把自己的名字签在教堂的记录簿上，用的是Imperator Scottorum的头衔，即爱尔兰皇帝。他的野心就此展露无遗：把各个分裂割据的部落聚合成一个独立的国家，置于一个国王的统治之下。

这意味着爱尔兰境内的其他所有领主都将被降级。布赖恩在接下来的十年内稳步推行自己的计划，迫使许多附属王国的领主加入了西特里克的联盟。1014年，西特里克认为联盟已经足够强大，足以公开反抗至尊王。为了壮大叛军的力量，他还找来了维京人作为联盟。这些维京人有的是来自马恩岛由布罗迪伯爵率领的军队，有的是来自冰岛的雇佣兵，甚至还有来自奥克尼的著名的“勇士”西格德（Sigurd the Stout）。西格德还带来了令人畏惧的奥丁的乌鸦旗。[‡]

然而，这支声势浩大的联军从来没有真正地展开过行动。面对布赖恩·博鲁召集的规模更庞大的军队，西特里克感到坐卧不安，于是他悄悄地撤出了联军。梅尔和他做出同样的选择，决定先置身事外，然

---

* 有些历史学家认为西特里克的母亲戈姆弗莱斯（Gormflaith）才是这场叛乱的真正主谋。这个残酷无情的爱尔兰公主，与每个主要参与者都有着密切的联系。

† 1金衡盎司≈31.1克。——编者注

‡ 据传，布罗迪和西格德都是戈姆弗莱斯找来的。布赖恩囚禁了她，她承诺无论是谁，只要能杀死布赖恩，将她解救，她就会嫁给他，并把都柏林作为嫁妆送给他。西特里克对于这件事的看法并没有被记载下来。

后根据战争形势，随机应变。

即便发动这场反叛的两个主要策划人选择了退出，剩余的联军依然决定继续这场反抗。依据计划，大军在都柏林集结。这令西特里克有点尴尬，因为他现在的角色是忠诚于布赖恩的附属国王。1014 年 4 月 23 日早上，两军在都柏林西部的克朗塔夫平原相遇。

克朗塔夫战役于耶稣受难日（复活节前的星期五）爆发，被认为是爱尔兰历史上最为重要的事件。抵御维京人入侵的斗争已经持续了两个世纪之久，这场战役通常被视为其中最具决定意义的历史事件，标志着爱尔兰基督徒在对阵维京异教徒的战役中取得了伟大胜利。布赖恩·博鲁，这位爱尔兰历史上的凡俗伟人，被世人所赞颂。他统一了国家，赶走了来自北方的侵略者，实现了爱尔兰的独立。

然而，事实并非如此简单。克朗塔夫战役并不是为了驱逐维京侵略者，而是为了决定谁将成为爱尔兰的至尊王。事实上，都柏林境内的斯堪的纳维亚人和土生土长的爱尔兰人之间并无太大区别。“白胡子”西特里克可能是凯尔特人*，而非维京人，而且与布赖恩一样，也是个基督徒。他修建了都柏林境内的第一座大教堂，铸造了印有十字架的货币，还曾至少两次前往罗马朝圣。他也许曾与马恩岛的布罗迪等维京异教徒联盟，请求他们出兵援助自己，但是布赖恩也做过同样的事情。布罗迪的弟弟奥斯帕克（Ospak）和其他几支维京军团也曾为至尊王而战。此外，布赖恩·博鲁当时已经年过八十，因此他本人并没有直接参战。他退到了克朗塔夫的一座小山丘上，在那里祈祷，把

* 除了他的母亲是爱尔兰人之外，他的祖父母和外祖父母中，至少还有三个是爱尔兰人。

领军作战的任务交给了自己的儿子穆查德（Murchad）。

中世纪的战争是年轻人之间的较量。两支军队势均力敌，组成了两排长长的人墙，士兵手持盾牌，高举长矛，肩并肩站在一起。双方都朝着对方的方向不停冲撞，不知哪边会率先取得突破。这种作战方式令人疲惫不堪，两边的士兵举着盾牌相互推进，同时还要与敌人正面厮杀，或者试图绕过盾牌，从下面刺死敌军。

这场残忍的战役持续了整整一天，两边的盾牌墙都发生了弯曲，但都没有被突破。联军的人数更多，因而战役前期取得了优势，击退了布赖恩的军队。但是在接下来残忍的肉搏战中，他们又被击败，被迫退到了一座横跨利菲河的小桥上。

布赖恩的两个孙子战死沙场，但是马恩岛的布罗迪被他们打得落荒而逃，极大地削弱了联军的力量。对于联军而言，幸运的是，“勇士”西格德挥舞乌鸦旗，把他们又召集回来，至少维京人是这样绘声绘色描述的。这种举动十分英勇，因为维京人相信无论是谁，只要手持乌鸦旗，就能获得胜利，但是持旗者要为此付出生命代价。*

布赖恩的儿子穆查德与西格德交战的场面，可以说是所有的挪威传奇中最为精彩的。这位王子，鉴于他父亲的年纪，当时至少也已经年过六十，两手各持一把利剑，骑着一匹白马，如同一位从爱尔兰的早期传说中走出来的英雄人物。他先一剑挑掉了西格德的头盔，然后一剑割破了他的喉咙，干净利落地将他解决。西格德一个手下一剑捅在

* 西格德这种勇气是可以预见的，毕竟他是令人畏惧的“劈颅者”索芬（Thorfinn Skull-Splitter）的儿子。

了穆查德的腹部，拽出了他的肠子。但是穆查德在临死之前，拽掉了这个维京人的盔甲，并在他的胸部连刺了三剑。

和中世纪的所有战役一样，结局来得迅速而惨烈。在西格德倒下的同时，联军的盾墙也被击溃，被博鲁的军队横扫。有的士兵在试图转身逃亡时被砍杀，有的在试图渡过利菲河时溺死在河中。大约有三分之二的参战士兵被杀害，维京人在这次战役中损失的人数超过他们之前在爱尔兰参与过的任何一场战役。所有被俘虏的维京雇佣兵皆被处死。都柏林得以幸免于难，因为西特里克在战役开始之前就颇有预见性地退出了联盟。

但是布赖恩方面的损失同样惨重。这位至尊王的长子和继承人都战死沙场，同样战死的还有他的两个孙子、一个侄子以及与他结盟的许多宗族领袖。也许最大的损失是，这位至尊王也倒在了这场战役之中。布赖恩·博鲁站在山丘上，看到下面战场上维京人的防线被撕裂后，便退到了自己的帐篷中做祷告，只有一个用人陪伴着他。这位获胜方的爱尔兰至尊王独自一人在做祷告，身边几乎没有任何守卫，最后被一队逃亡的维京士兵杀害了。

关于他的死亡，流传最广的说法是，马恩岛的布罗迪处死了他。这位维京人首领和他的两位随从从战场的屠杀中逃出，跌跌撞撞地闯进了布赖恩的帐篷。他的两名随从把布赖恩当成了一位神父，因为他正拿着十字架，跪在地上祈祷。但是，布罗迪认出了他。布罗迪举起手中的战斧，劈开了这位老人的头颅，然后逃离了此地，留下至尊王布赖恩的尸体在其身后。*

随着时间的推移，人们逐渐发现克朗塔夫战役是一场胜利代价太高的战役。布赖恩统一爱尔兰的梦想也随着他的死亡而湮灭。他的小儿子继承了“帝国”，但是缺乏他父亲那样的人格魅力，无法牢牢掌控这份基业。几年之后，他能控制的范围仅仅限于原来的米斯王国的领地，而且领地内爆发了无数大大小小的战争。梅尔·塞克纳尔重新夺回了至尊王的头衔。对于那些历经过这些的人而言，布赖恩统治的几十年，仿佛是场镜花水月。最开始时，梅尔是至尊王，西特里克统治着都柏林。如今，随着布赖恩的逝去，一切又恢复了原样。

尽管在接下来的150年内，都柏林依然处在维京人的统治之下，但是其地位已大不如前，成了近邻伦斯特王国的附属。不管怎样，都柏林再也不是纯粹的维京人的国度，距离它被完全同化已然不远。1171年，亨利二世率领英军入侵爱尔兰，杀掉了都柏林的最后一任国王——阿斯卡·马克·拉格纳（Ascall mac Ragnaill）。

维京人在爱尔兰留下了毁誉参半的遗产，他们建立了岛上最早的一批商业城市——都柏林、科克、利默里克、韦克斯福德、沃特福德，但是他们同样是声名狼藉的掠夺者，因为他们破坏了当时正处于蓬勃发展的黄金时期的爱尔兰文化。† 修道院和教堂遭到掠夺，人们的家园遭

* 根据一篇挪威传奇记载，一位名叫沃尔夫的爱尔兰勇士追上了布罗迪，以残忍的方式为布赖恩报了仇。布罗迪的腹部被划开一道狭长的切口，他的肠子一端被钉到一棵树上。然后垂死的布罗迪被拖着绕树而转，直至他的肠子全部被缠绕在树干上。

† 然而，对此也不可太过夸张。那毕竟是个充满战乱的时代。在维京人开始掠夺的最初的25年，爱尔兰人记载了26起袭击修道院的事件。在同一历史时期内，他们记载了87起由爱尔兰人自己发起的袭击。

到破坏，无数的无辜民众被杀害或是沦为奴隶。

后面这条罪责导致大多数人如今对维京人仍然存有偏见。尽管爱尔兰早在维京人抵达之前就已经出现了奴隶制度——圣帕特里克就曾被爱尔兰的奴隶贩子所抓获，但是到8世纪时，奴隶制度已在爱尔兰消失，维京人后来又重新引入了它。最初维京人都是把奴隶或者俘虏运回斯堪的纳维亚半岛，或者将他们放到伊斯兰世界的市场中出售，后来逐渐将他们留在爱尔兰，让他们为自己服务。爱尔兰人清楚地知道这是一种严重的人格侮辱，因此为了报复维京人，他们也开始了自己的奴隶交易——只买卖被捕的维京人。不久之后，拥有奴隶成了社会地位的象征。随着维京人势力的衰弱，当地的爱尔兰人取代了他们的位置。

教会引用圣帕特里克的言论，严厉地斥责了这种行为，圣帕特里克的亲身经历使他清楚地知道奴隶制度的邪恶之处。但是不管怎样，奴隶贸易还是在不断扩大，以至于1171年英军入侵爱尔兰时——这拉开了长达数个世纪的爱尔兰反抗英格兰统治的运动——一位爱尔兰的宗教领袖甚至认为这是一种诅咒，是上帝派遣英格兰人来终结爱尔兰的奴隶贸易。

维京人留在爱尔兰的真正遗产是都柏林。西特里克时代之后，都柏林作为政治中心的地位可能有所下降，但是其作为贸易中心的地位在不断提升。都柏林因奢侈品贸易而享有盛名，成了黄金、白银、武器、丝绸和马匹等商品的国际集散中心。维京人最先把金属货币引入了爱尔兰*，并对岛上的商人进行了最早的阶级划分。在维京人的统治

* 爱尔兰语中的便士“pingin”其实是个维京词汇。

下，都柏林成了欧洲利润最高的贸易港口*，连接着维京世界的伟大贸易航线。

它之所以没有成为某个维京王国的首都，是因为维京人的社会结构与爱尔兰人的一样，都是部落制。维京人最大的特点就是他们无与伦比的适应性，无论是在战场上，还是在他们定居的土地上，他们都表现出了非常强的适应性。他们通常会向以前的国家学习，试图在现有的政治秩序之上逐渐建立起自己的国度。他们曾在英格兰建立了一个传统的中央集权政府，但是阿尔弗雷德及其子孙太过强大，不允许一个维京王国在此落地生根。在爱尔兰，他们却面临着相反的问题。这里只有尚未成熟的社会群落和诸多小国的领主。爱尔兰的政权不断更迭，都柏林也只是个势力极小的参与者。

但是，如果英格兰过于强大，爱尔兰过于混乱，都无法满足建立一个永久国家的条件，那么法兰克似乎成了最佳的选择。加洛林王朝为维京人提供了丰饶的土地。中央集权的政治体制为维京人建立强大的国家提供了模板，而衰弱的王权又使得维京人在此所向无敌。万事俱备，只差一位愿意定居国外的海上王者。

* 它同时还有着自罗马帝国灭亡以后西欧最大的奴隶市场。

第十章

行者罗洛

Chapter 10

Rollo the Walker

智者千里，行者无疆。

——《智者萨蒙德埃达》

最终有人成功在西欧大陆建立了一个强大的国家，但是人们对于此人的出身知之甚少。他可能有着挪威血统*，后人称之为“罗洛”（Rollo），这是“赫尔罗夫”（Hrolf）或者“赫罗雷夫”（Hrolleif）的拉丁语叫法。关于他生平的最详细记载，出自后世一位名叫圣昆廷的杜多（Dudo of St. Quentin）的历史学家之手。该历史学家是诺曼人，受罗洛的孙子理查一世（Richard Ⅰ）之托，完成这项使命。根据杜多

* 尽管大多数人认为他是挪威人，但是关于他的出身依然存在争议。有的资料称他是丹麦人，但是这些资料通常不对不同的维京群体进行划分，丹麦历史学家萨克索·格拉玛提库斯的做法就是最好的证明。

的记载，年轻的罗洛是挪威的首位国王“金发王”哈拉尔最信任的伙伴的儿子。然而，尽管他们之间有着深厚的友谊，罗洛的父亲却有着非常强烈的独立人格，“绝不会在任何国王面前低下自己的头颅”。

也许他不该如此固执。“金发王”哈拉尔在自己晚年的时候，把管理王国的任务交给了他最钟爱的儿子“血斧王”埃里克，但埃里克对于固执的王公贵族没有任何好感。老国王哈拉尔死后，“血斧王”就带人闯入并占领了罗洛的农场。罗洛目睹了自己的哥哥被人活活砍死，他自己也遭到了流放。

同许多触犯了强大领主的斯堪的纳维亚人一样，这个孩子成了职业的维京海盗，不停地在英格兰和弗里西亚的沿海地区（今天的荷兰）进行掠夺。他有着伟岸的身躯——显然他的体形过于庞大，维京人的马匹无法承载他的体重，因此他必须一直步行。* 罗洛身边很快便聚集了一帮丹麦人，与他共同作战。不管罗洛的出身或者体形到底如何，我们很清楚的是他非常擅长于掠夺。他和他的同伴越过了英吉利海峡，加入了斯堪的纳维亚人入侵法兰克帝国的大潮。

阿尔弗雷德大王战胜异教徒大军之后，侵略者开始重新涌入法兰克帝国境内。885 年，欧洲大陆上爆发了有史以来规模最大的入侵事件，700 艘战舰载着 4 万名侵略者来到了巴黎。† 一位法国宗教领袖写道：“北方人的怒火在这片土地上肆意地燃烧。”然而，与曾经围困英格

* 他在挪威传奇中被称为赫尔罗夫·格兰杰，即“行者”赫尔罗夫。

† 根据诺曼人的记载，罗洛也参与了这次掠夺。尽管直到 25 年之后才有了罗洛现身法兰克的可靠记载，但是谁也没有足够的证据来反驳诺曼人的说法。885 年，罗洛正值 30 多岁的壮年时期。

兰的那群人不同，这支维京大军并没有公认的领袖。巴黎的居民派出了一位在此定居的维京人，打算与他们和谈，但是这个维京人找不到一位可以代表整支大军发言的权威人士。他问他们是什么人，有什么目的。根据杜多的记载，他们的回答是他们是维京人，来此的目的是征服法兰克。他又问他们的国王是谁，他们骄傲地挺起自己的胸膛，答道："我们没有国王，因为我们彼此平等。"

这次交谈可能是一位诺曼作家杜撰出来的，他的目的是为了强调他所在的公国独立于法兰克，但这却更好地刻画出了9世纪时维京人的独立性。他们非常重视言论和行为自由，并不仅仅把它们当作理念，而是当作不争的事实。他们中的大部分之所以没有自己的国王，是因为他们都是法外之徒。他们的目的是获得名声和求取财富。激励他们的是掠夺能够获得物资，而非爱国主义或者封臣的义务。帮派或者家族是将他们松散地维系在一起的唯一纽带。

如果非要找出一个声望最高的维京人，那只能是西格弗雷德，他可能加入过异教徒大军。在阿尔弗雷德和古特仑和解一年后，他率领一支大军渡过了北海，洗劫了弗里西亚沿岸的数座城市。接下来的几年里，他们一直在法兰克帝国东部活动，掠夺了马斯特里赫特（Maestrict）、科隆、艾克斯（Aix）及特里尔（Trier）。最后，法兰克帝国的皇帝"胖子"查理（Charles the Fat）决定摆脱这些侵略者的骚扰，通过贿赂让他们离去。

西格弗雷德愉快地接受了这场交易，并在接下来的三年里掠夺了皮卡第和佛兰德斯。885年春，他重新回到了查理的领地，向他索要一笔丰厚的贡金。查理拒绝了这项要求，西格弗雷德于是率领他的舰队驶入了塞纳河口，击溃了一支法兰克军队，洗劫了鲁昂。就是从这座城市开始，其他的兵团加入了西格弗雷德的行列。到了 11 月时，整个大军已经抵达了巴黎。

9 世纪时，只有两座桥梁连接着法兰西岛和塞纳河两岸。北边的桥梁较为狭窄，但是座石桥，桥的两端各有一座守卫森严的塔楼。南边的桥梁虽然建有塔防，但是由于是座木桥，所以桥梁本身较为脆弱。

一切都取决于这两座桥梁。如果维京人能攻下它们，那么他们不但能切断巴黎与外界的联系，而且还控制了进入富庶区域的要道。然而，如果巴黎人守住了这两座桥梁，维京人就会变得孤立无援，暴露在敌方的援军之前。

起初，西格弗雷德试图通过谈判来获准通过这两座桥梁。巴黎城内只有 200 名全副武装的守兵，他承诺如果他们同意放下两座吊桥，他在通过巴黎时，不会破坏这座城市的一砖一瓦。巴黎人拒绝了他的提议，说他们的国王命令他们守卫这两座桥梁，哪怕只剩一人，他们也绝不会放弃。第二天，围攻正式开始。

西格弗雷德集中了所有的兵力，进攻位于塞纳河北岸的守卫石桥的塔楼，试图打巴黎军民一个措手不及。但是经过整整一天的战斗之后，西格弗雷德的军队伤亡惨重，因为巴黎军民站在塔楼上往下倾倒滚烫的沥青和油。一无所获的维京人只能选择撤退。第二天，他们再次尝试，却发现巴黎军民在夜间把塔楼又加高了一层，增加了他们的优势。维京人试图用攻城木和巨型弩进行反击，但是再次因伤亡惨重而撤退。

第二天的战斗结束时，维京人意识到他们要么需要拟定新的战术，要么需要更好的围城器械。接下来的几周内，他们建了一排栅栏，不停地收集物资，谋划着新的行动。

886 年 1 月 31 日，他们对石桥发起了连续而猛烈的攻击。他们把所有能想到的东西都丢进护城河，包括树枝和动物的尸体，试图把护城河填满。当这些还不够的时候，他们还杀掉了战俘，把他们的尸体也扔进了河中。

他们可以借此抵达守卫桥梁的塔楼，但是当他们试图放火烧掉这座塔楼时，他们又被击退了，而且同样损失惨重。最后，他们在三艘长船中装满了稻草和石油，并把它们点燃，然后把船朝着塔楼和石桥的方向推去。但是大火没有对石桥造成任何伤害，三艘长船却被烧得干干净净，没有起到任何作用。

由于伤亡惨重，这场失败严重地打击了维京人的士气，但是大自然给他们提供了帮助。几天后，冬季的一场洪水帮他们完成了想做却没做成的事情——冲垮了南边的木桥。守卫这座木桥的塔楼被孤立起来，轻而易举便可攻下。维京人如今可以放心地去上游地区掠夺，于是他们留下一小部分军队，继续围攻巴黎，其他人则沿河而上，不断掠夺，直至卢瓦尔河附近。

巴黎人民向“胖子”查理紧急求援，这位皇帝当时正在意大利，于是他派萨克森的亨利将军带兵前去协助巴黎人。查理肯定强调过速度的重要性，因为亨利把军队逼得很紧。时值冬季，刚刚历尽艰辛地翻过阿尔卑斯山，筋疲力尽的士兵就被命令进攻维京人的营寨，结果自然惨败。亨利仅仅进行这一次进攻，便选择了撤军，留下巴黎自生自灭。

在那个黑暗的冬季，巴黎人民只能祈祷西格弗雷德会主动放弃。西格弗雷德试图模仿朗纳尔·洛德布罗克当年围困巴黎的壮举，却没有得到想要的结果。西格弗雷德认为，与其坐在巨大的城墙下慢慢地等待敌人主动投降，还不如利用这段时间做更多更有成效的事情。他觉得围攻巴黎实在是个过于愚蠢的决定，于是接受了巴黎人的贡金，离开了此地。贡金只有少得可怜的60磅白银，远远少于洛德布罗克当时6 000磅的要价。

然而，西格弗雷德的离开并不意味着围攻的结束。他只是众多指挥官中的一个，无法说服其他维京人和他一起离开。* 围攻一直持续到了10月，巴黎人民因“胖子”查理正率军赶来的消息而再次振奋起来。这则消息给他们带来了莫大的鼓舞，因此他们抵挡住了维京人最后一次大规模的进攻。维京人同样收到这则消息，因此打算在查理赶到之前，攻下这座城市。

查理来到之后，轻而易举便击败了依然徘徊在此地的维京人。帝国军队将巴黎守卫起来，查理率军朝着维京人的营地继续前进。查理本可给周围的维京人致命一击，但是令巴黎人和维京人吃惊的是，他居然提出了和谈。

---

* 他故意刺激维京人再次进攻北边的石桥，希望用失败来证明自己是正确的。然而，精明实际的斯堪的纳维亚人对于巴黎城墙后面的财宝已经觊觎了数月之久，这次失败依然不足以劝服他们离去。

查理很难算得上是一名成功的战士。勃艮第的封臣起兵造反，他一直无法将其镇压。如今有了一个一石二鸟的机会，为了换得塞纳河沿岸道路的畅通，查理允许维京人进入勃艮第，他们可以在那里肆意掠夺，也可以借此打击勃艮第的叛军。然后，为了劝说维京人离开法兰克的土地，查理又给了他们 700 磅白银。

巴黎人知道这些条款后，大为震怒，他们为了守卫法兰克的领土而做出了巨大的牺牲，他们的皇帝却满足了维京人的愿望。为了表示抗议，他们拒绝遵守协议，封锁了河道，不让他们的敌人过河。维京人不得不拖着他们的船只在陆地上走上一段，以便绕过封锁。

查理可能认为他的这步棋走得非常精明，实际上却产生了适得其反的严重后果。无论是西格弗雷德还是其他维京人，都没有遵守约定，很快便在帝国的领土内肆意地掠夺。三年后，查理被废黜，巴黎人选了一位名叫奥多（Odo）的伯爵作为新的国王。奥多曾在维京人围困巴黎期间，负责指挥城市的防御工作。

罗洛和他的兵团在勃艮第掠夺，他们在那里获得了丰厚的战利品。出人意料的是，他只在神职人员的手中吃过败仗。910 年，一位地方主教集结了一支民兵，把他赶出了他们的城市。第二年，他进攻法兰克北部的城市沙特尔（Chartres），但是再次被一位主教击败。这位主教早在几天之前就发现了罗洛的舰队，因此有足够的时间来组建自己的军队。

为了避免被围困，这些守军主动出城，在旷野上与维京人决战。接下来的激战中，最初是罗洛占据优势，但是当那位之前一直站在城墙上观战的主教率领一群市民从城门呼啸而出时，胜利便逐渐离他远去。守军的人数激增，扭转了战场的形势。到了傍晚时分，维京人被困在了城市北边的一座小山丘上。

中世纪的军队绝不会在夜间作战，因为在黑暗中很难分清敌我。法兰克人很明智地选择了撤军，留下部分守卫，确保维京人不会偷偷逃走。然而，罗洛一直等的就是法兰克人的这种举动。维京人经常在太阳下山后发动袭击，利用混乱制造优势。他们会按照事先安排好的阵形冲击敌军，然后趁着敌军被冲散的时候，迅速撤军。

他一直等到凌晨，那时除了哨兵之外，其他所有的敌军都已入睡，然后派几个士兵溜进法兰克人的营地。他们吹响了战斗的号角，伪造敌袭的假象。整个营地立刻陷入了一片恐慌，人们衣衫不整地冲出营帐，到处乱窜。趁着混乱，罗洛和他的士兵夺路而出，冲向他们的船只。

维京人跑到了卢瓦尔河岸边，法兰克人在其后紧紧追击，留给他们的时间并不足以让整支军队都登上船只。罗洛立即调整策略，杀掉他们所能找到的所有动物，用这些动物的尸体堆起了一面墙壁。法兰克人的骑兵部队赶到后，他们的战马因弥漫在空气中的血腥味而受到惊吓，不愿继续前行。罗洛和他的军队只是暂时得救，但是他们仍处在敌军的包围之中。“糊涂王”查理率领的法军已经抵达河流上游，封锁了他们的逃跑路线。用不了多久，维京人要么会被这支军队击杀，要么会活活饿死。无论是哪种方式，似乎都令人绝望，但是查理居然没有攻击这群孤立无援的斯堪的纳维亚人，反而主动提出和谈。

查理国王登上王位不过十数年的时间，他并不愚蠢，尽管他的绰号的英文翻译确有愚蠢的含义。* 法兰克人采取的贿赂维京人的政策，使这个国家在破产的道路上越走越远。法兰克人铸造的货币，差不多有三分之一最后落入了维京人的口袋；法兰克人还累计向他们缴纳了超过 12 万磅的白银。军队出战，开支巨大，国家已经经不起这种消耗，而且查理知道自己的能力终究有限。他可以击败与其正面作战的单个维京兵团，但是无法阻止他们以闪电战的方式在幅员辽阔的王国境内肆掠。他只能守住核心区域，把沿岸的防守交给他人。

这不仅意味着允许维京人航行在塞纳河上，更是鼓励他们这样做。如果查理能够说服这群斯堪的纳维亚人，使他们相信驻守沿海地区带来的收益远远高于掠夺这些地区，那么“糊涂王”查理就能（利用维京人）在王国的海岸线筑起第一流的防线。只有一种方法能够实现这个计划，那就是使维京人成为土地的所有者。

他的堂叔“胖子”查理早在 20 年前就尝试过这项大胆的举措。那时，维京人已经在弗里西亚活动了半个多世纪，成了该地区实际上的统治者。为了稳定该地区，“胖子”查理与名叫戈德弗雷德 † 的维京人首领达成协议。“胖子”查理把弗里西亚的大部分领土划给他，条件是他要改宗基督教。戈德弗雷德接受了协议，依照约定接受了洗礼，但是好战的维京人并非如此容易摆平。戈德弗雷德并没有把这块土地建成统一的王国，而是离开了此地，继续掠夺了萨克森。“胖子”查理提醒他履行约定，他却要求查理把莱茵河沿岸一些盛产美酒的区域

---

* “直率者”查理（Charles the Straight-forward）也许是个更好的翻译，简洁又贴切。

† 他的同伴是后来领兵袭击了巴黎的西格弗雷德。

划给他，以此来作为换取和平的条件。很显然，利用维京人保护法兰克的试验最终告以失败，因此“胖子”查理找人暗杀了戈德弗雷德。

值得称赞的是，“糊涂王”查理意识到，建立维京人缓冲区的计划之所以会失败，并不是因为斯堪的纳维亚人不愿定居下来，成为忠实的臣民，而是因为戈德弗雷德并不是开展此项工作的合适人选。然而，在他看来，罗洛似乎是最佳的选择。

这个维京人少年出海，在掠夺中度过了半生，现在已经年过五十，步入了人生晚年。从追随他的人数来看，他已然取得了成功。如今年迈，他想的是停下来享受自己的劳动成果。这个机会不仅可以使他安顿下来，还能够给他的追随者带来最珍贵的奖赏——土地。

双方在鲁昂通往巴黎的大道上举行了会晤，签署了《埃普特河畔圣克莱尔条约》（Treaty of St. Clair-sur-Epte）。条约的内容与“胖子”查理和戈德弗雷德曾经达成的协议非常相像。罗洛改宗基督教，作为回报，获得鲁昂至埃夫勒（Évreux）之间的封地。他发誓与基督教国王永保和平，守卫自己的封地，并在需要的时候，为基督教国王提供军事援助。*

罗洛和他的整个军队都接受了洗礼，中途发生了一些令所有参与者都略感尴尬的事情。他的手下发现他们可以在洗礼结束后获得一件崭新的白袍，有些人居然为此多次跑去受洗。尽管这引起了法兰克人的反感，但是并没有引发大的事故。然而，后来的参拜仪式同样令人

* 有趣的是，他被默许继续在布列塔尼半岛掠夺，这也是为了给维京人残留的天性提供一个发泄的出口。“糊涂王”查理决心不再重蹈堂叔的覆辙。

尴尬。据后来诺曼人的不甚可靠的记载，按照传统，罗洛需要亲吻法王的脚，但是他拒绝了。从来没有哪位维京领主曾在众人面前卑躬屈膝，因此罗洛派了一个手下，代替他完成这项仪式。这位体格魁梧的手下，猛地把查理的脚抬到自己嘴前，掀翻了这位法兰克君主。*

尽管在完成仪式的过程中出现了种种困难，但是《埃普特河畔圣克莱尔条约》是中世纪历史上最重要的条约之一。它缔造了这片“北方人的土地”（Terra Normanorum），也就是今天的诺曼底（Normandy）。从一开始，罗洛就认真履行他的职责。他重建了被维京人破坏的修道院和教堂，建立了诺曼城镇的防御系统，并制定了保护民众生命和财产的法典。最重要的是，他把土地分给最忠实的追随者们，把流动的维京贵族变成一个以土地为生的阶级。

罗洛似乎坚持忠于“糊涂王”查理。923 年，国内爆发了一场叛乱，暴民废黜了查理。罗洛非常尽职地率领着自己的手下与叛军作战。无论是罗洛还是他的继任者，从来没有停止过庇护维京人的行为——直至 11 世纪以前，诺曼人一直坚持为维京人提供庇护，但是“糊涂王”查理的实验取得了成功。在罗洛之后，塞纳河再也没有遭受过大规模袭击；生活在诺曼底的维京人也逐渐接受了法国人的风俗。

这种转变主要归功于罗洛的亲身示范，他接受了自己的洗礼名“罗贝尔”（Robert），迎娶了一名曾被他抓获的当地女子，还鼓励自己的手下娶当地人为妻。不过一代人的时间，斯堪的纳维亚人的语言和传统慢慢消失，逐渐被法国人的文化所取代。

---

* 考虑到后来的诺曼公爵与他们名义上的法国领主之间的关系，这可以说是一个恰当的象征。

罗洛本人可能只是名义上的基督徒*，但是他的后代却成了真正的基督教卫士。在维京人的基础上，一个融合了法兰克的文化、宗教及斯堪的纳维亚人激情的国度就此建立，这也许是维京人最成功的创造。

然而，罗洛的胜利也预示着时代的变化。西法兰克、英格兰、爱尔兰等地的传统猎场正在逐渐关闭，维京人持续百年的掠夺掏空了这些地方的财富，引发了强烈的抵抗。维京人如果想要延续传统的生活方式，就需要寻找更加富饶的地区。维京人地理大发现的时代已然开启。

---

* 人们最后一次看到他时，他正在为自己死后的生活做双重准备。他不仅向教堂捐献了100磅黄金，还杀掉了100名囚犯来祭祀奥丁。

第十一章

横扫里维埃拉

Chapter 11

Vikings on the Riviera

他们（维京人）升起旗帜，迎风扬帆，如迅猛的恶狼冲入羊群，用人类的鲜血祭祀雷神托尔。

——朱米耶吉斯的威廉（William of Jumieges）

如果罗洛也参与了围攻巴黎，他肯定是与首位真正意义上的维京探险家哈斯泰因（Hastein）并肩作战。885 年，哈斯泰因壮丽的生涯进入尾声。9 世纪每一场规模较大的维京运动中，我们几乎都能看到他的身影。他曾率领异教徒大军征战阿尔弗雷德的国土，《韦德莫尔条约》签订后他又远征法国。然而他生父不详，有人说他是朗纳尔·洛德布罗克之子，有人说洛德布罗克雇这位悍将来调教自己的小儿子比约恩。不管怎样，哈斯泰因出色地完成了这项任务，带领着 12 岁的比约恩疯狂掠夺了卢瓦尔河。

卢瓦尔河两岸的人民恨透了哈斯泰因。来自圣昆廷的诺曼修士杜多这样描述他，“（哈斯泰因）为人可恶，刚愎自用，残忍无比，待人苛刻”，似乎是担心读者无法领略哈斯泰因的凶残，杜多继续写道：“性喜破坏，惹人厌烦，野蛮凶狠，臭名昭著，反复无常，粗蛮暴力，自负而目无法纪，凶险狠毒，粗鲁无礼，其人背信弃义，喜欢煽动恶行，是个两面三刀的伪君子，不敬神灵，目中无人，喜欢玩弄女子且是个十足的骗子，淫秽好色，信口开河，是个实打实的恶棍。”显然朗纳尔给自己的儿子找了个“好”师傅。

“秃头”查理听闻哈斯泰因和比约恩在法国北部的恶行后，企图通过交出沙特尔城来收买他们。可维京人并不需要城池，于是哈斯泰因把沙特尔卖给了一个邻近的伯爵，然后继续烧杀抢掠。*

然而，这次哈斯泰因过于大意，被“强者”罗贝尔公爵（Duke Robert the Strong）打了个措手不及。† 哈斯泰因和他的部下躲进教堂里才得以幸免于难。罗贝尔公爵不愿毁了神圣的建筑，决计包围教堂饿死敌人。那天的太阳很毒，罗贝尔公爵脱下了盔甲。哈斯泰因从窗户里看得清清楚楚，抓住时机倾巢而出。战斗中，罗贝尔公爵被杀害，维京人得以逃脱。

突袭卢瓦尔河带来了巨大的收获。859 年，哈斯泰因和比约恩谋划

* 布列塔尼伯爵开出的条件更加有用，他奉上 50 头牛，作为交换哈斯泰因不再掠夺该地。

† 罗贝尔是于格·卡佩（Hugh Capet）的曾祖父，987—1328 年卡佩王室统治法国，因此罗贝尔也是卡佩王室的祖先。

了更大胆的计划，他们要越过基督教国家的边境，往西前行，那里有着数不清的财富。摩尔人统治下的西班牙曾跨越北非，往东延伸至伊朗，这块辽阔的哈里发辖地到处都是黄金。

这个想法源于十多年前维京人一次失败的远征。844 年，维京人率领 30 艘战船抵达塞维利亚，摧毁了部分城墙，顺利攻入城内。维京人平息了零星的反抗之后，便开始了他们的主要任务——劫掠富裕的贵族和大户丝绸商人。体格健壮、相貌端正的市民被拖到船上，运往西部繁忙的奴隶市场。

随后，维京人并未离开塞维利亚，反而把该地作为根据地，并在接下来六周的时间内，抢劫远处的里斯本和加的斯。那里财富众多，却也危险重重。参与那次远征的维京人很少有活着回到船上的。他们把太多的时间用来掠夺周边乡下，反而给摩尔人组织反击留了空子。科尔多瓦的埃米尔率军突袭了维京人。被捕的维京人实在太多，当地的绞刑架甚至都不够用，剩下的维京人就被吊死在周围的棕榈树上。维京头目和他的 200 个弟兄的头颅随后被当作礼物送给了丹吉尔（Tangier）的埃米尔。

这场远征的结局虽不光彩，但却证明西班牙不堪一击。只要是有人愿意冒险，就能从那片土地上得到更加珍贵的财宝。借道西班牙，维京人就可进入地中海，传说中的罗马的财富似乎唾手可得。面对如此诱惑，哈斯泰因怎能拒绝。于是，859 年夏天，哈斯泰因率领 2 400 名士兵，驾驶 62 艘大船，开始掠夺西班牙，从而进一步巩固了自己的名声。

万事开头难，这次进攻也不例外。哈斯泰因和比约恩驾船抵达塞维利亚，满怀信心地要重展当年那场掠夺的风采。不幸的是，距离上次那场掠夺已有15年之久，当地的埃米尔成立了自己的舰队，还在大西洋沿岸建造了一系列的瞭望台。意识到即将降临的危险之后，埃米尔加固了城池。只要维京人的长船朝着城墙开来，驻守的摩尔人立刻就将点燃的油罐朝甲板上扔去。*

这种方法虽然落后，却有效地击退了进攻。战败的比约恩和哈斯泰因决定绕过西班牙的北部沿海，在少数地区进行小规模掠夺来补充装备。船队绕过今天的葡萄牙，在西班牙阿尔赫西拉斯（Algeciras）登陆。然而维京人发现这里并不富裕，大失所望，于是烧毁当地的清真寺，抓捕了许多奴隶，获得了少量补给。

厄运并未就此离他们而去。他们准备驶入直布罗陀海峡时，遭遇了风暴，迫使船队南下非洲西海岸。所幸大部分船只最终还是穿过了海峡，抵达北非的纳祖尔（Nador）市。进入地中海后，维京人终于时来运转。维京人在纳祖尔海岸进行了长达8天的烧杀劫掠，抓捕了大量的蓝皮肤和黑皮肤的奴隶。† 随后，维京人又前往西班牙沿海地区，沿途掠夺了巴利阿里群岛的福门特拉岛（Formentera）、马略卡岛（Majorca）和米诺卡岛（Minorca）。

冬日渐渐来临，哈斯泰因想在法国南部寻找合适的基地用来过冬。维京人沿特尔河（Ter river）溯流而上，洗劫了佩皮尼昂（Perpignan）

---

* 这种武器是摩尔人的“希腊火”，最初是拜占庭帝国的超级武器。

† 这里的“蓝皮肤”的人指的应该是图瓦雷克人（Tauregs），是一个柏柏尔部落，他们的身上满是文身。而“黑皮肤”则极有可能是摩尔人从撒哈拉周边地区抓来的黑人。

的修道院，袭击了许多城市，直到在阿尔勒（Arles）遇到了法兰克人的抵抗，才被迫前往蔚蓝海岸（Côte d'Azur）的一座小岛过冬。蔚蓝海岸就是今天法国的里维埃拉。岛上四季如春，让来自斯堪的纳维亚半岛的维京人颇感舒适。* 春天再次来临，维京人渡海抵达意大利，洗劫了比萨。哈斯泰因从掠来的俘虏口中得知，罗马距此已经不远。

对海盗们来说，洗劫罗马就是最大的奖赏。大多数维京人对此梦寐以求，要是能够取得成功，便可流芳百世。

舰队沿半岛西海岸南下，沿途寻找大城市的踪迹。据说舰队发现卢纳（Luna）时，误以为这座大城市就是罗马，便驶进了港口。这里其实是罗马的大理石贸易中心。†

维京人是无法通过强攻拿下这座城市的。如果是在夜间，在夜色的掩护下或许他们还能不被察觉，悄悄翻越城墙而无任何损伤；但是如果是在白天，这就不可能了。哨兵们在几英里外就能发现维京人的舰队，等到维京人兵临城下时，哨兵们早已敲响警钟，守城士兵严阵以待，而城门也早就关闭了。

尽管强攻不可行，别忘了维京人可是出了名的诡计多端。舰队靠岸抛锚以后，一小拨维京人举着白旗靠近城门，声称他们的头领已经奄奄一息，在死去之前希望受洗成为基督徒。为了证明所言不虚，他们还抬着担架，架子上的哈斯泰因痛苦呻吟、汗流浃背。

---

* 维京人短暂居留的这座小岛，后来成为首批被开发成为避寒胜地的地区之一。18 世纪，这里成了英国上层阶级的度假胜地。维京人显然发现了个好地方。

† 至少传说是这样的。然而维京人选择目标时向来谨慎，而且还盘踞地中海地区多年，这让人很难相信他们真的会犯下这样的错误。

这给意大利人出了难题，基督徒不能拒绝将死之人的忏悔，但是维京人值得相信吗？这很有可能是个计谋。当地的伯爵和主教经过商议，决定接受哈斯泰因，但必须十分谨慎，要派重兵把守。于是，一小队士兵前去迎接哈斯泰因和他的随从，而其他维京人只得在城外等候。

尽管忧虑重重，卢纳居民还是拥上街头，想要瞧瞧这个曾经令人生畏的野蛮人，如今是如何安静地进入他们的城市的。维京人在被护送去教堂的路上表现得相当礼貌，默不作声且充满敬意。整个仪式持续了几小时，哈斯泰因看上去既庄严又虚弱，仿佛在临终前终于看到了圣光。执行洗礼仪式的是主教，伯爵则作为教父站在一侧，赐予哈斯泰因新的名字。仪式结束后，维京人收拾行囊，把重病的哈斯泰因重新抬回船上，举手投足之间无不充满敬意。

当天夜里，一个维京使者又出现在卢纳的城门前，对伯爵愿意为其头领洗礼的行为表示感谢，然后满怀悲痛地告诉伯爵哈斯泰因已经去世。但是哈斯泰因临死之前希望能举行一场葬礼弥撒，还希望能在教堂神圣的墓地下葬。

第二天，50个维京人身裹素服，抬着哈斯泰因的棺椁进入了卢纳城。卢纳居民几乎倾城而出，加入了前往教堂的队列。修士和神父端着蜡烛围着主教，主教则朝着哈斯泰因的棺椁洒施圣水，领着队列走进教堂。

主教开始举行弥撒，提醒善良的基督徒们期盼复活之日。就在这时，棺材盖突然被掀翻在地，生龙活虎的哈斯泰因从里面跳了出来，砍倒了主教。他的随从也都甩掉斗篷，亮出了武器。部分人跑去关死大门，剩下的就在人群中大开杀戒。

与此同时，“勇士”比约恩大概听到了警钟，带领余下的维京人杀进城内，四散开来寻找宝物。抢劫持续了整整一天，能运走的货物都被装上了船，年轻的卢纳人被卖为奴隶，其他人则被杀得一干二净。最后，夜幕降临时哈斯泰因停止了进攻。再也没有什么东西能装上船了，维京人放火烧了卢纳城，就此扬长而去。* 接下来的两年内，他们的行踪遍布整个地中海地区，非洲和欧洲的海岸饱受侵扰。据说他们还曾试图抢劫埃及的亚历山大港，但显然无论是动用武力还是诡计都没能攻下这座港口城市。

861 年，维京人即将满载而归，然而却在靠近直布罗陀海峡的地方遭到了摩尔人舰队的阻击。哈斯泰因和比约恩似乎并没有把他们太放在心上。说起航海，摩尔人还都是新手，这是摩尔人的首支舰队，它唯一的目的就是拦截维京人。相反，维京人的船更快、更易操作，掌舵的水手也都经验丰富。维京人对自己的技术颇有信心，选择靠近攻击。

然而，维京人却遭遇了迎头痛击。摩尔人不仅随身携带着小型的投石器，还在船上装配了大型的投石机。维京人的长船刚刚进入射程，摩尔人就把点着了的油火把扔了过去。甲板原本为了防水都在接缝处

---

* 卢纳城的确被洗劫了，但维京人究竟是怎样进城的并不确定。有可能真的是用了上文所述的计谋，但几乎所有出名的维京人或维京后人都有类似的故事，其中不乏丹麦国王弗罗多（Frodo）、挪威国王哈拉尔·哈德拉达及诺曼人罗贝尔·吉斯卡尔（Robert Guiscard）。

涂了沥青，船身一下子就被点燃了，整个舰队都乱了套。参加那次战役的60艘船里，只有20艘成功逃出地中海。

虽然哈斯泰因和比约恩都幸免于难，但这次经历给原本耀眼的劫掠之旅蒙上了灰尘。为挽回损失，两个头领决定抢劫西班牙北部沿海地区。这一次，遭殃的是基督教王国纳瓦拉的首都潘普洛纳。那时，纳瓦拉国王恰好身处城中，也被一并捉去。后来纳瓦拉人交了整整7万金币才把国王赎回。带着这最后一次大捷的战利品，维京人回到了卢瓦尔河。

两个头领在这里分道扬镳，比约恩返回斯堪的纳维亚，一生荣华富贵，成了蜚声内外的海洋之王；而他的好伙伴哈斯泰因则重操旧业，继续在卢瓦尔河畔胡作非为，从法兰克国王“秃头”查理那里收取各种好处。885年，维京人围攻巴黎，哈斯泰因也在其中。围攻巴黎的行动结束之后，哈斯泰因已年近七十，但是他又跨过了英吉利海峡，准备进攻英格兰。

而此时的威塞克斯早已不是当年那只羸弱的待宰羔羊，连续5年的劫掠毫无所得，随后哈斯泰因就从历史上消失了。近40年的传奇海盗生涯使哈斯泰因成了当时最可怕的人。尽管在那个时代人们的出行受到种种限制，但从北非到大不列颠岛的任何一地的居民，无不对哈斯泰因的名字不寒而栗。法兰克人是被掠夺次数最多的，哈斯泰因在那里被称为“卢瓦尔河与索姆河上强壮而可怕的老战士”，这种描述还是相当准确的。

不管是比约恩，还是哈斯泰因，或是曾经参与掠夺的水手，在后来都在反复诉说着他们早年远征的经历。在隔绝了北欧寒冷的空气的大厅里，深夜人们围坐在火炉边，听着这些难免被添点油加点醋的故事，肯定满是乐趣。冒险的旅程惊险刺激，自然也巩固了领袖的声誉。然而与朗纳尔·洛德布罗克洗劫巴黎不同，这次伟大的冒险并未激励更多的人再次踏上征程。地中海西部实在是太远了，沿岸城市也都有纪律严明的重兵把守。维京人需要建立可以当作据点进行扩张的根据地，而无论伊斯兰世界的哈里发国还是法兰克帝国，都不会允许这样的事情发生。

地中海不再是他们洗劫的对象，丹麦人把矛头对准了英格兰和法兰克。* 然而维京人的大发现才刚刚开始。就在哈斯泰因和比约恩南下之时，挪威的维京人早就踏上了西进之路。

* 至少西部线路暂停了。多年以后，维京人通过东方的君士坦丁堡再次踏上这片土地。

第十二章

边缘地带的共和国

Chapter 12

The Frontier Republic

静海愈危。

——《智者萨蒙德埃达》

维京人的多数发现都是周游列岛的发现。大概 8 世纪末，维京人发现了设得兰群岛，这些岛屿散落在苏格兰以北约 60 英里处。该群岛由 300 多座无人居住的小岛组成，岛上岩石遍布。可能是挪威维京人先发现的这群岛屿，因为它们几乎位于挪威西部最大的港口城市卑尔根（Bergen）的正西方向。维京人在这些岛上饲养牲畜，其中大多是牛羊，以便为向南航行的船只提供补给。

设得兰群岛发现约 50 年后，维京探险家又发现了法罗群岛（Faeroe Islands），这些岛屿位于设得兰群岛西北方 170 英里处。这 17

座光秃秃没有树木的小岛，用途与设得兰群岛相同，即生产羊毛和腌制咸肉。

维京人没有理由再往西走，毕竟不列颠群岛才是他们的主要目标，法罗群岛距此已相当遥远，更不用说其他更远的岛屿了。再加上北海经常突发风暴，大雾弥漫，实在不值得再冒风险。

首批维京人抵达冰岛纯属偶然，因为维京海员是通过仔细观察，反复试验和不断纠错来计算航线的，而非借助于精密的航海仪器。冰岛正是因为他们注意到了海水颜色的变化、鸟类飞行模式的差异及浮木的存在而被发现的。白天，维京人根据正午太阳高度计算纬度；夜晚，他们就靠观察星辰来辨别方向。要是哪天太阳和星辰都没出现，他们就凭直觉来判断所处方位。船长都非常务实。《拉克斯达拉萨迦》讲述了“孔雀王”奥拉夫的故事。他曾在大雾中迷失，在海上绝望地漂流了数日。大雾最终散去时，大家就应该往哪个方向航行吵得不可开交。船员以投票的方式，确定了具体的方向，然后把结果告诉了奥拉夫。这位头发花白的船长没有理会他们，而是让经验丰富的领航员自己来确定方向。“我想让最聪明的人来做决定，”他说，“因为在我看来，愚蠢的人越多，就越危险。”

约9世纪中叶，一个名叫纳多德的挪威人在去法罗群岛的途中迷失了方向，超出原定目的地400英里。最终看到陆地时，他让全体船员出动，前去寻找人类的踪迹，以便断定他们处于何地，但是没有任何收获。纳多德爬上高山，俯视四方，发现除了广阔的冰原和冻土之外，这里什么都没有。没有从火炉内冒出的炊烟，这个迹象至少表明该区域尚无人居住。突然大雪铺天盖地袭来，纳多德便回到了船上。大家觉得有必要给这个新的国度取个名字，纳多德便根据它的主要特点将其命名为“雪岛”。

毫无疑问，这支先头登陆船队对此备感失望，因为这里没有修道院可供他们劫掠。但他们返回挪威后，纳多德和船员们向外散播消息说，往西北方向航行将会发现一片沃土。消息传到了瑞典，一位叫加尔萨的商人决定亲自去找这块土地。幸运的是，他竟然找到了纳多德的航线，抵达了那个新国度的东海岸。*然而，他并没有上岸，而是沿着海岸航行，试图弄清这片土地究竟有多大。等他断定这是座岛屿时，天气开始变糟，于是他和船员把船泊好，在北海岸建了座房子，靠捡海鸥蛋和猎取其他海洋生物过冬。岛上没有其他的掠夺者，似乎也没任何原住民，加尔萨就以自己的名字把这座岛屿命名为“加尔萨岛”（Gartharsholmi），然后他就返回了斯堪的纳维亚。†他们中有个人被这座岛屿深深地吸引，想永远地留在这里。一个名叫纳特法利（Nattfari，“夜行者”的意思）的自由人留在了这块土地，随他留下来的还有一男一女两名奴隶。他们成了这座岛屿的首批定居者。

不久之后，他们便有了新的同伴。9世纪末，一位名叫弗洛基的挪威人来到了这座岛屿。他的目的很明确，就是在此地定居。传说他带

* 他似乎也曾迷失在大雾中。

† 据冰岛早期文献记载，维京人到达冰岛时，岛上有几名爱尔兰修士。他们乘坐皮艇——一种没有龙骨的小船——来到冰岛，这种小船可以在海浪上滑行。这定是一段令人心惊胆战的经历。他们来这儿是为了寻求远离世俗的避难所，但是在维京人抵达前就机智地逃离了此地。

着自己的家人、牛群及其他移民，利用三只渡鸦作为导航。他会定期放飞它们，只要有一只没有飞回，他就可以判定沿着那个方向航行便能找到那片土地。这种不同寻常的做法取得了成功，同时代的人开始称他为“幸运的弗洛基”和“鸦人”弗洛基。

这群人在叫作瓦特斯福德（Vatnsfjordur）的地方开辟了营地，建立了农场。这里夏季宜人，午夜时分依然可见明媚的阳光，他们可以“在夜间捉身上的虱子”。这里有大量的草场，足以养活“鸦人”弗洛基带来的牲畜，甚至还有桦树可以用来建造农庄。然而，不幸的是，对这些移民而言，这里的冬天太过严酷。他们忘了储存充足的干草，结果所有的动物都被饿死。他们试图迁移，却发现冰山和冰川阻塞了峡湾。只有等到夏天冰融化了，他们才能离开。

弗洛基大失所望，刚能通航，便乘船离开了此地，把大部分船员留在了岛上。他回到挪威后，声称那块土地毫无价值，将它称作“冰岛”。然而，他失败的定居计划和泄气的言论并没有吓退任何人。* 弗洛基回来后仅仅过去一两年的时间，一位名叫殷格·亚纳逊的挪威人再次尝试，而这次终于取得了成功。

只有维京人才能发现冰岛的魅力！对生活在9世纪的其他欧洲人来说，冰岛简直就在遥远的世界尽头。它虽然处于北极圈以南，可以居住，但也只是勉强可以。多亏了北大西洋暖流的影响，冰岛西部和西南海岸及西北部分海岸才能够居住，但一年中大部分时间，大部分的峡湾和海岸线都被冰山和浮冰所阻塞。

---

* 包括弗洛基自己，后来返回冰岛并在那儿度完余生。

这些冰山使得通向该岛的每条通道都充满了危险。哪怕是1英寸大小的浮木也能让维京船员偏离大西洋，一座小小的冰山也会撞裂船身。即便他们能够侥幸登陆，也没有足够的木头用以修船。这座方圆近4万平方英里*的岛屿，面积比英格兰、威尔士和部分苏格兰加起来还大，但大部分地方没有树木生长。内陆是火山、雪原和冰川组成的面积辽阔的中央高原，纵穿300余英里，完全不适合人类生存。只有海岸地带——大约只占整个陆地面积的15%——适宜居住。

首批仔细观察冰岛内陆的挪威人可能认为他们看到的正是“诸神的黄昏”的预演。在那场决战中，远古的冰川巨兽和火妖被释放，世界被置于冰火交织的末日中。火山、冰川及无尽黑暗的冬天，冰岛上的所有这一切似乎正是世界末日的预兆。

冰岛跨越大西洋中脊——欧亚大陆板块和北美洲板块的分界线。这条脊线孕育了岛上众多的温泉和活火山，火山经常释放能够融化冰川的岩浆，喷出覆盖整座岛屿表面的火山灰。† 这反过来又妨碍了植物的生长，并对牲畜养殖产生严重的危害。动物如果吃了被火山灰覆盖的草，其中的硫化物就会损伤它们的牙齿和牙床，许多动物最后因此而死亡。维京人不得不宰杀并保存这些动物，过着今年吃饱明年挨饿的生活。‡

冰岛一开始就是一片令人生畏的土地，哪怕在北大西洋峡湾有过死里逃生经历的人也会感到畏惧。所有来到这里的拓荒者都必须竭

---

* 1平方英里≈2.6平方千米。——编者注

† 在过去几个世纪里，火山平均每5年爆发一次。

‡ 这种事情在1783年时还发生了一次。拉基山（Mt. Laki）附近的火山爆发，50%的牛、80%的羊和75%的马因此丧生。三年内，三分之一的人口都处在饥饿之中。

力合作，弱者将被无情地淘汰。后来有位移民这样总结：“不干活儿，就得饿死。”

维京人来到冰岛的原因各不相同，但是大致可分为两类：要么是为了逃离家乡的压迫——“金发王”哈拉尔把自己的意志强加在挪威人的身上，要么是因为无法抵抗自由土地的吸引，有时二者兼有。殷格·亚纳逊是冰岛最早的永久居住地的建立者，他当时正身陷血仇（这种令人苦恼的事在维京人当中很常见），打算逃往别处，寻求更好的生活。听说了“鸦人”弗洛基的岛屿后，他便和同父异母的兄弟、妻子及所有的家人扬帆起航，前往该地。

他的兄弟霍尔雷夫（Hjörleifur）的过去也充满了波折。在挪威杀了人后，霍尔雷夫决定去爱尔兰开展掠夺，等到家乡这边的风头过后再回来。他带了十名凯尔特奴隶回来，还带回了一把从爱尔兰古墓中找到的利剑。他怀疑这把剑就是朗纳尔·洛德布罗克的佩剑。然而不管这把剑是否有名，被他得罪的家族仍未放弃寻仇。因此，他和殷格一起踏上了前往冰岛的征程。

他们看见陆地时，殷格决定让雷神托尔来选择建造房舍之地。他拿起两根木棍，扔进海里，发誓在木棍靠岸的地方建造房舍。然后他把船拖上海岸，派了两名奴隶去找那两根木棍。水流把木棍冲到了西南海岸峡湾区域的小海湾中。海湾的部分地区因附近温泉冒出的暖流而弥漫着薄雾，殷格于是将其命名为雷克雅未克，意为“烟雾缭绕的海湾”。他在此处建造了自己的庄园，把那两根木棍竖在主桌前自己座位的两侧。

殷格的兄弟霍尔雷夫就没那么幸运了。他不打算让神来决定任何事，在最早碰到的看起来不错的地方建立了庄园。尽管他选的地点不错，但不久之后还是为自己的自大付出了代价。他的奴隶发生叛变，他也在之后的冲突中被杀死。对维京人来说，这个教训很清楚：敬神则昌，蔑神则亡。

选择定居点成了首批移民的宗教仪式，许多人效仿殷格，让水流为他们选择地点。* 几乎所有人祈求的神灵都是托尔。托尔掌控着海洋上的风、雾、雨和天空，他的喜好因此变得至关重要。甚至信仰基督教的人也相信这点。生活在 10 世纪初的冰岛人“瘦子”海尔基（Helgi the Lean）在被问起信仰什么神时，答道：“在陆地上，我信仰基督，但在海洋中，我总是祈求托尔。”†

雷神托尔的帮助，或者说运气，是人们所需要的。从挪威西海岸航行到冰岛需要 7 ～ 10 天的时间，航程约为 600 英里，通常需要经过多个岛屿。从设得兰群岛到法罗群岛再到冰岛，这段旅程充满危险，沿途经常会遇到暴风雪。

维京人在这段旅途中使用的船叫作科诺（knörr）。这种船长约 80 英尺，可以容下数十位乘客。除了旅途中所需的食物和水之外，早期的移民还会载上马匹、猪、羊和牛，以及农具和武器。他们不需要携

---

* 尽管很多冰岛人都对关于雷克雅未克起源的故事深信不疑，但其真实性依然有待考究。1974 年千年庆祝活动时，人们沿着东南和南部海岸，把 100 多根标有记号的柱子扔进大海，最终没有一根漂到雷克雅未克附近。

† 维京时代，大量（有人说将近四分之一）冰岛人的名字都是为了纪念托尔而起的。这种现象在现代减少了很多，但仍有许多诸如索尔斯（Thors）、索尔吉斯（Thorgills）、索尔伯格斯（Thorbergs）和图尔斯（Tors）之类的名字。

带建筑木材，因为这儿有着成片的桦树林可供使用。

尽管这里天寒地冻，但仍有不少优点。海岸沿线有大量草场，没有凶猛的野兽，甚至几乎没有昆虫。这里还有许多海豹、海象及其他哺乳动物。成群的海鸥、北极海鹦和大海雀在海岸上筑巢。附近海域还有大量的北大西洋鳕鱼，鳕鱼肉可以冻起来切成块，以备远航之需。水果、粮食和蔬菜必须从外界输入——这是维京人始终未能克服的困难，但是生存总归不成问题。

一位名叫“深思者”艾于德的移民者展现了冰岛女性的力量。她是曾与 “无骨者”伊瓦尔共同统治着都柏林的白色奥拉夫的妻子。她曾在丈夫和儿子去世后亲自担任船长，带着 20 人，在人员和物品均完好无损的情况下成功登陆。这种举动令人惊叹，获得人们的高度赞扬。艾于德抵达冰岛后，占据了一块面积巨大的土地，释放了所有的奴隶，还把财物拿出来与他们分享。她像一位氏族首领，掌控着自己的领地和财富。为了表示对她的尊敬，人们在她死后对她进行了船葬，而且用的是一条完好的维京船。在当时的欧洲，再没有什么地方能够允许女人拥有土地，更不用说统治土地了。

这种有限的平等之所以能够出现，是因为艰苦的条件孕育出来的社会原始而独立。大多移民来到冰岛都是为了逃避管制，或是为了寻求新的生活。他们不愿意这座自由之岛上出现专制统治。在人类社会的边缘地带建立起了具有共和国性质的社会，这是一项非凡的成就。这里没有城镇，没有军队和赋税，没有国王，甚至没有实际意义上的政府。只有座座孤立的庄园，住着几代同堂的大家族，最小的有 15 人，最大的有几百人。

如果人与人之间需要调停，他们就会向哥提（Gothi）求助。哥提德高望重，熟谙法律，慷慨善良，受到人们的尊重。尽管哥提深受尊敬，但他仍不是首领。冰岛人对悄然生出的专制很是在意，决心阻止其继续发展。哥提既不是领主也不是贵族，他们的位置也非世袭。如果他们不能充分尽责，就会被替换掉。岛上不分农民和贵族，所有的自由人一律平等。*

如果有地方事务需集体决策，他们会仿照古日耳曼人的方式，举办庭会（Thing）。自由的冰岛居民会聚集起来，举行投票，以多数人的意见为最终结果。如果需要制定新的外交政策或者做出能够影响全岛的决定，他们会举办更大的被称为阿尔庭（Althing）的集会。每个农场都会派出自己的代表，并再次以投票的方式做出最后的决断。

如果说岛上非要有个全国性的人物，那就非“说法者”（Lawspeaker）莫属了。说法者是人们选出来的特别受人尊敬的哥提，任期是三年。每年的阿尔庭集会上，他都要站在一块特殊的石头上，凭借记忆背诵出冰岛法律的三分之一。他的身边还会围着其他哥提，以确保他没有背错。任何冰岛人要想建立农场或者结婚，或是签订生意合同，都要在这里做同样的事情，同时还必须有其他自由人在场做见证。

记忆的比拼，即背诵整个法典，既证明了冰岛法律的简单，又体现了冰岛人记忆力的非凡。北极漫长的夜晚更是强化了这种天赋，人们无事可做，只好编些有趣的故事来消磨时光。维京时代，诗歌是冰岛

* 维京人分为三个社会等级：奴隶、自由奴隶和自由人。中间等级的人不能享受自由人的所有权利。

最主要的文化对外输出。冰岛的吟唱诗人（游吟诗人）因为能够把维京英雄的故事讲得活灵活现而闻名。任何一位国王，或者想要成为冒险家的人，都会在身边安排一位吟唱诗人，让他们传诵自己的英勇事迹。许多冰岛人就是通过在斯堪的纳维亚半岛上讲述这些冒险家的故事而最终名利双收的。

虽然冰岛资源匮乏，但是维京人却在这里建起了只有他们才能维系的社会。由于内陆地区的某些地方无法穿越，人们保持联系、维持相互认同感的唯一途径就是沿着海岸线航行。生活无疑是艰苦的，但是自治的思想依然广受欢迎。冰岛人承诺，在这块土地上，无论你的出身多么低微，无论你是挪威维京人，还是爱尔兰维京人，都可以在此定居，像贵族一样生活，不用再冒着残废或牺牲的危险，与凶残的盎格鲁-撒克逊人或凯尔特人战斗。仅仅过了一代人的时间，冰岛上（的可居住地区）已经是人声鼎沸，热闹非凡。

殷格·亚纳逊登陆 50 年后，冰岛的人口增加至 1 万左右，这里已经没了可供占有的闲置土地。但是依然有大量人口源源不断地涌入冰岛，特别是那些来自挪威的流亡者，但是冰岛最初的荣光已渐渐消退。人类的目光再次远眺大海，随着鱼群向着海洋深处渐行渐远，继续着人类的发现之旅。遥远的西方有陆地的轮廓在薄雾中隐现，人类的目光又开始朝这些陆地望去。总有人不愿就此停歇，认为冰岛这座边缘地带的共和国依然不是终点。在他们看来，诱惑永远在西方。

第十三章
西部诸岛

Chapter 13
The Western Isles

小径无人踪，出门探索时。

——《智者萨蒙德埃达》

在一次偶然的经历中，维京人发现了冰岛，现在他们以同样的方式发现了西北部更远处的岛屿。传说9世纪初时，第一个维京人发现了这些群岛，这个人来自挪威，名叫贡比约恩·乌尔夫松（Gunnbjϕrn Ulfsson）。在从挪威到冰岛的航行中，贡比约恩遇上了风暴，颠簸了很久之后，他看到了那些乱石嶙峋的岛屿，此前并没有人知道这些岛屿，后来他用自己的名字给岛屿命名为“贡比约恩群岛”。他还发现群岛西部有一块更大的陆地，但后来他将自己的所见说给别人听时，却没人对此感兴趣，因为那时的冰岛土地还很充裕。

差不多一个世纪以后，冰岛开始面临人口过剩的问题——至少在维京人看来是这样。978 年，斯兰约恩·加尔蒂（Snæjörn Galti）决定去寻找贡比约恩所说的那块神秘的陆地，并打算如果能找到这块陆地，他会将其作为自己的定居地。招募了几个船员之后，斯兰约恩就开始朝着贡比约恩群岛航行，他希望可以在岛上得到附近那块陆地的消息。这时候的贡比约恩群岛人烟稀少*，居民都是一些因为冰岛太拥挤才来到这儿的人，他们确信群岛西部的确还有新大陆。

功夫不负有心人，斯兰约恩的坚持最终起了成效，经过几天的航行之后，他来到了格陵兰岛东海岸。这是一座非常辽阔的火山岛，面积比整个斯堪的纳维亚半岛都要大。他在这儿建立了自己的定居点，但灾难很快就降临了。他选的这块地方并不好，因为格陵兰岛东海岸非常不适合人类居住。更致命的是定居者之间起了内讧，互相残杀。两派定居者之间发生了激烈的争执，没人知道确切的起因是什么，但双方都动用了武器，斯兰约恩在打斗中丧生。定居者群龙无首，这块定居地也就分崩离析，只有两名幸存者回到了冰岛。

移民格陵兰岛的伟大构想虽然失败了，但这次尝试证明了贡比约恩所说的那块新大陆的确存在，而且从冰岛出发就能到达。仅仅四年之后就有人再次进行了这样的尝试，并且获得了成功。这次的远航由埃里克·索瓦尔松（Erik Thorvaldsson）领导，他是挪威人，生性鲁莽，

---

* 群岛上的居民最多的时候拥有 18 个农场。他们之所以能在这里开垦农场是因为这里有温泉，定居者可以在温泉中泡澡，利用这里的地热能源煮肉、烤面包。但不幸的是，这种地热活动恰恰预示了定居点的消失。1346 年，这里的火山爆发了，定居点毁于一旦。

人们都管他叫“红胡子”埃里克。鲁莽这一特性似乎在这个家族的血统中代代传承，埃里克的父亲索瓦尔曾因过失杀人罪在挪威遭到流放，短短几年之后，埃里克又重蹈了父亲的覆辙，也因为“杀了几个人”遭到驱逐。为了寻求庇身之所，他逃到了冰岛，然后在岛屿的西北部弄了块土地，准备长期定居。

然而，无论埃里克走到哪里，麻烦似乎总是如影随形。在他的第一个农庄上，两个奴隶在干活时不小心将一块巨石弄下了山坡，砸坏了邻居家的房屋。邻居要求埃里克对此做出赔偿，但他却杀了人家——此人有个滑稽的外号“缠人鬼”伊约尔，他又得逃离了。埃里克这次逃到了远离冰岛的一个小岛上，伊约尔的家人绝对不会找到这里来报仇。

较第一个农庄而言，埃里克在新农庄的经历更为不顺，因为他很快又与人起了争执。这一次他不仅杀了他的邻居，还把邻居家的儿子也杀死了，最后埃里克被判流放三年。*

埃里克逃离了那些会因为杀人罪驱逐他的地方，显然，他需要的是一块没有现行法律的地方，所以他买下了斯兰约恩的船只，同时还雇用了幸存的船员，然后他们便朝西驶去。航行中，这些有经验的水手尽量按照上次的航线前进。流放的三年中，埃里克一直沿海航行，希望可以找到一块适合建立定居点的土地。终于在绕过南部的一块冰角（现在的费尔韦尔角）之后，他在与冰岛纬度相当的西海岸发现了两处适合人类居住的海湾。

埃里克当时可能还未意识到他已经抵达新的岛屿，因为这块小岛周

---

* 杀人罪的惩罚方式有两种，流放算是较轻的一种，最重的是判处死刑。

围有很多浮冰，他的船只没法靠近，但他注意到这是块“处女地”——这里没有人迹*，也没有食肉动物；埃里克深信自己可以在这儿建立定居地了，于是他又返回冰岛，招募一些移民来跟他一块儿居住。

和所有善于推销的人一样，埃里克深知宣传的重要性。为了让这块新陆地能吸引更多的人，他将此地命名为“绿色之地”（Greenland，音同格陵兰）。这个办法成效卓著，有500多名冰岛居民表示愿意同埃里克前往。埃里克能招到这么多的同行者，一方面是因为他极力劝说，把格陵兰岛描绘成一个“鱼鳖不可胜食”的天府之地；另一方面则是因为人们一直都想占领尚未开垦的新土地，后面一点格外重要，因为冰岛已经没有优质的土地可供占领了。那时的冰岛已经显露出生态恶化的迹象，为了拥有更多的草场，岛上的居民已经将所有的桦树林伐为平地；因为大肆砍伐森林，山地的土质也开始退化。冰岛上不再有未被开垦的土地，连一些新开垦的农庄也因为土壤退化的原因纷纷倒闭了。

985年，埃里克率领一支由25条船组成的庞大舰队从冰岛出发，船上满载去新岛屿开始新生活的各种必需品。旅途异常艰险，跟随埃里克而去的人都清楚前路难测，风险重重，他们得在巨浪滔天的大海上行驶上千英里。最后在25只船中，一共有18只安全抵达了格陵兰岛。移民者刚把船只停靠在沙滩上，就已经感到了些许的失望。

现在他们才知道埃里克当初的描述有多么言过其实，如果说冰岛只是勉强能居住的话，格陵兰岛就是完全不适合人类居住。岛屿大部地处北极圈以北，维京人几乎不具备在这里生存下去的技能。尽管格陵

* 因纽特人直到14世纪才来到这里。

兰岛非常辽阔——占地 83 万多平方英里，是世界上最大的岛屿，但几乎所有的土地都不适合人类居住：广阔的内陆为冰川所覆盖，只有沿海 50 英里宽的地方没有冰川，但却山岳林立，寸草不生；岛上几乎没有木材和铁矿，一年之内温暖的季节太短，不宜种植小麦或其他主要作物。如果他们的必要物资用完了，就得从冰岛进口，这在 10 世纪来说是件非常困难甚至不可能实现的事。

幸运的是，这里海产丰富，岛上的居民可以用海产补给食物。此外，居民偶尔还可以捕到海豹、海象、北极狐、野兔和北极熊等，把它们的皮毛或牙齿做成奢侈品。在北欧市场上，这些奢侈品销路很好，甚至还可以出口到欧洲大陆的中心地带。

移民工作顺利开展起来了。在流放的三年中，埃里克可能已经给自己选好了以后的住址，他清楚自己要在哪里定居。在几处狭长海湾的源头位置，埃里克建立了自己的农庄，取名为“布莱特列”。这块地方很宜人，因为有“埃里克峡湾”做屏障，北极寒冷的海水正好无法流入，至今格陵兰岛上最优质的农田依然在这里。峡湾中狭长水域和岛屿纵横分布，水草丰美，因此可以饲养家畜；在维京时代，家畜象征着财富。其他人也都散居于埃里克的农庄附近。

富有智慧的维京人有着许多创新发明，例如他们通过灌溉来保护农作物，让作物免于冻害*，正是因为有了这些创新发明，定居点人口剧增，达 4 000 之多。当时很多人一致同意在距离西北部 170 英里远

* 水在结冰过程中能释放出少量热量——1 克水结冰大约能释放 80 卡路里（1 卡≈ 4.18 焦）。维京人注意到如果他们持续浇灌某株植物的话，这株植物就能度过严寒的冬季存活下来。

的地方建立第二个定居点。* 这样一来，埃里克自然而然就被推选为东部定居点的长老“哥提”。他们在布莱特列建了会堂，岛上的大小事宜都在这里商议决定。

到了夏天，天气相对暖和了，一些移民就会驾船向北航行，去近1 000英里外的地方猎捕海象、海豹及搁浅在沙滩上的鲸鱼。† 这类航行收益颇丰，因此移民们甚至愿意为此冒着生命危险，埃里克也因此成了一名富翁。

格陵兰岛上的居民并不常回冰岛或挪威，不过两地之间总有人走动，因此格陵兰岛和其他两地之间仍然保持着联系。当时有移民离开斯堪的纳维亚半岛，打算移居冰岛，却发现冰岛已经拥挤不堪，所以只好来到格陵兰岛，因此总有新的定居者陆续来到岛上；还有一些远在故乡的亲戚来格陵兰岛走访，其间也有些移民放弃在格陵兰定居，返回了家乡。

虽然埃里克再也没有离开过格陵兰岛，但他的后代却继承了他当初到处游荡的志向，回了几趟挪威。埃里克同他的妻子肖希尔德（Thjodhildr）至少生有三个儿子，长子名叫莱夫，他曾进行了一次探险，即在999年夏天穿过格陵兰岛回到了挪威。

莱夫为什么要回挪威我们不得而知，不过因为当时他是携妻子一道

---

* 这两个定居点被称为“东部定居点”和“西部定居点”，但这样称呼可能会让人困惑，因为两处定居点都位于格陵兰岛的西海岸，所以人们认为叫“南部定居点”和“北部定居点”更为恰当。后来在南北定居点之间出现了第三个定居点，至于第三个定居点是否属于西部定居点，目前还没有确切答案。

† 有证据表明他们到过北极圈200英里以北的迪斯科湾。

离开格陵兰岛的，因此我们推测他可能打算在挪威定居。当时莱夫想在国王奥拉夫·特里格瓦松手下找一份差事干，最后他做了宫廷侍卫。那时的奥拉夫正急需这样的人才，因为他当时正在挪威强制推行基督教，这一举措引起了很多人的反对。最后这位国王还是没能成功，他在斗争中丢了性命，不过他让一位重要人物转变了自己的信仰，那就是莱夫。大约在 999 年冬季，莱夫成了基督徒，同妻子一起接受了洗礼。

奥拉夫逝世之前，他要求莱夫以传教士的身份回到格陵兰岛，去那里传播基督教。莱夫同意了奥拉夫的这项提议，但在返航的途中遇上了风暴，船只严重偏离了航向。风暴平息之后，迷雾终于消散，莱夫总算看到了陆地的影子，但让他困惑的是眼前这块陆地草木葱郁，并非自己所找的那块贫瘠不堪、怪石嶙峋的岛屿。莱夫意识到这可能是格陵兰岛以西的某个岛屿，所以他掉转航向，朝着反方向往回航行，殊不知自己已经看到了新世界。

但此刻莱夫关注的只是人死后的“天国”，所以他一回到布莱特列，就立即在东部定居点着手进行让当地人改宗基督教的活动。* 莱夫发现这里很多人都渴望成为基督徒，但他自己的成功是以家庭破裂为代价的。当时莱夫的母亲肖希尔德成了一名虔诚的基督徒，但他的父亲“红胡子”埃里克却无法接受这一点，埃里克是名高傲的异教徒。后来肖希尔德在布莱特列建了一座教堂，此后家庭内部矛盾急剧上

* 莱夫最终成功将格陵兰岛基督教化了，但因为缺少神父，格陵兰岛上出现了一些很奇怪的惯例。比如有人逝世后，只能在死者胸部压一块木条，然后埋葬在自家的农庄这些不圣洁的地方。接到消息后，神父有时需要一年多的时间才能赶到死者家中，从逝者胸部拿走木条，然后往墓穴中倒入圣水，葬礼才能举行。

升，肖希尔德提出除非他摒弃自己的信仰改宗基督教，否则便要和他分居——我们从各类英雄传说中得知，肖希尔德的做法“让埃里克恼羞成怒”。

为了让家人从这场宗教争端中走出来，莱夫做了一项新的决定：西部有一块人类还未发现的陆地，他要去那里探险。莱夫邀请自己的父亲一道前行——埃里克发现格陵兰岛的成功经历已经让他成了好运的象征，但当时这位长者的身体已经每况愈下，所以最终没有跟莱夫一起去。*

莱夫・埃里克松并不是第一个到过美洲的人，这份殊荣当归于比雅尼・何尔约夫松，他是格陵兰岛第二大富豪的儿子。比雅尼的父亲何尔约夫也是最早到达格陵兰岛的移民之一，他在冰岛的时候就与埃里克关系甚密。当时何尔约夫在冰岛过得相当不错，但还是没能说服儿子比雅尼跟他一块到冰岛生活。这可能是因为当时比雅尼在挪威的生意已经做得风生水起，颇为成功，所以比雅尼并不想来到拥挤的冰岛再从头开始自己的事业；然而比雅尼许诺每年都会探望父母一次，似乎后来他也一直在履行自己的承诺。986年，在一年一度的访亲时节比雅尼来到了冰岛，却找不到父亲的影子，有传言称父亲已经离开冰岛去了格陵兰岛。

比雅尼当时立即决定去格陵兰岛寻找父亲，但是他当时面临着相当严峻的航海问题：他自己和其他的冰岛人都不曾去过格陵兰岛，除了

---

* 挪威有传说称埃里克当时同意跟莱夫一道去探险，但就在他准备骑马去乘船的时候从马上摔了下来，埃里克认为这是个不祥之兆，所以他改变了主意留在家里。

往西行驶这个模糊的印象外，根本没有人知道该怎么去那里。他们没有地图，没有指南针，甚至连格陵兰岛是什么样子也没人知道。尽管如此，比雅尼还是领着几个自愿跟他前行的船员出发了，果然不出所料，他们在海上完全迷失了方向，越过了目的地。

比雅尼最先看到的是一块山丘起伏的陆地，那里林木茂密，郁郁葱葱，这说明他到的肯定不是格陵兰岛。对于这些曾到过冰岛又打算去格陵兰岛的人来说，突然见到这么多林木是件稀奇古怪的事情。陆地上到处都是森林，就像一层绿色的地毯绵延不绝，一直从沙滩的边缘延伸到远处起伏的山丘上。这群挪威人把这里称为“马克兰”（Markland），意指“森林之地”，他们并不想留在这里探险，而是继续向北航行。*

接下来他们来到了一座岛上，这里有很多形状古怪的扁平巨石，每块巨石足够两人头脚相连地躺在其上。他们看到的唯一的生物就是北极狐，在船只靠近海岸的时候这些狐狸便飞快地跑开了。维京人管这里叫作“荷鲁兰”（Helluland），意指“扁石之地”。†

这次，比雅尼还是不允许大家去岛上探险，因为他急于找到自己的父母。不过这次他们遇上了顺风，恰逢东风过境，所以仅仅 4 天之后，他们就到了格陵兰岛。比雅尼终于和父亲团聚了，也许他再也不愿意重走那段艰险的旅途，所以决定长期定居格陵兰岛。他在西部发现新大陆的故事只是引起了人们的好奇，最初却并没有什么人有兴趣

* 这里可能就是加拿大的拉布拉多海岸线。

† 这里很可能就是加拿大东北部的巴芬岛，因为在岛上发现了维京人的纱线、钉子及其他工具。

去寻找那些陆地。

就连比雅尼自己都把这事搁置下来了，因为他是一名商人，而不是探险家，他所关注的是货物和利润，而不是建立定居点或跟原住民斗争。后来何尔约夫逝世以后，比雅尼继承了父亲的地产，定居下来靠务农过活。*

10 年之后，莱夫·埃里克松声称自己要驾船西行的时候，比雅尼仍然不想跟他同去探险，但他把自己的船卖给了莱夫，并领着莱夫找到了当年跟着自己航行过的幸存船员——他们当中的大多数都参加了莱夫的探险之旅。当时去探险的总共有 35 人，但在只有一艘船的情况下，这个数目已经算是很大了。这次探险有两个目的，一是为了寻找合适的定居点，更为重要的一点是为了寻找原材料。如果新大陆上当真有比雅尼所说的那么多树木的话，那格陵兰岛上所有的资源问题就可以迎刃而解了。那时格陵兰定居点已经面临着严峻的生存危机，但当时的莱夫并没有意识到这一点。

* 根据现存的传说，比雅尼最后的结局很悲惨，当时西部定居点就以暴力著称。而比雅尼的经历却更为惨烈。有武装入侵者闯进了他的家里，杀害了他唯一的儿子，绑架了他的妻子。据说比雅尼把船只交到莱夫手上后就自杀了。

第十四章
文　兰

Chapter 14
Vinland

勿蹈他人的悲惨覆辙。

——《尼雅尔萨迦》

莱夫要找的那块土地实际上离他们很近，晴空万里的时候，西部定居点的人爬到当地最高的山顶上极目远眺。假设他知道该往哪个方向远望，就能看到悬在北极圈以南的灰色天空上的云层，云层的尽头便是北美大陆。对于维京人而言，渡过北大西洋去北美大陆比回到冰岛更为容易，而且莱夫身边又有熟知路线的老船员。

莱夫决定根据比雅尼的航线反方向航行，这些跟随他的老船员也都能找到反方向航行的路线。一路顺风顺水，短短几天之后，他们就在荷鲁兰海岸附近抛锚停泊。莱夫和其中几个人上了岸，他们简单地在岛上查看了一下，发现这里并不适合人类居住。荷鲁兰岛上没有草木，实际上这里没有任何植被，只有板石嶙峋的山地，远处冰川与山地相连，他们管这里叫“寒冰山脉”。*

回到船上之后，莱夫和他的伙计们简单地讨论之后，决定接下来朝南航行，看能否找到一块更好的陆地。† 往西南方向航行了一段距离之后，他们就看到了马克兰。远远望去，岛上树木葱郁，沙滩绵延，但他们决定暂不登陆，继续探险。两天之后，他们又发现了一座岛屿，那天天气很好，他们便上了岸。一直以来，他们所看到的都是冰雪弥漫的海岸，现在总算到了这座绿油油的岛屿上。在船上生活了这么久，如今来到陆地上，大家自然都兴奋不已，他们甚至把岛上的露水说成是此生尝到过的最甘甜的东西。

在沙滩上找了个地方把船只放好之后，莱夫便带领伙计们上岸了，大家都带着自己的吊床，开始在岛上安营扎寨。当时不过是初秋时节，他们却已经决定要在这里过冬，莱夫还提出了探索这块陆地的系统方案。他把所有的人分为 2 组，每组 16 人，莱夫属于机动人员，接下来每天派出一组人出去探险，前往不同的方向，另外一组人留在营地。他们要遵守的唯一规则就是出去探险的时候不能走太远，要保证一天之内能够返回，而且组员们一定不能走散。

---

* 因纽特人把这里称为“奥伊图克”（Auyittuq），意思是“永不融化之地”。

† 虽然莱夫当初并没有在巴芬岛建立殖民地，但当地很多山峰的名字却是从维京传说中来的。巴芬岛最高的山峰是奥丁山（Mt. Odin），站在奥丁山上俯瞰，可以看到仙宫山（Mt. Asgard）的双子峰。但最著名的当数托尔山（Mt. Thor），山体由巨大的花岗岩石构成，形似雷神托尔的大锤。托尔山正对世界上最高的垂直峭壁，峭壁高达 4 101 英尺，相当于 4 个埃菲尔铁塔拼接在一起的高度。人类第一次登顶托尔山花了 33 天。

这里可能就是今天的纽芬兰，岛上物产丰富，森林茂密，有用之不竭的木材。河里有很多体形很大的鲑鱼，他们以前可从没见过这么大、这么多的鲑鱼。这里的冬天似乎也比格陵兰岛要温和，莱夫说这里没有冰冻期。这里还有广袤的天然草场，不需要储备干草就能饲养家畜。最重要的是，这些维京人发现这里的冬季日照时间比冰岛和格陵兰岛都要长。这是块富饶的土地，正等着他们去开拓利用。

然而这都不是最激动人心的发现，莱夫和伙计们在这里安顿下来后，他们才遇到了最令人激动的事情。有天傍晚，莱夫的养父蒂尔克（Tyrker）没跟大家待在一起，他独自出去闲逛时迷路了。莱夫知道后非常担心，立即组织了一个12人的搜救小组，但就在他们准备出发时，蒂尔克回来了。

显然，蒂尔克心情很好，他声称自己有了新发现：他在这里发现了野生小麦，还遇到了酒味浆果。过去学者把这些果子称为“葡萄”，这让后来的人们感到疑惑，因为葡萄不会生长在纬度这么高的地方。不过维京人总是把任何一种浆果都称为“酒味浆果”，蒂尔克遇到的可能只不过是蔓越莓或者醋栗。总之，这些北欧人立即用他们所称的酒味浆果酿出了烈酒，大家都为自己和当时的新发现庆贺举杯，陶醉其中。

从那以后，这些维京人就在一心采集物资，准备回家。当初组建的那两个探险小组也不再探险，其中一组负责采摘浆果，另一组则负责伐木和往船上装载木材。因为这块岛屿上有很多浆果，莱夫便把这里称为“文兰”（Vinland），即“美酒之地”。这里远胜于格陵兰岛，甚至超过了冰岛，因为这里不仅物产丰富，而且还尚无人居住。

等他们攒够了木材，这些维京人就驾船离开了。他们把满载浆果的小船也系到大船后面拖回去了。经过了几天的顺风航行之后，在接近格陵兰附近一块岩礁岛的地方，莱夫看到有几个人趴在岛上的岩石上。等他们离小岛更近一点的时候，莱夫才认出来那是几个被困在小岛上的冰岛水手，他们本打算去格陵兰岛，没想到还没找到格陵兰岛，船只就撞上礁石遇险了。莱夫想办法把幸存下来的 15 名水手带上了自己的船，还设法打捞了沉船中的物资。

这几名水手此前已经放弃了生还的希望，因为格陵兰岛上本来移民就不多，也没有人会朝着他们被困的这个方向航行，更没有人能恰好找到他们所在的这个小礁上来。但是，在这片汪洋大海上却出现了莱夫的影子，他在这几名水手丧生之前正好赶到了这里，救下了他们。水手们对此感激不尽，从此就把他誉为“福星”莱夫。回到格陵兰岛之后，水手们把这个故事传得尽人皆知。

后来，莱夫无疑还想回到文兰，到那里建立定居点，但他却再也没有这样的机会了。不久之前，大概在冬季的时候，莱夫的父亲“红胡子”埃里克去世了。关于埃里克的死因还有一些争议。1002 年，一批冰岛定居者来到了格陵兰，他们把瘟疫也带到了这块岛屿上。当时很多人因为瘟疫丧生了，埃里克可能就是其中之一。现在定居点需要推选一名新的长老，莱夫自然成了父亲的接班人。因为职责所在，莱夫再也没能离开格陵兰向西航行，所以他没能再次踏上北美大陆的土地。去更远的地方探险，并在那里建立定居点的责任就这样落到了他兄弟的肩上。

莱夫把他的船只给了他的弟弟索瓦尔德，这就意味着他把建立定居点的伟大使命也传给了索瓦尔德，后者便召集了一些自愿前行的人去开辟新定居点了。索瓦尔德并不像他父亲或兄长那样有魄力，他只召集到了 100 人，不过莱夫对索瓦尔德的探险却寄予了厚望。

起初一切顺利，索瓦尔德毫不费力地找到了莱夫当年建立的营地，在那里捕鱼伐木，度过了冬天。* 到了春天，索瓦尔德准备了一只船，开始去文兰的西海岸探险。一路上，他仔细地记下了每一处将来可能用来开辟定居点的地方。然而，就在海岸线附近的一座岛屿上，他找到了一个小木屋，之前这里面似乎囤过粮食。显然，那个小木屋不是维京人建的，可岛上又没有任何其他人的痕迹。索瓦尔德和伙计们回到了营地，这个发现让大家感到不安。显然在他们之前已经有人发现这座岛屿了，现在唯一的问题就是不知道发现这座岛屿的人是否还在这里。

来年夏天索瓦尔德便得到了答案，当时他带着船员去文兰东海岸探险，他们在海上遇到了风暴，船只被风暴刮到了沙滩上，船的龙骨断了。他们并不想在那里待着，就在沙滩上跋涉前行，后来索瓦尔德找到了方便出行的港口。这个地方很不错，索瓦尔德觉得这里是建立定居点的绝佳地点。等他们回去找自己的船只的时候，却发现沙滩上赫然多了 3 个土堆。走近一点之后，他们才发现原来那不是土堆，而是独木舟，每只独木舟下面藏着 3 个长相怪异的人。接下来双方便扭打

---

* 这里很可能就是纽芬兰的兰塞奥兹牧草地（L' Anse aux Meadows）。

起来，索瓦尔德一伙俘获了对方的8个人，剩下的一个则乘着独木舟逃走了。

在这些俘虏当中，没人能听得懂当时索瓦尔德他们说的古诺尔斯语，因为这些俘虏的发音很奇怪，所以维京人便把他们叫作“斯克瑞林人”（Skrælings），意思是“尖叫的人”。* 索瓦尔德他们杀死了这些俘虏之后，爬到附近的一座山上看了看周围的情况，他们发现远处有很多小木屋，像是一个村落。

这些维京人还在那个岛上探险时，当时那个逃走的斯克瑞林人回来了，他后面跟着“不计其数的独木舟”。接下来双方打了起来，打斗的结果是斯克瑞林人逃走了，维京人当中只有索瓦尔德受伤了，他的腋部中了一箭。索瓦尔德把箭头拔出来了，但这次的伤却要了他的命，随从的人把他安葬在了这里，具有讽刺意义的是他还曾想在这里安家。

一直以来，索瓦尔德的探险还算成功，但如今他却失败了——他可能还是第一个在北美洲丧生的欧洲人，这让那些幸存下来的伙伴备受打击。那个冬天，活下来的维京人便在那里砍伐木材、采摘浆果，天气好转之后，他们立即回到格陵兰岛，把他们的经历告诉了定居点的人。

显然，在这个家族中，只有莱夫和他的父亲还算幸运，其他人都没那么幸运。索瓦尔德客死他乡，这个事实让他的兄弟们有点难以接受，所以索瓦尔德最小的兄弟索尔斯坦决定去把兄长的遗体带回故土。他带着25名船员出发了，但一到海上他们就彻底迷失了方

---

* 他们可能是美洲原住民阿尔冈昆人（Algonquins）。

向，在海上漂流了差不多一个月的时间。在初冬时节他们总算漂上了岸，但发现所到之地仍然是格陵兰岛，他们最远不过到了格陵兰岛的西部定居点而已。

到了冬天，与索尔斯坦同行的船员们都在西部定居点安家了，只有索尔斯坦和妻子仍驾船航行，旅途异常艰险，索尔斯坦在途中丧生。索尔斯坦死后，再也没有人去找过索瓦尔德的遗体。

如果说找回索瓦尔德的遗体已经没法吸引人前去探险的话，至少文兰岛还能够引起人的兴趣。格陵兰岛上的定居者需要木材、草场和其他资源，资源问题是他们长期面临的一大难题，西方的大陆正好可以为他们解决这一问题。因此 1009 年夏天，莱夫命人再次去开辟定居点。

这次的探险由托尔芬·卡尔塞夫尼领队，他是索瓦尔德的遗孀谷德里德（Gudrid）再婚的丈夫。一直以来人们探险的目的都是寻找更优质的草场，但托尔芬却把重点放到了酿酒上，所以他要雇用大量的人力去采摘浆果。

这一招很管用，有 200 多人报名参加托尔芬的探险。为承载这么多人，托尔芬准备了 3 艘船。莱夫同父异母的妹妹弗雷蒂丝也在这次探险的队伍之中，她是“红胡子”埃里克的私生女，与埃里克的几个儿子相比，弗雷蒂丝似乎更多地遗传了父亲那暴烈的脾气和强势的性格。弗雷蒂丝不想错过这次的探险，因为探险是件名利双收的事情，她逼着自己的丈夫也参与了这次的探险之旅，并一心想把他推为此次探险的领队，尽管她的丈夫并不情愿。

这一次，维京人又找到了莱夫当年建立的营地，为了利用营地附近的资源，他们就在营地住了下来。在那里的第一个冬天异常寒冷，他们带过来的很多家畜都冻死了。浆果也很少，大家都感到非常失落：能采到的浆果只够酿造少量浓度比较低的酒，根本就没法酿出之前所说的那么多美酒。

在这个刺骨的冬天，唯一让人感到欣慰的，或者说至少让托尔芬感到欣慰的是，他的妻子谷德里德为他生下了第一个孩子，是一个男婴，谷德里德给他起名为“斯诺里”（Snorri），他是第一个出生在美洲的欧洲人。*

春天的时候，这里的定居者之间发生了分裂，一部分人回格陵兰去了，其余的人也搬到另外一个地方。† 托尔芬在那儿围起了栅栏，也许他知道这附近有斯克瑞林人，不过那些斯克瑞林人并没有骚扰他们。不久之后，一些斯克瑞林人想要跟维京人做商品交易，托尔芬当然也很愿意跟他们做这种“以货易货”的买卖——但托尔芬不允许把武器卖给斯克瑞林人，违者处以死刑。

一开始双方之间以货易货的交易进行得很顺利，但三周之后，突然有一帮斯克瑞林人从森林里冲出来，他们袭击了托尔芬用栅栏围起来的那块地方。‡ 很快他们便越过了栅栏，不过接下来遇到的两件事却让他们的进攻受到了阻碍。第一件就是他们看到了托尔芬圈养的那头公牛，那是头一年冬天唯一幸存下来的一头公牛了，斯克瑞林人的闯入

* 大约在 5 个半世纪之后才出现了第二名出生在美洲的欧洲人。

† 托尔芬把这里命名为“斯特罗姆湾”（ Straumfjord ），但没人知道其确切位置。

‡ 斯克瑞林人为什么会突然袭击仍然是个谜，可能是因为他们从维京人那里交换来的奶制品，斯克瑞林人之前没有见过奶制品，那种刺鼻的味道让他们以为那是维京人用来毒害他们的药物。

让公牛受到了惊吓，它便大声吼叫。斯克瑞林人之前从来没有见过这种动物，如今突然见到它，大家都有些迟疑。第二件事和第一件同样可怕：当时突然受到袭击的维京人惊慌失措，不知道到底该抵抗还是该逃跑，然而这时候弗雷蒂丝从她的房子中出来了，她手持长矛，像奥丁神的婢女瓦尔基里一样大声怒吼，号召维京人起来作战。维京人用自己的身体铸造了一堵盾墙，大家士气高涨，把斯克瑞林人吓得四散逃亡。

定居点保住了，但斯克瑞林人肯定还会来袭击的，这是迟早的事。为了躲避袭击，托尔芬准备再次迁移，但那年的冬天又异常寒冷，移民们不得不放弃迁移的计划。连托尔芬也已精疲力竭，不想再在这里待下去了。因此等天气好转，可以出海之后，他们便都离开了。

没有资料记载当时弗雷蒂丝对这件事的想法，但从她的下一步行动可以看出，弗雷蒂丝非常反对族人们撤离定居点的做法。显然，如果还要建立新的定居点的话，只能靠她一个人了。

和往常一样，弗雷蒂丝的丈夫这次也没帮上什么忙。他缺乏组织船队的魄力和能力。不过幸运的是，就在弗雷蒂丝回到格陵兰的那个夏天，有两兄弟正好也带着一支船队从挪威来到了这里。弗雷蒂丝把这两兄弟请到了自己的家里，整个夏天她都在给他们讲西部世界的故事，给他们说去那里发财有多么容易。

不到一个月的时间，海尔基（Helgi）和芬堡基（Finnbogi）两兄弟便同意和弗雷蒂丝一同去探险了。他们愿意提供一艘船，为了保证能平均分配他们发现的财物，三人协定每艘船上不得超过 30 人。

但这三个人的关系很快就破裂了，因为这两兄弟最先抵达了莱夫当年所建的营地，占领了莱夫的旧房子。弗雷蒂丝对此非常生气，她提出抗议，但那两兄弟却说弗雷蒂丝之前就欺骗了他们，说她在自己的船上多带了 5 个人。双方为此争执了很久，直到海尔基和芬堡基带着船员离开这里去了另一个地方。

冬天的时候，双方之间的关系依然很紧张，这两伙人之间没有任何走动。弗雷蒂丝决定要用典型的维京人的方式，即动用诡计和残酷的手段，永远地除掉她的这两个对手。有天早晨她走进芬堡基住的长屋，主动表示要跟他重修于好；弗雷蒂丝跟芬堡基说她已经决定要离开这里了，问他是否愿意把自己的船卖给她，因为芬堡基的船要比她的大一些。芬堡基听后非常慷慨地答应了，弗雷蒂丝就回到自己的营地去了。

弗雷蒂丝躺到床上之后，因为冷天在外面走动的缘故，她的双脚非常冰凉，这弄醒了她的丈夫，丈夫问她去了哪里。弗雷蒂丝便对丈夫说她去跟那两兄弟讲和了，但他们却以拳脚相待。在弗雷蒂丝的怂恿下，她的丈夫气势汹汹地召集了手下，带着他们冲进了海尔基和芬堡基的营地。

这次突袭来得出其不意，海尔基和芬堡基完全没有任何准备，房子里的人都给逮住了，被捆了起来，然后给拖到弗雷蒂丝跟前，弗雷蒂丝命人把他们全杀了。只有 5 名妇女没被杀掉，因为无论弗雷蒂丝怎么要求，那些男人都不愿意杀害她们。弗雷蒂丝为此狠狠地奚落了自己的丈夫一番，说他太过软弱，但她的丈夫仍然拒绝杀害这些妇女，最后弗雷蒂丝自己抓起斧头，把她们都杀死了。

心腹大患已除，蛮横的弗雷蒂丝可能对此觉得很满意，但这件事却预示定居点注定败落。这里人手太少，根本没法再度过下一个冬天，更别说是长期定居了。弗雷蒂丝威胁手下不许把这里发生的事讲出去，否则会招致杀身之祸，然后她和丈夫一起回到了格陵兰，此后维京人再也没有尝试过在新大陆建立定居点。

有证据显示，维京人会定期地回到美洲去采集原材料。冰岛的一部编年史记载了 1121 年“探访文兰”的航行，这部编年史中还提到了 200 多年后去马克兰砍伐木材的航行。* 然而，维京人也没能在格陵兰岛长期居住下去。这座岛屿地形崎岖，植被稀疏，靠畜牧业生存的欧洲人没法在这里生活。格陵兰岛上没有广袤的草场，也没有足够的木材、铁矿和耕地。

文兰本来能够很好地解决这一问题，因为格陵兰岛与巴芬岛之间只隔着戴维斯海峡（Davis Strait），海峡最狭窄的地方仅有 200 英里的距离。巴芬岛西边就是广袤的北美大陆，那里植被茂密，森林资源比冰岛、欧洲和斯堪的纳维亚半岛森林资源的总和还要丰富。但维京人力量不够，没法征服奋勇反抗的原住民，没能在那里建立定居点。† 这样一来，格陵兰岛的定居点又得依靠那条脆弱的生命线运转了，即同斯

* 冰岛人很详细地保存了有关新大陆的故事，按照哥伦布的说法，1477 年他去过冰岛，到那里研究了有关西方大陆的记载。

† 可以做个对比，在气候更加温和的詹姆斯敦，在移民持有枪械的情况下，到第三年冬天时，原来的 381 名移民只剩 90 人存活。

堪的纳维亚半岛进行远距离贸易。只要维京海盗王还统治着那广袤的北欧帝国，这种远距离贸易就至少还有进行下去的可能，但到了11世纪，这条贸易航线发生了变化。

格陵兰岛日趋与外部世界隔离，同时那里的气候也开始恶化。从14世纪中叶开始，全球气温变低，冰川侵袭，岛上的可耕地面积进一步减少，因纽特人也从今天加拿大的北部地区向南撤离了。

在最后的那几年里，格陵兰定居点的情况变得很糟糕。从西部定居点挖掘出来的一堆人骨上，我们看到了维京文明日渐湮灭的过程。那些能活过18岁的人，有一半在30岁之前就死了，男女平均身高还不到1.5米。饥荒开始蔓延，冰岛人写的《拓地记》中提到，那些老弱病残之人都“被杀，然后扔下了悬崖”。随着气候变冷，东西两个定居点之间的往来也日渐减少。好几年间两地都没有通过任何音讯，东部定居点一个叫作伊瓦尔·巴达尔森（Ivar Bardarson）的人曾试图与杳无音信的西部定居点取得联系，但后来他在日记中写道，他发现西部定居点已经“没有人烟，没有基督徒，也没有异教徒，只有很多在野外乱跑的绵羊”。

幸存下来的东部定居点也没有挣扎多长时间，因为黑死病夺去了很多人的生命。1379年，“斯克瑞林人（因纽特人）袭击了这里，杀害了18个人，掳走了2个男孩做奴隶”。从冰岛编年史中，我们可以找到最后的有关活人的记录：“1410年，西格丽德·比约恩斯多蒂尔（Sigrid Bjornsdatter）嫁给了索尔斯坦·奥拉夫森（Thorstein Olafson）。”自那以后，冰岛再也没人向西航行，格陵兰岛从此再也没有任何音信。*

一直以来格陵兰岛上的定居点都是靠贸易维系着的，但具有讽刺意味的是，它的这条生命线却是被其他的维京人切断的。斯堪的纳维亚半岛上的人发现，遥远的格陵兰岛上那些奢侈品，包括象牙、毛皮和海豹皮，在距离他们更近的罗斯也有，他们没有必要再冒着生命危险，经过长途颠簸穿越波涛汹涌的海洋了。但凡是那些富有的海盗王想要的异域商品，在东方都能找得到。

* 连斯堪的纳维亚半岛的人们也遗忘了他们。1717 年，有位丹麦国王依稀记得自己曾读到过有关格陵兰的资料，他觉得那个维京人的定居点应该还没有经历过宗教改革，所以打发一位新教传教士去格陵兰岛，但那名传教士到那儿之后才发现定居点已经荒废了 300 多年了。

第十五章

罗斯的留里克

Chapter 15

Rurik the Rus

他们身材魁梧，长得同椰枣树一样高，金发碧眼，肤色红润……

——伊本·法德兰（Ibn Fadlan）对维京人的描述

同他们在斯堪的纳维亚半岛的那些亲戚不一样，生活在瑞典的维京人并没有把他们的长船开向弗里西亚或不列颠群岛，而是把目光投向了另外一个方向——越过波罗的海，到那森林广布的地方。早在8世纪中叶——比挪威海盗袭击林迪斯法恩还要早40年，瑞典人探险的脚步就已经抵达了今天俄罗斯西部的水域。

那块区域之所以能吸引瑞典人，不是因为他们可以在那里抢劫，而是因为可做交易。那里没有财物丰厚的修道院，也没有疏于防守的城镇，有的只是广袤的桦树林和松树林，东部地区还有一望无际的草原。起初，维京人到这里主要是为了搜集原材料——他们从生活在波罗的海的芬兰人*手中得到蜂蜜和蜂蜡，从北部地区的拉普人（Lapps）手中得到极地动物皮毛和琥珀。至于生活在今天俄罗斯内陆地区的斯拉夫人†，则没有什么可供抢掠，维京人就把他们作为奴隶，贩卖到斯堪的纳维亚半岛或者南部奴隶贸易发达的地方。芬兰人也参与维京人进行的早期奴隶贸易，他们管这些瑞典人叫“罗齐”（Ruotsi）‡，后来改称为“罗斯”（Rus），东部的瑞典人最终以“罗斯”这个名字闻名于南部的伊斯兰国家和拜占庭帝国。

不论从哪个地方来的维京人，都可以称得上是“水上之人”，他们就是通过河流和湖泊把自己的势力渗透到今天的俄罗斯的。753年，维京人占领了旧拉多加村，这个村落地处要塞，坐落于拉多加湖边缘，濒临沃尔霍夫河（Volkhov River）河口，通过这里可以抵达今天俄罗斯的两大水系：伏尔加河和第聂伯河。

维京人通过这两条河流可以得到大量的银器和丝绸，这两种物品在斯堪的纳维亚腹地可算得上是紧俏商品。沿着伏尔加河向东就是阿拉伯国家，沿着第聂伯河向南就是拜占庭帝国。

第聂伯河水流湍急，第一批能驾驭得了这条河流的人就是罗斯

---

* 芬兰人是一个非常有特色的民族，生活在瑞典以东的波罗的海沿岸。

† 英语中的“slave”一词源自希腊语“Sklávos”，原意指“俘虏”，“Slav”一词也是从这个希腊词语演变来的，通过这点可以看出当时斯拉夫人经常被当作奴隶贩卖。

‡ 原意为“船道”。

人。* 要在第聂伯河上航行的话，得先从罗斯人定居的旧拉多加村出发向南航行，然后沿着沃尔霍夫河逆流而上，然后才能到达第聂伯河上游。第聂伯河全长 1 400 英里，中间有 12 处落差非常大的瀑布，在遇到瀑布的地方，必须把船只拖上岸，连船带货一起搬到下游比较适合航行的地方。航行路线这样艰险，所以商人们想占领第聂伯河下游的地方。但这绝非易事，因为下游地区住的是佩切涅格人（Pechenegs）。这是个可怕的部落，下属有 8 个小部落，最擅长伏击抢劫。如果有商人安全驶过第聂伯河，他还得沿着黑海航行 350 多英里才能到达君士坦丁堡。

相比之下，在伏尔加河上航行就简单多了，因此罗斯人也更愿意去伏尔加河流域。伏尔加河水流平稳，直通里海，经过里海可以抵达巴格达繁华的市场，罗斯人在这些富有的市场上可以赚到很多钱，不过这钱是通过买卖赚来的，而不是靠抢劫得到的。罗斯人在异乡做买卖，他们必须得到哈扎尔人（Khazars）的准许才能在伏尔加河上航行，哈扎尔是个非常强大的部落，他们控制着伏尔加河注入里海的下游地区。这是个来自中亚地区的半游牧民族，在 8 世纪改信犹太教。† 哈扎尔人以里海附近的城市阿提尔（Atil）为首都，他们控制着阿提尔（濒临里海）到伏尔加河下游地区的所有贸易。

哈扎尔人为瑞典人带过来的北方商品提供了销路，但更为重要的

* 10 世纪时，一位拜占庭的皇帝列出了第聂伯河流域湍急的支流，他当时用的是维京人给这些支流起的名字。

† 哈扎尔国王的名字来源于《旧约全书》，像大卫、约瑟夫、 亚伦、俄巴底亚等。

是，他们让罗斯人得以进入利润更丰厚的穆斯林世界的市场，罗斯人可以在那里贩卖奴隶。在被贩卖的奴隶中，大多数都是罗斯人从今天的俄罗斯俘获的斯拉夫人，最后这些人都被卖到了巴格达。

通过这个时期运回瑞典的银币数量，我们约略可以看出当时奴隶贸易的规模有多大，利润有多丰厚。人们在各类宝库中找到了上万枚伊斯兰银币，当然这只是所赚银币中的一小部分而已。阿拉伯地理学家伊本·鲁斯塔表示，罗斯人真正想要运来的唯一商品就是奴隶，他写道："他们驾着船只去掠夺奴隶……"

阿拉伯人对罗斯人的看法很复杂，于他们而言，罗斯人无疑是个伟大的种族。旅行家伊本·法德兰说他从来不曾见过体形这么完美的人种，他写道："他们身材魁梧，长得同椰枣树一样高，金发碧眼，肤色红润……"但同时，他也认为罗斯人是"污浊、肮脏的人种"。*

这时，罗斯人的举止已经开始与哈扎尔人十分相像了。罗斯人的首领可以娶多房妻子。罗斯人在衣着打扮、仪式礼节方面都模仿哈扎尔人，并开始以"可汗"自居。

到了9世纪中叶，伏尔加河流域开始不太平了。因为宗教分歧、文化停滞，再加上发生了几次内战，巴格达日趋衰落。罗斯人在这里已经没有银币可赚，他们开始寻找其他赚钱的方式。本性难移，罗斯人又重拾抢劫的旧习，无情地进攻里海附近的伊斯兰地区。一位伊斯

* 这个时期欧洲各地的卫生标准大相径庭，人们认为维京人的沐浴习惯显得过于娇气。1002年英格兰的圣布莱斯节大屠杀后，历史作家约翰·沃林福德曾抨击丹麦人，说他们有洁癖。除了其他罪行，丹麦人还每天精心梳理头发，在安息日仍然洗澡，还经常更换衣服。

兰教的编年史学家曾哀叹道："罗斯人屠杀妇孺，强抢民女，烧杀抢掠，无恶不作。穆斯林奋起抵抗，却被罗斯人击败，成千上万的穆斯林不是被杀掉，就是被淹死了。"

巴格达的势力日趋衰落，但哈扎尔人的势力依然很强大，要抢劫的话还得先经过他们的允许。913 年的那场臭名昭著的抢劫就充分说明了这点。大量的罗斯人迅速离开——根据一名穆斯林的记载，当时罗斯人驾着 500 只船，沿着伏尔加河顺流而下。他们同哈扎尔人达成协议，要均摊抢到的所有赃物。抢劫完里海南部沿岸的几座城市之后，罗斯人掉转船头朝北驶去，然后来到一块非常"灼热"的陌生土地上。

在这片离奇的土地上行走了三天之后，罗斯人洗劫了巴库（Baku，位于今天的阿塞拜疆）。在这里他们得到了大量的战利品，连最贪婪的罗斯人也感到满足。巴库是主要的石脑油产地，石脑油是制造"希腊火"的主要原材料——拜占庭和摩尔人统治下的西班牙把希腊火作为驱动战争武器的主要燃料。此外，巴库还是个宗教中心。距离巴库不远有一口天然气井，这口井里的天然气从古代的某个时候开始就已经燃起了。信仰拜火教的波斯人在这口井上建了一座神殿，多年来神殿吸引来了大量的朝圣者，其中最远的来自印度，他们给这座城市带来了非常可观的财富。

这次抢劫出奇地成功，但这次抢劫之所以让罗斯人刻骨铭心，不是因为他们从中俘获了多少奴隶，得到了多少钱财，而是他们在返程途中所经历的事情。罗斯人抵达伏尔加河以后，遇到了盟友哈扎尔人的伏击，遭到了屠杀。这场灾难表明，即使有军队的护卫，罗斯人仍面临诸多危险。他们远离故土，既能肆无忌惮地抢劫，同样也有可能沦为阶下囚。然而，他们还面临着更深层次的问题——伏尔加河流域的买卖越来越无利可图了，这个问题远比他们遭到盟友的算计要严重得多。

同时在靠近斯堪的纳维亚半岛的地方也发生了一些动荡。根据12世纪时成书于基辅附近一个修道院的《往年纪事》（*Russian Primary Chronicle*）记载，9世纪中叶时，几个斯拉夫人的部落把罗斯人从拉多加湖周围的据点上驱逐了出去。该书继续写道——很可能不是真的——后来斯拉夫人陷入内战，经过几年的战争后，他们请来了一位名叫留里克的维京人来统治他们。

在这个子虚乌有的故事中，我们第一次了解了这位以"建国之父"而闻名的人物，他是今天俄罗斯、白俄罗斯和乌克兰三国的奠基人。862年，一位名叫留里克的维京人（他在古诺尔斯语中的名字叫埃里克）来到拉多加湖南部，在一座地处要塞位置的镇子上安营扎寨，他给这座镇子起名为"霍尔姆加德"（Holmgård），即今天的诺夫哥罗德。

留里克的首都霍尔姆加德就在沃尔霍夫河流域，他从这里派了阿斯科尔德（Askold）和迪尔（Dir）两名头领南下，让他们去戍守进入第聂伯河的通道。* 当时第聂伯河西岸已经形成峭壁地形，基辅就坐落在这里，这座城市控制着第聂伯河下游地区。哈扎尔人把基辅作为他们的边防要塞，但留里克却派人占领了这里，这样一来他把罗斯人重新引向了南部地区，这对俄罗斯和欧洲的历史都产生了重要影响。

---

* 阿斯科尔德可能是朗纳尔·洛德布罗克的孙子。

罗斯人要向南发展的话，将面对很多危险。哈扎尔人控制着基辅南部800多英里的土地，罗斯人若想从这里过去，那些强大野蛮的部落会时不时地发起进攻，而且这里的地形条件也很艰险。不过风险虽大，利润也很丰厚。一直向南走就是君士坦丁堡了，当时君士坦丁堡是世界第一大都市。在那个物质资源相对匮乏的时代，君士坦丁堡堪称是“黄金之城”。西方国家的首都只有几千人时，君士坦丁堡的人口数量就已经接近百万了。

从古罗马时期开始，君士坦丁堡就已经成了物质财富极度丰富、精神生活高度发达的中心城市。这不仅仅是一个王国，而且是传说般的东罗马帝国所在地，是罗马帝王头上最耀眼的明珠。统治君士坦丁堡的皇帝的头衔仍然是“恺撒”，居民仍自诩罗马人。帝国皇帝和皇后曾同临马车竞技场，同他们之前的君王一样亲自主持已有500多年历史的马车竞技。帝国疆域辽阔，从意大利海岸线附近的撒丁岛一直延伸到黑海和今天土耳其的北部海岸，边疆有重兵驻防。

在中世纪的人看来，君士坦丁堡是座充满奇迹的城市。这里建成了史上最强大的防御工事“君士坦丁堡城墙”，城墙共有九道主门，其中最有名的就是举办仪式时使用的“黄金城门”。金门仿照宏伟的罗马凯旋门而建，由左中右三个门组成，大门都是用熠熠生辉的贵金属制成的，金门顶上雕着几头拉着凯旋战车的大象。穿过金门，里面是一条非常宽阔的大道，大道两旁伫立着许多白色大理石建成的宫殿，还有宏伟的广场及异国商品琳琅满目的集市。

城中到处都是富丽堂皇的马赛克锦砖，还有从古典时期留传下来的精美艺术品。广场上伫立着许多著名的经典雕塑*；富丽的金棺和石棺里还有传说中帝王的遗物。君士坦丁堡的所有城市建筑中，最令人惊叹的是耸入天际的圣索菲亚大教堂。

世上没有其他建筑可与这座大教堂相媲美。那个时候的建筑主要以低矮、笨重为主，但这座又名为“神圣智慧教堂”的建筑却建得线条优美，耸入云端。来到这里的朝圣者穿过教堂那宏伟庄严的大门——据说此门是用挪亚方舟的木材制成的，外面镀了银——就会为里面那五彩缤纷的大理石墙和超乎想象的内部空间所震惊。教堂的中央穹顶十分宏伟，是10世纪以前世界上规模最大的穹顶，高约55米，顶棚面积达1.6万平方米，全由金色锦砖砌成。穹隆底部密排着一圈金色窗洞，光线透过窗洞射入教堂时，里面一片缤纷，使大穹隆显得轻巧空灵。一个头一次来到这里的人曾写道：“教堂的穹顶像是由从天而降的金色链子悬挂在空中。”†

如果这些建筑奇迹还不能满足罗斯人的贪欲的话，君士坦丁堡里还有繁华的市集可以满足他们。6世纪，拜占庭人从中国偷偷学到了缫丝的秘诀，当时他们派了两名传教士去中国游历。那两名传教士在中国学会了缫丝的复杂工艺，在返程的时候，他们在竹筒里偷偷放了一些

* 其中最杰出的艺术雕塑为雅典娜雕像，这座雕像在10世纪前从帕特农神庙被移到了君士坦丁堡。

† 连拜占庭人也为这座神奇的建筑而叹服。有一个古老的传说是这样的：一天，修建大教堂的工人们用午饭时，有一个天使带着大教堂的设计图纸从天上降下来。到那儿之后那名天使发现施工的地方没有人，只有一名被留在这儿看守工具的男孩。天使把图纸交给男孩，让他拿给工人们，并对男孩保证一直守在这里等着他回来。建筑师看到图纸之后，意识到那个给他们送来图纸的神秘人物是一位天使，所以他们就把小男孩从君士坦丁堡赶了出去。天使本来答应了要等小男孩回来才离开的，所以现在就被迫留在教堂一直守护这里了。

蚕，还带了大量的桑叶，确保蚕不会在途中饿死。到了君士坦丁堡以后，他们就在这座城市里种下了第一棵桑树，君士坦丁堡最赚钱的生意也由此诞生。

以前罗斯人都是在巴格达购买丝绸，那里的丝绸都是进口过来的，在辗转进口的过程中丝绸的价格一涨再涨。然而在君士坦丁堡购买丝绸时，没有中间人再提高价格，罗斯人可以直接从手工业者手里买到丝绸，然后再把买到的丝绸转卖到家乡，这样一来，他们从中谋取的利益大为增长。去往君士坦丁堡的路途虽然很艰险，但在这里罗斯人可以自由买卖，没有人干涉他们的生意，这样下来，罗斯人就在君士坦丁堡发了大财。

维京人称君士坦丁堡为“米克拉加德”（Miklagård），意指“大城市”，于他们而言，君士坦丁堡财物丰厚，尽管到那儿去要穿越激流险滩，还要和野蛮强大的部落做斗争，然而为了财富，这一切都是值得的。罗斯人很早以前可能就已经知道君士坦丁堡的存在了，历史记载罗斯人第一次同君士坦丁堡接触是在838年，当时有一个罗斯人的使团到过君士坦丁堡，他们当时一定为城里的财富所惊叹。君士坦丁堡的城墙肯定也让他们目瞪口呆。君士坦丁堡有三重防线，第一重便是护城河，河宽20多米，深达7米左右；为加固防守，护城河内侧还建有一堵2米多高的栅栏。要想攻下君士坦丁堡，进攻的敌人还得翻越9米高的外墙，外墙上建有很多小门，一旦外墙失守，把守的军队就可以通过这些小门迅速撤走。君士坦丁堡的最后一重防线就是内墙，这也是三重防御工事中最宽、最高、最坚固的一重了；内墙高12米多，宽6米多——这个宽度足够军队在城墙上随意调度了。内城墙上还建有 96 个塔楼，塔楼视野开阔，适合从各个角度射击来犯的敌人。城墙上派有重兵把守，可谓固若金汤，坚不可摧。

对大多数人来说，君士坦丁堡的防御异常严密，光这一点就足以让人闻风丧胆了。* 然而，罗斯人似乎并不这么认为，他们觉得攻破君士坦丁堡虽有难度，却仍值得一试。因为君士坦丁堡虽雄踞众城之首，400 多年来不曾被攻破过，但这座城市却是建在半岛之上的，三面环水，因此水就是这座城市的克星。

于是阿斯科尔德和迪尔就在基辅备战，他们组建了一支由 200 艘船组成的舰队，准备进攻君士坦丁堡。舰队进入黑海之后，他们发现拜占庭帝国在海上没有任何防御。罗斯人沿着海岸线一路前进，但却没有一个帝国的巡逻人员注意到他们。860 年 6 月 18 日，傍晚时分，罗斯人的舰队停到了君士坦丁堡城下。不知道是罗斯人运气好还是计划精密，总之他们进攻的时间选得非常恰当。当时正值皇帝率军外出，君士坦丁堡防守空虚。

* 连匈奴王阿提拉看到这样的防御体系后，都改变了攻破君士坦丁堡的计划。

第十六章

米克拉加德

Chapter 16

Miklagård

恐怖和黑暗让人失去了理智……

——牧首佛提乌（Photius）

在同伊斯兰哈里发国的长期纷争中，拜占庭帝国一直处于劣势，现在形势终于有所逆转。一方面，这是因为伊斯兰统治者哈里发的势力在这一时期趋于衰落；另一方面，多年来拜占庭帝国的皇帝都断断续续地采取了一定的措施，致力于收复过去200多年里失去的领地。到了弗里吉亚王朝，前几个王朝的努力终于初显成效，得到一些土地。但拜占庭帝国在军事上一直不如伊斯兰国家，他们迫切地想要清除那些关于拜占庭军事孱弱、帝王怯懦的传言。现在机会来了，拜占庭人可以借此得到阿拉伯国家边疆的土地，因此米海尔三世——后人都称其为“酒鬼”米海尔（Michael the Drunkard）——亲自率军攻打穆斯林。

米海尔三世很有谋略，出征时他调用了大部分海军，因为虽然伊斯兰国家在陆地上实力雄厚，但他们没有可与拜占庭帝国相匹敌的海军；另外在帝国陆军攻上海岸时，帝国的舰队也可以为陆军提供补充和支援。这样一来，君士坦丁堡就陷入了防守空虚的境地，但自建城以来，还没有人从黑海向这座城市发起过大规模的进攻，所以当罗斯人的舰队开到君士坦丁堡城下的时候，拜占庭帝国始料未及。

这就像羊圈中突然出现了一只恶狼，一切来得让人措手不及。拜占庭人只知道君士坦丁堡的东北部是一片荒野，他们把这片荒野当成有利的屏障，以为远处野蛮的部落不会越过荒野进犯君士坦丁堡。因为荒野上没有城市或其他的人口聚居区，没法养活一支军队。海岸线附近也没有造船厂，所以也不会有舰队。但现在，他们眼前赫然出现了从没见过的陌生船只，船首雕成巨龙的形状，船上满载着凶狠的战士。

因为皇帝带领大部队出征了，所以守城的重任便落到了牧首佛提乌的肩上。罗斯人来犯，整座城市瞬间陷入瘫痪。佛提乌后来记载了当时的情景：“恰若晴天霹雳……一时间恐惧和黑暗让人失去了理智……你们曾打败了欧洲、亚洲和黎凡特（Levant）地区的敌人，赢得了无数胜利的奖杯，但现在你们却沦落到别人的长矛下，那长矛本来是你们赢取奖杯的武器，现在却由一支残忍、野蛮的军队所执。”罗斯人洗劫没有防守的郊区，那里的居民万分恐惧，只能眼睁睁地看着他们抢劫。罗斯人随后放火烧了当地居民的房子，没来得及逃走的居民要么被杀，要么被溺死。

站在拜占庭帝国的港口远眺，可以看到罗斯人的舰队朝着海岸线附近的岛屿驶去了。“王子群岛”（ Princes Islands ）曾是拜占庭帝国的宗教圣地，也是关押受到驱逐的政治犯的地方。有好几位遭到驱逐的皇帝就在那儿度过了晚年，当时佛提乌之前的牧首就被监禁在这里。登陆群岛后，罗斯人发现岛上的巨石中间坐落着很多修道院，这让他们非常欢喜。

罗斯人花了好几个星期洗劫这几座岛，这样一来佛提乌有了一些时间组织防守。这位牧首非常出色，博学多识*，足以胜任牧首这一职务，同时他还是个精明的政治家。佛提乌首先下令号召修士守护城里最神圣的遗迹——一件圣母马利亚曾穿过的圣服。修士带着这件圣服在城墙上巡游，这个举动对罗斯人没有造成什么影响，但对于军心紊乱的君士坦丁堡人来说，这一举动让他们士气大振，因为这让他们觉得这座城市有着神灵的庇护。

君士坦丁堡似乎真的享受着神灵的庇护。对于后来发生了什么我们没有确切的答案，因为我们没有当时的记载，后来的编年史也是几经篡改，并不可信。但事情很可能是这样的：后来拜占庭帝国的几艘船只乘着顺风赶到了君士坦丁堡，最后驱散了来犯的北欧人。†罗斯人

* 佛提乌把所读的书进行了归类，虽然大多数归类卷本已经佚失了；他还对读过的每一本书做笔记，实际上佛提乌开创了世界上最早的书评。

† 博斯普鲁斯海峡素以其惊涛骇浪而闻名遐迩，但根据后来拜占庭的记载，这次帝国舰队能遇上顺风全是因为有了圣母马利亚的圣服。据说佛提乌当时把圣服扔到海面上，圣服浸入了海水，然后船队便乘着顺风赶到了城中。

丢盔弃甲，一路败走，撤到了黑海，这次的冒险也随之终结。

经过这次的失败，罗斯人目睹了君士坦丁堡的防守到底有多坚固。他们趁着帝国军队出征时来进犯，没想到却还是失败了，这恰恰证明君士坦丁堡的防御的确是固若金汤。同时让罗斯人胆怯的还有拜占庭帝国的海军，这是他们头一次遇到与自己实力相匹敌的海上力量。接下来罗斯人能做的要么就是采取更大规模的进攻，要么就是想办法进入君士坦丁堡，以商人或者雇佣军的身份从那里攫取财富。

从拜占庭那方面来说，这次的袭击也让他们感到震惊了。这次袭击说明开展外交迫在眉睫，因为拜占庭帝国的东北部突然冒出了一支新的力量，双方之间必须达成妥协。拜占庭帝国的皇帝派遣使者火速赶往基辅同罗斯人谈判，双方之间达成了一项协议，允许罗斯人在君士坦丁堡经商。如果说过去在君士坦丁堡经商一直是罗斯人梦寐以求的事情的话，现在仍然是这样。于罗斯人而言，这是个巨大的成功。

这次胜利之后，那位传说中的罗斯人留里克便从历史上隐身了。他曾建立的第一个中央集权的国家——或者至少人们归动于他——很可能就是之后各个俄罗斯王朝的前身。在接下来的700多年间，罗斯的很多沙皇都自称为留里克的后裔，借此宣扬自己的声誉。*

自留里克之后，罗斯人的都城就不在诺夫哥罗德了。留里克的继任者海尔基把都城迁到了基辅，他采用了“罗斯大公”的头衔。† 继位的头几年，海尔基主要致力于加强自己的统治。他把自己的疆域向南推

---

* 1598年，费奥多尔一世（Feodor I）逝世，留里克王朝也随之终结。

† 如今海尔基更多的时候以其斯拉夫语名字“奥列格”为人所知。

进，还控制了第聂伯河沿岸一些繁华的贸易城市。

到了907年，海尔基觉得时机已经非常成熟了，认为可以开始发动自己统治期间最大规模的战役了，即进攻君士坦丁堡。同前一次试探性的进攻不同，这次罗斯人在海尔基大公的全力支持下对君士坦丁堡展开了全面进攻。*海尔基仔细地研究了拜占庭帝国海军的巡航路线，巧妙地避开了帝国海军，一路没有遇到任何抵抗，安然抵达了君士坦丁堡城郊。在拜占庭帝国的海港入口，拴着一条巨大的铁链，海尔基的船队无法从这里驶过，他便带领军队从陆上绕行，然后用2 000只独木舟把军队摆渡到了君士坦丁堡北侧。

如果说君士坦丁堡城墙上也有防守漏洞的地方的话，那就是东北侧的城墙了，因为这一侧的城墙临山谷而建。海尔基把军队带到东北侧的城墙下，然后厚颜无耻地把自己的盾牌挂到了城墙上，静待帝国军队的出现，他要上演一出“虚张声势”的大把戏。海尔基并没有愚蠢到认为在没有攻城器械的情况下，自己的军队可以攻破全欧洲最牢固的城墙。之前留里克的行为证明了罗斯人有能力指挥一支强大的舰队，而海尔基则证明了一支军队在自己的指挥下可以发挥多大的力量。

海尔基真正想要的就是同拜占庭帝国缔结正式条约，让基辅罗斯的商人在君士坦丁堡取得有利的地位；而拜占庭帝国政府则认为，如果因为拒绝海尔基的要求而卷入战争的话太不划算。所以两国之间便缔结了和约，和约就罗斯商人如何在君士坦丁堡经商做了详细规定。罗

---

* 《往年纪事》夸张地记录了这次进攻，说罗斯人共派出了2 000艘船和8 000名士兵。相反，拜占庭帝国的史料中却隐去了对这次进攻的记载，选择隐瞒的原因是不言自明的。

斯人在君士坦丁堡享有极大的特权，虽然他们可以出售的东西会受到帝国的严格控制，但他们在某些方面不用纳税，也不用上交关税。拜占庭帝国甚至允许罗斯人进出君士坦丁堡城内的浴池。更重要的是，罗斯人还有机会在帝国担任雇佣兵。

君士坦丁堡成了罗斯人在东方的主要据点，他们发现在中世纪的欧洲，只有拜占庭拥有足够的经济实力，可以为雇佣兵定期发放报酬，而且他们还发现雇佣兵这份职业的薪水非常丰厚。拜占庭有好几个皇帝都雇用过维京人——包括罗斯人和从斯堪的纳维亚半岛过来的新兵——这些雇佣兵给帝王们帮了很大的忙。其中最著名的一位皇帝就是尼斯福鲁斯·福卡斯（Nicephorus Phocas）。961 年，尼斯福鲁斯发动战争，要从穆斯林手中夺回克里特岛。在他之前拜占庭帝国已经为夺回克里特岛发动过三次战争，但结果都遭到惨败。尼斯福鲁斯曾是一名很有谋略的指挥官，到了他的时代，他带着声名赫赫的维京人一起出征。到了战场，尼斯福鲁斯指挥维京士兵冲上海滩，维京士兵的出现让克里特岛上的守卫者闻风丧胆，此后他们甚至拒绝走上战场同维京士兵作战。经过 9 个月的围攻，尼斯福鲁斯最终攻破了克里特的都城。

虽然如此，我们却不能说拜占庭和基辅之间是和平相处的。通过 907 年缔结的条约，罗斯人认识到如果每隔几年发动一次侵略的话，他们就能同拜占庭缔结更加有利于自己的条约。在海尔基之后，他的继承人英格瓦——更以其斯拉夫语名字“伊戈尔”（Igor）而著称——分别于 941 年和 944 年向君士坦丁堡发动了两次进攻。

在这两次进攻中，罗斯人都损伤惨重，这很大程度上是因为君士坦丁堡有一种叫作“希腊火”的神秘武器。希腊火是一种以石脑油为主要原料的液态燃烧剂，触物即燃。拜占庭自7世纪发明这种武器后，就对希腊火的制造方法严加保密。* 有关拜占庭对制造希腊火的叙述，最贴切的说法要数“智者”利奥六世（Leo the Wise）的简单描述了，他说希腊火“是用雷电制成的火”。朗纳尔·洛德布罗克的儿子们曾在袭击穆斯林治理下的西班牙地区安达卢西亚时，遇到过希腊火，不过他们遇到的这种希腊火远没有真正的希腊火的威力。拜占庭人把希腊火装在土制的烧瓶中，然后抛掷到敌军的船上，掷出的烧瓶摔碎后，甲板上便燃起熊熊大火。还有一种方法是在船头架上喷火器，用喷火器朝着敌军的船只喷射希腊火。因为希腊火的主要原料是石脑油，所以遇水会烧得更旺。在海平面上，火势迅速蔓延，烧死了那些跳入水中准备泅水逃生的士兵。

为防止希腊火的配方泄露出去，拜占庭人在战争中很少使用希腊火。† 他们清楚为了对敌人造成毁灭性的打击，在战争中应当怎样使用希腊火。英格瓦率军来袭时，拜占庭帝国的舰队在水下安装了黄铜管，这样就会让罗斯人的船底从水中着火。当时的一位目击者形容说，那时的情景看起来就像整个大海都燃起了熊熊大火。他写道：“士兵们看到燃烧的火焰后，纷纷纵身从船上跳了下去。与大火焚身相比，他们宁愿跳入水中。但因为身上的铠甲和头盔过重，有些士兵跳下去后

* 拜占庭人的保密工作做得非常严谨，至今我们都无法确定希腊火确切的制作过程。

† 拜占庭人担心过度使用希腊火的话，敌人可能会根据希腊火的残余物进行还原。在同阿拉伯人作战的过程中，拜占庭人为防止泄露配方不使用希腊火，这种做法后来被证明是非常正确的。

就沉下去了，另外一些被火烧死了。”

在长达一个世纪的时间里，罗斯人为进攻君士坦丁堡付出了沉重的代价，屡遭惨败，至此他们才明白不管是大规模袭击还是采用阴谋诡计，他们都没法攻破君士坦丁堡。罗斯人的多次袭击给君士坦丁堡的市民们造成了创伤，但更加震慑拜占庭帝国的是罗斯士兵在作战中誓死抵抗的精神。那些罗斯士兵后来成了拜占庭帝国的雇佣兵。988 年，帝国皇帝巴西尔二世创立了一支特种军，后来这支特种军为维京人在东方提供了最有名也是最有利可图的职业。

988 年，巴西尔的皇位堪忧，他正急需一支强悍有力的军队。虽然巴西尔二世出身高贵，自诩君士坦丁大帝的后裔，但这位年仅 30 岁的皇帝却面临着一场来势凶猛的叛乱。这场叛乱由帝国内最卓越的大将巴尔达斯·福卡斯（Bardas Phokas）发起。虽然后来巴西尔二世成了举国最骁勇的战士*，但 988 年的时候他才刚坐上皇位，军心还未归顺，宫廷大臣之间也是互相倾轧，没有值得信任的心腹。

巴尔达斯率军安然穿过小亚细亚半岛，途中没有遇到任何抵抗。一路上但凡遇到归顺皇帝的城镇，他就领着叛军将其洗劫一空。巴尔达斯抵达分割亚欧两大洲的博斯普鲁斯海峡后，便自立为王，给自己戴上了仿制的皇冠，穿上了只有帝国皇帝才能穿的紫色长靴。巴尔达斯势力渐涨，帝国的臣民也闻风归附到他旗下，纷纷向巴尔达斯致贺，并提供援助。有人说叛军的规模迅速扩大，同刚开始的人数相比，已经翻了一番。

* 巴西尔的外号为“保加利亚屠夫”，据说在一次大战结束后，他将 1.5 万名俘虏的眼睛挖了出来。

针对巴尔达斯的反叛，巴西尔先前就已经采取了军事行动，但却遭到了巴尔达斯的伏击。巴西尔手中兵力不足，君士坦丁堡城中仅剩下几支军队，附近地区还有一支野战军，但他们对皇帝未必忠心耿耿。就在叛军抵达海岸之前，巴西尔派出使臣匆匆赶向基辅去了。英格瓦的孙子弗拉基米尔（Vladimir）倒是很热情地接见了他们，并向巴西尔提供了慷慨援助。弗拉基米尔从斯堪的纳维亚半岛调来了 6 000 名维京雇佣兵，让他们前去支援巴西尔；但作为交换，弗拉基米尔提出要娶巴西尔的妹妹安娜公主为妻。

出使基辅的拜占庭使臣回到了君士坦丁堡，他们认为自己已经失败了，因为在帝国悠久的历史上，从没有哪一个王朝的公主下嫁给一个野蛮人。使臣传达了弗拉基米尔的要求后，整个皇宫一片哗然，因为弗拉基米尔不仅是个野蛮人，他还是个十足的异教徒。他曾残杀了自己的兄长，强奸了自己的嫂子，篡夺了王位。弗拉基米尔之前已娶过 7 位妻子，后宫佳丽更是多达 800 人。就算现在情况紧急，但要娶这样一位信仰基督教的贞洁的帝国公主，弗拉基米尔还不够资格。

对于弗拉基米尔的这个要求，整个拜占庭皇宫及安娜公主都深为震怒，但为了得到弗拉基米尔的援助，皇帝巴西尔却决定答应弗拉基米尔。* 巴西尔提出的唯一要求是弗拉基米尔必须改宗基督教，改掉之前一些臭名昭著的行为习惯。然后双方都兑现了自己的诺言，弗拉基米尔接受了洗礼，不愿远嫁的安娜公主也被送到了北方，6 000 名勇猛的维京士兵抵达了君士坦丁堡。

---

* 安娜曾斥责巴西尔说他把自己像奴隶一样卖掉了。

援兵一到，巴西尔就立刻采取了行动。他趁着夜色横渡两军之间的分界线博斯普鲁斯海峡，在距离敌营仅百码*之外的地方上岸。拂晓时分，他就领军朝着海滩进攻了。

在这种情况下，叛军犹如瓮中之鳖，必败无疑。突然遭袭的叛军跌跌撞撞地从帐篷中冲出来，半梦半醒，还没来得及穿衣服，迎面就遇到一大批维京人挥舞着巨大的战斧，尖叫着冲了过来。维京人屠杀的叛军不计其数，地上血流成河，鲜血没过了他们脚踝的位置。那些试图逃跑的叛军也遭遇了同样恐怖的下场，他们都被活活烧死了。叛军的营地成了一片废墟，他们慌忙逃向水边，但这时候帝国船队的一支小舰队开始向敌军发射希腊火，火炮铺天盖地地砸了下来，叛军全军覆没。

这次的胜利让巴西尔的皇位得以稳固，也让他更加坚信（如果说他曾经有所疑虑的话）当初牺牲自己的妹妹是正确的选择。如果换作其他人的话，可能会选择在战争结束后对援助他的佣兵表示感谢，给他们发放俸禄，然后让他们解甲归田。但巴西尔并没有这么做，他还在打着其他的算盘。经过数年的动乱，巴西尔深信有必要重整拜占庭帝国的军队，他打算以维京士兵为中心，建立一支新的效忠于自己的军队。

北欧人认黄金，只会效忠于金钱，而巴西尔就是他们最好的财主，所以维京士兵就宣誓效忠于皇帝，他们就是后来闻名于世的“瓦兰吉卫队”，字面意思是“立过誓的人”。† 在太平年代，他们担任皇帝的

---

* 1 码≈0.9 米。——编者注

† 在其发展历史上，瓦兰吉卫队一直对皇帝忠心耿耿，不管是谁掌有皇权，他们都会对其效忠。卫队士兵宣誓只效忠于当前的雇主，而不会为之前的雇主报仇。

近身侍卫，在有战事的时候他们就担任帝国的突击队。* 瓦兰吉卫队是继古代罗马禁卫军之后皇帝的又一支主要战斗力量，他们南征北战，为皇帝开疆拓土，拜占庭帝国控制了从叙利亚到西西里的广阔地域。

对于雄心勃勃的斯堪的纳维亚人来说，参加瓦兰吉卫队就是最保险的攫财方式。同皇帝签订服役协议后，他们就可以定期地得到俸禄，还可以不费心思就去遥远的地方抢劫。† 同过去靠抢劫维生相比，现在通过参战他们不只可以得到更好的生计，而且利润还相当丰厚。据拜占庭史料记载，皇帝死后，瓦兰吉卫队的士兵可以得到一次去金库的权利，他们可以从金库中搬走任何自己能搬得动的东西。

接下来的几百年中，一些来自斯堪的纳维亚半岛的最有名的维京人都在瓦兰吉卫队服过兵役，包括一些挪威的国王、罗斯公国的首领、爱尔兰的贵族首领，以及来自冰岛的勇猛战士，服役期间他们不仅威望大增，还获得了大量财富。

那些后来改行了的士兵也把在南部服役看成自己最卓著的成就，打过一次胜仗就能让这些人威望大增，妇孺皆知。以博利·波兰森（Bolli Bollason）为例，他是冰岛《拉克斯达拉萨迦》中的一位主人公，书中写到他从希腊胜利归来后，看起来就像神话传说中的美男子阿多尼斯（Adonis）。无论他和士兵们在哪儿过夜，“女人一看到他们就忘了一切，只是呆呆地望着博利和他的同伴，连他们身上穿的华丽服饰也让这些女人着迷”。

* 如果遇到皇帝去别的城市视察，卫队就要负责守好可以通到这座城市的各个要道。

† 这就像现代社会中可以去旅游却不用费心去预订酒店或餐饮一样。

在拜占庭帝国各地都有维京人留下的痕迹：在希腊的比雷埃夫斯（Piraeus）港口，有一座守护港口的大理石狮，维京人在石狮上刻下了如尼文字；在圣索菲亚大教堂，二楼阳台的栏杆上也刻有如尼文字，可能也是哪两个无聊的维京士兵干的。

服役的代价，也体现在这些如尼文字上。斯堪的纳维亚半岛上还有很多石头，上面刻着“战死在希腊的烈士”。还有些士兵选择定居在南部，因为他们发现与北欧相比，南部的气候更为温暖，生活更加舒适宜人。这样，大量“扛着战斧的野蛮人”就作为雇佣兵在君士坦丁堡安顿下来了，王位传到谁手中，他们就为谁效忠。在巴西尔逝世 100 多年以后，有一位叫安娜·科穆宁娜（Anna Comnena）的帝国公主曾写道：“瓦兰吉卫队肩负利剑，他们把效忠皇帝、保卫皇帝看成是一种家族传统，是一项神圣的职责，代代传承。”

然而，过了很久之后，瓦兰吉卫队发生了变化。1066 年之后，盎格鲁-撒克逊人为躲避诺曼征服，纷纷逃到君士坦丁堡来做雇佣兵，卫队中的维京士兵数量渐渐减少。到了 14 世纪初，卫队中几乎不再有维京士兵了。*

除此之外还有一个变化，那就是罗斯人自身也发生了变化。他们摒弃了过去半游牧式的、以抢劫为生的生活方式，过起了在严密设防的城市安定下来的生活。虽然罗斯人仍认为自己是维京人，或者至少是斯堪的纳维亚人的后裔，但一些全新的东西开始崭露头角了，罗斯人渐渐成了俄罗斯人。

* 一份这一时期的文献中提到当时“瓦兰吉卫队所用的语言”是英语。

第十七章

拜占庭的牵动

Chapter 17

The Pull of Byzantium

假如豺狼来到了羊群中，除非杀了它，否则它会吃掉所有的羊。

——《往年纪事》

从某种程度上来说，罗斯人能一直把自己看成是维京人，这或多或少让人有些讶异。最初在伏尔加河和第聂伯河流域抢劫的只有极少数维京人，而在他们征服的辽阔土地上，包括从西北部的诺夫哥罗德一直到今天乌克兰的首都基辅的广阔地带，生活的都是斯拉夫人。在这么辽阔的土地上，斯堪的纳维亚人只不过是一个享有特权的军事阵营，在人数上远不占任何优势，这样一来他们就得同斯拉夫人通婚。久而久之，他们就渐渐融入了斯拉夫人之中。在融合的过程中，不断有人从瑞典移民过来，这在一定程度上减缓了两个民族融合的进程。

罗斯人逐渐发生变化，这从历任基辅大公的名字上就可以看出来。海尔基的继承人为英格瓦，斯拉夫语名为“奥列格”；英格瓦的继承人斯维亚托斯拉夫和弗拉基米尔则都是用斯拉夫语取名的。随着名字的变化，基辅大公的衣着和生活习惯也跟着发生了变化。拜占庭的一部编年史中记载了在971年，约翰·齐米斯西斯（John Tzimiskes）皇帝在位时，斯维亚托斯拉夫曾到访拜占庭帝国。根据书中对斯维亚托斯拉夫外表的描述，他更像是一位斯拉夫人的可汗，而不像一名维京海盗王。

斯维亚托斯拉夫当时驾着一艘维京长船。航程中，他跟船上的其他维京人一样站在船上划桨，除此之外，就没有与北方人的共同点了。他个子不高，浓密的眉毛下是一双浅蓝色的眼睛，鼻子略微上翘，头顶被剃光了，只在一边留了个发髻，那便是他尊贵身份的象征。同船上其他人一样，斯维亚托斯拉夫也穿着一身纯白的束腰外套，只不过他的衣服比手下们的要略微干净些。除了一只金色的耳环，他身上没戴任何佩饰。

与君士坦丁堡建立联系，这进一步加快了罗斯人转变为俄罗斯人的进程。945年，基辅与君士坦丁堡达成协议，允许罗斯人进入君士坦丁堡，这样一来罗斯人就有机会接触到东正教的文化了。到了后来，罗斯人终于开始信奉基督教，这是罗斯人转变为俄罗斯人最明显的标志。基督教要在罗斯人中间扎根，这需要一定的时间，经过好几代人的努力，罗斯人才最终完全接受了基督教。这样一来，新生的俄罗斯政权就受到了拜占庭文化的深刻影响。

但让人觉得讽刺的是，10世纪40年代左右，罗斯人出兵君士坦丁堡时，拜占庭士兵用希腊火将罗斯人打得一败涂地，这一事件却间接地为基督教的传播开辟了道路。基辅大公英格瓦在进攻君士坦丁堡时遭到惨败，实力大为削弱；基辅周边的几个部落便趁机造反，英格瓦被迫全力镇压叛乱。

几个起义的藩属部落中，最难对付的就是德列夫利安人（Drevlians）了。这个部落主要以东斯拉夫人为主，定居在今天的乌克兰境内。德列夫利安人一听到英格瓦惨败的消息，就决定不再向基辅进奉贡礼，这显然是向英格瓦发起挑衅，但当时英格瓦还忙着镇压其他部落的叛乱，无暇立即声讨德列夫利安人，只好放任自流了。

等英格瓦终于平定了基辅之后，他就要求德列夫利安人补上应进的贡礼，并要挟德列夫利安人说如果他们不如数进奉的话将会受到惩罚。英格瓦当初没有立即声讨德列夫利安人，这让他们误以为英格瓦是个无能之人。现在对英格瓦补上贡礼的要求，德列夫利安人的首领马尔（Mal）给出的答复大致是说“平等的两个政权之间哪里需要进奉贡礼”。

这惹恼了英格瓦，他立即出兵德列夫利安人的统治中心伊科罗斯坚（Iskorosten，今天乌克兰境内的科罗斯坚市）。马尔一看英格瓦带着大军来袭，一下子就没了当初扬言拒绝进贡的那种勇气。他向英格瓦正式道歉，把手中仅有的黄金全部交给了英格瓦。换作其他英明的领袖的话，拿到贡物后就会撤军离开了。但在返回基辅的途中，英格瓦突然觉得对德列夫利安人的惩罚太轻，他们应当为蔑视自己的权威付出更高的代价。于是英格瓦下令让军队继续前进回到基辅，自己却带着几个近身侍卫折回伊科罗斯坚去了。

到了伊科罗斯坚之后，英格瓦要求马尔奉上更多的金子，马尔便支支吾吾地说他要去国库视察一下，看国库里还有没有金子。马尔便趁机溜了出来，让大臣提供应对的策略，据说其中有一个人是这样回答的："假如豺狼来到羊群中的话，除非杀了它，否则它会吃掉所有的羊。"马尔便听取了这位大臣的谏言，下令让一群德列夫利安人冲出大门，杀死英格瓦的侍卫，然后活捉了英格瓦。

据拜占庭的史料记载，马尔报仇的方式非常残酷，不亚于维京人的方式。英格瓦当时被压倒在地上，两旁是两棵相向压弯的桦树，英格瓦的双脚分别绑在两旁的桦树上，马尔的手下松手放开桦树，受压的两棵桦树分别朝着相反的方向弹出去，英格瓦就被撕成了两半。

一位年富力强的首领就这样被杀害了，这对中世纪的任何一个国家来说都是一场噩梦。因为首领一死，后继的子嗣一般都很幼小，如果摄政王没能控制好局面的话，这个国家一般都要陷入内战的厄运。要不是英格瓦的妻子奥尔加的话，基辅也同样有可能陷入内战，因为英格瓦唯一的儿子当时才两三岁。奥尔加是个非常有魄力的人，基辅的王公大臣都对她忠心耿耿。而且通过《往年纪事》中的各种记载，我们能够发现奥尔加还是一名很有能力的领袖，这一点绝不亚于她的丈夫英格瓦。

英格瓦的死讯刚刚传到基辅，马尔就派了一个由 20 人组成的使团来向奥尔加提亲。这个要求其实没有多么稀奇，因为在中世纪时期，王室的遗孀就是最理想的结婚对象，一方面是因为那些遗孀为了避免国内出现动荡，希望尽快再嫁给别人；另一方面是因为通过这种联姻，雄心勃勃的求婚者能有机会大大提升自己的政治地位。

但来求婚的使臣却表现得很冒失，他们公然向奥尔加承认是马尔杀死了她的丈夫英格瓦。因为马尔猜想，这时候刚刚守寡的奥尔加会觉得孤立无援，肯定会答应他的求婚，所以他没有采取任何策略掩饰自己的行为。使臣们来到奥尔加的住处后，他们对这位悲伤的寡妇说英格瓦“就像一只贪婪的豺狼”，活该被杀。然后他们继续说道，现在奥尔加有机会嫁给一位真正的首领。

但让使臣们感到意外的是，奥尔加似乎对改嫁看得很开。她说丈夫不会从坟墓里跑出来，他怎么死的并不重要，重要的是他已经死了。奥尔加对使臣们说自己需要再考虑一天，但她一再暗示其实她已经同意嫁给马尔了，再考虑一天只是走个形式。使臣们觉得奥尔加这么做很识时务，所以答应第二天再来见奥尔加，然后就回到自己的营地去了。

德列夫利安人的使团一走，奥尔加就立刻下令让手下在她的城堡后面挖一个深坑。到了第二天早上，深坑已经挖好，使臣们来觐见奥尔加了，为对未来的王后表示敬意，他们都换上了盛装。奥尔加下令逮捕了使臣，然后把他们扔到城堡后面的深坑里，活埋了。

活埋使臣的深坑还没有填平，奥尔加就派人去给马尔送信了，说她很愿意嫁给马尔，但是马尔必须派一支阵容强大的迎亲队伍来接她。如果让他之前派来的那20名使臣护送的话，不足以显示她尊贵的身份。她要在显要人物的护送下嫁到伊科罗斯坚去，这样才显得庄重，否则她不会答应嫁给马尔。

这些要求让马尔觉得奥尔加端庄稳重，更加欢喜，所以欣然斥资组建了一支阵容华丽的迎亲队伍，将城里最重要的领导人物都派去迎亲了。等迎亲的人到了基辅，奥尔加以礼相待，说他们长途劳累，让他们去她的私人浴室盥洗一番，好洗去一路奔波的风尘。然而等这些人进了浴室，奥尔加就命人把门堵死，然后放火烧了浴室，对他们痛苦的惨叫置之不理。

这里的火苗还未熄灭，奥尔加又非常冷静地派人给马尔送去最后一条消息，要求马尔准许她到伊科罗斯坚之后按照传统礼仪给英格瓦举办葬礼。这时马尔依然没有看出这背后的阴谋，毫不犹豫地满口应承了。马尔看到奥尔加带着一大队人马来了，就骑马出城去迎接她，然后问起怎么不见自己曾派出的使臣。奥尔加回答说为了早点见到马尔，她就先来了，其他的人随后就到。马尔听了非常满意，就陪同奥尔加一道进了城，他在城里准备好了盛宴来招待她。盛宴规模之大，前所未有。

宴会上，奥尔加处处表现得像一个非常欢快的新娘，不过她滴酒未沾，此前她就告诉手下让他们在宴会上不要喝酒，不过马尔和他的手下却没有注意到这一点。等这些德列夫利安人喝得不省人事的时候，这位果决的遗孀便暗下命令，她的侍卫们抽出了利剑，屠杀了所有喝得醉醺醺的东道主。

奥尔加带着随从一路杀出伊科罗斯坚城，同埋伏在城外的大军会合，然后她又带着大军守在伊科罗斯坚城墙下。现在首领死了，城内的民众群龙无首，惊慌之下他们只得向奥尔加求饶，不过让他们感到宽慰的是奥尔加竟然同意赦免他们。奥尔加向城内的民众提出的要求异常简单，她要的不是蜂蜜或皮毛这类常见的贡物，而是要一些鸟，她要求每户人家进贡三只鸽子和三只麻雀。但不幸的是，德列夫利安人并不知道这又是一个维京人的诡计。奥尔加得到她要的鸟之后，就命人在每只鸟的双脚上绑上破布，破布是在易燃物里浸泡过的。破布被点燃后，惊慌的小动物们赶紧飞回了原来的巢穴中，点着了居民的房子。

不一会儿，起了大风，本来散布在各处的火苗肆虐成一片火海。城内的民众惊慌失措，纷纷涌出破败的城门，但城门外等待他们的却是奥尔加的大军。他们毫不留情，当场屠杀了很多城内居民，然后围捕了没有当场杀死的民众，把他们当成奴隶贩卖。到了第二天早上，伊科罗斯坚城内焦黑一片，成了一片荒芜的废墟，至此，奥尔加才终于感到心满意足。

无论奥尔加是否真的如传说中塑造的这般冷血，但她确实是一个特别有统治才能的人。《往年纪事》对她简单地进行了赞扬，说“虽然她生得女儿身，但却有着男子汉的勇气”。奥尔加的精明能干不仅保全了她儿子的王位，还巩固了王权。

且不论到底有多少德列夫利安人幸存了下来，基辅的新任统治者“绝非等闲之辈”这一消息迅速传开了。不过值得称道的是奥尔加并没有采取武力统治的方式。她虽然一心想要为丈夫复仇，但却没有让仇恨蒙蔽了双眼。精明的奥尔加意识到如果每年都逼迫那些藩属的部落进贡的话，只会引起他们的仇恨。因为这些进贡的金银一般都是从部落首领的腰包中来的，把金银进贡给基辅后，这些部落首领就没法犒赏自己的手下了，因此势力会慢慢削弱。因此，一旦基辅对他们的控制有所放松，他们就会起兵造反。

为了把这些部落首领从潜在的敌人变成可靠的盟友，奥尔加废除了遭人愤恨的进贡制度，只简单地要求每户人家向基辅纳税。*奥尔加免除了地方首领的财政负担，还授权让他们处理一些琐碎的行政或法律问题。基辅不再靠法令来统治民众了，实际上奥尔加已经把那些叛逆的盟友纳入她的政府机构了。奥尔加主政期间，罗斯公国建成了众多贸易中心，还在基辅、诺夫哥罗德及普斯科夫（Pskov）建成了第一批石砌建筑。奥尔加设计的这套管理体系效果很好，这为基辅的继续发展奠定了坚实的基础。

儿子成年之前，奥尔加成功避开来自任何人的求婚，逐渐增强了基辅的实力。她的摄政统治虽然很成功，但奥尔加仍然意识到有一个问题挥之不去：不管她怎样努力，试图在政治上让不同的部落融合到一起，但这些部落还是将自己与基辅的民众割裂开来，认为他们是不同的族群。虽然他们都有着一个共同的统治者，但这些部落民族之间却没有最根本的团结意识，没有一种强大的理念能把各个地方的民族统一起来。

---

* 除拜占庭帝国以外，这是东欧建立的第一个税收法律制度。

为了解决这个问题，奥尔加又采取了一项非常大胆的举措，这是她一生之中众多冒险举措中最大胆的一项了。955 年左右，奥尔加去了君士坦丁堡，她表面上自称“此行是为了加强同帝国的贸易联系”，实际上却是来正式改宗基督教的。奥尔加的受洗仪式就在圣索菲亚大教堂的金色大殿里举行，她的教父，即当时的帝国皇帝君士坦丁七世为她主持了这场洗礼。* 施洗时，君士坦丁七世根据帝国皇后的名字为奥尔加取了“海伦娜”（Helena）这个教名，为了对教父表示尊敬，奥尔加接受了这个名字。

奥尔加改宗基督教，这加强了基辅同君士坦丁堡之间的同盟关系，罗斯人在君士坦丁堡可以享受更多的贸易特权，但奥尔加很快就认识到基辅罗斯的臣民是不会效仿她改宗基督教的。基辅仅有极少数人信仰基督教，绝大多数臣民都是异教徒，他们敬奉的是不同的神，有的来自维京神话，有的则来自突厥或斯拉夫人的传说。尤其是国内的贵族阶层，他们都大力支持信奉雷神托尔。这样一来，奥尔加没能把臣民统一起来，相反，这一举措还危及国内稳定；而在摄政期间，她费尽心思为的就是维持稳定。†

奥尔加竭尽全力推广基督教。从君士坦丁堡回来时她带来了大量《圣经》、圣像和法衣，还带来了许多神父。奥尔加下令在多个城市兴建基督教堂，并亲自去这些教堂做礼拜。但这一切都无济于事，基辅的

* 君士坦丁七世在写给其子的一本书中详细叙述了典礼的全过程。

† 当时每年有大批维京人离开斯堪的纳维亚半岛，涌入基辅罗斯；这也影响到了当时基辅罗斯的稳定局面。

贵族阶级，尤其是那些刚从瑞典移民过来的人都强烈反对改宗基督教。连王室的大部分成员都抵制基督教，奥尔加的儿子斯维亚托斯拉夫断然拒绝考虑改宗基督教。斯维亚托斯拉夫对母亲说，隐忍、宽容和仁慈这类温良的美德正是一个宗教虚弱无力的标志。如果他改信了这样一种信仰，将会受到臣民们的耻笑。

儿子在位期间，奥尔加没能让基辅罗斯改宗基督教；但她至少为基督教的传播埋下了种子，到孙子那一代，这颗种子便生根发芽了。与奥尔加不同，斯维亚托斯拉夫反对采取同拜占庭帝国和解的政策，他率军进攻拜占庭帝国，这是基辅罗斯历史上最后一次大规模出兵攻打拜占庭帝国了。去进攻拜占庭帝国时，斯维亚托斯拉夫带军队走的是陆路，摒弃了维京人经海路出兵的传统。率军出征时，斯维亚托斯拉夫把管理国家的重任交给了母亲，还让母亲帮他教育自己的三个儿子：雅罗波尔克（Yarolpolk）、奥列格和弗拉基米尔。

奥尔加非常出色地完成了这两项重任，虽然教育孙子这项重任还得过几年时间才能看出成果。人们最后一次看到奥尔加是在她指挥军队作战的时候，这与她以往的形象非常相符。969 年，突然有侵略者入侵基辅罗斯；奥尔加组织军队奋力御敌，最后将入侵者赶了出去。几个月之后，奥尔加就逝世了。与其说她的一生同圣徒一样伟大，倒不如说她像女武神瓦尔基里一样骁勇（瓦尔基里是维京神话中的人物，她在战争中勇敢非凡，受到人们的赞扬）。*

* 因为奥尔加虔诚信仰基督教，她后来被追认为圣人。1547 年，东正教追认奥尔加为圣人，加封“等同使徒”的称号，历史上只有五位女性曾获得过这一殊荣。

奥尔加的统治是欧洲历史上一个意义非凡的转折点。通过改宗基督教，奥尔加选择让基辅同欧洲结为同盟，而不是同亚洲结为同盟。她让基辅的眼光朝西看去，而不是朝东看去。这样一来，基辅罗斯慢慢不再受维京人的影响，而更多地受拜占庭帝国的影响。君士坦丁堡对基辅的影响非常深刻，现代的乌克兰、白俄罗斯和俄罗斯三个国家不仅认为他们是留里克王朝的后裔，还认为他们也是古希腊人和罗马人的后裔。*

也许这一切并非全都是奥尔加的功劳，事实上奥尔加在逝世时还觉得自己没能让基辅罗斯各民族之间产生认同感是自己的失败之处。然而到了后来，她所拥护的东正教却让民众产生了她一直希望他们拥有的认同感，这为一个庞大帝国的出现奠定了基础。

---

* 君士坦丁堡被称为“第二罗马”，因为东罗马帝国的首都就是这里。1453 年君士坦丁堡陷落之后，俄罗斯东正教将莫斯科称为“第三罗马”。

第十八章
从罗斯人到俄罗斯人

Chapter 18
From Rus to Russian

每一位欧洲的君王都娶了一位基辅的公主。

——《往年纪事》

尽管斯维亚托斯拉夫很钦佩自己的母亲——为了对母亲表示尊重，他下令按照基督教的传统礼仪为奥尔加举行葬礼，但主神奥丁和雷神托尔在基辅罗斯的地位一点儿也没有动摇。与基辅罗斯毗邻的那些国家，如波兰、丹麦、挪威和匈牙利等国都纷纷屈服了，有些已经改宗基督教，还有些正准备改宗。但斯维亚托斯拉夫是位意志非常坚定的异教徒，他信奉雷神托尔，而托尔看重的是获得胜利，只有胜利才能让贵族们保持忠心耿耿。

奥尔加还在世的时候斯维亚托斯拉夫就进行了第一次出征，他率军攻打过哈扎尔人。在奥尔加和英格瓦统治时，他们将哈扎尔人默认为自己的大领主。但在这场长达6年的残酷战争中，斯维亚托斯拉夫却彻底击败了哈扎尔人，最后洗劫了他们的都城阿提尔。很明显，斯维亚托斯拉夫和母亲一样都具有非常强烈的复仇心理，他率军将阿提尔毁得面目全非。当时有一位叫伊本·哈卡尔（Ibn Hawqal）的阿拉伯作家，他在斯维亚托斯拉夫摧毁阿提尔之后不久就来到了这里。看着眼前这一片废墟，他写道："树上的葡萄都被洗劫一空，连片叶子都没剩下。"

这次的胜利让斯维亚托斯拉夫备受鼓舞，他开始尝试去征服西边的国家。斯维亚托斯拉夫率军横穿巴尔干半岛，一路烧杀抢掠，将今天的保加利亚也纳入了自己的版图。继位的头十年里，斯维亚托斯拉夫一直开疆拓土，把基辅罗斯变成了欧洲版图最辽阔的国家，疆域从现在的罗马尼亚一直延伸到了哈萨克斯坦。这一系列胜利正是古老的维京众神显灵的结果，有力地证明了维京神话中的"诸神之父"奥丁比基督更为强大。

这样一来，基辅罗斯同捍卫基督教的堡垒拜占庭帝国之间势必要发生冲突，这一战在所难免。但对于斯维亚托斯拉夫来说，不幸的是当时的拜占庭帝国正值复兴的鼎盛时期。当时为奥尔加施洗的那位温文尔雅的皇帝已经不在了，继任的是好战黩武的约翰一世·齐米斯西斯。通过一系列激烈的对抗，约翰一世击退了罗斯人的进攻。斯维亚托斯拉夫被困在了多瑙河上一处罗马时期留下来的堡垒中。被围困了两个月之后，这位基辅罗斯大公最终还是投降了，乖乖渡过多瑙河去和约翰一世议和。

约翰一世骑着他最喜欢的白色战马接见了斯维亚托斯拉夫，当时他身穿金色的盔甲，头戴贵重的帝国皇冠。约翰一世接受了斯维亚托斯拉夫的议和请求，但接受的前提条件是罗斯人撤出巴尔干半岛，并放弃对斯维亚托斯拉夫最近占领的大多数国家的统治。

除此之外，斯维亚托斯拉夫接下来还要面临更多的侮辱——在返回基辅的路上，罗斯军队在第聂伯河流域遇到了急流，就在他们试图渡过急流的时候，遭到了一伙野蛮人的伏击。这伙人可能是收了约翰一世的好处才这样做的。这件事也表明，斯维亚托斯拉夫的确曾对这位皇帝构成了威胁，所以约翰一世才下定决心除掉他。这帮人砍下了斯维亚托斯拉夫的首级，把它做成了酒杯。他们这么做就是为了警告罗斯人，让他们以后安分守己。*

斯维亚托斯拉夫死后，基辅罗斯陷入了混乱。更糟的是他的几个儿子之间起了内讧，引发一场长达十年的内战，最后斯维亚托斯拉夫的小儿子弗拉基米尔被迫逃离了基辅罗斯。

虽然当时的罗斯人基本上已经与斯拉夫人没有什么不同了，但他们同时还跟维京人保持着相当密切的联系，所以弗拉基米尔逃离罗斯后就投奔瑞典了。瑞典的维京人接待了弗拉基米尔，还为他挑选了一位瑞典公主，让他成家。他们还许诺弗拉基米尔，帮助他召集

---

* 斯维亚托斯拉夫至死都在奋力反抗，这给这伙人留下了深刻的印象。据说那伙野蛮人的首领当时用斯维亚托斯拉夫的头盖骨做成的酒杯喝了酒，并祈祷祝愿他的儿子能和这位死去的君主一样勇敢。

军队，推翻其兄长的统治。

背后有好几百名维京士兵（有的来自瑞典，有的来自挪威）的支持，没过多长时间，弗拉基米尔就占领了大多数基辅罗斯的要塞城市。然后弗拉基米尔给他的兄长送去消息，主动提出愿意同兄长共享大权。雅罗波尔克收到消息后就来谈判，但他的军队遭到了伏击，本人也被弗拉基米尔的手下杀害了。

虽然夺得了哥哥的王位，但弗拉基米尔还不满足。他带着人马来到嫂子避难的修道院。为了保护这位昔日的王后，修道院的院长堵上大门以防弗拉基米尔闯入。但弗拉基米尔命人用斧子劈开大门，闯了进去，然后带着大批人马涌入修道院，最后在一个小房间里找到了雅罗波尔克的妻子。弗拉基米尔强迫嫂子就范，然后又逼她同自己成婚。他这样做就是为了争取贵族阶层，让他们服从自己的统治。

弗拉基米尔把婚姻当成一种政治手段，借联姻来巩固自己的统治。他一生之中前后总共结了 6 次婚。据俄罗斯史料记载（如果这种记载可信的话），弗拉基米尔总共有 800 名嫔妃，他把这些嫔妃安排在不同的大城市，这样无论他去哪座城市巡游，都会有很多嫔妃陪着他。

弗拉基米尔不仅无比贪婪，还野心勃勃。为了扩展和保卫自己的领土，他尽力压榨定居在今天斯洛伐克地区的部落，还迫使立陶宛人和保加利亚人把自己尊为领主。这样一来弗拉基米尔的威信大为增长，邻邦都对他颇为忌惮。为了防止弗拉基米尔侵入波兰境内，当时的波兰国王波列斯瓦夫（Boleslav）赶紧同这位基辅罗斯的军阀签订了联盟协议。

988年，弗拉基米尔的权势更加扬名于世。当时的拜占庭皇帝巴西尔二世请求弗拉基米尔支援自己，让他给自己派来6 000名援军。作为交换，巴西尔答应把自己的妹妹嫁给弗拉基米尔，但条件是弗拉基米尔要改宗基督教。这一要求并没有难倒弗拉基米尔，因为对于这位野心勃勃的独裁者来说，信仰异教神本来就有很多坏处。在异教信仰中，斯拉夫和北欧诸神都有着自己的神殿。这点正好与基辅罗斯的现状非常相符，因为在基辅罗斯，每位诸侯也都有自己的城堡，他们可以不受大公的统治。主神奥丁虽贵为“诸神之父”，但同基辅大公一样，奥丁也不是全能的，有时候很轻易就会被其他的上百个神打败。

为了解决这个问题，弗拉基米尔早先就已经把雷神托尔奉为最高神祇了，可惜这项举措未见成效。弗拉基米尔在基辅建了一座非常大的神庙，把斯拉夫人的神和维京神都供奉在其中，然后在众神中间立起托尔的雕像。臣民都认为他这样做是贬低其他众神，基辅因此发生骚乱，有两个人在骚乱中丧生。* 弗拉基米尔坚持信奉雷神托尔，但他迟早都得放弃这一信仰。

《往年纪事》中有一则有趣的故事，记述的就是异教徒不同信仰之间的冲突。弗拉基米尔意识到他的国家的确需要一种新的信仰，之后他派出使者去考察当时的几大主要宗教，包括基督教、伊斯兰教和犹太教。弗拉基米尔拒绝改信伊斯兰教，因为伊斯兰教视饮酒为禁忌。† 犹太教也不行，因为犹太人没有故土——在中世纪的人看来这一点是至

* 有记载称，为了敬奉神灵，弗拉基米尔杀了一名基督徒，拿他做人祭。

† 据说弗拉基米尔认为“喝伏特加对罗斯人而言是一种享受，我们离不开美酒”。

关重要的。现在只剩基督教了，弗拉基米尔唯一的选择就是要遵从西方世界盛行的天主教教义，还是东方世界盛行的东正教教义。只要他的使臣一回来，弗拉基米尔很轻易就可以做决定了。往西方天主教地区去的使团到了神圣罗马帝国，看到的是外形低矮、光线昏暗的罗马式教堂。而到东正教地区去的使团则在圣索菲亚大教堂参观了一场非常神圣的宗教仪式，这场宗教仪式让他们看得万分激动，回来之后就气喘吁吁地向弗拉基米尔报告了自己目睹的一切，说："当时我们不知道自己到底是在人间还是天堂，只知道上帝就住在那儿。"

这个故事有可能是虚构的，但它抓住了促使弗拉基米尔做出信仰东正教决定的一些东西。此前基辅就摒弃了来自东方的诱惑*，转而同拜占庭帝国拉近关系。对于弗拉基米尔来说，基督教，尤其是东正教这个分支，远比他以前信仰的异教神更具吸引力，因为基督教中只有一个神，那就是无所不能的上帝。拜占庭帝国的专制统治也是在这种信仰的基础上建立的，天堂里只有一个上帝，人间就应当只有一个皇帝。上帝做事时不需要征得下属的同意，也不需要下属的配合，上帝要什么就会有什么。弗拉基米尔也想在基辅建立这种统治模式。

还有其他的一些原因促使弗拉基米尔拉近自己同拜占庭帝国的关系——他很清楚地认识到自己的实力有限，而南部拜占庭帝国的根基却非常稳固。无论他现在看起来有多强大，但父亲过去的征战给他上了重要的一课，让他对形势拥有清晰的认识。罗斯人无法像

* 大致而言，基督教和伊斯兰教的影响范围在欧洲东部是以森林和草原的边界为分界线的，生活在林区好喝伏特加的人大多信仰的是基督教，而生活在草原上的人则信仰伊斯兰教。

拜占庭人一样在巴尔干地区维持强大的军事实力。基辅罗斯缺乏拜占庭那样的组织纪律，没有建立相应的上下级部属。长此以往，基辅的强大就只是暂时性的，最终还是难免遭遇东方诸国的厄运。那些国家也曾强大一时，却在转瞬之间化为乌有。

弗拉基米尔最终选择改宗基督教，如此一来，这位海盗王便同君士坦丁堡结成了联盟。但改宗基督教的意义远大于此——正因为改信了基督教，弗拉基米尔才得以从精神文化上彻底斩断他同维京人的联系。

弗拉基米尔执政期间，基辅罗斯有很多愤世嫉俗的观察家。其中一名观察家说弗拉基米尔改宗基督教只是出于政治上的图谋，但奇怪的是自从改宗基督教之后，他整个人似乎真的发生了变化。这位曾经强霸兄嫂的人现在却每天都会为贫病之人施舍食物。弗拉基米尔让病弱者到自己的桌子上来用餐，有些人病得太严重，无力亲自来他的桌上用餐，弗拉基米尔就安排手下给他们整车整车地送去面包、鱼、蔬菜及蜂蜜酒。

除了那位从拜占庭娶过来的妻子，弗拉基米尔遣散了其他的妻妾。更有意思的是弗拉基米尔还废除了死刑。他在好几座城市都建起了学校，每年还会拨出一部分税收收入用来发放救济。

从弗拉基米尔的子女身上就可以看出，当初他努力发展教育是个很成功的举措。弗拉基米尔曾有过很多妻妾，她们给他生了很多小公主，后来弗拉基米尔把这些公主都嫁给了欧洲的君王。公主们都远嫁国外了，基辅罗斯一些抱负远大的男子对此很不满，他们抱怨除了公主，国内没有女子配做自己的新娘，“基辅的公主们都嫁给了欧洲的君王”。这些公主之所以如此迷人，部分原因是她们都博学多识。弗拉基米尔的女儿安娜公主嫁给了法国国王亨利一世，她深谙宫廷政治，后来在儿子腓力执政期间还临朝摄政。有一份文件是安娜摄政期间留传下来的，上面有很多当时法国贵族惯用的标记，这说明当时的法国贵族还不会写自己的名字。但有一张纸上却留有安娜的亲笔签名，写的是“安娜王后”几个字，用西里尔字母写成，字体娟秀端正。

罗斯人并没有完全摒弃维京人的传统，但在宗教方面，弗拉基米尔却一心想要把基辅变成一座信仰基督教的城市，他不允许臣民信仰别的宗教。回到都城后，弗拉基米尔首先拆除了自己当初建的神庙，用马匹拖着雷神托尔的雕像，扔进当初发生过部落大战的第聂伯河中。之后弗拉基米尔命令全城百姓在第聂伯河集体受洗，不参与的人将受到严惩。

在之前异教庙宇的废墟上，弗拉基米尔仿照君士坦丁堡教堂的模样建起了一座大教堂；根据自己在受洗时所得的名字，弗拉基米尔把教堂命名为“圣巴西尔教堂”。在之后的统治中，弗拉基米尔加强完善国内的宗教体系。到他逝世的时候，基辅罗斯至少需要七名主教来管理国家的宗教事务。

弗拉基米尔改宗基督教意义非凡，其中最深刻的影响也许就是改宗基督教后弗拉基米尔引进了西里尔字母。* 当时弗拉基米尔需要一种书

* 西里尔字母是传教士圣西里尔创造的，当时他发现斯拉夫人没有自己的书面语言，所以他就根据古希腊字母创造了西里尔字母。

面文字，但维京人使用的如尼文字冗繁复杂，不太适用，所以他就引入了西里尔文字。这一举措让罗斯人有机会了解君士坦丁堡那深厚的文学底蕴，从而进一步加强了同拜占庭帝国之间的文化联系。后来弗拉基米尔的儿子雅罗斯拉夫用西里尔文字在基辅颁布了第一部法典，那部法典是在拜占庭帝国法典的基础上颁布的，而不是以维京人的法典为先例的。

自然，以基辅为中心的基辅罗斯大公国开始越来越像南部的拜占庭帝国。拜占庭的手工业者和艺术家纷纷涌入基辅罗斯，石砌建筑代替了罗斯原有的维京木屋。在弗拉基米尔的统治之下，每一座城镇都仿照君士坦丁堡建起了用砖块或大理石砌成的大门，还仿照君士坦丁堡的拱顶教堂建造了圆顶的石砌教堂。*

弗拉基米尔和其子执政期间，罗斯的集镇发展迅速，很快就出现了拥有 6 万多人的城市。国内人口以斯拉夫人为主，他们不再是劫掠的对象，而成了信仰基督的子民，受到国家的保护。罗斯人还摒弃了维京人以畜牧业为主的生活方式，转而以农业为主；在军事方面，骑兵作战代替了盾牌战。

罗斯人同维京人之间在情感上仍有一定的联系——弗拉基米尔和他的儿子都款待过维京海盗王†，但他们开始觉得自己与维京人不同。罗斯人不再使用古诺尔斯语，甚至不再用维京人的名字。同时，他们开

---

* 最典型的例子就是弗拉基米尔在诺夫哥罗德建造的圣索菲亚大教堂。

† 至少三位挪威国王——“勇士”奥拉夫、马格努斯·奥拉夫松（Magnus Olafsson）和“无情者”哈拉尔，都在基辅被接待过。

始不再把瑞典人当成自己的盟友，而是当成贸易对手来看。*

弗拉基米尔逝世后的100年里，维京人在罗斯留下的影响几乎消失殆尽。虽然最初是维京人在这里建立了第一个中央集权政权，即基辅罗斯大公国，但实际上他们在东方留下的影响就只体现在“俄罗斯”这个国名上。此外，乌克兰国旗上还印有盾徽的图案，这是弗拉基米尔大公时代的国家标志。受东罗马帝国文化的影响，维京人在基辅罗斯的影响慢慢消失。1472年，拜占庭帝国末代皇帝的侄女嫁给了伊凡大帝，标志着维京文化在罗斯的彻底消亡。

罗斯人慢慢被斯拉夫人同化，同时他们也给斯拉夫人带来了诸多改变。罗斯人在斯拉夫世界建立了第一个中央集权国家，也是第一个长期存在的王朝政权。斯拉夫世界曾长期动荡不安，是罗斯人将这块区域变得具有秩序，这为将来斯拉夫帝国的建立奠定了基石。

与庞大的斯拉夫人口相比，罗斯境内来自斯堪的纳维亚半岛的人只占了一小部分，因此我们会觉得维京人在基辅罗斯的影响自然很快就会消失。这的确是维京文化在罗斯消失的部分原因，但还有一部分原因是弗拉基米尔统治期间，维京世界也在经历风起云涌的变化。曾经到处探险、四处劫掠的海盗生活已经结束了，斯堪的纳维亚半岛也进入了王朝统治的封建时期。

---

* 15世纪时，只有极少数斯堪的纳维亚半岛人的名字还在罗斯流传，而且留存下来的名字大都发生了变化，比如“Ivarr”变成了“Igor”，“Olaf”变成了“Uleb”，等等。

第十九章 维京国王

Chapter 19
Viking Kings

乌鸦饿得凄鸣……豺狼在遥远的山脊哀号。

——《哈拉尔国王萨迦》

评价维京时代时，我们的衡量标准通常都是这个时代对其他文化的影响。我们认为维京时代是一个充斥着毁灭行径的时代，比如大肆抢掠修道院，侵占盎格鲁-撒克逊人统治下英格兰的大片土地，还有在爱尔兰和法兰克帝国大肆破坏的行为，不过维京时代也有其创新的一面，包括在冰岛和格陵兰岛建立定居点，在诺曼底建立新的公国，还有都柏林及约克等大规模贸易城市的兴起，以及在罗斯建立第一个中央集权政权等。然而不管我们从毁灭还是创新的角度来评价维京时代，我们所关注的都只是维京文化对其他文化的影响，却忽略了这个时代对维京文化的故土，即对北欧的影响。

其中最显著的影响就是维京时代给北欧带来了大量的战利品，包括钱币、银器、金属及奴隶等，数量多到令人难以置信。据法兰克人留下的记录，单 9 世纪这 100 年里法兰克帝国就给维京人进献了重约 4.5 万磅的白银，但这在维京人掠走的所有财物中只占了三分之一。

10 世纪时北欧的收入更为可观。当时英格兰处于盎格鲁-撒克逊人统治时期，那时的统治者“决策无方者”埃塞尔雷德为了贿赂维京人，给他们送去了重达 18 万磅的白银，大约值 4 000 万英格兰银币*，引起了国内人民对埃塞尔雷德的反抗。

除了从英格兰来的大量白银外，维京人还通过劫掠从爱尔兰及两个法兰克王国得到了大量白银。除此之外，维京人同格陵兰、拜占庭等地之间的贸易往来也给北欧带来了大量的白银。大量贵金属涌入北欧，北欧人开始摒弃以往的物物交换，货币经济得到发展，促进了斯堪的纳维亚半岛与欧洲市场的进一步融合。在北欧一些规模较大的贸易中心，如海泽比和比尔卡，维京人开始根据法兰克、拜占庭或者盎格鲁-撒克逊人的钱币来铸造自己的钱币。

大量财富涌入了北欧这块崇尚武力、珍视个人能力的土地，那些得到钱财的豪强会斥资修建宅邸，慷慨犒赏追随自己的下属。人们把这些豪强称为“施者”，得到钱财之后，他们会向下属分发奖品，有手链或金项圈、武器和盔甲，还有金条、银条及铁块等。他

* 几百年过去了，要估算银币的价值很有难度；但在 10 世纪中叶时，1 个银币大致可以买来几只小鸡或者一打面包片。

们有时把战利品用在个人消费上，或者选择储存下来，因为囤积大量财富有助于提高一个人的声望。这些豪强对奢侈品一直有需求，这刺激了奢侈品市场的繁荣，反过来又促使维京人去开拓更加广阔的贸易路线。

通过开拓新的贸易线路，维京人给北欧带来了新一轮的深刻变化。在长达250多年的维京时代中，北欧人同大量其他文化之间产生了联系，维京人的交流范围比世界上任何一个民族都要广阔。通过同英格兰及拜占庭帝国的交流，维京人学会了怎样建立中央集权的政府，他们把这套管理体系引入了斯堪的纳维亚半岛。维京海盗王回到北欧后，发现自己的钱财不仅足够个人消费，还可以用来养活武装部队。后来这些部队慢慢融合，形成了国王的军队，进一步加强了王室的集权能力。王室军队采用拜占庭式的管理模式。这些维京海盗不仅日渐富裕，而且还学会了一些其他的本领，比如学会了如何修建石质建筑、如何砌墙，以及如何装饰他们的宫殿等。

到10世纪末，北欧封建化进程基本完成。一些能力较强的人变成了小领主，他们一心想要控制斯堪的纳维亚半岛上较为富裕的市镇。昔日维京海盗王的梦想——控制海上霸权——日渐消失了，取而代之的是想要在陆地上得到领土。

但出人意料的是，尽管挪威的海岸线十分漫长，但它却是北欧第一个实现统一的国家。同其他国家的建国神话不同，挪威的建国神话是一个爱情故事。在860年前后，黑色哈夫丹逝世了，他是今天奥斯陆东南部一个小王国的君主。哈夫丹死后，其年仅10岁的儿子“金发王”哈拉尔继承了王位。据《挪威列王传》（冰岛人写的记载挪威历史的著作）记载，“金发王”哈拉尔爱上了一位邻国的公主，但这位公主提出除非哈拉尔能够统一整个挪威，否则她不会答应嫁给他。从此哈拉尔立下誓言，声称在挪威统一之前，自己绝不会剪头发或者梳理头发，此后他便开始逐渐扩展自己的疆域。

关于挪威的建国史，还有一种很可能属实的说法，即在哈拉尔之前的几十年间挪威一直在努力实现统一，哈拉尔只是继续推动了统一的进程。哈拉尔知道在实现统一的过程中应该如何利用舰队，通过征服势力较弱的海盗王，哈拉尔的舰队实力大增，变得越来越难以抵抗。统一过程中的高潮就是发生在哈伏斯峡湾（Hafrsfjord）的那场战役。在那场战役中，哈拉尔击溃了由若干小王国的君主和贵族组成的联盟，夺得了控制挪威西部地区的权力。实际上，哈拉尔可能只控制了南部和西部的海岸线，但挪威实现统一的确开始变得可能。*

为了维护自己的利益，哈拉尔严禁海盗们像过去一样在夏天出海劫掠，因为出海劫掠会导致出现很多势力庞大的海盗王，他曾为了打败这些海盗王花费不少心血。现在要出去劫掠的话，必须得到哈拉尔的授权或者准许，这激起了挪威很多老海盗的反对。因为不堪忍受哈拉尔的专制，他们纷纷逃离挪威，去了更加自由的冰岛、奥克尼群岛或者法罗群岛。

如果哈拉尔真的是为了得到一个女人的芳心而去统一挪威的话，那这想必是他付出的最高昂的彩礼了。据说在哈拉尔在位的50多年间，

---

* 统一挪威后，哈拉尔才剪掉了自己的头发，从此便有了“金发王”哈拉尔这个绰号。

他共娶了200名妻子；儿子更是多到不计其数，哈拉尔都不知道该怎样安置自己的那么多儿子。甚至在六七十年之后，挪威的每一个贵族基本上都可以说是哈拉尔一世的后裔。

如此多的子孙后裔，几乎破坏了“金发王”哈拉尔一统挪威的丰功伟绩。哈拉尔后来挑选了一位自己最喜欢的儿子，即“血斧王”埃里克继承王位。为了维护统一，哈拉尔还同儿子共同执政了几年。但如果王位继承人能少一些或王室成员都能够规矩一点的话，这种维护统一的举措可能还能起到一定作用。为了维护自己的统治，埃里克竭力削弱王室后裔的势力，他斧刃上的血迹大多来自同父异母的兄弟。* 他还杀害了无数反对自己统治的贵族。后来埃里克的一个弟弟从英格兰回到了挪威，他叫“善良王”哈康。哈康因为从小在英格兰长大，所以才免遭埃里克的残杀。“善良王”哈康带着一支英格兰军队来到挪威，埃里克还未迎战就投降了。他已经厌倦了挪威，同样，挪威人也厌倦了他的统治。此后埃里克便离开了挪威，去了英格兰葱绿的牧场。

哈康是哈拉尔最小的儿子，是哈拉尔晚年时才出生的。事实证明，与他的兄长埃里克相比，哈康更具管理国家的才干。除此之外，他还是一位不落俗套的将帅之才。后来遇到埃里克的儿子们率军来袭，哈康便在一座山上击溃了他们。由于山上的杀戮十分残忍，血流成河，这座山后来便被命名为“血山”。两年后，埃里克的侄子又率军来犯，哈康便将军队分成10支，让他们沿着山脊分开驻扎在不同的地方，每一个营地之间都离得很远。这样一来就会给人一种错觉，认为哈康的

* 根据后来的萨迦，埃里克共有19个兄弟，其中的18个遭到杀害。

兵力远比实际人数要多。那些进犯的敌人闻风丧胆，慌忙掉头逃窜。

哈康除了在军事方面表现卓越之外，在宗教方面也表现得很有谋略，曾竭力将基督教引入挪威。同在世界上其他地方所留下的影响一样，基督教也能让斯堪的纳维亚半岛发生彻底的变化。哈康在英格兰时可能就已经改宗基督教了。基督教之所以如此值得推崇，不仅是因为它为中央集权制度提供了典范——就像弗拉基米尔曾看到的一样，上帝绝不允许有人挑战他在天堂的权威——还因为它可以教人学会认字，这是改宗基督教的一份免费福利。一个识字的君主，或者至少手下有识字者的君主，可以不通过面对面的交谈，就让自己的想法为民众所知晓。在旧式的统治体系下，君王的个人影响力只能遍及他自身可以到达的范围，而君王的政令却可以抵达更远的地方。识字就意味着可以颁布统一的法令契约和官方文件等，这些都是维系一个王国团结统一的黏合剂。

但对于哈康而言，甚至对于以后的挪威历史而言，不幸的是挪威人是非常坚定的异教徒，哈康迫使民众改宗基督教的做法只是引起了民众的不满。可能再给他一些时间的话，哈康就成功地将基督教引入挪威了，但 961 年时埃里克的儿子们又率军来犯了。虽然最后哈康的军队取得了胜利，但他本人却在本次战斗中受了致命伤。

后来埃里克的长子“灰袍王”哈拉尔被推为新的君主，但他并没有什么实权。挪威当时内讧不断，一些势力较大的领主便向南发展，同丹麦王国结为同盟。这些领主认为如果埃里克的儿子向丹麦求助的话，他们就可以打着丹麦军队的旗号侵略挪威了。“灰袍王”哈拉尔虽然最后赢得了王位，但他也为此付出了惨痛的代价。因为在争夺王位的过程中他曾向丹麦求助，所以他必须把丹麦国王尊为领主。挪威独立了不到 100 年的时间，之后就又陷入了一片混乱。

第二十章
“蓝牙王”哈拉尔

Chapter 20
Harald Bluetooth

哈拉尔争得了整个丹麦和挪威，并让丹麦人改信了基督教。

——耶灵石碑文

中世纪时丹麦的疆域比现在广阔得多，今天的德国、瑞典及挪威的部分地区当时都属于丹麦的领土。丹麦是当时人口密度最大的国家，也是斯堪的纳维亚半岛最强大的王国。丹麦之所以如此强大，主要归功于10世纪时丹麦的一个望族，这个家族本来统治着丹麦半岛东边的要塞耶灵。

该家族的族长就是老戈姆，他本来是一个典型的维京海盗王。后来老戈姆成功消灭了周围地区的一些小领主，或者让一些其他的领主保持中立，从而控制了日德兰半岛的大部分领土。* 老戈姆是传统的维

* 老戈姆又名“困倦者”戈姆或者“蠕虫”戈姆，据传他是哈拉尔·克拉克的女婿；哈拉尔·克拉克曾为了得到法兰克人的帮助，改宗了基督教。

京海盗，每年夏天他都要出海抢劫。老戈姆虔诚地信奉主神奥丁、雷神托尔及弗雷（司丰饶、和平、耕耘之神），扬言自己是朗纳尔·洛德布罗克的后裔。

一直以来，戈姆对基督教都心存疑虑，可能是因为他的正南方就是强大的德意志王国。据传戈姆曾表示无论如何，对南方的这个王国都不能手软。戈姆如此提防德意志王国是有原因的：一个世纪以前，法兰克皇帝“虔诚者”路易发起了传教活动，在日德兰半岛建立了一个规模很小的基督教教区，这恰好给德意志国王“捕鸟者”亨利（Henry the Fowler）干涉丹麦内政提供了绝佳的借口。

最后亨利到底是以此为借口或者又用了别的借口，我们不得而知。但在戈姆统治前期，的确有一支德意志军队越过了丹麦边墙，最后戈姆被迫承认德意志为领主国。纵使如此，戈姆的抢劫活动并没有得到遏制，不过在抢劫的过程中，他总是绕开德意志。在大多数抢劫中，陪伴戈姆的都是他的长子克努特（Canute）；同父亲一样，克努特也是一个精力充沛的抢劫者。父子二人洗劫了法兰西北部和不列颠群岛沿岸。二人外出抢劫期间，戈姆的小儿子“蓝牙王”哈拉尔和母亲赛拉（Thyra）就留在丹麦料理内政。* 赛拉是个非常了不起的女人，她曾带领丹麦军队抵抗过德意志的进攻。赛拉虽然也是名异教徒，但基督徒对她的评价远远高于对戈姆的评价。赛拉曾让儿子接触过基督教，或者至少接触过某种形式上的基督教。

戈姆的晚年过得相当凄惨，妻子在他之前就离世了。为了纪念妻

* 哈拉尔的绰号之所以叫“蓝牙王”，可能是因为他有一颗明显的蛀牙。

子，万分沉痛的戈姆为她立了一块石碑，上面是用如尼文刻成的碑文，碑文称赛拉是“令丹麦生辉的美饰”。* 随着自己年岁日增，戈姆开始担忧自己最喜欢的儿子的生命安全，曾立誓杀掉任何一个危及克努特生命的人，甚至包括那些给他报告克努特死讯的人。所以当王宫接到克努特在攻占都柏林时丧生的消息后，当然就没有人敢去报告给戈姆。最后赛拉想出了一个主意†，她趁戈姆出去的时候在宫殿里挂上黑色的幔布，以示哀痛。戈姆回来后看到眼前的一切，立即就明白发生了什么，他哀号了一声“我儿已逝”，因为这死讯是戈姆自己说的，所以他没有按照当初所立的誓言惩罚自己，但处以死刑的誓言最后还是应验了。两天之后，戈姆就因为伤心过度离世了。

传言克努特在攻占都柏林时，一支箭正好射到了他的后背上，这对一个维京人来说不足以造成致命伤。但这传言也暗示出背后的阴谋，相传克努特被箭射中时，他的弟弟哈拉尔正和他在一起，因此很多人都觉得是哈拉尔杀害了克努特，他们在私下议论说哈拉尔的双手沾满了克努特的鲜血。

10世纪的斯堪的纳维亚半岛是个动荡不安、充满暴力的地方，要是能有一位领导有力的新君主的话，他的污点都可以被原谅。现在哈拉尔首先需要做的就是安葬父亲的遗体，他为戈姆筹办了隆重的入葬仪式。哈拉尔用石块给父亲修建了规模庞大的陵墓，陵墓中央放着一

---

* 这是第一次以国家名称的形式提到“丹麦”这个词，所以此后人们就把这块石碑称为丹麦的“出生证明”。

† 显然这条记载的时间顺序有问题，因为那时赛拉已经逝世了。

口木椁，里面满盛丹麦第一位真正的君主戈姆的各类财宝。之后哈拉尔为父母立了一块石碑，上面也用如尼文字刻了字，碑文的内容大致是告诉后人此碑是哈拉尔为纪念双亲而立的。

安葬好父亲的遗体后，“蓝牙王”哈拉尔就开始巩固自己在丹麦王国的权威。在这一点上，哈拉尔做得要比他的父亲更加优秀。如果说戈姆创立了丹麦王国的话，那他的儿子哈拉尔则创造了丹麦民族。哈拉尔把日德兰半岛上不同的部族联合了起来，最后形成一个民族，然后哈拉尔又将这个民族同挪威南部及瑞典联合了起来。

为把他的子民团结起来，哈拉尔需要一个有助于实现大一统的理念，这种理念远比供奉一位君主或者遵守相同的法律更有效力。最后哈拉尔在基督教中找到了他想要的理念。965 年，哈拉尔正式改宗基督教，他是经过深思熟虑才决心改宗基督教的。同时代的撒克逊历史学家韦迪昆德表示，哈拉尔“虽然善于听从别人的意见，但绝不盲从偏信”。

接下来，历史学家记述了哈拉尔改宗基督教的激烈争论的过程。我们可以想象得到，要摒弃以前的信仰，改信基督教，势必在国内引起激烈的争论。争论的高潮就是几个王室成员同一位叫波波（Poppo）的德意志传教士之间的激烈辩论。这些丹麦贵族同意承认耶稣也是神，但他们认为耶稣不如托尔或奥丁强大。波波驳斥说奥丁和托尔只不过是丑陋的怪物，耶稣才是唯一的神。整个辩论的过程中哈拉尔都沉默不语，现在眼看双方快到了剑拔弩张的地步，哈拉尔才开口发表自己的想法，他大声问波波能否通过一个测验来支持自己的论断。

波波毫不犹豫地答应了。哈拉尔把一块铁放进火里烧到通红，然后让波波赤手从火里拿起铁块。波波说自己坚信上帝的力量，然后他伸手从炭火中拿起铁块，将烧红的铁块举到王室大臣的跟前，直到最后哈拉尔请求他放下铁块。波波非常淡定地放下了铁块，他给这些贵族看自己一点也没有被烧伤的手，这让哈拉尔感到很震撼，他当场就宣布改宗基督教。

哈拉尔之所以改宗基督教，还有一个原因就是南部的德意志王国。“捕鸟者”亨利的儿子奥托一世（Otto Ⅰ）曾到过罗马，被加冕为神圣罗马帝国的皇帝。除了德意志的领土外，奥托一世还控制着意大利北部、几个低地国家、法国的部分地区和中欧的大部分土地。这个时候的奥托一世年纪还不算太大*，而且不久后他就赢得了“大帝”的称号。像奥托这样的人自然总想扩大自己的疆域，我们完全有理由相信他有可能下一步就想把丹麦并入自己的版图。作为一位勤勉的皇帝，奥托当然应当把上帝的福音送到信仰异教的丹麦。

现在既然哈拉尔接受了洗礼，成了基督徒，那奥托一世便没有什么借口来入侵丹麦了，因为信仰基督教的君主之间不能发生征战——至少教皇不愿意让他们互相杀伐，所以哈拉尔就大力宣传，好让所有人都知道他和他的王朝都是信仰基督教的。在丹麦首都耶灵，本来有一个规模宏大的异教徒墓地，哈拉尔就在那儿建起了一座木制教堂，然后将父亲的遗体掘了出来。他命人将父亲的遗骨用金线织成的帛布包好，然后安置到新教堂的地下墓室里。

哈拉尔为父亲立了一块石碑，石碑上刻着耶稣的雕像——耶稣从杂

* “蓝牙王”哈拉尔改宗基督教时，奥托一世 53 岁，之后他又做了 8 年的皇帝。

乱的荆棘丛中挣脱出来，脚下是缠绕在一起的蛇——荆棘和蛇都象征着异教信仰。* 这个画面从总体上体现了哈拉尔的统治愿景。对于丹麦来说，这就是一个全新的时代，现在有了全新的信仰及辉煌的王朝，丹麦便从此摆脱了过去的那些纷乱不安。

要通过自上而下的方式改信基督教从来就不是一件容易的事，以前的异教信仰又在丹麦残留了几十年才消失。哈拉尔改宗基督教，不仅对丹麦，甚至对整个斯堪的纳维亚半岛来说都是个转折。† 和挪威的“善良王”哈康不同，“蓝牙王”哈拉尔虽然在改信基督教的过程中也遇到了挫折，但他最后还是成功克服了来自异教徒的强大阻力。

哈拉尔之所以能够成功让丹麦改宗基督教，原因在于他让民众看到了自己的实力。在后期的统治中，哈拉尔主持修建了大量规模宏大的公共建设工程，这让那些心怀不服的人颇受震动。在耶灵南部大约6英里的地方就是瓦埃勒峡湾（Vejle Fjord），海峡将古代丹麦的“行军之路”（丹麦语为 Hævejen）截为两段，这条大路沿着日德兰半岛的分水岭延伸，可以直达汉堡市。为让军队渡过海峡，哈拉尔越过沼泽地，在海峡上横空架起一座大桥。这座大桥十分宏伟，桥长约800米，宽约6米，承重近6吨。为了支撑桥体，使用了1 000多根巨大的木柱子，而筹集这些木材，甚至砍掉了一整片橡树林。

* 据说这是北欧最早的耶稣雕像，现在丹麦护照上就有这块耶灵石雕像的图案。

† 最明显的转折就体现在维京人的坟墓上。自那以后，丹麦人在埋葬死者时更倾向于让死者面向西方，这样他们就能看到耶稣复活归来，但坟墓中依然还有雷神托尔的大锤，以及其他一些死者在瓦尔哈拉殿堂可能用得到的东西。船葬的传统仍在继续，不过这个时候举行船葬时，只会在船边缘钉上铁钉作简单的装饰。

规模如此宏大的建筑工程正好说明了哈拉尔的实力有多么强大。但在沼泽地中，无论多么结实的木材也会很快腐烂。木材一旦腐烂，整个工程就需要重建。但哈拉尔主持修建这些工程并非为了流传百世，成为遗留给后代永世不灭的遗产，而是为了展现自己当下的实力。丹麦没有其他人，无论在历史上还是在哈拉尔那个时代，有能力主持修建如此规模的工程，更没有人如此轻易就能建成这样的工程。

“蓝牙王”哈拉尔的崛起引起了邻国的瞩目。10 世纪中叶，罗洛的孙子“无畏者”理查公爵（Duke Richard the Fearless）在诺曼底的统治受到了威胁，遭到了驱逐。理查便请求哈拉尔给自己提供援助，哈拉尔不仅帮理查收复了失地，在接下来的二十多年里，哈拉尔还多次帮助他击退邻邦的侵犯。

对哈拉尔来说，援助挪威让他捞到的好处最多。多年前，哈拉尔将自己的妹妹嫁给了“血斧王”埃里克。后来“血斧王”埃里克的统治被推翻，其子“灰袍王”哈拉尔来到丹麦向哈拉尔求援。哈拉尔非常狡猾，他愿意给予自己的外甥军事援助，但条件是“灰袍王”哈拉尔要宣誓效忠他。961 年，“蓝牙王”哈拉尔帮助“灰袍王”夺得了王位，然后他去挪威迫使“灰袍王”向自己称臣。

但事实证明，“灰袍王”比“蓝牙王”预想中的要能干一些，他先控制了东部地区的海上贸易路线，将自己的势力延伸到现在的芬兰和俄罗斯地区，这样一来“灰袍王”就慢慢脱离了舅舅的控制。“蓝牙王”当然无法忍受“灰袍王”的做法，970 年，他暗杀了自己这位野心勃勃的外甥，控制了挪威西部。“蓝牙王”在丹麦的时候，他就会指派一个比较听话的傀儡帮自己料理挪威西部的事务。

“蓝牙王”哈拉尔成功控制了挪威西部，这标志着他的统治进入了全盛期。南部的德意志王国开始提防丹麦了。后来丹麦王国不断崛起，年事渐高的奥托大帝已经注意到了这个威胁，但973年他就去世了，丹麦暂时躲过了一劫。但不幸的是，最后削弱“蓝牙王”哈拉尔统治的人却正是他自己。多年以来，哈拉尔都通过向德意志进贡的方式维持着两国之间的和平，但现在奥托大帝已经驾崩了，再加上自己在挪威又取得大捷，哈拉尔就这样被冲昏了头脑。当时年轻的奥托二世派出使者到丹麦收取贡物，哈拉尔断然拒绝了。

但这一次，“蓝牙王”哈拉尔却严重低估了自己的对手。与新生的丹麦王国相比，德意志王国物产丰饶，财力雄厚，还有一支训练有素、高度团结的军队。虽然在开始的几场战役中是来自丹麦的维京人占上风，但后来德意志的军队把他们逼回了丹麦边墙，“蓝牙王”被迫向奥托二世求和。

这次的失败本来不至于造成什么毁灭性的后果，因为德意志的军队并没有进入丹麦领土，但这时的哈拉尔犯了维京人的大忌——懦弱。挪威国王狂热信奉雷神托尔，他非常憎恨哈拉尔倡导的基督教，对哈拉尔在政治方面的控制也颇为不满，所以他便趁机造反，挪威就此脱离了丹麦的控制。

突然间一切都土崩瓦解。哈拉尔本来还算维持住了自己在丹麦的统治，但就在他准备向南进军对抗德意志时，哈拉尔的长子“八字胡”斯韦恩却突然造反了。一直以来，斯韦恩对父亲的权威都心怀不满。儿子的突然造反完全出乎了哈拉尔的意料，仓皇之下他便逃走了，最后躲到了自己在波罗的海南部海岸的据点约姆斯堡（Jomsborg）。

对于哈拉尔来说，他挑选的这个避难所真是再好不过了，因为这里有斯堪的纳维亚半岛最有名的军事集团约姆斯海盗。约姆斯海盗是一个极度忠诚的军事团体，战士年龄多在 18 岁到 50 岁之间 *，都是精心挑选出来的骁勇善战之士；约姆斯海盗立誓只遵从一套荣誉准则，虽然他们是坚定的异教信仰者，但他们会效忠于自己的雇主。约姆斯海盗的据点就建在一处海港上，海上交通十分便利，易守难攻，地理位置得天独厚。

在约姆斯堡，“蓝牙王”哈拉尔的安全虽然可以得到保障，但他却没有东山再起的机会。一次哈拉尔在约姆斯堡外与人发生冲突，在打斗中哈拉尔受了伤，几天之后就去世了。最后哈拉尔的遗体被带回耶灵，葬在了他自己修建的教堂中。很久以前，在自己统治的全盛时期，哈拉尔在立耶灵石时就为自己写好了墓志铭。和哈拉尔做的很多其他事情一样，碑文上的内容表面上看去虔诚低调，实质上是要向世人宣扬他的伟大，他写道：“此石由哈拉尔所立，他征服了整个丹麦和挪威，并让丹麦人改信了基督教。”

碑文中的两句话都不大可信：哈拉尔只控制过挪威的部分地区——但在碑文中这点却说得含糊不清；此外，维京众神在丹麦人心目中的地位依然没有动摇。通过这碑文我们可以看出哈拉尔渴望后人如何铭

* 唯一的例外是这里还有一名年仅 12 岁的战士。在一次决斗中这个男孩击败了一名约姆斯海盗的成员，因此他也被纳入了这个军事团体。

记他。哈拉尔通过征服和改宗基督教的方式构建了新的丹麦，当时瑞典和挪威的统治者也沿袭了哈拉尔的这种方式。哈拉尔还在弥留之际，瑞典一个小王国的君主“胜者”埃里克（Eric the Victorious）就已经在吞并今天斯德哥尔摩周围的土地，瑞典其他的一些领主都把“胜者”埃里克和其子奥拉夫·舍特科农（Olof Skötkonung）尊为最早的瑞典国王，埃里克和奥拉夫仿照丹麦的路子也改信了基督教，然后利用基督教把周围的部落联合起来。*

但具有讽刺意味的是，“蓝牙王”哈拉尔及其他人的成功都说明维京时代开始逐渐衰落了，维京人在海上逍遥自在、劈风斩浪的日子一去不复返，斯堪的纳维亚半岛也不再有往日的活力。夏天的时候，如果有无拘无束的年轻人把自己的海盗小船划进海湾的话，就会有国王的税吏向他们收税。挪威、丹麦和瑞典这三个维京王国和欧洲其他国家连成了一体，慢慢走向中央集权的君主统治模式。但北欧仍然还有很多地方，尤其是挪威的很多偏远地方，仍未改宗基督教，也不接受君主专制统治的理念。但世上没有不落的太阳，终有一天这些地方也将被慢慢同化。

* 今天哈拉尔的名字更多的是指能实现不同设备之间无线通信的蓝牙技术。1994 年，瑞典公司爱立信推出了蓝牙技术，通过蓝牙，不同操作系统或不同厂家的手机和电脑可以通过无线方式传送信息。正如 10 世纪时“蓝牙王”哈拉尔将彼此水火不容的竞争对手团结到一起，现在通过蓝牙技术，一部三星手机就可以和一台苹果电脑实现数据同步。象征蓝牙技术的那两个图符是如尼文字，是“蓝牙王”哈拉尔名字的首字母。

第二十一章

英格兰白银的诱惑

Chapter 21

The Lure of English Silver

儿童喜怒无常，天气变幻莫测，原野连绵起伏。

——《智者萨蒙德埃达》

“八字胡”斯韦恩推翻了父亲的统治，将“蓝牙王”哈拉尔置于死地。现在没了父亲的妨碍，斯韦恩便加冕称王。从表面上来看，这位新国王和他的父亲一样是基督徒，但实际上他却穷兵黩武，好战的名声远近皆知。一到夏天，斯韦恩就经常带兵抢掠那些信仰基督教的邻国。

从其他国家抢掠财物，这不只意味着他们在沿袭古老的维京传统。通过抢掠，大量白银涌入丹麦半岛。正因为有如此丰厚的财物，“蓝牙王”哈拉尔的政绩，像加固丹麦边墙、修建桥梁城堡及大力犒赏部属等，才有了保证。10世纪时，维京人已经成了鉴别金属货币的行家，他们能够辨别来自阿拉伯国家、拜占庭及西方国家的金属货币。当时在多种金属货币中，面额最大、纯度最高、质量最好的要数阿拉伯的迪拉姆硬币。正因为有大量迪拉姆硬币涌入日德兰半岛，最早的国王戈姆和后来的“蓝牙王”哈拉尔才得以建立自己的王权统治，才有财力去供养王室。因此从很多方面来说，阿拉伯银币为丹麦王国奠定了基础。

然而到了10世纪中叶，阿拉伯银币基本枯竭。更糟的是，阿拉伯银币不但数量不足，连质量也大不如从前了。维京人刚开始和阿拉伯人做买卖的时候，迪拉姆硬币的含银量达90%。到了11世纪，迪拉姆硬币的含银量急剧下降到了5%。如果斯韦恩想拥有和父亲、祖父一样的政绩，他就必须重新寻找白银资源。不过对他来说幸运的是，有一个他非常了解的地方就可以给他供应白银。

当时英格兰已经从异教徒大军的摧毁中恢复了元气，令人瞩目。阿尔弗雷德大王去世之后，他的儿子和孙子都才智过人，巩固了自己的王国。没过多久，他们就迫使苏格兰人向自己臣服了。在这个过程中，阿尔弗雷德的后裔也不再只是威塞克斯国王了，而是成了英格兰国王。他们建立起了安定繁荣的王国，这一点我们从英格兰人给他们起的绰号上就可以略知一二了，比如埃德蒙一世就叫“公正者”埃德蒙，他的长子埃德维叫“无私者”埃德维，幼子埃德加叫“和平者”埃德加。

英格兰是当时西欧最繁荣的王国，远远超过摇摇欲坠的加洛林帝国。[*]经过阿尔弗雷德家族四代的统治，英格兰总算安定下来了，达到了盎格鲁-撒克逊统治的黄金时期。但不幸的是，现在维京王国开始在这里发掘财路了，英格兰的安定局面也面临崩溃。

“和平者”埃德加死后，留下了两个年幼的儿子，麻烦也随之而来。两兄弟中年龄较长的“殉教者”爱德华（Edward the Martyr）继承了王位，当时爱德华才13岁。但因为爱德华有可能是埃德加的私生子，所以北方的大部分地区都不接受他的统治。爱德华在位时间很短，统治期间动荡不安，在政治纷争中爱德华遭到了暗杀，后来他同父异母的弟弟，即当时年仅10岁的“决策无方者”埃塞尔雷德成了国王。[†]

从一开始就有人怀疑埃塞尔雷德的部下也参与了暗杀——虽然他们似乎并没有得到埃塞尔雷德的指示。爱德华遇刺后，他的尸体没有进入王室墓地，而是被草草掩埋了。显然，这兄弟二人都没有得到控制宫廷的实权，和大多数君主一样，他们只是被周围贪婪而野心勃勃的大臣所左右。国王无力控制朝廷，实权开始落到贵族的手中。

在英国历史上，“决策无方者”当属最不吉祥的绰号了。在盎格鲁-撒克逊语中，“ræd”这个词表示“咨询”或“建议”的意思，所以这位国王的名字“Athelred”就可以翻译为“尊贵的顾问”。“Unræd”或者“Unready”的意思就是“没有顾问”，可能暗指埃塞尔雷德没有从侍臣那里得到什么好的建议，而不是说他自身“没有做好

* 到了10世纪时，查理帝国分成了三个小王国——由“糊涂王”查理统治的西法兰克王国，由“童子”路易（Louis the Child）统治的东法兰克王国和由“瞎子”路易（Louis the Blind）统治的中法兰克王国。

† 爱德华在多塞特参观一座王宫时被人刺死。

准备”。这位国王的名字本身就是个双关语，意思是“没有顾问的尊贵顾问”。不过与这个名字的意思相反，后来埃塞尔雷德开始逐渐成为一位有实权的强势君主，他挣脱了周围权臣对自己的控制，将权力集中到了自己手中，他想要凡事都自己做主。

但不幸的是，正当埃塞尔雷德准备控制宫廷之时，维京人又来了。这是维京人第二次入侵了，和头一次一样，这次的入侵也是由挪威人发起的。991 年，热衷冒险的奥拉夫·特里格瓦松（Olaf Tryggvasson）* 带领一支由 90 多艘船组成的舰队来到了英格兰；英格兰无力抵抗维京人的进攻，这些入侵者便在埃塞克斯肆意抢掠。最终在 8 月的时候，一名叫作伯特诺思（Byrhtnoth）的英格兰大将率领一支盎格鲁-撒克逊军队前来对抗维京人，伯特诺思有着丰富的作战经验，他很骁勇，但他愚蠢地让维京人从岛屿取道登上了英格兰的国土。伯特诺思的大军很快就被击败了，许多人在惊慌中逃走，那些留下来继续作战的士兵都被屠杀了，一个活口不留。

这次的失败让埃塞尔雷德意识到自己的军队根本靠不住，取胜无望，所以他决定用金钱贿赂挪威人，以求苟安。这样一来就有大量白银从英格兰流失，从这流走的白银上我们可以看出当时的英格兰有多么富饶，也可以看出赔款求和的策略最终不会起什么作用。埃塞尔雷德给维京人赔付了重达 1 万磅的白银，但拿到白银之后，奥拉夫·特里格瓦松又来抢劫了，而且这一次来的不只是奥拉夫，还有即位不久的“八字胡”斯韦恩及他的部下。

---

* 奥拉夫·特里格瓦松是挪威第一位国王“金发王”哈拉尔的曾孙。

奥拉夫和斯韦恩抢劫了整个英格兰南部地区，占领了除伦敦以外的所有大城镇；因为他们在进攻伦敦时受到了非常激烈的抵抗，所以没能攻下伦敦。尽管埃塞尔雷德在伦敦一战中取得了胜利，但他还是要通过缴纳丹麦金来求和，埃塞尔雷德给这两名维京人总共支付了超过1.6万磅白银，好让他们从英格兰撤军。不过这次埃塞尔雷德向两名维京首领提了一个条件，要求他们接受洗礼改宗基督教。当他得知原来这两位早已受洗的时候，埃塞尔雷德感到惊愕不已，所以既定的受洗仪式就改成了确认他们是基督徒的仪式，埃塞尔雷德就此成了奥拉夫的教父。

这两位维京人终于心满意足了，之后便立即回国了。对奥拉夫来说，他之所以感到满意不是因为那场仪式，而是仪式之后他得到的重达几千磅的白银。奥拉夫一直想做挪威国王，现在他有了称王的财力。

“八字胡”斯韦恩一直在关注奥拉夫那边的情况。奥拉夫·特里格瓦松比“八字胡”斯韦恩稍微年长一些，两人是亲密的盟友，但对于同伴的崛起，斯韦恩却感到紧张不安。995年，奥拉夫最终取得了王位，997年，他开始着手在特隆赫姆（Trondheim）修建一座新的都城。奥拉夫的第一项建筑工程就是要建成一座教堂——挪威的第一座教堂。他把教堂作为自己的宣传工具，借此实现自己让所有挪威人改宗基督教的目标。

奥拉夫以其强权闻名于世，是一位非常有影响力的君王。奥拉夫不仅迫使那些不愿意改宗基督教的贵族最终接受了基督教，而且到公元1000年的时候，他已经让法罗群岛、奥克尼群岛及冰岛这些地处偏远的挪威属地也都接受了基督教。连格陵兰岛也开始改宗基督教。同年，已经改信基督教的莱夫·埃里克松离开了奥拉夫的王宫，开始了自己的发现之旅。

国内很多臣民都对奥拉夫·特里格瓦松很不满，但原因还不在于他强制推行基督教。几年前，“八字胡”斯韦恩把自己的妹妹嫁给了一位波罗的海地区的部落首领，但这桩婚姻并不美满，让斯韦恩愤怒的是他的妹妹最后离开波罗的海，逃到挪威去了。在挪威，奥拉夫·特里格瓦松不仅收留了他的妹妹，还把她娶为王后。这种结合在当时看来很不合规矩，所以“八字胡”斯韦恩从此更是把奥拉夫当成了不共戴天的敌人。

一直以来，“八字胡”斯韦恩都对他的这位老朋友严加提防。奥拉夫之所以能成功让人改宗基督教，很大程度上还要归功于他的“巨蟒舰”。* 战舰来回在海上巡航，奥拉夫的威名也因此得到远扬。众所周知，奥拉夫当时非常渴望扩大自己的疆域，曾试图娶孀居的瑞典女王为妻，但现在他似乎又想拉拢丹麦王室，借此建立自己在整个斯堪的纳维亚半岛的统治。

这引起了丹麦和瑞典的恐慌，两国便结为联盟，组建了一支由 70 艘战船组成的舰队；奥拉夫的舰队在丹麦和挪威之间航行时，丹麦-瑞典舰队对其进行了伏击。挪威那支只有 11 艘战船的舰队很快就战败了，只剩奥拉夫的巨蟒舰还在顽强抗争。最后当奥拉夫看到连自己最大的战舰也被击溃的时候，他纵身跳入了水中，为了让自己加快下

* 该战舰长 148 英尺有余，航行时需要 68 名桨手出力。

沉，不致落入敌人的手中，奥拉夫跳入水中的时候还紧紧抓着自己的武器。

“八字胡”斯韦恩在这场战争中取得了胜利，之后他和盟友们对挪威进行了划分，他自己控制了南部的大部分领土。现在，斯韦恩成了斯堪的纳维亚半岛实力最强的国王，重新控制了其父“蓝牙王”哈拉尔在位时的大部分领地。就在“八字胡”斯韦恩的事业如日中天的时候，“决策无方者”埃塞尔雷德犯下了自己统治生涯中的最大错误。

就在这些斯堪的纳维亚半岛的国王忙着征战的时候，埃塞尔雷德却在徒劳地试图阻止维京人的崛起。他用赔款的方式来向奥拉夫和斯韦恩求和，但这只会让这些维京国王继续向他敲诈勒索。在接下来的几年中，埃塞尔雷德先后又偿付了 10.8 万磅白银。* 但让埃塞尔雷德感到沮丧的是，他发现住在北部丹麦区的臣民要么包庇维京人的抢劫，要么与他们串通一气，怂恿他们在英格兰抢劫。这引起了埃塞尔雷德的疑虑，他认为丹麦人在密谋夺取他的生命。所以，在 1002 年 11 月 13 日，埃塞尔雷德下令屠杀英格兰境内的所有丹麦人。

这一天正好是圣布莱斯节，所以这次的大屠杀就被称为“圣布莱斯节大屠杀”。这是埃塞尔雷德做过的最愚蠢的事情之一。丹麦区的人的确可能还留有某些斯堪的纳维亚人的传统，但从埃德蒙统治时期开始，这些人就再三表示他们效忠英格兰国王。圣布莱斯节大屠杀导致

* 在斯堪的纳维亚半岛发现的盎格鲁－撒克逊人的货币总量是在英格兰发现总量的 6 倍，其中在瑞典首都斯德哥尔摩发现的最多。

几千人丧生[*]，“八字胡”斯韦恩的妹妹甘赫尔德（Gunnhild）也在其中。当时这位丹麦公主同她的丈夫（也是一位丹麦人）就定居在丹麦区。这次屠杀不仅让埃塞尔雷德在国内失了民心，还引起了当时权力正值巅峰的丹麦王的仇恨。

斯韦恩很快就来报仇了。1003 年，他挥师进入英格兰，朝着英格兰西部进军，但后来遭遇了当地居民的顽强抵抗和一场大饥荒，斯韦恩被迫撤军了，因为在食物短缺的情况下，出兵打仗很困难。后来斯韦恩又加大兵力侵略英格兰，不过这时他也受到了其他独立的维京部落的威胁。当时约姆斯海盗在首领“高个子”托基尔（Thorkell the Tall）的带领下抢劫坎特伯雷，获益颇丰。他们从埃塞尔雷德的王宫抢走了 4.8 万磅白银。本来战利品还远不止这些，因为他们还俘虏了坎特伯雷大主教，即当初为奥拉夫主持洗礼仪式的人。但这位主教意志坚定，他坚决不让自己教区的民众出钱赎回自己，这惹恼了那些维京人，最后他们将这位主教活活打死。[†]

到了 1013 年，“八字胡”斯韦恩已经做了充分的准备，他开始大规模入侵英格兰，他的目的不在于惩罚埃塞尔雷德，而在于彻底推翻他的统治。这位从一开始就霉运不断的英格兰国王这回陷入了众叛亲离的境地，虽为阿尔弗雷德大王的曾孙，最后他却狼狈地逃到诺曼底去了，把英格兰让给了维京人。12 月，伦敦投降。1013 年圣诞节那

* 2008 年，在牛津市的一处沟渠里发现了遇害者的部分遗物。

† 据说约姆斯海盗在一次失控的宴会上，用餐桌上的骨头将他活活打死，“高个子”托基尔对此感到厌恶，立即改变立场，此后便为埃塞尔雷德所用。

天，“八字胡”斯韦恩加冕为英格兰国王。

斯韦恩征服了英格兰，完成了连无比勇猛的“无骨者”伊瓦尔也未能办到的事情，但他在新的王座上没有待多长时间，几周以后就病倒了。次年2月，“八字胡”斯韦恩病逝。当时斯韦恩的儿子克努特还没有成年，他将父亲的遗体清洗干净，做了防腐处理，然后送回丹麦安葬。维京人征服英格兰的伟大梦想似乎才刚刚实现，但现在却已经濒临幻灭。

具有讽刺意味的是，到了那时，所谓的维京精神基本上已经消失，海盗时代也一去不复返了，然而最成功却最不得人心的海盗王才登上历史舞台。

第二十二章
北海大帝

Chapter 22
The Emperor of the North

此地安歇的是克努特大帝，平生立下丰功伟绩，故为万世敬仰。

——克努特大帝的墓志铭

“八字胡”斯韦恩本可拥有两顶王冠，但于他而言，这两顶王冠的意义却是不同的。他让自己最喜欢的儿子，即长子哈拉尔二世继承了丹麦国王的王位，次子克努特却被打发去管理尚未完全征服的英格兰，这可不是件值得羡慕的差事。但据说从克努特的长相来看，他的确很适合干这份差事。有关克努特大帝的最早记载中说他“身材魁梧，满头金发，眼睛明澈犀利”，但他铜红色的面庞上唯一的缺点就是鼻子长得不太好看，据说克努特的鼻子“瘦削并且呈鹰钩状”。

但对于克努特来说，不幸的是英格兰人很反对丹麦人的统治，只有丹麦区的人愿意承认他的统治者地位，国内其他民众根本不承认他。英格兰人可能对“八字胡”斯韦恩心怀畏惧，但他们并不认为自己应当继续效忠他的儿子。为显示将侵略者赶出去的决心，英格兰人派出了一个使团去迎接埃塞尔雷德回国。

过去长达35年的统治中，这位盎格鲁-撒克逊国王一点儿也不受民众的欢迎，最后落了个名誉扫地、狼狈不堪的境地，但在短短几个月内，他又东山再起了。从英格兰逃走后，埃塞尔雷德一直同妻子埃玛及他们的两个儿子住在诺曼底公爵“好人”理查的宫殿中，理查是埃塞尔雷德的内兄。然而英格兰人不是真的敞开怀抱欢迎埃塞尔雷德回国，在允许他回国之前，他们要埃塞尔雷德首先立誓不惩罚任何一个曾经支持过“八字胡”斯韦恩的人，还要保证以后他会听从大臣的建议，推行几项重要的改革。*

埃塞尔雷德答应了英格兰人的要求，之后他带着一支由诺曼人和英格兰雇佣兵组成的军队渡过了英吉利海峡。此前克努特已经采取了一定的措施：为保证英格兰贵族忠于自己，他先从他们当中扣押了一部分人作为人质。但因为准备不够充分，克努特的军队被打了个措手不及，最后他们临时倒戈了。克努特看到自己已经取胜无望了，所以就逃到南部沿海桑威奇地区（Sandwich）的战船上去了。克努特在桑威奇做了短暂停留，其间残杀了之前扣押的人质，把他们扔在沙滩上，等

* 这是历史上记载的第一份英格兰国王和臣民之间的协定，也是后来英国《大宪章》及其后的制宪史的鼻祖。

着之前背叛自己的那些人去收尸。

对于埃塞尔雷德来说，他还没动一兵一卒就轻而易举重新得到了英格兰王国，这让他感到万分欣喜，也洗去了多年以来他所受到的屈辱。但可悲的是，好景并不长，埃塞尔雷德回国还不到一年，他的儿子“刚勇者”埃德蒙就造反了。“刚勇者”埃德蒙在丹麦区建立了自己的政权，极力反对父亲控制丹麦区。

更糟糕的是克努特还没有放弃英格兰。当初遭到驱逐后，克努特径直逃到他哥哥的王宫中去了，哈拉尔二世非常热情地接待了自己的弟弟，还为他招募军队，让他再去征服英格兰。哈拉尔这样做与其说是出于兄弟情谊，还不如说是为了将这个潜在的竞争对手赶出自己的王国；但不管怎样，事实证明哈拉尔的做法起了作用。不到两年的时间，克努特就有了一支由200艘战船组成的舰队，还募集了上万名士兵。

埃塞尔雷德刚刚重获王权就遇到克努特的入侵，这次入侵给这位年迈体衰的国王造成了很大的损失。埃塞尔雷德并没有亲自参与抗敌作战，而是把保家卫国的重任交给了他的儿子“刚勇者”埃德蒙及妹夫“贪婪者”伊德里克·斯特雷奥纳（Eadric “the Grasper” Streona）。有了埃德蒙这样出色的领导者，英格兰人奋勇抗敌，在伦敦对敌人进行了有效的抵抗，埃德蒙也赢得了英格兰人的爱戴。最后，在几个月后埃塞尔雷德刚一去世，英格兰人便一致将埃德蒙选为新的国王，他便控制了这个仅剩部分领土的王国。

埃塞尔雷德在他生命的最后阶段，又蒙受了最后一次羞辱。他的妹夫伊德里克·斯特雷奥纳公然倒戈，背叛埃塞尔雷德去投奔克努特，从此伊德里克声名狼藉，为万世唾骂，成了英国历史上最臭名昭著的叛国贼。伊德里克叛变后，丹麦军队和他手下的英格兰军队联合起来，将埃德蒙逼到了威塞克斯，在那里发生了两场不分胜负的战役。*

最后克努特撤至麦西亚，但“刚勇者”埃德蒙的军队却尾随其后，克努特被迫撤到更远的地方。这次英格兰一方的胜利又让伊德里克·斯特雷奥纳这个两面派觉得他应当站在英格兰这一边，对于他的回归，埃德蒙表示非常欢迎，因为当时伊德里克手里掌握着大量兵力。此外，埃德蒙还需要募集更多的士兵，所以他率军出发并经过了埃塞克斯。就在埃德蒙的军队在旷野上行进时，克努特却突然发动了袭击。这场仗打得异常艰难和血腥，在最关键的时刻，伊德里克·斯特雷奥纳再一次背叛了他的同胞，把胜利拱手让给了丹麦人。

“刚勇者”埃德蒙在战争中受了伤，他手下的大部分贵族都牺牲了。埃德蒙带着残余的部队逃到了格洛斯特郡（Gloucestershire）的一个岛屿上，在这里同克努特签订了协约。协约规定：泰晤士河以北的英格兰北部属于丹麦人管辖，埃德蒙继续统治英格兰南部地区。此外还规定，两位君主之间先离世的那一位要把自己的土地让给另一位活着的君主，后者的后裔将统治整个英格兰王国。

这份协约其实相当于埃德蒙无条件地向克努特投降了，因为协约双

* 在第二场战争中，本来是埃德蒙一方占据着取胜的优势地位，但伊德里克·斯特雷奥纳却找到了一个与埃德蒙长得很相像的人，他砍下了这个人的首级，然后挥着血淋淋的头颅大声喊道：“‘刚勇者’已经死了！”幸亏埃德蒙还在毫发无损地英勇杀敌，否则英格兰的军队肯定会陷入恐慌，最后溃不成军。

方当时都可以看出身负重伤的“刚勇者”埃德蒙可能不会活多久了，而克努特却正值盛年，精力旺盛。事实上，这份协约可能只是为了在形式上对埃德蒙保家卫国的英勇行为表示认可，用一种非常巧妙的手段保证这位英格兰统治者绝不会蒙受被赶出去的羞辱。

无论如何，没等多长时间克努特就尝到了胜利的果实。埃德蒙没过多久就去世了。1017 年 1 月 6 日，克努特加冕成为统治英格兰的第一位维京国王。当初阿尔弗雷德大败维京人，但距那次胜利还不到 100 年的时间，他的后裔就把整个英格兰都让给丹麦人了。

如果说历史教会了克努特什么东西的话，那就是维京人要坐稳英格兰国王的宝座可不是件容易的事。克努特之前就已经经历过一次失败的加冕礼了，因为英格兰人宁可让他们最不看好的本国君主来统治自己，也不愿让一位外邦的君主来统治。这一次克努特觉得情况也不会好到哪儿去，加冕后他就开始加强自己对英格兰的控制。

克努特非常残酷地打压了一切潜在的威胁：他处死了“刚勇者”埃德蒙的弟弟和当初支持埃德蒙的很多伯爵；考虑到伊德里克·斯特雷奥纳曾先后背叛过埃塞尔雷德和埃德蒙，克努特也把他处死了，并把他的头颅悬挂在伦敦桥上。* 但并不是所有当初效忠埃德蒙的人都遭到了杀戮，其中最典型的就是戈德温的例子。戈德温有丹麦人的血统，他曾经对埃德蒙忠心耿耿，因此在他前来投奔时克努特很怀疑他。当时克努特问他为什么要信任一个不久前还是他的劲敌的人，戈德温回

---

* 英国有记载称当时克努特与伊德里克斗棋，如果伊德里克输了就会被处死。下棋之前克努特就已经向伊德里克暗示如果他输了就将被处死，但反常的是伊德里克这次却下定决心走这步险棋。

答说他曾经坚定地效忠自己的国王就是最好的证明，因此克努特不应该怀疑他。他还说，克努特应当提防的是那些在战争期间立场不坚定的人，当初眼看埃德蒙注定要落败，他自己却还忠心耿耿地跟着埃德蒙。戈德温反问克努特他的英格兰盟友们能做到这一点吗？这番话给克努特留下了非常深刻的印象，他封戈德温为首位威塞克斯伯爵，还把他妻子的妹妹嫁给了戈德温。此前戈德温只是个无足轻重的贵族，现在却成了英格兰最有权势的伯爵。

为了加强自己统治的正统性，克努特与之前的英格兰王室联姻。埃塞尔雷德的遗孀埃玛是诺曼人，不管从身份还是年龄上来说，她都是最佳人选。为了重获王室的权力，埃玛宁愿抛弃自己的两个儿子。此前克努特已经娶过一名英格兰女子，即北安普敦的艾尔夫吉福（Aelfgifu of Northampton），现在他巧妙地把这个事实隐瞒了。艾尔夫吉福就这样静静地退出了，埃玛和克努特成婚了。这桩婚姻非常成功，没过多久埃玛就为丈夫生下了一个男婴，取名为哈德克努特（Harthacnut）。克努特和前妻已经有两个儿子了——斯韦恩（Swein）和“兔足王”哈罗德（Harald Harefoot），因此不怕王位后继无人。

截至这个时候，克努特已经击溃了所有反对势力，所以他解散了自己的军队，只留了40艘战船，船上的士兵就是他所有的常备军了。为了给那些老兵支付酬劳，克努特需要募集总量达7.2万磅的一大笔白银，这个数目是埃塞尔雷德统治时期支付的所有赔款的一半。能否筹得这笔白银可以体现克努特对英格兰的控制是否有效，也可以体现英格兰的财力是否充足，最后克努特做到了。但具有讽刺意味的是，克努特正是利用当初埃塞尔雷德建立的征收丹麦金的体系来筹集资金的。他派出一些官员向英格兰人最后一次收取丹麦金，然后将这些资金支付给曾经征服过他们的军队。但克努特刚解散了自己的军队，丹麦国王哈拉尔二世就去世了。

克努特手中只有少量的英格兰军队可供调遣，他又募集了一些维京雇佣兵，然后出征丹麦去争夺王位。这次战争很有讽刺意味，经过了 200 多年的屈辱后，现在局势终于逆转，轮到英格兰军队去征服丹麦了。在戈德温伯爵和其他几位英格兰贵族的陪同下，克努特出征丹麦，他的军队长驱直入，扫除了途中所有的抵抗，直捣丹麦首都耶灵。* 这场战役为接下来长达 10 年的征服拉开了序幕，这在维京历史上是前所未有的。战争结束后不到一年的时间，丹麦人就承认克努特为自己的国王，把他视为斯堪的纳维亚半岛的领导人物。

瑞典和挪威都在试图阻止克努特的崛起，但当时这两个国家的实力都相对较弱。1026 年海尔加战役（Battle of the Helgeå）爆发，克努特的长船舰队击败了瑞典和挪威的联合海军，克努特控制了挪威和瑞典的部分地区。

克努特回到英格兰后，有三位苏格兰国王（包括莎士比亚笔下的麦克白）和一位统治都柏林的维京代表来向他称臣。早在 1014 年，爱尔兰爆发克朗塔夫战役时，克努特已经做好准备要入侵英格兰了。现在统治爱尔兰的维京人势力败落，这让克努特正好有机会去控制爱尔兰，并主导他们之间的贸易往来。

---

* 在这次战争中，戈德温伯爵立下了汗马功劳，他领导了一次夜袭，成功偷袭了敌人的一支军队。

现在克努特的势力异常庞大，这是8世纪时从斯堪的纳维亚出来的那些海盗所无法想象的。克努特现在统治着广袤的北部帝国，他的疆域东起波罗的海，西抵爱尔兰海域，北及斯堪的纳维亚半岛，南达奥克尼群岛、设得兰群岛及马恩岛。克努特成了最伟大的海盗王，统治着历史上空前强大的北海帝国。

然而，克努特并不仅仅想做一名征服者，他的目标是要把这些分裂的属地联合在一起，形成一个统一的国家。克努特命人在斯堪的纳维亚半岛根据英格兰银币铸造钱币，这样商人无论是在哥本哈根还是在伦敦做生意时都能使用同样的货币。此外，克努特还仿照君士坦丁堡统一度量衡，希望通过这种方式将他的领土与更加广袤的欧洲市场连为一体。*

1027年，罗马教皇亲自邀请克努特出席罗马皇帝康拉德二世（Conrad Ⅱ）的加冕礼，这进一步确认了克努特作为欧洲重要君主的地位。克努特当时以朝圣者的身份前去访问罗马，到那里之后他同罗马帝国成功建立了外交关系。罗马皇帝康拉德二世与克努特年纪相仿，一见如故。加冕仪式上两人并肩前行，然后并排而坐。长久以来，德意志统治下的石勒苏益格一直是丹麦和德意志之间冲突的根源，石勒苏益格地处要冲，是连接德意志帝国和丹麦的陆上通道。现在为了表示对这位新结识的兄弟君主的喜爱，康拉德将石勒苏益格送给了克努特，而克努特则把自己的女儿甘赫尔德许配给了康拉德的儿子。

加冕礼本身也给克努特留下了难以磨灭的印象，一回到英格兰，

---

* 实际上，克努特创造出了维京版的欧元体系及欧洲共同市场。

克努特就给自己定做了一顶王冠，之后便励精图治。他统治英格兰有20年之久，其间政治清明，政绩卓越。1035年克努特逝世后，英格兰人民举国哀悼。克努特的遗体被送回温切斯特，安葬在当地一座大教堂的地下室里。

克努特可以算得上英国历史上最伟大的君主之一了，但实际上，人们对他却并不了解，原因之一就是他死后没多久，他创造的一切功绩就崩塌了。克努特逝世后不到10年的时间，他的后裔就全部死去了，当初的帝国也化为泡影。英格兰再次被本土王朝所统治，丹麦也被一个挪威国王给征服了。

克努特是夹在基督教和异教两个世界之间的人，他是基督徒，不能得到异教徒诗人的颂扬。同时他又是异教徒，不能被基督教奉为英雄。从很多方面来说，这位伟大的维京海盗王并不是一个真正的海盗，他为了建立自己公正有序的统治而煞费苦心，曾先后两次去罗马朝圣，还利用自己的影响力让罗马给自己的子民免除关税。与自己那些抢掠成性、专门破坏教堂的海盗祖先相反，克努特出资建过很多教堂，还为国内的很多教堂捐赠过无数珍贵的圣餐杯、十字架及经书抄本。

克努特一生中最伟大的地方不在于他作战时有多么英勇，也不在于他分发战利品时有多么慷慨，而在于他能坐在国王的宝座上叱咤风云、指挥千军。对于唯克努特马首是瞻的手下来说，克努特不是妄自尊大的人，他让他们明白了即使是万人之上的君王到头来也不过归于幻灭，只有真正神圣的人才值得崇拜。

虽然克努特一生中做过很多虔诚的事情，像捐赠财物、免除税款及修建教堂等，但他还是没能撼动维京人的异教徒名声。* 有一次克努特给法国的一座大教堂捐赠了财物，这让这座教堂的主教感到很震惊，他当时写道："我听说克努特是位野蛮的异教徒君主。"那些残忍的血战和他那不太光彩的婚史都让民众感到恐惧，也没人敢写下克努特的生平。尽管他的英格兰子民对他心怀敬畏，但他们却从未将克努特当成自己人。

我们很难说清楚克努特在英国历史上所处的地位，但当时维京人的世界经历了巨大的改变，这体现了克努特统治的意义所在。对于维京人来说，之前热衷冒险的年轻人四处劫掠修道院、到处开拓新的大洋、归来之后就变成海盗王的日子一去不复返了。虽然那个时代耶稣还没有完全征服主神奥丁，但那些海盗大多已改行做商人了，当初的吟游诗人也变成了教士；维京人当初擅长造船，彼时转而去修建宏伟的木制教堂。整个北欧地区的传教活动也活跃了起来。†

克努特统治时期，维京人在政治方面也发生了深刻的变化。自古以来维京人都不受任何人的统治，这是他们引以为豪的地方。但那时，同样是当初自豪地告诉法国大使说他们不认可任何君王的维京人，却老老实实地在向君主纳税，在国王的军队中服役。随着君主权力的巩固，昔日维京人热衷开拓的精神逐渐消失了。文兰被遗弃了，维京人

* 克努特习惯在一些发生过大战的地方建立教堂或小礼拜堂，以纪念那些在战争中牺牲的士兵。

† 斯堪的纳维亚半岛上每个国家的国旗都有十字交叉的图案，这证明斯堪的纳维亚半岛人已经彻底改宗基督教了。

同格陵兰岛之间也逐渐失去联系，斯堪的纳维亚人逐渐放松了对海洋的控制。* 只有挪威西部地区还没有完全改变，在那里还残留着一丝古老的维京精神。

* 对于那时的斯堪的纳维亚人来说，出海对他们而言已经没有吸引力了；此外，斯堪的纳维亚半岛没有足够的人口来维持他们的海上霸权。14 世纪，德意志汉萨同盟的商船洗劫了哥本哈根，此后该同盟在斯堪的纳维亚半岛的大多数地方实行了贸易垄断。

第二十三章

一个时代的落幕

Chapter 23

The End of an Age

强大的哈拉尔败落了，我们都陷入了困境……

——《哈拉尔国王萨迦》

圣奥拉夫和“无情者”哈拉尔是同母异父的兄弟，这兄弟俩的家族很好地映射出了当时风云变幻的维京世界。奥拉夫和哈拉尔的母亲是位非常了不起的女性，她叫阿斯塔·古德布兰达戴（Åsta Gudbrandsdatter），曾先后嫁给了两个国王，他们分别统治着挪威东南部地区的两个小王国。

两兄弟中，奥拉夫的出身相对高贵，他的父亲是挪威第一位国王“金发王”哈拉尔的后裔。“无情者”哈拉尔是阿斯塔的小儿子，是她嫁给性格温和、没什么实权的“母猪”西格德（Sigurd the Sow）之后所生的。哈拉尔性格狂傲不羁，野心勃勃——这是他从母亲那里遗传来的，但他很敬重自己的兄长。*

13岁时，奥拉夫就离开家去波罗的海劫掠，事实证明他是个非常有天分的军人。1014年，奥拉夫率军突袭伦敦，这次的袭击动摇了克努特早期的统治，也使得克努特仓皇出逃。†奥拉夫还横渡英吉利海峡，在诺曼底公爵“好人”理查的宫殿中度过了冬天，他在诺曼底时就改宗基督教了。当时他的受洗仪式在鲁昂举行，理查公爵作为教父为他施洗。

改宗基督教后，奥拉夫就回到了家乡，他打算用基督教这种新的信仰来实现挪威的统一，就如同他的祖先“金发王”哈拉尔在政治上将挪威统一起来一样。刚开始一切都进展得很顺利，奥拉夫击溃了联合反对他的敌军，不到一年的时间他就建立了自己在挪威的统治，他统治下的疆域比之前任何一位挪威国王在位时的疆域都要辽阔。奥拉夫控制了奥克尼群岛，将丹麦人赶出了挪威，然后娶了瑞典国王的一个私生女为妻。同时他还建立了一套行之有效的行政网络，通过这套体系可以实现对全国的有效管理。

然而，奥拉夫并不怎么受人欢迎。虽然他足智多谋，是一位很有成就的诗人，也是一名富有天分的战略家，但他很看重自己的权威，有

* 后来哈拉尔扬言自己的父亲也是“金发王”哈拉尔的后裔，但很可能这种说法纯属子虚乌有，是他为了争夺王位才这么编造的。

† 在这次袭击中，奥拉夫将自己的士兵同伦敦大桥上的绳索绑在一起，然后让士兵乘着船逆流而上，最后将整座大桥都拉倒了。这个故事没有什么现实的可能性，但据说童谣《伦敦桥要倒了》的起源与这个故事紧密相关。

时候还有些骄傲自大。国内的贵族在奥拉夫这儿从来都得不到重用，所以奥拉夫和这群贵族之间的关系一直都很不好。奥拉夫还试图让国内的农民都改宗基督教，这引起了他们的强烈不满。一次，有个人拒绝改宗基督教，奥拉夫便割下了他的舌头。还有一次遇到一个比较难对付的贵族，奥拉夫最后将他的眼睛弄瞎了。奥拉夫这样做到底是不是出于对基督教的虔诚信仰？这很值得怀疑。《奥拉夫·哈拉尔德松萨迦》中写道：奥拉夫“寡言少语……却无比贪财”。民众对奥拉夫的统治很不满，现在只需一根导火索，这种不满就会变成反叛。

最后克努特提供了这样的一条导火索，因为奥拉夫的成功削弱了丹麦在挪威的影响力，所以克努特对奥拉夫很不满。1028 年，克努特出钱煽动那些对奥拉夫心怀不满的人发动叛乱，最终推翻了奥拉夫的统治。

之后奥拉夫逃到了他的连襟基辅大公“智者”雅罗斯拉夫（Jaroslav the Wise）的宫廷中，花了一年时间招募了一批雇佣兵。1030 年奥拉夫准备重夺王位，他的部下是一群维京士兵，有的来自丹麦，有的来自瑞典或挪威。奥拉夫率军穿过瑞典，当时他 15 岁的弟弟“无情者”哈拉尔带着 600 多人在那里接应他。

如果奥拉夫以为他的旧部会欢迎他回来的话，或者至少会为他的兵力所震慑，那他就要失望了。6 月 29 日，奥拉夫试图从北部一个叫斯蒂克莱斯塔的农场进入挪威，但国内的农民和贵族却联合起来挡住了他的去路。

就在这里发生了挪威历史上最有名的“斯蒂克莱斯塔战役”——至

少在斯诺里令人热血沸腾的记载中是这样的，当时正值日食，天地间一片漆黑。奥拉夫的军队奋勇作战，但在数量上远不及对手。奥拉夫在战事最激烈的中心地带领导部下作战，膝部被敌人射中，跌跌撞撞往回逃的过程中，颈部又被射中一箭。中箭之后奥拉夫倒在了一块石头上，这时又一支箭射中了他的腹部，这最后一箭终于要了他的命。

奥拉夫一死，他的部下溃不成军，四处逃窜。战斗中取胜的挪威贵族继续追杀这些逃兵，直到夕阳下沉，他们才停止。奥拉夫的尸体就被埋在附近一条河流的岸边，那些逃走的部下之后便隐姓埋名转行去干别的营生了。

奥拉夫死后，他战败的影响才开始显现。在外族的统治下，挪威开始日渐衰落，挪威人也才开始想要恢复本土国王的统治。奥拉夫死去差不多一年后，挪威人把他的尸体掘了出来，令人难以置信的是他的尸体居然保存完好。奥拉夫死的时候正值天黑，这同耶稣被钉死在十字架上的时间是一样的，所以人们认为奥拉夫的死带有某些幸运的征兆，认为他是神圣的，同年罗马教皇同意追认他为圣徒。* 人们在原先埋葬奥拉夫的地方建起了一座规模宏大的教堂，这座教堂的祭坛中央镶嵌的是奥拉夫临死时所躺的那块石头。

死后的奥拉夫比生前的他还要强大，奥拉夫成了穷苦人民的捍卫者，成了商人和水手的守护神，同时他在基督教中还有着举足轻重的地位。那些有关他的不大光彩的细节都被遗忘了，比如说在斯蒂克莱

* 当时追认圣徒是地方教堂的事情，但因为奥拉夫是为守护基督教战死在黑暗中的，所以得到了罗马教皇的重视。

斯塔战役中奥拉夫勾结的部下大多属于外邦异教徒，最后他死于挪威人自己的手中；奥拉夫有的时候挑拨离间，引起不和，还贪图钱财和美色。当初遭到人民反对的君主现在却成了挪威的万世之王，成了这个国家的守护神和国家标志。

奥拉夫同母异父的弟弟“无情者”哈拉尔却成了与兄长完全不同的人，“无情者”哈拉尔体形魁梧——据说有 7 英尺半高，性格强悍。和母亲一样，哈拉尔从小就野心勃勃，聪明狡猾——在斯蒂克莱斯塔战役中他就充分展现了自己的这两个性格特征：当时 15 岁的哈拉尔作战很英勇，后来不小心受了重伤，就爬到了一条壕沟里，用别人的尸体将自己掩藏起来，等天黑了才逃跑。

哈拉尔逃到了挪威东部一个非常偏远的农场里，在那里养好伤之后才离开。他还活着的消息已经传开了。为了逃生，伤势一好，哈拉尔便赶紧朝东逃窜，投奔到“智者”雅罗斯拉夫的宫廷中去了，雅罗斯拉夫很欢迎他。虽然逃跑的路途异常艰险，哈拉尔基本上没有什么希望恢复自己在挪威的地位，但他仍然很有信心。在逃亡的路上，哈拉尔作了一首诗以怀念过去、称颂未来，诗中写道：“我赶着马儿匆匆前行，伤口流着鲜血；我独自匍匐，穿过无尽的山林；贵族们疯狂屠杀着负伤的人。我想，终有一日他们能找到正统的领主，到那时我的大名也将远扬故土。”

接下来哈拉尔在基辅待了 7 年，其间他一直为基辅大公卖命。雅罗斯拉夫当时非常需要一名富有经验的指挥官，追随哈拉尔的那 500 名维京士兵也需要一名首领，所以哈拉尔就成了一名受人敬重的军队首领，先后成功领导了几次罗斯人对邻国的进攻，包括攻打波兰和其他几个游牧部落。哈拉尔想进一步提高自己在基辅的地位，所以他请求雅罗斯拉夫把女儿嫁给他，但被雅罗斯拉夫一口回绝。虽然哈拉尔在基辅抗敌的过程赢得了几次胜利，但他的声望还不够高，还不够资格高攀基辅大公的女儿。

如果哈拉尔想要提高自己的声望并进一步实现自己的野心，他只能去一个地方。所以3年后，哈拉尔就带着士兵涉过第聂伯河的激流险滩，去往君士坦丁堡。

维京人称君士坦丁堡为"伟大的城市"。1034年哈拉尔来这儿的时候，君士坦丁堡空前繁荣，可谓一座名副其实的"伟大的城市"。当时君士坦丁堡刚刚经历了一场空前的盛典，即为新皇帝米海尔四世（Michael Ⅳ）举行加冕仪式。哈拉尔带领500名维京士兵加入了瓦兰吉卫队，当时君士坦丁堡正流传着这样的谣言，说有人在谋划新的军事政变，因此瓦兰吉卫队正好又多了500兵力，这对米海尔四世来说是个意外之喜。

就算这两个人曾经碰面，这位皇帝可能也不大会记得哈拉尔。米海尔四世是农民出身，来自黑海南部海岸，在加冕为皇帝之前他是名钱币兑换商，生意做得风生水起，据说他还在铸造假币方面颇有天分。米海尔能登上皇帝的宝座，完全是因为他的英俊长相及他的哥哥的帮助。当时他的哥哥是一名非常有权势的宦官，君士坦丁堡的佐伊女皇（Empress Zoë）守寡之后，米海尔的哥哥便把他介绍给了这位女皇。佐伊女皇疯狂地爱上了米海尔，尽管她比他大30岁，但还是嫁给了他，并把他推上皇位。但作为回报，米海尔登上皇位后却立即把佐伊限制在了后宫之中，不许她干政。

尽管农民出身的米海尔有些忘恩负义，但他却是一名很有才干的统治者。在他的统治下，帝国的经济有所振兴。但不幸的是米海尔身患癫痫，所以没法领着军队驰骋疆场。这是个很严重的问题，因为当时拜占庭帝国正面临着重重威胁：在巴尔干半岛，塞尔维亚人脱离了帝国的控制；希腊北部遭到抢劫；在小亚细亚，阿拉伯人洗劫了几座重要城市。所以米海尔急需一名能担此重任的军事人才去镇压这些流血动乱，而对于米海尔来说，哈拉尔的到来真是天赐良机。

事实证明，在君士坦丁堡的日子是哈拉尔一生中最成功的时光，他发现米海尔需要自己，米海尔手里有着自己想要的财富。但有一个小小的麻烦，那就是哈拉尔的身份是贵族，拜占庭人很反对斯堪的纳维亚半岛的王室加入瓦兰吉卫队，不过要隐藏哈拉尔的身份倒是一点儿也不难，因为米海尔并不是个爱挑剔的人。

对被看成是最后一批维京人的哈拉尔来说，他的第一次海上作战非常成功。拜占庭海军的任务是清除地中海东部的阿拉伯海盗，因此哈拉尔在他的长船上成功领导了多次出击。后来他又被派到小亚细亚，将阿拉伯人从拜占庭的领土上赶出去。

在这些战役中，哈拉尔表现得很英勇，瓦兰吉卫队的大多数成员都愿意效忠他，没过多久哈拉尔就被任命为卫队首领了。哈拉尔的战旗是一面名为“拓疆者”的乌鸦旗，在作战时，这面旗帜就飘扬在战事最紧的战场中央。

在帝国服役期间，哈拉尔的脚步几乎遍及中世纪的各个国家，他的“拓疆旗”飘扬在拜占庭帝国的每个角落，有时候还飘扬在帝国之外的土地上。在短短5年的时间里，哈拉尔一路征战，从叙利亚一直打到了高加索。他镇压了保加利亚人的叛乱*，抢劫了北非和希腊的基克拉泽斯群岛，还随着一个代表团到过耶路撒冷，并在约旦河沐浴。据说在一次有名的劫掠中，哈拉尔占领了阿拉伯人的80个要塞，一路抢到了幼发拉底河。

哈拉尔的胜利引起了米海尔的关注，为了赏赐他，米海尔将他封为贵族，还为他铸造了一套钱币。同年，米海尔四世发动了他平生最具野心的一场战争，即入侵西西里岛，米海尔希望通过入侵将这里的阿拉伯人驱逐出去，重新夺回帝国对西西里岛的控制。米海尔还派出拜占庭的大将，即身材魁梧的乔治·曼尼亚克斯（George Maniaces）†指挥作战，这样一来这场战争便可谓万无一失了。除了瓦兰吉卫队外，曼尼亚克斯还集结了一批雇佣兵，当中包括以“铁臂”威廉（William Iron-Arm）为首的一批诺曼人。‡

即使在这么庞大的军队中，“无情者”哈拉尔还是很快就脱颖而出了。在战斗中，乔治·曼尼亚克斯让瓦兰吉卫队做先锋，指挥他们直

---

* 因为哈拉尔对保加利亚反叛者的血腥镇压，人们给他起了“保加利亚焚烧者”这个外号。

† 从体形上来说，与那位个子矮小的皇帝相比，哈拉尔对身材魁梧的乔治表现得更为尊重一些。据希腊史书记载，乔治·曼尼亚克斯长得“既不温和也不讨人喜欢，他的外貌总让人联想到暴风雨……他的双手似乎能撕破城墙，也能捣碎坚固的铜质大门”。

‡ 在战斗中，威廉独自击败了锡拉库萨的埃米尔，因此声名远播。威廉的兄弟当中，有一个叫罗贝尔·吉斯卡尔，他后来领军进攻过君士坦丁堡；还有一个叫罗杰，后来征服了西西里岛，建立了一个强大的诺曼王国。

捣敌方阵营的中心。为瓦解西西里岛上阿拉伯人的斗志，乔治还打发瓦兰吉卫队进行了几次抢劫。这样一来，哈拉尔就有机会了，他凭着武力和计谋占领了好几座城市。有一次，哈拉尔率军包围了一座防守非常坚固的城镇，他意识到自己的部下是不可能攻进城镇的，但当时他注意到有几只鸟正在茅屋的屋檐下筑巢，每天清晨那些鸟儿就会飞出来，到野外找食物，一到傍晚它们又会飞回自己的巢穴。哈拉尔决定套用奥尔加当初拿下伊科罗斯坚的方式来攻下这座城镇，于是他命部下去捕鸟。当时镇上的人看到很多维京人在到处捕鸟，他们或许还觉得哈拉尔这样做有些可笑。

但很快他们的笑声就被随之而来的恐惧淹没了。哈拉尔将蘸过蜡汁的木刨花绑在鸟雀的背上，然后用火将刨花点燃。这些受到惊吓的鸟雀被放飞后，就径直朝着巢穴飞去了，结果是城镇上几乎每一栋建筑都着火了。

虽然哈拉尔在战争中表现得很出色，但入侵西西里这一战并没有成功。乔治先是在营地中同诺曼雇佣兵发生了争执，因此诺曼人对他心怀不满；后来脾气暴躁的乔治又动手打了一名无能的指挥官一个耳光——那人恰好是皇帝的妹夫。所以米海尔四世将乔治从战场上召了回去，乔治就此失宠，这场战争也以失败告终。

这场战争的惨败与“无情者”哈拉尔没有任何关系，但哈拉尔的戎马生涯却因此终结了。米海尔四世的癫痫症越来越严重，哈拉尔从西西里回来的时候发现这位皇帝将不久于人世。米海尔因为生病身体浮肿得很厉害，他一直都在找可以治愈自己的灵丹妙药或者妙手神医，直至 1041 年 12 月去世。米海尔的妻子再三请求他准许自己来见他，但米海尔都拒绝了，他把佐伊关在冷宫之中不许她出来，还迫使她同意让自己的侄子即后来的米海尔五世做皇位继承人。

在这位新皇帝面前，哈拉尔不受待见，他自己的贪欲从一开始就让他惹祸上身了。哈拉尔曾两次被捕，不过关于这两次被捕的记录都不大可信。第一次被捕后，米海尔五世下令："因为他玷污了贞洁的女人，把他和狮子关到一起。"作为一位名副其实的维京英雄，哈拉尔徒手打死了眼前那头雄狮，看守他的士兵看到后惊愕不已，把他放出来了。但第二次被捕后情况就麻烦多了，哈拉尔被控私藏了大量战利品，超过了他应得的数量，这则罪行在当时来说是相当严重的，而且按照哈拉尔的品性来说，他也极可能有这类行径。*

不过对于哈拉尔来说幸运的是，米海尔五世没有什么实权，上台 4 个月之后就发生了一场血腥的政变，他的统治也被推翻了。在政变中，哈拉尔趁乱从监狱里逃了出来。之后他自己也参与到政变中，据说哈拉尔为了报仇，把这位皇帝的眼睛弄瞎了。

截至这个时候，哈拉尔已经在拜占庭待够了，他的声名也早已远扬在外，于是他回到基辅去娶亲了。† 在过去 10 年中，哈拉尔把自己得到的战利品全部送回基辅，让基辅大公雅罗斯拉夫代为保管，现在他回

* 据后来北欧萨迦的记载，哈拉尔第二次之所以被捕，真正的原因在于当时已经 65 岁的佐伊女皇爱上了他，但哈拉尔却拒绝了佐伊，于是这位女皇把他投进了监狱。

† 据维京人的记载，当时拜占庭帝国的海港处绑着非常粗重的锁链，哈拉尔在穿过海港时先让船员都坐在船尾，等船首压到锁链上后，哈拉尔又命船员迅速冲到船首，这样船只就能从锁链上翻过去了。

来了，这些战利品当然都归他所有。这一次基辅大公答应把自己的女儿嫁给哈拉尔了，这再一次有力地证明哈拉尔的身份的确变高贵了。雅罗斯拉夫的其他几个女儿分别嫁给了法国国王和匈牙利国王，他的儿子后来迎娶了拜占庭帝国的公主。

雅罗斯拉夫之所以愿意接受哈拉尔，部分原因还在于哈拉尔拥有大量的财富。在东方抢劫时，哈拉尔得到的战利品多到压沉了他的长船。据维京人记载，哈拉尔的财富同他的军事才能一样具有传奇色彩，他们写道："没有人独自拥有过如此多的钱财。"* 雅罗斯拉夫同意把自己的女儿嫁给哈拉尔，这既是对他军事才能的认可，也是对他远扬北欧的声誉的认可。那时哈拉尔的地位同当时大多数尊贵的君主相当，他缺的只是一顶王冠而已。

为了弥补没有王冠的缺憾，哈拉尔便带着新婚的妻子去了挪威，当时他的侄子马格努斯已经登上王位。和维京人的典型做法一样，哈拉尔向侄子说明了自己的身份，并要求马格努斯把一半的国家财产和领土分给他。遭到马格努斯的拒绝后，哈拉尔便欣喜地展开了他的拓疆旗，开始争夺权力。†

为阻止哈拉尔夺权，马格努斯想尽了一切办法，有一次他还派人

* 哈拉尔的钱财给丹麦国王斯韦恩二世也留下了深刻的印象，尤其是哈拉尔带回来的一种钱币——米海尔五世时拜占庭帝国通行的货币（现在非常少见），为丹麦王提供了铸造钱币的模板，当时丹麦王发行的一套银币与拜占庭帝国的钱币非常相似。

† 有记载称这面拓疆旗正是这次挪威发生内战的根本原因。据说丹麦王斯韦恩二世问哈拉尔什么是他最珍贵的财产，哈拉尔回答说是拓疆旗，因为他只要带着自己的拓疆旗，打仗时就绝不会输。斯韦恩二世对此很怀疑，他随口说如果哈拉尔能攻打马格努斯这样真正有实力的敌人并一连三次取胜的话，他才会相信哈拉尔之前的胜利不是侥幸。

趁哈拉尔睡觉时去暗杀他。为了防止遭到暗杀，哈拉尔睡觉时会在床上放一块木头，他自己却睡在地上，这样一来前来暗杀他的人就只能砍到床上的毯子而已。好在两年之后内战就结束了，当时马格努斯突然去世了，因为他没有留下任何子嗣，所以就慷慨地把王位留给了哈拉尔。*

长达19年的统治生涯中，哈拉尔赢得了“无情者”的称号，并以此闻名于后世。在拜占庭的那段时间中，哈拉尔得到的不只是财富——他从拜占庭学到了什么才是真正的独裁统治，哈拉尔打算把这套统治模式引进挪威。当初哈拉尔同母异父的哥哥奥拉夫就因为贵族的反叛而丢了王位，现在哈拉尔可不打算轻饶他们。在那些顽固的贵族当中，有好几个被迫去“亲吻锋利的斧刃”，哈拉尔的确是说到做到，绝不手软。对于胆敢违抗他的命令或者对执行他的命令有所迟疑的人，哈拉尔的惩罚方式是抢劫或破坏他们的领地。哈拉尔洗劫了当时重要的贸易中心海泽比，商人们感到无比恐惧，开始将哈拉尔称作“北海霹雳”。

哈拉尔是一位无情的君王，但他在统治期间带来的并非尽是破坏。拜占庭帝国让哈拉尔看到了独裁统治的好处，也让他认识到了王室资助及慷慨解囊的积极影响。冰岛遇上严重的饥荒后，哈拉尔派出船只去冰岛赈灾，船上满载救急的食物，这次的救援让哈拉尔短期之

* 马格努斯以“善良王”闻名，他在一张牛皮纸上写下了挪威的法律；因为这张牛皮纸是灰色的，所以这部法典被称为“灰雁律法”。“灰雁律法”中有很多值得借鉴的内容，律法涉及度量衡及如何治病济贫等内容。后来该律法通过汉萨同盟流传至欧洲其他地方，欧洲大多数国家在这部律法的基础上制定了海洋法。

内受到了民众的欢迎，并得到了诗人的敬仰和称颂。不过，对哈拉尔而言，慈善与心慈手软不能混为一谈。在他给冰岛提供救援的那一年，哈拉尔还血腥镇压了挪威高地发生的叛乱。1050 年，为显示自己的权力，威慑南部的国家，哈拉尔在奥斯陆峡湾的入口位置建起了一座新城。*

但具有讽刺意味的是，哈拉尔的大部分个人活动都与修建教堂有关。虽然哈拉尔对基督教的了解并不深刻，他的妻子却是一名虔诚的东正教徒，她随丈夫来挪威时就带着一批神父和传教士。哈拉尔很支持妻子的传教活动，这个曾靠抢劫教堂发家的人现在却成了教会的赞助者。

哈拉尔的势力不断扩张，但他对冒险的热衷却从未改变。通常情况下哈拉尔是通过战争的形式进行探险的，不过有时候他会将探险和发现之旅结合起来。在 20 多年的时间里，哈拉尔控制了奥克尼群岛、赫布里底群岛及设得兰群岛。哈拉尔还至少有一次尝试远航至更遥远的西方。哈拉尔逝世多年后，冰岛的吟游诗人仍在称颂他“曾横跨北部的海洋，抵达日益衰败的维京世界的边缘”。

哈拉尔具体在什么时间巡游了北部的海洋，我们不得而知，因为他几乎年年都要征战。打败了侄子马格努斯后，哈拉尔又想把丹麦也并入自己的王国，所以他又花了 15 年的时间与丹麦国王斯韦恩二世交战。

到了 1064 年，连“无情者”哈拉尔也厌倦了连年征战。通过交

* 后来，奥斯陆成了挪威首都。

战，哈拉尔发现斯韦恩是个非常狡猾的对手，他避免同挪威人发生任何一决胜负的激战，这样一来时间就拉得很长，对挪威人的损耗很大。挪威人每年都发动战争对丹麦进行劫掠，不过丹麦人还是一如既往地支持自己的国王斯韦恩二世，哈拉尔的军队也没有从这些抢劫中得到什么好处。那时挪威国王哈拉尔总算打够了，但斯韦恩二世并不打算就这样主动结束战争，最后双方终于签订协约，协约规定双方要彼此承认主权，互不侵犯。

哈拉尔之所以愿意同斯韦恩二世讲和，原因之一可能是他的注意力已经从北海转到了英格兰，当时英格兰国王“忏悔者”爱德华已经病入膏肓，但他没有留下任何子嗣，“无情者”哈拉尔觉得自己有资格继承王位。作为维京人，没有什么比英格兰更合他的胃口了，眼前的这个机会对他而言很有诱惑力。

通常情况下，维京人发动侵略根本不需要找什么冠冕堂皇的借口，但这次“无情者”哈拉尔却正好有一个这样的借口——也许正是这个借口才激起了他对英格兰的觊觎。

在挪威人看来，爱德华从一开始就不应该成为英格兰国王。20多年前，克努特之子哈德克努特没有后裔，他让挪威的马格努斯做自己的继承人，并明确规定马格努斯及他的后裔有继承英格兰王位的权利。然而，在马格努斯继承王位之前，爱德华就在权臣戈德温伯爵的支持下夺取了王权，后来马格努斯一直都没有合适的机会重夺王权，但这并不表示他的继承权是无效的。现在哈拉尔继承了马格努斯的王位，因此他也就得到了继承英格兰王位的权利。

当然，英格兰人并不打算把自己的国家交给维京人——尤其是像“无情者”哈拉尔这样的人，所以，1066年1月5日爱德华逝世之后，英格兰人让戈德温伯爵之子哈罗德·戈德温森继承了王位。

哈罗德的弟弟托斯蒂格将这条消息告诉了哈拉尔。托斯蒂格当时在英格兰遭到放逐，正打算召集一支军队重返英格兰，推翻他兄长的统治。1066年春天，托斯蒂格来到了挪威王宫，说服哈拉尔前去夺回自己的继承权，还夸下海口说英格兰人肯定会支持哈拉尔。

为此，哈拉尔组建了一支由240艘战船组成的庞大舰队，募集了9 000名士兵，之后维京人便渡过北海，先劫掠了苏格兰，然后再返回海上沿着诺森布里亚海岸继续南下，最后在距离约克城9英里的地方登陆了。阻击他们的是一支临时集结起来的盎格鲁－撒克逊军队，领头的是两名年轻的伯爵。

这场血战很快便结束了，虽然领头的两位伯爵最后活下来了，但英格兰军队却遭到了惨败，哈拉尔举着自己的拓疆旗顺利地进入了约克城。也许是听了托斯蒂格的建议，所以维京人没有在这座城市进行抢劫。在遭到放逐之前，托斯蒂格曾是诺森布里亚伯爵，他想保留自己的领地。最后哈拉尔只要求同约克城的代表会面，要求同他们进行谈判。

经过短暂的会谈，约克城的元老们同意向哈拉尔交出人质，并请求哈拉尔给他们几天时间以收取贡物，最后他们同意在斯坦福布里奇附近的一处地方交还人质和贡物，通过斯坦福布里奇就可以很方便地渡过德文特河。对于这样的许诺，哈拉尔感到很满意，之后他就回到自己的船上休息去了。

等到了收取战利品的日子，哈拉尔把自己的军队分成了两部，一部分留在原地看守战船，另一部分则要走上几英里到斯坦福布里奇去。因为那天天气酷热，大多数士兵一上船就脱掉了战袍，扔下了武器装备。

维京人到达斯坦福布里奇后，他们看到约克城的方向尘土飞扬。托斯蒂格还天真地对哈拉尔说那是前来投降的约克人。等那些人走得更近的时候，挪威人发现他们携带的金属物件在阳光下闪着光，托斯蒂格还说那是约克人带的贡物。但事实上，前来的却是英格兰国王统领的一支盎格鲁－撒克逊军队。

哈罗德·戈德温森从伦敦率军亲征斯坦福布里奇，这是中世纪早期影响最大的战事之一。当维京人入侵的消息传到这位国王的耳中时，他还身在伦敦，但哈罗德立即决定出征北方，在短短 4 天的时间里他的行军路程几乎达到了 200 英里。为了防止他到来的消息传到维京人的耳中，哈罗德在行军主道上安排了警卫，封锁消息。最后当哈罗德突然出现在面前时，维京人被打得措手不及。

哈拉尔现在的处境极为不利，有了英格兰军队的阻击，他没法回到战船上去，手边又只带了一半兵力，他的部队还松懈散漫。幸运的是，就在哈拉尔匆忙把部队集结在拓疆旗周围时，有一队英格兰人却前来同他议和了，为首的正是哈罗德·戈德温森。与哈拉尔相比，哈罗德的身材显得非常矮小。哈罗德请求他的弟弟托斯蒂格撤军，并提出如果托斯蒂格愿意撤军的话，他愿意同托斯蒂格平分英格兰王国。

托斯蒂格又问哈罗德他会给哈拉尔什么，哈罗德回答说："6 英尺的英格兰土地。或者再多一点儿，因为他个子有那么高。"

在过去 250 多年的时间里，英格兰人和维京人之间发生了无数战争，现在这场战争就意味着双方战事的终结。在这场战争中，双方都准备决一死战，没有打算得到对方的饶恕。哈拉尔派了 3 个人前去通知守卫战船的士兵，让他们前来增援——来回有 16 英里的路程，然后哈拉尔便双手各挥一把战斧，疯狂地发起了进攻。

虽然只是"半副武装"，但一开始的时候维京人看起来还是不可战胜。英格兰军队冲到了维京士兵的盾牌前，最后却遭到残忍的屠杀。战斗中间稍得喘息的时候，哈拉尔便乘机将部队撤到了大桥对面，重新组织了他的盾墙阵。* 在那一瞬间，维京士兵士气大增，似乎有望战胜在人数上占优势的英格兰军队。"无情者"哈拉尔英勇地冲出了战阵，就像一匹孤狼面对着一群猎犬一样。但就在他高举战斧时，英格兰士兵射出了一支箭，那支箭正好射中了他的喉咙，哈拉尔当场毙命。现在，"北海霹雳"哈拉尔倒下了，英格兰军队很快就撕毁了拓疆旗，击溃了剩余的维京士兵。† 在这场战役中无数人遭到屠杀，只有幸运的少数几个人逃回了船上，大多数人都战死在斯坦福布里奇，有些士兵在跳入河中准备逃生时淹死了。一周前，维京人驾着 240 艘战船在英格兰登陆，现在幸存下来的人没有

* 据说当时负责在大桥上阻击的是一个身材魁梧的挪威人，他把盎格鲁-撒克逊军队围截在海湾中，然后用 40 具士兵的尸体建起了一堵防御墙。最后，一名很有魄力的英格兰士兵潜到了桥底下，他从桥底下冲上来砍了这个挪威人一刀，要了他的命。

† 在记述 1066 年这场战役的巴约挂毯上有两个乌鸦旗的图案。

多少了，只需要 24 艘船就足够运他们回挪威了。

从某种程度上说，这场战争给维京时代画上了一个恰当的句号。在经过了 3 个世纪的漫长严冬之后，“诸神的黄昏”到来了。决战之后，维京诸神倒在了血泊之中。“诸神的黄昏”到来之前，女武神瓦尔基里就召集了世间最强的英雄一起征战这黄昏时刻。虽然哈拉尔名义上是基督徒，但他也在维京诸神之列——最后，世界原先的秩序全都被推翻了。

没有人能比这位鬓发斑白的君王更能代表消失的维京时代，“无情者”哈拉尔的脚步遍及维京世界的每个角落。他曾渡过宽阔的第聂伯河，穿越急流险滩去往繁华的君士坦丁堡；他体验过拜占庭皇帝那富丽堂皇、回环曲折的宫殿；他曾在西西里岛上的橘园中漫步，在巴勒斯坦那由大理石建成的喷泉下沐浴，还目睹过北大西洋上那笼罩在雾霭中的万千岛屿。

虽然当时的维京世界已经江河日下，只剩落日的余晖还在闪耀，但哈拉尔的名气却远胜于他人。哈拉尔曾被称为“无情者”、“耶路撒冷朝圣者”、“军队首领”及“诗人”，这些称号放在任何一个维京人身上，他们都会感到自豪。哈拉尔的遗体最后安葬在他的都城特隆赫姆，维京时代的夕阳最终就此落下。

结语

维京时代的影响

Epilogue

The Viking Legacy

傍晚时分，没有一个人是活着的，他们的归宿在黎明时分便已注定。

——《智者萨蒙德埃达》

历经300多年的维京时代结束了。这时的世界和300多年前维京时代开始时的世界已经完全不同。世界之所以发生如此巨变，部分原因在于维京人带来的破坏。即使到了现在，距离哈拉尔战死在斯坦福布里奇已近千年，但我们眼中的维京人依然是不受约束的野蛮人，他们从龙首船上跳下来，挥舞着嗜血的战斧。

维京人虽然很暴力——他们发动的战争残暴到无人能敌，但从根本上而言，他们带来的破坏却具有创造意义。就如同某位历史学家所说，焚烧的稗秆能让土地变得更加肥沃，利于后来庄稼的生长。维京人所到之处的政治和经济状况都会发生改变，为爱尔兰和俄罗斯等欧洲国家的建立奠定了基础。

维京人踏上了疆域辽阔的查理帝国的领土，让我们看到了这个规模堪比古罗马帝国的国家的不足。查理帝国在维京人的重锤下四分五裂，从分裂战争中幸存下来的人开始被迫建立一些规模相对较小、管理更加高效的小国。维京人的进攻之后，帝国的灰烬之上出现了中世纪西欧的四个大国，即法兰西、英格兰、神圣罗马帝国及西西里王国。

这四个国家是维京时代的直接产物，其中有三个是由维京人的后裔所建立的，或者是由维京人的后裔巩固的。北欧人到来之前，英格兰政治上四分五裂，组织上涣散无序。维京人来到之后清除了其他政权，只留下一个本土王国威塞克斯，因此威塞克斯王国一定会统一英格兰。

从长远来说，维京人的破坏行为给苏格兰也带来了好处。维京人摧毁了当地的皮克特人、斯特拉思克莱德的布立吞人（Britons）以及诺森布里亚人的统治，最后让非正统的苏格兰人——实际上是说盖尔语的爱尔兰移民——来统一面积占英国三分之一的北部地区。

在法兰西，维京人建立了一个新的国家，即诺曼底公国。公国的建立改写了欧洲的版图。当初“无情者”哈拉尔战死在斯坦福布里奇，两天后，维京人罗洛的五世孙“征服者”威廉就踏上了英格兰的土地。他在黑斯廷斯大败哈罗德·戈德温森，然后成了英格兰的统治者，威廉就此将大不列颠岛划入了西欧的势力范围。后来威廉的继承者又入侵了爱尔兰——此前爱尔兰岛上灿烂的宗教文化已经被维京人摧残得面目全非，还把苏格兰和周围其他的岛屿都并入了西欧的政治版图。

其他的诺曼人朝着欧洲南部和西部开拓，势力遍及西班牙和意大利北部。到了西西里岛后，他们在这里建立了中世纪西欧最富有的王国，可与当时的君士坦丁堡相媲美。同时，远在东欧的维京商人还建立了新的集镇，开通了同拜占庭帝国之间的贸易路线，使得发源自古罗马帝国的这套贸易体系遍及更广阔的地方。他们在东欧建立了一些中央集权国家，这些国家最终发展成了今天的乌克兰、白俄罗斯和俄罗斯。

维京海盗带来的并非尽是武力，他们还是法律的奠基者——法律这个词源于古诺尔斯语；维京人给英格兰引进了一种新的审判形式，即陪审制度。在100多年的创新与发展中，维京人的造船技术变得更加精湛，他们可以造出规模宏大的龙首船，这些船只既可远渡重洋，又能穿行于峡湾河流之间。作为维京时代最辉煌的技术成就之一，造船技术让维京人有机会建立一套复杂精密的贸易网络，这套网络覆盖了从巴格达到北美沿岸的广阔地带。

但也许维京人最了不起的地方不在于他们在军事方面有多厉害，也不在于他们的航海技术有多高超，而在于他们具有非凡的适应能力。维京人特别擅长吸收当地的传统，并将它们融合为另外一种新的富有活力的传统。比如在法兰西，这些“粗鲁暴躁的维京人”就成了骑士的代表；在冰岛，他们在个人权利的基础上建立了一个共和国；在俄罗斯，他们又变成了东正教最正统的捍卫者。

如果当地没有可以吸收利用的传统，维京人就会在结合实际的基础上进行试验。据维京人记载，诸神之父奥丁这样说过：“出门必备的最佳行李，便是随机应变的智慧。”冰岛尤其有需要随机应变的能力。当时冰岛正逢生态环境日益恶化，为了生存，冰岛人必须摒弃自己的某些权利。他们于是举行了一次投票，欣然决定冰岛成为挪威的附属地。同样，为了避免宗教战争，他们通过投票决定接受基督教——虽然大多数冰岛人仍然是异教徒。反过来，冰岛上的基督徒也完好地保存了异教徒的历史，虔诚地记录了北欧神话及他们的异教徒祖先所创造的丰功伟绩。

维京人的这种实用主义还传到了斯堪的纳维亚半岛。克努特把盎格鲁-撒克逊人的货币引进了北欧，还仿照拜占庭帝国的做法由政府来决定货币的分配。维京人给斯堪的纳维亚半岛带来的丰厚财物给半岛带来了巨大的变化，而他们从南部学来的有关农业和社会结构方面的知识给半岛带来的变化更加显著。不过在斯堪的纳维亚半岛上，影响最深远的当属接受基督教。基督教通过罗马和罗斯这两个遥远的内陆源头传入了北欧。北欧人信仰的分支也不尽相同，以圣奥拉夫为例，他的亲戚遍及欧洲大陆，圣奥拉夫受洗之地是信仰天主教的鲁昂，最后避难的地方却是信仰东正教的诺夫哥罗德。

北欧国家与现代世界的其他国家截然不同，这是维京人善于应变的一条证据。今天的北欧是社会民主国家的典型代表，北欧国家的政治安定有序，民众性格冷静沉稳。这些国家的国旗上都绘有十字图形，现在北欧人不再抢劫，他们还是和平奖的颁发者。现在的北欧人已完全不同于中世纪时那些到处征战、残暴黩武的异教徒海盗。

然而，已逝的维京时代依旧让我们为之着迷。这个时代饱含异域风情，又充满暴力和征战；这个时代有计谋多端的抢劫者，也有不受约束的探险者。维京时代依然影响着我们的现代生活，比如很多游艇甚至美国航空航天局的飞船探测器都以“维京”（Viking）来命名。此外，有很多航海术语来自维京人，法语中很多城镇的名字是以 -bec 结尾的，英语中则有很多以 -by 结尾的单词。* 另外，一周当中有三天都是以维京神话中的人名来命名的。† 现在无处不在的蓝牙技术也是用一位维京国王的名字命名的。这是一种无线技术，通过蓝牙可在手机和电脑等设备之间实现数据同步。

也许正如一位流亡诗人在一首盎格鲁-撒克逊诗歌《流浪者》中所写的那样，现今的我们仍能感受到一种召唤，来自那个“极度黑暗的时代，当时整个世界在夜色笼罩下一片漆黑”。也许我们与过去那些同世界抗争、在 250 年里所向披靡的维京人产生了些许共鸣。但不管怎么说，维京人肯定会为自己的声名至今流传而感到欣慰。他们总是说：“生命终有尽，唯名可不朽。”

---

* 在古诺尔斯语中，“Bekk”指“溪水”，“by”源自古诺尔斯语中的“农场”一词。

† 星期三（Wednesday）表示奥丁，星期四（Thursday）表示托尔，星期五（Friday）表示弗雷。

参考文献

主要来源

Alighieri, Dante. *The Divine Comedy.* Trans. John Ciardi. New York: New American Library, 2003.

Choniates, Nicetas. *O City of Byzantium: Annals of Niketas Choniates.* Trans. Harry J. Magoulias. Detroit: Wayne State University Press, 1984.

Comnena, Anna. *The Alexiad.* Trans. E. R. A. Sewter. New York: Penguin Books, 1969.

Falcandus, Hugo. *A History of the Tyrants of Sicily.* Trans. G. A. Loud and T. E. J. Wiedemann. Manchester: Manchester University Press, 1998.

Houts, Elisabeth van, ed. *The Normans in Europe.* Trans. Elisabeth van Houtes. New York: Manchester University Press, 2000.

Jumièges,William of. *The Gesta Normannorum Ducum of William of Jumièges, Orderic Vitalis, and Robert of Torigni: Volume 1: Introduction and Books I-IV.* Trans. Elisabeth M. C. van Houts. London: Oxford Medieval Texts, 1992.

Jumièges,William of. *The Gesta Normannorum Ducum of William of Jumièges, Orderic Vitalis, and Robert of Torigni: Volume 2: Books V-VIII.* Trans. Elisabeth M. C. van Houts. London: Oxford Medieval Texts, 1995.

Psellus, Michael. *Fourteen Byzantine Rulers.* Trans. E. R. A. Sewter. New York: Penguin Books, 1966.

Poitiers,William of. *The Gesta Guillelmi of William of Poitiers.* Trans. R. H. C. Davis and Marjorie Chibnall. London: Oxford Medieval Texts, 1998.

Savage, Anne, ed. *The Anglo-Saxon Chronicles.* Trans. Anne Savage.Wayne: BHB International Inc, 1997.

Vitalis, Ordericus. *The Ecclesiastical History of England and Normandy.* Trans. Thomas Forester. Charleston: BiblioBazaar, 2009.

现代作品

Barbera, Henry. *Medieval Sicily: The First Absolute State.* Brooklyn: Legas, 2000.

Barlow, Frank. *Edward the Confessor.* London: Yale University Press, 1997.

Benjamin, Sandra. *Sicily: Three Thousand Years of Human History.* Hanover: Steerforth Press, 2006.

Brown, Gordon S. *The Norman Conquest of Southern Italy and Sicily.* London: McFarland & Company, Inc., 2003.

Brown, R. Allen. *The Normans and The Norman Conquest.* Woodbridge: The Boydell Press, 1985.

Chibnall, Marjorie. *The Normans.* Malden: Blackwell Publishing, 2006.

Gibbon, Edward. *The Decline and Fall of the Roman Empire.* 7 vols. New York: Alfred A. Knopf, Inc., 1993.

Gravett, Christopher and David Nicolle. *The Normans: Warrior Knights and Their Castles.* New York: Osprey Publishing Ltd., 2007.

Kreutz, Barbara M. *Before the Normans: Southern Italy in the Ninth & Tenth Centuries.* Philadelphia: University of Pennsylvania Press, 1991.

Neveux, François. *A Brief History of the Normans: The Conquests that Changed the Face of Europe.* Trans. Howard Curtis. Philadelphia: Running Press, 2008.

Norwich, John Julius. *The Normans in Sicily: The Magnificent Story of 'the Other Norman Conquest'.* New York: Penguin Books, 1970.

Runciman, Steven. *A History of the Crusades, Volume 1.* Cambridge: Cambridge University Press, 1951.

The Normans

诺曼风云

从蛮族到王族的三个世纪

From Raiders to Kings

[美]
拉尔斯·布朗沃思
LARS BROWNWORTH
著

胡毓堃
译

何啸锋
校译

中信出版集团 | 北京

图书在版编目（CIP）数据

诺曼风云：从蛮族到王族的三个世纪 /（美）拉尔斯·布朗沃思著；胡毓堃译．-- 北京：中信出版社，2023.6（2024.6 重印）
（欧洲中世纪四部曲）
书名原文：The Normans: From Raiders to Kings
ISBN 978-7-5217-5377-6

Ⅰ．①诺…　Ⅱ．①拉…②胡…　Ⅲ．①诺曼王朝－历史　Ⅳ．① K561.32

中国国家版本馆 CIP 数据核字（2023）第 094950 号

诺曼风云：从蛮族到王族的三个世纪
著者：　[美] 拉尔斯·布朗沃思
译者：　胡毓堃
出版发行：中信出版集团股份有限公司
（北京市朝阳区东三环北路 27 号嘉铭中心　邮编　100020）
承印者：　河北鹏润印刷有限公司

开本：880mm×1230mm　1/32　　印张：37.5　　字数：789 千字
版次：2023 年 6 月第 1 版　　印次：2024 年 6 月第 2 次印刷
京权图字：01–2018–4343　　审图号：GS（2023）509 号
书号：ISBN 978–7–5217–5377–6
定价：298.00 元（全四册）

服务热线：400–600–8099
投稿邮箱：author@citicpub.com

献给尼尔斯，

他的奇思妙想带给我灵感

目 录

地　图

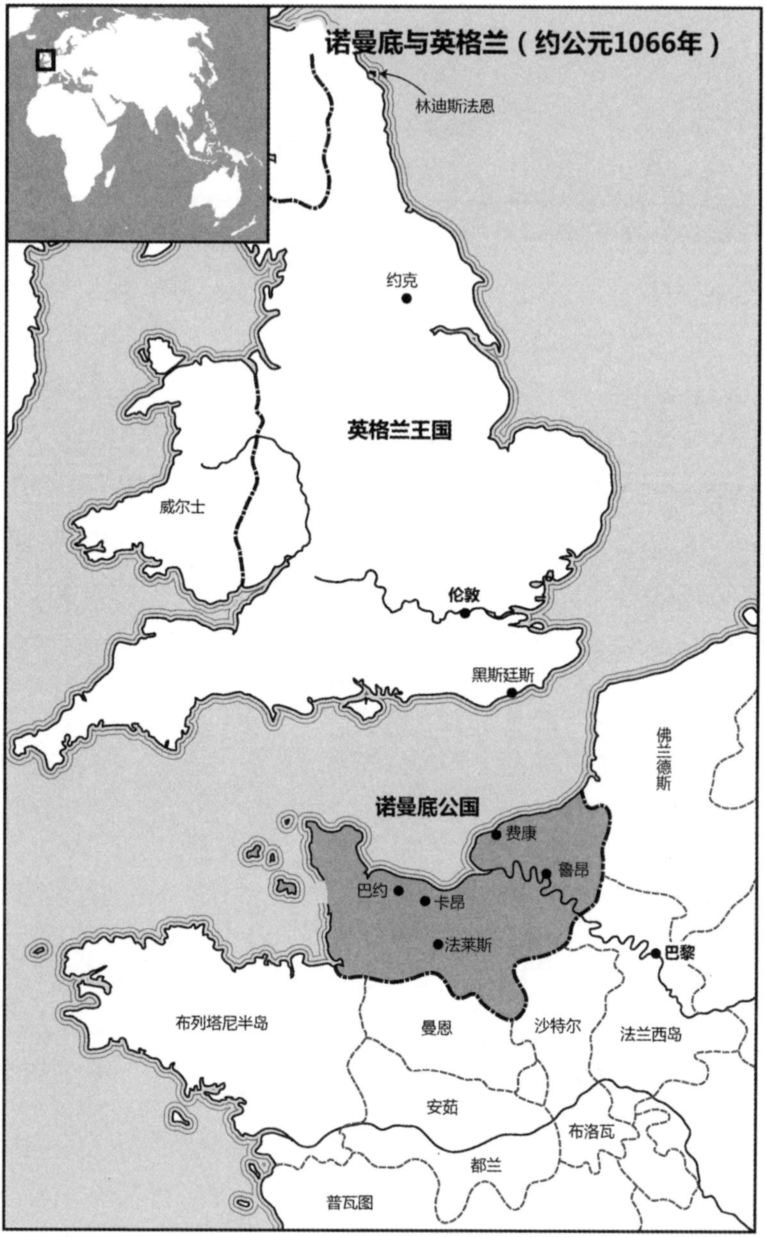
诺曼底与英格兰（约公元1066年）
林迪斯法恩
约克
英格兰王国
威尔士
伦敦
黑斯廷斯
佛兰德斯
诺曼底公国
费康
鲁昂
巴约
卡昂
法莱斯
巴黎
布列塔尼半岛
曼恩
沙特尔
法兰西岛
安茹
布洛瓦
都兰
普瓦图

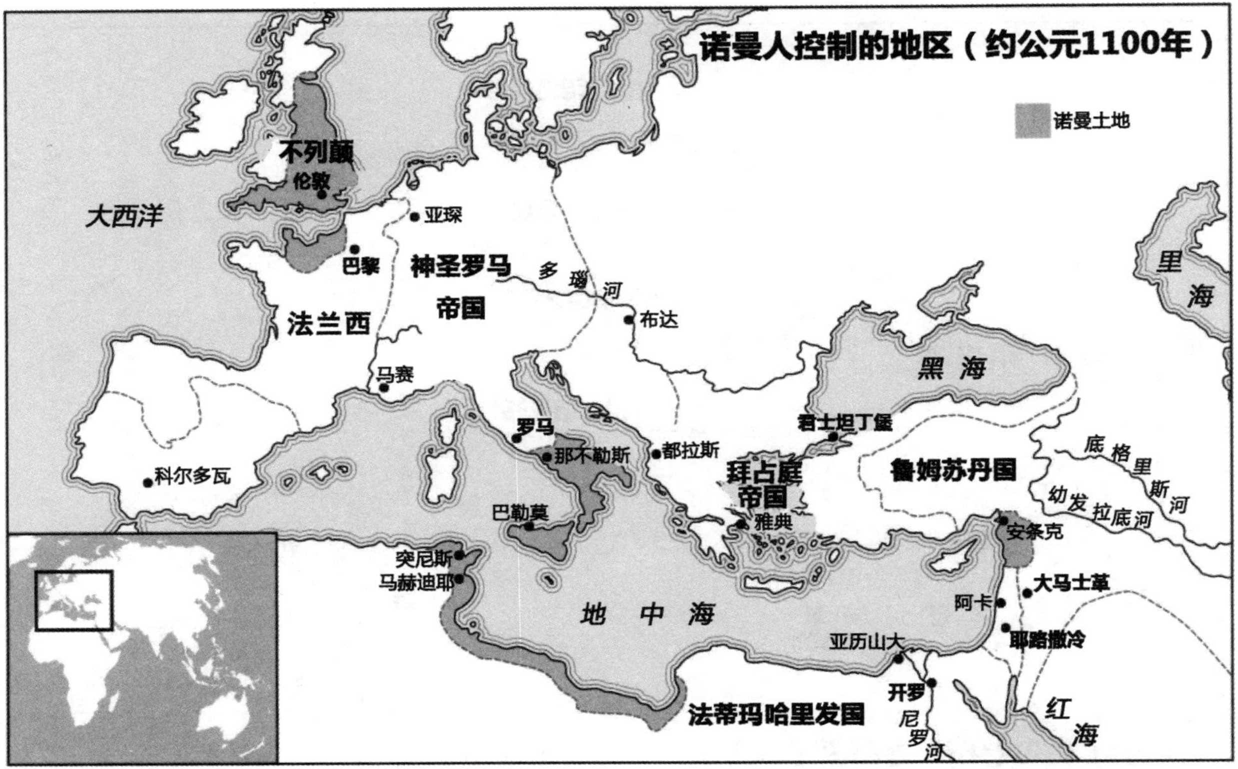
诺曼人控制的地区（约公元1100年）
诺曼土地
大西洋
不列颠
伦敦
亚琛
巴黎
神圣罗马
帝国
法兰西
多瑙河
布达
马赛
科尔多瓦
罗马
那不勒斯
都拉斯
拜占庭
帝国
雅典
君士坦丁堡
黑海
里海
鲁姆苏丹国
底格里斯河
幼发拉底河
安条克
大马士革
阿卡
耶路撒冷
巴勒莫
突尼斯
马赫迪耶
地中海
亚历山大
开罗
尼罗河
红海
法蒂玛哈里发国

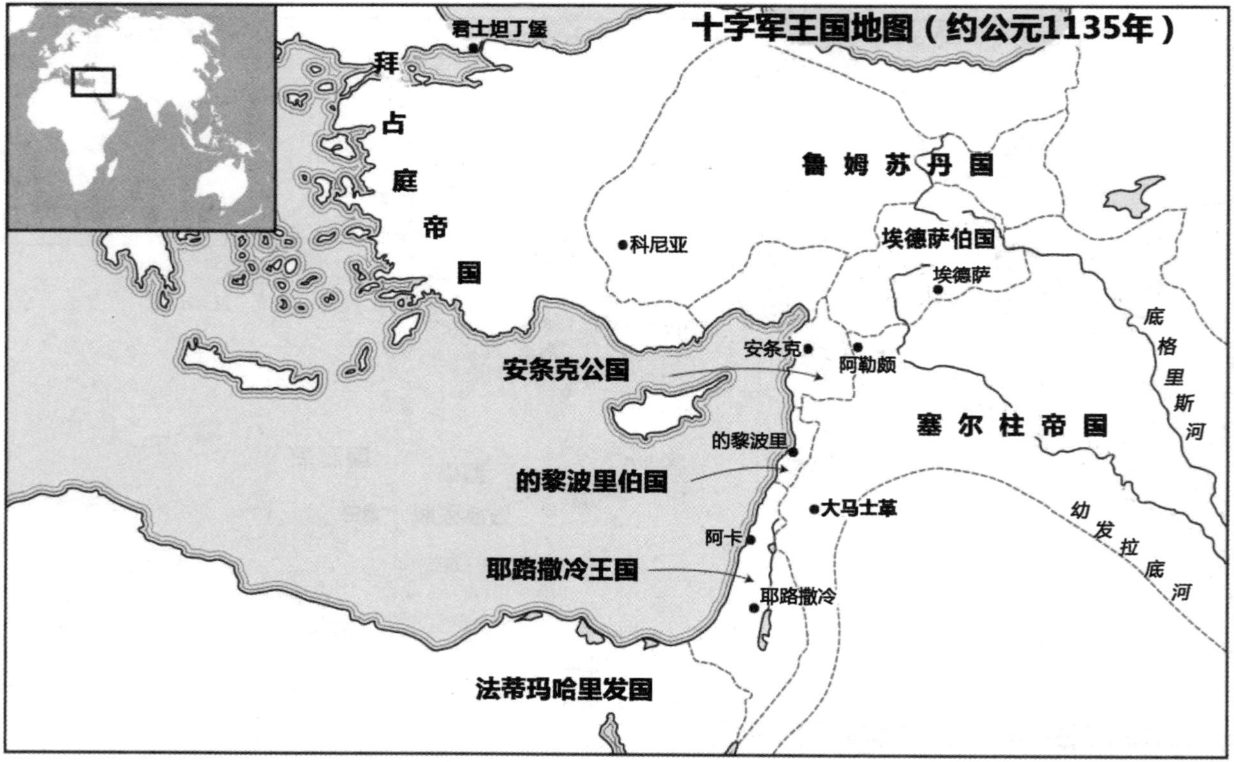
十字军王国地图（约公元1135年）
君士坦丁堡
拜占庭帝国
鲁姆苏丹国
科尼亚
埃德萨伯国
埃德萨
安条克
阿勒颇
安条克公国
塞尔柱帝国
底格里斯河
的黎波里
的黎波里伯国
大马士革
幼发拉底河
阿卡
耶路撒冷王国
耶路撒冷
法蒂玛哈里发国

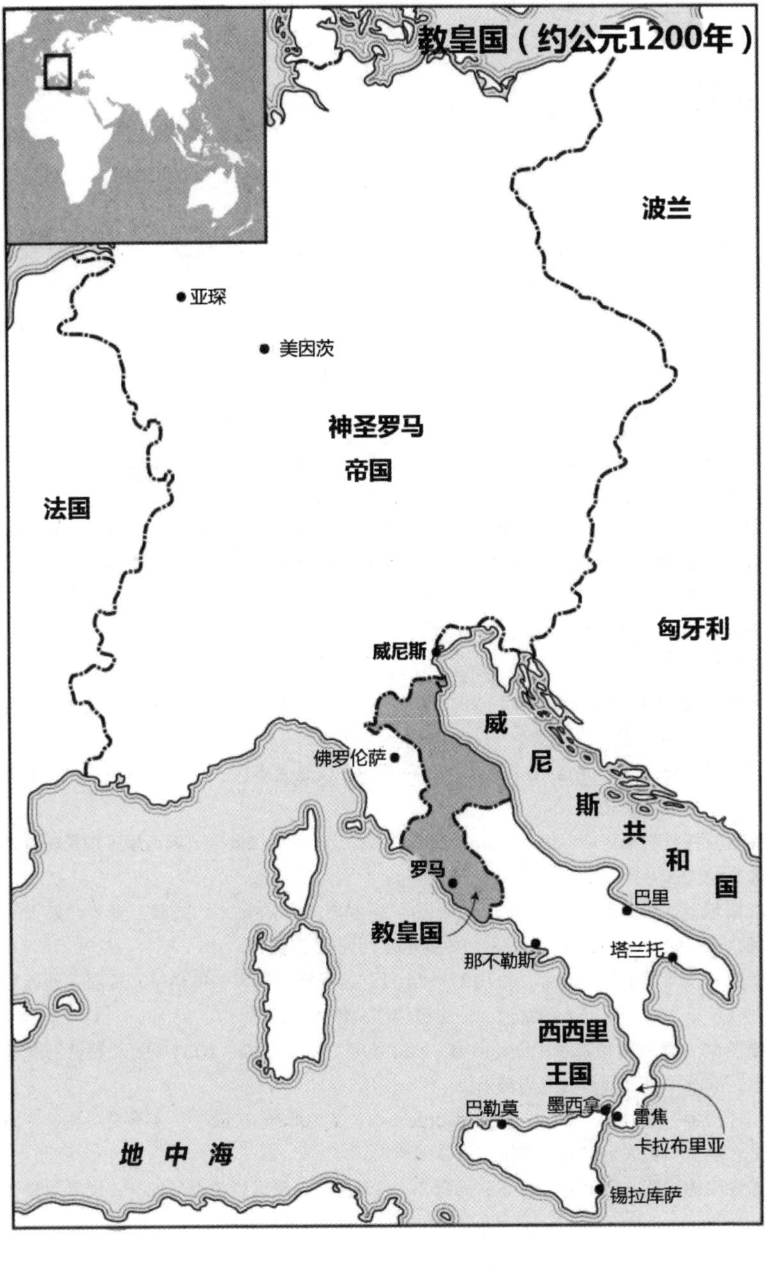
教皇国（约公元1200年）
波兰
亚琛
美因茨
神圣罗马
帝国
法国
匈牙利
威尼斯
威
尼
斯
共
和
国
佛罗伦萨
罗马
巴里
教皇国
那不勒斯
塔兰托
西西里
王国
巴勒莫
墨西拿
雷焦
卡拉布里亚
地 中 海
锡拉库萨

人名

阿德莱德（Adelaide，约1075—1118），罗杰一世第三任妻子，罗杰二世之母。1101年至1112年摄政。

阿历克塞·科穆宁（阿历克塞一世，Alexius Comnenus，约1056—1118），第一次十字军运动时期的拜占庭帝国皇帝。他曾挫败罗贝尔·吉斯卡尔和博希蒙德一世侵略帝国的企图。

克莱尔沃的圣伯纳德（Bernard of Clairvaux，1090—1153），西多会修道院长，12世纪早期的重要人物。

博希蒙德一世（Bohemond I，约1058—1111），罗贝尔·吉斯卡尔的长子，建立了安条克公国。

“胖子”查理（Charles the Fat，839—888），法兰克国王。他允许维京人进驻诺曼底，以免遭其袭击。

克里斯托杜勒斯（Christodulus，死于1131年），罗杰二世治下西西里王国第一位海军最高统帅。

康斯坦丝（Constance，1154—1198），罗杰二世的女儿；威廉二世（“好人”威廉，William the Good）去世后，她继承了西西里王国。

罗杰一世（Count Roger，约1031—1101），奥特维尔家族的幼子，征服了西西里，并在该岛巩固了诺曼人的统治。他也被称作“伟大的伯爵”。

德罗戈·德·奥特维尔（Drogo de Hauteville，约1010—1051），“铁臂”威廉之弟，继承了其兄阿普利亚伯爵之位。

“忏悔者”爱德华（Edward the Confessor，约1003—1066）：英格兰盎格鲁-撒克逊人君主，他去世时未明确指定王位继承人。

诺曼底的埃玛（Emma，约985—1052），诺曼底公爵理查二世的妹妹，埃塞尔雷德二世（“决策无方者”埃塞尔雷德）的妻子，“忏悔者”爱德华的母亲。

“决策无方者”埃塞尔雷德（Ethelred the Unready，约968—1016），盎格鲁-撒克逊人国王，“忏悔者”爱德华的父亲，曾尝试通过收买维京人来阻止其袭击。

腓特烈一世（Frederick I Barbarossa，1122—1190），神圣罗马帝国皇帝，曾为征服西西里而入侵意大利。

腓特烈二世（Frederick II，1194—1250），神圣罗马帝国皇帝，西西里国王，耶路撒冷国王；亨利六世之子，罗杰二世之外孙。绰号“世界奇迹”。

乔治·曼尼亚克斯（George Maniaces，死于1043年），拜占庭帝国将军，曾使用诺曼雇佣军，以图征服西西里。

安条克的乔治（George of Antioch，死于1151年或1152年），接替克里斯托杜勒斯成为海军最高统帅，并帮助诺曼人在北非建立势力范围。

戈德温（威塞克斯伯爵）（Godwin, Earl of Wessex，1001—1053），“忏悔者”爱德华的顾问，托斯蒂格·戈德温森和哈罗德·戈德温森的父亲，权倾一时。

格列高利七世（Gregory VII，约1015—1085），改革派教皇，他承认罗贝尔·吉斯卡尔的合法地位，从而换取其保护自己，抵御亨利四世。

哈拉尔三世（哈拉尔·哈德拉达）（Harald Hardrada，约1015—1066），维京人，挪威国王，1066年入侵英格兰，战死于斯坦福布里奇战役。

哈罗德·戈德温森（Harold Godwinson，1022—1066），英格兰最后一位盎格鲁-撒克逊国王，在黑斯廷斯战役中死于“征服者”威廉之手。

亨利四世（Henry IV，约1050—1106），神圣罗马帝国皇帝，曾率军进攻罗马，当时罗贝尔·吉斯卡尔正与拜占庭帝国作战。

亨利六世（Henry VI，1165—1197），神圣罗马帝国皇帝，康斯坦丝的丈夫，攻占了诺曼人的西西里王国。

巴里的马约（Maio of Bari，死于1160年），威廉一世即“恶人”威廉的宠臣，生前是西西里最有权势的人物，后遇刺身亡。

曼努埃尔一世（曼努埃尔·科穆宁）（Manuel Comnenus，1118—1180），12世纪拜占庭帝国最后一位强大的君主，曾多次与罗杰二世交锋。

马加里塔（Margaritus，1149—1197），“好人”威廉时期的西西里将军，绰号“新尼普顿”*。

利奥九世（Pope Leo IX，1002—1054），曾领导规模宏大的反诺曼人联盟，意图将诺曼人逐出意大利南部，在奇维塔特战役（Battle of Civitate）中被罗贝尔·吉斯卡

* 尼普顿是罗马神话中的海神。——译者注

尔俘虏。

乌尔班二世（Pope Urban Ⅱ，约1042—1099），发起第一次十字军运动，收复耶路撒冷，使其重新成为基督教的领地。

雷蒙四世（图卢兹的雷蒙）（Raymond of Toulouse，约1041—1105），是与博希蒙德一世争夺十字军运动领导权的主要对手。

理查一世（“无畏者”理查）（Richard the Fearless，933—996），“长剑”威廉之子，第一代诺曼底公爵。

理查一世（“狮心王”理查）（Richard the Lionheart，1157—1199），英格兰国王，诺曼底公爵，曾在第三次十字军运动途中前往西西里。

理查二世（Richard Ⅱ，约962—1026），第二代诺曼底公爵，也被称作“好人”理查。

罗贝尔·吉斯卡尔（Robert Guiscard，约1015—1085），德罗戈同父异母的弟弟，占领了意大利南部多数领土，被推举为阿普利亚和卡拉布里亚公爵。他也被称作“狡猾者”。

罗贝尔一世（“恶魔”罗贝尔）（Robert the Devil，约1009—1035），第三代诺曼底公爵，“征服者”威廉的父亲。

罗杰·博尔萨（Roger Borsa，约1060—1111），罗贝尔·吉斯卡尔合法但无能的儿子，继承了其阿普利亚和卡拉布里亚公爵的头衔。

罗杰二世（1095—1154），西西里王国第一代诺曼国王，被后世尊为西西里最伟大的统治者。

罗洛（Rollo，约860—932），维京海盗首领，创立了诺曼底公国。

坦克雷德·德·奥特维尔（Tancred de Hauteville，约980—1041），贫穷的诺曼骑士，缔造了奥特维尔家族。他育有“铁臂”威廉、德罗戈、罗贝尔·吉斯卡尔和罗杰一世等12个儿子。

加利利的坦克雷德（Tancred of Galilee，1075—1112），博希蒙德一世的外甥。博希蒙德不在时担任安条克的摄政者。

莱切的坦克雷德（Tancred of Lecce，死于1194年），西西里王国最后一位诺曼统治者；他在“好人”威廉去世后获取了王国的统治权，绰号“猴王”。

托斯蒂格（约1026—1066），哈罗德的弟弟；曾遭到流放，试图趁斯坦福布里奇战役之际回国，却死于战场。

“铁臂”威廉（约1005—1046），奥特维尔家族的长子，被推举为阿普利亚伯爵。

“长剑”威廉（约900—942），罗洛之子，第二代诺曼底统治者。

“恶人”威廉（1131—1166），史称威廉一世，罗杰二世之子，第二代西西里国王。

“征服者”威廉（约1026—1087），“恶魔”罗贝尔的私生子，1066年征服了英格兰。

“好人”威廉（1155—1189），史称威廉二世，西西里王国第三代国王，也是奥特维尔家族最后一位西西里的合法统治者。

地名

亚琛（Aachen），神圣罗马帝国首都。

阿普利亚（Apulia），意大利南部地区，包括了靴子形状的亚平宁半岛的“后跟”部位的区域。罗贝尔·吉斯卡尔时期成为诺曼王朝的权力中心。

拜占庭帝国（330—1453），古罗马帝国的东部地区。

卡拉布里亚（Calabria），意大利南部地区，位于亚平宁半岛的“靴子脚趾”部位。

君士坦丁堡（Constantinople），拜占庭帝国首都。

神圣罗马帝国（962—1806），中欧国家，自称是罗马帝国的再生。尽管名为“罗马”，但地理上主要位于现在的德国。

诺曼西西里王国（Norman Kingdom of Sicily，1130—1194），罗杰二世建立的国家，包括意大利南部的西西里及北非一部分地区。

巴勒莫，诺曼西西里王国首都。

教皇国（Papal States），直接由教皇统治的罗马周边地区，经常与毗邻的诺曼西西里王国和神圣罗马帝国发生冲突。

安条克公国（1098—1268），位于安条克周边的十字军国家，由博希蒙德一世在第一次十字军运动期间建立。

其他

奇维塔特战役（Battle of Civitate，1053），诺曼人在此役中击败教皇利奥九世，迫使教皇承认奥特维尔家族对意大利南部的统治。

第一次十字军运动（First Crusade，1096—1099），由教皇乌尔班二世发起的战争，旨在从伊斯兰统治者手中夺回圣地。

第四次十字军运动（Fourth Crusade，1204），威尼斯人领军的十字军运动，他们洗劫了君士坦丁堡。

《埃普特河畔圣克莱尔条约》（Treaty of Saint-Clair-sur-Epte），罗洛和查理三世（“糊涂王”查理）达成的协定，并据此建立了诺曼底公国。

瓦兰吉卫队（Varangian Guard），拜占庭帝国的精英部队，一般由维京和盎格鲁-撒克逊战士所组成。

教皇国

公元5世纪，西罗马帝国灭亡，亚平宁半岛出现了权力真空。作为当时唯一的重要人物，教皇逐渐填补了这一真空，控制了罗马的政权。与此同时，法兰克国王丕平（Pepin）打败了伦巴第人，解除了其对罗马的威胁，并随后于公元756年正式承认了教皇对罗马的实际控制。丕平将自己刚夺取的罗马和拉韦纳（Ravenna）周边地区献给教皇，换取了国王的头衔。教皇直接统治的教皇国（也叫圣彼得国）应运而生，直至19世纪意大利统一，才从历史上消失。

中世纪时期，教皇国的领土边界和权力并不固定，几经变动。鼎盛时期，教皇国占据了现代意大利中部的拉齐奥（Lazio）、翁布里亚（Umbria）、马尔凯（Marche），以及艾米利亚–罗马涅（Emilia-Romagna）的部分地区。教皇的军队守卫着这些领土。作战时他们一般由雇佣军指挥，有时也由教皇亲自指挥。这段历史的典型代表是文艺复兴时期的教皇尤里乌二世。他以瑞士雇佣兵为核心打造了一支卫队，频繁派兵征战，被称为“战神教皇”。

随着1871年意大利统一，教皇的世俗权力仅被限定在梵蒂冈，然而即便如此其权力也受到质疑。1929年，教皇与意大利政府达成协议，后者承认“梵蒂冈城”为一个独立国家。这个国家依然由瑞士卫队保护，这是教皇们进行了世俗战争和宗教战争后所留下的历史遗产。

罗马、神圣罗马帝国、拜占庭帝国

人们为了探明历史，往往会将其过于简单化。因此历史被划分为若干容易理解的部分，分别冠以不同的名称，彼此界限分明。无论多么实用，这样处理有时都会产生误导。毫不起眼的日期被描述成历史转折点，不同时代所冠以的名称也并不为当时的人所承认。

如果受到国家或帝国自豪感的影响，相应的宣传往往更加混淆视听。中世纪时期有两个对立的帝国都自称为真正的罗马帝国。事实上在大多数时期这两国都没有控制罗马，但它们都宣称自己继承了罗马的正统。

这一现象源于公元 3 世纪。当时的罗马帝国皇帝戴克里先决定将原来的帝国一分为二。定都意大利的西罗马帝国于公元 5 世纪（传统说法是公元 476 年）灭亡。而东罗马帝国的统治延续至 1453 年，最终在土耳其的进攻和现代世界的枪炮中灭亡。

东罗马帝国的政治中心位于君士坦丁堡，即古老的希腊城市拜占庭（今伊斯坦布尔），因此现代历史学家称其为“拜占庭帝国”或

“拜占庭”。拜占庭地处完全希腊化的东部地区，这也就意味着希腊语成为帝国的第一语言，所以拜占庭有时也被称为希腊帝国。但需要注意的是，拜占庭帝国时期，盟友和敌国都将其视为罗马人的国家，并没有将拜占庭和罗马帝国进行人为区分。

公元 800 年圣诞节，“拜占庭”帝国迎来了它的对手。教皇利奥三世（Pope Leo Ⅲ）在罗马举行弥撒时（出于个人的政治目的）为法兰克国王查理加冕，称其为“罗马人的皇帝”，宣示西方帝国的重生。然而，这个帝国从未完全控制意大利，而是立足于今天的德国，横跨德、法两国。因此，为了简化这一系列复杂的历史事件，大多数历史学家将查理的加冕仪式视为神圣罗马帝国的开端，然而如此界定是时代错乱的。查理的帝国很快分崩离析，他留给直系后代的权力逐渐削弱，罗马皇帝的头衔也随之消失。公元 962 年，德意志的奥托一世（Otto I，查理曼的远亲）恢复了这一头衔。1157 年，他的继承人腓特烈一世正式在原有头衔之前加上“神圣”一词。

或许正如伏尔泰所说，这个讲德语的神圣罗马帝国既不“神圣”，也非“罗马”，亦称不上“帝国”（因为皇帝通过推选产生）。然而它足够强韧，能够长期存在。直至 19 世纪，拿破仑在启蒙运动的浪潮中才推翻了它。

奥特维尔家族

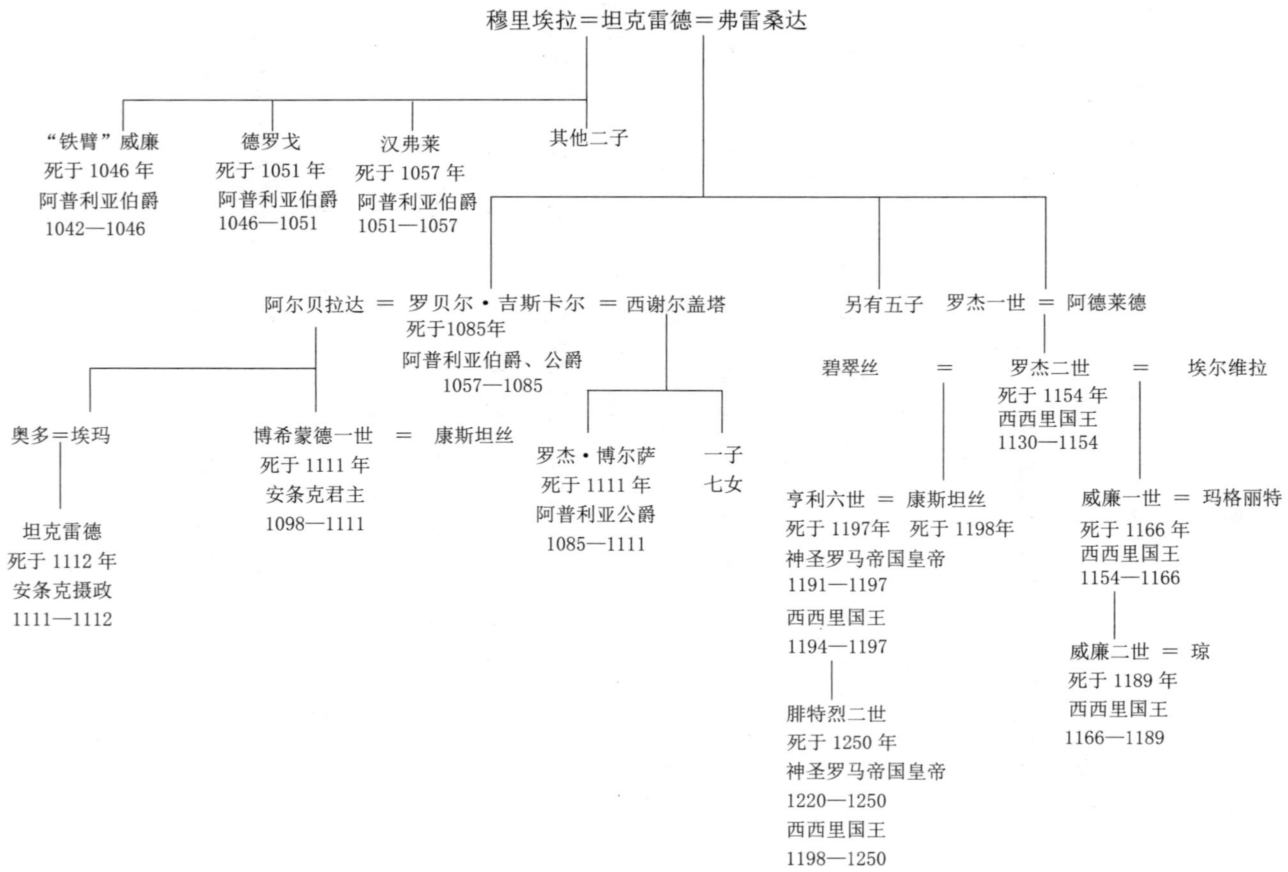

穆里埃拉＝坦克雷德＝弗雷桑达
“铁臂”威廉
死于 1046 年
阿普利亚伯爵
1042—1046
德罗戈
死于 1051 年
阿普利亚伯爵
1046—1051
汉弗莱
死于 1057 年
阿普利亚伯爵
1051—1057
其他二子
阿尔贝拉达 ＝ 罗贝尔・吉斯卡尔 ＝ 西谢尔盖塔
死于1085年
阿普利亚伯爵、公爵
1057—1085
另有五子
罗杰一世 ＝ 阿德莱德
奥多＝埃玛
坦克雷德
死于 1112 年
安条克摄政
1111—1112
博希蒙德一世 ＝ 康斯坦丝
死于 1111 年
安条克君主
1098—1111
罗杰・博尔萨
死于 1111 年
阿普利亚公爵
1085—1111
一子
七女
碧翠丝 ＝
罗杰二世 ＝ 埃尔维拉
死于 1154 年
西西里国王
1130—1154
亨利六世 ＝ 康斯坦丝
死于 1197年
死于 1198年
神圣罗马帝国皇帝
1191—1197
西西里国王
1194—1197
腓特烈二世
死于 1250 年
神圣罗马帝国皇帝
1220—1250
西西里国王
1198—1250
威廉一世 ＝ 玛格丽特
死于 1166 年
西西里国王
1154—1166
威廉二世 ＝ 琼
死于 1189 年
西西里国王
1166—1189

前言

笔者带着一个疑问产生了创作本书的想法：西欧原本军事、技术和社会发展均落后于相邻的中东地区，却又为何能迅速迎头赶上，并跃居全球领先的地位？

公元后第二个千年开始之初，任何赌徒都不会为西方国家下注。更为先进、不断扩张的伊斯兰帝国看似将继续统治世界，也可能是文化璀璨、重新兴起的拜占庭帝国*。欧洲国家则像一具残破的躯壳，在战争和疾病的重创下走向崩溃。然而，正是那些维京人的后裔在令西欧四分五裂的同时，也成为该地区未来崛起的推手。

11 世纪下半叶，诺曼人突然崛起，欧洲历史上鲜有如此令人瞩目的事件。仅经历一代人的努力，他们便从北海到北非海岸建立了一系列的王国，彻底改变了欧洲。他们处在旧秩序消亡的时代，其中一批有识之士似乎具备了无限的潜能。对于无畏者而言，雄心是没有尽头

* 拜占庭帝国即东罗马帝国的现代称谓，经常简称为“拜占庭”，具体可参见前文的“罗马、神圣罗马帝国、拜占庭帝国”一节。

的，也没有无法实现的梦想。他们构成了西方第一代伟大的开拓者，给后世树立了强大的榜样：在10世纪的新世界，出身低贱绝不是成功的阻碍。

然而，准确地说，诺曼人是谁？尽管他们成就卓著，身份却模糊不清。他们定居在法国，最著名的形象便出现在巴约挂毯（Bayeux Tapestry）的图案中，然而他们并非严格意义上的法国人。最著名的诺曼国王统治了英格兰，所以他们也可以被称作英国人。当然他们还可以被视为挪威人，甚至意大利人。诺曼人的历史地位也充满争议。罗宾汉的故事将他们塑造为反面的压迫者形象，同时也有人将其视为英格兰国家的缔造者，因为他们建立了现代法律体系，废除了奴隶制度。

形成这种困惑的原因之一在于诺曼人的完整历史并不广为人知。“征服者”威廉深刻影响了诺曼人的身份。威廉是私生子，不与父亲一起生活。1066年，他登陆佩文西海岸（Pevensey Beach），征服了英格兰盎格鲁-撒克逊王国。

然而，还有另一次诺曼征服在某些方面甚至更加引人注目。就在威廉公爵发起侵略战争的6年前，一位贫困诺曼骑士的儿子们领军南下，建立了新的王国，其领土从意大利南部延伸到了突尼斯海岸。他们继承了维京先辈永不满足的野心，主导了一个多世纪的商业扩张，将巴勒莫（位于现在的西西里岛）变成了地中海西部的经济文化之都。最重要的是，在基督教历史的关键时期，他们推动教皇的势力迅速壮大，对欧洲认同的形成起到了关键作用。

对于出身低微的人而言，这是惊人的成就。坦克雷德·德·奥特维尔是鲜为人知的诺曼骑士，生活在法国北部地区。他没有什么能给自己的12个儿子，而他们也大都远离家园，前往南方寻找财富。初次抵达时，他们不过是卑微的雇佣兵，但很快便成为壮志凌云的中世纪领袖。无论是在一场战役中杀死锡拉库萨埃米尔的“铁臂”威廉，还是俘虏了一位教皇、几乎推翻拜占庭帝国的罗贝尔·吉斯卡尔——坦克雷德的儿子们既有雄心，更有韧性。为了扩张领土，他们展开了长达四分之三个世纪的征战，直至罗杰一世接受西西里撒拉逊人*的无条件投降，接受拜占庭皇帝的服饰和风俗，这场征战方才画上句号。奥特维尔家族的幼子去世时，他的家人们已经登上了巴勒莫、的黎波里、马耳他和安条克的统治者宝座，整个家族拥有欧洲最强大、最富裕的王国。

然而，奥特维尔家族的重要性不只在于这些富有传奇色彩的人物。他们属于诺曼历史的一部分，而诺曼历史则是更加恢宏的故事，展现了欧洲大陆的活力，昭示着这片大陆即将走上快速发展的道路。11世纪初，欧洲大部分地区都是农耕社会，政治上四分五裂、处于防卫状态，经济也不发达。三股非欧洲力量——拜占庭帝国、西班牙

* 虽然“撒拉逊人”最初是晚期古典时代用来表示“阿拉伯人”的词语，但是到了中世纪，它已经成为指代伊斯兰哈里发国任何（穆斯林）臣民的通用称呼了。

哈里发帝国和开罗的法蒂玛王朝，统治了地中海地区。英格兰属于斯堪的纳维亚文化圈，罗马陷于教皇统治早期的腐败和政治斗争中，而基督教世界正遭到强大的伊斯兰世界的攻击。

诺曼人到来后，仅经历一代人的努力，便将欧洲大部分地区由多国相争的纷乱之地变为文化统一、政治力量强大的地区。他们建立了盎格鲁-诺曼帝国，取代了过去拼凑起来的法国封地，领土从苏格兰延伸至比利牛斯山。他们发现意大利许多行省被伦巴第人、拜占庭人和撒拉逊人所控制，混乱不堪，于是便建立了统一的诺曼王国取而代之。拜占庭人被赶出意大利，撒拉逊人被逐出西西里，教皇势力的复苏开启了基督世界对伊斯兰世界的反击，引发了收复失地运动和十字军运动。

诺曼人的崛起，正值欧洲社会发生更加根本性的变化之际。从11世纪到12世纪，欧洲人口数量几乎翻倍增长。随着劳动力的增长，劳动分工进一步发展，行业协会纷纷成立，风车和船尾舵等技术创新发明先后问世。城镇的发展孕育了公社，催生了中世纪最早的民主试验。汉萨同盟（Hanseatic League）等贸易组织加强了西方与拜占庭和伊斯兰世界的联系，一定程度上再次把希腊学术引入欧洲，促进了医学和科学的发展。新式的哥特建筑从法国走向欧洲大陆其他地区，随后这些诺曼式修道院中孕育的改革运动促进了学术的复兴，因其影响之广，被后世称为12世纪的文艺复兴。俗语文学先后涌现，拉丁诗篇和罗马法律重新焕发光彩，欧洲第一批大学纷纷成立。诺曼人给亚平宁半岛带来的稳定，为改革派教皇格列高利七世创造了良好的条件，使他的普世基督教社会理念得以走出意大利，广泛传播，而统一欧洲的概念也随之产生。

奥特维尔家族参与了每一场运动，并推动运动的发展，引发了重要的历史事件，开启了欧洲崛起、支配世界舞台的历程。尽管取得了如此辉煌的成就，南方的诺曼人依旧不为多数人所知，和北方诺曼人相比显得黯然失色。绝大多数人对诺曼人的认知仅限于黑斯廷斯战役，而奥特维尔家族在欧洲发展中的主要作用却少有人探究。

这有些令人惊讶，因为奥特维尔兄弟是诺曼人的杰出典范：他们与生俱来的适应能力改变了欧洲。他们天赋不凡，能认识到哪些当地传统比诺曼人传统更优秀，并能将不同的文化和法律合为一体。或许因为他们自己就是聚居融合而形成的族群，诺曼人在他们居住的每一处都体现出这种实用主义的特征。

最初的诺曼人是斯堪的纳维亚的维京人，他们在数量上远逊于法兰克人，但很快学会了统治但不冷落当地人民。奥特维尔家族统治西西里时更加完美地运用了这一技能。他们原封不动地继承了伊斯兰和拜占庭的管理体系，将其与法兰克人的高效相结合，为西西里创造了罗马帝国之后又一个繁荣时代。他们由雇佣军转变为南方的君主，用战争换来了贸易和商业活动。第一次十字军运动时期，基督教世界内部分化，并与伊斯兰世界交战，在罗杰·德·奥特维尔的率领下，撒拉逊步兵、希腊将军和诺曼骑兵组成的军队保护了西西里王国。他的成功为奥特维尔家族统治西西里提供了模板。融合了诺曼、伊斯兰和拜占庭建筑风格的切法卢大教堂和蒙雷阿莱大教堂，至今仍证明着他的成功。

我们需要正视并记住这段历史在欧洲发展史中的地位。与征服英格兰的诺曼人不同，奥特维尔家族并没有公国的支持和资源。他们进程缓慢——历经30年大大小小的战争方才征服西西里——必须克服可怕的阻碍。但他们的决心最终获得了回报，事实证明，他们取得了持久的成功。他们的野心、贪婪和胆量常常令人厌恶，但不会让人提不起兴趣。他们在最不可能的地方——地中海的中心地带——搭建了连接东方和西方、基督教和伊斯兰教的桥梁，成为中世纪不可比拟的强大统治者，其强大的统治力至今依然鲜见。西方走出中世纪早期的动荡，变成全球重要地区，并率先开始创造现代世界，他们在其中起到了关键作用。这就是他们的故事。

引言
维京时代

Prologue
The Viking Age

哦，上帝，保佑我们和我们的财富，不要让野蛮的北方人破坏我们国家。

——圣瓦斯特或圣梅达尔的轮唱赞美诗

公元 793 年的一天，林迪斯法恩修道院的修士正在做晚间冥想，却被一幅令人惊讶的画面打断。夜空中出现一群凶狠的火龙，在这岛上的修道院上空盘旋，然后消失在黑夜中。随即电闪雷鸣，呈弧形出现在修道院的房顶，神秘的火焰映衬出整栋建筑。几周之后，这群龙再次降临，只是它们被刻在船头上。龙首船上岸后，大批野蛮人倾巢而出，他们手持利剑，上面刻着奇怪的如尼文。修士们逃脱不及，无论老弱，无一幸免，修道院亦遭到摧毁。他们抢走金银器具，从墙幔上扯下珍贵的法衣，为了寻找珍宝甚至将盛放遗骸的骨罐砸碎。这群侵略者将修道院洗劫一空，将战利品全部装船，迅速离开，正如来时一样。此时修道院一片狼藉，尸横遍野——正如一位教士后来所记载的——就像街上粪便满地。

然而，这不过是对暴风雨的一瞥而已。之后两个世纪，维京人在北欧地区发起数次猛攻，将各个王国冲击得七零八落，将海岸城市变成一片废墟。来自斯堪的纳维亚的异族勇士秉性完全不同，这令他们发动的野蛮袭击更加可怕。他们不同于大多数西欧人，没有接受基督教化；他们眼中的教堂绝非避难所，因而毫不留情。他们崇拜狂暴战士*之神奥丁，并因此而激发了狂暴的秉性。这些身形巨大笨重的勇士似乎感觉不到疼痛，没有武器就用牙齿和指甲继续进攻。他们身披狼皮或者熊皮，看起来就像来自寒冷北方的野兽，令人厌恶。

但这些狡猾的勇士绝不只是野蛮，他们也体现出不凡的才干。他们凭借自己的聪明才智革新了造船技术，不再需要龙骨，因此可以在最浅的河流中航行。这样的机动性才是他们最可怕的地方。长期被视为可免遭海盗攻击的内陆城市，也因此落入他们的攻击范围。

看起来没有什么能阻止他们的探索欲。这些维京冒险家一路向西航行，进入冰岛、格陵兰，最终来到今天大家所说的新大陆。他们在

* 那些在激烈战斗中不受控制地发狂的维京人，被称为“狂暴战士”。他们有时候会咬破盾牌，无视最严重的伤口，不分青红皂白，把朋友和敌人一起杀掉。

爱尔兰建立了都柏林，从阿拉伯人、西班牙人手中[*]夺去了塞维利亚，并进军非洲，袭击了摩洛哥海岸。他们航行至意大利海岸，将发现的最大城市洗劫一空，回到斯堪的纳维亚后便吹嘘自己征服了罗马。事实上他们占领的是意大利大理石贸易中心——卢纳（Luna），但这不是重点。所有城市都无法幸免。

英格兰盎格鲁－撒克逊王国是第一批受到冲击的国家。维京人迅速占领了约克和伦敦，杀死了至少两位英格兰国王[†]，向奥丁献祭。另一批维京人向东航行，找到了通往黑海之路，并以罕见的胆量尝试进攻强大的君士坦丁堡。这些维京人被拜占庭人称作“罗斯人”（Rus），他们在斯拉夫人聚居的东北欧地区开拓定居，并将这个地区命名为“罗斯”。

现在的法国北部地区是当年维京人主要的目标。对于热衷劫掠的北方人来说，没有比法兰克帝国更诱人的目标了。

到了公元800年，西方世界重建罗马帝国的梦想似乎已经成真。法兰克国王查理统一了现在法国、德意志、瑞士和意大利北部地区，建立了新的罗马帝国[‡]，并被教皇加冕，成为皇帝。法兰克帝国贸易繁荣，学术复兴，国库累积了大量财富。查理曼在首都亚琛修建了豪华的宫殿，金碧辉煌，令他的臣民们眼花缭乱。他甚至还考虑过迎娶拜

* 穆斯林军队于公元711年攻入西班牙。到8世纪末，他们征服了大半个西班牙，并且接着征服其余地区，直到1492年费迪南和伊莎贝拉的收复失地运动成功赶走他们。

† 诺森布里亚国王埃拉（Ælla）和东盎格利亚国王埃德蒙（Edmund）。他们被处以恐怖的“血鹰”之刑，敲断所有的肋骨，从伤口扯出肺叶，如同一双布满鲜血的翅膀，然后让他们活活等死。

‡ 历史学家通常将这个新国家称为"神圣罗马帝国"，以区别于过去的罗马帝国。可参考前面的说明文字“罗马、神圣罗马帝国、拜占庭帝国”。

占庭女皇，从而统一原罗马帝国的土地。查理曼于公元 814 年去世，彼时“罗马治下的和平”（Pax Romana）似乎将再次出现在横跨地中海的法兰克帝国。

遗憾的是，对法兰克人而言，查理曼的继承人无一可以与他相提并论，通过沮丧的法兰克人给他们起的绰号，就能明显看出这一残酷的事实。查理曼的长子路易一世绰号“虔诚者”路易（Louis the Pious），这已经是最好的，后来者便越发糟糕。路易一世去世后，“秃头”查理（Charles the Bald）、“口吃者”路易（Louis the Stammerer）、“胖子”查理、“瞎子”路易（Louis the Blind）纷纷登上历史舞台。

查理曼去世后，法兰克的统治者软弱无能，国家在绝望中走向分裂。法兰克既富饶又虚弱的特点十分致命，也迅速吸引了掠夺成性的维京人。到了 9 世纪末，法兰克频繁遭受攻击，许多海岸城镇被迫废弃，甚至连巴黎都曾短暂沦陷。无助的法兰克统治者们无力阻止维京人的步伐，只能依靠贿赂，请他们撤离。这一政策带来了灾难性的后果，国库面临枯竭，而维京人更加确信法兰克人确实软弱可欺。公元 880 年，法兰克遭遇最大的耻辱，查理曼的旧都亚琛沦陷，市民被迫目睹豪华的宫廷教堂成为维京人的马厩。面对如此危机，法兰克国王向维京人支付了大量金银（他对大多数敌人都是如此），变得富可敌国的维京人则费力地带着所有的战利品缓慢撤离。

这场胜利之后维京人的策略发生了改变。他们的理念由掠夺转为定居，而北部海岸则是尤为诱人的目标。法兰克军队根本不足为惧，维京人甚至可以围攻主要城市而不受任何实质惩罚。困难在于选择一个合适的定居点。维京人属于海洋——通常被遭其攻击的人称为“海狼”——因此任何永久定居点都不能远离海水。巴黎和亚琛或许是富饶的目的地，但它们远离海岸，无法建立合适的基地。讽刺的是，后来的一次失利而非胜利，反倒给维京人提供了一个理想之地。

第一章

诺曼人的领地

Chapter 1

The Northman's Duchy

法国圣瓦斯特编年史公元 885 年内容的开篇语句令人不寒而栗："北方人将怒火撒向这片土地。"如此评论实在太准确了。随着冬雪的融化，维京人用一系列疯狂的袭击持续冲击着法国海岸，其凶残猛烈的程度实属半个世纪之最。如此不同寻常的一年特别令人沮丧，因为法国人原以为他们的实力强于这些袭击者。四年前双方曾经交战，法国人在这场惨烈的战斗中消灭了约 8 000 个维京人。数年来外部威胁已经减弱，但到了 885 年，维京人发起了全面入侵。

一般来说，维京人的进攻部队人数不多。他们擅长打完就跑的流动作战模式，而小规模的部队也最大程度上确保了灵活性。然而，那年 11 月，超过 3 万名*维京战士对巴黎发动了突袭，让这座西岱岛上

* 这个数字来自唯一的目击者阿博·森纳斯（Abbo Cennus）。大多数现代历史学家都认为这个数字被夸大了，实际上人数应该在 1 万到 1.5 万之间。但无论具体入侵人数是多少，这都是截至当时欧洲大陆上发生过的规模最大的维京人入侵。

的都市惊骇不已。

维京人的组织从一开始就具有流动性。据说，一位巴黎使者前往谈判时竟然找不到相应的负责人。他要求面见首领，但维京人被这番话逗笑了，并对他说："我们都是首领。"维京人有一位实际的领袖（大家都称他为西格弗雷德），但没有人是法兰克人所承认的"国王"。与其说他们是一支军队，倒不如说他们是松散的战斗部队，只是为了掠夺这一共同愿望而联合。

维京人希望攻其不备，但经过数天的激烈战斗他们仍无法突破巴黎人的防线。结果，维京人的围攻持续了一年，最后失败，但全欧洲第一次见识了一位传奇人物。他的后代将统治欧洲大陆的两端，他的远亲坐在英国的王位上。他就是后世所熟知的罗洛（挪威语"Hrolf"的拉丁化称呼），一位可能有挪威血统*的小领袖。传说他体格庞大，那些可怜的维京马根本不堪其负。†因此他只能步行，从而获得了"行者"罗洛（Hrolf Granger）这个绰号。

与所有维京人一样，罗洛同样被财富的切实诱惑所吸引，参与了这场围攻。40年前维京人的传奇英雄朗纳尔·洛德布罗克（Ragnar

* 罗洛的祖先是一个富有争议的问题，一些人认为他的祖先来自丹麦，而另一些人认为应该是来自挪威。关于罗洛的最早的资料称他是一名丹麦人，但是这些资料将所有的维京人都称为"丹麦人"，而12世纪的北欧萨迦认为他是一名挪威人。诺曼人自身就这个问题也存在分歧。中世纪的资料在区分维京人的不同分支时通常都认为他的祖先是挪威人，因此本书作者也倾向于认同他是挪威人的后裔。

† 维京人通常是徒步行军，马一般只是被用来运送辎重，在少数路途遥远的情况下也供骑行。所以一般维京马要比欧洲常见的马匹体型小一些。

Lodbrok）凭借更少的人马洗劫了巴黎，带着将近6 000磅*金银——都由惊恐的法王所赠——满载而归。毫无疑问，参与围攻的维京人从小就听着朗纳尔的英雄事迹长大，也许还有一两个参加了当年那次征战的老兵。这是他们复制朗纳尔英勇事迹的机会。

如果说罗洛在巴黎一战成名，那么这要归功于他的决心。当维京人明显意识到战争初期不可能速胜时，许多人开始将矛头转向更加容易攻克的目标。到了第二年3月，维京人士气低落，西格弗雷德这位名义上的领袖降低了价码，只要求对手赠予60磅白银——与朗纳尔的6 000磅相差甚远——便停止围攻。然而，巴黎人听到传言称法兰克皇帝“胖子”查理正带着援军前来支援，重新燃起抵抗的斗志，因此拒绝了维京人的要求。西格弗雷德又坚持了一个月后最终放弃进攻，只剩下罗洛和一些次要领袖仍在坚持。

法兰克军队于10月抵达时，围攻已经进行了11个月。他们驱散了维京人的剩余力量。罗洛的部队被包围在巴黎以北的蒙马特尔（Montmartre），但“胖子”查理决定不再进攻，而是与其谈判。因为勃艮第省发生了叛乱，而查理远非一个成功的军事指挥者，所以他与罗洛达成了一项约白银600磅的交易，并派后者去掠夺叛变的领主。

这一协议符合双方的意愿，但对罗洛而言，征服巴黎的梦想实在难以抗拒。公元911年夏天，他再度杀回，对巴黎发起猛烈的进攻。他的大军曾在这里遭遇失利，这一次他希望用规模更小的部队获取胜

* 1磅≈0.45千克。——编者注

利。不出所料，巴黎的确难以攻占，因此罗洛决定换个地方试试运气，进攻沙特尔这个更合理的目标。

法兰克军队收到了危险警告，随即出征，与维京人在战场对峙。双方展开了惨烈的战斗，就在维京人即将胜利之际，城门突然打开，沙特尔主教怒吼着走出来，一手拿着十字架，一手拿着圣物，全城居民紧随他身后如潮水涌出。这突如其来的一幕扭转了战局。到了傍晚，罗洛被困在城北的山上。筋疲力尽的法兰克人决定第二天清晨结束战斗并撤退，但这个狡猾的维京人远未被打败。午夜时分，罗洛派出精锐部队进入法兰克人的大本营，吹响号角，造成进攻的假象。法兰克人在恐慌中惊醒，有的人手忙脚乱地抢夺佩剑，其他人四处逃散。维京人趁乱离开了。

到了黎明时分，法兰克人恢复了勇气，迅速追击维京人，以免其登上船只撤离。但这一次罗洛又早有准备。他让人屠宰了能找到的所有牛马，用它们的尸体筑成高墙。法国人抵达时，尸体散发的血腥味令他们的坐骑躁动不安，拒绝继续前进。双方陷入僵局，此时这位法兰克国王*“糊涂王”查理三世（Charles the Simple）给罗洛开出了惊人的条件。他将鲁昂及其周边土地赠予罗洛，以换取后者承诺改信基督教并停止袭击法兰克领土。

这一提议激怒了法兰克人，但协议双方都大有理由同意它。收买维京人的政策事实上已令法兰克帝国破产。超过12万磅白银进入维

* 查理曼的帝国已经四分五裂，而没有一位获得认可的“皇帝”。查理三世只是被加冕为西法兰克国王，也就是曾经的帝国中说法语的土地上的“国王”。

京人的口袋，大约相当于法国流通硬币的三分之一。此后国家已经没有更多金银用以铸币，人民也越发不愿将自己的财富交给王室征税官。对查理而言，更糟糕的在于个人权威也随着维京人的多次袭击而一落千丈。迟缓的王室军队不可能应对维京人打完就跑的流动作战策略。越来越多的臣民更加信赖地方领主，而不是遥远、反应迟钝的中央政府，因为地方领主才能提供直接的保护。当时王室的权威已经崩溃，封建公爵掌握了实权。如果查理允许另一次围攻巴黎的情况发生，他自己也会失去王位。然而，有一个办法有望解决所有难题。还有谁比维京人自己更适合阻止维京人的进攻？获得土地的维京人被迫要阻止其他维京人前来洗劫。罗洛将要面对保卫海岸这个令人头疼的问题，而查理则可以关注其他事务。

对罗洛而言，他也希望接受这桩交易。他和大多数维京人一样，可能从 15 岁左右就开始过着漂洋过海的生活，彼时可能年届半百的他也准备安定下来。当地的抵抗势力越发强大，他也几乎得不到更多的战利品了。数十年的持续征战使海岸地区遭到废弃，深入内陆则要冒着离开战船的风险。现在正是奖赏部下的时机，他将宝贵的土地赠予部下，并在此过程中获得他们的尊敬。罗洛迅速抓住了机会。

后人所知的《埃普特河畔圣克莱尔条约》让诺曼人获得了领土。谈判双方在一次会议中正式同意了这个条约，由此缔造了诺曼底公国，简称诺曼底。罗洛这个“维京军阀”同意和整个军队一起受洗，并按照礼仪向查理国王行礼。遗憾的是，他们在执行最后这一部分时明显有失风度。

依照传统礼仪，封建领主要获得承认，就需要向国王行吻脚礼，但罗洛并不打算这么做。查理伸出脚后，罗洛命令一个战士代表他去行礼。这个体格庞大的诺曼人抓住国王的脚，猛地拉到自己嘴边，倒霉的国王四脚朝天、仰面倒下。他们或许不知，这就是诺曼底公爵和法国君主未来关系的真实写照。

查理将馈赠土地视为暂时性的措施，希望将来可以收回。历史上曾有先例，馈赠的土地最多历经一代便被收回。然而，他不经意间发现罗洛是一个杰出的对手。罗洛迅速意识到自己拥有的是法国北部一片得天独厚的土地，那里有全国最好的农田。他和他的后人拥有与生俱来的超强适应能力。罗洛只用了10年，便完成一项壮举：将一帮自由散漫的袭击者转变为成功的骑士和领主。

与身边多数人不同，罗洛很清楚，要想在新家园生存，他必须要赢得法兰克人的忠心。这意味着他要放弃大多数维京人的传统，融入当地居民。他使用法语名字“罗贝尔”，迎娶当地女子，并鼓励部下效仿。不出一代人的时间，法语取代了斯堪的纳维亚语言，诺曼名字也几乎消失了。

然而，诺曼人没有完全忘记他们的维京血统。圣奥拉夫（St. Olaf）是斯堪的纳维亚人的传奇君主和挪威人的守护神，曾在鲁昂受洗。直至11世纪，诺曼人仍是维京战队的庇护者。但他们不再是过去的袭击者，他们的改变在军队中体现得最为明显。维京人步行作战，而诺曼人骑马杀敌。重骑兵的冲击不可阻挡，诺曼人掀起了征服占领的高潮，从不列颠北部一路冲向地中海东岸。

有一步改变需要更长的时间才能被人接受，但同样意义深远。基督教仪式庄重、光彩夺目，吸引了罗洛。或许他更多地将其视为一个机会而非信仰。在他同代人的心中，耶稣轻易取代了奥丁，这种转变也是可以原谅的。* 罗洛留给我们的最后印象是他把赌注寄托于来生。他用 100 名囚犯给奥丁献祭，然后给教会捐赠了 100 磅黄金。

第一代诺曼人或许只是初步地接触了基督教，但罗洛的后人却将其视为根深蒂固的信仰。尽管《新约全书》中“把另一边脸转过来给他打”所宣扬的宽容忍辱并不受维京人欢迎，《旧约全书》中的一些内容却吸引了他们。于是他们做出了严肃的选择，即信仰基督教。当东方的兄弟受到压迫、寻求帮助时，他们立即响应；诺曼士兵为第一次十字军运动贡献了大量火力。

公元 932 年，罗洛去世，给其子留下了丰厚的遗产。追随罗洛的维京海盗转变为诺曼人，所占领土变成合法国家，在这一过程中，他本人功不可没。尽管如此，不祥的阴云开始逼近。诺曼底没有明确的国界，周边都是虎视眈眈的掠夺者。罗洛在世时，实力派贵族尚且顺从他的意志，但他们不认为自己有理由继续向其子效忠。最令人不安的是，法兰克王室始终关注着鲁昂，试图找到理由收回这一失去的领土。

罗洛打下了诺曼底的根基，但国家的繁荣昌盛甚至生死存亡，都取决于他的后人。

* 在发现参加圣礼者可以获得一件免费的白色长袍后，罗洛的一些手下多次混入受洗者中获取更多的长袍。

第二章

建立公国

Chapter 2

Building a Dukedom

罗洛去世后，年轻的新公国处在十字路口。子承父业并非一个确定的事实，时年 32 岁的老兵、长子“长剑”威廉是显而易见的爵位候选人，但是领导权还需要努力赢取。

虽然罗洛一直是毋庸置疑的领袖，但是他的晚年并非春风得意。向东扩张的步伐数次受阻于毗邻的佛兰德斯伯爵，而“长剑”威廉则成为近在眼前的替罪羊。一些挑战其权威的反叛者遭到残酷镇压，随后威廉得以宣示自己的掌控权。多数叛乱源自他采纳当地文化。也许罗洛鼓励人们融入当地传统，但威廉以极不得体的方式抛弃了诺曼传统。他迎娶了查理曼的直系后人，宣示效忠法王，甚至开始自称“鲁昂伯爵”。

这一做法是典型的诺曼式叫嚣。《埃普特河畔圣克莱尔条约》只给予他“第一公民”的头衔，只不过是指一般的“领袖”这一类称呼。然而，威廉使用的法兰克头衔，证实了臣民最担心的法国化倾向，强大的佛兰德斯伯爵阿努尔夫（Arnulf）也感到了恐慌。

阻止诺曼人前进的铁蹄实属不易，因此面对野心勃勃的诺曼新领袖，阿努尔夫不想重蹈覆辙。随着威廉错误地选择干涉佛兰德斯内政，阿努尔夫决定解决这个麻烦，让诺曼底永远陷入内部动荡。他做出寻求和平的假象，将威廉诱骗到一座岛上讨论彼此的分歧，并借机将其杀死。

阿努尔夫不满足于除掉这位领袖，为了进一步打击对手，他请法王路易四世入侵诺曼底。威廉之子理查一世年仅 9 岁，显然无法组织像样的进攻。路易和阿努尔夫的联合部队大获全胜，夺回鲁昂，俘虏了理查，并将其作为战利品送至法王的宫殿。

要不是路易和阿努尔夫彼此不和，相互厌恶，诺曼底的历史本将就此终结。不久之后，阿努尔夫愤然撤军，没有佛兰德斯的支持，路易无望保持现状。随着诺曼部队对鲁昂发起反击，他不仅在战场失利，自己也沦为俘虏。诺曼人高兴地用路易换回了他们被俘的伯爵，将遭到羞辱的法王送回首都。就算路易没有吃一堑长一智，他也算是经受了些磨炼。理查一世乘胜而归，重返鲁昂，年仅 13 岁就掌握了父辈留下的遗产。他的统治持续了 49 年。

新伯爵面对的问题足以令一位成年男子感到沮丧，但他毫无顾忌地施展自己的宏图，赢得了“无畏者”的绰号。他很快便证明自己在法兰克的舞台上比父亲更加游刃有余。当法王决定再次威胁诺曼底时，理查请一群丹麦维京人洗劫了塞纳河上游地区。遭受数周劫掠后，国王终于领教了他的厉害，请求和谈。然而，理查想更持久地解决问题。查理曼的后代、加洛林王朝的国王们对新兴而自命不凡的诺曼底长期怀有敌意，因此理查帮助野心勃勃的贵族于格·卡佩登上王位，建立了卡佩王朝，这一王朝延续了300余年。总而言之，对于以加洛林国王阶下囚的身份开启政治生涯的理查而言，其人生运势的逆转简直惊人。

之后，理查将注意力转向内政。维护臣民的精神信仰是基督教君主的职责之一，但诺曼底的教会糟糕得可怕。上个世纪的动荡导致多数修道院遭到废弃，教士被迫离开教区。之后数十年理查在圣米歇尔、费康和埃夫勒（Evreux）重建教区，从欧洲各地引入了改革派修士。作为彰显教会重要性的标志，他甚至将幼子派往鲁昂教区——几乎其家族的每一位统治者都沿袭了这一传统。由于教会主导了教育，读写能力逐渐得以恢复。如今关于诺曼王朝的最早记录大多来自他在费康奠定的基础。

随着教士大量涌入，诺曼人的威望得以提升。理查逐渐不满足于“伯爵”的头衔。他先试着使用古罗马“执政官”的称号，随后又改用更为正式的“侯爵”。然而，他又发现了一个声望更高的称号。于格·卡佩曾是公爵——这一称号属于最伟大的法兰克人，在卡佩登上王位之后，这个头衔就空置了，于是理查顺势将其据为己有。尽管周边地区的历史记录者（毫无疑问翻着白眼）称他为“海盗公爵”，但这个头衔已经属于他了。

到了公元996年秋天，“无畏者”理查已掌权长达半个世纪，他的身体状况不断恶化。63岁的他已经比大多数同辈人更加长寿，没有太多人期待他还能活太久。他在巴约染病，随后来到费康，住进自己最喜欢的城堡。他庄严地正式选择了继承人，赤足步行至附近的教堂领取圣餐，并要求将自己葬在教堂的柱廊下。第二天夜里，他的疾病突然发作。侍从赶到时，他已撒手人寰。

他是令人敬畏的公爵，为诺曼底奠定了坚实的基础。在他的领导下，诺曼底在很大程度上成为一个基督教封建国家。他最大的成就或许在于让斯堪的纳维亚的后人相信，子承父业的正统原则显然比不稳定的强人统治更加可取。

他的统治时期也是诺曼底早期重要的历史分水岭。罗洛和“长剑”威廉的时代最多称得上神秘，传奇事迹多于历史事实。由于理查对教会的支持，教士们写起了编年史，当时的记载成倍增加。理查时代，传奇的迷雾逐渐散去，诺曼底开始进入史册。

毫无疑问，诺曼人感激他们长寿的公爵；他们几乎把他当成圣徒。后世盛赞他是穷人的支持者、孤儿的守护者、寡妇的保卫者、被俘的救世主。后来的传说甚至记载他夜游鲁昂，在黑暗的教堂外与恶魔对峙。然而，最崇高的称颂出现在理查离世一个世纪之后。《罗兰之歌》(*Song of Roland*)是法国史诗的巅峰之作，讲述了查理曼的故事。故事中的查理曼以“年迈者”理查的形象出现，蓄着白色长须，眼神清晰警觉。查理曼时期当然没有诺曼底公国，然而这首史诗完成之时，没有诺曼底的法国似乎成为法国人难以想象之事。

第三章

创造诺曼人

Chapter 3

Inventing the Normans

如果说“无畏者”理查为诺曼人赢得了公爵之位，那么他的儿子则为诺曼人赢得了身份。奇怪的是，这很大程度上要归功于英格兰。诺曼人为创造现代英国做出的贡献众所周知，但多数人并不知道反之亦然。英格兰对诺曼底的缔造和定义也起到了关键作用。

维京人最早发起对外攻击始于公元8世纪，不列颠群岛首当其冲；而且，英伦诸岛对维京人极具诱惑，他们派出一支强大的军队，意图完全征服这片土地。彼时盎格鲁-撒克逊人受制于诸国割据（通常指七个国家）的现实。不出数年，除了南方的威塞克斯王国，维京人几乎占领了整个英格兰。威塞克斯的沦陷似乎也不过是时间问题了，但幸运的是威塞克斯国王阿尔弗雷德是一位杰出的战略家，他成功地阻止了维京人前进的步伐。在他统治期间，他将势均力敌转为对其有利，逐渐并确实地击退了维京侵略者。如此巨大的成功为阿尔弗雷德赢得了“大王”的称号，他也成为迄今为止唯一获得如此崇高头衔的英国国王。然而，阿尔弗雷德最大的成就在于让维京人知道英格兰绝非唾手可得的囊中之物。因此，包括冒险家罗洛在内的下一批侵略者决定换个地方试试运气，便选择了进军法兰克。

阿尔弗雷德的孙子埃塞斯坦继承了其父的事业，将英格兰的统治扩大至苏格兰。他接受了苏格兰国王的投降，自称“全不列颠之王”。在强大的君主统治下，商业取代了劫掠，待到诺曼底进入理查一世时期，英格兰已经变得极为富裕。然而，英格兰人很快发现，他们没有足够多的领袖。

维京人的新一轮活动冲击着北欧和不列颠群岛，英格兰国王埃塞尔雷德转而选择经过检验但极具灾难性的方法：收买维京人。因此，人们送给他一个准确而直接的绰号——“决策无方者”埃塞尔雷德*。前来掠夺的侵略者发现，这里的金钱得来全不费工夫。他们只需要放火烧掉几个村落，就可以等待国王的代表送上黄金收买自己。

埃塞尔雷德的财富不足以持续不断地讨好维京人，因此他开始征收一种特别的税款“丹麦金”（字面含义为“维京人的钱”），用来收买维京人。如果行之有效，如此征税可能会被民众接受，但“丹麦金”令情况继续恶化。这样做不仅耗费了大量财力，而且完全打击了士气，因为它不仅没有打消侵略者的念头，反而激起了他

* 这是一个巧妙的盎格鲁-撒克逊双关语。“Ethelred”意思是“贤明的顾问”，“Unraed”的意思是“没有顾问”，可能暗指埃塞尔雷德没有从侍臣那里得到什么好的建议。

们的欲望。

在英吉利海峡对面的诺曼底，理查一世公爵也面临相似的问题，虽然没那么严重，但他也要考虑如何应对维京人。尽管文化上同根同源，然而这位诺曼底公爵最不希望看到不受控制的维京人破坏贸易、掠夺领土。数代诺曼底领袖都尽其所能，让其他基督教国家相信自己是已开化的基督徒；理查不可能一边欢迎异教徒的进攻，一边继续维持这一假象。此外，谁也不能保证维京人不会对他发起突然袭击。他们掠夺成性，而诺曼底本身足够富有。

当维京人强人所难地要求进入诺曼底港口，为他们从英格兰掠夺的东西寻找销路时，理查仍然在犹豫该如何应对。日渐衰老的理查左右为难。是积极反抗、激怒维京人，还是帮助他们，坐实外界沸沸扬扬的传言——诺曼人自身也不过是一群海盗？

或许是因为他觉得自己毕竟是维京人的远亲，或许他想竭力避免成为他们的下一个目标，总之不管出于什么原因，理查一世开放了港口。这不可避免地会引发争议，他也做好了面对的准备。

此举几乎立刻引发了争议。英格兰人尤其感到震惊，他们没有想到一位信奉基督教的国君竟然欢迎这群正在英格兰抢劫的强盗。他们呼吁教皇取消其授予诺曼人的一切，不过教皇并不愿意这么做，因为彼时他正致力于推行教会改革，而诺曼人正是其领土上重要的改革赞助者。然而，这一丑闻愈演愈烈，教皇派出代表面见理查，后者极不情愿地签署了协议，不再允许埃塞尔雷德的敌人们进入港口。但他无法彻底与维京人断绝关系；他指示商人们继续从事贸易活动，5 年后他去世了，将这一问题留给儿子来处理。

尽管严格来说，33 岁的理查二世是私生子，但权力交接的过程十分平稳。遗嘱决定继承的原则已经确立。重要的婚姻都是政治联姻，诺曼底公爵也采取同样的方式寻找情妇，与她们公开同居，并给予其子女合法地位。公众似乎已经接受这一点，视其为异教徒时代的习俗的残余，满足于顺其自然。幸运的是没有人真正挑战理查二世的权威，因为他很快就遇到了第一次真正的外部考验。

由于过去数十年在英格兰的劫掠如此轻而易举，丹麦人也深受吸引，于公元 996 年派出庞大的军队突然袭击威塞克斯，有计划地开始了长达 3 年的劫掠。当埃塞尔雷德筹集到足够的金钱劝其撤退时，维京人确定他们需要一个基地，以供未来继续开展进攻。他们想使用诺曼底的港口提供补给，于是要求理查二世点头同意。

理查和其父一样感觉为难，并得出了同样的结论。英格兰的“决策无方者”埃塞尔雷德开始感到恐慌。他已经掏空国库来贿赂维京侵略者，但结果是看着他们跨越英吉利海峡，获得友好的招待，并继续进攻。他不得不想办法关闭诺曼底的港口。向教皇发出请求显然没有效果，因此这位国王开始尝试外交手段。他提议：如果诺曼人同意关闭港口，自己就迎娶理查二世的未婚妹妹埃玛。

这是一个理查不可错过的大好机会，当然值得他为此得罪维京人，因此年轻的埃玛被送往伦敦。埃塞尔雷德自信地认为他最终解除了维京人的威胁，于是他突然对英格兰西南地区的丹麦人发起屠杀，随后大规模召集舰队，防止丹麦人报复。此后数月维京人没有采取任何报复行动，于是埃塞尔雷德改派海军去解决旧仇宿怨。理查二世本应是他当前的盟友，但多年来英格兰饱受维京人侵略时，诺曼人一直袖手旁观。这一次正是以牙还牙的时候，因此他派出一支部队突袭诺曼底海岸。诺曼人轻而易举地击溃了他们，随后埃塞尔雷德面临着更大的问题。屠杀丹麦人给了丹麦国王“八字胡”斯韦恩（Svein Forkbeard）最合适的入侵借口。由于埃塞尔雷德毫无必要地引起了理查二世的敌意，后者张开双臂欢迎斯韦恩来到鲁昂。双方正式结盟，立誓永远互不交战。随后斯韦恩继续前进，来到了英格兰，惊讶地发现自己几乎没有遇到什么抵抗。英国人对软弱的国王忍无可忍，加上斯韦恩已经是基督徒，因此当地人没有像看待维京人那样怀疑他。到了年末，丹麦人已经登上英格兰王位，而埃塞尔雷德、埃玛和两位幼子流亡至诺曼底，处境尴尬。

理查二世似乎很快意识到，与维京人缔约实在是过激的行为。历代诺曼底公爵都努力把自己打造成正统的法国贵族，而周边居民对他们的维京血统心存怀疑。现在，他们内在的维京人本质似乎暴露无遗。正统的基督徒和法国王公不会和维京国王缔约，不会和维京海盗进行贸易往来——当然更不会利用维京雇佣军威胁其他基督徒。

彼时理查才犯下这一过错，又卷入与布列塔尼的边界冲突，并请维京战士*助阵，更加深了法国周边地区的不满。（在法国人看来）其妹妹埃玛的做法也堪比理查二世公爵的可耻行为。流亡两年后，她的

* 其中的一名战士就是奥拉夫·哈拉尔德松，即后来的挪威国王和守护神。

丈夫埃塞尔雷德及其对手“八字胡”斯韦恩相继去世，于是她迅速抛弃幼子，正式和他们脱离关系，并与英格兰新登基的维京国王结婚。这些成为孤儿的男孩只得依靠自己生存，其中就包括未来的国王“忏悔者”爱德华。

显然，诺曼底正在成为斯堪的纳维亚人的势力范围，印证了法国人对这个新邻居的怀疑：他们到底只是半开化的族群。为了扭转糟糕的形象，理查二世主持编写了亲法国的诺曼底公国史。要扭转糟糕的公共关系，还有什么比要些小伎俩更有效呢？

诺曼人的历史被彻底洗白。罗洛在挪威出身高贵；其子“长剑”威廉由粗鲁凶残变成了文雅的统治者——一个虔诚的基督徒、和平爱好者，并光荣地殉道离世。理查一世是道德楷模，改革教会的同时保持独立自主，不受北方强势的影响。

公爵们包养公共情妇的癖好令人相当尴尬，但这些女人获得了“丹麦人妻子”的称号——史册称她们是旧维京异教徒时代的产物，而当时的统治者没有更好的选择。甚至连理查二世的母亲也被加以美化。她其实是理查一世手下一位权臣的女儿，随后成为公爵的情妇，以加强公爵与其父亲的关系。然而，在史书中她变成卑微的护林人之女，在公爵狩猎时与其邂逅，用美貌和美德俘获了公爵。

一位胸怀雄才大略的公爵需要这样的祖先，方才配得上最高贵的法兰克贵族血统。这些贵族也给予理查二世所需要的信任。他在鲁昂的宫廷封官加爵，任命的子爵、宫廷管家和治安官数量甚至超过法王。诺曼人的势力似乎一夜之间变得无所不在，他们干预周边地区冲突、陈述公爵的主张、扩张诺曼底领土。理查传达的信息非常明显，这些行动出自法国历史上的伟大贵族之一，即使他没有加冕，也几乎等同于国王。

理查二世以64岁高龄溘然长逝，彼时他已成功地将人们眼中维京人的流氓之地变成了法国最强大的地区之一。他是法王的朋友、英王的内兄，还有至少五子业已成年，足可继承其位。臣民对他颇有好感，称其为“好人”理查，这很可能是发自内心而非迎合官方。其他历代公爵不可比拟的是，他为诺曼人创造了属于自己的身份，为后世更伟大的成就奠定了基础。

第四章

阔气的恶魔

Chapter 4

The Magnificent Devil

中世纪统治者的去世往往会引发动乱，然而理查为权力继承做好了充分的准备。这位已故的公爵有 2 个兄弟和 5 个儿子，并不缺少可选择的继承人。长子理查三世显然是继位人选，并从一开始就接受培养，为继位做好准备。其父去世时，时年 30 岁的理查三世深受欢迎，他已接受过战争的检验，更重要的是他自己已有一子，可以保证下一代公爵爵位的顺利传承。他用诺曼底周边广袤的土地收买了叔父和兄弟们，每个人都完全满意，接受新的安排，就此安定下来。

唯一对新处境感到不满的是时年 17 岁的罗贝尔，理查三世最小的弟弟。他非常自信，精力旺盛，百分之百相信自己才是继位人选，但只得到了诺曼底中部法莱斯的城堡及周边的一些土地。他站在城墙上，宣称自己有能力统治一切听命于他的人。尽管叔父们均无意支持自己，罗贝尔仍决定反叛，沿乡村进军，一路破坏，直指目标。

理查三世没有心情容忍幼弟的侮辱，他率领大军出征法莱斯，迫使罗贝尔仓皇逃回城堡。令罗贝尔感到恐慌的是，理查的军队制造出一种攻城车，有条不紊地削弱了罗贝尔的防御。罗贝尔被迫忍辱负重，公开宣布投降，受尽惩罚后回到法莱斯，重建他最心爱的城堡。

理查战胜了他的弟弟，为日后进行更大的外交政变奠定了基础。作为其崇高地位的标志，理查与法王年幼的女儿订婚。但婚礼尚在筹备中，年轻的公爵竟染病身亡。人们很快便怀疑这是一起毒杀事件，并将矛头指向罗贝尔——他的野心众所周知，他的行为几乎无法证明自己的清白。因此，哥哥尸骨未寒，罗贝尔便将理查的儿子驱逐出皇宫，自己登上公爵之位，以求自保。

这一事件（不那么公平地说）使这位新公爵获得了"恶魔"罗贝尔的绰号。中世纪社会因恶疾频发而声名狼藉，其中不少疾病的暴发毫无征兆。但对中世纪而言，突然死亡是最可怕的命运之一。突然死亡意味着人们没有时间准备、忏悔或举办仪式，死者将毫无准备地面对可怕的"末日审判"*。这样死亡非常可怕，因此"愿你毫无征兆地死去！"成为中世纪最恶毒的咒骂。如果高层领袖意外死亡，人们定会怀疑此事绝非自然而然地发生。相应的解读往往取决于此人受欢迎的程度：腐败或邪恶的统治者一定是遭到神的惩罚，而被看好的统治

* "末日审判"是基督教教义之一，认为世界终结前上帝要对世人进行审判，凡信仰上帝和耶稣基督并行善者可升入天堂，恶人将被丢入地狱受永刑。——译者注

者则无一例外被认为是中毒身亡。

依照常理，罗贝尔是理查死亡的最大受益者，或许前者希望其兄死亡，但其实后者中毒身亡的说法并不是无懈可击的。罗贝尔夺取公爵之位的做法可以被视作罪行，同样也可以被归因于个人野心和实用主义，如此看来，他采取迅速有力的行动无疑避免了更多的杀戮与流血事件。此外，尽管个人名誉明显受损，毒杀的传言也伴随他的余生，但似乎没人觉得罗贝尔掌权有什么问题，甚至连与世无争的理查三世之子尼古拉也不例外。后来一位诺曼史学家用温和的口吻把这一事件概括为："罗贝尔因袭继承了爵位。"

然而，获得权力是一回事，统治则完全是另外一回事。罗贝尔曾不失时机地对贵族煽风点火，对抗理查，此时他自己则要为这些叛逆的贵族而头疼。未经许可而建造的城堡纷纷拔地而起，教会土地遭到没收。而罗贝尔则忙于惩罚当年没有支持自己的人，从一开始便无暇旁顾。他的叔父是鲁昂大主教，当年没有支持罗贝尔的第一次反叛，如今报复的时候到了。罗贝尔走进叔父的领地，罔顾其不断的抗议，毫不客气地将他逐出诺曼底，并没收了他的财产。如此轻而易举的成功鼓舞了罗贝尔，他将下一个目标指向自己的堂兄弟巴约主教，于是又一个倒霉的亲戚遭到流放。

没收教会财产的行为很难不引起罗马教皇的注意，被罗贝尔流放的大主教也来到罗马，请求对诺曼底实施禁罚。公爵的行为令矛盾进一步激化：他无视教士的抗议，将他们一一驱逐。关于教士遭遇的消息不断地传入罗马。教皇终于采取行动，对罗贝尔处以绝罚。

公爵无法参与圣事，其原罪也得不到宽恕。如果带着判决死亡，他将不能安葬于圣土之下，注定将暴尸荒野、骨骸腐烂，无法享受教会的祈福。所有的封建领主将不再有义务效忠于他。贵族不再需要服从他的命令，因为他是被处以绝罚的公爵。庇护他的人将面临被教会谴责的风险。

判决的可怕消息传到罗贝尔耳中时，这位公爵身在法莱斯，住在自己最喜爱的城堡中。然而此时的他根本无心过多关注此事，因为他刚刚遇见一位特别的女子海莱维（Herlève）。

罗贝尔在城堡上散步时发现了她，一个皮匠的女儿。据说当时她正在帮父亲干活，赤脚站在正在染色的衣服上，拉起自己的衣服，以免弄脏。当她发现公爵正在注视自己，便羞涩地将裙子拉高了些，用自己的美腿引诱罗贝尔。公爵被迷得神魂颠倒，命令一名手下悄悄地将她带来，经由后门暗中领到自己的房间。然而，海莱维声称自己要么光明正大地走前门，要么就不来。痴迷的公爵顺从了，海莱维身着最漂亮的衣服，骑着白马得意扬扬地进入城堡。如果海莱维要做公爵的情妇，那么她就得是唯一的一个，而且这一点要众人皆知。9个月后她给罗贝尔生下一子，兴奋的新爸爸按照第二代诺曼底公爵的名字，给孩子取名威廉。

社会地位的天壤之别，决定了罗贝尔和海莱维不可能结婚。罗贝尔很快发现，自己承受着巨大的压力，只得把她嫁给别人并断绝往来。一个世纪之前，情妇不是问题，但罗贝尔的父亲和祖父推动教会改革，改变了诺曼底的道德观念。然而，更严重的问题是他已经被处以绝罚了。每过一日，他的凡俗灵魂就越发煎熬，鲁莽如罗贝尔也无法摆脱这种巨大的压力。他收起自己的傲慢，召回他的大主教叔父，归还了其财产和土地。

此举是罗贝尔统治时期的巨大转折。正如莎士比亚笔下年轻的哈尔王子，他的鲁莽时期已成为过去，他决定像真正的公爵那样做。他把海莱维嫁出去，归还了教会的财产，并迫使目无法律的权贵效仿自己。他亲自出资捐赠大教堂，尤其是费康的教堂，并给予保护。

贵族拒绝任何形式的中央集权，但罗贝尔利用有力的外交政策剥夺了他们的势力。佛兰德斯伯爵被其子流放，罗贝尔趁乱入侵这一邻邦，表面上是为了恢复老伯爵的地位，实际上扩大了自己的影响力。第二年布列塔尼威胁圣米歇尔，于是罗贝尔运用同样的策略迫使布列塔尼伯爵公开承认自己的附庸地位。公元1033年，年轻的法王亨利一世在宫廷政变中遭到流放，这给了罗贝尔一个扩张诺曼底的黄金时机。亨利逃到最强大的支持者所在地费康，要求公爵施以援手。罗贝尔迅速调集部队，横扫千军，直逼巴黎。他击溃了叛军，将亨利送回王座。

这一年罗贝尔不仅展示了在欧洲大陆“拥立王者”的能力，还获得了跨越英吉利海峡的良机。公爵和盎格鲁-撒克逊王室关系紧密；罗贝尔的姑母埃玛嫁给了英王，而埃玛的两个儿子阿尔弗雷德和爱德华年纪稍长于他。理查二世公爵统治期间，一个名为克努特的维京人霸占了英格兰，将三位王室成员流放至诺曼底。他们在一起的时间并不长。幸存的埃玛返回英格兰，嫁给克努特，抛弃了两个儿子。他们只能自生自灭。

罗贝尔公爵的父亲处事谨慎，对英格兰外甥的命运不太关心，但罗贝尔与之年龄更近，同情这位表哥的境遇。出于自己特有的洞察力，他将兄长爱德华称为“英格兰国王”，并向克努特提出了一个令人尴尬的要求：支付他们的抚养费。克努特一笑置之——他可不会给威胁自己王位的敌人付钱，于是罗贝尔向英格兰派出舰队，以此继续威胁他。

第一次进攻与其说是精心策划，倒不如说是临时起意。公元1033年，诺曼底的舰队出发，但陷入暴风雨，迅速偏离航向，结果在布列塔尼中部的法国海岸登陆。诺曼人当然不会错失这个机会，罗贝尔率军登陆，迅速突袭了邻邦的领土。

公元1034年冬，25岁的罗贝尔已成为法国最有权势的领主。他聚集众多封臣，控制了邻邦，胁迫了一位国王，并将另一位国王送上王座——对于一个鲁莽的幼子而言，这是了不起的成就。他处在权力的巅峰，看起来即将成为诺曼底最强大的公爵之一。随后，罗贝尔在圣诞节宣布了令人震惊的消息，他指定8岁的私生子威廉为王位继承人，并称他自己即将奔赴耶路撒冷。

公众震惊之余，传言不可避免地传开，大家窃窃私语，说他出于内疚而前往耶路撒冷，这也戏剧性地证明他的确毒杀了兄长。无论如何，不管是出于内疚、冒险还是身心俱疲，罗贝尔都决定出发。去往这个目的地某种程度上比朝圣的想法更加惊人。罗马或圣地亚哥-德孔波斯特拉（Santiago de Compostela）更受欢迎，相比之下通往耶路撒冷的道路要穿过穆斯林的领地，不仅开销更高，而且危险得多。然而，公元 1027 年，拜占庭皇帝与耶路撒冷的法蒂玛统治者*达成协议，保证通往基督教圣地的朝圣之路畅通无阻。因此，前往圣地的人数激增，众多虔诚的信徒希望在耶稣受难千年纪念日之际及时抵达圣地。

对这次朝圣，罗贝尔或许已经考虑了很久。将公国交给一个孩子绝对称不上负责之举，但他还是决定前往，并做好自己能做的安排。他逐渐放手，让威廉扮演继承人的角色，并以威廉的名义赏赐礼物、签署文件。那时，在费康圣诞节的宫廷中，他要求群臣宣誓效忠，所有人都这样做了，无一例外、无人反对。罗贝尔对自己履行的义务感到满意，于是带上国库所有的钱，离开了诺曼底，再也没有回来。

他先穿过阿尔卑斯山，来到罗马，一路给各教堂馈赠重金，很快便获得了“豪华者罗贝尔”的称号。假如他继续南下，将遇到第一代迁往意大利“靴子跟部”的诺曼人。†但实际上，他很可能是前往海岸，乘船向东。公元 1035 年初，他抵达君士坦丁堡，将大部分时间用来在这座城市旅行，甚至面见了拜占庭皇帝。受到虚荣心的驱使，诺曼史学家称罗贝尔的财富震撼了拜占庭皇帝。离开拜占庭宫廷后，公爵继续前往耶路撒冷。他及时到达，刚好赶上庆祝圣周（Holy Week，复活节前一周）。

耶路撒冷有无数种方式让朝圣者花钱，而罗贝尔走遍了这座城市每一处。他前往圣墓教堂祈祷，折回耶稣受难走过的路。据说他的返

* 法蒂玛王朝是伊斯兰教什叶派建立的王朝，它的统治者自称是穆罕默德女儿法蒂玛的后裔。虽然它的主要领土在北非，但它在 969 年占领了耶路撒冷。

† 其中就有奥特维尔家族的长子威廉，后来被誉为“铁臂”威廉。

程之旅同样舒适愉快。初夏时分他抵达博斯普鲁斯，在美丽的小城尼西亚驻足停留。然而，他在这里意外染病，于公元1035年7月2日去世。为了继续美化罗贝尔，坊间开始传言称他中毒身亡。一位诺曼史官甚至虔诚地辩称，上帝带走了罗贝尔，因为“这个世界配不上他的好”。

罗贝尔的遗体安葬于尼西亚，直至公元1085年一个诺曼代表团将其带走。然而，这一次罗贝尔的遗体只到达了阿普利亚，因为代表团突然得知时任公爵也已经去世，所以便将其安葬于此，保留至今。

罗贝尔短暂的统治虽然成功，但也充满争议，他鲁莽、不负责任地离开诺曼底，前往东方，导致公国再次陷入内战。更糟糕的是，他无法真正令权贵臣服，所得到的不过是幼稚的誓言，因此年仅8岁的儿子威廉要独自面对周围经验丰富的权臣，孤立无援，处境危险。经过近10年的强势领导，诺曼底再次陷入混乱。

第五章

威廉公爵

Chapter 5
Duke William

私生子威廉本可能活不过童年。年仅 8 岁的他被父亲抛弃，成为诺曼底权力斗争中一颗无助的棋子。他被推到前台，面对着大批诺曼底封臣时，恐怕早已不知所措，不知道到底发生了什么。他唯一知道的就是父亲要离开了。他周围的这些人几乎毫不掩饰对公爵之位的野心，也不会让他高枕无忧。大多数人时时刻刻关注的是罗贝尔公爵，因为贵族们都想趁公爵不在时谋取更高的地位。

目前我们还没有找到这对父子离别时的对话（他们从此再未相见），但人们希望当时罗贝尔做出了缓和局势的努力，或许还建议、勉励威廉做一个真正的男人。公国的实际统治权当然会落入他人手中，然而这一刻来临时，威廉一定会因为父亲的不在和自己肩负的期望而感到恐惧。父亲渐行渐远的身影，必定带给威廉人生中最孤独的感觉。

当罗贝尔去世的消息传回诺曼底时，它对公国稳定的冲击已经有所减缓。罗贝尔于1034年圣诞庆典后离开耶路撒冷，第二年夏天去世，1035年8月这一消息传回诺曼底。彼时罗贝尔已经离开将近一年，贵族们早已习惯性地将威廉视为公爵。如果罗贝尔死于本国，威廉可能早就轻易地遭到排挤——毕竟罗贝尔本人就是用这种方式除掉侄子，获得权力的。

尽管威廉尚且年幼、经验不足，但事情并不像最初看起来那么令人绝望。他拥有两个非常重要的有利因素。首先，他众多的叔父、叔祖父和堂兄弟都公开表态承认他继任公爵，并宣誓效忠，尽管他们自己也企图登上这个宝座。这就意味着，他们无法公开违背效忠威廉的承诺，否则就会触怒民意——这毫无疑问保证了威廉性命无虞。其次，威廉手下有可靠的保护人。罗贝尔留给儿子一批精英，足以保护他平稳度过成年之前的统治时期。他们的首领就是威廉的叔祖父——大主教罗贝尔，他是这个家族的元老，也是诺曼底教会领袖。

正如外界预期，一个握有实权的监护人确保了诺曼底两年的稳定。大主教巨大的威望确保了平稳过渡，但教会人士的影响力毕竟有限。事实很快证明，诺曼底的内部力量大都随着威廉父亲的去世而耗尽。历代诺曼底公爵都知道，国家的和平需要贵族集团服从统治，因此他们严格限制封臣修建城堡。然而，罗贝尔统治时期，这样的规定几乎被完全打破。威廉的亲戚大多为伯爵，他们都拥有效忠自己的领地和不止一座城堡，但他们仍然想要继续修建城堡。罗贝尔的去世刺激了贵族的野心，他们利用威廉的财富扩张自己的势力。擅自修建的城堡纷纷涌现，遍布诺曼底，中央权威进一步遭到削弱，但身在鲁昂的幼主和他的谋士无力阻止。

威廉成为公爵的第二年，随着其叔祖父的去世，局势进一步恶化。随着大主教的去世，再也没有人具有掌控这批王公贵族的威望，他们为了权位互相争斗。此时，谁控制了威廉，谁就明显更具优势。因此之后几年，他们将年轻的公爵视作棋子，谁一时得势便将威廉控制在自己手中。

随着威廉的随臣互相争斗，动荡的局势逐渐蔓延。由于新城堡的建立，中央政府不可能掌控公国，甚至连小小的骑士都开始寻求自己的权力，以图建立实质独立的领地。更糟糕的是，他们也竞相软禁并控制威廉。

整整 10 年威廉不得安宁，被数量不断减少的保护人从一个据点推到另外一个。无情的绳索越系越紧。小公爵的老师在回家的路上遇害，一批谋士遭到屠杀。威廉最强的保护人阿尔法斯特之子奥斯本外交能力出众，是著名的“和平缔造人”，他甚至在病床睡觉时都采取了预防措施，仍不足以自保。一名刺客成功地从侍卫眼皮底下潜入，面对惊恐万分、正要喊人的奥斯本，直接割破其喉咙。

尽管另外两位保护人吉尔贝伯爵（Count Gilbert）和阿朗伯爵（Count Alan）得以团结起来维持了秩序，但在 1040 年吉尔贝死于围攻叛乱城堡的战役，第二年威廉的老师和阿朗也遭到暗杀。

威廉最终能幸免于难，是因为贵族们意识到动荡的诺曼底更符合他们的利益。弱小的公爵不会构成威胁，绝对是比强硬人士更好的选择，因为后者将不可避免地利用刺杀行动获取权力。贵族真正想要的是在自己的地盘上不受打扰，而年轻的私生子威廉几乎无法干预他们的事务。最好能让威廉因害怕而逃跑，贵族们便可为所欲为。

主教贝莱姆的伊夫二世（Yves Ⅱ of Belleme）便是一位可憎的权贵。为了迎娶一位更出众的女子，他杀害了妻子，还在公国境内培植自己的势力，确立了自己的地位。面对鲁莽入侵自己领地的政敌，伊夫一路追杀至附近的大教堂，并强行闯入。由于大门结实，手下的骑士无法破门而入，他便将教堂烧成灰烬，困在里面的敌人自然不能幸免。伊夫似乎从来没有想过这样的做法对一名主教而言很不合适——即使是像他这样世俗的主教。贝莱姆的主教和其他贵族一样，不能容忍任何挑战自己权威的行为。

彼时中央权威已彻底消失。任何人只要控制了当地的城堡，也就控制了周边地区，动荡的局势刺激了邻邦的野心和掠夺欲望。威廉的亲戚布列塔尼公爵声称罗贝尔在前往耶路撒冷之前便委托自己照顾威廉，这种说法显然不实，他自己无法自圆其说，别人也不会相信。也许布列塔尼公爵预料到了这种反应，便顺势入侵诺曼底，但刚越过边境他便去世了，威胁也随之消失。然而，更可怕的袭击随之而来。法王亨利一世时称“城堡掠夺者”亨利，试图控制塞纳河谷。他在追击越过诺曼底边境的敌军时，要求诺曼人迅速移交一座城堡，作为进军的基地。威廉的保护人被这一阵势吓坏了，立刻遵从照办。但法王随即拆毁了这座堡垒，并按照自己的喜好重建，其中不乏武力威胁的意味。

法王的闯入引发了叛乱。许多贵族对公爵的亲人和保护人的贪婪感到厌烦，转而聚集到法王的旗下，希望他能进行更有效的统治。就连公爵的出生地法莱斯也被叛军占领。他们加强了法莱斯的防御工事，效忠法王。

随着局势越发令人绝望，一个默默无闻或者说不被期待的人物突然出现了。按照当时计算年龄的标准，威廉已经15岁，他准备展示自己的权威。威廉重整人马，将叛军赶出法莱斯，并带领部下英勇地打击了主要的谋反者。亨利国王感觉到诺曼人的忠诚已出现动摇，自己也没有做好持久作战的准备。他声称已经宣示了自己的权力，证明了自己的态度，之后便率部撤退了。

威廉最终崛起并成为强大的领袖，这并不奇怪。他一定积蓄了足够的力量，才能确保自己在艰难的童年存活下来。他对傲慢的保护人没什么耐心，尽管是他们替自己行使统治权。他解散保护人，召集了一批新的谋士。这些人大都年轻有为，愿意永远追随威廉，有一些后来则成为英格兰的大领主。

然而，威廉的做法非常危险。被遣散的保护人大都是公爵家族的成员，他们不可能容忍威望的丧失和被“新人”取而代之的羞辱。有人甚至要求登上公爵之位。一种新的观念悄然形成：毕竟公爵也可以被废黜。

起初他们试着客气地请求恢复自己的地位，但随着威廉确定无疑地、持续地表现出要独立的意愿，他们意识到形势正在改变。对伊夫二世等人而言，现在只有一条路：公爵必须死。

公元1045年，一次刺杀行动失败，主要原因是行动成员的组织混乱，然而这反倒坚定了他们的决心。他们推选威廉的亲戚勃艮第的居伊（Guy of Burgundy）为首领，进一步制订了刺杀计划。计划的关键在于速度。到公元1046年时威廉已接近18岁了，他们感觉到机会正在溜走。当威廉前往诺曼底西部地区狩猎时，这群阴谋者郑重发誓，在他回到住所的晚上将其刺杀。

幸运的是，一名弄臣无意中听到了他们的谈话，提醒公爵不要返回。威廉小心提防着随从，迅速逃跑。他避开了主路和城镇，蹚过河水，拼尽全力穿过树林。在里村（Ryes）他遇见了一位友善的地方领主。这位领主送给威廉一匹脚力强健的马，并派三个儿子护送他。他们一行四人安全地抵达法莱斯，威廉得以躲进城堡避难。

彼时半个公国都起兵叛变，威廉不知道自己能信任谁。他在绝望中向他的宗主——“城堡掠夺者”亨利国王——寻求帮助。事实证明这个惊人的决定非常精明。由于封建体制下欧洲的同盟关系随时都在变化，二人之间的恩怨已经不那么重要了。强大的国王需要控制诸侯，因此亨利完全有理由支持威廉。靠王权支撑的弱小公爵绝对比勃艮第的居伊这种位高权重的强力竞争者更好，因此亨利召集军队，加入了位于法莱斯的威廉军队，组成联军。

联军和叛军在瓦尔斯沙丘对峙，孤注一掷展开激战。尽管叛军之中也有人叛变，但仍拥有相当的数量。然而叛军缺乏协调，因为居伊无力要求自己和其他贵族如己所愿交出军队。在初期一次小规模战斗中叛军曾把国王拉下马，但国王的军队重新集结，经过数小时激战，叛军分崩离析。失利的叛军试图越过附近的河流*，却遭到王室军队屠杀。

尽管勃艮第的居伊成功地逃到布里奥讷（Brionne），并坚守数年，但叛乱仍被有效地平息了。较小的贵族被流放，较重要的贵族被赦免，送回宫廷。对威廉而言，他想充分利用这次胜利，迅速着手强化个人权力。在中世纪时期，宣誓是一种有力的方式。或许是依稀想起了当年圣诞仪式上的父亲，威廉在他获胜的地方附近举办了“和平会议”。这是一次室外会议，奥恩河岸堆满了叛军的尸体，有效地向贵族们展示了公爵的实力。威廉派出所有手下，全程参与会议。教士们肃穆地抬着附近修道院的宝贵圣物走过，贵族们聚集一堂，宣誓尊重和平。

这是一项重大的成就。作为纪念，威廉在这里修建了一座致力于维护和平的小教堂。

年轻的公爵完全有理由骄傲。尽管年仅20岁，但他在充满磨难的童年中做到了看似不可能的事情，成功地生存下来，并成为不可忽视的力量。无视法律的内讧局面并未完全结束，仍然有人把他视作可以控制的棋子，但威廉已经在稳定公国局面的道路上取得了重大进展。此时，他有生以来第一次开始考虑婚姻大事，以确保诺曼底王朝的未来。

中世纪的权贵婚姻是由他人选定的政治联姻，在这种情况下几乎不会考虑个人感情的因素，但威廉拥有难得的自主权。他的父亲已经去世；母亲的地位不足以施加任何影响；谋臣们要么和他同龄，要么

---

* 许多人在此溺死，河道被堵塞，以至于下游几英里（1英里≈1.6千米）处的一座磨坊不得不停止运转。

已经失去信任并遭到罢免。那个时代他是为数不多可以自己选择妻子的统治者。威廉决定先经过教会的批准，避免重蹈父亲的覆辙。

如果威廉为爱结婚，他也可以足够务实，将其转变成政治优势。经过一番搜寻，他看上了邻邦佛兰德斯公爵美丽的女儿、法王的外甥女——玛蒂尔达*。这绝对是令人激动的联姻。她与威廉年龄相仿，自身实力强大，显然二人会一生忠于对方。威廉是一个与众不同的诺曼底公爵：他没有情妇，也没有私生子。

然而，二人成婚之前遇到了一个潜在的问题。威廉和玛蒂尔达是五代表亲，但教皇禁止七代以内近亲通婚。此外，玛蒂尔达的母亲被发现曾与威廉的伯父订婚。尽管二人最终没有成婚，但仍被视作违反近亲通婚的规则。

这些问题在中世纪普遍存在。由于婚姻通常在同一阶层成员之间订立，因此各王室之间的关系并不复杂；几乎所有王室成员彼此都有血亲关系，所以多数时候大家对此都客气地视而不见，除非出于政治原因表示反对。

然而，教皇利奥九世有许多理由给诺曼人制造困难。作为第一位伟大的改革派教皇，他认为统治者应成为民众的榜样，但诺曼底因其神职人员的恶行而声名狼藉。除了买卖圣职的猖獗，这些世俗的神职人员完全不尊重自己的教徒。诺曼人的暴行激发了源源不断的抱怨，也引起了教皇的注意。就算是出于个人原因，教皇也不能视而不见。

---

* 同时她也非常矮小，她的身高只有约 126 厘米。

一方面，教皇要依靠神圣罗马帝国皇帝*亨利三世的支持，而当时亨利与玛蒂尔达的父亲产生了争端。更重要的是，对教皇而言，抵达意大利的诺曼雇佣军日渐成为一个大麻烦。这支雇佣军由残暴的汉弗莱·吉斯卡尔（Humphrey Guiscard）和罗贝尔·吉斯卡尔兄弟统领，实力与日俱增，引起了所有人的担忧，甚至连教皇都准备亲自带领一支盟军将其逐出意大利。因此，当威廉请求教皇同意这桩婚事时，教皇却召集委员会谴责买卖圣职的行为——显然是表明不同意。

当然，诺曼底大多数主教都缺席了这次会议。他们几乎都违反了教会规定，拥有情妇、言行失检，不愿意面对教会的谴责。参加会议的主教将坏消息带回诺曼底：教皇明令禁止这桩婚事。

但威廉继续准备婚事，并于次年举办私人仪式与玛蒂尔达成婚。他没等多久，政治风向已然转变。汉弗莱和罗贝尔兄弟击溃了教皇的大军，俘虏了教皇。一年后利奥去世，继位的教皇认为与诺曼人讲和是更为明智的决定。威廉承诺修建两座修道院和一些慈善机构，作为交换，教皇正式同意了这桩婚事。

彼时威廉已专心关注其他事情。安茹伯爵已经进军毗邻的曼恩，占领了边境地区的几座城堡。诺曼底和邻邦都受到威胁。法王亨利向来忌惮过于强大的封臣，于是与威廉组建了一支远征军，阻止安茹伯爵继续前进。威廉抵达后，一座毗邻城市的居民做出了糟糕的决定：将兽皮挂上城墙并用棍棒击打，嘴里高唱“皮匠的皮拿去卖”——

* 查理曼的“罗马人的皇帝”头衔于962年被德意志国王奥托一世夺走。

非常隐晦地讽刺了威廉卑微的出身及其母亲的职业。愤怒的公爵做出了回应：他抓了 32 名战俘，当着全城人的面砍掉他们的手脚。剩下的人很快投降。

整个战争过程短暂（如果诺曼人的资料确实可信），骑着战马的威廉展示了自己的英勇和驾驭力，连安茹伯爵也深深折服。在一次战役中，这位诺曼底公爵只派出两名孩童潜入城堡放火，便赶走了守军。然而，他的足智多谋最终导致事与愿违。威廉的进军速度令亨利国王感到不安。亨利迅速转变立场，与安茹伯爵结盟，掉转矛头攻击狂妄的公爵。

国王的背叛令局势变得尤为危险，因为巧合的是威廉的两位叔父也同时叛变。所以威廉决定撤军，等待时机。法王没有遇到任何抵抗，对自己的成功非常自信。亨利将军队一分为二，让他的兄弟带领其中一支进军鲁昂，自己则带另一支清剿乡村地区的守军。但不幸的是，国王的兄弟完全不堪大任。

抵达诺曼底后，他甚至连最基本的夜间防卫都放弃了。他的军队在小村庄莫尔泰梅（Mortemer）安营扎寨，士兵们放松警惕，饮酒作乐，醉酒后不派任何人站岗守卫便倒头大睡。午夜时分诺曼底军队发起进攻，这支军队几乎全军覆没。威廉把战果告诉了亨利：他派一位使臣爬到树上，高声宣布战况，消息传到了亨利的军营。于是亨利谨慎地撤军了。没有了法王的支持，叛乱失败了。

如果说有什么改变的话，那便是亨利的这次失败令威廉更加强大。公爵的军队名望大增，震慑了他的封臣，降低了叛乱的可能性，强化了公爵对领地的控制。他在胜利之后对叛徒宽宏大量。两位叛变的叔父遭到流放，但他们都获得了可观的薪俸，数额与公爵之子获得的相当。

然而，亨利与威廉的恩怨没有了结。法王之前明显低估了这个危险的年轻人，他需要尽早削弱威廉的威望，以免其变得过于强大。公元 1057 年，他再次与安茹伯爵结盟，进军诺曼底南部，决心推翻威廉。这一次，所有的盟军整合为一支军队，统一向海岸地区进军。

此时诺曼底已无叛乱之忧，因此威廉的处境要强得多。但他不想拿自己新建立起来的公信力作为赌注，与一支规模更大的军队对抗。他很愿意玩拖延战术，不与法王的军队交锋，直至良机出现。这一策略再次奏效。国王不知道当地的潮汐情况，当他率军穿过一片布满沼泽的河口时，上涨的水位将军队一分为二。威廉发起突袭，令困在水中的盟军一片恐慌，许多士兵溺死在海中。国王和伯爵无能为力，只能在对岸眼睁睁地看着灾难发生。

这场失利严重打击了法王的威望，尽管他成功逃离诺曼底，但从此不复往日的荣光。三年后，国王和安茹伯爵相继去世，法兰西的政治局势急剧变化。新国王年仅 8 岁，安茹伯爵更是死后无嗣。伯爵的两个外甥为了争夺权力发动了内战，狡猾的威廉则尽其所能将事态延续。威廉公爵有生以来第一次远离外部威胁。

此时的诺曼底前所未有地自信。尽管局势动荡，但它比周边邻邦更加富裕，吸引了杰出的移民纷纷涌入。来自帕维亚（Pavia）的知名教师兰弗朗克带来了年轻的圣安塞尔姆（St. Anselm），推动了迅速遍及法兰西的文学复兴。一个庞大的犹太人群体定居鲁昂，将这里发展成商业中心，奢侈名酒的贸易走向繁荣。收入的增长使贵族受益，他们反过来修建新的修道院和教堂，进一步促进了学术复兴。

威廉正遇上人生中独一无二的重要机遇。30 岁出头的他没有内忧外患的挑战，国库充盈，拥有一个自信的公国，似乎一切都在他的掌控之中。快活而自信的他将目光投向了英吉利海峡对岸的富庶王国。

第六章

盎格鲁-撒克逊王国

Chapter 6

The Anglo-Saxon Kingdom

英格兰是正待采摘的成熟果实。60岁出头的“忏悔者”爱德华身体状况糟糕，膝下无子，看来时日无多。对威廉更有利的是，这位老国王显然支持诺曼人，身边都是诺曼谋臣，并将至少三个教区的主教职位和一个伯爵爵位赐予了法国人。爱德华比威廉年长二十多岁，是威廉的表亲，长期流亡诺曼底，并与公爵家族建立了密切的关系。按理说二人可能关系紧密，爱德华甚至可能提议威廉为自己的继承人。* 然而，这位诺曼底公爵并非公元1066年唯一觊觎英格兰王位的人。

长期以来英格兰的实权都不在国王手中，而是由一个叫作戈德温

* 诺曼人的资料显示爱德华想让威廉成为他的继承人。即便考虑到爱德华对诺曼人的支持，这也难以令人信服。事实上，在其统治期间，爱德华对许多人许诺了继承权。这种做法虽然危险，却也十分精明，能够削弱戈德温家族的影响力。

的重量级人物掌握。他的身世不为人知——似乎故意不说清楚。他第一次登上政治舞台，是在“忏悔者”爱德华的父亲“决策无方者”埃塞尔雷德被逐出英格兰，危机爆发期间。维京国王克努特入侵英格兰，在随后的战争中戈德温选择为盎格鲁-撒克逊人的抵抗提供支持。这本该终结他的政治生涯，但这位狡猾的英格兰人辩称正是顽强的反抗才真正证明了自己的忠诚，而且居然说服了克努特。毕竟，英格兰的权贵都宣誓过忠于本国国王，但大多数人在局势开始不妙时纷纷转投克努特。谁敢说他们将来不会同样背叛自己的新国王？然而，戈德温恰恰相反，他坚守自己的誓言。

也许是受到这番说辞或者其本人的打动，克努特封戈德温为威塞克斯伯爵，并把他作为谋臣留在身边，甚至让其陪同自己返回丹麦。公元1035年，随着克努特的去世，戈德温已经成为国家最有权势的人物之一，他仍然身居高位，在克努特两个儿子先后统治期间继续担任谋臣。这一时期他开始与“忏悔者”爱德华产生交集。

爱德华和弟弟阿尔弗雷德随着父亲的流亡而客居诺曼底。生活在英吉利海峡对岸的兄弟二人，成为令克努特之子“飞毛腿”哈罗德（Harold Harefoot，又称“兔足王”哈罗德）头疼的王位竞争对手。哈罗德写信邀请二人返回英格兰，在信中暗示可以协商分享权力。爱德华似乎找不到合适的护卫陪同前往，但阿尔弗雷德迅速返回英格兰，结果当即被戈德温的手下逮捕。戈德温掌握着反对者的命运，情况十分有利。如果他选择支持阿尔弗雷德，也许就可以掌控未来的新政府。但相反的是，他已经享有权力和威望，支持一个乳臭未干的流亡稚子没有什么意义。因此戈德温忠实地将阿尔弗雷德交给国王。随后，阿尔弗雷德眼睛被刺瞎，不久便死去。

也许这是正确的政治策略，但谋杀阿尔弗雷德一事激怒了公众，从此玷污了戈德温的名誉。他宣称自己是无辜的，谎称没有亲自采取行动，但也无法洗清自己的罪名了。这是一个严重的问题，因为维京人在英格兰的统治时间出人意料地短暂。“飞毛腿”哈罗德在位五年便因病去世，其兄弟之死则更加令人印象深刻：彼时他正要在婚礼上为新郎新娘祝酒。

于是，丹麦国王成为最接近王位的男性继承人，但英格兰越发厌倦维京人的统治，期待着本土王朝的回归。政坛幸存者戈德温选择支持仍流亡诺曼底、不被看好的爱德华。此举非常高明。年近 40 岁的新国王生性懦弱，极易摆布，而野心勃勃的戈德温胸怀大略。英格兰有 6 个较大的伯爵爵位，而戈德温意图让 6 个儿子获得这些爵位。更有利的是，爱德华仍然单身，而戈德温正好有一位适龄的女儿。如果他自己无法登上王位，至少也能成为王朝的奠基人之一。

最初几年一切都按照戈德温的计划进展顺利。女儿成为王后，他的家族掌控着英格兰三分之二的土地，两个儿子成为权倾一时的伯爵。戈德温没有料到国王爱德华对自己的专横早已深恶痛绝——特别是国王至亲之死和他脱不了干系，而这一点众所周知。

爱德华还有更多憎恨戈德温的理由。这个讨厌的家族从来没有离开国王的视线。他们在他的王宫周围，在他的议事厅，甚至在他的床边。没有他们，爱德华根本无力统治，但他也尽其所能地反击。戈德温的长子斯韦恩是家族的败类，一次他绑架并强奸了一名修女。爱德华趁机公开批评了这位权臣。然而失宠的斯韦恩无视指责，又杀害了自己的堂兄弟，于是国王不顾戈德温的极力抗议，将这位年轻的贵族流放。第二年伯爵的处境更加糟糕。国王身边一位诺曼谋臣卷入多佛（Dover）的一桩事件，令几个居民丧命。由于多佛是戈德温的领地，国王聪明地命令他对这座城市加以惩罚。戈德温意识到国王试图激怒自己的臣民，也感觉到公众对爱德华身边外国谋臣的不满，于是他断然拒绝，并集结军队。

宫廷上反对诺曼人的气氛本应该十分紧张，但这一次伯爵严重地误判了形势。尽管互相仇视，但务实的英格兰人并不愿为了这些不受欢迎的法兰西人陷入内战。随着国王召集起自己的军队，戈德温的军队开始瓦解。众叛亲离的局面令他深感震惊。戈德温问国王自己要怎么做才能恢复和平。爱德华的回答想必令他毛骨悚然。据说他的答案是：“把我的弟弟阿尔弗雷德还给我。”

戈德温携带大部分个人财富，循着唯一可行的路线逃离了英格兰，彼时他拥有的财富几乎可与国王匹敌。尽管遭受挫折，但这位伯爵仍有不少有利条件。国王也许一时势头正盛，但不会持久，而戈德温还有强大的盟友，正在国内调解冲突。

然而，最重要的因素在于国王本人。爱德华向来不善于挑起冲突。他经常愤怒，但之后会变得温和，通常会原谅所有人。他过于懦弱，经常让步；戈德温迟早会卷土重来。

事实证明，戈德温的流亡生涯只持续了一年。他在佛兰德斯避难的同时，干练的儿子哈罗德来到爱尔兰的家族领地，寻求额外支持。随后他们二人返回英格兰，一登上海岸便受到英雄般的欢迎。诺曼人的宫廷影响力令民众的不满情绪再次升温，人们纷纷投到戈德温的旗下。双方再次集结军队，戈德温高声宣示自己的清白，但这一次声势可不在国王这边。他的召唤大多遭到无视，最后显然他不得不对伯爵妥协了。

戈德温交出一子一孙作为人质，并再次发誓自己与阿尔弗雷德之死毫无关系。国王则极不情愿地宣布恢复他的权位和荣誉。戈德温大获全胜，唯一美中不足之处便是人质的命运。他们被一位诺曼大主教保护起来，但由于宫廷中反法情绪的蔓延，这位主教带着两个男孩逃回诺曼底。威廉公爵俘获了他们，旋即声称他们是被移交给自己的，体现了对他登上公爵之位的支持。然而，彼时威廉只是一个遥远的威胁，因此并没有得到多少重视。

这次行动的压力影响了戈德温，他的健康状况迅速恶化。在第二年的复活节宫廷活动中，他突然中风，丧失了行动能力，不久便去世了，时年 60 岁。*

幸运的是，戈德温仍有四个儿子人在英格兰。年纪最大的哈罗德迅速继承了父亲的权位。经过他的稳妥处理，宫廷的紧张局势逐渐平息。新伯爵刚刚 40 岁出头，身材高大，英俊潇洒，更重要的是他太过年轻，不可能牵涉阿尔弗雷德之死。看起来他平易温和，善于缓和

* 根据诺曼人的政治说辞，戈德温在愤怒地否认他参与谋杀阿尔弗雷德的陈年指控时，被一片面包噎死了。

众人的情绪。根据一部关于他的生平传记，他“能妥善地处理矛盾，从不报复”——这一特质在任何时代的权贵身上都很少见。

哈罗德过于低调，不露声色，无法像戈德温那样粗暴地支配国王。相反，他似乎利用自己巨大的领导魅力为爱德华频繁的失态而道歉，安抚那些被冒犯的贵族和邻邦，缓和国王愤怒的情绪，维护他的自尊。按照11世纪的标准，哈罗德具备良好的教育背景。他收藏了一批驯鹰术书籍，可能通晓法语、挪威语、佛拉芒语、英语和一些拉丁语，在沃尔瑟姆（Waltham）建立并赞助了一所世俗大学。他周游各地，甚至前往罗马朝圣。据当时记载，他“带着警惕的嘲笑，一路穿过各种埋伏，奔向目的地”。

由于年事已高，爱德华将日常政务转交哈罗德处理，自己则全心关注威斯敏斯特大教堂的修建——这是他统治时期的一项宏大工程。哈罗德掌管国事的地位得到公众的普遍认可。他被称作“subregulus”，意思是“一人之下万人之上”，人们甚至称他为“Dei Gratia Dux”（承上帝洪恩的公爵），这样的称呼通常只有王室才能使用。事实证明，他是一位细心的总管，处理外交事务比爱德华更加有力，这主要归功于他的铁腕领导。与国王不同，他也是一位优秀的勇士，愿意在必要的时候准备战斗。他在威尔士边境（Welsh Marches）* 初试牛刀，英勇不凡，他的劲敌的首级被当作礼物献给他，以求得和平。然而，和所有贤能统治者一样，他知道暴力的局限性。如果可

* 威尔士边境是中世纪英格兰和威尔士之间一段崎岖不平的边界，而且众所周知，非常不好控制。

以，他总是更倾向于不流血的协商。哈罗德用非暴力手段平息了至少三起叛乱，这些都是他外交智慧的成果。

到了公元1057年，“忏悔者”爱德华显然不会育有子嗣了。出于个人意愿或是生理缺陷，这位国王从未与戈德温的女儿同房。有人认为，抗拒戈德温的女儿是爱德华反抗他的一个小小尝试，但导致的实际结果是国家要开始寻找王位继承人了。他们发现王室有一位男性亲属生活在匈牙利，于是派出一个代表团将他接回国。然而，此人抵达英格兰不久便去世了，只留下一个5岁的儿子埃德加。显然，这个男孩过于年幼，无法继承王位，但这一危机看似已经避免。爱德华只需要活到埃德加成年即可。

一切看起来都有条不紊，哈罗德做出了一个重大决定：离开英格兰，前往诺曼底。他这么做的原因我们不得而知——巴约挂毯只显示他不做任何解释便登船离去。随后，诺曼人宣称他来诺曼底，是为了确认威廉是否要求登上王位；但英格兰人则用同样不太可能的一种解释加以辩护：他出海捕鱼，但因海风偏离了航向。但哈罗德可能性更大的动机则是要确认被囚禁在鲁昂的兄弟和侄子是否获释。然而，不管目的是什么，哈罗德的船都遭遇风暴被迫登陆邻近的蓬蒂厄（Ponthieu）。他被当地的伯爵俘虏并关进了监狱。

威廉简直不敢相信自己如此幸运。可以说王位的主要竞争对手落入他的手中。公爵迅速要求蓬蒂厄伯爵交出哈罗德，将他护送至鲁昂，盛宴款待。随后，他亲自向哈罗德展示武力，邀请他加入反对邻邦布列塔尼的战争。哈罗德一如往常地展现出自己的才华，演习期间给东道主留下了深刻印象（巴约挂毯显示他将两名诺曼士兵从危险的流沙中拉了出来），但他不能对自己所处的危险境地抱有幻想。尽管吸引了大量关注，但众所周知他只是一个囚徒。刚返回鲁昂，大家就清楚威廉提出什么条件方才释放哈罗德。

哈罗德被迫宣誓支持威廉登上王位，并在自己的权力范围内倾尽全力帮助威廉成为英格兰国王。仪式结束后，哈罗德获释。尽管他不得不告别自己的兄弟——二人从此再未见面，至少令他宽慰的是，他见到了侄子，而且威廉同意给其自由。然而，前往英格兰的返程之旅并不美好。

抵达英格兰后，他发现另一场危机正在酝酿着。弟弟托斯蒂格被任命为诺森布里亚伯爵，但因治理不善，引起臣民不满。他们闯入托斯蒂格的家中，将所有能搬走的东西全部掠走，将逃跑不及的人全部杀死，并扬言如果他胆敢再来约克，将会面临同样的遭遇。彼时托斯蒂格正陪同国王狩猎，得知消息后彻底惊呆了。爱德华似乎与托斯蒂格关系亲近，这一消息惹怒了他。国王迅速召集军队，但反响冷淡。显然采取军事行动已经不可能了。由于哈罗德本人认识所有相关人士，包括诺森布里亚的叛军首领，国王派他作为官方使者前往处理叛乱。哈罗德在诺森布里亚陷入两难。叛军首领明确表示绝不同意托斯蒂格返回，如果不将其流放则绝不放下武器。哈罗德要么支持家族，令国家陷入内战；要么背叛兄弟，将其流放。

经过一番深思熟虑，哈罗德选择了后者。为了国家利益，他必须牺牲托斯蒂格，将其流放。国王勃然大怒，疾病第一次发作，几乎丧命，但他也无能为力。托斯蒂格一直没有原谅哥哥，他逃往苏格兰*，试图召集军队，进入诺森布里亚。

英格兰人没有时间考虑这位被贬黜的伯爵，或者担心北方的威胁。“忏悔者”爱德华即将去世，必须要选定一位正式的继承人。公元 1065 年 12 月，国家的领导机构——贤人会议召开，与会者绝望地看着国王，听其指示。问题是国家没有一个显而易见的选择。哈罗德是最受欢迎的候选人；10 年来他承担了政府治理的重任，显然具备成为贤君的资质，但此人没有王室血统。另一方面，小男孩埃德加血统纯正，但凭良心说大家不能在如此危急的时刻将国家交给一个孩子。诺曼底的威廉当然大声宣称他有继承权，但他的说服力相当弱，而且任何时候诺曼人都是可怕的敌人。贤人会议中无人考虑威廉。

爱德华始终犹豫不决，没有给出任何指示。平安夜那天他再一次发病。尽管经过恢复爱德华得以参加年度庆典，但几天后重病缠身的他无法参加其毕生心血——威斯敏斯特大教堂的封圣典礼。他陷入昏迷，但在 1 月 4 日那天清醒了一段时间，并可以开口说话。爱德华拉着哈罗德的手，指定他为继承人，并请求他照顾自己的王后。第二天爱德华与世长辞。

诺曼人愤怒地抗议，称哈罗德违背誓言，但哈罗德还是在爱德华下葬的当天加冕为王。英格兰人反驳称被迫立下的誓言没有约束力，尽管他们承认哈罗德“立誓太过于轻率”。

---

* 他到达那里之后，发现马尔科姆三世刚刚杀死了至尊王麦克白。

新国王加速强化他在北方的地位，以求平息局势。他发行了刻有拉丁文“PAX”（呼吁和平的标志）的硬币，但讽刺的是在他统治期间基本没有和平可言。诺曼底的威廉正在召集大军的消息很快传来，哈罗德召集民兵来保卫海岸。

然而，春去夏来，侵略军的战舰并没有出现。哈罗德无法使民兵永远处于备战状态，因为他们只是有期限地义务服役，大多数人必须要回家完成更重要的收割任务。哈罗德命他们尽可能地服役更久，然而，随着补给耗尽，每天都有士兵逃跑，于是哈罗德于 9 月 8 日正式解散了民兵。

中世纪时期军队不在冬季作战。但此时秋季的暴风雨十分猛烈，横渡英吉利海峡变得尤为危险，因此在作战季节正式发动进攻也为时已晚。国王退到伦敦，但一个半星期后传来了惊人的消息。英格兰遭到入侵，但发动进攻的不是诺曼底。可怕的维京国王哈拉尔·哈德拉达毫无征兆地从北方发起侵略，与他同行的还有叛徒托斯蒂格。

第七章

征服英格兰

Chapter 7

The Conquest of England

托斯蒂格再次出现——而且是和维京军队一起——是一个轰动的消息，令人难以置信。甚至连托斯蒂格自己可能都感到惊讶。流放期间，他曾向数位统治者求助，但每次都蒙受耻辱，遭到拒绝。最终，他在绝望和孤独中前往挪威，并以某种方式引起了国王哈拉尔·哈德拉达的注意。

这个老维京人发动战争不需要什么令人信服的理由。即使根据那个时代的标准，他也是独一无二的人物。公元1066年，他已年届半百。35年前，他第一次在战斗中负伤，但丝毫没有停下脚步的迹象。“哈德拉达”这个名字大概可以译为“厉害的交易者”，无视他智谋的人，往往就会中计，成就他著名的计谋。彼时维京诗人已经在歌颂他的毕生功绩。他身材高大，双手粗壮，声音洪亮，留着金黄带红的胡须，从头到脚都体现出维京国王的气质。他的旗帜底色雪白，上面绣有一只黑色的渡鸦，其名字恰如其分——“拓疆旗”。哈拉尔尽管名义上是一位基督徒（他一位同母异父的兄弟后来成为挪威的守护神），但拥有两位妻子，毕生投身于两大目标：战争和囤积黄金。

15 岁那年，他参战失利，被迫藏匿于森林，直至伤口恢复良好，可以远行。他步履蹒跚，来到罗斯，为诺夫哥罗德王公效力。其间他爱上了王公的女儿并向其求婚。然而，因为没有王位或财富，他遭到了拒绝。于是他前往君士坦丁堡寻求发迹。对于一个野心勃勃的维京人而言，这座素有“众城之女王”称号的都市蕴藏着无数机会。佐伊女皇是马其顿王朝最后一位伟大君主*的侄女，她安排哈德拉达进入瓦兰吉卫队服役。这支卫队由斯堪的纳维亚雇佣军的精英组成，也是帝国最好的部队。干劲十足的哈德拉达迅速成为卫队首领，成天忙于袭击、洗劫北非和西西里。在那里他第一次因足智多谋而出名。在一次战役中，军队围攻一座西西里城市未果，但哈德拉达注意到鸟儿在茅草房顶筑巢，白天飞往树林觅食。于是他命令部下捕鸟，将木片系在鸟身上并点火，然后将它们放飞。惊恐的鸟儿纷纷飞向鸟巢，结果全城陷入火海。在另一次城市围攻中哈德拉达染上疾病，养病期间他决定为自己举办葬礼。他的部下身披丧服，请求在城内举行基督教葬礼。市民们愚蠢地同意了，还争论着——据我们所知——哈德拉达丰厚的陪葬礼品应该归谁所有。他的部下一进城便扔下棺材，发出了

* 这里指巴西尔二世。辉煌的马其顿王朝统治了拜占庭帝国近两个世纪。

战斗的信号，隐蔽在附近的其余部队一应出动，屠杀了全城军民。

为帝国征战10年后，哈德拉达积累的财富超过了先前所有的维京人。他觉得是时候迎娶罗斯新娘了。他已将大部分战利品运回诺夫哥罗德妥善保管。处理完君士坦丁堡的事务后*，他带着财宝和新婚妻子返回了挪威。

彼时哈德拉达的侄子是国家的统治者，因此哈德拉达发动内战以驱逐侄子的势力。他的侄子大度地提出共治王国，避免进一步流血。5年后，侄子很“合时宜地”去世，哈德拉达成为唯一的国王。也许其他人都会满足，但过了一两个没有战争的夏天，他觉得自己还应该成为丹麦国王。然而，丹麦人对自己的国王非常满意，有力地抵抗着哈德拉达，其顽强和韧性几乎与他不相上下。经过15个夏日的征讨无果之后，哈德拉达意识到自己徒劳无功，罕见地选择了停战。2年后托斯蒂格来到挪威求援，承诺让哈德拉达登上英格兰王位，备感无聊的他没有放过这个机会。哈德拉达召集军队，登上海盗龙船，向英格兰进军。

复活节之后的星期二，“可怕的”哈雷彗星出现在天空中，成为公认的不祥之兆。哈雷彗星消失仅数周后，诺曼人登陆英格兰，看起来证实了人们最坏的担忧。北部地区的两位伯爵埃德温（Edwin）和莫卡（Morcar）年仅十几岁，没有任何战斗经历。但他们在当地征兵，组建军队与侵略者对峙于约克城门一英里外的富尔福德（Fulford）。

* 据说佐伊女皇想要和他结婚，在遭到他的拒绝之后，佐伊将他投入地牢。当然，后来他设法逃了出来。

这场战斗持续了不到一小时，但它成了英格兰人的灾难。哈德拉达的武士们冲破了盎格鲁-撒克逊人的防线，将他们逼退至附近的沼泽地。根据维京诗人的描述，英格兰人死伤惨重，维京人都可以踩着他们的尸体走过沼泽，而脚上不沾泥水。

这场战斗决定了约克的命运，这座城市迅速投降，以避免更大的屠杀发生。哈德拉达和托斯蒂格似乎相信自己一下子就征服了整个英格兰北部，他们要求约克城交出 500 名人质。要找来这么多人需要时间，因此哈德拉达同意给约克城 4 天时间凑齐人质，要求将人质带到约克以东 7 英里的斯坦福布里奇。随后几天他们回到船上，宴饮度日。

船只停泊在斯坦福布里奇 14 英里外的地方。约定交人质的那天天气温暖，因此哈德拉达手下多数士兵没有穿锁子甲，从容地来到约定地点。他们看见一阵尘土逼近，以为是人质来了，然而随着对方走近，哈德拉达看见了“像冰一样闪亮”的兵器。自始至终被蒙在鼓里的托斯蒂格向他保证可能是族人前来支持自己，但很快事实证明绝非如此。

听闻维京人入侵的消息时，英格兰国王哈罗德正在伦敦。他接下来成功完成的军事壮举足以让他被载入盎格鲁-撒克逊史册。哈罗德召集精兵强将，迅速出发，日夜兼程，一路上不停地召集更多士兵。仅 4 天他便行进了惊人的 200 英里。当哈罗德抵达约克时，甚至无人意识到他离开了伦敦。国王在所有的主干道上安排了守卫，以免他抵达约克的消息泄露出去。

第二天国王骑马出城，与敌军对峙。他一如既往地希望达成和平协议，请他的弟弟放下武器，承诺恢复其伯爵爵位。托斯蒂格问他："我的盟友哈德拉达能得到什么？"哈罗德回答："英格兰土地 6 英尺*。或者再多一点儿，因为他个子那么高。"

哈德拉达本该撤退到他的战船上，那里有精力充沛的后备部队。然而，当时他已经被激怒，热血涌动。哈德拉达派三个手下去海盗船那里调动部队，自己则双手挥舞着战斧，咆哮着发起了进攻。哈德拉达的部队只是"半副武装"，但仍是一股强大的敌人。这场战斗几乎持续了一整天。当船上的部队到达战场时，哈德拉达已经阵亡，喉咙被箭刺穿。然而幸存者拒绝投降，继续顽强作战，令人胆寒。甚至有人脱掉自己的盔甲，如同发疯了一般。

夜幕降临，战场上的维京部队几乎无人生还。第二天哈德拉达之子奥拉夫前来请求宽恕。疲倦不堪的哈罗德得到奥拉夫永不进犯的承诺后，将其放行。"厉害的交易者"带着 240 艘战船来到英格兰，但幸存的部队只需 24 艘船便可全部返回挪威。

哈罗德没有时间庆祝胜利。轻易向维京人妥协的举动令希望抵抗的市民深感不满，他用了一个星期稳定约克城的局势。哈罗德大摆筵席来缓解紧张气氛，但宴会中途信使突然闯入，称诺曼人已登陆英格兰南海岸城市佩文西。

尽管威廉精心策划，但他的入侵仍遭遇了一系列的问题。他从法

* 1 英尺 =0.3048 米。——编者注

兰西各地召集了一支精锐的部队，并建造了维京式的舰队，拥有将近700艘战船。他调集了大量人力和物资，但数次延误使他们的努力陷入停顿。天公不作美，阻碍了夏末的横渡计划；狂风突起，摧毁了数艘战船。最严重的是，威廉遇到了和哈罗德同样的问题，这个问题曾迫使后者解散了军队。诺曼底封地的地方军队只义务服役40天，之后就要像其他人一样收取酬金，这笔开支变得越发高昂。威廉等待时间越长，质疑他能否成功的人就越多。到了9月中旬，战船依然停泊在海岸，雨雾天气看起来无休无止，整个计划即将变成笑话。

9月27日，天出人意料地放晴了。威廉登上宏伟的旗舰“莫拉号”——这是妻子送给他的礼物——迅速启航。夜间渡海相对安静。第二天清早，望风人员看见了佩文西古罗马式堡垒的巨大城墙，而威廉的士兵畅通无阻地登陆了。值得注意的是，长期延误反而帮了公爵的忙。他们假如按照威廉的打算在8月初登陆，就得和英军正面交手。然而，现在他们没有对手。因为中世纪军队面临的选择是要么迁移要么挨饿，所以他们一路烧杀抢掠，直逼黑斯廷斯。

200英里外的哈罗德已经开始行动。他复制了自己的伟大进军，仅用4天便返回伦敦，制订国防计划。但此时的国王身心俱疲。之前两周，他有8天在路上骑马跋涉，一整天在战场上厮杀，剩下5天拼命开展安抚民众的活动。直到现在，疲惫虚弱的哈罗德才得知威廉带来了自己在诺曼底宣誓时的证物以及教皇诏书。教皇下诏对哈罗德处以绝罚，并支持威廉的入侵。

这是毁灭性的打击，清晰地表明哈罗德违背了誓言，更可怕的是它还证实了上帝的裁决对他不利。哈罗德的弟弟吉尔斯（Gyrth）请求他留在后方，不要冒险作战。吉尔斯指出，哈罗德如果身亡，就会失去一切。吉尔斯进一步建议由自己来代替哥哥出征，因为他自己是可以牺牲的；而哈罗德可以留在后方，召集更多部队，带走国家的物资储备。如果武力无法打败威廉，饥饿也会击垮他。这是一个明智甚至绝妙的计划，但哈罗德当即拒绝。10 月 14 日，他带领军队登上狭窄的山脊，俯瞰黑斯廷斯的战场。

威廉的战斗计划相对简单。由于英格兰人依靠传统盾墙步行作战，他就先利用弓箭手撕开盾墙防线，然后派上步兵。如果英格兰人的防线出现不稳固的迹象，他就命令骑兵出击，将敌人一举击溃。然而，实施这一计划时，英格兰人的盾墙出人意料地坚挺。骑兵冲上山后，碰上了英格兰的禁卫军，他们是精锐部队，手持巨大的战斧作战。骑兵们遭遇了持续而可怕的伤亡，连连败退。看到敌军溃散，部分英军一路追击下山。如果英格兰全军乘胜追击，他们本可以就此终结战斗。此时传出了威廉阵亡的谣言，诺曼人开始陷入恐慌。但事实上威廉安然无恙，他高举头盔，表明自己一切安好，并重整部队，抓捕并屠杀了下山追击的英军。

随着时间流逝，这场战斗变成了消耗战。诺曼人的弓箭手和骑兵冲击开始削弱英军防线，使其逐渐收缩。双方都开始受挫。哈罗德的弟弟吉尔斯和利奥芬（Leofwine）带领两翼部队作战，双双阵亡。威廉自己的三匹战马也都被杀死。诺曼弓箭手开始调高放箭的角度，使箭矢可以越过盾墙，这样箭矢将会射中盾墙后面毫不知情的士兵。如果史书通常的说法可信，到了傍晚，哈罗德本人一只眼睛也中了箭。哈罗德因为眼伤剧痛难忍而倒下，此时四名诺曼骑兵趁机冲了进来，将他砍成两半。

随着哈罗德的旗帜倒下，战斗很快结束。夜幕降临，部分英军在树林里背水一战，杀死了不少追击的诺曼人，但大多数人只是落荒而逃。威廉停止了继续追击，开始寻找哈罗德的尸体，在哈罗德情妇的帮助下，第二天他们顺利找到。威廉命人将尸体洗净，据说还将尸体用紫色裹尸布包上，埋在一堆石头下面。这堆石头俯瞰海岸，上面刻了这样的墓志铭："根据公爵的命令，哈罗德国王在这里安息，死后仍可以保卫海岸和海洋。"

有一个著名的说法，威廉仅用一天就推翻了英格兰的政权，但此说并不那么准确。威廉的确赢得了一场重要的战役，除掉了对手，但处境仍非常危险。据他所知，反对自己的庞大地方军队正在集结力量，而他本人则被孤立在敌国的腹地，补给有限，没有增援。他还缺少葡萄酒——这是一个严重的问题，因为当地的水源导致他的部下患上了严重的肠胃炎，甚至造成死亡。同时，年幼的埃德加在伦敦被推选为国王，那里的世俗贵族已经宣誓为新国王而战。

然而，不幸的是，英格兰缺少领袖，事实上连年过二十的人都没有几个。年幼的国王不具备有效的领导力，等到威廉率军抵达伦敦时，英格兰人已经没有战斗的意愿。城门大开，威廉志得意满地进入伦敦。手下的士兵破坏了他的加冕礼。他们把喝彩声误当作暴乱的开始，于是在城内放火。不过按照惯例，聚集的民众和贵族向威廉宣誓效忠，他也宣誓要成为明君。

毫无疑问，威廉希望人们心甘情愿地接受他的统治，希望不再发生冲突。但在他统治期间基本没有和平可言。哈罗德的儿子们数次尝试从爱尔兰发起进攻，逃往苏格兰的幼主埃德加在北方煽风点火，“觉醒者”赫里沃德（Hereward the Wake）不停地尝试着推翻诺曼人的统治。经过五年的残酷镇压，威廉方才控制了英格兰北部，之后几年英格兰再没有出现动乱。1083 年，其妻玛蒂尔达去世，也带走了她对威廉逐渐弱化的影响，威廉变得越来越专横。他进行了多项重要改革，其中最重要的成就莫过于《末日审判书》（*Domesday Book*）——一本宏大的全国性财产汇编。但威廉从不喜欢英格兰人民和他这个第二故国的乡村。他从未费心去学习英语，而赏赐追随者土地的习惯反倒疏远了臣民。对英格兰人而言，他一生都是残忍的外国暴君。他在伦敦修建的、位于伦敦塔中心的白塔就是最典型的象征。

威廉在诺曼底的家中停留了尽可能长的时间。1087 年，他在诺曼底去世。在一次围攻城堡的战役中，威廉的战马突然后腿直立，他猝不及防，撞到前鞍，胃部破裂，受了致命伤。他去世时年仅 59 岁，临死前他赦免了自己的政敌。威廉将他的王国分给三个儿子。显然，他把最钟爱的诺曼底公国留给了长子罗贝尔，把英格兰王位传给了次子威廉·鲁弗斯（William Rufus），而幼子亨利获得了 5 000 镑银币。

他的遗体过于肥大，无法装进棺材。三个儿子为了遗产继承的问题争吵不休，好几天都没有人料理威廉的后事。当人们强行将遗体放进教堂地下墓室时，尸体竟然胀裂。葬礼仪式草草结束，威廉被迅速埋葬。威廉对英格兰的伟大征服——也是外国入侵者最后一次成功地征服英格兰——将英格兰与欧洲大陆联结起来，从长远看，欧洲和西方受益无穷。但对于亲历者而言，战争并不美好。

据估计，战争结束后的20年共有20万法国人和诺曼人在英格兰定居，而五分之一的本土英格兰人丧失性命：要么惨遭杀害，要么因为农业财产或土地遭到掠夺而饿死。法语取代英语成为宫廷语言，几乎所有的盎格鲁-撒克逊时代的重要人物都从历史舞台上消失了。英格兰人被迫目睹他们的领袖陷入贫困、锒铛入狱、受虐致残或惨遭杀害。统治者征收重税，强行驱离居民并将居民的居住地改造为王室狩猎森林，还通过了一系列不利于本土居民的惩罚性法律。但最令人痛恨的就是威廉在英格兰各地修建的城堡，它们均是耗费英格兰的人力和财力兴建起来的，成为诺曼人压迫英格兰的显著象征。

征服英格兰还产生了另一个问题。诺曼底统治者向来都是法兰西国王的封臣，吞并英格兰并没有改变这一事实。英格兰国王不得不为诺曼底的领土向法王效忠。而任何一位英格兰君主都不愿这么做。彼时的法兰西君主统治还很脆弱，但当它最终确立自己的权威时，会引发一场长达百年的战争，这场战争将英格兰人从法兰西驱逐了出去。

英格兰人心怀渴望开始回顾哈罗德短暂的统治时期，一个故事自然而然地开始流传：哈罗德并没有在黑斯廷斯战役中死去，而是以修士的身份继续生活。他的家人落入诺曼人的手中，不出意料惨遭可怕的折磨。战前他们曾是首屈一指的达官显贵，但一夜之间财富和地位消失殆尽。哈罗德的儿子和兄弟要么遇害，要么沦为阶下囚，妻子和女儿们被流放至不同的地方。其中一个女儿吉莎（Gytha）逃往罗斯西部，与基辅大公结婚。他们的孙女嫁给了丹麦王子，二人生下一子，这个孩子后来成了丹麦国王。这位丹麦国王的后裔中就有英国女王伊丽莎白二世。完全可以说，如今的英国王室融合了哈罗德和威廉的血统。

最后需要补充的是，英国在法国巴约竖立了纪念碑，缅怀第二次世界大战中诺曼底登陆时牺牲的战士。纪念碑下方一块牌匾上刻着一行字：“曾被威廉征服的我们如今解放了征服者的祖国。”

第八章 铁臂者

Chapter 8
Bras de Fer

对英格兰的征服也深刻地改变了诺曼底。将近一代人告别了旧时的混乱——威廉的童年时期除外，而稳定的代价就是公国的年轻一代大批离开本土。年轻的贵族曾习惯于用自己的方式掌控一切，但那时他们很快发现：一个强势公爵的统治意味着他们将失去大量的自由、机会和权力。随着私人城堡的拆除、地方权力的消失，他们当中越来越多的人开始前往国外寻找机会。

11 世纪将成为诺曼历史上的伟大时期。尽管“征服者”威廉第一次进入伦敦已经成为诺曼历史的关键时刻，但这还不是诺曼人最伟大的征服。足以引人注意的是，这些最伟大的征服都是同一个家族的成就。这个家族的祖先不是显贵富豪，只是一名普通的骑士，名叫坦克雷德·德·奥特维尔。他是第二代诺曼人，其祖父跟随罗洛来到诺曼底。他定居在诺曼底南部一片狭小的土地上。事实上人们只知道他很能生育，此外便对他几乎一无所知。除了育有一群女儿之外，他和第一个妻子生下了5个儿子，和第二个妻子生下了7个儿子。由于家庭相对贫困，子女众多也是一个问题。一旦子女成年，他们无法给子女留下足够分配的遗产。

解决这一问题的传统方式只有两种。这些男孩可以将遗产分为12份，每个人得到的数额极少，不足以维持生活；他们也可以相互竞争，胜利者获得全部遗产。幸运的是，此时他们的一位叔父从意大利朝圣归来，他建议这些年轻的孩子去那里试试运气。

11世纪初，第一批诺曼人以朝圣者的名义踏上了亚平宁半岛。他们前往耶路撒冷，途中曾在意大利小镇蒙泰圣安杰洛（Monte Sant'Angelo）停留。这座小镇坐落于阿普利亚乡间绵延起伏的石灰岩山丘中，看起来是一个特别重要的地方。古罗马人为医术之神阿斯克勒庇俄斯（Asclepius）之子建造了一座颇受欢迎的神殿，同时传说中这座山也是《伊利亚特》中希腊伟大预言家卡尔卡斯（Chalcas）的圣山。由于公元5世纪天使长米迦勒的适时出现，异教的衰落并没有减弱这种神秘的光环和盛誉，反而使其进一步增强。到了11世纪，出现天使的洞穴已成为朝圣路上的重要一站。教皇、国王和圣徒纷纷前来，希望共享这天国的神秘。奇迹般康复的信徒纷纷捐赠，赠品挂满了毗邻小教堂的墙壁。就连最有权力的世俗统治者也感受到了这种吸引力。神圣罗马帝国皇帝奥托三世（Otto Ⅲ）从罗马赤足步行至此，他的继承人亨利二世没那么虔诚，只在洞穴里藏了一夜，只为验证天使长米迦勒和加百列是否真如传言在午夜出现，主持弥撒。

然而，公元 1016 年时最致命的访客才来到这里。40 名谦逊的诺曼骑士从圣地返回，途中在洞穴停留并献上自己的敬意。他们刚走进去，一个身穿希腊式长袍的小个子男人走过来乞求帮助。此人名叫梅卢斯（Melus），一生致力于伦巴第自由事业，但遭到拜占庭的流放。他声称自己只需要一支强力的雇佣军来赶走怯懦的拜占庭人、解放伦巴第人。令他高兴的是，诺曼人马上同意相助。他们当然不可能马上施以援手——作为朝圣者来到这里，马上就参与战争是非常不合适的。但他们承诺将在一年之内回来。

真正激励诺曼人的并非对道德高尚和兄弟情义的呼吁。他们普遍轻视南方人，尤其是伦巴第人。不久之前，他们目睹撒拉逊人进攻萨勒诺（Salerno），对当地人的懦弱感到震惊。在他们看来，意大利人软弱且毫无男子气概，落到屈从于人的境地完全是咎由自取。然而，梅卢斯非常了解诺曼人，请求援助时用金钱和土地加以诱惑，从而激发了诺曼人的想象。凝望着阿普利亚阳光普照、蜿蜒到眼前的乡间小路，他们当然乐于抓住良机，在这片美丽的土地上立足。

诺曼人与伦巴第的联盟非常短暂。即使诺曼部队加强了他们的武装力量，他们仍在第一次实际交战时被拜占庭军队一举击溃。然而，这场战斗足以向拜占庭人证明诺曼部队的价值，他们迅速雇用诺曼人回过头来镇压这群麻烦的叛乱分子。诺曼人就这样轻易地放弃了伦巴第的自由事业，正如当初迅速接受一样，然后高兴地按拜占庭帝国的意志行事。

奥特维尔的长子威廉大约于公元 1035 年抵达意大利，彼时伦巴第最后的反抗力量也即将被消灭。就在他抵达后的几个月之内，拜占庭皇帝决定征服西西里，大张旗鼓地召集雇佣军。威廉和手下的 300 名骑士迅速响应。

拜占庭正处于马其顿王朝的辉煌时期，帝国已经在与哈里发国的战争中扭转了局势，正在全力消灭东地中海地区的穆斯林海盗。随着 1025 年“保加利亚屠夫”巴西尔二世去世，马其顿王朝的辉煌就此终结。然而，尽管后继的皇帝软弱无能，但巴西尔缔造的军队依旧强大，在叙利亚境内、安纳托利亚和北非沿岸赢得了一系列战争的胜利。彼时帝国军队转向西西里，希望清除这个主要的海盗老巢，得到一片富饶的土地，给帝国带来粮食、棉花、糖和水果。时机看起来特别有利。西西里爆发了内战，贵族势力分裂，中央政权崩溃。此外，西西里相当一部分人口仍是基督徒，完全可以成为值得信赖的内应。

拜占庭皇帝选定政坛后起之秀乔治·曼尼亚克斯（George Maniaces）担任这场侵略战争的总指挥。曼尼亚克斯魅力超凡、固执己见，各方面都不同寻常，他的名望和他的体格一样引人注目。他的出现甚至震慑了向来镇定的宫廷。根据拜占庭历史学家米海尔·普塞洛斯（Michael Psellus）的描述，这位将军身高 2 米多，一声咆哮就可以令整支军队丧胆。他最后写道：“人们第一眼看见他，就发现任何描述都显得过于低调。”

他的崛起速度之快出人意料。10 年前他在小亚细亚鲜为人知的城市泰鲁什（Teluch）执政，若不是帝国一次不幸的蒙羞，他也许永远都无法获得提拔。倒霉的皇帝罗曼努斯·阿吉鲁斯（Romanus

Argyrus）为了增强军队的声誉，发动了与哈里发国的战争。然而，就在经过泰鲁什北部一个隘口时，他遭到了撒拉逊骑兵的伏击。皇帝及时更换服装，方才顺利逃脱，但他的部队七零八落、落荒而逃。撒拉逊人满载着劫掠来的皇室辎重，前往泰鲁什，幸灾乐祸地把拜占庭惨败的消息告诉曼尼亚克斯，还添油加醋地声称皇帝已死、全军覆没。由于夜幕降临，他们大胆地宽限他到第二天早上再投降。撒拉逊人放话，曼尼亚克斯如果拒绝投降，必将遭到可怕的惩罚。

曼尼亚克斯表现得十分惊慌，向撒拉逊人保证他会在次日天一亮就带着全城的财宝前往他们的军营。为了做出友好的姿态，他送来了大量的美酒和食物，以供这支胜利之师享用。送酒有着特别的目的：撒拉逊人干渴难耐，而且正想庆祝一番。他们很快酩酊大醉，而曼尼亚克斯的部队趁机潜入他们的营帐，屠杀了所有人。完成这个血腥的任务后，曼尼亚克斯下令割下死者的耳鼻，将这些恐怖的战利品装入麻袋。第二天早上，他骑马出城，找到了逃亡的皇帝。他向皇帝汇报了胜利的消息，然后倒出袋子里的战利品。欣喜的皇帝当即提拔了他。

即使像威廉·德·奥特维尔这种自以为是的年轻骑士，也一定会对曼尼亚克斯召集的军队印象深刻。除了征用由意大利冒险者组成的常规雇佣军和抱怨不休的伦巴第人，他还带来了一支凶猛的保加利亚军队和一些瓦兰吉卫队，彼时瓦兰吉卫队的指挥官哈拉尔·哈德拉达已经成为维京英雄和半个传奇人物。

起初这支军队攻无不克。墨西拿率先沦陷，随后特罗伊纳（Troina）和罗梅塔（Rametta）也相继失守。两年之内东部 12 座要塞沦陷，只有锡拉库萨尚能坚守。当地的埃米尔英勇抵抗，一次次挫败了入侵者的强攻，同时也打击了后者的士气。在拜占庭又一次惨淡的攻城失败后，城门突然大开，埃米尔率军出击。拜占庭人对这次突袭措手不及，惊慌撤退。眼看着拜占庭就要遭遇一场溃败，城墙另一边的威廉看到险情，迅速采取行动。威廉发动了所有能召集的部队，向埃米尔发起冲击。战场形势迅速扭转，埃米尔不仅丧命，而且几乎被砍成两半。士气低落的撒拉逊人退回城中，但已无斗志。他们要求停战。

威廉的突击不仅将锡拉库萨送给了拜占庭，更重要的是奠定了奥特维尔家族的名誉。从那天起，“铁臂”威廉声名鹊起，并毫无争议地成为南方诺曼人的领袖。返回亚平宁半岛的他成为当时最重要的人物，并开启了更宏大的诺曼时代。雇佣军的时代过去了。现在诺曼人为自己而战。

诺曼人开始意识到自我价值，但这对拜占庭来说却并不是时候。尽管战场上接连获胜，但整个军事行动露出了失败的端倪。皇室始终对功高盖主的将军心存疑虑，减缓了船运补给。雇佣军的酬金被停止发放，战利品的分配也引发了争执。诺曼人派出一位伦巴第特使，向曼尼亚克斯正式提出抗议，这令事态发展到紧急关头。性情鲁莽的将军认为这是在侮辱自己，便对此人施以鞭笞惩罚，并让人押着他在营中游行示众。沮丧的诺曼人离开了这支远征军，强烈抗议他们所遭受的不公待遇。

尽管这次远征以这样的方式结束，但威廉出征西西里非常成功。他也吸取了宝贵的经验。西西里富饶但四分五裂，那里有许多基督教盟友可以施以援手。他记住了这个重要信息，静待更恰当的时机。时机一到，奥特维尔家族将会充分利用。

同时，威廉开始展示力量。他重燃旧时对伦巴第的同情，鼓励当地人叛乱，并率领由诺曼人和伦巴第人共同组成的军队入侵阿普利亚——拜占庭治下意大利最富饶的地区。梅尔菲（Melfi）给“解放者”打开城门，诺曼人获得了第一个真正意义上的意大利据点。一年内威廉控制了周边领土，包括一系列繁荣的贸易、渔业城镇。这些城镇生产大量的粮食、橄榄、蔬菜和水果，成为（和现在一样）闻名的“富饶的阿普利亚”。此举激怒了当地的拜占庭官员，他们挑起战争。双方在坎尼对垒。

对于两军中迷信的人而言，这是一个不祥之地。1200 年前，迦太基将军汉尼拔在此横扫罗马执政官的军队，让罗马在这个地方遭受了历史上最耻辱的失败。罗马公民惊慌失措，在最后一次有记载的活人献祭时，他们在广场上活埋了两人，又把一个婴儿扔进亚得里亚海。诺曼人也曾在此遭遇灾难。20 年前，一支拜占庭军队曾重创诺曼和伦巴第联军，只有 10 名诺曼骑士生还。

在这片不祥之地作战令威廉心存疑虑，但他没有流露这种情绪，而是时时展现出自信。尽管敌众我寡，但威廉的自信主要是基于自己不用再面对可怕的曼尼亚克斯：这位伟大的将军遭到宫廷政敌的算计而失宠，并被召回国内。

他的麻烦来自腰缠万贯、人脉优越的罗曼努斯·斯凯勒鲁斯（Romanus Sclerus），斯凯勒鲁斯指责他侵犯其领土。正处于人生巅峰的曼尼亚克斯不善于控制脾气，像一个野蛮人一样痛击了这位贵族。斯凯勒鲁斯恢复后发誓报仇，趁这位将军不在国内时洗劫了他的住宅，烧毁了他的田地，最后还勾引他的妻子。第二年斯凯勒鲁斯在宫中不停地贬损曼尼亚克斯，最终说服皇帝将他召回。

曼尼亚克斯走后，拜占庭再无将军可以担当指挥与诺曼人交战的重任。威廉向来精于选择时机，知道此时他只需要挑起战争。拜占庭派出使者来到威廉帐中，等待他的却是可怕的“欢迎”。可怜的使者刚开始进行准备好的热情演讲，一个诺曼骑士不知不觉地走过来，突然给他的坐骑额头一击。受惊的马当即倒地，把使者甩了下来。一群士兵抓住了使者，而另一拨士兵抓住马，将其扔下悬崖。士兵们摇晃着惊恐的使者，让他站起来，另给他牵来一匹马，告诉他不要再讲废话浪费时间。他们说：“回去告诉你的皇帝，诺曼人做好了开战的准备。”

尽管诺曼人只有300名骑士和600名步兵，但他们仍被视作严重的威胁，拜占庭十分需要精英部队瓦兰吉卫队。不过，帝国军队仍然无法抵抗诺曼重骑兵，逃亡途中，多数人在过河时不幸溺死。两个月后，随着亚洲兵团的加入和庞大的西西里军队的回归，拜占庭再次发动进攻，但再次失利。

战胜可憎的拜占庭人为威廉赢得了巨大的声望。他利用自己的声望在拜占庭其他地区挑唆反叛。

君士坦丁堡方面最终意识到形势严峻，迅速派出了可以扭转局势的人。那年春天曼尼亚克斯返回意大利，镇压曾经率领的雇佣军。他用可怕的暴力痛击诺曼部队，对所有忠诚动摇的城镇都采取野蛮行动。他们折磨不同政见者，强奸妇女，还将儿童活埋，将土掩埋到其颈部，使其慢慢死亡。残暴的策略生效了。支持造反的地方势力消失了，诺曼人成为众矢之的，处境危险。

然而，拜占庭军队已不复当年之勇。他们受到钩心斗角的宫廷掣肘，最终自我毁灭。曼尼亚克斯以壮烈的方式结束了一生，在这个过程中，他几乎令整个帝国臣服。他的死敌斯凯勒鲁斯又谋划了羞辱性的召回，但这一次斯凯勒鲁斯越过了雷池。他禁不住诱惑，想亲眼见证这位死敌的不满，于是前往意大利亲自传达皇帝的召回令。不幸的是，曼尼亚克斯并未优雅地接受命令，而是派人擒下斯凯勒鲁斯，往他的耳朵、鼻子和嘴里塞满了马粪，然后将他慢慢折磨至死。曼尼亚克斯愤怒地咒骂君士坦丁堡的君主，自立为皇帝，并向首都进军。整个拜占庭没有任何将军可以抵挡他。抵达萨洛尼卡后，他只差一顶皇冠了。然而，他在这里遭遇了致命的打击。在与帝国军队的小冲突中，曼尼亚克斯意外地被一支飞矛刺死，他的军队旋即土崩瓦解。幸存的叛军被迫倒骑在骡子上，被带到赛马场*游行示众，拜占庭得以免遭更多的屠戮。

由于军事手段无法有效控制意大利的局势，君士坦丁堡方面转而采用屡试不爽的贿赂方式来削弱叛军。拜占庭向伦巴第首领许以大量

* 赛马场是首都主要的运动场，最初是为战车比赛而设计的，但是后来几乎每一场公众庆典都在此举行，如大败敌军、平息叛乱。被推翻的皇帝被处决之前，也在赛马场被以羞辱的方式游行示众。

赏金，促使其转变立场。叛军迫不及待地接受了这一条件，于是诺曼人又要孤军奋战了。

他们仍在为伦巴第的自由而战，但不再相信盟友，而是决定选出自己的领袖。问题在于诺曼人认为人人平等，很难接受一个凌驾于众人之上的权威。他们的确意识到战场上需要统一指挥，但独立的个性和膨胀的野心不仅驱使他们前往意大利淘金，也令他们实际上难以被管制。威廉是叛军的战斗英雄，并如愿获得“阿普利亚伯爵”的头衔。不过这更多的是一厢情愿的想法，因为诺曼人只控制了阿普利亚一小部分地区，而且威廉并没有在手下骑士当中真正树立自己的权威。他率先重新集结众人、对抗共同的敌人，但也仅此而已。

然而，这足以帮助威廉将自己塑造为该地区的强势人物。他迎娶了萨勒诺亲王的侄女，得以进入伦巴第贵族阶层，并承认亲王为自己的封建领主。作为回报，亲王正式将阿普利亚赐予威廉。该地区被12位最有权势的诺曼人瓜分。作为平等的象征，诺曼人率先征服的梅尔菲由12人共同掌控。

作为一个没有土地的潦倒骑士之子，威廉一路走来取得了巨大的成就。在他松散的管理下，诺曼人由普通的拜占庭和伦巴第雇佣兵变为拥有土地的贵族。他明确表示要把老东家拜占庭人赶出意大利，这也标志着诺曼人命运的转折。公元1045年他入侵卡拉布里亚，但在意大利南部城市塔兰托附近遭遇顽强抵抗。这是他戎马生涯的最后一战。第二年他厉兵秣马，准备发起另一次远征，却因高烧去世。

他去世后，南部的诺曼人面临着重大抉择。眼前显然有着巨大的机遇，但强烈而危险的反击也出现了。彼时伦巴第人、拜占庭人，甚至教皇都因诺曼人势力的增长而担忧，感觉到改变现状带来的威胁。就连一度欢迎诺曼人解放自己的阿普利亚当地居民，现在也视他们为外来压迫者。只需要一条导火索，便可引发日渐积蓄的反诺曼风暴。

这些曾经的雇佣军似乎没意识到当时的危险。他们为了个人得失而四分五裂，只顾着榨取所有的战利品。他们需要一个强大的领袖，一个能够严肃纪律，并领导诺曼人走向正途的领袖。诺曼人不知道的是，威廉去世仅数月后，这个领袖就来到了意大利。

第九章
吉斯卡尔

Chapter 9
Guiscard

威廉死后，其弟德罗戈被选为阿普利亚伯爵，而三弟汉弗莱获得了威廉的一些遗产。留在诺曼底的7个儿子正怀着极大的兴趣密切注视事态发展。他们是坦克雷德二婚生下的儿子，其中最大的儿子罗贝尔于1047年决定前往意大利，追随同父异母的哥哥们的步伐。

他在意大利遭到了冷遇。德罗戈特别不喜欢父亲的第二个妻子，厌恶她的孩子，所以派罗贝尔率领小队随从前往一处边界要塞驻守，那里深入拜占庭治下的卡拉布里亚，地处亚平宁半岛的“靴子跟部”。该城堡俯瞰海岸平原，人们从这里可以看到古城锡巴里斯（Sybaris）* 遗址的古雅风光。但如果罗贝尔期待享受奢华生活，他的

* 锡巴里斯以其享乐主义而闻名。现代词语 sybaritic 即源于这一地名，意为“自我放纵”或“过度奢侈”。

幻想很快就会破灭。这座狭小、阴湿的城堡位于意大利人烟稀少的地区，疟疾横行、阴暗无光、死气沉沉。卡拉布里亚更加落后，由于地处山区，森林覆盖率高，这里几乎没有适合发展农业的土地。几百年来海岸地区疟疾横行，饱受撒拉逊人的侵略，人烟稀少。当地居民已经彻底希腊化，更加忠于拜占庭人，因此不太可能欢迎诺曼人来拯救他们。

为了生存，罗贝尔不得不靠地吃饭，并凭借狡猾伎俩和暴力展开行动。他最喜欢的策略就是放火烧庄稼，然后收取灭火费。这一计划并没有帮助他赢取当地的民心。不久后人们开始称他为“吉斯卡尔”，即“狡猾者”。他在诺曼群体中赢得了口碑，成为值得他们关注的人物。他足够精明，深知一个好领袖既要令敌人胆寒，又要受盟友爱戴。为此他与将士们患难与共，同吃同住，但又极其慷慨。财富对他永远只是一种手段。一位来访的诺曼主教曾提到自己正在故乡修建教堂，尽管罗贝尔自己的财力已经几乎耗尽，但他还是捐出了自己的所有财产。如此一来，公关收益就可以弥补财政支出。主教返回诺曼底，到处宣扬这位富裕大方的卡拉布里亚骑士，而长期缺兵少将的罗贝尔正忙于招募新兵。

然而，他还没来得及扩大势力，就陷入了一场更大的冲突。诺曼人进入意大利之初受到伦巴第人的热烈欢迎，伦巴第人渴望摆脱拜占庭征税官，故视诺曼人为解放者。随着时间的推移，他们发现诺曼人贪婪成性，残酷镇压独立运动，榨干各地财富，还不如之前的拜占庭人。后来拜占庭为了动摇诺曼人对阿普利亚的统治，消除其对卡拉布里亚的威胁，派出了间谍。这些人一进入阿普利亚，便发现自己深受当地居民欢迎。他们策划了巨大的阴谋，意图暗杀意大利境内所有重要的诺曼人。这项计划于公元 1051 年开始实施。德罗戈在进入私人教堂时遇袭身亡，到了傍晚整个阿普利亚都陷入了骚乱。

幸存的诺曼人仍没有完全了解公众对他们有多不满，他们相信只要展示自己的力量就能恢复现状，于是便残酷地镇压所有当事人及其所在地区。如此行为令人忍无可忍，意大利最有权势的人物教皇利奥九世也被激怒了。

多年来意大利南部发生的强奸、谋杀、抢劫等悲伤故事传遍了罗马教廷，所有人都请求教廷伸出援手，对抗那些毫无约束、目无法纪、崇尚武力的诺曼雇佣兵。这种事情本该由当地的世俗政权直接负责，但利奥特立独行，亲自负责。在历任教皇都精于世故的时代，他的圣洁远近闻名，他具有超凡魅力和声望，足以凝聚意大利各方分散的力量。战争的血腥和死亡没有吓倒他——担任主教期间他曾率领神圣罗马帝国皇帝康拉德二世（Conrad Ⅱ）的军队，在意大利北部发动突袭。因此，他认为新的头衔不是阻碍自己又一次出征的理由。

利奥曾与诺曼人有过交集。他们与教皇国*的距离近得令人不舒服，而且他们因为买卖圣职的行为——这是利奥竭力取缔的——而臭名昭著。由于诺曼人实在可气，利奥拒绝了“征服者”威廉的联姻请求，以示羞辱。† 如果不采取制止措施，这些目无法纪、不受约束的诺曼人

* 这里指的是罗马和拉韦纳周边直接由教皇管辖的地方。可参考前面的说明文字“教皇国”。

† 详见第五章。

就会侵犯梵蒂冈领土。教皇如果不能令他们臣服，自己的声誉就会受到影响，而且自己还可能遭到诺曼人围攻，面临真正的危险。

他首先考虑的是让诺曼人感到敬畏，使其屈服，于是便前往意大利南部召见德罗戈·德·奥特维尔。教皇身着全套法袍，冷冷地命令他管好手下。德罗戈似乎已经悔改，但数月之后便遭到暗杀。意大利南部陷入混乱。

对利奥而言，此时是出兵的绝佳时机。诺曼人群龙无首，士气大挫，一片混乱。从阿布鲁佐（Abruzzo）到卡拉布里亚，意大利南部几乎所有的非诺曼贵族纷纷起义反抗。但利奥必须趁着士气正旺的时候快速行动。他给拜占庭皇帝君士坦丁九世写信，提议组成同盟，随后前往德意志，与表弟亨利三世商讨战事。他获得了皇室对反诺曼同盟的支持，即刻派出意大利军队，进军阿普利亚，声称要终结“诺曼人的威胁”。

教皇亲自率军前来的消息终于让诺曼人认识到了当前的危险。他们急切地召集所有体格健全的男子，罗贝尔也匆忙地从卡拉布里亚赶回来。形势危急，所有人都愿意搁置过去的分歧，团结一致。他们推选耿直勇猛的汉弗莱——也是奥特维尔家族最年长的成员——担任领袖。汉弗莱做的第一件事是向利奥传话，寻求停战谈判。但教皇无意听他的请求。敌人就在利奥最希望看到的地方，他当然不想放虎归山。

汉弗莱和罗贝尔匆忙地进行商议，确定如何行动。他们在人数上处于绝对劣势，教皇亲征更令他们感到不安。但如果他们继续拖延，糟糕的形势只会继续恶化。一支拜占庭军队正向海岸进军，如果这支军队与教皇会师，诺曼人就更没有胜算了。诺曼人还面临严重的粮食短缺：尽管尚未成熟，但当地居民还是将庄稼全部收割，没有留下颗粒果腹之粮。如果再不进攻，他们将面临饥荒的威胁。

诺曼人实际上别无选择，只能向毗邻小城奇维塔特的福尔托雷河进军，并再次派出使者面见教皇。然而，这次出使只是掩人耳目的诡计。谈判期间诺曼人突然发起进攻。教皇的伦巴第盟军深感意外，惊慌而逃，随后大部队也迅速撤离。只有教皇的德意志军团坚守阵地、顽强抵抗，但现在他们寡不敌众，全军覆没，只留下唯一的幸存者——教皇。他身着光鲜丝滑的白色长袍，站在不远处的山顶，目睹己方全面溃败，越发感到恐惧。随着败局已定，他骑马逃到毗邻的小城镇，心急火燎地请求避难。然而，镇民们都了解情况，不想得罪胜利者。一位诺曼骑兵刚到城门口，他们便毫不客气地把利奥赶了出去。

教皇颇有风度地接受自己的失败，高傲地走出来面对敌人，城墙上目睹这一场景的人一定会好奇到底是谁赢得了战争。诺曼人纷纷拜倒在地，请求他的宽恕，并发誓他们是虔诚的基督徒。有人跪下来亲吻他的戒指，有人则跑去给他牵马，还有人给他送茶点。教皇用餐完毕后，诺曼人护送他来到贝内文托（Benevento）——始终保持着尊敬的距离——并安排他住进全城最好的公寓。他们对他敬重有加，毫不怠慢，但不是所有的敬重都能掩盖利奥成为俘虏的事实，这一消息迅速传遍欧洲：教皇已成为诺曼人的阶下囚。

这场胜利比诺曼人所知道的更彻底。教皇蒙羞，威信全无，即使想再次发起挑战也无可能。战争结束数月之后，罗马教廷和君士坦丁堡教廷走向分裂，随着东西方基督教合作的希望破灭，反诺曼同盟的威胁也随之消失。

那时诺曼人唯一的威胁就是手足之间迅速激化的紧张关系。汉弗莱比德罗戈更能忍受弟弟罗贝尔，但也逐渐失去了耐心。罗贝尔正在阿普利亚享乐，不想着急赶回贫穷落后的卡拉布里亚。在汉弗莱主持的宴会上，事态达到了高潮。汉弗莱指责罗贝尔故意拖延，后者在暴怒之下拔剑相向，连其朋友都来不及制止。愤怒的罗贝尔深感受辱，返回卡拉布里亚，开始积极扩充势力。

幸运的是，罗贝尔在外期间形势大为好转。拜占庭在意大利的统治正土崩瓦解，预算的缩减和君士坦丁堡统治者的犹豫不决令当地居民深感遭到抛弃。留守的驻防军队士气低落，极易招降。各城镇纷纷向罗贝尔投降，坚持抵抗的要么被武力击败，要么被他天下闻名的谋略智取。他凭借三寸不烂之舌走进了奥特朗托（Otranto）城门，并于当年秋攻占了卡拉布里亚的发达农业地区。每一次成功都为他赢得了更高的名望，也帮助他招募到更多的士兵，从而使他能够攻占更多城堡、赢得更多胜利。到了 1057 年，就连汉弗莱也不得不承认罗贝尔极有能力。

作为奥特维尔家族最年长的成员，汉弗莱饱受疟疾和精力衰竭的折磨，时日无多。他很清楚，诺曼人急需一位新型的领袖。他们顽固地坚持着独立精神，因此对外征服的成果难以稳固。他们严苛的统治激化了被统治人民的反诺曼情绪。仅仅做一个英勇的战士已经不够，诺曼人如果不想只做小贵族，他们的领导者就需要有外交官的能力以及政治家的才干和视野。汉弗莱决定把诺曼人交给具有远见卓识的继承人，而合适的候选人只有一个。汉弗莱收起了自己的傲气，召见罗贝尔，二人公开和解。

不过并非所有人都对这一选择感到满意。罗贝尔不得不耗费数月时间镇压各方反对他继位的诺曼贵族。此外他甚至强迫忠心的贵族再次宣誓效忠，随后便返回意大利的“足尖”地带，完成对卡拉布里亚的征服。他最年幼的弟弟罗杰也参与了这场战争。罗杰时年只有25岁，和奥特维尔家族其他成员一样，肩膀宽厚，体格粗壮，但比罗贝尔随和。每一个吉斯卡尔盘算胜果的地方，都有罗杰寻欢作乐的身影，但这只是掩盖了他钢铁般的意志和决心。

起初二人合作得很好。他们尝试攻取雷焦（Reggio），以获得意大利和西西里之间的海峡控制权。罗贝尔放心地将这个任务交给罗杰，自己则返回北部镇压另一场叛乱。然而，他俩太过相似，这种合作无法持久。也许是从弟弟罗杰身上看到了家族野心，罗贝尔拒绝赐予他土地或独立的收入来源。罗杰渴望为自己积累财富，这样便可以结婚。因此，当罗贝尔开始拖延罗杰部队的军饷时，罗杰由沮丧变为了愤怒。罗杰正式发出抱怨，但吉斯卡尔毫不理会，声称自己也曾和罗杰一样，必须在早期历经艰辛，但也因此会从中受益。

这种回应只会使局势恶化，不久强烈的敌意升级为全面战争。罗杰横冲直撞，一路杀入哥哥的卡拉布里亚领地，烧毁庄稼、劫掠乡村、绑架商人索取赎金。罗贝尔毫不退让，以牙还牙，战争的破坏引发了饥荒，激起了民众反抗。这次反叛的规模超出了诺曼人的意料，反叛眼看就要蔓延至阿普利亚。惊慌失措的两兄弟匆匆达成停战协议，同意未来平分战果。

和平恢复得正是时候，此时教皇的使节拜访罗贝尔，代表教皇召他前往梅尔菲进行私人会谈。罗贝尔询问教皇的意图，而答案简直令人难以置信。距离前任教皇派兵围剿诺曼人仅过了5年，他的继承人竟来寻求结盟。

梵蒂冈政策转变的原因在于尼古拉二世（Nicholas Ⅱ）当选教皇。此人是改革派，希望终结买卖圣职的现象，并摆脱外部势力的控制。神圣罗马帝国皇帝历来是教皇的保护者，实际上也就意味着教皇是皇帝的傀儡。教皇摆脱束缚的唯一办法，就是找到能与皇帝相抗衡的势力，达到平衡。距离最近的选择就是诺曼人。

尼古拉在梅尔菲召开了教廷会议，正式与诺曼人结盟。罗贝尔宣誓效忠，发誓捍卫教皇不受皇帝摆布。教皇则确保罗贝尔对其占领地区的统治权，并意味深长地赠予他“阿普利亚、卡拉布里亚及未来的西西里公爵”这一头衔。事实上，他并未完全控制卡拉布里亚，更没有占领西西里的任何地区，不过吉斯卡尔丝毫不感到烦恼。教皇赐予他征服一切的合法性，他可不想浪费良机。

第二年他着手将拜占庭势力从意大利驱逐，拜占庭帝国的控制地区不断缩减，最后只剩下亚平宁半岛“靴子后跟”地带的城市巴里。拜占庭人进行了顽强抵抗，坚守着祖先留下的家园。而吉斯卡尔也乐于让他们暂且留在巴里。他已经有了一个更加诱人的目标——富饶的西西里，因此可以静待时机将意大利其他地区收入囊中。他在眺望海峡对岸的西西里岛时，兴奋之情一定难以言表。当年法兰西小贵族的儿子已经长大，可以与同时代的诺曼公爵威廉相匹敌。当时在欧洲两端各有一个诺曼人的公国，它们都计划拿下邻近的岛国。征服西西里的时机已然成熟，罗贝尔根本无法抵挡如此诱惑。自从他的长兄“铁臂”威廉离开之后，西西里的形势更加混乱，该岛正被好战的阿拉伯人和柏柏尔人瓜分。更有利的是，一位柏柏尔埃米尔邀请罗贝尔登岛，帮助自己抵抗敌人。公元1060年，兄弟二人越过海峡登陆西西里，迅速占领墨西拿，然后深入岛内。到了年底，他们占领了东海岸多数地区，向巴勒莫进军。

然而，一年之后军事行动骤然停止。围攻城堡耗时费力，罗贝尔急着要让穆斯林卷入战争。随着兄弟二人开始为战利品的分配争执不休，长期作战的压力也开始显现。二人无法在最高指挥权的问题上完全达成一致，于是做出了尴尬的选择：共同管理。这是一个特别糟糕的主意，因为罗贝尔没有耐心协调各方，很容易感到厌烦。任何时候他都需要关注欧洲大陆的局势；由于他长期不在欧洲大陆，各地出现叛乱，而焦躁不安的地方贵族需要的不仅仅是鼓励。之后10年，他只是零星地露面，征服西西里的重任主要由能干的罗杰承担。

同时罗贝尔继续向意大利南部城市巴里施压。公元1071年春天，巴里终于沦陷，拜占庭帝国在意大利最后的据点消失了。吉斯卡尔身着希腊风格服饰，得意扬扬地进了城，最亲近的支持者簇拥在身边。他是南意大利唯一的主人，实现了建立公国的愿望。对其他人而言，这样的成就完全可以满足了：国内的敌人被吓破了胆，不敢妄为，教皇由敌人变为盟友，没有人能挑战他在南部的权威。但吉斯卡尔已经开始向往更大的目标。巴里城内的壮观引发了他的想象。他也在西西里的宫殿和教堂中，在掠夺来的奢华的拜占庭帝国辎重中看见过这般繁盛。这位由没有领地的骑士成长起来的公爵，若有所思地把目光投向东方。闪耀的拜占庭才是最大的奖赏，正等待他的到来。

第十章
皇冠

Chapter 10
The Imperial Crown

65 岁（按中世纪标准已算高龄）的罗贝尔·吉斯卡尔应该休息了。这个年纪的人大都安顿下来，享受辛苦打拼得来的果实。就罗贝尔而言，他可谓成果斐然。阿普利亚乡间的狩猎活动，还有那么多适合放松休闲的宫殿，都足以让他开心。但吉斯卡尔毫无退休的打算。他太容易感到无趣了。他对在战场上厮杀的喜爱远胜过治理一方，而且任何时候他都在觊觎拜占庭帝国。

与拜占庭 20 年的战争留下了印记。罗贝尔从仿制拜占庭的部分印玺开始，后来又在发布法令时使用拜占庭的头衔“最高统治者”（dux imperator）。这种做法既出于虚荣心，同样也体现了他的精明。他的臣民大都已经彻底希腊化，因此把自己打造为拜占庭的继承人有助于将统治合法化。为了确保大家都能领会这一点，他一有机会就小心翼翼地穿上那件仿制的拜占庭皇袍。

这些张扬的举动引起了君士坦丁堡的注意。彼时拜占庭正遭遇塞尔柱突厥人的大举进攻，处境危急，希望尽快与诺曼人媾和。拜占庭皇帝米海尔七世（Michael Ⅶ）有一个年轻的皇子君士坦丁，吉斯卡尔则有一个年轻的女儿海伦娜（Helena）；拜占庭提议联姻，并许诺赐予罗贝尔更高贵的新头衔。现在他可以自称“至尊贵族”（nobilissimus），这是仅次于“恺撒”的头衔，他还可以身着紫衣，并完全可以期待他的后人坐上皇位。年轻的海伦娜乘船前往君士坦丁堡，而吉斯卡尔毫无动静，只是庆祝自己又一次外交手段的成功。

不幸的是，君士坦丁堡的事态发展得更快。海伦娜刚抵达，拜占庭皇帝便被年迈的将军尼斯福鲁斯三世（Nicephorus Ⅲ）推翻。这位诺曼公主随即被遣送至修道院，而未婚夫君士坦丁则遭到流放。吉斯卡尔对这个消息感到失望，但失望也只是暂时的。拜占庭国力虚弱，扩张过度，苦战塞尔柱突厥人，易受侵略。现在出击几乎可以确定将会有丰硕收获。同时海伦娜也是一颗非常合适的棋子，足以成为发动战争的借口。

第一步就是发出最后通牒，而这份通牒会当即被拒绝。吉斯卡尔装出一个父亲的愤愤不平，要求迅速恢复女儿的地位，将她嫁给君士坦丁，并加冕她为皇后。这无异于要尼斯福鲁斯自绝政治生命。他不可能推翻了米海尔七世后又扶持其子，因此明智地拒绝了。吉斯卡尔迅速宣战，带领一支强大的军队进攻。为加强行动效果，他找来一位云游修士，称其为遭到废黜的皇帝米海尔——这个“米海尔”刚设法逃出了囚室，及时地为攻打拜占庭的军事行动祈福。这一招没能骗过任何人，因为这位修士的演技不够高明，但吉斯卡尔并不在意。他已经成功地发动了战争，现在要去赢得皇位。

光是组建军队便耗费了近一年的时间，但成效卓著。中世纪西方军队并非特别多元化，而罗贝尔招募了意大利南部各地的士兵：西西里的穆斯林和伦巴第士兵、阿普利亚和卡拉布里亚的希腊士兵，还有法兰西和诺曼冒险家。意大利所有沿海城市纷纷应召修建战船，但这仍无法满足需求，于是罗贝尔又从森林密布的克罗地亚海岸购买。到了公元1081年春天，150艘战船已建成，即将载上2万名士兵以及战马和攻城装备，横渡爱琴海。万事俱备，只待吉斯卡尔一声令下。然而，就在时机成熟可以下令之前，君士坦丁堡的形势又发生了变化。年轻的将军阿历克塞推翻了尼斯福鲁斯三世，并表示将同意吉斯卡尔的所有要求。受辱的君士坦丁将复位，成为共治皇帝，海伦娜也将获救，离开修道院，二人将会完婚。

吉斯卡尔的脾气远近闻名，这一次更是怒火中烧。可怜的使者给吉斯卡尔送信时，本以为他会欣然接受，但最后不得不迅速逃跑，以免小命不保。整整两天，吉斯卡尔待在帐中，心情郁闷，拒绝见客。阿历克塞破坏了他的计划，但军队早已准备就绪、蓄势待发，他无法取消作战计划。吉斯卡尔的长子博希蒙德率领先头部队建立桥头堡，一个月后吉斯卡尔率主力大军赶上。

到了6月，诺曼人已经兵临拜占庭第二大城市都拉斯*。该城坐落在通往君士坦丁堡的古罗马道路的尽头。都拉斯地处海拔较高的半岛，守卫森严，看似固若金汤，近陆地带布满了沼泽。吉斯卡尔试图招降，几近成功，但守军有坚守到底的自信，也相信皇帝不会坐视不管，让他们自生自灭。几天后，他们得到一个激动人心的消息，足以证明皇帝的关照。威尼斯舰队收了阿历克塞的贿赂，毫无征兆地出现，并与诺曼舰队作战。威尼斯部队利用水下管道往诺曼战船底部施放希腊火†，从吃水线以下把诺曼人的战船烧毁。

吉斯卡尔处于两难境地。没有海上支援，就不可能形成有效的封锁，而迅速攻占都拉斯的希望似乎比较渺茫。更糟的是，冬季来临，也带来了一系列老问题：住宿、燃料，以及深入敌后的补给线的维持。军中士气骤跌，而此时又突发痢疾疫情，进一步打击了所有人的斗志。士兵们公开谈论撤军，但畏难放弃绝不是吉斯卡尔的风格。他烧毁了剩余的战船，防止有人逃跑。对一般的骑士来说，这就像是陷入噩梦之中。都拉斯守军感觉到了敌军的心态，开始散布不祥的信息。他们声称阿历克塞正带领着大批援军赶来。

阿历克塞·科穆宁是一个可怕的对手。他自称拥有古罗马贵族血统，兼具军事和政治才华，是个不可多得的人物。40岁之前，他从未在战场上失败过，是帝国获得赞誉最多的将军。拜占庭迫切需要这

* 位于今天的阿尔巴尼亚。

† 希腊火，一种油基易燃物，即便浸入水中也能燃烧，被当作拜占庭的国家机密。它被装载在威尼斯舰船上，可见拜占庭人将诺曼人视为巨大的威胁。

样一位领袖。劫掠成性的塞尔柱突厥人正在侵袭东部边境，斯拉夫人和保加利亚人从西面入侵，君士坦丁堡的领导不力加速了帝国崩溃的进程。内忧外患之下，帝国迫切需要一位有能力终止战乱的将军。阿历克塞站了出来，他轻而易举地驱逐了皇宫的前任主人。

尽管新皇帝在战场上从无败绩，但诺曼人入侵的确是一个严峻的问题。动乱令帝国头疼，也令军队变成一团乱麻。部队必须全面开始整顿。著名的瓦兰吉卫队仍然是高效的核心，但剩下都是毫无纪律的民兵、雇佣兵和私人保镖。这支武装力量并不理想，但目前它只能迎难而上。帝国遭受攻击，没有时间培训新兵了。

阿历克塞和吉斯卡尔都有理由避免战争。尽管诺曼军队饱受疾病困扰，战斗力减弱，但仍然强悍得可怕。阿历克塞肯定希望即将到来的冬季能进一步削弱他们。他还怀疑雇佣军不够忠诚，完全有理由相信，只要遇上麻烦，他们肯定率先当逃兵。另一方面，罗贝尔被拜占庭军队和重装守卫的城堡夹在中间，这并不是发动进攻的良机。按照往常的做法，他会先行撤退，找到更合适的位置，再发动进攻。然而，由于他轻率地决定烧毁战船，彼时他已别无选择。

唯一期待开战的是瓦兰吉卫队。15 年前，“征服者”威廉入侵英格兰，杀害了合法的在位国王，给盎格鲁-撒克逊人带来野蛮统治。许多人无法忍受在诺曼铁蹄下的生活，最终前往君士坦丁堡，并加入瓦兰吉卫队。如今，他们终于和深恶痛绝的诺曼人面对面。这些人曾掠夺了他们的家园，杀害了他们的家人，盗窃了他们的财产。他们终于可以一报黑斯廷斯之仇了。

吉斯卡尔率先向拜占庭中军发起进攻。从没有人能抵抗诺曼铁骑的冲击，但面对瓦兰吉的人墙，诺曼人却被击溃。他们数次进攻无果，而瓦兰吉士兵开始缓慢前进，手持可怕的双头斧冲击诺曼防线。不走运的是，拜占庭其他部队没有跟上他们的节奏。突厥雇佣兵此时选择逃跑，寡不敌众的瓦兰吉卫队全军暴露，遭到包围。少数幸存者逃到附近的小教堂向天使长米迦勒祈祷，但没有什么避难所能躲过诺曼人。整座教堂从外到内被大火夷为平地。

这场失利似乎损伤了拜占庭仅剩的元气。都拉斯象征性地抵抗了一周之后选择投降，希腊北部其他地区也紧随其后。吉斯卡尔兵临马其顿之后，卡斯托里亚（Kastoria）更是不做任何抵抗便直接投降，尽管该城有300名瓦兰吉守军。如果连帝国精锐部队都不忠诚，君士坦丁堡便等同于失守。吉斯卡尔夸下海口称自己会赶在圣诞节时进入拜占庭首都。然而，这一次他遇到了真正的对手。阿历克塞无法用刀剑阻止诺曼人，但他仍然有笔，军队失败的地方，外交手段可以成功。

意大利南部是一个即将爆炸的火药桶。这里大大小小的贵族都憎恨诺曼人的统治，鄙视自己被迫屈从于诺曼人的地位。他们只是因为害怕，所以敢怒不敢言，没有人愿意踏出奋起反抗的第一步。阿历克塞只需要给他们一些动力。拜占庭派间谍进入意大利，他们带着成袋的黄金，四处传言，声称现在是时候出击了。几乎一夜之间，半岛各地公开爆发了叛乱。吉斯卡尔留在意大利的代表绝望地给他写信，告诉他如果不迅速返回，诺曼人将无家可归。

吉斯卡尔犹豫了很长时间。叛乱持续的时间越长，镇压的难度就越大。但他眼看就要拿下拜占庭了，如果现在离开，进攻就会停滞不前。诺曼人会丧失宝贵的优势，狡猾的阿历克塞将有时间收复失地。公元1082年初传来的一个消息最终迫使他做出了决定。神圣罗马帝国皇帝亨利四世正向罗马进军，惊慌失措的教皇当即向诺曼人求救。吉斯卡尔公开发誓，不回到拜占庭就不刮胡子、不洗澡，他将远征军交给儿子博希蒙德，然后前往意大利。

对于粗野的吉斯卡尔来说，教皇格列高利七世是一个奇怪的盟友。他是一个理想主义者，坚持原则，顽固死板，没有人期待他会支持没有道德原则的吉斯卡尔。然而，合作的必要性使他们走到了一起。格列高利卷入了一场大论战，这场论战引发了整个基督教世界的混乱。他试图摆脱世俗权力的控制，因而与神圣罗马帝国皇帝亨利四世发生了冲突。教皇取得了第一仗的胜利。亨利被处以绝罚，被迫在严冬时节赤脚跋涉，前往意大利北部遥远的卡诺萨城堡，乞求教皇收回判决。然而，那只是权宜之计。等到亨利恢复元气，积攒了足够的实力，他便威胁格列高利做出让步，否则便要将军队开进罗马，任命新教皇。格列高利需要得到保护，而全意大利只有一个人有能力保护他。于是他收起了自己的傲慢，承认并支持吉斯卡尔的统治，以换取庇护。这个交易收效甚好，直至吉斯卡尔离开意大利，远征拜占庭。阿历克塞给亨利送去一封信和几袋黄金，催促他进军防备薄弱的意大利。亨利当然马上同意了。

亨利的部队几乎没有遇到什么麻烦，顺利进入罗马。格列高利逃往哈德良陵墓*，方才得以坚持抵抗。他的支持者仍旧控制着台伯河左岸地区，而亨利的部队饱受疾病折磨，战斗力严重削弱。亨利将多数部队撤往海拔更高的地区，安营扎寨，准备围攻。

与此同时，吉斯卡尔正疲于镇压意大利南部的叛乱，忽视了教皇越发恐慌的求救信。到了公元 1084 年底，他镇压了最后一场叛乱，本可以对格列高利施以援手了，但他却犹豫了。正如他所担心的那样，远征拜占庭陷入了严重的困境，如果他再不迅速返回战场，真的就有可能全军覆没。另一方面，罗马也需要他的关注，因为一个重要的盟友正在为自己的性命而战。罗贝尔·吉斯卡尔向来都知道自己该怎么做，但这一次是他一生中为数不多的例外。

然而，外部力量再次影响了他的决定。这一次是罗马人起到了决定性作用。他们厌倦了格列高利，指责他面对长期围攻仍旧顽固不化，导致全城陷入物资匮乏的窘境。他们打开城门，邀请亨利完全占领罗马。亨利得意扬扬地进入罗马城，宣布废黜格列高利，自己任命了新的教皇。吉斯卡尔别无选择，只能采取行动。如果格列高利被推翻，奥特维尔家族的合法性也将不复存在。拜占庭的战事只能先搁置在一边了。吉斯卡尔从各地集结大军，进军罗马。

亨利没有傻到留在罗马等着吉斯卡尔进城。他深知自己的军队实力已经被削弱，不是诺曼人的对手。就在吉斯卡尔抵达罗马前三天，亨利建议罗马人自己尽可能地守城，然后悄悄溜走了。惊恐的居民将

* 其广为人知的名字是“圣天使堡”。它于 5 世纪时被加筑防御工事并成为教皇的主要据点。

城门紧锁，但结局已经注定。罗马的城墙是800多年前罗马皇帝奥勒良（Aurelian）统治时期修建的，此后再也没有大的整修。吉斯卡尔发起第一次攻击后，他的手下迅速攻入城内，四面分散，所到之处烧杀抢掠。他们护送格列高利走出哈德良陵寝，使他胜利地返回拉特兰宫（Lateran）。格列高利再次登上教皇圣座。

然而，这场胜利付出了极大的代价。吉斯卡尔的穆斯林和希腊部队将这座城市视为战利品，开始频繁地奸淫掳掠、滥杀无辜，无所不为。三天后，惊恐的市民忍无可忍，走上街头，与侵略者展开了游击战。局势混乱，连表面上的秩序都已消失殆尽。诺曼人意识到他们对局势失去了控制，开始放火烧城，意图驱逐敌人。此举造成了巨大损失。全城各地不是被抢夺一空就是被焚烧殆尽。从拉特兰宫到罗马斗兽场，几乎没有保存完好的建筑。教堂、宫殿、古代的异教神庙无一幸免。

格列高利的地位得到恢复，但那时的他广遭记恨，因此不得不陪同吉斯卡尔的部队一起撤退。他选择萨勒诺作为新居，建立了流亡教廷，致力于教会改革。格列高利于第二年去世，葬于一座诺曼风格的陵墓。他一生狂妄，目中无人，但临终遗言令人痛心："我热爱正义，痛恨邪恶，因此死于流亡。"

与此同时，罗贝尔·吉斯卡尔终于可以不受任何牵制，专注于与拜占庭的战争。没有他，战争的进展并不顺利。他的儿子博希蒙德是顶尖的骑士和优秀的将军，但缺乏父亲的动员能力。尽管他连续消灭了拜占庭皇帝派出的三支军队，但失败主义的情绪迅速在军中扩散。

他们从意大利出发至今已经过去了四年，但攻取君士坦丁堡的战役毫无进展。多数人疲惫不堪，思念家乡，感觉这次远征似乎没有尽头。博希蒙德设法让大军又坚持了几个月，但最后也承认自己犯了低估对手的大忌。一次他在希腊北部率军渡河，阿历克塞诱他攻击一支作为诱饵的军队，而拜占庭大军趁机洗劫诺曼部队的辎重。博希蒙德花了一下午时间追踪敌军，返回军营后发现积攒四年的战利品不翼而飞。对于舟车劳顿的大军来说，这是压垮他们的最后一根稻草。随着博希蒙德被迫返回意大利，他的手下集体向阿历克塞投降。

这是一个重大的挫折，但执着不懈是吉斯卡尔的本性。他尽管已 70 岁高龄，但仍精力充沛，又迅速召集了一支大军。他在科孚岛（Corfu）度过了整个冬天，但伤寒重创了军队，造成数千名将士死亡。随着疫情终于减轻，他下令军队扬帆启航，进军拜占庭的凯法洛尼亚岛（Cephalonia），打响第一仗。然而，渡海途中吉斯卡尔突然高热不退，登岛时几乎无法站立。公元 1085 年 7 月 17 日，一生从未遭遇重大败仗的吉斯卡尔因病去世。

他的遗体被送回意大利。然而运尸船在经过奥特朗托海岸边时遭遇暴风雨，尸身被冲出船外，损毁严重。船员设法恢复遗体，但最后决定将他的心脏和其他内脏掏出，埋在一个小教堂中，而将尸身剩下部分进行防腐处理，最后送达奥特维尔家族陵寝所在地：意大利韦诺萨（Venosa）。他后来被安葬在圣三一教堂一座壮观的陵墓中。

吉斯卡尔的一生不同凡响，他的成就使自己进入最伟大的军事冒险家行列。凭借着远见卓识、政治技巧和人格力量，他从一个小小的男爵变成欧洲最强大的政治势力。路走来，他将拜占庭人从意大利驱逐，将穆斯林从西西里驱逐，拯救了改革后的罗马教廷，将两位皇帝逼入困境。一位不知名的石匠在吉斯卡尔墓碑上刻下的一段铭文，正是对他最好的注解：“这里安葬着吉斯卡尔，他令这个世界闻风色变……”

第十一章 博希蒙德一世

Chapter 11
Bohemond I

吉斯卡尔死后留下了一个令人困扰的问题：谁能继承他的遗产？尽管他有过两次婚姻，育有十多个孩子，但最有能力的儿子却是私生子。

这个男孩出生于公元1058年之前的某一天，教名为“马克”。距他出生几天前的晚上，吉斯卡尔在宴会上听到了关于传奇巨人布厄蒙德斯·吉加斯（Buamundas Gigas）的故事，当看见这个孩子的巨大体格后，他就给孩子起了昵称“博希蒙德”，这无意中创造了中世纪家喻户晓的名字。

人们对博希蒙德的早年生活几乎一无所知。不过他显然接受过学校教育，因为他具备读写拉丁文的能力，懂一点希腊文，可能还会一点阿拉伯文。在他很小的时候（可能是4岁那年），吉斯卡尔出于政治原因抛弃了博希蒙德的母亲。尽管博希蒙德成为私生子，丧失了继承权，但他并没有太多不愉快的感觉。他被继母抚养长大，一成年便在吉斯卡尔的军中获得了重要的职位。尽管存在现实政治需求的因素，但他能拥有如此的地位或许是因为他的父亲是毋庸置疑的。博希蒙德从头到脚看起来都像奥特维尔家族成员。他肩膀宽阔，胸膛厚实，继承了维京祖先的金发，身材高大，具备领袖的气质。就连父亲的焦虑和鲁莽也在他身上体现得淋漓尽致。正如一位同时代人士所说，“他总是在探索不可能”。

公元1081年，吉斯卡尔决定进攻拜占庭帝国，博希蒙德得到了探险的机会。27岁的博希蒙德奉命率领先头部队出发，将达尔马提亚（Dalmatia）* 乡村地区变成一片废墟，攻占港口城市发罗拉（Valona）作为桥头堡，并围攻科孚岛。唯一真正的抵抗来自科孚岛，当地守军公开嘲笑博希蒙德人少。但他们看到吉斯卡尔的主力舰队后，当即落荒而逃。

然而从那时起，军事行动就有了溃败的迹象。据我们所知，吉斯卡尔计划让博希蒙德登上君士坦丁堡的皇位，并向东方开拓出一个属于他自己的更大的帝国，但博希蒙德败给了拜占庭皇帝阿历克塞的智谋。随着阿历克塞的黄金诱惑之计迫使吉斯卡尔返回意大利，博希蒙德奉命保卫希腊和马其顿，但也得到告诫，不得冒险与阿历克塞作战。博希蒙德随后的失败不在于缺乏勇气，只是因为阿历克塞太过于

* 即现在的阿尔巴尼亚。

老道、诡计多端。

博希蒙德进军希腊北部，开始有计划地铲除拜占庭的堡垒，但阿历克塞突然出现。就在两军准备交战时，阿历克塞派出载满长矛的轻型双轮战车，冲击诺曼部队防线。这个战术本该重创诺曼主力军，但博希蒙德事先得到提醒，就等着他这招。随着战车逼近，诺曼人打开了防线的缺口让战车穿过去，战车没有造成任何伤害。然后诺曼人发起进攻，迅速击溃了训练不足的拜占庭新兵。

阿历克塞在巴尔干半岛城市奥赫里德（Ohrid）* 重新部署军队，数月后再次作战。这一次他命令部队在战斗开始前一天的晚上设下埋伏，在战场中央分散铺上钉子，希望在诺曼骑兵冲锋时将其绊倒。但博希蒙德再次事先得到提醒，他命令中路部队留守后方，而侧翼部队直击敌军。拜占庭部队几乎当即崩溃，博希蒙德一路追杀阿历克塞至巴尔干山区，攻占了阿历克塞之前的避难城市奥赫里德。

尽管博希蒙德屡战屡胜，但冬季的来临却不利于士气。诺曼人粮草短缺、资金不足，军队已有数月不发军饷。有人开始质疑他们在这个不适合居住的陌生地方到底要做什么。君士坦丁堡一年前看起来那么近，此时又显得那么遥不可及。那年春天，阿历克塞第三次发起进攻。彼时诺曼人正占领着古希腊城市拉里萨（Larissa）——阿喀琉斯的出生地——而拜占庭部队又一次出现，并逼近他们。博希蒙德迅速发起进攻，追杀溃逃的拜占庭部队数英里。然而，阿历克塞不在其中。

---

* 位于现在的北马其顿共和国。

他正率领主力大军进入诺曼军营，抢走了诺曼人积累两年的战利品。

博希蒙德还以为自己又一次获胜了。军营遇袭的消息传来时，他正在河边放松，悠闲地吃着葡萄，讥讽着拜占庭的怯懦。听到消息后博希蒙德率领骑兵迅速赶回，但为时已晚。他设法击退了拜占庭人过于急切的进攻，但不得不率军撤退，整编散兵游勇，把那年占领的所有领土留给了阿历克塞。

阿历克塞意识到形势正朝着对他有利的方向发展，并开始秘密地与博希蒙德的手下军官谈判。他知道博希蒙德最近遭遇物资损失，无法发放军饷，于是聪明地建议这些军官要求全额支付军饷。他还进一步用拜占庭军中高位诱惑他们（并加上大量厚礼）；如果他们看重荣誉，无法接受，他也保证让他们安全回家。

毫无疑问，一些军官仍然对博希蒙德忠心耿耿，但要求发薪的人数量之多，足以迫使他返回意大利筹款。博希蒙德一离开，军中仅存的士气也彻底瓦解，手下军官叛变，转投阿历克塞，只有一人例外。博希蒙德在达尔马提亚海港登船时得到了叛变的消息。他输掉了战争，这不是虽败犹荣，而是千刀万剐之痛。或许是想在情绪冷静下来之后再面对父亲，博希蒙德在达尔马提亚海岸度过了冬天，等到第二年春天才返回意大利。

幸运的是，吉斯卡尔并没有感到特别沮丧。他忙于镇压意大利各地叛乱，最终以残忍的手段镇压了叛乱，阿历克塞如果还想再次煽风点火，就得付出更大的代价。如今吉斯卡尔可以心无旁骛地发起远征了。公元 1084 年 10 月，吉斯卡尔带着四个成年的儿子再次出征。他们被威尼斯海军阻截、驱散，但就在最快的战船提前出发回威尼斯报捷时，诺曼人重整旗鼓，击败了威尼斯海军。

那时季节已晚，不适合发动更多的军事行动，因此他们留在科孚岛过冬。停留期间博希蒙德发起高烧，经父亲许可返回意大利养病。他不在期间，吉斯卡尔也发起高烧，经过数月的挣扎后最终去世。

博希蒙德自然是吉斯卡尔的继位人选。他久经沙场，领导能力强，有雄心壮志，而他真正的对手只有一个：同父异母的弟弟罗杰·博尔萨*。博尔萨年仅 13 岁，但已经显露出易紧张和能力欠缺，这也成为他后来的特质。但或许是命运安排，罗杰·博尔萨——或者更准确地说是他的母亲——陪伴吉斯卡尔度过了人生的最后时刻，而博希蒙德远在意大利。她说服了聚集一堂的诺曼官员，使众人相信她的儿子才是继承吉斯卡尔领土和头衔的唯一合法人选。令她意想不到的是，博希蒙德的叔父“西西里的罗杰”也支持这一点，成为她强大的盟友。对于西西里的罗杰而言，无论谁继承大业，名义上地位都将在他之上，因此他当然希望在位者是一个可以操纵的人。仍在意大利养病的博希蒙德第二次被剥夺了继承权。

罗杰·博尔萨和其母聪明地赢得了政变，但如果他们以为问题已经解决，那就说明他们还不太了解博希蒙德。博希蒙德怒火中烧，在他的叔父返回西西里后，马上起兵叛乱。罗杰·博尔萨试图收买这位同父异母的哥哥，打算把阿普利亚南部最好的地区赐给他，但此举只

* 博尔萨的意思是“钱袋”，年轻的罗杰因为喜欢反复数他的钱币这一惹人讨厌的习惯而得此诨名。

会鼓励博希蒙德谋取更多土地。他跨过边界，进入卡拉布里亚，说服他弟弟手下最有权势的封臣改旗易帜，归顺自己。叛乱逐渐蔓延至卡拉布里亚各地，此时罗杰·博尔萨急切地向叔父求救。老罗杰的回应是维持现状，并迫使博希蒙德同意停战，实质上允许他继续保有已经占领的土地。这种不稳定的和平局势持续了三年后，罗杰·博尔萨也身患重病，严重发烧。博希蒙德就当弟弟已经去世了，迅速控制了他的财产，声称要"保护侄儿们的利益"。

罗杰叔父不得不再次从西西里越洋来到意大利，阻止博希蒙德夺取更多罗杰·博尔萨的土地。这一模式持续了数年，其间博希蒙德试图逐步蚕食博尔萨的领土，但又没有频繁地引起叔父的注意。

内战由此引发并逐渐激化，西西里的罗杰成为最大的受益者。每次他出面干预，弱小的侄儿都会做出更大让步。不难理解，家族关系也由此变得紧张。

公元 1096 年夏天，阿马尔菲（Amalfi）爆发反对博尔萨的叛乱。罗杰叔父召见备受挫折的博希蒙德，让他加入平叛行动，以显示家族团结。经过九年毫无成果的内战，沮丧的博希蒙德深知叔父绝不会允许他掌握重要权力。他本已打算听天由命，但新的良机不请自来。一年前，教皇乌尔班二世大声疾呼，招募"十字军"去收复圣地，狂热的骑士纷纷响应，涌入意大利南部，寻找出海航道。起初参与其中的大多是意大利人，博希蒙德认为他们只是一时狂热，并不把此事放在心上。但后来他坐在阿马尔菲的城墙下，看到更多的法国骑士也纷纷前来，才意识到这场运动早已超出一国范围。

在意大利，他不过是一个自命不凡的新贵，永远被叔父压制着，而那时父亲旧日的梦想正在东方向他招手。如果不能在西方获得应有的头衔，他可以在黎凡特开辟自己的王国，而十字军运动就是完美的掩饰。现在唯一要做的就是大声说出来，而他的做法气派十足。一次围攻阿马尔菲时他召集了大批人马，突然立誓解放耶路撒冷，号召所有善良的基督徒加入他的行列。随后他脱下了深红色的斗篷并将其撕开，然后将其做成十字形图案，赐予他的封臣和最先响应的人。多数人当场热切地加入。博希蒙德不仅拥有了配得上个人地位的庞大部队，同时夺走了两位罗杰的部队。恼怒的亲戚别无选择，只得放弃围攻。

人们通常认为十字军是一支军队或同一拨军队，于某个特定年份发起东征。然而，十字军运动更像是长期持续的运动；与其说他们是军人，倒不如说他们是一群武装起来的人，历经兴衰起伏，走向东方。他们没有选择一条明确的路线，也没有一个公认的领袖，只是一群达成模糊协议的王公，聚集在君士坦丁堡。

缺少一个统领全军的领袖，意味着争吵不休、组织混乱，但博希蒙德准确地从中看到了黄金机会。在所有王公之中，他经验最为丰富，野心最大。如果需要总指挥，几乎可以确定他就是天然的候选人。他的眼睛始终看着未来，谨慎地扮演着尊贵的政治家角色。

其他王公率领的部队行事鲁莽、不计后果，在拜占庭境内一路烧杀抢掠，时常与皇家护卫队发生冲突，相比之下博希蒙德就是守秩序和讲礼仪的榜样。他将一切都细心地提前准备妥当。他和外甥坦克雷德*带领着一支训练有素的小部队，从意大利城市巴里出发。他们在达尔马提亚海岸的不同地点登陆，以防当地粮食供应不足。在外国领土行军常常会引发当地人的敌意，为了预防这种情况出现，他事先下令禁止抢劫，对违令者处以极刑。

他选择的路线非常艰难——在初冬时节穿过海拔 1 200 米的山口——但通过这一计划，到圣诞节时他已经平安无事地进入马其顿西部。然后他沿着厄纳齐雅大道（Via Egnatia）一路前行。这是 10 年前他和父亲进攻君士坦丁堡未果时所走的道路。当然，这一次他表现得相当出色，小心地与监视他们的帝国卫队保持友好关系。

到达伊庇鲁斯（Epirus）后他派信使前往君士坦丁堡，希望获得皇帝阿历克塞的接见。他不是第一个抵达的十字军将领，因此急切地想知道其他西方将领达成了什么协议。最重要的是，他想知道他的对手有没有获得皇帝的特殊礼遇。

西方骑士倾向于认定拜占庭温和软弱，但博希蒙德更清楚这个帝国依然强大。目前它是近东地区最重要的基督教国家，没有其支持就无法获得永久的成功。与拜占庭的友好关系还能带来其他好处。获得阿历克塞的特许和认可，他就能掌控十字军与帝国的所有交易；他将成为这个基督教联盟的关键人物，事实上也将成为十字军的领袖。

抵达君士坦丁堡后，博希蒙德获得了令人振奋的礼遇。他只在葛

* 奥特维尔家族在第一次十字军运动时表现卓著。老坦克雷德的不少于 6 个孙辈和 2 个曾孙辈参与其中。

达二圣堂(Monastery of Saints Cosmas and Damian)停留了一晚*，就在护卫陪同（是一种特殊关照）之下来到皇宫，这是其他西方人不曾享有的荣誉。他收到了琳琅满目的礼品，获得了漂亮（尽管毫无意义）的头衔，并与皇帝见面。

到了宏伟的皇座面前，博希蒙德看到了站立的金狮，仿佛一触它们便会发出怒吼。皇帝要求他宣誓效忠，并承诺归还他所占领的帝国领土。他毫不犹豫地照办，并要求皇帝册封他为“东方统帅”(Grand Domestic of the East)——皇家军队在亚洲的统帅。

博希蒙德已经掩饰得非常完美，但阿历克塞洞若观火，并未被他迷惑。表面上他热烈欢迎博希蒙德，实际上对其没有丝毫信任。博希蒙德的实力已经足够可怕，阿历克塞并不打算给他更多权力。他原本希望用重金厚礼摆脱博希蒙德，但彼时后者要求获得这个头衔，令他有些不安。于是他拖延了一些时间，含糊其词地暗示博希蒙德要展现自己的力量和忠诚，方可赢得头衔。

博希蒙德无法得到更多了。带着离别时的客套话，以及皇帝派兵派粮的承诺，他撤离拜占庭，返回军中。他们横渡博斯普鲁斯海峡，进军尼西亚，而十字军主力已经在围攻该城。由于博希蒙德带着急需物资及时赶到，他的名望急剧上升。博希蒙德随后击败了突厥援军，得意地把战俘捆起来，用的正是后者带来捆绑十字军的绳子。此举进一步提高了他的威望。

---

* 因为他们的重要性（或者不那么重要），这些客人往往需要等上好几个星期才能获得皇帝的接见。

尼西亚陷落了，博希蒙德的好运仍在继续。他与拜占庭的关系急转直下：拜占庭代表团在夜间潜入尼西亚，接受突厥人投降，并拒绝十字军进城参加传统的三天劫掠活动。在这种情况下，他没有得到阿历克塞的支持，反而成为荣耀的标志。

十字军决定朝着安条克继续进军，博希蒙德建议大军一分为二，以便更容易寻找补给。博希蒙德和先头部队一起出发，而他的主要对手雷蒙四世（图卢兹的雷蒙）统率另一支部队，一天之后再出发。在所有十字军将领中，只有雷蒙四世可以与博希蒙德齐名。博希蒙德在多里莱乌姆（Dorylaeum）附近遭遇伏击，多亏他思维敏捷，才避免了一场灾难。博希蒙德给雷蒙送信，催促他加快行军；而突厥人错误地以为他们已经困住了整个大军，不断地发起进攻。当雷蒙率领精力充沛的骑士抵达时，突厥人丢下埃米尔的财宝和日用品，仓皇而逃。

这场胜利应归功于两位统帅，大军停留在附近的拜占庭老城以哥念（Iconium），得以在果树林和溪流边喘息片刻。突厥人再次试图阻止十字军跨过托罗斯山脉（Taurus Mountains），但这一次博希蒙德几乎独自击败了对手。他径直冲向敌方的埃米尔，与其对战。突厥人再次仓皇而逃，彻底放弃了阻截十字军的打算。当晚一颗彗星在空中闪耀，似乎象征着胜利的荣耀和博希蒙德的威望。

他一如既往地嗅到了良机，离开大军，前去解放周边城市。他谨慎地将这些城市交给皇帝，既证明自己的忠实，也暗示皇帝他正等着接受东方统帅的任命。博希蒙德在外期间，军中传言安条克毫无防备。而雷蒙四世受到博希蒙德一系列胜利的刺激，不想放过这一机会。他迅速派遣500名士兵以自己的名义攻占安条克。

不走运的是，传言是假的，事实上穆斯林增援部队正在涌入安条克。雷蒙四世的部下兵临城下，发现安条克的防卫固若金汤。数周之后他们返回，将这个消息传遍军中。

安条克是伟大的东方城市，唯一一次沦陷是12年前因叛乱被穆斯林攻占。它坐落在西尔皮乌斯山（Mount Silpius）谷底，面积3.5平方英里*，500多年前查士丁尼大帝在四周修筑了城墙，城墙包括6扇大门和400座塔楼。城墙之内山脊浮现，一座宏伟的内堡坐落于海拔上千英尺的山顶。由于地处山岭地区，从东、西、南三个方向进城尤为困难，同时高大的城墙实际上消除了围攻的可能性。博希蒙德一直在为自己寻找合适的东方首都，当他看见安条克固若金汤的防线，便意识到自己已找到属意的城市。尽管十字军的既定目标是收复耶路撒冷，但他若可以扎根安条克，就没有必要继续前进。

十字军修筑了三座攻城塔，试图围困该城、断其粮草，迫使安条克投降。然而，他们的兵力不足以彻底困死安条克。欧朗提斯河（Orontes River）提供了水源，觅食小分队也轻松地避开了十字军巡逻队。更糟的是，十字军很快将周边的粮食供应消耗殆尽，而且常遭到守军游击部队的伏击。进入冬季，地震和暴风雪也随之暴发，更加深了军中的恐慌情绪。十字军几次孤注一掷的攻城行动均以惨败收场，此时又传来消息：大批穆斯林援军正在赶来，其首领为可怕的摩苏尔

* 1平方英里≈2.6平方千米。——编者注

的卡布卡（Kerbogha of Mosul）。到了春季，七分之一的十字军将士死于饥饿，大规模叛乱由此开始。

博希蒙德早已得出结论：安条克不可强取。如果武力不是合适选择，谋略显然才是攻城的关键。他通过某种方式联系上了城中一名叛徒，后者同意将一座防御塔交给十字军。博希蒙德只需要选择时机。

首先他得防止任何对手夺取安条克。当时军中仍有一个拜占庭代表团，他们也希望在攻下安条克后控制该城。博希蒙德将代表团首领请到帐中，暗示有人计划杀害他，并表示遗憾的是自己无力粉碎这一计划。尽管流言是假，但拜占庭人相信了，第二天此人带着随从突然离去。博希蒙德转而宣称拜占庭人因为怯懦而逃避，留下他们独自面对命运的安排。十字军曾宣誓将安条克交还帝国，而彼时可以放心地违背誓言了。

博希蒙德接下来宣称，由于意大利形势紧张，自己正考虑离开十字军。这些话产生了合适的效果。每次遭遇战博希蒙德都起到了最重要的作用，随着卡布卡的逼近，一想到要失去他，十字军就感到更加恐慌。十字军的其他王公认为这只是虚张声势，但他们在公众意愿面前无能为力。之后博希蒙德提出，安条克是对他在意大利的损失的合适补偿。此时，就连图卢兹的雷蒙也不得不屈从于现实。

他们同意将安条克献给博希蒙德，于是博希蒙德透露了城中安插内线的消息，并说出了自己的计划。部队拔营出发，好像要与正在赶来的卡布卡正面交锋。在黑夜的掩护下，他们掉头返回，在叛徒的协助下，通过无人看守、没有上锁的后门，潜入安条克。

距离黎明还有两小时，博希蒙德率领60名士兵搭梯攀爬，迅速攻占了附近的两座塔楼和两塔楼之间的城墙。当地基督徒帮助他们打开一座城门，十字军趁机冲进城内。到了黄昏时分，突厥人全军覆没。历经7个多月的战斗，十字军终于拿下了安条克。

然而，严酷的考验并未结束。尽管十字军拿下了该城，但突厥人仍控制着要塞。博希蒙德在独自奋战时负伤，（更严峻的是）卡布卡正率领7.5万大军赶来。第一个问题容易解决。博希蒙德在要塞外修建围墙，防止突厥人从内发起进攻，然后专注于守卫这座新拿下的城池。两天之后，卡布卡兵临城下。

十字军身处绝境。7个月的围攻耗尽了城中的粮食供应，现在已没有时间进行补给。形势极其严峻，有的骑士甚至宰杀自己的战马为食。更糟糕的是，逃兵将这一情况告诉了卡布卡。他试图朝着博希蒙德守卫的城墙发起猛攻，但十字军极其艰难地将其击退。卡布卡深知十字军濒于崩溃，于是转而采取围攻手段。

只有奇迹发生，才能拯救困境中的基督徒，幸运的是奇迹真的出现了。法国隐士彼得·巴塞洛缪（Peter Bartholomew）宣称圣徒显灵，说圣徒告诉了他圣矛（Holy Lance）——当年一个百夫长刺入耶稣体内的一把矛——的所在地。有天使的帮助，有圣物力量的指引，他们可以与卡布卡一战。

博希蒙德不太可能相信这个故事，毕竟他也许在君士坦丁堡见过圣矛。但他知道这个故事可以鼓舞士气。因此，彼得戏剧般地从教堂地下挖出生锈的金属矛尖后，他率先宣称这是真正的圣矛。他下令十字军斋戒 5 天，然后全军出动，将这把矛放在军前，发起全面攻击。城内只留 200 人。

一眼望去，十字军满是饿花了眼的骑士，他们蹒跚步行，与其说他们可怕，倒不如说他们可怜。尽管如此，博希蒙德的出击正合时宜。卡布卡的联盟正濒于土崩瓦解。大多数埃米尔并不信任卡布卡，担心他拿下安条克之后实力过于强大。因此，当十字军出现在阵前，他们纷纷逃跑。卡布卡剩余的军队仍在数量上占优，但十字军的规模令他们不安，于是他们在草地上放火，试图迟滞十字军的脚步。风将烟吹到突厥人的脸上，而原计划的战略撤退也变成了一场溃败。同时，亚美尼亚和叙利亚牧人也要趁机报数十年的压迫之仇，下山参与了屠杀。

这是一场全面胜利。要塞里的突厥守军目睹了眼前的溃败，深知大势已去。令博希蒙德满意的是，他们宣布只向他个人投降，而冷落了他的老对手图卢兹的雷蒙。后者身患疾病，被迫旁观了整场战役。

雷蒙不接受这个消息，拒不承认博希蒙德是安条克的主人。他的固执使得十字军的行动戛然而止，但他的态度并非出于小气。和博希蒙德一样，雷蒙也希望作为十字军最高统帅得到认可。精明的他也知道，他个人尽管厌恶拜占庭人，但更需要他们，否则十字军无法长期获得成功。安条克是拜占庭帝国的主要城市，如果被交给博希蒙德，那么十字军与君士坦丁堡的关系将永久破裂。

十字军其他领袖也因为博希蒙德和雷蒙的关系而分化，面对如此情形，他们好几个月都举棋不定。此时，伤寒突然暴发，大胜之后本已高涨的士气再次下滑。普通将士并不在乎哪位统帅将控制安条克，其实他们根本不关心安条克。他们立下军令状，要收复耶路撒冷。留在小亚细亚争执的时间越长，他们就越愤怒。

眼看军中就要哗变，最终雷蒙和博希蒙德选择妥协。博希蒙德得到安条克，作为交换他承认雷蒙为十字军领袖。在安条克滞留了15个月后，十字军终于再次出发，博希蒙德心满意足地留下了。

这是他人生中最伟大的胜利时刻。他加入十字军的目标从来都不是看到耶路撒冷，而是要建立自己的国家，现在他控制了近东地区一大城市，处在非常有利的位置：既可以支配朝圣者前往耶路撒冷的生意，获利丰厚，又能控制周边相继建立的十字军国家。几个月后他以安条克大公的身份前往刚刚陷落的耶路撒冷，受到了高规格的接待，被视为最重要的地方权贵，也轻而易举地确保了自己提名的候选人成为牧首。

不幸的是，博希蒙德的胜利着实短暂。他的大胆为自己赢得了财富和权力，也成为他失败的原因。公元1100年夏，他留下外甥坦克雷德在安条克摄政，自己率300名将士前往幼发拉底河上游地区。他误入埋伏圈被俘，沦为突厥人的阶下囚。阿历克塞提出支付赎金，将他送往君士坦丁堡，但博希蒙德断然拒绝，被迫做了三年俘虏，直至坦克雷德筹集到足够资金将他赎回。

博希蒙德不在安条克期间，坦克雷德大大扩充了公国的版图。博希蒙德刚刚重获自由，便挥兵南下，继续扩张，但再次惨败。安条克被撒拉逊人和拜占庭人夹在中间，军队损耗严重，难以自保，更不用说朝某个方向扩张了。只有从欧洲调入大军方可挽救局势。于是，公元 1105 年，博希蒙德离开安条克，向新十字军求援。

这是一次戏剧性的成功。在意大利，无论他走到哪儿都有大批人前来迎接问候；在法国，腓力国王提出招他为女婿。大家视他为第一次十字军运动的英雄，他的人气之高，使得英格兰国王亨利一世不敢让他登陆，担心他赢得大批贵族的支持。博希蒙德被自己的名望冲昏了头脑，加之他很容易拿拜占庭*为自己的不走运开脱，于是他做出了一个不明智的决定：登上君士坦丁堡的皇座，实现旧日梦想。

他率领 3.5 万精兵良将，悍然入侵达尔马提亚海岸，进攻帝国最西端的城市都拉斯。然而，与前两次不同的是，这一次拜占庭处于优势地位。阿历克塞一边悠闲地率军迎战，一边又鼓动威尼斯海军在背后袭击，轻松击溃了博希蒙德的舰队。随后他刻意避免与博希蒙德直接对峙，而瘟疫和围攻劫掠已严重损耗了后者的实力。博希蒙德退路已断，被一系列的战斗挫伤了士气，被迫接受耻辱的停战协议。

这份停战协议相当于无条件投降。尽管拜占庭允许他继续拥有安条克，但他只能作为阿历克塞的封臣；他占领的拜占庭领土必须全部归还；安条克大教堂必须正式任命阿历克塞选择的希腊牧首。

他奋战一生，方才见证了耀眼的胜利，却又遭遇如此重挫。博希蒙德甚至不愿回到安条克，而是乘船前往西西里。三年后，他在绝望中去世，遗体被运往卡诺萨，埋葬在普通的陵墓中。这座陵墓至今可

* “拜占庭”一词的现代含义（复杂多变、两面派）在很大程度上就起源于这一时期。当时大多数西方人认为拜占庭人背叛了他们，并把后来十字军运动的灾难归咎于“背信弃义的希腊人”。

见，墓身上显眼的一行字“BOAMUNDUS”成为其标志。

博希蒙德不同寻常的人生以遗憾的方式结束。多亏有其外甥坦克雷德，安条克公国得以延续，但不再是博希蒙德所设想的主导力量。诺曼人的能量、勇气和宝贵遗产都在更远的西方。即使博希蒙德离世，他们的力量仍在阳光普照的西西里茁壮成长。

第十二章

上帝的右手

Chapter 12

Dextera Domini

吉斯卡尔去世时，诺曼人征服西西里的大业尚未完成。儿子们持续不断地争权夺利，导致他留下的意大利南部领土动荡不安。形势一度很不容乐观，看起来诺曼人的进攻似乎终于停止了。没有一位领袖展现出吉斯卡尔的才干，继承他的封号。西西里是南部诺曼人最重要的前线地带，远征任务则落到了吉斯卡尔的幼弟身上。

罗杰·德·奥特维尔不太可能成为一名征服者。他是老坦克雷德的第十二子，比他那著名的兄长年轻 16 岁。他总是和其他兄弟不太一样，不如他们仪表堂堂，但更善于思考，能控制脾气，展现了家族成员少有的禀赋。

人们对他的早年生活了解不多，只知道那时他在诺曼底的家中生活。也许他和其他兄弟接受了同样的教育，在个人成长时期跟随一位富裕的骑士做学徒。到了 24 岁那年，除了一人之外，其他所有兄弟都南下寻求财富。若不是遇到了美丽的朱迪思·埃夫勒（Judith d'Evreux），罗杰或许就满足于留守在空荡荡的家中了。尽管二人社会地位悬殊——朱迪思是“征服者”威廉的亲属——他们还是相爱了，不久后罗杰公开表示要与她结婚。不幸的是他既无土地也无财富。朱迪思的父亲很不高兴，他认为自己的女儿被一个卑贱的骑士拐走了。罗杰如果想要牵起她的手，就得备好合适的彩礼，于是他前往意大利，谋求名利双收。

说来也巧，罗杰的哥哥吉斯卡尔正忙着征讨卡拉布里亚，能利用他的本事何乐而不为。二人沿着海岸线一路攻击，5 年之内便征服了整个地区。这次经历之后，罗杰野心膨胀，建议拿下一个更富饶的目标。狭窄的墨西拿海峡对面是阿拉伯人控制的西西里岛，距离意大利海岸不到两英里。幸运的是，当时该岛局势一片混乱。

公元 9 世纪中叶，阿拉伯人第一次从北非登陆西西里，之后 100 年一直试图从拜占庭人手中夺取该岛。公元 965 年，他们终于攻克了最后一个拜占庭据点，安顿下来，坐享胜利果实。一个世纪以来，西西里属于北非穆斯林帝国中相对和平的地区，隶属于今突尼斯海岸的城市马赫迪耶。然而，马赫迪耶卷入了伊斯兰世界的权力斗争；与开罗的战争和内战削弱了它对西西里的控制。随着通信瘫痪，岛上民族冲突加剧。最早登岛的阿拉伯人憎恨从马赫迪耶源源不断迁移过来的柏柏尔人，而这两个族群也都不信任本土希腊人。罗杰进入意大利时，西西里已经被三个敌对的埃米尔分裂，阿拉伯人和柏柏尔人爆发了种族战争。这是入侵西西里的绝佳时机，而且意想不到的是，正是当地一位埃米尔向罗杰发出了邀请。

即使按当时的标准来看，伊本·亭拿（Ibn Timnah）也是个无赖。他为了控制锡拉库萨，杀死了前任长官，并霸占了其遗孀。然后他试图夺取邻邦的领土（领主是墨西拿的埃米尔，正巧还是他新夫人的哥哥），却遭遇了灾难性的惨败。他被迫签署了耻辱的条约，更糟糕的是他借酒浇愁，把沮丧和不满发泄到妻子身上。她逃到墨西拿投奔兄长，愤怒的埃米尔当即发誓要取下伊本·亭拿的人头。酒醒后的伊本遭到追击，被迫离开锡拉库萨，逃往意大利避难。他在卡拉布里亚遇到罗杰，提出与诺曼人协同作战，共同控制西西里。

对罗杰来说，简直没有比这更好的邀请了。尽管正值严冬，绝非发起战争的时机，他还是召集了150名骑士，横渡海峡。起初一切进展顺利。墨西拿长官被引入埋伏圈并被击毙。守卫部队向诺曼人发起攻击，意欲为长官报仇，却遭到重创。不幸的是，罗杰只是凭着年轻的热情击败敌人。他认为现在是攻取墨西拿、实现伟业的良机，便轻率地领军冲击城墙，却功亏一篑，损失惨重。他本想撤回船上，但到了海滩却发现一场暴风雨吹走了所有船只。整整三天，诺曼人被迫扎营海滩，抵挡穆斯林持续不断的攻击，还要想尽办法保暖，处境极其凄惨。到了第四天，船只终于返回，罗杰顺利逃离。

尽管战果令人沮丧，但罗杰的决心并未动摇。几个月后他卷土重来，这一次哥哥吉斯卡尔也参与助阵。兄弟二人召集了近500名骑士出征。穆斯林得到了危险警报，派出巡逻队密切注视着海峡，于是兄弟二人心生一计。吉斯卡尔驻扎在海峡北端，大张旗鼓地准备渡海，而罗杰率领一半骑士悄悄地从南端横渡海峡。他在距离墨西拿5英里的海岸登陆，并发现这里无人驻守。他向墨西拿进军，路上还截获了一辆穆斯林辎重车，得到了墨西拿守军的发饷名单。更幸运的事情还在后面。墨西拿大部分守军已经北上，准备击退“计划”渡海的吉斯卡尔，留下了空无一人的城墙。随着罗杰手下第一个士兵站上了城垛，城内居民举手投降，罗杰的旗帜在城头升起。海岸边的穆斯林守军看到了旗帜，这才意识到发生了什么事情，仓皇逃往内陆。

现在诺曼人在西西里有了立足之处，但他们没有时间休整享受。兄弟二人参加了希腊人主持的感恩崇拜仪式，然后便加入阿拉伯盟友伊本·亭拿的行列，向西西里中部的高原地区进军。他们的目标是拿下恩纳（Enna）这一要塞，给伊本的妻兄致命一击。但他们兵临城下时，才发现这座城堡固若金汤。更糟糕的是，埃米尔召集了所有部队蓄势待发，他乐得看到讨厌的诺曼人孤军深入，迷失在他的地盘。埃米尔觉得此时正是一举消灭诺曼人的良机，于是发起了猛烈的攻击。

这是西西里的穆斯林第一次与诺曼人正面交锋，之后30多年这样的经历会重演很多次，但结果都是一样的。尽管人数远远超过对手，但阿拉伯轻骑兵面对着诺曼重甲骑士，毫无胜算。战斗很快结束，对穆斯林来说，这是一场灾难；数千名将士阵亡或被俘，幸存者都躲进城堡的安全屋，拒绝再次出战。

诺曼人的战利品足够丰厚，每一位参战者都变得腰缠万贯。不知所措的阿拉伯人断定诺曼人不可战胜，更重要的是，诺曼人也这么认为。随后几年诺曼人在数量上总是处于绝对劣势，但上阵杀敌绝不犹豫。

兄弟二人大获成功，但如何充分利用成功，他们意见不一。吉斯卡尔一如既往地担忧欧陆的情况，因为当地又发生了一起叛乱，他需要撤军。但罗杰希望继续进军。他们没有重型攻城装备，因此不可能猛攻恩纳，但至少可以向投降的城镇收取保护费，进一步削弱埃米尔的物资供应。作为兄长，吉斯卡尔的意见最终占了上风，但罗杰在西西里停留了足够长的时间，攻占了特罗伊纳。这座城镇坐落于山上，是希腊人居住地，可以俯瞰周边的平原，战略位置优越。兄弟二人的矛盾日益激化，眼看就要失控，但罗杰只能服从兄长。到了圣诞节，他带领最后一支部队返回意大利。吉斯卡尔在宫廷中召见他。令他意想不到的是，迎接他的是失联已久的朱迪思。

在政治联姻的时代，罗杰和朱迪思的爱情难能可贵。朱迪思的父亲位高权重，是一位野心勃勃的贵族，决心利用女儿拓宽自己的人脉。但朱迪思坠入情网，进入修道院，巧妙地避开了父亲，也避开了条件更好的求婚者。她耐心地等待了五年。那时她的父亲与威廉公爵发生了争执，被迫带她逃离诺曼底。到了意大利，朱迪思迫不及待地放弃了誓言，直奔吉斯卡尔的宫廷。

二人享受着重逢的喜悦，罗杰当即向朱迪思求婚，她落魄的父亲也同意了这桩婚事。然而，有一个尴尬的问题出现了。罗杰要和诺曼底最显赫的家族之一联姻，但没有任何土地能作为彩礼赠予朱迪思。他腰缠万贯——最近的战果给他带来了这一切——但吉斯卡尔拒绝给他任何领土。问题的原因在于兄长嫉妒心强。吉斯卡尔拥有的一切都得靠自己打拼而来；早年他在意大利经历了残酷艰难的时刻，如今他的小兄弟只是等着他白白送出一些土地。当然，他不只为这点小事生气。土地及其产生的收入，将带给罗杰独立的权力来源，不受吉斯卡尔的控制。这样，罗杰将变成一个潜在的威胁。

然而，罗杰不再是那个青涩稚嫩的年轻人，不再只死心塌地为兄长效命，更不会甘于被视而不见。他正式向吉斯卡尔提出了领土要求，并告知兄长，如果40天内不给出答复，他将诉诸武力。吉斯卡尔并不觉得好笑，他召集军队向卡拉布里亚进军。罗杰已经严阵以待，双方很快在乡间兵戎相见。吉斯卡尔曾把罗杰困在一个小镇中，但他要求进镇时，当地居民支持罗杰，当着吉斯卡尔的面将城门关闭。此时此刻吉斯卡尔意识到，摧毁自己的领土只会产生适得其反的效果，于是他试图用计谋取代武力，以结束战争。

镇里有吉斯卡尔的支持者，他如果能与这些人取得联系，就有机会从内部瓦解罗杰。他成功地潜入镇里，与这些拥趸会面。但事与愿违，路人认出了吉斯卡尔。他几乎当场丧命，只是靠着虚张声势、威胁和恳求，方才得以自保。尽管保住一命，但结果比死要糟糕得多：他被拖到罗杰面前，接受讯问。

罗杰一定感到心满意足了。仅此一次，他高高在上，审讯兄长。但罗杰也相当聪明，并没有借机发泄心中不满。兄弟二人彼此需要，相比于狭隘的复仇心理，实用主义的思维仍然占据上风。或许罗杰的不慌不忙让吉斯卡尔感觉到了压力，但那和接下来发生的事情一样，只是逢场作戏。吉斯卡尔被带到兄弟*面前。罗杰当众拥抱他，号啕大哭，并许诺再也不会让他们兄弟之间产生敌意。吉斯卡尔站在自己的角度，也完全吸取了这个教训。兄弟二人再也没有争吵过。

矛盾的解决给了罗杰在西西里喘息的机会，但不走运的是家族对立的传统延续到了下一代。吉斯卡尔刚刚去世，他的儿子们便开始争执不休。已经成为老资格政客的罗杰，又要承担重任，将分裂的家族团结起来。与穆斯林作战的间隙，他不得不定期返回意大利，解决自相残杀的事件，这些麻烦事大大延缓了他征服西西里的步伐。

在罗杰暂回意大利期间，他让私生子约尔丹（Jordan）负责西西里的作战行动。显然这个男孩继承了他伯父的特点，因为年轻的他既诡计多端又凶残勇猛，延续了征讨的步伐。他通过偷走家畜占领了一座城市，又通过引诱市民出城夺取了另一座城市，率领手下骑士，镇定自若地要求对手投降。然而，这些成功刺激他谋求更多。作为私生子，他没有继承权，在他看来这就意味着必须要为自己拓土开疆。随着罗杰平息了意大利的动乱，达成又一个停战协议，返回西西里，他发现约尔丹已经发动了全面叛乱，目的是要得到（他自认为）属于自己的遗产。

颇具讽刺意味的是，约尔丹是罗杰最宠爱的儿子，几乎肯定会得到大量的遗产。然而，家族和平似乎总是罗杰不可得的愿望。罗杰严厉地镇压了约尔丹的叛乱，但后来也完全原谅了他。几年后，约尔丹

---

* 他们在一座古老的罗马大桥会面，为纪念罗贝尔，这座桥仍然被称为“奎斯卡尔多大桥”。“奎斯卡尔多”（Guiscardo）是“吉斯卡尔”（Guiscard）的变体。

因高烧而去世。

罗杰为家族事务而分心，与此同时西西里的局势也在恶化。他的盟友伊本·亭拿遇刺身亡，不过这倒不是特别巨大的损失，因为罗杰从未打算与他人分享权力。更严重的问题是，当地人不再把诺曼人视为解放者。当然，这只能归咎于罗杰本人，因为他的威胁政策虽然帮助他敛财致富，却不利于培养当地人的忠诚。他征服的地区充斥着潜在的基督教支持者，但他忙着敛财，无暇争取当地人的支持。

他吃了不少苦头，方才意识到与当地人维持良好关系的重要性。罗杰回到位于西西里东北部的大本营，发起一场新的战争，只在当地购置了一座宫殿给新婚妻子使用。他刚率军出征，城里的希腊人和穆斯林就揭竿而起。朱迪思沿着街道拼死逃亡，设法躲进了附近城堡的安全屋。第二天罗杰返回，但对手实在凶猛，他无法救出妻子，反而和她一样被困住。

那年冬天极其寒冷，尽管罗杰粮草充足，但燃料和御寒衣物严重短缺。到了第二年年初，他们终于看到了出路。围城者靠着城里的美酒来取暖，时间一长他们的纪律意识开始淡薄。一个寒冷的夜晚，他们醉得不省人事，麻痹大意，甚至没有派一名守卫站岗。当晚罗杰和手下士兵潜入敌军军营，屠杀酣睡中的穆斯林。

双方都对这次经历感到后悔，罗杰再也不敢忘记这个教训。从那天起，他小心翼翼地迎合当地人，不分信仰和种族。他这么做很好，因为北非穆斯林正在采取攻势。非洲海岸城市马赫迪耶的穆斯林统治者重申自己对西西里的合法统治权，并命其子率领两支大军攻击诺曼“暴发户”。他们向内地进军，到了特罗伊纳西边的小镇切拉米（Cerami），与罗杰狭路相逢。形势对罗杰极其不利。撒拉逊军队兵力多达3.5万人，而罗杰只能召集到130名骑士和300名步兵。但诺曼人的自信简直不可撼动，加上罗杰人在山顶，处于居高临下的有利位置。整整三天穆斯林军队都在等着诺曼人下山。第四天他们失去了耐心，冲向山上，渴望早日一决高下。惨烈的战斗持续了一天，但最后纪律性更强的诺曼人占据了上风。穆斯林一次次的冲击无法打破他们的防线，长时间的上山爬坡反而让穆斯林精疲力竭。穆斯林撤退时，诺曼人终于下山追击，原计划有序的撤退就此变成一场失败大逃亡。到了傍晚，诺曼人拿下了穆斯林的军营和辎重，撒拉逊部队人心涣散、溃不成军。

这是历史上最非同凡响的一场战役。一小股部队不仅成功抵挡了兵力70倍于自己的敌军，而且彻底将其打败。如果以前还有人质疑诺曼部队，现在质疑的声音也消散了。尽管穆斯林还控制着西西里四分之三的地区，但诺曼人已经有效打破了他们的防御。他们再也无法组织有效的进攻，也不能协同防守。从那一刻起，最后的征服只是时间问题了。

然而，谁也不清楚需要多久才能完成大业。罗杰试图乘胜利之势拿下巴勒莫，给穆斯林致命一击，但遭遇惨败。巴勒莫是地中海地区第三大城市，人口25万——仅次于君士坦丁堡和开罗——只有规模极大的军队才能将其征服。罗杰说服吉斯卡尔提供兵力，但巴勒莫通往海洋，因此地面围攻没有效果。更糟糕的是，罗杰选择的宿营地有大量狼蛛出没，不少将士被咬伤，彻底打击了士气。3个月后，他们为了减少损失被迫撤退，并决定等有了船只后再卷土重来。

吉斯卡尔返回意大利做了必要的安排，但为了镇压叛乱和抵抗拜占庭大军，又耽误了7年。与此同时，罗杰利用柏柏尔人和阿拉伯人的多年冲突，让他们不得安宁。由于长期以来缺兵少将，他学会了耐心，满足于缓慢前进、巩固战果。公元1068年，罗杰在一次出击时落入柏柏尔人残余势力的埋伏。对手仗着人多势众，要求罗杰投降。但意想不到的是，罗杰乐观地选择进攻，命骑兵数次冲击，消灭了敌人。

穆斯林有一段时间没有与罗杰公开交战了，而罗杰充分利用这场胜利，打起了心理战。他用敌人的血写信，详细描述战果，并飞鸽传送到巴勒莫。随后罗杰亲自率军攻城，吉斯卡尔的舰队也早就严阵以待。面对如此阵势，这座城市几乎当场投降。罗杰提出的条件，表明他已经从特罗伊纳的叛乱中吸取了教训。尽管他要求巴勒莫接受诺曼人的统治，但穆斯林只要承认新政权，就能享有宗教信仰自由。这种符合常识的解决方案以及对多数人的宽容，构成了诺曼人的统治基础。这是一个缓慢痛苦的过程，完全征服又多花了20年，但罗杰所到之处，都提出保留宗教信仰这个条件。希腊人的教堂由国家出钱重新修建、翻新；占西西里人口80%的穆斯林获准按照过去一个世纪的方式生活和做礼拜。负责税收和司法的地方政府得以保留，新的行政机关还吸收了东正教教徒和穆斯林。

唯一严重的阻力来自西西里东南海岸的主要城市锡拉库萨的埃米尔，但罗杰必须要亲自面对这个敌人。巴勒莫沦陷后，吉斯卡尔带着大部分兵力离开了西西里，再也没有回来。

攻取锡拉库萨的第一步是要确保切断它与北非的联系。柏柏尔军队仍然分布在西西里周边，马赫迪耶的埃米尔也在制造麻烦，令人觉得不祥。不过内战切断了他和北非内陆的联系，因此急需西西里的小麦。罗杰深知他的困境，聪明地提出签订独家贸易协议，为马赫迪耶提供一切所需的粮食，从而使他保持中立。

作为回击，锡拉库萨的埃米尔突袭罗杰领地上的一个修道院，劫走一些修女，强占为妾。这一行径极有可能引发宗教战争——这是罗杰不惜一切代价也要避免的结果——于是他立即采取行动。罗杰召集大军，其规模前所未有。他派舰队从海上封锁该城，并从陆上进军。舰队率先到达，与穆斯林船只在海上交战，地点正是1500年前雅典海军在伯罗奔尼撒战争中失利的地方。这次战役同样起到了决定性的作用。埃米尔亲自指挥战船，但不幸从船上落入水中。手下惊慌失措，还没来得及施救，他便已经被沉重的盔甲拖入水底。锡拉库萨抵抗了数天，但失去了埃米尔，当地军民无心殊死一搏，最后选择投降。

这次胜利几乎消除了穆斯林在西西里的势力。尽管尚有残余，但双方都意识到战争结束指日可待。之后30年，罗杰大多数时间都在无情地镇压这些势力，到了公元1086年春，唯一仍在反对他的埃米尔只有伊本·哈穆德（Ibn Hamud）。此人盘踞西南海岸的阿格里琴托（Agrigento），但其势力源于西西里岛中心地区城市——恩纳的一座堡垒。那座堡垒固若金汤，罗杰和罗贝尔都曾试图攻取，但无一成功。而且由于资源有限，再次发动正面攻击显然不会产生作用。不过征服对手的办法不只有凶狠的武力，罗杰很快心生一计。他如往常一样仔细准备。第一步是切断伊本·哈穆德与潜在盟友的联系。西西里的穆斯林历来都会获得北非方面的援助，但罗杰成功地与突尼斯埃米尔结盟，切断了其与伊本·哈穆德的联系。罗杰手下的外交官乘胜归来不久，另一位信使传来消息：一支突袭部队成功抓捕了伊本·哈穆德的妻儿。

现在唯一要做的就是给穆斯林致命一击。毫无疑问，罗贝尔·吉斯卡尔极力主张他的武力优势，趁着伊本·哈穆德战败后尚未恢复元气，猛攻恩纳。但罗杰有更精妙的策略。他完全清楚，伊本·哈穆德的家人是自己手中的重要筹码。因此他小心谨慎地优待这些俘虏，给予他们足够的尊重。他们的旅途非常舒适，享受与罗杰同坐一桌的荣耀。除了没有自由，他们的一切要求都得到满足。罗杰从容不迫，重建防御工事，巩固诺曼人对新领土的统治。伊本·哈穆德成为孤家寡人，不得不考虑继续抵抗是否还有意义。

伊本·哈穆德很快认识到现实情况。穆斯林在当地日益站不住脚，外部援助的希望也彻底破灭。由于罗杰的怀柔政策，伊本·哈穆德很难唤起人们的反抗情绪，也无法激发残余部队继续为注定无法成功的战争流血牺牲。

公元 1087 年初，罗杰认为谈判时机已到。他只带领 100 名骑士，前往恩纳要塞脚下，邀请伊本·哈穆德谈判。显然，这位埃米尔已经放弃抵抗。由于罗杰善待其家人，他个人决定与诺曼人达成一些协议。二人交谈得很愉快，但谈及投降时，伊本·哈穆德悲伤地表示，这样做有失气节，不可接受。他继续说道，即使自己可以放弃尊严，手下也绝不会接受这种懦弱的行径，到时候他还没来得及打开要塞大门就会被杀死了。

罗杰敏锐地捕捉到伊本·哈穆德的言外之意，他提出了新的解决方案，可以保住其颜面。几天后伊本·哈穆德率领主力部队进入“精心设计”的埋伏圈。为了保住将士的生命，他“高尚”地提出投降。诺曼人顺利拿下恩纳，无人伤亡。

感激不尽的伊本·哈穆德受洗成为基督徒。诺曼人提供了不少大庄园，任其选择居住。他选择了卡拉布里亚，远离昔日权力中心，如此一来，老地盘上发生任何叛乱都不会牵连到自己。他也得以跻身贵族行列。人们有意忽略了伊本·哈穆德过去荒诞无道的生活（他娶了自己的表妹），他平静地度过余生，再也没有掀起波澜，成为受人尊重的小贵族。

罗杰又活了 13 年。在此期间他精简政府，提高行政效率，扩大自己在意大利的影响力。罗杰主要致力于增加臣民的财富，避免卷入大规模冲突。*第一次十字军运动发起之时，他几乎是唯一没有响应的王公显贵。罗杰的领土上穆斯林数量远多于诺曼人，地方财富积累也依赖与北非的贸易，因此他最不希望发生的就是宗教战争。他对外正式

---

* 他发起的最后一次战役是 1091 年进攻马耳他。他攻陷了都城之后，从他的红白格图案的旗帜上撕下一部分赠送给马耳他人。

宣称保持中立，也向穆斯林贸易伙伴施压，要求他们保持中立，事实证明这是正确的经济政策。到了11世纪与12世纪之交，西西里已是前所未有地稳定、繁荣、安全。贸易兴旺，艺术蓬勃发展。由于十字军运动，欧洲和黎凡特的贸易涌向巴勒莫和墨西拿市场，带动它们兴旺发达。

罗杰唯一的遗憾就是挚爱朱迪思不能伴其左右、共享美好。她于公元1080年去世，留下了4个女儿。第二任妻子为他生下3个女儿和2个儿子后也撒手人寰。罗杰已经年过花甲，自己也深感年事已高。和其他负责任的统治者一样，他最大的担忧在于谁来继位。

两个嫡子显然不行。长子童年早逝，次子身患麻风病。私生子约尔丹在几次战斗中展现了指挥官的才能，但在公元1092年因高烧去世。同年罗杰第三次结婚，新婚妻子阿德莱德*顺利生下两子。大儿子取名西蒙（Simon），小儿子随兴奋的父亲取名罗杰。老罗杰现在可以安息了，因为后人将会继承他的名字。6年后，治国贤明的罗杰安详离世。他的军事胜利成为传奇，但真正高明的是他的统治。作为不可多得的领袖，他不仅知道如何征服，更重要的是知道如何统治。他初到西西里闯荡时年仅26岁，是一名年轻而志向远大的骑士。44年后，走完一生的他已经是地中海地区伟大的政治家。时至今日，罗杰的治国才能仍是西西里人的美好回忆。他们亲切地称他为“伟大的伯爵”。

直到罗杰离世之后，他留给西西里最后的礼物才为人所知。强大

* 阿德莱德是一名来自皮埃蒙特的贵妇，她之所以被认为是一位理想的妻子，据说是因为她拥有优异的生育能力。

的统治者留给身后的多是不确定性和无序，但罗杰一生都致力于善治，即使在他死后这种良好的治理仍得以继续。他去世时，最终继承爵位的罗杰二世年仅 6 岁。尽管长期幼主统治往往会导致动乱，但罗杰二世没有遇到反对势力，接管了安宁稳定的国家。鲜有统治者能留下比这更好的遗产。

第十三章

罗杰国王

Chapter 13

Rogerios Rex

由于奥特维尔家族异常人丁兴旺，所以，老罗杰死后西西里政权的平稳过渡是很惊人的。除了膝下有子，老罗杰至少还有 12 个女儿，这就意味着会有 12 个潜在的女婿为继承权而争斗。从老罗杰的儿子们手中夺取控制权并不困难。他去世时，大儿子西蒙年仅 8 岁。尽管人们忠实地拥戴西蒙为西西里和卡拉布里亚伯爵，但实权掌握在母亲阿德莱德手中。

在旁观者看来，灾难即将发生。阿德莱德与治下臣民非常疏远。她来自意大利北部，与那些说拉丁语很费劲的南方人大不相同，她会讲一点法语，完全不会阿拉伯语和希腊语。在她看来，诺曼贵族几乎和西西里人一样陌生，永远争吵不休，只会对更强大的统治者感到恐惧。对任何人而言，贯彻自己的意志看起来都是不可能的任务，更不用说一个外国女人了。

但阿德莱德还是做到了。她不仅为自己保住了位子（这本身就是一个成就），还为儿子们营造了稳定和平的摄政时期。留存下来的记载略过了阿德莱德采取的方法，但她是诺曼西西里时代未被赞颂的英雄，值得后世铭记。

她掌权期间并非全无挑战。4年后年轻的西蒙去世，阿德莱德做出了摄政时期最重要的决定，从墨西拿迁都至贸易城市巴勒莫。随后她将爵位授予10岁的罗杰二世，面对意大利、阿拉伯、希腊和伦巴第朝臣，正式推举他为伯爵。这一变化体现在罗杰二世的一生之中。为他打下江山的人——罗杰一世、罗贝尔·吉斯卡尔、“铁臂”威廉，都是彻头彻尾的诺曼人。罗杰二世从小丧父，成长在西欧最国际化的城市，与他们完全不同：他是西西里人。

罗杰二世16岁那年，阿德莱德认为他已足够成熟。由于第一次十字军运动的成功，经济蓬勃发展，西西里市场贸易规模巨大。如果再不放权似乎也没什么意义；她已经把罗杰二世培养为领袖，现在是时候给他让位了。但阿德莱德也热衷于自己的新计划。耶路撒冷国王鲍德温（Baldwin）撇开妻子，正在追求阿德莱德（更准确地说，追求她的财富和军事力量）。那年春天，他派使者前往巴勒莫，轻率地吩咐他们答应阿德莱德提出的一切要求。如他所料，阿德莱德讨价还价。鲍德温膝下无子，而阿德莱德始终关心其子的利益，提出这样的条件：如果现状没有改变，那么阿德莱德死后由罗杰二世执掌耶路撒冷。鲍德温答应了她的要求。随后，阿德莱德登船前往黎凡特，排场之大足以配得上这个女人的身份。西西里迎来了新时代。

罗杰二世身体健康、腰缠万贯，和父辈们一样雄心勃勃，希望把金钱转化为军事力量。盘踞海岛，最有效的办法就是打造一支海军。幸运的是，罗杰二世有一名才华横溢的官员为其效力。这个人就是克里斯托杜勒斯。他的才华得到罗杰二世的认可，他也获封新头衔，成为海军最高统帅。罗杰将阿拉伯词语“emir”（埃米尔）拉丁化，创造了“ammiratus”一词，设立了历史上第一个“海军大元帅”的官衔。

克里斯托杜勒斯没有让罗杰二世失望。他打造的海军训练有素，无疑是西地中海地区最强的武装力量。罗杰二世只需要一个动武的借口，他很快就找到了。自从阿拉伯人统治西西里以来，北非城市马赫迪耶就是西西里各港口的贸易伙伴，积累了大量财富，因而得以控制周边海岸地区。这也导致马赫迪耶树敌不少。当其中一位敌人在巴勒莫获得接见时，马赫迪耶的埃米尔以武力回应。他出兵卡拉布里亚，袭击罗杰的领土。即使按当时的标准来看，这种暴行也是出人意料。尼科泰拉（Nicotera）整座城市被从地图上抹去。女人遭到奸污，男人和孩童惨遭屠戮，所有值钱的物件无一例外遭到洗劫，被搬上船只运走。作为最后的警告，他们将这座城市付之一炬。

这不只是简单的袭击，它给了中世纪权力核心沉重的打击。民众对领主的忠诚取决于他保护他们的能力。如果长期不着手复仇，他就面临权力基础严重削弱的危险。手下的贵族也会带来威胁。尽管这些人不会直接反对他，但他们很乐意趁火打劫，从中渔利。如果卡拉布里亚人民不再信赖巴勒莫方面的保护，他们会转而效忠更可靠的贵族。罗杰二世当即命令克里斯托杜勒斯出兵马赫迪耶。

北非的形势看起来日益乐观。马赫迪耶的埃米尔去世，尽管他14岁的儿子掌控了城市，但整个地区仍陷入动乱，因为各方小势力纷纷跳出来清算宿怨、争夺权力。克里斯托杜勒斯即将抵达之时，没有一艘撒拉逊战船能够与他们抗衡。看起来诺曼人将轻松赢得战争，然而他们运气不佳。一场凶猛的暴风雨让他们偏离路线达10英里，迫使他们在周边多沙地的小岛上登陆。第二天早上克里斯托杜勒斯离开大部队，侦察马赫迪耶的防御力量。他离开后，一支穆斯林军队发现了他的营地，趁火打劫。士气低落的诺曼人为了挽回局势，试图攻占海岸上的一座城堡，但此举非但没有震慑马赫迪耶人，反而产生了负面作用。钩心斗角的北非人现在有了共同的敌人，随着年幼的埃米尔发起圣战，他们纷纷响应。大多数诺曼人得以退到船上，但来不及撤退的将士无一例外遭到屠杀。克里斯托杜勒斯别无选择，只能减少损失，返回巴勒莫。但即使到了那时灾难仍未结束。返航路上他们遭遇了另一场暴风雨，最后只有三分之一的将士顺利返回。

年轻的罗杰二世第一次展示力量，便遭到沉重的打击，他的威望因此大跌。他拒绝亲自领兵出征，就足以令与他父亲同辈的各方贵族冷眼相待。而且他大力吹捧的海军竟然败给了14岁的小孩。很快，他面临着找出替罪羊的压力，而克里斯托杜勒斯自然成为不二人选。值得一提的是，罗杰没有这么做。没有报复，也没有大清洗。罗杰二世永远不会忘记这个耻辱，但他耐心十足。不是不报，时候未到。选好时机之前，罗杰二世不会轻举妄动。

此时意大利更是蕴藏着良机。整个南方处于动乱。罗杰的伯父吉斯卡尔非常强势，采用铁腕统治，但其子罗杰·博尔萨过于软弱，无法驾驭顽固的贵族。博尔萨去世后，继位的威廉能力更弱。到了公元1121年，卡拉布里亚彻底陷入无序状态。威廉长期财力不足，出了其城堡便几乎没有威信。作为一个十足的机会主义者，罗杰二世借机邀请堂侄前来参加盛宴。他的宴会盛大奢华，有意无意地展现了其雄厚财力。罗杰二世以经济援助为诱惑，条件是继承威廉的领土。威廉迫不及待地同意了。罗杰二世退回巴勒莫，静候时机。

与此同时罗杰开始关注马耳他。他的父亲曾入侵该岛，强迫阿拉伯统治者进贡，但罗杰二世不能容忍西西里周边存在阿拉伯统治区。公元1127年他的海军重整旗鼓，意欲一举消除这个威胁。这一次海军的指挥官是一个年轻的拜占庭人——安条克的乔治。

乔治十几岁时便离开小亚细亚，前往北非，为马赫迪耶的阿拉伯统治者效力。由于失宠于埃米尔之子，他决定在诺曼人入侵前夕转投西西里。为了顺利叛逃，他一直等到周五主麻聚礼，趁着穆斯林都去做礼拜，伪装成水手，悄悄搭上一艘商船。抵达巴勒莫后，他径直来到王宫，要求安排职位。他的大胆收到了回报。罗杰二世向来善于识人，当即发现了乔治的利用价值：他精通北非的语言和政治形势。罗杰二世任命乔治为克里斯托杜勒斯的副指挥官，在马赫迪耶远征数年后，乔治的名望已经压倒了克里斯托杜勒斯。

马耳他的征途一帆风顺，预示着他们将迎来胜利。穆斯林被逐出马耳他，这座岛屿被纳入罗杰日益扩张的版图。乔治回到巴勒莫，迎接他的是盛大庆典，随后传来了更好的消息。罗杰二世的堂侄威廉突然去世，根据约定，罗杰二世继承了卡拉布里亚。

问题在于，威廉和不少庸碌无能的统治者一样，对很多人做出了同样的承诺——其中就包括教皇。这些人纷争不休，只对一点达成了共识：罗杰二世应该一无所得。某个人物独占整个南意大利和西西里，这对教皇而言无异于噩梦；当地诺曼贵族已经习惯于享受自由，不愿意接受强大的中央权威统治。罗杰二世不得不迅速行动，以免各路敌人有机会组织起来。

他派安条克的乔治攻占萨勒诺，打响第一次进攻。萨勒诺严阵以待，大门紧闭，于是乔治花了 10 天乘船反复在城墙外巡航。进攻部队出奇地安静，反倒令守军感到不安。上一次萨勒诺抵抗诺曼人入侵，他们的对手是吉斯卡尔。后者进城之后，没有半点心慈手软。萨勒诺人没有做好再次冒险的准备。他们判断，这位奥特维尔家族成员志在必得，而且尚有意开出条件，因此和他达成和解是更好的选择。于是，萨勒诺人选择投降。

面对胆敢坚持抵抗 10 天的萨勒诺，如果是吉斯卡尔，他可能仍会处死一些领头人物。但罗杰二世在战场上更像一个拜占庭人。他最喜欢外交胜利；他的军队毫发无损，所到之处并没有破坏当地的管理机构。罗杰二世部署了一小股守城部队，便迅速进军内陆，攻占贝内文托。兵临城下之后，他惊讶地发现主要对手教皇也在那里，身边只有少量随从。罗杰二世留下一支围攻部队，困住教皇，自己则率军从容地进入南意大利，一路剿灭了所有抵抗势力。正如萨勒诺的情况，整个行动几乎没有流血。叛乱贵族四分五裂，无法整合力量，也没有愚蠢到独自对抗罗杰。有些人的抵抗也不过是做个姿态，最终还是选择减少损失，拥戴罗杰为他们的领主。

彼时唯一坚持抵抗的就是教皇。尽管他个性独立，绝不轻易放弃，但他也已经被困在贝内文托，无法制造麻烦。因此罗杰非常满意地返回巴勒莫，他从来都不想离开太久。

然而，庆祝胜利还为时过早。罗杰二世的部队前脚刚离开，形势就发生了变化。一些宣誓效忠的贵族心有他念，教皇也逃出了贝内文托。他们发现组建一个庞大的反西西里联盟并非难事。两个月后，那些曾宣誓效忠罗杰二世的南意大利贵族再次单膝跪下，发誓要推翻半岛上罗杰二世的全部势力，否则决不罢休。

尽管危险就在眼前，但罗杰二世刻意表现得十分冷静，从容不迫地召集军队，一路经过支持力量最强的意大利“靴子后跟”地区。雄厚的财力是罗杰的巨大优势。和对手不同，他随时可以供养一支庞大的作战部队。然而他最有力的武器还是时间。罗杰二世深知，如果自己足够耐心，不发起大战，炙热的太阳和募兵*的焦躁将替他解决问题。

与此同时，教皇发现他的盟友根本不受控制。后者背叛罗杰二世本就是出于追求自由独立，也因此注定无法协同作战，而且还不断地威胁要退出联盟。没有作战行动，教皇的军队逐渐瓦解。

---

* 封建骑士只被要求在一年中某一段时间内服役。强势的领主对他们控制的时间可能会长一些，但即便是国王也不可能无限期地征用他们。

尽管度日如年，但罗杰二世坚持了这一策略。即使两军偶遇（教皇的先锋部队曾在渡河时误入诺曼人阵中），罗杰二世也只是撤至高地，等待时机。整个7月，双方都只在炎炎烈日下盯着对方。盟军阵中的不满情绪随之爆发：招募的士兵无所事事，毫无用武之地；贵族们开始为下一步行动争执不休。到了8月，盟军日渐萎缩，教皇开始重新考虑策略。他的同盟脆弱不堪，难以维系；而罗杰二世的部队纪律严明、行动有序，看起来无坚不摧。无论何时，这个对手都强大得难以战胜。接纳诺曼人或许是更好的策略。自“铁臂”威廉的时代起，南意大利任何一个强大的统治者都是潜在威胁，历代教皇避之唯恐不及。但亚平宁半岛需要和平，因此由一个危险的强人统治也比当前的动乱要好。此外，顽固的地方贵族不好对付——就让罗杰二世来解决他们。

于是教皇撤军，并派人给诺曼人送信，表明他愿意正式承认罗杰二世对南意大利的统治权。失去了教皇的支持和凝聚，叛变的贵族同盟土崩瓦解，同盟军也随之解散。罗杰二世兵不血刃战胜了敌人。

教皇为了维护自己的尊严，坚持反对在教皇国举行加冕仪式。因此，公元1128年8月22日晚，他与罗杰二世在贝内文托城外的一座桥上会面。2万人汇聚于此，每个人都高举火把。在他们的见证下，教皇加封罗杰二世为阿普利亚、卡拉布里亚和西西里公爵。

正如教皇怀疑的那样，在场的诺曼贵族对新的领主没什么好印象。没有人质疑罗杰二世的才智（上一次军事行动足以证明这一点），但他不愿意征战沙场，这一点不符合诺曼人好战的性格。坐等敌人瓦解，看起来像懦夫之举；只有在战场上获胜才能赢得诺曼人的尊重。

这些人天生反感中央权威。尽管现在他们屈服于罗杰二世的大军，但后者一走他们还会起兵反叛。即使强如吉斯卡尔，也无力改变。似乎是为了印证这一点，当罗杰二世还在加冕之时，又一场叛乱爆发了。

罗杰二世用了一年，才以几乎不流血的方式平息了叛乱。他把叛变的贵族一个个地拿下，一点也不着急远征，直到确定整个国家安定无事。令这些贵族大感惊讶的是，随着最后一股叛军投降，罗杰二世慷慨地宽恕了所有人，并召集了南意大利的所有贵族和神职人员。罗杰二世曾长期思考一些问题：如何解决诺曼领地上的结构性不稳定，如何打破上个世纪以来逐步形成的你争我斗的部落社会。他想出了新的对策：结合宣传和法律，把各方领地整合为一个国家。

无论是神职人员还是贵族，在场所有人都见识了公爵炫目的财富，并重新向罗杰及其两个儿子效忠。出于尊重公爵及其财富，他们重复了旧日的诺言，而且还加上了新的誓词。地方贵族曾误以为罗杰二世的外交手段和宽恕只是心慈手软，但如今发现他是外柔内刚。他们被迫发誓不再私自参战，禁止各自领地上的不法行为，所有的土匪强盗都必须交由公爵依法惩处。为了确保最后一项得到遵守（罗杰二世还没有愚蠢到相信他们的承诺），他赋予司法机构相当的权力。如果任何贵族没有遵守誓言，执法人员就会像对待普通罪犯那样追捕他们。诺曼人自来到意大利后，他们的传统生活方式“复仇权”就此终结。从那以后，贵族和他们治下的农民一样，也要受法律约束。这是自诺曼人到来之后南意大利最重要的发展。

毫无疑问，多数人希望这些只是暂时的，随着罗杰二世返回西西里就会结束。然而他非常认真。接下来在罗杰二世漫长的统治期间，他要求贵族们在所有公开场合都重复誓言，并实时更新，以防任何人将其忘在脑后。

彼时 32 岁的罗杰二世取得了巨大成就，胜过吉斯卡尔时代以来的所有诺曼人。他战胜了强硬古板的教皇和敌方叛乱势力，统一了意大利所有的诺曼领地，并实现了比吉斯卡尔更强的统治。然而，和奥特维尔家族其他成员一样，他仍有更大的梦想。无论从哪点来说，他都已经拥有了一个王国；现在他想要一顶王冠。

当时的教皇绝不可能同意，但罗杰二世非常幸运，因为这位教皇第二年便去世了。最被看好的继任者是拥有犹太血统的枢机主教，人称阿纳克利特二世（Anacletus Ⅱ）。此人颇受欢迎，然而他的支持者尚未来得及有所组织，一些反对他的枢机主教便匆忙选出了一位改革者，名为英诺森。选举团大多数枢机主教支持阿纳克利特，对此深感愤怒。他们依然继续推选阿纳克利特为教皇。因此，之后几个月罗马出现了两大对立阵营，互相指责对方的教皇没有合法性。

阿纳克利特家境殷实，频繁捐赠公共娱乐事业，远比英诺森更受欢迎。经过双方几次街头战斗，英诺森也相信了这一事实。他从罗马逃往法国，欣喜地发现形势已经反转。由于改革运动席卷西欧，这位流亡的教皇成为轰动一时的人物。除了在意大利，没有人愿意回到黑暗腐朽的旧时代，看着罗马贵族摆布教皇，但出身高贵的阿纳克利特似乎会把人们带回那个时代。最德高望重的克莱尔沃的圣伯纳德*也参与其中，支持英诺森。伯纳德看起来只是法兰西一家小修道院的院长，但实际上他主导了欧洲将近20年，所倚靠的完全是个人魅力。随着他宣布支持英诺森，法兰西、英格兰国王及神圣罗马帝国皇帝也迅速宣誓声援。

几个月前阿纳克利特还参与了罗马街头的胜利游行，但如今他突然发现整个基督教世界都反对自己。惊恐之下，他转而求助尚未明确表态的政治力量——西西里。

罗杰二世唯一的条件也很好预料，就是要阿纳克利特为其加冕。阿普利亚、卡拉布里亚和西西里彼此差异极大，罗杰二世需要王权的神秘感将它们凝聚整合。阿纳克利特并不具备讨价还价的资本，对此双方都心知肚明。他象征性地思考一番后，便无条件地同意了。

然而，罗杰二世对加冕仪式的举办也非常小心谨慎。他要表明自己的加冕并非教皇突发奇想。尽管教皇可以同意加封国王，但同一个头衔不能被另一位教皇剥夺。罗杰二世召集大批显贵、修道院院长和主教，正式提出应该加封自己为国王。他声称，西西里在古代曾经就是王国，所以这并非教皇授予的新产物，而是恢复其原有地位。与会贵族鼓掌欢呼，一致同意。彼时，罗杰二世可以宣称是民众劝进、请

* 在他担任圣职的非凡生涯中，克莱尔沃的圣伯纳德几乎在12世纪初所有的主要事件中扮演重要角色。他作为西多会的荣誉创始人被人们所纪念，而且他负责了整个欧洲范围内150座修道院的修建工作。

他称王；篡位之说根本不存在。他一如既往地通过官方宣传让这种说法得到接受。他还让手下制作了一幅镶嵌画，上面画着他是从耶稣本人手上接过王冠，而非教皇。

加冕仪式于公元1130年圣诞节在巴勒莫举行，人们纷纷涌入这座城市，希望亲眼见证。贵族竞相铺张炫富，当地人每家每户都挂上丝织品，从阳台和窗外撒花欢庆。这场景——正如一位目击者所说——仿佛加冕的是整座城市。此情此景，罗杰二世自然而然是最耀眼的人物。他身着金红两色的礼服，主持了盛大的宴会。就连侍从的制服都使用了高档丝绸，令许多参观的贵族都自叹弗如。宴会使用的餐具也非金即银。

宴会结束后，他来到巴勒莫教堂，站在高大的圣坛前，参与了基督教史无前例的仪式。巴勒莫天主教大主教主持仪式，希腊东正教神父也前来参加，教皇的代表手持圣油。罗杰二世双膝跪下，涂上圣油，首席封臣将王冠戴在他头顶。仪式结束后，他起身站立，教堂大门向巴勒莫民众敞开。

西西里见证过许多伟大的地中海帝国，迦太基人、罗马人、拜占庭人和阿拉伯人曾先后统治过这座岛屿。但对这些统治者而言，西西里不过是一个被占领的地方省份，他们需要的只是它生产的粮食。长期以来，西西里被周边更强大的邻国轮流占领，其唯一的重要性就是给遥远的首都提供相应的资源。如今，它有史以来第一次（尽管与罗杰的说法相反）有了自己的国王。公元1130年圣诞节那天，巴勒莫市民第一次看见了这位耀眼的君主。

然而，无论罗杰二世登上王位的手段多么漂亮，这次加冕也付出了可怕的代价。为了戴上王冠，他支持对立教皇，得罪了支持英诺森的基督徒。当然，彼时谁会成为最后的赢家尚不明朗，但随着时光流逝，越来越多的国王加入英诺森的阵营。

克莱尔沃的圣伯纳德的不懈努力是主要原因。他说服犹豫不决的法兰西国王和英格兰国王亨利一世及意大利之外的多数民众支持英诺森。德意志国王洛泰尔（Lothair）拒不表态，他是欧洲重要的政治人物，得到双方的极力拉拢。对德意志人而言，阿纳克利特的巨大优势在于控制了罗马，而洛泰尔只能在这座永恒之城加冕称帝。如果当前的形势没有了结，他必然会担忧自己的皇位。由于公众明显更支持英诺森，他尽可能地含糊其词，直至伯纳德亲自登门拜访，他才改变主意。尽管可怜的洛泰尔试图反对，但强烈的公众谴责迫使他做出承诺：亲自率军将阿纳克利特逐出罗马，推翻罗杰二世，扶持英诺森为教皇。

公元1133年春，洛泰尔终于抵达意大利，意外地发现形势对他有利。南意大利人极不欢迎罗杰二世加冕。奥特维尔家族来到意大利不过一代人的时间，身居高位的诺曼贵族认为他们没有理由臣服于罗杰二世，不能眼看着自己的羽翼被他剪除。他们预期洛泰尔即将兵临半岛，于是集结叛军，猛攻数座王室城堡。很少误判局势的罗杰二世起兵反击。他英勇无比，杀敌无数，在敌军面前大出风头，但他自己的军队却溃不成军。这次失利甚至动摇了罗杰二世最亲密的支持者。韦诺萨是奥特维尔家族的权力堡垒，其最著名的四位家族成员都安葬于此，但就连这座城市也加入了叛军行列。阿普利亚和卡拉布里亚各地的王室卫队惨遭屠戮，人们纷纷投奔洛泰尔的旗下。帝国和岛国之间漫长而可怕的冲突一触即发。

罗杰二世显然是更弱的一方，但他保持镇定。洛泰尔同样对叛军的规模和扩张速度感到惊讶，但他尚未做好充分加以利用的准备。叛军首领与洛泰尔会面后，失望地发现后者的军队规模其实被严重夸大了。洛泰尔只带了大约 2 000 名将士，根本不足以攻占罗马或推翻罗杰。

洛泰尔原本以为他的出现足以令阿纳克利特感到紧张，但后者依然屹立不倒。这位诺曼人支持的教皇及其拥护者控制着台伯河畔右岸地区，包括圣天使堡和圣彼得城堡，他们拒绝让步。因此，洛泰尔只能在老拉特兰宫扶持英诺森为教皇，并让后者为自己加冕称帝。此举遭到了台伯河对岸阿纳克利特支持者的嘲笑。

新加冕的神圣罗马帝国皇帝洛泰尔对意大利盟友深感失望。加冕仪式结束仅数天，战胜罗杰二世的希望便彻底破灭。洛泰尔已经达到了进军意大利的目的，而德意志还有亟待他处理的事务。他向伯纳德承诺将会率大军归来，然后就带兵越过阿尔卑斯山，迅速撤退。这番话与其说是严肃的保证，倒不如说只是讨好敷衍。

洛泰尔离开后，叛军的行动也陷入停滞。罗杰二世重整军队，再也无意手下留情。英诺森尽其所能支持叛变的贵族，甚至把所有加入罗杰二世军队的士兵统统处以绝罚，但聪明的西西里人从岛上招募了无视教皇的穆斯林。战火烧毁了阿普利亚所有的大城市，叛军首领全部被处死。罗杰二世往常在胜利之后会宽宏大量，但这一次他只用铁拳对待敌人。他逮捕了发起叛乱的两个贵族，并公开羞辱他们。其中一人被处以绞刑，另一人被迫在前者行刑时负责拉绳，然后自己也遭受同样的命运。罗杰二世志得意满地返回西西里。尽管开年不利，但终究以胜利结束。他所支持的教皇候选人仍旧安然无恙地待在罗马，整个王国和平安定，他本人也成功地挫败了神圣罗马帝国皇帝。

可惜这只是短暂的缓和。他返回巴勒莫数周后，一场热病蔓延全城。王后因病去世，罗杰二世遭受精神重创，陷入悲痛之中。他把自己关在宫中，拒绝会客。因此关于他已经去世的谣言甚嚣尘上，再次唤起了南意大利各路势力的反意。然而，更可怕的消息还在北方。

洛泰尔对自己的意大利之旅非常满意。他从程序上履行了自己的誓言，扶持英诺森为罗马教皇，也得到了自己的皇冠。然而，克莱尔沃的圣伯纳德对他并非全心全意的表现感到不悦。伯纳德意识到，只要罗杰二世还是西西里的国王，阿纳克利特便不会被逐出罗马。于是他要求洛泰尔卷土重来，杀回意大利，完成这一使命。

伯纳德并非唯一担心罗杰二世的人。过去1000年来，拜占庭帝国长期统治着南意大利至少部分领土，但如今西西里人开始侵犯拜占庭富饶的达尔马提亚海岸。继吉斯卡尔之后，罗杰二世什么时候也会怀着同样的想法，侵略帝国领土？拜占庭皇帝约翰二世（“美男子”约翰）不想坐等这一天的到来。他致信洛泰尔，提出共同进攻西西里。

拜占庭使者前往德意志，途中在威尼斯停留，竟在那里发现了第二个盟友。由于巴勒莫的崛起大大损害了威尼斯作为贸易中心的地位，当地总督也愿意派出海军，全力支持拜占庭。

洛泰尔加冕之后，德意志的形势也大为改善。他的皇位吓退了所有潜在的对手，因此洛泰尔可以全力投入意大利战场。他用一年时间召集军队，等到雪融之后便越过阿尔卑斯山，进军北意大利。

这一次德意志人没有遭遇抵抗。北意大利城市纷纷陷落，当地军民几乎没有奋起战斗。诺曼贵族再次起兵反叛。随着意大利城市纷纷向洛泰尔投降，英诺森教皇率领教廷加入了德意志人的行列。只要运气不差，他们就能在冬季之前拿下意大利大陆，然后在第二年春天进攻西西里。

虽然王国面临严重威胁，但罗杰二世并不恐慌。他有两大优势：炎热的夏天，以及洛泰尔军队的封建基础。皇帝洛泰尔并非拥有绝对权力的君主。他可以一时指挥诸侯的军队，但无法永远调动他们。战争耗时越长，他们就越焦虑，因此罗杰二世小心翼翼地避免刀兵相见。洛泰尔进军，他就撤退。同时，他还频繁地与各路敌人分开会面，意图挑拨教皇和皇帝的关系。

到了夏末，罗杰二世的努力已经收到成效。天气酷热难耐，军中疟疾横行，洛泰尔帐下的诸侯公开要求退出战斗。事实上他们唯一的共识就是对教皇和意大利教廷的厌恶，后者总是不停地抱怨。为了这些人，诸侯不得不远离家园数百英里，长途远征。事态越发糟糕，甚至有人试图杀死教皇*，只是由于洛泰尔亲自介入才未得逞。为了发起

* 这些人被西西里人用黄金收买了。

决战，洛泰尔做出最后的努力，围攻罗杰二世在意大利大陆地区的首都萨勒诺，但这位西西里国王镇定自若，岿然不动。

恼怒的洛泰尔让意大利盟友好自为之，自己则率军翻越阿尔卑斯山返回德意志。整个远征行动纯粹是浪费时间。洛泰尔没有获得任何永久性的成就，两个教皇仍在为罗马教廷的权力争吵不休，罗杰二世依旧安然无恙。没有德意志的支持，意大利叛军根本不能与诺曼人抗衡。洛泰尔回国两个月后暴毙，那时罗杰二世已经收复了大部分领土。

几个月后，罗杰二世扶持的教皇阿纳克利特二世也去世了。现在，英诺森顺理成章地成为合法教皇，罗杰二世则尽其所能与昔日宿敌达成协议。他消灭了最后一股叛乱势力，同时也小心翼翼地避免踏入教皇的领土。他还正式承认英诺森是合法教皇，并致信要求所有支持者都这么做。

但对英诺森来说，此举远远不够，而且来得太晚。要不是罗杰二世的干预，他数年前就成为公认的教皇了，教廷也不会经历分裂的痛苦和难堪。罗杰二世（第二次）被正式处以绝罚。英诺森决定与诺曼人开战。由于无处可以借兵，他亲自招兵买马，发起进攻。

面对诺曼人，教皇军从来没有过好结果，这一次也不例外。公元 1139 年 7 月 22 日，英诺森的部队渡过加里利亚诺河（Garigliano River）时惨遭伏击。到了傍晚，教皇、枢机主教及其所有财物全部落入罗杰二世的手中。正如曾被吉斯卡尔俘虏的前任教皇利奥九世一样，英诺森坚忍、坦然地接受了失败。诺曼人对他礼遇有加，几乎看不出他是阶下之囚。但英诺森对于自己接下来不得不做的事情不抱任何幻想。三天后，他正式确认罗杰二世为西西里国王、阿普利亚公爵及卡普阿亲王，而且逐条承认阿纳克利特 9 年前做出的承诺。除此之外，英诺森无能为力，但他也做出了最后的反抗。在庆典仪式上，他长篇大论地布道，让身着厚重礼服的罗杰二世忍受酷热的夏日阳光。

罗杰二世返回西西里的旅程非常愉快。南意大利终于平定了，此后这里再也没有给他带来严重的阻力，他把这片土地留给了精干的罗杰三世。他用 10 年时间战胜了两个皇帝和一个教皇，面对强大的反对势力仍然成功地缔造了自己的王国。现在他要让王国延续长久。第一步就是制定宪法、统一法律，从而打造一个强大的中央集权国家。德意志的入侵已经暴露出封建制度的局限性，因此他用专制的拜占庭模式打造自己的王国。他通过一系列法律创造了君权神授的理念，确保君权至高无上，永远保持绝对权威。为了强化王权，他直接效仿拜占庭，统一货币。钱币的一面是身着王袍的罗杰二世，另一面则是全能的基督（Christ Pantocrator）*。旧版的诺曼硬币图案是圣彼得，表明他们忠于教皇，但这位西西里国王把自己更加直接地与神联系起来。

除了国内改革，新的建筑纷纷拔地而起，科学研究蓬勃开展。王室出资修建了诺曼西西里王冠上的两颗明珠——巴拉丁礼拜堂（Palatine Chapel）和马托拉纳教堂（Martorana），融合了拜占庭、阿拉伯和诺曼文化，风格独树一帜。繁忙的港口城市巴勒莫成立了一个

* 这是将基督描述为无所不能的审判者，这一形象经常被绘制在 10 世纪拜占庭教堂的穹顶上。

研究地理的专门机构。十多年来，他们登上每一艘进入西西里的船只，询问船上人员的所见所闻。他们将收集的地理信息记录在两个地方：一个纯银打造的地球仪，上面刻着世界上已知的大陆和国家；一本厚重的大部头《罗杰之书》。

他们的成果出人意料地精准。根据《罗杰之书》的描述，冬季的斯堪的纳维亚几乎没什么阳光，诺曼人治下的英格兰王国同样阴冷潮湿。这本书甚至准确地指出地球是圆的，比哥伦布早了大约350年。一场“小文艺复兴”蓬勃发展，巴勒莫就是这场运动的中心。尽管地处西班牙或君士坦丁堡之外，但这里的学者可以接触到希腊、阿拉伯世界和西方的学问。

在此期间，罗杰二世还成功地安抚了最直言不讳的批评者——克莱尔沃的圣伯纳德。洛泰尔在返回德意志之前曾明确地表达自己对教皇的负面看法，而伯纳德热诚地捍卫着教皇，深感受到了冒犯。相比之下，罗杰二世却慷慨赞助教廷，对西多会的资助更是让伯纳德转而站在他这一边。

然而，诺曼西西里的两大强敌拜占庭和神圣罗马帝国并没有忘记遭受的耻辱。罗杰二世之所以还能享受和平，是因为它们仍在忙于处理各自的问题。两大帝国都遭遇了皇位空缺的危机。洛泰尔去世6年后，拜占庭皇帝约翰二世在狩猎时离奇地意外身亡。两位新皇帝——神圣罗马帝国的康拉德·霍亨斯陶芬（Conrad of Hohenstaufen）和拜占庭的曼努埃尔·科穆宁正式同意联合出征，但就在调动军队的时候，突厥人攻占了一个十字军王国，新的十字军运动爆发。当神圣罗马帝国军队途经拜占庭领土时，他们不分希腊人和突厥人都全力打击，导致两国关系紧张，甚至到了爆发战争的边缘。

然而，最终康拉德和曼努埃尔还是建立起真诚的友好关系。十字军运动期间，康拉德曾经负伤，曼努埃尔亲自照料他直至康复。二人再次立誓，共同发起反罗杰二世的战争。两年后，曼努埃尔迎娶了康拉德的女儿贝莎（Bertha），两家的关系更加亲近。

这场婚礼对罗杰二世是个警告，他见识到了敌人的决心和公众的谴责。他多年来力图撮合自己的女儿和曼努埃尔，但事实上他的行为对达成这个目标毫无助益。十字军运动期间，他趁曼努埃尔为战事分心，派出安条克的乔治洗劫了拜占庭治下希腊最富有的三大城市：雅典、底比斯（Thebes）和科林斯。

恼羞成怒的曼努埃尔集结3万大军，准备一雪前耻。然而就在这场等待已久的远征蓄势待发时，蛮族势力突然越过品都斯山脉（Pindus Mountains），入侵希腊北部。曼努埃尔被迫转移大军，应对蛮族威胁。他是一位优秀的将军*，但等到他击退了蛮族的时候，原定的远征季也随着大雪降临而结束。

第二年春天曼努埃尔再次尝试起兵，但又一次被耽搁了。西西里用黄金诱惑，煽动巴尔干地区†起兵叛乱，威胁拜占庭帝国西部边陲。曼努埃尔派出舰队平叛，而罗杰二世乘虚而入，厚颜无耻地派出他的海军指挥官潜入君士坦丁堡海岸，将火弩射入皇家园林。

---

* 用爱德华·吉本的话来说，他“在战争中无视和平，在和平中拒绝战争”。

† 即后来的塞尔维亚。在此不久后成了匈牙利王国的一部分。

这样的拖延策略只能持续这么久。到了公元1152年，康拉德和曼努埃尔都已扫除了各自的阻碍，准备起兵。两位皇帝计划在北意大利会师，然后继续向南，搭乘威尼斯舰队的船只横跨海峡，进入西西里。他们正处于大好时机；与罗杰二世同名的儿子刚刚去世，这是他六个子女中去世的第五个。如此沉重的打击，令他一夜之间变得衰老脆弱。

面对即将来临的暴风雨，诺曼王国似乎无法幸免，但这一次他们得到了好运的眷顾。当年春天，德意志正要起兵，康拉德突然离世，整个国家陷入权力斗争，无暇顾及与罗杰二世的战争。曼努埃尔同样面临着步步逼近的众多敌人，不敢独自冒险出征，而且他意识到：无论何时，威尼斯都是比巴勒莫更为严重的威胁。即使现在他也在考虑对海洋共和国先发制人，而这样必将引发第四次十字军运动*的悲剧。

尽管这一悲剧时候未到，但现在似乎已经是一个时代的终结了。康拉德只不过是第一个离开历史舞台的重要人物。第二年克莱尔沃的圣伯纳德与世长辞，随后安条克的乔治也撒手人寰。乔治是杰出的指挥官，他为诺曼人赢得了北非帝国。得力干将的离去似乎夺去了罗杰二世最后的能量。他在巴勒莫的安乐住所深居简出，终日与异国情调的动物园、花园和宫殿为伴，两年后安详离世。

他被安葬在巴勒莫教堂一座朴素的斑岩墓中，身着华丽的礼服，

* 一支由威尼斯人主导的十字军于1204年洗劫了君士坦丁堡，摧毁了基督教世界最大的城市。

头戴拜占庭皇帝的珍珠皇冠，胸前放着他的佩剑，剑身上刻着一行拉丁文字：“阿普利亚、卡拉布里亚、西西里和非洲都唯我是从。”

他是伟大的统治者，西西里再也没有出现这样的领袖。即使他的言行有很多不足之处（他是一个著名的无信仰人物），他也从未逃避君主的责任。他既有北方人的活力，也有南方人的文雅，是诺曼王国全盛时期的产物，着实鼓舞人心。他仍然保持着先辈们可怕的野心，这些先辈在欧洲大陆两端各缔造了一个诺曼王国。他去世后，诺曼王国走向解体。正如一位朝臣记载，他“睡觉时取得的成就都超过了别人清醒的时候”。

他把文化多元、信仰不同、部落林立的小地方打造成一个统一的王国，取得了看似不可能的成就。亚平宁半岛其他地区之后700年仍四分五裂、争斗不休，而罗杰二世的国家却充满希望和无限可能。西西里王国持续时间之长同样出乎意料。尽管曾遭到攻击，耗费国力，被欧洲各国领袖玩弄于股掌之中，但西西里王国始终保持国家的完整，直至19世纪被现代意大利所统一。

切法卢大教堂可能是这位伟大国王的安葬之处，但圣马托拉纳教堂最能引发后人对他的怀念。这座教堂用大理石和黄金打造，是他献给西西里的瑰宝，即便是800多年后的今天，也令人向往。

这倒数第二座教堂融合了西西里历史上三大文明，足以向这位缔造了诺曼西西里的伟人致敬。教堂内部按照希腊十字架的传统形式建造，布满黄金，墙面铺上拜占庭式的马赛克锦砖，描绘了耶稣的生活场景。在希腊式圣像和诺曼式拱门下方，来自北非法蒂玛王朝的工匠雕刻了两扇巨大的木门，并在教堂穹顶的基座用阿拉伯文写下了致圣母马利亚的赞美诗。最有魅力的是一幅马赛克艺术品，镶嵌在教堂中殿不起眼的内墙上。那是罗杰二世本人的画像，这位基督教国王身着阿拉伯礼服，用拜占庭和阿拉伯风格塑造了这座教堂。

这是唯一现存的罗杰二世画像，由见过他本人的画师创作而成，完全把握住了诺曼西西里的精神。画中的他身着拜占庭皇帝的礼服和圣衣，俨然就是“受洗的苏丹”*，他身体轻微前倾，从耶稣手中接过王冠。他的头顶上写着一行希腊字母，组成了拉丁词汇“Rogerios Rex”——罗杰国王。

这是罗杰二世成年以后长年奋斗的目标，他从至少两位反对自己的教皇手中夺得了王冠。整个 12 世纪没有人比他更配得上这个荣誉。他发现了一个因宗教和文化分歧而四分五裂的岛屿，在那里他建立了统一的王国，并使其发展成为欧洲最为繁荣、高效运转的国家。他为治理现代国家提供了指南，告诉后世如何团结看似势不两立的各方，打造出强大的整体。在动荡不安的中世纪，他统治的国家拥有难能可贵的和平。他去世后，西西里王国不可避免地日薄西山。

* 罗杰明目张胆地不参加十字军运动，以及把穆斯林女人纳入后宫，让他获得了这个诨名。

第十四章

“恶人”威廉

Chapter 14
William the Bad

上帝的右手赐予我勇气，让我奋起。

——切拉米战役之后，罗杰一世刻在佩剑上的铭文，也写在了其孙威廉签署的《贝内文托条约》上

公元 1154 年，罗杰二世的幼子威廉一世继承王位。看起来这是一个绝佳的选择。23 岁的威廉一世仪表堂堂，再现了维京先辈的高大威猛，气势上便胜过了矮小的地中海居民。他长着一脸浓密黝黑的胡须，以力大无穷而著称，据说能双手将马蹄铁掰直。然而，尽管体格比罗杰二世更庞大，但他几乎不具备父亲的政治技能。这主要归咎于罗杰二世本人。继承伟人的事业向来不易，而罗杰二世几乎没有用心培养接班人。他只是不停地指出儿子的不足。

罗杰二世和第一个妻子育有4个儿子，威廉一世是幼子。人们认为他不可能也不配继承王位。事实上他也没有受到重视，罗杰二世没有给他在行政机构或军中安排要职，不曾为将来接班做准备。他独自成长，享受着王宫的奢华生活，不用承担任何责任。后来，他的生活彻底改变了。兄长们先后意外离世，23岁那年，毫无准备的他突然被推上王位。

不出意料，威廉一世更迷恋于享受生活，而非学习治国。他忙着修建更奢华的宫殿，把日常事务交给他人打理，多数情况下甚至都懒得任命新的大臣，只是萧规曹随，简单地确认先父的选择。唯一的例外就是他亲自任命年轻的大臣马约为海军最高统帅。

这是一个明智的选择。马约的父亲是南意大利城市巴里的一名法官，良好的出身保证他接受了最好的古典教育。在巴勒莫的国际化环境下，他不仅能够坚持自己的立场，还表现出对潮流和软弱的完全无视。威廉一世对狩猎的兴趣甚于治国，要是没有马约的铁腕，他在王位上根本待不了几个月。

自罗杰二世晚年以来，西西里面临的国际环境变得越发凶险。拜占庭和神圣罗马帝国均处于强人统治之下。神圣罗马帝国皇帝是凶残的腓特烈一世，君士坦丁堡的主人是精明圆滑的曼努埃尔一世。不过威廉一世也很幸运，上述两位皇帝互不信任，阻碍了彼此之间的合作。腓特烈一世在加冕仪式上宣称要重建伟大的西罗马帝国了，这就意味着他要控制西西里和南意大利。由于这两个地方不久前还属于拜占庭帝国，腓特烈一世把曼努埃尔一世视为主要敌人。基于这一想法，他与教皇缔约，将拜占庭排除在共同瓜分诺曼王国之外。同时他还与曼努埃尔一世保持交流，表面上提出协同行动，但总是借口拖延。直到腓特烈一世独自出兵征服意大利，曼努埃尔一世才发现这是谎言。

由于意大利北部地区反德情绪高涨，腓特烈一世以为自己会遇到麻烦。但他跨过阿尔卑斯山后，发现整个半岛已经陷入宗教动乱。

阿德利安四世（Adrian Ⅳ）是有史以来唯一的英格兰教皇，也是最近一位志在改革的外国教皇。之前他初试牛刀便重组了斯堪的纳维亚教会，并期待彻底整肃罗马教廷。然而，通往罗马之路让他猛然觉醒。多年来罗马元老院的权力迅速膨胀——很大程度上削弱了教皇的权力，而彼时重建罗马共和国传统的运动方兴未艾，要剥夺罗马教廷的世俗权力，恢复罗马的旧日荣光。

这一运动的领袖是一位修士，人称布雷西亚的阿诺德（Arnold of Brescia）。他彻底激发了公众情绪，使阿德利安实际上成为梵蒂冈山上的囚徒。作为回应，阿德利安史无前例地把整座罗马城处以绝罚，等同于向罗马宣战。他禁止人们前来基督圣地旅游，也不允许他们在这里做礼拜、受洗或者举办婚丧仪式，直至教皇的禁令解除。考虑到当时的社情民意，对于一位新登基的外国教皇来说，这个策略着实大胆，但却收到了成效。阿诺德的反教皇行动坚持到了圣周的星期三，但人们不敢想象到了复活节那天没有圣餐礼（更不用说丰厚的旅游收入了），这降低了公众对他的支持。到了星期四上午，阿诺德被自己的支持者驱逐，而阿德利安扬扬得意地主持了复活节弥撒。

这次胜利为罗马赢得了暂时的平静，但无助于解决北方其他地区的问题。同时，腓特烈一世无意与支持共和的理想主义者打交道。面对以共和主义之名顽抗的北意大利城市托尔托纳（Tortona），他彻底摧毁了整座城市，驱逐全城居民。情绪暴躁的他随后把目标转向罗马城。

阿德利安处境不妙。他清楚地知道自己对罗马的统治多么虚弱，因为残酷的现实使民众仍希望实现自治，而且他并不信任过于强大的腓特烈一世。阿德利安刚刚取得对共和主义者的暂时胜利，不愿成为神圣罗马帝国皇帝的棋子。他在城外扎营等候腓特烈一世。

二人的会面并不顺利。腓特烈打算以罗马主人的身份进城，而教皇顽固地坚持自己的尊严。腓特烈一世一开始就因礼仪问题争吵不休。他拒绝按照惯例，步行为教皇牵马引路，声称自己不是马夫。但阿德利安明确表态，没有这个程序腓特烈不得进入罗马城。腓特烈拂袖而去，但随着他明白教皇不可能让步，又重新安排会谈，勉强照办。

随着不快烟消云散，二人也达成协议：任何一方都不得与西西里的威廉一世、拜占庭的曼努埃尔一世或罗马城的共和主义者媾和；作为回报，阿德利安同意将腓特烈一世的敌人统统处以绝罚，而腓特烈将遵从教皇的权威。

阿德利安出于非常充分的理由选择在罗马城外会面。二人正式而隆重地骑马走向城门，却遇上了共和主义者派来的信使。他们声称，只有腓特烈一世先赠送 5 000 磅黄金作为“献礼”，并保证他们世代相传的“权利”不受侵犯，方可准许二人进城。随后这些信使又发表长篇大论，宣扬罗马的光荣传统。腓特烈一世中途粗暴地打断他们，简短地表示“罗马的伟大就在其身后。我来这里不是为了献礼，而是要得到属于我的东西”。

说完，二人顺利进城，腓特烈一世正式加冕。然而，举行加冕仪式已经超出了罗马市民忍耐的底线。这座城市秉持着独立自主的理念，而皇帝加冕的消息引发了市民的愤怒。就在腓特烈一世离开教堂时，示威人群攻击了他的队伍。皇帝毫无准备，街头打斗持续到深夜。到了第二天上午，城内的秩序得到恢复，但双方均伤亡惨重。德意志的贵族已经失去了对意大利的兴趣，明确表示希望回国，而作为封建君主的腓特烈一世无法拒绝。阿德利安请求他继续当初进攻西西里的计划，但不到一个月德意志人便撤军离去。

教皇处境危险。为了满足腓特烈一世的要求，他削弱了自己在罗马的地位，但没有得到任何切实的回报。不过幸运的是，他还可以利用另一位皇帝。曼努埃尔一世正在为自己的侵略计划积极备战，并致信教皇，愿意做“教廷的左膀右臂”。* 对阿德利安来说，谁击溃诺曼王国无关紧要；如果德意志人不愿相助，远方的拜占庭人也是可以接受的选择。他致信曼努埃尔一世，对他即将进攻西西里的行动送上满满的祝福。

曼努埃尔一世的外交手段运用得炉火纯青，他的使者发现了蓄势待发的意大利盟友。亚平宁半岛上的诺曼贵族从来没有真正甘心接受巴勒莫的统治。距离罗杰二世统治他们已经过去了 10 多年，在他们

* 100 年前，东西方教会大分裂永久性地把天主教和东正教变成相互隔绝的两部分。

看来相对温和的继承人威廉就是软弱的象征。拜占庭人用黄金激发了他们内心反抗的愿望，不久之后叛乱遍及整个南意大利。

相比于德意志人，叛乱的诺曼贵族和拜占庭人对西西里构成了更可怕的威胁。贵族们熟知地方情势，出兵征战；而曼努埃尔一世则提供船只舰队和招兵买马的资金。

为了削弱西西里的势力，叛军首先进攻大陆上忠于威廉一世的意大利城市。第一个目标巴里是诺曼人在意大利最重要的大本营，也是曼努埃尔一世特别希望收复的城市。不到 100 年前巴里还是拜占庭帝国的一部分，至今希腊人仍是这里的多数人口。忠于威廉一世的守军本来准备抵抗，但随着盟军逼近城下，本地居民打开了城门。盟军进城后开始大屠杀，所有忠于巴勒莫的人均惨遭屠戮。

巴里的陷落使诺曼王国遭受重大打击，也动摇了尚未加入叛军的意大利城市。更糟糕的是，威廉一世身患重病。没有巴勒莫的回应，大陆守军的士气骤跌。威廉一世的指挥官马约终于派兵援助围困中的半岛守军，但其将军拒绝与叛军作战长达数月，结果自然是遭到彻底失败。国王的部队全军覆没，一些摇摆不定的城市也加入叛军的行列。到了初冬，阿普利亚全面沦陷。

此时威廉一世的统治似乎濒临崩溃。仅仅 6 个月，曼努埃尔一世似乎重新统治了意大利，恢复了诺曼人来到半岛之前的势力范围。他没有偃旗息鼓的迹象。拜占庭军队随时准备进入卡拉布里亚，如果他们成功（这是毫无疑问的结果），那么一水之隔的西西里就会近在眼前。

由于之前威廉一世患病，诺曼人失败的罪责被全部归于权臣马约。当地人不止一次密谋将其刺杀，但都被马约手下遍布各地的秘密警察所挫败。显然这位人见人恨的权臣无法被秘密铲除，于是西西里岛上有人公开叛乱，要求处死马约。

威廉一世向来少言寡语，但此事已经对他的政权构成了直接威胁，使他奋起行动。他召集军队，以迅雷不及掩耳之势突袭叛军，马约显然在其左右。叛军首领收到最后通牒：要么投降，接受流放；否则必死无疑。其中一些人表示抗议，称自己是为了国王的利益，但威廉一世显然宠信马约，因此攻击马约就等同于攻击国王。面对下定决心的国王，叛乱迅速平息，叛军首领接受流放。

威廉一世已经从昏睡中醒来，热血沸腾。到了春天，他率领陆军和海军横跨海峡，进军大陆。现在是最好的时机。拜占庭将军、战略总设计人米海尔·巴列奥略（Michael Palaeologus）刚刚去世，拜占庭的军事行动随之中止。面对全副武装的诺曼西西里部队，各地叛军抛弃了他们的拜占庭盟友，逃之夭夭。拜占庭人再无机会，诺曼人仅用了一个多小时便将他们彻底击溃。拜占庭人的战果虚无缥缈，他们拥有的不过是反对诺曼人的情绪，而非真正的实力。拜占庭势力在意大利被永久地瓦解了。

威廉一世一路畅行无阻，直奔巴里，他下定决心要惩罚这座屠杀卫戍部队的城市。市民代表来到城外面见威廉一世，乞求他高抬贵手。威廉一世留下了多数人的性命，但他将整座城市夷为平地，只有圣尼古拉大教堂和其他几座教堂得以幸免。

参与叛乱的贵族就没那么幸运了。彼时他们意识到抛弃拜占庭盟友是一个巨大的错误，他们每一个人都得自己面对愤怒的威廉一世了。后者将他们一一抓捕，绑上重物，扔进大海。到了夏天，战争便已经全部结束。威廉一世回到巴勒莫之前的最后一站是贝内文托。教皇在这座城市和他缔约，正式承认西西里王国，确认了威廉一世对意大利的统治权。

这次行动本身就非常成功，此外拜占庭皇帝曼努埃尔一世也确认与威廉一世媾和。曼努埃尔得出结论，腓特烈一世才是更严重的威胁，他需要教皇和神圣罗马帝国对立。如果阿德利安教皇和威廉一世达成协议，那么拜占庭也将效仿。曼努埃尔一世提出讲和，同时聪明地资助意大利境内新的叛乱势力，使和平谈判变得更具诱惑力。威廉一世深知这一点。他相信与拜占庭慷慨讲和才是避免无休止叛乱的唯一途径，于是释放了所有拜占庭囚犯，并签署了有效期为30年的和平条约。

威廉一世返回巴勒莫，重新享受纸醉金迷的宫廷生活。他把行政事务交给马约，后者则致力于强化西西里在意大利的地位，以防腓特烈一世卷土重来。

国王沉迷于享受生活，首席大臣关注大陆形势，王国的其他地方开始走向衰落。公元1155年，北非穆斯林起兵叛乱，而当地人数上严重处于劣势的诺曼人无力镇压。他们向巴勒莫紧急求援，但被置之不理。到了公元1159年，除了贸易城市马赫迪耶，整个的黎波里*全

* 此处的黎波里是北非历史上的一个区域，曾为罗马帝国的一个行省，位于今天利比亚西北部。——译者注

部沦陷。威廉一世派出小股舰队支援马赫迪耶，但却遭遇暴风雨，全军覆没。从此他不再为此费心。

马赫迪耶的诺曼守军勇敢地坚守了一年多，徒劳地等待援军。最后他们达成一致：派代表前往巴勒莫求援，如果空手而归，便主动投降。马赫迪耶派出一个小代表团，但当这些人抵达首都后，马约告诉他们派兵守城代价巨大，太不值得。使者们大为震惊，悻悻返回，马赫迪耶向穆斯林投降。诺曼帝国失去了北非。

马约对形势的判断或许是正确的，他经营意大利的努力当然收到了回报。凭借西西里的支持，意大利北部城市形成了强大的伦巴第联盟，成功地抵挡了德意志人的侵略。经过数年胁迫恐吓，神圣罗马帝国仍无法迫使亚平宁半岛投降。就连拥有钢铁般意志的腓特烈一世也不得不承认，意大利不在自己的掌控之中。

尽管马约的对外政策大获成功，但他在西西里仍然极不受欢迎。对西西里当地居民而言，马约代表了最糟糕的一类独裁者：过度集权、傲慢无礼、无视民意。面对惨遭战火蹂躏的北非，他无动于衷，坐视同一教派的信徒遭受折磨。对本地贵族而言，更糟糕的是马约提拔希腊人或阿拉伯人，安排他们担任比老牌诺曼贵族更高的职务，赋予他们更大的权力。即便他选贤任能，任命的人符合资格，或者说西西里的诺曼人头衔太多、能力不足、粗鲁野蛮，也都无关紧要；问题的关键在马约这个来自巴里的外国人——他是西西里一切烦恼之源。

公元 1160 年秋，马约得到消息，他未来的女婿卷入了最近一次针对自己的暗杀计划。尽管他洞察力惊人，但他还是自负地认为如此亲近的人不会牵涉其中。一周后，他在巴勒莫街头遇刺身亡。这个消息令全城振奋，刺杀他的人马修·博内洛（Matthew Bonnellus）一夜成名。然而，由于害怕国王会因为宠臣被杀而报复，博内洛选择逃亡，西西里迅速发生了严重暴乱。

看着半个巴勒莫陷入火海，威廉一世终于发怒了。他艰难地镇压了暴动，第一次充分认识到马约多么不得人心。尽管失去了最信任的指挥官，但面对公众骚乱，他不得不赦免杀害马约的所有相关人士，甚至耻辱地授予刺客博内洛“王国拯救者”的称号。

博内洛成为备受爱戴的人物。他不满足于取代马约的位置，计划将威廉一世一并除掉。为了避免背负弑君罪，他离开巴勒莫，与此同时一批对国王不满的贵族进宫抓捕了威廉一世。绝望的威廉一世试图跳窗逃跑，但被拦下，王室家族所有成员均遭到逮捕。假如贵族们当时任命新国王，威廉一世的统治将就此结束。但这群阴谋家无法做出决断：是杀死威廉一世还是命他让位给 9 岁的儿子罗杰。他们就王位继承人的问题争吵不休，手下的支持者开始有组织地洗劫宫殿。

贵族们依旧争吵不休，而城内的民意开始对他们不利。威廉一世的统治或许带来了灾难，但民众并没有直接指责国王，而是指责以他之名行使权力的近臣。除掉可恶的大臣是一回事，而虐待名正言顺的国王则是另外一回事了。洗劫王宫、逮捕王室家族的行为，足以让民众看出谁才是真正的强盗。王宫再次遭到猛攻，叛乱的贵族们惊慌失措。他们跑到被俘的威廉一世面前求救。

威廉一世答应了他们的请求，并同意他们离开，但这场磨难对他而言是沉重的打击。威廉一世的长子及继承人死于打斗，当第一批护卫赶到时，发现国王蜷缩在角落里抽噎。

他和平地度过了剩余的统治期。人生最后10年，他只有一次离开过首都巴勒莫；那一次他穿过意大利，前往罗马支持他的教皇候选人。* 威廉一世一生多数时光都在追求享乐，特别是建造奢华的新宫殿，修建鱼塘、喷泉、水池和储备丰富的狩猎场。公元1166年春，他染上热病，两个月后驾崩。

历史并未善待威廉一世。他的史官鄙视他，对他冠以“恶人”的绰号。他奢靡的生活方式是造成这种不快的根源。如果说威廉一世的父亲是“受洗的苏丹”，那么可以讽刺地说，威廉几乎不愿意接受洗礼。

然而，1166年威廉一世驾崩时得到了人们真诚的悼念。整整三天，黑色成为巴勒莫的主色调，人们虔诚地将国王的遗体送往教堂，放入简约精美的斑岩石棺。威廉一世健在的子女中最年长的13岁男孩继承了王位，他的名字也叫威廉。整个西西里看起来风平浪静。

威廉一世不是伟大的国王，或许甚至算不上好国王。他在位期间叛乱不断，失去北非，他逃避作为国王的责任，这些都足以玷污他的名誉。但他继承的是传奇父亲的事业，无人指导、没有准备，这本就是一个不可能完成的任务。在这样的环境下，他保卫了诺曼西西里，成功抵挡了志在必得的教皇和两位伟大的皇帝，着实算得上是一项丰功伟绩。上述一切不过是对历史的匆匆一瞥。

---

* 然而，引入一名诺曼教皇在后来导致了严重的后果，因为这件事触怒了神圣罗马帝国皇帝腓特烈一世。详见第十五章。

第十五章
更糟糕的威廉

Chapter 15
William the Worse

尽管威廉一世被冠以“恶人”的绰号，但他至少还给国家留下了继承人。南意大利的诺曼人活力衰减已经有一段时间了。威廉一世的父亲和祖父育有 32 个子女，而威廉一世膝下子女只有 4 人，但至少王位传承不成问题。年幼的威廉二世，刚过 11 岁生日，便在奢华的仪式上加冕，理论上说他要开始统治接近 200 万臣民。人人都说他是不同寻常的青年。他身材高大、眼睛漆黑，继承了诺曼人的金发和身高，看起来兼具活力和严肃，超出了他的实际年龄。据一些目击者所说，他的臣民们在巴勒莫大街上第一次看到他，便一见倾心。

然而，威廉二世成年之前，人们并没有感觉到被他统治的快乐。那时朝中成立了摄政委员会，由其母玛格丽特和三位显贵领导。很难找出比他们更不合适的政府管理团队了。这三位摄政顾问分别是宦官彼得、公证官马修和大主教理查·帕尔默（Richard Palmer），他们大多数时间都在想方设法地暗杀对方。玛格丽特很快意识到她必须赶在这三人除掉自己之前，先除掉他们。因此她提拔威胁最小的彼得，把他的地位置于另外二人之上，暂时把这个最富裕、影响力最大的基督教国家交给了一个穆斯林宦官。

彼得是一个阴谋家和公务官，熟知官僚体系的复杂精巧，擅长做幕后工作。他被推到政治舞台中央后，局势很快失去了控制。不过数月西西里便陷入混乱，彼得害怕遭到谋杀，于是逃往北非。为了恢复局势，玛格丽特从法兰西请来了表弟佩尔什的斯蒂芬（Stephen du Perche）。虽然此人称不上聪明，但至少坚定强势。

这一选择很快引发了争议。把最好的职位赐予外国人本就足够糟糕，而自彼得逃走后首席大臣一职便空缺，其薪俸被本地贵族瓜分，可想而知他们多么憎恨玛格丽特——任命斯蒂芬意味着贵族们同时损失了地位和收入。

然而，就在紧张局势一触即发之际，一个骇人的消息传来，令其他一切都变得无关紧要。可怕的腓特烈一世跨过阿尔卑斯山，突袭意大利。王国的生存受到威胁。

西西里王国自成立之日起，便成为神圣罗马帝国的眼中钉。历代诺曼国王向教皇及北意大利城市提供援助和保护，屡次抗击腓特烈。腓特烈数次派兵试图平定意大利，但每次离开后，在西西里的黄金和教皇的支持下，叛乱又起。显然，在腓特烈一世看来，解决问题要双管齐下：在罗马扶植一个听话的教皇，以及扫平西西里。

巴勒莫城内很多人把神圣罗马帝国来犯的坏消息归咎于他们已故的国王。腓特烈一世曾在春天发起进攻，并明确表示他要阻止“恶人”威廉多管闲事，彻底消灭这个诺曼王国。尽管彼时威廉一世刚刚去世，继承人只是个小男孩，但这些也都无关紧要了。

7 年前教皇国的选举是历史上最怪异的一次，而威廉一世在那次选举中的所作所为激化了亚琛和巴勒莫的矛盾，最终促使神圣罗马帝国皇帝采取行动。当时教皇之位空缺，腓特烈一世明确支持容易摆布的枢机主教屋大维（Octavian）。然而，参会的教士厌恶皇帝的干预，对诺曼人的支持充满信心，他们一致投票推选一个名叫亚历山大的人。问题本该就此解决，但屋大维完全相信自己才是教皇，绝不会让一次选举阻碍他。在加冕仪式上，当教皇当选人亚历山大低头接受教皇礼服时，屋大维突然跳上台，从吃惊的枢机主教手中抢走礼服。一片骚乱中，手舞足蹈的屋大维没有拿住礼服。随后他拿出了一件一样的礼服，以应对情况变化，慌乱中他顾不得礼服穿反了，冲向教皇宝座。教士们全都惊呆了，在他脚下哀号。

屋大维当着支持者的面坐上教皇宝座，自称“教皇维克托四世”。正好他雇用的打手及时赶到，这位新任教皇要求所有人称颂他。他的对手、诺曼人支持的教皇亚历山大被送到附近的城堡囚禁，屋大维则坐享教皇之位。

尽管屋大维得到神圣罗马帝国使者的重金贿赂，但随着他那令人震惊的举动传遍罗马，他的个人声誉一落千丈。只要他出现在公共场合，迎接他的不是嘘声就是更糟糕的东西；暴民们聚集在宫外，不断地嘲讽侮辱他。两个星期后，他再也无法忍受，便逃出罗马。

腓特烈一世在罗马扶植自己的教皇不成，本已十分恼怒，但这个教皇被逐之后的举动把事情变得更加糟糕。屋大维被拒绝进入罗马，于是在西北部城市卢卡（Lucca）周边的山区暂居。这位自称基督教精神领袖的人变成了强盗，专门抢劫途经托斯卡纳（Tuscany）的朝圣者。

如果西西里采取更加圆滑得体的方式，或许可以避免与受辱的皇帝交战，但“恶人”威廉决定派荣誉卫队，护送他们支持的亚历山大返回罗马。这等于公开表示腓特烈一世实力虚弱，无法在意大利贯彻自己的意志。之后“恶人”威廉去世，冒犯腓特烈一世的后果就需要他的继承人来承担。

诺曼人和意大利人组成联军，试图延缓神圣罗马帝国的步伐，但此举进一步激怒了腓特烈。他消灭了这支弱小的部队，扫平了一些城镇，将所有居民驱逐至乡村。通往罗马的道路挤满了难民，他们都寄希望于这座城市的神奇能够阻挡侵略者。然而，他们的命运早已注定。公元 1167 年 7 月 29 日，神圣罗马帝国军队猛攻罗马，将他们压抑已久的情绪发泄得痛快淋漓。他们推倒雕像，砍掉配件上的大理石板，掘墓夺宝。他们甚至连圣彼得大教堂都不放过。各路士兵破门而入，屠杀惊慌失措、徒劳地紧攀住圣坛的教士。

战斗结束第二天，腓特烈不等尸体和血腥的臭味清理干净，便迫不及待地为另一位听话的对立教皇加冕，并严酷地表示，任何反抗者都会遭受同样的命运。他的这番话令巴勒莫陷入恐慌。西西里实际上放弃了抵抗，贵族们纷纷携财产逃跑。看起来西西里失败的命运已经注定。全城动荡不安，统治者又是不受欢迎的女人和没有经验的外国人。他们甚至没有真正意义上的军队来抵抗。只有上帝显灵，才能拯救诺曼人。

幸运的是，上帝真的帮助西西里了。腓特烈一世给他的对立教皇加冕两天后，瘟疫暴发，击垮了神圣罗马帝国军队。罗马潮湿的气候和反常的炎热让情况变得更糟。腓特烈一世下令撤军，但他也被瘟疫缠身。到阿尔卑斯山时，他的大军已然全线崩溃。人们不再惧怕腓特烈一世，反而竞相嘲讽他。北意大利甚至不等他离开便正式宣布独立。更残酷的是，他们还封锁了所有经过阿尔卑斯山的通道。腓特烈一世只能忍辱负重，乔装成用人，方才逃回德意志。

这场奇迹般的胜利传遍了西西里，大大提高了玛格丽特和斯蒂芬的声望。尽管民众仍然憎恶斯蒂芬带来的法兰西侍卫，但他本人的确足以胜任行政长官。然而，斯蒂芬的改革牺牲了贵族的利益，因此遭到后者的敌视及多次暗杀。玛格丽特则完全支持斯蒂芬。显然，只要他在位一天，贵族便无法分享权力。之后两年，斯蒂芬机智地躲过了贵族的暗杀，抑制了公众的不满，西西里局势逐渐平稳。

假如玛格丽特维持现状，就不会有任何问题，但她任命斯蒂芬为巴勒莫大主教，激起了民众的敌意。暴民袭击王宫，斯蒂芬和法兰西侍卫仓皇逃走，躲进教堂。为了避免流血，斯蒂芬只得同意离开西西里，永不返回。民众允许他和侍从走到海边，乘船前往圣地。

随着宠臣的倒台，玛格丽特的执政生涯就此结束。尽管威廉二世还有三年才成年，但人们口中的这个“西班牙女人”已经无力支撑。

她保留摄政地位，但实权转移到威廉的导师——英格兰人密尔的沃尔特的手上。沃尔特野心勃勃，为达目的不择手段。他爬到主教的高位，并在未来10年实际上垄断了内政大权。

公元1171年，威廉二世年满16岁，正式亲政掌权。尽管他深居宫中，与世隔绝，但志向远大。威廉二世试图恢复西西里地中海霸主的地位。在威廉二世的臣民看来，他是独一无二的合适人选。威廉二世身材高大、英俊潇洒、面相圆润、眼神深邃、胡须修剪整齐，是一位勤奋好学的国王。他至少精通5种语言，并且笃信宗教。威廉二世也非常幸运，斯蒂芬的倒台是他在位期间最后一次动乱，此后西西里进入了和平繁荣的黄金时代。

西西里的贸易日趋兴旺。这里制铁、制盐和硫黄等产业蓬勃发展。君士坦丁堡丝绸生产秘诀的传出，进一步丰富了西西里的产业。西西里人从海里收获珊瑚，将金枪鱼出口到地中海地区，农民生产的小麦、橙子、柠檬、甜瓜和杏仁广受欧洲和北非地区欢迎。就连西西里的森林也产生了价值。西西里的木料材质优良、闻名欧洲，不止一位教皇指定使用这种木料修缮拉特兰教堂的屋顶。

尽管“恶人”威廉时期的动荡影响了这些产业的发展，但西西里的富饶和实力并未因此削减。年轻的威廉二世刚刚成年，各国求婚邀约蜂拥而至。率先行动的是拜占庭皇帝曼努埃尔·科穆宁，他提出将15岁的女儿玛丽亚嫁给威廉二世。这份邀约颇有吸引力：曼努埃尔膝下无子，意味着威廉二世的孙辈有望同时继承西西里和拜占庭帝国的大位。神圣罗马帝国皇帝腓特烈一世不甘人后，也向威廉二世提出嫁女。此外，英格兰国王亨利二世也提出将三女儿、“狮心王”理查的妹妹琼许配给威廉二世。

根据英格兰人沃尔特的建议，威廉二世倾向于选择琼。这一选择合乎自然，毕竟这两个诺曼王国地处欧洲两端，应该正式结合。两国本就具有文化和家族血缘的联系；背井离乡的诺曼人也把对方那里视为目的地，巴勒莫的贵族们大都在伦敦有亲属。

然而，威廉二世正准备接受这桩婚事，亨利二世手下四个骑士杀死了坎特伯雷大主教托马斯·贝克特（Thomas Becket），掀起轩然大波，这桩婚事只得取消。曼努埃尔一世再次提出嫁女，这一次威廉二世同意了。然而，就在公主应如期抵达的那一天，拜占庭的船只并没有出现。显然，曼努埃尔一世认为神圣罗马帝国是更合适的联姻对象，于是改变计划，但并未告知西西里。威廉二世庄重地来到港口迎接，但等待一天无果。这是公开、彻底的羞辱，威廉二世只能返回宫中。他绝不会忘记这次受辱。

此后数年，威廉二世的婚事不再提及，直至沃尔特再次建议他与英格兰联姻。意想不到的是，这也得到了教皇的支持和帮助，因为他害怕威廉二世和腓特烈家族联姻，从而促成罗马南北两大强国的联合。随着时间流逝，民众对于谋杀贝克特的愤怒情绪逐渐平息，威廉二世向英格兰提出联姻。亨利和妻子埃莉诺欣然接受。公元 1177 年，22 岁的威廉二世和 12 岁的琼在巴勒莫完婚。

这次联姻标志着威廉二世走上政治巅峰。他正值青春韶华，甚至开始摆脱沃尔特的控制。三年前他已经开始在蒙雷阿莱建造大教堂，表面上旨在纪念祖父罗杰二世的荣耀，真正目的却在于削弱沃尔特的权力。教堂竣工后，威廉二世亲自任命大主教，当即扶植了一位与权臣沃尔特平起平坐的对手。沃尔特愤怒地表示抗议，但却无能为力。

这是非同寻常的时期。威廉二世广受欢迎、财力雄厚、年轻有为，国际形势似乎也对他有利。在意大利，日渐衰老的腓特烈一世最终放弃了完全征服半岛的希望，决定尝试外交手段。他向西西里提出永久休战。对威廉二世来说，现在和神圣罗马帝国皇室联姻为时已晚，但腓特烈一世提出了新的联姻请求。他的儿子和继承人亨利至今未婚；如果威廉二世能为亨利找到合适的新娘，这两大王国将会和平共处，走向联合。

威廉二世热切应允。他的祖父罗杰二世有一个遗腹女康斯坦丝，比威廉二世小一岁。由于威廉二世没有子嗣，他的姑母康斯坦丝成了西西里的王位继承人。这一点非常明确：西西里的所有贵族都曾宣誓，如果威廉二世死后无子，就承认康斯坦丝为王位继承人。随后威廉二世陪同康斯坦丝来到港口，亲自送行，将她交给了神圣罗马帝国的皇子。

民众对此并不满意，就连威廉二世的崇拜者也认为他的决定荒诞透顶。虽然他有大量时间培育继承人（威廉二世刚到 30 岁，妻子只有 20 岁），但这个决定赋予劲敌合法继承西西里王位的可能性，实在是可怕的冒险。如果威廉二世或妻子早逝（中世纪世界充满不确定性），西西里将会落入神圣罗马帝国皇帝的手中，而皇帝在过去 25 年极力试图毁灭西西里王国。

威廉二世认为这场冒险是值得的，原因很简单：他可以就此专注于实现征服海外的梦想。他从小听着祖父战无不胜的故事长大，也曾对父亲放弃非洲感到震惊。现在他打算重建西西里的海外帝国。

他的第一次试探简直是一场灾难。北非在强大的穆瓦希德王朝（Almohads，又称“阿尔摩哈德王朝”）的统治下，轻松击退了诺曼人的入侵。第二次他派出 3 万大军进攻亚历山大港，希望遏制耶路撒冷的威胁、穆斯林新兴势力萨拉丁（Saladin）。未等诺曼人登陆，萨拉丁大军出现，轻而易举地击溃了散漫的西西里军队。尽管多数将士安全登船，但他们一无所获、空手归来。然而，威廉二世态度坚定，同时地中海东岸形势大好，其中最令人意想不到的是君士坦丁堡。

公元 1180 年，地中海世界局势剧变。曼努埃尔一世去世，结束了长达 36 年的统治，留下了年仅 11 岁的幼主阿历克塞，还有不得人心的摄政大臣。新政权维持了两年，公元 1182 年曼努埃尔一世的堂弟安德洛尼卡（Andronicus）起兵反叛。

安德洛尼卡是一个非比寻常的人物。他继承了家族的一切优点，但丝毫没有其家族的局限性。1182 年他已年过花甲，但看起来比实际年轻 20 岁。他在战场和情场都留下了一段传奇。在进军君士坦丁堡的途中，他诱使三位表亲归顺自己，也曾两次遭到驱逐，获得了“革新将军”（听起来有些奇怪）的称号。他无论去哪里都受到热情欢迎。敌方的军队纷纷向他投降。他到达君士坦丁堡城下后，欣喜若狂的民众打开金色大门，护送他进城。

然而这份喜悦并没有持续多久。不到一个月，安德洛尼卡杀害了皇族所有成员。年轻的皇帝阿历克塞被迫签署处死生母的命令，之后他自己也被勒死。安德洛尼卡霸占了阿历克塞12岁的遗孀，开始有计划地铲除同情旧政权的人。

而在西西里，威廉二世发现这是天赐良机，可以向公开羞辱自己的拜占庭复仇。西西里的国内事务得到小心打理，井然有序。他们与北非缔约，确保后方不会遭到威胁。神圣罗马帝国也随着康斯坦丝的远嫁而保持中立。他找到一个西西里希腊人，声称此人是遭到谋杀的阿历克塞二世，真诚地宣布将帮助幼主登上皇位。西西里召集了有史以来最庞大的军队。公元1185年春，250艘战舰满载8万大军，从巴勒莫出发。

当年6月，他们抵达达尔马提亚海岸的港口城市都拉斯，仅用13天便攻占了这座城市。这样他们便可以进入厄纳齐雅大道，沿着这条古罗马大道横跨巴尔干半岛，抵达塞萨洛尼基，最后兵临君士坦丁堡。

由于诺曼人在出发之前有效地封锁了消息，他们得以出其不意地拿下都拉斯。但塞萨洛尼基是更强大的阻碍。它是拜占庭帝国第二大城市，驻守的军事长官早在一个多月前就已经得到警告，准备防御。

不过诺曼人应该感到幸运。除了关闭城门，这位长官甚至没有一个初步的计划。没过几天他手下的弓弩手就用完了所有的箭，弩炮也打光了所有的石头。更糟糕的是，他甚至都没有检查一下水源供应的情况，后来才发现一些水箱漏水严重。他没有通报这些情况，而是决定从中渔利，用物资配给来赚钱。军中士气跌落，不久一位绝望的守城士兵打开了城门。

这场战役损伤惨重。诺曼人清早进入城内，到了中午已有5 000市民死亡。第一天晚上将军们控制了局面，但塞萨洛尼基已成为一片废墟。诺曼人必须继续前进。那里粮食和水短缺，即便在形势最好的时候，也没有城市能够解决新来的8万人的吃饭问题。西西里人留下了一小股军队守城，然后迅速向君士坦丁堡进军。只要运气好，他们便可以在拜占庭皇宫享用圣诞大餐。

看起来拜占庭没有办法阻止他们。安德洛尼卡表现出精神不稳定的迹象，他的统治变成了一场屠杀。正如一位史学家的描述，“他一天不杀人，就觉得是浪费时间”。前一秒他还看着手上的鲜血似乎有些懊悔，但下一秒他又开始新的杀戮。他害怕遭到暗杀，在宫外设置路障，整天忙着铲除现实中或者假想中的阴谋家。诺曼人进军的消息传来，他派兵阻截，但由于他无法相信任何人，于是将军队一分为五，各由一位级别相当的指挥官率领。不久这五位指挥官开始争吵不休，无法统一行动方案。其中有人沿着西西里进军的路线前进，其他人则一路保持防御的态势。

几周后的一天，君士坦丁堡人刚从睡梦中醒来，便看见诺曼舰队来到了港口。一群暴民冲进了皇宫，可怕的安德洛尼卡在绝望中死去。他死后，拜占庭的命运迅速扭转。新皇帝伊萨克二世（Issac Ⅱ）把四分五裂的帝国军队团结起来，由才能出众的将军阿历克塞·布拉纳（Alexius Branas）指挥。随后他率军进军200英里，与诺曼人正面交锋。威廉二世的部队过于自信、丧失警惕，在渡河时遭到布拉纳的伏击。

尽管诺曼人的伤亡相对不大，但士气严重受挫。他们本来期待着轻松获胜，但显然通往君士坦丁堡的道路本就是漫长而艰难的，更不要说最终的围城了。布拉纳聪明地等待了数月，待到诺曼人士气继续跌落，才提出停战谈判。西西里人犹豫不决，布拉纳突然发动袭击。诺曼人毫无防备，更糟糕的是他们的船都在君士坦丁堡，他们无处可逃，几乎全军覆没。幸存者试图前往塞萨洛尼基避难，但遭到当地居民的袭击，因为后者高兴地发现他们可以借机报复这些洗劫全城的强盗。彼时正值寒冬，只有寥寥数千将士设法翻越山口，徒步返回了意大利。

这场惨败严重打击了威廉二世的威望，但不幸中的万幸是，他的海军依旧不可战胜；他们轻而易举地攻占了数个岛屿，剿灭了拜占庭舰队。这场战争让世人知道了一位天才将领马加里塔。到了公元1187年，整个基督教世界都需要他的帮助。

当年深秋，一艘热那亚商船沿着台伯河航行，驶入特拉斯提弗列（Trastevere）。不等正式邀请，船上的两位使者匆忙走进拉特兰宫，要求面见教皇乌尔班三世。他们带来了令人难以置信的消息。撒拉逊人占领了耶路撒冷，而基督教圣物真十字架也被抢走。年事已高的教皇无法承受这一切。乌尔班三世在震惊中回到自己的私人住处，几天之后便离开了人世。

西方世界很快做出回应。乌尔班三世下葬第二天，继位的教皇颁布了教皇诏书，号召十字军运动。当诏令传达至西西里时，诺曼人已经开始行动。巴勒莫已经知道了这一可怕的消息，威廉二世抓紧一切时间备战。他穿上驼毛制的粗布衣衫，脸上抹灰，下令哀悼四天，并当即承诺支持十字军运动。集结军队需要一些时间，但为了表明心迹，他派天才将军马加里塔前往巴勒斯坦，袭击撒拉逊人。

教皇本来苦于找不到十字军运动的发言人，但现在他看到了最理想的人选。威廉二世举止温和，对基督教虔诚狂热，在国内深受欢迎，在国外人脉广泛。正如他的父亲和祖父那样，威廉二世精通西西里的三种主要语言，愿意接纳伊斯兰教、东正教和犹太教信徒。他适合在重大行动中担任主角，也因相貌出众而出名——在他的加冕礼上，不止一位观察者把他比作天使。彼时他正 30 岁出头，奥特维尔家族血统展露无遗，在同龄人中出类拔萃。然而在教皇眼中，最重要的一点或许在于他继承了家族好战的特质。如果说他还没有展现出相应的个人魅力或战略意识，也不过是因为他还年轻，尚未经受过考验。不过这种担心都是多余的，这位国王的作用主要还是华丽的摆设。

至少就这一点而言，他表现得足够出色。他先后致信英格兰国王亨利二世、法兰西国王腓力二世和神圣罗马帝国皇帝腓特烈一世，说服他们亲自率军夺回耶路撒冷。然而，威廉二世执笔写信的动力不只出于对基督教的虔诚。如果十字军途经西西里，那么西西里的商人将会收获一笔意外之财。威廉二世不仅在信中呼吁各国君主承担宗教义务，而且极力强调西西里气候舒适，以及由海路前往巴勒斯坦的诸多好处。

马加里塔在圣地的表现有力地支持了威廉二世的呼吁。他率领 60 艘战船组成的小型舰队为十字军开辟了海上航线，持续对当地海岸施加压力，挫败撒拉逊人攻占拉丁港口的尝试。到了公元 1188 年夏天，他已经获得了“新海神”（Neptune，罗马神话中的海神尼普顿）的称号，令整个地中海东海岸胆寒。随着他逼近的黎波里海岸的消息传出，穆斯林被迫围攻附近的骑士堡*。第二年，马加里塔出现在提尔（Tyre），令撒拉逊人匆忙撤退。他开疆拓土唯一的障碍在于缺少骑兵——他只带来了不到200名骑兵，但十字军主力的到来改变了这一切。然而11月中旬，一个可怕的消息导致形势大变：奥特维尔家族最后的国王威廉二世驾崩。

他的死因至今不明。当年的消息只说他的去世匆忙而安详。威廉二世统治期间国内和平繁荣，被后人视为黄金时代。人们对他的悼念胜过对西西里其他任何一位君主。数百年后但丁甚至将他放入代表作《神曲》中的“天堂”部分，把他描绘为理想的国王。然而，他根本配不上这样的荣誉。与其说威廉二世是个好国王，倒不如说他的运气好；他的时代正好是西西里非常稳定的时期，因此他的统治看上去更加完美。他的父亲不断遭受叛乱侵袭，死后国家又陷入内战。如果说威廉二世在位期间国家和平繁荣，也不是因为他治理有方。相反，他是位非常不负责任的君主。他不仅把西西里的资源大量投入到不明智的、损失惨重的对外战争中，而且为了一时和平就把国家的未来轻易交给头号劲敌。他的前辈们（包括“恶人”威廉）不惜一切地阻止神圣罗马帝国对西西里的图谋，但他却自愿将其拱手让出。然后像所有不负责任的领袖一样，让自己的继承人承担后果。

---

* 骑士堡是十字军要塞中令人印象非常深刻的一个，坐落在今天的叙利亚海岸边，是的黎波里最重要的要塞。

第十六章
“猴子”国王

Chapter 16
The Monkey King

不同于奥特维尔家族的祖辈，威廉二世的重大失败在于他膝下无子。他在34岁那年突然驾崩，国家随之陷入一系列的危机。幸运的是，王位空悬的局面最初并未影响日常事务，因为罗杰二世打造的行政系统暂时确保了国事正常运转。然而，任何国家都不可能长期处于群龙无首的状态，尽管西西里不乏觊觎王位者，但真正打算夺取王位的只有三人。法定继承人是威廉二世的姑母康斯坦丝。一些人因为她是女性而反对，但在大多数人看来，她不合适继位的原因在于她嫁给了亨利六世——西西里的劲敌神圣罗马帝国的皇子。

反对者聚集在两大贵族——莱切的坦克雷德和安德里亚的罗杰（Roger of Andria）身边。表面上看二人势均力敌。二人都被称作战争英雄，头衔荣誉无数，可以长年为西西里服务。罗杰获得了大贵族的支持，而坦克雷德深受小贵族和民众的拥护。然而，二人真正的区别在于血统。罗杰是德罗戈的曾孙，只是国王的远亲；而坦克雷德是罗杰二世的私生孙。后者在血缘上更接近深受爱戴的罗杰二世（不论其合法性多么脆弱），因此得以更有利地谋求王位。教皇要竭力阻止德意志人主宰西西里，选择支持坦克雷德。公元1190年1月，坦克雷德加冕为西西里国王。

这位新国王身材矮小、皮肤黝黑、奇丑无比。当时一位史学家称他为“小个子”坦克雷德，并用嘲讽的语言形容他长得像猴子。他如此记叙坦克雷德的加冕仪式：“看，一只猴子加冕了！”然而，尽管坦克雷德存在生理缺陷，但他精力充沛、聪明过人、野心勃勃。他参与过1161年的政变，亲自攻进王宫，将“恶人”威廉送进监狱。那次政变失败后，他接受流放，换取了国王的宽恕。相比于威廉不好的声誉，他从严酷的考验中崛起，个人名望丝毫未损。

他几乎立刻就要使出他具备的所有政治技巧。他加冕的消息刚传出，西西里长期存在的宗教矛盾就彻底爆发了。自从诺曼人第一次征服西西里以来，穆斯林人口数量持续下降。罗杰二世在位期间，穆斯林是颇具影响、备受尊敬的少数族群，但随着意大利人从大陆不断涌入，他们的权利逐渐丧失。威廉二世去世后，穆斯林断定德意志人会欢迎盟友，因而支持康斯坦丝，但坦克雷德成功继位，给了他们致命打击。随着一批基督徒愚蠢地袭击巴勒莫的一座清真寺，西西里的穆斯林集体暴动。

坦克雷德派出军队稳定局势，阿拉伯人逃往周边的山区，攻占了一些城堡。尽管坦克雷德还是成功地把叛乱势力限制在西西里岛的西部地区，但还是花费了大半年时间才平息叛乱。

平叛之所以拖沓缓慢，其中一个原因是坦克雷德被北欧传来的不祥消息搞得心烦意乱。腓特烈一世在十字军运动途中溺水身亡，他那干劲十足的皇子继承了帝国大位。亨利六世还是皇子时便已成为可怕的对手，而彼时他即将成为皇帝。就在西西里遭受穆斯林叛乱的袭扰时，亨利六世跨过阿尔卑斯山，入侵意大利。他有两大目标。第一个目标是戴上伦巴第铁王冠（Iron Crown of Lombardy），一顶曾属于罗马皇帝君士坦丁的金色皇冠。之所以被称作"铁"王冠，是因为它里面有耶稣受难（Christ's Crucifixion）* 时的一颗钉子。他的第二个目标是携妻子康斯坦丝登上西西里的王座。

伦巴第没有造成任何阻碍。公元 1191 年，亨利六世率军进入罗马，惊恐中的教皇加冕他为北意大利的主人和神圣罗马帝国的皇帝。亨利的第二个目标看起来也近在咫尺。亨利六世大军压境的消息引起了恐慌，整个南意大利陷入动乱。除了常见的贵族叛乱，王国内部越来越多的诺曼人支持亨利六世。这些人大多是宿命论者，认为赢得皇帝的青睐才是明智之举，也有人断定神圣罗马帝国统治者天高皇帝远，对西西里居民生活的影响和打扰将小于巴勒莫的当地国王。当年春季，亨利六世踏上诺曼人的领土，发现整个南意大利实际上已公开造反。

坦克雷德无法离开西西里岛去恢复局势，因为他深受穆斯林叛乱

* 有大量遗迹包含耶稣受难这一主题。例如，在君士坦丁堡，人们可以看到穿过耶稣侧身的长矛、荆棘冠、圣十字架、耶稣的裹尸布，甚至是小瓶的耶稣血液。

的困扰，仍在努力巩固自己的权力。然而，他很快采取了行动。他给半岛上的将军运来大量黄金，用来招兵买马、收买仍效忠自己的城市。坦克雷德的果断——以及一次好运——救了自己。炎热的夏日永远是西西里最重要的防御，夺走了不少德意志军队将士的性命。坦克雷德借此击溃了德意志军队先遣部队，亨利六世决定撤退。失去了帝国的支持，叛军也随之溃散。叛军头目安德里亚的罗杰先前还意图争夺王位，如今被逮捕并处死。

坦克雷德的勇气挽救了局势，但他知道自己只不过略延缓了亨利六世的入侵步伐。他没有太多时间享受胜利，因为诺曼英格兰国王——“狮心王”理查一世正在向西西里进军。

尽管理查一世仅比坦克雷德早一年登基，但他“英雄冒险家”的名声已经广为人知。自 16 岁那年起，他便开始指挥军队征战沙场。到了公元 1191 年，他的大半生都是在战场度过的，被广泛视作可以赶走撒拉逊人、收复耶路撒冷的人物。3 年前的 1188 年，圣城的陷落引发了新的十字军运动，欧洲各国君主当即宣誓支持。令教皇高兴的是，理查一世同意担任十字军统帅，条件是法王腓力二世与他同行。他提出这个条件不是出于帝王间的情谊，而是因为他并不相信腓力二世，并且准确地怀疑腓力二世将趁自己离开国土后收回原属于法兰西的领地。“好人”威廉发现十字军运动将带动贸易增长，带来意外收获，于是在临终前给两位君主写信，说西西里会是理想的出发地。二人均同意其看法，现在轮到坦克雷德极不情愿地当这个东道主了。

理查一世向来都是不好招待的客人。尽管他被誉为骑士精神的典范，但他很容易感到厌倦。他对冒险出征的兴趣远胜过统治一方。10年统治期间，他只有6个月在英格兰度过。正如历史学家斯蒂芬·朗西曼所说：“他不是好儿子，不是好丈夫，也不是好国王，但他是英勇杰出的士兵。”理查一世向来喜怒无常，抵达西西里时他的心情十分恶劣。

理查一世心情不好是有原因的。他容易晕船，坐船从亚平宁半岛横渡海峡令他很不舒服。到达墨西拿后，他发现腓力二世已经先到一步，并且径自前往王宫，而自己只能接受一般的住宿招待。这些烦心事足以让他发火，但随后一个更严重的外交问题出现了。

为了吸引理查一世前往西西里，“好人”威廉承诺他会收到豪华厚礼。但坦克雷德已将大量财力用于意大利的防卫，因此拒绝赠送他礼物。更严重的问题是坦克雷德对待威廉的遗孀琼的方式。琼相信康斯坦丝才是西西里的正统君主，于是愚蠢地口头支持德意志人对付坦克雷德。作为报复，坦克雷德将琼软禁起来，没收了她的大量地产。假如琼只是个小贵族，这件事也就到此为止了。然而，琼正好是理查一世的妹妹。

当坦克雷德的使者前来欢迎理查一世时，后者要求西西里归还琼及其所有财产，并威胁称不达目的绝不离开。坦克雷德当即妥协。他已经忙得焦头烂额，不想冒险和十字军起冲突。琼携带全部财产被送往理查一世的住所，坦克雷德出于尊重还额外赠送了一些。这些本该满足理查一世的虚荣心了，但他享受西西里的气候，认为这是一个绝佳的基地。他洗劫了卡拉布里亚，占领了小城圣萨尔瓦多（San

Salvatore)，用以安置琼，随后返回墨西拿，派兵占领了当地最好的修道院，驱逐了希腊修士。

以希腊人为主体的墨西拿居民陷入惊恐。他们曾张开双臂热情欢迎著名的“狮心王”，得到的却是敌意和残忍。暴力驱逐教士的场景成为最后的导火索。民众走上街头，拿起所有能找到的武器，冲向理查一世的别墅。

英格兰人毫不留情地予以反击。理查一世命令手下烧毁港口边所有西西里船只，断绝暴民们的退路，然后摧毁整座城市。唯一幸存的是市中心的大宫殿，惊恐的腓力二世就住在那里。镇压结束后，理查一世召集幸存者，强迫他们建造一座高大的木制堡垒。为了确保每个人都明白其含义，他将堡垒命名为“希腊杀戮者”。

如此暴行天怒人怨，西西里人全部团结在坦克雷德旗下，志在反击。但令人惊讶的是，坦克雷德甚至没有正式提出抗议，因为他有更大的计划。无论理查一世的行为多么可憎，此人也不足以成为长远的威胁。坦克雷德真正的敌人是亨利六世，因此必须要团结一切可以团结的力量。如果他不得不在自己的王国内放下自尊，维持与理查一世的友好关系，这样做也值得。因此坦克雷德没有派兵讨伐，而是给理查一世送去大批黄金，足够他以任何方式进入圣地，并恳请他在西西里过冬。

理查一世在西西里过得相当快活，但他与法王关系紧张，一触即发，而且他背负着十字军运动的誓言。因此他拒绝继续停留，但又索要了一批礼物，作为承认坦克雷德合法君主地位的条件。圣诞节后，二人在巴勒莫会面，订立婚约，将坦克雷德 10 余岁的女儿许配给理查一世 4 岁的儿子，从而巩固了同盟关系。作为友谊的象征，理查一世赠给坦克雷德一把宝剑，并宣称这是王者之剑（Excalibur）*。

坦克雷德的耐心收到了成效，当亨利六世再次出征的消息传来，时机似乎已到。坦克雷德再次请求理查一世留在西西里，但英格兰国王决心已定。到了 4 月，理查一世和腓力二世都已离开，西西里只能独自面对神圣罗马帝国。

亨利六世并不着急。他带着妻子康斯坦丝和大军出征，非常清楚坦克雷德在大陆几无支持。他进入南意大利西西里王国的领土后，一路上没有遇到抵抗。作为诺曼人征服的第一个意大利城市，阿韦尔萨（Aversa）不战而降，而整个诺曼王国北部地区莫不如是。

坦克雷德非常失望，但他或许并不惊讶。他专注于南部地区的防守，选择在那不勒斯进行抵抗。尽管海军统帅马加里塔依旧开放港口，那不勒斯居民却进行了英勇抵抗，其壮举足以载入史册，就连亨利六世也难以忘怀。他无法有效地切断这座城市与海上的联系，因此他的围攻毫无意义。灼热的夏日令众人苦不堪言，他决定撤退。为了告诉诺曼人自己必将卷土重来，他把皇后康斯坦丝和一整支卫队留在了萨勒诺。

为了虚张声势，亨利六世故意缓慢撤退，但这也是个愚蠢的错误。亨利六世看错了南意大利民众。那些曾经迅速归顺他的城市，如

* 传说中亚瑟王使用的宝剑。

今却迫不及待地向西西里表示忠心。萨勒诺市民迫不及待地消灭了德意志卫队，抓捕了康斯坦丝，并把她送往巴勒莫。

诺曼西西里难以置信地得救了。没有康斯坦丝，亨利六世根本无法对王位提出要求，而释放妻子的条件则是承认坦克雷德为国王。亨利六世只能承认自己的失败，漫长的战役也就此结束。

看到无所不能的北边邻国受挫，教皇同样感到高兴。他当即致信坦克雷德，愿意替后者担保。但他还通过这封信提出了一个令人震惊的要求。信上表示，如果一方囚禁另一方的妻子，双方永远无法发展友好关系。教皇指示坦克雷德将康斯坦丝送到罗马，交给他仲裁。

坦克雷德陷入两难境地。如果他把康斯坦丝扣在巴勒莫，就会得罪新盟友，亨利六世就会以正义的十字军领袖姿态，讨伐教会的敌人。如果他释放康斯坦丝，就会失去一个筹码。经过一周的痛苦纠结，他极不情愿地同意康斯坦丝穿过墨西拿海峡，登上欧洲大陆，前往罗马。不到一个月，他最担心的事便已成真。神圣罗马帝国的骑士伏击了随行的诺曼人，放走了康斯坦丝。不到两周后，她已经回到亨利六世身边，后者则积极备战，决心重新将妻子送上王位。

唯一的好消息是教皇积极地支持坦克雷德。他支持一些德意志贵族发动叛乱，迫使亨利六世疲于应付，用了 9 个多月才最终扫平叛军。

坦克雷德趁着喘息的机会另寻盟友。“狮心王”理查毫无作用。他在第三次十字军运动中不甚成功，回国路上还被亨利六世俘虏，现在正被囚禁在德意志宫中。他的兄弟约翰并不急于赎回他，但也送来了几船白银，解了亨利六世装备战舰、入侵西西里的燃眉之急。坦克雷德别无选择，只能联系神圣罗马帝国的天敌——拜占庭帝国。经过几次匆忙的谈判，坦克雷德说服了拜占庭皇帝伊萨克二世同意联姻。但诺曼人并不走运，因为拜占庭人无力施援。伊萨克二世只是一个衰落王朝的虚弱君主，外强中干。不出 10 年，拜占庭帝国就被第四次十字军运动击垮。

教皇是坦克雷德唯一有力的盟友，但他已经 87 岁高龄，身体虚弱，面对即将到来的风暴，他也不可能提供帮助了。西西里国王勇敢地独自作战。公元 1193 年夏天，他来到大陆，准备防御。然而，亚平宁半岛各地都出现了叛乱，没有叛乱的城市也弥漫着失败主义情绪。不过，通过外交、贿赂和炫耀武力等方式，坦克雷德逐渐恢复了自己的权威。

如果他继续努力，或许有机会阻止亨利六世。然而，关键时刻他突发高烧。坦克雷德返回巴勒莫，希望当地的气候能帮助自己改善健康状况，结果适得其反。2 月初，他的儿子——年仅 18 岁的王储去世。几天后，悲痛欲绝的坦克雷德也离开了人世。

没有坦克雷德，西西里便没有了希望。国王和王储双双去世，也打消了西西里王国反抗的意愿。坦克雷德 3 岁的儿子威廉三世加冕继位，但整个加冕仪式令人沮丧。参加典礼的人决心向亨利六世求和，停止抗争，甚至连坦克雷德的王后西比拉（Sibylla）也承认现在已是穷途末路。她带着儿子躲进一座城堡，等待最后一击的降临。

他们并没有等太久。亨利六世穿行意大利的行程与其说是军事征讨，不如说是胜利游行。大多数城市主动打开城门，移交人质，以彰显自己的忠心。尽管那不勒斯曾在上一场战役中英勇抵抗，但这一次还未等德意志人兵临城下便不战而降。没有了坦克雷德，西西里各地士气尽失。10月，亨利六世以减税为诱惑，削弱了墨西拿人的斗志，成功借道，畅行无阻地登陆西西里岛。一个月后，众叛亲离的西比拉宣布投降，亨利六世进入巴勒莫。奥特维尔家族在西西里仅60多年的统治成为历史。

公元1194年圣诞节，亨利六世加冕，西比拉王太后和威廉三世也参加了加冕仪式，二人见证这一幕时，或许既感到解脱又难抑悲伤。面对遭到罢黜的诺曼人，皇帝的处理手段温和得让人惊讶：他许以大量的土地财产，并保证让他们过着舒适的生活。人们一度认为这位来自远方的皇帝会采取温和的统治，而他对待王太后的方式也印证了这一点。然而，亨利六世加冕仅过去4天，他突然改变了策略。他声称西比拉和年轻的威廉三世策划谋杀，并以这个莫须有的罪名将二人逮捕，用船送往德意志。所有参加过坦克雷德加冕仪式的诺曼贵族都被集中处死，而皇帝派出的征税官已经进驻西西里岛。诺曼人在巴勒莫积攒的所有财物都被打包运往北方，其中最著名的物品（包括罗杰加冕仪式上穿的礼服）保存至今。

对西比拉王太后而言，她至少有一个不错的结局。她被关押5年后获释，低调地度过余生。然而，其子威廉三世就没那么幸运了。这位诺曼西西里末代国王在德意志的监狱中去世。有资料表明亨利六世下令将他阉割并挖去他的眼睛，也有资料称他被强迫剃发。或许这些遭遇都有；不论怎样，他被关押了不到4年便惨死狱中。

诺曼西西里王国只持续了 64 年，对于西西里人来说，国家的灭亡带来了巨大损失。正如洞察时事的居民所担心的，西西里岛在庞大的神圣罗马帝国版图内迷失了自己。西西里不再享有自治和管理权，之后它永远都是某个大国的一部分。真正的悲剧在于，是西西里统治者自己放弃了独立的地位。

国王的绝对权力历来是诺曼西西里的“阿喀琉斯之踵”。王国的一切都有赖于国王的品格。才华横溢的罗杰给西西里带来了财富和繁荣，但威廉治下的西西里却迅速衰退。坦克雷德或许配得上王位，但他没有机会证明自己。诺曼人治下的西西里曾经一度闪耀欧洲，但这个岛再也不复当年的繁荣和幸福了。

第十七章
腓特烈二世与诺曼的迟暮

Chapter 17
Stupor Mundi and the Norman Sunset

在诺曼王国走向终结的过程中，有一个核心人物显然没有参与。这个人就是威廉二世的姑母康斯坦丝。她的侄儿曾许诺将王国传给她，亨利六世以她的名义入侵并征服了西西里，但康斯坦丝却错过了他的加冕仪式。

尽管康斯坦丝拥有奥特维尔家族血统，并且严格意义上是西西里的统治者，但她却从未跨越海峡参加西西里的庆典。她在欧洲大陆生活，并在那里生下了亨利六世唯一的儿子。由于他在阿西西（Assisi）受洗，因此他被当地人称为“阿普利亚之子”，并深受南意大利人欢迎。他的教名是腓特烈和罗杰，以此纪念他的两位祖辈，并体现了大家对他的希望：既能拥有腓特烈一世的英勇斗志，又具备罗杰二世的治国之才。

如此期望简直令人目眩。他出生时人们的庆祝堪比弥赛亚降临。人们预期他的统治就如同完美的太阳，没有乌云遮蔽，不会受到侵蚀。

腓特烈二世的青年时代在华丽宜人的宫殿中度过，身边不是穆斯林导师就是奢华的享受，但他的童年时代并没有阳光。两岁那年他的父亲去世，他被送往德意志继位。归途中，他的叔父斯瓦比亚的腓力（Philip of Swabia）质疑他的继位资格，并发动内战。于是，腓特烈二世被送回巴勒莫，于公元1198年5月17日加冕为西西里国王。其母康斯坦丝摄政，她试图安抚臣民，于是断绝了与神圣罗马帝国的所有联系。她把专横的帝国顾问遣送回国，放弃腓特烈二世对帝位的继承权。不幸的是，康斯坦丝本人也在同一年去世，三岁半的腓特烈二世成为孤儿，交由教皇照料。

由于腓特烈二世要依赖教廷，他那些炫丽的头衔看起来不过是毫无意义的嘲讽，而更糟糕的羞辱还在后面。年事渐高的教皇没有兴趣恢复腓特烈二世在神圣罗马帝国的利益*，事实证明他甚至无力保护腓特烈二世在意大利的领土。叔父腓力率领的德意志军队成功入侵那不勒斯，并在热那亚的帮助下跨过西西里，控制政府。德意志人甚至都懒得正式罢黜腓特烈二世；他们已经完全无视他的存在，只是以其名义进行统治。

被俘虏的腓特烈二世已经完全被忽视了。他只能在巴勒莫的街头游荡，由富裕的市民每周或每月轮流提供日常餐食。对于年轻的腓特

* 教廷的立场一向都是让神圣罗马帝国和西西里岛尽可能地隔离开。

烈二世来说，他显然上了重要一课：人生的成功不是出自头衔或地位，而是实现目标的意愿。他周围每个人都试图利用他，因此他不会相信任何人，而是把自己的筹码深藏不露。成功显然属于更加自私、更加残酷的目标追求者。

14 岁那年，腓特烈二世的未成年时期宣告结束，他正式执掌西西里政权。他很大程度上有名无权，他在宫中发表讲话，充分表露出沮丧之情，也体现出他的弥赛亚倾向：

> 国民们，聚集起来，过来看看，是否存在像我这般的悲伤。我的父母去世时，我还没感受到他们的爱抚。我出自一个令人敬畏的家族联盟，但从小就被交给不同的仆人，但他们在侍奉我和皇室成员时只是敷衍了事……我不是君王：我没有统治，而是被统治者；我乞求恩宠，而不是赐予恩宠。我一次次地乞求你们，地上的王公们……释放恺撒之子吧！

腓特烈二世努力在意大利树立自己的权威，而一场危机正在德意志酝酿着。他的叔父腓力在一场旷日持久的内战中败给了贵族不伦瑞克的奥托（Otto of Brunswick）。尽管教皇本该维护腓特烈二世的利益，但他却给叛乱篡位的奥托加冕。这个 34 岁的篡位者转而把腓特烈二世视作皇位的首要威胁。他刚刚准备就绪，便入侵意大利，试图消除这个威胁。他的军队横扫卡拉布里亚，无人阻挡，而 15 岁的腓特烈二世正在寻找盟友。

令人惊讶的是，教皇第一个同意结盟。自从诺曼人在南意大利建立王国后，历代教皇都把它视作抵抗神圣罗马帝国的堡垒。由于腓特烈二世是德意志和西西里两国的君主继承人，他也变成教皇的梦魇：罗马从南到北将被一个强权包围。因此他特地为奥托加冕，阻止这一情况发生，但如今奥托进军意大利，极有可能拿下西西里，这又会把教皇的噩梦变成现实。教皇得到了两个承诺——继续十字军运动，德意志和西西里君主永远不再由一人担任，随后便转而支持腓特烈二世。

至少从短期来看，教皇彻底转变立场的选择非常明智。奥托的侵略看似不可阻挡，但实际上来也匆匆去也匆匆，因为教廷在他不在场的情况下便对他处以绝罚。这场胜利的远征变成了尴尬的竞赛，奥托要抢在腓特烈二世之前登上王座，而后者将西西里交给妻子，立即赶往德意志。腓特烈抢先一步，抵达德意志西南部城市美因茨。

尽管腓特烈二世的王位继承权更合法，但他和奥托起初都不曾占据上风。南方的贵族从来没有完全支持过奥托，这一次他们支持腓特烈二世。但北方的贵族却更倾向于支持他们熟知的“恶魔”奥托，而非自己并不了解的腓特烈二世。双方陷入僵持，谁都无意冒险进攻，除非确定自己握有某些优势。小心谨慎很有必要。两军在第一次也是唯一一次冲突中基本相持不下，直到奥托的坐骑受伤，侍从才焦急地护送他离开战场。此时谣言四起，说他抛弃了大军，结果导致撤退变成了溃败。奥托回到北方的一处家族领地，坚持抵抗了三年。

公元 1215 年盛夏，腓特烈二世在首都亚琛再次加冕。这场庆典并不完美，因为教皇在赐予他“皇帝”头衔的问题上犹豫不决。但无论是国王还是皇帝，腓特烈二世现在面临着一个重要的问题：他在哪里立足？他控制着在欧洲两端的国家，中间隔着阿尔卑斯山和敌对的伦巴第诸国。巴勒莫和亚琛都将成为西欧世俗权力的中心。

如果只考虑个人威望的问题，这个选择很容易做出。皇帝的宫廷、查理曼的继承人，以及——至少从宣传上说——古罗马帝国的荣光，显然胜过西西里王国。然而，他还有更加实际的考量。在神圣罗马帝国，腓特烈二世权力受限，他要对封建贵族负责，而这些贵族聚集到他的麾下，并非出于忠诚，而是要摆脱先前的统治者。但另一方面，在西西里，他将是拥有绝对权力的君主，可以随心所欲制定法律。在南意大利，他也更有在家的感觉。尽管腓特烈二世拥有条顿人的名字，但他是南方诺曼人的后裔。他在巴勒莫成长，这里塑造了他的神形。因此，当他面临选择时，他毫不犹豫地回家了。之后大约35年间，他只回过德意志一次，而且只是短暂停留。

可以料到教皇对此愤怒至极。教皇支持腓特烈二世的条件之一，就是后者将南意大利传给其子，将势力范围限定在神圣罗马帝国。因此腓特烈二世重新立誓，参与十字军运动，以图安抚教皇。如果说腓特烈二世当即备战，他的表态会更有效果，但事实上他对耶路撒冷几无兴趣，对基督教更没兴趣。有时他甚至还嘲讽自己军中的基督徒。在一次战斗途中，他指着一片麦地说“你们的上帝就在这里生长”——这话是在贬损圣餐饼。

然而，虽然说他对宗教没有兴趣，但他对其他一切事物倒是充满好奇。他的好奇心永远都不满足，如果学界权威的观点与他的观察结果不合，他从不人云亦云，而是抨击这些权威，如普林尼、希波克拉底和亚里士多德。他收集了各种动物，尤其喜欢异国物种。他集齐了大象、长颈鹿、骆驼、猎豹、黑豹、猴、熊和开罗苏丹送来的珍禽——白色凤头鹦鹉。不过他不仅是业余爱好者。他用科学的方式接触万物。例如，他曾记录苍鹰瞄准猎物时眼睛会瞪大，还记载过两种猎鹰的不同并非过去传统所论述的那样。他写了数篇关于驯鹰的文章；还将鸟分类，并研究它们筑巢、迁徙的方式和日常习惯。

他邀请各国学者入宫。算术、几何学和代数学专家都为他写过论文。医学在欧洲其他地区几乎不存在，但他解囊资助。那不勒斯成立了一所大学，成为意大利仅有的两个获准教授医学的地方之一。* 未来的医生需要该校专家委员会授予执业许可，方能服务病人，这样就为质量控制提供了统一标准。学校获赠一批希腊文和阿拉伯文书籍，这样（如腓特烈二世所说）有助于学生“旧瓶装新酒”。学生都有补助，在外旅途中还有王家卫兵保护，这一切都由国王出资。学生们也被低廉的学费和实用的补贴款所吸引，纷纷来到那不勒斯求学。

腓特烈二世是一位多产作家，他完成了数篇医学论文，甚至亲自开业行医。在处理政务期间，他抽时间指导兽医照顾马匹，参加最著名的数学家的讲座，还亲自试验，切开尸体的腹腔，探索肠胃功能。

他还是一位颇有成就的诗人，热爱语言学†，曾试图实现意大利语

---

* 另一所大学位于萨勒诺。

† 据说他命两名保姆在照顾婴儿时不说一句话，以此探索人类的自然语言。不幸的是两个孩子在试验完成之前都夭折了。

的标准化。但丁为完成这一任务做出了主要贡献，他非常认可腓特烈二世，称其为意大利诗歌之父。腓特烈二世精通西西里王国境内所有语言，包括意大利语、希腊语、拉丁语、阿拉伯语、德语和法语。

正如外祖父罗杰二世一样，他大力资助艺术，在（自己设计的）宫中放满了马赛克艺术品、大理石、油画和雕塑。他在巴勒莫的宫殿成为欧洲著名的学术中心，尽管离文艺复兴运动还有两个世纪，但这里已经成为文艺复兴的殿堂。难怪当时的人们称他为“世界的奇迹”。

尽管腓特烈二世统治着欧洲两端的两大国，但他关注的显然是西西里。西西里岛饱受内战和外敌入侵的摧残，大部分地区人口锐减。他从德意志返回后，便安排退役士兵在此定居，并在未被利用的土地上发展产业。随后他宣布打倒一切封建残余。他将各省的长者召集到宫中，询问他们当地的传统王法及习惯法。他将这些条文一一核对，去除矛盾的内容，整理制定了官僚机构的章程，界定了不同官员的权力。从妓院管理到臣民着装规定，大小事务都纳入控制管理。他任命了只对国王负责的法官，旨在遏制腐败，并为寡妇、孤儿和穷人提供免费的法律援助。尽管腓特烈二世拥有绝对统治权*，但他的宪法为成文法开创了先例，并长期成为西西里法律的基础，直至 19 世纪。

尽管腓特烈二世改革了西西里，但远在国外的事件迫使他将注意力转向圣地。公元 1187 年耶路撒冷沦陷，但无论是第三次十字军运动还是灾难性的第四次，都没能将其收复。于是，公元 1217 年，第

* 他的随从称他为“世界上活的法律”。

五次十字军运动开始了。腓特烈二世含糊其词地承诺随同出征，但一如既往地食言了。尽管缺少强人领袖，但十字军仍取得一些进展，迫使苏丹提出用耶路撒冷换取敌对行动的停止。十字军预期腓特烈二世即将领兵前来，因此拒绝了苏丹的请求。然而，随后他们便遭到反击，仓皇而逃。无论公平与否，每个人——包括圣地和欧洲——都将这场灾难归咎于腓特烈二世。

腓特烈二世似乎并没有太过烦心，面对国际上的巨大压力，他继续无视自己的誓言。绝望的教皇同意增加筹码。耶路撒冷王国 13 岁的继承人尤兰达（Yolanda）未婚，而腓特烈二世也是鳏夫。二人于公元 1225 年结婚，于是腓特烈二世正式成为耶路撒冷国王。这样他有了新的动机，承诺在 1227 年年底之前发动十字军运动。他将出征日期定在 8 月，但因发烧而推迟，声称直到身体痊愈方可出发。教皇怀疑这又是他的拖延策略，一怒之下对他处以绝罚。

腓特烈二世与教皇谈判数月，仍未能取消绝罚，于是他决定无视教皇，发起拖延已久的远征。这次十字军运动颇为奇怪。他是一个被处以绝罚的怀疑主义者，根本不相信自己为之奋斗的信仰，他的军队规模极小，不足以完成使命。他根本不被耶路撒冷的守军放在眼里，也不可能得到国际援助。但这些都没有困扰他。由于军队规模太小，外交途径成为唯一选择，而他很清楚自己在这方面的能力。

一抵达阿卡（Acre），他就用渊博的知识和完美的阿拉伯语折服了苏丹的使者。苏丹的博学之士与他交谈后，汇报称他几乎可以在各个领域与他们交流。数周后两位君主亲自会面，结果也是如此。苏丹为他的魅力所倾倒，同意交出耶路撒冷（当然，圆顶清真寺除外）及海岸地带一小部分地区。一个月后腓特烈二世便进入了他刚刚赢得的城市，正式接管。他径自走向圣墓教堂，从圣坛高处拿下金色王冠，将自己加冕为耶路撒冷国王。

尽管他取得了意想不到的胜利（除第一次外，其他所有的十字军运动均以失败告终），但大多数欧洲人都对此反感。尽管耶路撒冷暂时回到基督徒手上（至少在腓特烈二世手上），但一些最神圣的地方仍被穆斯林把持着。耶路撒冷被穆斯林的领地包围着，而且根据协议，基督徒禁止建造城墙。大家一致认为，耶路撒冷再次陷落只是时间问题。

此外，最主要的原因在于，收复耶路撒冷的是一个异教徒。就在腓特烈二世加冕一天后，凯撒里亚主教兵临城下，封锁了耶路撒冷。城内分化为两派，分别拥护腓特烈二世和支持教皇。在当时的情况下这座城市根本无法统御，腓特烈二世就此离开，从此不再回来。群龙无首的耶路撒冷又挣扎了 15 年，最后不出意料地再次回到穆斯林手中。

腓特烈二世匆忙回国另有重要原因。他在圣地得到消息，摄政王已经和教皇开战，教皇大军进入帝国境内。抵达意大利后，这位以公正、慷慨、富有外交手段而著称的君主，展示了自己残忍无情的另一面。他赶走了教皇军，对勾结教皇的人穷追猛打。叛变的贵族应邀前去谈话，结果均遭抓捕。异见人士被扔进火炉，他们的妻子则被塞进阿普利亚城墙，垒上砖头，在折磨中慢慢死去。

腓特烈二世和教皇的战争令中世纪的人们深感不安，但关于是非对错大家看法不一。林肯主教谴责教皇反基督徒，但其他人咒骂腓特烈二世，甚至计划将其谋杀。双方都认为出现了可怕的问题。基督教世界的精神领袖和世俗领袖应该成为同盟而非敌人。当双方终于在公元 1230 年达成和平协议时，欧洲多数地区如释重负。

然而，和平是暂时的。腓特烈二世的儿子亨利起兵叛乱，试图封锁由阿尔卑斯山到达德意志的通道，但腓特烈二世设法逃走，最后迫使他的皇子投降，成为阶下之囚。尽管德意志投降了，但北意大利的伦巴第诸城借机造反。教皇支持叛乱，他和腓特烈二世旧日的冲突再次爆发。

腓特烈二世用了 5 年时间，残酷地镇压了叛乱的意大利城市。为了庆祝胜利，他过早地采用古罗马的胜利庆祝仪式，骑着大象公开游行。然而，受挫的教皇并未被打垮，1239 年，他第三次将腓特烈二世处以绝罚，并鼓动意大利诸城再次叛乱。腓特烈二世兵临罗马城下，但他无意围攻罗马，而是洗劫了周边的教皇国领地，以发泄心中的愤怒。他还没开始威胁罗马，就发现教皇已经去世。由于他出兵只是针对教皇本人而非罗马教廷，于是就此撤军，希望新教皇处事更为妥当，并取消绝罚。

但不幸的是，新教皇英诺森四世（Innocent Ⅳ）比前任更加顽固。腓特烈二世试图将他逐出罗马，但英诺森四世逃到热那亚，在一个相对安全的地方宣布废黜腓特烈二世。后者派出一支部队向北进军，但在帕尔马遭到溃败。过去这样的挫折基本上无足轻重，但 54 岁的腓特烈二世开始感受到连续征战的压力。不久后他的次子被俘，另一个儿子遭到杀害，带来双重打击，令他性情大变。他变得极其犹豫不决；上一秒他还说要攻击教皇的大本营，但下一秒就想温顺地投降。公元 1250 年，他终于放弃了一切，穿上了西多会修士的斗篷。当年 12 月 13 日，腓特烈二世驾崩。他的遗体被运送到巴勒莫，安放在斑岩石棺中，与外祖父罗杰二世并排安息。

腓特烈二世在世时便是毁誉参半的人物，驾崩之后也是如此。英诺森四世得到他去世的消息后，高兴地表示："（他的死）让天堂欢愉、大地喜悦；强大的上帝不再用雷雨闪电威胁我们，而是带来清新的微风和润物的雨珠。"但丁也同意腓特烈二世带来了无尽的战争，在《神曲》中安排他进入地狱最底层城市狄斯（Dis）中，与其他异教徒同处一个墓室。无论走到哪里，他似乎都会挑动周围人的敏感神经。他妻妾成群，为基督教世界所不齿，而从个人外表和热爱奢华方面来说，他完全是一个东方人。

然而，对另一些人而言，他是世界的奇迹，是那个时代最博学、最有为、最有魅力的人物。他还在世的时候，便被冠以不少传奇人物的称誉。他是伟大的皇帝，宣布最后的审判，重建圣墓教堂，冲破罗马的封锁，建立自由的国家。当他在奋斗的过程中去世时，一般人都不相信他已经离开人世。德意志人声称他只是在基夫豪塞尔山（Kyffhäuser Mountain）下安睡，待到乌鸦聚集的那天，他就会归来，重现帝国昔日的荣光。

然而，事实上腓特烈二世称不上德意志的国家英雄。他在巴勒莫的时间超过了在美因茨或亚琛的时间，他抛弃德意志纯粹是为了谋取更大的个人权力。某种程度上他是诺曼西西里王国晚期的缩影，毫无保留、见多识广、独立自主，但最终遭到忽视。他在世的时候，英王约翰于公元1215年签署了《大宪章》（Magna Carta），依法朝着现代民主跨出了不朽而伟大的一步。尽管腓特烈二世带来了成文宪法的概念，这在他去世后的500年间成为一切民主改革的基础，但这个贡献也随着《大宪章》的出现在很大程度上被人遗忘了。

如果说腓特烈二世的统治是西西里末日辉煌里的小阳春，那么西西里的严冬随后迅速来临。他去世16年后，安茹的查理（Charles of Anjou）入侵西西里岛，杀死了腓特烈二世的儿子和孙子，终结了霍亨斯陶芬家族*，以及罗杰二世的家族。西西里王国仍保持其领土完整，先后被不同的欧洲君主所统治，直至19世纪。但西西里再也没有产生一个本土的君主；而在其统治者眼中，西西里不过是一个次要问题。

* 霍亨斯陶芬家族于1138—1254年统治神圣罗马帝国。

结语

诺曼人的历史遗产

Epilogue
The Norman Legacy

到了 1154 年，诺曼人在历史上正逐渐消失。那一年罗杰二世驾崩，尽管严格上说腓特烈二世延续了诺曼人的统治，但奥特维尔家族在西西里的统治开始衰落。同年诺曼人在英格兰的统治也被取代。“征服者”威廉的外孙布洛瓦的斯蒂芬（Stephen of Blois）在当年驾崩，他也是最后一位纯正的诺曼国王。继承王位的是安茹王朝（又称金雀花王朝）的第一位国王。只有在博希蒙德的安条克公国，统治者仍是开国者的诺曼直系后裔，但与原来相比，这个国家只是一个可怜的阴影。

诺曼安条克公国被一群敌国包围，能设法生存也是因为敌人并未团结一致。博希蒙德的后人维持着统治权，直至公元 1268 年蒙古人入侵，野蛮地洗劫了该城，消灭了这个存在时间最长的十字军国家。流亡中的博希蒙德家族仍宣称拥有安条克大公的头衔，但其价值与日俱减，而且通常都传给了家族的幼子。公元 1456 年，这个头衔最终被一位葡萄牙王公占有，但次年他就被自己的岳母囚禁，此后无人再费心争夺这个头衔。

到了那时，诺曼人的统治已经过时，相比于罗洛、“征服者”威廉、罗贝尔·吉斯卡尔的时代，世界也变得大不相同。他们每一个人在缔造新欧洲的过程中都起到了至关重要的作用，尽管他们最初并没有这种打算。

考虑到诺曼时代的短暂，诺曼人的成就显得越发惊人。从公元10世纪到12世纪，他们的统治只持续了200年。诺曼人在西西里的统治也只有两代辉煌，尽管之后又延续了40年，但已经失去了昔日的活力。诺曼人在东方衰落的速度更快。尽管安条克公国延续了将近两个世纪，却只出现了两位贤明的统治者，其中后一位是坦克雷德，于公元1112年早逝。

时间冲淡了诺曼人躁动的能量。无论统治何方，他们在当地总是少数族群，最终被当地人同化。英格兰的诺曼人变成了英格兰人，西西里的诺曼人变成了意大利人。公元1204年，诺曼底被法兰西吞并，本土诺曼人也被周边族群同化，逐渐融合。

但对那伟大的两代人而言，他们主宰了世界。“征服者”威廉、罗贝尔·吉斯卡尔和“伟大的伯爵”罗杰一世处于同一时代，他们的下一代英格兰的威廉二世、安条克的博希蒙德和西西里的罗杰二世也是同代人。每一个都是伟大的征服者之后有一个施政有方的统治者，巩固了父辈打下的江山，为国家持续发展奠定了基础。公元1054年，这三位最著名的诺曼人分别只是非法的公爵、自我美化的海盗和一文不名的骑士。100 年后，他们的后人统治了欧洲最强盛、最耀眼的两大王国，以及最伟大的十字军国家。

诺曼人还带来了更持久、更重要的改变。他们统治的时代经历了根本性的转变。10 世纪的观察者无法料到西欧能够持久存在。这个地区被强大的拜占庭和伊斯兰国家包围，分裂为十多个权力分散的小国，彼此之间不停地争执、无法统一。西欧总是处于被动的守势，不关注外部世界，还遭到北方维京人、西方阿拉伯人和东方马扎尔人的攻击。到了 12 世纪，一切都已经改变。欧洲在各个领域都充满自信、开疆拓土，开始击退占领西班牙*和小亚细亚的穆斯林。中央集权王国取代了弱小的封建国家，迅速崛起，最终成为支配全球的力量。

诺曼人处于欧洲历史的重大转折点。他们的能量和胆识改变了欧洲，他们的活力引领着新的时代精神。第一次十字军运动由诺曼王公领军、诺曼骑士参战，这并非巧合。同样不足为奇的是，历代支持改革的教皇接连得到诺曼军队的支持，或者得到远在小亚细亚和西班牙的诺曼雇佣军拥护。

他们书写了中世纪白手起家的精彩故事，完全印证了维吉尔的格言“天助勇者”。从汉尼拔到拿破仑时代，其间几乎再没有比他们更伟大的冒险家了。

如果需要证明什么的话，他们向世人证明，非凡之人可以改变历史进程。

* 收复失地运动最终是斐迪南和伊莎贝拉于 1492 年完成的。

帝王列表

List of Emperors

神圣罗马帝国皇帝

加洛林王朝

800—814 年　查理曼（查理大帝）

814—840 年　路易一世（虔诚者）

840—855 年　洛泰尔一世

855—875 年　路易二世（Louis Ⅱ）

875—877 年　查理二世（秃头）

881—887 年　查理三世（胖子）

圭多尼王朝

891—894 年　盖伊三世

894—898 年　兰伯特二世

非王朝时代

896—899 年　阿努尔夫

901—905 年　路易三世

915—924 年　贝伦加尔

萨克森王朝

962—973 年　奥托一世

973—983 年　奥托二世

996—1002 年　奥托三世

1014—1024 年　亨利二世

法兰克尼亚王朝（萨利安王朝）

1027—1039 年　康拉德二世

1046—1056 年　亨利三世

1084—1105 年　亨利四世

1111—1125 年　亨利五世

非王朝时代

1133—1137 年　洛泰尔三世

霍亨斯陶芬王朝

1155—1190 年　腓特烈一世

1191—1197 年　亨利六世

韦尔夫王朝

1209—1215 年　奥托四世

霍亨斯陶芬王朝

1220—1250 年　腓特烈二世

拜占庭皇帝

马其顿王朝（867—1056）

867—886 年　巴西尔一世

886—912 年　利奥六世（智者）

912—913 年　亚历山大

913—959 年　君士坦丁七世（生于紫室者）

920—959 年　罗曼努斯一世

959—963 年　罗曼努斯二世

963—969 年　尼斯福鲁斯二世

969—976 年　约翰一世（John I Tzimisces）

976—1025 年　巴西尔二世（保加利亚屠夫）

1025—1028 年　君士坦丁八世

1028—1034 年　罗曼努斯三世

1034—1041 年　米海尔四世

1041—1042 年　米海尔五世
1042 年　佐伊女皇和狄奥多拉女皇
1042—1055 年　君士坦丁九世
1055—1056 年　狄奥多拉女皇

非王朝时代（1056—1059）
1056—1057 年　米海尔六世
1057—1059 年　伊萨克一世

杜卡斯王朝（1059—1081）
1059—1067 年　君士坦丁十世
1068—1071 年　罗曼努斯四世
1071—1078 年　米海尔七世
1078—1081 年　尼斯福鲁斯三世

科穆宁王朝（1081—1185）
1081—1118 年　阿历克塞一世
1118—1143 年　约翰二世
1143—1180 年　曼努埃尔二世
1180—1183 年　阿历克塞二世
1183—1185 年　安德罗尼卡一世

安格鲁斯王朝（1185—1204）
1185—1195 年　伊萨克二世
1195—1203 年　阿历克塞三世
1203—1204 年　伊萨克二世和阿历克塞四世

非王朝时代
1204 年　阿历克塞五世

此后统治者均为十字军（拉丁帝国）皇帝，直至公元 1261 年。

教皇列表（11—13 世纪）

List of Popes

1024—1032 年　约翰十九世
1032—1044 年　本笃九世
1045—1046 年　格列高利六世
1046—1047 年　克雷芒二世
1047—1048 年　本笃九世（复辟）
1048 年　达马苏二世
1049—1054 年　利奥九世
1055—1057 年　维克托二世
1057—1058 年　斯德望九世
1058—1059 年　本笃十世（敌对教皇）
1059—1061 年　尼古拉二世
1061—1073 年　亚历山大二世
1061—1072 年　洪诺留二世（敌对教皇）
1073—1085 年　格列高利七世
1080—1100 年　克雷芒三世（敌对教皇）
1086—1087 年　维克托三世
1088—1099 年　乌尔班二世
1099—1118 年　帕斯夏二世
1100—1102 年　提奥多里克（敌对教皇）
1102 年　阿尔伯特（敌对教皇）
1105 年　西尔维斯特四世（敌对教皇）
1118—1119 年　杰拉斯二世
1119—1121 年　格列高利八世（敌对教皇）

1119—1124 年　卡利克斯特二世
1124—1130 年　洪诺留二世
1124 年　西莱斯廷二世（敌对教皇）
1130—1143 年　英诺森二世
1130—1138 年　阿纳克利特二世
1138 年　维克托四世（敌对教皇）
1143—1144 年　西莱斯廷二世
1145—1153 年　尤金三世
1153—1154 年　阿拿斯塔斯四世
1154—1159 年　阿德利安四世
1159—1181 年　亚历山大三世（敌对教皇）
1159—1164 年　维克托四世（敌对教皇）
1164—1168 年　帕斯夏三世（敌对教皇）
1168—1178 年　卡利克斯特二世（敌对教皇）
1179—1180 年　英诺森三世（敌对教皇）
1181—1185 年　卢修斯三世
1185—1187 年　乌尔班三世
1187 年　格列高利八世
1187—1191 年　克雷芒三世
1191—1198 年　西莱斯廷三世
1198—1216 年　英诺森三世
1216—1227 年　洪诺留三世
1227—1241 年　格列高利九世
1241 年　西莱斯廷四世
1243—1254 年　英诺森四世
1254—1261 年　亚历山大四世

* 其中某些时期不止一人甚至不止两人同时自称教皇，不被承认为合法教皇的人均被称作敌对教皇。

参考文献

主要来源

Alighieri, Dante. *The Divine Comedy*. Trans. John Ciardi. New York: New American Library, 2003.

Choniates, Nicetas. *O City of Byzantium: Annals of Niketas Choniates*.Trans. Harry J. Magoulias. Detroit: Wayne State University Press, 1984.

Comnena, Anna.*The Alexiad*. Trans. E. R. A. Sewter. New York: Penguin Books, 1969.

Falcandus, Hugo.*A History of the Tyrants of Sicily*. Trans. G. A. Loud and T. E. J. Wiedemann. Manchester: Manchester University Press, 1998.

Houts, Elisabeth van, ed. *The Normans in Europe*. Trans. Elisabeth van Houtes. New York: Manchester University Press, 2000.

Jumièges, William of. *The Gesta Normannorum Ducum of William of Jumièges, Orderic Vitalis, and Robert of Torigni: Volume 1: Introduction and Books I- Ⅳ* . Trans. Elisabeth M. C. van Houts. London: Oxford Medieval Texts, 1992.

Jumièges, William of. *The Gesta Normannorum Ducum of William of Jumièges, Orderic Vitalis, and Robert of Torigni: Volume 2: Books V-Ⅷ* . Trans. Elisabeth M. C. van Houts. London: Oxford Medieval Texts, 1995.

Psellus, Michael. *Fourteen Byzantine Rulers*. Trans. E. R. A. Sewter. New York: Penguin Books, 1966.

Poitiers, William of. *The Gesta Guillelmi of William of Poitiers*. Trans. R. H.C. Davis and Marjorie Chibnall. London: Oxford Medieval Texts, 1998.

Savage, Anne, ed. *The Anglo-Saxon Chronicles*. Trans. Anne Savage. Wayne:BHB

International Inc, 1997.

Vitalis, Ordericus. *The Ecclesiastical History of England and Normandy*.Trans.Thomas Forester. Charleston: BiblioBazaar, 2009.

现代作品

Barbera, Henry. *Medieval Sicily: The First Absolute State*. Brooklyn: Legas, 2000.

Barlow, Frank.*Edward the Confessor*. London: Yale University Press, 1997.

Benjamin, Sandra. *Sicily: Tree Tousand Years of Human History*. Hanover: Steerforth Press, 2006.

Brown, Gordon S.*The Norman Conquest of Southern Italy and Sicily*.London: McFarland & Company, Inc., 2003.

Brown, R. Allen. *The Normans and the Norman Conquest*. Woodbridge: The Boydell Press, 1985.

Chibnall, Marjorie. *The Normans*. Malden: Blackwell Publishing, 2006.

Gibbon, Edward. *The Decline and Fall of the Roman Empire*. 7 vols. NewYork: Alfred A. Knopf, Inc., 1993.

Gravett, Christopher and David Nicolle. *The Normans: Warrior Knights and their Castles*. New York: Osprey Publishing Ltd., 2007.

Kreutz, Barbara M. *Before the Normans: Southern Italy in the Ninth & Tenth Centuries*. Philadelphia: University of Pennsylvania Press, 1991.

Neveux, François. *A Brief History of The Normans: The conquests that changed the face of Europe*. Trans. Howard Curtis. Philadelphia: Running Press, 2008.

Norwich, John Julius.*The Normans In Sicily: The magnificent story of 'the other Norman Conquest'*. New York: Penguin Books, 1970.

Runciman, Steven.*A History of the Crusades,* Volume 1. Cambridge: Cambridge University Press, 1951.